2

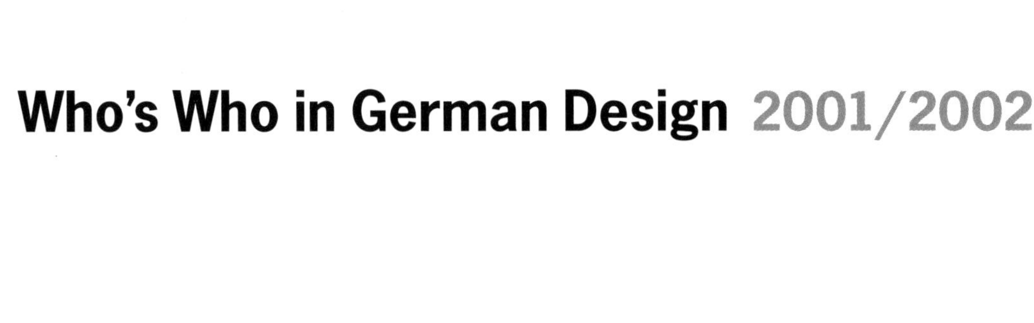

Who's Who in German Design 2001/2002

avedition reddot edition

Deutsche Bibliothek – CIP-Einheitsaufnahme | Who's Who in German Design
Herausgeber/*Editor* Peter Zec

Redaktion/*Editorial work* | Jana Althöfer, Bettina Derksen
Lektorat/*Proofreading* | Klaus Dimmler, Essen
Übersetzung/*Translations* | Lunn Drabble GmbH, Essen
Übersetzungen der Designer/*Translations by the designers*
Gestaltung/*Design* | Christof Gassner, Assistenz Katrin Holst, Darmstadt
Produktion/*Production* | Print Communications Stephanie Claus e. K.
Lithographie/*Lithography* | REHRMANN PLITT GmbH & Co. KG
Druck/*Printing* | MOHN Media Mohndruck GmbH, Gütersloh

Verlag/*Publisher* | red dot edition
Im Design Zentrum Nordrhein Westfalen
Gelsenkirchener Straße 181, 45309 Essen, Deutschland/Germany
Telefon: +49 (0)201/30 10 4-0, Telefax: +49 (0)201/30 10 4-40
www.red-dot.de

Vertrieb weltweit/*Distribution worldwide* | avedition GmbH
Königsallee 57, 71638 Ludwigsburg, Deutschland/Germany
Telefon: +49 (0)7141/14 77-391, Telefax: +49 (0)7141/14 77-399
www.avedition.com

ISBN 3-929227-50-9 (Deutschland, Österreich, Schweiz)
ISBN 3-929638-56-8 (International)

Website »Who's Who in German Design« | www.who-s-who.de

Die Präsentationen der nordrhein-westfälischen Designer wurden gefördert durch das Ministerium für Wirtschaft und Mittelstand, Energie und Verkehr des Landes Nordrhein-Westfalen.

The presentation of the designers from Nordrhein-Westfalen was sponsored by the Ministry of Economic Affairs, Energy and Transport of the State of Nordrhein-Westfalen.

Inhalt/*Contents*

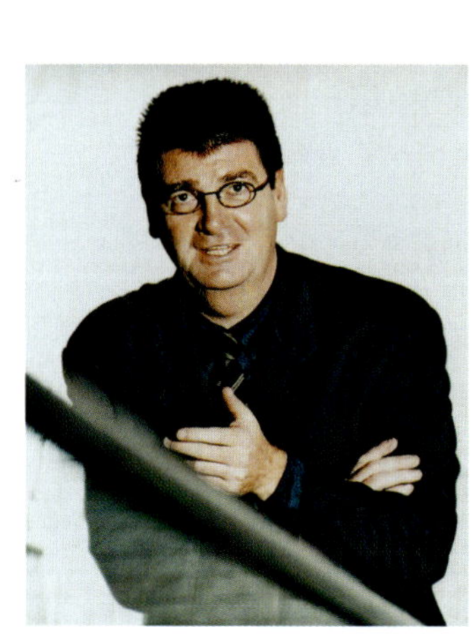

Über dieses Buch

Nicht nur die rasant fortschreitende Globalisierung der Märkte macht eine strategisch ausgerichtete und effektive Kommunikation wichtiger denn je. Gutes Design ist die beste Voraussetzung erfolgreicher Kommunikation. Eine Vielzahl von Designern bieten in der vorliegenden Publikation ihre Leistungen für einen überaus komplexen und differenzierten Markt an. Das Geschehen in Designkultur und Designwirtschaft der Bundesrepublik ist in weiten Teilen jedoch unübersichtlich und deshalb nur fragmental wahrnehmbar. »Who's Who in German Design« bietet hier eine wichtige Orientierungs- und Entscheidungshilfe.

»Who's Who in German Design« folgt der Tradition der Handbücher des Design Zentrums Nordrhein Westfalen. Diese sind seit 1993 in regelmäßigen Abständen Wegweiser durch die aufstrebende Designwirtschaft Nordrhein-Westfalens. Unter neuem Titel werden nun erstmals die Arbeiten namhafter Designer aus der gesamten Bundesrepublik vorgestellt; es entsteht ein weitreichender Überblick der deutschen Designwirtschaft.

Dokumentiert wird deren Leistungsfähigkeit, Kompetenz und kreative Ausdruckskraft. Auch das Konzept von »Who's Who in German Design« ist neu: ausgewählte und repräsentative Arbeiten erscheinen in einem übergreifenden und einheitlichen Gestaltungsraster. Dies erleichtert die Orientierung und lässt auch gestalterisch ein Gesamtwerk entstehen, dass in dieser Form eine Novität darstellt.

Um auf Anhieb den »passenden« Designer oder das für eine Aufgabe »geeignete« Büro zu finden, wurde »Who's Who in German Design« klar und übersichtlich nach Tätigkeitsbereichen gegliedert. Eine farbliche Unterteilung macht die Spezialisierungen, Schwerpunkte und Arbeitsfelder noch einmal zusätzlich kenntlich. Hinweise zeigen auf den jeweiligen Seiten, wenn die dargestellten Designer und Büros übergreifend arbeiten und mehrmals im Buch erscheinen. Ein prägnanter Text stellt die Persönlichkeit der Designer heraus, die aufgeführten Auszeichnungen und Referenzen geben Hinweise auf den Leistungshorizont und das Spektrum der Designer. Ein umfassender Serviceteil informiert über Themen, die im Design besonders wichtig sind: zum Beispiel die rechtlichen und vertraglichen Aspekte der Zusammenarbeit und auch die Frage der angemessenen Honorierung. Denn oft sind diese Regelungen die Basis einer reibungslosen und oft langjährigen Zusammenarbeit. Die Fachbeiträge des Hamburger Anwalts Christian Klawitter und der Expertin für Honorarfragen Heide Hackenberg liefern hier wichtige Hinweise und interessante Einblicke.

»Who's Who in German Design« ist ein Schritt hin zu mehr Orientierung in der Designwirtschaft. Ich mir mir sicher, dass es für viele Nutzer der Grundstein für die erfolgreiche Zusammenarbeit mit einem Designer oder Designbüro bedeuten wird. Ich möchte mich an dieser Stelle bei all jenen bedanken, die die Entstehung dieses Buches ermöglichten. Dies sind vor allem Jana Althöfer und Vito Oražem, die mit mir die Konzeption erarbeiteten und mit nie ermüdendem Engagement den Entstehungsprozess begleiteten. Mein Dank geht an Christof Gassner für die Gestaltung des Buches. Weiterer Dank geht auch an die Fachautoren Christian Klawitter und Heide Hackenberg für ihre kompetenten Beiträge und die reibungslose Zusammenarbeit. Bedanken möchte ich mich bei Bettina Derksen für die redaktionelle Unterstützung, den Mitarbeitern des Design Zentrums und allen, die an Entstehung, Produktion und Druck beteiligt waren.

Last but not least möchte ich mich auch in besonderem Maße bei dem Minister für Wirtschaft und Mittelstand, Energie und Verkehr des Landes Nordrhein-Westfalen für seine Unterstützung bedanken. Er hat die Entstehung dieses wichtigen Nachschlagewerks gefördert und mit viel Engagement und Tatkraft befürwortet.

Essen, im Oktober 2001
Prof. Dr. Peter Zec

About this book

It is not only the surge ahead in globalisation of the markets which is making strategically orientated and effective communication more important than ever before. Good design is the best basis for successful communication. In this publication, a large number of designers offer their services on a market which is undoubtedly complex and differentiated. Events in the German design scene and design industry are still to a great extent obscure and can only be perceived fragmentarily. "Who's Who in German Design" provides an important guide and aid to decision-making.
"Who's Who in German Design" follows the tradition of the handbooks from the Design Zentrum Nordrhein Westfalen. These guides to the up and coming design sector in Nordrhein-Westfalen have been published at regular intervals since 1993. For the first time now, the works of well known designers from throughout Germany are presented under a new title, creating an extensive overview of the German design industry. The book documents their achievements, expertise and inventiveness.
The concept of "Who's Who in German Design" is also new: selected, representative works are presented in a consistent, uniform design pattern. This enables readers to find their way more easily, and also gives the work a consistent character of its own – something entirely new in this form.
"Who's Who in German Design" is clearly structured by fields of activity, allowing the reader to find the "right" designer or the "suitable" studio for a particular job rapidly and effectively. Different colours additionally identify the specialities, focal areas and disciplines. There are cross-references to other relevant pages when the designers and studios presented work in various fields and therefore appear more than once in the book. Brief and informative texts highlight the personalities of the designers, and the lists of their awards and references indicate their ranges and achievements. An extensive service section provides information on topics which are especially important in design, such as the legal and contractual aspects of design commissions and the question of appropriate remuneration. Indeed, such arrangements are often the basis of a smooth working relationship which can last for several years. The articles by Hamburg lawyer Christian Klawitter and fee expert Heide Hackenberg supply important hints and interesting insights in that connection.
"Who's Who in German Design" is a step towards greater orientation in the design sector. I am sure that it will be the foundation stone of successful cooperation with a designer or design studio for many of its readers. At this point, I should like to take the opportunity to thank all those who made this book possible. They are, first and foremost, Jana Althöfer and Vito Oražem, who assisted me in developing the original concept and accompanied the creation of the work with untiring commitment. My thanks go to Christof Gassner for the design of the book. Further thanks are due to Christian Klawitter and Heide Hackenberg for their expert articles and excellent cooperation. I should also like to thank Bettina Derksen for her editorial support, the staff of the Design Zentrum and all those involved in the creation, production and printing of this publication.
Last but not least, my special thanks are due to the Minister of Economic Affairs, Energy and Transport of the State of Nordrhein-Westfalen for his active and enthusiastic support in promoting the creation of this important reference work.

Essen, October 2001
Prof. Dr. Peter Zec

Design als Profession

Es gibt verschiedene Möglichkeiten, Design zu betrachten. Man kann darin eine künstlerische Tätigkeit sehen oder die sozio-kulturelle Bedeutung der Disziplin herausstellen. Nicht zuletzt kann man sich auch mit der Geschichte und der Theorie des Designs beschäftigen und daraus entsprechende Erkenntnisse gewinnen. Ganz gleich für welchen Aspekt der Betrachtung man sich schließlich entscheidet, stets geht damit eine zumindest partielle Ausblendung der anderen Gesichtspunkte einher. Es ist einfach nicht möglich, alle Aspekte von einem Betrachtungsstandpunkt aus mit einzubeziehen. Deshalb bleibt bei jedem noch so umfassend angelegten Betrachtungsversuch immer etwas ungenau oder gar völlig unberücksichtigt. Hier soll es nun darauf ankommen, Design als Profession zu betrachten. Es geht also um den Beruf des Designers. Design als Erwerbsquelle. In der Hauptsache soll es dabei um den Designer als selbständigen Unternehmer gehen.

Rückblick

Die Professionalisierung des Designs oder genauer gesagt: des Industrial Designs, beginnt in den dreißiger Jahren des 20. Jahrhunderts in den USA, wo zu jener Zeit mehrere Studios gegründet werden und in relativ kurzer Zeit zu kleinen oder sogar mittleren Unternehmen mit 50 und mehr Mitarbeitern wachsen. 1951 resümiert Raymond Loewy, einer der führenden – wenn nicht gar der erfolgreichste – Designunternehmer jener Zeit in seiner Autobiographie »Never leave well enough alone«: »In weniger als zwanzig Jahren entwickelte sich die industrielle Formgestaltung aus einem zögernden, unsicheren Versuch zu dem, was die Zeitschrift ›Time‹ als ein bedeutendes Phänomen der US-Wirtschaft bezeichnete. Der junge Beruf hat sich rapid aufwärtsentwickelt. Es hat sich längst herumgesprochen, dass industrielle Formgestaltung ein ebenso wichtiger Faktor für die erfolgreiche Aufnahme auf dem Markt wie die Insertion ist.«[1]
Loewy stammt aus Frankreich, von wo er 1919 nach Amerika auswanderte. Nachdem er dort zunächst als Freelancer mit einzelnen Aufträgen von der Schaufenstergestaltung bis hin zu Illustrationen für Modezeitschriften sein Geld verdiente, begann er damit eines der namhaftesten und erfolgreichsten Designunternehmen der Welt aufzubauen. Innerhalb relativ kurzer Zeit gelang es ihm, zum bahnbrechenden Designunternehmer und zum branchenübergreifenden Erfolgsgaranten der Industrie aufzusteigen. Loewy und seine Mitarbeiter ließen kaum einen Anwendungsbereich des Designs aus, in dem sie nicht versuchten, ihre gestalterischen Zeichen zu setzen: von Verpackungen, Anzeigen und Logos über Autos, Lokomotiven sowie Haushaltsgeräte aller Art bis hin zur Innenarchitektur von Supermärkten, Kaufhäusern und Bürogebäuden. Ende der 40er Jahre waren Loewys Leistungen bereits derartig anerkannt, dass ihm am 31. Oktober 1949 das Wochenmagazin »Time« die Titelseite widmete: »Designer Raymond Loewy. He streamlines the sales curve.« Vier Jahre später zog das deutsche Wochenmagazin »Der Spiegel« in gleicher Weise nach und titelte: »Hässlichkeit verkauft sich schlecht. Kreuzzug des guten Geschmacks: Formgestalter Loewy.« (Der Spiegel 09.12.1953)
Auffällig ist, dass in Amerika die Steigerung des Verkaufserfolgs als besonderer Verdienst seiner Arbeit in den Vordergrund gestellt wird, während man in Deutschland als solches die Qualität des guten Geschmacks und die Absage an die Hässlichkeit hervorhebt. Einmal ist es der marktwirtschaftliche Aspekt und zum anderen ist es der sozio-kulturelle Aspekt des Designs, der besonders herausgestellt wird. Zugleich wird damit ein grundsätzlicher Unterschied hinsichtlich der Betrachtung und Bewertung des Designs zwischen Amerika und Deutschland deutlich erkennbar.
In Amerika wurde Design schon immer als ein Geschäft zwischen Designer und Hersteller betrachtet. Aufgabe des Designers ist es, durch seine Arbeit zu einem besseren Verkaufserfolg und damit zu einem besseren Geschäftsergebnis beizutragen. In Deutschland hingegen wird sehr häufig der kulturelle und gesellschaftliche Wert des Designs herausgestellt. Dass mit gutem Design auch bessere Geschäfte möglich sind, wird dabei zwar nicht gänzlich verschwiegen, jedoch nicht immer deutlich hervorgehoben. Sowohl vielen deutschen Unternehmern und Managern als auch zahlreichen Designern fällt es nach wie vor schwer, Design als ein professionelles Geschäft zu verstehen und zu betreiben.

Design as a profession

There are various ways of looking at design. It can be seen as an artistic activity or its socio-cultural significance can be emphasised. Alternatively, the history and theory of design can be examined and insights of that kind gained. Whatever aspect we finally decide in favour of, it will always involve an at least partial obscuring of the others. It is simply not possible to cover all the aspects from a single point of vantage. For this reason, however comprehensive the view attempted, something will remain unclear or even entirely omitted. What we are concerned with here is design regarded as a profession. We are talking about the job of a designer. Design as a source of income. We will mainly be looking at the designer as a self-employed entrepreneur.

Retrospect

The professionalisation of design or, more precisely, industrial design started in the 1930s when a number of studios were established and grew in a relatively short time into small or even medium-sized businesses with fifty or more employees. In 1951 Raymond Loewy – one of the leading, if not the leading design entrepreneur of his time – summarised the situation in his autobiography "Never Leave Well Enough Alone" as follows: "In less than twenty years industrial design developed from a hesitant, uncertain endeavour into what Time magazine has termed a significant phenomenon of the US economy. This new profession rapidly increased its standing. It has long been common knowledge that industrial design is just as important as advertising as a factor in market acceptance."[1]

Loewy originally came from France, emigrating to America in 1919. Earning his money initially as a freelance with jobs ranging from window displays to fashion magazine illustrations, he was soon building up one of the most successful and reputed design businesses in the world. Within a relatively short time he rose to become a path-breaking design entrepreneur and a guarantee of success throughout industry. There was scarcely any field of application for design in which Loewy and his team did not attempt to make their mark: from packaging, advertisements and logos through cars, locomotives and household appliances of all kinds to supermarket, department store and office interiors. By the end of the 1940s Loewy's achievements had already brought him such recognition that he appeared on the cover of the 31 October 1949 issue of Time magazine under the headline "Designer Raymond Loewy. He streamlines the sales curve". Four years later Der Spiegel followed up with "Ugliness won't sell. Crusade for good taste: designer Loewy" (09 December 1953).

It is striking that in America the special merit of his work was seen as lying in increased sales, whereas good taste and the rejection of ugliness was stressed in Germany.

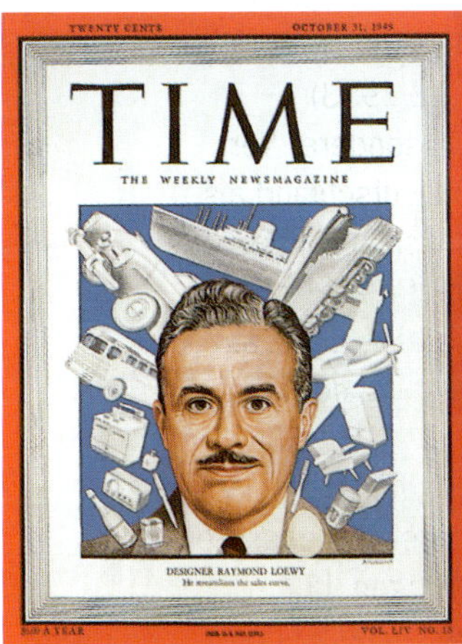

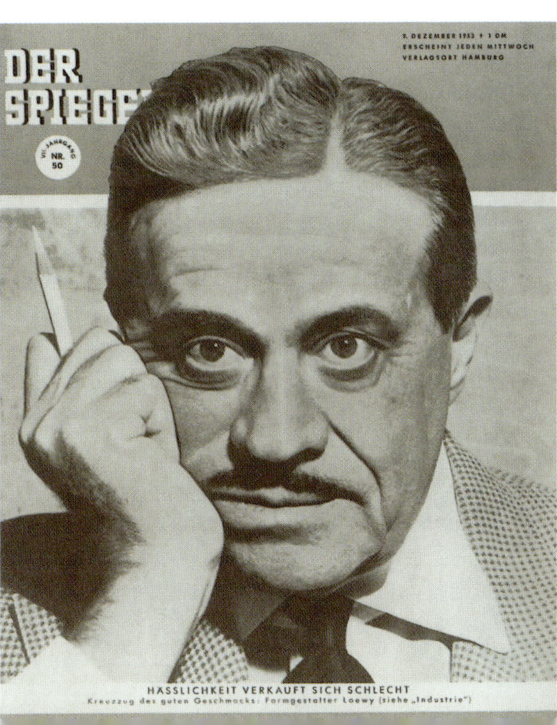

Raymond Loewy war als Designunternehmer überaus erfolgreich und prominent. Titelbild Time Magazin 31. Oktober 1949 und des Spiegel aus dem Jahre 1953.
Raymond Loewy was extremly successful and prominent as a design entrepreneur. Cover picture from Time magazine of 31 October 1949 and Der Spiegel 1953.

Wirtschaft und Design

Worin besteht beim Design der Unterschied zu anderen Bereichen der Wirtschaft? Sicher gibt es viele verschiedene Möglichkeiten diese Unterscheidung zu treffen. Hier wollen wir uns dafür entscheiden, Design als ein Teilsystem des Gesamtsystems Wirtschaft zu betrachten. Wie kommt es dabei zur Ausdifferenzierung des Systems Design in Bezug auf die als Umwelt gegebenen anderen Teilsysteme der Wirtschaft? Eine erschöpfende Antwort auf diese Frage ist aufgrund der gegebenen Komplexität sicher nicht möglich. Aber man kann davon ausgehen, dass alles, was im Design geschieht, immer auch darauf gerichtet sein muss, das System Design zu reproduzieren. Es kommt also darauf an, dass die Kommunikationen des Designs sich als designspezifisch ausweisen, damit man sie nicht falsch interpretiert, etwa als einen auf künstlerische Freiheit zielenden kreativen Prozess. Für Designer ist dies immer wieder ein durchaus praktisches Problem. Es gibt immer wieder Situationen, in denen sie Schwierigkeiten haben, sich eindeutig zu verhalten. Dann läuft das Design Gefahr als Kunst interpretiert und bewertet zu werden.

Doch nicht nur die interpretatorische Nähe zur Kunst, sondern auch die zur Profession der Ingenieure bereitet immer wieder Probleme. Manchmal fällt es schwer, die Arbeit des Designers von der des Ingenieurs zu unterscheiden. Dies ist vor allem dann der Fall, wenn es um die Gestaltung von auf Funktion reduzierte Geräte, Maschinen oder Werkzeuge geht. Was Design ist, muss auch als Design klar erkennbar und kommunizierbar, das heißt beschreibbar sein. Das ist häufig ein Problem, wodurch die Ausdifferenzierung des Designs erheblich erschwert wird.

Doch damit nicht genug, es kommt noch schlimmer. Denn immer häufiger kommt es vor, dass Dinge aufgrund ihrer Erscheinung als Design bezeichnet werden, obwohl Designinsider in diesen Fällen eher von Kunsthandwerk oder Kitsch sprechen würden. Was Design ist oder nicht, ist nicht immer eindeutig zu klären. Das macht es so schwer, mit Design umzugehen und es als ein selbstreferenzielles System zu beschreiben. Stattdessen verhält es sich so: Design ist immer das, was der Einzelne gerade darunter versteht. Die Frage »Was ist Design?« muss dementsprechend immer wieder neu beantwortet werden. Dies gilt nicht nur für die Profession Design, sondern auch für jedes als Design zu bewertendes Objekt. Eine Wahrheit über das, was Design ist und was nicht, gibt es nicht. Dennoch verfügt jedes existierende künstliche Objekt über eine vom Menschen gestaltete Form, wodurch es zugleich zur Tatsache – zu einer Sache der Tat, zu etwas, das auf Machen basiert, wird.

Das Machen in den Vordergrund seines Denkens stellend hat Otl Aicher immer wieder versucht, eine besondere Unterscheidung zu treffen. Sein Ziel war es, so Design von Kunst zu differenzieren. Mit dem Begriff des Machens allein jedoch konnte dies nicht gelingen. Denn Künstler machen auch etwas, was über eine konkrete Erscheinung verfügt. So erkennt Aicher schließlich im Gebrauch die eigentliche Bestimmung des Designs. Wie Instrumente, Werkzeuge und Artefakte auszusehen haben, »(...) sollte nicht länger die Form, das ästhetische Prinzip bestimmen, sondern der Gebrauch. Die Gestalt ist kein Resultat eines noch so klaren Codex, kein Ergebnis von Kunst, sondern ein Ergebnis der Anwendung.«[2] Und an anderer Stelle formuliert er klar, aber keineswegs eindeutig und unmissverständlich: »Design verzichtet auf den ästhetischen Absolutismus der Kunst und sucht die Ästhetik des Gebrauchs.«[3] Missverständlich bleibt, wie sich Design vom Engineering dann noch unterscheidet. Denn auch die Arbeit des Ingenieurs ist auf den Gebrauch von Artefakten ausgerichtet. Aus Sicht der Ingenieure handelt es sich beim Design oftmals um eine künstlerische Erweiterung ihrer Arbeit, womit die von Aicher ausgeschlossene Kunst wieder ins Spiel gebracht wird. Ähnlich sehen es oft auch Unternehmer und Produktmanager. Einige Designer wiederum bezeichnen sich selbst gerne auch als Produktentwickler, wobei sie Ingenieursleistungen wie auch Marketingwissen mit zu ihrer Sache und damit wiederum zur Sache des Designs machen. Diese Bestimmung geht nun wieder über die Gebrauchsbestimmung hinaus direkt in die Unternehmenswirtschaft hinein. Es kommt sogar vor, dass Designer die vollständige Aufgabe der Produktentwicklung und des Marketings für Unternehmen übernehmen.

Genauso gestalten Kommunikationsdesigner nicht nur Erscheinungsbilder und Logos für Unternehmen, sondern kümmern sich um Fragen der Unternehmenskultur und -philosophie, veranstalten Innovations-Workshops und entwickeln Leitlinien für das unter-

The one emphasises the commercial aspect and the other the socio-cultural one. A clear distinction is apparent between the way design is regarded and assessed in America and in Germany.
In America design has always been viewed as a business transaction between designers and manufacturers. The designer's job is to boost the manufacturer's sales and profit. In Germany, on the other hand, the cultural and social value of design is very often emphasised. The fact that good design can be good for business is not completely passed over but, at the same time, not always clearly articulated. Many German companies and managers – and also many designers – still have difficulty in viewing and treating design as a professional business activity.

Trade and industry and design

How does design differ from other branches of trade and industry? Assuredly, there are many different ways of making this distinction. In the present context it will be most useful to regard design as a component system of the overall system of trade and industry. How, then, does the distinction of the system "design" from the other component systems of trade and industry that constitute the general background arise? Given the complexity, an exhaustive answer to this question is almost certainly impossible.
It may, however, be assumed that everything that happens in design must always aim at reproducing the system "design". Accordingly, what matters is that the ways in which design is communicated should be design specific in order to preclude false interpretation, for example as a creative process aiming at artistic freedom. For designers this is a recurrent practical problem. Situations constantly arise in which they have difficulty in behaving unambiguously and this leads to the risk of design being interpreted and assessed as art.
Not only the proximity to art but also to the engineering profession constantly gives rise to problems. It is sometimes hard to distinguish the work of a designer from that of an engineer. This is particularly the case with the design of appliances, machines or tools involving a reduction to function. What design is must always be clearly discernible and communicable as design, ie. it must be possible to describe it as such. That is frequently a problem and it substantially increases the difficulty of isolating the phenomenon of design.
And that is far from all. With increasing frequency things are labelled design on the basis of their appearance, although design insiders would term them craft products or kitsch. What design is or is not, is not always clearly definable. That is what makes it so difficult to deal with design and describe it as a self-referential system. What happens instead is that design is always what the individual in question takes it to be. Accordingly, the question "What is design?" must constantly be answered afresh. That applies not only to the profession of design but also to any object to be assessed as design. There is no single truth about what design is and what it is not. Nevertheless, every existing artificial object has a man-made form, which is what makes it an artifact.
Concentrating on the notion of "making", Otl Aicher has constantly attempted to create a special distinction between design and art. However, the notion of "making" is not enough in itself. Artists also make things that manifest themselves in concrete form. Accordingly, Aicher moves on to the idea of utility as the proper end of design. How instruments, tools and artifacts have to look "(…) should not be determined by form, by the aesthetic principle, but by use. Design is not the result of a code, be it ever so clear, or the result of art but the result of application".[2] Elsewhere he states clearly but by no means unambiguously: "Design dispenses with the aesthetic absolutism of art and strives for the aesthetics of utility."[3] The question then remains open as to what distinguishes design from engineering. The engineer's work is also directed at the use of artifacts. From the point of view of engineers design is often an artistic extension of their work – which brings us back to art, which Aicher specifically excluded. Industrialists and product managers often see it the same way. And some designers like to refer to themselves as product developers, including engineering and marketing skills in the scope of their work. This goes beyond concern with the utility of the object designed and leads into the world of industry and business. Designers sometimes even take on the full task of product development and marketing for companies.

nehmerische Selbstverständnis. Darüber hinaus kann man sich die Frage stellen, was eigentlich einen Fotodesigner von einem Fotografen unterscheidet. Auch hier kommt wieder die Kunst beziehungsweise die künstlerisch-gestalterische Begabung zurück ins Spiel. Hier treffen die freiberufliche, selbstbestimmende Profession des Designers und die handwerklich festgelegte Profession des gelernten Fotografen aufeinander. Schließlich kann man sich fragen, was geschieht eigentlich beim Multimedia-, Interaction- und Intelligentdesign. Fragen über Fragen, die letztendlich nicht mit endgültiger Gewissheit für alle Zeiten zu beantworten sind und so statt zur Differenz vielmehr zur Indifferenz der Design-Profession beitragen. Nicht zuletzt deshalb haben es Designer schwer, sich in der Wirtschaft zu behaupten, weil ihre Rolle so indifferent und damit mehrdeutig interpretierbar ist.

Entscheidungen über Design

Über Design muss immer wieder von neuem entschieden werden. Besonders schwierig wird es immer dann, wenn es darum geht, zwischen schlechtem, normalem und gutem Design zu unterscheiden. Welche Kriterien können hierbei zugrunde gelegt werden?
Es geht also zum einen darum zu klären, wie über Design entschieden wird, und zum anderen darum, wer darüber entscheidet und wer das letzte Wort bei der Entscheidung hat.

Eine Verobjektivierung der Entscheidung über Design ist von vornherein ausgeschlossen, da es sich dabei nicht um ein messbares, quantifizierbares Phänomen handelt. Es ist völlig unmöglich, eins und eins zusammenzuzählen, um dadurch zu einem feststehenden Ergebnis zu kommen. Versuche diese Unmöglichkeit zu überwinden hat es schon viele gegeben. Einer davon besteht darin, Design als eine allgemeingültige funktionale Form zu bestimmen, die immer und überall Gültigkeit besitzt. Dieser Verobjektivierungsversuch geht auf die Aussage des Architekten Louis Sullivan zurück, der das Maß der Dinge auf die Formel »form follows function« gebracht hat. Trotz zahlreicher Bemühungen, daraus eine endgültige, wahrhafte Bestimmung des Designs begründen zu wollen, ist auch dieser Versuch gescheitert. Um dies zu erkennen, bedurfte es nicht erst der Memphis-Bewegung in den 80er Jahren. Viel früher hatte Adorno schon in seiner Schrift »Ohne Leitbild« sehr plausibel nachgewiesen, dass es sich auch beim Funktionalismus lediglich um einen Stil der Gestaltung und nicht etwa um eine unantastbare Gestaltungswahrheit handelt.[4]
Dennoch ist es durch die Annahme des Funktionalismus erstmals gelungen, die Kommunikationen des Designs eindeutiger zu gestalten, weil sie dadurch für alle Beteiligten auf einen verständlichen und akzeptablen Sinn gebracht werden. Es macht eben Sinn, Dinge funktionsgerecht zu gestalten. Darin liegt eine ungeheure Überzeugungskraft, die auch heute noch bei Entscheidungen über Design oft ausschlaggebend ist, ohne dass man damit in jedem Fall von eindeutig überprüfbarer Objektivität ausgehen kann. Jedoch fällt es vielen leichter eine Entscheidung über Funktionalität als über Ästhetik zu treffen, weil im ersten Fall eine bessere Möglichkeit zur Überprüfbarkeit gegeben ist. Problematisch ist und bleibt jedoch, dass Design sowohl über eine funktionale als auch mindestens über eine ästhetische Qualität verfügt, so dass eine Entscheidung über Designqualität beides, wenn nicht sogar mehr berücksichtigen muss. Somit ist mit dem Funktionalismus nur ein Teilproblem scheinbar gelöst.
Um eine scheinbare Problemlösung der Entscheidung handelt es sich dabei deshalb, weil ja auch Funktionalität letztendlich als alleinige Designbestimmung nicht objektiv messbar ist. Die Richtigkeit der Entscheidung lässt sich nicht mit einer korrekt gerechneten Zahl, sondern nur durch allgemeine Anerkennung eines Sinns begründen. Letztendlich verhält es sich immer so, dass Entscheidungen über Design nicht mathematisch kalkulierbar sind, sondern dass sie ausschließlich auf der Sinnebene getroffen werden können. Über das, was Sinn macht, kann aber immer nur jeder für sich selbst entscheiden. Das erklärt zugleich, warum die Entscheidung über Design immer eine rein subjektive Entscheidung ist. Sofern eine gültige Verobjektivierung überhaupt möglich ist, kann diese nur dadurch hervorgerufen werden, dass eine Vielzahl von Menschen darin übereinstimmen, in einem Designgegenstand den gleichen Sinn zu erkennen. Dieser Entscheidungsprozess basiert in erster Linie nicht auf reiner Anschauung, sondern auf Kommunikation.

Similarly, communication designers not only design images and logos for companies but also concern themselves with questions of corporate culture and philosophy, organise innovation workshops and devise corporate identity guidelines. In addition to this, the question might be asked as to what distinguishes a photo designer from a photographer. Here, too, art or artistic design talent comes back into play and the self-defining profession of the designer meets the established and defined trade of the professional photographer. Finally, the question might be asked as to what goes on in the fields of multi-media, interaction and intelligent design. Questions upon questions which in the final analysis can never be answered with ultimate certainty and which therefore tend to make the profession of design less rather than more clear-cut. It is not least for this reason that designers have a hard time asserting themselves in the world of trade and industry their role is subject to such a variety of different interpretations.

Design decisions

Decisions about design must be taken constantly and this is especially difficult when it is a matter of distinguishing between bad, ordinary and good design. What criteria can be used? It must be established how the decisions are to be taken, who is to make them and who is to have the last word.

Any objectification of decisions about design is ruled out from the start because we are not dealing with a measurable, quantifiable phenomenon. It is completely impossible to add two and two together and come to a definite result. There have been many attempts to overcome this impossibility. One of them consists in defining design as functional form with general validity. This attempt at objectification goes back to the architect Louis Sullivan's statement that "form follows function". Despite many efforts to base a final and true definition of design on this, the attempt fails. It did not take the Memphis movement of the 1980s to make this realisation clear. Much earlier than that, Adorno provided very plausible evidence in his publication "Without a Model" that functionalism is merely a style of design rather than an unassailable design truth.[4]
Nonetheless, the functionalist assertion succeeded in making the communication of design clearer for the first time by giving it a meaning that was comprehensible and acceptable to all concerned. There is sense to making things functional. That carries enormous conviction and is even today often a crucial factor in decisions about design without there necessarily being a basis of verifiable objectivity in every case. It is, however, easier for many people to make decisions about functionality rather than aesthetics because the former is more easily verifiable. The problem remains that design has both a functional and an aesthetic aspect, with the result that any decision about design quality must take both into consideration, if not more. Functionalism accordingly only furnishes an ostensible solution to a part of the problem. The solution is only an ostensible one because functionality itself, even when taken as the sole criterion, is not objectively measurable. The rightness of a decision of this kind cannot be substantiated by an accurately calculated figure but only by a general recognition of good sense. In

»form follows function«
Louis Sullivan
Carson-Pirie-Scott-Warehouse,
Chicago, 1899

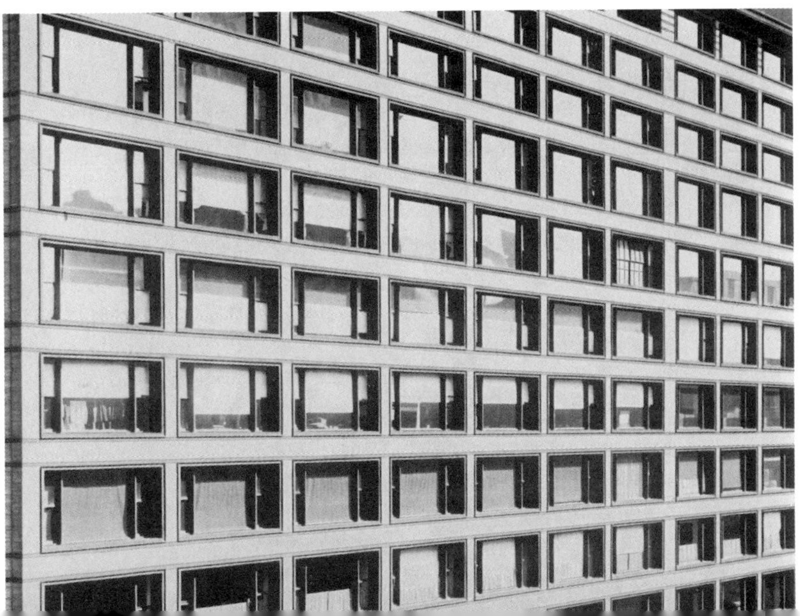

Design-Wettbewerbe

Kommunikation ist auch der Grund dafür, weshalb ausgerechnet im Bereich Design so viele Wettbewerbe stattfinden. Zugleich kann damit auch erklärt werden, wieso es trotz einer inflationären Entwicklung auf diesem Gebiet sehr sinnvoll ist, Design-Wettbewerbe zu veranstalten, und warum es sowohl für Designer als auch für Unternehmen Sinn macht, sich daran zu beteiligen. Design-Wettbewerbe sind ein gut geeignetes Medium, um Entscheidungen über Design zu treffen, die losgelöst sind von der Entscheidungsfindung im Verhältnis zwischen Designer und Auftraggeber sowie Hersteller und Käufer. Wettbewerbe übernehmen in der Designwirtschaft eine Leit- und Orientierungsfunktion. Sie eröffnen die Möglichkeit, Kommunikationen bezüglich des Entscheidungsverhaltens in eine gewünschte Richtung laufen zu lassen. Für Unternehmen macht es Sinn, sich mit ihren Produkten an Design-Wettbewerben zu beteiligen, weil sie sich mit Design-Auszeichnungen besser gegenüber ihren Konkurrenten positionieren können. Je schwerer es Kunden fällt, Unterschiede an Produkten auf den ersten Blick festzustellen, desto wichtiger ist es für Unternehmen, immer noch ein Argument mehr zu haben oder in »ausgezeichneter« Weise über ein ausgezeichnetes Produkt reden zu können.

Außerdem ermöglichen Design-Wettbewerbe eine Form von Verobjektivierung bei Designentscheidungen. Zwar ist auch die Entscheidung eines jeden Jurors ein subjektives Urteil, doch sind es bei Wettbewerben immer mehrere Juroren, die gleichzeitig über ein Produkt entscheiden, worauf es schließlich zur Auszeichnung oder Ablehnung desselben kommt. Man kann sich demnach also auf ein fachkundiges Expertenurteil berufen. Selbstverständlich bleibt es dennoch immer wieder jedem anderen Entscheider freigestellt, sich diesem Urteil anzuschließen oder sich persönlich anders zu entscheiden.

Jetzt kommt es auf den Grad der Überzeugungskraft des Expertenurteils an. Dieser wiederum wird durch das Vorwissen der nachfolgenden Entscheider bestimmt. Dabei geht es um Folgendes: Wie steht es um den Bekanntheitsgrad und um das Ansehen eines Design-Wettbewerbes? Welchen Stellenwert haben die dabei verliehenen Auszeichnungen? Sind die Juroren bekannt? Und stehen sie für eine unbestrittene Kompetenz? Wenn weder über den Wettbewerb noch über die Juroren ein genügend großes Vorwissen vorhanden ist, dann ist der Grad der Überzeugungskraft einer Auszeichnung sehr gering. Denn andere Entscheider können dann keinen Sinn in der Auszeichnung eines Produktes erkennen. Dies führt dazu, dass der betreffende Wettbewerb keinen oder bestenfalls kaum Einfluss auf ihr Entscheidungsverhalten nimmt. Anders verhält es sich dementsprechend, wenn das genaue Gegenteil der Fall ist. Wenn Wettbewerb, Auszeichnung und Juroren über einen hohen Akzeptanzgrad verfügen, dann fällt diese auch bei anderen Entscheidungen über ein ausgezeichnetes Produkt ins Gewicht.

Es ist also sinnvoll für Unternehmen mit ihren Produkten an Design-Wettbewerben teilzunehmen. Allerdings nur an den Wettbewerben, bei denen man davon ausgehen kann, dass ein genügend großes Vorwissen darüber bei anderen Entscheidern wie etwa Händlern oder Endkunden vorhanden ist.

Für Designer macht es Sinn an Design-Wettbewerben teilzunehmen, weil sie sich gegenüber ihren Auftraggebern dadurch besser positionieren können. Sie vermögen es sehr viel besser ihren Erfolg in Szene zu setzen. Unter Umständen steigt dadurch ihre Glaubwürdigkeit und Überzeugungskraft, wenn es darum geht, eine Entscheidung über vorgelegte Entwürfe zu treffen. Für Designer ist die Teilnahme an Design-Wettbewerben ein sehr gutes Medium, um ihren Erfolg zu kommunizieren. Die Art dieses Erfolges ist einzig auf die Designqualität gerichtet und lässt den Verkaufserfolg außer Acht. Gerade dies ist für den Designer von außerordentlicher Wichtigkeit. Denn er ist ja nur in der Lage, mit seiner Tätigkeit unmittelbar Einfluss auf die Designqualität zu nehmen. Der Verkaufserfolg eines Produktes hingegen ist nie nur allein vom Design abhängig, sondern von einer gewissen Anzahl anderer Faktoren.

In positiven Fällen wird zwar der Designer dafür plädieren, dass der Verkaufserfolg in erster Linie auf die Designqualität zurückzuführen ist. Allerdings wird er dies jedoch niemals tatsächlich beweisen können. Im negativen Fall wird er sich auf die Position zurückziehen, dass zwar das Design sehr gut gelungen ist, aber andere, von ihm nicht zu beeinflussende Geschehnisse zum Misserfolg des Verkaufs geführt haben. Diese Aussage kann er unter Umständen damit begründen, dass er mit dem betreffenden Produkt in einem anerkannten Design-Wettbewerb erfolgreich gewesen ist. Hinzu kommt noch das Argument, dass sehr wahrscheinlich auch andere Designer wie etwa die sehr respektierten Juroren das Produkt ähnlich gestaltet hätten.

the final analysis it is always the case that decisions about design cannot be reached by mathematical calculation but exclusively on the level of sense and purpose. And everyone must decide for himself what makes sense and has a point. This also explains why a decision about design is always a purely subjective decision. To the extent that a valid objectification is possible at all, it can only be drawn from the fact that a number of people agree on the sense and point of a design. This decision process is primarily based on communication rather than mere observation.

Design competitions

Communication is also the reason for there being so many competitions in the field of design. It also explains why, despite the proliferation of such events, there is a great deal of point in organising them and it makes good sense for designers and companies to take part. Design competitions are a very suitable medium for making decisions about design in isolation from the decision making that takes place in the course of dealings between designers and their clients or manufacturers and customers.

One function of competitions is to provide guidance and orientation in the design industry. They open up the possibility of channelling communication with regard to decision making behaviour. For companies it makes sense to enter their products in design competitions because design awards will give them an advantage over their competitors. The harder it is for customers to tell products apart at first glance, the more important it is for companies to have the extra sales argument furnished by an award.

In addition to this, design competitions facilitate a kind of objectification of design decisions. Although any juror's decision will be a subjective judgement, there are always a number of jurors assessing any one product for an award. The decision will be an expert one. Having said this, it must, of course, be added that the decision makers will be free to agree or disagree amongst themselves.

What now matters is the conviction carried by the expert assessment. This will be determined by the knowledge of the decision makers. What is at issue is the reputation and familiarity of a design competition. How do the awards rank? How well-known are the jurors? Is their expertise beyond doubt? If neither the jurors nor the competition are sufficiently well-known the conviction carried by the awards will be negligible because other decision makers will then see no point in them. Accordingly, the competition in question will have little or no influence on decisions further down the line. If the opposite is the case, the converse is true. If the competition, awards and jurors have a high degree of exposure and public acceptance, this will significantly affect other decisions concerning an award winning product.

There is, therefore, certainly a point in companies entering their products in design competitions – but only if these competitions are sufficiently familiar and esteemed by other decision makers such as dealers and end-users.

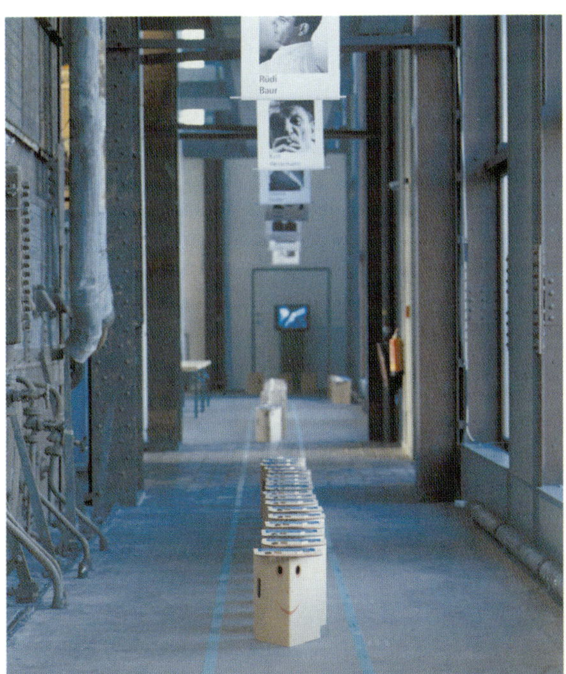

Design-Wettbewerbe sind ein gutes Medium, um Erfolg zu kommunizieren
Design competitions are an exellent way of communicating success.

Design Zentrum Nordrhein Westfalen
red dot award communication design

Designer können eigentlich durch die Teilnahme an Design-Wettbewerben immer nur gewinnen, auch wenn das von ihnen eingereichte Produkt keine Auszeichnung erhält. Denn wenn dieses Produkt dennoch ein Verkaufserfolg ist, können sie diesen, wie bereits erwähnt, trotzdem für sich reklamieren. Kein Auftraggeber wird ihnen nämlich in dieser Situation vorhalten, dass sie im Design-Wettbewerb nicht erfolgreich gewesen sind, da ihn der Verkaufserfolg um ein Vielfaches mehr interessiert als eine Designauszeichnung. In dem Fall, dass ein Produkt sowohl keine Auszeichnung erhält als auch kein Verkaufserfolg ist, bleibt dem Designer immer noch die Möglichkeit, darauf zu verweisen, dass eventuell eine zu starke Einflussnahme des Auftraggebers auf das Design des Produktes zu diesem schlechten Ergebnis geführt hat. Dieses Argument wird insbesondere dadurch bekräftigt, dass der Designer bereits zuvor mit zahlreichen anderen Produkten Auszeichnungen erlangt hat. Ob der Designer dieses Argument aber tatsächlich anführen wird, hängt davon ab, wie sein Verhältnis zum Auftraggeber geprägt ist. Er wird darauf auf jeden Fall verzichten können, wenn dieses Verhältnis von gegenseitigem Vertrauen und Anerkennung bestimmt wird.
Fassen wir noch einmal zusammen: Design-Wettbewerbe sind in der Designwirtschaft ein wichtiges und sinnvolles Medium der Kommunikation, um Entscheidungen über Design in eine gewünschte Richtung zu lenken. Allerdings ist eine endgültige Entscheidungsgarantie auch damit nicht zu erzielen, da Entscheidungen über Design immer subjektiv sind. Jedoch kommt durch Design-Wettbewerbe eine gewisse, wenn auch eingeschränkte Form von Verobjektivierung ins Spiel, die sowohl für Unternehmen als auch für Designer von Vorteil sein kann.

Kommunikation und Design

Eine Designstrategie, die mit einer entsprechenden Kommunikationsstrategie einhergeht, verfügt dementsprechend immer über eine größere Wahrscheinlichkeit, von vielen Menschen in gleicher Weise beurteilt und verstanden zu werden. Erfolg im Design basiert demnach darauf, dass es vielen Menschen gelingt, den gleichen Sinn in einer Sache zu erkennen. Dies ist bis heute mit dem Funktionalismus gegeben, weil er anscheinend relativ leicht zu kommunizieren und zu verstehen ist. Denn es scheint Sinn zu machen, wenn etwas funktioniert.
Allerdings müssen Sinn und Funktion nicht immer in einer eindeutigen Relation zueinander stehen, wie der Künstler Jean Tinguely es mit seinen zwar perfekt funktionierenden, aber unsinnig erscheinenden Maschinen demonstriert. Das, was im Design Sinn macht, kann in der Kunst völlig sinnlos erscheinen und umgekehrt. Umso größer ist die Verwirrung, wenn es nicht gelingt, eindeutig zwischen Design und Kunst zu differenzieren. Eine derartige Differenzierung wird aber in erster Linie nicht immer am Objekt, sondern in der Kommunikation entschieden. Letztendlich ist es demnach nicht der Gebrauch an sich, für den eine Sache bestimmt ist, sondern der Gebrauch, der durch Kommunikation als sinnvoll oder sinnlos ermittelt wird, der über Design oder Nicht-Design entscheidet. In der Kommunikation ist aber jeder auf sich gestellt.
Künstler haben dies sehr viel früher erkannt als Designer. Allen voran Marcel Duchamp. Seine Ready-mades, bei denen es sich um von ihm ausgewählte, signierte und zum Kunstwerk erhobene Gebrauchsgegenstände aus industrieller Serienproduktion handelte, vermögen dies sehr anschaulich zu belegen. Auch Andy Warhol liefert mit seinen als Kunstwerk dargestellten Massenprodukten und Verpackungen ein gutes Beispiel dafür.
Es wird also in der Kommunikation über Design entschieden. Wie aber wird über Design kommuniziert? Hierzu haben wir bereits herausgefunden, dass die Kommunikationen über Design sehr indifferent sind. Dies bedeutet, dass viele Entscheidungen möglich sind. Dies entspricht durchaus dem tatsächlichen Geschehen. Immer wieder kommt es vor, dass völlig widersprüchliche Aussagen über Design gemacht werden. Dies muss zwangsläufig auch zu widersprüchlichen Entscheidungen führen.
Als ein Beispiel von vielen kann hierzu die Kommunikation über Design in der Wirtschaft genommen werden. Nicht selten ist es so, dass Designer und Auftraggeber einen unterschiedlichen, bisweilen sogar widersprüchlichen Sinn im Design erkennen. Der eine mag dabei auf eine gestalterische Qualität zielen, während der andere damit ein kalkuliertes Geschäftsziel verfolgt. Während der Sinn für den Designer womöglich darin besteht, eine Gestaltungsidee in Perfektion zu realisieren, und er damit auf die Sache an sich orientiert ist, mag der Auftraggeber eventuell im Design nur ein Mittel zum Zweck

For designers there is a point in participating in design competitions because these will enable them to improve their position vis-à-vis their clients by presenting their success much more effectively. It may even increase their credibility and persuasiveness in affecting decisions on designs they have submitted. Taking part in design competitions is a very good medium for communicating success – a success which relates solely to the quality of the design, leaving aside for a moment the success of sales. This is of extraordinary importance to designers, for it is only they who are directly in a position to influence design quality. The sales success of a product, on the other hand, will always depend on a certain number of other factors as well as design.

When the outcome is favourable the designer will, of course, maintain that the sales success is primarily attributable to the quality of the design without ever actually being able to prove this in fact. In the event of an unfavourable outcome he will fall back on the assertion that although the design was perfectly all right other factors beyond his control have resulted in poor sales. He may be able to support this assertion by pointing to an award won for the design of the product in a reputable design competition. An additional argument is that other designers, for instance the highly respected jurors, would also have designed the product similarly.

In fact, designers can only gain by taking part in design competitions even if their entries fail to win an award. Because if the product still turns out to be a sales success they can claim the credit on that count. If that happens, no client will blame them for not winning an award: the client is much more interested in good sales. In the event of a product neither winning an award nor selling well, the designer can still claim that excessive interference on the part of the client with regard to the design has been the reason for the poor result. This argument will have powerful support if the designer has had numerous award winning products in the past. Whether the designer actually uses this argument will depend on the nature of his relationship with his client. He will, of course, be able to dispense with it if this relationship is one of mutual trust and respect.

To recapitulate: design competitions are an important and meaningful medium of communication in the design industry which channel decisions about design in the right direction. Having said which, it must be added that they cannot guarantee such decisions, these being always subjective in nature. Nevertheless, they do introduce a certain, limited form of objectification that can be of benefit to both companies and designers.

Communication and design

A design strategy accompanied by a corresponding communication strategy is accordingly always likely to be understood and assessed by many people in the same way. Success in design is therefore based on many people being able to see the same point in a thing. This is true of functionalism because it seems to be relatively easy to understand and communicate. The point of something functioning is fairly clear.

Nevertheless, function and sense need not always stand in a clear relationship to one another, as has been demonstrated by the artist Jean Tinguely with his perfectly functioning but apparently senseless machines. What makes sense in design may appear completely senseless in art and vice versa. The confusion is all the greater when a clear distinction is not made between design and art. The crucial factor in such a distinction is not primarily always in the object itself but rather in communication. In the final analysis it is not the designated use of an object itself but the use determined by communication as having or lacking a point that decides as to design or non-design. And communication is something everyone has to handle for himself.

Artists realised this very much earlier than designers. Marcel Duchamp led the way here. His ready-mades, mass produced utility objects selected, signed and raised to the status of art by him, illustrate this very well. Andy Warhol, too, provides a good example with the mass produced goods and packaging he presented as art.

Communication is accordingly decisive for design. But how is design communicated? We have already seen that efforts to communicate design are lacking in clear distinctions to a very large extent. This means that many decisions are possible, and that is what actually happens. Utterly contradictory statements are constantly being made about design. That necessarily results in conflicting decisions.

One of many examples that can be taken is the communication of design in trade and industry. It is not infrequently the case that designers and their clients see a different

des wirtschaftlichen Erfolgs sehen. Der Erfolg des Designers wäre bereits mit der möglichst idealen Realisierung seines Entwurfes gegeben, während für den Auftraggeber der Weg zum Erfolg damit erst beginnt. Ausschlaggebend für seine Entscheidung ist, für wie riskant er seine Operationen auf diesem Weg einschätzt.

Das Geschäft des Designers besteht in erster Linie darin, seinen Entwurf an einen Auftraggeber zu verkaufen. Das Geschäft des Auftraggebers schließt sich daran an, indem er Käufer für das gefertigte Produkt finden muss. Doch ist es keineswegs so, dass nur der Auftraggeber ein Risiko trägt. Vielmehr ist auch die Arbeit des Designers mit Risiken behaftet. Inwieweit die Risiken beider zueinander in Verbindung stehen, wird durch die vereinbarten Zahlungen bestimmt. Wird zum Beispiel ein Designer nach Erledigung seines Entwurfes unabhängig vom späteren Verkaufsergebnis des Produktes bezahlt, so ist sein Risiko weitgehend von dem des Auftraggebers getrennt. Letzterer trägt dann das alleinige Risiko, seine Zahlungen an den Designer durch spätere Zahlungen seiner Kunden auszugleichen.

Anders verhält es sich, wenn der Designer in Abhängigkeit zum Erfolg seines Entwurfes bezahlt wird. Dann trägt zwar immer noch der Auftraggeber ein größeres Risiko, weil er weitere Zahlungen für die Produktion und den Vertrieb des Entwurfes etc. zu leisten hat, doch geht hierbei auch der Designer ein sehr viel größeres Risiko ein, da er in der Regel weder auf die Produktion noch auf den Vertrieb des von ihm entworfenen Produktes erfolgsbestimmenden Einfluss nehmen kann. Sein letztendlicher Erfolg ist dann vom Geschick des anderen Risikoträgers abhängig. Je nach Unternehmensstruktur des Auftraggebers kann dabei das Risiko des Designers unterschiedlich hoch eingeschätzt werden. Verfügt der Auftraggeber über gut ausgebaute Vertriebsstrukturen und ist er bereit in eine qualitativ hochwertige Produktion zu investieren, dann ist das Risiko für den Designer sehr viel geringer zu bewerten als bei einem Unternehmen, das sich gerade erst in der Aufbau- und Entwicklungsphase befindet. Deshalb lohnt es sich für Designer in der Regel mehr, für Marktführer oder Blue Chips zu arbeiten als für Unternehmen, deren Marktposition relativ unsicher ist. Im Erfolgsfall kann hier allerdings wiederum der Gewinn sehr viel höher ausfallen.

Risiko und Entscheidung

Alle Entscheidungen über Design in der Wirtschaft sind somit Entscheidungen über ein Risiko des Erfolgs. Das Problem dabei besteht darin, dass der Erfolg eines Produktes in der Regel weder im Entscheidungsbereich des Designers noch in dem des Auftraggebers liegt. Selbstverständlich sind beide stets an dem Erreichen eines Erfolges interessiert. Das führt dazu, dass beide mit dem Für und Wider des Erfolgs argumentieren, ohne darüber entscheiden zu können. Dadurch entsteht im Geschäft mit Design eine sehr große Unsicherheit. Beide Gesprächspartner wollen das Gleiche, aber unter Umständen verhalten sie sich dabei argumentativ sehr widersprüchlich zueinander. In dem, was der eine als erfolgversprechend darstellt, mag der andere das genaue Gegenteil erkennen. Jeder Designer und jeder Auftraggeber kennt derartige Gespräche. Mal geht es dabei darum wie ein Griff, ein Schalter oder eine Verblendung geformt sein soll; mal darum, eine Abbildung größer oder kleiner zu machen, sie anders zu platzieren oder die Typografie größer oder kleiner und damit »lesbarer« zu machen; mal darum, eine andere Perspektive für ein Foto oder einen anderen Bildausschnitt zu wählen. Die Beispiele lassen sich beliebig fortführen. Immer geht es allen Beteiligten darum, für das beste Ergebnis im Hinblick auf den Erfolg zu kämpfen und zu streiten. Doch keiner kann eine Garantie für den Erfolg übernehmen, weil die Entscheidung darüber nicht von den Beteiligten getroffen wird. Auch wird im Nachhinein niemand mehr mit Gewissheit darüber eine Entscheidung treffen können, wodurch man schließlich erfolgreich oder erfolglos gewesen ist. Streit ist im Design strukturell bedingt eher die Regel als die Ausnahme. Design ist eben unlogisch!

So sehr man sich über Design streiten kann, so unbestreitbar ist, dass über jedes Produkt eine eindeutige Entscheidung getroffen werden muss, weil man es sonst nicht produzieren könnte. Dies gilt für ein Auto ebenso wie für eine Anzeigenkampagne, eine Webseite oder eine Produktfotografie. Ganz gleich in welchem Designbereich wir uns auch bewegen, am Ende langer Diskussionen und Streitgespräche muss immer eine Entscheidung stehen, so unmöglich dies anfangs auch erscheinen mag. Mindestens einer muss also das letzte Wort sprechen und mit seiner Entscheidung die Verantwortung für

and sometimes even conflicting point in design. One may be aiming for a particular design quality, whereas the other is pursuing a calculated business aim. While the point for the designer may be the perfect realisation of a design idea, which means that he concentrates on the thing itself, his client may view design as merely a means to the end of commercial success. Success for the designer would be in the ideal implementation of his design, whereas this represented only the start of the road to success for the client, whose decision would depend on how he assesses the risk involved in the operation.

The business transaction of the designer primarily consists of selling a design to his client. The client's business is then to find buyers for the finished product. Nonetheless, it is not only the client who bears a risk. The designer's work also involves risk. The relation of these risks to one another is reflected in the payment agreed on. If, for example, a designer is paid a fee irrespective of the subsequent sales of the product, his risk is largely separate from that of the client who bears the entire risk of making good his payment to the designer through the payments he subsequently receives from his customers.

It is a different matter if the designer's payment is made contingent on the success of his design. The client will still be bearing a greater risk because he will also be paying for production and distribution but the designer's own risk will also be greater, as he will normally not be in a position to exert any significant influence on the production and sale of the product he has designed. In the final analysis, his success depends on the skill of the other party. The designer's risk can vary depending on the client's corporate structure. If the client has a well established distribution and sales organisation and is willing to invest in high-quality production, the designer's risk will be very much smaller than with a company that is just starting up. For this reason, a designer will as a rule find it more worthwhile to work for market leaders or blue chips than for companies whose market position is relatively uncertain although the profit here can be very much higher if success is achieved.

Risks and decisions

All decisions about design in trade and industry are accordingly decisions about risk and the likelihood of success. The problem is that the success of a product cannot as a rule be decided by either the designer or his client. Both of them, of course, always have an interest in making it a success. This results in both of them arguing the pros and cons without being in a position to decide the matter. There is very great uncertainty in the business of design. Both parties want the same but may often be very much in conflict.

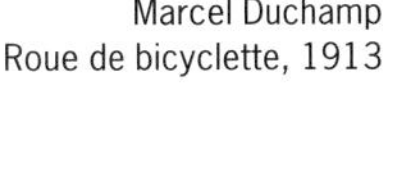

Marcel Duchamp
Roue de bicyclette, 1913

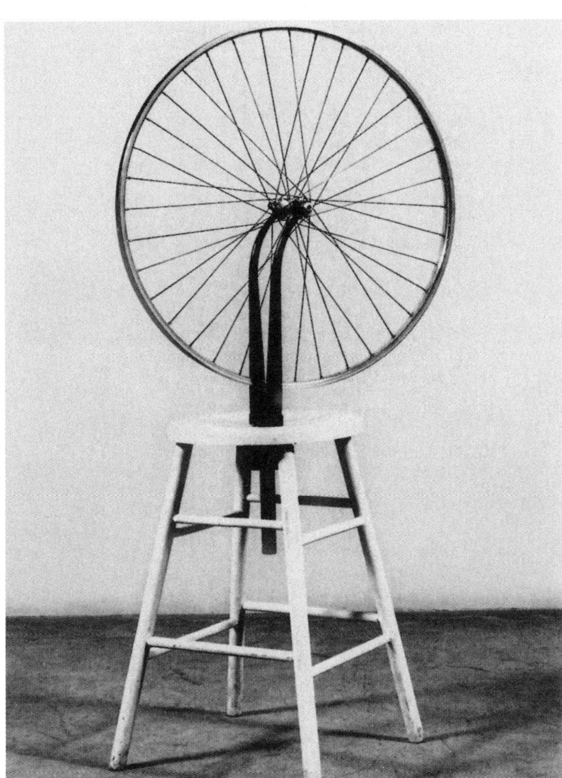

das Risiko übernehmen. Letztendlich kann es sich dabei immer nur um den Auftraggeber handeln, da er stets das größere, wenn auch nicht immer das alleinige Risiko zu tragen hat.
Wenn es aber immer so ist, dass der Auftraggeber zum Schluss entscheidet, dann kann man sich fragen, warum dann zuvor überhaupt diskutiert und gestritten wird. Eine Erklärung hierfür mag sein, dass auch der Auftraggeber nicht von Anfang an weiß, was er will und wie er entscheiden wird. Vielmehr benötigt er nicht nur den Entwurf, sondern vor allem auch die Kommunikation um zu seiner Entscheidung zu gelangen. An dieser Stelle wird deutlich, wie wichtig die kommunikative Inszenierung der Entwurfspräsentation für das Entscheidungsverhalten und die Entscheidungsfindung des Auftraggebers sind. Denn – wie bereits gesagt – die Entscheidung über Design findet in der Kommunikation statt. Dies mag – am Rande bemerkt – mit ein Grund dafür sein, dass es der Werbebranche in der Vergangenheit sehr viel besser gelungen ist, eine anerkannte Position in der Wirtschaft einzunehmen als der Designbranche. Anders als Design wird nämlich Werbung nicht als eine erforderliche Notwendigkeit in Frage gestellt. Hiervon ist die Designbranche noch weit entfernt.

Fassen wir noch einmal zusammen, worin ein wesentliches Problem der Design-Profession besteht: Design muss entschieden werden. Doch können die davon betroffenen Personen dabei nicht auf objektive Bewertungskriterien zurückgreifen. Letztendlich kann immer nur jeder für sich selbst subjektiv entscheiden. Um unter diesen Umständen zu einer Verobjektivierung und damit zu einer höheren Wahrscheinlichkeit einer von vielen geteilten Entscheidung zu gelangen, muss über Design kommuniziert werden. Nur so kann Design erfolgreich sein. Designer und Auftraggeber sind beide gleichermaßen erfolgsorientiert. Allerdings liegt in der Regel das größere Risiko auf Seiten des Auftraggebers. Hierin ist schließlich der Grund dafür zu sehen, weshalb die endgültige Entscheidung über Design auf dieser Ebene immer beim Auftraggeber liegt. Entscheidend für die Risikoverteilung ist die zeitliche Folge von Zahlungen, die zu leisten sind.
Unter den beschriebenen Gegebenheiten besteht die einzige Möglichkeit für den Designer, die Macht über die Entscheidung zu gewinnen, darin, eine Erfolgsgarantie zu übernehmen. Dies kann sogar dazu führen, dass er das gesamte finanzielle Risiko einer Produktentwicklung trägt wie es zum Beispiel Sir Terence Conran zu Beginn seiner Karriere getan hat. Nachdem er sich weder mit Auftraggebern noch später mit Händlern über seine Designentwürfe zu einigen vermochte, beschloss er, eine eigene Produktion sowie eine eigene Distribution für die von ihm entworfenen Produkte aufzubauen. Schließlich gelang es ihm auf diese Weise zu einem der erfolgreichsten Designunternehmer der Welt aufzusteigen.

Indifferenz

Es stellt sich nun die Frage, ob es zwangsläufig so sein muss, dass stets der die endgültige Entscheidung über eine Leistung treffen darf, der für die Zahlung verantwortlich ist? Nun, es gibt mindestens einen Bereich, wo sich dies anders verhält, nämlich im Bereich der Medizin. Zwar ist es so, dass auch der Arzt eine Dienstleistung ohne Erfolgsgarantie erbringt und er dafür von seinem Auftraggeber, dem Patienten bzw. dessen Krankenkasse, bezahlt wird, doch ist es in der Regel er allein, der die Entscheidung über seine Arbeit trifft. Niemals wird ein Arzt sich darauf einlassen, mit seinen Patienten über seine Arbeit zu streiten. Selbst dann nicht, wenn der Erfolg, nämlich die Genesung des Patienten, nicht eintritt. Auch wären Ärzte zumindest hierzulande niemals bereit, sich erfolgsabhängig bezahlen zu lassen. Wie ist dies möglich, obwohl doch in der Wirtschaft dem Medium Geld und den damit einhergehenden Zahlungen eine ausschließlich bestimmende Bedeutung zugeschrieben wird?
Der Ärzteschaft ist es über Jahrhunderte hinweg gelungen, ein eigenes, selbstreferenzielles System der Medizinwirtschaft zu entwickeln, welches sehr weit ausdifferenziert ist. Allein die Tatsache, dass der akademische Titel Doktor im allgemeinen Volksverständnis mit der Berufsbezeichnung des Arztes gleichgesetzt wird, deutet darauf hin, dass es den Ärzten wie keiner anderen Berufsgruppe gelungen ist, sich auf einem hohen Niveau von anderen zu unterscheiden. Ärzte heißen stets Herr Doktor und unterscheiden sich von ihren Patienten dadurch, dass sie anders sprechen (nämlich Latein), anders auftreten (nämlich in weiß), anders schreiben (nämlich unleserlich) und anders handeln (nämlich eigenmächtig). Diese Elemente einer markanten Unterscheidung sind es, die den Arzt

One may think of something as likely to succeed which the other considers to be totally without promise. Every designer and every client is familiar with that kind of discussion. It might be about the shape of a handle, a switch or a trim element or making an illustration larger or smaller, positioning it differently or making the type larger or smaller and more "readable" or choosing a different angle or view for a photo. The examples can be multiplied endlessly. Everybody involved is fighting for what he sees as the best chance of making the product successful. But none of them can undertake to guarantee success because that decision is not taken by any of the people involved. And afterwards nobody will be able to decide with any certainty what has ultimately been responsible for success or failure. Conflict is structurally inherent in design and is the rule rather than the exception. Design is quite simply illogical!

However contentious design may be, it is indisputable that a clear decision has to be made about any product, otherwise it could not be produced at all. That applies equally to cars, advertising campaigns, websites and product photos. No matter what field of design we are concerned with, all the endless discussions and arguments must culminate in a decision, however impossible this may seem at the start. Someone has to have the last word and take responsibility for the risk. In the final analysis this has to be the client because he always bears the greater, if not the sole, risk.

If that is the case the question might well be asked as to why there was any argument in the first place. One answer is that the client himself may not know from the outset what he wants and what decision he will make. In addition to a design he needs the communication that goes with it in order to reach his decision. This highlights the importance of managing communication when presenting a design: as has already been emphasised, decision making about design takes place in a context of communication. This may, incidentally, be one of the reasons for advertising agencies having had much greater success in the past than designers when it comes to establishing an acknowledged position in trade and industry. Unlike design, advertising counts as a necessity that is not seriously questioned. The design industry is still far from achieving this status.

To recapitulate, one of the fundamental problems of the design profession is decision making and the fact that those involved cannot refer to objective criteria of assessment. When it comes down to it, every individual must make his own subjective decision. Under these circumstances, in order to arrive at an objectification and thus to a higher probability of a decision participated in by several parties, design must be communicated. Only in this way can design be successful. Both designers and their clients are equally success oriented. Having said this, it must be added that the greater risk is usually borne by the client and that this is the ultimate reason for the final decision about design always being the client's at this level. A crucial factor in the distribution of risk is the way payment is scheduled.

In the situation as described the only way a designer can control decision making is on a payment by results basis. This may even lead to him bearing the entire financial risk of developing a product, as Sir Terence Conran did at the beginning of his career. Having failed to reach agreement about his designs with either clients or distributors, he decided to manufacture and sell the products he designed himself and became one of the world's most successful figures in the design business.

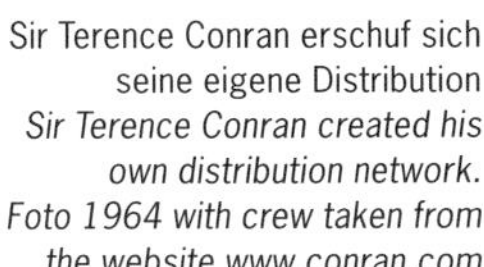

Sir Terence Conran erschuf sich seine eigene Distribution
Sir Terence Conran created his own distribution network. Foto 1964 with crew taken from the website www.conran.com

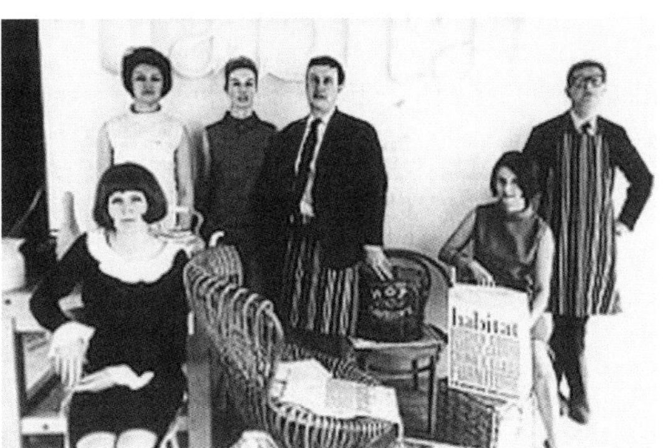

vom Rest der Bevölkerung trennen. Zugleich beruht hierauf auch die Macht und Autonomie des Arztes. Zwar gibt es auch Situationen, in denen der Arzt für seine Arbeit unsere Zustimmung braucht, wenn wir uns etwa vor einer Operation mit allen Risiken per Unterschrift einverstanden erklären. Doch können wir darüber eigentlich nie wirklich frei entscheiden, da zumeist die Alternativen und das Wissen darum, wie man es anders machen könnte, fehlen. Dabei ist doch die Gesundheit des Menschen eines unserer wichtigsten Themen. Doch käme wohl kaum einer ernsthaft auf den Gedanken, einem Arzt in seine Arbeit hineinzureden.
Wieso ist dies alles beim Design ganz anders? Hier fühlt sich so ziemlich jeder dazu berufen über alle möglichen Probleme mitzureden. Schließlich ist doch jeder Herr über seinen eigenen ästhetischen Geschmack. Aber sind wir nicht auch Herr über unseren eigenen Körper und unsere Gesundheit? Im Unterschied zu den Ärzten ist es den Designern bislang noch nicht gelungen, sich deutlich erkennbar bezüglich auf ihre Arbeit, ihre Fähigkeiten und Verhaltensweisen von anderen Gruppen zu unterscheiden.
Ebenfalls ist es noch nicht gelungen, Design mit einer spezifischen selbstreferenziellen Terminologie auszustatten. Nicht zuletzt deshalb kann darunter jeder so ziemlich alles verstehen, was er will. Da mag sich so mancher, der es ernst meint mit der Profession, noch so sehr über Friseure, die sich als Hairdesigner oder Köche, die sich als Fooddesigner bezeichnen, aufregen. Solange es nicht gelingt, die Kommunikationen des Designs als designspezifisch auszuweisen, entscheidet jeder für sich selbst, was er unter Design versteht. Für den professionell arbeitenden Designer ist dies eine Katastrophe, ein unhaltbarer Zustand, der sein Geschäft immens erschwert, weil er seine Professionalität immer wieder von neuem unter Beweis stellen und sich behaupten muss.
Gerade weil die Profession Design so indifferent in Erscheinung tritt, ist es für Außenstehende sehr schwer zwischen professionellen und unprofessionellen Designern zu unterscheiden. Schließlich kann und darf sich jeder, der sich dafür hält, Designer nennen. Das Berufsbild ist anders als etwa beim Architekten nicht von offizieller Stelle geschützt. So ist es möglich, dass diplomierte Designer mit Autodidakten im Markt um die Gunst des Kunden konkurrieren. Statt sich angesichts dieser Situation verstärkt auf eine Ausdifferenzierung der Profession zu konzentrieren, kommt es immer wieder zu Diffamierungen von Konkurrenten, was zu einer weiteren Indifferenz der Kommunikationen über Design führt. Ein Außenstehender vermag darin kaum noch einen Sinn zu erkennen. Nicht zuletzt deshalb ist der Beruf des Designers für die meisten Menschen auch heute noch immer unverständlich und mit vielen Fragezeichen versehen.

Professionalisierung

Was fehlt, ist eine weitaus stärkere Professionalisierung des Designs. Hierfür gibt es mindestens zwei Möglichkeiten, wobei die eine als kaum realisierbar und die andere als durchaus erfolgversprechend erscheint. Beginnen wir mit der scheinbar unmöglichen Möglichkeit. Diese besteht darin, die Profession zu einer differenzierten Wissenschaft zu entwickeln und entsprechend in der Praxis zu entfalten. Könnte sich beispielsweise ein Designer in seiner Argumentation mit dem Auftraggeber auf anerkannte Erkenntnisse einer Designwissenschaft beziehen, so wäre es ihm auf diese Weise möglich, zumindest auf der Ebene der wissenschaftlichen Erkenntnisse eine Erfolgsgarantie für seine Entscheidungen zu geben. Hierdurch könnte die Unmöglichkeit eines wirtschaftlichen Erfolgsversprechens zumindest ansatzweise kompensiert werden. Schließlich verfügt der Auftraggeber bei seiner Entscheidung ja auch nicht über eine Erfolgsgarantie. In dieser Situation könnte eine wissenschaftlich fundierte Erfolgsaussicht entscheidungsfördernd zu Gunsten des Designers wirken.
Der Computerwissenschaftler und Psychologe Herbert Simon unternimmt in seinem Buch »Die Wissenschaft vom Künstlichen« den Versuch für das Design das Modell einer Wissenschaft vom Entwerfen zu beschreiben.[5] Seine Überlegungen laufen dabei in die Richtung, Entscheidungen im Bereich des Designs einer Logik zu unterwerfen wie sie in der Nutzentheorie oder der statistischen Entscheidungstheorie als rationale Methode eingesetzt wird. Wie er selbst feststellt, würde damit eine Reduzierung der Designentscheidungen auf den Bereich der Aussagenlogik stattfinden. Dabei bleibt weiterhin fraglich, ob dadurch Auftraggeber besser zu beeindrucken und zu überzeugen sind.
Neben Simon gibt es zahlreiche andere Versuche, die Profession Design um eine wissenschaftliche Dimension zu erweitern. In diesem Zusammenhang spielt auch die Theorie

Distinctiveness

The question must now be raised as to whether the final decision about a service need always be taken by whoever pays for it. There is at least one field in which that is not the case: namely, medicine. While it is true that a doctor provides a service that is not on a payment by results basis and is paid for it by his client, ie. the patient or the patient's medical insurance fund, it is also true that the doctor is as a rule the sole decision maker with regard to his work. A doctor will never enter into a dispute about his work with a patient – not even when this work is unsuccessful, ie. the patient is not cured. At least in this country, doctors would never agree to payment by results. How is this possible despite the fact that the payment of money is regarded as a solely determining factor in our economy?

Over the centuries the medical profession has succeeded in developing its own self-referential commercial system which incorporates a great many clear distinctions. The fact in itself that the academic title of "doctor" is used to designate medical practitioners is indicative of their success in setting themselves apart from other professions at a high level. Medical practitioners are always addressed as "Doctor" and set themselves apart from their patients in that they talk differently (Latin), dress differently (in white), write differently (illegibly) and act differently (laws unto themselves). These striking differences distinguish doctors from the rest of the population and are a basis for power and autonomy. Although there are situations where a doctor needs our permission to proceed, for example when our written consent to a risky operation is required, we are never really in a position to make an independent decision because we usually lack a proper knowledge of the alternatives. And this despite the fact the health is one of our major concerns. Nonetheless, few people would seriously entertain the notion of arguing with a doctor about the way he does his job.

Why is it all so different with design? Just about anybody thinks he is qualified to air his views about all sorts of problems in this field. After all, our aesthetic sensibilities and tastes are our own. As though our bodies and health were not also our own! Unlike doctors, designers have not yet managed to set themselves apart clearly from other groups with regard to their work, abilities and behaviour.

Nor have they managed to furnish design with a specific, self-referential terminology. It is not least for this reason that anyone can take it to mean more or less what he pleases. It is all very well for people who are seriously concerned with the profession to wax indignant about barbers calling themselves hair designers or cooks suddenly turning into food designers: as long as design is not communicated in a specialised way, everyone will decide for himself what he means by it. For design professionals this is a disastrous and intolerable situation that makes their business immeasurably more difficult because they are constantly faced with the necessity of proving their professionalism anew.

It is precisely because design lacks distinctiveness of this kind that outsiders find it so difficult to tell professional and unprofessional designers apart. After all, anyone who feels like it can call himself a designer. There is no legal protection against unauthorised use of the title such as is enjoyed, for example, by architects. As a result, people with post-graduate degrees in design are competing on the market with self-taught operators. Instead of facing this situation by concentrating on establishing clearer distinctions in the profession, a frequent reaction is to simply blacken the name of competitors, which in turn increases the lack of clarity in communication about design. Outsiders can scarcely be expected to make sense of it and this is one of the reasons why most people still see the profession of design as something questionable.

Professionalisation

Design needs to be much more highly professionalised. There are at least two ways of doing this, one of which is most unlikely to happen and a second which seems quite promising. To take the first one first: design could be developed into an organised science that could then be applied in practice in accordance with established principles. If a designer were able to cite the accepted findings of a design science in his discussions with clients, he would at least be able to back up his decisions with a theoretically based guarantee of results which would go some way towards compensating for the impossibility of guaranteeing actual commercial success. When all is said and done,

der Wertanalyse immer wieder eine Rolle, um Designentscheidungen logisch und rational als sinnvoll begründen zu können. In der Praxis jedoch haben diese Ansätze bislang noch keine große Relevanz und Anerkennung gefunden.
Einhergehend mit der Entstehung einer differenzierten Designwissenschaft würden sich zwangsläufig auch relativ schnell die Kommunikationen und die Terminologie völlig verändern. Allerdings würde das ebenfalls zu einer grundsätzlich veränderten Berufspraxis führen. Nichts dürfte nämlich mehr der reinen Intuition, der schöpferischen Kraft, dem Talent oder dem Gestaltungszufall überlassen bleiben, sondern alles müsste einem streng logischen Sachverhalt entspringen. Würde es jemals so weit kommen, dann wäre wohl jeder Auftraggeber in der Lage selbständig zu erkennen, dass es sich bei so namhaften Erscheinungen wie Luigi Colani oder Philippe Starck nicht um geniale Dilettanten, sondern um unqualifizierte Design-Quacksalber handeln müsse. Da es so weit aber noch nicht ist, werden Designer wohl auch weiterhin ihre so beliebten Diffamierungen von unliebsamen Berufsvertretern selbst vornehmen.
Kommen wir nun zu der zweiten, meiner Meinung nach sehr viel einfacher zu realisierenden Professionalisierung des Designs. Diese kann sich nämlich aus der Praxis selbst heraus entwickeln, indem der Designer beginnt, sich als Designunternehmer zu verstehen. Dass dies nicht nur möglich, sondern auch erfolgversprechend ist, haben in der Vergangenheit zahlreiche Designer mit der Gründung und dem Aufbau ihrer Designunternehmen bewiesen. Raymond Loewy und Sir Terence Conran wurden in diesem Zusammenhang ja bereits beispielhaft erwähnt. Das Problem der Designwirtschaft ist jedoch, dass eine derartige Form der Professionalisierung sich noch nicht weit genug entwickelt hat.

Designunternehmer

Worin unterscheidet sich nun aber ein Designunternehmer von einem Designer? Ein wesentlicher Unterschied besteht in der Form der Berufsausübung. Der Designunternehmer definiert seine Tätigkeit als eine wirtschaftliche Unternehmung. Insofern unterscheidet er sich von einer Vielzahl von Einzelkämpfern, die zwar über ein großes Maß an Kreativität, jedoch kaum über unternehmerischen Spürsinn für neue Möglichkeiten verfügen.
Der Designunternehmer gewinnt genügend Abstand zu seinem eigenen Handeln und prüft, welche Aufgaben von anderen besser als durch ihn selbst zu erfüllen sind. Er hat den Mut und das Vertrauen, Verantwortungen wie auch Pflichten zu delegieren. Darüber hinaus betrachtet er sein Unternehmen immer wieder als Möglichkeit, auch etwas ganz anderes, etwas Neues machen zu können als bisher. Dabei schließt er nicht von vornherein aus, auch andere Wege mit neuen Partnern zu gehen. Dirk Baecker hat das »Handwerk des Unternehmers« einmal in einer anschaulichen Weise beschrieben, die ohne Einschränkung auch auf den Designunternehmer zutrifft: »Unternehmer sind seit jeher die ›Leser‹ unseres Lebensstils. Aber sie lesen ihn nicht, um ihn philosophisch auszulegen. Sondern sie lesen ihn, um Gelegenheiten für neue Produkte zu finden.«[6]
Und an anderer Stelle heißt es ergänzend dazu: »Auf die Freisetzung dieser Produktphantasie kommt es an. Das Produkt ist konkrete Poesie, die aus einer präzisen Analyse der Situation und der gelungenen Schaffung einer neuen Situation hervorgeht. Es arbeitet mit den Beständen und schafft eine neue Lage. Es bringt Bewegung ins Spiel.«[7]
So idealtypisch dies hier erscheinen mag, so treffend charakterisiert Baecker damit sowohl den besonderen Schöpfungsdrang des Unternehmers als auch die angestrebte Qualität des Produktes. Ein Designer, der sich dieser Herausforderung ernsthaft verpflichtet fühlt und sie annimmt, wird dadurch gleichsam zum Verbündeten des Unternehmers, der dadurch aufhört nur reiner Auftraggeber zu sein.
Dadurch ändert sich auch die Form der Zusammenarbeit, was sich auch in der Form der Gespräche wiederfindet. Jetzt wird die Trennung aufgehoben zwischen dem Erfolg des Designers, der seinen Entwurf verwirklichen möchte, und dem des Auftraggebers, der nach dem Verkaufserfolg strebt. Denn der Designunternehmer ist erst dann erfolgreich, wenn auch sein Partner den von ihm angestrebten Erfolg erlangt hat. Um dieses Ziel zu erreichen, setzen beide alle Fähigkeiten und Möglichkeiten ein, über die sie verfügen. Der Entwurf verändert seine Rolle vom Streitobjekt zum Medium der Verständigung über das gemeinsam angestrebte Ziel. Weltverbesserung findet erst dann statt, wenn es auch dem produzierenden Unternehmen und seinen Mitarbeitern wie auch dessen Part-

the client cannot guarantee that his own decision will result in that success either. A scientifically based prediction of results could strengthen the decision making position of designers.

In his book "The Science of The Artificial" the computer scientist and psychologist Herbert Simon attempts to describe a model science of design.[5] His thinking runs in the direction of subjecting decisions in the field of design to a logic of the kind used in utility and statistical decision theory. As he says himself, this ends up reducing design decisions to the level of logical statements. Nevertheless, it is an open question whether or not clients would be more impressed by this.

Aside from Simon there have been numerous other attempts to add a scientific dimension to the profession of design. In this context the theory of value analysis makes a recurrent appearance as a logical and rational means of establishing the validity of design decisions. To date, however, such approaches have had no significant echo in actual practice.

An organised science of design would necessarily completely change communication and terminology in fairly short order. It would, of course, also fundamentally transform the practice of the profession. Nothing could then be left to pure intuition, creativity, talent or accident and everything would have to result from strictly logical considerations. If it ever came to that, every client would presumably be in a position to see for himself that such well-known phenomena as Luigi Colani and Philippe Starck were unqualified charlatans rather than dilettantes of genius. As we have not yet reached that point, it seems that designers will just have to carry on performing the agreeable task of slating their professional rivals themselves.

Let us now come to the second and, in my opinion, very much more feasible option for professionalising design. This can grow out of everyday practice itself by designers starting to view themselves as entrepreneurs. That this is not only possible but also has every prospect of success has been proved by numerous designers in the past who have built up design businesses. Raymond Loewy and Sir Terence Conran have already been mentioned in this connection. The design industry's problem is that this kind of professionalisation has not yet developed far enough.

Design entrepreneurs

What is the difference between a designer and a design entrepreneur? An essential difference is in the way the profession is practised. A design entrepreneur sees what he does as a business. This distinguishes him from a great number of highly creative individuals who have hardly any sense of business opportunity.

A design entrepreneur distances himself sufficiently from his own activities to identify tasks that can be performed better by other people. He has the courage and the confidence to delegate work and responsibility. He also regards his business as a constant opportunity to do something new and different, not excluding the possibility of pursuing different paths with new partners. Dirk Baecker once described the "craft of the entrepreneur" in a very telling way that also applies unreservedly to design entrepreneurs: "Entrepreneurs have always been the 'readers' of our lifestyle. But they do not read it for the purpose of philosophical interpretation. They read it to find openings for new products."[6] He goes on to say: "What matters is setting free the imagination for new products. A product is concrete poetry resulting from a precise analysis of the situation and the successful creation of a new situation. It works with an existing state of affairs and creates a new one. It puts things in motion."[7] Although that may seem an idealised view of things, it accurately characterises both the special creative drive of the entrepreneur and the striving for product quality. A designer who feels seriously committed to this challenge and accepts it becomes, so to speak, an ally of the entrepreneur and the entrepreneur ceases to be merely a client.

This changes the nature of the working relationship, which is reflected in the way the two parties talk to one another. The division between success for the designer in realising his design and success for the client in realising sales disappears because the design entrepreneur's success depends on that of his partner. Both parties deploy all their abilities and possibilities to attain this goal. The design itself ceases to be a bone of contention and becomes a point of understanding in pursuance of the common goal. The best of all possible worlds is achieved when the company manufacturing the

nern besser geht. Dies kann nicht die Aufgabe eines einzelnen, einsamen, kreativen Geistes sein, sondern hierzu ist es notwendig, mit anderen zusammen zu spielen, um im Team gemeinsam die Welt immer wieder neu zu verändern. Hierbei werden alle, die in dieser Welt leben, ernst genommen mit ihren Wünschen, ihren Ängsten, ihren Hoffnungen und ihren Problemen. Denn dort liegt der Ursprung für die Entstehung des Neuen, nicht im genialen Gestaltungseinfall eines Einzelnen.

Der Designunternehmer ist ein aufmerksamer Beobachter seiner Gesellschaft und seiner Zeit. Er interessiert sich nicht nur für seine eigene Welt der Gestaltung, sondern nicht minder für Wirtschaft, Politik, Kunst, Religion und Sport. Denn wie sollte er offen für Neues sein, wenn er sich bestimmten Bereichen des gesellschaftlichen Lebens verschließt.

Der Designunternehmer hat ganz bewusst die Unschuld des Künstlers und künstlerischen Gestalters aufgegeben, weil er gemeinsam mit seinen Unternehmerpartnern aus Industrie und Wirtschaft das Risiko des Erfolgs und damit Verantwortung für sein eigenes Unternehmen wie auch für das seiner Partner übernimmt. Da er Wirtschaft in gleicher Weise versteht wie seine Partner, versteht er sich mit ihnen, weit entfernt davon, sich jemals über Design zu streiten. Denn eines steht dabei für alle Beteiligten außer Frage: nämlich die Gewissheit, dass Design das Medium zum Erfolg ist und dass der Designunternehmer alles dafür tun wird, dies immer wieder von neuem unter Beweis zu stellen. Auf diese Weise gelingt es dann doch noch eine Ausdifferenzierung des Designs vorzunehmen, womit die Profession gleichsam an Ansehen, Bedeutung und Anerkennung gewinnt.

Design als Profession zu betreiben bedeutet eine unternehmerische Haltung einzunehmen. Eben dies ist Raymond Loewy zweifelsohne wie wohl keinem anderen Designer zuvor gelungen. Deshalb wurde er von anderen Unternehmern als einer von ihnen akzeptiert und geachtet. Sein Erfolg ist stets der Erfolg der Unternehmen gewesen, mit denen er zusammengearbeitet hat. Der wichtigste Radius, den er dabei im Auge hatte, ist immer die Steigerung der Verkaufskurve seiner Produkte gewesen. Auf dieser Sichtweise und dem damit einhergehenden Erfolg gründet sich das Vertrauen, das ihm andere Unternehmer geschenkt haben. Diese Art des Vertrauens ist nicht nur die einzig mögliche, sondern auch der beste Ersatz für das unmögliche Versprechen einer Erfolgsgarantie. In diesem Sinne macht es Sinn, Raymond Loewy als Vorbild für die Perfektion des Designs als Profession zu setzen. Mögen sich noch viele Designunternehmer in Zukunft ein Beispiel daran nehmen.

1 Raymond Loewy: Hässlichkeit verkauft sich schlecht. Düsseldorf, Wien, New York, Moskau 1992, S. 206
2 Otl Aicher: Analog und Digital. Berlin 1991, S. 90
3 Otl Aicher: a.a.O., S. 90
4 Theodor W. Adorno: Ohne Leitbild. Frankfurt/Main 1967
5 Herbert A. Simon: Die Wissenschaft vom Künstlichen. Berlin 1990, S. 95 ff.
6 Dirk Baecker: Organisation als System. Frankfurt/Main 1999, S. 334
7 Dirk Baecker: a.a.O., S. 335

Bildnachweis
Foto credits
S. 11: Raymond Loewy – Pionier des Amerikanischen Industrie-Designs. München 1990
S. 15: Chicago Architectural Photographing Co., in: Konrad Wachsmann: Wendepunkt im Bauen. Wiesbaden 1959
S. 17: Design Zentrum Nordrhein Westfalen
S. 21: Hessisches Landesmuseum Darmstadt, in: Marcel Duchamp Respirateur. Ostfildern 1995
S. 23: Foto Website www.conran.com
S. 29: Raymond Loewy – Pionier des Amerikanischen Industrie-Designs. München 1990

product and its employees and partners also benefit appreciably. All this cannot be brought about by a lone creative spirit: teamwork is necessary to change the world and continue to do so. And everyone living in this world must be taken seriously with their fears, desires, hopes and problems. It is there that the origin of actual innovation lies rather than in the brilliant ideas of individual designers.
A design entrepreneur is an alert observer of his society and times. His interest is not confined to his own design world but extends equally to the worlds of trade and industry, politics, art, religion and sport. How could he remain open to the stimulus of new things if he ignored particular areas of the life of society?
A design entrepreneur has deliberately relinquished the innocence of the artist or artistic designer by joining with partners in trade and industry to take business risks and bear responsibility. As his understanding of business is the same as that of his partners, they are exceedingly unlikely to quarrel with one another about design. One thing is beyond question for all concerned: namely, that design is the way to success and that the design entrepreneur will do everything in his power to demonstrate the fact over and over again. In this way design can, after all, set itself apart with a distinctive identity and role, gaining for the profession the respect, importance and recognition it seeks.
Engaging in design as a profession means taking a business attitude. Raymond Loewy succeeded in doing this like probably no other designer before him and was accordingly accepted and respected by other entrepreneurs. His success has always been the success of the companies he has worked with and the most important parameter the sales of the products. This view and the success that has accompanied it is what the trust and confidence accorded to him by other entrepreneurs is based on. A kind of trust that is not only the only possible kind but also the best substitute for the impossible promise of guaranteed success. Raymond Loewy may be taken as a perfect model for the exercise of design as a profession and it is to be hoped that many design entrepreneurs in the future will follow his example.

1 *Raymond Loewy: "Hässlichkeit verkauft sich schlecht". Düsseldorf, Vienna, New York, Moscow 1992, p. 206*
2 *Otl Aicher: "Analog und Digital". Berlin 1991, p. 90*
3 *Otl Aicher: ibid., p. 90*
4 *Theodor W. Adorno: "Ohne Leitbild". Frankfurt/Main 1967*
5 *Herbert A. Simon: "Die Wissenschaft vom Künstlichen" Berlin 1990, p. 95ff*
6 *Dirk Baecker: "Organisation als System". Frankfurt/Main 1999, p. 334*
7 *Dirk Baecker: ibid., p. 335*

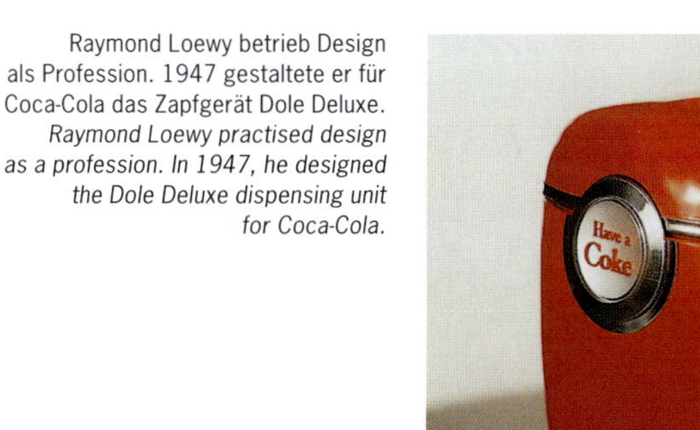

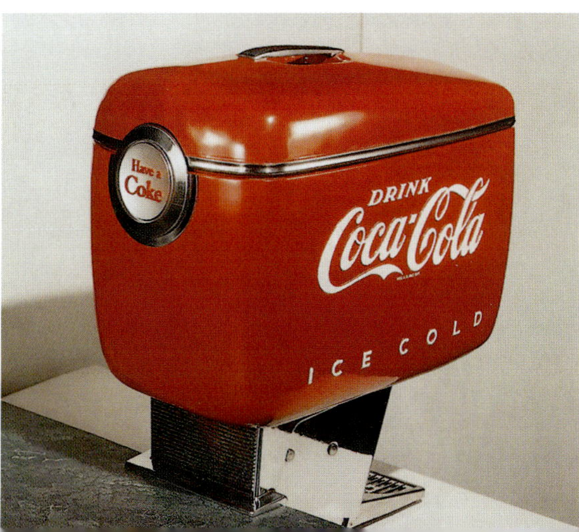

Raymond Loewy betrieb Design als Profession. 1947 gestaltete er für Coca-Cola das Zapfgerät Dole Deluxe.
Raymond Loewy practised design as a profession. In 1947, he designed the Dole Deluxe dispensing unit for Coca-Cola.

Industrial
Design

Altmayer Design

Geschäftsführung
Winfried Altmayer (VDID)

Schachtstraße 9–11
66740 Saarlouis
Telefon +49 (0)6831/8 78 53
Telefax +49 (0)6831/8 78 53
e-mail info@altmayer-design.de
internet www.altmayer-design.de

Altmayer Design wurde 1994 gegründet. In Teamarbeit zwischen Designern, Ingenieuren, Marketing- und Multimediaspezialisten werden heute im Rahmen strategischer Corporate Design Konzepte alle Leistungen von der Produktidee bis zur Markteinführung angeboten. Dabei werden alle visuellen Aspekte des Unternehmens in den Gestaltungsprozess einbezogen, so dass oft nicht nur die Produktgestaltung, sondern auch die Entwicklung der Marke zum Schwerpunkt der kreativen Dienstleistung wird. In enger Zusammenarbeit mit den Kunden werden erfolgreiche Produkte entwickelt und gestaltet, die sich durch ihre Ausgewogenheit zwischen Ästhetik, Funktion und Wirtschaftlichkeit auszeichnen.

Altmayer Design was established in 1994. A team of designers, engineers, marketing and multimedia specialists now provides the full range of services from the original product idea to the market launch within the framework of strategic corporate design concepts. All the visual aspects of a company are included in the design process with the result that brand building as well as product design often becomes the main focus of the creative effort. In close collaboration with the client successful products are developed and designed that stand out for their balance of aesthetic appeal, functionality and commercial viability.

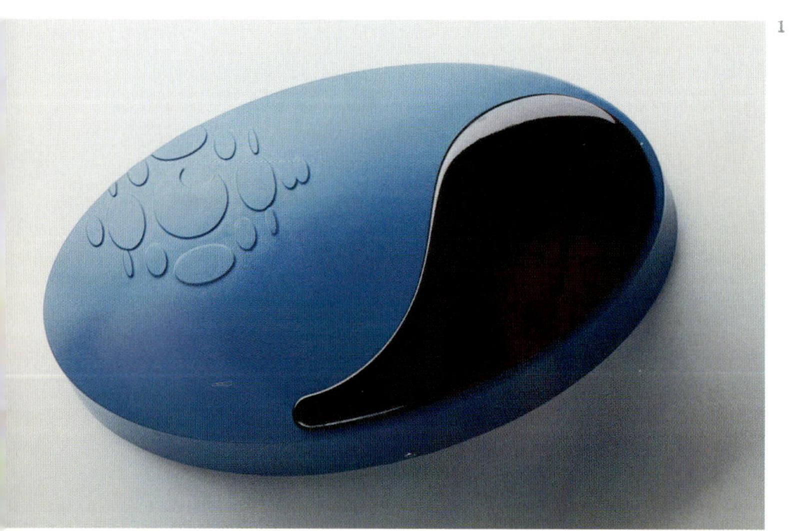

1

Referenzen/references: Abi, AIR LB, AMS, Berendsohn AG, Contor Zenner, Delmag, Diesel Enset, Eyeled, Hilger und Kern, HKS Unternehmensgruppe, Krämer IT Solutions, Mannesmann, MHA Zentgraf, Olaer, Rexroth, Schaller Automation, Trintella Shipyard, Zenner und andere.
Auszeichnungen/awards: Saarländischer Staatspreis für Produktdesign, verliehen vom Wirtschaftsminister des Saarlandes, 1995, 1997 und 1999.

2

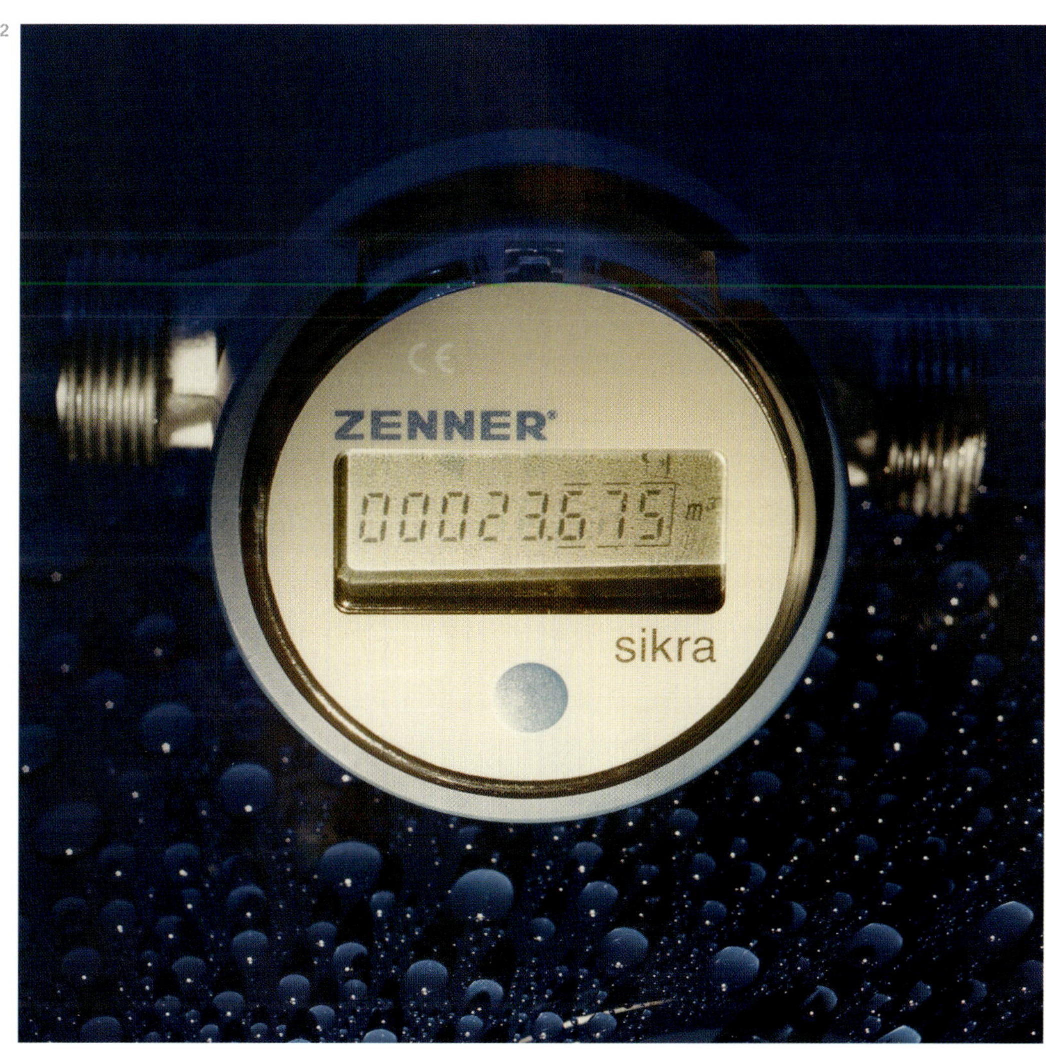

1 Redboard Sender zur Kommunikation mit PDA
Redboard transmitter for communication with PDA
Eyeled GmbH 2001.

2 Elektronischer Wasserzähler
Electronic water meter
Zenner GmbH 2000.

Studio Ambrozus

Geschäftsführung
Stefan Ambrozus

Bismarckstraße 50
50672 Köln
Telefon +49 (0)221/510 20 03
Telefax +49 (0)221/510 30 88
e-mail welcome@studioambrozus.de
internet www.studioambrozus.de

Studio Ambrozus (vormals T.B.A. Design Societät) entwickelt seit vielen Jahren erfolgreich Produktkonzepte für Kunden aus unterschiedlichen Branchen. Mit vielen Industriepartnern bestehen langjährige enge Zusammenarbeiten. Studio Ambrozus konzentriert sich auf die Gestaltung und Entwicklung von Produkten mit allen Prozessschritten. Hohe Kreativleistungen gepaart mit technologischem Sachverstand sind Garant um für die Kunden zielsicher Produktlösungen zu verwirklichen. Eine Branchenvielfalt ist erklärtes Ziel, um gestalterischen oder technologischen Einengungen vorzubeugen und eine Plattform für Synergien zu schaffen.

Studio Ambrozus (formerly T.B.A. Design Societät) has been developing product concepts successfully for clients from a wide range of industries for many years. Studio Ambrozus has established links with many industrial enterprises in a long working relationship. Studio Ambrozus concentrates on the product design and the product development in all stages of the process. High creativity together with technological expertise are the guarantee for the implementation of systematic product solutions. A broad spectrum of industries among the clients is a declared aim, so as to prevent creative or technological bottlenecks and establish a platform for synergy.

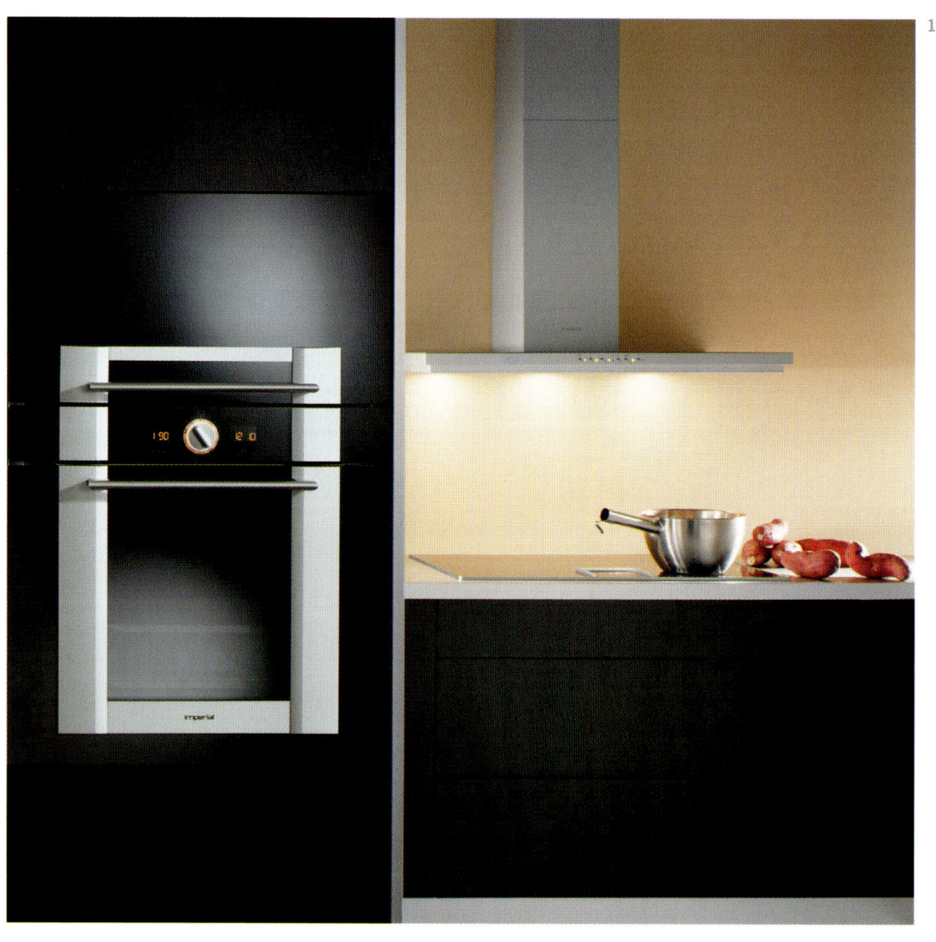

1

Referenzen/references: Aldisplays, Blanco, Cabinet AG, Elektro-Physik, Imperial, Kesseböhmer, Rudolph, SKS, Volkswagen, Villeroy & Boch, Wessel Werke, Zumtobel Staff.
Auszeichnungen/awards: Staatspreis NRW 1988; GEP Designcompetition 1989; Mia Seeger Preis 1989; Design Center Stuttgart 1999; Design Zentrum Nordrhein Westfalen 1998, 1999, 2000, 2001; iF Industrie Forum Design 1998, 1999, 2000, 2001. Ranking Design 1999/2000 Platz 2, Kategorie Haushalt, Küche, Bad/Platz 9 Kategorie Ranking der 100 besten Designbüros.

2

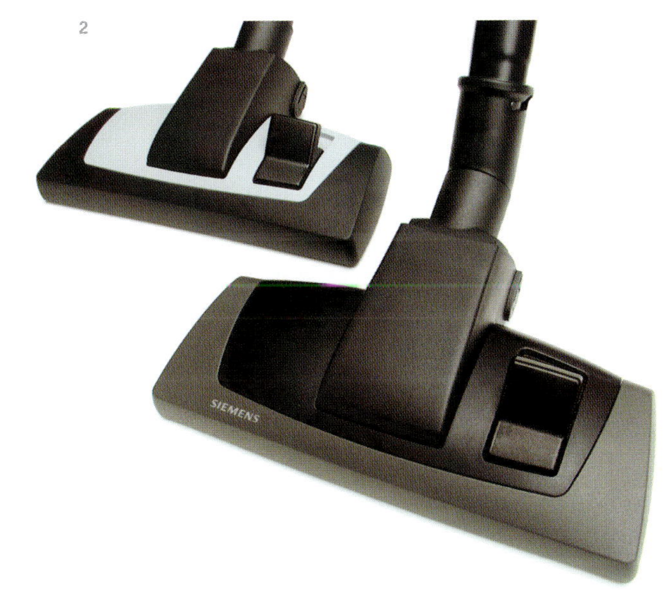

1 Alu Backofen und Haube
Aluminium cooker and extractor hood
Imperial 2000.

2 Bodendüse/*Floor nozzle* RD 295
Wessel Werke 1999.

3 Unterbauleuchten/*Base lights* Insomnia
Rudolph 2001.

3

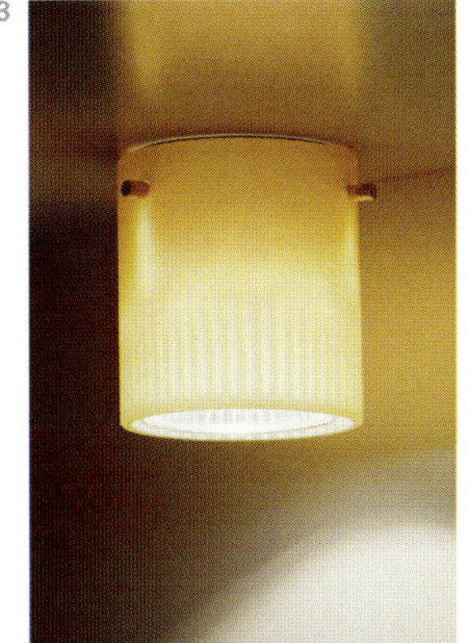

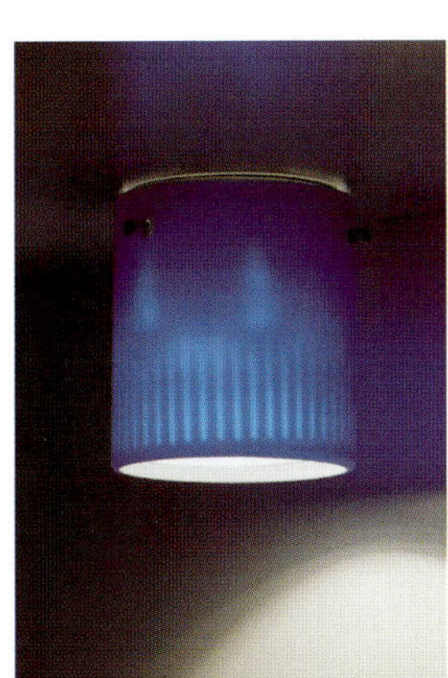

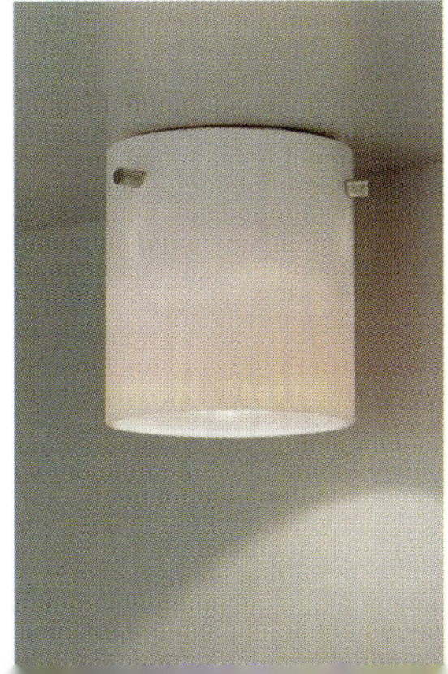

arche design

Geschäftsführung
Henrich Piltz

Himmelreichallee 51
48149 Münster
Telefon +49 (0)251/98 29 707
Telefax +49 (0)251/98 29 717
Mobil +49 (0)171/69 07 880
e-mail piltz@arche-design.de
internet www.arche-design.de

Henrich Piltz ist – nach Marketingtätigkeit bei Elba, Dr. Oetker und einer Unternehmensberatung – seit 1981 selbständig als Industrie Designer. Unter dem Namen arche design arbeitet er mit einem kleinen Team in Münster für namhafte Markenartikler. Der Name des teams arche design ist auch Programm: nämlich archetypische Produkte zu schaffen, eigenständige und unverwechselbare Produktpersönlichkeiten. Die ca. 60 internationalen Auszeichnungen und die langjährigen Stammkunden bestätigen diesen Anspruch.

Following marketing activities at Elba, Dr. Oetker and a firm of management consultants, Henrich Piltz has been a freelance industrial designer since 1981. Under the name of arche design, he works with a small team in Münster for well-known branded goods manufacturers. The name of the team – arche design – is programmatic: the aim is to create archetypal products, independent and unmistakable product personalities. The around 60 international awards won and the loyalty of clients extending over many years confirm the success of this strategy.

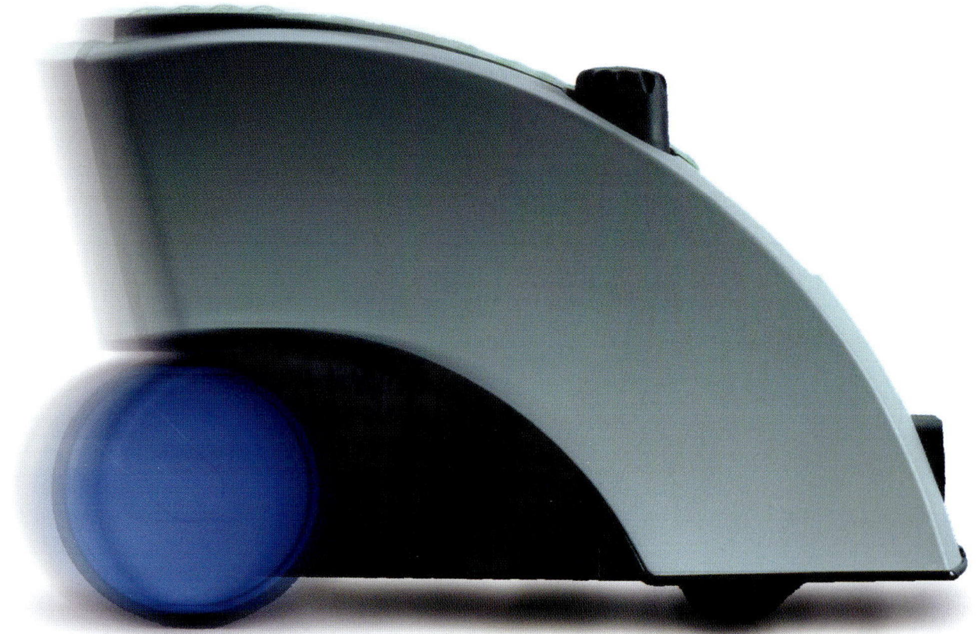

1

Referenzen/references: Beiersdorf, Bertelsmann, Buderus, Emsa, HAN Bürogeräte, Henkel, Sabo, Schäfer-Werke, Schmitz-Werke, Steinhoff, STUV, Tien-Versand, Troika, Tunstall, Wesco, Winkhaus u.a.
Auszeichnungen/awards: iF Design Award Industrie Forum Design, Hannover; red dot award, Design Innovationen, Design Zentrum Nordrhein Westfalen; Design Center Stuttgart; Designpreis des Landes Nordrhein-Westfalen (Staatspreis); FVKK Produkt des Jahres; Würdigung beim Innovationspreis der deutschen Wirtschaft und Stahlinnovationspreis, Golden Stationery Award.

2

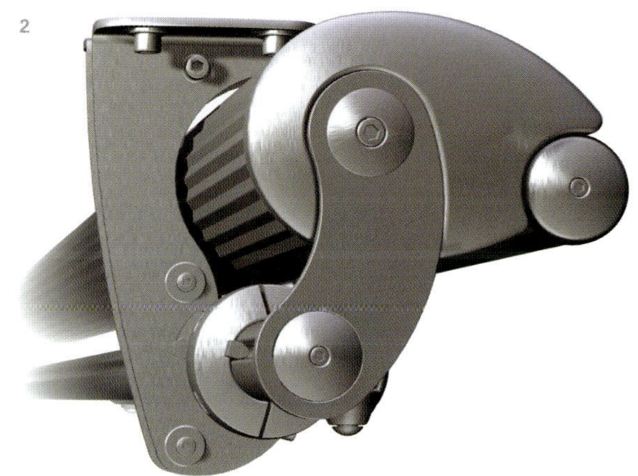

3

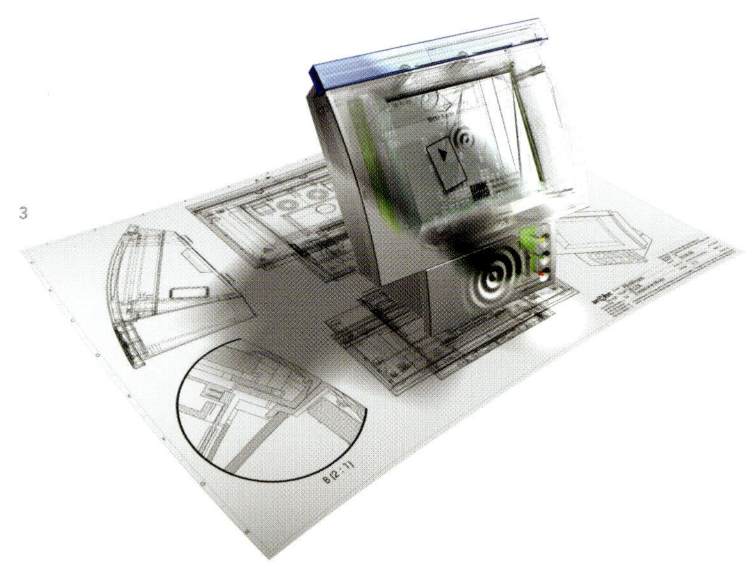

1 Dampfdruckreiniger
Pressurised steam cleaner
Tien-Versand.

2 Edelstahlmarkise ES 1
Stainless steel awning ES 1
Markilux.

3 Zutrittskontrollsystem
Access control system
Winkhaus.

B/F Industrial Design

Geschäftsführung
Dipl. Des. Christoph Böhler
Dipl. Des. Michael Brandis
Dipl. Des. Tom Farenski

Johannisstraße 3
90419 Nürnberg
Telefon +49 (0)911/93 36 97-0
Telefax +49 (0)911/93 36 97-50
e-mail bf@bf-design.de
internet www.bf-design.de

Inspiration und Methode: Visionen Struktur geben. B/F konzipiert und gestaltet Produkte mit hohem ästhetischen und technischen Anspruch. Zielbestimmung/Designkonzeption, Entwurf, Modellbau und CAD-Vorkonstruktion sind Bestandteile des Gestaltungsprozesses. Schwerpunkte der Arbeit sind die Ausrichtung der Entwürfe auf die Erfordernisse des zu erwartenden Nutzerkreises und die technologische und wirtschaftliche Umsetzbarkeit. So werden zur Erreichung der unternehmerischen Ziele bei der Konzeption des Designs die Lebenswelten der Nutzer und deren Erwartungen zugrunde gelegt. Qualität und Sinn eines Produktes werden augenfällig gemacht. B/F betreut bedeutende nationale und internationale Unternehmen und wurde mehrfach national und international ausgezeichnet.

Inspiration and method: lending structure to vision. B/F devises and designs products to high aesthetic and technical standards. Goal definition/design concept, drafting, modelling and preliminary CAD all form part of the design process. The main focus is on alignment with the requirements of the anticipated users and technical and commercial viability. The users' worlds and their expectations are the basis for the achievement of corporate goals through design. The quality and point of a product is made apparent. B/F serves national and international companies and has won several national and international awards.

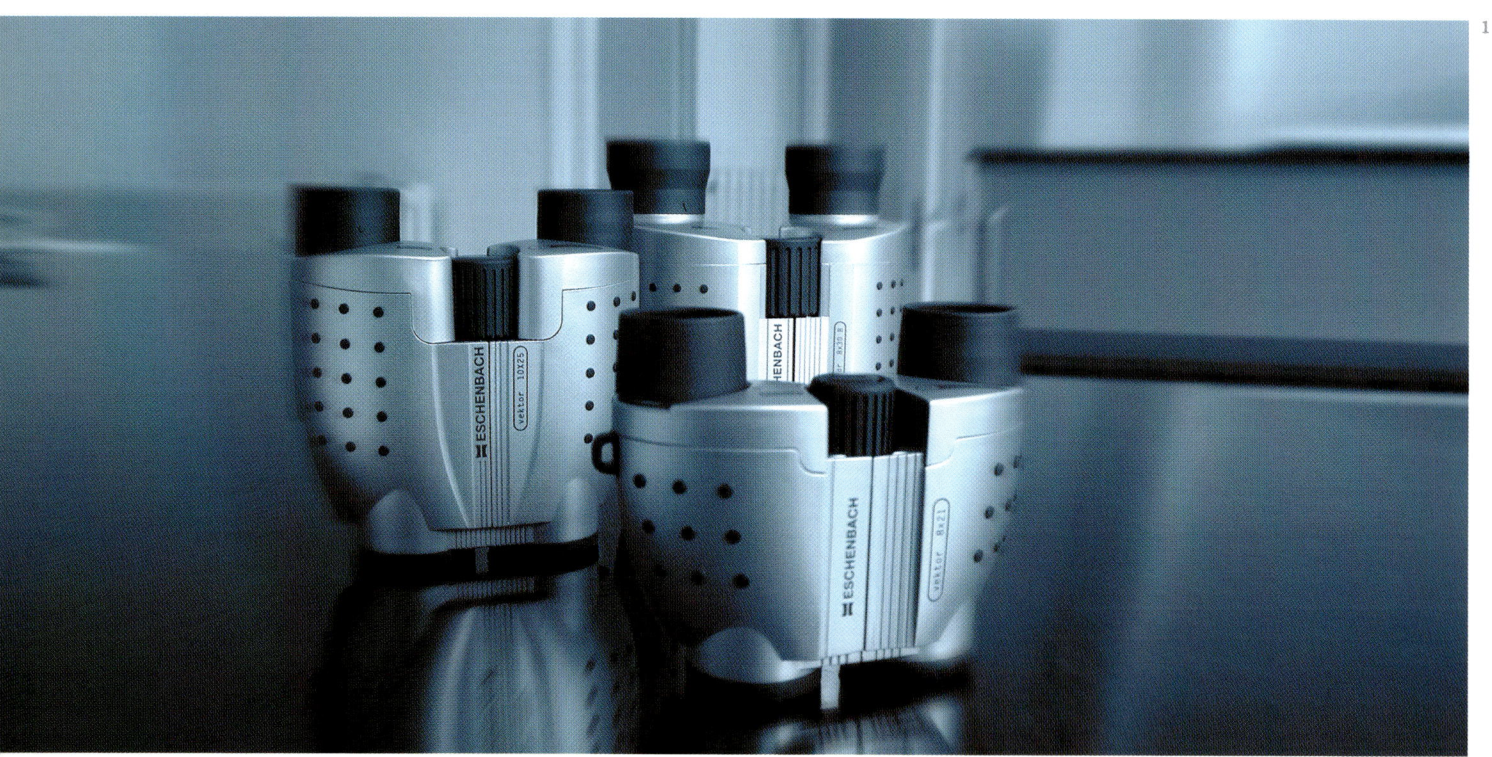

1

1 Fernglasserie Vektor
Vektor field glasses
Eschenbach 2000.

2 Funkgerät
Radio set
Rohde & Schwarz 1999.

3 *Kopfhörer HD 470/HD 570*
Earphones HD 470/HD 570
Sennheiser 1998.

4 *Elektrobesen*
Electric brush
Kärcher 2000.

Referenzen/references: Burmester Audiosysteme, Becker Automotive Systems GmbH, Eschenbach Optik GmbH, Grundig AG, JVC, Kärcher GmbH & Co., Metz-Werke GmbH, Siemens AG, Sennheiser electronic KG u.a.
Auszeichnungen/awards: red dot award product design Design Zentrum Nordrhein Westfalen 2001; iF Design Award Industrie Forum Design Hannover (mehrfach); Roter Punkt Design Zentrum Nordrhein Westfalen; Designpreis Rheinland-Pfalz (mehrfach); Österreichischer Staatspreis für Design; Thüringer Designpreis; American Innovation Design Award u.a.

2 3

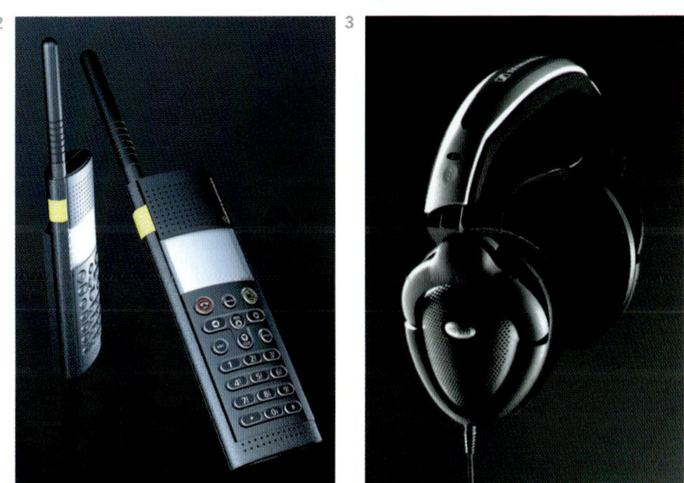

4

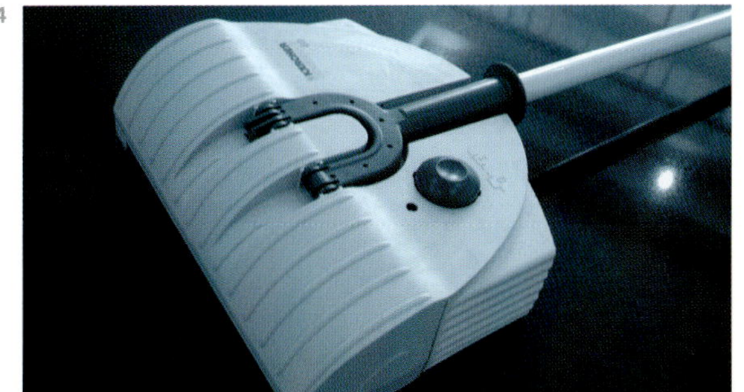

Design Ballendat

Geschäftsführung
Dipl. Des. Martin Ballendat (DDV, DA)

Maximilianstraße 15
84359 Simbach am Inn
Telefon +49 (0)8571/6 05 66-11
Telefax +49 (0)8571/6 05 66-6
e-mail office@ballendat.de
internet www.ballendat.de

Linzer Straße 22
A-4950 Altheim
Telefon +43 7723/4 44 21
Telefax +43 7723/4 44 22

Martin Ballendat, geboren 1958 in Bochum, machte sein Diplom Industrial Design an der Folkwang Schule Uni Essen 1983. Von 1983 bis 1986 war er Designer in der Firma Sedus Stoll in Waldshut. Von 1986 bis 1995 leitete er Design und Produktentwicklung der Firma Wiesner Hager Möbel (A). 1993 gründete Martin Ballendat das Büro Design Ballendat und ist seit 1996 Dozent an der Fachhochschule Graz für Industrial Design. Das Büro Design Ballendat mit derzeit 10 Mitarbeitern (7 fest, 3 frei) hat den Tätigkeitsschwerpunkt Büro-, Wohn- und Objektmöbel, Glas und Tableware. Ausgestattet mit einem 500 qm Büro mit gutem EDV-Equipment und eigenem Modellbau in einer alten Jugendstilvilla an der Grenze Bayern/Österreich.

Martin Ballendat, born in Bochum in 1958, took his degree in industrial design at the Folkwang Academy of the University of Essen in 1983. From 1983 to 1986, he worked as a designer for Sedus Stoll in Waldshut. From 1986 to 1995 he was head of design and product development for Wiesner Hager Möbel (A). In 1993 Martin Ballendat founded the Design Ballendat firm. He is a juror in various design competitions and lectures in industrial design at Graz Polytechnic. Design Ballendat currently employs a staff of 10 (7 permanent and 3 freelance) and specialises in furniture, glass and tableware. It is located in a 500 sq.m. office with good computer equipment and its own modelling workshop in an old art nouveau villa on the border between Bavaria and Austria.

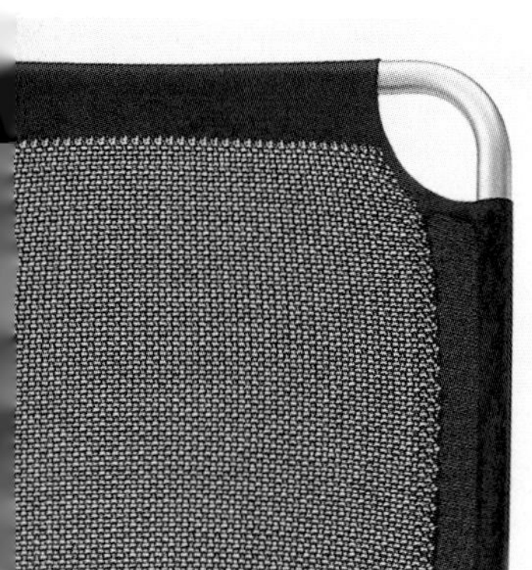

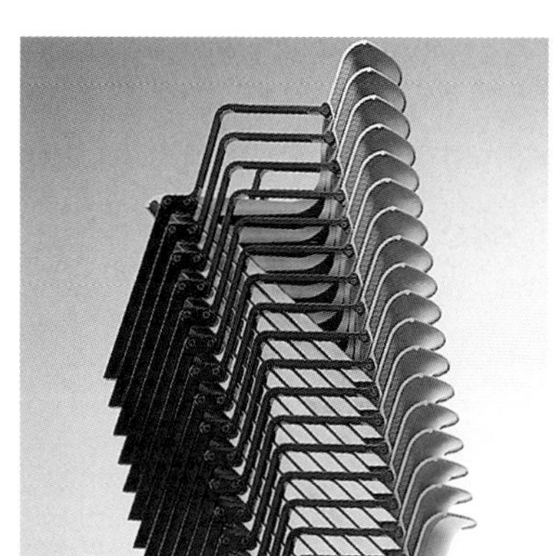

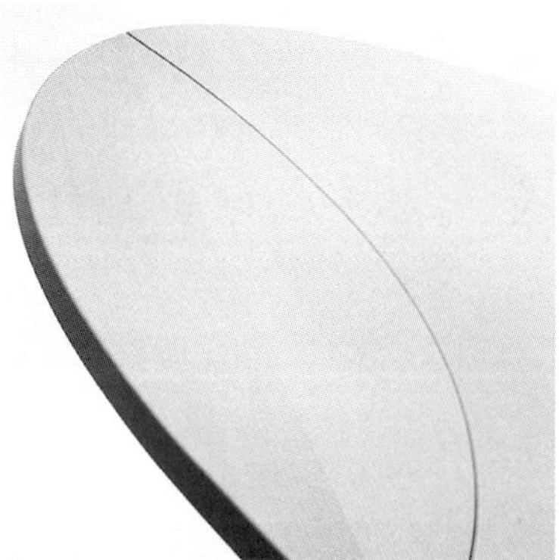

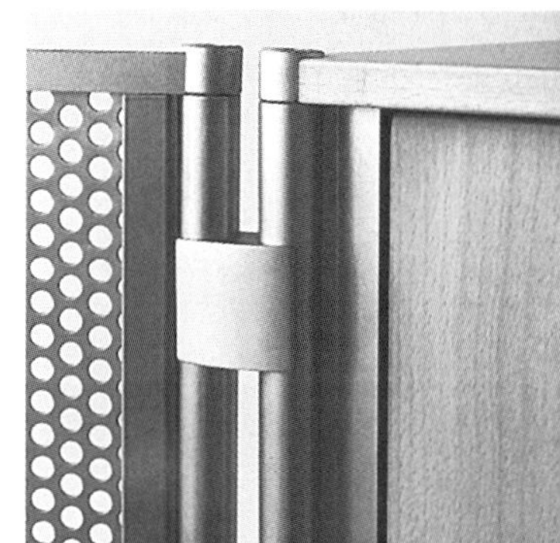

Referenzen/references: Wiesner Hager (A), Dauphin (D), Tonon (I), Wittmann (A), Strässle (CH), Hülsta (D), Inn Crystal (A), Cabas (I), WK-Designo (D), Interstuhl (D), Rosenthal (D) u.a.
Auszeichnungen/awards: Seit 1984 mehr als 30 Designpreise und Auszeichnungen, z. B./ *Since 1984 Design Ballendat has won more than 30 design prizes and awards e.g.:*
Good Design Award Japan 1999; Auszeichnung LGA Stuttgart 2000; Best of Neocon 1999; Auszeichnung für Höchste Designqualität Design Zentrum Nordrhein Westfalen 1993; Goed Industrieel Ontwerb 1999; Josef Binder Award 1997; iF Award 1998; im Ranking Design (D) unter den 100 Besten Designbüros 1998/1999.

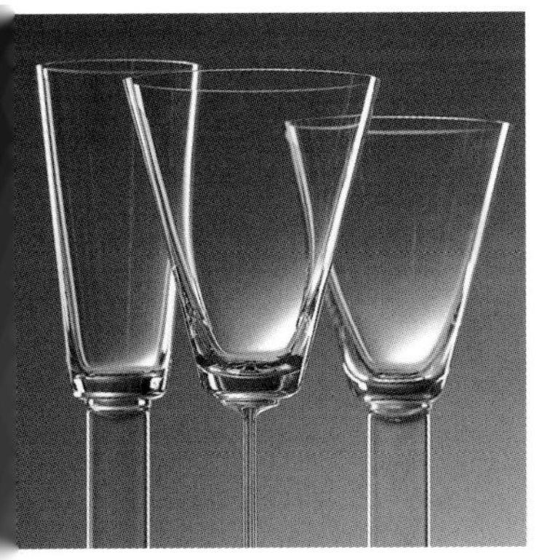

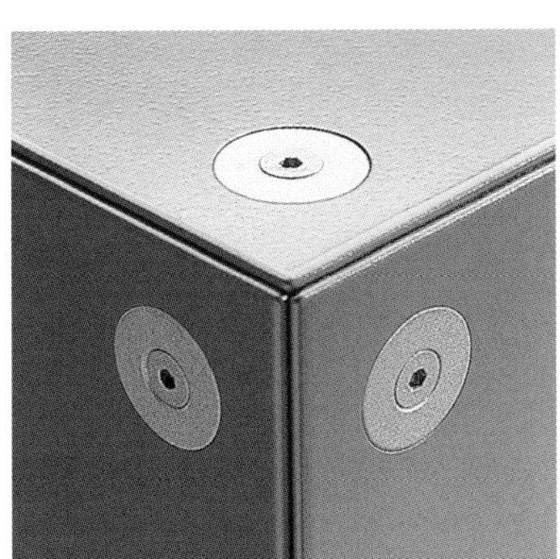

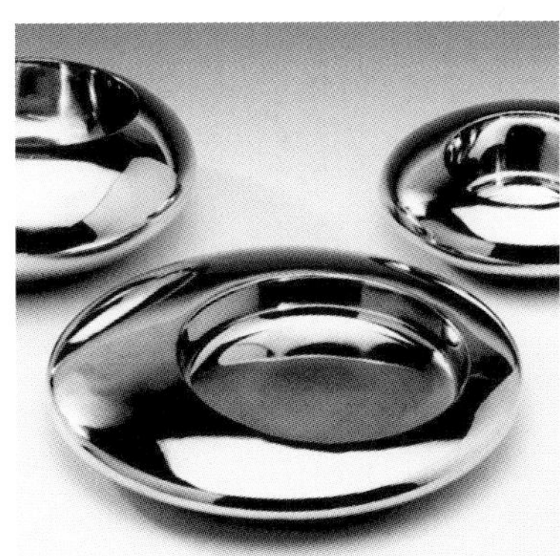

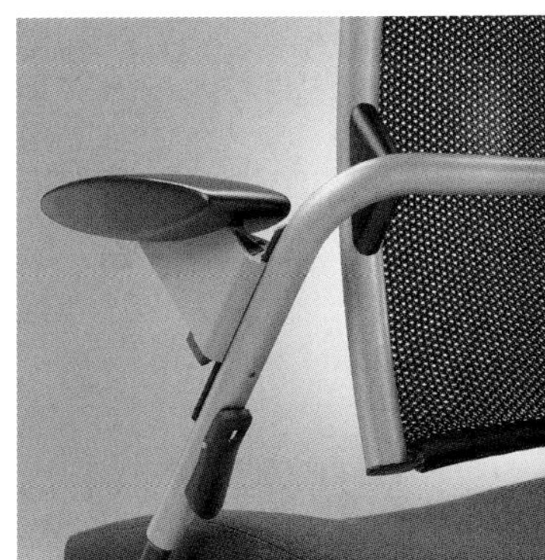

Barski Design

Geschäftsführung
Olaf Barski (AGD)

Hanauer Landstraße 48a
60314 Frankfurt/Main
Telefon +49 (0)69/94 41 90 70
Telefax +49 (0)69/94 41 90 80
e-mail hello@futuredesignlab.com
internet www.futuredesignlab.com

Das Studio wurde 1991 in Frankfurt/Main gegründet und wird seit dem Jahre 2000 unter Barski Design geführt. Barski Design gestaltet Produkte in den Bereichen Konsum- und Investitionsgüter, Sanitär- und Medizintechnik. Die Designsprache verbindet präzise Funktionalität mit emotionaler Ausstrahlung. Zahlreiche Produkte wurden weltweit für hohe Designqualität ausgezeichnet. futuredesignlab, 2000 initiiert, entwickelt Ideen und Konzepte für die Welt von Morgen. In Workshops entstehen freie Designstudien, die neueste Technologien nutzen und Zukunftsszenarien der Produkt- und Markenwelt simulieren. futuredesignlab ist eine Plattform für Inspiration, Erfindungsreichtum und interdisziplinäres Arbeiten.

The studio was founded 1991 and has operated since 2000 under the name of Barski Design. Barski Design creates products in the areas of consumer and capital goods as well as sanitary and medical equipment. Numerous products have received awards the world over for their outstanding high-quality design. futuredesignlab, initiated in 2000, develops ideas and concepts for the world of tomorrow. Its workshops devise free design studies which make use of the latest technologies and simulate future scenarios in the world of products and brands. futuredesignlab is a platform for inspiration, inventiveness and interdisciplinary tasks.

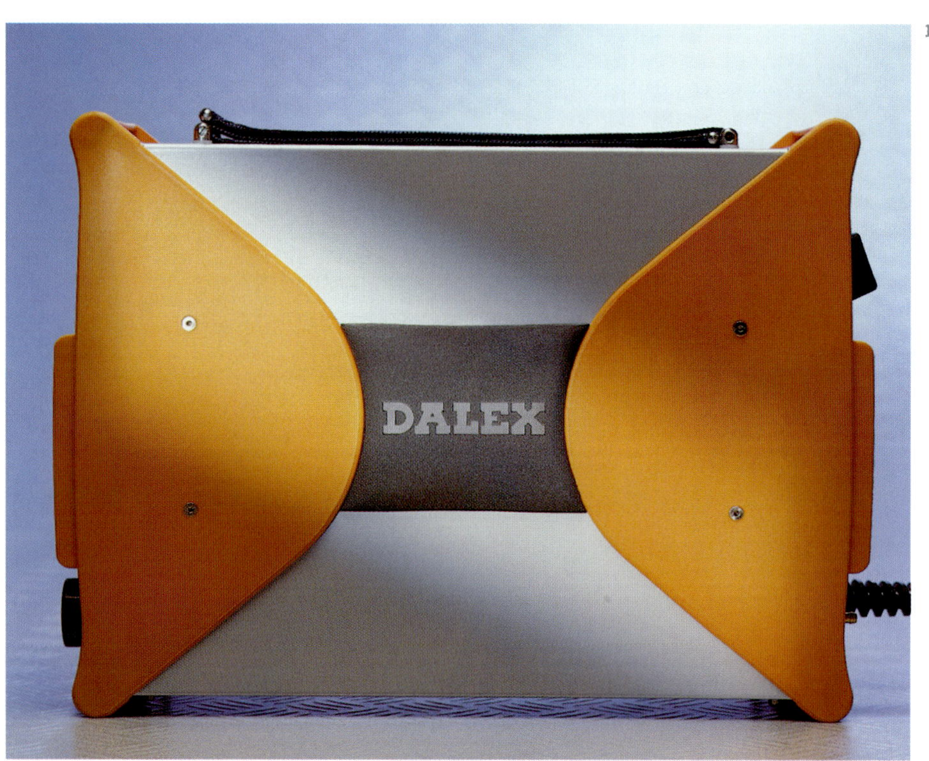

1

Referenzen/references: Ascom Business Systems, Bosch-Siemens, Dalex, Fraunhofer Institut, Heraeus, Kulzer, Medap, Newell, Philips, Schwarz Pharma, Wella, Zumtobel Staff u.a.
Veröffentlichungen/publications: »Barski Design – Konzepte für die Welt von Morgen«, creativ verpacken 5/2001, Lindenhaus Verlag, Wilmersdorf; »showroom«, form 175, 5/2000, Verlag form, Frankfurt/M.; »Zeit – Raum – Design«, Design aus fünf Jahrzehnten, Design Collection, Staatliches Museum für Kunst und Design Nürnberg, 2000, Bangert Verlag, Schopfheim; »design plus 2000, light+building«, Jurymitglied, Messe Frankfurt; »Ingenieure und Designer«, VDI-nachrichten 30/30. Juli 1999, Düsseldorf; iF Design Award 1999, Jurymitglied, Hannover; »Design und Medizin«, design report 2/1998, MACup Verlag, Hamburg; »ecology and design«, 02 magazine, autumn 1998, Amsterdam.
Auszeichnungen/awards: iF Product Design Award 1996; iF Product Design Award 1998 (Hanaulux blue 90), 1998 (Heizstrahler Hanautherm); iF Ecology Design Award 1996 (Hanaulux blue 30); iF Product Design Award 1999 (Twista P 1060).

3

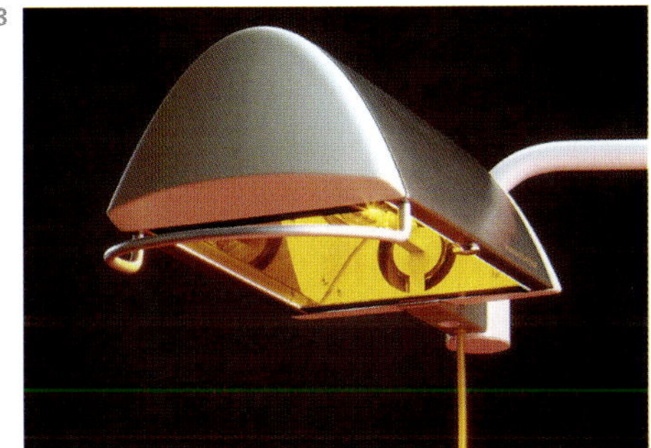

4

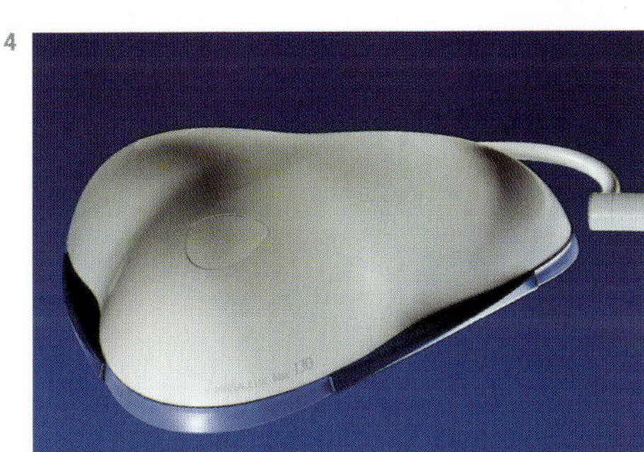

1 MICRO TIG 200
Dalex 2000.

2 BORA P 2060
Medap 1999.

3 Hanautherm
Heraeus.
iF Product Design Award 1998.

4 Hanaulux Blue 130
Heraeus.
iF Product Design Award 1998.

2

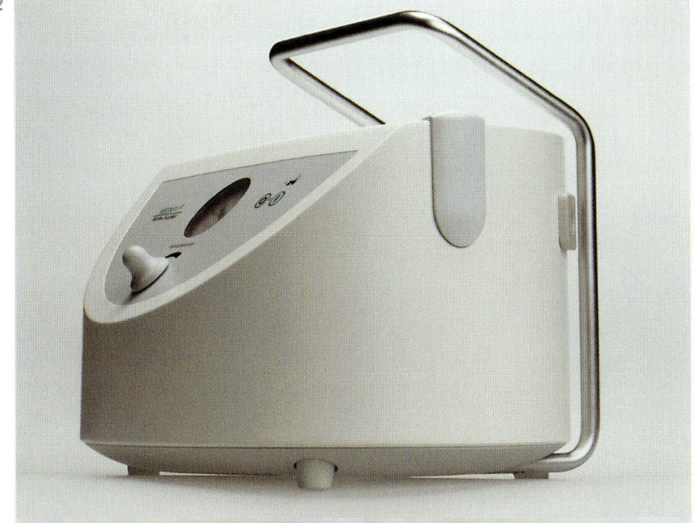

bauwerkstadt

Geschäftsführung
Karsten Winkels

Leibnizstraße 8a
44147 Dortmund
Telefon +49 (0)231/7 28 29 98
Telefax +49 (0)231/7 28 29 82
e-mail mail@bauwerkstadt.net
internet www.bauwerkstadt.net

Die Magie des elektrischen Lichtes, noch zu Beginn des letzten Jahrhunderts mit der Aura des Wunderbaren behaftet, ging im Zuge des technischen Fortschritts verloren. Mit der Einsicht, wie wichtig Beleuchtung für die Inszenierung von Räumen und Objekten ist, wurde Licht in den letzten Jahren zum zentralen Designfaktor. Licht als Gestaltungsfaktor und Leuchten als Designobjekte zusammenzuführen, ist erklärtes Entwurfsprinzip der bauwerkstadt. So erscheinen die Beleuchtungskörper in ihrer Tagwirkung nicht als bezugslose Skulpturen, sondern geben als Gestaltträger Hinweis auf ihren Nutzwert. Die Tätigkeiten der bauwerkstadt (gegründet 1990) umfassen u.a. Objektdesign, Lichtplanung, Architektur und Städtebau.

The magic of electric light, surrounded by an aura of the miraculous even as late as the beginning of the last century, has been lost in the wake of technological progress. The realisation of how important lighting is to the presentation of space and objects has made light a central design factor in recent years. One of the established principles of the bauwerkstadt is bringing together light as a design factor and lights as design objects. Accordingly, luminaires seen by day do not appear as non-referential sculptures but indicate their utility through their form. The activities of the bauwerkstadt (established 1990) include object design, light planning, architecture and town planning.

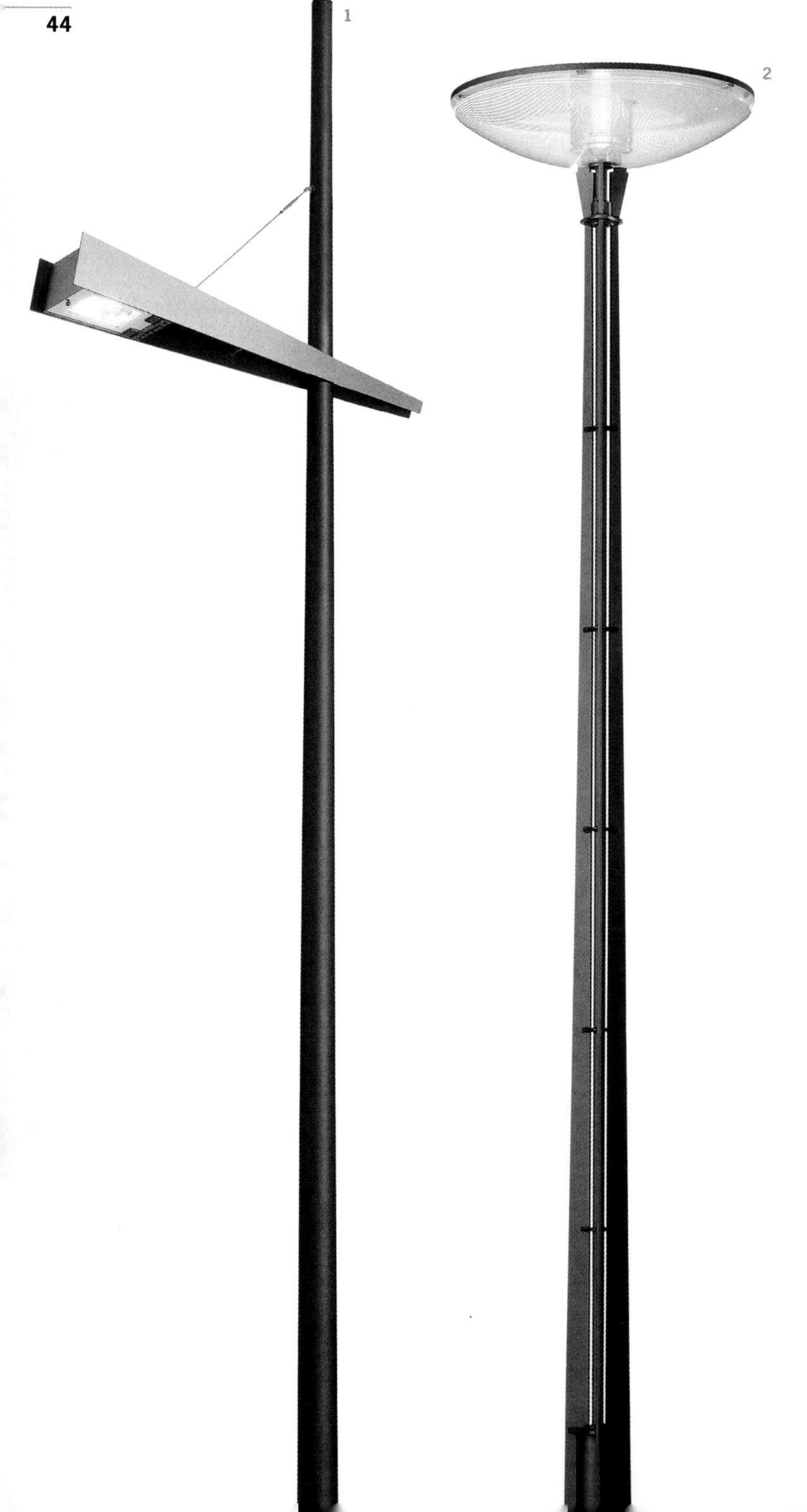

1 VELA
Straßenleuchte/*Street lamp*
Hess Form + Licht 2001.

2 ORLANDO
Platz- und Straßenleuchte
Town square and street lamp
Hess Form + Licht 2000.

3 TANELLA
Platz- und Straßenleuchte
mit schwenkbaren Leuchtenköpfen
Town square and street lamp
with swivel heads
Hess Form + Licht 1997.

4 SECA HM
Wandeinbauleuchte
Recessed wall lamp
Hess Form + Licht 2000.

Referenzen/references: Hess Form + Licht, Richter Spielgeräte, Hering-Bau, Nemetschek AG, Stadt Iserlohn, Stadt Mülheim a. d. Ruhr, Stadt Oberhausen, Stadt Dortmund, Kirchenbauämter- und gemeinden u.a.
Veröffentlichungen/publications: »Function meets Fashion in Street furnitures«, Monthly Design 6/1998; »Absolut wettbewerbstauglich«, computer spezial 2/2000; »Stadtraum ist Spielraum«, cima direkt 1/2001; »Leuchte Tienda wird zum Kunstobjekt«, Licht 2/2001.
Auszeichnungen/awards: Designpreis des Landes Nordrhein-Westfalen, Design Zentrum Nordrhein Westfalen 1996; iF Product Design Award Industrie Forum Design 1999, 2001.

4

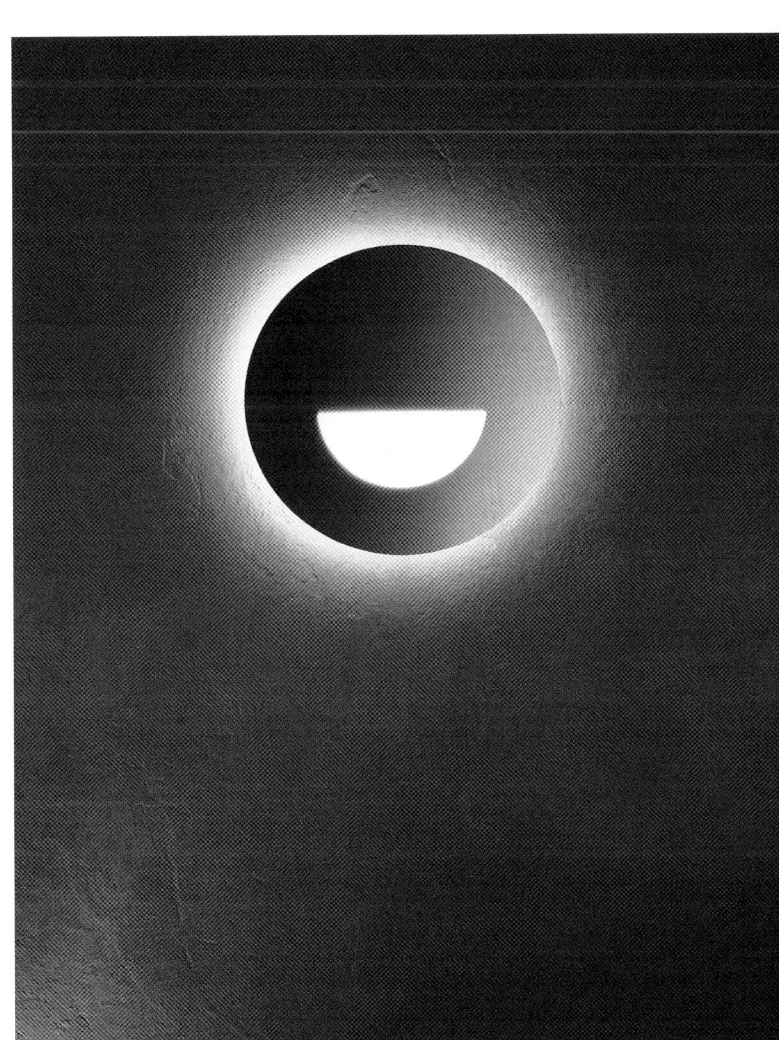

3

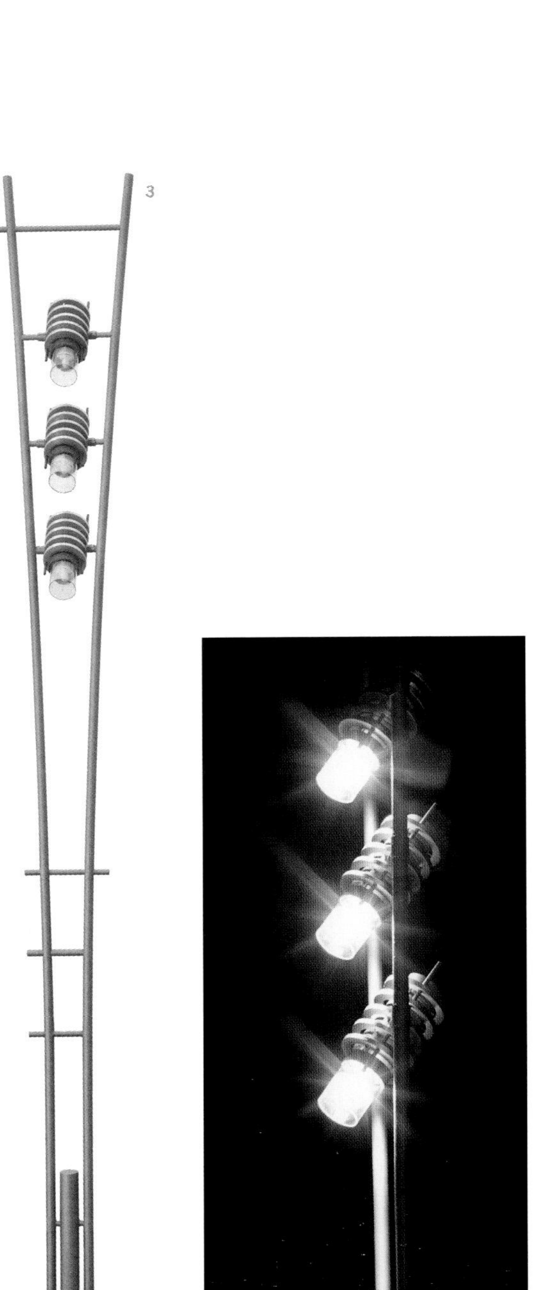

Klaus Begasse

Geschäftsführung
Dipl.-Ing. Klaus Begasse

Kornbergstraße 36
70176 Stuttgart
Telefon +49 (0)711/2 99 84 74
Telefax +49 (0)711/2 99 84 75
e-mail info@begasse.de

Klaus Begasse studierte Architektur in Stuttgart und arbeitete international in Büros in Atlanta, Düsseldorf, München, New York und Stuttgart. Seit 1991 hat er ein eigenes Büro in Stuttgart. Das Büro Klaus Begasse erarbeitet Konzepte vom Bauwerk bis zum Industrieprodukt und deren medialem Auftritt. Die interdisziplinäre Vorgehensweise führt die Bereiche Gebäude- und Landschaftsplanung, Produkt- und Grafikdesign, Corporate Design und Messedesign netzwerkartig zusammen. Gestaltung erfordert ganzheitliche Lösungen.

Klaus Begasse studied architecture in Stuttgart and has worked in offices in Atlanta, Düsseldorf, Munich, New York and Stuttgart. Since 1991 he has run his own office in Stuttgart, devising concepts ranging from buildings to industrial products and their presentation in the media. An interdisciplinary approach networks building and landscape planning, product and graphic design, corporate design and trade fair design in holistic solutions.

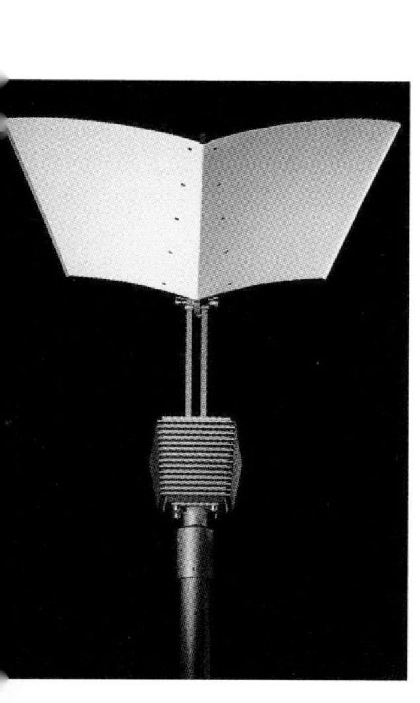

1

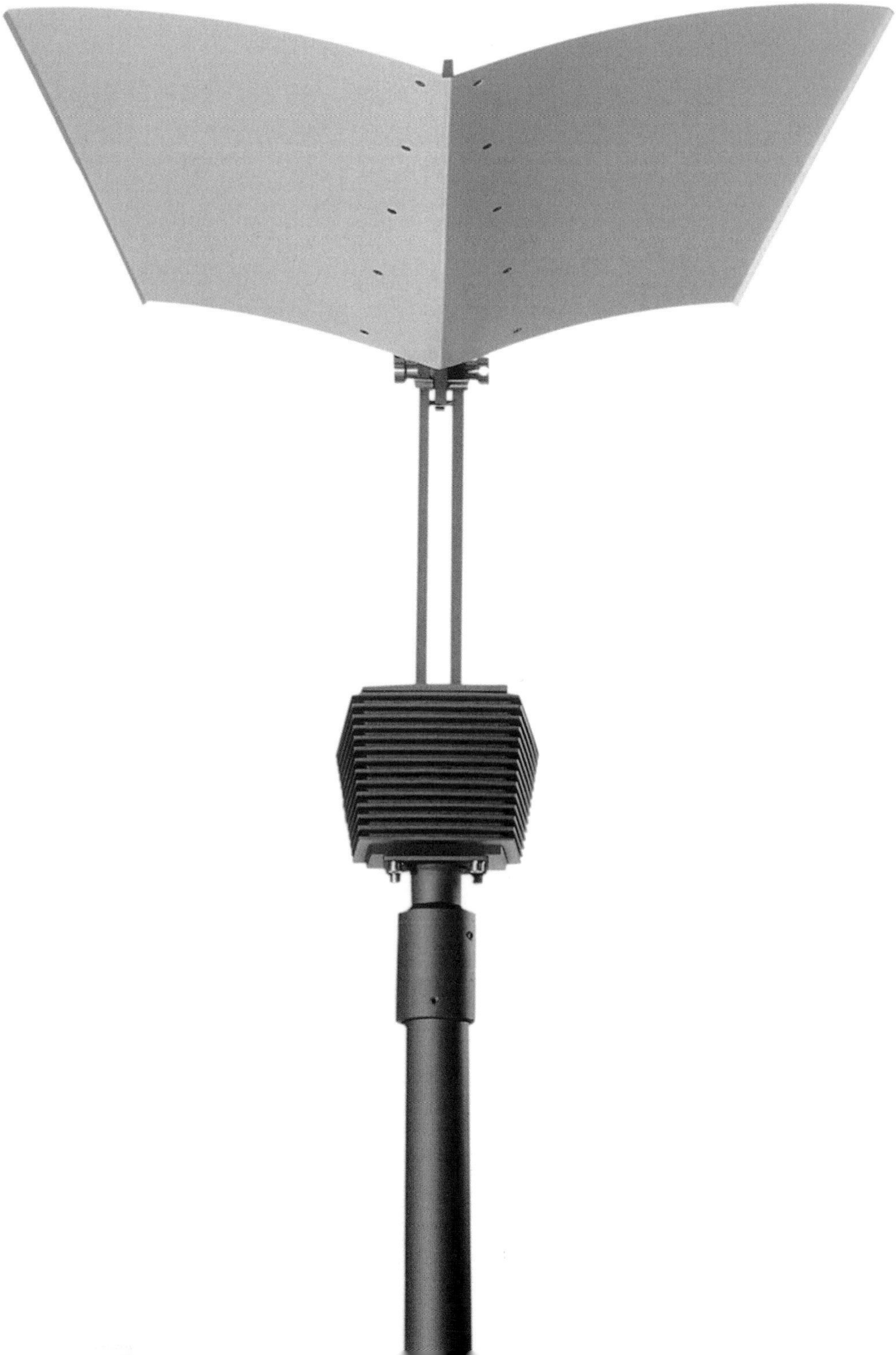

Auszeichnungen/awards: Deutscher Städtebaupreis mit Janson, Wolfrum/Schmelzer, Bezzenberger 1995; Deutscher Landschaftsarchitekturpreis mit Janson, Wolfrum/Schmelzer, Bezzenberger 1997; iF Industrie Forum Design Hannover 1996, 1997, Best of Category 1997; Internationaler Designpreis Design Center Stuttgart 1997; Designpreis Schweiz 1999; Best of Show Award for Lightfair 1999, San Francisco, Design Journal; Roter Punkt Hohe Designqualität Design Zentrum Nordrhein Westfalen 1999; red dot for high design quality Design Zentrum Nordrhein Westfalen 2001.

4

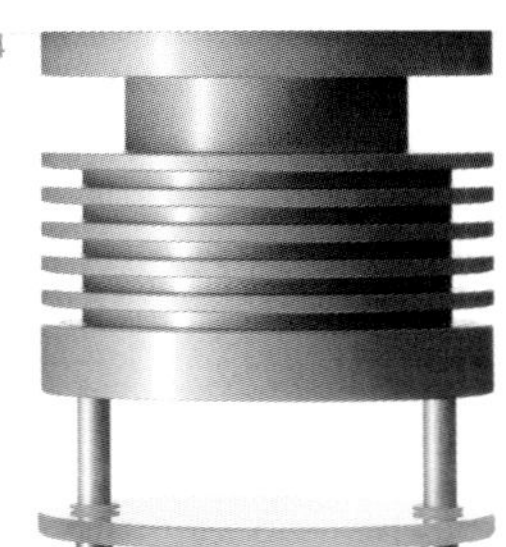

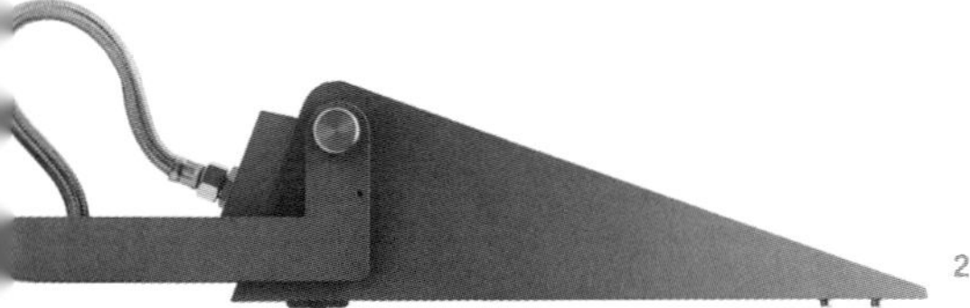

2

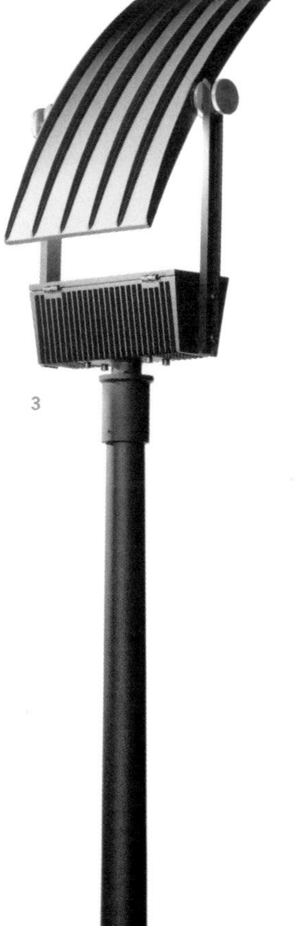

3

1 Mastleuchte Aviano
Standard lamp Aviano
Hess Form + Licht.

2 Wandleuchte Novara 4500 S
Wall lamp Novara 4500 S
Hess Form + Licht.

3 Mastleuchte Campo
Standard lamp Campo
Hess Form + Licht.

4 *Deckenleuchte Bari 80*
Ceiling lamp Bari 80
Hess Form + Licht.

BIBS INDUSTRIAL DESIGN CONSULTANCY

Geschäftsführung
Bibs Hosak-Robb MA RCA (VDID)

Westendstraße 147 RGB
80339 München
Telefon +49 (0)89/50 02 83 30
Telefax +49 (0)89/50 02 83 32
e-mail info@bibs-design.de
internet www.bibs-design.de

Bibs Design wurde 1981 in London gegründet. Seit 1984 arbeitet Bibs Design in München mit globaler Wirkung und ist vielseitig im Bereich Konsumgüter und Gebrauchsgüter tätig. Spezialgebiet: Beratung und Entwicklung von Konzepten und zukünftiger Produkte für die Menschen von Übermorgen. Schwerpunkte: Lösungen für Sports-, Tabletop- und Exhibition Design. Im Umfeld des Social Designs entwickelt Bibs Design Produkte für die Kommunikationsmöglichkeiten einer vereinsamten Gesellschaft und Produkte zur Rehabilitation. Im Zentrum steht der Mensch mit seinen Sehnsüchten und Bedürfnissen. Auf der Suche nach verantwortlichem Handeln und lusterzeugender Wirkung bemüht sich Bibs um eine Verständigung zwischen Kundenwünschen und Unternehmenszielen.

Bibs Design was established in London in 1981. Since 1984 Bibs Design has been located in Munich, operating globally in many fields of consumer and utility goods. Special field: consulting and development of concepts and future products for the people of tomorrow. Main focuses of interest: solutions for sports, tabletop and exhibition design. In the field of social design products are developed to enhance communication in an increasingly solitary society and for physiotherapeutic purposes. At the centre stand human beings with their wishes and needs. With a sense of responsibility accompanied by a desire to give pleasure, Bibs Design seeks to reconcile customers' wishes and corporate goals.

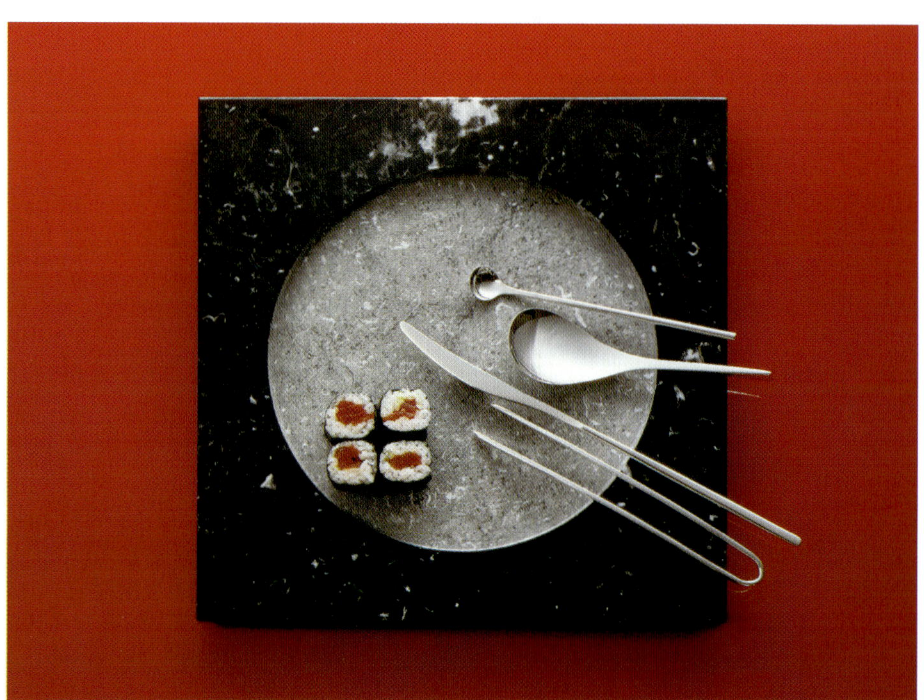
1

Referenzen/references: Adidas, Alessi, Alias Research, AliasWavefront, Almimö, BMW Group, Carl Mertens Besteckfabrik GmbH & Co., Fine Factory, Galerie Terminus, Gense of America, Goethe Institut Zentralverwaltung, Hacker Feinmechanik GmbH, Koziol, Neiman Marcus, Praxis Dr. Dörffler, Seagram Mumm, Software Sidoun GmbH, Tebis AG, WMF u.a.
Veröffentlichungen/publications: »Bibs Hosak-Education in GB«, Designer March, SIAD, London 1983; »The Third Millennium«, Alfred Knopf Edition New York 1985; Designerinnen, Elle 10/1989; »Bibs Design – ein Portrait«, Schöner Wohnen 5/1990; »Bestecke und andere Werkzeuge«, Innoventa 1991; »Das utopische Projekt – Die anständige Lust«, Edition Spangenberg 1993; »Design zwischen unternehmerischen Zielen und Kundenwünschen«, Koblenzer Design-Forum 1996; »Automotive Artworks«, Eigenverlag designed Help 1997, Hrsg. Bibs Hosak-Robb, München; »Design verändert die Welt«, BMW Magazin 2001 u.a.
Auszeichnungen/awards: Bibs Hosak-Robb hatte seit 1983 zahlreiche Ausstellungen. Ihre Arbeiten erhielten Auszeichnungen im In- und Ausland.
Since 1983 Bibs Hosak-Robb has had numerous exhibitions of her work. Her work has won awards in both Germany and abroad.

3
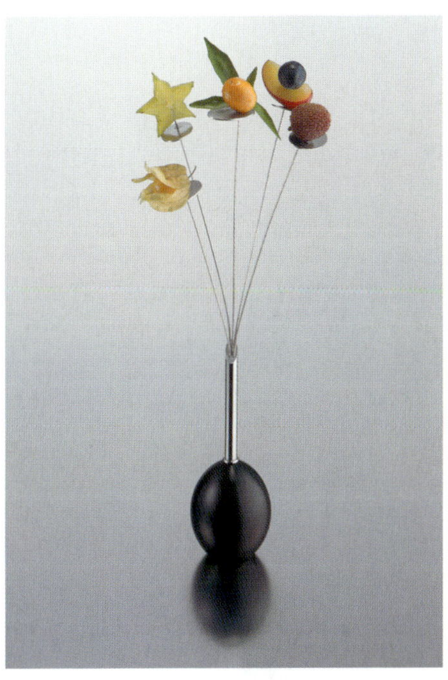

2
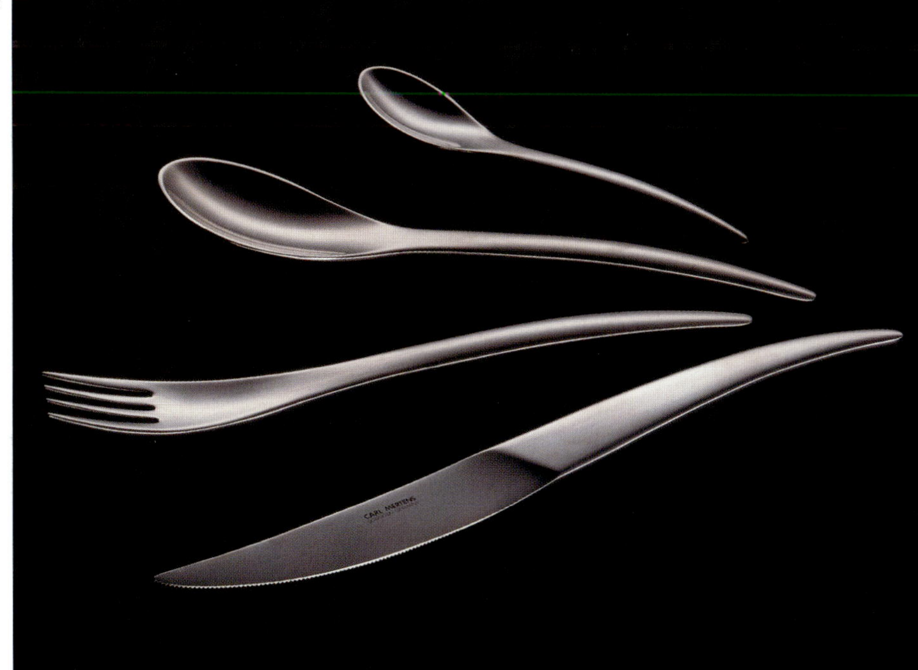

4
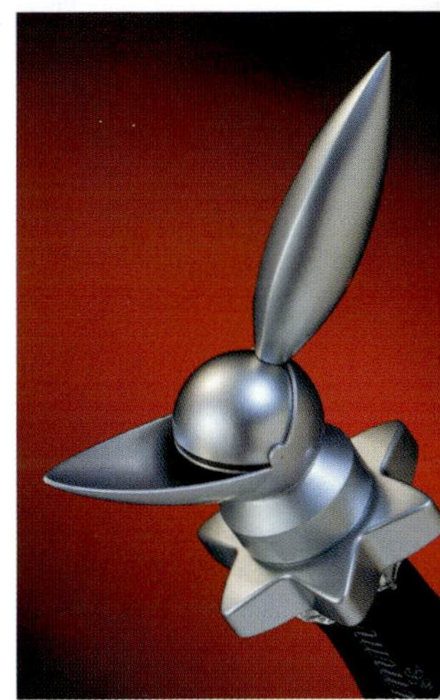

1 Edo
Robbe & Berking 1983–1984.

2 Vitalis
Carl Mertens Solingen 1998.

3 Trick a Tree für Kunstdisco
Olympiade Seoul 1988, Deutscher Pavillon.
Trick a Tree for art disco
Seoul Olympics 1988, German pavilion.

4 Knight Cap
Mumm Seagram 1991.

Vision & Gestalt

Geschäftsführung
Prof. Bernhard E. Bürdek

Darmstädter Straße 26a
63179 Obertshausen
Telefon +49 (0)6104/97 10 31
Telefax +49 (0)6104/97 10 32
e-mail buerdek@em.uni-frankfurt.de
internet b.e.b.@gmx.de

Vision & Gestalt wurde 1990 gegründet. Arbeitsbereiche sind Design und Kommunikation, Human Interface Design und Innovations-Management. Schwerpunkte bilden Produktentwicklungen im Soft- und Hardwarebereich, im Vordergrund stehen dabei die Wechselwirkungen von Benutzer, Produkt und Anleitungen mit dem Ziel der Selbsterklärung. Vision & Gestalt hat dafür eine spezielle Interface Design Methodik entwickelt. Für komplexe Entwicklungsprojekte steht ein Experten-Netzwerk zur Kooperation zur Verfügung.

Vision & Gestalt was established in 1990. Its work is focused on design and communication, human interface design and innovation management. Main points of emphasis are hard and software product developments with a particular eye to the interaction of users, products and instructions and how products can be made self-explanatory. Vision & Gestalt has developed a special interface design methodology for this. An expert network is available to support complex design projects.

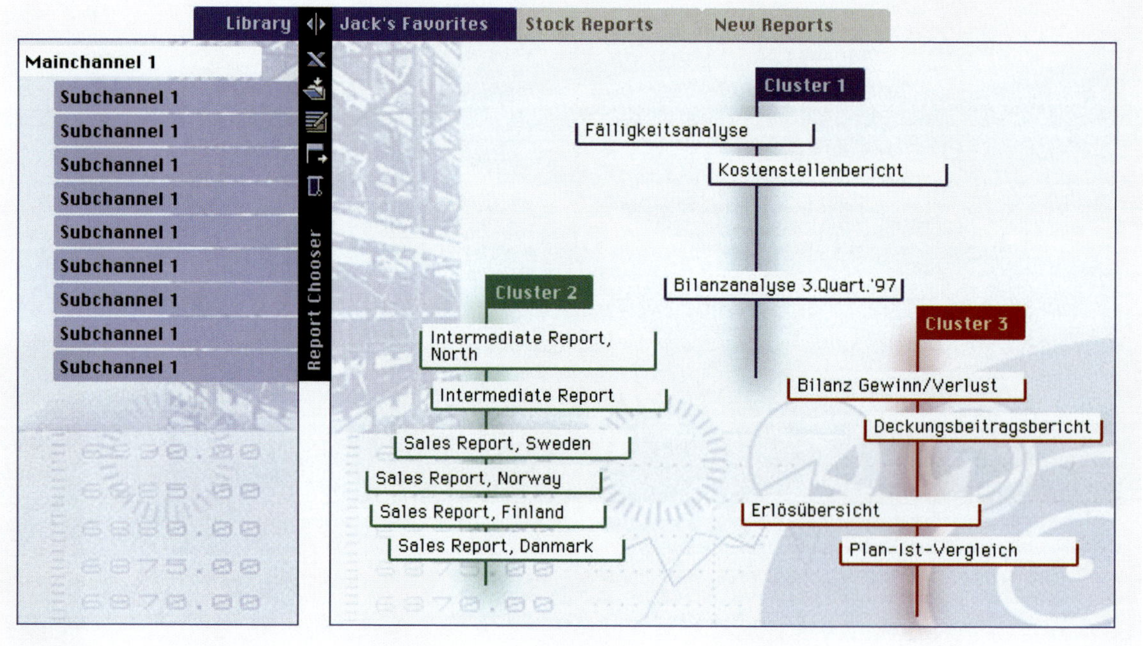

1

1 Webseiten
Web pages
SAP.

2 Benutzungsoberflächen
User Interface Design
AGFA.

3 Der digitale Wahn. Bernhard E. Bürdek
The digital delusion. Bernhard E. Bürdek
Suhrkamp Verlag 2001.

Referenzen/references: AGFA-Gevaert, ADI Software, Bosch Telenorma, Deutsche Lufthansa, Digital Elektronik, Drägerwerk, DuMont, FAZ, FSB, Interface Computer, Linotype, Panasonic National, SAP AG, Schützeichel Gruppe, SEL Alcatel, Ultrakust, Vodafone u.a.
Veröffentlichungen/publications: »Design. Geschichte, Theorie und Praxis der Produktgestaltung«, mit italienischen, spanischen, chinesischen und holländischen Übersetzungen 1991/94; »Der Mac« 1997; »Vom Mythos des Funktionalismus« 1997; »Der digitale Wahn« 2001; »Product Design« gemeinsam mit Volker Fischer 2002; Zahlreiche Beiträge in Zeitschriften, Magazinen etc.

2

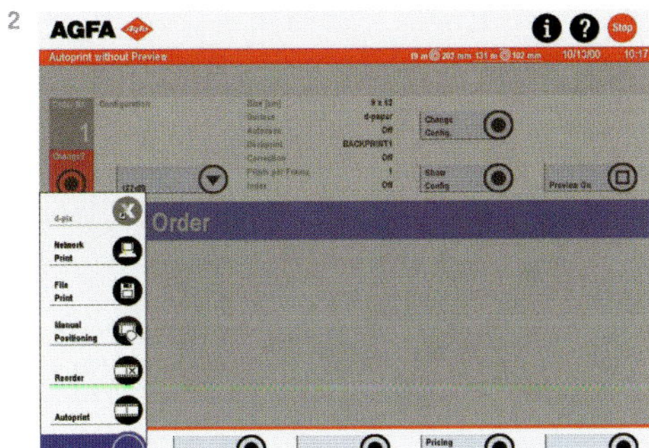

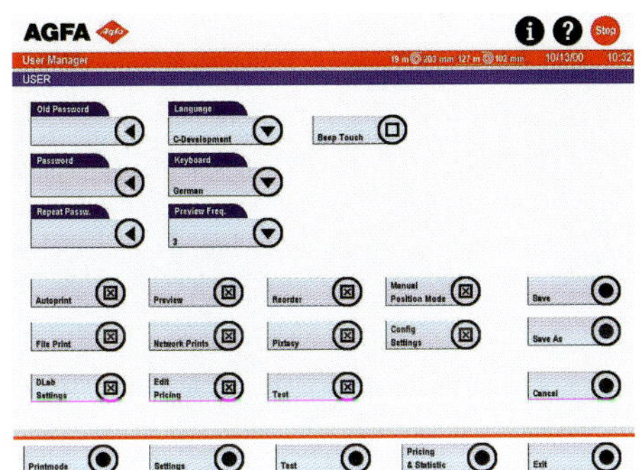

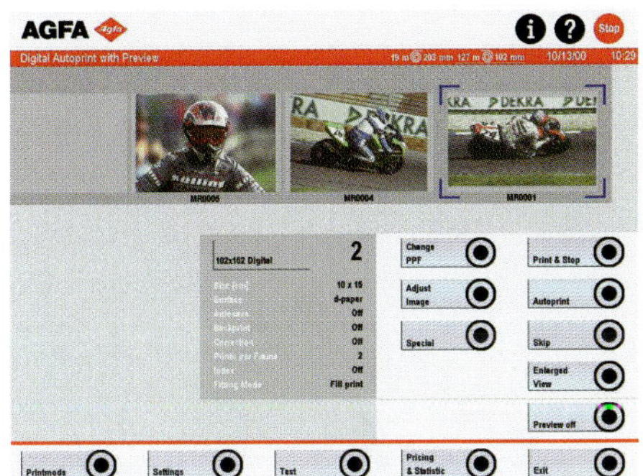

3

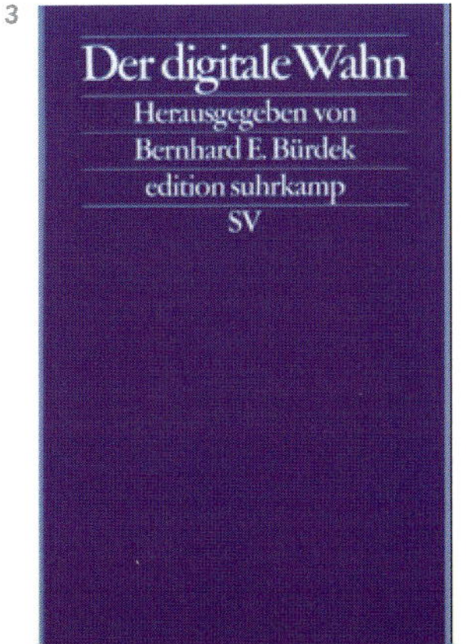

busse design ulm gmbh

Geschäftsführung
Annegret Busse-Schröder
Michael Tinius

Nersinger Straße 18
89275 Elchingen/Unterelchingen
Telefon +49 (0)7308/8 18 0
Telefax +49 (0)7308/8 18 99
e-mail bdu@busse-design-ulm.de
internet www.busse-design-ulm.de
www.busseonline.de

Print- und Webdesign busse design
USA: www.bussedesign.com

Seit 1959 entwickelt busse design ulm innovative Produkte von der Idee bis zur Serienreife. Als Fullservice-Anbieter liefert das Institut Designkonzepte, Konstruktion, Elektronik, Prototyp- und Modellbau aus einer Hand. Durch langjährige Erfahrung mit über 250 Kunden hat das Unternehmen branchenübergreifendes Know-how. Im Vergleich zur internen Entwicklung, bei der das Tagesgeschäft ca. achtzig Prozent der Zeit raubt, kümmert busse design ulm sich 100% um Ihre Projekte und setzt diese zügig um. Schwerpunkte sind Konsum- und Investitionsgüter, Stadtmöblierung, Haushaltsgeräte, Büro-, Medizin- und Pflegetechnik bis zum Großmaschinen- und Fahrzeugbau.

busse design ulm gmbh has been developing innovative products from the original idea to the mass production stage since 1959. As a full-service provider, the company offers design concepts, design, electronics, prototype and model design from a single source. Drawing on years of experience with over 250 clients, the company possesses know-how extending through a wide variety of branches of trade and industry. Whereas around 80% of the time of in-house design and development staff is taken up by routine tasks, busse design ulm can devote 100% to the rapid realisation of your projects. The main focus is on capital and consumer goods, civic furnishings, household appliances, office, medical and patient care equipment and ranging beyond that to large-scale machinery and vehicle design.

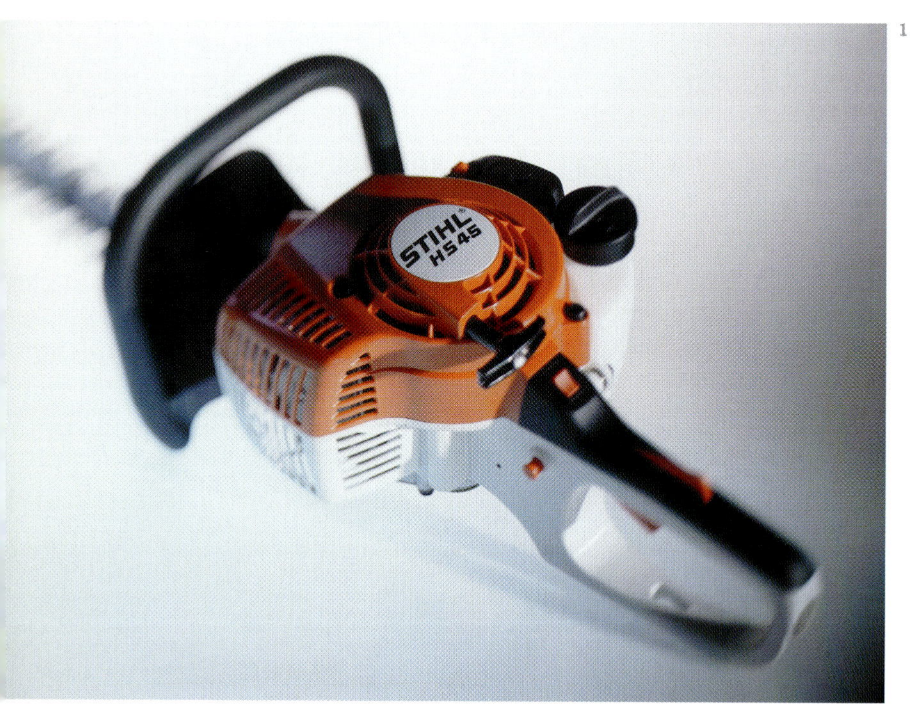

1

Referenzen/references: ABB, AEG, Aesculap, AHT, Alape, Beurer, BITO, Boehringer-Mannheim, Brita, Britax-Römer, Dahle, DaimlerChrysler, Dr. Boy, Fendt, Fresenius, Georg Fischer, Geka Brush, Haimer, Henckels Zwillingswerk, Heraeus, Hilti, Hüppe, IBM, Kässbohrer, Koppe, Kögl, Kuhn-Rikon, Merten, Metabo, Metz, Moeller, Osram, Rotpunkt, Schott, Siemens, SmithKline Beecham, Steinbock, Stihl, Ulrich, Vaillant, Viking, Wanzl, Wap-Alto, Wella, Zeiss, ZF.
Veröffentlichungen/publications: »Was kostet Design? Kostenkalkulation für Designer und ihre Auftraggeber«, Professor Rido Busse, Verlag form praXis, Frankfurt/Main 1999, 3. Auflage erscheint Herbst 2001.
Auszeichnungen/awards: Bundespreis Design Communication Award; Longlife Design Award; »Produkt des Jahres«, Fachverband Kunststoff-Konsumwaren: iF Industrie Forum Design Hannover; Red Dot Hohe Designqualität Design Zentrum Nordrhein Westfalen; Museum of Modern Art, New York; Neue Sammlung, München.

3

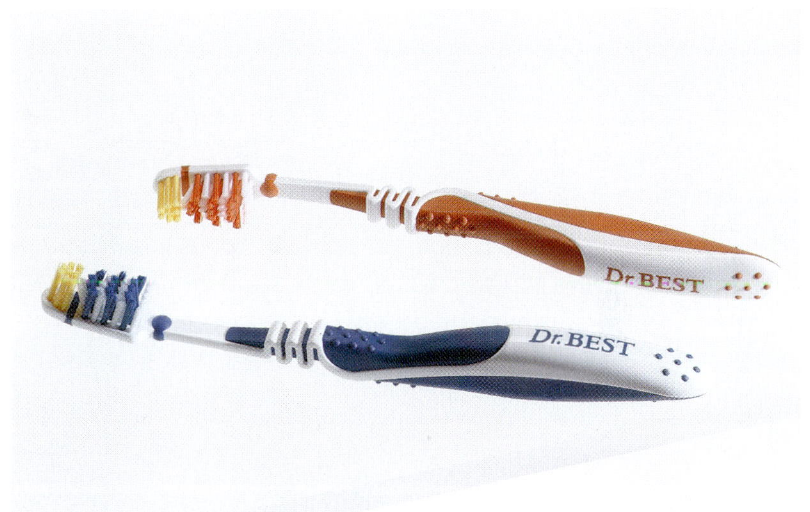

2

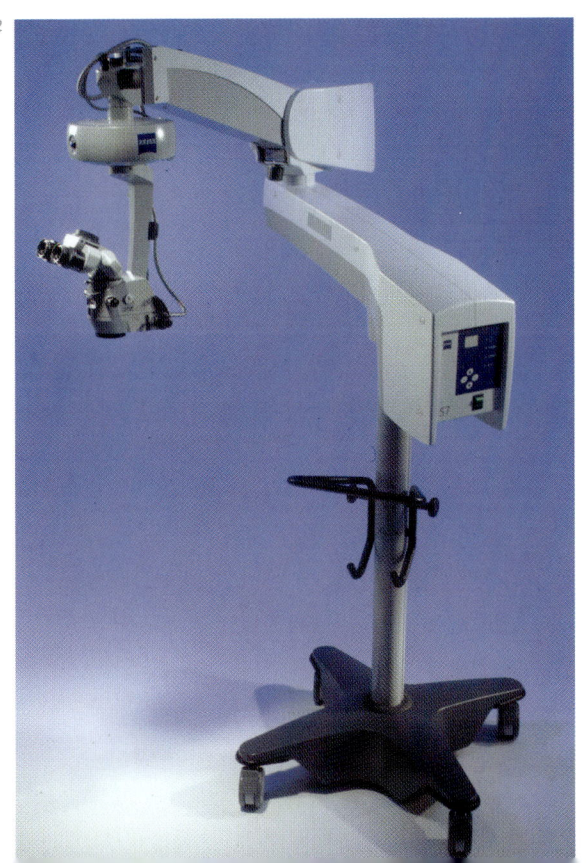

1 Heckenschere HS 45
Hedge shears HS 45
Andreas Stihl AG & Co.

2 Bodenstativ S7
Stand S7
Carl Zeiss AG.
red dot für Hohe Designqualität Design Zentrum Nordrhein Westfalen 2001.

3 Zahnbürste mit Volumengriff
Dr. Best X-Sensorkopf
Toothbrush with large size handle and Dr. Best X sensor head
SmithKline Beecham.

COR Sitzmöbel

Helmut Lübke GmbH & Co.

Nonenstraße 12
33378 Rheda-Wiedenbrück
Telefon +49 (0)5242/4 10 20
Telefax +49 (0)5242/4 10 21 34
e-mail info@cor.de
internet www.cor.de

COR begann 1954 mit der Herstellung von Polstermöbeln nach dem Prinzip: »Qualität in reiner Form«. Für die Wegwerf-Gesellschaft wollte COR nicht arbeiten und legte seine Möbel auf Langzeit an. Was aber nutzt die beste Qualität, wenn die Möbel schon bald dem optischen Verschleiß unterliegen? Darum ist ganzheitliches Design, dass aus der Gesinnung kommt und alle Belange guten Sitzens berücksichtigt, erstes Entwicklungsziel. COR sieht im anspruchsvollen Möbel ein Stück Kulturgut, das jenseits aller Trends auch noch nach Jahren Bedeutung haben soll.

COR commenced manufacturing upholstered furniture since 1954 on the principle of »quality pure and simple«. COR had no intention of supplying cheap, disposable products and made its furniture durable. But what good is the even best quality if the visual appeal of the furniture is soon »worn out«? For this reason a holistic design founded on conviction and taking full account of all aspects of comfort, posture and aesthetic appeal is the primary goal. In high-quality furniture COR sees an expression of culture that retains its significance irrespective of trends for many years to come.

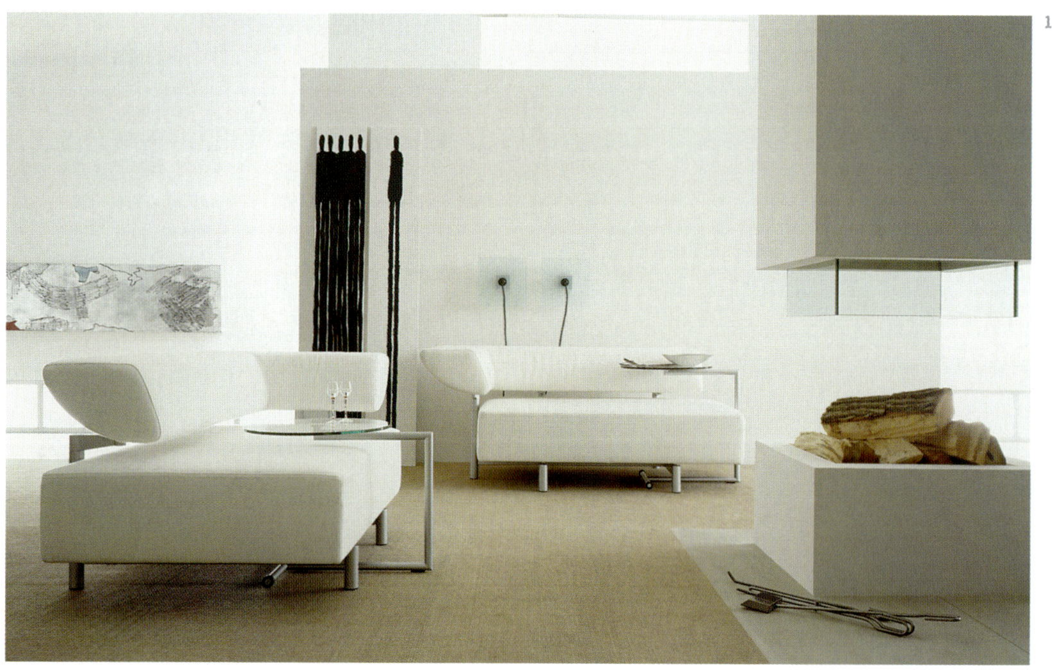
1

Neben der Polstermöbelkollektion fertigt COR auch Eßtischprogramme. Gemeinsames Bindeglied beider Produktlinien ist die einheitliche Design- und Qualitätsgesinnung. Bei allen Modellen ist die Umweltrelevanz der Produkte und die umweltgerechte Fertigung ein entscheidendes Kriterium. Aus diesen Überlegungen heraus hat sich COR auf freiwilliger Basis am Öko-Audit nach EG-Norm beteiligt und wurde als erstes Unternehmen der Möbelindustrie 1995 zertifiziert. Heute erarbeitet COR mit 210 Mitarbeiterinnen und Mitarbeitern in Rheda-Wiedenbrück einen Umsatz von 65 Mio DM.

COR produces ranges of dining tables in addition to collections of upholstered furniture. Both product lines have the same basic conviction regarding design and quality in common. Environmental compatibility both of the products themselves and the manufacturing processes is a crucial consideration in all models. In view of this, COR has voluntarily submitted to an ecological audit to EC standards and was the first company in the furniture industry to be certified accordingly in 1995. COR currently employs a workforce of 210 people at its location in Rheda-Wiedenbrück and turns over DM 65 million annually.

2

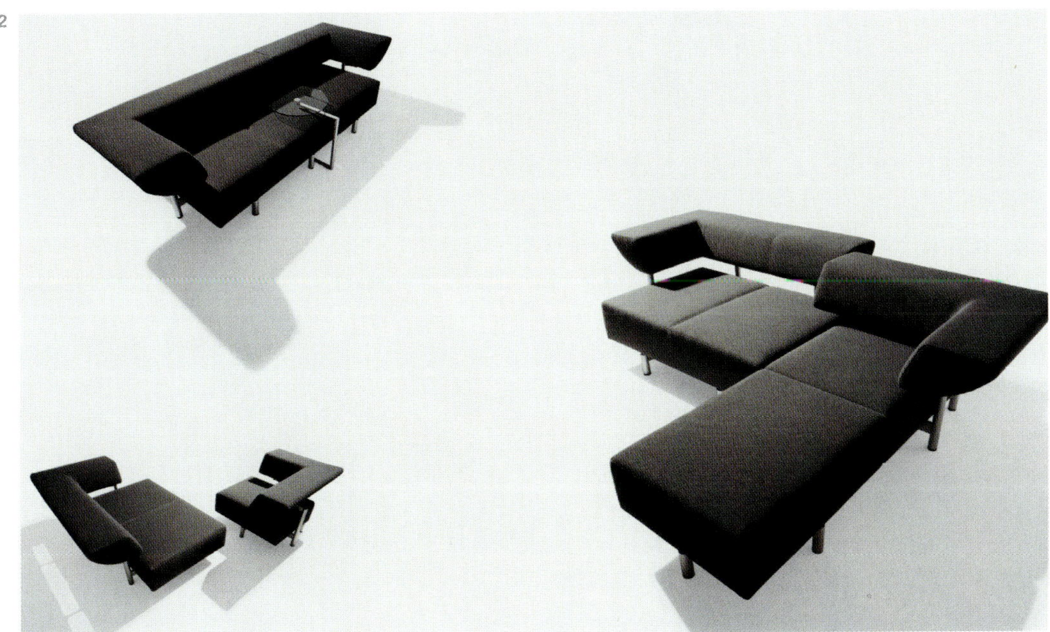

3

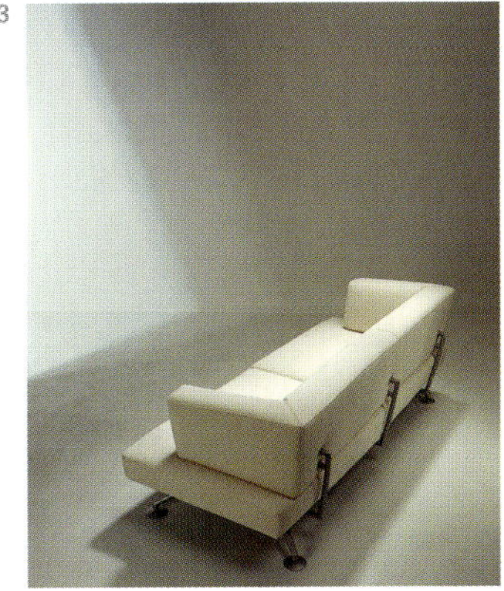

1 Modell Arthe
Model Arthe
Design: Prof. Wulf Schneider and Partners
2000.

2 Modell Arthe
Model Arthe
Design: Prof. Wulf Schneider and Partners
2000.

3 Modell Circum
Model Circum
Design: Peter Maly 1998.

D-Team Design GmbH

Geschäftsführung/Kontakt
Rainer Bohl (VDID)

St. Annastraße 27
86938 Schondorf am Ammersee
Telefon +49 (0)8192/74 66
Telefax +49 (0)8192/10 47
e-mail d-team@t-online.de
internet www.d-team.de

1970 gegründet, sind die Tätigkeitsfelder des D-Teams Möbel und Geräte für Büro, Wohnen, Haushalt, Küche, Bad und Sanitär. Weiterhin wurden Arbeitsplätze gestaltet für Werkstatt, Labor und Industrie sowie in Bereichen der Ergonomie, Telekommunikation, Medizintechnik, Werkzeuge und Public design. Ausgestattet ist D-Team mit CAD/2-3D, Multimedia, Modellwerkstatt und Prototypenbau – Full Service Design.
Wir haben schon einiges gemacht und freuen uns immer wieder auf neue Herausforderungen.

Established in 1970, D-Team focuses on furnishings and appliances for the office, domestic interiors, household, kitchen, bathroom and toilet. Other commissions have involved designing workplaces in workshops, laboratories and factories and design work in the fields of ergonomics, telecommunications, medical equipment, tools and public design. D-Team is equipped with CAD/2-3D, multi-media, modelling and prototype workshops – full service design.
We've already tackled quite a bit and look forward to new challenges.

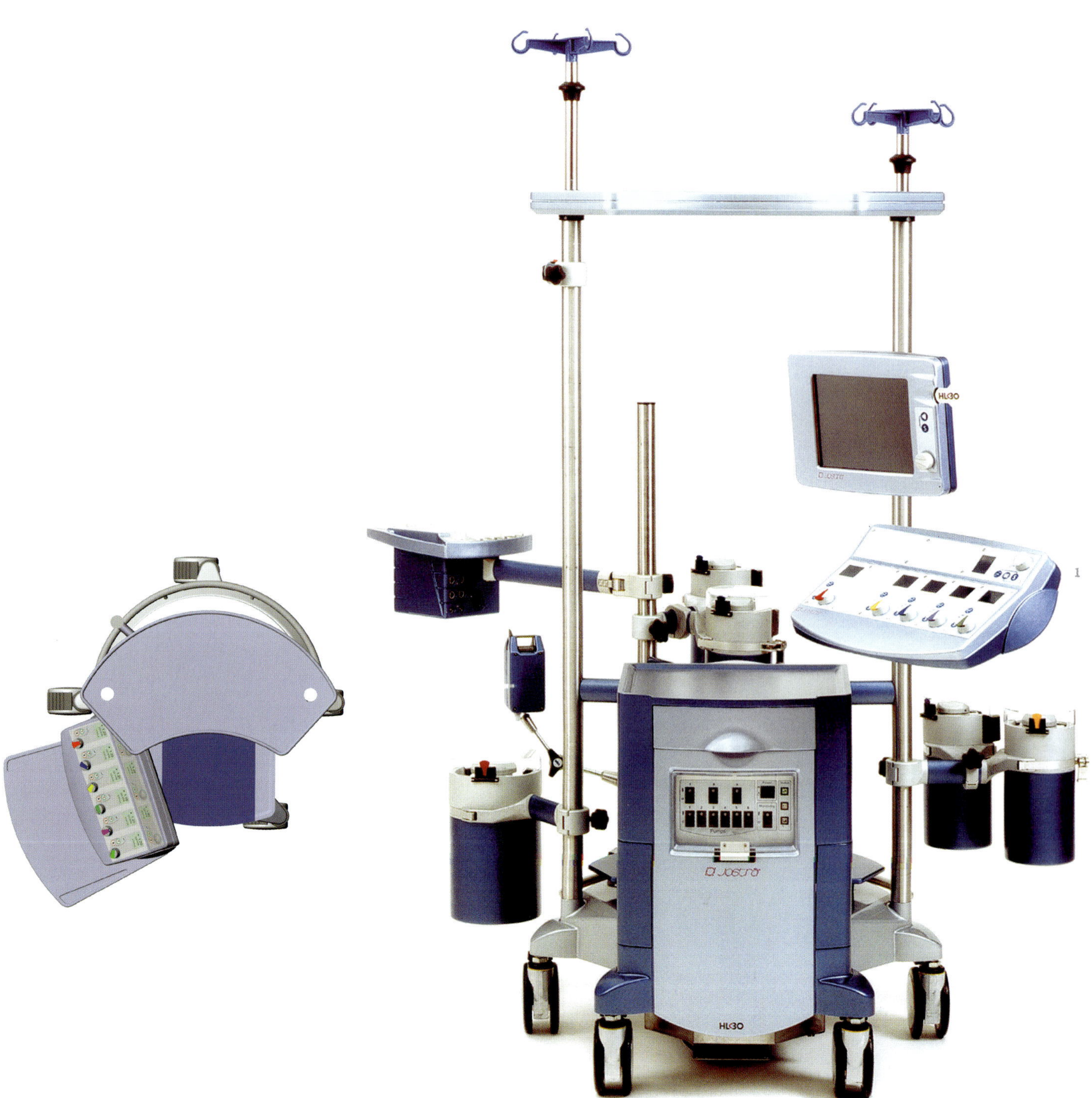

1

Referenzen/references: Bima, Blanco, BMW, Brunnen-Union, Burg, DB, Drabert, Heimag, Interstuhl, emtec, Fissler, Ford, Franke, Ideal-Standard, Jostra, Leopold-Vienna, Haworth-Röder, Skandinavisk, Zarges, ZDF.
D-Team hat schon über 30 Designpreise erhalten.
D-Team has won more than 30 design prizes and awards.

2
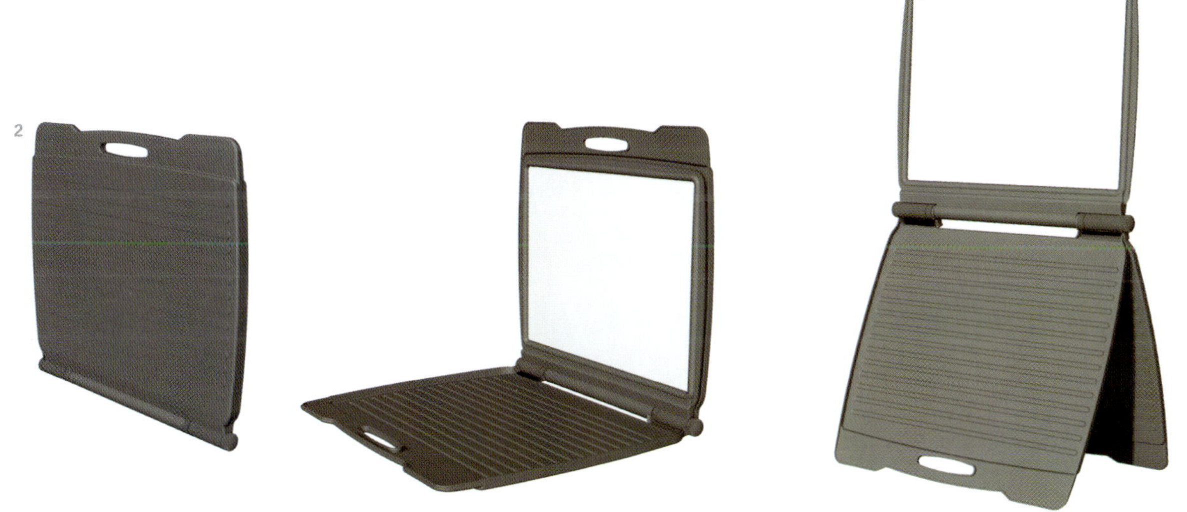

3
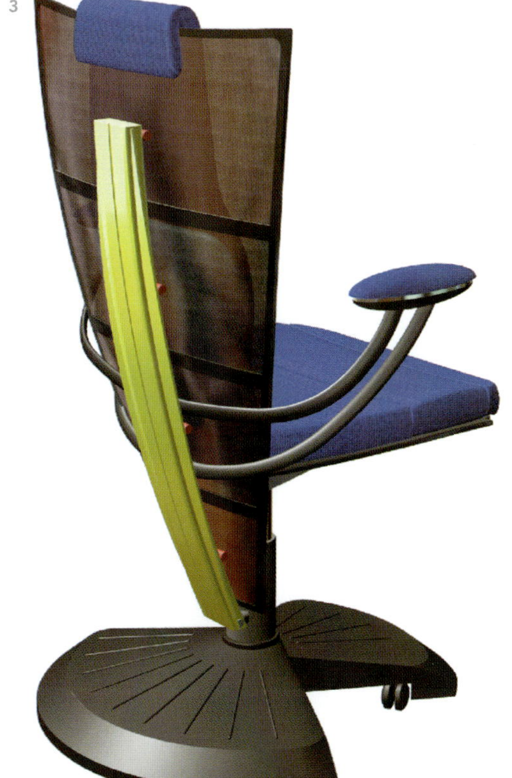

1 Herz-Lungen-Maschine
Heart-lung machine
Jostra

2 Multifunktionales Beamer-Display
Multifunctional beamer display
Schneider-Projection

3 New Chair
Aus einer Büro-Arbeitsplatz-Studie
From an office workplace study

Design Tech

Geschäftsführung
Dipl. Des. Jürgen R. Schmid (VDID)

Zeppelinstraße 53
72119 Ammerbuch
Telefon +49 (0)7073/91 89 0
Telefax +49 (0)7073/91 89 17
e-mail info@designtechschmid.de
internet www.designtechschmid.de

1983 gründete Dipl. Des. Jürgen R. Schmid sein Designstudio in Ammerbuch bei Tübingen. Der Arbeitsfokus des sechsköpfigen Teams liegt auf der Gestaltung von Designaufgaben. Jürgen R. Schmid ist als Autor von Büchern, Fachbeiträgen und als Jurymitglied beim iF Hannover bekannt. Er konnte bis heute eine Vielzahl internationaler Designpreise gewinnen. Die Summe richtiger Entscheidungen führt zum Designerfolg. Die von Schmid entwickelte Kernstrategie »Design to success« beleuchtet erstmals einen ganzheitlichen Ansatz aller für den Produkterfolg relevanten Faktoren und setzt sie in erfolgreiches Design um. Erst wenn die Designlösung das Unternehmensziel nachhaltig unterstützt, sind gestalterische Maßnahmen spürbar erfolgsschaffend.

Jürgen R. Schmid established his design studio in Ammerbuch near Tübingen in 1983. His 6-man team focuses on working out design goals. Jürgen R. Schmid is well known as the author of books and papers in professional publications and as a member of the iF Hanover jury. He has received numerous international design awards. Successful design is the sum of correct decisions. "Design to success", the core strategy devised by Schmid, presents a holistic approach involving all the factors relevant to a successful product and describes how they can be deployed in successful design. A design solution must sustainably support corporate goals for it to be palpably conducive to success.

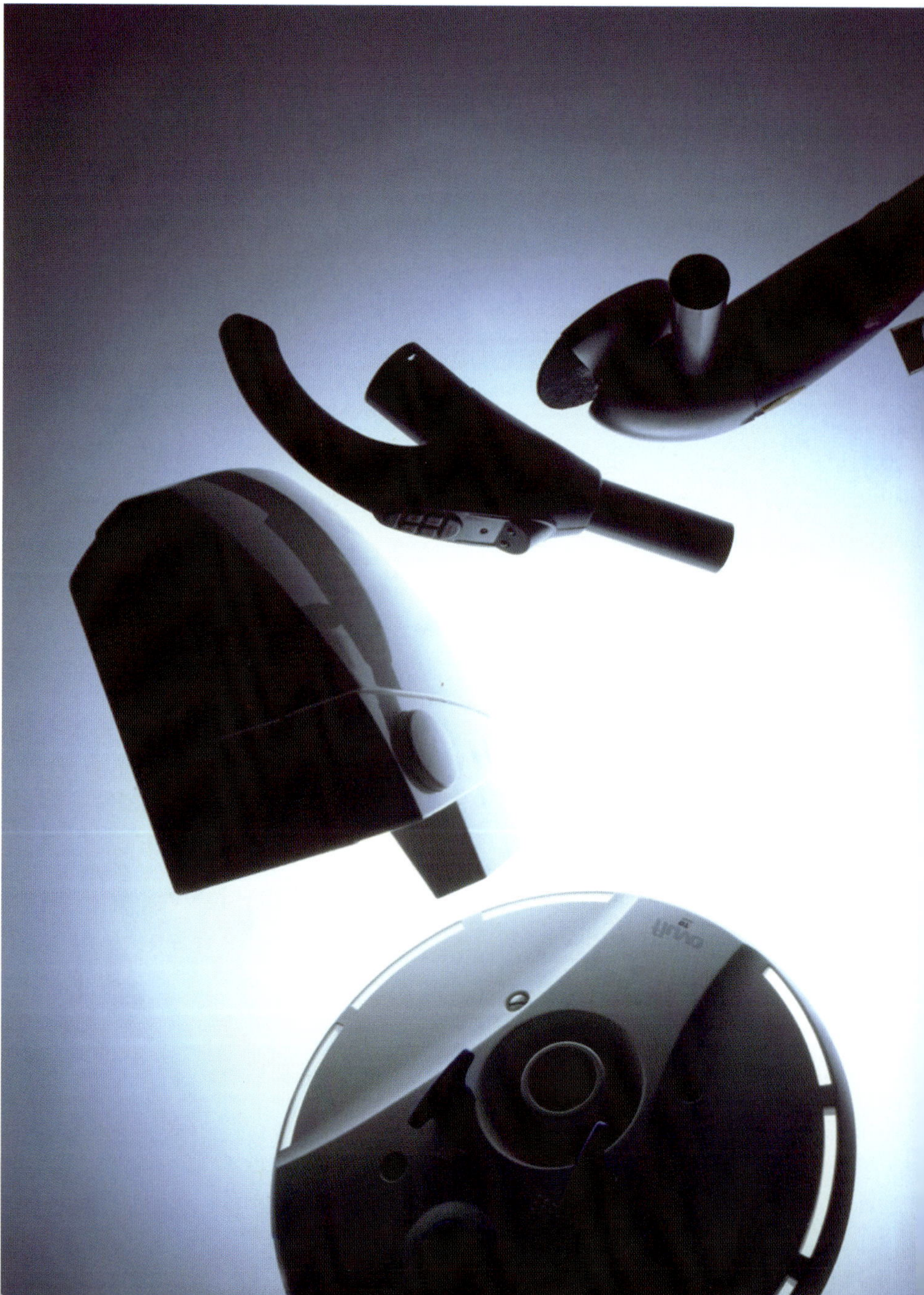

Referenzen/references: Homag Maschinenbau AG, IVECO Magirus, Koenig & Bauer AG, Landis & Gyr Communications, Liebherr, Metabo AG, Mettler-Toledo, Siemens AG, Würth u.a.

Design Tech gehört zu den Top Designbüros des Jahres 2002, welche das iF International Forum Design Hannover mit »recommended by iF« präsentiert.
Design Tech ranks among the top design studios of 2002 presented by iF International Forum Design Hannover with the "recommended by iF" label.

DESIGN.MATTIS

Geschäftsführung
Hans-W. Mattis (DDC, ASID)

Karlstraße 96
64285 Darmstadt
Telefon +49 (0)6151/6 50 01
Telefax +49 (0)6151/6 50 02
e-mail mattis@design-mattis.de
internet www.design-mattis.de

Seit 1985 wirken wir in einem Team aus erfahrenen und hochqualifizierten Designern, Ingenieuren und Modellbauern. Wir entwickeln und gestalten maßgeschneiderte Produkte, präzise ausgerichtet auf Ihr Unternehmensziel, Ihre Marketingstrategie und Ihre Fertigungsmöglichkeiten. Wir besitzen langjähriges Management-Know-how in Entwicklung, Projektkoordination, Marketing und Design.

Since 1985 we have been operating in a team of experienced and highly qualified designers, engineers and modellers. We develop and design tailor-made products that are precisely geared to your company goal, your marketing strategy and your production capacity. We possess many years of management know-how in the areas of development, project coordination, marketing and design.

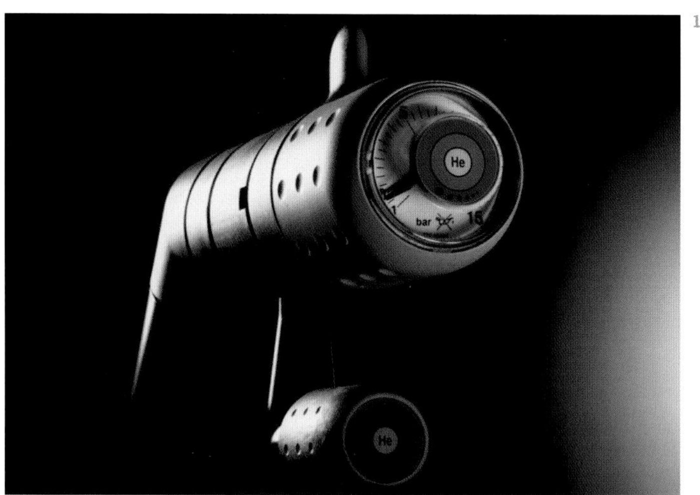

1

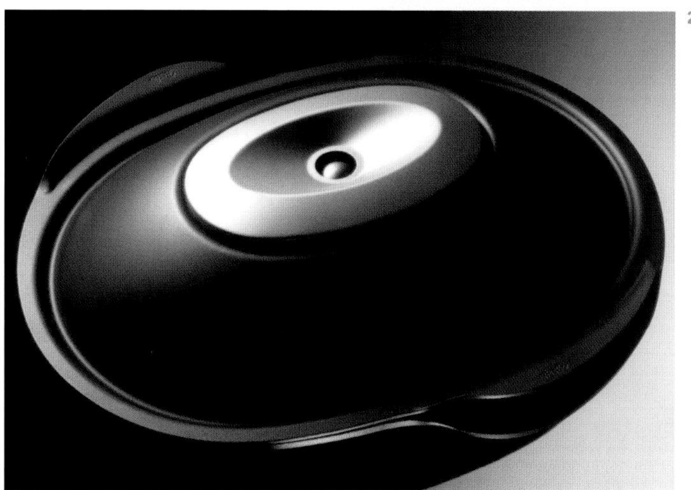
2

1 Laborarmatur Spectrolab Plus
Laboratory fitting Spectrolab Plus
Messer Griesheim.
Design-Preis Baden-Württemberg 2000.

2 Bräter Country Saftomat
Country Saftomat roasting pan
Fissler.
iF Hannover 1997
DZ NRW Die Besten der Besten 1997
Design-Preis Rheinland-Pfalz 1996.

3 Trockenhaube Futura Relaxx
Hair dryer Futura Relaxx
Wella.

Referenzen/references: Babcock, BDT, Elsa, EMS, Fissler, FAG, Geberit, Gretag, HBM, Heimann Systems, Heraeus Med, Herzog, KBL, Lohberger, MAHA, Messer Griesheim, Prämeta, SAECO, Solis, Tecan, Tsann Kuen, Wella, Würth.
Auszeichnungen/awards: Premio Tecno Design, Bologna 1991; iF Industrie Forum Design Hannover 1992 (Bester der Branche Transport und Verkehr), 1994 (3x), 1996, 1997, 1998 (3x); Roter Punkt Design Zentrum Nordrhein Westfalen 1994 (2x), 1997 (Die Besten der Besten), 1998; Goed Industrial Ontwerp, Niederlande 1997; Fachverband Kunststoff-Konsumwaren (FVKK), 1997, 2001; Deutscher Designer Club (DDC) 1995; Design-Preis Rheinland-Pfalz 1995, 1996; Design-Preis Baden-Württemberg 2000.

3

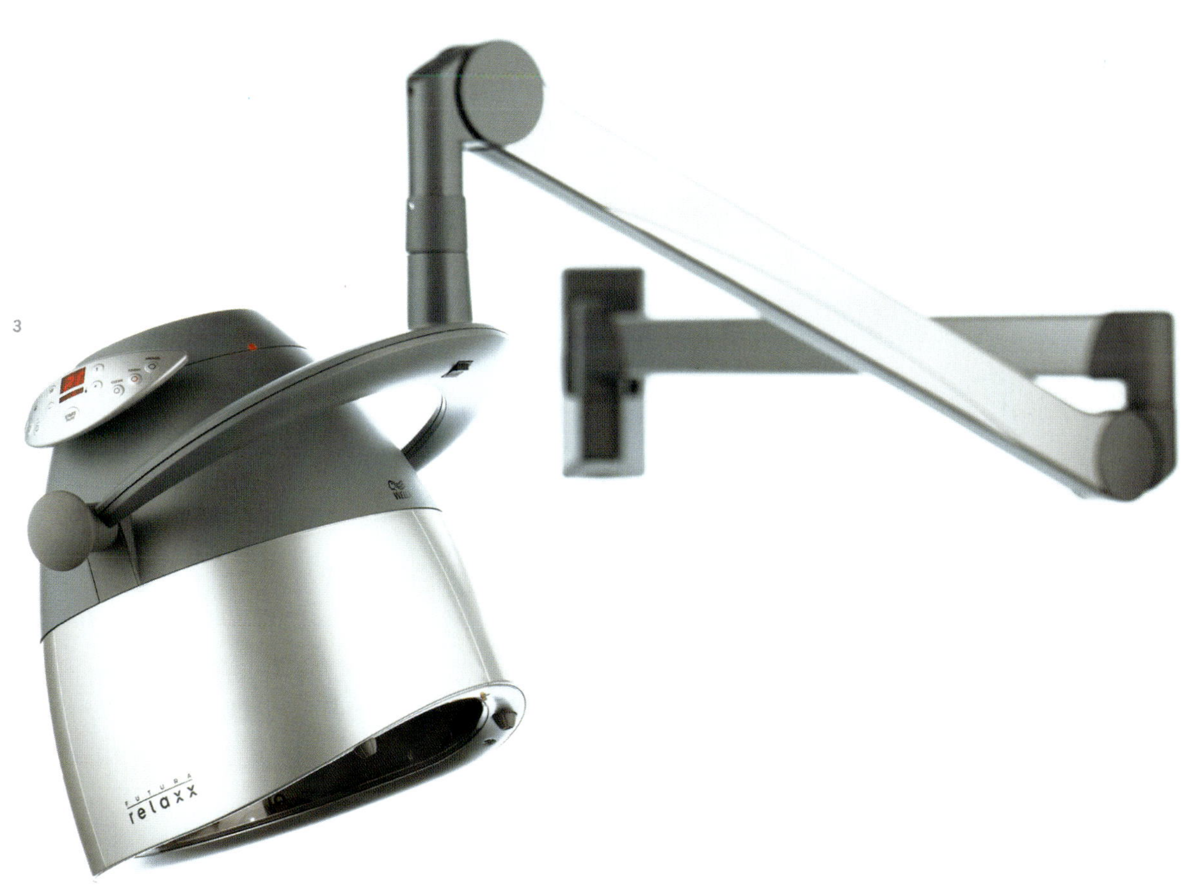

Designgruppe Flath & Frank

Geschäftsführung
Wolfgang Flath (VDID)
Herbert Frank

Haimhauserstraße 4
80802 München
Telefon +49 (0)89/39 55 11
Telefax +49 (0)89/39 76 21
e-mail office@designgruppe.de
internet www.designgruppe.de

> Communication Design S. 264

Die Designgruppe Flath und Frank wurde 1977 als interdisziplinäres Gestaltungsbüro für die Aufgabenbereiche Visuelle Kommunikation und Produkt Design gegründet. Die Philosophie ist »Systemdesign«. Design ist einer der Faktoren, die ein erfolgreiches Unternehmen auszeichnen. Die Form eines Produktes ist das Ergebnis intensiver Beschäftigung mit allen relevanten Aspekten. Technik, Funktion und Fertigung werden dabei ebenso ernst genommen wie die eher unscharfen Kriterien Anmutung, Wertigkeit, Produktbotschaft und die Wechselwirkung mit dem gesamten Unternehmensbild. Tätigkeitsfelder sind High Tech Produkte, Medizintechnik, Telekommunikation etc., Büromöbel- und Leuchtensysteme Architektur-Ausstattungssysteme sowie Corporate Design Projekte.

Designgruppe Flath & Frank was established in 1977 as an interdisciplinary design office for visual communication and product design. The philosophy is: "System Design". Design is one of the factors that distinguishes a successful company. The form of a product is the result of an intensive treatment of all relevant aspects. Technology, functionality and production are on a par with less clearly definable criteria such as aesthetic and emotional appeal, intrinsic value, product message and interaction with the corporate image. Flath & Frank's activities are currently focused on high-tech products, medical technology, telecommunications, office furniture and lighting systems, architectural fittings and corporate design projects.

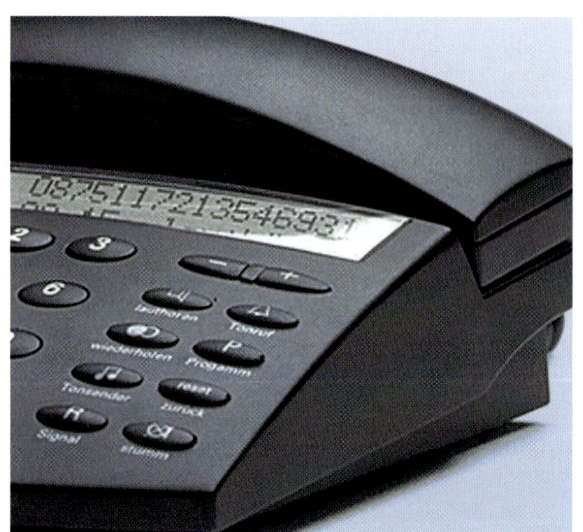

1

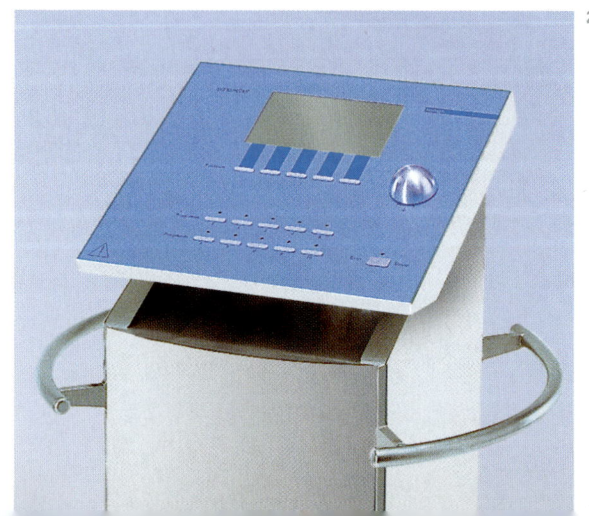
2

Referenzen/references: Bosch, Duscholux, Knürr Elektronik, Laser Optronic, MAP Medizintechnik, Marx Datentechnik, Picker International Medizintechnik, Scheidt & Bachmann, Schwarzer Medizintechnik, Zumtobel Staff u.a.

3

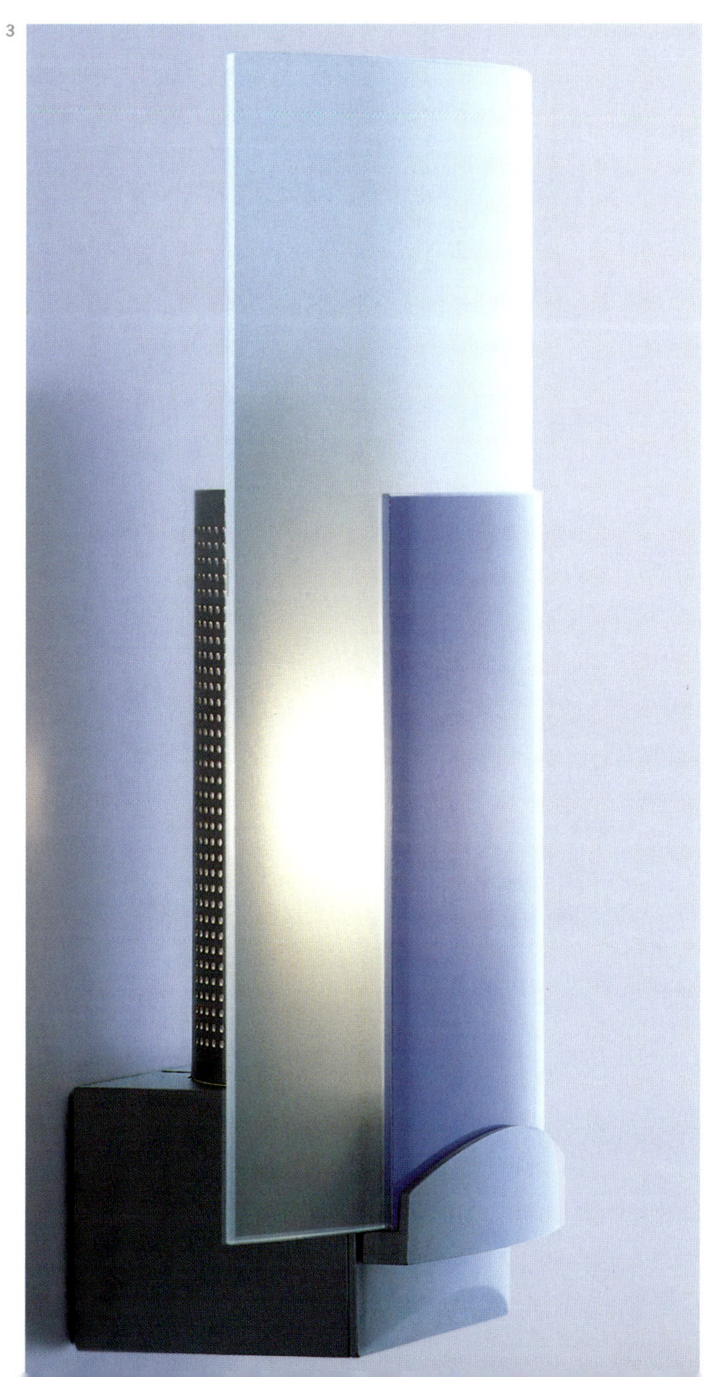

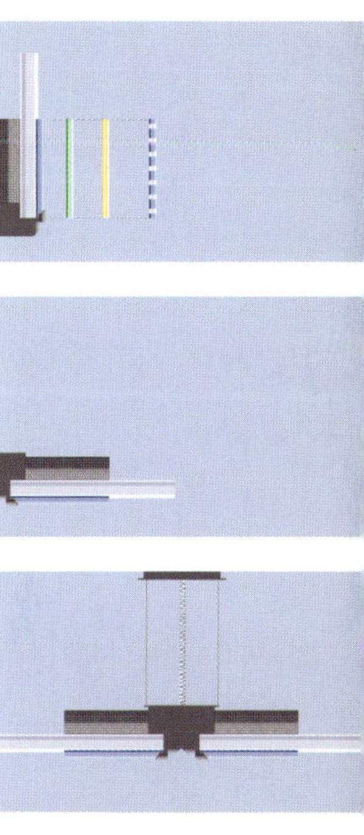

1 Telefon Tarsis
Tarsis telephone
Deutsche Telekom.

2 »mags« Magnetstimular
Magnetic stimulator
Schwarzer Medizintechnik.

3 Leuchtensystem Rhapsody
Rhapsody lamp system
Zumtobel Staff.

Designkontor

Geschäftsführung
Steffi und Jens Plewa vom Berg

Stresemannstraße 374
22761 Hamburg
Telefon +49 (0)40/89 93 01 0
Telefax +49 (0)40/89 64 84
e-mail info@designkontor.de
internet www.designkontor.de

Designkontor wurde 1983 von Steffi und Jens Plewa vom Berg in Hamburg gegründet. Seit dieser Zeit sind in einem multikulturellen und kosmopolitischen Umfeld über 600 weltweit erfolgreiche Investitions- und Konsumgüter entstanden. 1998 erfolgte die Gründung eines Partnerbüros in München unter der Leitung von Cornelia Czerny und Hannes Kollmannsberger. Heute erstreckt sich das Dienstleistungsspektrum von den Digitalen Medien bis hin zum Maschinendesign.
Die besonderen Qualitäten liegen stets in der kreativen Entwicklung kommerziell erfolgreicher Designkonzepte, der großen Erfahrung, der Flexibilität und der ungewöhnlichen Schnelligkeit der beiden kleinen Unternehmen.

Designkontor was established in Hamburg by Steffi and Jens Plewa in 1983. Since then over 600 globally successful products in the field of capital and consumer goods have been created in a multi-cultural and cosmopolitan environment. In 1998 a Munich office headed by Cornelia Czerny and Hannes Kollmannsberger was established to work in partnership.
The range of services now extends from digital media to machinery design. Outstanding qualities are the creative development of commercially successful design concepts, the great experience, flexibility and unusual speed with which these two small firms work.

Geschäftsführung
Cornelia Czerny
Hannes Kollmannsberger

Aurikelstraße 4
82031 München-Grünwald
Telefon +49 (0)89/64 91 12 05
Telefax +49 (0)89/64 91 12 06
e-mail info@designkontor.net
internet www.designkontor.net

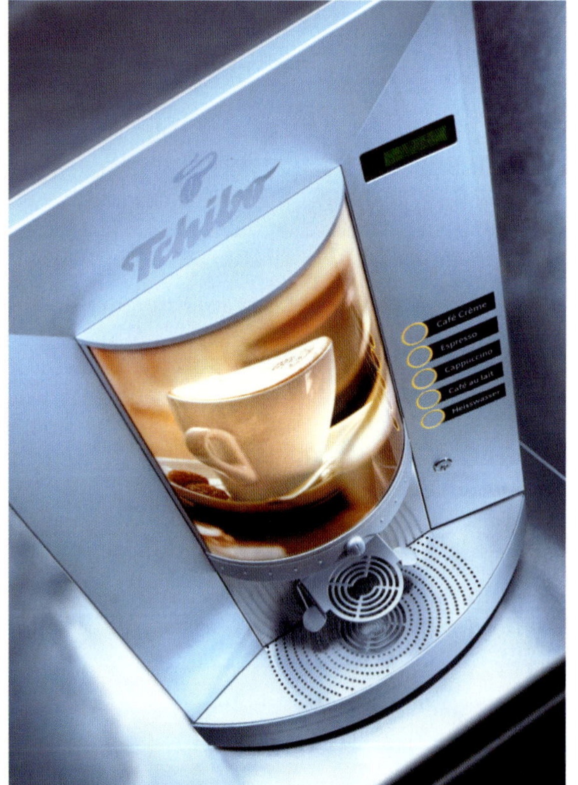

1

1 Kaffeeautomat
Coffee machine
Tchibo 2000.

2 Pellet-Presse
Pellet press
Armandus Kahl 1999.

Referenzen/references: Amandus Kahl, Benz Tools, Beiersdorf AG, Dolmar, edding AG, Euchner, Flexi, Gossler Fluitec, ic audio, Knick, Lohmann Interface Technology, Mailtec, Mettler Toledo, Nano Photonics AG, Neuhaus Neotec, Pelikan, PES Diagnosesysteme, Tchibo, XITEC.
Auszeichnungen/awards: iF Industrie Forum Design Hannover 1980, 1986, 1988, 1994; Bundespreis Gute Form Darmstadt 1985, 1986; Design Center Stuttgart 1988; Haus Industrieform Essen 1988; I & I Internationaler Designpreis Stuttgart 1988; Design Zentrum Nordrhein Westfalen Essen 1994, 1996; Deutscher Designer Club Oberursel 1996; Hamburg Design 1997; Internationaler Designpreis Baden-Württemberg, Stuttgart 1998; Bundespreis Produktdesign, Frankfurt 1998, 1999.

2

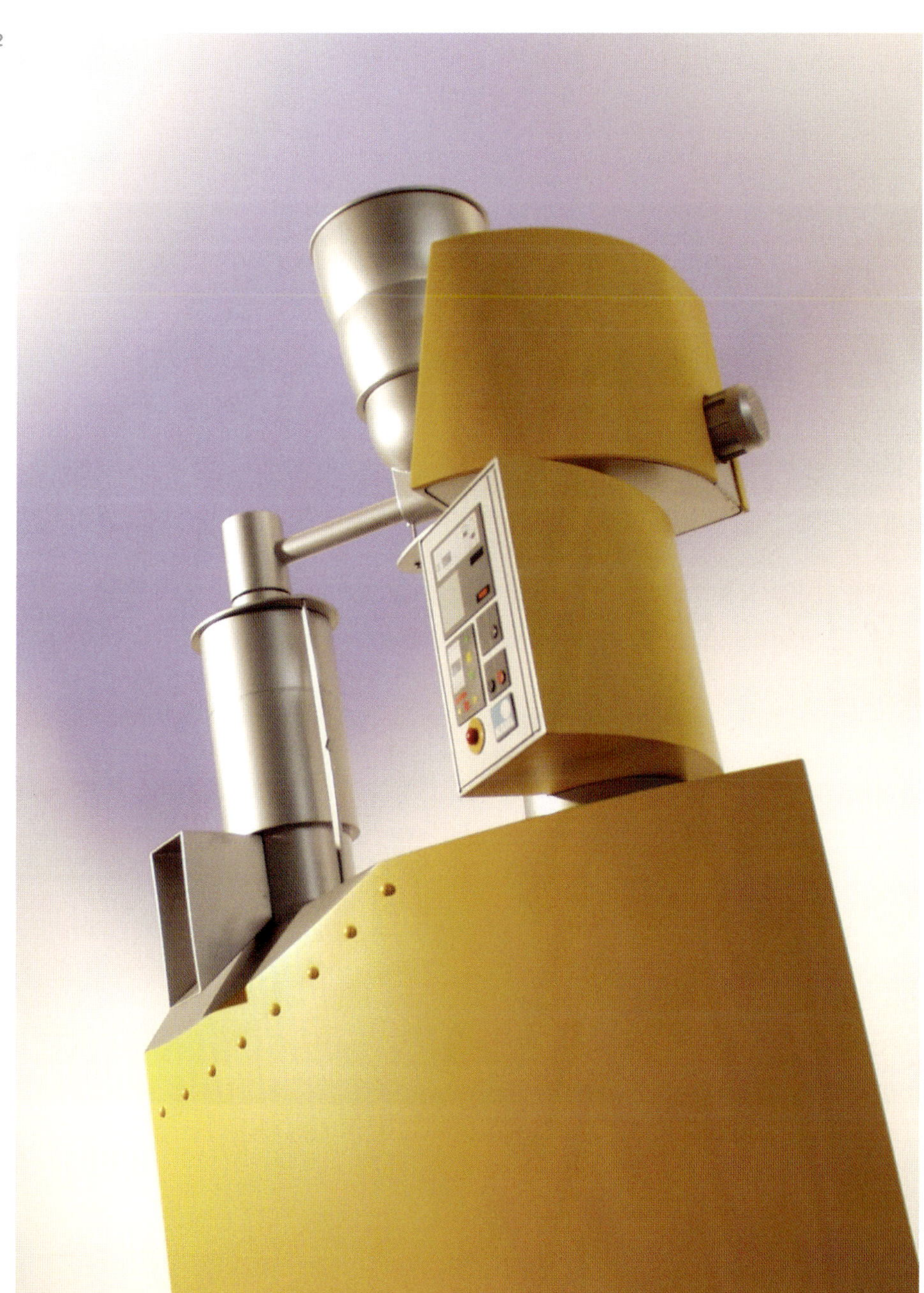

Dialogform GmbH

Geschäftsführung
Dipl. Des. Ulrich Ewringmann
(VDID)

Wallbergstraße 3
82024 Taufkirchen
Telefon +49 (0)89/6 12 82 51
Telefax +49 (0)89/6 12 82 53
e-mail dialogform@t-online.de

Dialogform wurde 1984 von Ulrich Ewringmann gegründet. Seitdem verwirklichten sie vielfältige Entwicklungen und Projekte für Auftraggeber aus dem Konsum- und Investitionsgüterbereich.
Das Angebotsspektrum beinhaltet alle designrelevanten Leistungen, die bis hin zum Full-Service in unterschiedlichen Leistungspaketen nachgefragt werden. Die Dialogform beauftragenden Unternehmen stehen alle im internationalen Wettbewerb und sind mit ihren Produkten erfolgreich am Weltmarkt präsent.

Dialogform was established by Ulrich Ewringmann in 1984. Since then the firm has completed a wide variety of designs and projects for clients in the field of capital and consumer goods. The range of services includes all aspects of design and a variety of different packages up to and including full-service can be provided. Dialogform's clients are all internationally operating companies with successful products on the world market.

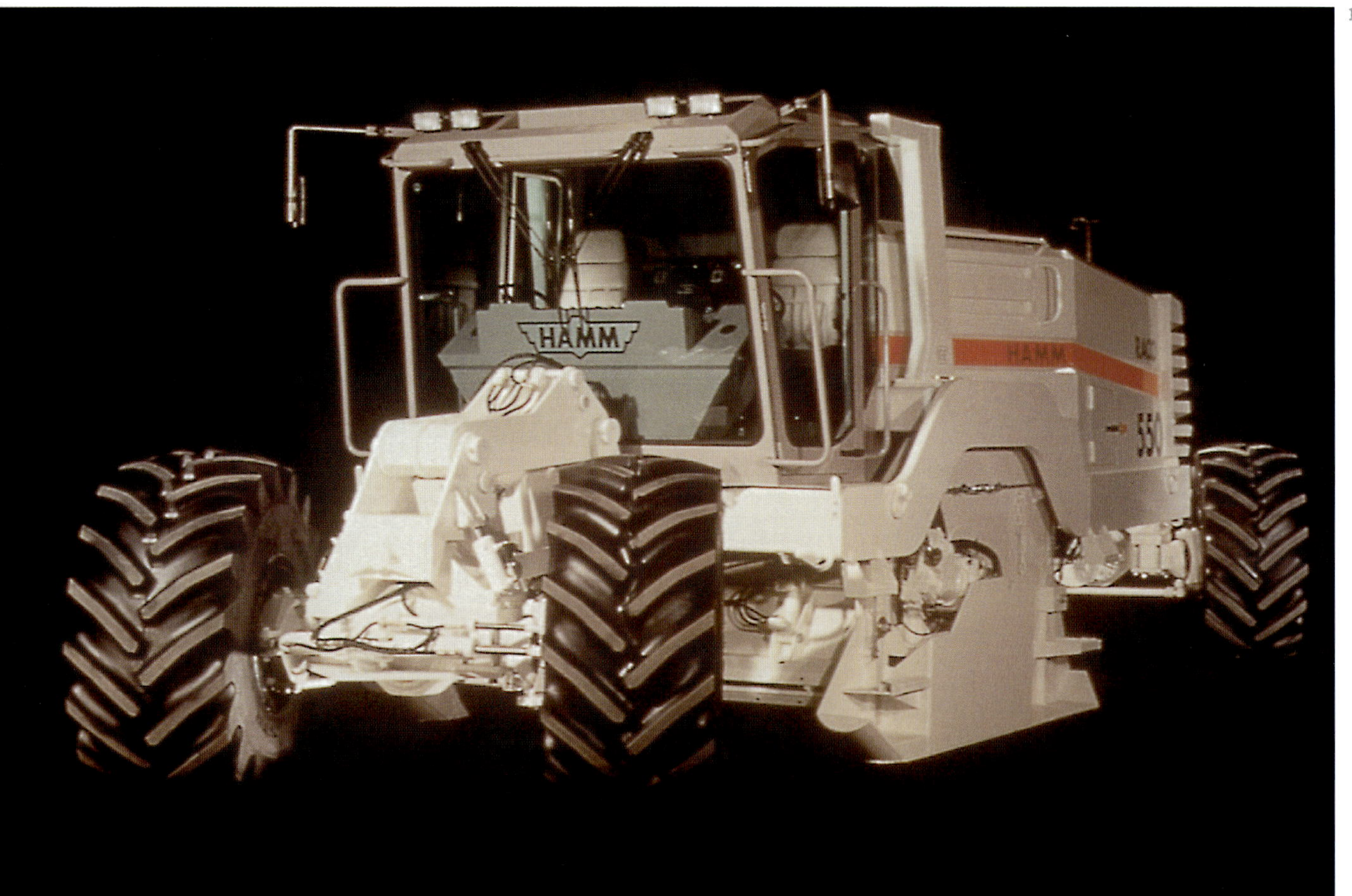

1

1 Bodenstabilisierer Raco 550
Raco 550 ground stabiliser
Hamm AG.
Roter Punkt Design Zentrum NRW 1996.

2 Kinderschubkarre rolly toys
rolly toys children's wheelbarrow
Franz Schneider GmbH & Co. KG.
Roter Punkt Design Zentrum NRW 1998.

3 Walzenzuglinie Serie 3000
Vibratory roller line 3000
Hamm AG, Wirtgen Group.
red dot Design Zentrum NRW 2001.

Referenzen/references: Böwe Systec AG, Franz Schneider GmbH & Co. KG, rolly toys Italiana, Hamm AG Wirtgen Group, Selecta AG.
Auszeichnungen/awards: Arbeitsausschuss Kinderspiel und Spielzeug, Spiel Gut Auszeichnung, von 1988 bis 2001 (36x); Roter Punkt für Hohe Designqualität Design Zentrum Nordrhein Westfalen, Essen 1996, 1998; iF Auszeichnung Industrie Forum Design Hannover 1996, 1999; Auswahl Designpreis »Holzspielzeug«, Deutscher Verband der Spielwarenindustrie e.V., 1996; Top 100 Ranking: Design 1996/97; Top 100 Ranking: Design 1999/2000; Innovationspreis 2001, Deutscher Baumaschinentag; red dot award product design, Design Zentrum Nordrhein Westfalen Essen 2001.

3

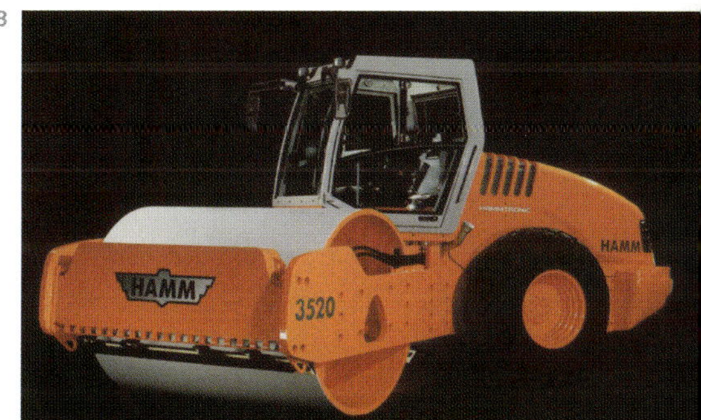

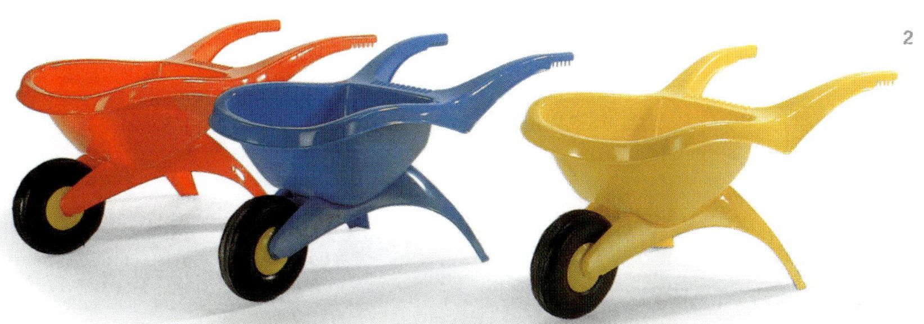

2

dingfest design

Geschäftsführung
Christoph Babel
Volker Hübner

Else-Lasker-Schüler-Straße 47
42107 Wuppertal
Telefon +49 (0)202/245 73 0
Telefax +49 (0)202/245 73 42
e-mail info@dingfest.de
internet www.dingfest.de

Christoph Babel und Volker Hübner, Jahrgang 1964, studierten Industrie Design an der Bergischen Universität Wuppertal. Anfang 1994 gründeten sie dingfest design. dingfest entwickelt innovative Design- konzepte, die Produkte zu erfolgreichen Markencharakteren formen. Kunden aus den unterschiedlichsten Branchen entscheiden sich für dingfest design aufgrund der Ästhetik, der Ergonomie und Fertigungstauglichkeit des Designs. Durch kompetentes 3D-CAD-Engineering und CNC-gestützten Modellbau sowie hochwertige Computeranimationen bietet dingfest design eine einzigartige Leistungsdichte und Qualität an. Ausgestattet mit 3D-CAD-Konstruktion und -Modellierung, 3-Achsen-CNC-Fräsmaschine, CAD/CAM-System, 3D Visualisierung und Animation und digitalem Videoschnittplatz.

Born in 1964, Christoph Babel and Volker Hübner studied industrial design at the University of Wuppertal. They established dingfest in 1994, developing innovative design concepts to create successful brand characters for products. Clients from the most various branches of trade and industry have opted for dingfest design on the grounds of aesthetic appeal, ergonomics and production viability. With professional 3D CAD engineering, CNC aided modelmaking and high-grade computer animation, dingfest design offers a unique complex of comprehensive service and quality. Facilities include 3D CAD design and simulation, a 3-axis CNC milling machine, CAD/CAM system, 3D visualisation and animation and digital video cutting.

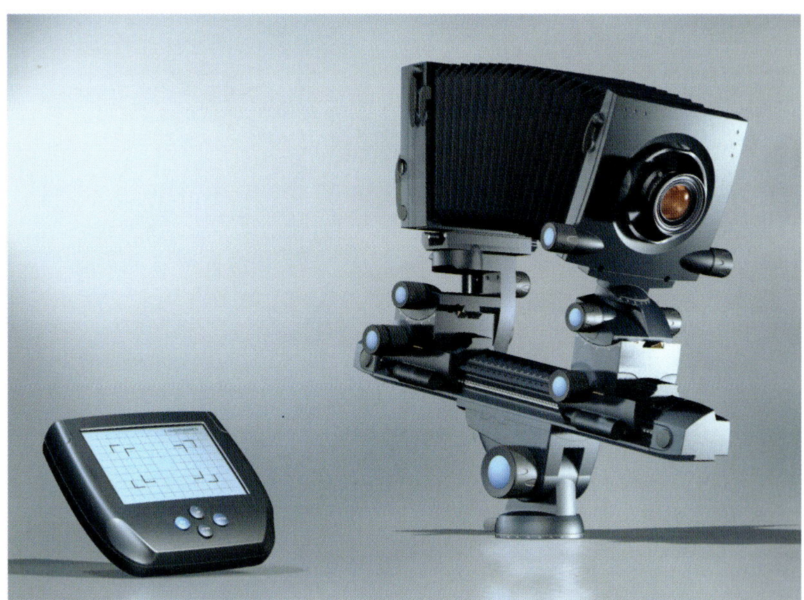

2

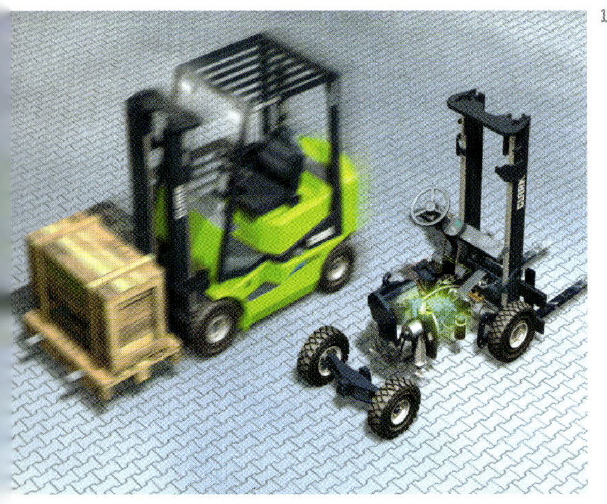

1

1 Gabelstapler Clark MHC Animationsvideo
Clark MHC forklift truck Animation video
2000.

s Handsteuergerät CD 1
und Studiokamera CD 1
Remote control CD 1
and studio camera CD 1
CamDynamics 2000.

3 *Vakuumheber*
Vacuum jack
Bohle AG 2001.

Referenzen/references: Bar GmbH, Bohle AG, CamDynamics, Clark MHC, Donner, Hokei Corp., Johnson Controls, Julius Maschinenbau, Kobold Messring, Krohne Meßtechnik, Küsters, MAN Gutehoffnungshütte, Munk, Philips, Rittal, Siemag, SMS Eumuco, ThyssenKrupp Automotive, VAW aluminium AG, Walther Pilot.
Veröffentlichungen/publications: »Von der Skizze zum Rapid Prototyping«, Andrea Stickel, CAD WORLD 5/1999; »Design in der dritten Dimension«, Christoph Babel, form 160/1997; »Wie Ideen Gestalt gewinnen«, Christoph Babel, form 164/1998. Seit 1997 schreibt Christoph Babel regelmäßig Beiträge für die Zeitschrift form. *Since 1997 Christoph Babel has been a regular contributor to form magazine.*

3

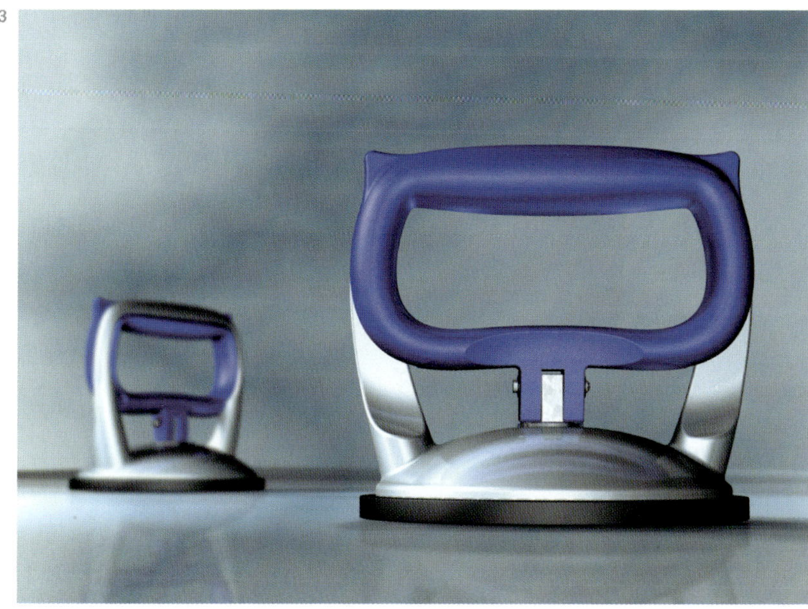

Eckstein Product Design

Geschäftsführung
Dipl. Des. Stefan Eckstein (VDID)

Theo-Prosel-Weg 14
80797 München
Telefon +49 (0)89/38 38 07-10
Telefax +49 (0)89/38 38 07-90
e-mail info@eckstein-design.com
internet www.eckstein-design.com

Design knüpft für uns ein Netzwerk zwischen Menschen und Prozessen. Dieser Konsens von Technik, Form und Emotion prägt ein gelungenes Produkt, das sich nicht nur in der Gestalt, sondern auch in der Bedienung, Langlebigkeit und Wertigkeit widerspiegelt. Jene Kreativität, Neues zu ersinnen und zu erschaffen ist eine Fähigkeit, die uns als Designer auszeichnet. Für die Realisierung unserer Ideen setzen wir nicht nur neueste Computertechnologien ein, sondern auch Bleistift und Modellstudien. Auf den Gebieten der Investitions- und Konsumgüter sind wir für Konzerne, kleine und mittelständische Unternehmen tätig, mit denen wir vom klassischen Industrie Design, Transportation, bis hin zu user interface concepts und grafics erfolgreiche Produkte entwickeln.

To our way of thinking, design links people and processes in a network. This consensus of technology, form and emotion characterises a successful product and is reflected not only in the shape and appearance of the product but also in its handling, durability and intrinsic value. The creative ability to devise and make a reality of new things is what sets us apart as designers. To put our ideas into practice, we use not only state-of-the-art computer technology but also paper and pencil and model studies. In the field of capital and consumer goods we work with both large corporations and small and medium-sized businesses, developing successful products ranging from classical industrial design and transport to user interface concepts and graphics.

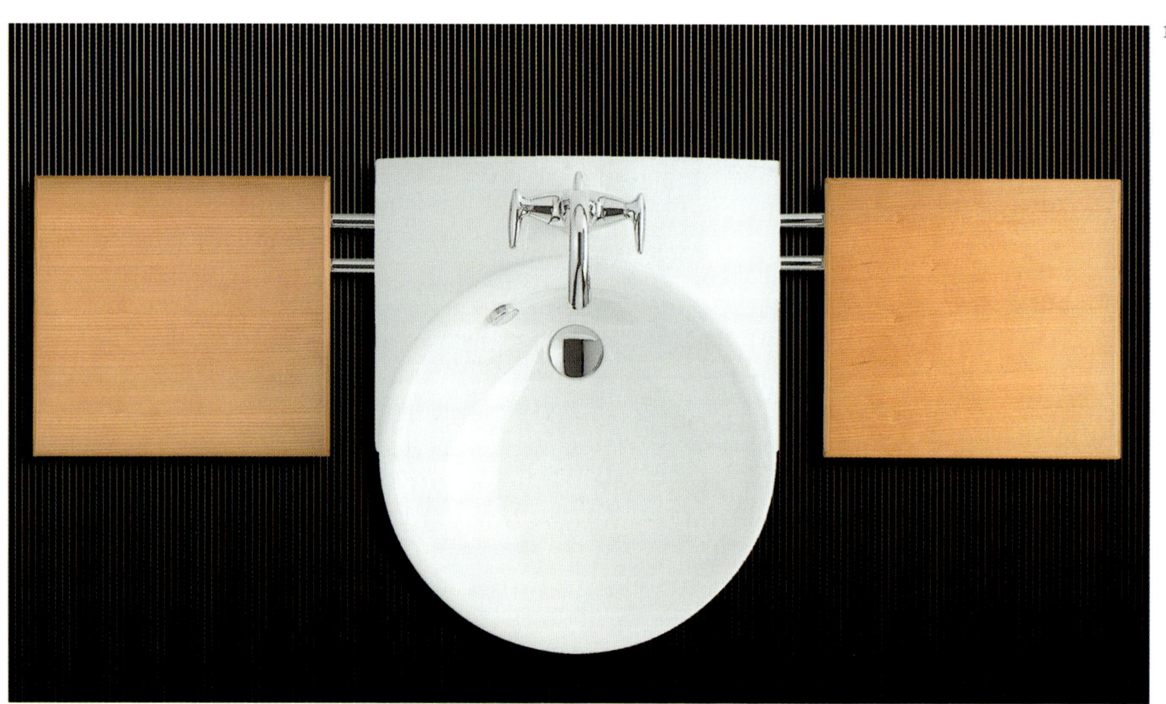
1

1 Bad-collection Venice 21
Bathroom collection Venice 21
Ideal Standard.

2 Mobiler Kernspintomograph iMotion
Mobile magnetic resonance tomograph iMotion
Brain Lab.

3 Lernsystem Sono Player 541
Sono Player 541 learning system
Sono System.

Referenzen/references: Abon Sicherheitssysteme, Ahlborn GmbH, BrainLAB AG, CA-MO Fahrzeug GmbH, Dr. Collin GmbH, Degussa Dental, F & F Delvotec, Ideal Standard, Impella Cardiotechnik, KSK Kompressoren, Leuze Lumiflex, LRE Technologie Partner, Pari GmbH, Pentapharm, Popp Elektro GmbH & Co. KG, RAFI GmbH & Co.KG, Rena Informationstechnik, Schneider Electronics AG, Schott Geräte GmbH, Siempelkamp Maschinen und Anlagenbau, Sono System, Speech Design, Stoeckert Instrumente GmbH, Teco Medical Instruments GmbH, VCS Communication Systems AG, WTW Wissenschaftliche Technische Werkstätten u.a.
Auszeichnungen/awards: iF Industrie Forum Design Hannover; Roter Punkt, Design Innovationen, Design Zentrum Nordrhein Westfalen, Essen.

2

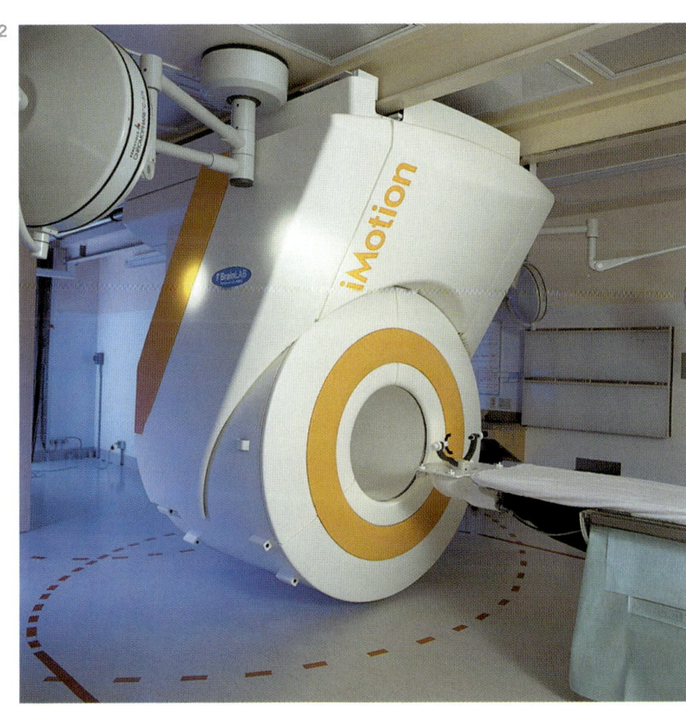

3

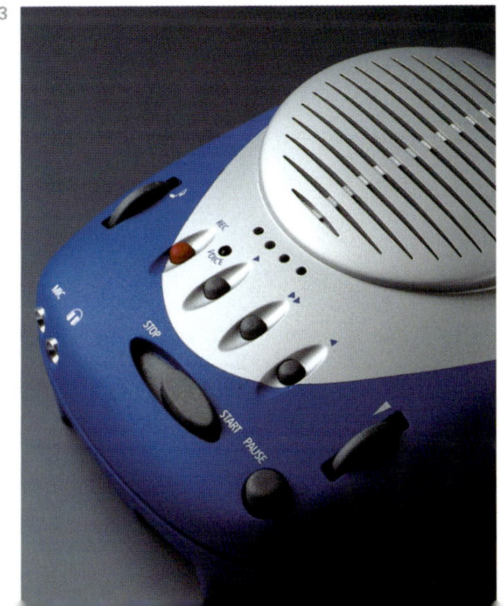

eisele kuberg design

Geschäftsführung
Frank Eisele (VDID)

Oderstraße 1
89231 Neu-Ulm
Telefon +49 (0)731/9 80 75 55
Telefax +49 (0)731/9 80 75 56
e-mail info@eiselekubergdesign.de
internet www.eiselekubergdesign.de

eisele kuberg design wurde vor 15 Jahren von Frank Eisele und Heike Kuberg in Neu-Ulm gegründet. Das Team arbeitet interdisziplinär, entwickelt, gestaltet und berät Unternehmen in den Bereichen Industrial Design, Corporate Design, Produkt- und Unternehmenskommunikation sowie im Design Research. Frank Eisele engagiert sich seit vielen Jahren als Dozent für dreidimensionales Gestalten und Projektbetreuung. Seit 1990 arbeitet eisele kuberg design kontinuierlich mit Bosch Marketing Design Europa – Bosch Siemens Hausgeräte GmbH zusammen. Das Motto des Teams: Innovationen suchen und erkennen, mit Logik und Emotionalität werten, formal ästhetisch gestalten, schnell und marktgerecht umsetzen – über den Standard hinaus!

eisele kuberg design was established by Frank Eisele and Heike Kuberg in Neu-Ulm 15 years ago. The interdisciplinary team provides companies with design, development and consulting services in the fields of industrial design, corporate design, product and corporate communication and design research. Frank Eisele has taught three-dimensional design and project handling for many years. Since 1990 eisele kuberg design has worked constantly with Bosch Marketing Design Europa – Bosch Siemens Hausgeräte GmbH. The team's motto: seek and identify innovations, evaluate them with logic and emotion, create aesthetically appealing design and market it effectively and rapidly – exceeding ordinary standards!

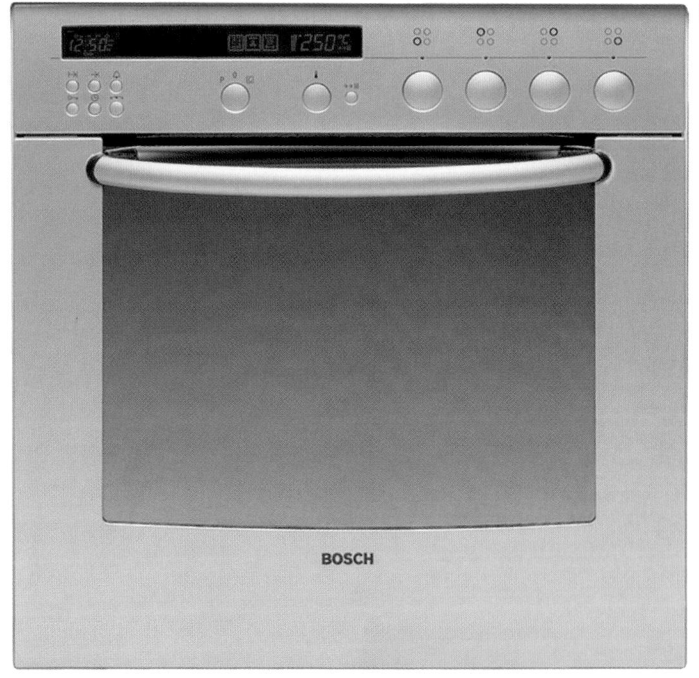

1 Einbauherd Edelstahl
Stainless steel fitted cooker
Bosch Marketing Design Europa,
B/S/H GmbH 1999.

2 Hartglas-Schaltermulde
Hardened glass top
Bosch Marketing Design Europa,
B/S/H GmbH 1998.

3 Personal Computer Studie 1984
Personal Computer study 1984.

Referenzen/references: Beck Packmaschinen GmbH, Bibus GmbH, Bosch Siemens Hausgeräte GmbH, euro engineering GmbH, habit U. Lodholz GmbH, Uhlmann Pacsysteme GmbH, Wilkhahn u.a.
Veröffentlichungen/publications: Design – Vorausdenken für den Menschen; Design heute »Maßstäbe: Formgebung zwischen Industrie und Kunst-Stück«; Veröffentlichungen in der Fachpresse (u.a. form, md, design report, dmk).
Auszeichnungen/awards: Yamaha Audio System International Design Competition, Japan 1989 (Lautsprecherboxen); Mia Seeger Stiftung 1990 (Allzweckschere); Deutsche Auswahl Design Center Stuttgart 1992 (Verpackungsmaschine); Roter Punkt Höchste Designqualität, Design Zentrum Nordrhein Westfalen Essen 1996 (Glaskeramik-Kochfeld), Roter Punkt Hohe Designqualität 1998 (Hartglas-Schaltermulde), 1999 (Glaskeramik-Kochfeld); iF Product Design Award Industrie Forum Design Hannover 2000 (Einbauherd, Einbaubackofen, Gas-Kochstelle, Bräter-/Zweikreis-Kochstelle, Dual-Wok, Einbauküchenmaschine); high design qualitiy red dot award product design, Design Zentrum Nordrhein Westfalen Essen 2001 (Einbauherd, Dunstesse); die 100 Besten – Rang 6 Produktgruppe Haushalt, Küche, Bad. Ranking: Design 2001/2002.

3

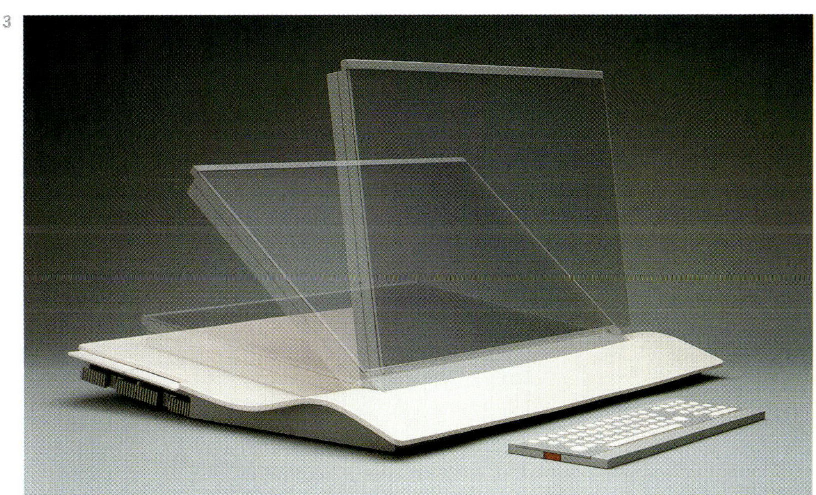

2

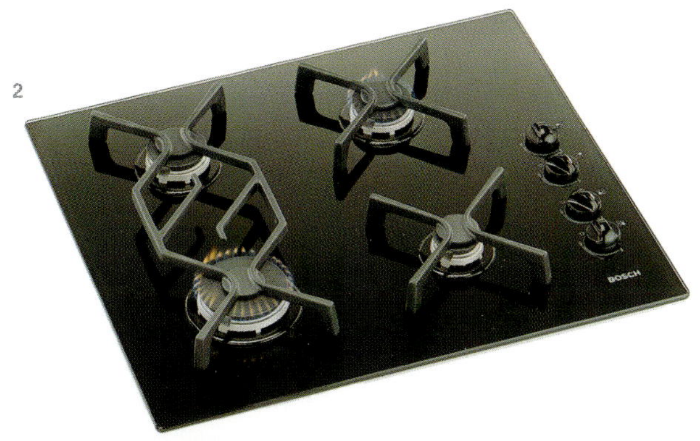

f/p design gmbh

Gesellschafter
Fritz Frenkler
Anette Ponholzer

Schweizer Straße 7
60594 Frankfurt/Main
Telefon +49 (0)69/61 99 18 08
Telefax +49 (0)69/61 99 18 09
e-mail info@fp-design-gmbh.com
internet www.fp-design-gmbh.com

Bei sich weltweit angleichender Technologie (OEM) fällt dem Design und im Besonderen dem Industrial Design die Aufgabe zu, die individuellen Firmenphilosophien unterschiedlicher Unternehmen herauszuarbeiten. Nur wer erkennbar und wiedererkennbar ist mit seinen Produkten, kann eine Marke aufbauen oder diese stützen. Das Unternehmen mit seinen Produkten und Dienstleistungen muß deshalb im Vordergrund stehen – nicht der Designer. Das ist die Aufgabe von Industrial Design und steht im Gegensatz zur Industrial Art, bei der der »Künstler« industriell gefertigter Produkte im Mittelpunkt steht. f/p design ist ein Unternehmen für Industrial Design und Corporate Design Beratung und arbeitet für Unternehmen in Europa, Japan und den USA.

With technology throughout the world becoming increasingly similar (OEM), the task of the designer and, in particular, the industrial designer is to highlight the individual corporate philosophies of different companies. Only a company that is identifiable and recognisable can build or maintain a brand. Accordingly, it is the company and its goods or services that must occupy centre stage and not the designer. This is the task of industrial design in contrast to industrial art where the limelight is on the "artist" involved in the product. f/p design is as a firm of industrial designers and corporate design consultants serving companies in Europe, Japan and the USA.

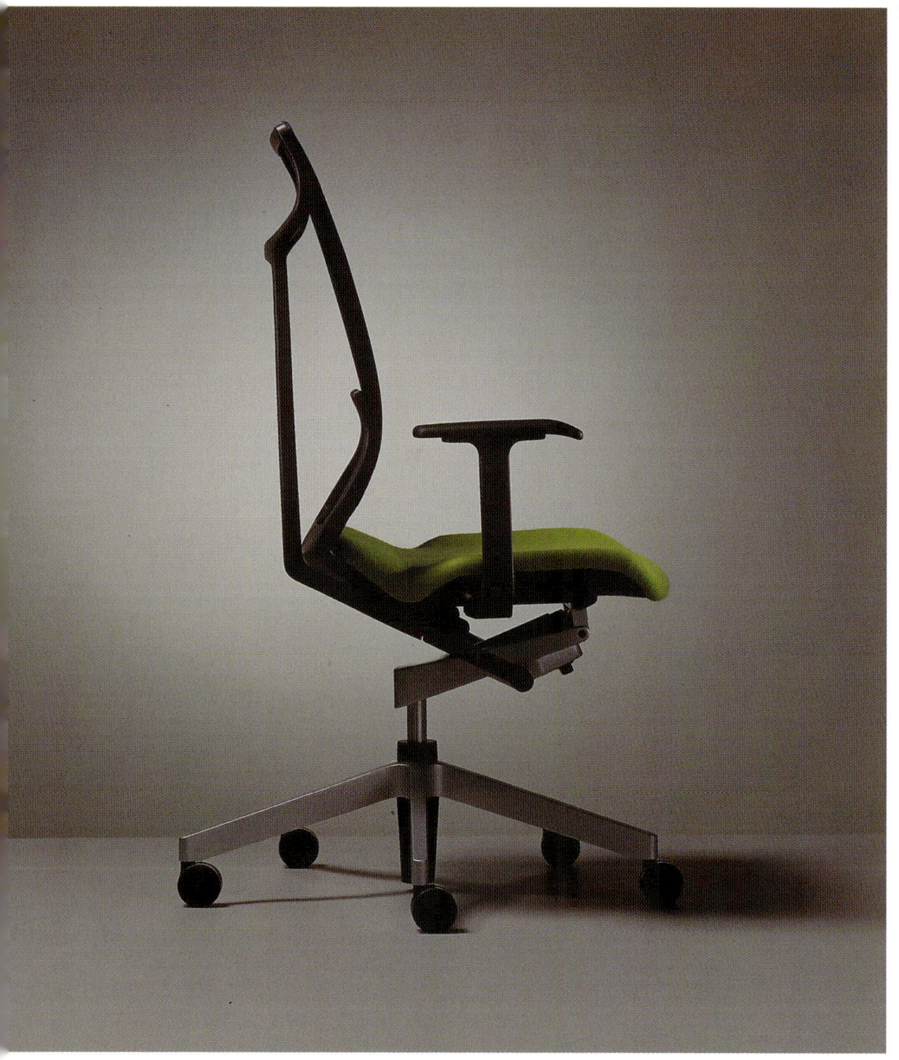
1

1 Bürodrehstuhl Agata
Agata office swivel chair
Kokuyo Co. Ltd. Japan.
Design: Fritz Frenkler, Anette Ponholzer.

2 Indoor-Messestandsystem
Indoor trade fair stand system
EXPO 2000 Hannover
ufo GmbH Hannover.
Design: Fritz Frenkler, Anette Ponholzer.

3+4 Executive Office System I/X
nurus, Türkei.
Design: Fritz Frenkler, Anette Ponholzer.

Referenzen/references: Kokuyo (Japan), nurus (Türkei), EXPO 2000 Hannover, Mabeg (Soest), ufo (Hannover), Garpa (Hamburg), Overmann (Sinsheim), Freiraum (Starnberg), Interprofil (Schweiz), Jonas & Jonas (Vilsbiburg), üstra (Hannover), AXIS (Japan), TOYOTA (Japan).
Auszeichnungen/awards: iF Design Award, Industrie Forum Design Hannover; Roter Punkt, Design Zentrum Nordrhein Westfalen; Good Design, Chicago Athenaeum, USA; Bundespreis Produktdesign, Rat für Formgebung; Best of Show Award, Neocon, USA.

3

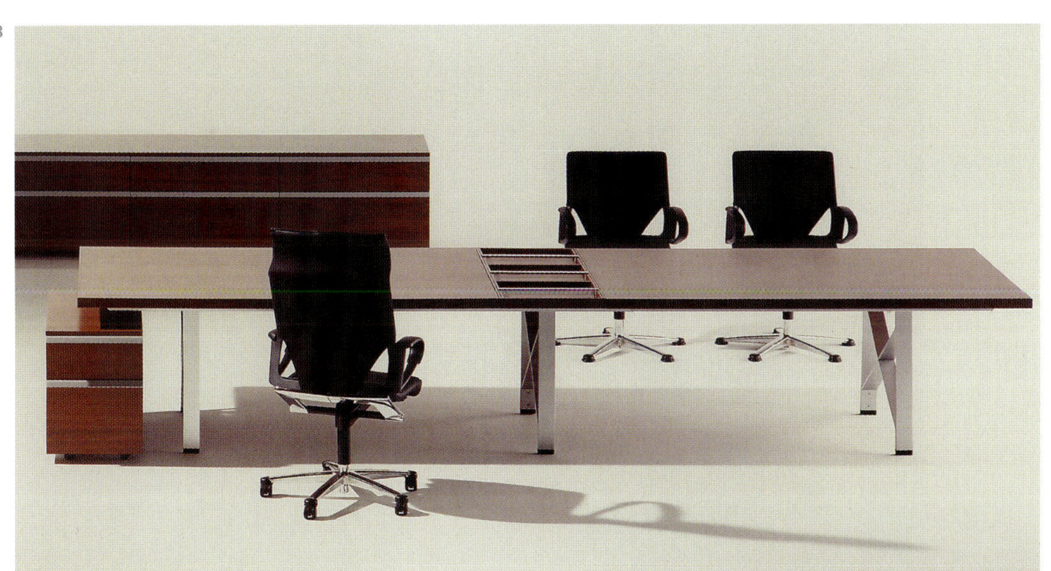

4

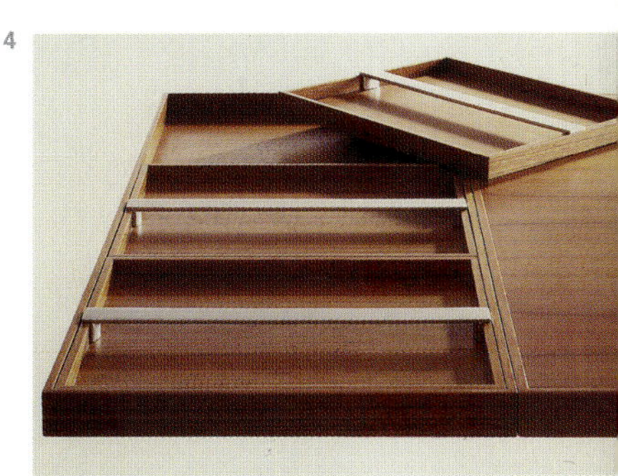

2

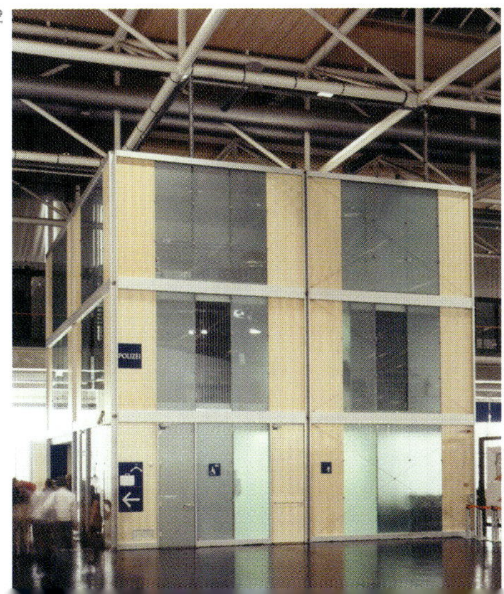

Fabian Industrie-Design

Geschäftsführung
Wolfgang Fabian (VDID)

Relaisstraße 183
68219 Mannheim
Telefon +49 (0)621/89 73 55
Telefax +49 (0)621/89 72 74
e-mail fabian@fabian-industriedesign.de
internet www.fabian-industriedesign.de

Fabian Industrie-Design wurde 1981 von Wolfgang Fabian gegründet. Das Team aus drei Industrie-Designern und einem Modellbauer arbeitet für Auftraggeber aus unterschiedlichsten Branchen und hilft bei der Entwicklung marktfähiger Produkte im Bereich der technischen Gebrauchs- und Investitionsgüter. Wir bieten unseren Kunden alle designrelevanten Leistungen: von der Marktanalyse über die Entwurfsarbeit, die Darstellung der Entwürfe in Form von Modellen jeder Art, die wir im eigenen Haus anfertigen, bis zu Prototypen. Wir machen Vorkonstruktionen und sind in der Lage, in enger Zusammenarbeit mit externen Konstrukteuren oder mit Spezialisten aus Zulieferfirmen auch Fertigungsunterlagen zu erstellen. Dabei arbeiten wir mit Autocad, Pro/Engineer und CDRS.

Fabian Industrie-Design was established by Wolfgang Fabian in 1981. The team comprising three industrial designers and a modeller serves clients in a wide variety of industries and supports the development of marketable products in the field of technical capital and consumer goods. We offer our clients all design related services: from market analysis through drafting and construction of all kinds of models on our own premises to prototyping. We produce preliminary designs and can also create production documentation in close collaboration with outside designers or specialists in supplier firms. To do this, we work with AutoCAD, Pro/Engineer and CDRS.

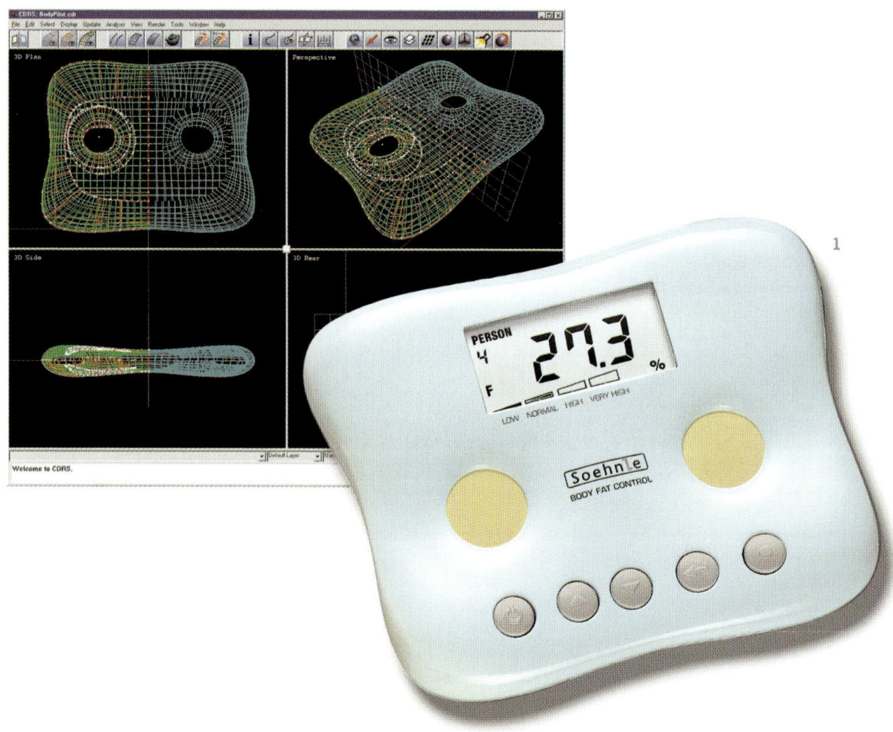

1

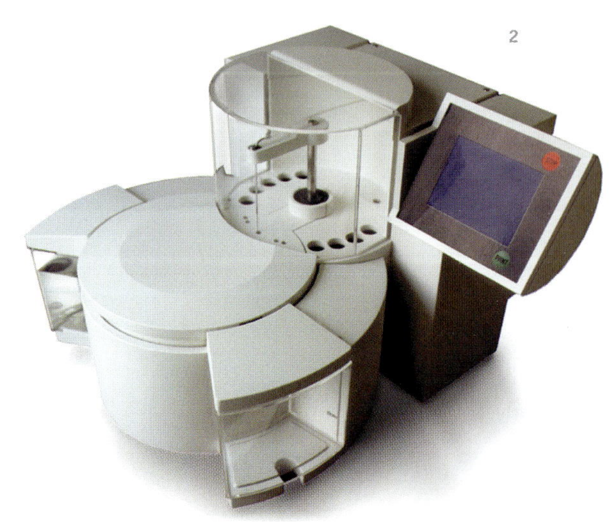

2

Referenzen/references: C.J. Lamy, Roche Diagnostics, American Standard, Franke, Soehnle-Waagen, Hailo Werk, Biffar, Brabantia.
Auszeichnungen/awards: So wichtig es ist, Produkte brauchbarer und schöner zu gestalten und damit Designpreise zu erringen, so wichtig ist es auch, dass unsere Auftraggeber damit den erhofften finanziellen Erfolg haben. Deshalb unternehmen wir alles, damit sich unsere Arbeit nicht nur für uns selbst auszahlt. 60 Auszeichnungen: iF Industrie Forum Design Hannover; Design Zentrum Nordrhein Westfalen; Design Preis Schweiz u.a.
As important as it is to make products more usable and more beautiful and win design awards with them, it is just as important that our clients achieve the financial success they aspire to with those products. We therefore do everything to ensure that our work pays, and not only for ourselves. 60 awards: iF Industrie Forum Design Hanover; Design Zentrum Nordrhein Westfalen; Design Preis Schweiz u.a.

3

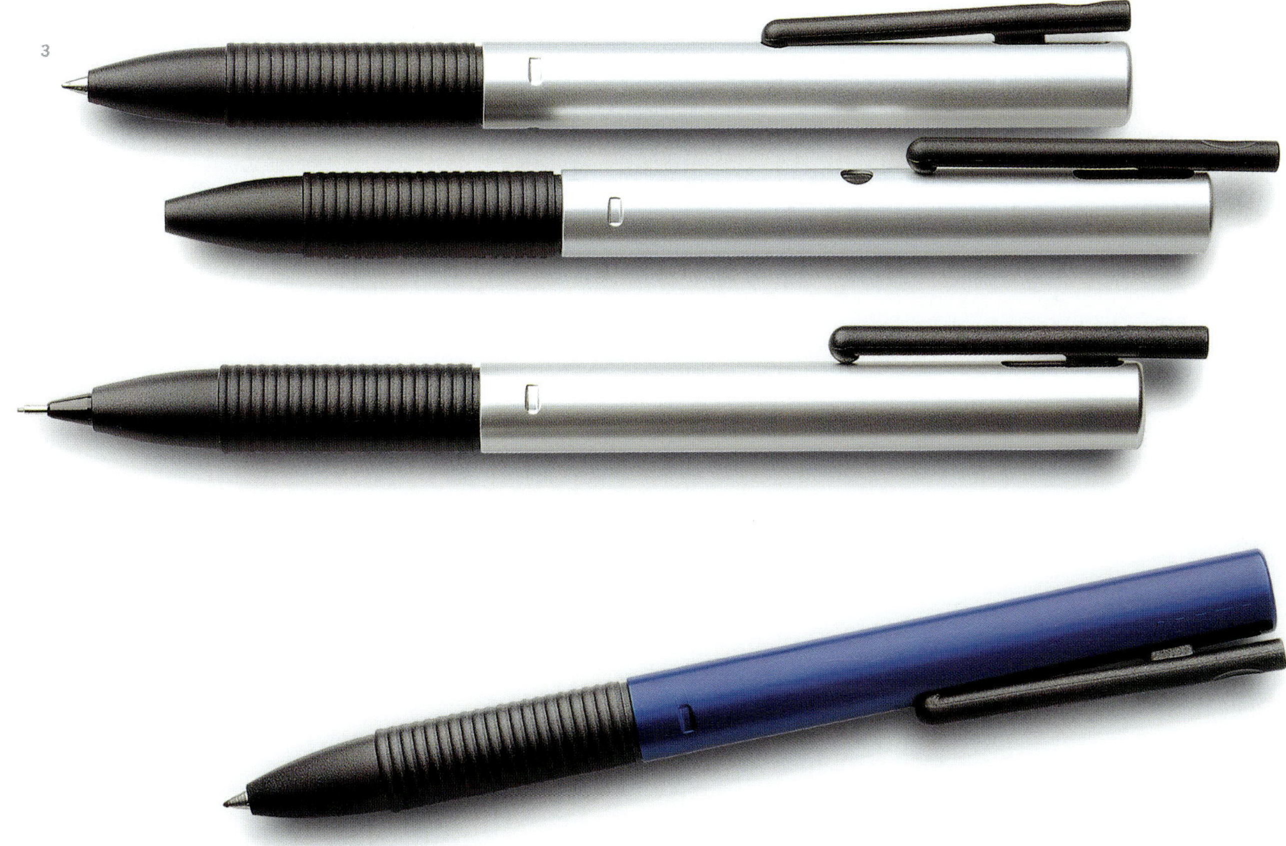

1 Body Fat Control Produktdesign
Body Fat Control product design
Soehnle-Waagen GmbH 2000.

2 ScilStart Blut-Analyse-Gerät Produktdesign und Konstruktion
ScilStart blood analyser. Product design
Scil Animal Care Company GmbH 2000.

3 Lamy tipo Produktdesign
Lamy tipo product design
C. J. Lamy GmbH 2000.

Factor Product, München Designagentur GmbH

Geschäftsführung
Stefan Bogner, Axel Schildt,
Boris Simon, Frank Thiele

Comeniusstraße 1 RGB
81667 München
Telefon +49 (0)89/48 92 78 10
Telefax +49 (0)89/48 92 78 11
e-mail contact@factor-product.com
internet www.factor-product.com

> Communication Design 274
> Multimedia Design 440

Die Factor Product Designagentur wurde 1994 in München gegründet. Sie gestaltet, was Kunden sehen, fühlen und benutzen. Erscheinungsbilder und Kommunikationsmittel, Produkte und Verpackungen, Websites und Benutzeroberflächen. Mit dem Anspruch, Kreativität, Geschäftslogik, Marktbedürfnisse und Unternehmensziele zu einer präzisen Zielgruppenansprache zu verschmelzen, denken wir quer und handeln geradlinig - richten den Blick auf das Ganze, bevor wir die Details umsetzen. Denn Botschaften sollen ankommen und haften bleiben, auf den ersten Blick und auf den zweiten. Die Schwerpunkte liegen im Industrial Design, Commmunication Design und Multimedia Design.

Factor Product Designagentur GmbH was established in Munich in 1994. We design the things that customers see, feel and use. Images and means of communication, products and packaging, websites and user interfaces. With the aim of merging creativity, business logic, market needs and corporate goals in a precision approach to target groups, we combine original thinking with straightforward action, looking at the whole before implementing the details. Because the message must be put across and it must stick – at first glance and at second. Our main focus is on industrial design, communication design and multi-media design.

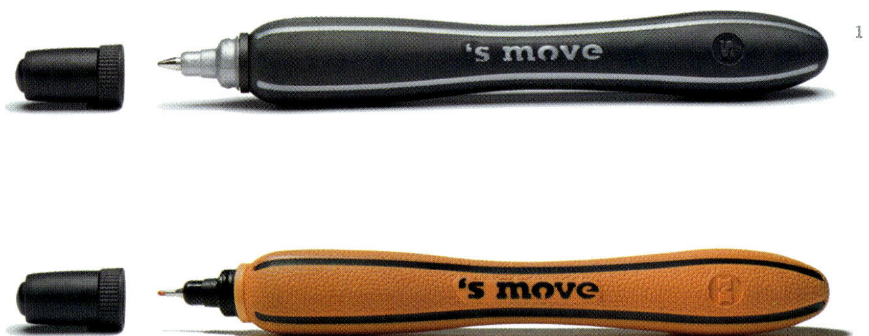

1

Referenzen/references: Allianz AG, Arthaus Filmverleih, Bayerischer Rundfunk, BMG, BMW Group, Deutsches Architekturmuseum Frankfurt, Deutsches Symphonieorchester Berlin, EG-Electronic, HypoVereinsbank AG, Nemetschek AG, Plettac Electronic, Salomon AG, Schwan Stabilo, Sedus Stoll AG, Siemens Business Services, Virgin Records.
Auszeichnungen/awards: Award for typographic excellence TDC New York 1995, 1996, 1997, 1999, 2000; Merit Award ADC New York 1996, 1997 (2x), 1998, 2000; Distinctive Merit Award ADC New York, 1998; Anerkennung Kategorie Neue Medien ADC Deutschland 2000; German Dance Award: Artwork & Visuals, GDA Deutschland; red dot award product design for high design quality 2001.

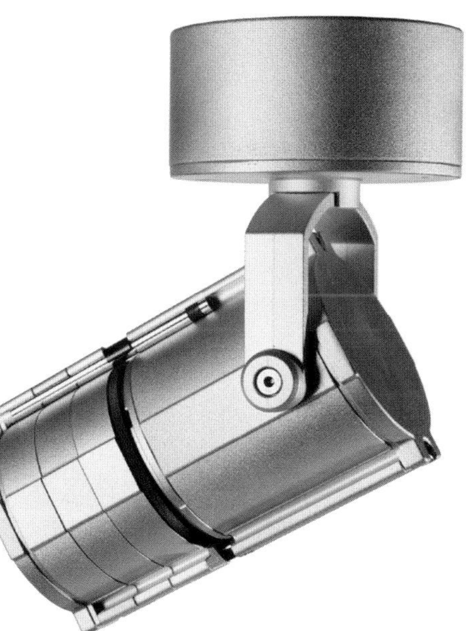

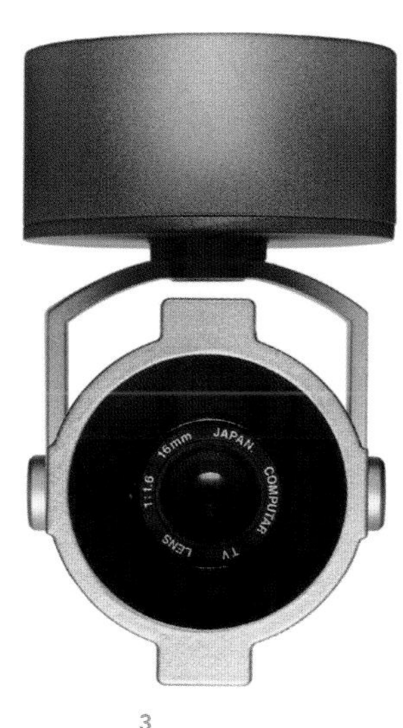

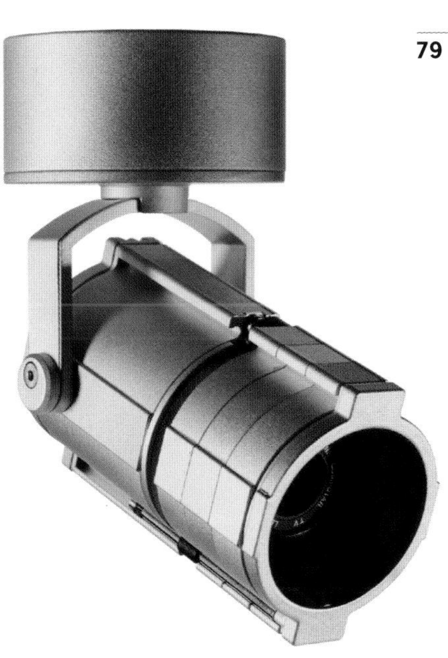

3

1 Faserschreiber und Rollerball s'move
Felt tip pen and rollerball s'move
Schwan Stabilo 1999–2000.

2 LCD-Monitor the edge
EG-Electronic 2001.

3 CCD-Kamerasystem FAC 930/-L
CCD camera system FAC 930/-L
Plettac Electronic 2001.

2

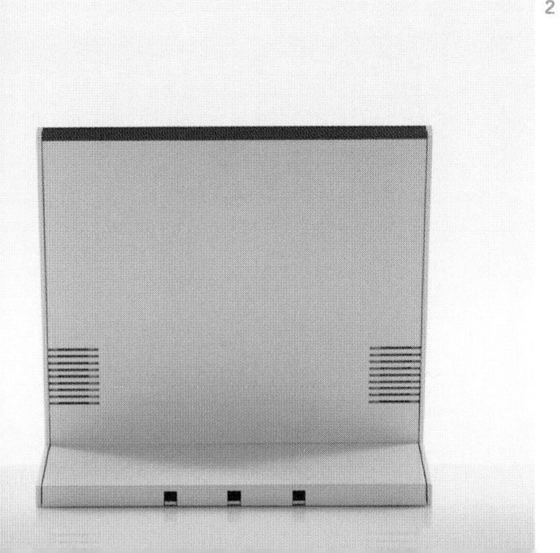

Festo Corporate Design

Head of Corporate Design
Prof. Dipl.-Ing. Axel Thallemer

Heugasse 1
73728 Esslingen
Telefon +49 (0)711/3 47 38 80
Telefax +49 (0)711/3 47 38 99
e-mail tem@festo.com
internet www.festo.com/pneumatic_structures

> Communication Design S. 276
> Textile Design S. 484

Festo Corporate Design wurde 1994 gegründet. Diese Division ist direkt dem Vorstandsvorsitzenden der Festo AG & Co. unterstellt. Der Bereich Industrie Design – eine Teildisziplin von Festo Corporate Design – ist für die standardisierte Gestaltungssprache der neuen Festo Produkte im Sinne der neuen Identity zuständig. Das computergestützte Industrie Design mit durchgängigem Datenfluß sorgt für kürzere Entwicklungszeiten und frühe Produktreife, vom ersten Entwurf über Styling, Konstruktion und Rapid Prototyping bis zur Visualisierung und Animation. Die gleichen Arbeitsprozesse finden auch im Pneumatischen Design ihre Anwendung und generieren durch professionelle Anwendung echte Basisinnovationen.

Festo Corporate Design was founded in 1994. This division reports directly to the Chairman of the Board of Festo AG & Co. The industrial design department – one of the disciplines pursued at Festo Corporate Design – is responsible for the standardised design language of the new Festo products, following the company's new identity. Computer aided industrial design with an all-pervasive flow of data shortens development times and brings products to the manufacturing stage earlier, from the first draft through styling, engineering and rapid prototyping up to graphical presentation and animation. The same processes are also applied in pneumatic design, and, professionally exploited, generate fundamental innovations.

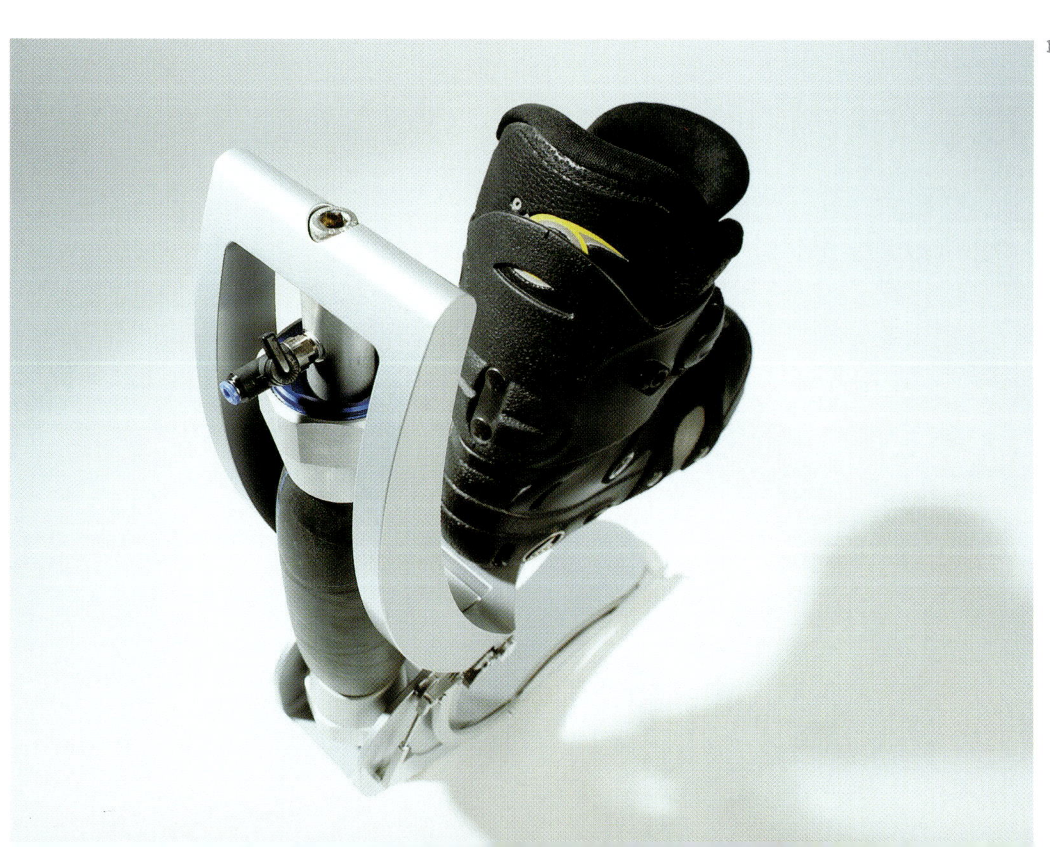

1

Auszeichnungen/awards: Bundesministerium für Wirtschaft und Technologie: Bundespreis Produktdesign 1998, Bundespreis Produktdesign 2000 (2x); Design Zentrum Nordrhein Westfalen: Red Dot High & Highest Design Quality, Design Team of the Year 2001; Industrie Forum Design Hannover: Top Ten, Best of Category, Ecology Award; Industrial Designers Society of America: Industrial Design Excellence Award, Silver & Gold; The Chicago Athenaeum: Good Design Award; Japan Good Design Award; Design Week London, GB: Design Week Award; I.D. Magazine, New York, USA: I.D. Annual Design Review, Best of Category; Core77; International Heavyweight Design Championship: Contender, 5th in the world; Singapore Design Award; Animago 3D Award, Los Angeles, USA: 2. Platz Professional Still Product Design; Bienale Industrijskega Oblikovanja, Ljubljana, Slovenia: BIO 15 & BIO 17; Internationaler Designpreis Baden-Württemberg; Saarländischer Staatspreis Produktdesign: 1. Preis (2mal); Fraunhofer Office 21 Award: 2. Preis; Busse Longlife Design Award; Ranking: Design Award: Best of Category.
Veröffentlichungen/publications: I.D. Magazine, Juli/August 1997; Manager Magazin, 5/1998; form 165, 1/1999; Design Report, Dezember 1999; DesignNet, 12/1999; Markenästhetik 1999; »Das grosse Buch der Bionik«, 2000; 3sat, »Konstruieren mit Luft«, HiTec Dokumentation, Februar 2000; »4:3 – Fünfzig Jahre italienisches und deutsches Design«, Ausstellungskatalog, Juni 2000; FiD – Future of Industrial Design, 5/6 2000; Wired, August 2001.

2

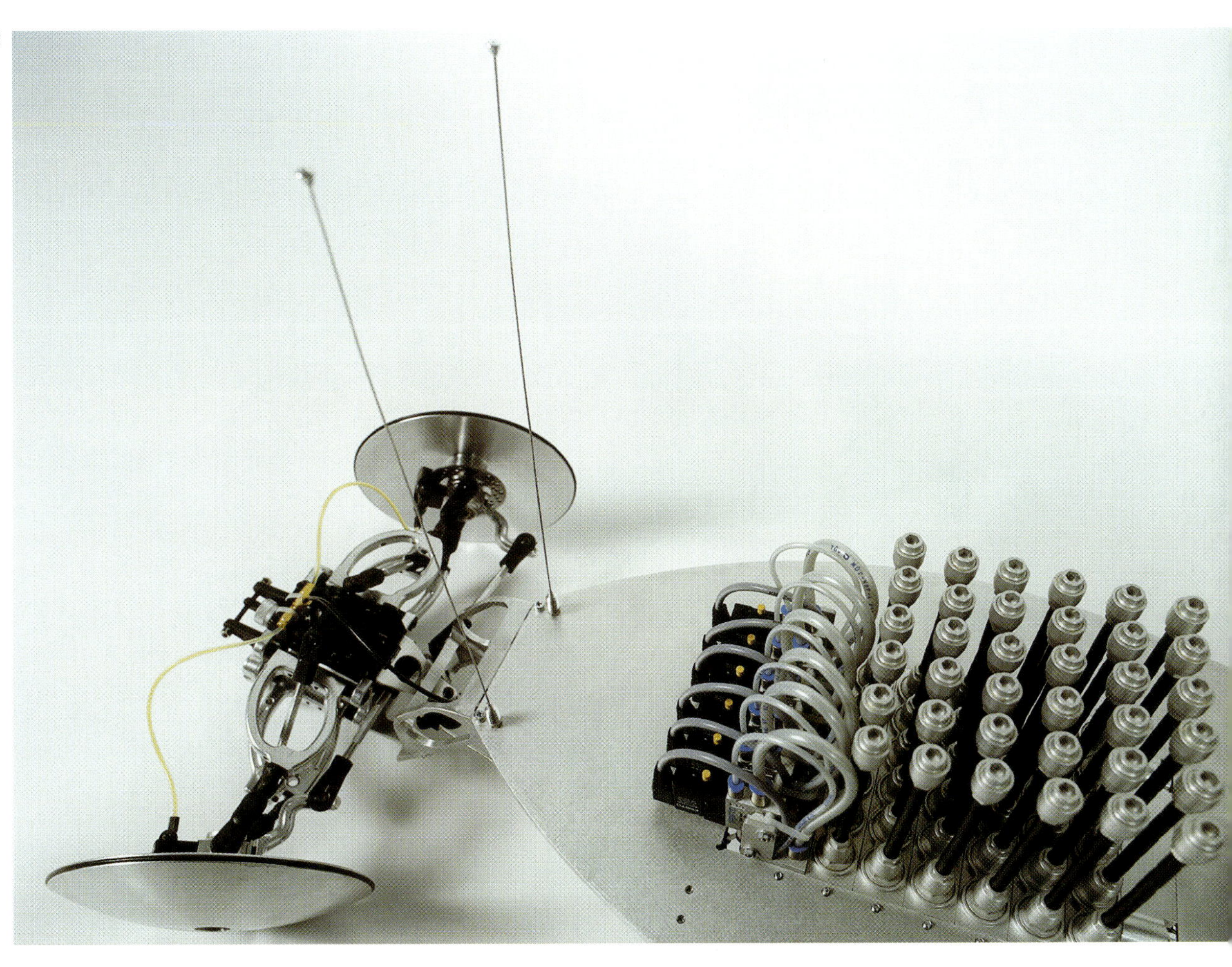

1 Airhopper – pneumatisch betriebener Sprungschuh, in Zusammenarbeit mit Blasius Osko und Oliver Deichmann.
Airhopper – Air Driven Jumping Shoe, in cooperation with Blasius Osko and Oliver Deichmann.

2 Airsquare – luftbetriebenes Konzeptfahrzeug, in Zusammenarbeit mit Stefan Schwarz.
Airsquare – Air Driven Vehicle Concept, in cooperation with Stefan Schwarz.

FORM 3

Industrie und Fahrzeugdesign GbR

Geschäftsführung
Joachim Bofinger, Manfred Springer
Wolfgang Geisler,
Hans Jürgen Lust (VDID)

Im Unteren Ried 32
75382 Althengstett
Telefon +49 (0)7051/93 34 60
Telefax +49 (0)7051/93 34 80
e-mail design.form3@t-online.de

Form 3 wurde 1994 von Joachim Bofinger, Manfred Springer und Wolfgang Geisler in Calw Altburg gegründet. Tätigkeitsfelder: Transportation Design im Exterieur/Interieur, Fahrzeugkomponenten, Claymodelling, Produktdesign- und Entwicklung im Investitions- und Konsumgüterbereich. In den Studios können Fahrzeugentwicklungen im Maßstab 1:1 durchgeführt werden, begleitet mit CAD auf Alias Wavefront. Die Synergieeffekte der Designbereiche Transportation, Investitionsgüter, Konsumwaren und ihre interdisziplinäre Anwendung im Gestaltungsprozess, zeichnet die Produkte von Form 3 aus. Ein interaktiver Prozess verbindet emotionale Formensprache aus dem Transportation Design mit den klaren Gliederungen/Strukturen im Industrie Design.

Form 3 was established in Calw Altburg by Joachim Bofinger, Manfred Springer and Wolfgang Geisler in 1994. The main focus is on transport design (exterior and interior), vehicle components, clay modelling and product design and development for capital and consumer goods. 1:1 models of vehicles can be built in the studios, supported by CAD and Alias Wavefront. The synergy between transport, capital goods and consumer goods and its interdisciplinary application in the design process make Form 3 products stand out. An interactive process combines the emotional language of form characteristic of transport design with the clear structures of industrial design.

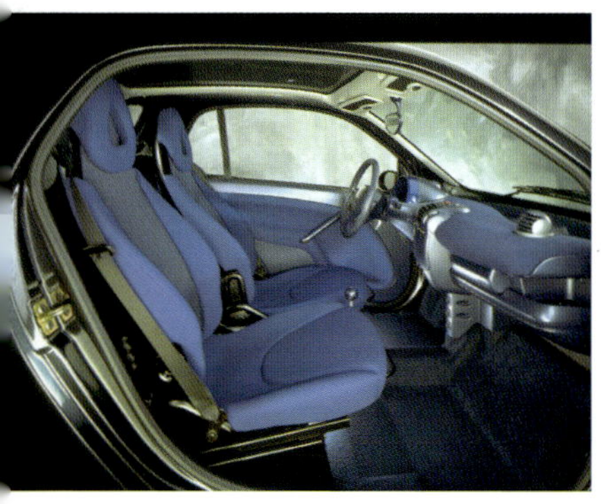
1

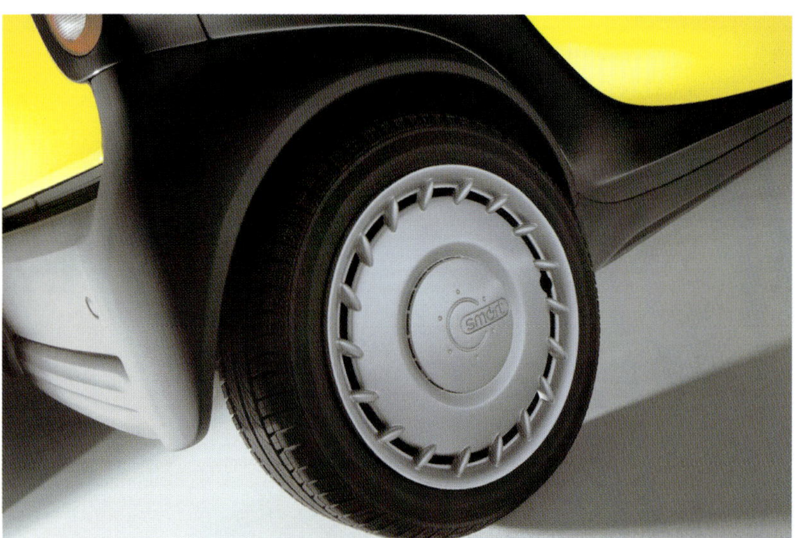

2

Referenzen/references: Bertrand Faure, Bertrandt AG, BMW AG, DaimlerChrysler AG, Deutsche Telekom, EvoBus, fischer automotive systems, Gardena, IBM, Irmscher, Johnson Controls, Keiper Recaro, Magura, Micro Compact Car smart, Nokia Consumer Electronics, Samsung Europe, Sortimo, Schering AG, Schneeberger, Carl Zeiss Meßtechnik.
Auszeichnungen/awards: Internationaler Designpreis Baden-Württemberg Stuttgart 1999; Sieger Ideenwettbewerb Kreativste Fahrzeugeinrichtung Holzmann Verlag, Bad Wörishofen 1999; Sortimo International Produkt des Jahres 1998, 2000; Fachverband Kunststoff Konsumwaren Frankfurt/Main 1998.

4

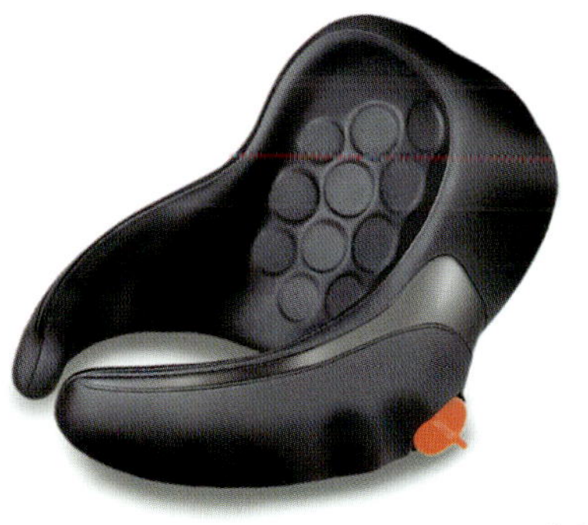

3

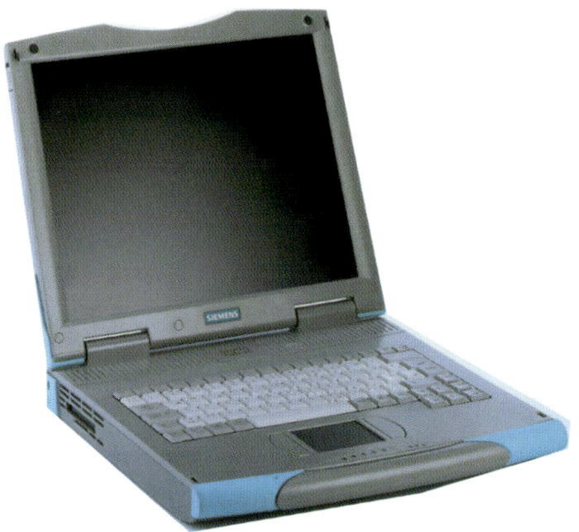

5

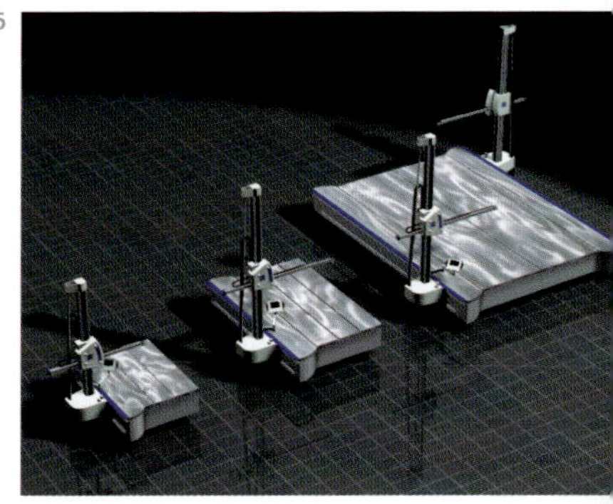

1 Fahrzeugsitze (Designmodelle)
Seats (design models)
for micro Compact Car smart GmbH 1998.

2 Heckstoßfänger (Designmodell)
Rear bumper (design model)
for Micro Compact Car 1998.

3 Simatic Field PG
Portables Programmiergerät .
Portable programmer
Siemens AG, Automation and Drives 2000.

4 Knieschützer
Knee protectors
Schmid-Kunststofftechnik, 1999.

5 Horizontal-Arm Messmaschine/Messplatten
Horizontal arm measuring machine plates
Carl Zeiss 1999.

Formium

Geschäftsführung
Dipl. Des. Georg Ludwig Kunz
(VDID)

Leinzeller Straße 14
73527 Täferrot
Telefon +49 (0)7175/99 91 20
Telefax +49 (0)7175/99 91 220
e-mail info@formium.de
internet www.formium.de

> Communication Design S. 278

Formium, entstanden aus Kunz Produkt und Grafik, wurde 1991 in Täferrot gegründet. Die Schwerpunkte des Büros bilden Produktdesign, Unternehmenskommunikation und Corporate Design. Weitere Schwerpunkte liegen in der Innovations- und Produktstrategie, der Designkonzeption, dem 3-D Modelling und Prototypenbau.

Formium was established in Täferrot as a merger of Kunz Produkt and Grafik in 1991. The main focus is on product design, corporate communication and corporate design. Other major points of emphasis are on innovation and product strategy, design concepts, 3D modelling and prototyping.

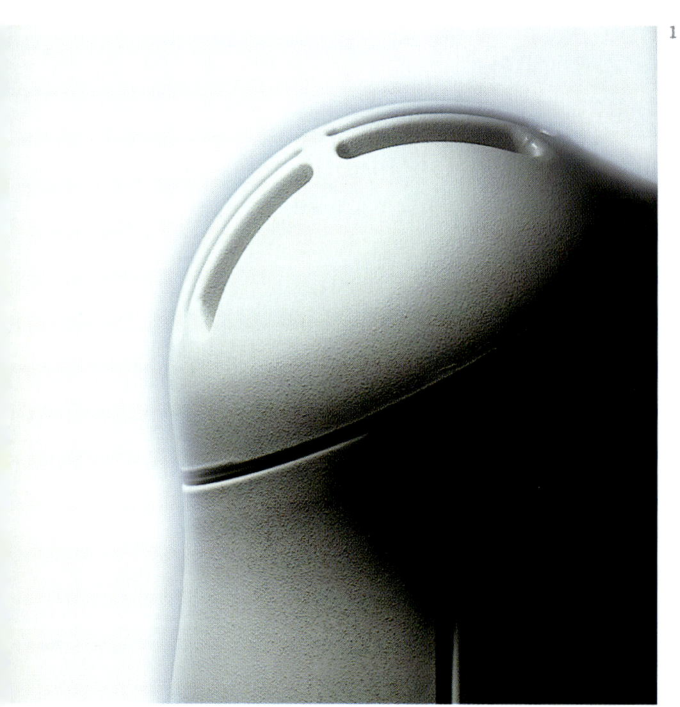

1

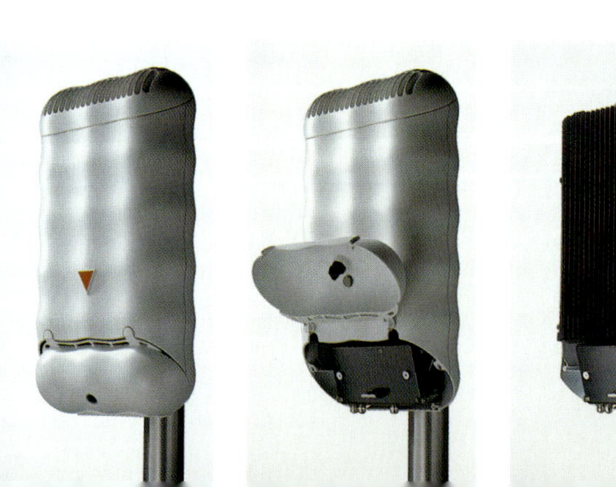

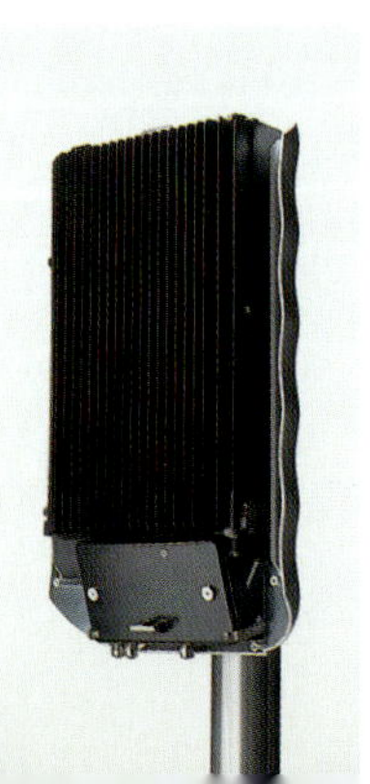

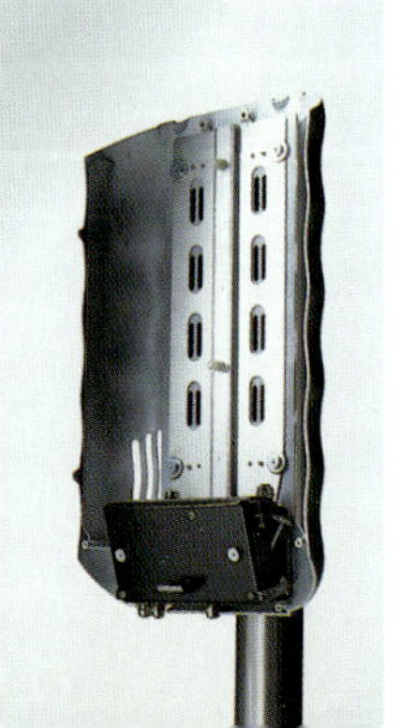

Referenzen/referenzen: Concord, Schleich, Jan Langner Dentaltechnik, Deutsche Sparkassen Datendienste, Alcatel, T-Mobil, Lidl und Schwarz, Deutsch Amerikanisches Zentrum Stuttgart, Automaten Seitz, Renz, Schick Dentaltechnik.
Auszeichnungen/awards: 1. Preis Orgatech Köln/Mailand 1989; Deutscher Preis für Kommunikationsdesign, Design Zentrum Nordrhein Westfalen, 1993, 1996; Roter Punkt für Höchste Designqualität Best of the Best, Design Zentrum Nordrhein Westfalen, 1996; Roter Punkt für Hohe Designqualität, Design Zentrum Nordrhein Westfalen, 1999.

3

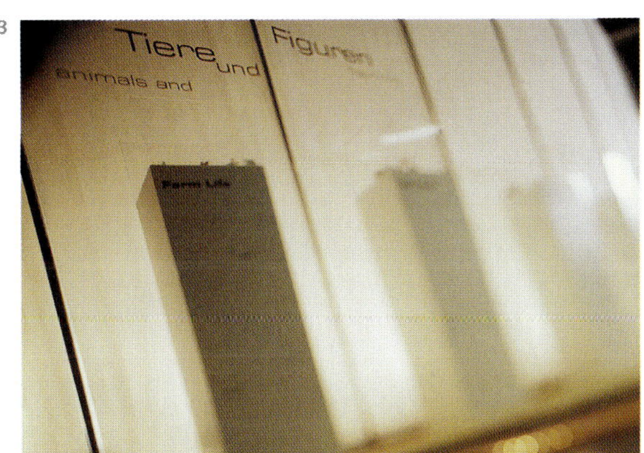

2

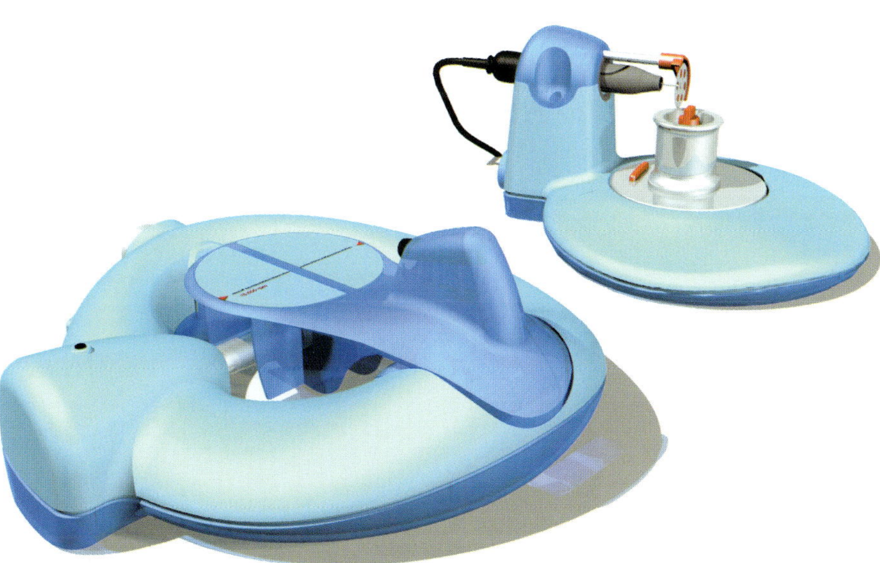

1 Micro Base Station
Alcatel SEL AG 1999.

2 3-D Rendering Dentalsäge und -schleifer
3D rendering dental cutter and grinder
Langner Dentaltechnik/Schick Dentaltechnik
2001.

3 Messedesign/*Trade fair design*
Schleich Produktions- und Handelsges. mbH
2000.

frogdesign gmbh

Geschäftsführung
Andreas Schimert und
Prof. Dr. Hartmut Esslinger

Neuer Zollhof
40221 Düsseldorf
Telefon +49 (0)211/30 20 34 0
Telefax +49 (0)211/30 20 34 36
e-mail info@frogdesign.de
internet www.frogdesign.com

frogdesign wurde 1969 von Hartmut Esslinger im Schwarzwald gegründet und hat seitdem mit großem Erfolg Produkte, Marken und Logos, Software-Oberflächen und Webseiten für hunderte von namhaften Firmen auf der ganzen Welt kreiert. frogdesign ist ein weltweites kreatives Netz mit 10 Büros in den USA, Europa und Israel. Als eines der weltweit führenden Design- und Multimedia-Unternehmen integriert frogdesign Produktdesign, Branding, Digitale Medien und »advanced Technology« innerhalb einer Dienstleistung: Creative Convergence. frogdesign erwirtschaftete im Jahr 2000 einen Umsatz von 80 Mio. Mark und hat 328 Mitarbeiter. Europazentrale ist Düsseldorf.

frogdesign was founded by Hartmut Esslinger in the Black Forest in 1969 and has since successfully created products, brands and logos, software, graphic user interfaces and web products for hundreds of companies around the world. frogdesign is a global creative network with 10 offices in the USA, Europe and Israel. As a leading design- and digital media agency worldwide through Creative Convergence frogdesign integrates product design, branding, digital media and advanced technology. The European Headquarter is located in Düsseldorf, frogdesign has 328 employees worldwide that made a turnover of 80 mio. Marks in 2000.

1

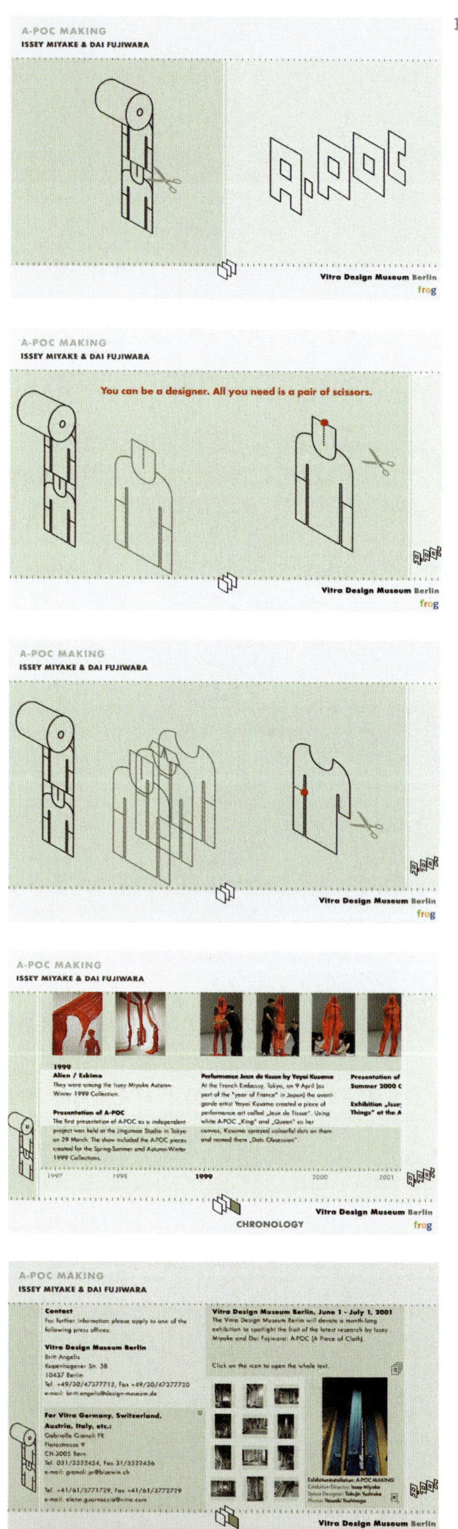

Referenzen/references: Apple Computer, Compaq, Consors, Deutsche Bank, Disney, Dell, Ford, Heidelberger Druckmaschinen, Honda, Intel, KaVo, Kirchgruppe, Lufthansa AG, Microsoft, Motorola, Nike, Shimano, Philips, SAP AG, Shimano, Siemens, Sony, Yamaha, Voko und Zeiss u.a.
Veröffentlichungen/publications: »Schön ist Gut: frog – nie wieder Design«, brand eins 10/2000; »Hartmut Esslinger/frogdesign«, Porträt, ZDF/3Sat, Juli 2000; »Der König der Frösche«, Manager Magazin, Mai/1999; »Ich stehe für die Rock-Ära«, Der Spiegel, Nr. 35/1998.
Auszeichnungen/awards: Good Design 2000 awards, Chicago 2001 (Liftmaster Garage Opener, Think Neighbor Community Electric Vehicle Interior, Kalos Personal); New Media Invision 2000, Bronce; ID awards 2000 (Think kiosk, AT&T Kid Talk, AT&T Gaming Device); Roter Punkt für Höchste Designqualität, Essen 1997 (Kufensystem »t'blade« Würthner Sport-Technologie).

3

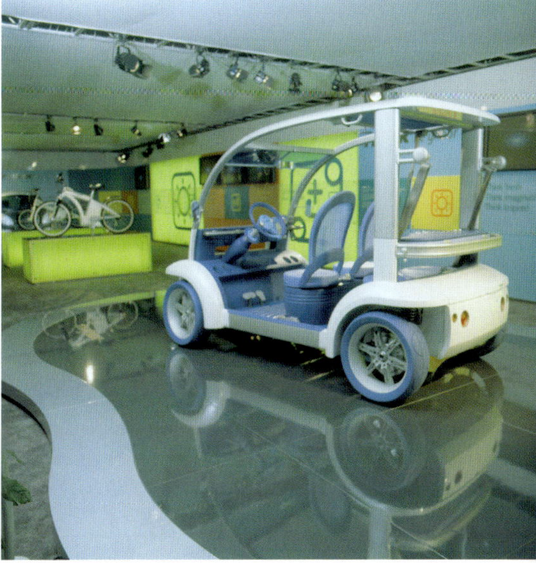

2

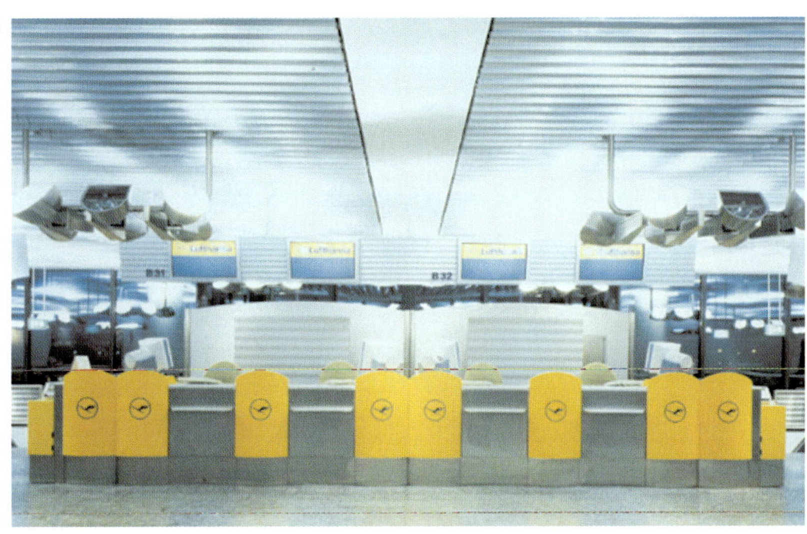

1 Website für Issey Miyake Ausstellung im Vitra Design Museum Berlin
Website for Issey Miyake exhibition at the Vitra Design Museum Berlin
2001

2 Lufthansa Counter
Product design
Lufthansa AG, 1997

3 »Ford Think«
Product design, branding, digital media
Ford, 1999

Lutz Gathmann PRODUKT/DESIGN

Geschäftsführung
Lutz Gathmann (VDID)

Nagelsweg 41
40474 Düsseldorf
Telefon +49 (0)211/45 29 19
Telefax +49 (0)211/45 29 06
e-mail info@lutz-gathmann.de
internet www.lutz-gathmann.de

Wir entwerfen und entwickeln Produkte vom einfachen Spritzgußteil bis zum komplexen Großgerät. Durch unsere Einbindung in verschiedene Netzwerke (Materialhersteller, Verarbeitungsbetriebe, Werkzeugbau, Prüfzentren etc.), können wir Ihnen praxisgerechte Design-Lösungen bieten. Unsere Kunden kommen aus vielen Bereichen (Schreibgeräte, Büroartikel, Werkzeuge, Brillen, Lederwaren, Display, Verpackung, Haushalt, Medizintechnik etc.). Für mehrere Produkte, die wir erfolgreich für unsere Kunden realisiert haben, sind wir mit internationalen Designpreisen ausgezeichnet worden. Wenn Sie nach überzeugenden Designlösungen suchen, nehmen Sie Kontakt mit uns auf. Wir freuen uns auf Ihre Resonanz.

We design and develop all kinds of products, from simple injection mouldings to complex large appliances. Our integration in various networks (materials producers, processing and finishing industry, toolmakers, inspection and testing centres etc.) enables us to offer you design solutions to fit your practical needs. Our clients are to be found in a wide variety of branches of trade and industry (writing instruments, office equipment, tools, spectacles, leather goods, display, packaging, household goods, medical equipment etc.). We have won international design awards for several products designed for our clients. Contact us if you are looking for design solutions that carry conviction. We look forward to hearing from you.

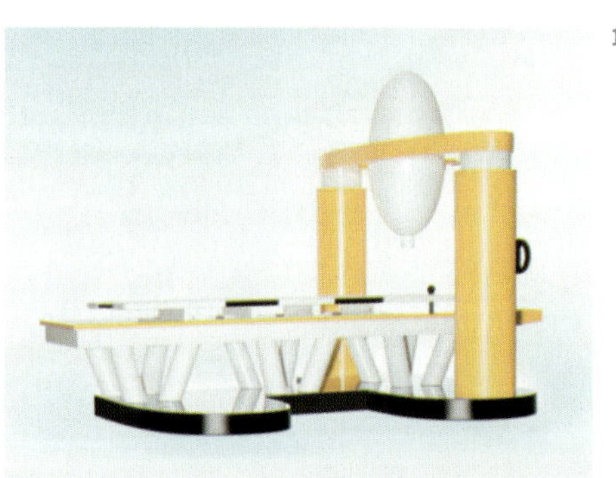

1

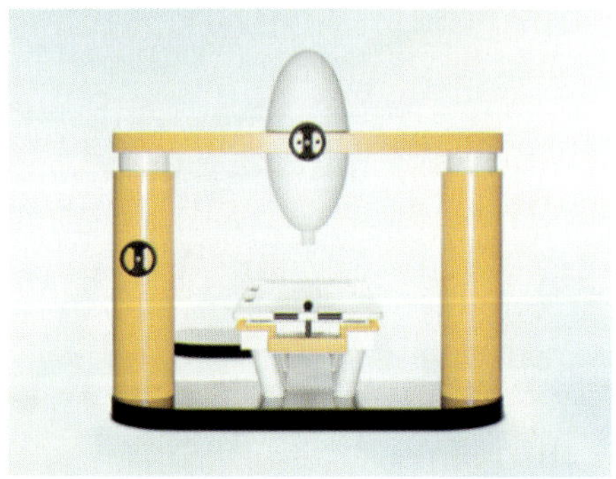

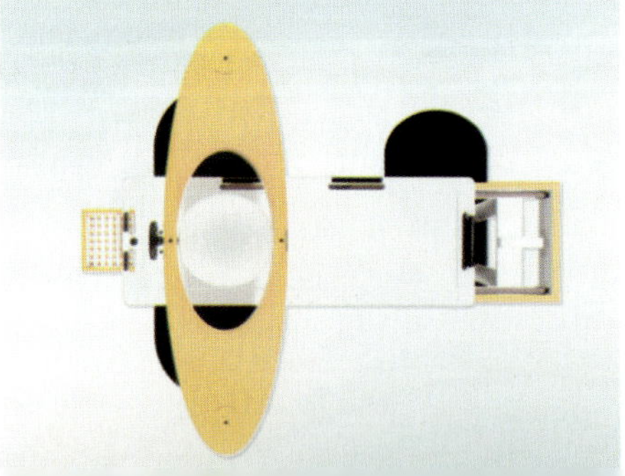

Auszeichnungen/awards: Design made in Solingen 1979 (Brillenfassung NiGuRa Optische Werke Düsseldorf); Design Center Stuttgart 1983 und 1985 (Sonnenbrille/Brillenfassung, Rupp+Hubrach KG Bamberg), 1985 (Brillenfassung Brendel Lunettes GmbH Fürth); Gutes Design in der Arbeitswelt, A+A Düsseldorf 1985 (Arbeitsschutzbrille Fondermann GmbH, Haan); Innovationspreis Verpackung »Der Grüne Punkt« Duales System Deutschland GmbH Bonn 1993 (Brillenverpackung, Wilhelm+Partner KG Herten); Roter Punkt für Hohe Designqualität, Design Zentrum Nordrhein Westfalen 1997 (Brillenfassung Breitfeld+Schliekert/Lutz Gathmann Collection); iF Design Award, Industrie Forum Design Hannover 1999 (Lineal Wave, Inform Plastik GmbH); iF Design Award für Werkzeug und Aufbewahrungseinheit, Industrie Forum Hannover 2000.
Ausstellungen/exhibitions: Ab 1993 Ständige Sammlung Deutsches Kunststoff Museum Düsseldorf; Ab 1994 Ständige Sammlung, Deutsches Optisches Museum Jena; »Da guckste« 1994, Landesmuseum Koblenz; »Phantastisch Plastisch«, Landesmuseum Düsseldorf 1995; »Da guckste«, Museum Korbach 1997; »Plastic frames: desire of colour, desire of styling«, Palazzo delle Stelline di Milano 1999.

2

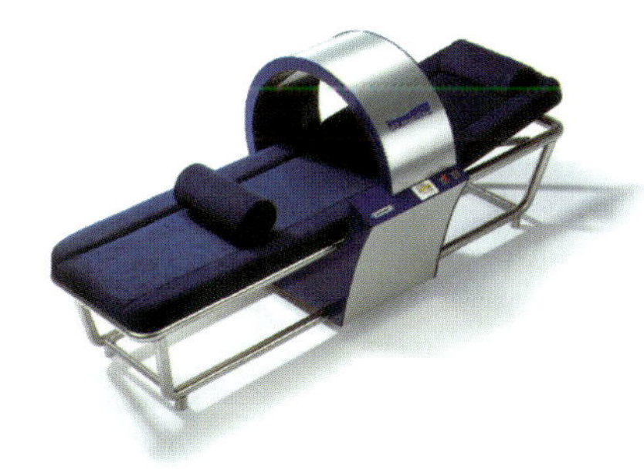

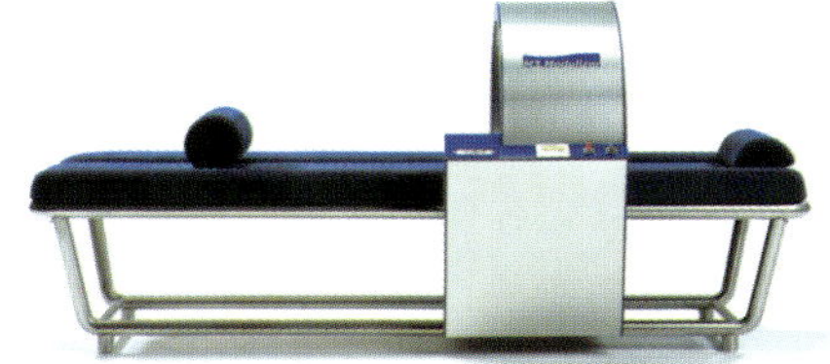

3

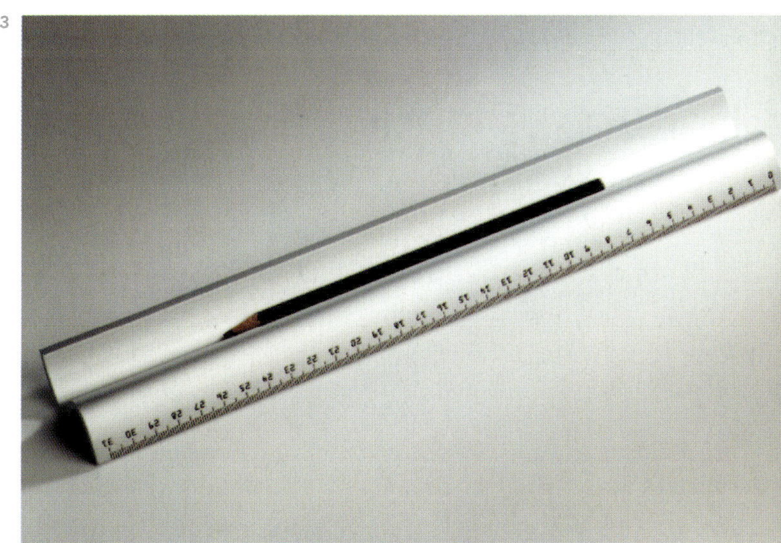

1 Magnetocardiograph

2 Magnetfeldtherapiegerät
Magnetic field therapy appliance.

3 Lineal/*Ruler* Wave
iF Design Award.

Tassilo von Grolman Design GmbH

Geschäftsführung
Dipl. Des. Tassilo von Grolman
(ADC, Deutscher Werkbund,
DDC, Deutscher Designertag)

Feldbergstraße 27–29
61440 Oberursel
Telefon +49 (0)6171/40 39
Telefax +49 (0)6171/41 46
e-mail info@tassilo-von-grolman.de
internet www.tassilo-von-grolman.de

Nach dem Studium des Industrial Designs an der Hochschule in Kassel und Arbeiten für die Werbeagenturen TBWA und Lürzer, Conrad in Frankfurt machte sich Tassilo von Grolman 1975 als Designer selbständig. Zunächst mit Büro in Frankfurt, später in der Nähe in Oberursel. Seither hat er eine Fülle von Produkten gestaltet, die immer wieder ausgezeichnet wurden und als moderne Klassiker in viele Designsammlungen und Museen der Welt aufgenommen werden. Design von Tassilo von Grolman ist praktisch, ästhetisch und von genialer Einfachheit. Das machen beispielsweise seine Mono-Teekannen deutlich, die in ihrer gläsernen Halbkugel ein fast ebenso großes Sieb aus Metall für die Teeblätter haben.

After studying industrial design at Kassel University and working for advertising agencies TBWA and Lürzer, Conrad in Frankfurt, Tassilo von Grolman started his own business as a designer in 1975, first with an office in Frankfurt and then near Oberursel. Since then, he has designed a host of products which have repeatedly won awards and been included as modern classics in many design collections and museums throughout the world. Design by Tassilo von Grolman is practical, aesthetic and brilliant in its simplicity. That is clearly illustrated, for example, by his Mono teapots, whose glass hemispheres contain a metal sieve of almost the same size for the tealeaves.

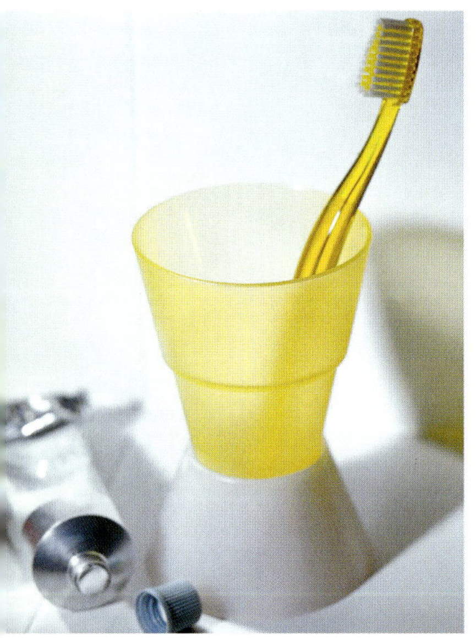

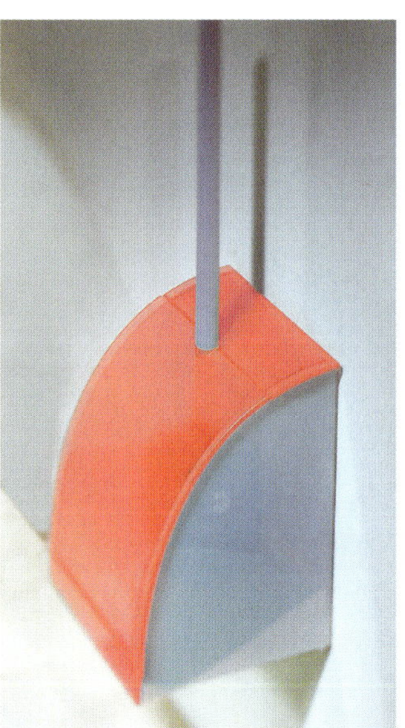

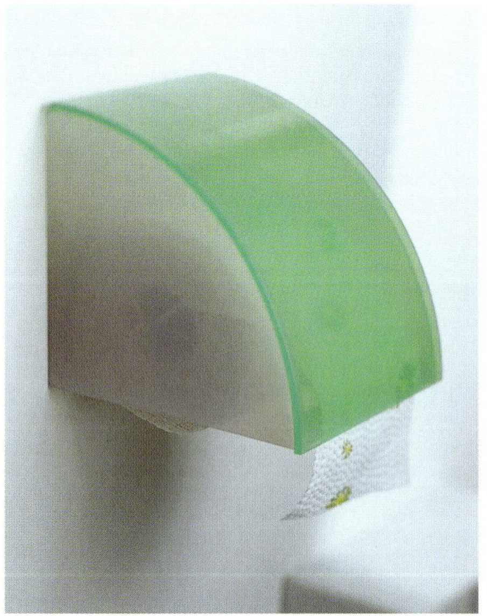

1

Referenzen/references: Alfi, Allibert, Bad Pyrmonter Mineralbrunnen, Ellen Betrix, Birkel, Carl Mertens, Club English Tea/Twinings, Commerz Grundbesitz, Datapoint, Deutsche Bahn, Deutsche Bank, Deutscher Fachverlag, Deutsche Forschungsgemeinschaft, Deutsche Rockwool, Deutscher Designer Club, Emform, Hewi, Hoechst, Hotel im Wasserturm, Jade Cosmetics, Heinrich Kopp, Maggi, Plaudo Italia, Lufthansa Flight Training Center, Manhattan Cosmetics, Merck, Mitheis Austria, Mercantile, Moët & Chandon, Mono Tischkultur, NHT Architektengemeinschaft, New Lifestyles/Japan, Japan, Philip Morris, Pünder, Volhard, Weber & Axster, Rhône Poulenc, Ritzenhoff, Rosenthal, Rösle, Salomon, Dr. Scheller, Schlumberger, Seagram Deutschland, SFK, Spring Schweiz, Topdeq, Troika Böll, Vereinigte Papierwerke, Villeroy & Boch, Werner & Mertz, Woolworth.
Auszeichnungen/awards: ADC Art Directors Club Deutschland; DDC Deutscher Designer Club; Design Innovationen Design Zentrum Nordrhein Westfalen; Certificate of Design Excellence, European Regional Design Annual; Produkte des Jahres, Fachverband Kunststoff Konsumwaren; iF Industrie Forum Design, Hannover; Ständige Design Vorbildschau, Institut für Neue Technische Form; Produkt des Jahres, Kookgilde Niederlande; Design Plus, Messe Frankfurt; Sonderschau Form; Good Design Award, The Chicago Athenaeum.

2
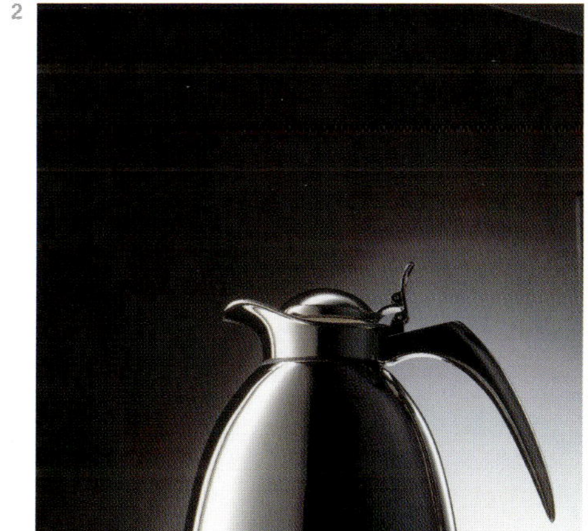

3
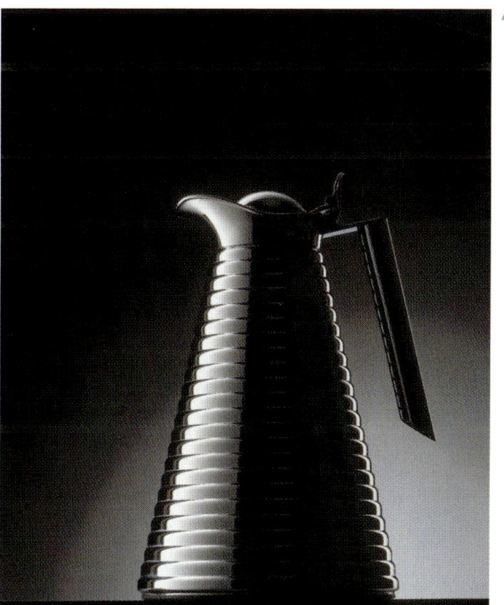

4
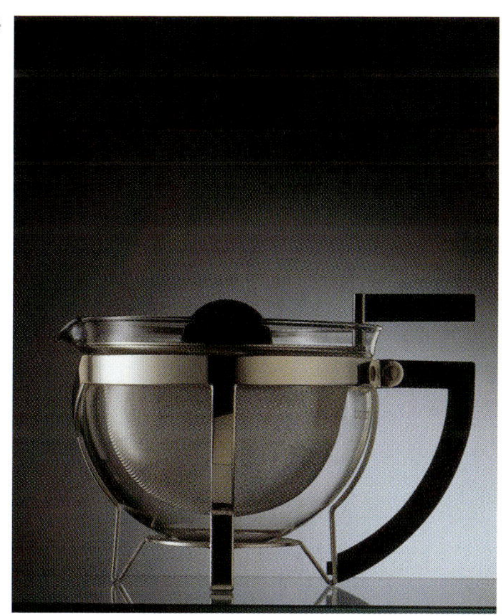

1 Bad-Accessoires Lavela aus transluzentem Kunststoff. In sechs verschiedenen Farben in Kombination mit matt-silberfarbigen Metallteilen.
Lavela bathroom accessories in translucent plastic. In six different colours in combination with matt silver metal fittings.
Plaudo Italia 1999

2 Isolierkanne Hotel Design
Hotel Design thermos jug
Alfi Zitzmann GmbH 1993

3 Isolierkanne Achat
Achat thermos jug
Alfi Zitzmann GmbH 1991

4 Teekanne »Chambord«
Chambord teapot
Bodum 1987

h&h design GmbH

Geschäftsführung
Günter Hartmann (AGD)
Arnd Hackländer

Selbecker Straße 166a
58091 Hagen
Telefon +49 (0)2331/78 40 31
Telefax +49 (0)2331/78 40 38
e-mail info@design-h2.de
internet www.design-h2.de

Leistungsbild h&h product design: Den Schwerpunkt bildet die Entwicklung technisch komplexer Produktsysteme, viele davon wurden von der Idee über die Konstruktion bis zur Markteinführung betreut. Ein von h&h product design entwickeltes Produkt wird zu einem Instrument hoher Wertschöpfung für Ihr Unternehmen.
Leistungsbild h&h communication design: Professionelle Kommunikation erfordert mehr als nur kreatives Engagement. Umfassende Branchenkenntnisse sind gefragt, um überzeugende Lösungen zu präsentieren. h&h communication design betrachtet Design als wertschöpfenden Faktor, der Unternehmen und Marken positioniert: Corporate Design, Branding, Print, Kampagnen, Animationsproduktionen, Internet, Messeauftritte.

The performance of h&h product design: The main focus is on the development of technically complex product systems, many of which have been handled by the company from the original idea through the design stage up to and including the market launch. A product developed by h&h product design is an instrument of high added value creation for your business.
The performance of h&h communication design: Professional communication demands more than creative commitment. Extensive knowledge of specific industries is necessary for solutions that carry conviction. h&h communication design views design as a value creation factor that positions companies and brands on the market: corporate design, branding, print media, campaigns, animations, Internet, trade fair presentations.

1

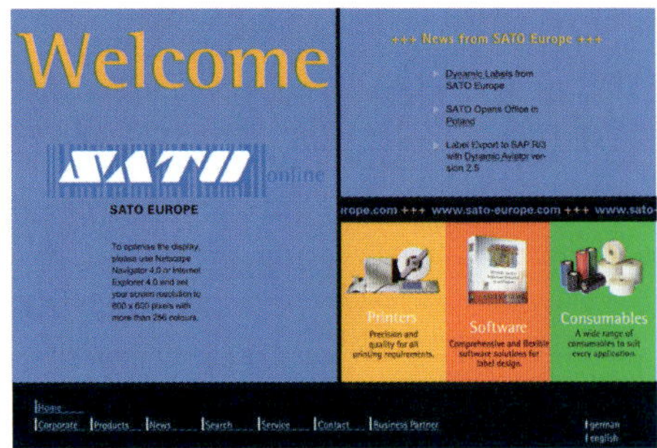

2

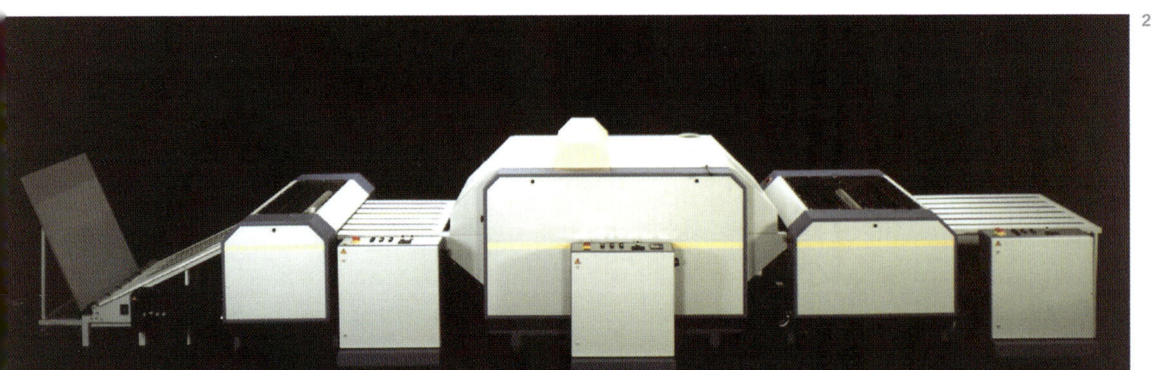

1 Kommunikationsprojekt Internet-Homepage
Internet homepage communication project

2 Druckvorstufensysteme: Corporate Industrial Design einer Produktfamilie
Preprint systems: Corporate industrial design for a product family

3 Büromöbelsystem: Systemkonzept, Design und Konstruktionsentwurf
Office furniture system: system concept, design and draft engineering

4 Rollstuhl: Idee, Konzept, Design und Konstruktionsentwurf
Wheelchair: concept, design and draft engineering

Referenzen/references: Produktentwicklungen für die Branchen Büromöbel, Wohnmöbel, Medizintechnik, Public Design, IT-Technik und Elektronik, Maschinen- und Anlagenbau. Kommunikationsprojekte für Unternehmen der IT-Technik, Logistik, Maschinen- und Anlagenbau, Geldinstitute, Büromöbel, Immobilienwirtschaft.
Product design for the following industries: office furniture, domestic furniture, medical technology, public design, IT and electronics, plant and machinery.
Communication projects for IT, logistics, engineering and real estate companies, banks and office furniture suppliers.
Veröffentlichungen/publications: Wirtschaftswoche, WAZ, AIT, Mensch & Büro, Office Design, form, md u.v.a.
Auszeichnungen/awards: iF Design Award Industrie Forum Design Hannover; Roter Punkt Design Zentrum Nordrhein Westfalen Essen; Design Center Stuttgart; Designpreis des Landes Baden-Württemberg; Küchen-Design-Preis, md »Die besten 200 für das Jahr 2000«.

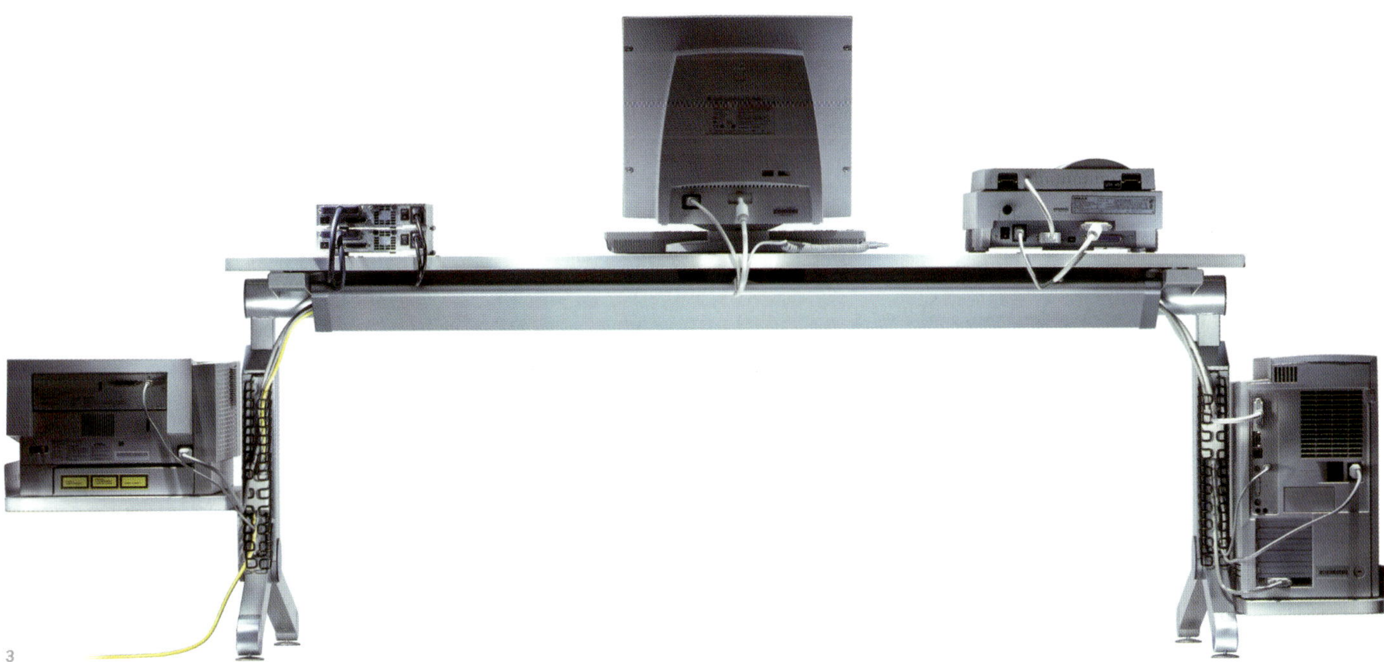

3

4

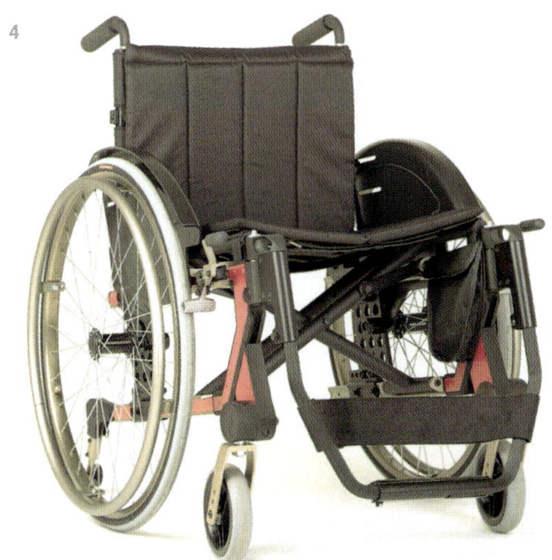

hammer.runge

Geschäftsführung
Prof. Dr. Norbert Hammer (VDID)
Christoph Runge (VDID)

Gillbachstraße 84
41466 Neuss
Telefon +49 (0)2131/94 93 00
Telefax +49 (0)2131/94 93 01
e-mail hammer.runge@designpartner.de
internet www.designpartner.de

Aus der langjährigen Zusammenarbeit der Designer Christoph Runge und Prof. Dr. Norbert Hammer ging 1998 die Partnergesellschaft hammer.runge mit den Standorten Neuss und Essen hervor. Arbeitsschwerpunkte sind Produkt-, Interface- und Webdesign. Unsere Zielgruppe sind kleine und mittelständische Unternehmen. Unsere Leistung ist eine umfassende und kompetente Designbetreuung. Das integriert die grundlegende Beratung im Designmanagement und die Kreativ- und Gestaltungsleistung im Produkt Design. Darüber hinaus übernehmen oder koordinieren wir Aufgaben im Digital Media-Design, der Technischen Dokumentation, des Brandings, des werblichen Auftritts und der Design-PR. Unsere Kunden profitieren von der persönlichen und maßgeschneiderten Betreuung.

hammer.runge, with locations in Neuss and Essen, was established in 1998 by Christoph Runge and Prof. Dr. Norbert Hammer after many years of successful work together. The main focus is on product, interface and web design. Our target group is small and medium-sized business. We provide comprehensive professional design services. Consulting is integrated in design management and the creative element in product design. In addition to this, we perform or coordinate tasks in digital media design, technical documentation, branding, promotional presentation and design PR. Our clients benefit from personal service tailored to their requirements.

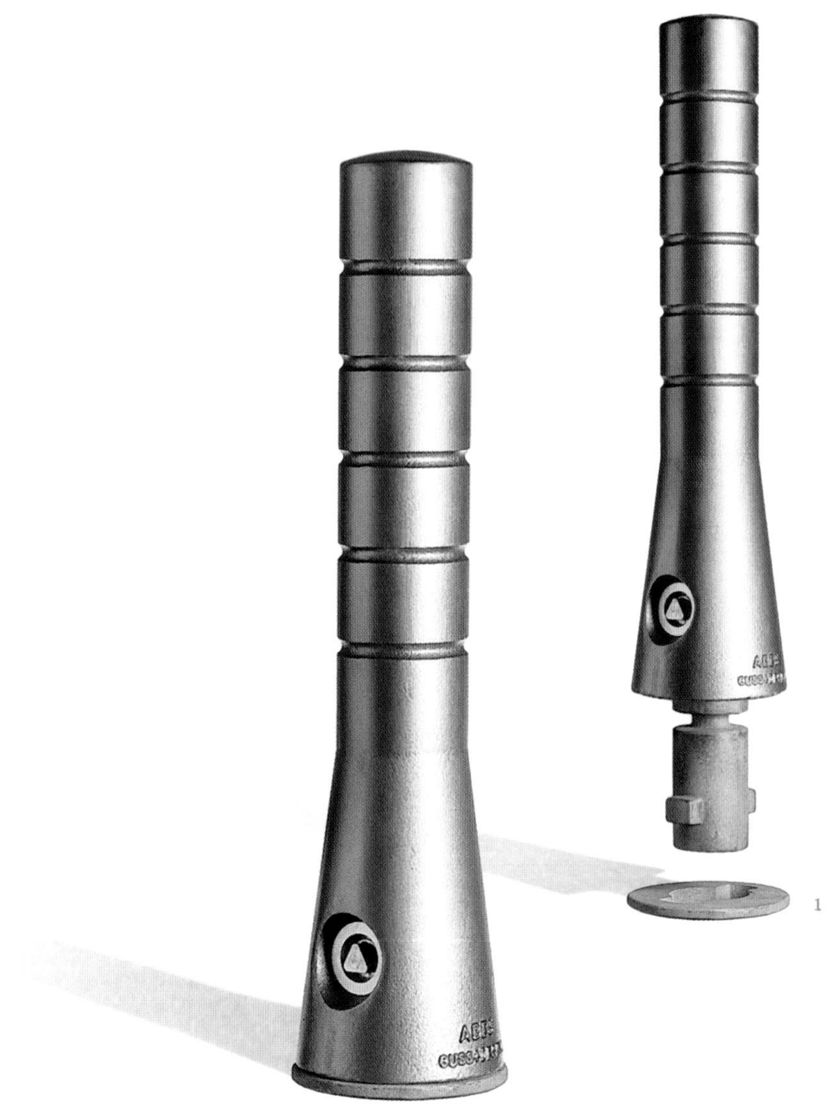

1

Referenzen/references: ABES Stadtmobiliar, Ammann Straßenbaumaschinen, B.I. Elektronikequipment, DMT Montan Technologie, ITT-Richter Chemiepumpen, LKE Transportlogistik, MDS-Nordion Medizintechnik, Roto Wohndachfenster, Wirtz-Buehler Labortechnik.
Veröffentlichungen/publications: »Möglichkeiten und Grenzen der Überprüfung von Designprodukten durch Okulometrie«, Verlag die Blaue Eule, Essen 1992; »Die stillen Designer, Manager des Designs«, Hammer N. (Hrsg.) in: Meilensteine Nr. 1, Buchreihe Design Zentrum Nordrhein Westfalen, Essen 1994; »Interface Design, ein Mittel zur Produkterklärung«, Hammer N. in: Riedel, F. et al. (Hrsg.): Praxishandbuch Technische Dokumentation, Weka-Verlag Augsburg 1996;
Zudem zahlreiche Vorträge und designspezifische Publikationsbeiträge im In- und Ausland.
Numerous lectures and publications on design in Germany and abroad.
Auszeichnungen/awards: Roter Punkt 1994 (Summit, Seismologischer Datenspeicher, DMT), 1995 (Summit Compact, Seismologischer Datenspeicher, DMT), 2000 (Fahrradparker Signum I, ABES Stadtmobiliar) Design Zentrum Nordrhein Westfalen Essen; red dot award product design 2001, (Pollersystem Metropol, ABES Stadtmobiliar); iF Industrie Forum Design Hannover 1994 (Summit, Seismologischer Datenspeicher, DMT); Gravis Advertising Award 1997 (Anzeige für DMT).

3

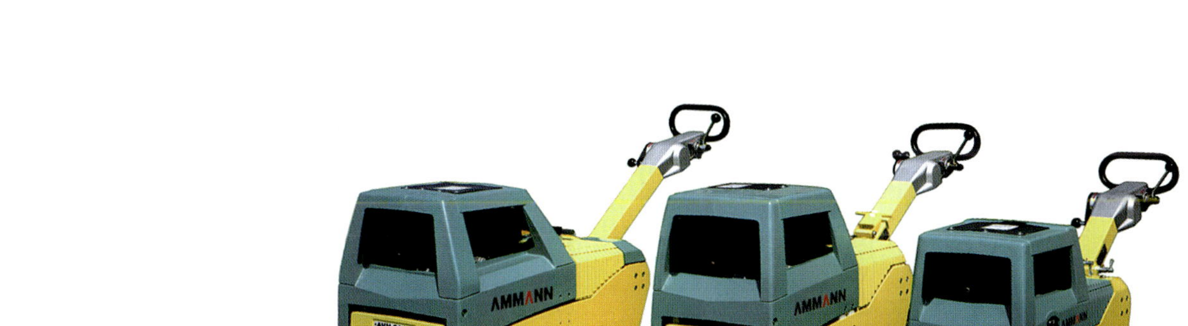

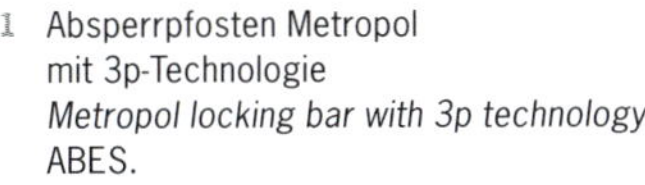

1 Absperrpfosten Metropol mit 3p-Technologie
Metropol locking bar with 3p technology
ABES.

2 Isotopen-Bestrahlungsgerät
Isotope radiation device
MDS-Nordion.

3 Verdichtungsmaschinen-Baureihe
Compactors
Ammann.

2

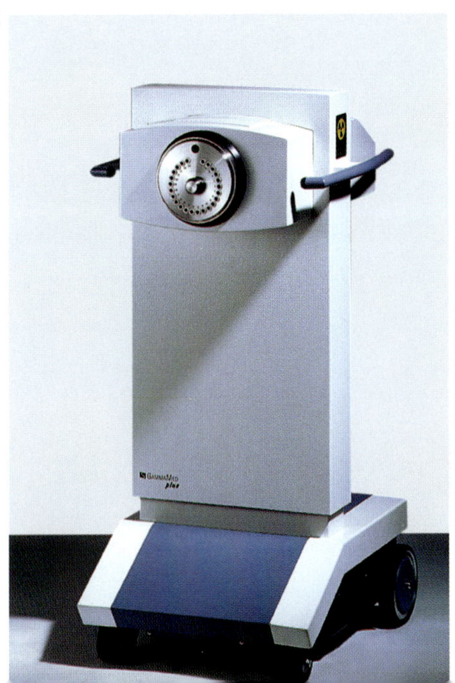

Hartmann+Hartmann

Industriedesign und Werbeagentur GmbH
Geschäftsführung
Ute Hartmann (VDID)
Werner Hartmann (VDID)

Bürgermeister-Fischer-Straße 9–11
86150 Augsburg
Telefon +49 (0)821/3 43 07-0
Telefax +49 (0)821/3 43 07-12
e-mail info@hartmannundhartmann.com
internet www.hartmannundhartmann.com

> Communication Design S. 300

Hartmann+Hartmann wurde im Jahr 2000 durch die Zusammenführung von hartmann's Werbung und Graphik und Hartmann & Selic Industriedesign gegründet. Hartmann+Hartmann bietet Komplettlösungen von der Produktidee über die kreative Produktentwicklung bis hin zu Markteinführung und Online-Auftritt. Produkt Design und visuelle Kommunikation kommen aus einer Hand, werden durchgängig und wiedererkennbar. Hartmann+Hartmann legt Wert auf Teamarbeit: Kommunikations- und Industrie Designer, Texter, Journalisten, Fotografen, Produktioner, Ergonomen, Screen Designer, Konstrukteure und Programmierer gehören zum Team. Vorteil: Der Kunde erhält Lösungen, von denen Technik, Marketing und Vertrieb profitieren.

Hartmann+Hartmann was established in the year 2000 as the result of a merger between hartmann's Werbung und Graphik and Hartmann & Selic Industriedesign. Hartmann+Hartmann offers full-service solutions from the original product idea through creative product development to market launch and online website. Product design and communication are provided from a single source so as to be consistent and distinctive. Hartmann+Hartmann values teamwork: communication and industrial designers, copywriters, journalists, photographers, production personnel, ergonomists, screen designers, engineering designers and programmers make up the team. The advantage: The client gets solutions that benefit his technical, marketing and distribution efforts.

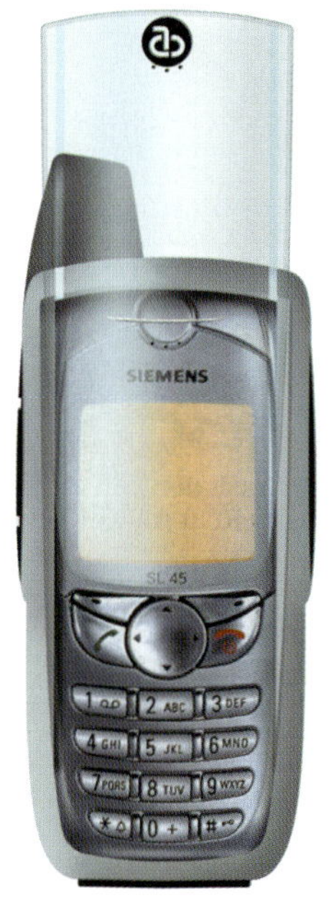

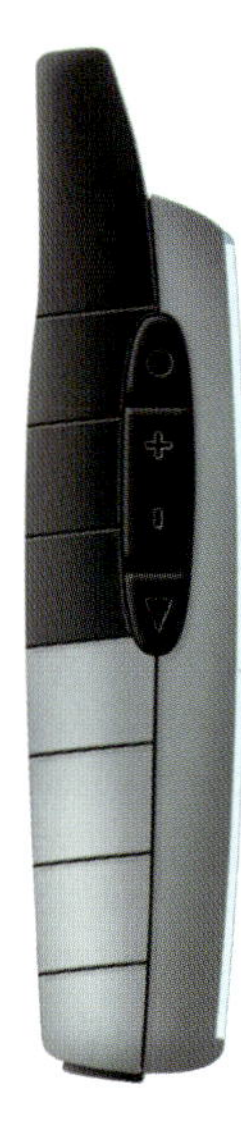
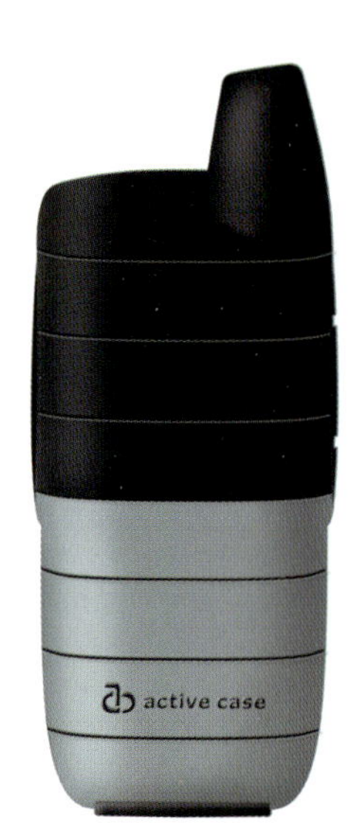

1

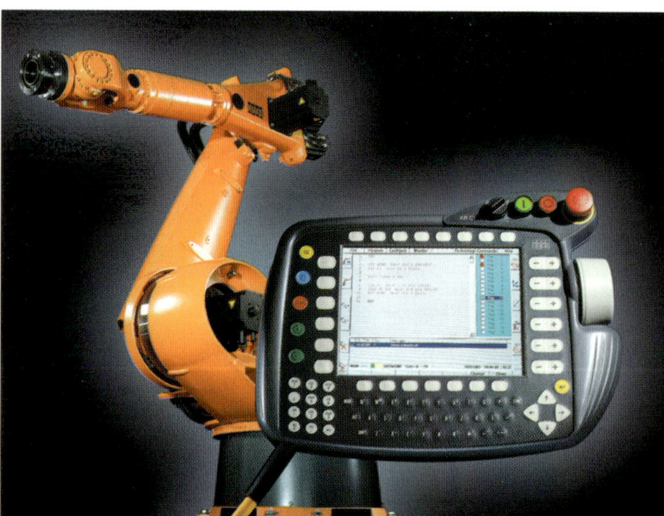

2

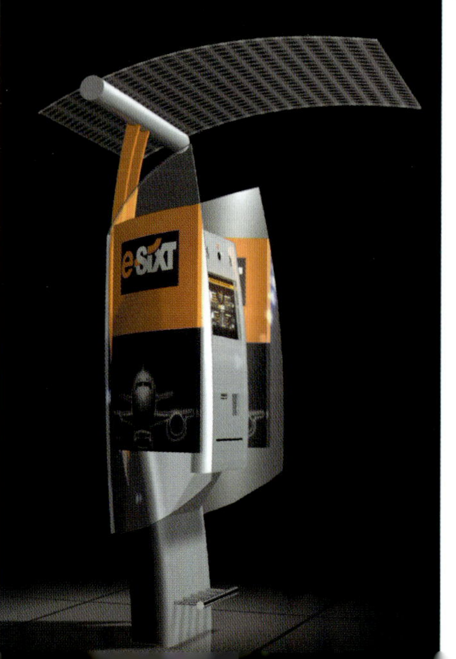

3

Referenzen/references: KUKA Roboter GmbH, friendlyway AG, Boehringer Werkzeugmaschinen GmbH, Ziegler Maschinenbau GmbH, Leiner GmbH, Scheppach Maschinenfabrik GmbH & Co. KG, HOCHTIEF Fertigteilbau GmbH, LP Elektronik GmbH, IPT GmbH & Co. KG, LEW Lech-Elektrizitätswerke AG, Deutsche PBS Großhandels GmbH, licca-Klinik, Generis Generative Systeme GmbH, Beiersdorf AG, Ex-cell-o GmbH, Relux GmbH, Havas Interactive Deutschland GmbH, InnoTech GmbH, F&W Mobile Phone Innovative Systems AG, VDI Verein Deutscher Ingenieure e.V., IWK Verpackungstechnik GmbH, Krones AG, Vatter GmbH, Organon GmbH.
Auszeichnungen/awards: Bundespreis Produktdesign, Rat für Formgebung 1998; Auszeichnung für Hohe Designqualität Design Innovationen, Design Zentrum Nordrhein Westfalen 1994, 1995, 1997; iF Product Design Award, Beste der Branche 1994, 1995; iF Product Design Award 1998; iF Ecology Design Award 1996, 2001 des Industrie Forums Design Hannover; Internationaler Designpreis des Landes Baden-Württemberg Design Center Stuttgart 1996/1997.

4

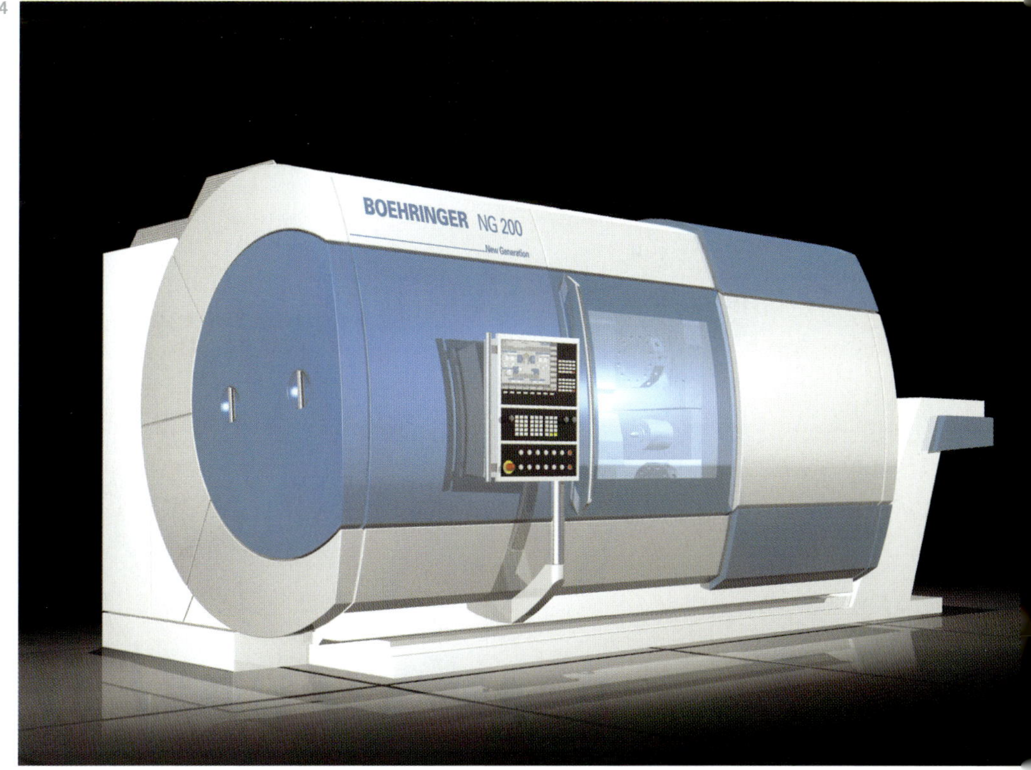

1 Active case für Siemens SL 45
Produktdesign, Branding, Grafikdesign
Product design, branding, graphic design
F&W AG 2001.

2 Industrieroboter mit Handbediengerät
Produktdesign, Grafikdesign und Messestandgestaltung
Industrial robot with remote control. Product design, graphic design and trade fair stand design
KUKA Roboter GmbH 1997.

3 Internet Outdoor Terminal product design
Friendlyway AG 2001.

4 CNC-Drehmaschine
Produktdesign, Branding
CNC lathe
Product design, branding
Boehringer Werkzeugmaschinen GmbH 2000.

Haverkamp Industrie-Design

Geschäftsführung
Dipl. Des. Helmut Haverkamp
(VDID)

Hohlbachweg 2
46569 Hünxe
Telefon +49 (0)2858/20 95
Telefax +49 (0)2858/78 70
e-mail haverkamp.design@t-online.de
internet www.haverkamp-design.de

Haverkamp Industrie-Design wurde 1980 als Büro für Industrie Design mit Modellbauwerkstatt gegründet. Seitdem werden hier Produkte aus den unterschiedlichsten Bereichen für bedeutende Firmen des In- und Auslandes entwickelt. Schwerpunkte der Arbeit bilden der Entwurf von Brillenfassungen und das Design von Kunststoffgehäusen für technische Geräte aus den Bereichen Haushalt sowie Kommunikations- und Gebäudetechnik. Konsequent fertigungsorientierte Gestaltung, Benutzerfreundlichkeit und das Sichtbarmachen innerer technischer Qualitäten sind unsere elementarsten Kriterien. Wichtig ist uns vor allem aber die emotionale Komponente hervorragender Designleistungen, die Produkte auf den ersten Blick ästhetisch ansprechend macht.

Haverkamp Industrie-Design was established in 1980 as an industrial design office with its own modelling workshop. Since then products in a wide range of branches of trade and industry have been developed for major companies in Germany and abroad. The main focus is on designing spectacle frames and plastic housings for technical devices in household, communications and building management technology. Consistently production oriented design, user-friendliness and clear exposure of technical characteristics are our basic criteria. We also set great store by the emotional component of outstanding design that endows products with aesthetic appeal at first glance.

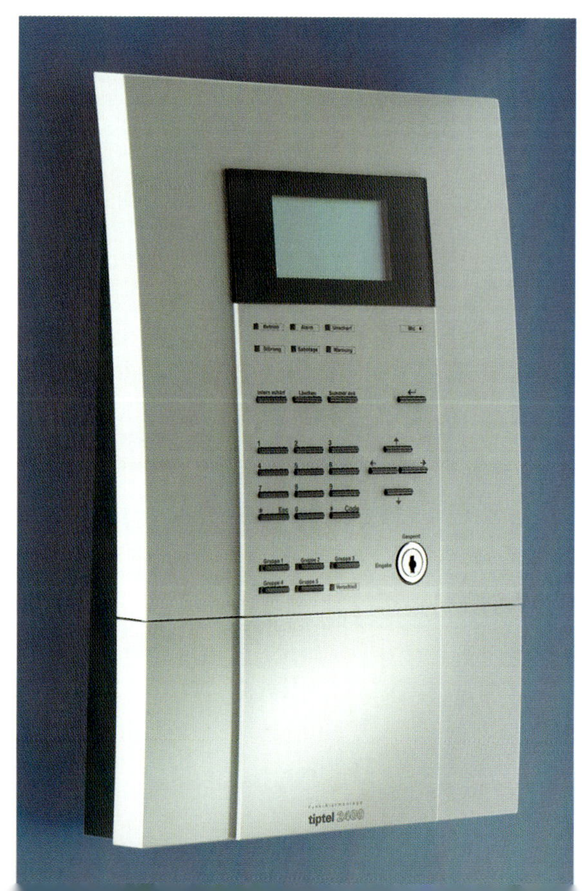

1

Referenzen/references: Flair Modellbrillen, Dr. Beck GmbH, Moulinex, Tiptel AG, Pelikan AG, Tiger Products, Kondor, Präzisa, REIN Elektronik, Borbet.
Veröffentlichungen/publications: Seoul International Industrial Design Exhibition 1994; German Design, made in NRW 1994; Handbuch für Design in NRW 1993/94 u.1996/97; Designer Profile 1998/99, Verlag form.
Auszeichnungen/awards: iF Die gute Industrieform, Industrie Forum Design Hannover 1982 (Radierstift, Pelikan AG); Roter Punkt für Hohe Designqualität, Design Zentrum Nordrhein Westfalen Essen 1994 (Staubsauger Moulinex Vectral, Jet Set Brillen, Dr. Beck GmbH - Flair Modellbrillen); iF Product Design Award, Industrie Forum Design Hannover 1997 (Alarmanlagenzentrale, Tiptel AG).

2

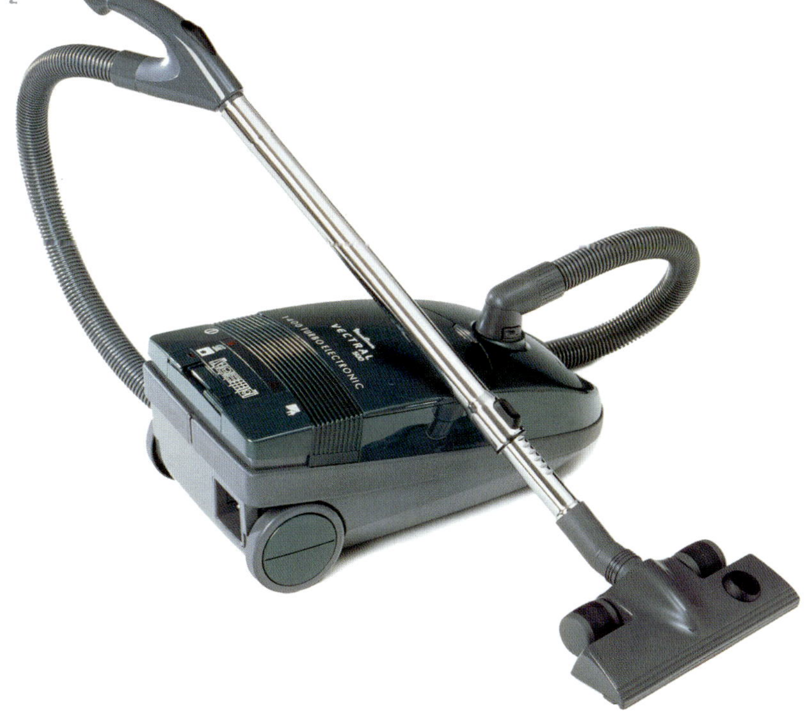

3

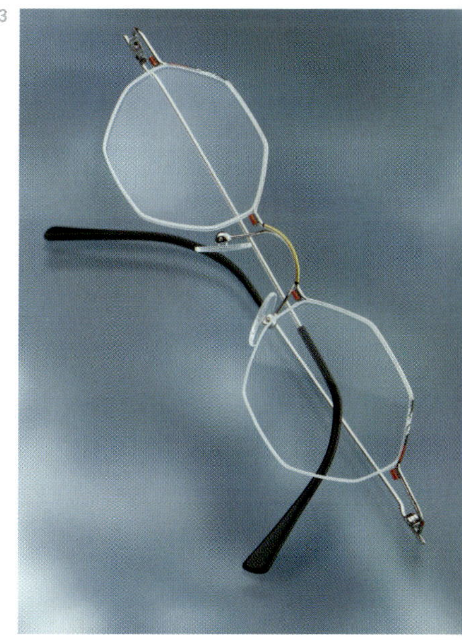

1 Alarmanlagenzentrale
Alarm system control panel
Tiptel AG 1997.

2 Bodenstaubsauger
Vacuum cleaner
Moulinex 1994.

3 Brillenfassung Modell 564
Model 564 spectacle frame
Dr. Beck GmbH –
Flair Modelbrillen 2001.

Stefan Heiliger Design

Geschäftsführung
Prof. Stefan Heiliger

Alt Fechenheim 111
60386 Frankfurt/Main
Telefon +49 (0)69/4 19 69 29
Telefax +49 (0)69/4 19 69 30
e-mail office@heiliger-design.de
internet www.heiliger-design.de

Prof. Stefan Heiliger, geboren 1941 in Berlin, studierte an der Hochschule für Gestaltung in Ulm und bei Prof. Wagenfeld in Stuttgart. Von 1964 bis 1977 war er Designer bei Mercedes-Benz. Seit 1977 ist er Professor an der Hochschule für Gestaltung in Offenbach. Seit 1978 hat er ein eigenes Designbüro. Prof. Stefan Heiliger arbeitet freiberuflich mit namhaften Möbelfirmen im In- und Ausland zusammen: Themen sind vorwiegend innovative Funktionsmöbel wie Schlafsofas, Relaxsessel und Liegen. Seit 2000 Entstehung einer eigenen Möbelkollektion, die aktuelle Themen wie Einfachheit, Reduktion und Leichtigkeit umsetzt.

Born in Berlin in 1941, Prof. Stefan Heiliger studied at the Hochschule für Gestaltung in Ulm and under Prof. Wagenfeld in Stuttgart. From 1964 to 1977 he was a designer at Mercedes-Benz. Since 1977 he has held a post as professor at the Hochschule für Gestaltung in Offenbach. He has run his own design office since 1978. Prof. Stefan Heiliger works on a freelance basis with well known furniture companies both in Germany and abroad. His themes are predominantly innovative functional furniture like convertible sofas, recliners and couches. Since the year 2000 ongoing development of our own furniture collection reflecting the current preference for simplicity, reduction and lightness.

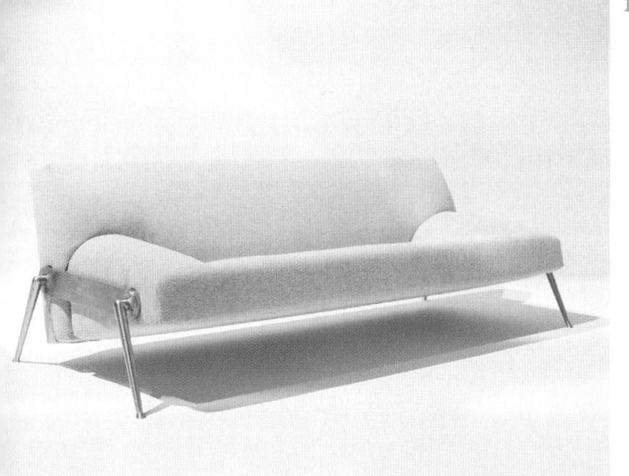

1

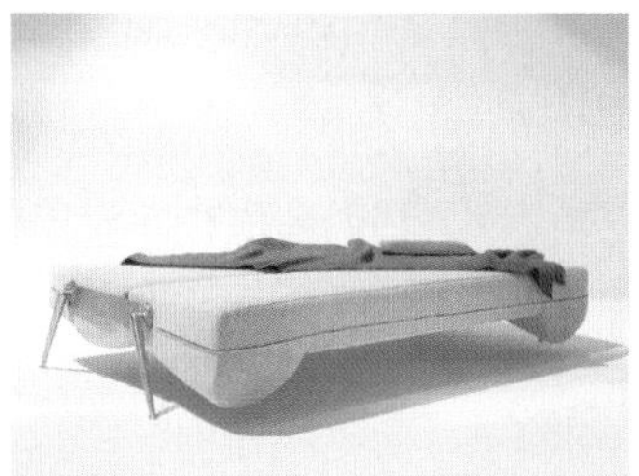

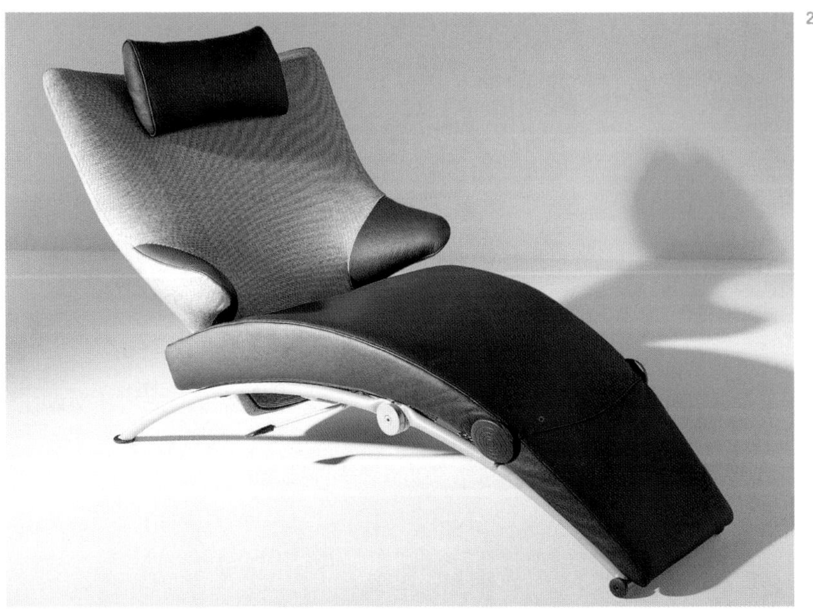

2

Referenzen/references: WK-Wohnen, Rolf Benz, Interprofil, de Sede, Leolux, Strässle, Tonon, Bonaldo u.a.
Aktuelle Veröffentlichungen/New publications: Interview in »ddn«, Italien Jan./Febr./2001; Messebericht in »arcade«, März 2001; Messebericht in Möbelmarkt 3/2001; Schlafsofa Sydney Fa. Interprofil, md 3/2001; Messebericht, ddn, Italien April 2001; Abbildungen in ddn-italien design selection, Milano 2001; Vorstellung der HEILIGer COLLECTION in 4rooms, Rußland 4/2001. Interview und Portrait, Raum und Wohnen, Schweiz 5/2001; Interview und Portrait, Wohnen, Österreich 6/2001.
Ausstellungen/exhibitions: »Komfort und Kalkül«, Institut für Neue Technische Form – mit Katalog, Darmstadt 1996; »Komfort und Kalkül«, Securitas Galerie, Bremen 1997; Erstpräsentation der HEILIGer COLLECTION, Handwerkskammer zu Köln, Möbelmesse Köln, 2001; »HEILIGer COLLECTION«, Romanfabrik, Frankfurt 2001 und Institut für Neue Technische Form, Darmstadt 2001.

3

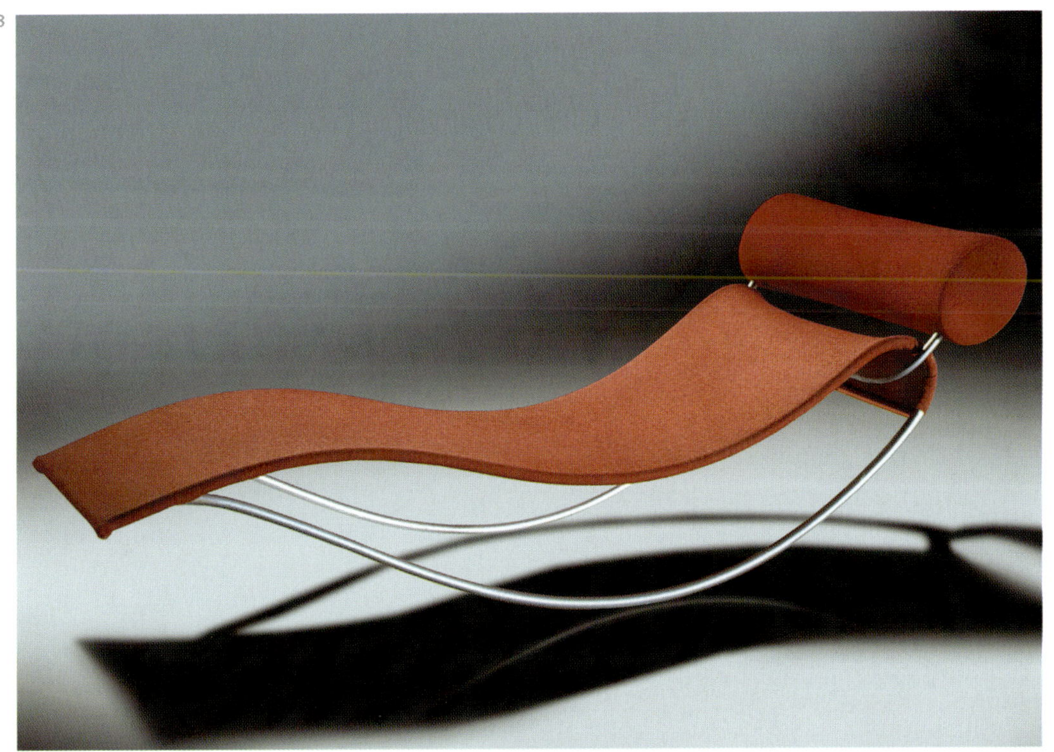

4

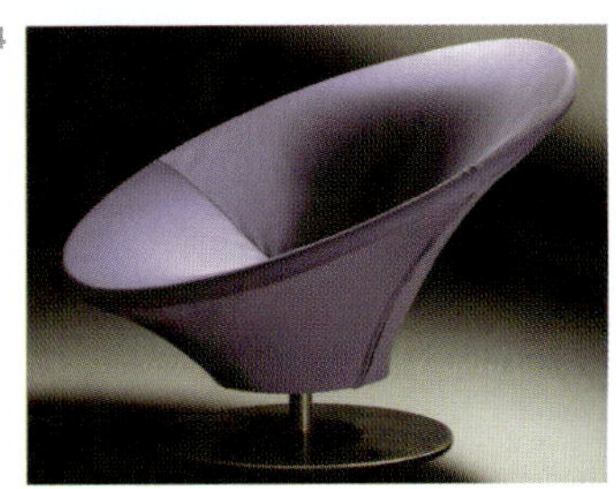

5

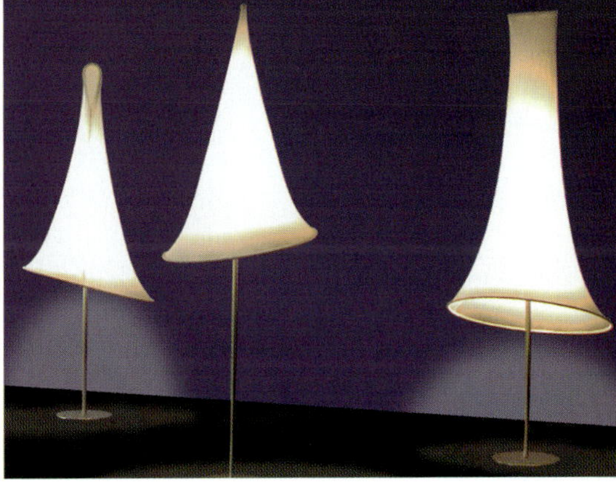

1 Schlafsofa Sydney
Sofa-bed Sydney
Interprofil 1999.

2 Funktionssessel Solo
Solo functional chair
WK-Designo 1997.

3 Schaukelliege Fun dream
Fun dream recliner rocker
HEILIGer COLLECTION 2001.

4 Drehsessel Fun basic
Fun basic swivel armchair
HEILIGer COLLECTION 2001.

5 Stofflampen Fun light
Fun light fabric lamps
HEILIGer COLLECTION 2001.

Studio Andreas Heller GmbH

Geschäftsführung
Andreas Heller
Bernhard Jacobsohn

Theresienstieg 11
22085 Hamburg
Telefon +49 (0)40/47 10 38-0
Telefax +49 (0)40/47 10 38-38
e-mail design@studio-andreas-heller.de
internet www.studio-andreas-heller.de

> Communication Design S. 304

Studio Andreas Heller ist ein Design- und Architekturbüro mit Sitz in Hamburg. Das Büro wurde 1987 von Andreas Heller gegründet und ist seither für zahlreiche nationale und internationale Unternehmen und Institutionen tätig. Schwerpunkte sind Planungen für Museen, Freizeiteinrichtungen und Firmendarstellungen. Mit zwanzig Mitarbeitern entwickelt und entwirft Studio Andreas Heller interdisziplinär und umfassend vor allem inhaltlich ausgerichtete Projekte.

Studio Andreas Heller GmbH is a firm of designers and architects located in Hamburg. Established by Andreas Heller in 1987, it has since executed commissions for numerous national and international companies and institutions. The main focus is on planning for museums, leisure facilities and corporate image work. With a staff of 20 people, Studio Andreas Heller GmbH adopts an interdisciplinary and holistic approach with an especial eye to content.

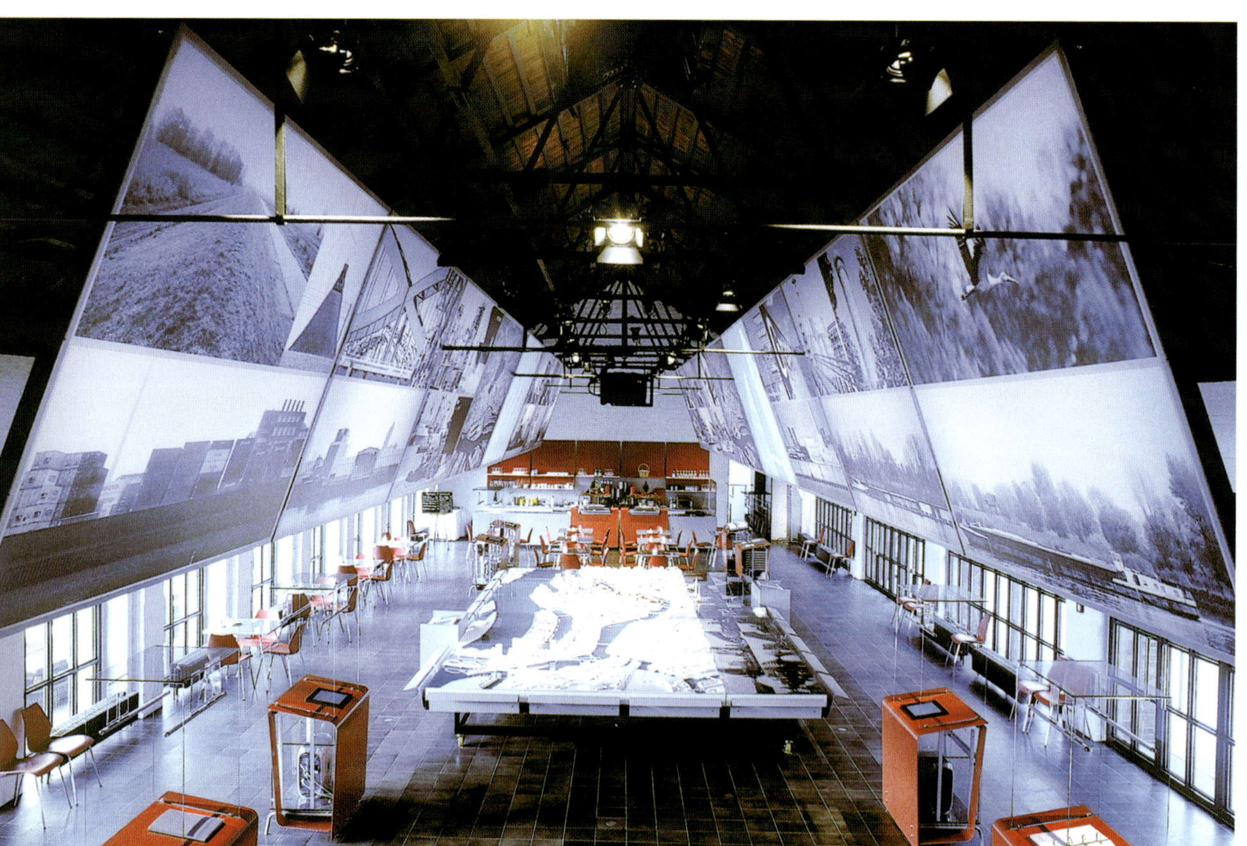

1

Referenzen/references: Altonaer Museum, Hamburg; Autostadt GmbH, Wolfsburg; Buddenbrookhaus, Lübeck; Deutscher Kunst Verlag, München; Deutscher Museumsbund, Berlin/Dresden; GEO, Hamburg; hamburgunddesign, Designinitiative der Wirtschaftsbehörde, Hamburg; Kulturbehörde, Hamburg; Museum der Arbeit, Hamburg; Museum für Kommunikation, Frankfurt/Main; NDR, Hamburg; Nordelbische Kirche, Kiel; Stadt Bremerhaven.
Veröffentlichungen/publications: »Inszenierte Authentizität? Die Grenzen von Design und Szenographie«, Museumskunde, Band 66, 1/01; »Mobile Bühnen, Mobile Stages«, Dirk Meyhöfer, av edition.
Auszeichnungen/awards: Goldmedaille der Weltausstellung EXPO 2000, Hannover, »Abenteuer Spurensuche – Auswanderung nach Amerika«; BDA, Gold Award, Studio Design »ran«, San Francisco 1999.

2

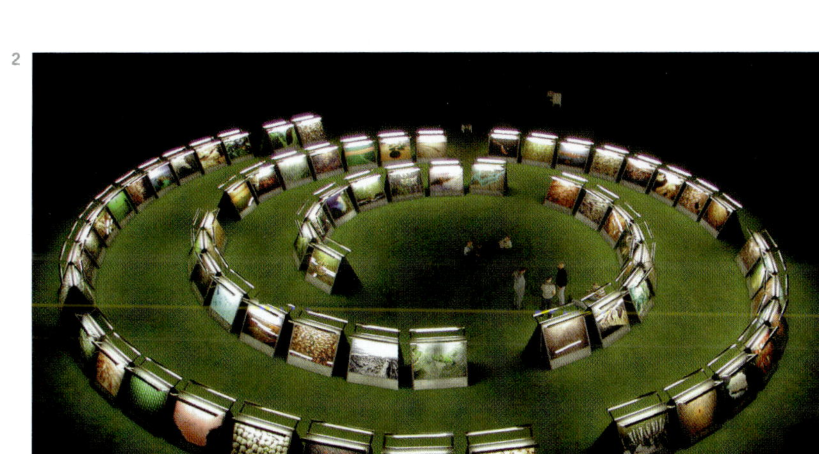

3

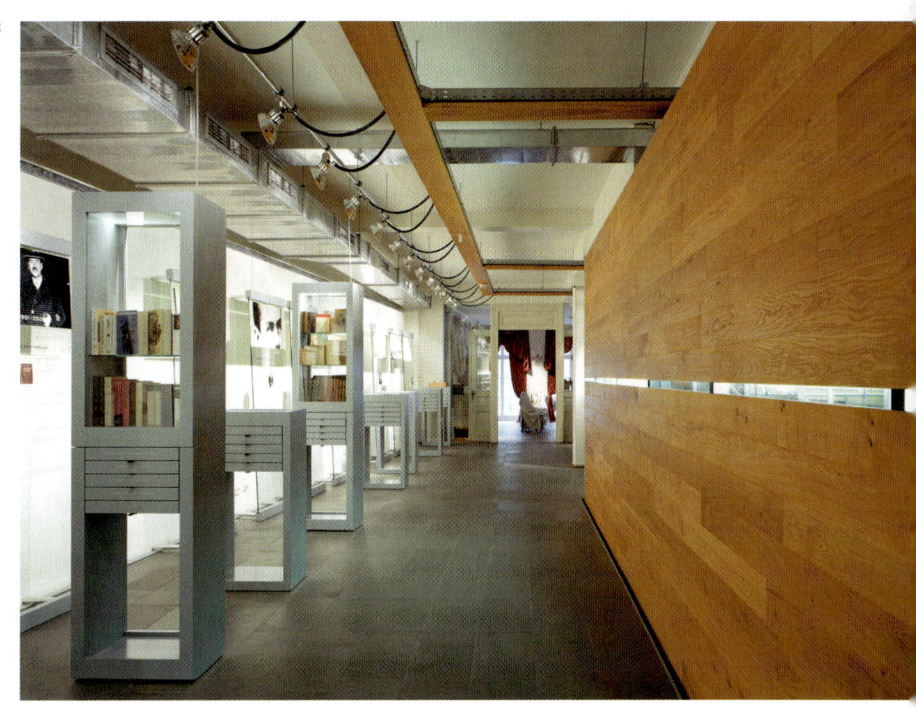

1 »HafenCity Infocenter im Kesselhaus«
Ausstellung und Kaffeehaus
Exhibition and coffee house
GHS Gesellschaft für Hafen- und Standortentwicklung, Hamburg, 2000.

2 »Die Erde von oben«
Wanderausstellung unter freiem Himmel mit Großfotos von Yann Arthus-Bertrand
Open air travelling exhibition with large-format photos by Yann Arthus-Bertrand
Autostadt GmbH/GEO, 2001.

3 Buddenbrookhaus
Heinrich-und-Thomas-Mann-Zentrum
»Die Manns – Eine Schriftstellerfamilie«
Hansestadt Lübeck, 2000.

Henssler und Schultheiss

Fullservice Productdesign GmbH

Geschäftsführung
Heinrich Henssler (VDID)
Martin Schultheiss (VDID)

Weissensteiner Straße 28
73525 Schwäbisch Gmünd
Telefon +49 (0)7171/92 74 20
Telefax +49 (0)7171/92 74 242
e-mail henssler-schultheiss@t-online.de
internet www.henssler-schultheiss.de

Seit 1986 betreuen die Designer Heinrich Henssler und Martin Schultheiss mit einem Team von 10 Mitarbeitern namhafte Unternehmen aus unterschiedlichen Branchen der Konsum- und Investitionsgüterindustrie. Ihr Erfolgsrezept: – Kundenspezifische Gestaltungsstrategien – nnovative Design lösungen mit hohem Gebrauchswert – Gestalterische und fertigungstechnische Optimierung durch konsequente Engineeringlösungen – CAD-gestützter Entwurfsprozess auf konstruktions- und fertigungsstauglicher Datenbasis – effektive und zeitoptimierte Projektdurchführung durch kompetentes Fullservice Dienstleistungsangebot – Nachhaltige, etablierte Kundenbeziehungen. Tätigkeitsfelder sind Produkt Design, Engineering, Prototyping, Research, Consulting, Corporate Design.

Since 1986 designers Heinrich Henssler and Martin Schultheiss and their ten-man team haveserved well known companies in various branches of the capital and consumer goods industry. Their formula for success: design strategies tailored to clients' specific needs – innovative design solutions with high utility value – optimising design and production with well thought out engineering solutions – CAD based on appropriate and compatible data – professional full-service for effective and efficiently scheduled project execution – firmly established, long-term customer relations. Work is focused on product design, engineering, prototyping, research, consulting and corporate design.

3

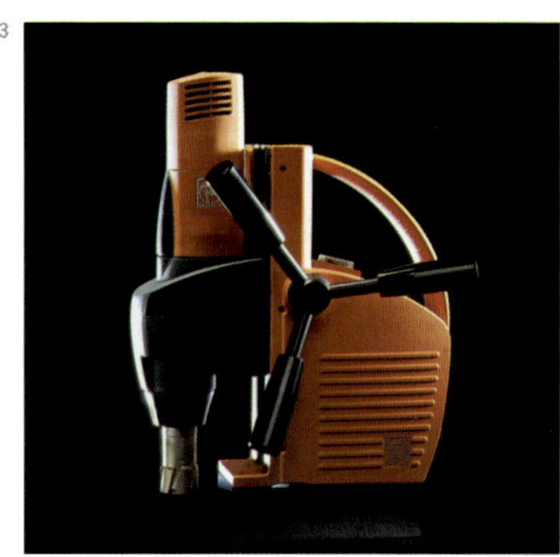

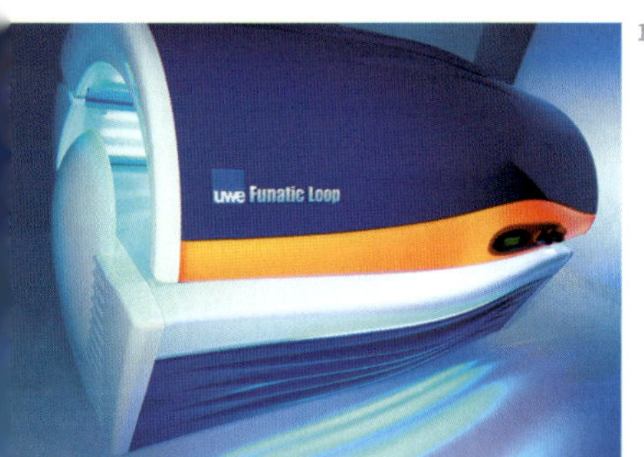

1

2

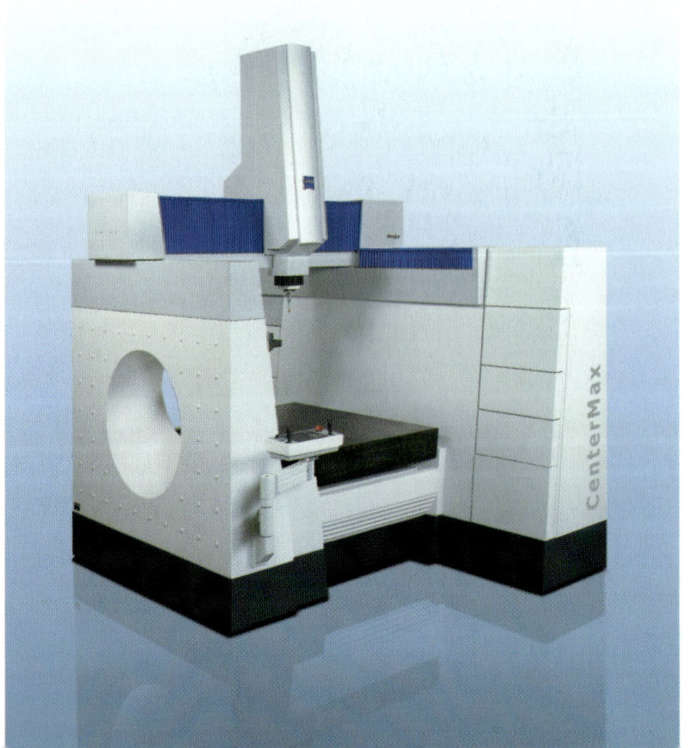

Referenzen/references: A&G (Lichtsysteme), ASTA Medica AG (Medizintechnik), Audi AG (Kfz Interieur), Braas (Dachsysteme), BYK Gardner (Messgeräte), C.&E. Fein (Elektrowerkzeuge), Grässlin (Automationstechnik), Grau Data Storage AG (Datenspeicher), Hettich International (Möbeltechnik), Klafs (Sauna und Wellness), Marker (Skibindungen), DaimlerChrysler (CI), EADS (CI Objekte, UWE Solarien, Industriezubehör, CD, Carl Zeiss IMT (Messmaschinen), Carl Zeiss Mikroskope.
Veröffentlichungen/publications: »Design und CAD Hand in Hand«, ke, konstruktion+engineering 5/2001; »Die Küche des Jahres 2010«, Wohnen 5/1999; »Für die Augen, für die Sinne«, Das Bad 5/1998; »Produktdesign und 3D-Modelling«, Konstruktionspraxis 10/1997; »Funkelnder Stern«, Page 5/1997.
Auszeichnungen/awards: Roter Punkt für Hohe Designqualität Design Zentrum Nordrhein Westfalen Essen 2000 (3x); red dot award product design, Design Zentrum Nordrhein Westfalen Essen 2001 (2x); iF Product Design Award Industrie Forum Design, Hannover 2000 (2x); Internationaler Designpreis Baden-Württemberg 1999, 2000; Taiwan's Best 1999 (2x).

4
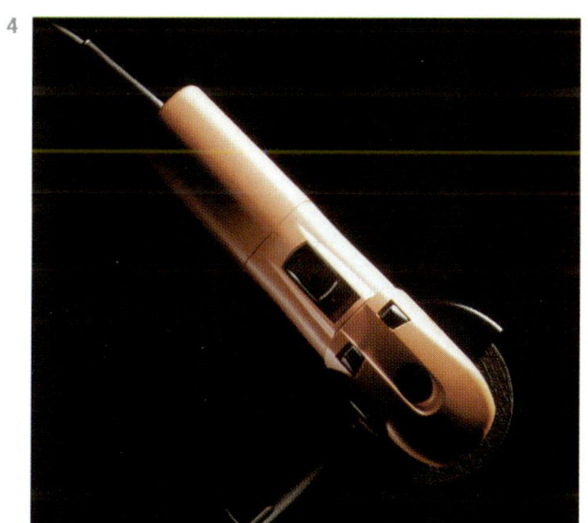

5
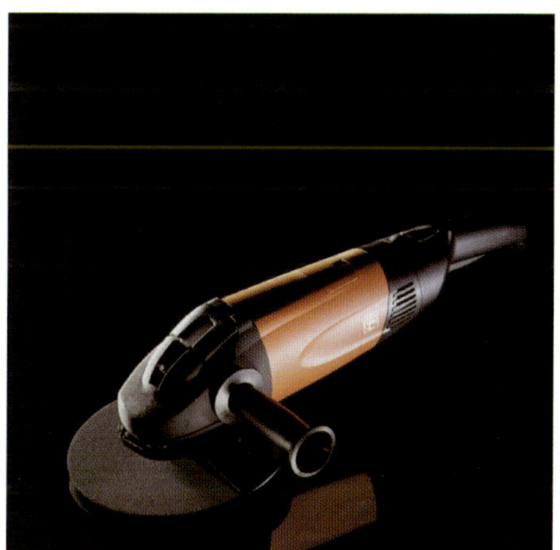

6
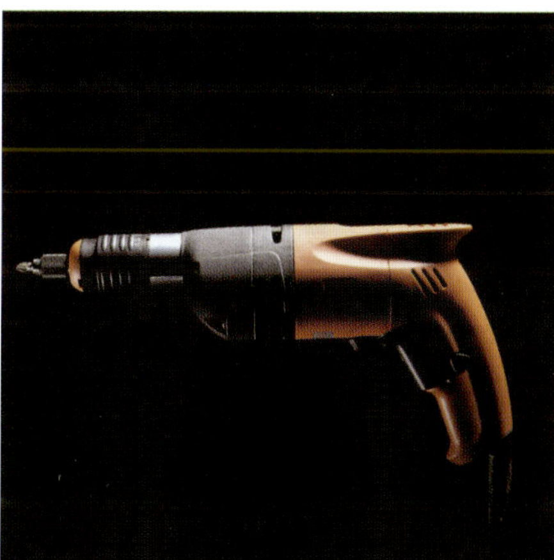

1 Studio-Solarium

2 Industrielle Messmaschine
Industrial measuring machine

3 Kernbohrmaschine mit Magnetfuß
Core drilling machine with magnetic base

4 Universalwinkelschleifer
Universal angle grinder

5 Winkelschleifer/*Angle grinder*

6 Bohrschrauber/*Power drill and screwdriver*

frank huster

Geschäftsführung
Prof. Frank Huster (DWB)
freier Architekt

Eltviller Straße 18
65197 Wiesbaden
Telefon +49 (0)611/4 73 77
Telefax +49 (0)611/4 77 47
e-mail fhuster1@aol.com
internet www.frankhuster.de

Prof. Frank Huster, geboren 1939 in Leipzig, studierte in Hannover und Stuttgart. 1986 wurde er als Professor für die Bereiche Baubezogenes Design und Entwerfen an die FH Wiesbaden berufen. Seit 1970 ist er selbständig und hat seit 1980 ein eigenes Architektur- und Entwicklungsbüro. Die Schwerpunkte des Büros sind Architektur, Design, ökologische Konzeptionen für Sanitärprodukte, Keramik, Möbel und Transgenerational Design.

Born in Leipzig in 1939, Prof. Frank Huster studied in Hanover and Stuttgart. In 1986 he was elected to the chair of construction related design at the Fachhochschule in Wiesbaden. Having freelanced since 1970, he established his own architecture and design office in 1980 focusing mainly on architecture, design, ecological concepts for sanitary products, ceramics, furniture and transgenerational design.

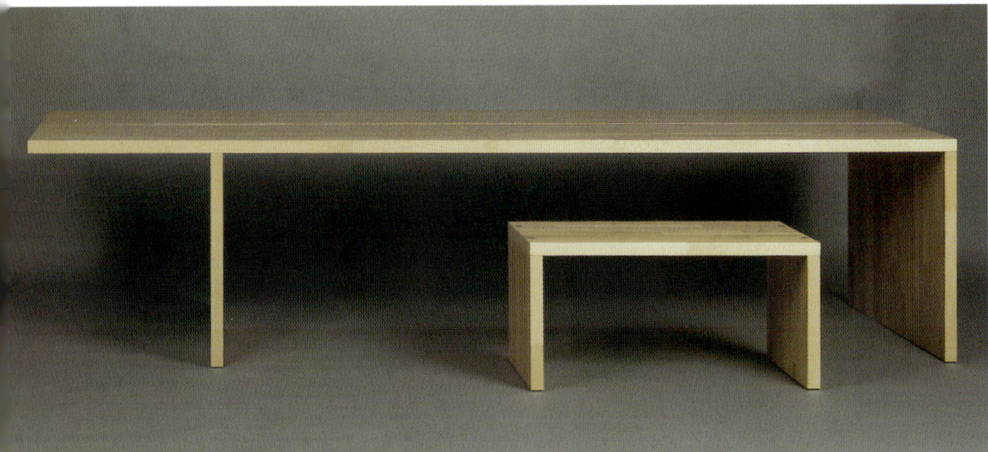

1

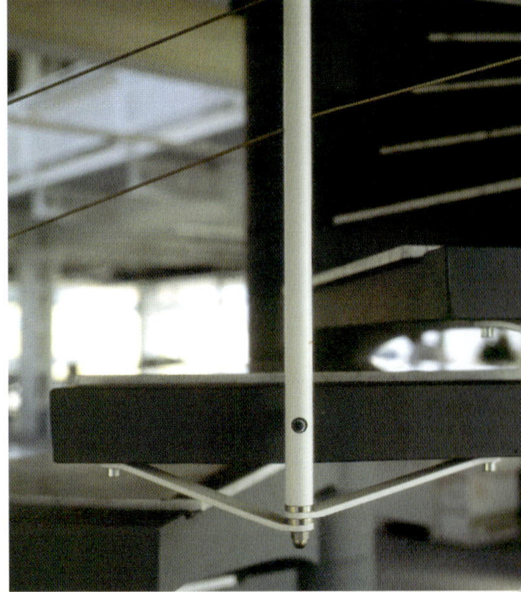

2

Referenzen/references: DSM, Domo, Duravit, Fröhlich, Geberit, High Tech, Kemmlit, Korzilius, Meta, Rothkegel.
Auszeichnungen/awards: Design Innovationen Design Zentrum Nordrhein Westfalen, Essen 1997; Auszeichnung für Langlebigkeit des DC Stuttgart 1997; Deutsche Auswahl 1994, 1989, 1988, 1984; Deubau-Produktpreis 1989; Villa Massimo, Rom 1980.

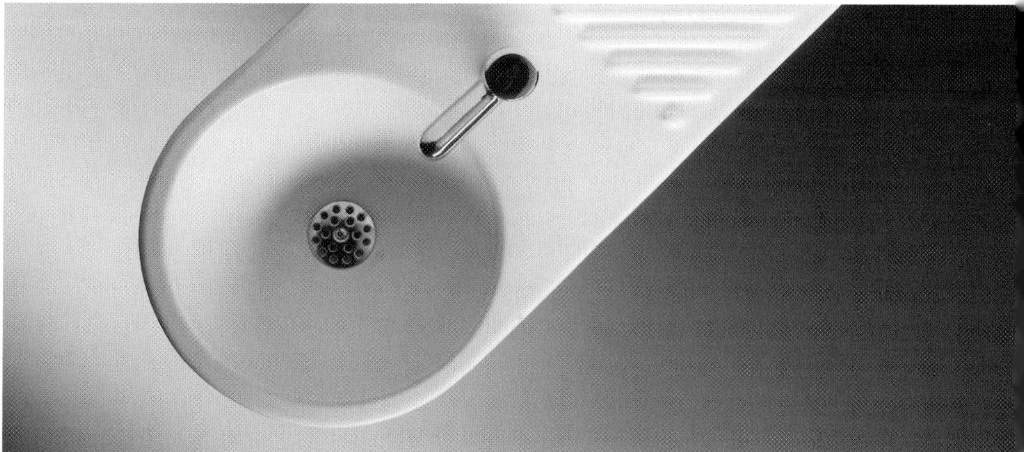

4

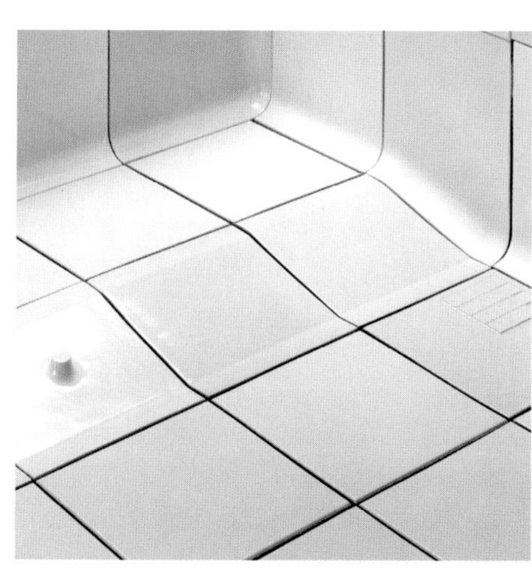

3

1 Tisch für einen Vorsitzenden
Massivholzprogramm
Table for a chairman
Solid wood range
Fröhlich GmbH Neuhausen 2001.

2 Geländerdetail für vorgefertigte Treppen
Detail of banister for prefabricated staircases
Kübler Systeme Stuttgart 1990.

3 Formfliesensystem/*Shaped tiling system*
Korzilius GmbH Mogendorf 1986.

4 Objektkeramik/*Ceramic object*
Duravit AG Hornberg 1994.

Indigo Design Group

Geschäftsführung
Georg Berg
Manfred Dunst (VDID)
Franz G. Hohenthaner

Dorfstraße 40a
85375 Neufahrn
Telefon +49 (0)8165/6 72 84
Telefax +49 (0)8165/6 72 86
e-mail indigodesign@t-online.de
internet www.indigodesign.de

Die Indigo Design Group wurde 1994 gegründet und hat ihren Sitz in Neufahrn, in unmittelbarer Nähe des Münchner Flughafens. Ein Team aus Designern und Grafikern bietet hier seinen Kunden als kompetenter Partner ein umfassendes Leistungsspektrum – vom Entwurf bis zur Realisation, von Kommunikations-, Web- und Industrie Design bis hin zum kompletten Erscheinungsbild.

Located in Neufahrn, in the immediate vicinity of Munich Airport, the Indigo Design Group was established in 1994. A team of designers and graphic designers offers its clients a comprehensive professional service extending from the initial concept to the implementation of communication, web and industrial design up to and including the full overall image.

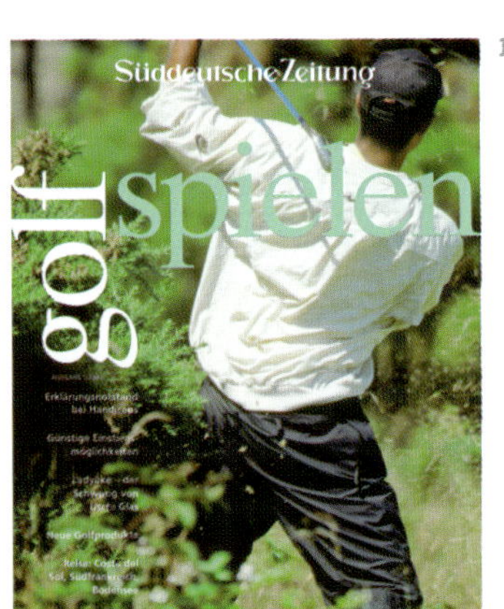

1

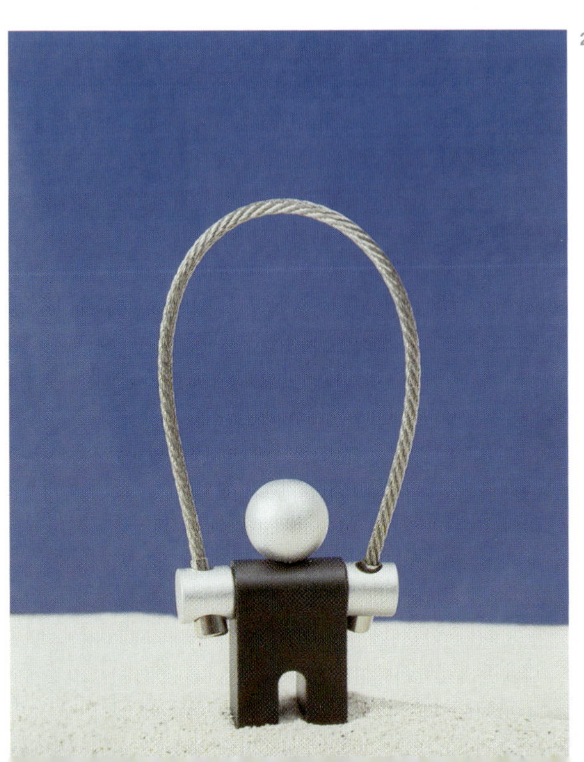
2

Referenzen/references: Bayerischer Tennis-Verband, BMW, Compaq, Emform, HVB Projekt, Ideal Standard, Investa, Knürr, Marsh, Süddeutsche Zeitung, Troika, Wiendl Expo u.a.

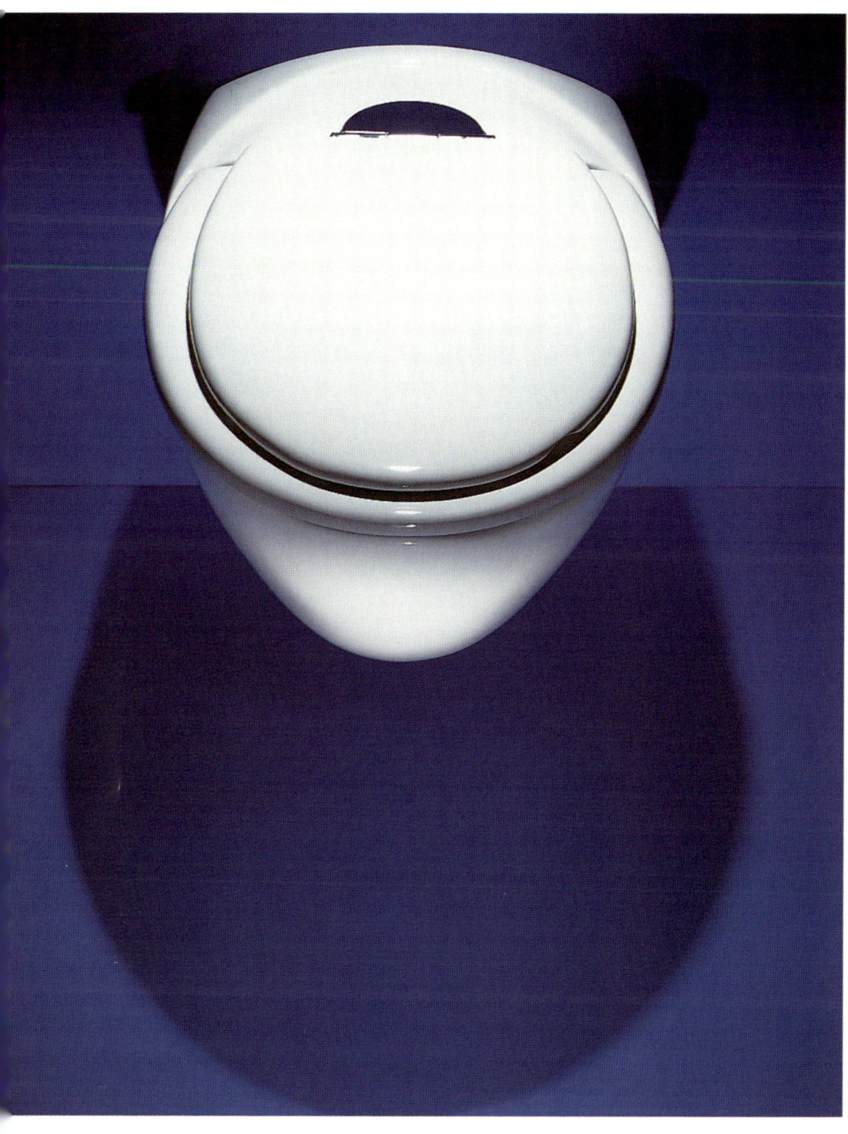

1 Magazin/*Magazine*
»golf spielen«
Communication Design
Süddeutsche Zeitung 2001.

2 Schlüsselanhänger Jumper
Jumper keyring
Troika 1999.

3 WC aus der Sanitärkeramiklinie Cresta
WC from the Cresta sanitary ceramic line
Ideal Standard 1999.

iDS Industrial Design Studio

Geschäftsführung
Prof. Werner Granzeier (VDID)
Dipl. Des. Andreas Wietzke

Peutestraße 53a
20539 Hamburg
Telefon +49 (0)40/78 07 07 66
Telefax +49 (0)40/78 07 07 67
e-mail iDS-Hamburg@t-online.de
internet www.iDS-Hamburg.de

Seit 1984 arbeitet das Industrial Design Studio Jork in den Bereichen Verkehrssysteme, Investitionsgüter, Kommunikationssysteme und Corporate Identity. Ab 1998 wird das Angebot und die Kompetenz durch die Gründung von iDS Hamburg zusammen mit Andreas Wietzke erweitert. Dem weltweiten Kundenkreis werden aktuelles Equipment und effizienteste Arbeitsmethoden der Produktgestaltung angeboten. In Kooperation mit unterschiedlichen Spezialisten werden Marketing, Webdesign, Produktentwicklung, Engineering und Branding in Transportation, Capital Goods und Kommunikationssysteme unterstützt.

Since 1984 Industrial Design Studio Jork has operated in the field of transport systems, capital goods, communications systems and corporate identity. In 1998 the range of services and expertise was extended with the establishment of iDS in Hamburg in partnership with Andreas Wietzke. Clients throughout the world are now in a position to benefit from product design with state-of-the-art equipment and maximally efficient working procedures. In collaboration with a variety of specialists services including marketing, web design, product development, engineering and branding in the transport, capital goods and communications sectors are provided.

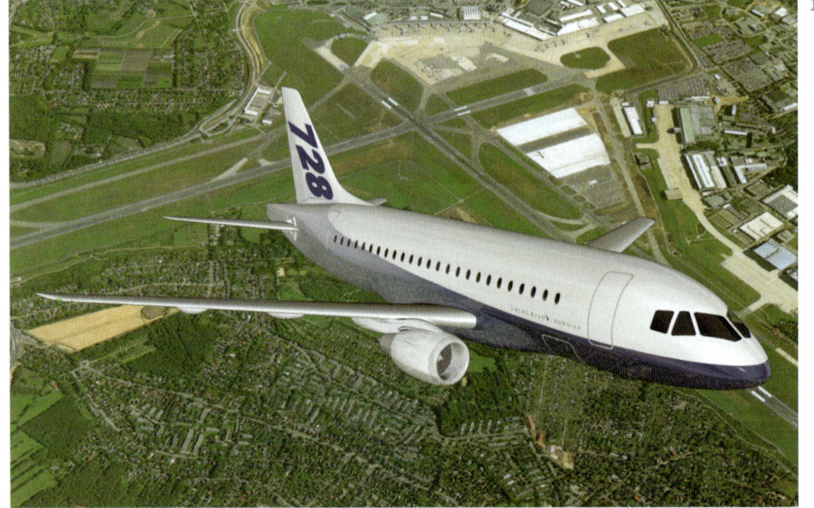

1

1 Customer Exterior Design
Passagierflugzeug/*Passenger aircraft*
Fairchild Dornier 728 JET Family.

2 Flugzeugkabine/*Aircraft cabin*
Boeing B 717-200.

3 Flugzeugcockpit/*Aircraft cockpit*
Fairchild Dornier 728/928 JET.

4 Fluggastsitz/*Passenger seat.*

Referenzen/references: Boeing, Long Beach; Fischer FACC, Österreich; Fairchild Dornier, USA/Deutschland; Grob Aerospace; Hamburger Hochbahn; Toyota; Pollmann; Dasell Cabin Interior; EADS; Jasper; Car Trim; Dräger Aerospace; MAN Heiztechnik.
Veröffentlichungen/publications: DGLR Jahreskongress 1998/1999; Fachgruppenveröffentlichungen 2001; Hamburg international 2000, AIAA Workshop 2001; IDZ Berlin 6/2000.
Auszeichnungen/awards: Roter Punkt Design Zentrum Nordrhein Westfalen 1995, Top Ten 1996 (Passagier Info System Stuttgart); Innovationspreis Hamburg 1998 (Aircraft Handicapped Lavatory); iF Industrie Forum Design 1999 (Heizkesselbrenner) und iF 2000 (Flugzeugcockpit 728 JET).

3

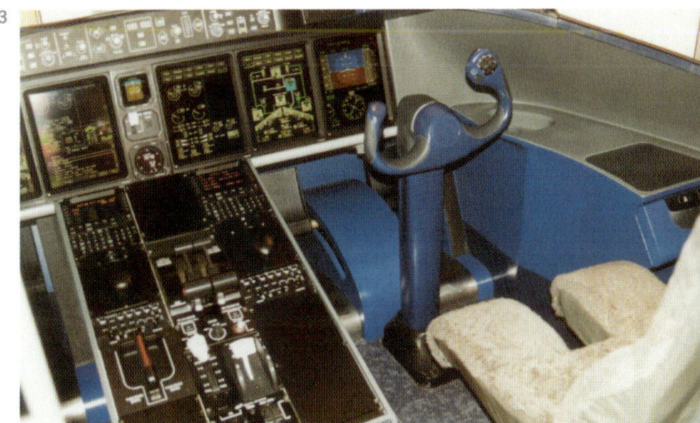

2

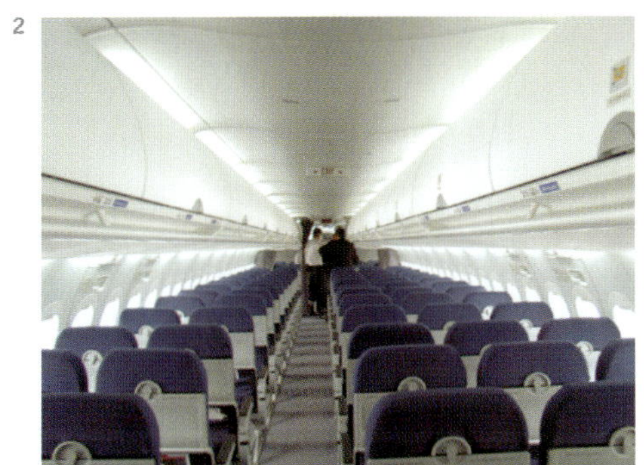

4

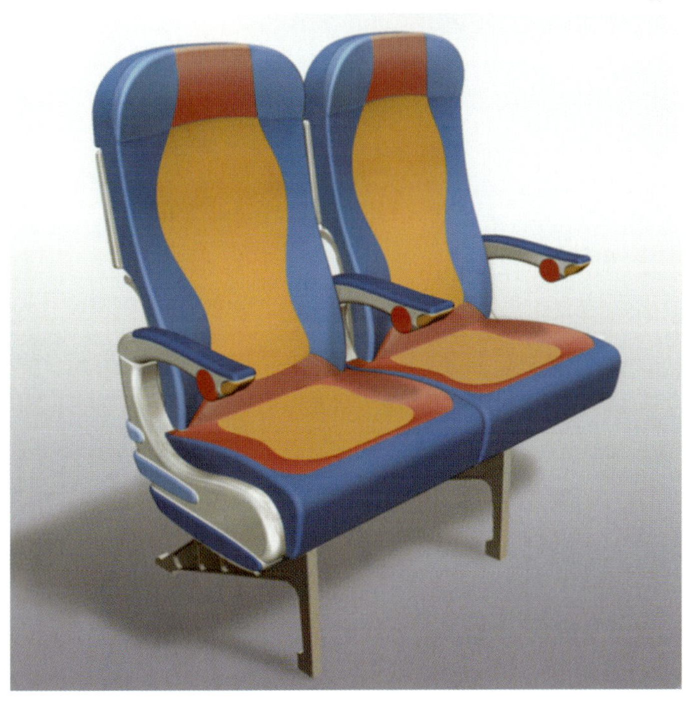

IP industrielle produkte

Hans Joachim Krietsch gmbH
Geschäftsführung
Hans Joachim Krietsch

Schwarzhaupt Straße 10
80939 München
Telefon +49 (0)89/3 11 99 41-43
Telefax +49 (0)89/3 11 60 61
e-mail sekretariat@ipgmbh.com

IP wurde 1973 von Absolventen der Hochschule für Gestaltung in Ulm gegründet, die in verschiedenen Arbeitsgruppen an den Vorbereitungen zu den Olympischen Spielen von 1972 beteiligt waren. Heute beschäftigt IP 25 Mitarbeiter: Produktdesigner, Innenarchitekten, Grafikdesigner, Architekten, Marktforscher, Soziologen, Maschinenbauingenieure und Modellbauer: 70 Prozent aller Mitarbeiter arbeiten seit über 12 Jahren zusammen – ein erfahrenes und eingespieltes Team: Systematik und Kreativität im Entwicklungsbereich werden ergänzt durch eine leistungsfähige Modellbauwerkstatt. Flexible Zulieferer gestatten es, auch komplizierteste Prototypen und Nullserien in allen Materialien auszuführen.

IP was founded in 1973 by graduates of the Hochschule für Gestaltung in Ulm who were involved in various workgroups in the preparations for the Olympic Games of 1972. Today, IP employs a staff of 25: product designers, interior designers, graphic designers, architects, market researchers, sociologists, mechanical engineers and modellers. 70 percent of all the staff have been working together for over 12 years – an experienced and coordinated team. Systematic approaches and creativity in the field of development are supplemented by an efficient modelling workshop. Flexible suppliers ensure that even the most complex prototypes and pilot series can be produced in all materials.

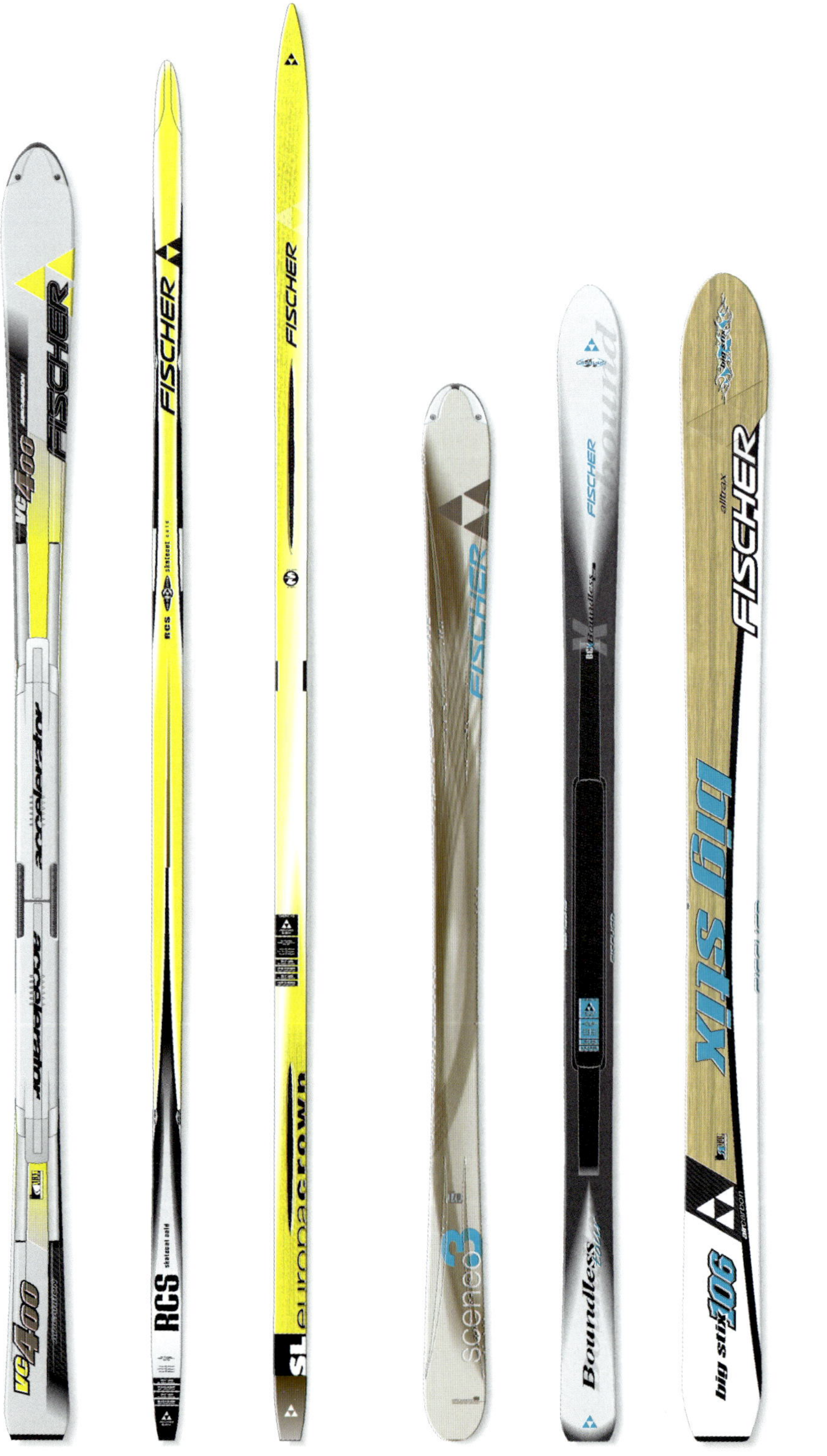

1

Bis heute wurden über 900 Projekte bearbeitet – von Einzelstudien über Redesigns bis hin zu kompletten Produktentwicklungen. Seit 1986 sind alle zur Entscheidungsreife gelangten Enwicklungen und Designleistungen realisiert worden. Die Einheit aus Gestaltungsqualität, Technologie und Ökonomie bietet ein komplettes Dienstleistungsspektrum: Von der Marktanalyse über die Produkt- und Programmplanung bis zur Produktentwicklung mit allen Einzelaspekten.

Over 900 projects have been completed to date – from individual studies through redesigns to complete product developments. Since 1986, all the developments and design projects which have reached the decision-making stage have been implemented. The unity of design quality, technology and economy provides a complete portfolio of services: from market analysis through product and programme planning to product development in all individual aspects.

2

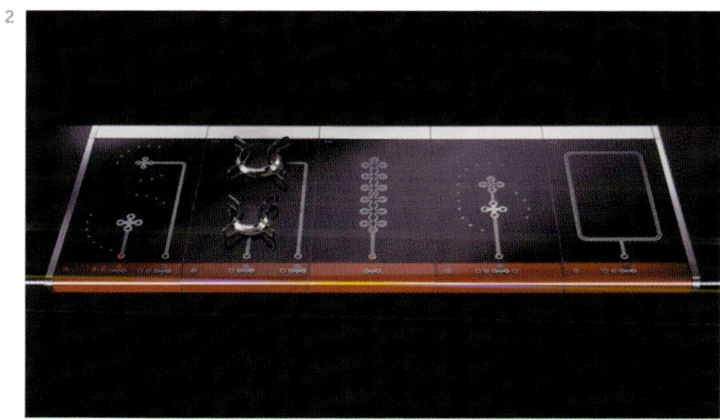

3

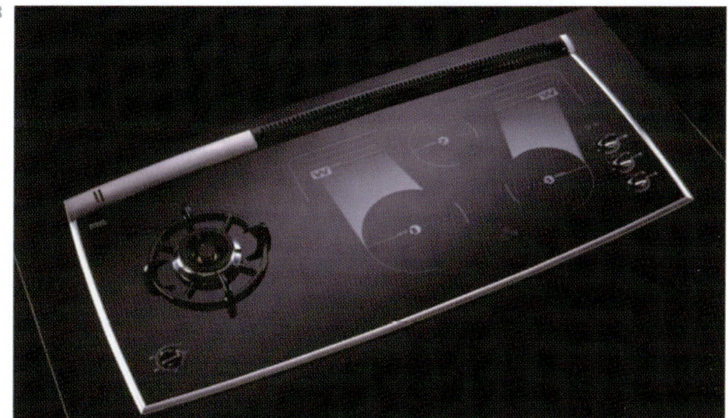

4

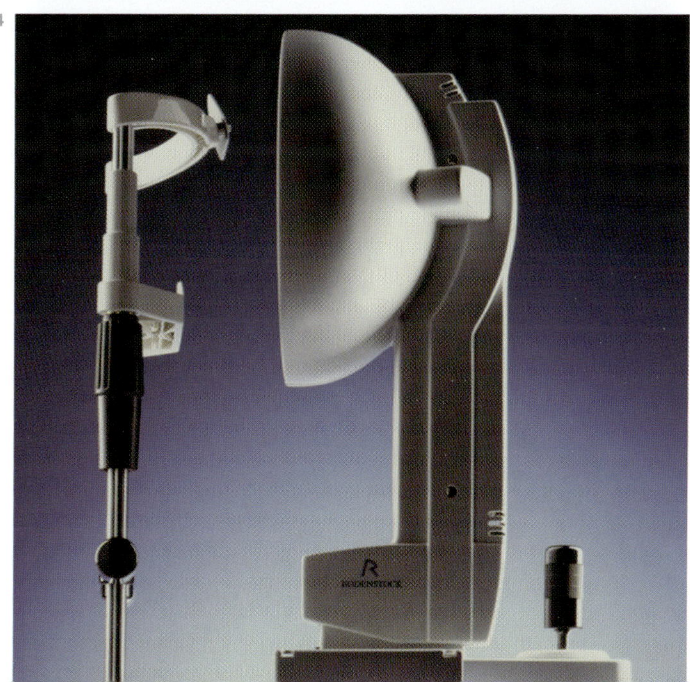

1 Langlauf und Alpin Ski
Cross-country and nordic skis

2 Küchen Werkbank
Kitchen workbench

3 Gas-Elektro Ceran-Feld
Gas/electric ceramic hob

4 CMS-1000 Topometer

justblue.design

Königstraße 16a
22767 Hamburg
Telefon +49 (0)40/38 60 33-0
Telefax +49 (0)40/38 60 33-11
e-mail info@justblue.de
internet www.justblue.de

Gegründet 1986 in Hamburg, setzt sich justblue.design mit den Themen Kosmetik-, Produkt- und Grafikdesign sowie Packaging und Innenarchitektur auseinander. Zwanzig Mitarbeiter arbeiten unter einem Dach an der Gestaltung aller visuellen Komponenten des Produkt- bzw. Markenauftritts und bieten diese Dienstleistung den Kunden koordiniert an. Diese Kombination garantiert kurze Wege, zuverlässige Kommunikation und ermöglicht unter Umständen den oft entscheidenden Zeitvorteil. In der jüngeren Vergangenheit hat justblue.design immer mehr Kooperationen mit Firmen aufgebaut, die zum Ziel hatten, die verschiedenen Elemente der Gestaltung aufeinander abzustimmen und so ein »rundes Paket« anzubieten.

Established in Hamburg in 1986, justblue.design focuses on cosmetics, product, graphic, packaging and interior design. A team of twenty people working on the premises designs the visual components of the product or brand presentation which is then presented to the client as a coordinated whole. This procedure guarantees reliable interaction and communication without formalities and a frequently vital head start as regards time. Recently, justblue.design has formed an increasing number of ties with partner firms aimed at coordinating the different elements of design so as to be able to offer a "rounded package".

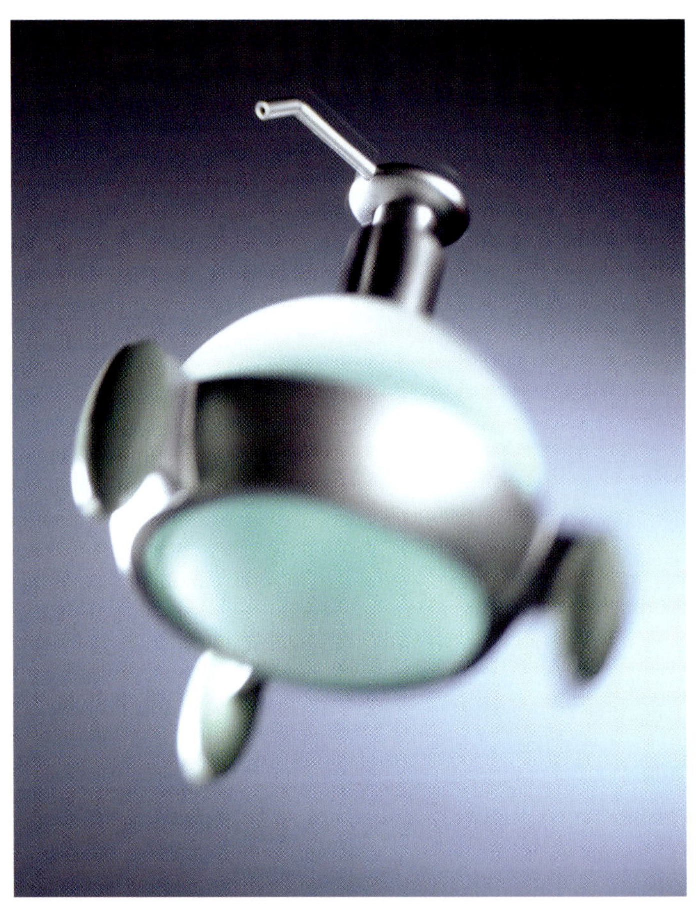
1

1 Seifenspender
aus der Accessoires Linie 440
Soap dispenser
from the Line 440 accessories
HEWI GmbH 1998.

2 PC Camera Rana
ADI Corp. 1999.

3 Mehrwegkasten
Beer crate
Brauerei Beck & Co. 2001.

Auftraggeber/Clients: ADI, Bahlsen, Brauerei Beck & Co., Beiersdorf, BMW, Canon, Lever Fabergée, Daewoo, Deutsche Bahn, Electrolux, Estée Lauder, Friedrich Grohe, Gerolsteiner, HEWI, Keuco, König-Brauerei, Königliche Porzellan-Manufaktur, Koziol, Kraft, Jacobs Suchard, Leonardo, Mäurer+Wirtz, Nobilis, Schering, Schwarzkopf, Unilever, Warsteiner, Wella.
Auszeichnungen/awards: red dot award product design Design Zentrum Nordrhein Westfalen (mehrfach); iF Award Industrie Forum Design Hannover (mehrfach); Deutscher Designer Club.

3

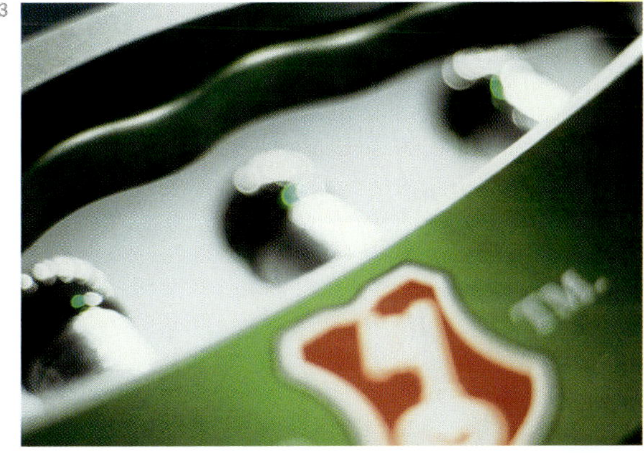

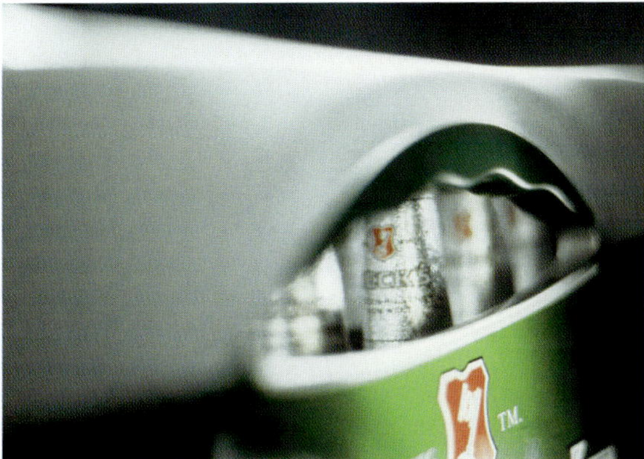

2

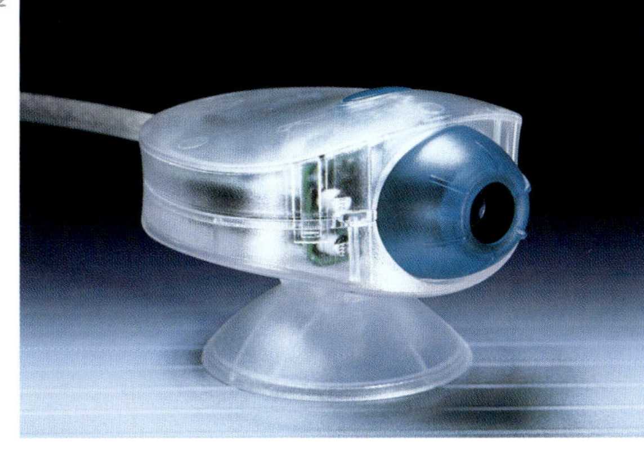

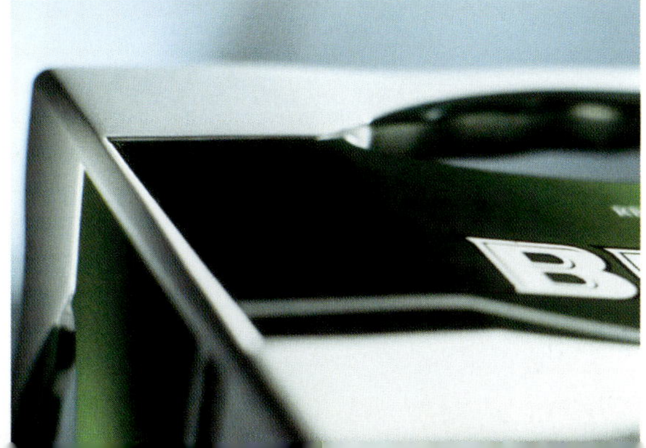

Prof. Josef Paul Kleihues

U+S Design
Holsterbrink 12
48249 Dülmen-Rorup
Telefon +49 (0)2548/93 03-0
Telefax +49 (0)2548/93 03-77

Fasanenstraße 26
10719 Berlin
Telefon +49 (0)30/80 90 56 90

Prof. Josef Paul Kleihues, geboren 1933, studierte von 1955 bis 1959 an der TU Stuttgart und der TU Berlin. Im Jahre 1960 war er Stipendiat der Ecole Supérieur des Beaux-Arts, Paris. Von 1973 bis 1986 hatte er einen Lehrstuhl für Entwerfen und Architekturtheorie und von 1984 bis 1994 für Entwerfen und Städtebau an der Universität Dortmund inne. Von 1986 und bis 1990 war er Distinguished International Professor an der Cooper Union New York. Von 1994 bis 1998 hatte er eine Professur an der Kunstakademie Düsseldorf Fach Baukunst. Neben seinen Tätigkeiten auf den Gebieten der Architektur und des Städtebaus ist Prof. Kleihues als Designer für verschiedene Hersteller tätig.

Born in 1933, Prof. Josef Paul Kleihues attended the Technical Universities of Stuttgart and Berlin from 1955 to 1959. In 1960 he won a scholarship to the Ecole Supérieur des Beaux-Arts in Paris. From 1973 to 1986 he held the chair of design and architectural theory and from 1984 to 1994 the chair of design and town planning at the University of Dortmund. From 1986 to 1990 he was a Distinguished International Professor at Cooper Union, New York. From 1994 to 1998 he held a professorship in architecture at the Kunstakademie in Düsseldorf. In addition to his activities in the fields of architecture and urban design Prof. Kleihues works as a designer for various manufacturers.

1 Straßenmöbelfamilie
Unter den Linden Berlin,
behindertengerechte City Toilet
Street furniture family
Unter den Linden Berlin.
Public convenience for the handicapped
Wall AG, Berlin, 2001.
Photo: Stefan Müller

2 Straßenmöbelfamilie
Unter den Linden Berlin, Ausschankkiosk
des Cafèhauses Einstein
Street furniture family
Unter den Linden Berlin. Outdoor serving
kiosk of Café Einstein
Wall AG, Berlin, 2001.
Photo: Stefan Müller

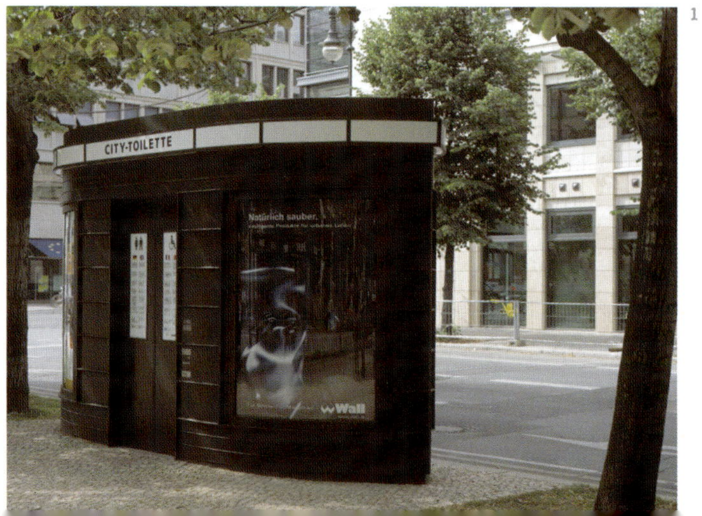

1

Referenzen/references: Semperlux (Beleuchtungssysteme), FSB (Klinken), Vorwerk (Teppiche), Deutsche Werkstätten Hellerau (Möbel), Wall AG (Straßenmöbel).
Veröffentlichungen/publications: »Josef Paul Kleihues, The Museum Projects«, Rizzoli, New York 1989; »Josef Paul Kleihues: Architetture museali«, Michele Costanzo/Vincenzo Giorgi, Electa, Mailand 1991; »Das Kant Dreieck; Josef Paul Kleihues«, Andrea Mesecke/Thorsten Scheer, Ernst & Sohn, Berlin 1995; »Museum of Contemporary Art Chicago, Josef Paul Kleihues«, Andrea Mesecke/Thorsten Scheer, Gebr. Mann Verlag, Berlin 1996 u.a.
Auszeichnungen/awards: Kunstpreis Junge Generation Berlin 1967; Architekturpreis Bauen mit Ziegeln 1968; Architekturpreis Bauen mit Kalksandstein 1971; Architekturpreis Beton 1975; Ernennung zum Ehrenmitglied des American Institute of Architects Hon FAIA 1989; Hugo-Häring-Preis 1990; Berliner Architekturpreis 1994; Deutscher Natursteinpreis 1995; The Chicago Athenaeum Good Design Award 1997; red dot award product design, Design Zentrum Nordrhein Westfalen, 2001.

2

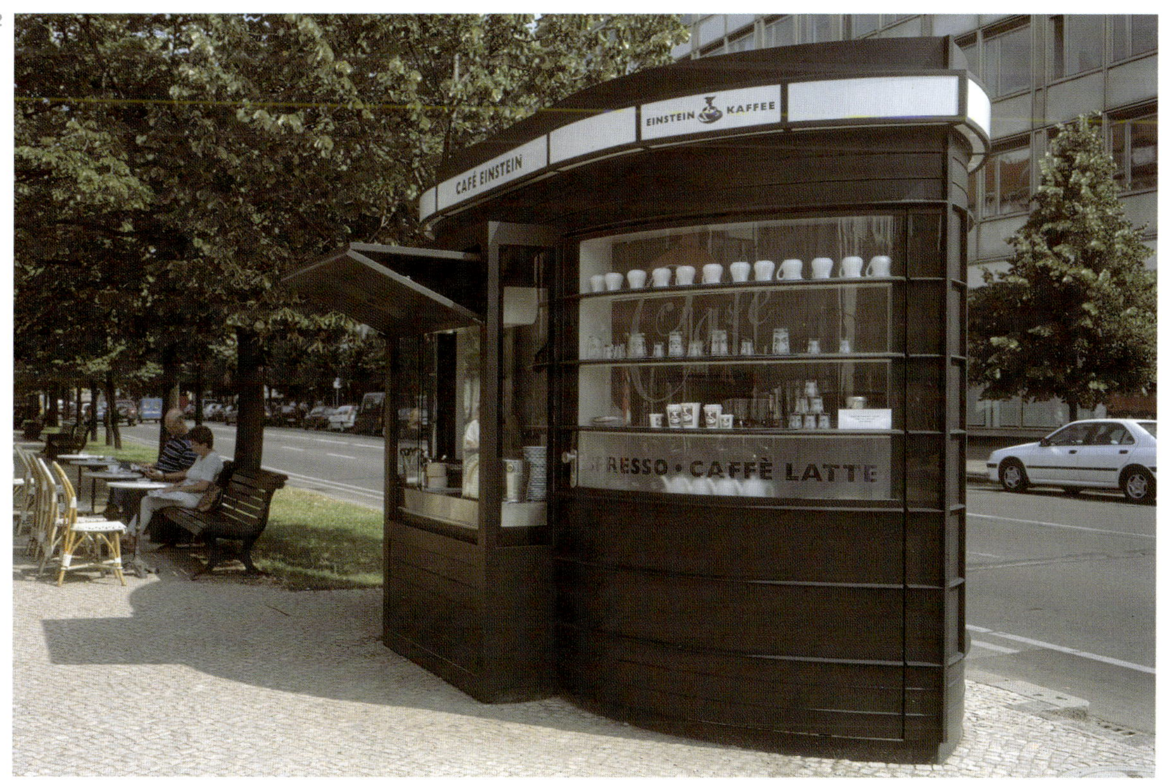

Michael von Klein

Industrial & Transportation Design

Geschäftsführung
Michael von Klein (VDID)

Hindenburgstraße 18
71149 Bondorf
Telefon +49 (0)7457/9 17 17
Telefax +49 (0)7457/9 17 18
e-mail michael-von-klein@z.zgs.de

Michael von Klein, geboren 1944, studierte Industrial Design in Schwäbisch Gmünd. Von 1969 bis 1991 war er Designer bei DaimlerChrysler. Er arbeitete mit beim Aufbau der Abteilung Nutzfahrzeug-Design und bei der Gestaltung zahlreicher LKW, Omnibusse, Nutzfahrzeuge ebenso wie bei Designstudien und Spezial-Projekten, wie z. B. dem »Centomobil«. Seit 1985 war er nebenberuflich aktiv und seit 1992 ist er selbständig in den Bereichen Transportation- und Produkt-Design, z.B.: Omnibusse, Konferenzmobile, Designstudien und Helicopter. Er hat Lehraufträge im Produkt Design, Fahrzeug Design und für manuelle Entwurfstechniken. Seine Auftraggeber schätzen es, dass er seine Projekte intensiv technisch und beratend unterstützt, bis die Serie »läuft«!

Born in 1944, Michael von Klein studied industrial design in Schwäbisch Gmünd. From 1969 to 1991 he was a designer at DaimlerChrysler working on the development of the commercial vehicles design department and on the design of numerous trucks, buses and commercial vehicles together with design studies and special projects such as the "Centomobil". Since 1985 he has undertaken private work and started out on his own in 1992 in the field of transport and product design including buses, conference mobiles, design studies and helicopters. He lectures in product design, vehicle design and manual design techniques. His clients appreciate the fact that he continues with intensive technical and advisory support for his projects until the show is really on the road!

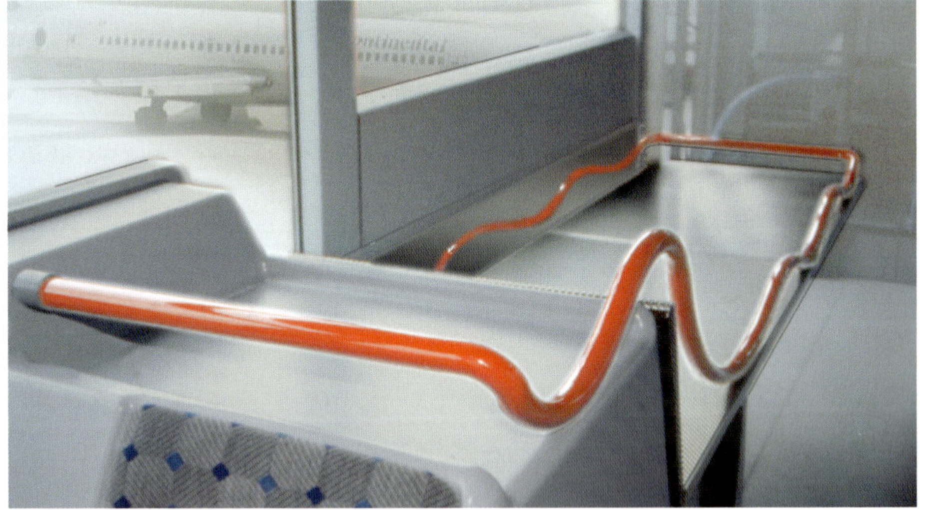

1

Referenzen/references: AMG, Dornier, DaimlerChrysler AG, Deutsche Aerospace AG, Eurocopter, Evobus GmbH, Förster u. Küster GmbH, Frenzel GmbH, IBM, Kommunalverband Ruhr, Krauth GmbH, Lorinser, Mobile Management, Naturschutzzentrum Westfalen, Schneider GmbH, Wolf-Gruppe.
Auszeichnungen/Awards: Die wichtigsten Auszeichnungen für mich sind: 1. Die Versprechungen der Entwürfe sind in den Produkten weitestgehend realisiert. 2. Langjährige, beste Kontakte mit meinen Auftraggebern. 3. Der Spaß, die Freude und die Zufriedenheit der Benutzer, welche die mit mir gemeinsam entwickelten Produkte benutzen.
For me the most important distinctions are: 1. The promise of the design is realised to the greatest possible extent in the products themselves. 2. Excellent long-term relationships with my clients. 3. The fun, pleasure and satisfaction of the people who use the products I have helped develop.

2

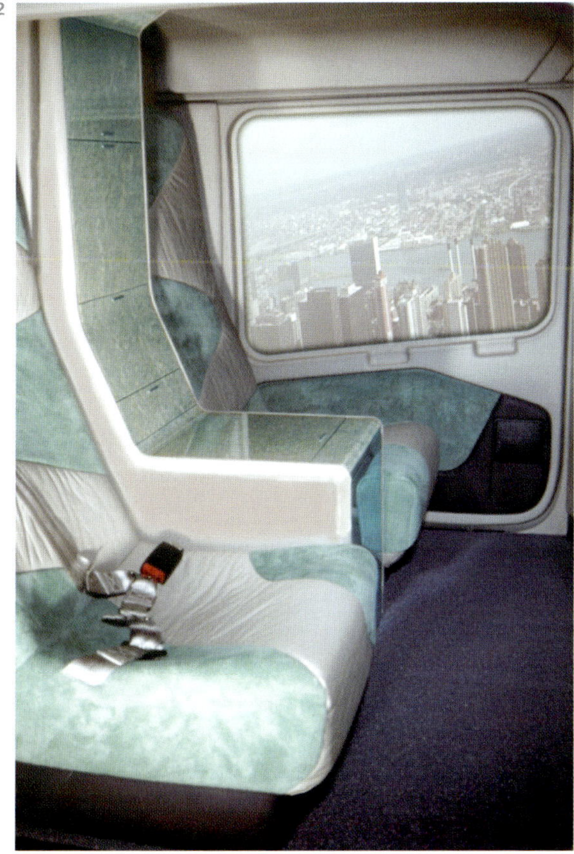

1 Flughafenshuttlebus Detailbeispiel aus dem variablen Gepäckablagesystem
Airport shuttle bus. Detail of variable luggage stowing system
Evobus GmbH/Jasper-Reisen GmbH.

2 VIP-Helicopter Detail Interior-Ausschnitt: Sitze, Bar- und Mulitmedia-Modul
VIP helicopter. Interior detail: seats, bar and multi-media module
Eurocopter GmbH.

3 Miniküche für Reisebusse: integrierte Kühlbox, Heißwasserbereiter, Stauraum für Tassen etc.
Kitchenette for tourist buses: integrated cool box, hot water boiler, space for crockery etc.
Frenzel GmbH.

3

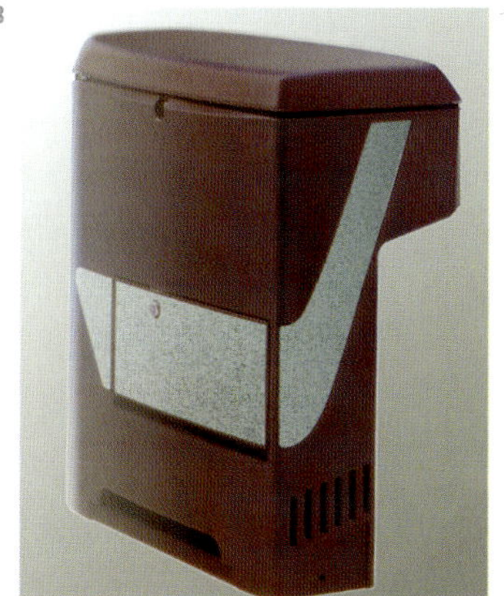

Prof. Odo Klose & Partner

Geschäftsführung
Prof. Odo Klose (VDID)
Günther Schulz (VDID)

Friedrich-Engels-Allee 254
42285 Wuppertal
Telefon +49 (0)202/8 40 63
Telefax +49 (0)202/8 88 21
e-mail Klosepartner@t-online.de

Prof. Odo Klose & Partner, Studio für Industrial Design, arbeitet seit 1980 in Wuppertal. Die Stärke liegt in einer umfassenden Zusammenarbeit mit mittelständisch organisierten Industrieunternehmen. Am Anfang jeder Aufgabe steht unser Ziel, eine Produktführerschaft in Technik und Design anzustreben. Das Studio nutzt dabei die E-Medien vom Entwurf über die virtuelle Modellentwicklung bis zum realen Prototyping. Die Designkonzepte führen nicht nur zu wirtschaftlich herstellbaren, sondern auch zu wirtschaftlich erfolgreichen Produkten. Wir streben dabei eine ästhetische Gestaltung an, die über lange Zeiträume Bestand hat und sind gerne bereit, den Beweis dafür anzutreten.

The Prof. Odo Klose & Partner industrial design studio was established in Wuppertal in 1980. Its strength lies in extensive collaboration with medium-sized industrial companies. At the start of every new task is the goal of achieving product leadership in technology and design. The studio uses e-media from initial drafting through virtual modelling to real prototyping. Our design concepts result in products that are not only economic to manufacture but also commercially successful. We aim at aesthetically appealing and durable design and are always ready to prove we deliver.

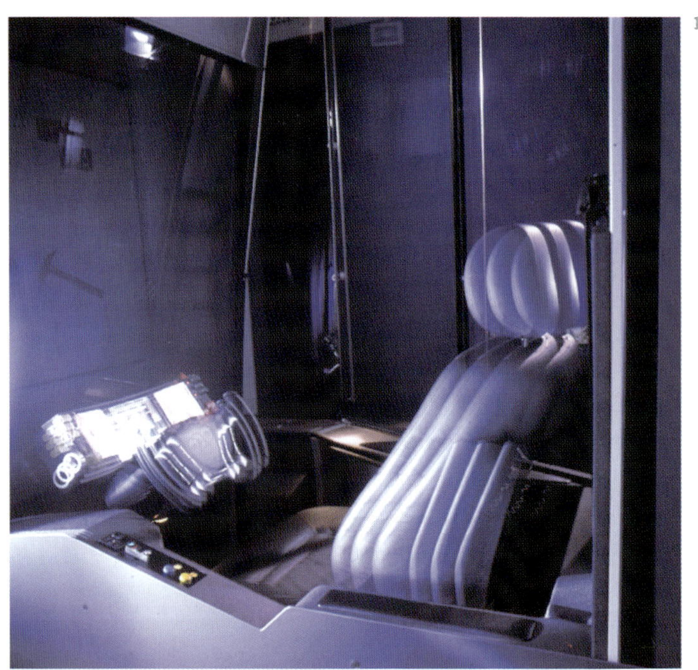
1

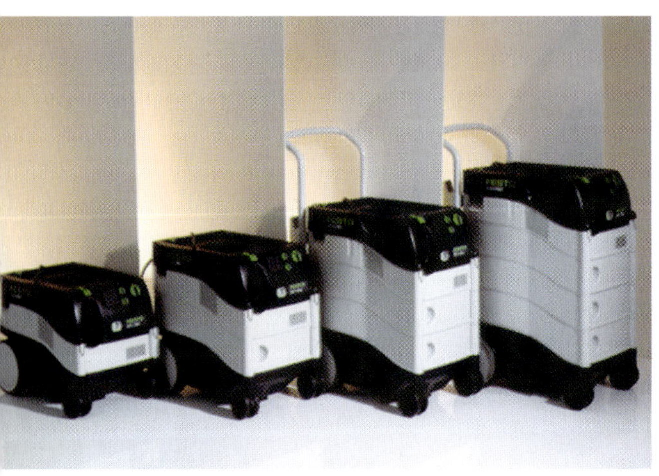
2

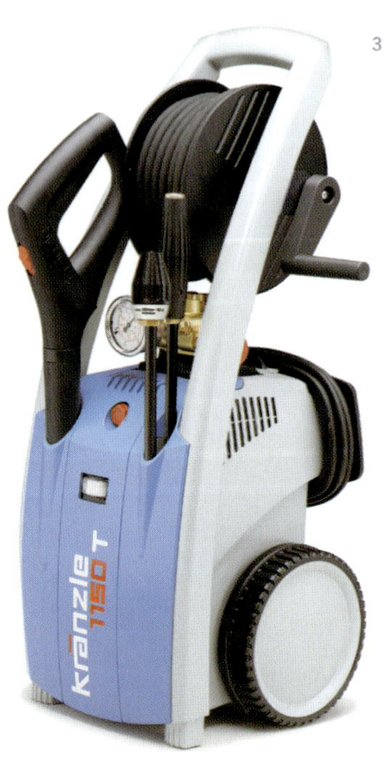

3

Referenzen/references: Die Liste der Unternehmen reicht von Konzernen wie DaimlerChrysler oder Bertelsmann, über ein Feld klassischer Mittelständler wie Gira oder Kränzle bis hin zu regionalen Kleinbetrieben.
The list of companies extends from major groups like DaimlerChrysler or Bertelsmann, through a range of classical medium sized businesses like Gira or Kränzle, to small regional operations.
Veröffentlichungen/publications: System Design, Darmstadt 1976; Kunst, Kunsterziehung und Design, Grafenau 1976; Autoform, Das Auto in Design, Kunst und Kunsterziehung, Stuttgart 1984; Form follows sitting, Die Sitzhaltung bestimmt die Form des Stuhles, Köln 1989; Faszination Autodesign, Königswinter 1991; DriverSpace, Wuppertal 1998; Beiträge in Zeitschriften.
Auszeichnungen/awards: Eine Vielzahl von Design Preisen bestätigen über die Jahre die Leistungsfähigkeit des Design Studios.
A multitude of design awards through the years have confirmed the high performance of the design studio.

4

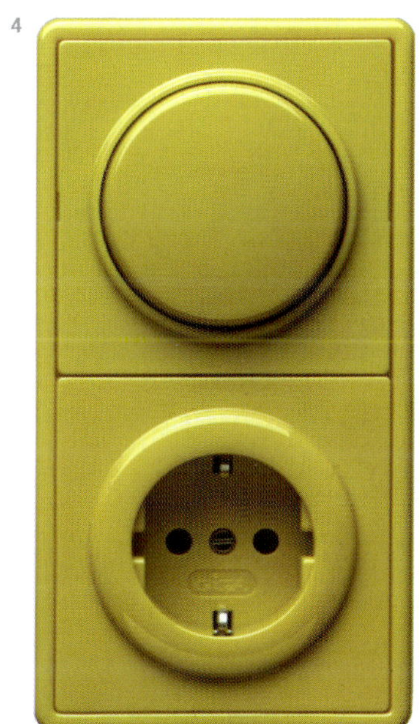

1 DriverSpace
Designforschung umfasst alle relevanten Bereiche eines Produktumfeldes. Am Beispiel eines Fahrerarbeitsplatzes in Citybussen wurde der Beweis erbracht.
Design research covers all the relevant areas of a product's environment, as proved by a driver's cab in city buses.
Happich

2 Absaugmobile CT
Systemdesign in seiner konsequenten Anwendung ergibt ein unverwechselbares Produktprogramm.
CT mobile extractor
System design consistently applied results in an unmistakable product programme.
Festo

3 Hochdruckreiniger
Auch das Streben nach Qualität in Technik und Design zahlt sich langfristig aus und führt letztlich zur Produktführerschaft.
High pressure cleaner
Striving for quality in engineering and design pays off in the long run and results in product leadership.
Kränzle

4 Elektroinstallations-Geräteprogramm S-Color
Das Geheimnis erfolgreicher Langzeitprodukte liegt in ihrer archetypischen Einfachheit.
S-Color electricians' tool range
The secret of successful durable products lies in their archetypical simplicity.
Gira

5 Handbrause Relaxa
Die gebogene Form der Handbrause für das Bad ergibt sich aus der Handhabung und wurde so zur Standardform weltweit.
Relaxa hand-held shower attachment
With a curved form for use in the bath which has become a world-wide standard.
Grohe

6 Porzellanserie Enjoy
Auch für Geschmacksgüter wie Porzellan/Tischgeschirr bietet die gute Gestaltung die Chance, zum Langzeitprodukt zu werden.
Enjoy china
Even for products such as china and tableware, where individual taste is important, good design provides an opportunity to outlive ephemeral trends.
Friesland

5

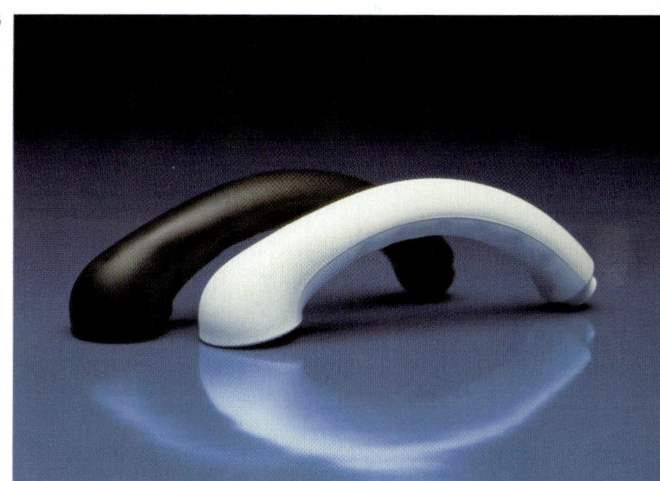

6

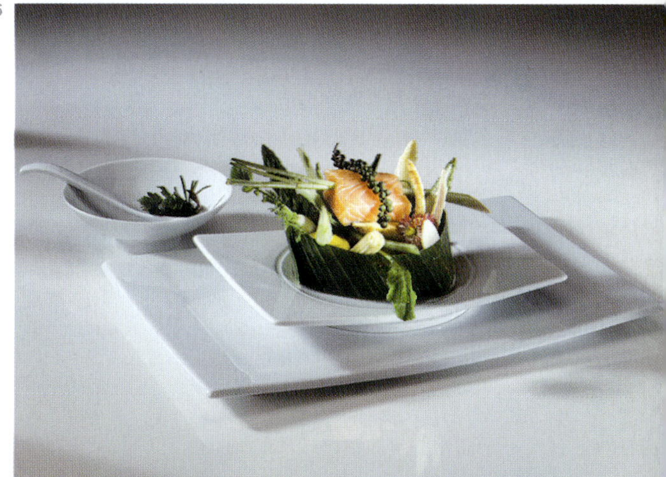

KMS

Geschäftsführung
Michael Keller, Knut Maierhofer,
Christoph Rohrer

Deroystraße 3–5
80335 München
Telefon +49 (0)89/49 04 11-0
Telefax +49 (0)89/49 04 11-49
e-mail info@kms-team.de
internet www.kms-team.de

> Communication Design S. 330

KMS wurde 1984 in München gegründet. Wir nennen unser Konzept Tiefendesign. Darunter verstehen wir das Erarbeiten von Ausdrucksweisen, in denen sich das Wesen einer Institution oder eines Unternehmens authentisch spiegelt. Den spezifischen »Charakter« durch eine präzise Ästhetik wahrnehmbar zu machen, ist ein komplexer und vielschichtiger Prozess, bei dem kompromisslose Konsequenz ebenso notwendig ist wie hohe Sensibilität und partnerschaftliche Zusammenarbeit. Unsere Aufträge haben stets mit dem Sichtbarmachen von Identität zu tun, auch wenn das jeweilige Objekt eingegrenzt ist. Daraus leiten sich auch unsere operativen Schwerpunkte ab: Corporate Design und Branding/Messen, Ausstellungen und Gebäude/Unternehmens- und Finanzkommunikation.

KMS was founded in Munich in 1984. We call our concept "depth design", and understand that as the creation of modes of expression which authentically reflect the identity of an institution or business. Making this specific character perceptible by precise aesthetics is a complex and multi-facetted process which requires uncompromising consistency just as much as great sensitiveness and close cooperation. Our work is always concerned with making identity visible, even if the object concerned is restricted in scope. Our operational focus follows from this idea: corporate design and branding, trade fairs and exhibitions, buildings, corporate and financial communication.

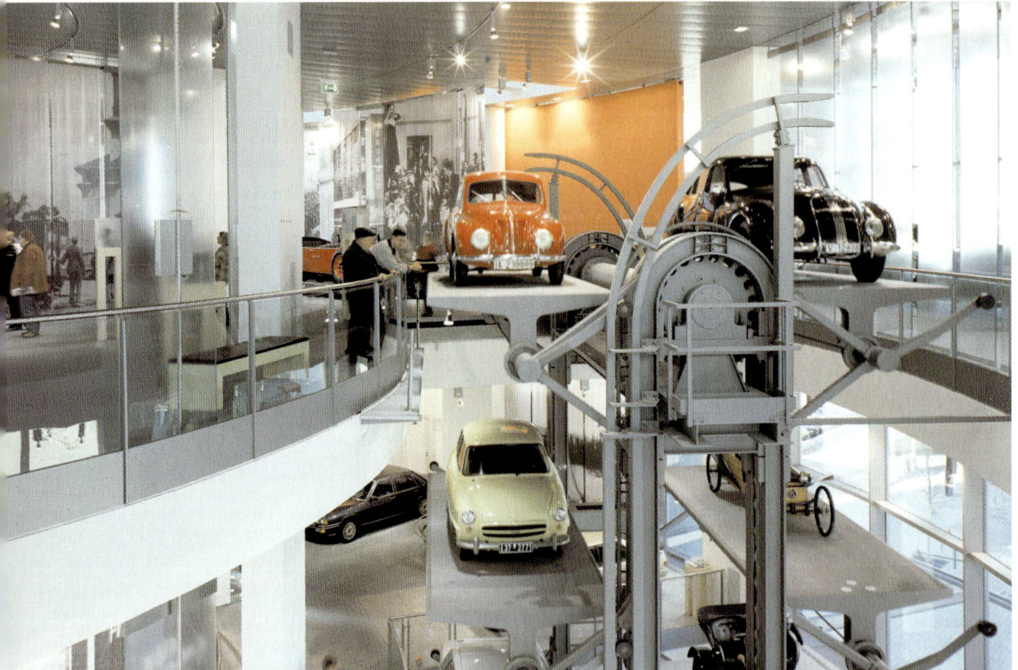
1

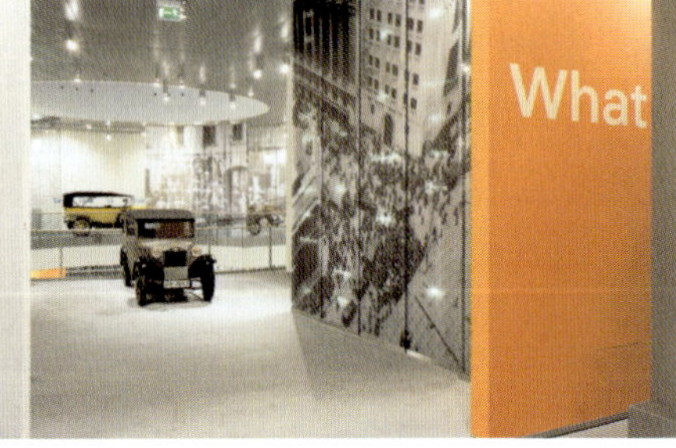

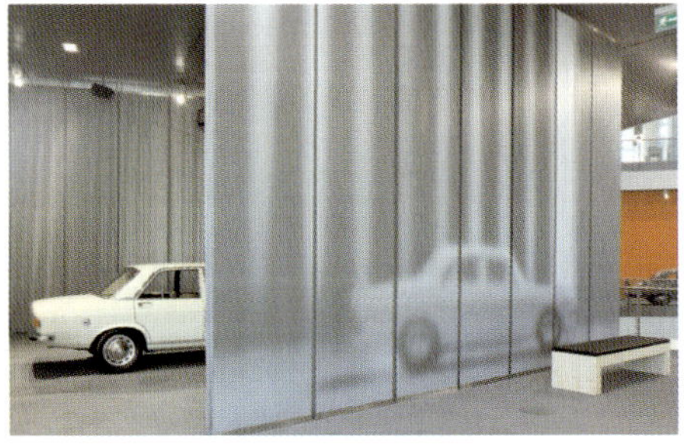

Referenzen/references: ProSiebenSat.1 Media AG, Audi, VIAG Interkom, Evotec OAI, Kirch Media und Kirch Pay TV, Lamborghini, Saturn, Mercer Management Consulting, Museum Villa Stuck, ARAG Versicherungen, S. Fischer Verlag, KPMG, HKB Hypotheken- und Kommunalkreditbank.
Veröffentlichungen/publications: 1/1: Architektur und Design – Neue Synergien, Birkhäuser Verlag, 2001; Messedesign Jahrbuch 2000/2001; KMS Office, Süddeutsche Zeitung 04/2001; Graphis Poster Annual 2001 und Letterhead 5; Audi Messeauftritt, Page 11/2000; Messeauftritt VIAG Interkom, Design Report 1/2001; »Was Architekten und Designer trennt«, Design Report 7+8/ 2001; museum mobile, AIT 3/2001; Agenturprofil, Horizont 08/2000; museum mobile, Eventpartner 1/2001; museum mobile, Design Report 03/2001.
Auszeichnungen/awards: red dot award 2001, Grand Prix (museum mobile, AUDI AG); New York Festivals 2001, Silver World Medal (Kirch Media), Finalist Certificate (ProSiebenSat.1 Media AG, museum mobile); iF Exhibition Design Award 2001, Gold (VIAG Interkom), Silber (KPMG); ADC New York 2001, Silber (museum mobile); ADC Deutschland 2001, Bronze (Museumskataklog, KMS-Highlights 2000, Auszeichnung (Kirch Media); Graphis, Poster Annual, Letterhead 2001, Auszeichnung (Museum Villa Stuck, compaer AG).

1 museum mobile

2 VIAG Interkom
Cebit 2001

2

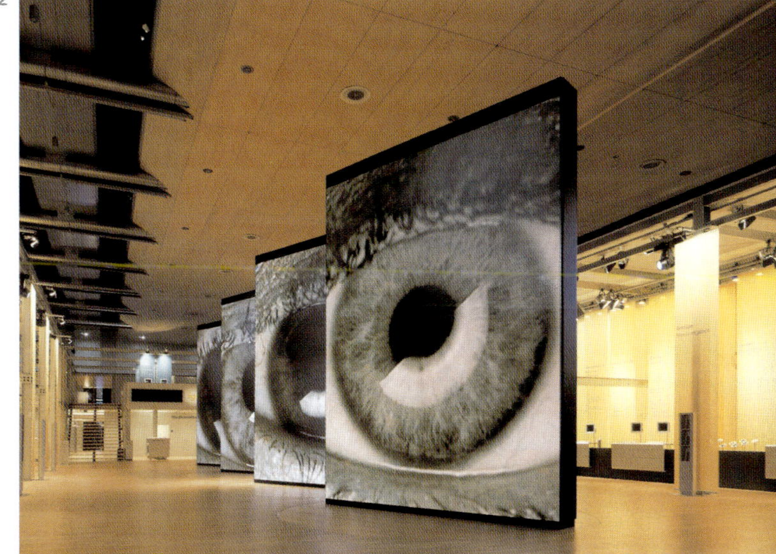

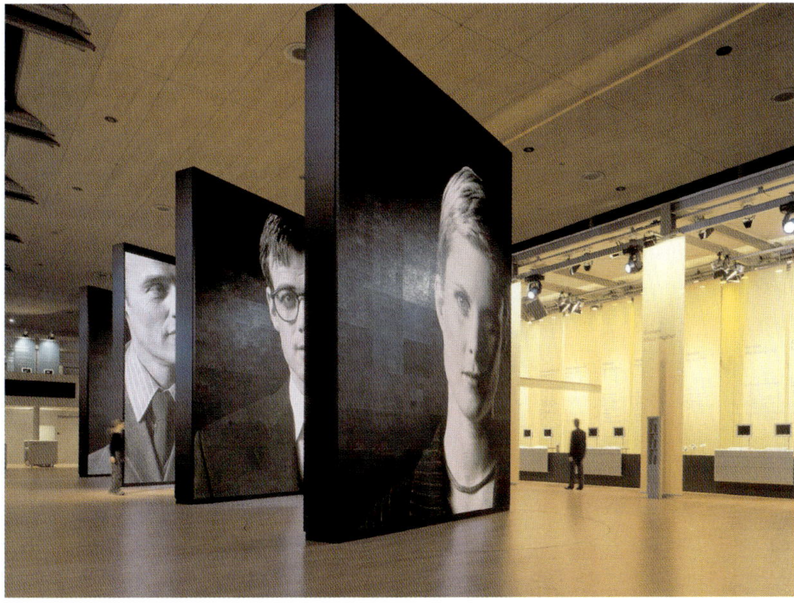

KSP Engel und Zimmermann GmbH

Geschäftsführung
Dipl.-Ing. Architekt S.M. Arch.
Jürgen Engel
Dipl.-Ing. Architekt
Michael Zimmermann

Konrad-Adenauer-Ufer 83
50668 Köln
Telefon +49 (0)2 21/20 80 30
Telefax +49 (0)2 21/20 80 338
e-mail info@ksp-architekten.de
internet www.ksp-architekten.de

KSP Engel und Zimmermann ist eines der großen Architekturbüros in Deutschland. Fünf Standorte in Köln, Frankfurt/Main, Berlin, München und Braunschweig mit rund 180 Mitarbeitern ermöglichen eine gezielte und flexible Projektabwicklung. Allianzen in Europa und Fernost erweitern das Arbeitsspektrum des Büros über die Grenzen Deutschlands hinaus. Grundlage der Arbeit ist der frühe und offene Dialog und ein Planungsprozess, der an Integration der Partner orientiert ist und neue Technologien einbezieht. Neben den Kernbereichen von Architektur und Städtebau, entwickeln und gestalten KSP Engel und Zimmermann mit Partnern aus der Industrie projektbezogene Designobjekte im Licht- und Interiorbereich.

KSP Engel und Zimmermann GmbH is one of Germany's major firms of architects. A staff of approximately 180 people at five locations in Cologne, Frankfurt/Main, Berlin, Munich and Braunschweig assures the flexible and goal oriented handling of projects. Alliances in Europe and the Far East extend the firm's range beyond the frontiers of Germany. All work is based on frank consultation at an early stage and a planning process that is oriented on the integration of partners and new technologies. In addition to the core areas of architecture and town planning, KSP Engel und Zimmermann GmbH develops and designs lighting and interiors for particular projects in collaboration with partners in industry.

Hanauer Landstraße 287–289
60314 Frankfurt/Main
Telefon +49 (0)69/94 43 94 0
Telefax +49 (0)69/94 43 94 38

1

2
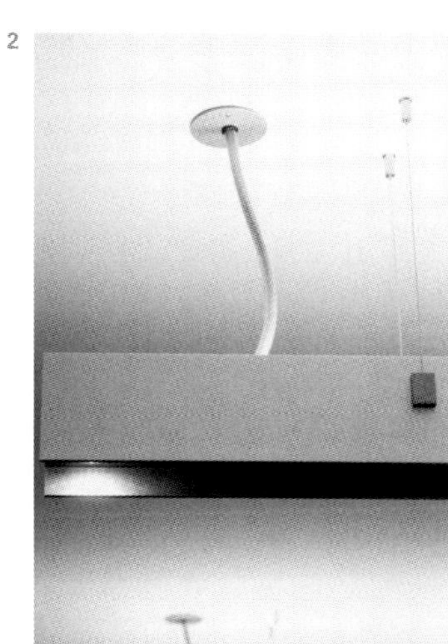

Referenzen/references: Bertelsmann AG, Bundesrepublik Deutschland und Bundesländer, Deutsche Bahn AG, Deutsche Bank AG, Deutsche Bundesbank, DKV, Dresdner Bank AG, Flughafen AG Frankfurt, Hilton Hotels, Hypobank AG, Intercontinental Hotels, Karstadt AG, Messe Frankfurt GmbH, MABEG Kreuschner GmbH & Co. KG, Morgan Stanley, Steigenberger Hotels, VEW, Volkswagen AG, Zumtobel Staff GmbH & Co. KG.
Veröffentlichungen/publications: »Büro-Regal«, AIT 4/1999; »Die hohe Kunst, einfach zu sein«, FAZ 28.11.1999; »Synthesen – ergänzen, verwandeln, erneuern. Das Presse- und Informationsamt der Bundesregierung«, Aedes 2000; »Es lebe das große Headquarter«, Mensch & Büro 3/2001; »Lobgesang auf Licht und Leichtigkeit«, Manager Magazin 4/2001 u.a.
Auszeichnungen/awards: Innovationspreis Architektur und Technik AIT 1999; Innovationspreis Architektur und Office, AIT 2000; Besondere Auszeichnung AIT 2000; best selection: office design, Design Zentrum Nordrhein Westfalen 2001.

3

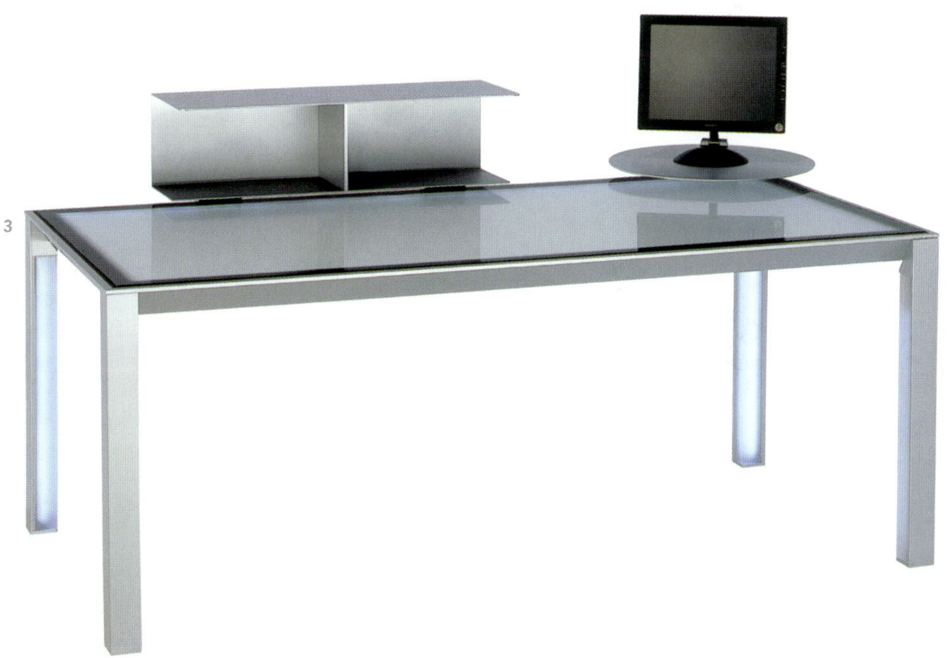

1+2 Lampensystem/*lamp system*
Design: KSP Engel und Zimmermann/Zumtobel Staff.
Photo: Frank Springer, Bielefeld
KSP Bürohaus in Braunschweig
Zumtobel Staff GmbH & Co. KG
Lemgo 1997–1998.

3 Tischsystem Conlight. Multifunktionales Büro-, Konferenz- und Systemmöbel.
Conlight table system Design: Multi-functional office, conference and system furniture.
Design: KSP Engel und Zimmermann, Köln/Eoos Design, Wien.
Photo: Tom Wolf, Frankfurt
MABEG Kreuschner GmbH & Co KG
Soest 1999–2000.

Kurz Kurz Design

Geschäftsführung
Dipl. Des. Dorian Kurz (VDID)
Dipl. Des. Uta Kurz

Engelsberg 44
42697 Solingen
Telefon +49 (0)212/33 69 83
Telefax +49 (0)212/33 71 98
e-mail info@kurz-kurz-design.de
internet www.kurz-kurz-design.de

Design ist Kommunikation. Seit 1992 entwickelt Kurz Kurz Design erfolgreiche Produkte mit führenden Herstellern. Die Arbeitsschwerpunkte Bad, Küche, Freizeit und Haustechnik bilden ein Spannungsfeld des menschlichen Lebensraums. Von der Trend- und Marktanalyse über die Gestaltung und Realisierung bis hin zur Markteinführung unterstützt Kurz Kurz Design seine Partner bei der Entwicklung. Mit eigener Modellbau-Werkstatt, CAD, DTP und Fotostudio wird der kreative Prozess technisch unterstützt. Das Zusammenspiel von Form und Funktion gibt dem Produkt eine unvergleichliche Aussage. Ideen, Werte und Innovationen werden greifbar. design creates identity.

Design is communication. Since 1992 Kurz Kurz Design has been developing successful products for leading manufacturers. The main points of emphasis, bathrooms, kitchens, leisure and house management systems, span the range of the domestic environment. From trend and market analysis through design and development to the market launch, Kurz Kurz Design provides full support. On the technical side the creative process is assisted by the firm's own model workshop, CAD, DTP and photographic studio. The interplay of form and function lends the product an incomparable message. Ideas, values and innovations become tangible: design creates identity.

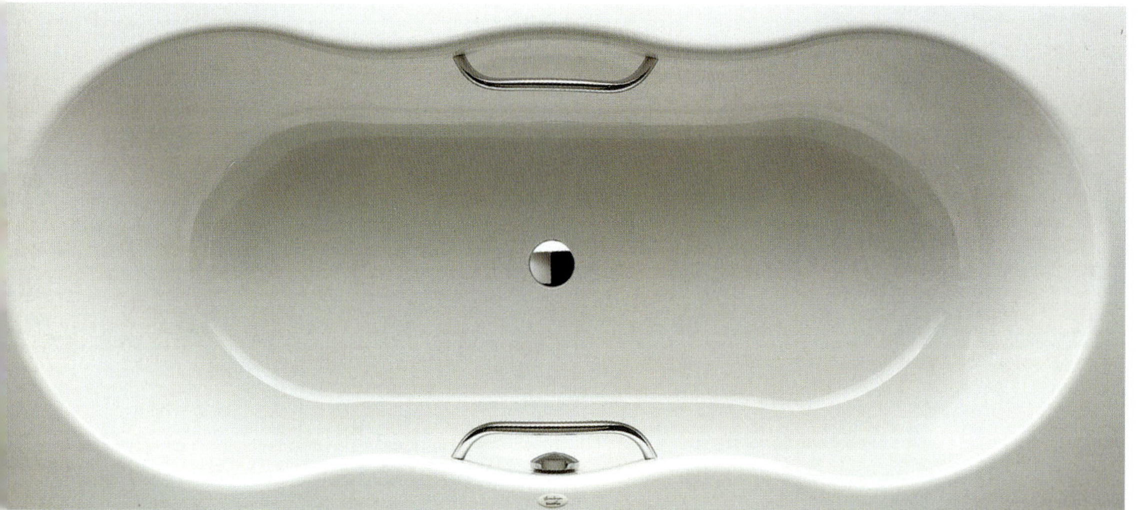
1

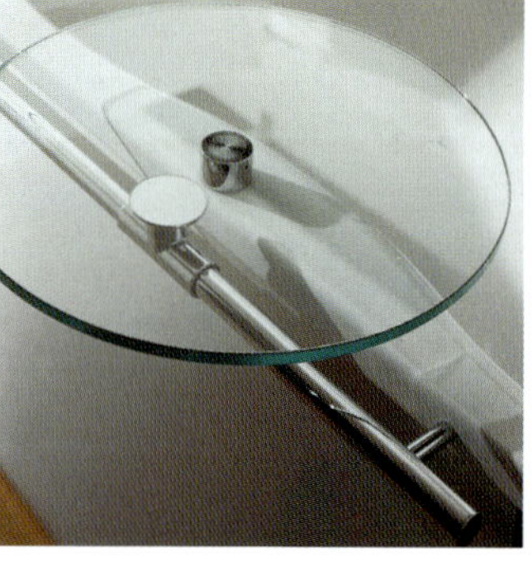

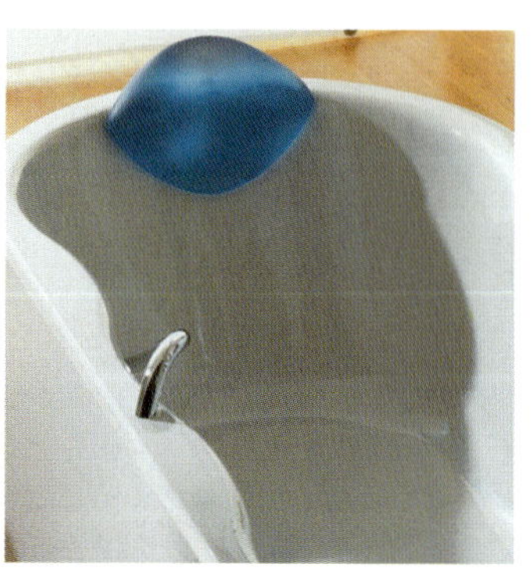

1 Wannenfamilie mit innovativen Accessoires
Bath tub family with innovative accessories
Bamberger, 2001.

2 Durchlauferhitzer/*Back-pressure boiler*
Vaillant, 2001.

3 Bad-Kollektion/*Bathroom collection*
Keuco, 2000.

Referenzen/references: Bereich Bad: Bamberger, Bette, Hüppe, Keuco, Schock; Bereich Küche und Tischkultur: Auerhahn, Carl Mertens, Cilio, Continenta, Küchenprofi, Melitta, Nachtmann, Rational, WMF, Zwilling; Bereich Haustechnik: Busch-Jaeger, Hettich, Jobo, Olsberg, Spitzer, Vaillant; Bereich Freizeit & Wohnen: Bresser, Herlitz, Knirps, Pfeilring, Sandford-rotring, WK Wohnen.
Veröffentlichungen/publications: »Design für Besteck- und Tischkultur«, H&E 1-2/2000; »Phase zwei beginnt«, Porzellan & Glas 1/2000; »Emotionale Kurzform«, junges Wohnen 3/2000; »Kurz Kurz Design«, Sti & Markt 4/2000; »Industrie-Design«, WDR 19.12.2000; »Uta und Dorian Kurz, Das starke Doppel«, Mein neues Bad 1/2001.
Auszeichnungen/awards: Mia Seeger Preis, Stuttgart 1990; Marlboro Design Preis, München 1991; Sport Ehrenpreise, Wuppertal 1991; Das neue Besteck, Solingen 1992; Rat für Formgebung, Frankfurt 1993; Designpreis Neunkirchen 1993; Design Innovationen 1995, 1998; Ehrenpreis Nordrhein Westfalen, Essen 1995; iF Industrie Forum Design, Hannover 1996; Designpreis Ornaris, Messe Bern 1997; Design Plus, Messe Frankfurt 1997, 2001; Stadt Land Form, Wuppertal 2000; iF Industrie Forum Design, Hannover 2001; interzum award 2001.

2

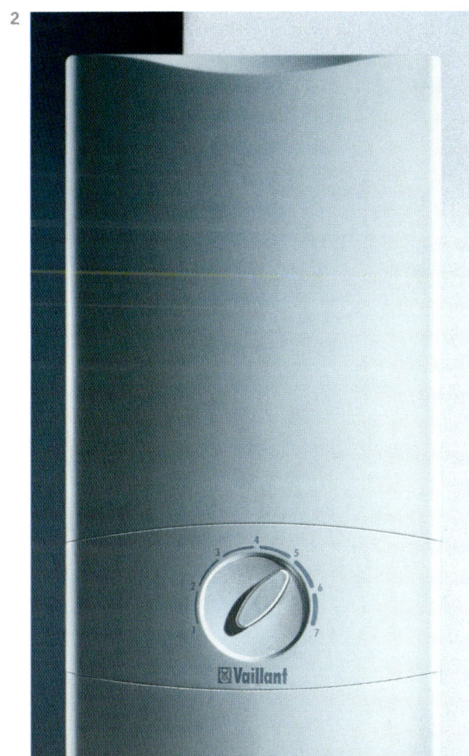

3

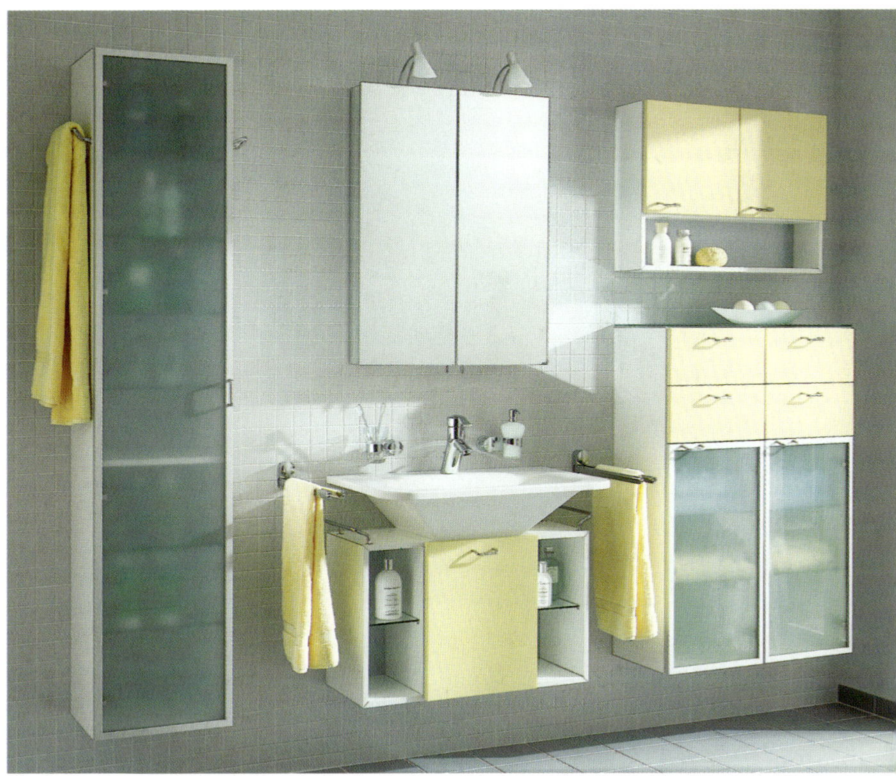

Annette Lang Product Design

Dipl. Industrie Designerin
Annette Lang

Alwinenstraße 14
65189 Wiesbaden
Telefon +49 (0)611/37 63 45
Telefax +49 (0)611/37 19 91
e-mail annettlang@aol.com

Annette Lang studierte an der Kunstakademie Stuttgart Industrie-Design. 1985 bis 1988 arbeitete sie als freie Mitarbeiterin von Matteo Thun, Antonio Citterio und Sottsass Associati in Mailand. Von 1988 bis 1993 war sie Assistentin von Prof. Richard Sapper an der Kunstakademie Stuttgart und gründete 1988 ihr eigenes Designbüro in Wiesbaden. Arbeitsschwerpunkte: Entwicklung und Gestaltung von Konsumgütern für Haushalt, den gedeckten Tisch Büro, Möbel und Beleuchtungen, seit 1999 auch Medizintechnik. Annette Lang übte von 1994 bis 1999 eine Lehrtätigkeit an der Kunstakademie Stuttgart aus.

Annette Lang studied industrial design at the Kunstakademie in Stuttgart. From 1985 to 1988, she worked freelance for Mattheo Thun, Antonio Citterio and Sottsass Associati in Milan. From 1988 to 1993 she was the assistant of Prof. Richard Sapper at the Kunstakademie Stuttgart and founded her own design studio in Wiesbaden in 1988. Her work focuses on the development and design of consumer goods for households, tableware, offices, furniture and lighting, and also medical technology since 1999. From 1994 to 1999, Annette Lang taught at the Kunstakademie Stuttgart.

2

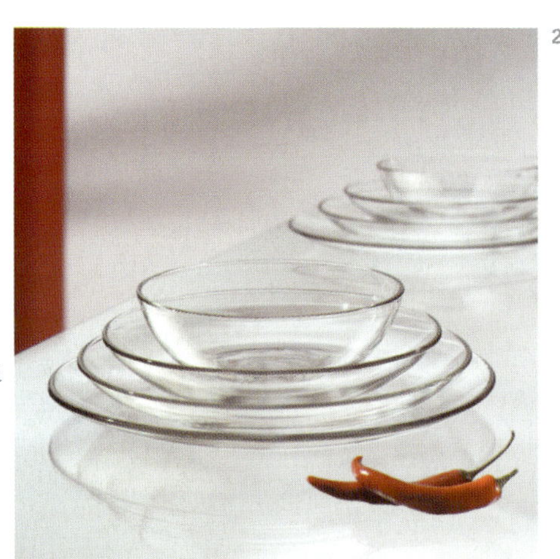

1

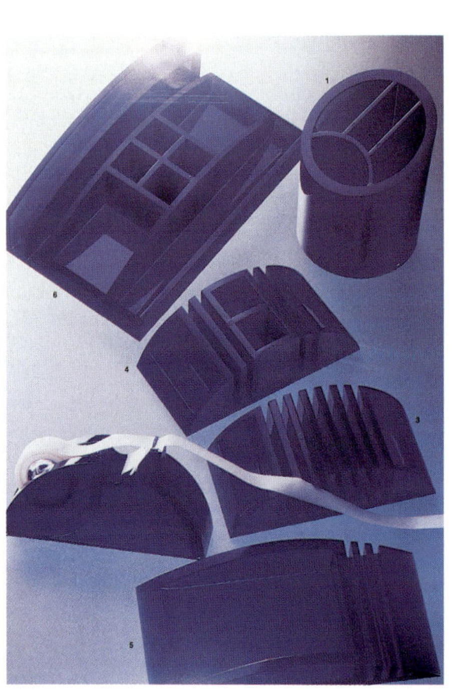

3

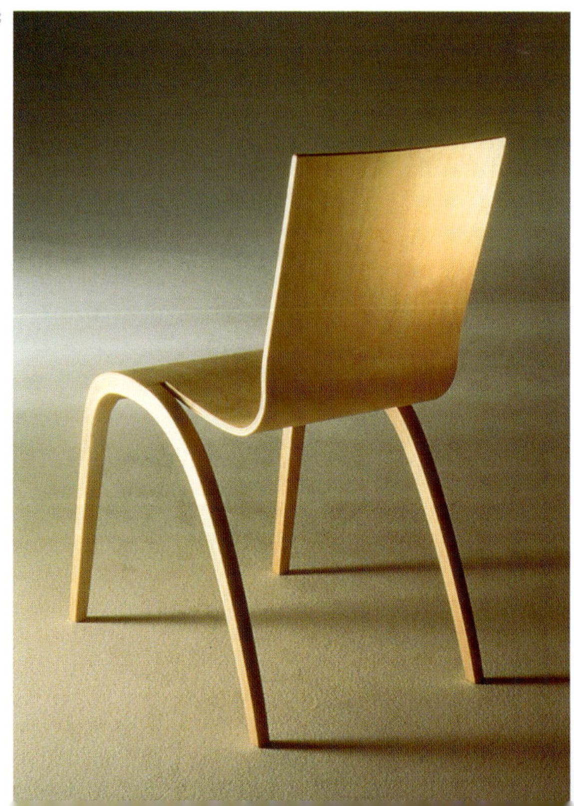

Mit Träumen beginnt die Realität! Der Design-Prozess ist eine Suche nach dem Neuen, dem Innovativen, dem Zukünftigen. Mit der Wesenserforschung der Dinge vor der Gestaltfindung beginnt der schöpferische Prozess von der Vision zur konkreten Idee. Träume werden zu realen Produkten, indem wir immer wieder Dinge grundsätzlich in Frage stellen.
Reality begins with dreams! The design process is a search for the new, the innovative, the futuristic. The creative process from the vision to the firm idea starts with an investigation into the nature of things before they are given shape. Dreams become real products in a process of fundamental questioning.

Referenzen/references: ASKO, Bestform, DeSede, Glaskoch, Hutschenreuther Hotel, ICM, Peiker acustic, Thonet, Treca, Vienna, WK Wohnen, Zumtobel.
Auszeichnungen/awards: Design Center Stuttgart 1984, 1988, 1991; Design Zentrum Nordrhein Westfalen Essen 1990, 1993, 2000; Deutscher Designer Club 1993; iF Industrie Forum Design Hannover 1996; Design Plus 1998.

4

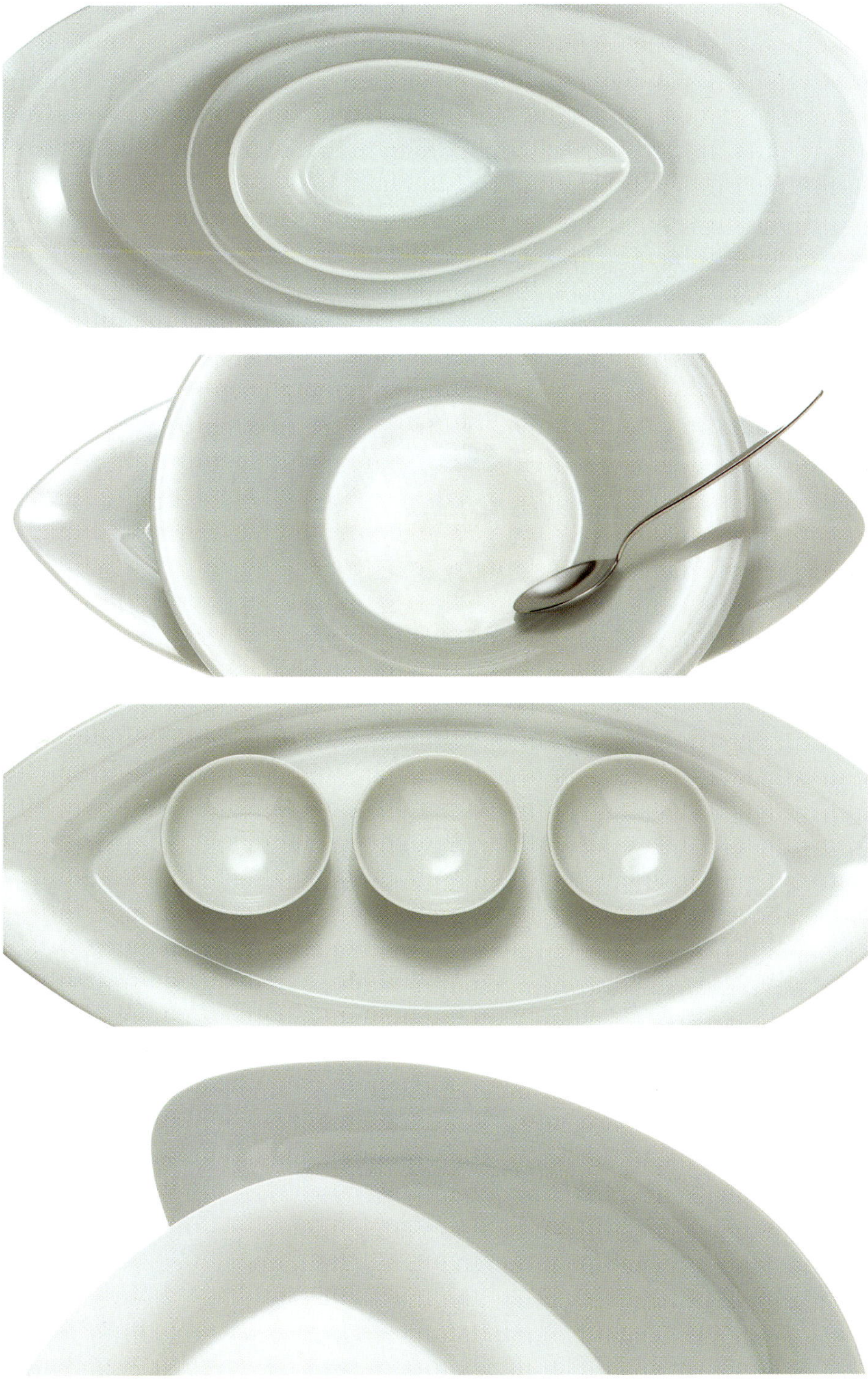

5

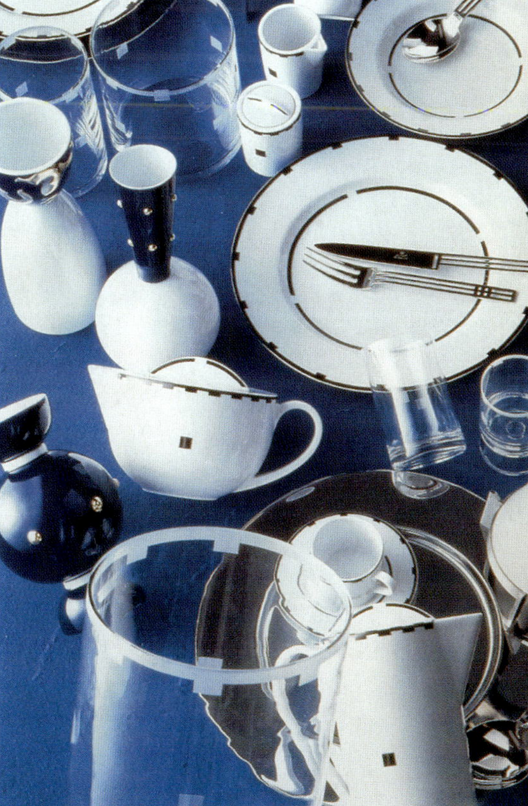

1 Büroaccessoires/*Office accessories* Ufficio
Bestform

2 Schale/*Bowl* Freedom
Glaskoch

3 Formholzstuhl/*Wooden chair* Poco
Asko

4 Porzellanserie/*China series* Avantgarde
Hutschenreuther Hotel

5 Porzellanserie/*China series* Geo
Bestform

Lengyel Design

Geschäftsführung
Dipl. Des. Dipl. Ing. (TU)
Gabor Lengyel (VDID, DDV)

Rellinghauser Straße 332
45136 Essen
Telefon +49 (0)201/8 95 36 0
Telefax +49 (0)201/8 95 36 11
e-mail info@lengyel.de
internet www.lengyel.de

Lengyel Design wurde 1965 von Prof. Stefan Lengyel in Essen gegründet. Seit 1995 ist Gabor Lengyel Partner. Lengyel Design berät Unternehmen im Product, Interior und Corporate Design. In Kooperation mit der strategischen Markenführung entwirft das Designbüro Produkte für die Serie, für Produktlinien und Systeme, die das Gesamt-Erscheinungsbild namhafter Unternehmen prägen: Konsum- und Investitionsgüter, elektronische Geräte, Medizintechnik, Möbel, Sportgeräte, Haushaltswaren u.a.; Leitsysteme, Building Signage, Retail und Public Design. Lengyel Design verfolgt in einem integrativen Ansatz das Ziel: ästhetische und funktionale Innovation für das Produkt, Stärkung der Marke und ganzheitliches Auftreten des Unternehmens.

Lengyel Design was founded by Prof. Stefan Lengyel in Essen in 1965. Since 1995, Gabor Lengyel has also been a partner. Lengyel Design advises businesses on product, interior and corporate design. In cooperation with strategic brand management, the design studio creates products for series, product lines and systems which characterise the overall image of well known companies: consumer and capital goods, electronic equipment, medical technology, furniture, sports equipment, household goods etc.; orientation systems, building signage, retail and public design. Lengyel Design adopts an integrative approach in pursuit of the aims of aesthetic and functional innovation for the product, strengthening of the brand and a consistent market presence for the enterprise.

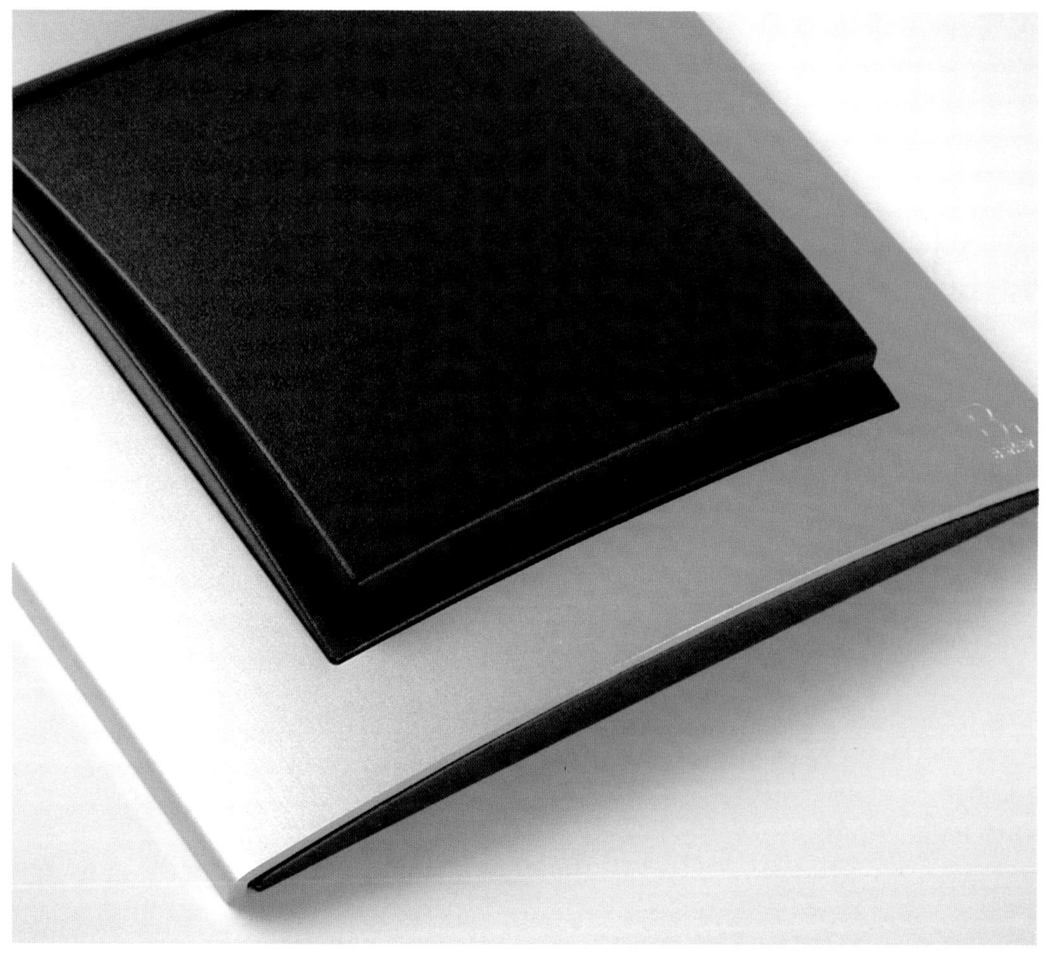

1

1 Lichtschalterproduktlinie in 4 Serien: B1, B3, B5 und S1.
Light switch product line in 4 series: B1, B3, B5 and S1
Gebr. Berker 1999.

2 Posttor und Gesamtsystem der Gebäudekennzeichnung
Post gate and general system of building signage
Deutsche Post AG 1999.

3 Videoprojektor/*Video projector*
3M Visual Systems and Liesegang 1997.

Referenzen/references: ARAL, Berker, Deutsche Post, Dorma, Insta Electronics, Jagenberg Papiermaschinen, Krohne Messtechnik, Liesegang, McPaper, Mauser Office, miro Displays, Otto Public Furnishing, Postbank, Schulte-Schlagbaum, Shin Young Kitchen Appliances, 3M Visual Systems u.a.
Auszeichnungen/awards: Auswahl seit/*Selection since 1997*: red dot award, Design Zentrum Nordrhein Westfalen, Essen 2001 (Reihen-Einbaugerät, Insta Electronics); Product Design Award, Industrie Forum Design Hannover, 2000 (Lichtschalter-Produktlinie, Berker); Product Design Award, Industrie Forum Design Hannover, 1999 (Posttor und Aussteckttransparent, Deutsche Post); Roter Punkt, Design Zentrum Nordrhein Westfalen 1999 (Tankrobroter, ARAL); Roter Punkt, Design Zentrum Nordrhein Westfalen, Essen 1999 (Handfernbedienung, Insta electronics); Product Design Award, Industrie Forum Design Hannover, 1997 (LCD Projektor, Liesegang); Roter Punkt, Design Zentrum Nordrhein Westfalen, Essen 1997 (LCD Projektor, Liesegang).

2

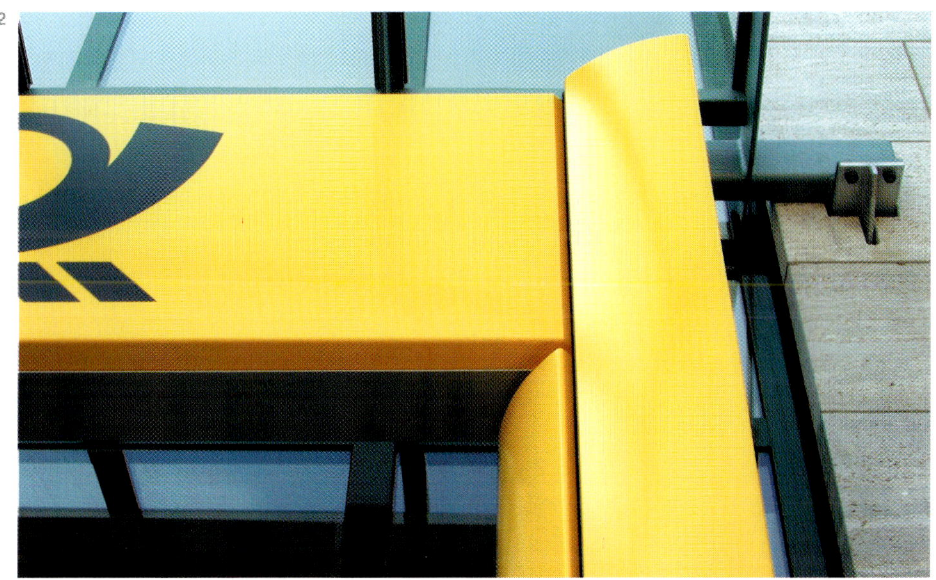

3

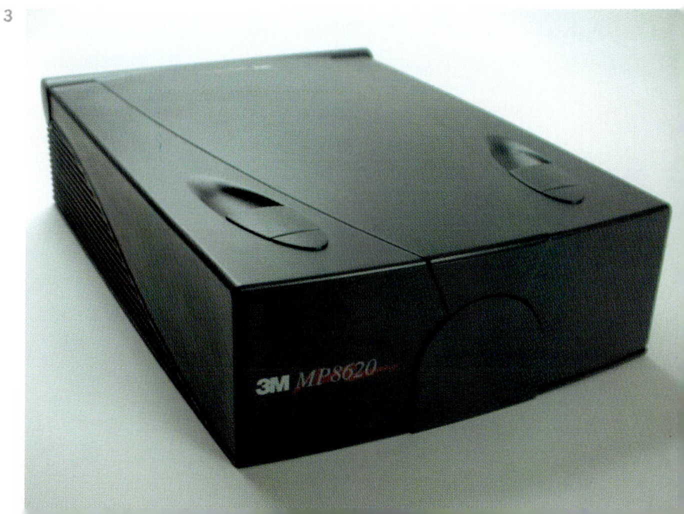

ma design

industrial design
interaction design

Geschäftsführung
Dipl. Industrial Des. Michael Arpe
(VDID, DDV)

Düvelsbeker Weg 12
24105 Kiel
Telefon +49 (0)431/8 00 02-0
Telefax +49 (0)431/8 00 02-12
e-mail info@ma-design.de
internet www.ma-design.de

> Communication Design S. 346

ma design wurde 1985 von Michael Arpe in Kiel als Industrial Design Studio gegründet und ist seither zu einer strategisch operierenden Design- und Multimedia-Agentur gewachsen. Mit großem Erfolg fasst ma design die Bereiche Industrial Design, Interaction Design, Communication Design und Strategy Consulting im Rahmen einer umfangreichen Dienstleistung zusammen. Neben vielfach ausgezeichneten Produkten werden Bedien-Oberflächen, Multimedia-Shows, Corporate Design, Marken, Druckerzeugnisse und Websites entwickelt. In ganzheitlichen Beratungen entstehen innovative Strategien, die Unternehmen und Produkte neu und langfristig am Markt positionieren. In drei Studios am Hauptstandort Kiel und in Berlin arbeiten 30 internationale Mitarbeiter in einer pulsierenden Mannschaft zusammen.

ma design was established by Michael Arpe in Kiel as an industrial design studio in 1985 and has since grown into a strategically operating design and multi-media agency. It has been extremely successful in combining the fields of industrial design, interaction design, communication design and strategy consulting in a comprehensive service. Following on from a variety of award winning products, ma design develops user interfaces, multi-media shows, corporate design, brands, printed matter and websites. Holistic consultation produces innovative strategies to position companies and products with freshness and sustainability on the market. A pusing, international team of 30 people are currently at work at the main location in Kiel and in Berlin.

1

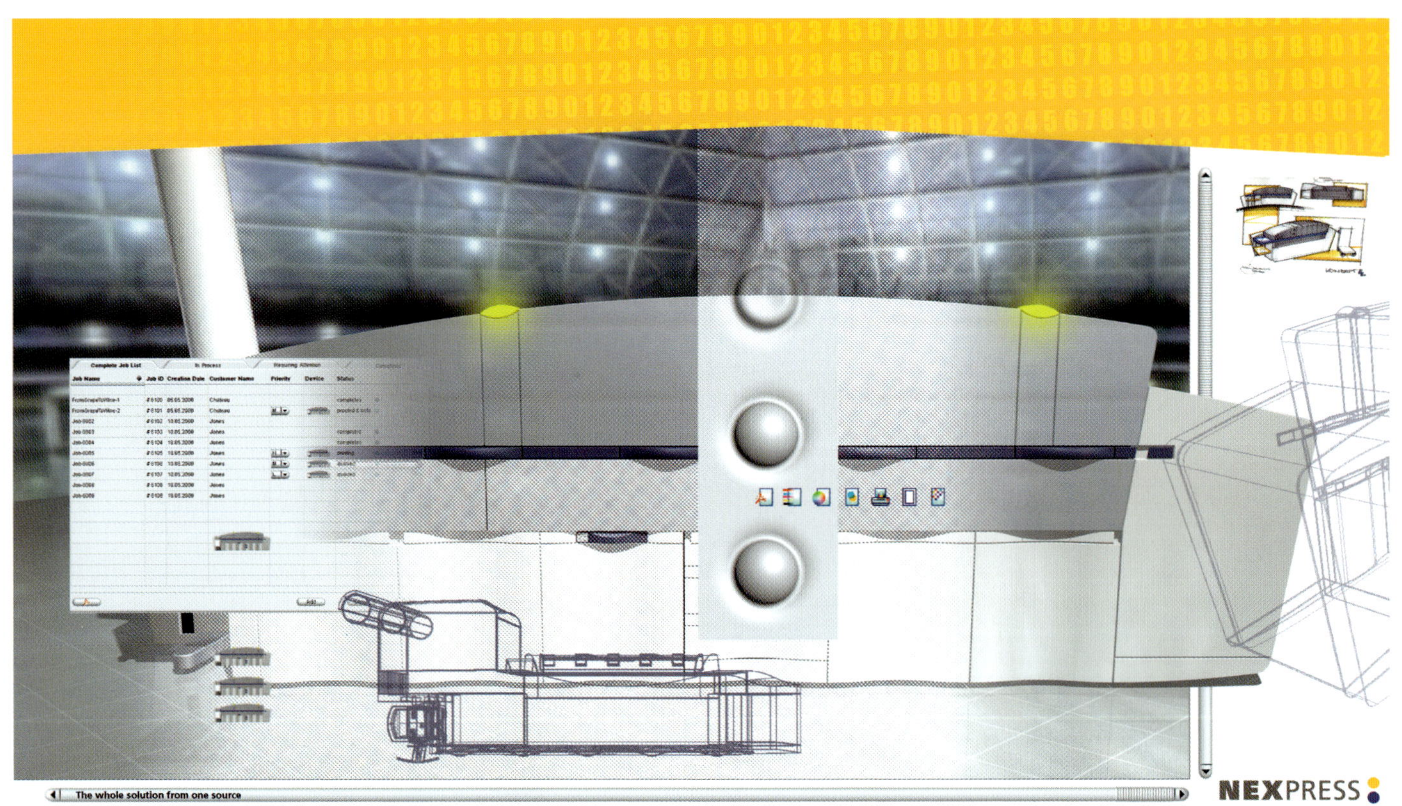

1+2 NexPress 2100 digital production color press, industrial design
NexPress Solutions LLC, ein Joint Venture der Heidelberger Druckmaschinen AG und Eastman Kodak Company
a joint venture of Heidelberger Druckmaschinen AG and Eastman Kodak Company
2000.

3 NexStation Digital Front End, interaction design
NexPress Solutions LLC
2000.

Referenzen/references: Deutsche Telekom AG, Heidelberger Druckmaschinen AG, DeTeWe AG & Co., Zentralverband des Deutschen Handwerks, HELL Gravure Systems GmbH und weitere renommierte Unternehmen.
Auszeichnungen/awards: 6x iF Design Award Industrie Forum Design Hannover (TK-Familie BeeTel 345i, ISDN TK-Anlage T-Eumex 604 PC, Flachbettscanner Nexscan F 4200, System TK-Anlage OpenCom 110/120, Filmbelichter Primesetter 102 und Primesetter 74); 3x Designpreis Schleswig-Holstein (Flachbettscanner Nexscan F 4200, TK-Familie BeeTel 345i und OpenCom 110/120, Filmbelichter Primesetter 102 und Primesetter 74).

3

2

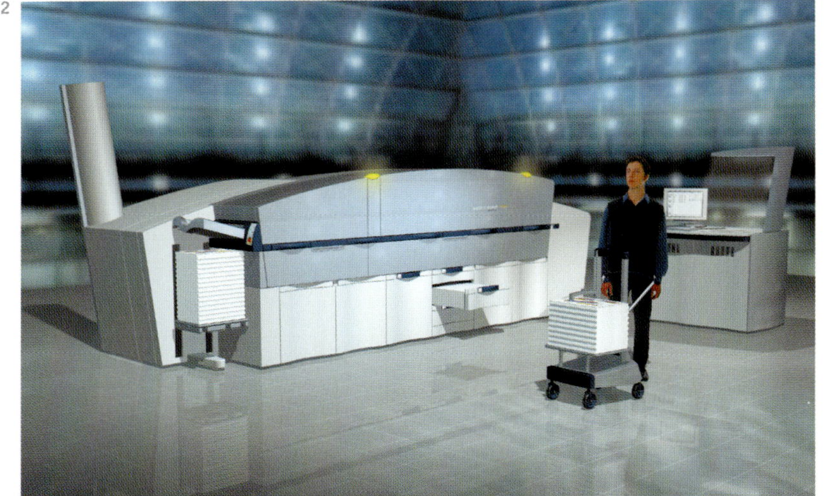

Peter Maly

Design und Innenarchitektur

Oberstraße 46
20144 Hamburg
Telefon +49 (0)40/44 04 84
Telefax +49 (0)40/41 83 87
e-mail peter-maly@snafu.de
internet www.peter-maly.com

Das Studio Peter Maly besteht seit 1970. Hier arbeitet er mit sechs Mitarbeitern an Aufgaben des Produktdesigns und der Innenarchitektur. Internationale Möbelkollektionen entstehen, aber auch Aufgaben, die im Zusammenhang damit stehen: Die neuen Entwürfe werden inszeniert, Messe-Architekturen entworfen, Ausstellungen und Fotoentwürfe konzipiert, Showrooms für Firmen entwickelt, manchmal sogar die Innenarchitektur ganzer Einrichtungshäuser. Diese große Aufgabenbreite entspricht ganz der Philosophie Malys: Ganzheitliche Betreuung einer Designaufgabe, vom Produktdesign bis zur Präsentation in der Öffentlichkeit. Charakteristisch für Malys Arbeit ist die Liebe zu geometrisch geprägten Formen und sein Streben nach Klarheit, Funktionalität und Langlebigkeit.

Peter Maly established his studio in 1970. With a staff of six he works on product design and interior design projects. International furniture collections are created side by side with related projects. New designs are presented, trade fair architectures created, exhibitions and photographic designs devised, company showrooms designed – and sometimes the interiors of entire furniture stores. This wide range of tasks is fully in line with Maly's philosophy of a holistic approach ranging from product design to public presentation. A characteristic feature of Maly's work is a love of geometrical forms and a striving for clarity, functionality and durability.

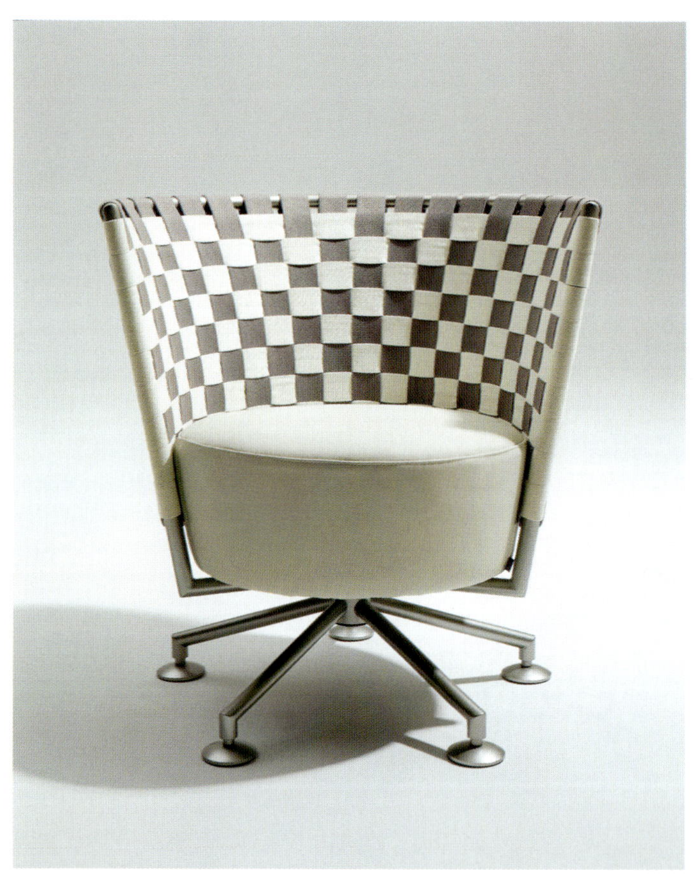
1

1 Sessel Circo Produktdesign
Circo armchair product design
COR Sitzmöbel 1998,
iF Design Award 2000.

2 COR-Messestand/*COR trade fair stand*
COR Sitzmöbel 1999–2001,
iF Exhibition Design Award in Gold 2001.

3 Möbelensemble Brera
Sideboard, Bibliothek und Esstisch Brera,
Stuhl Graphic und Leuchten Le Ballon.
Brera furniture collection.
Brera sideboard, library and dining table.
Le Ballon chair, graphics and lights.
ligne roset 1997–2001.

Referenzen/references: Anta Leuchten, Behr international, Bros, Carpet Concept, Conmoto, COR Sitzmöbel, Interlübke, JAB Anstoetz, Kröncke Interior, ligne roset, Mauser Office, Sauter Pianos, Steybe, Thonet, Tonon.
Veröffentlichungen/publications: Designermonographie 5 – Peter Maly, Verlag form GmbH, Frankfurt/Main.
Auszeichnungen/awards: Bundespreis Gute Form 1985; Hommage de l' Industrie aus Crèateurs Paris und Grand Prix de la Critique Paris 1989; Hommage du Salon du Meuble de Paris 1994; iF Industrie Forum Design Hannover (5x), Design Zentrum Nordrhein Westfalen 1995–2001 (6x), Designpreis Schweiz 1997, Exhibition Design Award IMM Köln1998 (2x silber) und 2001 (1x gold); Int. Designpreis Baden-Württemberg (6x), Landesprämierung hamburgunddesign 1999, Chicago Good Design Award 1999 (3x), 2000 (3x).
Ausstellungen/exhibitions: Peter Maly Arbeiten von 1967-2001 im Museum für Kunst und Gewerbe, Hamburg 2001. *Works by Peter Maly from 1967 to 2001 in the Museum für Kunst und Gewerbe in Hamburg, 2001.*

2

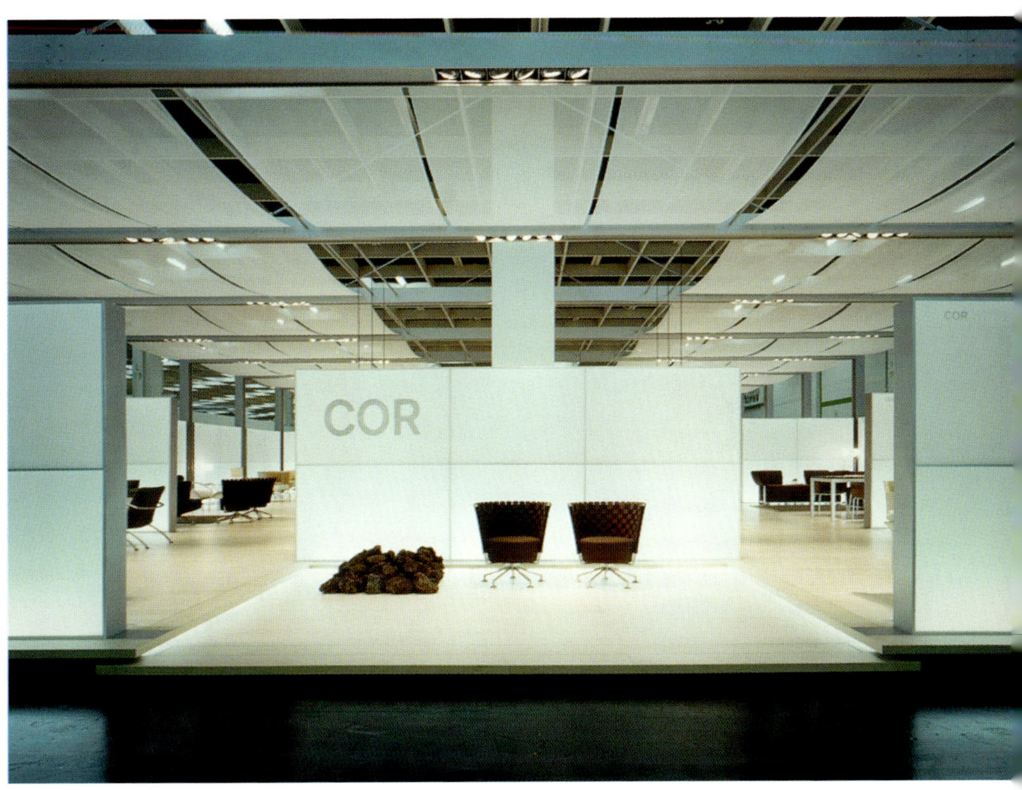

3

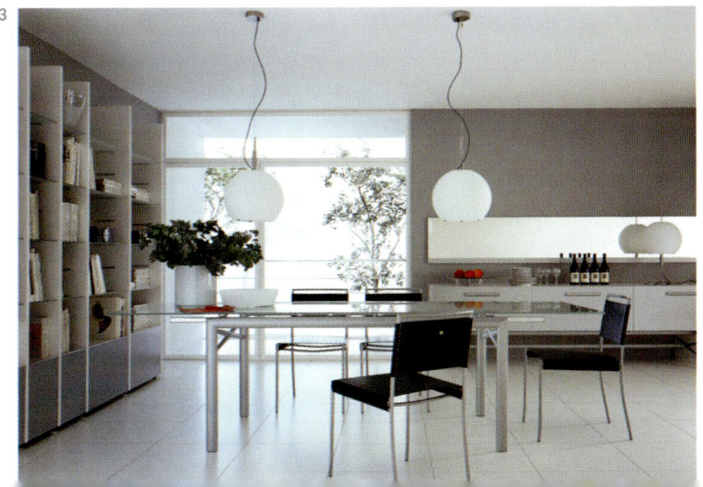

metz und kindler produktdesign

Geschäftsführung
Guido Metz, Michael Kindler

Frankfurter Straße 44
Im Kontorhaus
64293 Darmstadt
Telefon +49 (0)6151/29 36 41
Telefax +49 (0)6151/29 52 52
e-mail info@metz-kindler.de
internet www.metz-kindler.de

Die Philosophie von Guido Metz und Michael Kindler orientiert sich an den Bräuchen und Gewohnheiten, wie die Erkundung von gelernten und mit der Zeit hinzugewonnenen Verhaltensweisen der Menschen. Ihr Credo, über den Tellerrand zu schauen, für Notwendiges und Logisches, für neue Materialien und Altbewährtes, für das Einfache und Nachvollziehbare stellt die Basis jeder noch so kleinen Produktentwicklung dar. In Kooperation mit dem Büro Sabine Dickes werden ebenso neue Lösungen im Bereich der Innenarchitektur erstellt, wie auch mit einem Pool an Designern, Fotografen, Grafikern, Computerspezialisten und Modellbauern im Kernaufgabengebiet der Produktgestaltung.

The philosophy of Guido Metz and Michael Kindler is oriented on people's habits and customs and inquiry into their learned and acquired modes of behaviour. Their maxim of looking beyond the immediately obvious with an eye to what is necessary and logical, new and tried and tested materials, simplicity and comprehensibility, is the basis of even the smallest product development. New solutions in interior design are sought in collaboration with the Sabine Dickes office just as they are in the firm's core area of product design with the aid of a pool of designers, photographers, graphic designers, computer specialists and model builders.

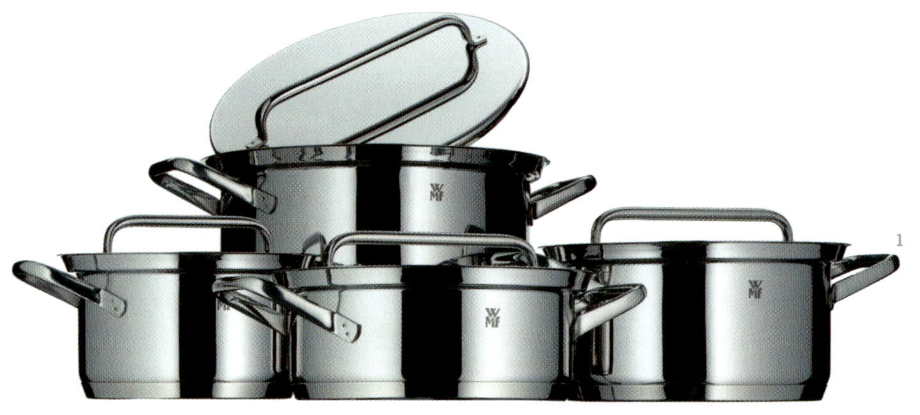
1

1 Kochtopfserie Concept
Concept cooking pot line
WMF 2001.
red dot award Design Zentrum Nordrhein Westfalen 2001.

2 Augenlaser-OP-Einheit Esiris
Esiris laser eye surgery unit
Schwind eye-tech-solutions 2000.

3 Reise-Maniküreset nailbox
nailbox travelling manicure set
Flörke GmbH 2000.
FVKK best of plastics 2001.

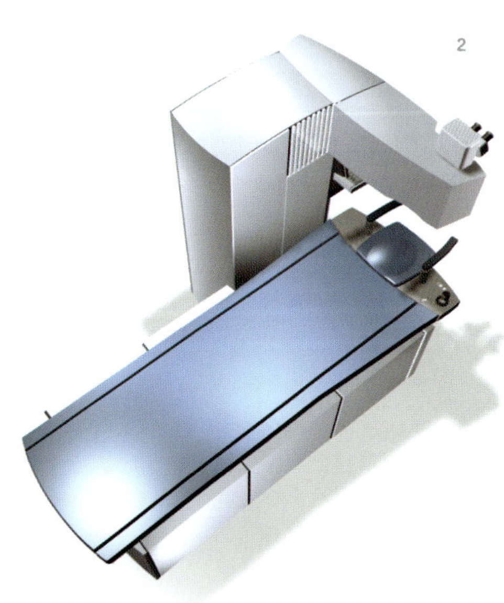
2

Referenzen/references: WMF, Silit, Flörke, Guzzini, Maytag, authentics.F, Kaiser Backform; Public design: MABEG und die Verkehrsbetriebe Augsburg, Bremen, Ludwigshafen; Medizintechnik/ *Medicine*: Schwind eye-tech-solutions, View-point-technologies.
Veröffentlichungen/publications: In allen Einrichtungs- und Designzeitschriften von form bis design report, von Interni bis Zoo-Magazine, von Wallpaper bis Modo, im internationalen Design-Jahrbuch seit 1996 vertreten. *In all furnishing and design magazines from form to design report, from Interni to Zoo-Magazine, from Wallpaper to Modo, and in the international Design Yearbook since 1996.*
Auszeichnungen/awards: Braun-Preis, Sabattini-Award, Design-Plus, Rote Punkte und red dots Design Zentrum Nordrhein Westfalen, Essen.

3

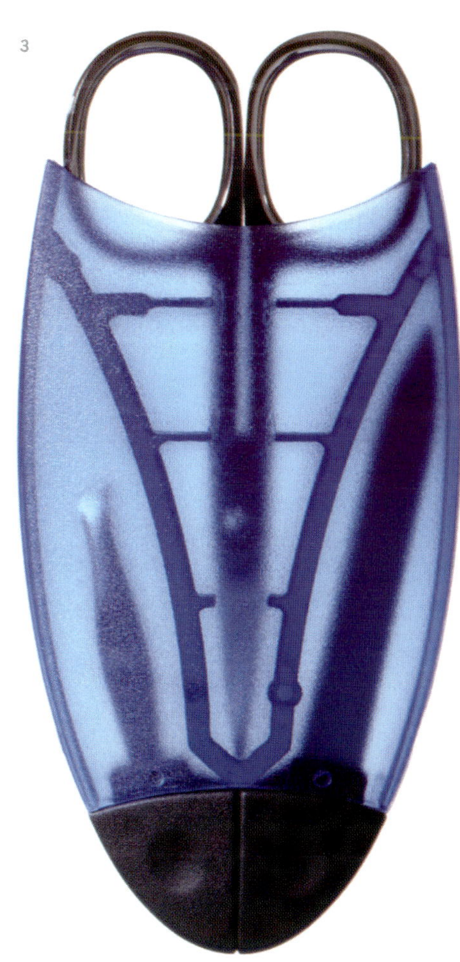

Meyer-Hayoz

Meyer-Hayoz
Design Engineering Group

Geschäftsführung
Wolfgang K. Meyer-Hayoz (VDID)

Zollernstraße 26
78462 Konstanz
Telefon +49 (0)7531/90 93 0
Telefax +49 (0)7531/90 93 90
e-mail info.de@meyer-hayoz.com
internet www.meyer-hayoz.com

Die Meyer-Hayoz Design Engineering Group wurde 1985 in der Schweiz gegründet. Bereits vier Jahre später folgte die Eröffnung des deutschen Unternehmens. Wolfgang K. Meyer-Hayoz, Gründer und CEO der Gruppe, absolvierte nach Abschluß eines Maschinenbaustudiums ein weiteres Hochschulstudium im Fachbereich Industrial Design. Ehrenamtlich führte er über sechs Jahre als Präsident die Swiss Design Association (ICSID Member). Die Unternehmensgruppe zählt heute zu den international führenden Designagenturen mit ganzheitlichem Leistungsspektrum. Die Kompetenzbereiche der Gruppe: Strategie- und Identitätsentwicklung, Produkt Design, User Interface Design, Temporäre Architektur sowie Kommunikationsdesign und Digitale Medien.

The Meyer-Hayoz Design Engineering Group was established in Switzerland in 1985. This was followed four years later by the German company. Wolfgang K. Meyer-Hayoz, the founder and CEO of the Group followed a degree in mechanical engineering with a second degree in industrial design. For six years he was also president of the Swiss Design Association (ICSID member). The Group is nowadays one of the world's leading full-service design agencies. Its core specialities are strategy and identity development, product design, user interface design, temporary architecture, communication design and digital media.

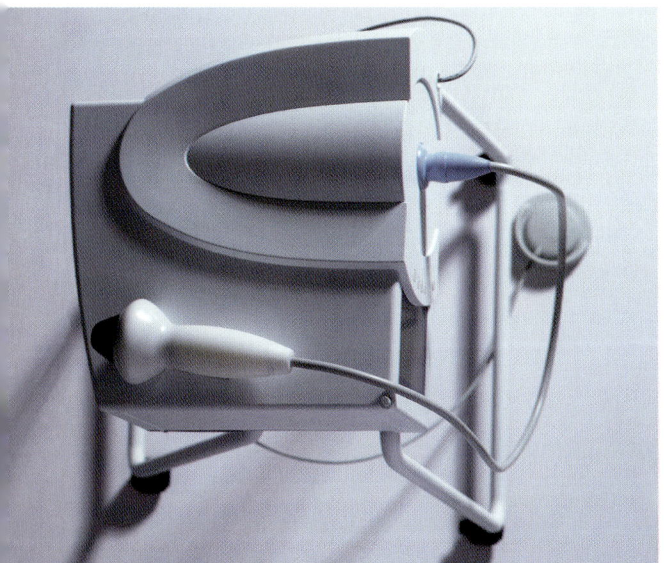

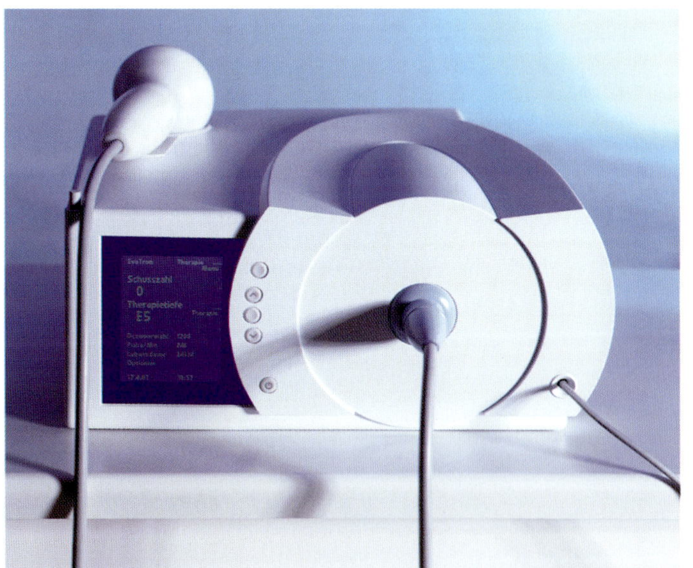

1

Referenzen/references: ABB, Ascom, Bruker Medical, Credit Suisse/Winterthur Financial Services, CWS, Disetronic Medical Systems, Dividella, Endress+Hauser, Electrolux Professional, Erowa Inter, Elma Electronics, Ferag, Föhrenbach, Gallus Group, Grob Horgen, HMT High Medical Technologies, Haag-Streit International, Interzeag, Junghans, Kontron Medical, Kistler, Leica, Mikrona Technologie, Motan, Reishauer, Rieter Textile Systems, Schulthess Group, SIG, SIG Combibloc, Siemens, Spühl (Leggett & Platt Inc.), Sulzer Textil, Sulzer Medica, Soudronic, Swisslamps, Therma, Vita u.a.
Auszeichnungen/awards: Höchste Designqualität »Die Besten der Besten«; Design Innovationen, Design Zentrum Nordrhein Westfalen Essen 1993; Aufnahme in die Sammlung des Staatlichen Museums für angewandte Kunst, München, 1993; Markterfolge, Design Center Stuttgart, 1997; Design Sense Award, Design Museum London 2000; The Chicago Athenaeum, Good Design Award 2000; iF Product Design Award, Industrie Forum Design Hannover 2001; Design Preis Schweiz, Langenthal, 2001; red dot award product design, Design Zentrum Nordrhein Westfalen, Essen 2001.

2

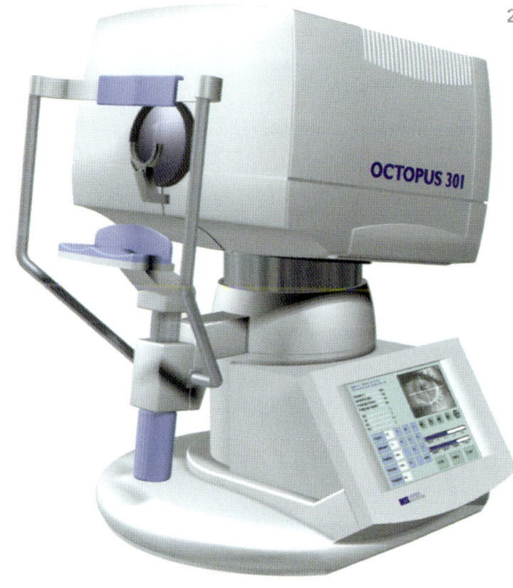

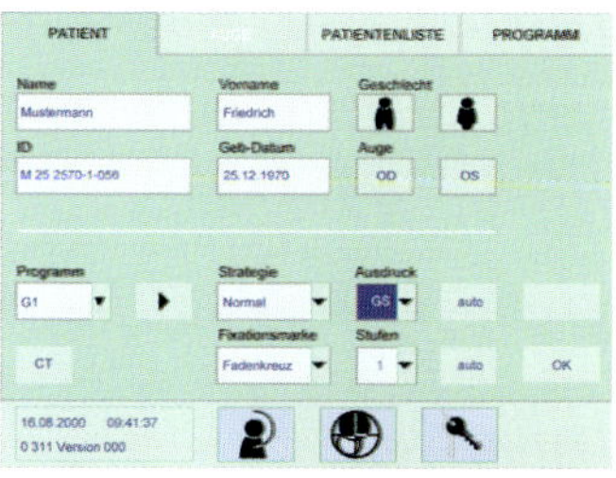

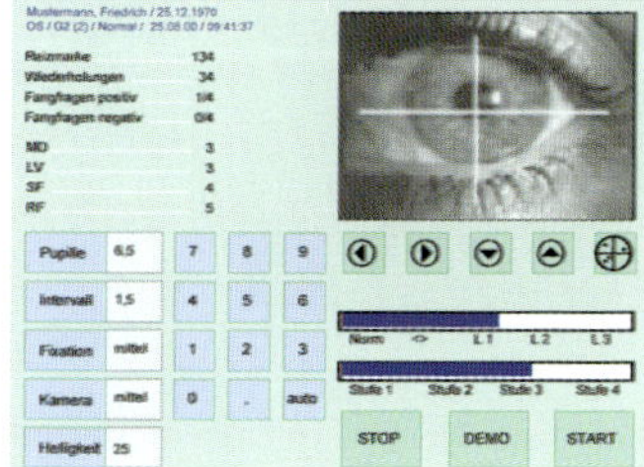

3

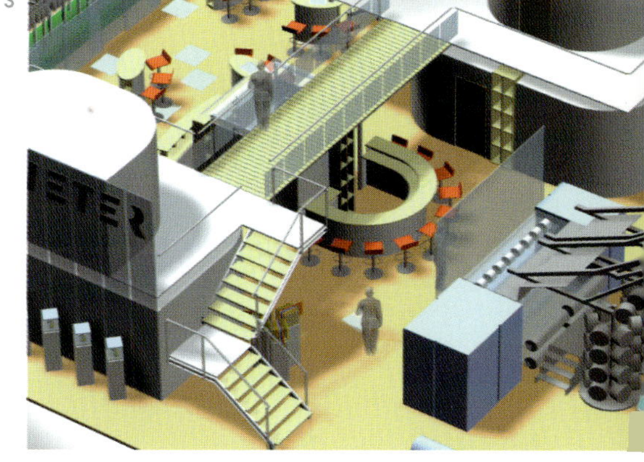

1 Stosswellen-Therapiegerät EvoTron
EvoTron shockwave therapy device.
Product Design, User Interface Design.
Design Strategie.
HMT High Medical Technologies AG 2001.

2 Perimeter Octopus 301/311
Product Design, User Interface Design.
Interzeag AG 2001.

3 Messestand ITMA Asia Singapore
Temporäre Architektur, Designstrategie.
ITMA Asia trade fair stand, Singapore. Temporary architecture and design strategy.
Rieter Textile Systems 2001.

.molldesign

Geschäftsführung
Reiner Moll, Andreas Utz

Turmgasse 7
73525 Schwäbisch Gmünd
Telefon +49 (0)7171/93 00 0
Telefax +49 (0)7171/93 00 23
e-mail molldesign@t-online.de
internet www.molldesign.de

Atemberaubende Jahre: Erfolgreiche Produktentwicklungen in unterschiedlichsten Märkten, interdisziplinäres Teamwork, 70 nationale und internationale Preise. Von Grundsatzuntersuchungen über handwerklich orientiertes Gestalten von Einzelprodukten und komplexen Systemen bis zu Produktauftritt und Seminar reicht das Leistungsspektrum. Das »kreative Dutzend« in einer ehemaligen Goldwarenfabrik entwickelt und realisiert in Zusammenarbeit mit einem gewachsenen Netzwerk von Spezialisten Konzepte für verschiedenste Produktbereiche. .molldesign, 1971 von Reiner Moll in Schwäbisch Gmünd gegründet, wurde bereits vor 10 Jahren vom Designzentrum Nordrhein Westfalen als »Designteam des Jahres« ausgezeichnet.

Breathtaking years: successful product designs on a wide variety of markets, interdisciplinary teamwork, 70 national and international awards. The range of services extends from basic studies through craft oriented design of single products and complex systems to product image presentation and seminars. The "creative dozen" in a disused giltware factory develops and implements concepts for a wide variety of products in collaboration with a network of specialists. Established in Schwäbisch Gmünd by Reiner Moll in 1971, molldesign was awarded the title of "Design Team of the Year" by the Design Zentrum Nordrhein Westfalen as long as 10 years ago.

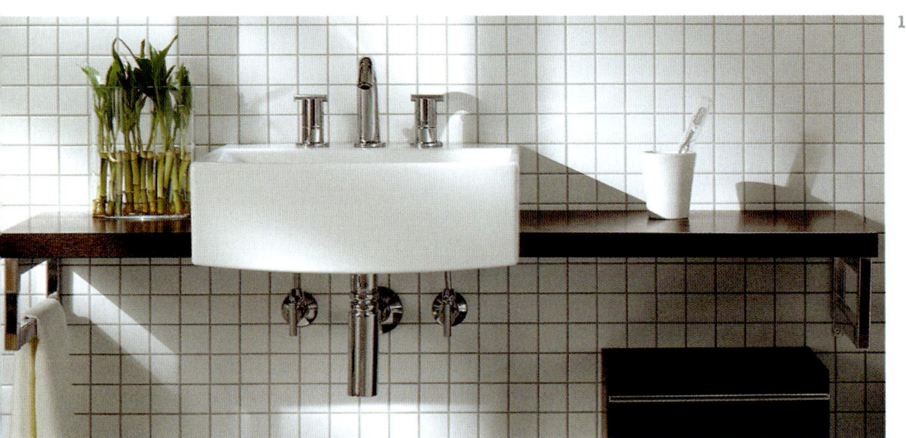
1

1 Sanitärkollektion Pure Basic
Pure Basic sanitary ware collection
Villeroy & Boch 2001.

2 Öl- und Gasheizkessel ComfortLine
ComfortLine oil and gas fired boilers
Wolf Heiztechnik 2001.

3 Counter System Vista
König & Neurath 1998.

Referenzen/references: AEG Lichttechnik, B+W, Carl Sauter Pianofortefabrik, Digital, Erpo, GEK, Interstuhl, Keuco, König+Neurath, Leicht Küchen AG, Leifheit, Martin Stoll, Mauser, Nubert electronic, Pressalit, Sahm, Telekom, T+A, Trumpf, Universal, Villeroy & Boch, Waldner, Whirlpool/ Bauknecht, Wolf Heiztechnik u.a.
Veröffentlichungen/publications: »das alles nicht«, molldesign; »Ausgefeilte Formen in Dur + Moll«, SBZ 9/2001; »Säule stoppt Unruhe«, M&B 5/2000; »Alltagsästhetik« (aus Top Trends); »Designprozess" in: Peter Zec. Mit Design auf Erfolgskurs, Dumont Verlag 1998; »Die Gmünder Designschmiede«, Designreport 2/1998; Portrait .molldesign in: Peter Zec. German Design Standards, Dumont Verlag 1997.
Auszeichnungen/awards: Chicago Athenaeum Good Design (1996 bis 2000); Design Center Stuttgart (1981 bis 1999); iF Industrieforum Design Hannover (1995 bis 2001); red dot award, Design Zentrum Nordrhein Westfalen Essen (1990 bis 2000), Stahl-Innovationspreis 1997; Gold Medaille Interclima 2000, Architektur und Office 2000; Innovationspreis Architektur und Technik 2001; Produktaufnahmen in die Neue Sammlung, München.

3
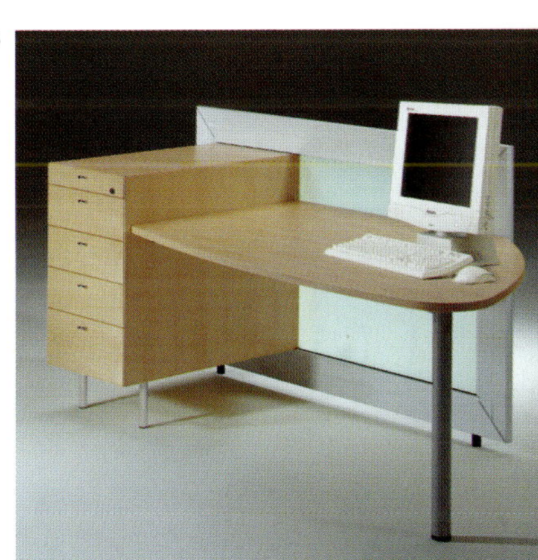

2
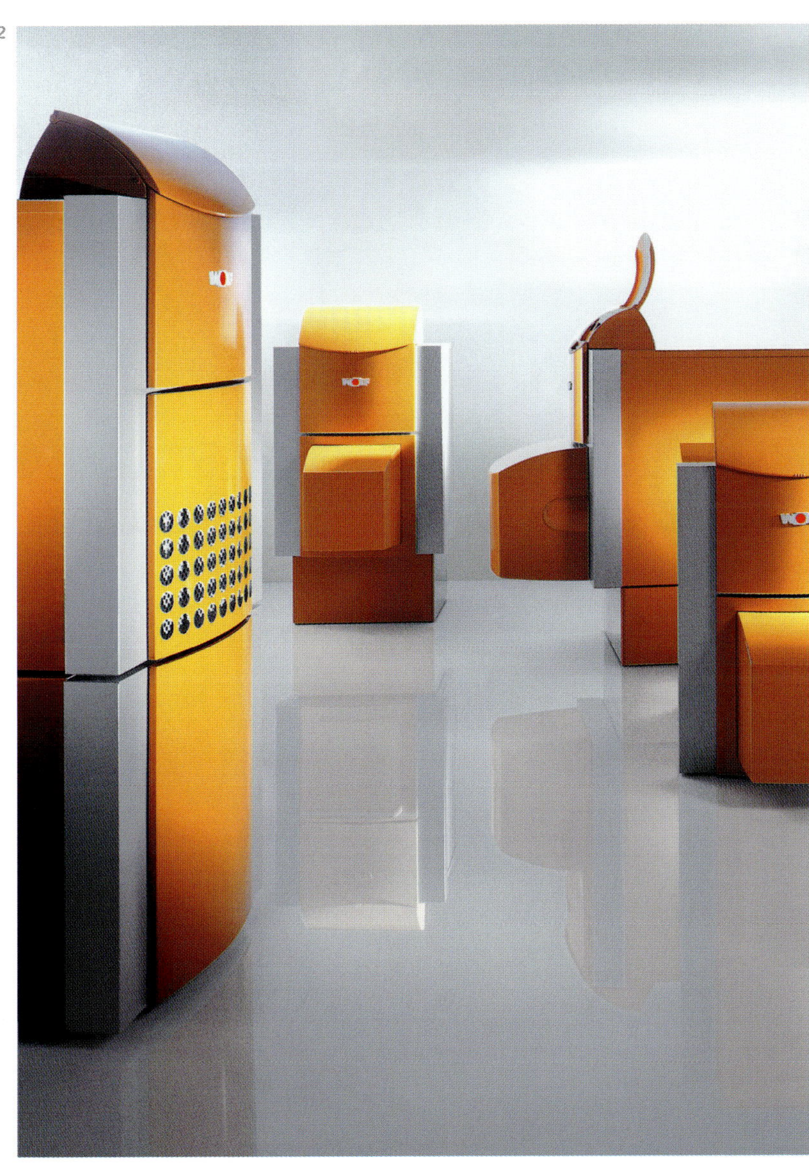

münter design

Geschäftsführung
Dipl. Des. Frank Münter (VDID)

Max-Keith-Straße 29
45136 Essen
Telefon +49 (0)201/8 96 53 00
Telefax +49 (0)201/8 96 53 02
e-mail mail@muenter-design.de
internet www.muenter-design.de

Die 1994 von Frank Münter gegründete Designagentur bietet integrierte Designleistungen an, die von der Marktanalyse, über die Produktentwicklung, bis hin zum Produktionsmanagement reichen. Für einen internationalen Kundenstamm wurden bis jetzt unzählige Projekte aus den Tätigkeitsfeldern Produkt Design und Ausstellungssystem realisiert. Die Leistungsschwerpunkte sind: Anpassung von Unternehmensqualität an aktuelle Zielgruppenerwartungen, Konzeption und Gestaltung technisch geprägter Produkte, Entwickeln und Realisieren von Visionen unter einer Zielsetzung – max.reality.

The design agency established by Frank Münter in 1994 offers integrated design services ranging from market analysis through product development to production management. Countless projects in the fields of product design and exhibition systems have been implemented to date for international clients. The main focus is on adapting corporate characteristics to the current expectations of target groups, concepts and design for technical products and the development and realisation of visions aimed at max.reality.

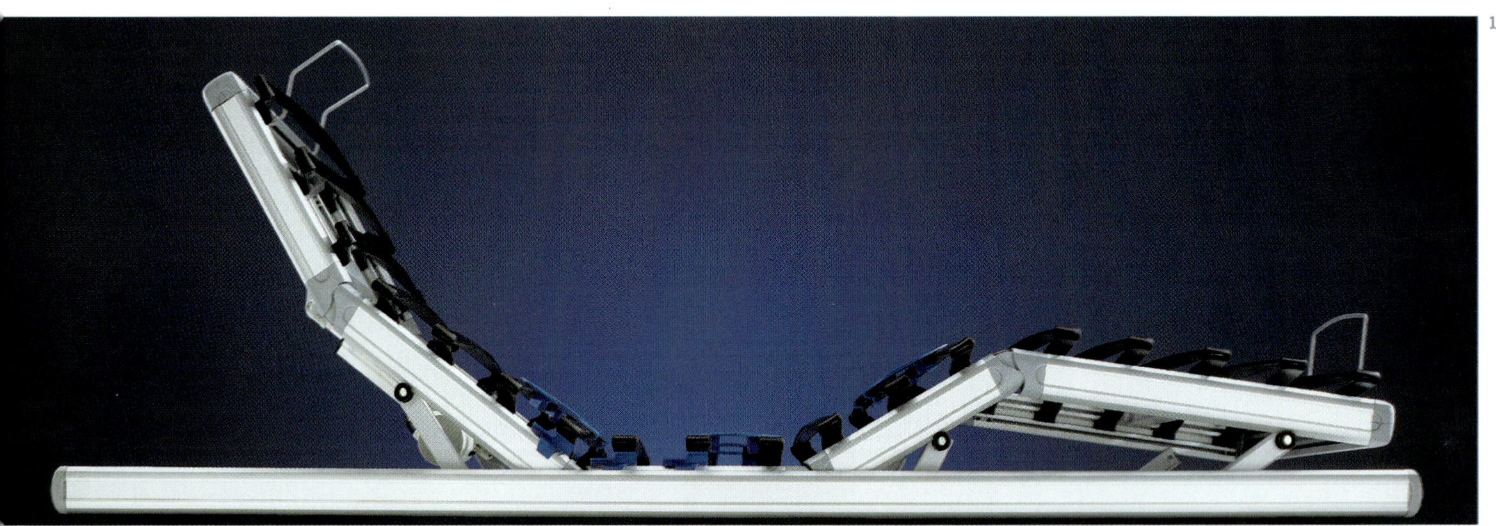
1

1 Schlafsystem/*Sleep system*
Rummel Matratzen GmbH 1999.

2 Faltrad/*Folding bike*
pragg.innovation 2000.

3 Ausstellungssystem/*Exhibition system*
DeTeWe 2001.

Referenzen/references: CD World Corporation, DeTeWe, Herkules Fahrradwerke, mazine, Otis Escalator, pragg.innovation, Red Bull, Rummel Matratzen, Sedus Stoll, Vontana Industries.
Veröffentlichungen/publications: »6. Experimente – designfiction, Statements«, Statements, Gestalten Verlag 1991; »Möbel für kleine Räume«, Callwey Verlag 1997; »Komfort und Funktionalität«, Kunststoffe 6/1999.
Auszeichnungen/awards: iF Industrie Forum Design Hannover 1996 (Tischsystem, Sedus Stoll, Teammitglied); Roter Punkt Hohe Designqualität, Design Zentrum Nordrhein Westfalen 1998 (Ampelsäule, Otis Escalator, Teammitglied), 1999 (Schlafsystem, Rummel Matratzen).

2
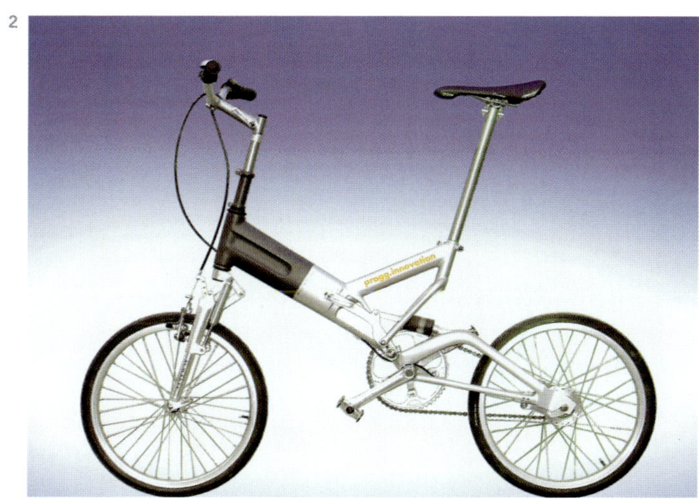

3
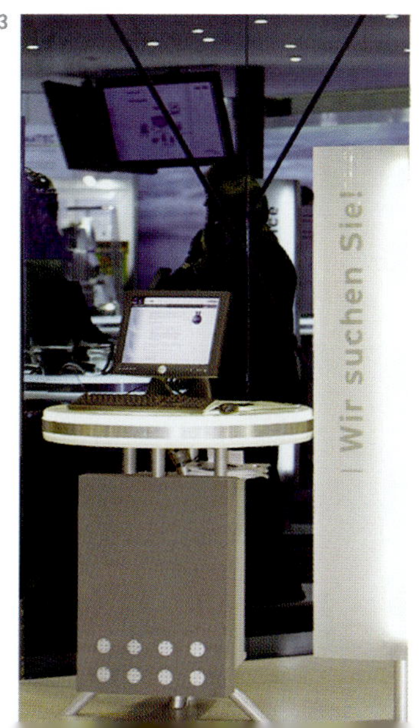

naumann-design

Dipl. Des/MDes. (RCA)
Peter Naumann (VDID)

Hohenbrunner Straße 44
81825 München
Telefon +49 (0)89/6 88 67 75
Telefax +49 (0)89/6 88 67 77
e-mail info@naumann-design.de
internet www.naumann-design.de

Seit 1991 betreuen Peter Naumann und sein Team Designprojekte mit großem persönlichen Engagement. Besonders die Fähigkeit, Fahrzeug Design und Industrie Design anbieten zu können, ermöglicht wichtige Synergien. So entstehen Fahrzeuge, Konsum- und Investitionsgüter als auch Medizinische Produkte. In einem ausgereiften Prozess, mit hochspezialisierten Darstellungstechniken von der Skizze bis zum 1:1 Claymodell, werden in Zusammenarbeit mit dem Kunden Produkte auf sehr hohem Niveau entwickelt. Besonderer Wert wird auf eine intensive Betreuung des Konstruktions- und Produktionsprozesses gelegt. Das Ziel ist immer ein bis ins Detail unverwechselbares Produkt, dass den Konsumenten emotional begeistert.

Since 1991 Peter Naumann and his team have handled design projects with great personal commitment. In particular, his ability to offer both vehicle design and industrial design makes for important synergy. The range covers vehicles, capital and consumer goods and medical products. In a fully evolved process using highly specialised presentation techniques ranging from sketches to 1:1 clay models products on a very high level are developed in close collaboration with the client. Particular emphasis is placed on intensive support for the design and production process. The aim is always to create a product that is distinctive down to the last detail with strong emotional appeal to the consumer.

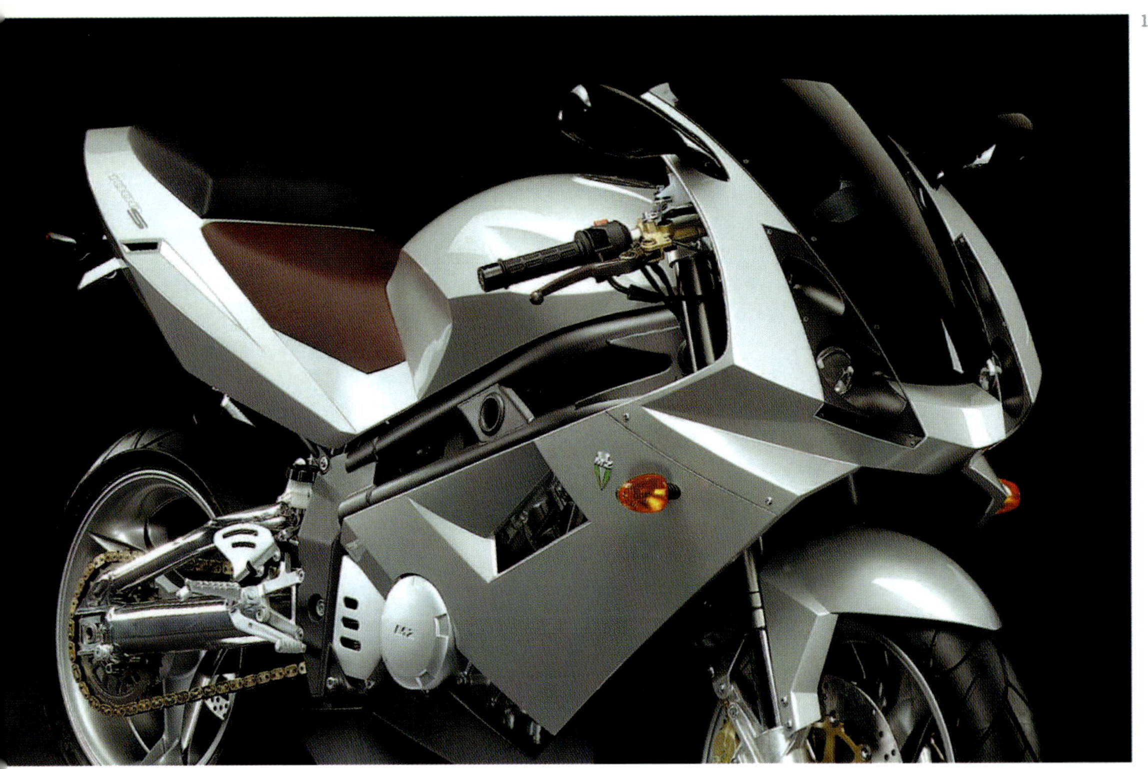
1

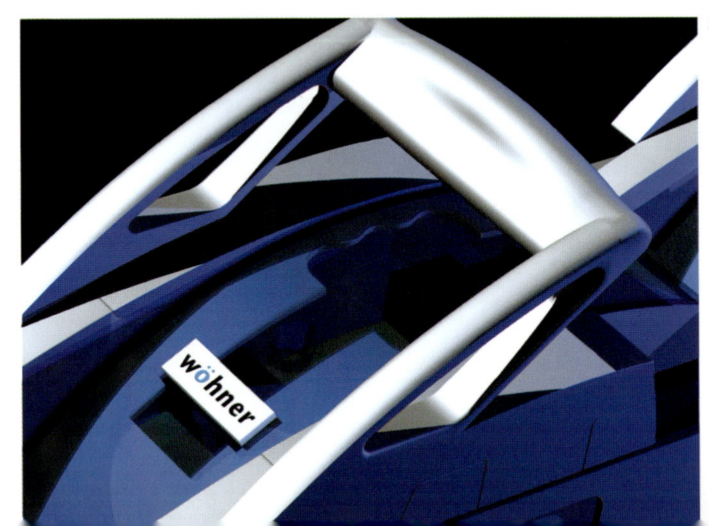

2

Referenzen/references: Audi, BMW, Bürstner, ClassiCon, Honda, Eurocopter, Gaplast, GGU, Hong Leong Industries, Hüppe, Koziol, Kymco, Lear, MZ, Nissan, Schuberth, Ursatec, Volkswagen, Wöhner, Yamaha, Xantos.
Veröffentlichungen/publications: »(K)ein obskures Objekt der Begierde«, Computer Persönlich 25/1990; »New Talent: Aram/Blueprint Student of the year«, Blueprint 80/1991; »High Flyer«, The Face 40/1992; »Futura-Naumann's Law«, 089-Magazin, 3/1992; »Wave Makers«, Blueprint, 100/1993; »Spaßvehicel und Sportbikes«, form 157/1997; »Streitfall:Retro Design«, form, S2/1998; »Peter F. Naumann – industrial designer«, AXIS, 1/2, 1998, »Eine Frage des Stils«, Motorradfahrer Nr. 11/2000.
Auszeichnungen/awards: Aram/Blueprint Award, London 1991 (Helicopter Anax); Fleur Cowles Award 1991 (Helicopter Anax Eurocopter), Design Selection, Design Center Stuttgart 1994 (Leuchte Ran, ClassiCon); Roter Punkt für Hohe Designqualität Design Zentrum Nordrhein Westfalen, Essen 1998 (Armbanduhr Noon, Watch People); Prototyp und Produkt, Positionen Angewandter Kunst, München (Lasttrennleiste Secur Leanstreamer, Wöhner).

1 1000 S
MZ GmbH 2000.

2 NH Leiste/*NH fuse-disconnector*
Wöhner GmbH & Co. KG 2000.

3 Gonzales
Koziol GmbH 2001.

3

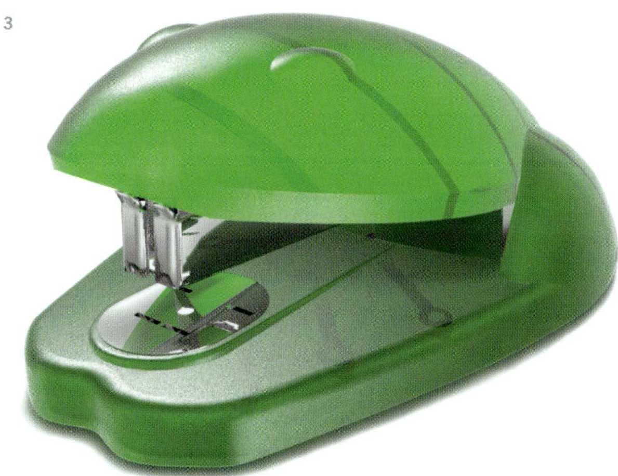

Nexus Product Design

Ulli Finkeldey, Gerd Gratenau,
Anja Padzikowski, Stefan Quenkert,
Kai Uetrecht, Andreas Wurg,
Peter Wulfhorst

Muerfeldstraße 22
33719 Bielefeld
Telefon +49 (0)521/33 33 52
Telefax +49 (0)521/33 33 82
e-mail nexusdesign@t-online.de

Nexus Product Design ist ein interdisziplinär tätiges Team für Produktgestaltung mit umfangreichem Leistungsangebot. Wir entwickeln und gestalten seit 1987 Produktlinien und Designstrategien in kontinuierlicher Zusammenarbeit mit namhaften Unternehmen der Konsum- und Investitionsgüterindustrie. Ergänzt durch eigene Studios für Modellbau, Technische Illustration und Fotografie bieten wir unseren Kunden einen umfassenden Design Service in allen Phasen der Produktentwicklung.

Nexus Product Design is an interdisciplinary working team for product development. Since 1987 we are developing and creating new product-lines and designstrategies in continous collaboration with well named companies for consumer and invest-products. In company with own studios for prototyping, technical illustration and photography we provide a comprehensive design service through all stages of product development.

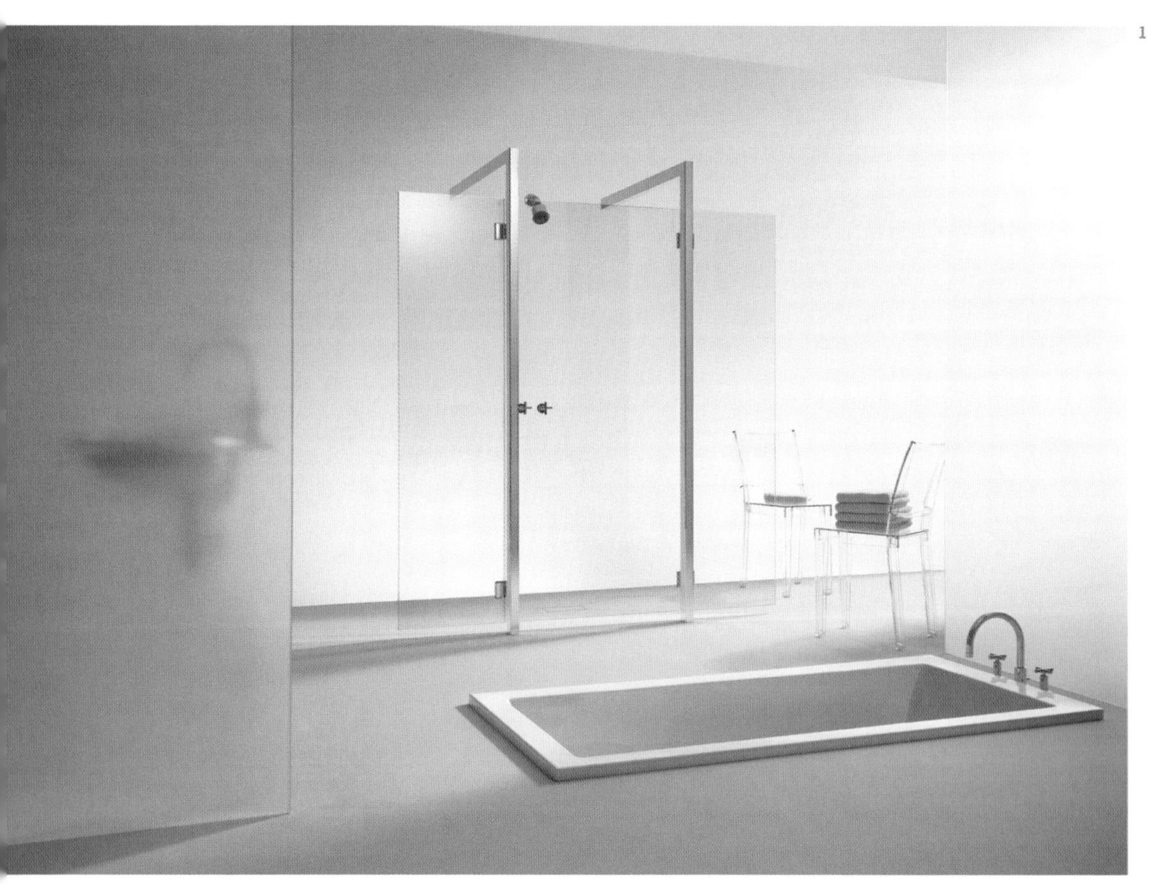

1

1 KORALLE Sanitärprodukte, Terrashower
Badewanne und Duschabtrennung
Bath tub and shower partition.

2 DOMILUX Leuchten,
Visio Deckensystemleuchten für Licht- und Akustiktechnologie,
in Zusammenarbeit mit B. Künnemeyer/ Leon Wohlhage
Ceiling mounted lamp systems for light and sound technology,
in collaboration with B. Künnemeyer/ Leon Wohlhage.

Referenzen/references: Fechtel, Kynast, RFT TV, Eichelberg/Grohe AG, Minolta, Koralle, Emco, Domilux, Sphinx, Gesika, Sennheiser, Arzberg, Miele, PGO Motorräder, Ebert, Reimo, Cordes+Graefe, Tente, Hartwig+Führer.
Veröffentlichungen/publications: »Terrashower – Naturstein für die Dusche«, moebel interior-design 6/2001; »Was ärgert sie gerade?« Kai Uetrecht, Design report 7/8, 2001; »Badewonnen«, Bäder Nr. 14; »Wellness«, RAS 3/2001.
Auszeichnungen/awards: Design Auswahl Stuttgart 1988; Bayrischer Staatspreis; Young Designer of Europe Glasgow 1989; Top Design in NRW 1990; Goldenen Intrama, Brno 1994; Rat für Formgebung, Frankfurt 1995; iF Industrie Forum Design Hannover 1995, 1998, 2000; Lighting Product Award 1997; Design Initiative der Deutschen Wirtschaft 1997; Ehrenpreis für Produkt-design des Landes NRW 1997; Roter Punkt für Höchste Designqualität: Die Besten der Besten, Design Zentrum Nordrhein Westfalen 1997, Roter Punkt für Hohe Designqualität 1987, 1989, 1993, 1996, 1997, 2000.

2

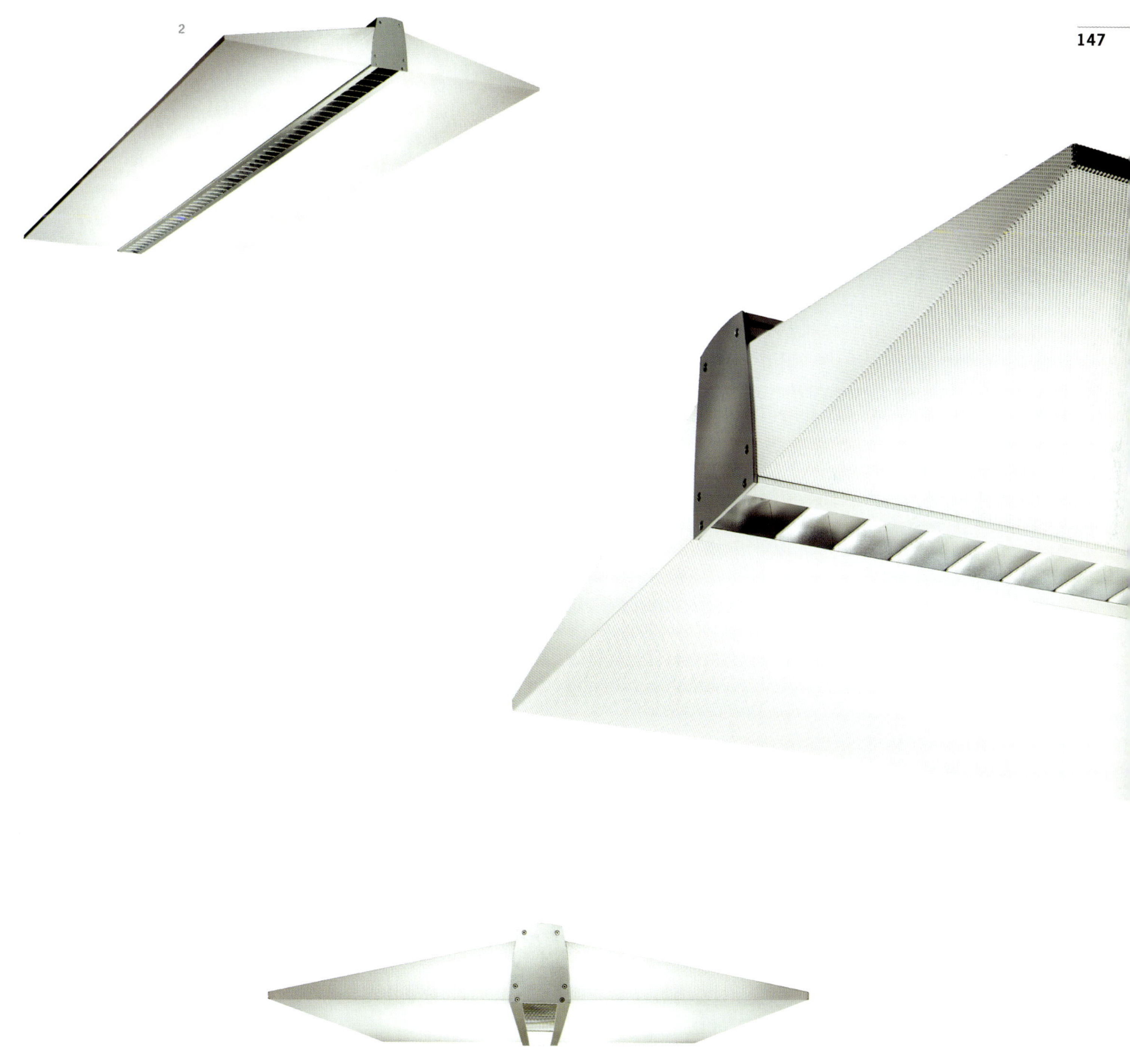

OCO-Design

Geschäftsführung
Octavio Nüsse

An der Kleimannbrücke 79
48157 Münster
Telefon +49 (0)251/2 39 28 0
Telefax +49 (0)251/32 84 12
e-mail oco@oco-design.de
internet www.oco-design.de

Kunden- und Marktorientierung, Innovation und Kreativität sowie die Verknüpfung von ansprechender Ästhetik und höchster Funktionalität beschreiben Philosophie und Anspruch, Selbstverpflichtung und Leistungsspektrum von OCO-Design. Seit 28 Jahren bietet OCO-DESIGN einen Full-Service, Modelle und Prototypen werden in der eigenen Modellbauwerkstatt inklusive CAM-Anbindung über CNC gefertigt. Das Spektrum von OCO-Design wird durch die eigene Werbeagentur und das daran angeschlossene Fotostudio komplettiert. Das kreative Team besteht aus 30 Mitarbeitern, die in Teams Industrie Design für Investitions- und Konsumgüter realisieren: Haushaltswaren, Sanitärtechnik, Maschinen- und Anlagenbau, Kommunikationstechnik, In- und Exterieur, Labor- und Medizintechnik, Automobildesign u.a.

Customer and market orientation, innovation and creativity, taken together with a combination of aesthetic appeal and top functionality characterise the philosophy and goals, the commitment and the range of services of OCO-Design. OCO-Design has been a full-service provider for 28 years. Models and prototypes are produced in the firm's own workshop, which is equipped with CAM/ CNC. The creative spectrum of OCO-Design is rounded off by the firm's own advertising agency complete with photographic studio. The creative team consists of 30 people working in teams to produce industrial design for capital and consumer goods: household goods, sanitary fittings and installations, plant and machinery, communications technology, interior and exterior design, laboratory and medical technology, automobile design etc.

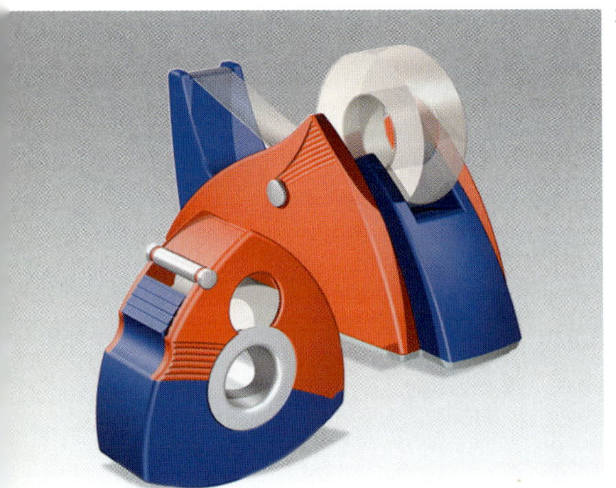
1

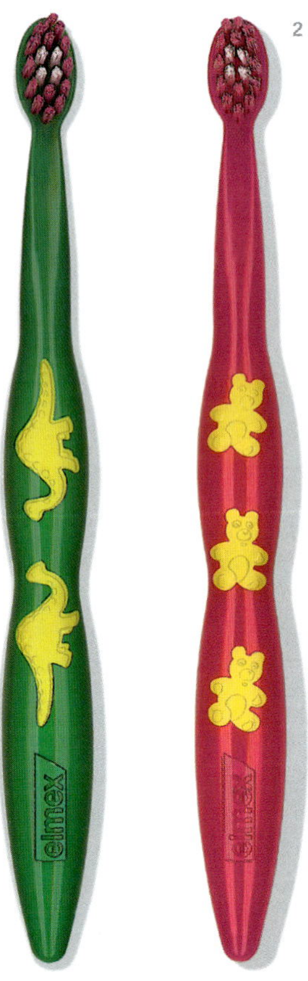

2

Referenzen/references: BDF Beiersdorf, Bosch, Coleman, Daewoo, Emsa, Fresenius, Friedrich Grohe, Hartman, Haag-Streit, Heraeus, Kermi, Melitta, Medela, Novus, Rotring, Sartorius, Sennheiser, Severin, Tchibo, Waldmann, Westfalia, Zeiss. Die Referenzliste umfasst über 200 Unternehmen sowie Global Players im In- und Ausland.
Veröffentlichungen/publications: »Design – Made in Münsterland«, WDR Reportage, 1996; »Form für eine Zeremonie«, EuroWingsMagazin 1999; »Einzig die Form verleiht Einmaligkeit« Welt am Sonntag 2000; »Aus Ideen werden Objekte«, EuroWingsMagazin 2000; »Gruppendynamik – Designpower« AtmosphAIR 2000; »Kreativität fordert Form und Funktion«, GIT 2000; »OCO-Design im Ranking«, Münstersche Zeitung 2000; »Innovationspreis für Labor-Waage von OCO-Design«, Westfälische Nachrichten 2001 u.a.
Auszeichnungen/awards: Seit 1982 zahlreiche Auszeichnungen und Prämierungen. *Many prizes and awards since 1982:* Die gute Industrieform, iF Industrie Forum Design, Hannover; Design Selection, Design Center Stuttgart; Design Innovationen, Haus Industrieform Essen; Design Schnittpunkt, Essen; Roter Punkt Design Zentrum Nordrhein Westfalen, Essen; Produkte des Jahres, Fachverband Kunststoff-Konsumwaren Frankfurt/Main; Anerkennung zum Bundespreis Produktdesign, Rat für Formgebung Frankfurt/Main 1996; Good Design Award, Chicago Athenaeum 1999; 21. Innovationspreis der deutschen Wirtschaft 2001.

3

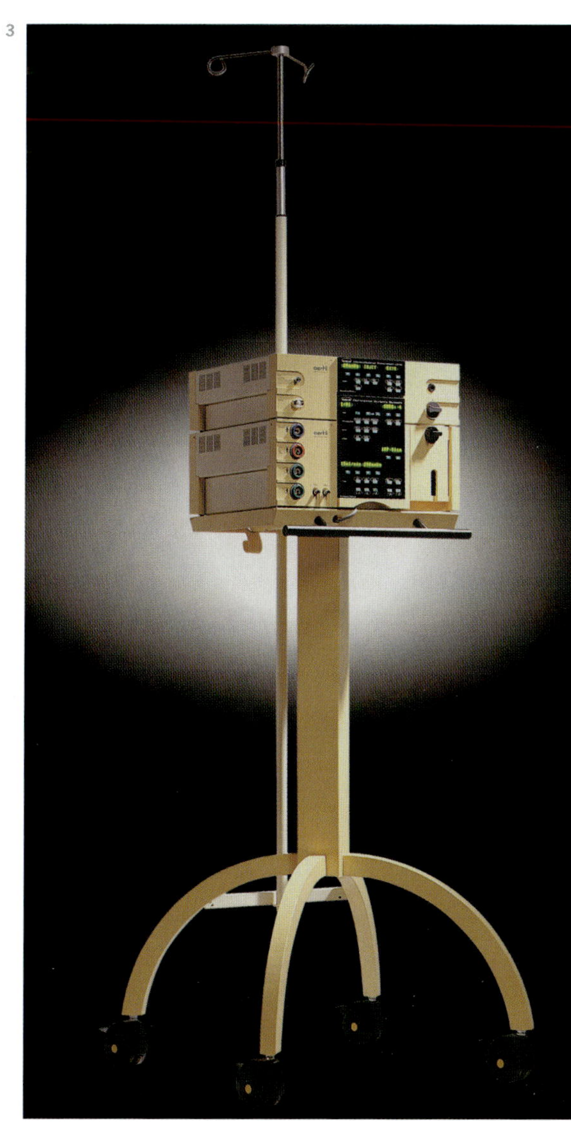

1 Easy Cut
Tisch- und Handabroller
Tabletop and hand-held adhesive tape rollers
Tesa.

2 Lernzahnbürste/*Learners' toothbrush*
Elmex.

3 OS 3 Ophthalmologisches Operationsgerät
OS 3 Ophthalmic surgery instrument
Oertli.

Oedekoven Design

Angela Oedekoven (VDID)

Cimbernstraße 14
40545 Düsseldorf
Telefon +49 (0)211/57 35 61
Telefax +49 (0)211/5 58 10 45
e-mail info@oedekoven-design.de
internet www.oedekoven-design.de

Angela Oedekoven, 1956 in Hilden geboren, studierte Innenarchitektur in Düsseldorf. Von 1987 bis 1989 war sie als Referentin im Design Center Stuttgart zuständig für die Umsetzung von Ausstellungen, Veranstaltungen und Publikationen. Sie ist Gründungsmitglied des Designerinnen-Forums und Mitglied im Verband Deutscher Industrie-Designer. 1990 gründete sie Oedekoven Design in Düsseldorf. Gerischer Architektur Oedekoven Design entwickelte von 1995 bis 1999 gemeinsam Projekte im Sanitärsystembau. Schwerpunkte von Oedekoven Design bilden Innenarchitektur im öffentlichen Bereich, Ausstellungsgestaltung und Produktentwicklung. Angela Oedekoven war an nationalen und internationalen Ausstellungen beteiligt, sie erhielt zahlreiche Preise und Auszeichnungen.

Born in Hilden in 1956, Angela Oedekoven studied interior design in Düsseldorf. From 1987 to 1989 she held a post at the Design Center Stuttgart where she was in charge of producing exhibitions, events and publications. She is a founder member of the Women Designers' Forum and a member of the Association of German Industrial Designers. In 1990 she established Oedekoven Design in Düsseldorf which, in cooperation with Gerischer Architektur, developed sanitary system projects from 1995 to 1999. The main emphasis of Oedekoven Design is on interiors in public buildings, exhibition design and product development. Angela Oedekoven has participated in exhibitions both in Germany and abroad and has received numerous prizes and awards.

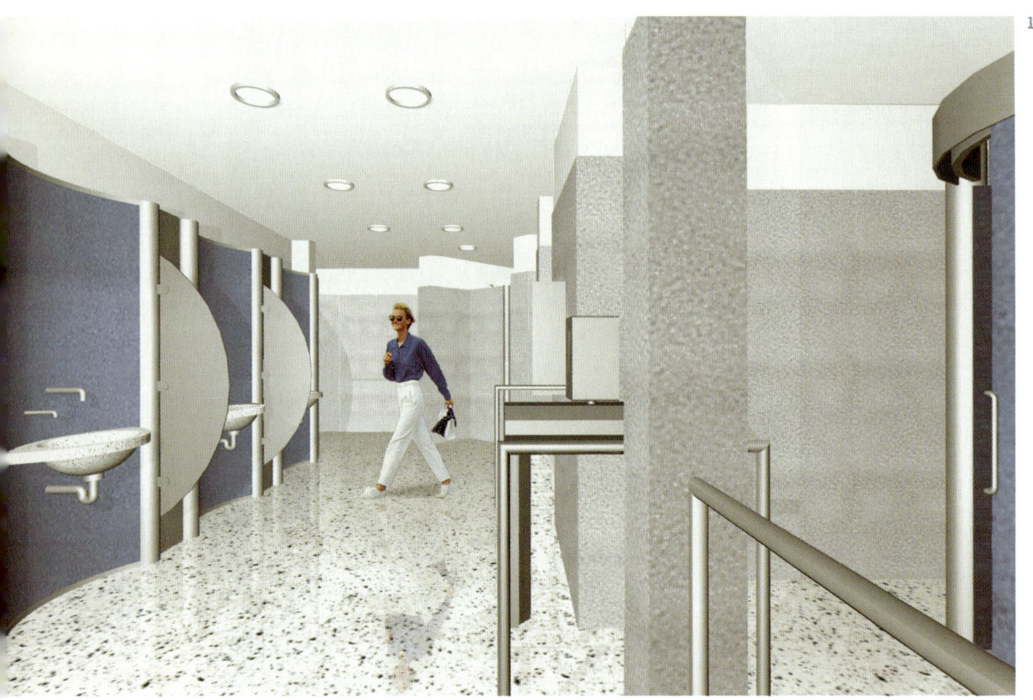

1

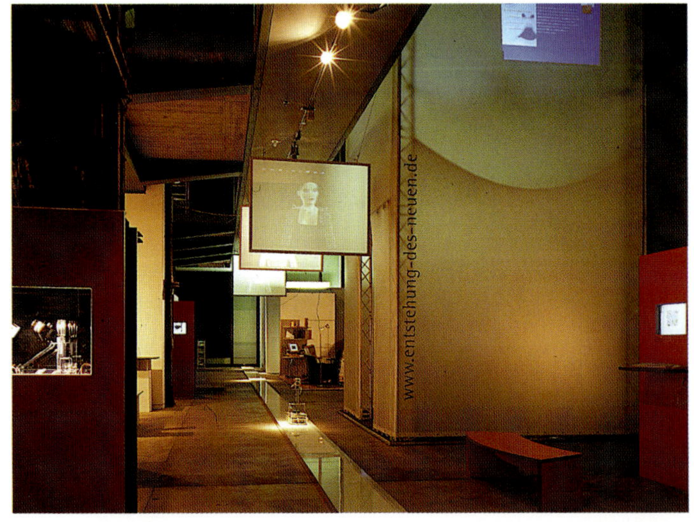

2

Referenzen/references: Design Zentrum Nordrhein Westfalen, Essen; Deutsche Bahn AG, Frankfurt/Main; Ericsson GmbH, Düsseldorf; Kunstmuseum Düsseldorf; Landesgewerbeamt Baden-Württemberg, Stuttgart; Saint-Gobain Glass Deutschland GmbH, Aachen; Wall AG, Berlin.
Auszeichnungen/awards: Design Center Langenthal 1. Preis und Ausstellungsrealisierung 1995, Toilettenanlagen für die Deutsche Bahn AG mit Gerischer Architektur Oedekoven Design, 1. Preis und Projektrealisierung 1995. Museumsankäufe Vitra Design Museum Weil am Rhein; Museum für Kunst und Gewerbe Hamburg; Württembergisches Landesmuseum Stuttgart.

3

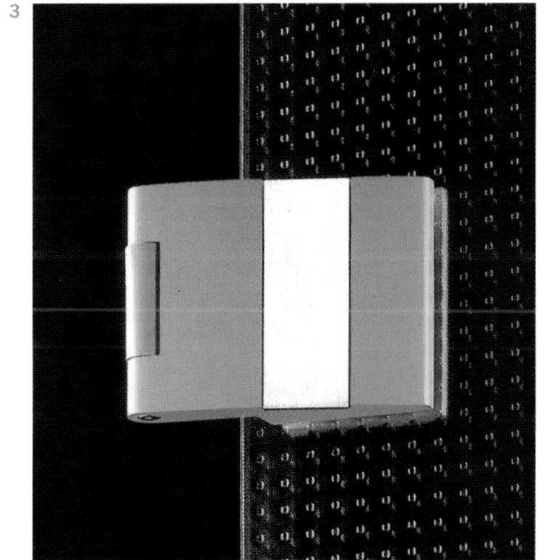

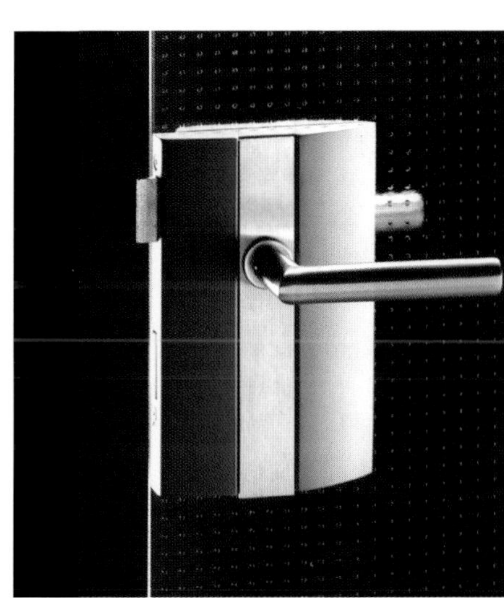

1 System öffentliche Toilettenanlage
Berlin Spandau-Markt
Public convenience system
in Berlin Spandau-Markt
Wall AG 2001
Systembau: GRAL Dusch- und Bad-Systeme.

2 Die Entstehung des Neuen
Technologie gestaltet Zukunft
The new technology shapes the future
Design Zentrum Nordrhein Westfalen 2000.

3 SGG Gallileo Office
Glastürbeschläge/*Glass door fittings*
Saint-Gobain Glass Deutschland GmbH
1999.

Ottenwälder und Ottenwälder

Büro für Industrie Design

Geschäftsführung
Petra Kurz-Ottenwälder (VDID)
Max Ottenwälder (VDID)

Sebaldplatz 6
73525 Schwäbisch Gmünd
Telefon +49 (0)7171/9 27 23-0
Telefax +49 (0)7171/9 27 23-23
e-mail info@ottenwaelder.de
internet www.ottenwaelder.com

1991 gründeten Petra Kurz-Ottenwälder und Max Ottenwälder das Unternehmen. Das Team bietet Gestaltung, Entwicklung und Beratung für Konsum- und Investitionsgüter an, wobei ein Schwerpunkt in der erfolgreichen Gestaltung von Massenartikeln liegt. Das Spektrum ihrer bisherigen Tätigkeit ist breit gefächert und umfaßt unter anderem: Zahnbürsten, Dachziegel, Büroeinrichtung, medizinische Geräte, Pflanzentöpfe, Küchen, Glas- und Porzellanwaren, Solarien, Reinigungsgeräte, Heizkessel, Haushaltsartikel, Spielzeuge.
Ihr Gestaltungsmotto lautet: Sagt der Verbraucher: »Das Design ist gut«, dann ist das Design schlecht. Sagt der Verbraucher: »Das Produkt ist gut«, dann ist das Design gut.

The firm was established by Petra Kurz-Ottenwälder and Max Ottenwälder in 1991. The team provides design, development and consulting services in the field of capital and consumer goods with an emphasis on the successful design of mass produced goods. The wide range of their work to date includes toothbrushes, roofing tiles, office furnishings, medical appliances, flower pots, kitchens, glass and china, solariums, cleaning appliances, boilers, household goods and toys. Their motto is: When a consumer says "The design is good", the design is bad. When a consumer says "The product is good", the design is good.

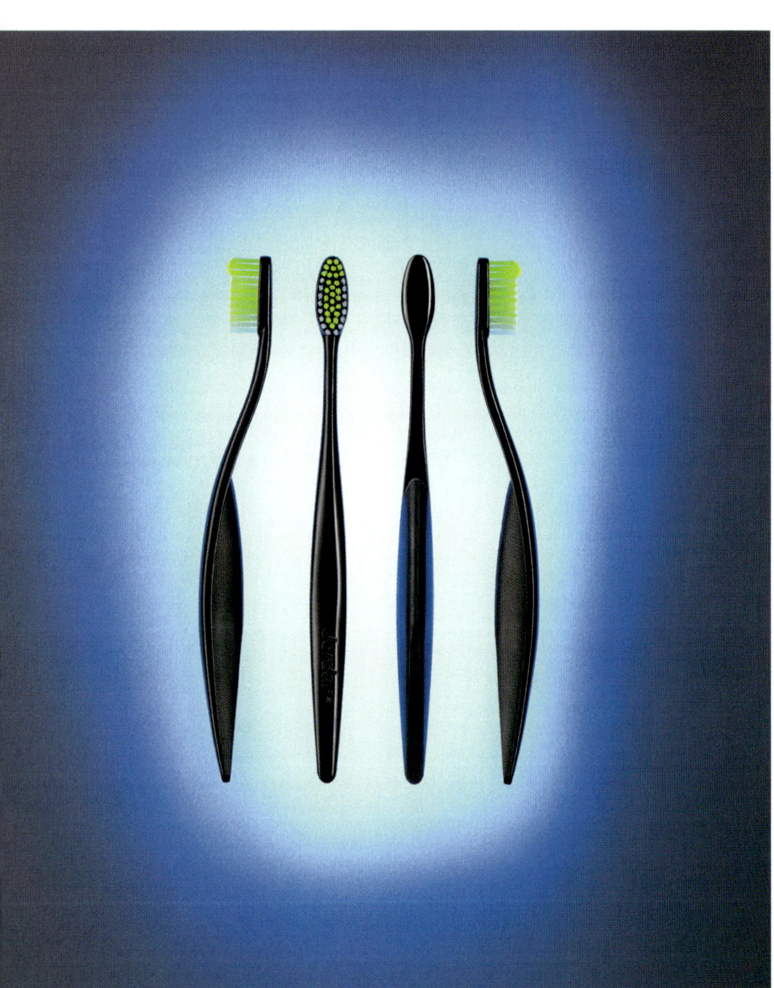

1

Referenzen/references: AEG, Bauscher, Buderus, DaimlerChrysler, Flötotto, Jordan/Norway, Leicht, Rapetti/Italy, Schott Zwiesel, Steelcase, uwe, Zeitler u.a.
Veröffentlichungen/publications: german design standards, Prof. Dr. Peter Zec, DuMont Köln 1997; good design – Produktkultur und Lebensform, Prof. Dr. Peter Zec, Design Zentrum Nordrhein Westfalen Edition 2000 u.a.
Auszeichnungen/awards: Roter Punkt für Höchste Designqualität Design Innovationen, Design Zentrum Nordrhein Westfalen, Essen 2000; Die 100 Besten/»Ranking: Design« d...c Unternehmensberatung Frankfurt »Public Design« Platz 4, 1999; Merket for God Design Norsk Designrad/ Norwegian Design Council Oslo, 1998.

3

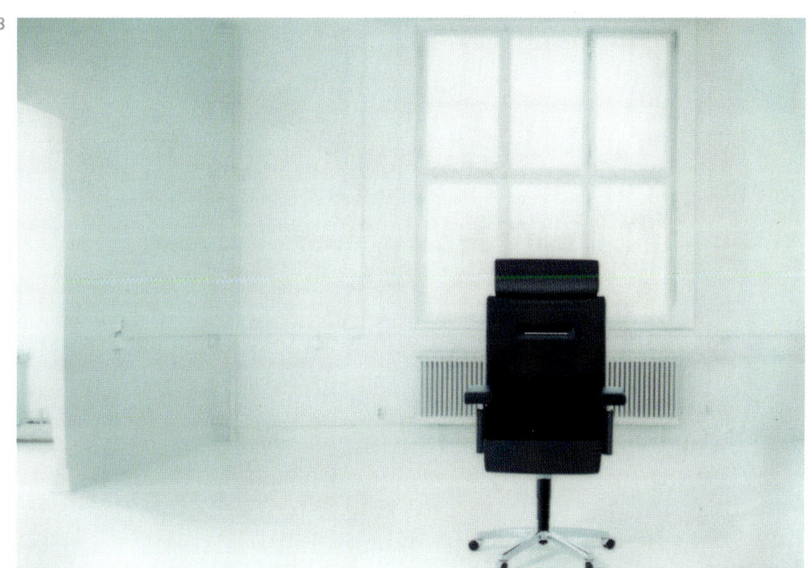

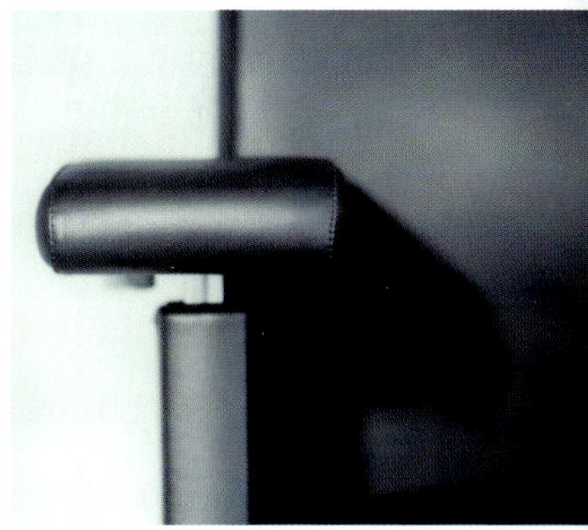

2

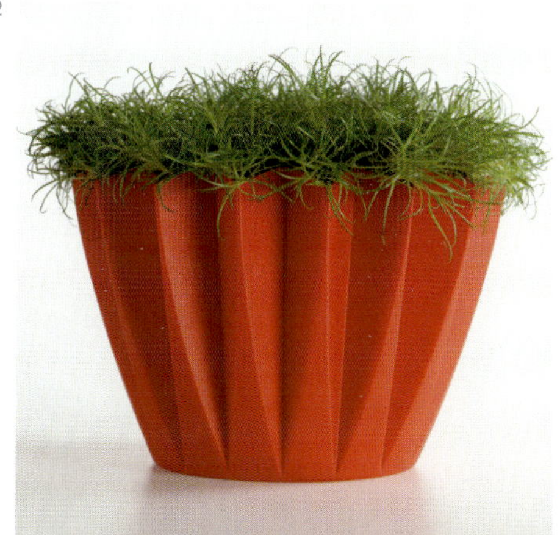

1 Zahnbürste *MultiAction
**MultiAction toothbrush*
Jordan as/Norway

2 Blumentopf Adonis
Adonis flower pot
Kosma

3 Bürostuhl Artus
Artus office chair
Zeitler

Patzak Design

Geschäftsführung
Dipl. Des. Peter K. Patzak (VDID)

Beckstraße 25
64287 Darmstadt
Telefon +49 (0)6151/49 74-0
Telefax +49 (0)6151/49 74-19
e-mail info@patzak-design.com
internet www.patzak-design.com

Nach dem Industrie Design Studium in Krefeld war Peter K. Patzak von 1976 bis 1985 zunächst international in unterschiedlichen Unternehmen als angestellter Designer tätig (Mersch, McKinsey, General Electric, PA Technology). Von 1985 bis 1990 war er Mitinhaber von Design Mattis und Patzak, Darmstadt. Weltweit ist er Referent in Unternehmen, an Hochschulen und Instituten. Patzak Design wurde 1990 von Peter K. Patzak in Darmstadt gegründet und ist seitdem weltweit mit großem Erfolg für namhafte Unternehmen unterschiedlicher Branchen tätig. Schwerpunkt des fünfköpfigen Teams ist Produkt Design. Weitere Aktivitäten bilden Packaging, Grafikdesign u.a. Das Team steht für innovative, herausragende und erfolgreiche Produkte.

After studying industrial design in Krefeld, Peter K. Patzak first held posts as a designer on the staff of various companies in Germany and abroad (Mersch, McKinsey, General Electric, PA Technology). From 1985 to 1990 he was co-proprietor of Design Matthis & Patzak in Darmstadt. He lectures to colleges, institutes and private industry throughout the world. Patzak Design was established by Peter K. Patzak in 1990 and has since done highly successful work for well known companies in various branches of trade and industry all over the world. The main focus of the five-man team is product design. Other activities are packaging, graphic design etc. The team stands for innovative, outstanding and successful products.

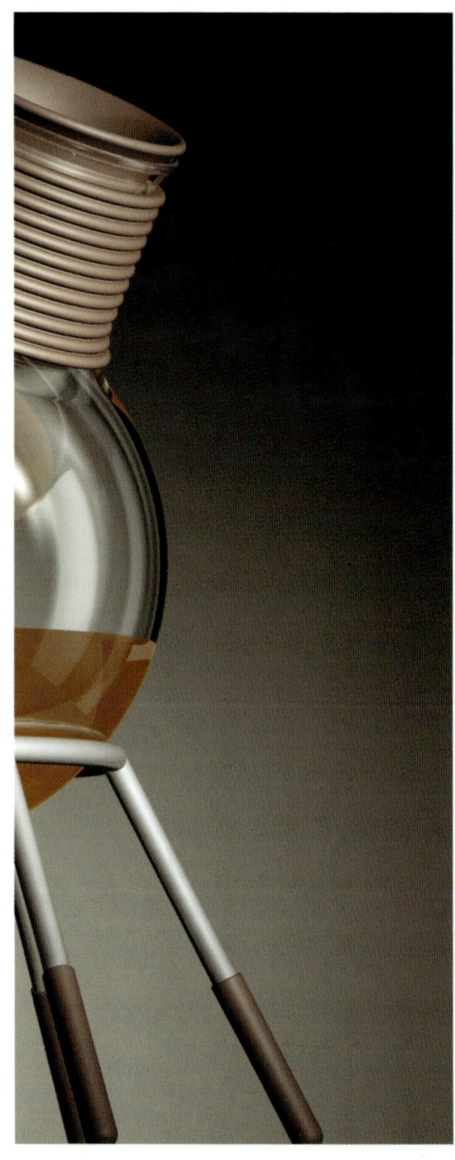
1

Referenzen/references: alfi, Asahi, Braun, Datron, Esselte Meto, Glatz, General Electric, Hong Kong Productivity Council, Kodak, Koziol, LOEWE, Mannesmann Sachs, Mazda, Nachtmann, ODS Landys & Gyr, Revell, Rowenta, Schneider Kreuznach, Tetra Pak, Weinor, Wella, Welonda.
Auszeichnungen/awards: iF Industrie Forum Design Hannover 1994 (2x), 1996, 2001; Design Center Stuttgart 1979 (Mersch, Photo Box u.-Rahmen), 1992 (Aesculap, HF Chirurgiegeräte); Deutscher Designer Club 1995 (Wella, Welondamat 2000 Rückwärtswaschanlage, Unipo, Compact All-in-One Desktop PC); Verband der Deutschen Uhrenindustrie 1995 (Armbanduhr); Good Design Chicago Athenaeum 2000 (Schneider Kreuznach, Präzisionslupen-Familie); Messe Frankfurt Sonderschau 1995 (alfi, Thermoskanne Nomos).
Veröffentlichungen/publications: Impulse, Frankfurter Allgemeine Zeitung, Design Report, form, Ambiente, Konstruktion und Elektronik, Management und Krankenhaus, Wörkshop, Die Maschine, Art Aurea, MacMagazin, arcade, german design standards, good design - Produktkultur und Lebensform, Color Foto, Photografie, P&G (Porzellan und Glas) u.a.

1 Teekanne OYO
Idee, Produktdesign und Verpackungskonzept für Kanne, Stövchen, Gläser und Tablett
OYO teapot
Idea, product design and packaging concept for pot, heater, glasses and tray
alfi 21, 2001.

2 Präzisionslupe
Produktdesign für eine Lupenfamilie incl. Verpackungs-, Prospekt- und Displaygestaltung
Precision magnifying glass
Product design for a series of magnifying glasses, including packaging, brochure and display design
Schneider Kreuznach, 2001
iF Hannover 2001, Good Design Chicago Athenaeum 2000.

2
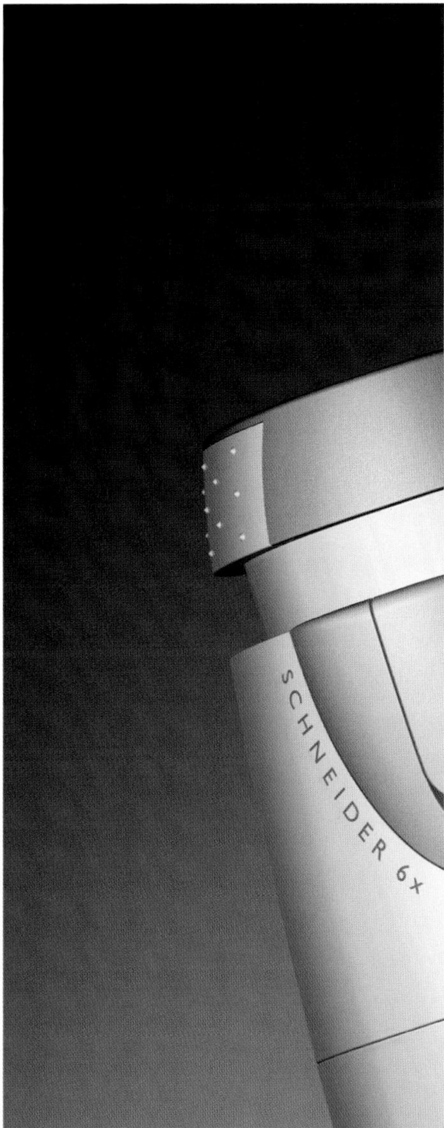

Paulussen Design Düsseldorf

Geschäftsführung
Dipl. Des. Werner Paulussen
(VDID, DDV, AGD)

Alt Niederkassel 69
40547 Düsseldorf
Telefon +49 (0)211/58 89 17
Telefax +49 (0)211/55 80 387
e-mail wpaulussen@aol.com
internet www.paulussen.com

Wir haben Erfahrung und ein umfassendes Wissen über die aktuellen Trends, den Markt und das technisch Machbare. Dieses Wissen setzen wir ein, um unsere Klienten kompetent zu beraten und den Weg für neue erfolgreiche Produktstrategien aufzuzeigen. Das Ergebnis sind ästhetische Produkte für den Markt von Morgen. Unser Design drückt sich in klaren, einfachen und ästhetischen Formen aus. Die Botschaft des Produkts ist für den Betrachter sinnlich erfahrbar. Zeitgemäßes innovatives Industrial Design bedeutet für uns die Optimierung der Produktumwelt in ästhetischer und funktioneller Hinsicht zum Wohl des Benutzers. Ausgearbeitete Ergonomie, perfekte Funktion und ökonomische Herstellbarkeit sind die Grundlagen unserer Produktentwicklung.

We have experience and extensive knowledge of current trends, the market and what is technically feasible. We use that knowledge to advise our clients competently and show them the way to new, successful product strategies. The result is aesthetic products for the market of tomorrow. Our design is expressed in clear, simple and aesthetic forms. Users experience the message of the product sensually. For us, contemporary innovative industrial design means optimising the product environment in an aesthetic and functional regard for the benefit of the user. Refined ergonomics, perfect function and economic feasibility are the basis of our product development.

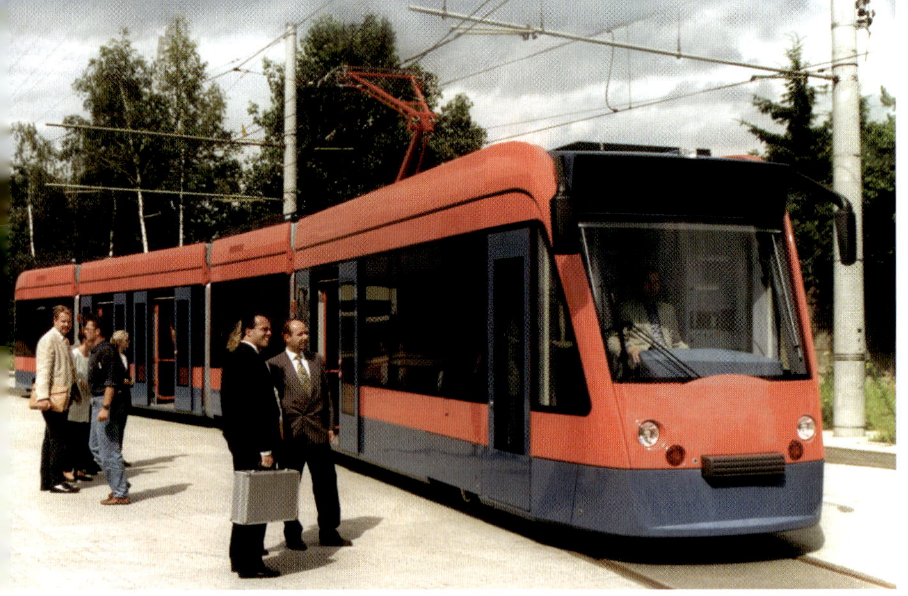

1

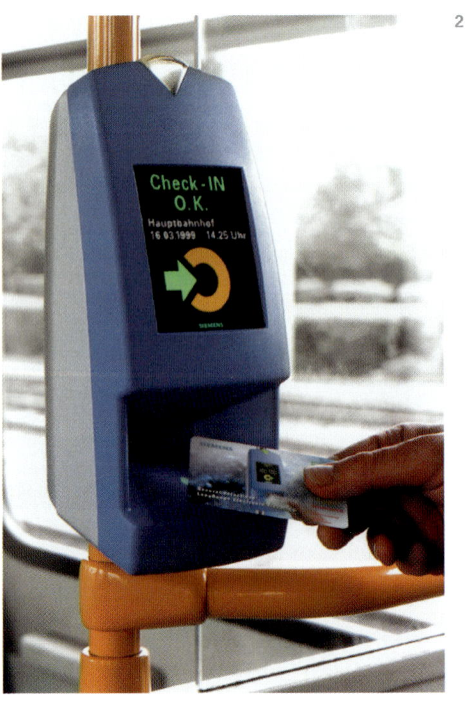

2

Referenzen/references: Seit 1992 entwickeln wir Industrieprodukte und seit 1994 schwerpunktmäßig Designkonzepte für den ÖPNV. Unser Design ist international erfolgreich. Fahrzeuge werden in Europa, Japan, Amerika und Australien eingesetzt. Unser Design wird in China kopiert.
Since 1992 we have been developing industrial products with the focus since 1994 on design concepts for urban public transport. Our design is successful on an international level. Vehicles are in service in Europe, Japan, America and Australia. Our design is copied in China.
Siemens AG Transportation Systems; Duewag AG; Meyra GmbH; Siemens AG, Berlin; Kiepe Elektrik; Weidmüller Interface; Herberts Lacke; Telekom AG.
Veröffentlichungen/publications: »Combino global erfolgreich – nun auch in China?«, Werner Paulussen in: Light Rail aktuell, Verlag Siemens Erlangen 4/2001; »Plagiarius für Design-Diebe. In China fährt eine detailgetreue Kopie der in Düsseldorf entworfenen ›Combino-Bahn‹«, R. Willner, Rheinische Post, Düsseldorf 3/2001 u.a.
Auszeichnungen/awards: Designpreis des Landes Nordrhein Westfalen 1997, 1999; Nominierung zum Bundespreis Produktgestaltung durch das Land NRW; Roter Punkt für Hohe Designqualität, Design Zentrum Nordrhein Westfalen, 1998; iF Produkt Design Award 1998; Ranking Industrial-Design Platz 7 Transportation Design; Einladung zur Ausstellung auf der EXPO 2000.

3

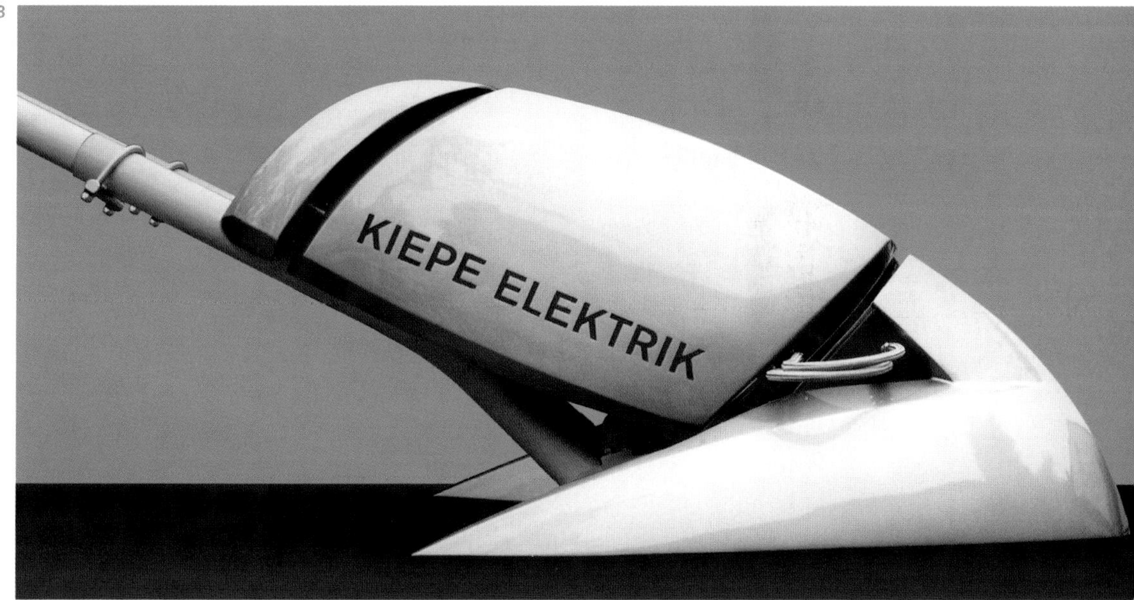

1 Combino Niederflurstraßenbahn
Combino Low-Floor Tram
Siemens AG, Siemens Duewag Schienenfahrzeuge GmbH 1996.

2 Check-In Check-Out Terminal kontaktloser Zahlungsverkehr im Öffentlichen Personennahverkehr
Check-In Check-Out Terminal contactless payment in urban public transport networks
Siemens AG 1999.

3 Stromabnehmer-Verkleidung für Trolleybusse
Facing of current collector for trolley buses
Kiepe Elektrik 2000.

Pechmann Design

Geschäftsführung
Dieter C. Pechmann

Halbe Höhe 63
45147 Essen
Telefon +49 (0)201/73 70 91
Telefax +49 (0)201/73 70 19
e-mail pechmann.design@cityweb.de

Dieter C. Pechmann, geboren 1962 in Greven-Westfalen, studierte von 1983 bis 1991 Industrial Design an der Universität GH Essen mit dem Abschluß Diplom Designer. Von 1988 bis 1991 war er freier Mitarbeiter in Designbüros und studierte Wirtschaftswissenschaften mit dem Schwerpunkt Marketing. Seit 1991 ist er mit Pechmann Design selbstständig tätig. Arbeitsschwerpunkt bildet Industrial Design in den Bereichen: Informations Technologie, Kommunikationstechnik, Medizintechnik, Möbelzuliefererindustrie für Wohnen, Küche und Büro.

Born in Greven-Westfalen in 1962, Dieter C. Pechmann studied industrial design to post-graduate level at the University of Essen from 1983 to 1991. From 1988 to 1991 he freelanced for various design offices while taking additional courses in business administration with a principal focus on marketing. Since 1991 he has run his own business, Pechmann Design, where the main emphasis is on industrial design in the fields of information technology, communications technology, medical technology and domestic, kitchen and office furniture.

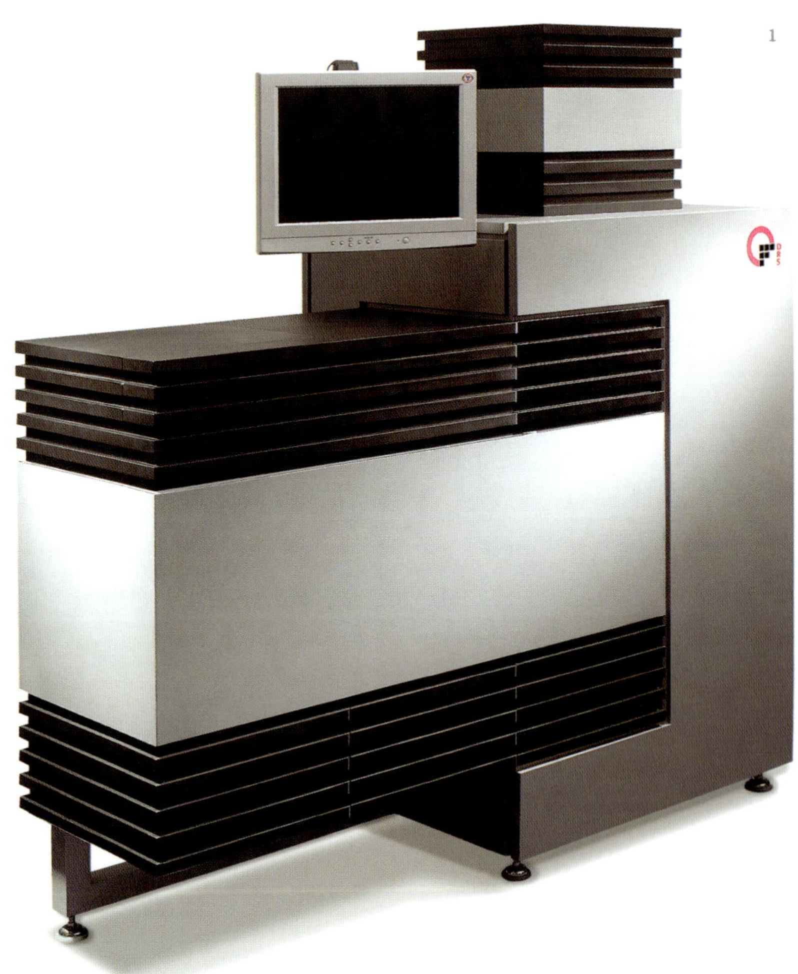

1

1 Microfiche Digitalisier Automat
Microfiche digitiser
DRS Digital Solutions 2001.

2 Möbelbeschläge
Furniture fittings
Strothmann 1999/2000.

3 Einbauspüle/*Fitted sink*
Systemceram 2001.

Referenzen/references: Datus AG, DRS Digital Solutions, Halemeier, Hettich International, Karcher, Strothmann, Systemceram, Technolas Bausch & Lomb, Vauth-Sagel u.a.
Auszeichnungen/awards: Internationaler Design Kongreß Stuttgart 1986; Designpreis des Landes Nordrhein-Westfalen, Studienpreis für Designkonzepte, Essen 1995; Roter Punkt für Hohe Designqualität, Design Innovationen, Design Zentrum Nordrhein Westfalen 1997; Designpreis des Landes Nordrhein-Westfalen, Ehrenpreis für Produktdesign, Essen 2001.

3

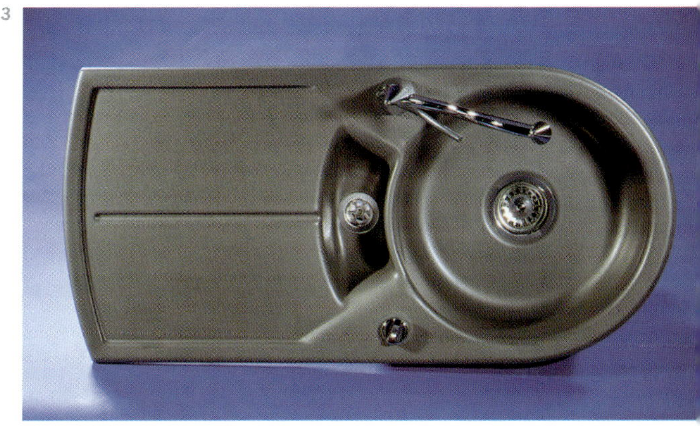

2

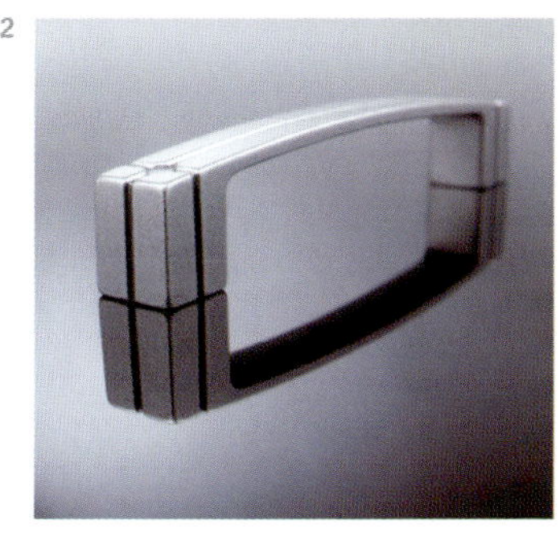

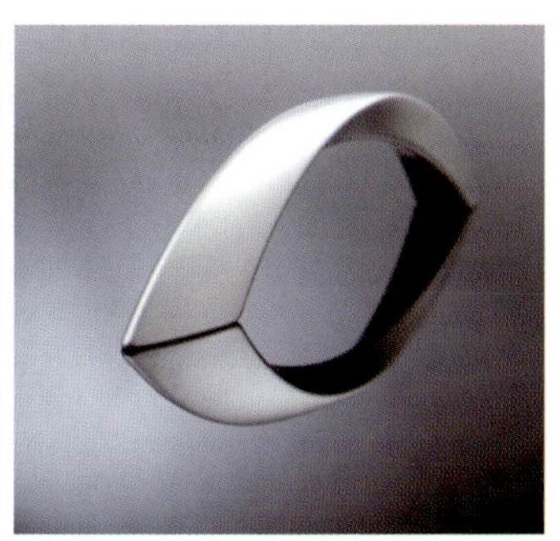

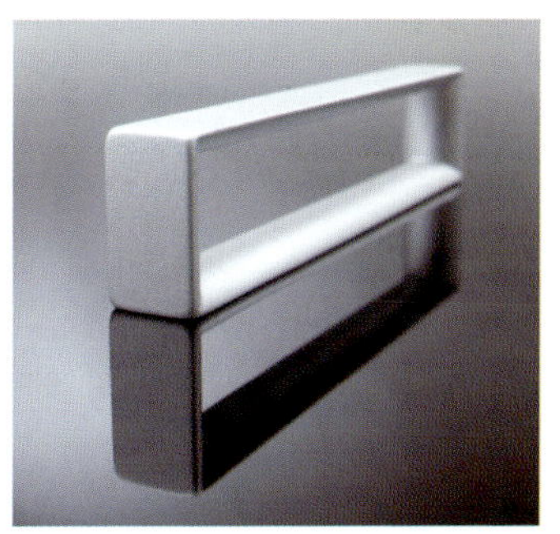

piu products

Integrated Design

Geschäftsführung
Dipl. Des. Torsten Gratzki
Dipl. Ing. Jens Deerberg

Max-Keith-Straße 33
45136 Essen
Telefon +49 (0)201/8 96 52 95
Telefax +49 (0)201/8 96 53 98
e-mail info@piuproducts.com
internet www.piuproducts.com

piu products, gegründet 1996, ist ein wissensbasiertes Unternehmen. Wissen ist der einzige Rohstoff, der sich durch den Gebrauch vermehrt und wertvoller wird. Wissen ist universell und in den verschiedensten Formen vorhanden. Wir sind ein kompetentes Team von Industrial Designern und Ingenieuren, die mit Technologie-Erfahrung, ganzheitlichem Denken und gestalterischem Gefühl, mit kommunikativer Kompetenz und betriebswirtschaftlichem Sachverstand, Probleme erkennen, analysieren und innovative Lösungen erarbeiten. Unser Leistungsprofil umfasst die Bereiche Industrial Design und Produktentwicklung, Design- und Technologie-Consulting, Interior Design und die Entwicklung von Corporate-Identity/Corporate-Design Konzepten.

Established in 1996, piu products is a knowledge based enterprise. Knowledge is the only raw material that grows and increases in value with use. Knowledge is universal and exists in the most various forms. We are an expert team of industrial designers and engineers which identifies and analyses problems in order to devise innovative solutions, drawing on experience of technology, holistic thinking and a feeling for design combined with professional communication skills and business sense. Our range of services covers industrial design and product development, design and technology consulting, interior design and the development of corporate identity/corporate design concepts.

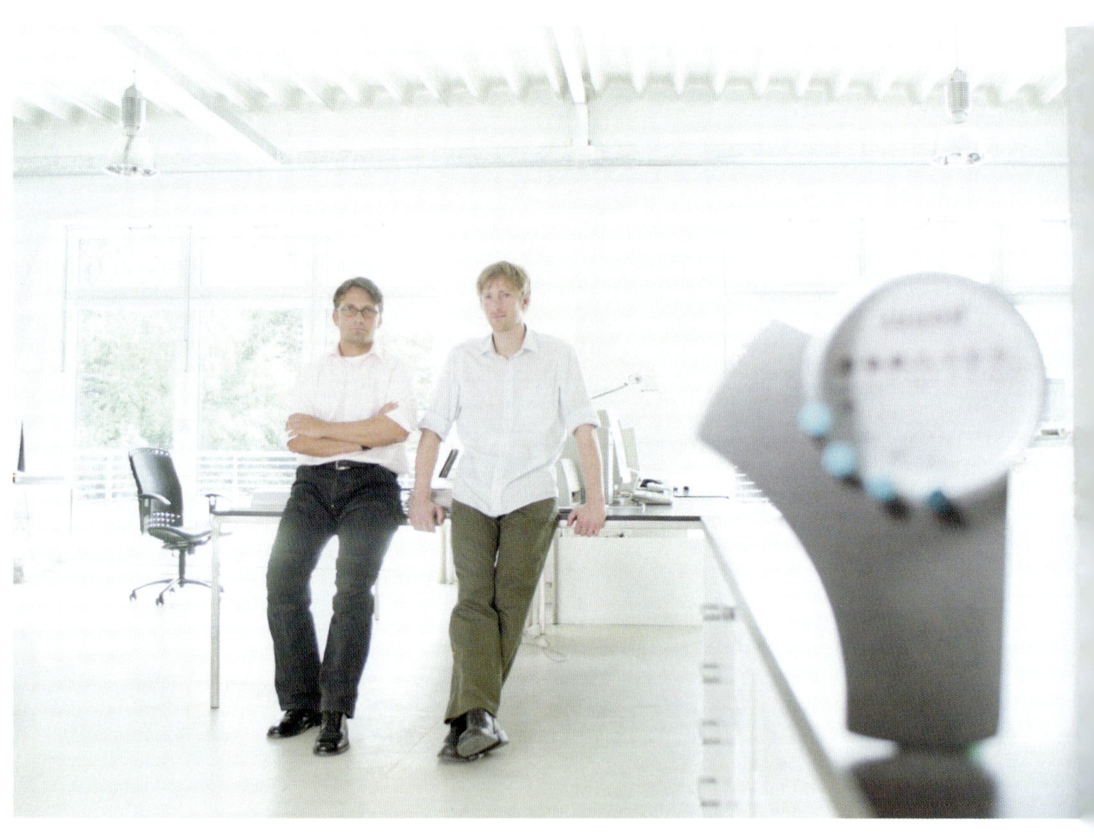

Referenzen/references: ABB, Bahlsen, Deutsche Bank, Deutsche Telekom, GMD, FogTech, Kamat, Max Dellbrück Centrum für Molekularmedizin, Medeqo, Mülheimer Radiologie Institut, Oxygen, SAG, Schneider Lasertechnologies, tarm Lasertechnik, thermamed, TRW, WfaA, Z.N u.a.
Auszeichnungen/awards: Roter Punkt für Hohe Designqualität, Design Zentrum Nordrhein Westfalen Essen 1998, red dot award product design 2001 (2x); Roter Punkt für Höchste Design Qualität, Design Zentrum Nordrhein Westfalen Essen, 2000 (2x); iF Product Design Award Best of Category, Industrie Forum Design Hannover 2000, iF Product Design Award, 2001.

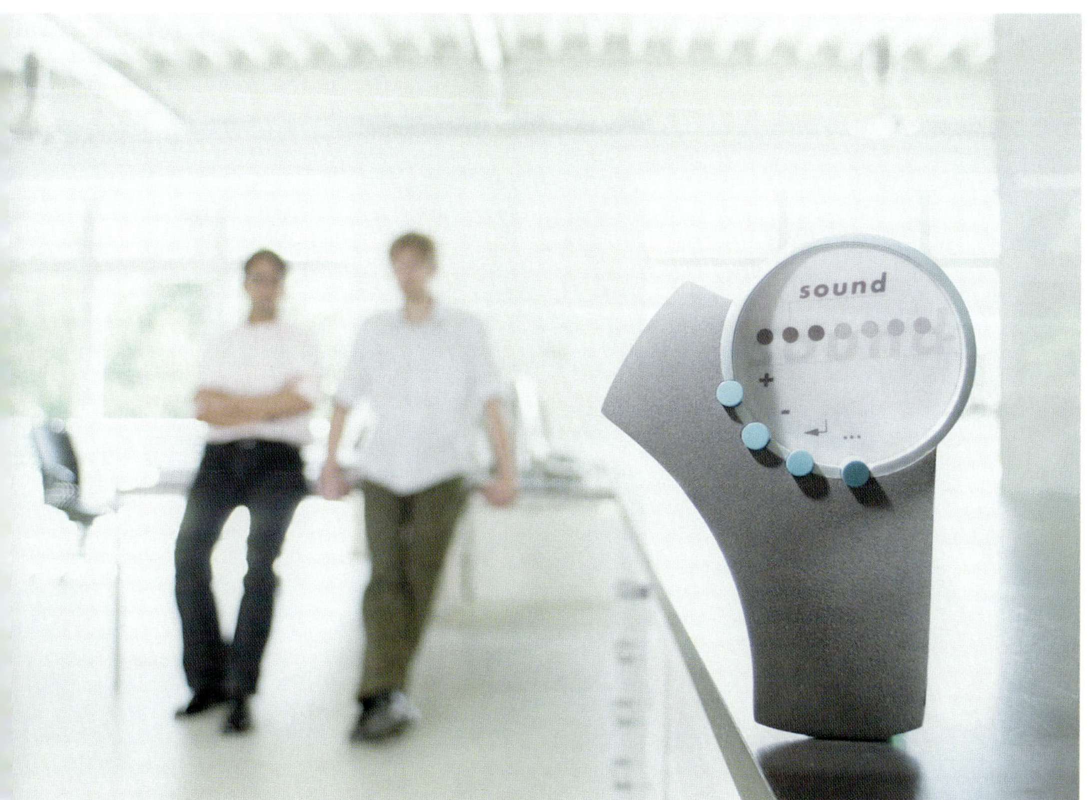

Remote Control Studie
Remote control study
Photos: C. Deutscher 2001.

Porsche Engineering Group GmbH

Geschäftsführung
Dr. Ulrich Schiefer

Porschestraße
71287 Weissach
Telefon +49 (0)711/9 11 42 60
Telefax +49 (0)711/9 11 27 77
internet www.porsche.com

Porsche bietet mit seiner Abteilung »Style Porsche« seit mehr als zwanzig Jahren Styling Dienstleistungen für Automobil-, Transport- und Industrie Design weltweit an. Seit August 2001 werden die Dienstleistungen der Porsche Styling Studios unter dem Dach der Porsche Engineering Group gebündelt. Entlang des digitalen Designprozesses nutzt Porsche Kreativmethoden für kundenorientierte Designlösungen vom Konzept bis zum Prototyp. Hier paart sich exzellente Modelleurfinesse mit komplexen Computer Aided Styling (CAS) Tools. Mit dieser Arbeitsweise wurden bereits unzählige Projekte für namhafte Kunden aus aller Welt erfolgreich umgesetzt.

For more than twenty years Porsche's department "Style Porsche" has been offering styling services for automotive, transport and industrial design. As of August 2001, all engineering services of the Porsche Styling studios are focussed under the roof of Porsche Engineering Group. Along the digital design process, Porsche applies creative techniques providing customer driven design solutions from concept through prototype. While doing so, excellent modeling and finishing capabilities are combined with complex computer aided styling (CAS) tools. As a result a great number of projects have been successfully completed for renowned clients from all over the world.

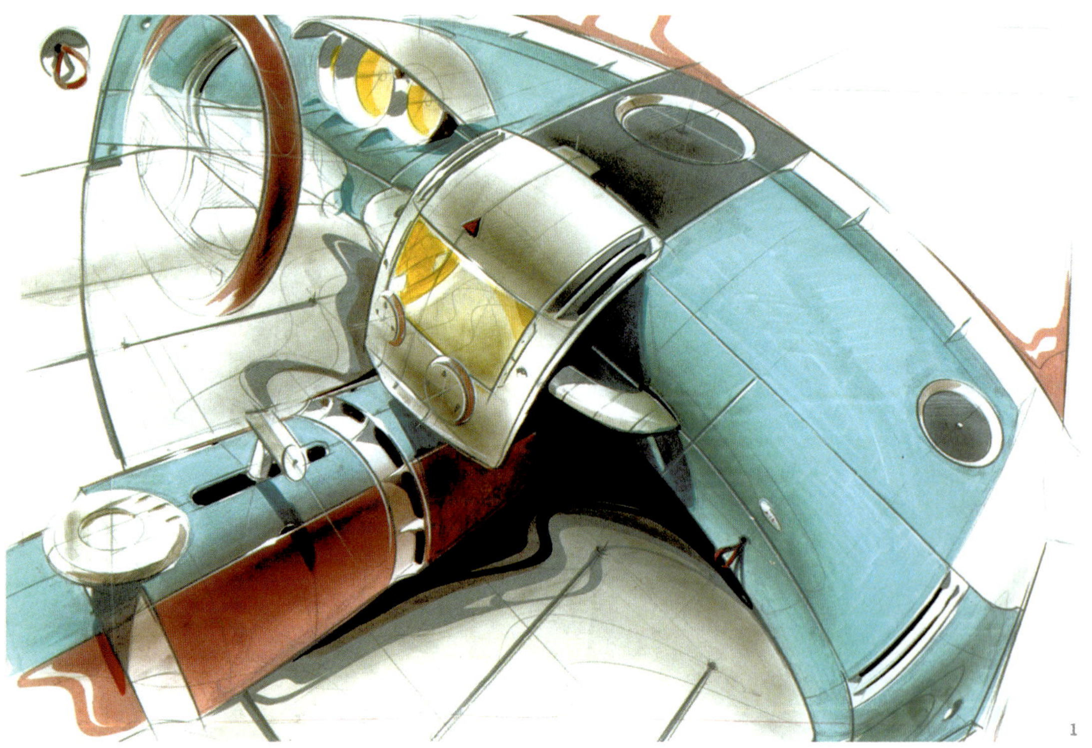

1

Referenzen/references: Unterschiedliche Kunden aus Asien, Europa und den USA. *Various customers from Asia, Europe and USA.*
Auszeichnungen/awards: Product Design Award 1999 (Porsche Carrera Cabriolet, Typ 996); Der schönste Sportwagen 2000 (Porsche Carrera Coup); Best of Show Cars, Paris 2000 (Porsche Carrera GT); Eyes on Design, Detroit 2001 (Porsche Carrera GT); a large number of awards between 1985 and 1999 for Linde Forklift Trucks; red dot award, High Design Quality, Essen 2000/2001 (Porsche 911 Turbo, Porsche 911 GT3, Porsche 911 GT2, Fendt).

2

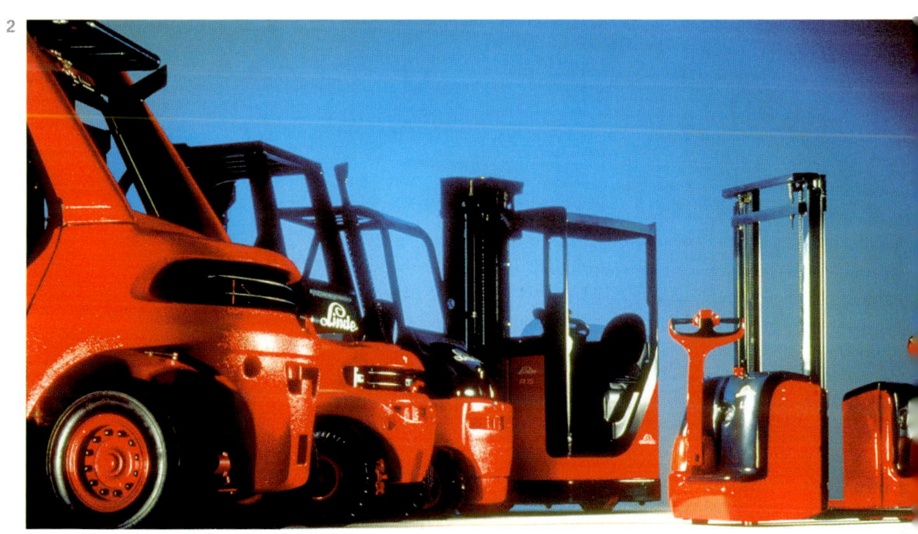

1 Interieurkonzept/*Interior concept*
1997

2 Linde Gabelstapler/*Forklift truck*
Linde Forklift Trucks 1982

3 Litfaßsäule/*Advertising column*
1995

3

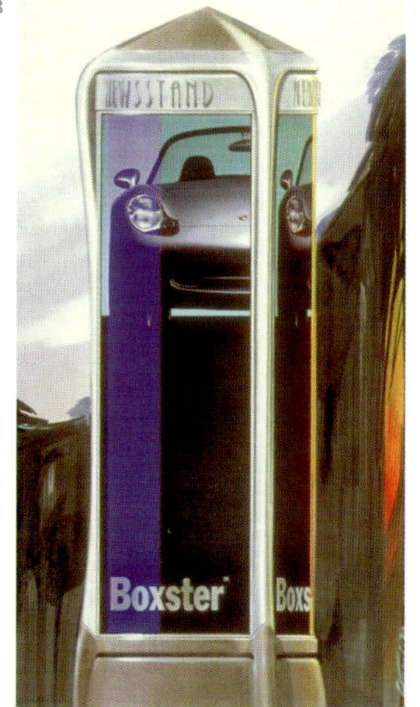

PR PanikRuhdorfer Designpartner

Geschäftsführung
Dipl. Des. Max Ruhdorfer (VDID)
Dipl. Des. Andreas Panik (VDID)

Florianstraße 18
70188 Stuttgart
Telefon +49 (0)711/26 33 93 80
Telefax +49 (0)711/26 33 93 83
e-mail info@pr-dp.de
internet www.pr-designpartner.de

PR wurde 1998 in Stuttgart von Andreas Panik und Max Ruhdorfer gegründet, nachdem sie fünf Jahre erfolgreich im Schienenfahrzeug-Design zusammengearbeitet hatten. PR ist ein leistungsfähiges, optimal eingespieltes Team mit hohem Realitätssinn, Fantasie und Mut für neue Wege. Die Kernkompetenzen liegen im Transportation-Design (Exterieur, Interieur, Fahrerarbeitsplätze) und im Produkt Design (Sitze, Komponenten). Das Leistungsangebot umfasst: Projekt-Vorbereitung (Analyse, Recherche, Zieldefinition), Projekt-Abwicklung (Konzeption, Entwurf, Darstellung), Projekt-Realisierung (Planung, Betreuung, Optimierung) und Marketing-Unterstützung (Präsentation, Dokumentation).

PR was established in Stuttgart by Andreas Panik and Max Ruhdorfer in 1998 after five years successful work together on railtrack vehicle design. PR is an energetic, efficient and smoothly running team which combines a high degree of realism, imagination and boldness in seeking new departures. Core specialities are transport design (exteriors, interiors and driver/operator environments) and product design (seats and components). The range of services includes project groundwork (analysis, research and goal definition), project development (concept, drafting, presentation), project implementation (planning, consultation and optimisation) and marketing support (presentation and documentation).

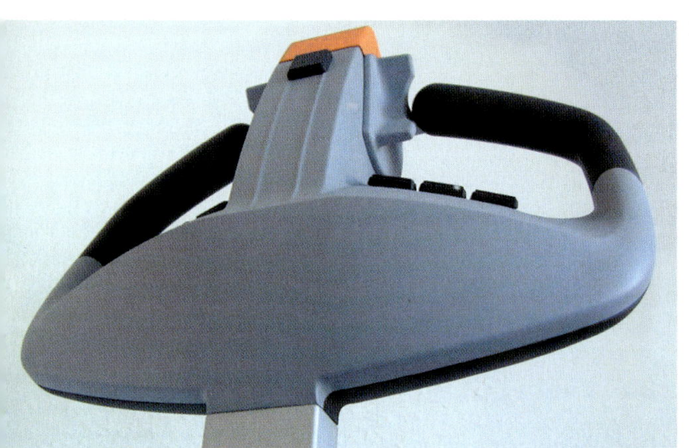

1

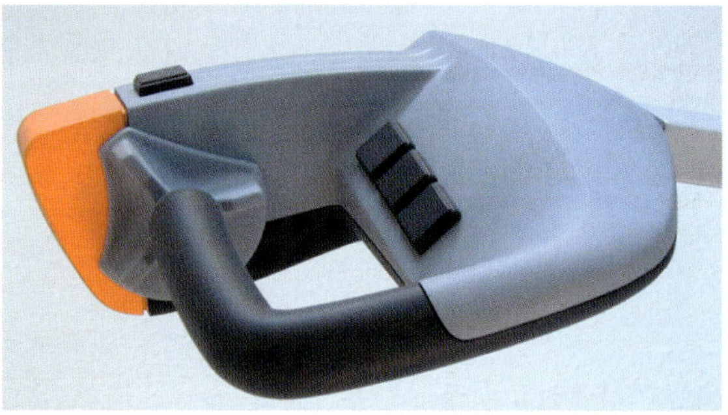

Referenzen/references: Airfoil Development, Bösenberg Car System, Bombardier Transportation, DaimlerChrysler Railsystems (Adtranz), Densa, Eura Mobil, General Motors, Karmann Mobil, Knaus Caravan, Lux-Werft, Neoplan, Rema Lipprandt, Schneider Fahrkomfort, Westfalia Van Conversion. **Veröffentlichungen/publications:** »Gesichter für die neuen Lokomotiven«, Frank von Meissner, in: Bahn Jahrbuch, GeraNova Zeitschriftenverlag, München 1997; »Bauherrenmodell«, Knaus Trends '98, Knaus Caravan GmbH, Jandelsbrunn; »Querdenker mit Visionen«, Frank Böttger, in: Reisemobil International 9/2000, DoldeMedien CDS Verlag, Stuttgart; »Space Tunnel«, Domus extra, Domus 828 July/August 2000, Mailand.

1 Deichselkopf für Flurförderfahrzeuge
Steering unit for stacker truck
Rema Lipprandt 2000.

2 Integra
Integriertes Reisemobil
Integrated touring vehicle
Eura Mobil 2000.

3 Nugget, Euroline
Ford Freizeitfahrzeuge
Ford leisure vehicles
Westfalia Van Conversion 2000.

3

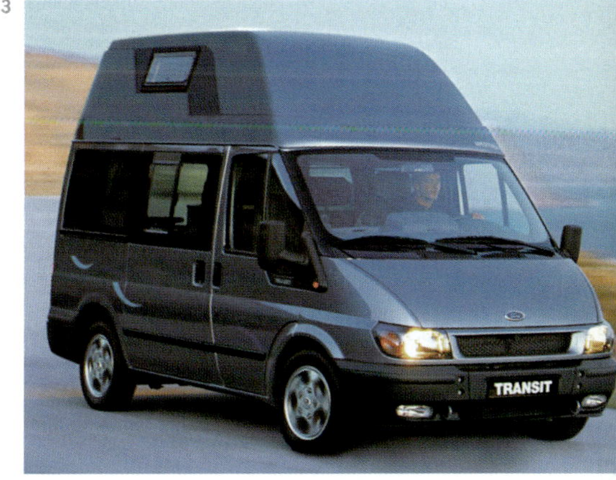

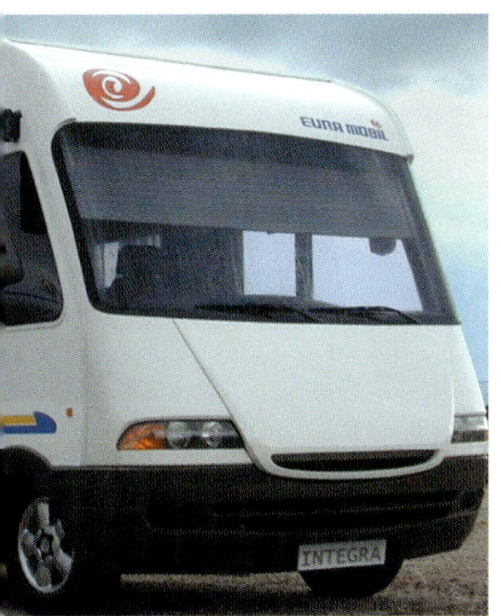

2

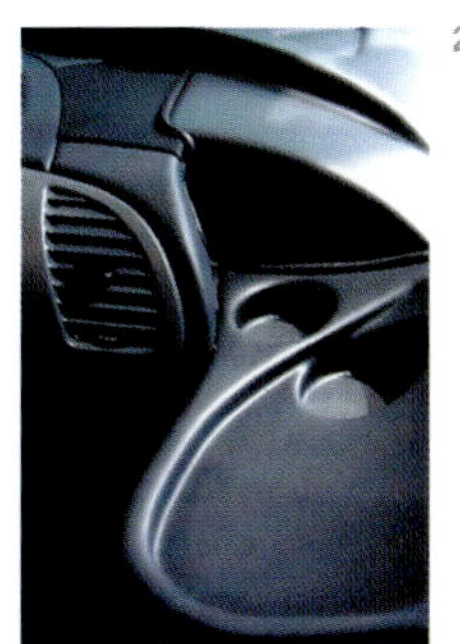

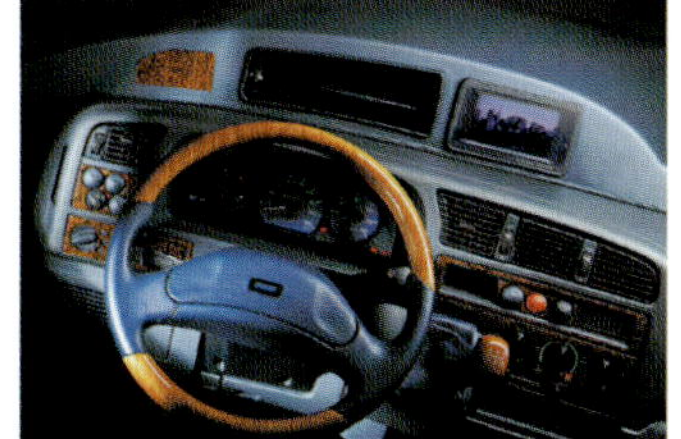

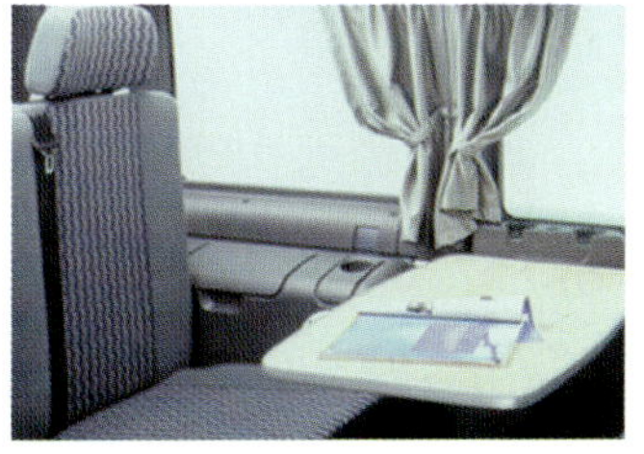

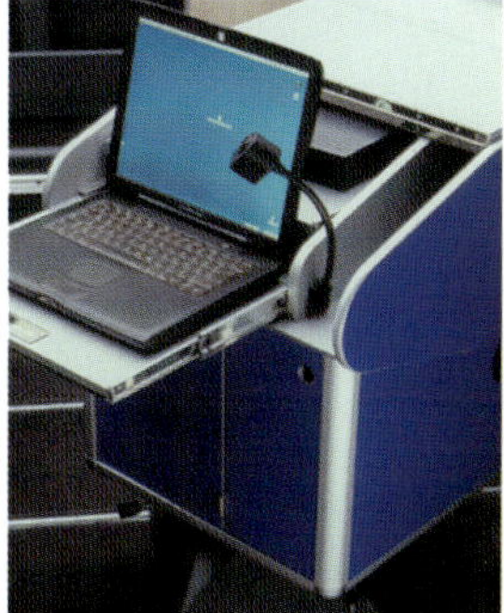

PRODESIGN

Geschäftsführung
Dipl. Des. Bernd Brüssing (VDID)

Postfach 1546, Turmstraße 39
89205 Neu-Ulm
Telefon +49 (0)731/7 39 82
Telefax +49 (0)731/72 43 18
e-mail prodesign-ulm@t-online.de
internet www.prodesign-ulm.de

Seit mehr als 25 Jahren entstehen erfolgreiche Produkte aus den Ideen des Diplom-Designers Bernd Brüssing. Es begann mit seinem Einstieg im Studio Walter Zeischegg, Dozent und Mitbegründer der richtungsweisenden Hochschule für Gestaltung Ulm und wurde elf Jahre später, im Jahr 1984, mit der Gründung von Prodesign fortgesetzt. Heute ist Prodesign ein kreatives, teamorientiertes Unternehmen, das mit erfahrenen Mitarbeitern komplette Entwicklungsarbeit leistet. In einem großzügigen Studio entstehen im Zusammenspiel der verschiedenen Spezialisten Produkte von der Idee bis zur Serienreife und Markteinführung.

For more than 25 years successful products have sprung from the ideas of Bernd Brüssing. It began with his joining the studio of Walter Zeischegg, lecturer and co-founder of the seminal Hochschule für Gestaltung in Ulm, and continued eleven years later in 1984 with the establishment of Prodesign. Today Prodesign is a creative, team oriented enterprise with an experienced staff providing a full design service. In a generously dimensioned studio the various specialists interact to develop products from the original idea to the stage of mass production and market launch.

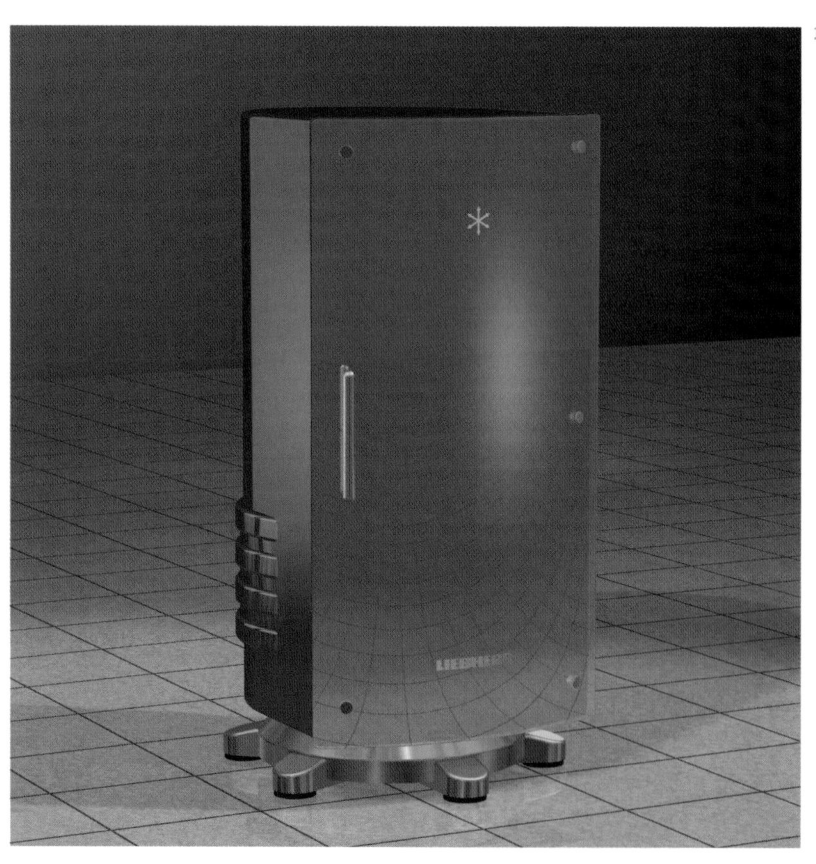

1

Referenzen/references: Lockweiler Werk, Wadern (Haushaltswaren); helit, Kierspe (Büroprodukte); MWH, Helmstadt-Bargen (Gartenmöbel); MWH-Object, Helmstadt-Bargen (Stadtmöblierung); Kettler, Parsid (Gartenmöbel); Sieper, Hilchenbach (Bäderausstattung); Pragma, A-Salzburg (Logistikkonzepte); Wiking, Berlin (Fahrzeugmodelle); Stadt Ulm, Ulm (Stadtinformation); Tries, Ehringen (Hydraulik); Siku, Lüdenscheid (Spielzeugmodelle); Objektlicht, Stuttgart (Beleuchtungssysteme); Nistag, Wunsdorf (Gartenmöbel); Lieb, Gögglingen (Architektur); ACD, Laupheim (Elektronik); ICS, Neu-Ulm (CarHifi); Herlitz, Berlin (Schreibwaren); Hartmann, NL-Enschede (Gartenmöbel); Frehse, Beverungen (Home and Garden); Aicham Ulm (Bilderrahmen, bene, A-Insbruck (Schreibwaren, Büromöbel; Flad, Biberach (Gastronomiebedarf) u.a.

Auszeichungen/awards: Die höchste Auszeichnung unserer Arbeit ist der wirtschaftliche Erfolg der von uns gestalteten Produkte. Mehr als 50 Designauszeichnungen von renommierten Institutionen und die Präsenz im Museum für angewandte Kunst in Hamburg sind Zeichen fachlicher Zustimmung und Garant für Qualität und Kompetenz.

The highest award for our work is the commercial success of products we design. More than 50 design awards from reputed institutions and exhibits in the Museum für angewandte Kunst in Hamburg are tokens of the esteem of our peers and a guarantee of quality and expertise.

2

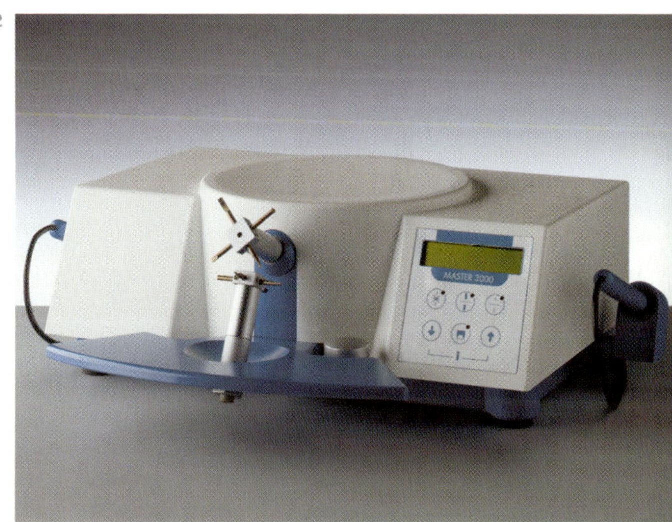

3

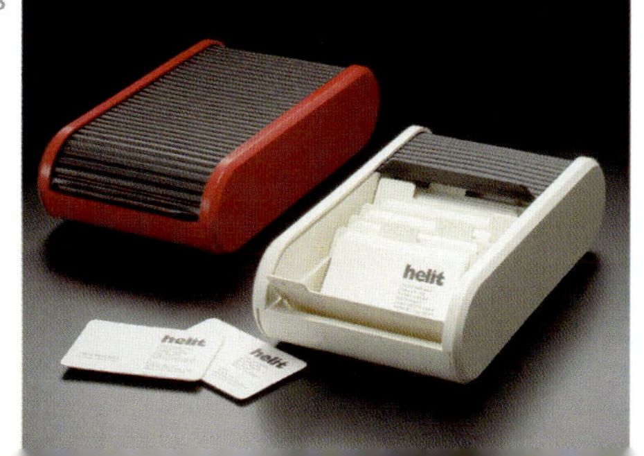

1 Cool Vision
Liebherr Hausgeräte 2001

2 Punktschweißgerät/*Spot welder*
Dentaurum 2000

3 Visitenkartenbox/*Visiting card box*
helit 1989

pro industria

Büro für Industrial Design

Geschäftsführung
Dipl. Ind. Des. Manfred Lang

Merscheider Straße 94
42699 Solingen
Telefon +49 (0)212/32 05 81
Telefax +49 (0)212/33 86 13
e-mail info@proindustria.de
internet www.proindustria.com

pro industria, 1977 gegründet, widmet sich mit zehn Mitarbeitern der Entwicklung und Gestaltung von Konsum- und Investitionsgütern, von automotive parts und ganzen Fahrzeugen. Ein hauseigener, qualifizierter Musterbau fertigt Anschauungs-, Funktionsmodelle und Prototypen, vom Federhalter über Haushaltsgeräte bis hin zum Fahrzeug. Ökologische und ökonomische Faktoren, Innovation und Tradition bestimmen den Entwicklungs- und Designprozeß. Der Mensch steht als Anwender und Markt im Mittelpunkt. Zielgruppengerechtes und marketingorientiertes Design wird durch große Erfahrung mit Herstellungs- und Fertigungstechnik professionell umgesetzt und gemeinsam mit dem Kunden unter dem Motto »der Geist bewegt die Materie« zum Ziel geführt.

Established in 1977, pro industrial deploys a ten-man team in the design and development of capital and consumer goods, automotive parts and entire vehicles. In a professional, in-house modelling workshop visualisation and functional models and prototypes ranging from fountain pens through household appliances to vehicles are made. The design and development process is determined by ecological and economic factors, innovation and tradition. Human beings as consumers and users stand at the centre of things. Target group and market oriented design is professionally implemented drawing on long experience of production technology and true to the maxim of "mind moves the matter".

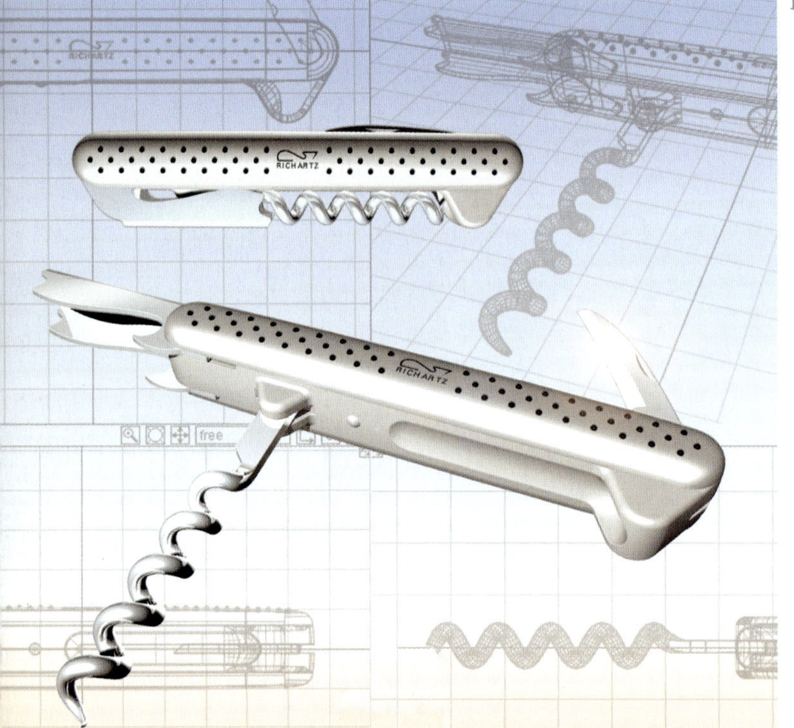

1

Referenzen/references: Battenfeld, BTF Textilwerke, Curver, Dachstein, De Tomaso, Dräger, Elek, Gloria, Grey, Happich, Jokon, Knaus, Krups, Leifheit, Olsberg, Pelikan, Quante, Richartz, Rowenta, Steba, Fritz Werner, FFG, Wilkinson, Winkler & Dünnebier, Wolf-Geräte, Wolfcraft u.a.

Rund 60 nationale und internationale Designauszeichnungen bestätigen die Qualität der Arbeit.
The quality of the firm's work is attested by around 60 national and international design awards.

2

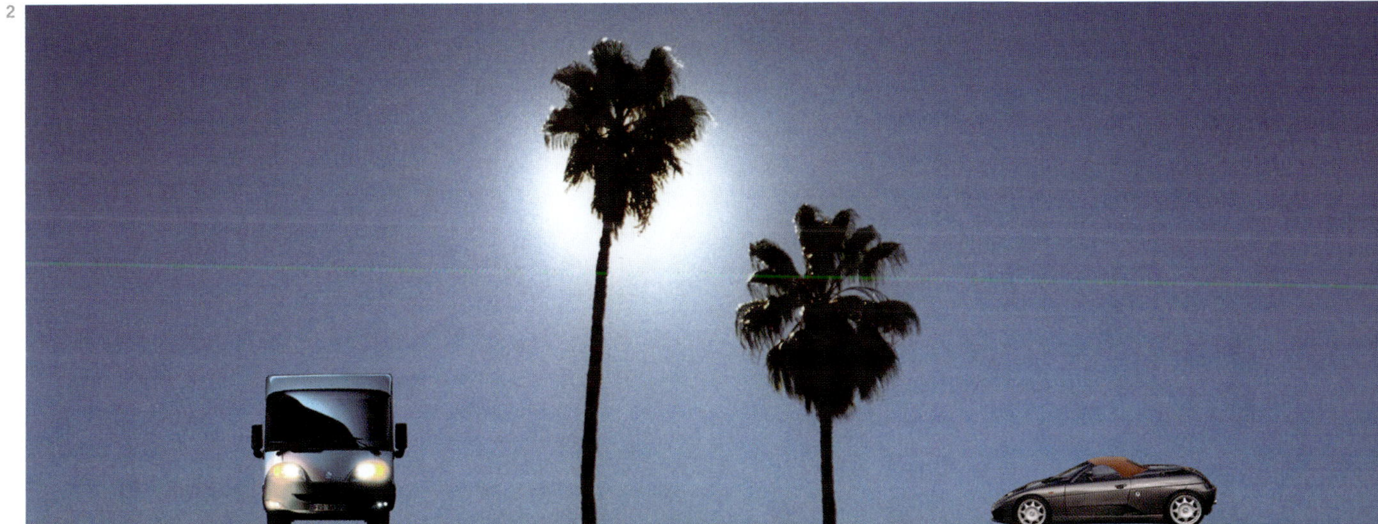

3

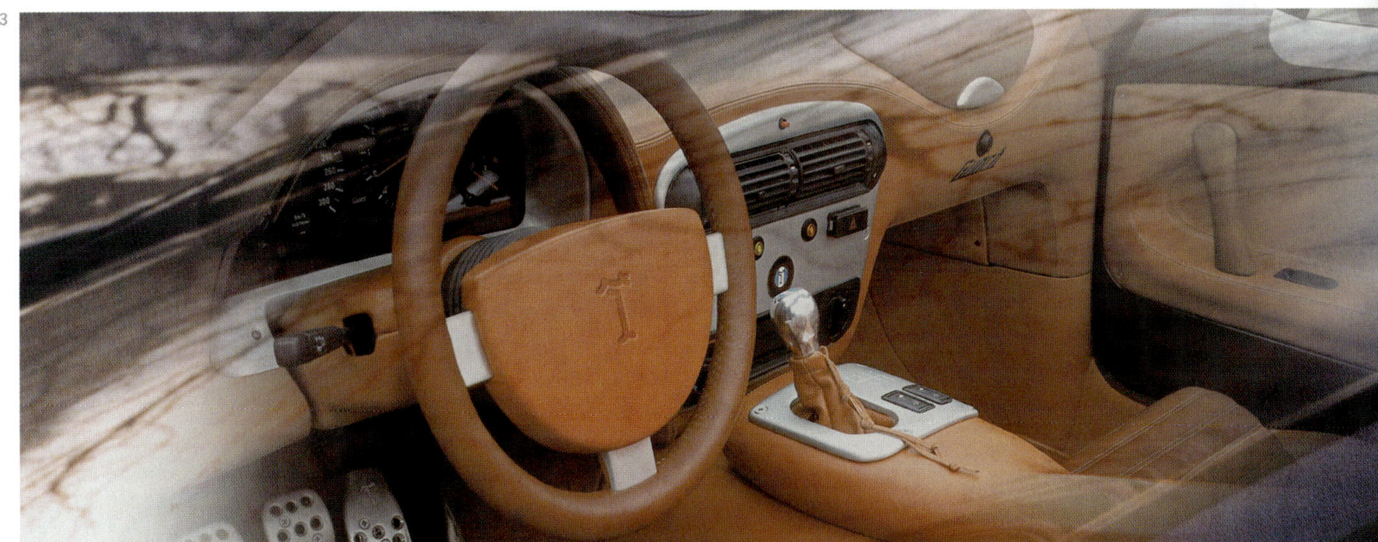

1 Sommelier-Messer/*Sommelier knife*
Richartz
red dot award 2001.

2 Travel-Liner
Reisemobile/*Minibuses*
Guara Spyder
Knaus/De Tomaso 1997/1999.

3 Guara Spyder
Interieur/*Interior*
De Tomaso 1999.

rahe + rahe design

Geschäftsführung
Prof. Ulrike Rahe
Prof. Detlef Rahe

Herrlichkeit 4
28199 Bremen
Telefon +49 (0)421/5 25 19 20
Telefax +49 (0)421/5 25 19 21
e-mail rahe@rahedesign.de
internet www.rahedesign.de

rahe+rahe design wurde 1989 von Ulrike und Detlef Rahe in Göteborg, Schweden, gegründet und verfolgt seitdem ein Design, das die Beziehung der Menschen mit ihrer zwei- und drei-dimensionalen Umwelt in den Vordergrund stellt: design with human dimension. rahe+rahe beschäftigt sich mit der Findung neuer Lösungen in Farbe, Form und Material und der Entwicklung innovativer Gestaltungen und Produkte. Das interdisziplinäre Büro bearbeitet Projekte in den Bereichen Industrial Design, Produktgestaltung, Interior und Architectural Design, Visuelle Kommunikation/Grafik Design, Farbdesign, Beratung und Consulting.

Established in Göteborg, Sweden, by Ulrike and Detlef Rahe in 1989, rahe+rahe design pursues a design policy that places the relationship of people to their two and three-dimensional environment at the forefront: design with human dimension. rahe+rahe seeks to discover new interrelations of colour, form and material and to develop innovative designs and products. The interdisciplinary office handles projects in the fields of industrial design, product design, interior and architectural design, visual communication/graphic design, colour design and consulting.

Office Göteborg
Maleviksbacken 7
S-42935 Kullavik
Telefon +46 (0)31/93 38 80
Telefax +46 (0)31/93 38 81

1 x-plus Konferenztischsystem in Leichtbauweise
Lightweight conference table system
art.colllection 1998.

2 Dessau No. 1
Gas- und Elektroherdprogramm
No. 1 gas and electric cooker range
DGG Dessauer Geräteindustrie 1996.

3 Interior Design Campus Dessau
Mensatisch mit Bank
Refectory table and bench
Vereinigte Spezialmöbelfabriken 2001.

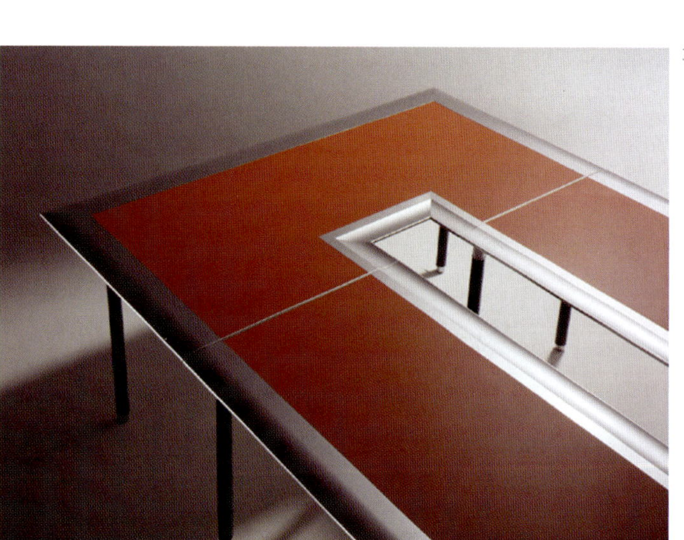

1

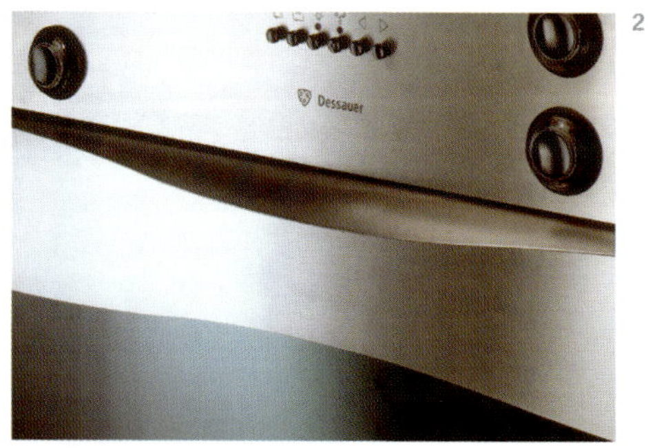

2

Referenzen/references: ABB, Art Collection, Atlantik Hotel Universum, BIG Bremer Investitions-Gesellschaft, Carbox, Continenta, DGG Dessauer Geräte Industrie, Dräger, Fiskars, Freitag Gastronomie Bremen, Friesland Porzellan, FSB, Gematex, Heckel Rollstühle, Invacare, Kraft Jacobs Suchard, Kultusministerium Sachsen-Anhalt, Nibe, Niedersächsisches Wirtschaftsministerium, Nova Form, Performa, Villeroy & Boch, VS Vereinte Spezialmöbelfabriken, WMF, Zumtobel Staff, Zwilling.

Auszeichnungen/awards: Braun Preis 1989 Anerkennung; Sächsischer Staatspreis für Design 1992, 1993; iF Auszeichnung für gutes Design Industrie Forum Design Hannover 1993, 1995; Roter Punkt Höchste Designqualität Design Zentrum Nordrhein Westfalen Essen 1993, 1995, Roter Punkt Hohe Designqualität 1994, 1997; Design Auswahl 1994; 1. Preisträger des Architekturwettbewerbs »Campus 2000«, 1997; Anerkennung Internationaler Designpreis Baden-Württemberg 1997; iF Ecology Design Award 1998, Best of Category 1998; iF Auszeichnung, hervorragendes Design 1998; Design-Preis des Landes Sachsen-Anhalt 2000; Nominierung für Bundespreis Produktdesign 2000; iF Contractworld Award 2001, Best of Category Hotels 2001.

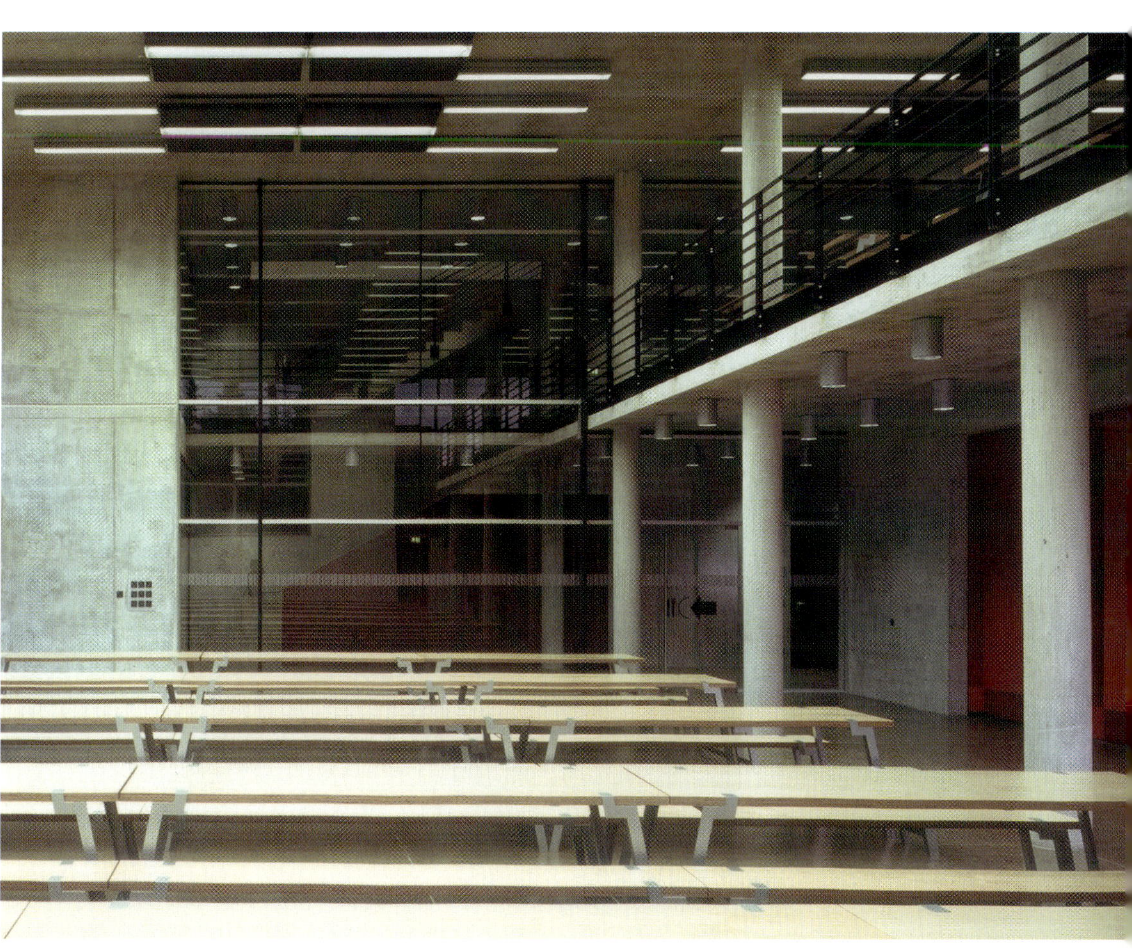

3

Dieter Rams

Prof. em. Dr. h.c. Dieter Rams
(VDID-Ehrenmitglied seit 1997, DDV)

Am Forsthaus 4
61476 Kronberg/Taunus
Telefax +49 (0)6173/14 06
Mobil +49 (0)172/6 74 30 08

Prof. em. Dr. h.c. Dieter Rams, geboren 1932, studierte Architektur und Innenarchitektur an der Werkkunstschule Wiesbaden. Er unterbrach von 1948 bis 1951 sein Studium, um ein Praktikum mit anschließendem Gesellenbrief im Tischlerhandwerk zu machen. Er nahm das Studium wieder auf und erhielt 1953 sein Diplom mit Auszeichnung. Von 1953 bis 1955 arbeitete er mit im Architekturbüro Otto Apel, u.a. damals in Zusammenarbeit mit den Architekten Skidmore, Owings und Merril (US-Konsulatsgebäude in der BRD). Im Jahre 1955 begann er als Architekt und Innenarchitekt bei der Braun AG, 1956 übernahm er dort erste Aufgaben als Produktdesigner. 1957 folgten erste Möbelentwürfe für Otto Zapf – ab 1959 »Vitsoe & Zapf« – »Wiese Vitsoe« - seit 1995 »SDR+«.
1961 wurde Dieter Rams zum Leiter der Abteilung Produkt Design der Braun AG ernannt, 1968 wurde er dort Direktor für Produkt Design. Im Jahre 1981 erhielt Dieter Rams eine Berufung als Professor für Industrie Design an die Hochschule für Bildende Künste nach Hamburg. 1988 wurde er zum Generalbevollmächtigten der Braun AG bestellt. 1995 wurde er vom Direktor Produkt Design zum Executive Director Corporate Identity Affairs der Braun AG ernannt. 1997 schied er bei der Braun AG aus und wurde von der Hochschule für Bildende Künste emeritiert. Prof. em. Dr. h.c. Dieter Rams hatte seit 1980 international zahlreiche Ausstellungen und wurde weltweit geehrt. Unter anderem wurde ihm 1991 die Ehrendoktorwürde (Doktor honoris causa) durch das Royal College of Arts in London verliehen.

*

Born in 1932, Prof. em. Dr. h.c. Dieter Rams studied architecture and interior design at the Werkkunstschule in Wiesbaden, interrupting his studies from 1948 to 1951 to serve an apprenticeship as a cabinet maker. Back at college, he took a post-graduate degree with distinction in 1953. From 1953 to 1955 he worked for the architect Otto Apel, collaborating with, amongst others, Skidmore, Owings and Merril (architects of the US consulate in the Federal Republic of Germany). In 1955 he took up a position as architect and interior designer at Braun AG where he did his first product design work in 1956. This was followed in 1957 by furniture designs for Otto Zapf (from 1959 "Vitsoe & Zapf"–"Wiese Vitsoe"– since 1995 "SDR+"). In 1961 Dieter Rams was appointed head of the product design department at Braun AG and subsequently, in 1968, director of product design. In 1981 Dieter Rams was elected professor of industrial design at the Hochschule für Bildende Künste in Hamburg. In 1988 received general powers to act on behalf of Braun AG and this was followed in 1995 by his appointment as Executive Director Corporate Identity Affairs. In 1997 he left Braun AG and retired emeritus from his chair at the Hochschule für Bildende Künste. Since 1980 Prof. em. Dr. h.c. Dieter Rams has had numerous exhibitions of his work and received international acclaim including an honorary doctorate from the Royal College of Arts in London.

* »Gutes Design –
ist so wenig Design wie möglich«
*"Good design –
is as little design as possible"*

Kurt Ranger Design

Ausstellungsdesign, Grafikdesign
Mediendesign, Produktdesign

Geschäftsführung
Kurt Ranger (VDID)

Stuttgarter Straße 77
70469 Stuttgart
Telefon +49 (0)711/8 17 76 66
Telefax +49 (0)711/8 56 72 12
e-mail contact@ranger-design.com
internet www.ranger-design.com

> Communication Design S. 372
> Multimedia Design S. 448

Im Team Kurt Ranger Design arbeiten drei Produktdesigner, eine Architektin, fünf Grafikdesigner und ein Mediendesigner an Aufgaben aus den Bereichen Ausstellungsdesign, Grafikdesign, Mediendesign und Produktdesign interdisziplinär zusammen. Strategische Überlegungen, Markenbildung und die Orientierung an den Zielgruppen werden von Anfang an in die Designentwicklungen integriert. Verstärkt wird das Team durch freie Spezialisten für audiovisuelle Produktionen, Text, Fotografie und andere angrenzende Bereiche.

The Kurt Ranger Design team consisting of three product designers, an architect, five graphic designers and a media designer work on an interdisciplinary basis on exhibition design, graphic design, media design and product design projects. Strategic considerations, brand building and target group orientation are integrated from the outset. The team is supported by freelance specialists in audio-visual production, copywriters, photographers and related experts.

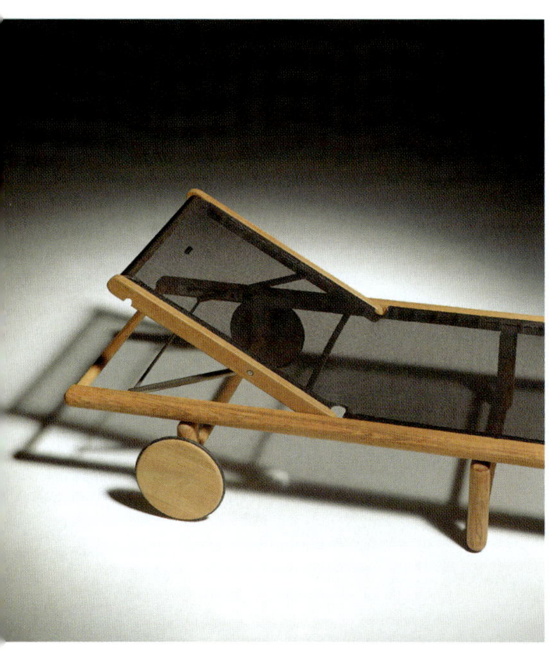
1

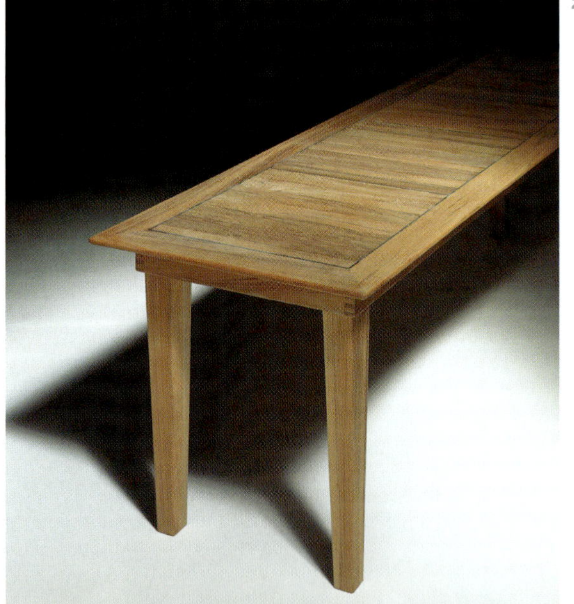
2

1 Gartenliege Tennis
Tennis deckchair
Fischer Möbel.

2 Tisch Boccia
Boccia table
Fischer Möbel.

3 Gartensessel Tennis
Tennis garden chair
Fischer Möbel.

Referenzen/references: Badisches Landesmuseum Karlsruhe, Brot für die Welt, DaimlerChrysler AG, Fischer Möbel, Kulturgemeinschaft, Staatliche Kunsthalle Karlsruhe, Team 7 u.a.
Veröffentlichungen/publications: Kurt Ranger beschäftigt sich in zahlreichen Publikationen mit Fragen der Vermittlung von Inhalten, Prozessen und Produkten an Zielgruppen. Dabei bilden der Einsatz von verschiedenen Medien, auf der zweidimensionalen Fläche, im dreidimensionalen Raum und der Einsatz audiovisueller Medien bis hin zu der Vernetzung mit neuen Medien, einen thematischen Schwerpunkt.
In numerous publications Kurt Ranger deals with the communication of content, processes and products to target groups. A major theme is the use of different media on two-dimensional surfaces and in three-dimensional space and the deployment of audio-visual media including its networking with new media.
Auszeichnungen/awards: Bundespreis Gute Form; Deutscher Verpackungsdesign-Preis; Grafikdesign Deutschland; Deutscher Preis für Kommunikationsdesign, Design Zentrum Nordrhein Westfalen Essen; Nominierung Museum of the Year Award; Design Center Stuttgart u.a.

3

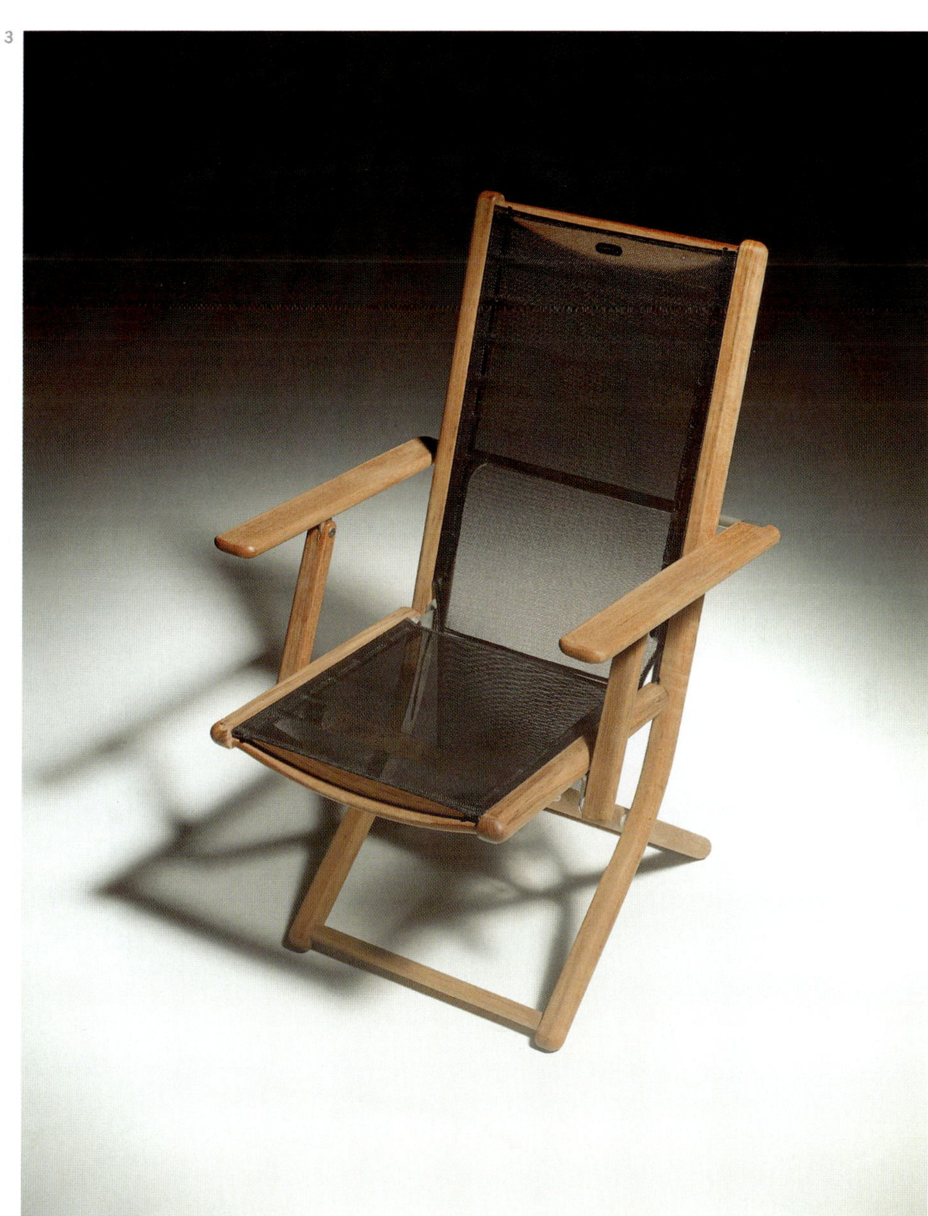

Christian Reichert

Gerberstraße 16
30169 Hannover
Telefon +49 (0)511/1 69 71 30

Christian Reichert, geboren 1965, machte eine Ausbildung zum Feinmechaniker und schloß daran eine Konstruktionstätigkeit im Rahmen eines Forschungsprojektes an der TU Braunschweig an. Von 1989 bis 1995 folgte eine Studium an der Hochschule der Künste Berlin, Industrial Design, Fachrichtung Produktgestaltung. Während des Studiums machte Christian Reichert Berufspraktika und fachübergreifende Projektarbeit in der Bildhauerei bei J. Hashimoto, Fachbereich Freie Kunst der HdK in Berlin. Seit 1995 ist Christian Reichert als Designer bei der Bree Collection GmbH tätig und übernahm am 1.9.2001 die Designleitung. Christian Reichert entwickelte mehrere Patente und erhielt diverse nationale und internationale Produktauszeichnungen.

Christian Reichert, born in 1965, trained as a precision mechanic at the TU of Braunschweig and followed that with design activities in a research project at the TU of Braunschweig. From 1989 to 1995, he studied industrial design, specialising in product design, at the Hochschule der Künste in Berlin. During his studies, Christian Reichert gained experience in interdisciplinary project work in sculpture with J. Hashimoto at the arts department of the HdK in Berlin. Christian Reichert has been employed as a designer at Bree Collection GmbH since 1995 and took over design management with effect from 01.09.2001. Christian Reichert has several patents of his own to his credit and received various national and international product awards.

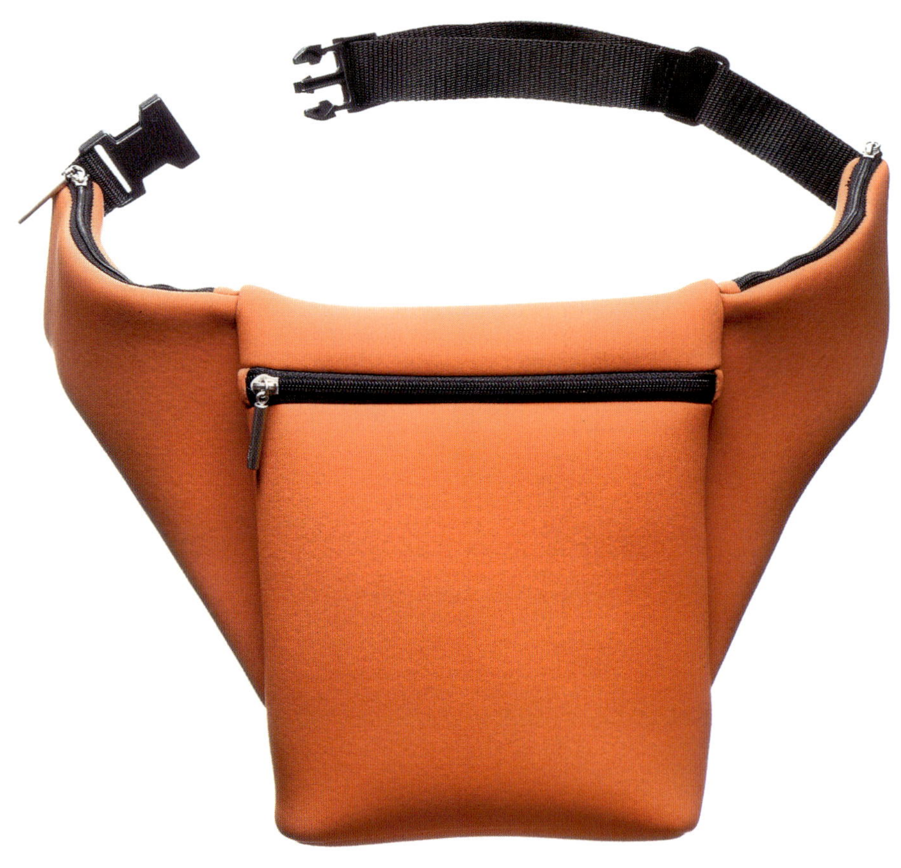

1

1 Hüfttasche Wings 2
Wings 2 hip bag
Bree Collection 1998.
iF Product Design Award 2000.

2 Bodybag Pierce 3
Bree Collection 2000.
Roter Punkt Design Zentrum Nordrhein Westfalen 2000.

3 Trolley Check In 11
Bree Collection 1999.
iF Product Design Award 2000.

4 Rucksack Punch 3
Bree Collection 1996.
Mehrfach ausgezeichnet
Numerous awards.

Veröffentlichungen/publications: Design Calendar 2000, DuMont 2000; Design Lexikon Deutschland, DuMont 2000.
Auszeichnungen/awards: Flakonwettbewerb Heinz Glas GmbH 1995; Design Plus, Frankfurt/Main 1997; iF Ecology Design Award, best of Category 1997; iF Product Design Award 1997, 1998, 2000; iF Top Ten Jahr '97; iF Product Design Award, Auszeichnung Excellentes Design, 1997; Design Zentrum Nordrhein Westfalen Essen 1997, 1998, 1999, 2000; Form '97, Bundesverb. Kunsthandwerk e.V., Frankfurt; Joseph Binder Award, designaustria, Wien 1997; Design Preis Schweiz, Design Center Langenthal 1997; Nominierung Bundespreis Produktdesign, Rat für Formgebung, German Design Council, Frankfurt/Main 1998; iF Ecology Design Award 1998; Aktion Plagiarius 1998, Busse Design, Ulm; I.D. Annual Design Review 1998, Intern. Design Magazine, New York; Intern. Designpreis Baden-Würtemberg, Design Center Stuttgart 1998, 1999; Bio 16, 16th Biennial of Industrial Design 1998, Sekretariat Bio, Slowenien; Ranking: Design, Award 2000, Bester Industrie-Designer Produktgruppe Accessoires, Frankfurt/Main; Nominierung Bundespreis Produktdesign 2000/2001, Rat für Formgebung, Frankfurt/Main; Aktion Plagiarius 2001, Platz 2, Busse Design, Ulm.

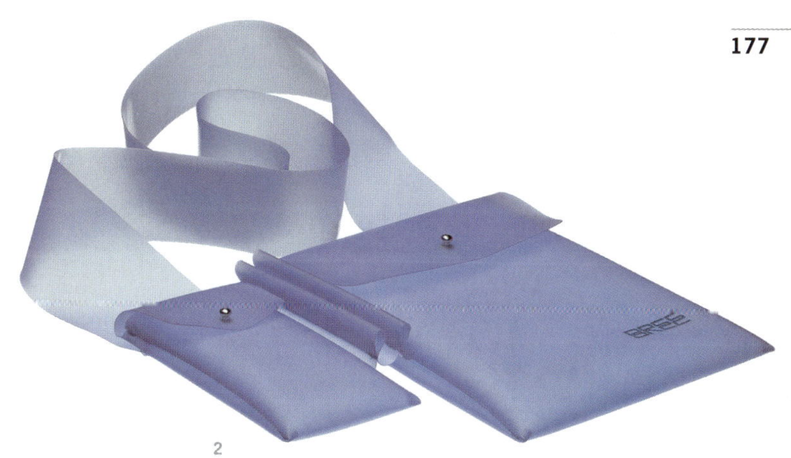

2

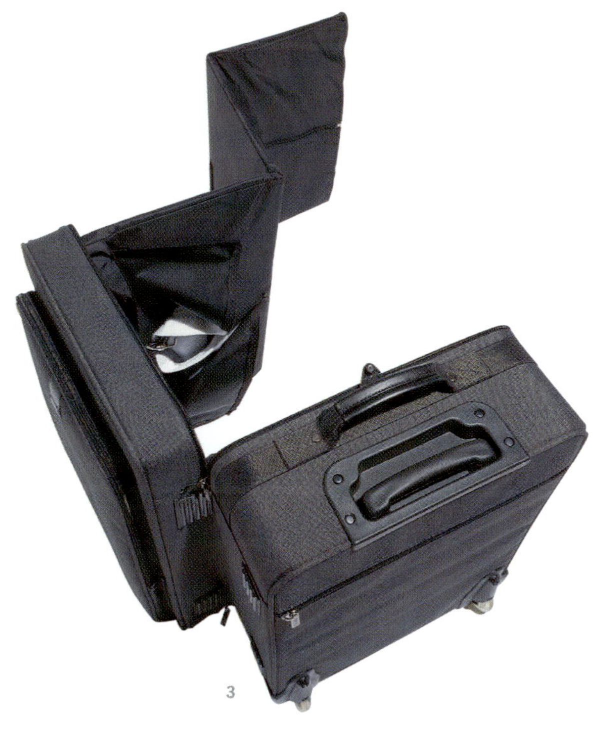

3

4

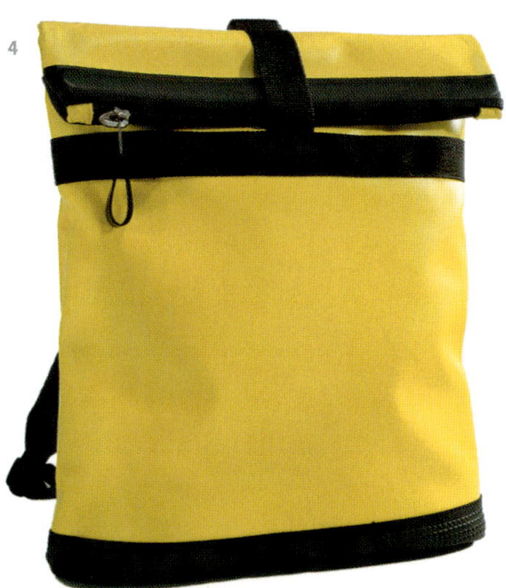

Anne Rieck Produktdesign

Geschäftsführung
Dipl. Des. Anne Rieck

Augustastraße 91
52070 Aachen
Telefon +49 (0)241/50 18 82
Telefax +49 (0)241/53 72 43
e-mail A.Rieck-Design@t-online.de

Anne Rieck, geboren 1961 in Soest/Westfalen, studierte Produkt Design an der FH Münster. Ab 1988 war sie tätig für die Firma Hartmut Räder Wohnzubehör in den Bereichen Produktentwicklung, Verpackungs- und Grafik Design. Seit 1994 ist Anne Rieck freiberuflich in Aachen tätig.

Born in 1961 in Soest, Westphalia, Anne Rieck studied product design at the Fachhochschule in Münster. From 1988 onwards she worked for Hartmut Räder domestic furnishings and accessories in the field of product development and packaging and graphic design. Since 1994 she has worked as a freelance in Aachen.

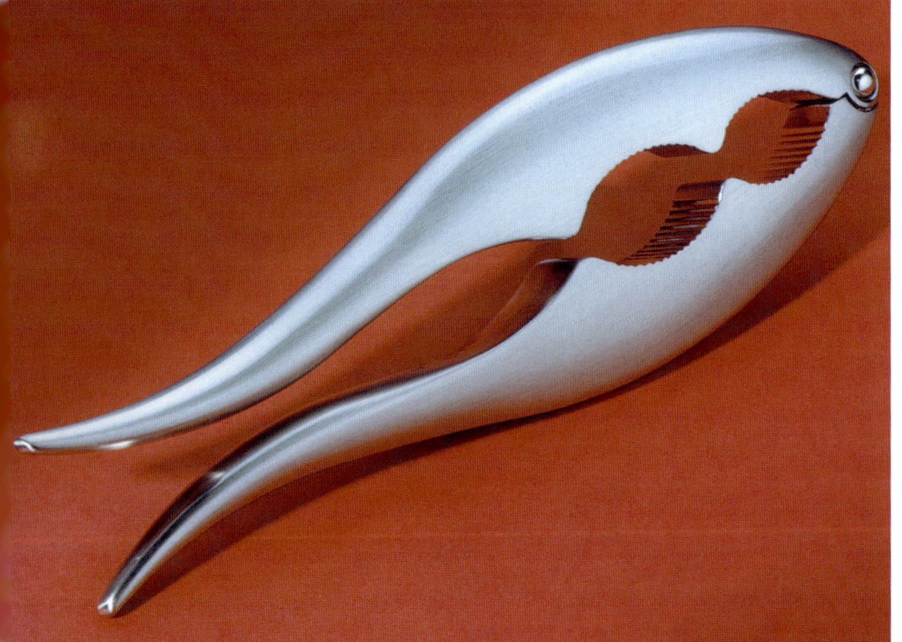

1

Referenzen/references: Arzberg Porzellan, Design House, Hartmut Räder Wohnzubehör, Hutschenreuther Hotel, Troika u.a.
Auszeichnungen/awards: XIX. Mailänder Triennale, Italien 1996 (Flakonserie DREI KÖNIGE, Troika); Design Plus Messe Frankfurt 1997 (Trauerkarten, Räder); red dot award product design Design Zentrum Nordrhein Westfalen 2001 (Nussknacker GO NUTS, Troika).

1 Nussknacker GO NUTS
aus Zinndruckguss mattvernickelt
Go Nuts nutcracker in matt nickel plated die cast pewter
Troika 2000.

2 CONE LIGHT, Tisch- und Windlichter mit Schirmen aus Polycarbonat
Cone Light table and outdoor candles with polycarbonate shades
Räder Wohnzubehör 1999.
Photo: Regina Maultzsch

3 DREI KÖNIGE, Flakons aus poliertem Zinn mit Verschlüssen aus Edelhölzern
Three Kings flacons in polished pewter with luxury wood stoppers
Troika 1996.
Photo: Regina Maultzsch

2

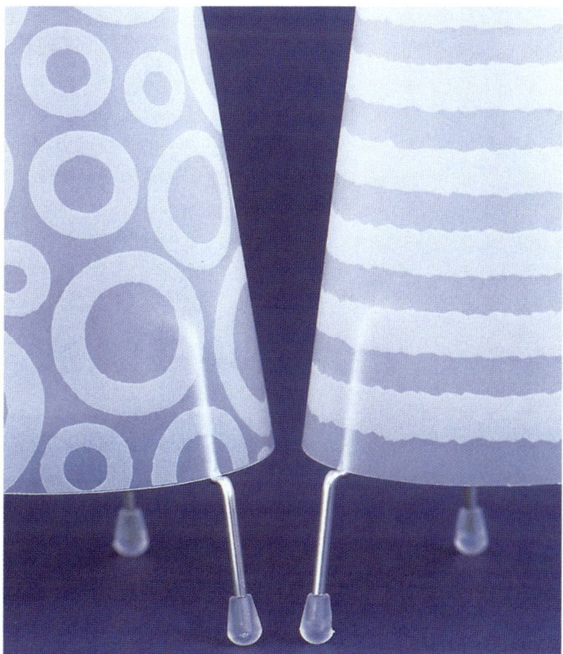

3

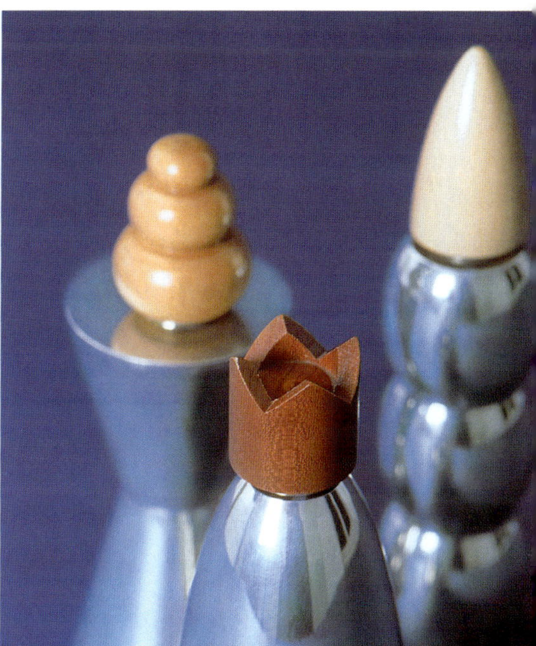

ritomdesign

Geschäftsführung
Dipl. Des. Rita Berger-Szuder

Im Winkel 4
51579 Leverkusen
Telefon +49 (0)2171/3 19 88
e-mail ritom@t-online.de
internet www.ritom-design.de

Dipl. Des. Rita Berger-Szuder, geboren 1958, machte eine Ausbildung als Zahntechnikerin und arbeitete in diesem Beruf. Im Anschluss studierte sie mit dem Schwerpunkt Produkt Design/Schmuck Design an der FH Düsseldorf. Nach dem Diplomabschluss 1995/1996 arbeitete sie freiberuflich im Bereich Geräte Design, Objekt Design, Industrie- und Grafik Design. Sie ist Mitglied im Designerinnen-Forum. 1999 gründete sie die Firma ritomdesign in Leverkusen. Aufgabenschwerpunkt ist Industrie Design und Konstruktion. Weiterhin besteht eine Zusammenarbeit mit einem kreativen Netzwerk aus den Bereichen Grafik Design, Industrie Design, Konstruktion und Modellbau inklusive Rapid-Prototyping.

Born in 1958, Rita Berger-Szuder served an apprenticeship and worked as a dental technician, going on to study design majoring in product design and jewellery design at the Fachhochschule in Düsseldorf. On taking a post-graduate degree in 1995/96, she freelanced in appliance design, object design and industrial and graphic design. She is a member of the Women Designers' Forum. In 1999 she established ritomdesign in Leverkusen focusing on industrial design. She also collaborates with a creative network of graphic designers, industrial designers and model builders including rapid prototyping specialists.

1 Designstudien, Heizgeräte
Design studies, Heating appliances

2 Eier-Ess-Set
Egg set

3 Mobile Paravent 2001
Mobile screen 2001

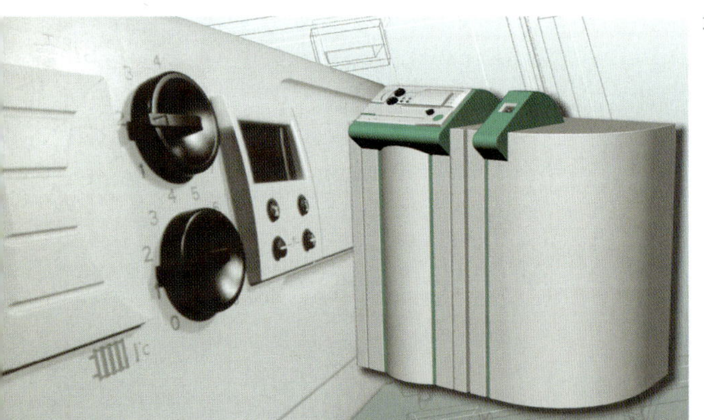

1

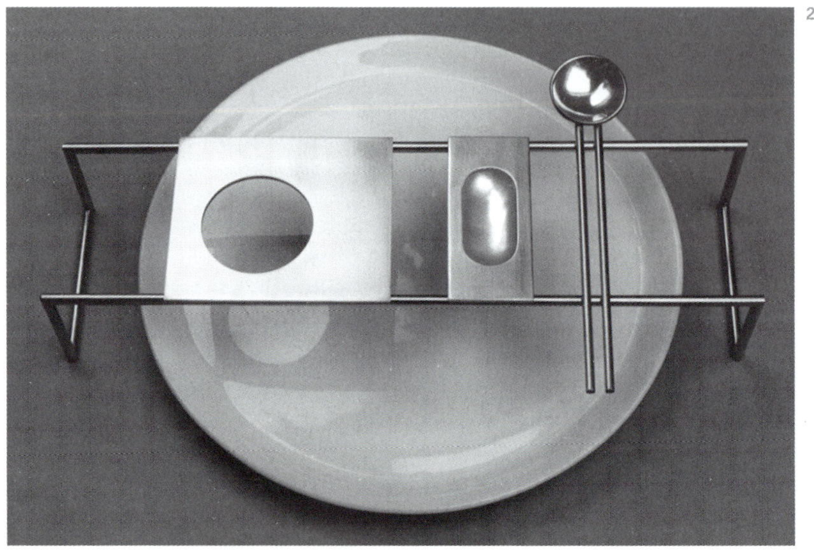

2

Referenzen/references: Vaillant, RL-Elevation, ritomdesign (Produkte in Selbstvermarktung). *ritomdesign (marketing own products).*
Veröffentlichungen/publications: Ausstellungskatalog Maggi Edition 1995 u. Metall und Licht HK Koblenz 1997; »moebel interior design«, Konradin Verlag 3/1999; Designer Profile 2000/2001, Form Verlag 1999/2000. Seit 1993 beteiligt sich Rita Berger-Szuder an nationalen und internationalen Ausstellungen.
Since 1993 Rita Berger-Szuder has participated in exhibitions both in Germany and abroad.

3

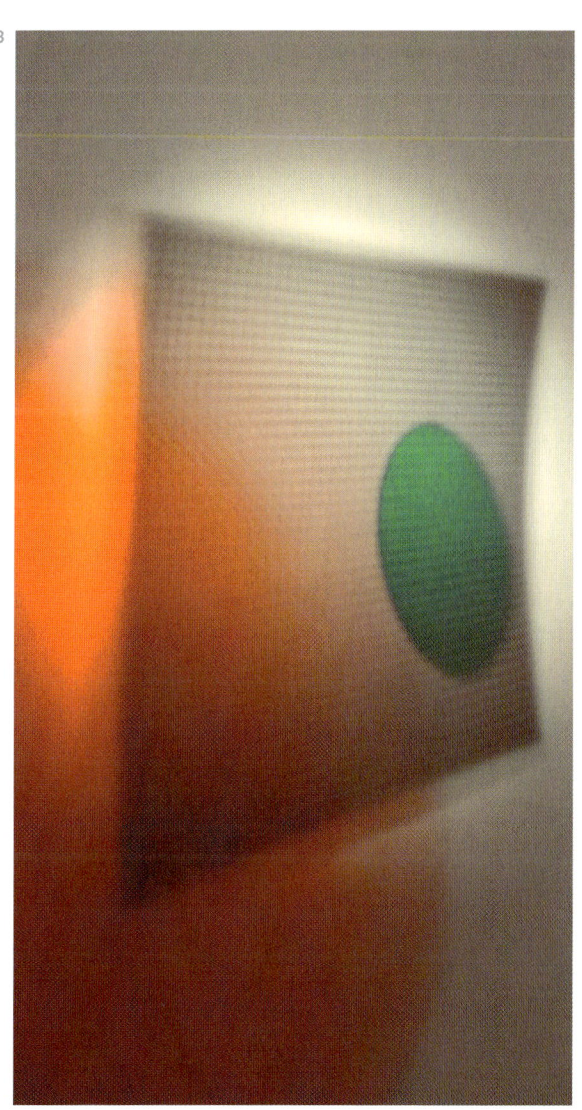

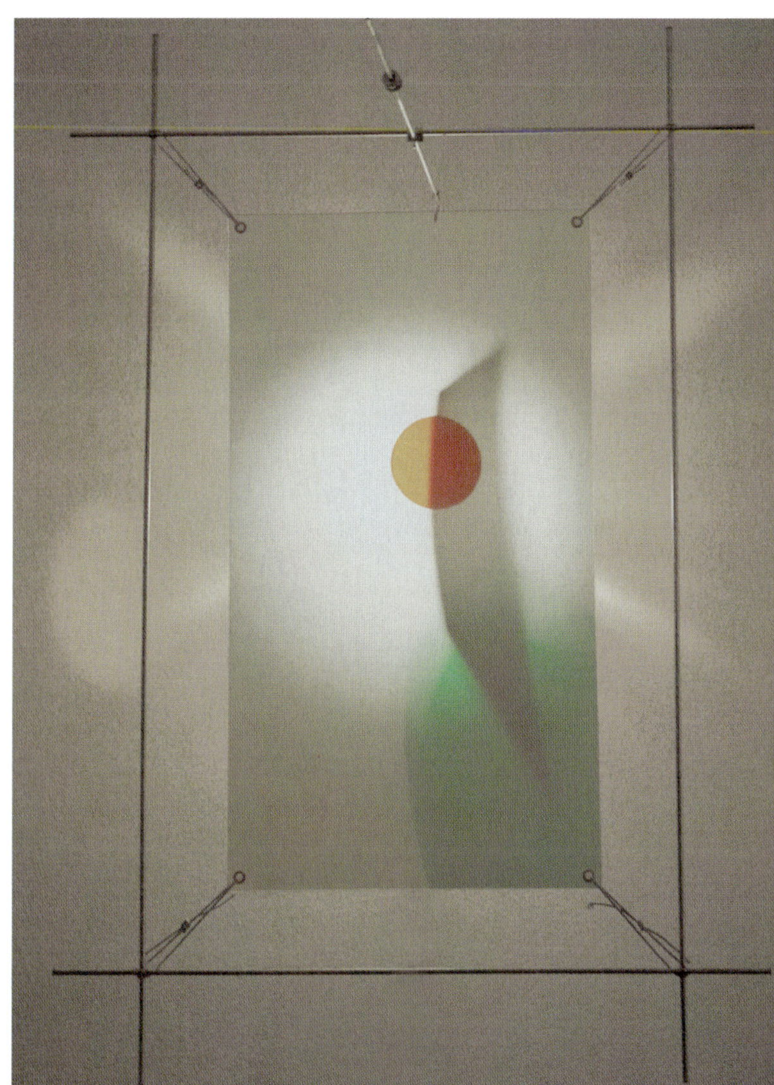

rommel und schoen design

Geschäftsführung
Dipl. Des. Volkmar F. E. Rommel (VDID)
Dipl. Des. Kurt Schoen (VDID)

Am Straßdorfer Berg 1
73529 Schwäbisch Gmünd
Telefon +49 (0)7171/3 78 71
Telefax +49 (0)7171/3 77 65
e-mail rommelundschoen@t-online.de

rommel und schoen design wurde 1970 von Volkmar Rommel und Kurt Schoen gegründet und ist im Bereich Industrial Design weltweit für namhafte Unternehmen der unterschiedlichsten Branchen tätig. Schwerpunkte liegen im Apparate- und Maschinenbau, Badmöbel, Bodenpflegegeräte, Bürodrehstühle, Garten- und Freizeitmöbel, Haushalt- und Küchentechnik, Hotel- und Mikrowellengeschirre, Klaviere und Flügel, Klimatechnik, Kommunikationsgeräte, Objekt- und Büromöbel, Sanitärausstattung, Schreibgeräte, Unterhaltungselektronik, Wasserfahrzeuge, Wohnmöbel u.a.

Established by Volkmar Rommel and Kurt Schoen in 1970, rommel und schoen design provides industrial design services for well known companies in a wide variety of industries throughout the world. The main emphasis of their work is on plant and machinery, bathroom furnishings, floor sweeping, cleaning and polishing appliances, office swivel chairs, garden and leisure furniture, household and kitchen appliances, hotel and microwave dishes, pianos, heating and air conditioning systems, communications devices, public area and office furniture, sanitary equipment, writing instruments, electronic entertainment equipment, boats and aquatics, domestic furniture etc.

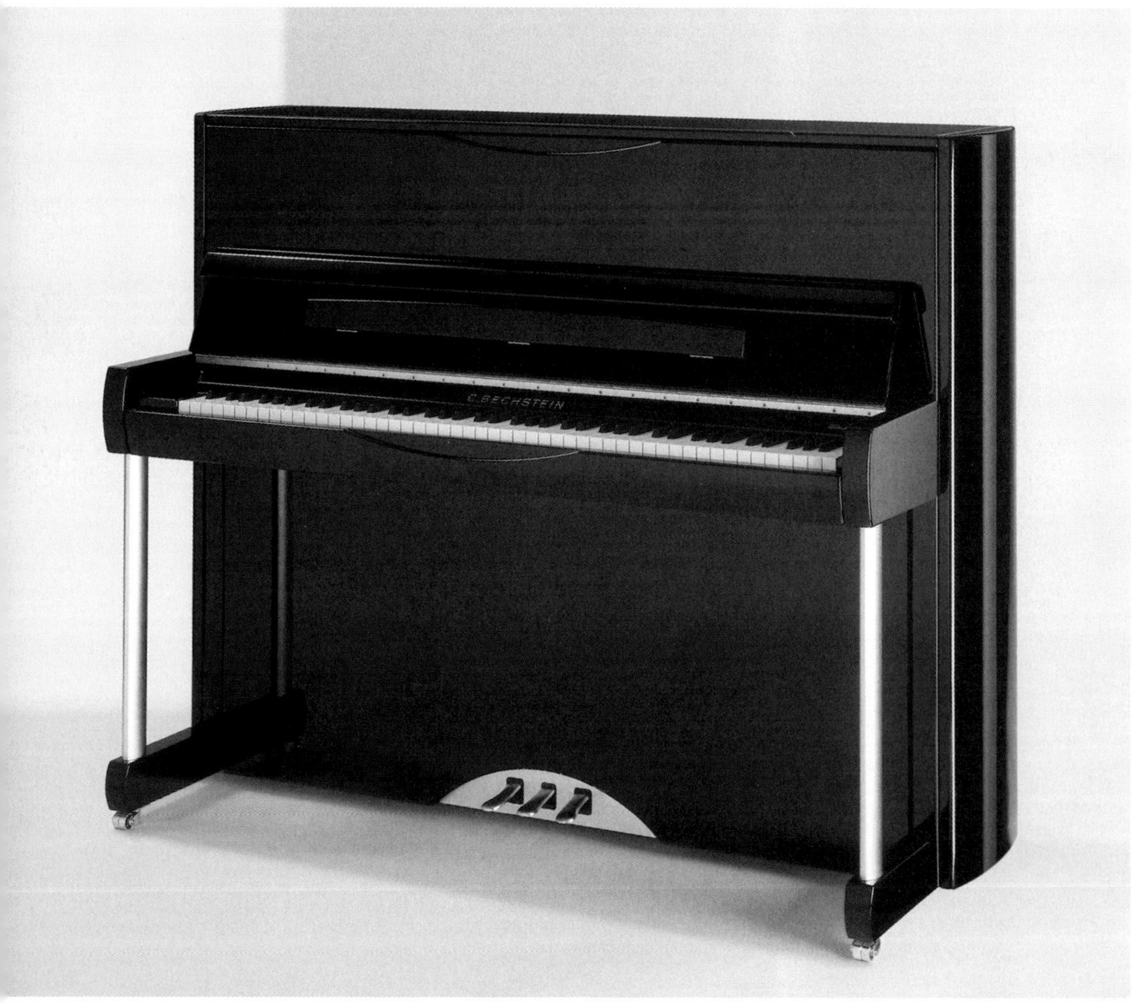

1

1 Piano Pro Bechstein ars nova
Upright-piano ars nova
C. Bechstein Pianofortefabrik AG 1998.

2 Klimasystem Air conditioning system coolwave
LTG Aktiengesellschaft 1994.

3 Stuhl Spectra-Serie 3300
Spectra Series 3300 chair
Interstuhl 1986.

Referenzen/references: C. Bechstein, Bimos, Braun, Burgbad, Casala, Cor, Cytrawerft, Duravit, Dynacord, Faber-Castell, Femira, Ford, General Corp., Grand Soleil, Grohe, Hailo, Heco, Hiller, HSI, IKEA, Interstuhl, Kamabad, Knoll, LTG, Merz + Krell, Mitsubishi, Mobilpac, Online, Pelikan, Revox, Ritter, Ritto, Romus, Rou Bill, Saba, Schäfer, Schönbuch, Senator, Stabo, Staedler, Starplast, T+A, Teka, Teleton, Toppoint, Uma, Vorwerk, Waiko, Wigo u.a.
Auszeichnungen/awards: Design Center Stuttgart; Haus Industrieform Essen; iF Industrie Forum Design Hannover; Design Zentrum Nordrhein Westfalen; Produkt des Jahres GKV Frankfurt/Main; Kyoto Design Award, Stationary of the Year Tokyo; Chicago Athenaeum.

3

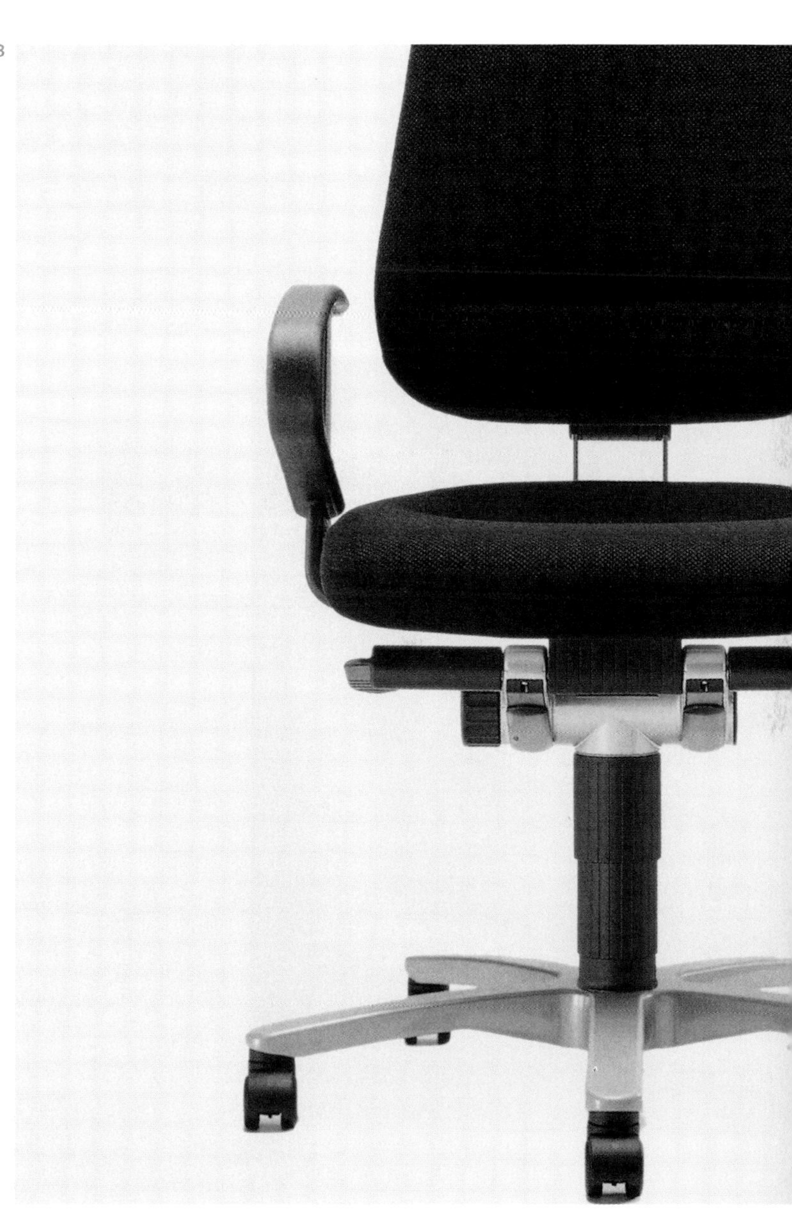

2

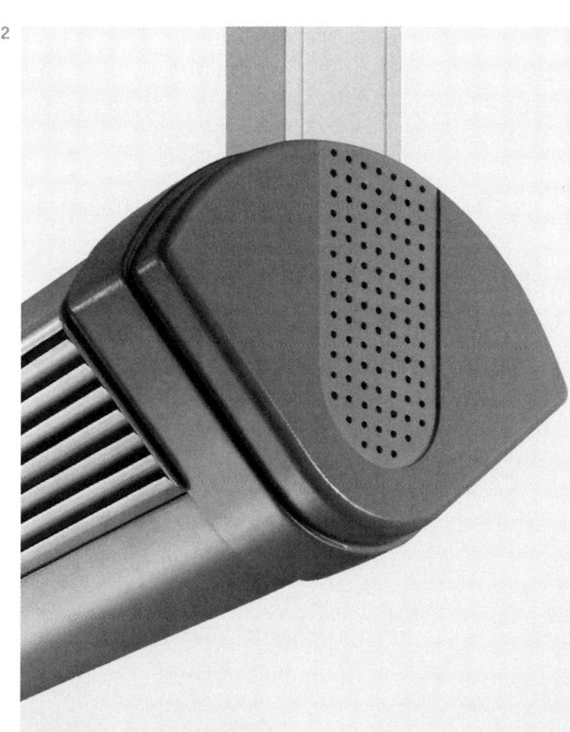

Samson Industrieform

Geschäftsführung
Dipl. Des. Rainer Samson

Albrecht-Thaer-Straße 6
48147 Münster
Telefon +49 (0)251/1 44 26 10
Telefax +49 (0)251/1 44 26 50
e-mail industrieform@aol.com
internet www.samsondesign.de

Rainer Samson hat das Unternehmen vor 20 Jahren gegründet. Sein Team strukturiert und realisiert durch integriertes Entwerfen innovative Lösungen bei der Entwicklung von komplexen Produkten für Konsum- und Investitionsgüter. Samson Industrieform kooperiert von Anfang an mit Technikern und Wirtschaftlern aus allen beteiligten Bereichen (Marketing, Produktion, Vertrieb, Logistik) für große Planungssicherheit, kurze Entwicklungszeiten und zielgenaue Lösungen. Die strategische Ausrichtung der Produktkonzepte führt zur Entwicklung von Produkten mit hoher Identität und Differenzierung am Markt. Zu den Leistungsbereichen gehören das Industrie Design vom Projektmanagement bis zur Markteinführung, die Erarbeitung von Kommunikationsstrategien und Markenpositionierungen sowie die Planung von Printmedien und Messeauftritten.

The firm was established twenty years ago by Rainer Samson. His team deploys integrated design to structure and implement innovative solutions in the development of complex products in the field of capital and consumer goods. Samson Industrieform collaborates from the outset with technicians and business managers in all the areas involved (marketing, production, sales, logistics) to assure reliable planning, rapid development and accurate solutions. The strategic orientation of product concepts results in the development of products with a strongly marked identity. Services include industrial design from project management to market launch, devising communication strategies and market positioning and planning print media and trade fair presentations.

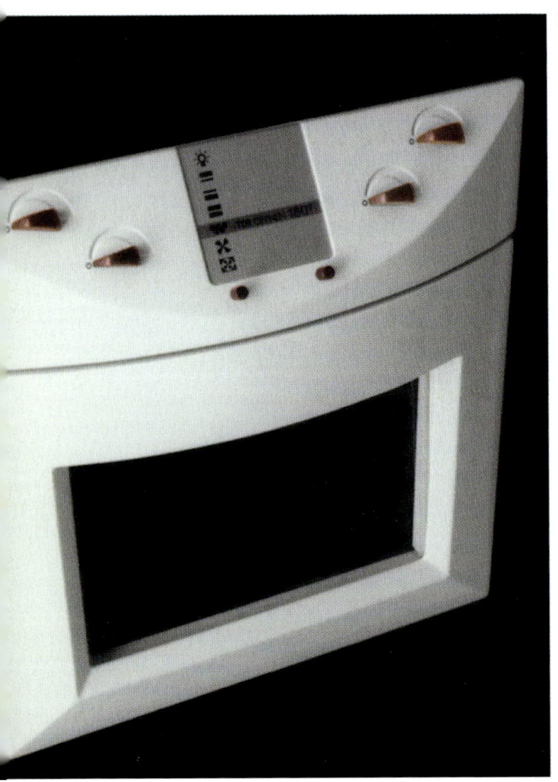

1

1 Hausgeräte, Kochen und Backen
Household appliances, cookers and ovens
Elektra Bregenz AG.

2 Verpackungssysteme/*Packaging systems*
Eul & Günther GmbH & Co. KG.

3 EMV-Simulator/*EMV simulator*
EM Test AG

4 Biofiltertechnik/*Biofilter technology*
Compo GmbH & Co. KG.

Referenzen/references: ABB, AEG, Ariston, Bauknecht, Bentz, Berker, Biologic, Biotec, Blomberg, Colt, Compo, Decatron, Dotronic, Edding, Elektra Bregenz, Elica, Emsa, EM Test, Eul & Günther, Friwo, Helicom, Hemecker, Herholz, Hospitalia, Iams, Jet air, Kliko, König, Liebherr, Lovink, Melitta, Merloni, Nielsen, Ocean, Philips, Potocco, Pyramis, Revlon, Rolinck, Sangiorgio, Schott, Sprick, Steilmann, Stena Line, Tirolia, Thomson, Turck, Viterra, VW Audi, Water-Planet, Wellmann, Wolf.
Veröffentlichungen/publications: »Insights« – From Industrial Design to Mechanical Design Engineering; Zahlreiche Publikationen, Vorträge und Industrie-Seminare im In- und Ausland. Publikationen zum Thema Produktentwicklung und Designmanagement. *Numerous publications, lectures and seminars for industry in Germany and abroad. Publications on the subjects of product development and design management.*
Lehrtätigkeit/Teaching activities: Seit 1983 Dozent der Fachhochschule Münster am Fachbereich Design. Seit 1994 Dozent an der Saxion Hogeschool Enschede, Instituut Industriële Technieken. *Lecturer in design at the Fachhochschule in Münster since 1983. Lecturer at the Saxion Hogeschool Enschede, Instituut Industriële Technieken, since 1994.*
Auszeichnungen/awards: iF Design Award Industrie Forum Design Hannover 1989, 1990; iF Ecology Design Award Industrie Forum Design Hannover 1997.

2

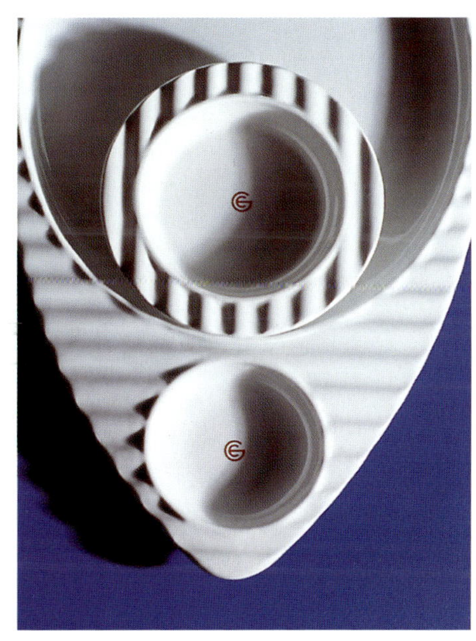

4

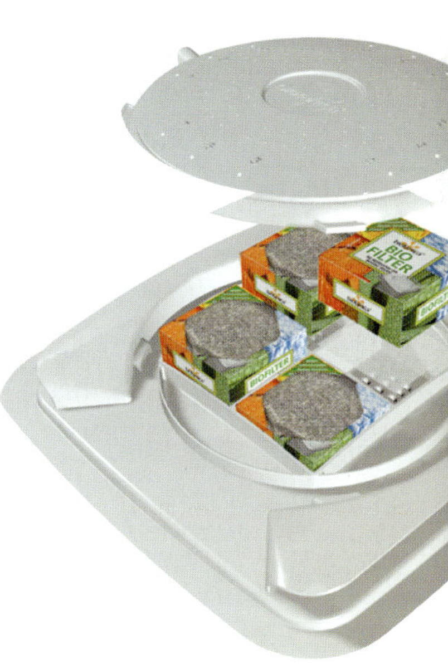

3

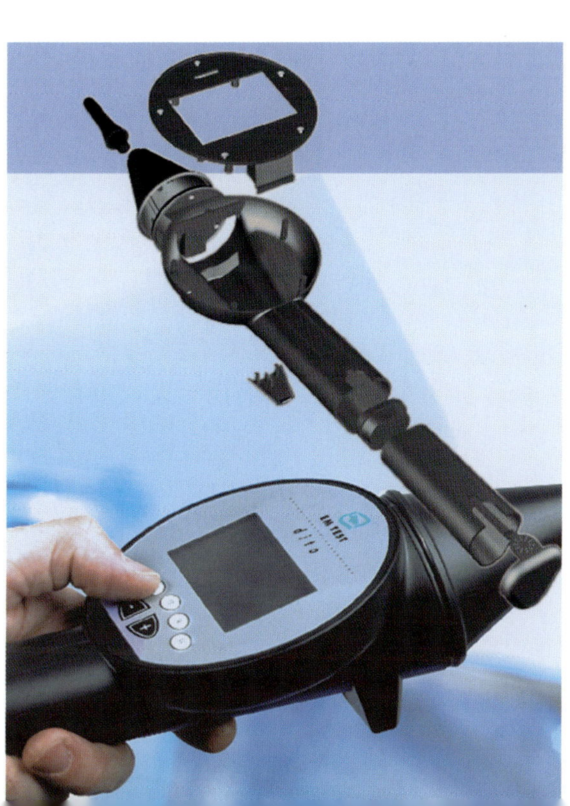

Scala Design GmbH

Geschäftsführung
Werner Gräfensteiner
Heiko Tegeder
Peter Theiss (VDID)

Kontaktperson Peter Theiss

Wolf-Hirth-Straße 23
71034 Böblingen
Telefon +49 (0)7031/22 69 08
Telefax +49 (0)7031/22 78 09
e-mail scala@scala-design.de
internet wwww.scala-design.de

Form follows Function. Und umgekehrt. Zuerst die Funktion und dann die Form. So entsteht in der Regel das Design, das dem Produkt Charakter und Gesicht verleiht. Das in der langjährigen Zusammenarbeit mit weltweit agierenden Unternehmen erworbene Know-how fließt in die implementierten Competence-Center ein: CC-Transportation, CC-Interior und CC-Investitionsgüter. Hier werden Produkte mit höchster technischer Komplexität gestaltet, hier entwickeln Spezialisten Formgebung und Formensprache zukünftiger und richtungsweisender Innovationen. Die Prozess-Schritte Design-Entwurf, CAD-Konstruktion sowie Modell- und Prototypen-Bau werden inhouse erledigt.

"Form follows Function", and vice versa. At Scala Design the law that form follows function so that products receive charakter and face, guides the design. Through the companies many years of working with world wide operating concerns, Scala Design has acquired specialist know-how which has created the foundation of their "Competence Centres": CC Transportation, CC Interior, CC Investment-goods. Scala Design is a source of competence for the creation of products with highest technical complexity, and is experienced in the development of specialised design/design languages as well as futuristic and market leading innovations. The process of design-conception, CAD-construction and modelling/prototyping, is carried out in house.

Scala Design Japan
ICL-208, 2-13 Ashai-dai,
Tasunokushi-machi,
Nomi-gun, Ishikawa-pref
923-1211 Japan
Telefon +81 761/51 70 33
Telefax +81 761/51 72 55

Kontaktperson Mr. Yonosuke Iwai

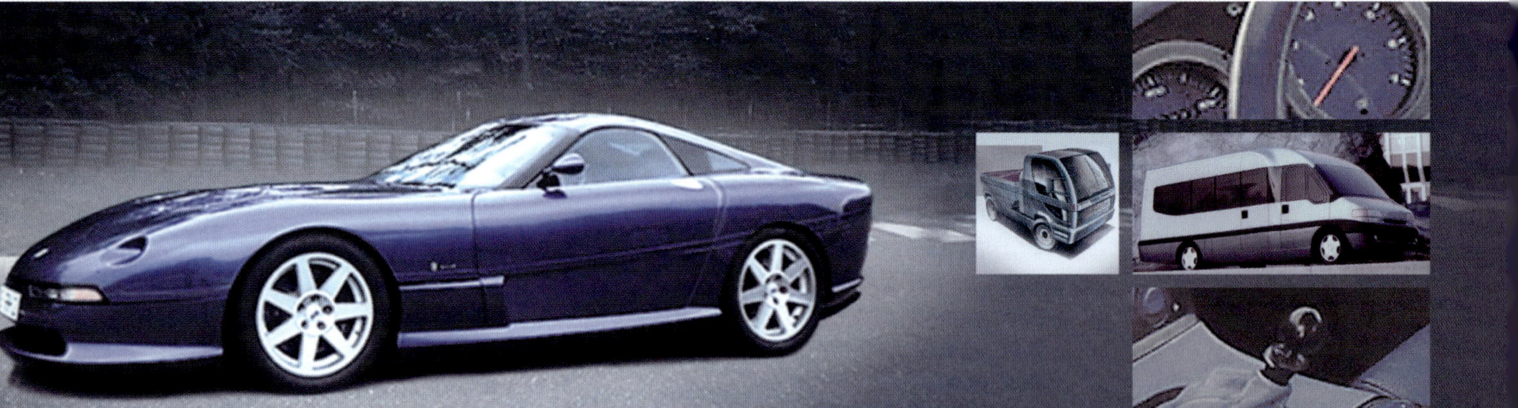

1

3

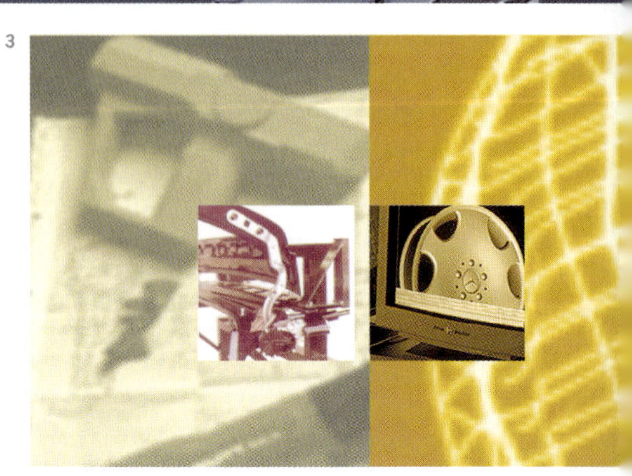

Referenzen/references: Bombardier, Antera, ATS, Alstom, AC Schnitzer, Autorama, Südrad, Bose, BOS, Behr Automobiltechnik, Behr Automotive, Böwe, Camping Gaz, Dallmayr, DaimlerChrysler, D&W, DekraData, EvoBus, Edscha, Eisenmann, ERUT, Faurecia, Festo, Fiat, freeglass, Fuji Living, Girrbach Dental, Honda, Hoerbiger Origa, Hirsch Performance, Hymer, Irmscher, IPA Fraunhofer, JE-Design, Johnson Controls, Jenoptik, HILTI, Hüller Hille, TH. Kohl, Kriwan, Kronprinz, Lear, Lasercomb, Lindauer Dornier, Lemmerz, Multicar, MCC, Magna, Metz Feuerwehr, Mitsubishi, Mazda, Momo, Norgren-Herion, Nishimura, Nissan, NF Die Casting, Oettinger, Otto Fuchs, pgam, Peguform, Porsche, p.a.d. karosserietechnik, Ritto, Rotring, Recaro, Racing Dynamics, Rafi, Schefenacker, Striebel+John, Steuer Grafische Maschinen, Schuberth, Suzuki, Steinmetz, TIAG Wilk, TechArt, VDO Kienzle, Volkswagen, Wedeco-Katadyn, Ziegler Feuerwehr, Zender, Zeppelin u.a.
Auszeichnungen/awards: iF Design Award Industrie Forum Design Hannover 1995, 1996, 1997; Internationaler Designpreis Baden-Württemberg 1998; Internationaler Designpreis des Designcenters Ishikawa (Japan).

1 Transportation Design

2 Industrie Design
Industrial Design

3 Modell- und Prototypen-Bau
Modelling/Prototyping

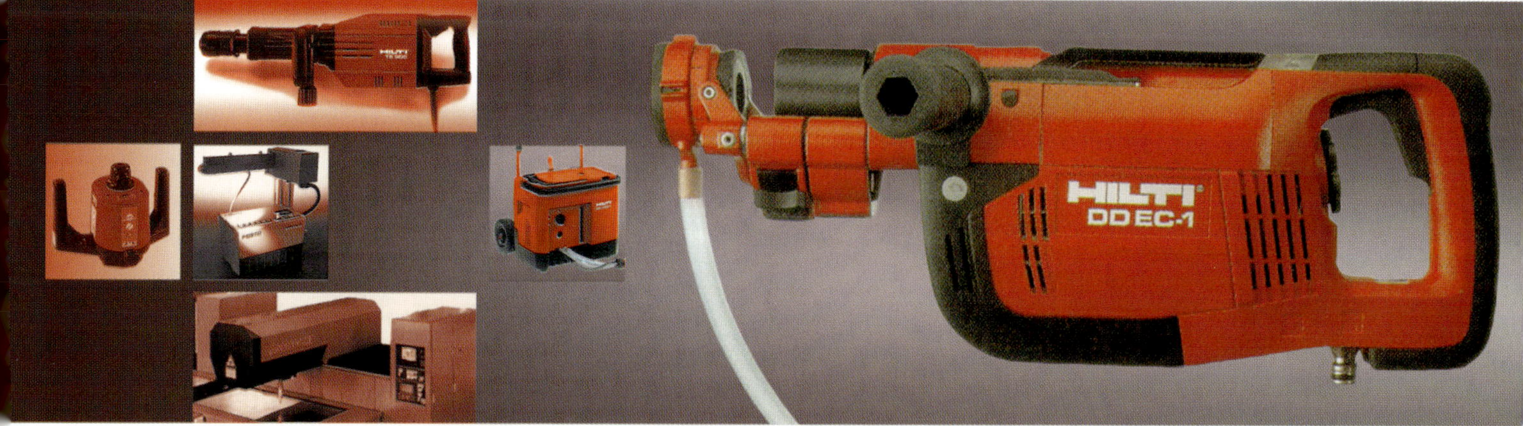

2

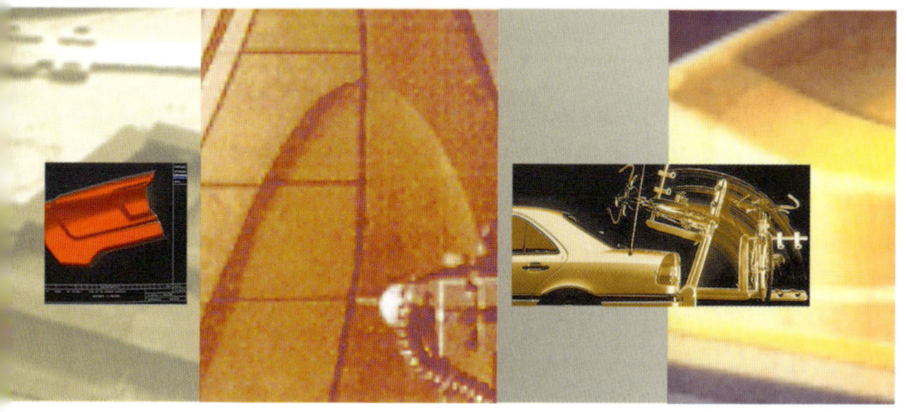

Schauff GmbH & Co. KG

Leiter K + E
Axel Schauff

In der Wässerscheid 52–56
53424 Remagen
Telefon +49 (0)2642/9 36 30
Telefax +49 (0)2642/2 15 82
e-mail axel.schauff@schauff.de
internet www.schauff.de

Die Fahrradfabrik Schauff GmbH & Co. KG wurde 1932 in Köln gegründet. Seit 1945 hat sie ihren Stammsitz in Remagen/Rhein. Wesentliche Fahrradentwicklungen und Innovationen verbinden sich mit dem Hause Schauff wie die Entwicklung und Herstellung des »Klappfahrrades« für ein Warenhaus in den 60er Jahren. Schon seit den 70er Jahren stellt Schauff serienmäßig Tandems her. Ebenso war 1981 Schauff europaweit der erste Hersteller von Montainbikes und das erste Unternehmen, das 1993 vollgefederte Bandscheibenfahrräder fertigte.

The Schauff GmbH & Co. KG bicycle factory was founded in Cologne in 1932, and has been based in Remagen on the Rhine since 1945. The Schauff organisation is associated with significant developments and innovations in bicycles, such as the development and manufacture of the folding bicycle for a department store in the 1960s. As early as the 1970s, Schauff started the series production of tandems. Similarly, Schauff was the first manufacturer of mountain bikes in Europe in 1981, and the first company to produce fully sprung cycles to ease the back in 1993.

1

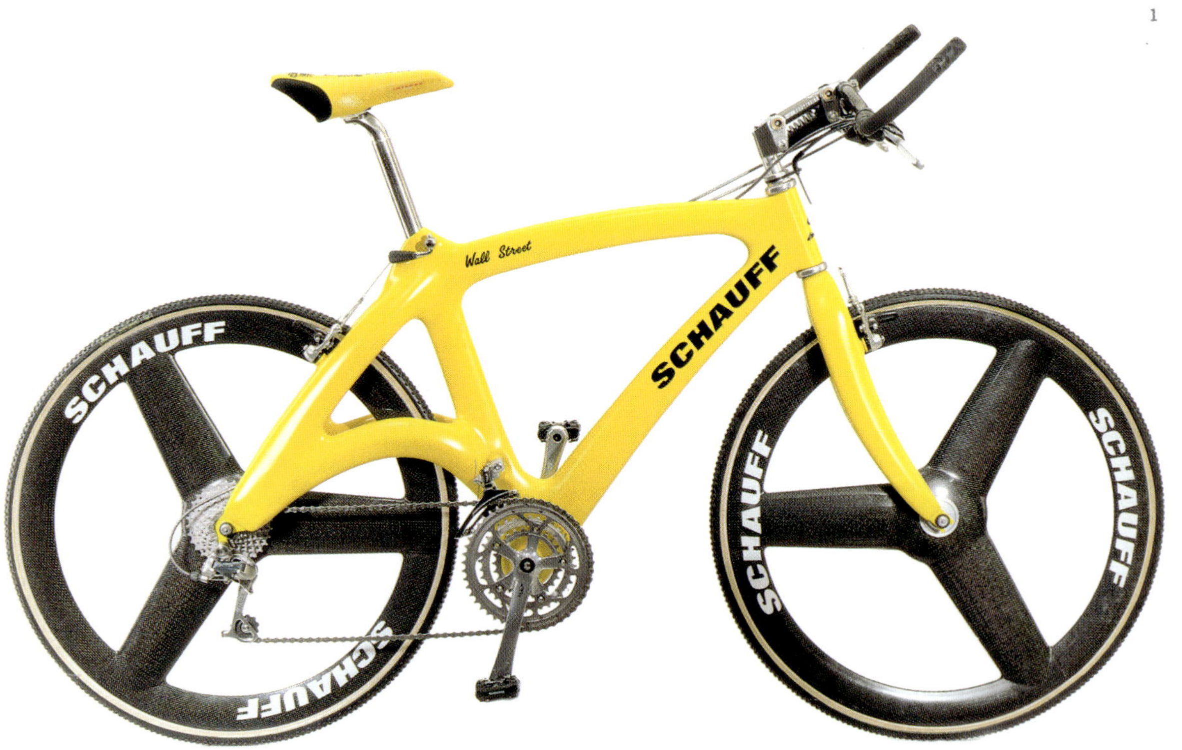

1 Wall Street

2 Duo La Luna

3 Wall Street Duo Tandem

Auszeichnungen/awards: Wall Street (Voll-Kohlefaser Lightrider im »Bogendesign«, Design Axel Schauff), Roter Punkt Design Zentrum Nordrhein Westfalen, 1992; Wall Street Duo (Erstes Voll-Kohlefaser Tandem der Welt, Design Axel Schauff) und Companero-Classico Lightrider (Design Hans Schauff), Roter Punkt Design Zentrum Nordrhein Westfalen, 1994; City Bike La Luna (Design Axel Schauff), Roter Punkt Design Zentrum Nordrhein Westfalen, 1996.

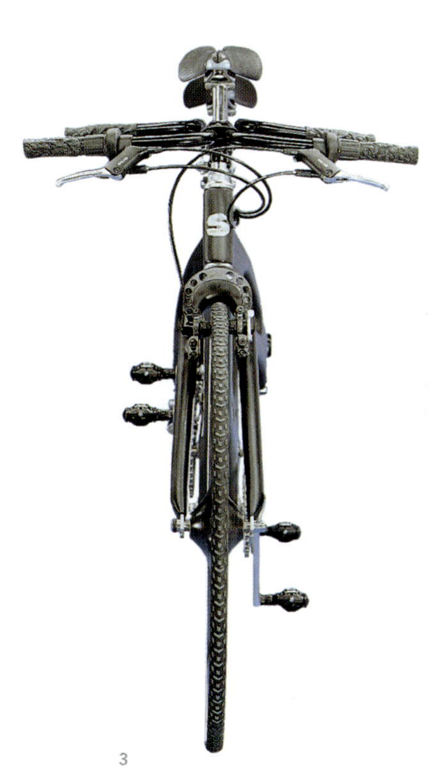

3

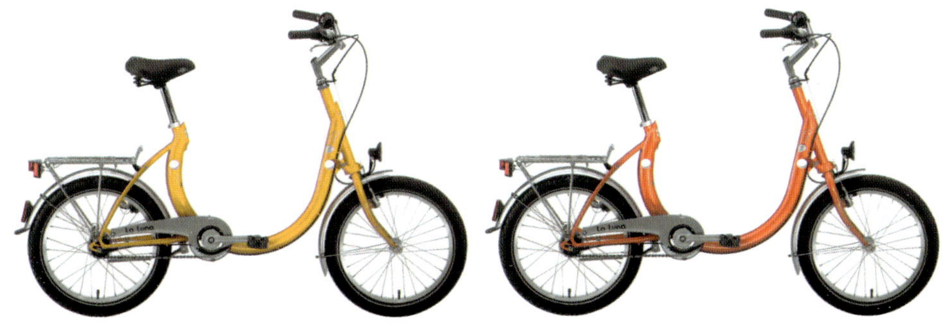

Schlagheck Design GmbH

Geschäftsführung
Dipl. Des. Julian Schlagheck (VDID)

Tegernseer Landstraße 161
81539 München
Telefon +49 (0)89/65 10 89 0
Telefax +49 (0)89/65 10 89 90
e-mail design@schlagheck-design.de
internet www.schlagheck-design.de

Von Herbert Schultes und Norbert Schlagheck 1967 gegründet, steht Schlagheck Design bis heute für eine technisch-funktionell orientierte Gestaltung, welche in einem intensiven schöpferischen Akt Emotionen und nüchterne Technik verbindet und so den Weg zu den Herzen der Menschen findet. Mit seinem Münchner und New Yorker Team von Designern, Marketingexperten, Grafikern, Ingenieuren, Modellbauern und Feinwerktechnikern bietet Schlagheck Design seinen Kunden von der ersten Idee bis hin zum Vertrieb alles, was unter einer Produkt-Komplettlösung zu verstehen ist.

Established by Herbert Schultes and Norbert Schlagheck in 1967, Schlagheck Design GmbH stands for design with a technical and functional orientation combining emotions with sober engineering in an intensely creative act which results in a direct appeal. With a Munich and New York based team of designers, marketing experts, graphic designers, engineers, model builders and precision technicians, Schlagheck Design GmbH offers its clients full-service solutions from the initial product idea to the sales concept.

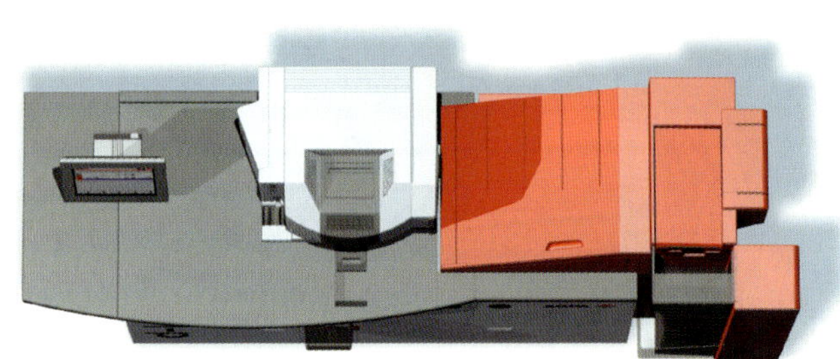

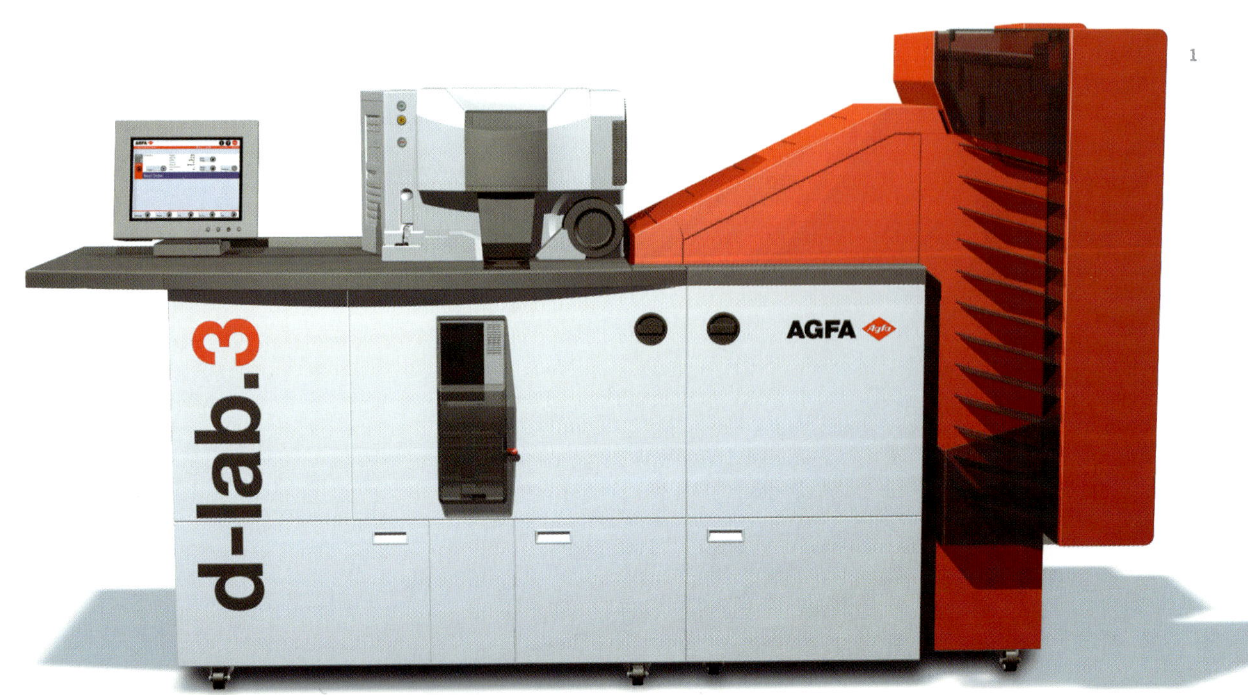

1

Referenzen/references: Arri, Atomic, Bayer, Big Pack, BMW, Braun, Bulthaupt, Audi, ess, Agfa, Head, HiFly, Koflach, Dornier, Loewe, LTS, LTT, Ludwig, Marker, Melitta, me-electric, Webasto, Osram, reflecta, Siemens, uvex, Völkl, Fischer u.a.
Veröffentlichungen/publications: The Museum of Modern Art, New York; Die Neue Sammlung; form; W + V; domus; design report; md.
Auszeichnungen/awards: Roter Punkt, Design Zentrum Nordrhein Westfalen, Essen; red dot award product design, Design Zentrum Nordrhein Westfalen, Essen; Designpreis Baden-Württemberg Design Center Stuttgart; iF Industrie Forum Design, Hannover; smau Ljubljana; Staatspreis für Design, Wien.

2

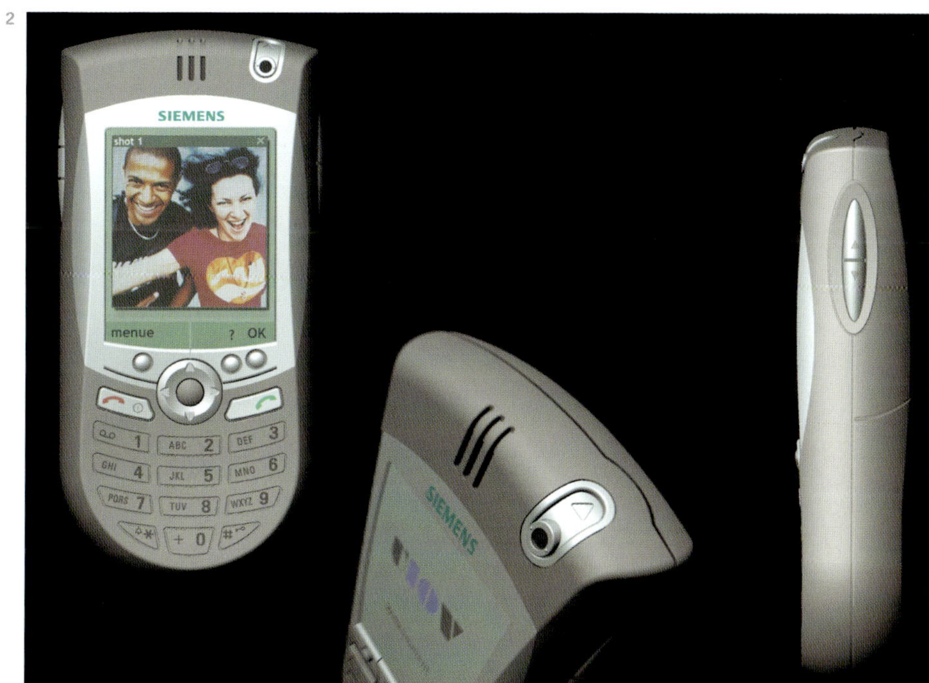

1 Minilab d-lab.3
Agfa-Gevaert

2 UMTS-Studie/*UMTS study*
Siemens

Schürer Design GmbH

Geschäftsführung
Dipl. Ing. Michael Runge

Vorhelmer Straße 81
59269 Beckum
Telefon +49 (0)2521/85 9-0
Telefax +49 (0)2521/85 9-360
e-mail info@cae-online.de

Jahrelange Industrieerfahrung, umfassende wissenschaftliche Tätigkeit und wegweisende Gestaltungsarbeit haben die Schürer Design GmbH zu einem der führenden Designbüros mit Schwerpunkt Investitionsgüter in Deutschland gemacht. Design wird bei Schürer Design seit jeher als ganzheitlicher Prozeß angesehen, der mehr umfasst als nur die klassischen Designmethoden. Die strategische Neuausrichtung weitet seine Kompetenz in allen designrelevanten Fragen nunmehr auf die gesamte Palette der Produktentwicklung aus. Die Dienstleistungen umfassen Industrie-Design, Interface-Design, Video-Ergonomie, 3-D-Produktentwicklung, FEM-Berechnung, Simulationstechnik, akustische Messtechnik, Schwingungsmesstechnik, Bauteilprüfung, Rapid-Prototyping.

Years of industrial experience, extensive scientific activities and seminal design work have made Schürer Design GmbH one of Germany's leading design firms specialising in capital goods. Schürer Design has always seen design as a holistic process comprehending more than the classic design techniques. The firm's strategic realignment has brought its expertise in all matters involving design to bear on the whole range of product development. Services include industrial design, interface design, video ergonomics, 3 D product design, FEM, simulation techniques, sonic and vibration measuring techniques, type testing and rapid prototyping.

Design Management
Prof. Dr. Ing. Arnold Schürer

Am Wellenkotten 8
33617 Bielefeld
Telefon +49 (0)521/15 02 06
Telefax +49 (0)521/14 13 79
e-mail info@schuererdesign.de
internet www.schuererdesign.de

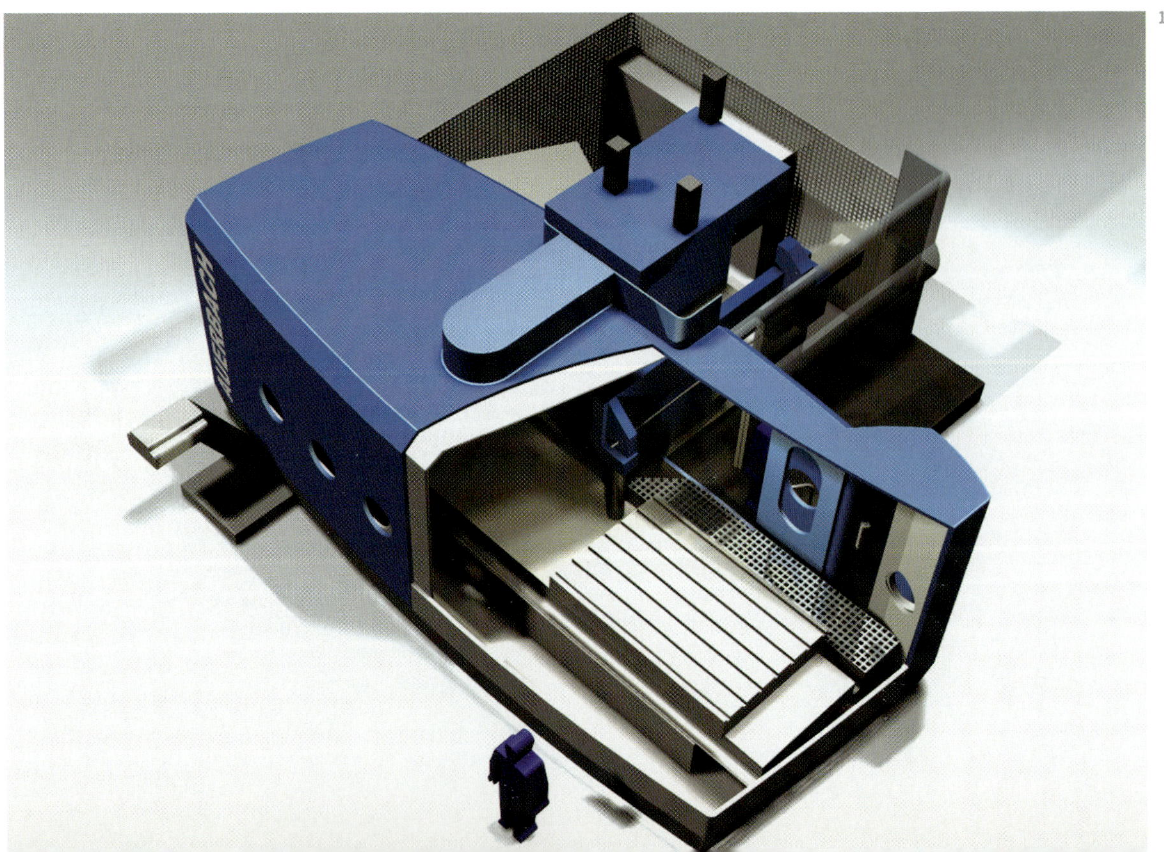

1

Referenzen/references: Auerbach, BMF, Hermle, Hurth, IMA AG, IXION, Jagenberg, Klingelnberg, Koerber Paperlink, Lenze, Liebherr, Rieter AG, Schuler Pressen, SIG, Sterling SIHI, Stutznäcker, Supfina-Grieshaber u.a.

2
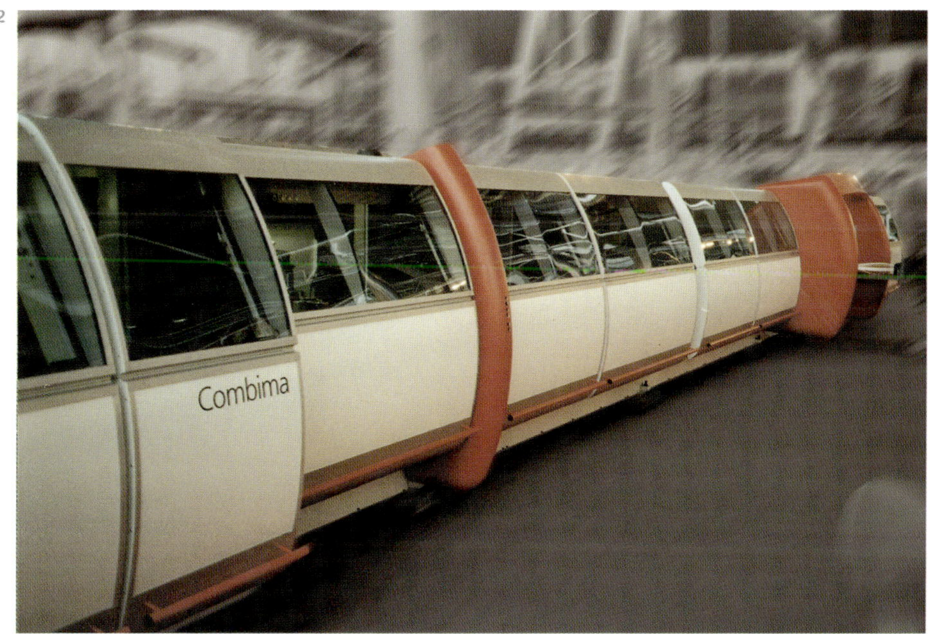

3
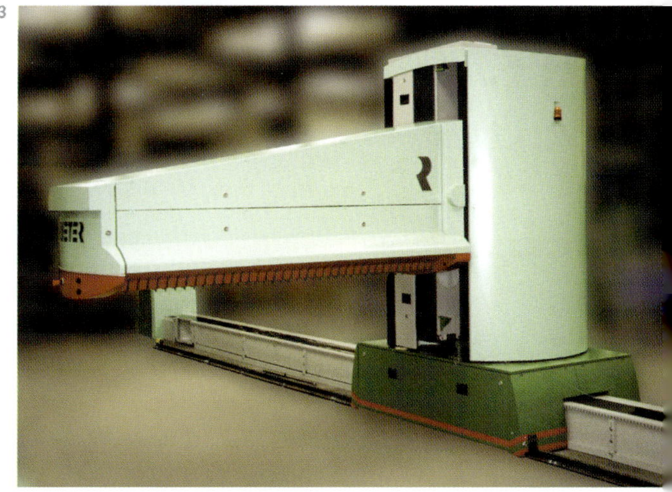

1 »IA 7M« Tieflochbohrmaschine
Deep hole drilling machine
Auerbach

2 »Combima« Kantenbearbeitungsmaschine
Edging machine
IMA AG

3 »UNIfloc«
Ballenabtragmaschine
Bale picking machine
Rieter AG

SIEGER DESIGN

Schloss Harkotten
48336 Sassenberg
Telefon +49 (0)5426/94 92 0
Telefax +49 (0)5426/94 92 39
e-mail info@sieger-design.com
internet www.sieger-design.com

Das Familienunternehmen, das sich vor allem im Bereich des Sanitärdesigns einen Namen machte, aber auch Marken wie Ritzenhoff und Octopus hervorbrachte, gehört zu den erfolgreichsten Designagenturen Europas. Probleme als Herausforderung sehen und mit viel Kreativität lösen, das ist der Anspruch, den sich das Team von 30 Mitarbeitern in Zusammenarbeit mit über 300 Designern weltweit in der Unternehmensberatung stellt. Von der ersten Idee zur Marketingstrategie, vom Entwurf über die Produktentwicklung bis zur Verpackung, vom Katalog übers Verkaufsdisplay bis zur Messestandarchitektur – SIEGER DESIGN –, ein professionell arbeitendes Beratungsunternehmen macht's.

The family concern, which has made a name for itself particularly in the field of sanitary fittings and installations design and has also produced brands like Ritzenhoff and Octopus, is one of Europe's most successful design agencies. Seeing problems as a challenge and solving them creatively is the task the 30-man permanent team supported by more than 300 designers worldwide set themselves. From the original idea to the marketing strategy, from the first draft through product development to packaging, from the catalogue through sales displays to trade fair stands – SIEGER DESIGN, a professional firm of design consultants, takes care of it all.

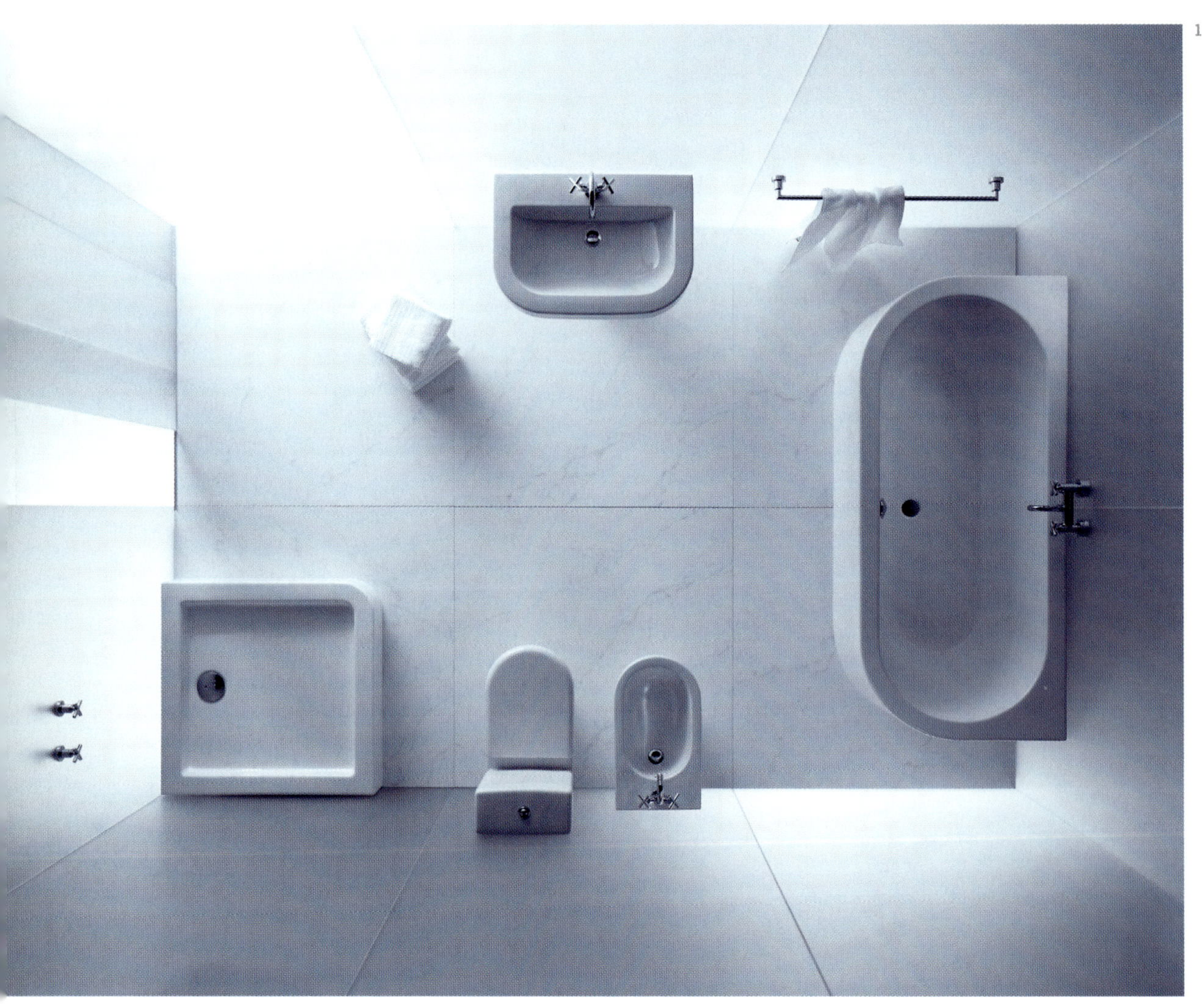

1

Referenzen/references: Alape, Arzberg, Bette, Conmoto, Deutsche Bahn, Dornbracht, Düker, Duravit, Frick, GKS Leuchten, Hoesch, Hüppe, MABEG, Mubea, Mennekes, Ninka Plast, Octopus, Ogro, Ritzenhoff, Peill & Putzler, Pfeiffer & May, Schwermer, Skantherm, Stadtmuseum Münster, Stiebel Eltron, Twick & Lehrke, United Labels, Villa Medici, Vasco, Vorberg, WestLotto, WMF.
Veröffentlichungen/publications: Sendung »Outfit«, MDR 2001; Sendung »Lebensart«, ntv 1999; »Der Sieger-Typ«, Petra Living 11/99; »SIEGER DESIGN – Ideen aus dem Schloss«, Designer's Digest 1999; »Stets auf Erfolgskurs«, Raum und Wohnen 5/2001; »Dieter Sieger, Architekt, Schiffsbauer, Designer«, Wasmuth Verlag 1994; »Good Design«, Peter Zec, 2000; »Design Lexikon Deutschland«, DuMont Verlag; Profile 1998/1999 Verlag form; RTL Exklusiv, RTL 2001.
Auszeichnungen/awards: Prädikat Design Plus 2001, ISH Frankfurt; European Packaging Award 2000; DDC Design Preis 2000; Good Design Award 2000, Chicago; Roter Punkt Hohe Designqualität, Design Innovationen 2000, Design Zentrum Nordrhein Westfalen, Essen, iF Product Design Award 2000, Industrie Forum Design, Hannover u.a.

3

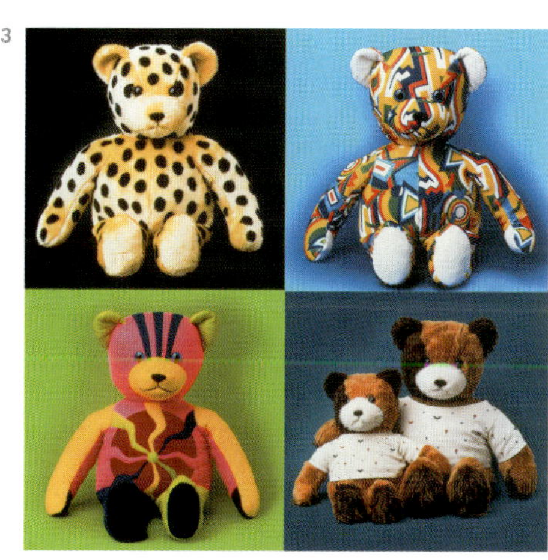

1 Happy D.
Badmöbelentwicklung
Bathroom furnishing design
Duravit 1999.

2 Archetyp, Kaminofenentwicklung
Heating stove development
Skantherm 2000.

3 Designer's Bears Produkt- und Designmanagement sowie Grafikdesign
Designer's Bears product and design management and graphic design
Ritzenhoff 2000.

2

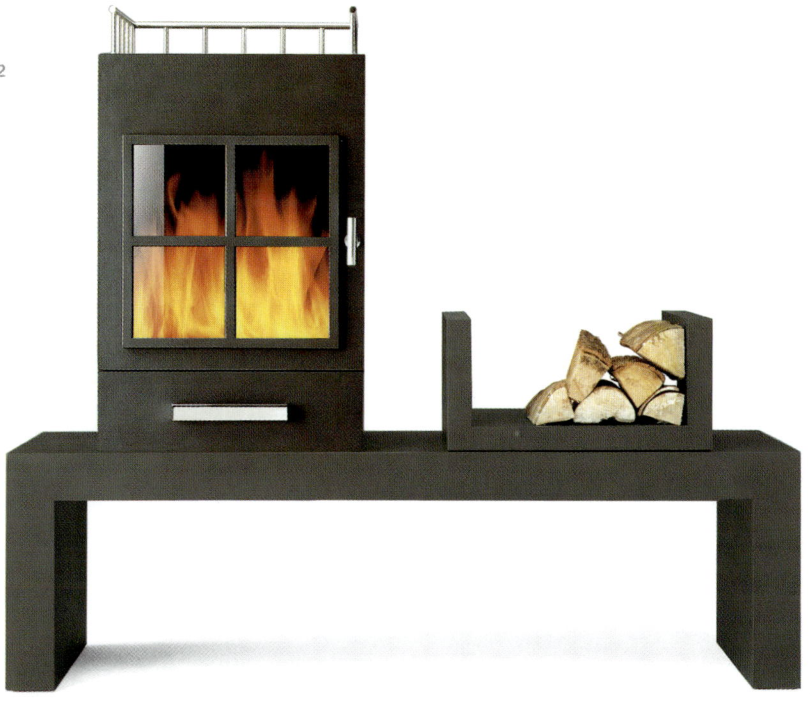

Starczewski Design Team

Geschäftsführung
Dipl. Des. FH Thomas Starczewski

Heimstraße 29
89073 Ulm
Telefon +49 (0) 731/2 80 46
Telefax +49 (0) 731/2 73 80
e-mail info@starczewski-design.de
internet www.starczewski-design.de

Thomas Starczewski, geboren 1956, machte eine Ausbildung im Gießereiformenbau, 1981 den Abschluss Diplom Designer an der FH Schwäbisch Gmünd. Von 1989 bis 1991 war er Lehrbeauftragter an der FH Schwäbisch Gmünd für Produkt Design. 1984 gründete Thomas Starczewski das Starczewski Design Team in Ulm. Unsere Philosophie: Ausdrucksstark, funktional, langlebig, kostenbewusst und ökologisch vertretbar ist die Maxime, von der wir uns bei der Entwicklung von Serienprodukten leiten lassen. Wir sind Querdenker, arbeiten kooperativ mit der Industrie zusammen und schaffen professionelle Produkte mit Wettbewerbsvorteilen, die sich in der Qualität der Produkte widerspiegeln.

Born in 1956, Thomas Starczewski served an apprenticeship in foundry mould design and followed this with a post-graduate degree in design at the Fachhochschule in Schwäbisch Gmünd in 1981. From 1989 to 1991 he lectured in product design at the Fachhochschule in Schwäbisch Gmünd. In 1984 Thomas Starczewski established the Starczewski Design Team in Ulm. His philosophy: Expressive, functional, durable, cost conscious and ecologically compatible is our maxim when designing products for mass production. We are lateral thinkers working in close collaboration with industry to create professional products that provide a market edge reflecting quality.

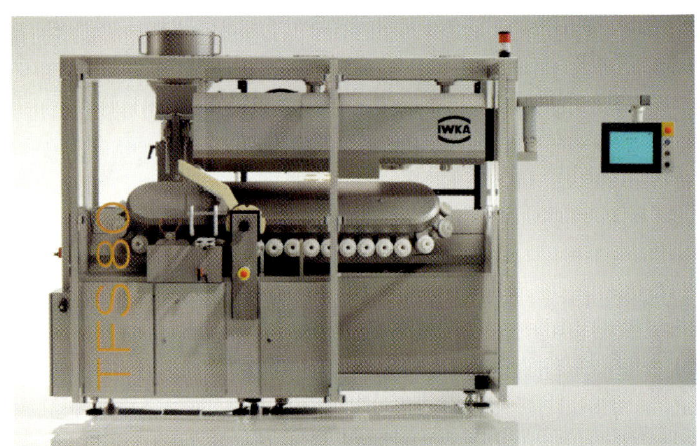

1

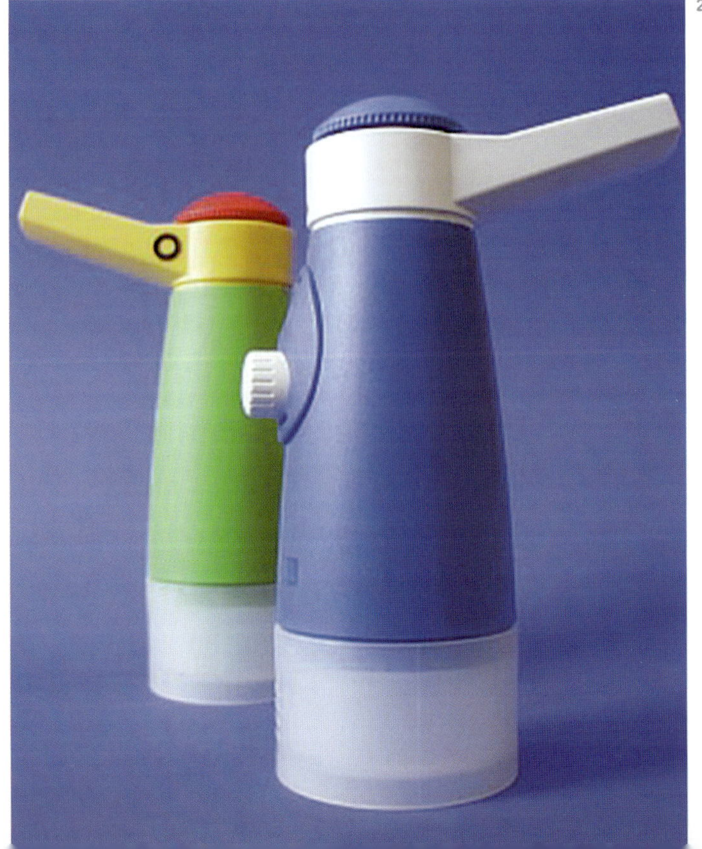
2

1 Tubenfüller TFS 80
Markantes Maschinendesign in übersichtlicher Struktur
TFS 80 tube filler
Clearly structured engineering design
IWK
Award of Excellence PPMA 1999.

2 Respi JET plus
Medikamentenvernebler/*Aerosol inhaler*
tyco Healthcare.

3 TIZIAN
Kommunikativ & flexibel, TIZIAN verbindet beides. Als Einzeltisch oder Konferenzanlage mit runder, rechteckiger oder elliptischer Platte. Stehtisch.
Combines flexibility and communication. Available as individual tables or conference systems with round, elliptical or rectangular tops. 105 cm high version for standing use.
Klöber

Referenzen/references: Bosch-Siemens, GEZE, IWK-Klöber, LÖFFLER, MABEG, SEDUS Stoll, tyco Healthcare Deutschland, UHLMANN PacSysteme, WILKHAHN, ZEISS u.a.
Veröffentlichungen/publications: »Design und Maschinenbau«, Verpackungsberater 7/2000; »Portrait«, Office Design 6/1998; »35 Mehrzweckstühle«, md 8/1999; »Durchbrecher«, md 2/1999 u.a.
Auszeichnungen/awards: Förderpreis des Landes Nordrhein-Westfalen; Einzelausstellung Kunstsammlung Düsseldorf; Kunstgewerbemuseum Preußischer Kulturbesitz Berlin, Sammlung »Zeitgenössisches Design« 1995 (Stuhl El Toro von Bisterfeld + Weiss); Chicago Athenaeum Museum of Architecture and Design, Aufnahme Stuhl El Toro in die ständige Sammlung »Good Design« 1995; iF Product Design Award, Industrie Forum Design Hannover 1997 (CARL ZEISS Präsentationssystem Musterkassette); Roter Punkt Hohe Designqualität, Design Zentrum Nordrhein Westfalen 1999 (Stapel- und Reihenstuhl Senzo, Wilkhahn); Award of Excellence PPMA 2000 (Tubenfüller TFS 80, IWK Verpackungstechnik GmbH).

3

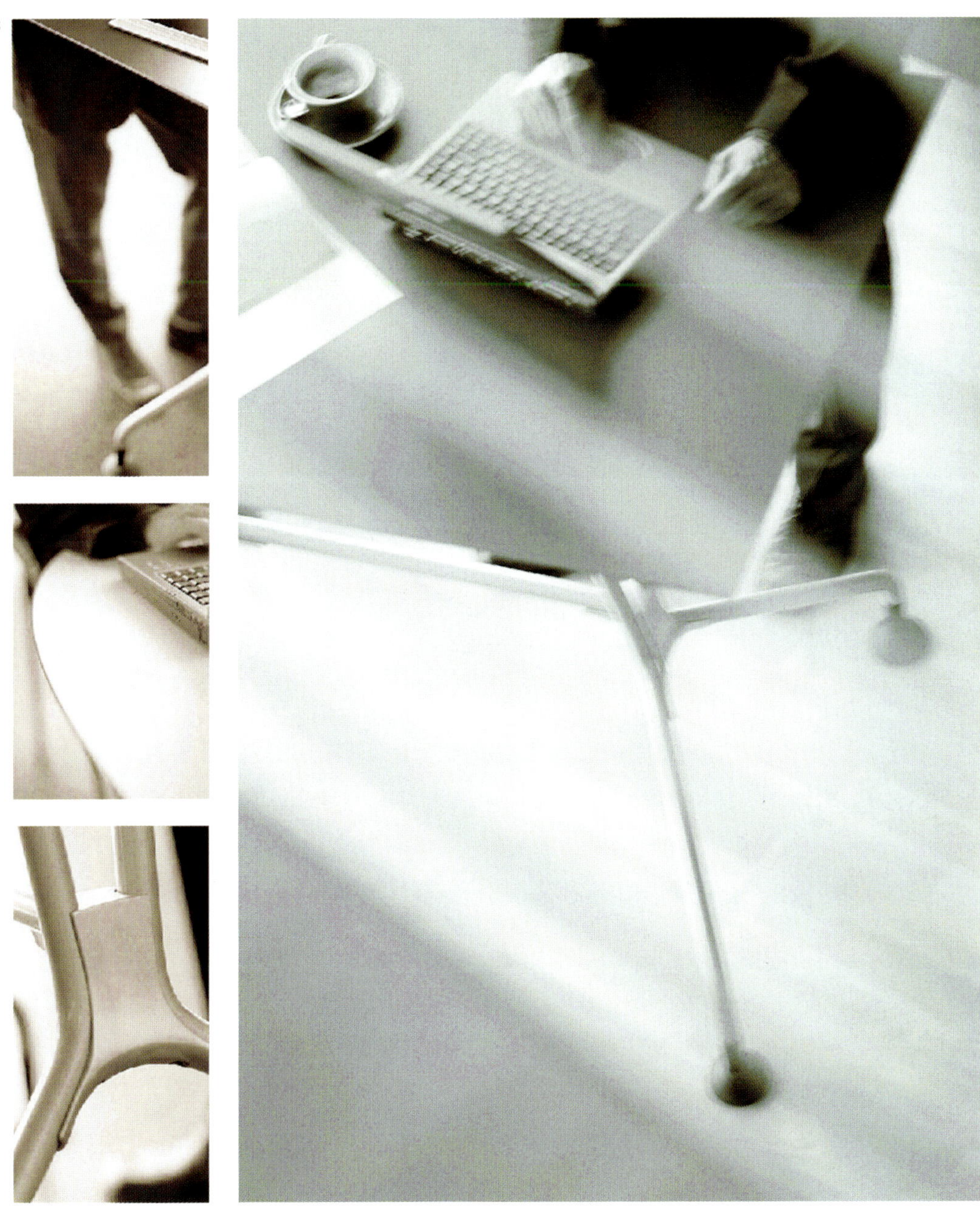

stotz-design.com

Geschäftsführung
Oliver Stotz (VDID)
Immanuel Chi (VDID)

Luisenstraße 102
42103 Wuppertal
Telefon +49 (0)202/30 06 67
Telefax +49 (0)202/30 06 68
e-mail info@stotz-design.com
internet www.stotz-design.com

stotz-design.com bietet Unternehmen im Bereich Industrial Design und Corporate Design einen Fullservice an. Es berät und betreut Unternehmen bei Fragen zu Sortimentspflege, Neuentwicklung etc., konzipiert und entwickelt Industrial Design mit 3D-Solid-Software. stotz-design.com unterstützt Marketing und Entwicklung durch eine frühe Visualisierung der Designideen.

stotz-design.com offers a full service to companies in the field of industrial and corporate design. Provides advice and support to companies on issues of product line management, new developments etc. Designs and develops industrial designs using 3-D solid software. Supports marketing and development through the early visualisation of the design concepts.

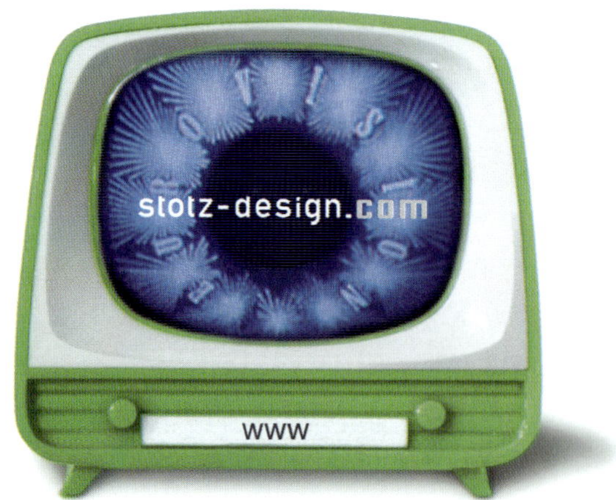

1 Ariadne, Blindenleitsystem
Guidance system for the blind
Corporate design, product design
Keith & Koep GmbH, 1998.

2 Blomus, Lounge
Corporate design, product design
Sks design GmbH, 2000.

3 Hocker/*Stool*
Mia Seeger Preis, 1992.

Referenzen/references: Designorientierte Unternehmen, Kundenreferenzen auf Anfrage. *Design-orientated companies, costumerreferences on request.*
Veröffentlichungen/publications: »Spuren des Gebrauchs«, Immanuel Chi, Oliver Stotz, in: Kunstforum International, Band 130, Mai-Juli 1995; »Eingetragen-Abgetragen, Zur Phänomenologie der Gebrauchsspur in der Mode«, Immanuel Chi, in: Kunstforum International, Juli 1998; »Abgetreten und abgeküßt«, Immanuel Chi, in: Haltbar bis ... Design auf Zeit. Katalog zur Ausstellung vom 24.10. 1999-09.01.2000 in der Kunsthalle Krems/Österreich, Köln 1999; »Warum nobilitieren Gebrauchsspuren Dinge?«, in: Hermann Sturm (Hrsg.), Design Retour, Beiträge zur Designgeschichte, Essen 2000; »›Used‹–Negation von Neuigkeit«, Immanuel Chi, in: Siegfried J. Schmidt, Guido Zurstiege (Hrsg.), Werbung, Mode und Design, Wiesbaden 2001 u.a.
Auszeichnungen/awards: Firestone Design Preis 1991 (Leichtmetallrad); Mia Seeger Preis 1992 (Schwimmende Struktur Ponton); Braun Preis Ausstellung 1992 (Wasser-Abdeckungssystem); Internationaler Audi Design Preis 1998 (Ariadne).

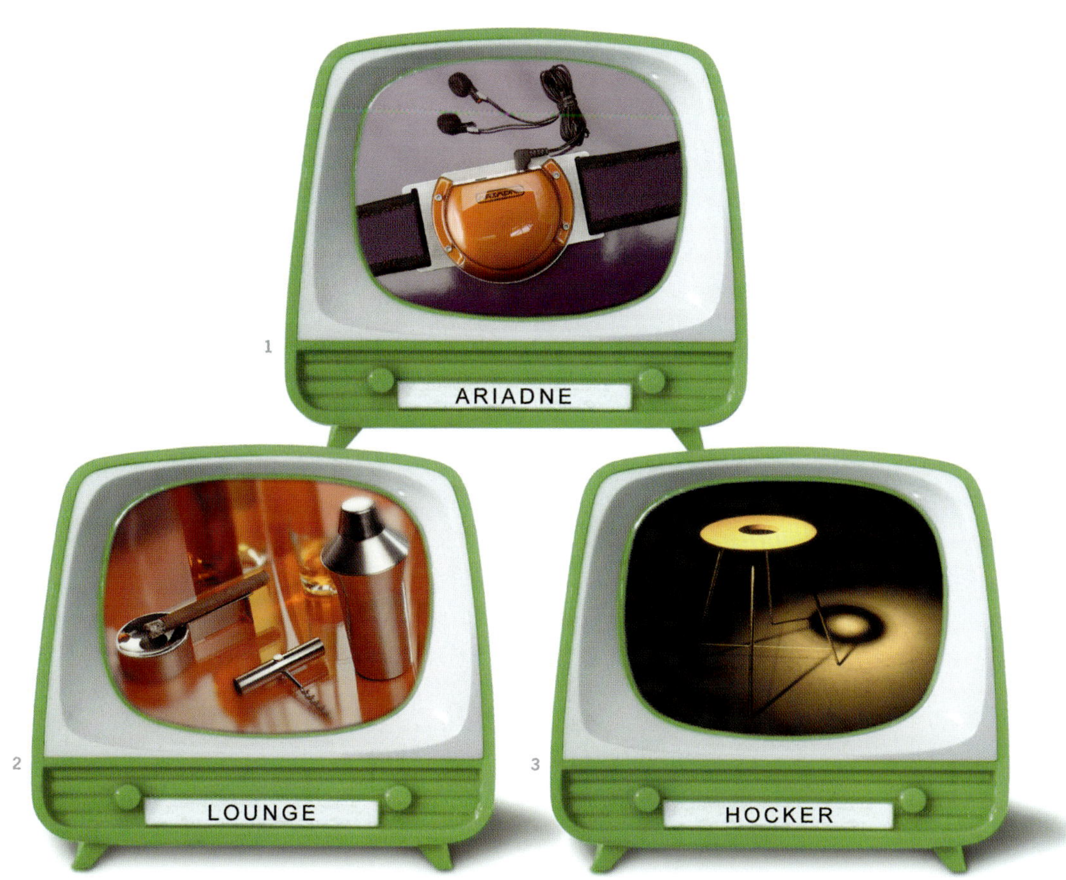

Taurus design oHG

Geschäftsführung
Rudi Biller (VDID)
Frank Haase (VDID)

Kalkofen 6
58638 Iserlohn
Telefon +49 (0)2371/520 20
Telefax +49 (0)2371/58 59
e-mail info@taurus-design.de
internet www.taurus-design.de

Taurus design wurde 1993 von Rudi Biller und Frank Haase gegründet. Die Full-Service Agentur betreut unterschiedlichste Unternehmen in allen Bereichen eines erfolgreichen, gesamtheitlichen Unternehmensauftritts. Zum Dienstleistungsspektrum zählen Produktdesign, Kommunikation, Werbung, Multimediadesign, Ausstellungsdesign und Architektur. Um Kunden in der Bundeshauptstadt und den neuen Bundesländern effizienter zu betreuen, ist das Designteam mit einer Dependance in Berlin vertreten.

Taurus design was founded by Rudi Biller and Frank Haase in 1993. The full service agency serves a wide variety of clients in all areas of successful, holistic corporate image. The range of services covers product design, communication, advertising, multimedia design, exhibition design and architecture. The design team has a branch office in Berlin to provide more efficient support to clients in the capital and eastern Germany.

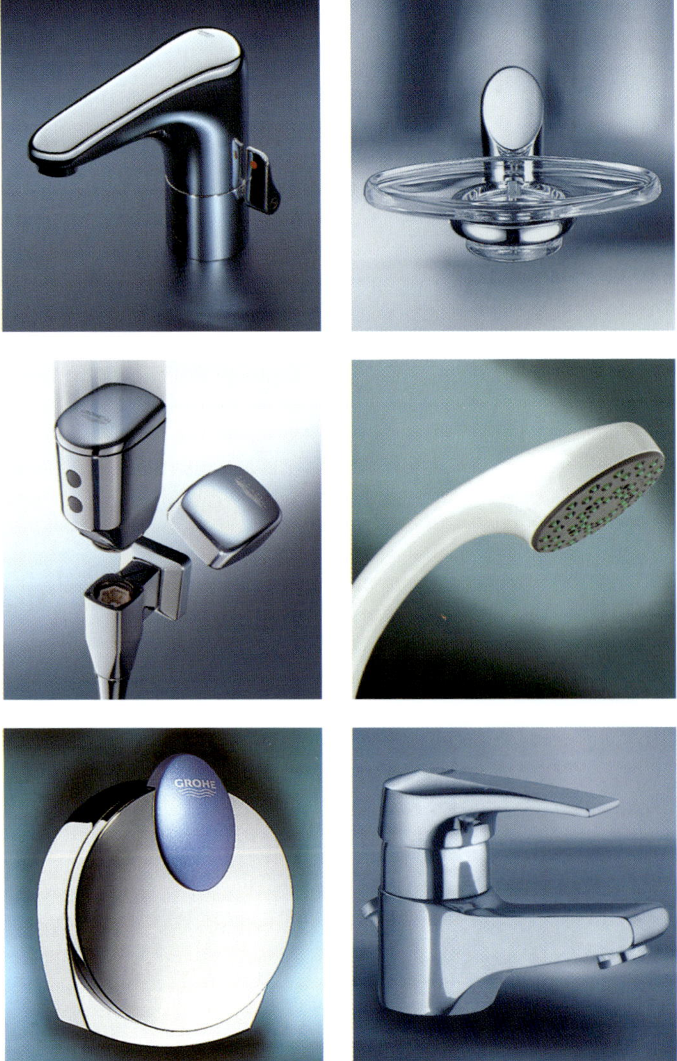

1

Referenzen/references: Dörken, DRK, Echtermann, Ehlebracht, Flott, Grohe, Gutmann, Hamaco, Hukla, Jokey, L. B. Bohle, LVM, Robot, Teddington, Wella u.a.
Veröffentlichungen/publications: »Faszination Autodesign«, O. Klose, Heel-Verlag 1991; »WERBUNG kompakt«, R. Biller/F. Haase, Verlag Wissenschaft & Praxis, 2000; »WERBUNG kompakt«, R. Biller/F. Haase, 2. Auflage, Verlag Wissenschaft & Praxis, 2001.
Auszeichnungen/awards: Designpreis NRW, Essen 1993 (Pharmamaschine VACUMAT VMA 300, L. B. Bohle); Schöller Design Wettbewerb Nürnberg 1994 (Tiefkühltruhe MODULUS FROSTUS); Design Innovationen Essen 1995 (Türluftschleieranlage EVOLVENT, Teddington); Design Innovationen Essen 1996 (Küchenarmatur AQUINA TOP, Echtermann); LG Electronics Design Competition, Seoul 1997 (Portable Solar Radio); Nachlux Design Wettbewerb, Köln 1999 (Kinderzimmerleuchte Leuchtturm); Roter Punkt Hohe Designqualität, Design Zentrum Nordrhein Westfalen, Essen 1999 (Urinalspüler DAL Tectron 577, GROHEDAL); Designpreis NRW, Essen 2001 (Dunstabzugshaube BUENO Inselhaube, Edelstahl).

2

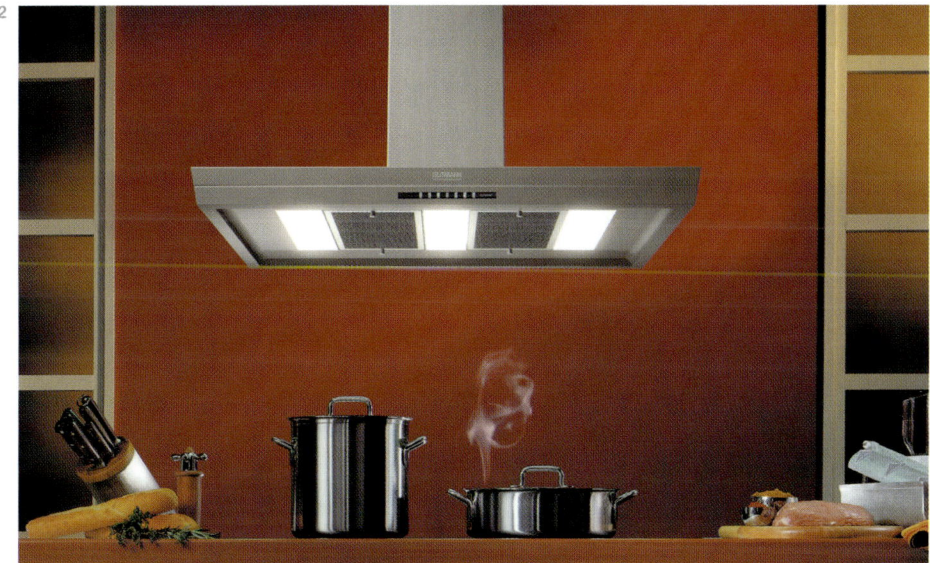

3

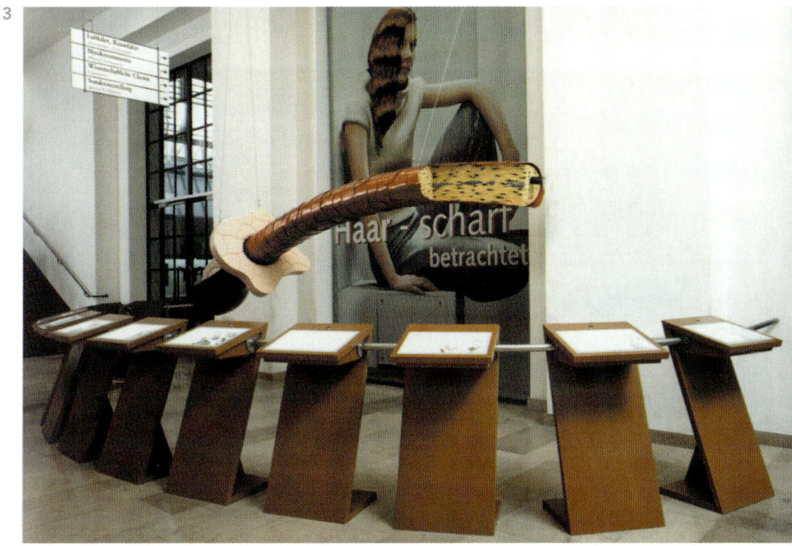

1 Auswahl Produktdesign
Selection of product design
Grohe 1995–1998.

2 Dunstabzugshaube BUENO
BUENO extractor hood
Gutmann 2000.

3 Ausstellungsdesign
Exhibition design
Wella 2000.

Teams Design GmbH

Geschäftsführung
Reinhard Renner (VDID)
Klaus Schön (VDID)

Kollwitzstraße 1
73728 Esslingen
Telefon +49 (0)711/35 17 65-0
Telefax +49 (0)711/35 17 65-25
e-mail info@teams-design.de
internet www.teamsdesign.com

Mit 25 internationalen Mitarbeitern zählen wir zu den größten Designagenturen. Das Team hat bisher annähernd 1000 nationale und internationale Designauszeichnungen für realisierte Produkte erhalten - verliehen von internationalen Jurys. Das ist weltweit einmalig. Viele von uns gestaltete Produkte erhielten Auszeichnungen für Langzeit-Design. 1998 wurde Teams Design USA mit Sitz in Chicago gegründet. Die Tätigkeitsfelder sind Handwerk, Industrie, Büro, Objekt, Haushalt, Küche, Bad, Gebäudetechnik, Produktkommunikation, Unternehmenskommunikation, Medien, Medizin, Rehabilitation, Unterhaltungselektronik, Wohnen, Public Design, Animation, Werbung.

With an international staff of 25, we are one of the largest design agencies. To date, the team has received almost 1000 national and international awards for product developments from international juries – a unique achievement worldwide. Many of the products we designed have won awards for long lasting design. Teams Design, USA, was founded In 1998 and is based in Chicago. Our fields of activity cover the craft trades, industry, offices, buildings, households, kitchens and bathrooms, building services, product communication, corporate communication, media, medicine, rehabilitation, home electronics, home interiors, public design, animation and advertising.

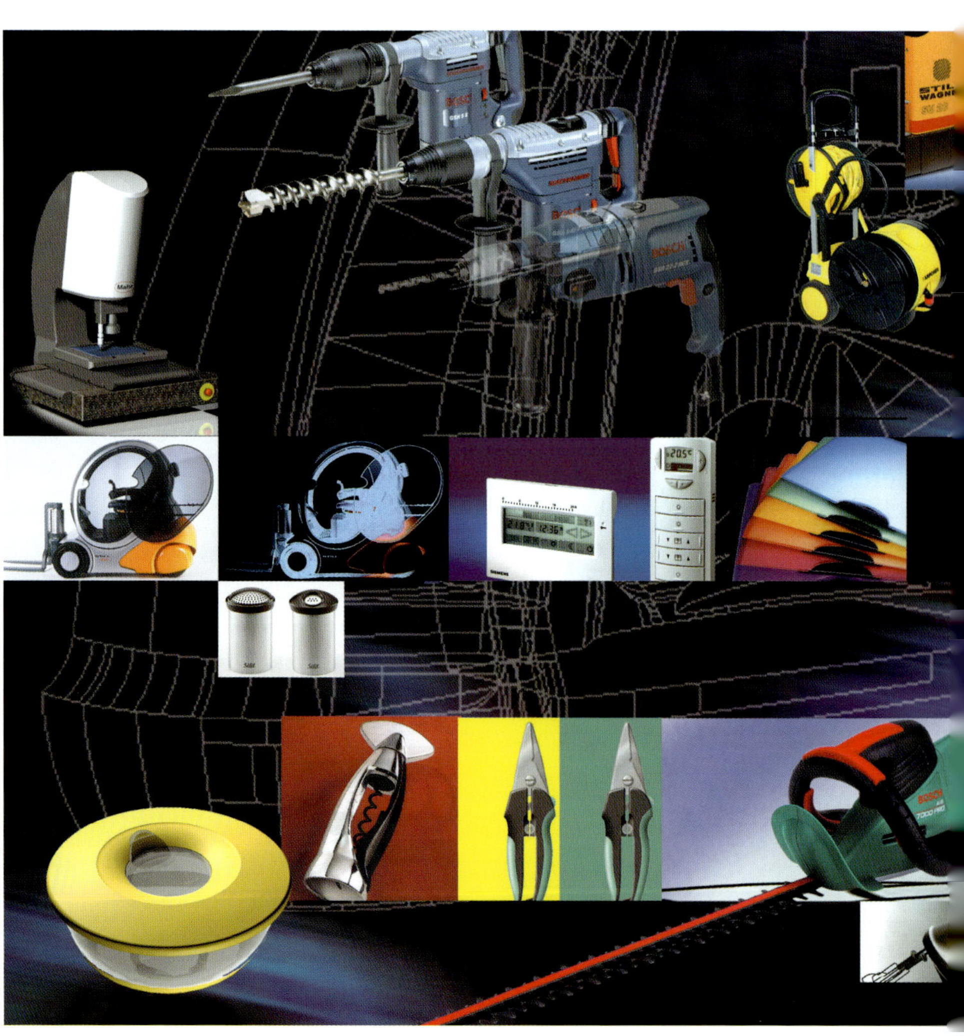

Referenzen/references: Ebenfalls einmalig ist, dass die Mehrzahl unserer Kunden sei vielen Jahrzehnten mit uns zusammenarbeitet. Auf den Gebieten Investitionsgüter und Konsumgüter sind wir für Konzerne und mittelständische Unternehmen tätig, die auf ihren Gebieten in der Regel Marktführer sind.
It is also a unique achievement of our agency that the majority of our clients have been working with us for many decades. In the fields of capital and consumer goods, we work for large and medium sized companies which are as a rule the market leaders in their segments.
Bosch (seit 1957); Leifheit (seit 1959); Silit (seit 1962); Kärcher (seit 1964), Leitz (seit 1973); Still (seit 1987), Weishaupt (seit 1987); Wolfcraft (seit 1997) u.a.
Auszeichnungen/awards: Design-Team des Jahres (Design Zentrum Nordrhein Westfalen) 1990; Platz 2 Gesamtwertung im Ranking Top Ten International des Design Zentrums Nordrhein Westfalen 1996; Ranking: Design (d...c Unternehmensberatung) Platz 2 im Gesamtranking, Platz 1 in der Kategorie Handwerk und Industrie. In 3 weiteren Kategorien unter den ersten 10, 1997; Platz 1 in der Kategorie Handwerk und Industrie (Ranking: Design) 1998/1999.

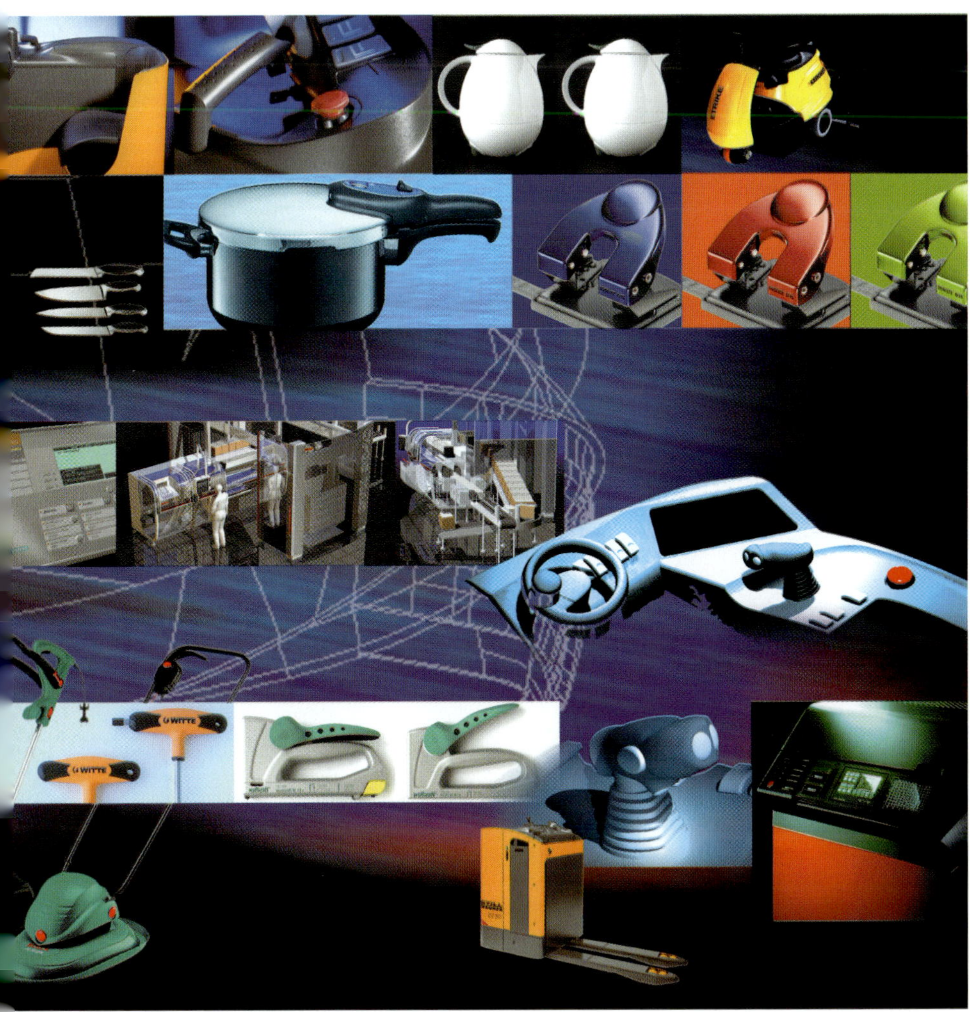

via 4 Design GmbH

Geschäftsführung
Thomas Gerlach (VDID)
Hanspeter Leins (VDID)

Inselstraße 1
72202 Nagold
Telefon +49 (0)7452/83 99 0
Telefax +49 (0)7452/83 99 99
e-mail via4@via4.com
internet www.via4.com

via 4 Design ist seit seiner Gründung 1992, in der globalen Markenwelt zu Hause. Als Multichannel-Unternehmen bietet das via 4 Design Team seinen internationalen Kunden ein integriertes Dienstleistungsspektrum aus Branding, Marketing, Design und Implementation – für die Offline- und Online-Welt. via 4 Design konzentriert sein kreatives, strategisches und operatives Know-how auf die Entwicklung und Gestaltung von zukunftsfähigen, interaktiven Marken und Produkten, sowie auf die Integration der notwendigen Marketing- und Kommunikationsprozesse in die gesamte Wertschöpfungskette.

via 4 Design has been at home with global brands ever since its foundation in 1992. As a multichannel enterprise, the via 4 Design team offers its international clients a spectrum of integrated services comprising branding, marketing, design and implementation – for the offline and online worlds. via 4 Design concentrates its creative, strategic and operational know-how on the development and design of interactive brands and products for the future, and on the integration of the related marketing and communication processes and programmes throughout the entire value chain.

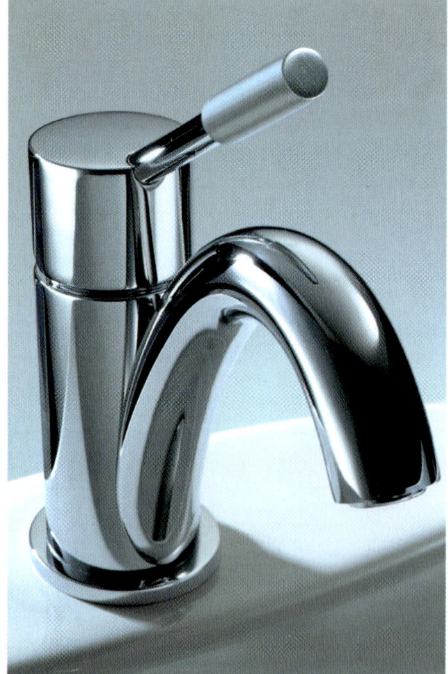

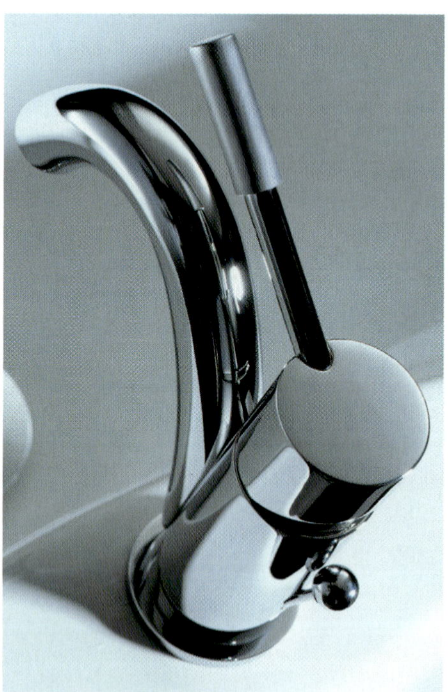

1

1 Product Design, Lifestyle Positioning, Communications Villeroy & Boch seit/*since* 1992.

2 E-Branding, E-Style Guide, Group Homepage, Investor Relations Portal, Public Affairs Portal Deutsche Bank mit/*with* Group E-Communications.

3 Branding, E-Branding, CI Development, Marketing, Communications, Product Design GFT AG, seit/*since* 1995.

Referenzen/references: Acer, Taiwan; ADI, Taiwan; Alsons, USA; Deutsche Bank; Dornbracht; Fissler; GFT; Golden Vale, Irland; Grohe; Haufe Mediengruppe; Intelligent Electronics, USA; Hewlett Packard; Karstadt; Keter, Israel; Kirch New Media; Pressalit, Dänemark; Schott Zwiesel; Sick; Siemens; Sikla; Soehnle; Swarovski, Österreich; Villeroy & Boch; Wenger, Schweiz.

2

3

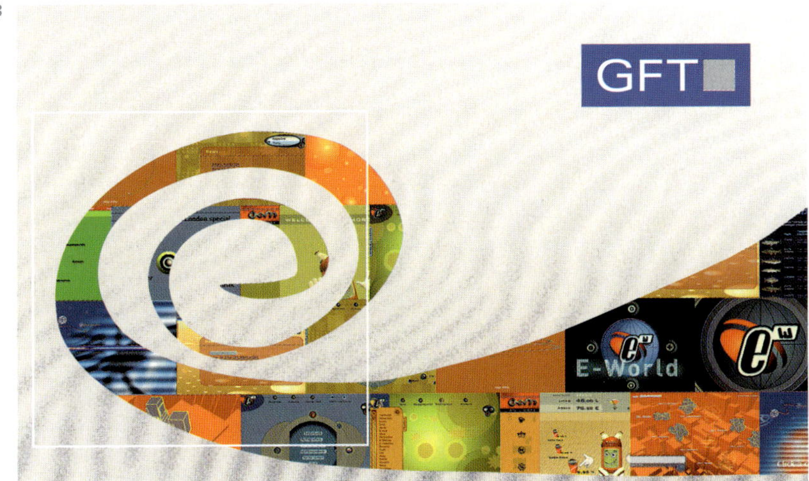

Vistapark® GmbH

Viehhofstraße 119/125
42117 Wuppertal
Telefon +49 (0)202/2 42 75 00
Telefax +49 (0)202/2 42 75 61
e-mail info@vistapark.de
internet www.vistapark.de

> Communication Design S. 388
> Multimedia Design S. 454

Vistapark – mit Sitz in Wuppertal in der VillaMedia – hat sich seit 1997 zu einem vernetzten Unternehmen mit einzigartigem Profil entwickelt. Denn die Kernkompetenz von Vistapark ist es, dynamische Unternehmen, Marken und Produkte durch konvergente Dienstleistungen aus den Feldern Kommunikation, Produkt Design und NewMedia erfolgreich zu bewegen. Besonderer Wert wird dabei auf die konzeptionelle Eingliederung der klassischen Unternehmensbereiche Marketing, Entwicklung und Vertrieb gelegt. Im Geschäftsfeld »design« bietet Vistapark die komplette Produktentwicklung bis zum Designmanagement. Angefangen vom Ideenszenario über das Design bis zu Konstruktion, Engineering und Rapid Prototyping der Entwürfe.

Vistapark – located at the VillaMedia in Wuppertal – has developed since 1997 into a networked company with a unique profile. For the core competency of Vistapark is to get dynamic enterprises, brands and products moving with convergent services from the fields of communication, product design and new media. Especial value is attached to the conceptual integration of the classical corporate areas of marketing, development and sales. In the "design" business unit, Vistapark offers complete product development, starting with the idea scenario and extending through design, engineering and rapid prototyping of the drafts, up to design management.

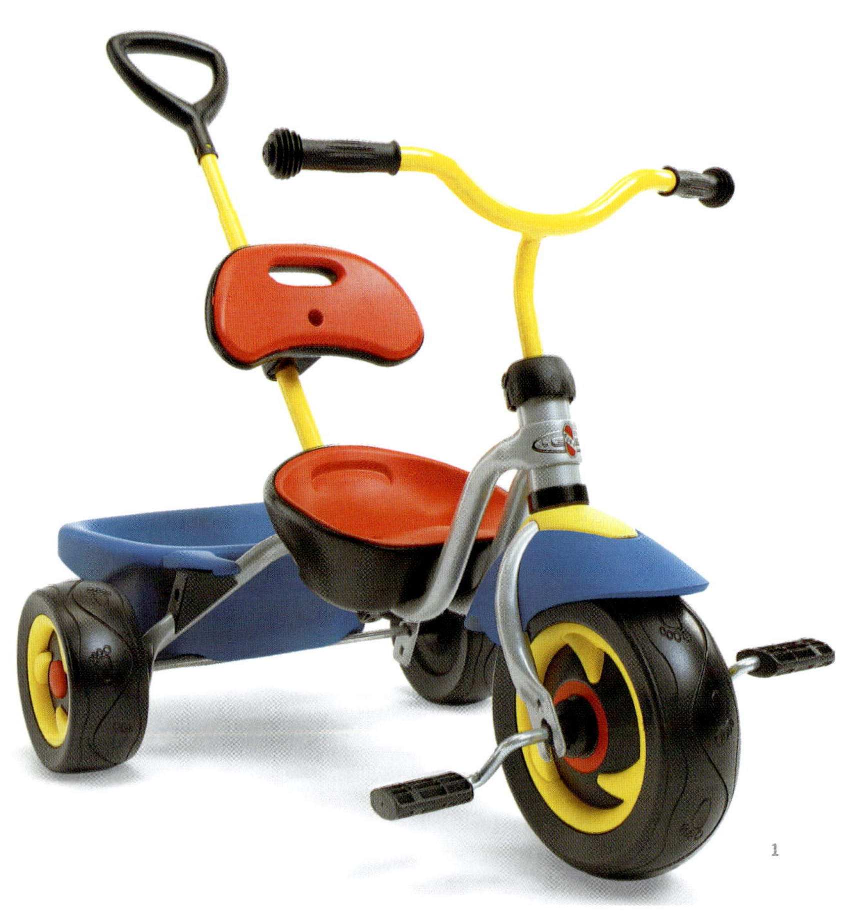

1

Referenzen/references: ABUS, Assima, BEKO, Bergische Sonne, Deichmann (i. A. Heuser), Desoto Sports, D.La Porte, Dinger's Gartencenter, Dirak, Durable, Du Pont, E.O.S., Gebr. Richartz, Killtec, Lederer, LuBeRo, North-Sails Mistral Sportsgroup, P.F. Freund & Cie, Plastcontrol, PUKY, Schröder, Standard-Metallwerke, TeleBeL, Tele-Pizza, VDO-Kienzle, Verkehrsverbund Rhein Ruhr, Werner Works.
Veröffentlichungen/publications: »Vistapark-Mobility«, Office Design 08/2000; »Orgatec 2000«, BIT-Bürowelt im Trend 10/2000 und 11/2000; Der Kontakter 10/2000; New Business 10/2000; VDI nachrichten 10/2000; Orgatec Journal 10/2000; »Vistapark–New Work«, Mensch & Büro 01/2001.
Auszeichnungen/awards: Hohe Designqualität Design Zentrum Nordrhein Westfalen Essen 1990 (Comforce), 1993 (Gribbit), 2000 (Babyracer), 2001 (Dreirad Joker); 1. Platz European Bicycle Design Contest (Cruseader); 1. Platz Hoesch Design Award; iF Product Design Award Industrie Forum Design Hannover 1998 (2x, Sherpa), 1999 (Ergo Cut); Focus Mobility, Internat. Designpreis, (proGression comp), Design Center Stuttgart 2001.

3
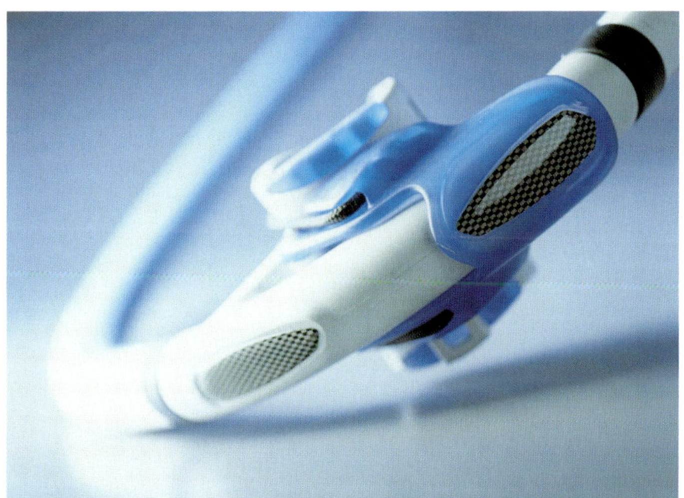

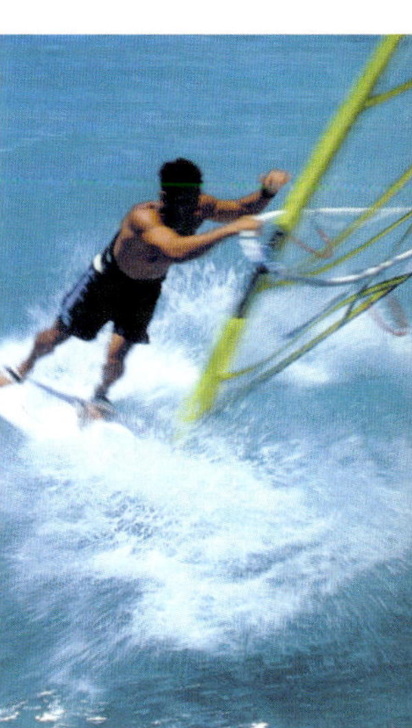

2
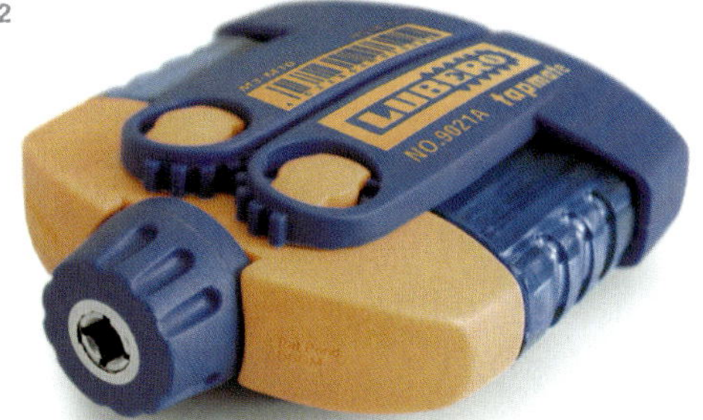

1 »Joker« Dreirad/*Tricycle*
Industrial Design, Decorating, Communication
PUKY GmbH, 2001.

2 »tapmate« Mobiles Gewindeschneid-Set
Mobile thread cutting set
Industrial Design, Engineering, Packaging
Lusbrink & Schwebinghaus GmbH & Co. KG, 2000

3 »proGression comp«
Surf-Gabelbaum/*Surfboard stacker*
Industrial Design, Engineering
Boards & More GmbH (Mistral/North), 2000

Votteler + Votteler

Produktentwicklung und Design

Prof. Arno Votteler (VDID)
Matthias Votteler
Dipl. Ing. Dipl. Betr.

Prof. Arno Votteler
Hauptmannsreute 28
70192 Stuttgart
Telefon +49 (0)711/29 19 29
Telefax +49 (0)711/29 71 67
e-mail arno.votteler@abk-stuttgart.de

Das Büro Prof. Votteler ist ein seit 1961 tätiges Designbüro und entwickelte zahlreiche Produkte für die Büromöbelindustrie: eine Kollektion von Drehstühlen, Schreibtischprogramme, Schrankprogramme unter anderem für verschiedene Markenhersteller. Für führende Reiseveranstalter wurden Gestaltungskonzepte realisiert, die vom Möbeldesign bis zur Außengestaltung ein eigenständiges Erscheinungsbild beinhalten. Schwerpunkt ist die Produktentwicklung und das Designconsulting bis zum Corporate Design.

Established in 1961, Votteler + Votteler has designed numerous products for the office furniture industry including a collection of office swivel chairs and desk and cupboard programmes for various manufacturers of branded products. Design concepts have been implemented for leading travel agents incorporating a distinctive image covering everything from furniture to exteriors. The main focus is on product design and consulting up to and including corporate design.

Dipl. Ing. Matthias Votteler
Wilhelm-Busch-Straße 6
30167 Hannover
Telefon +49 (0)511/2 34 34 72
Telefax +49 (0)5101/92 53 97
e-mail nuevo115@t-online.de

2

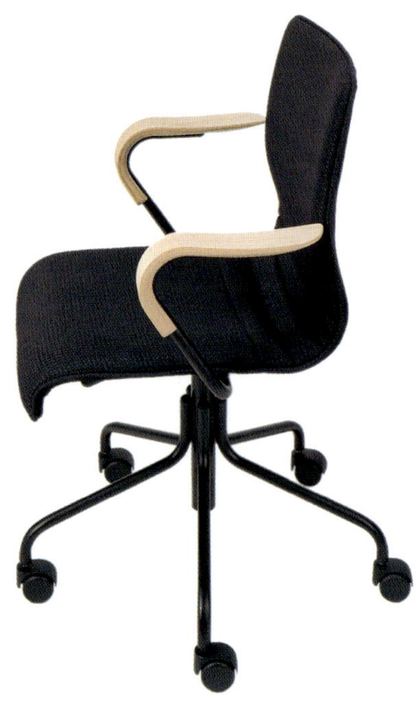

1

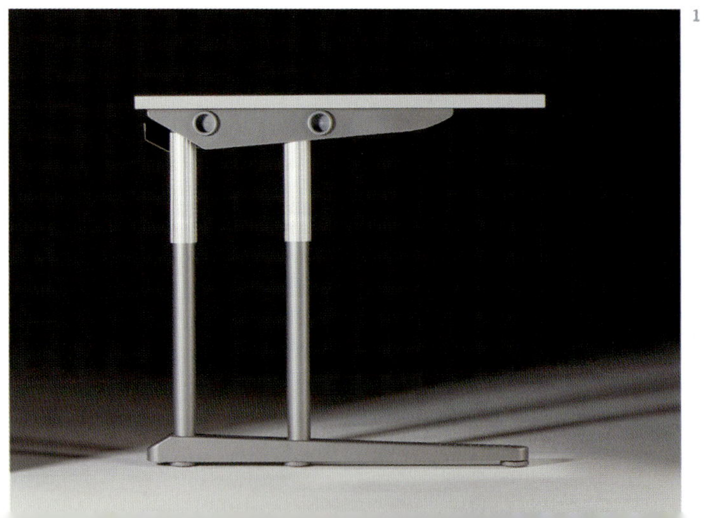

Referenzen/references: planmöbel, Giroflex (Brasilien), BASF, Bosch-Blaupunkt, Blohm + Voss, Hapag-Lloyd, Deutsche Bundesbahn, Gruco, Martin Stoll, RTR Büromöbelfabrik, moll, Bisterfeld + Weiss, Sichert, gumpo Büromöbel, idea Raum-Möbel-Systeme, Bomann Museum, Touristik Union International, intercup Ladenbau, Berliner Flugring, casala KI, Wilkhahn, alkü Ladenbau, Handelsblatt-Verlag u.a.
Veröffentlichungen/publications: »Multimobiles Wohnen«, Krämer-Verlag, Stuttgart 1971; »Industriekultur-Industriedesign. Die Gründer des Verbandes Deutscher Industrie-Designer«, Verlag Ernst & Sohn; »Wege zum modernen Möbel«, Arno Votteler, DVA; »Ladenbau: Trends für das Geschäft von morgen«, Matthias Votteler in: Spezial (Niedersächsische Wirtschaft), Hannover 1993.
Auszeichnungen/awards: Bundespreis Rat für Formgebung, Frankfurt M.; Design Award iF Industrie Forum Design Hannover; Roter Punkt Hohe Designqualität, Design Zentrum Nordrhein Westfalen Essen; Internationaler Designpreis Baden-Württemberg; Auszeichnung Architektur und Office Innovationspreis AIT Stuttgart.

3

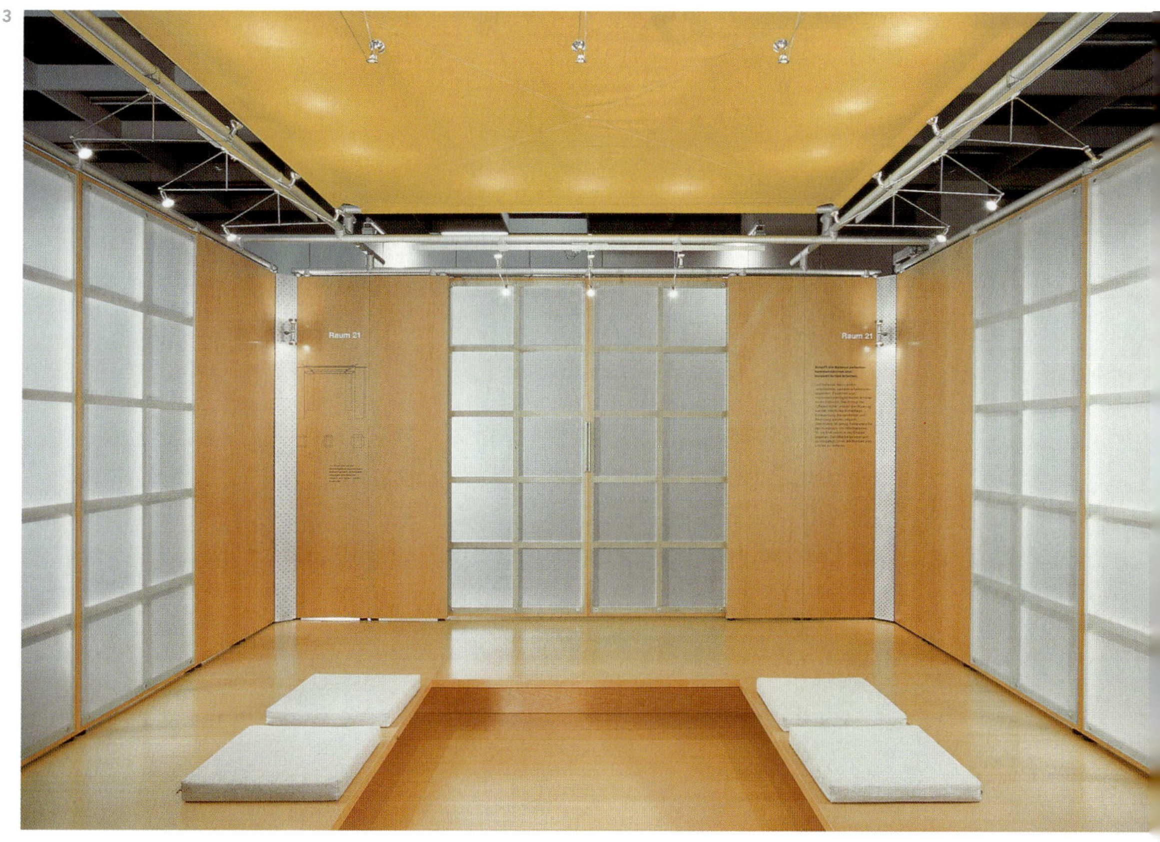

1 conto Arbeitsplatz
Workplace
gumpo Büromöbel 1996.

2 Arno Bürodrehstuhl
Office swivel chair
Bisterfeld + Weiss 1994.

3 Raum 21 Raumgliederungssystem
Room division system
idea 1998.

Weinberg & Ruf Produktgestaltung

Geschäftsführung
Andreas Weinberg
Martin Ruf (VDID)

Ludwigstraße 8
70794 Filderstadt
Telefon +49 (0) 711/7 08 50 10
Telefax +49 (0) 711/7 08 50 18
e-mail info@weinberg-ruf.de
internet www.weinberg-ruf.de

Bereits seit 1991 besteht eine erfolgreiche Zusammenarbeit der beiden Geschäftsführer Andreas Weinberg und Martin Ruf. In ihrem Domizil in Filderstadt sind sie seit 1995 mit ihrem motivierten Kreativteam für namhafte Hersteller anspruchsvoller Konsum- und Investitionsgüter tätig. Weinberg & Ruf Produktgestaltung bietet seinen Auftraggebern die komplette Prozeßkette von der Idee bis zur serienreifen Ausarbeitung ihrer Produkte an. Auf der Basis von Trend-Monitoring entwickelt Weinberg & Ruf Designlinien für modulare Systeme und Produktreihen mit einer zielgruppenorientierten Formensprache, die optimal auf die Anforderungen des Marktes und die Auftraggeber zugeschnitten ist.

Proprietors and general managers Andreas Weinberg and Martin Ruf have been working together successfully from as early on as 1991. Their present venture was established in Filderstadt in 1995 where a motivated creative team serves well known manufacturers of up-market capital and consumer goods. Weinberg & Ruf Produktgestaltung offers its clients the entire process, from the original product idea up to the mass production stage. Based on trend monitoring Weinberg & Ruf develops design lines for modular systems and product series with a target group oriented language of form that is tailored to the requirements of clients and the market.

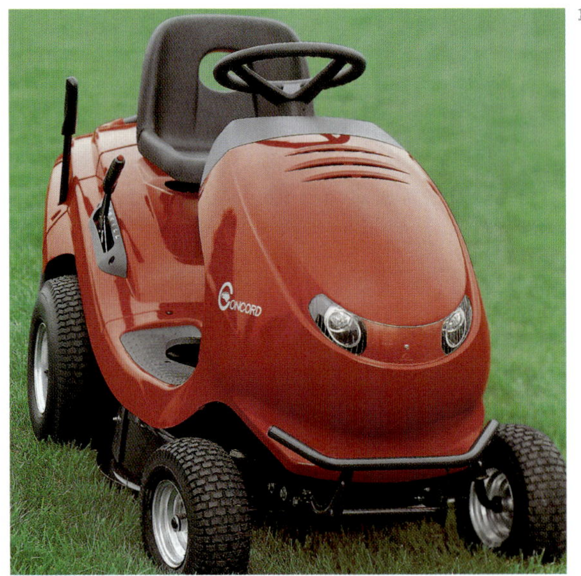

1

1 Rasentraktor
Lawn tractor
Concord.

2 HNO-Behandlungseinheit
ENT treatment unit
Atmos.

3 Papierfalzanlage
Paper folding system
Bäuerle.

Referenzen/references: Besuchen Sie uns im Internet oder nehmen Sie einfach direkt Kontakt mit uns auf. Wir beraten Sie gerne in allen Fragen rund ums Produktdesign und erstellen Ihnen ein unverbindliches Angebot zu Ihrer individuellen Aufgabenstellung!
Visit our website or contact us direct. We will be glad to advise you in all aspects of product design and quote for your requirements with absolutely no obligation!
Veröffentlichungen/publications: Druck & Medien Magazin 11/12, 2000; »Interview WR« Office Design 5/2000; »Medical Design« Management & Krankenhaus 11/2000; »Für den Patienten eine positive Wertschätzung«, Med. Ambiente 1/2001; WIR 1/2001.
Auszeichnungen/awards: Von Weinberg & Ruf gestaltete Produkte erhielten bereits alle wichtigen internationalen Auszeichnungen. In den letzten zwei Jahren:
Products designed by Weinberg & Ruf have won all major international awards. In the last two years:
iF Product Design Award, Hannover 2000; red dot award product design, Essen 2001; Internationaler Designpreis Baden-Württemberg 2001.

3

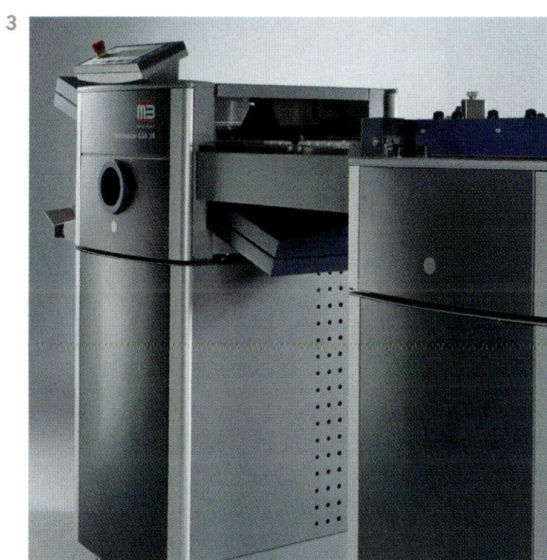

2

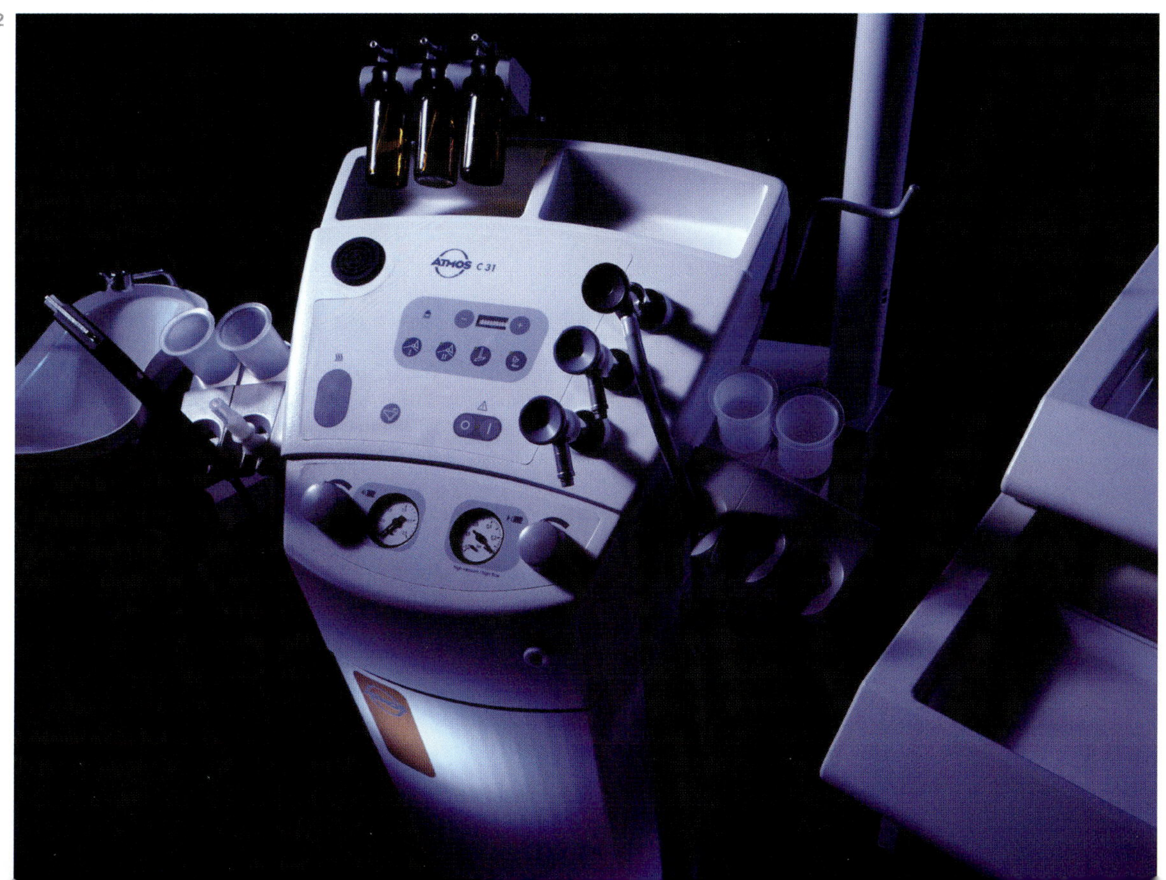

Wilddesign

Dipl. Industrial Designer
Markus Wild

Leithestraße 39
45886 Gelsenkirchen
Telefon +49 (0)209/1 47 68 43
Telefax +49 (0)209/1 47 68 45
e-mail mw@wilddesign.de
internet www.wilddesign.de

1990 gegründet, hat sich das Designteam um Markus Wild einen Stammplatz unter den spezialisierten Designagenturen in Deutschland erarbeitet. Vom Standort Ruhrgebiet aus betreut das Büro derzeit ca. 40 Kunden: Unternehmen der Medizintechnik, Biotechnologie und anderer Technologiesparten, sowie Organisationen des Gesundheitswesens. Als Design-Consultants für Medizinprodukte wird ein FullService im Design rund um die Entwicklung von Medizinprodukten angeboten. Dazu gehören neben der Designentwicklung von Gehäusen, User-Interfaces, Produkt- und Markenausstattungen auch die konstruktive Betreuung bis zur Serienreife. In enger Kooperation mit assoziierten Dienstleistern wird die verfahrenstechnische Umsetzung und das Prototyping in den Entwicklungsprozess integriert.

Founded in 1990, Markus Wild's design team has attained an established place among Germany's specialist design agencies. From its location in the Ruhrgebiet Wilddesign currently serves approx. 40 clients: companies in the fields of medical technology, biotechnology and other technologies and also health service organisations. As design consultants for medical products, the agency is a full-service provider handling the design development of housings, user interfaces and product and brand packaging up to the point of readiness for mass production. In close collaboration with associated service providers, process engineering implementation and prototyping are integrated in the development process.

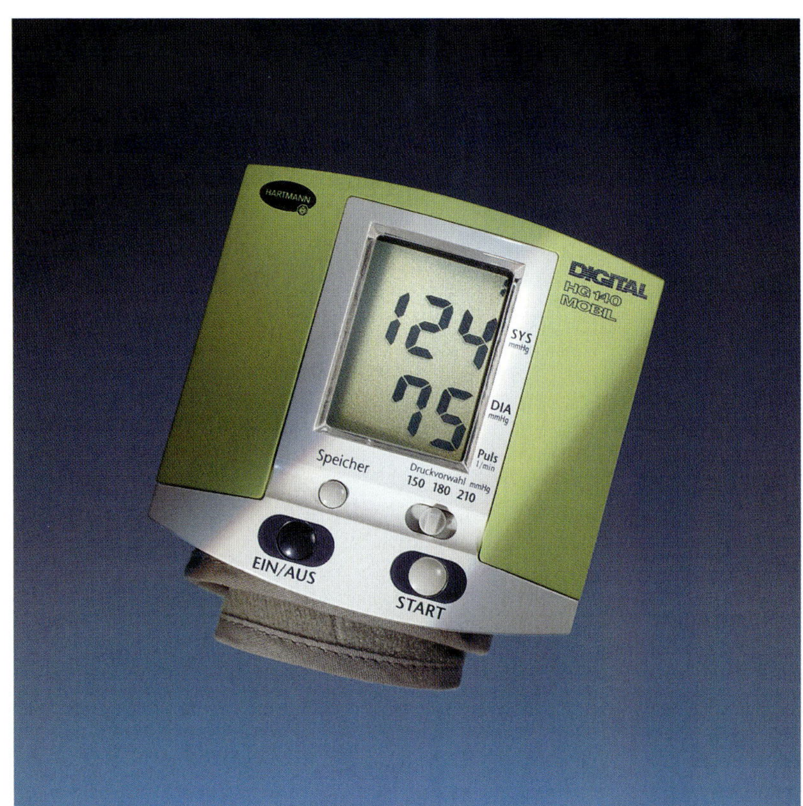

1

1 Blutdruckmessgerät HG 140 mobil
Blood pressure indicator HG 140 mobil
Paul Hartmann AG 1996.

2 Injektor Injektron CT 2 für die Kontrastmittelradiologie
Injektron CT 2 for contrast radiology
Medtron GmbH.
Staatspreis Design des Saarlandes 1999.

3 ODIM SmartScan, Notfallmedizinisches Gerät zur Diagnose von Hirnblutungen
ODIM SmartScan for emergency detection of cerebral haemorrhage
ODIM GmbH 2000.
red dot award Design Zentrum Nordrhein Westfalen 2001.

Referenzen/references: Dasgip, Hartmann, IBR, KH Porz, MAP, Medos, Medtron, Mesotec, Metnet NRW; Nanofocus, Odim, Optiplan, Otronic, Schulte Elektronik, Sulzer Medica u.a.
Veröffentlichungen/publications: »Strategien für das Krankenhaus der Zukunft«, Wild/von der Beck in: Krankenhaus Management 9/1993, GIT Verlag; »Was bringt Design?«, Markus Wild in: INNO 5/97; »Designstrategien im Gesundheitswesen«, Markus Wild in: mt-medizintechnik, TÜV Verlag 2/99.
Auszeichnungen/awards: iF Industrie Forum Design Hannover 1992 (Time Tool Kurzzeitmesser, OKTech); Design Innovationen Design Zentrum Nordrhein Westfalen 1994 (Diskboxx/Noteboxx, Kunststoffcontainer, OKTech und LogicTest, Spannungs-Prüfgerät OK-Trade); Staatspreis Design des Saarlandes 1999 (InjektronCT_2, Medtron); red dot award product design Design Zentrum Nordrhein Westfalen 2001 (Smartscan, Odim).

3

2
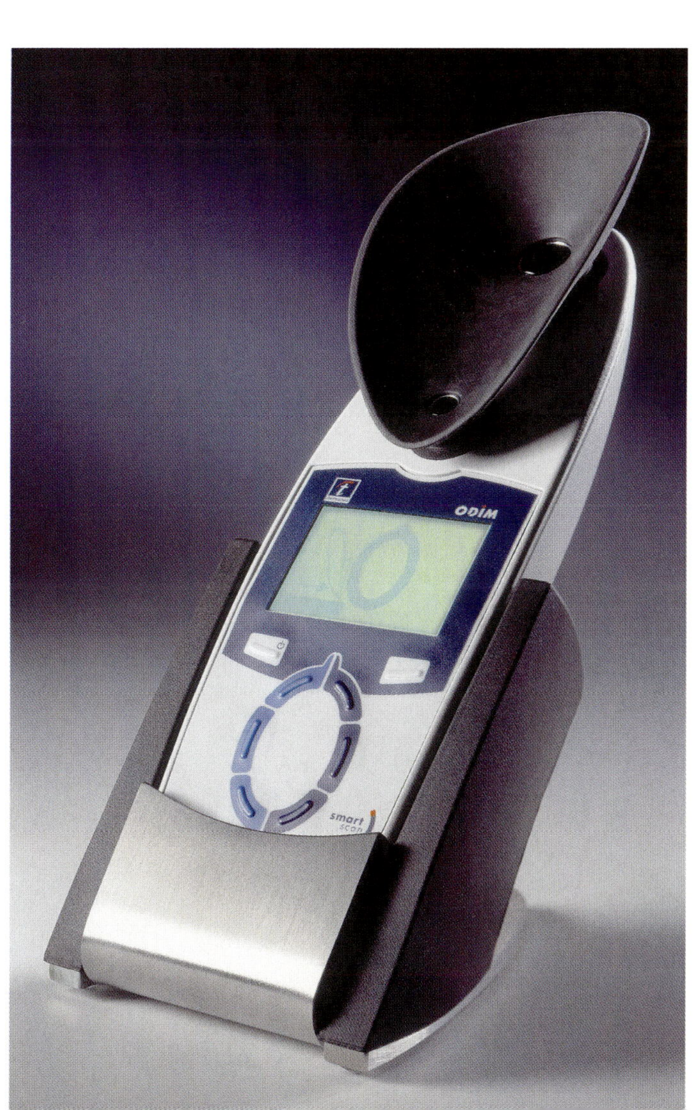

Wings of Design

Product & Strategic Design

Geschäftsführung
Dipl. Des. Walter Heidenfels (VDID)
Dipl. Des. Danos Papadopoulos

Walkürenallee 11
42117 Wuppertal
Telefon +49 (0)202/26 41 47-3
Telefax +49 (0)202/26 41 47-5
e-mail info@wings-of-design.de
internet www.wings-of-design.de

Die Zielgruppe von Wings of Design bilden Markenartikler und Marktführer. Kernkompetenz ist Produkt Design, Markenstrategie, 3D-CAD Pro/Engineer. Seit 1989 konnten sie zahlreiche Auszeichnungen und Markterfolge verzeichnen. »Wenn die Handbücher einer üblichen Markenstrategie bei Print, Web und Messeauftritt enden, beginnt unsere Arbeit: Übertragung der Markenstrategie auf produktspezifische Kriterien, Entwicklung einer speziellen produktspezifischen Markenstrategie. Produkt Design abgestimmt auf die Kriterien einer zuvor entwickelten Markenstrategie. Weil Produkte die Botschafter einer Marke sind und ihre Werte transportieren. Direkt und unmittelbar.«

Market leaders and brands are the target group of Wings of Design. Core specialities are product design, brand strategy and 3D-CAD Pro/Engineer. Wings of Design can boast numerous awards and market successes since 1989. "Our work starts where the usual brand strategy manuals stop at print media, web and trade fair presentations: application of a brand strategy to product specific criteria and development of a special product specific brand strategy. Product design tailored to the criteria of a previously developed brand strategy. Because products are the messengers of a brand and convey its values. Directly and clearly."

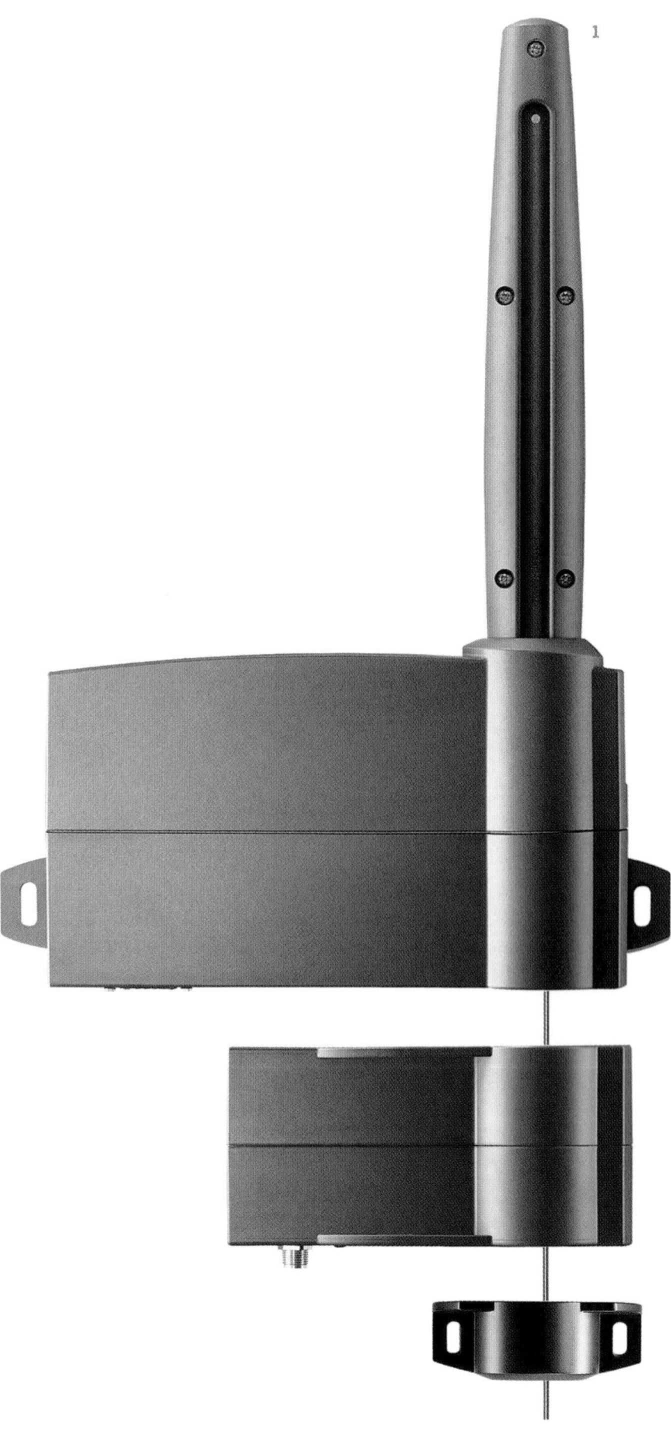

1

Referenzen/references: Abus, Abimed, Alpermann + Velte, ATS, Busch-Jaeger Elektro, Corning, Cullmann, Dynamic Imaging Ltd., Eagle 7 Audiovision, Elan, Emka, Hailo, Kücke, Leifheit, Moeller, Philips, Telekom, Riedel Intercom, Schmersal, Sedus Stoll, Steute, TES Tappert, Zwilling.
Auszeichnungen/awards: Roter Punkt Hohe Designqualität, Essen 1992 (Video Editor, Philips), 1998 (Sicherheitsverriegelung/Safety Lock, Schmersal), 1998 (Aufzugsposition-System/Position System for Lift Cabins, Schmersal); Designpreis des Landes Nordrhein-Westfalen, Ehrenpreis für Produktdesign, Essen 1995 (Elektronikschrank, Electronic Rack, TES Tappert); iF Award for Excellent Design, Hannover 1995 (Elektronikschrank/Electronic Rack, TES Tappert), 1996 (Sicherheitsschalter/Safety Switch, Schmersal), 1998 (Mobiler Wäschesortierer/Mobile Clothes Sorter, Hailo), 1998 (Aufzug-Position-System/Position system for lift cabins, Schmersal).

2

1 Aufzug-Position-System
USP lift position system
Schmersal 2001.

2 Schalter-, Steckdosenprogramm Solo
Solo range of switches and sockets
Busch-Jaeger Elektro 2001.

WMF

Württembergische
Metallwarenfabrik AG

Eberhardstraße
73312 Geislingen/Steige
Telefon +49 (0) 7331/25-1
Telefax +49 (0) 7331/4 53 87
e-mail info@wmf.de
internet www.wmf.de

1853 gründete Daniel Straub gemeinsam mit den Brüdern Schweizer in Geislingen die Metallwarenfabrik Straub & Schweizer. 1880 schloss sich das Unternehmen mit der »A. Ritter & Co., Esslingen« in der Rechtsform einer Aktiengesellschaft zur »Württembergischen Metallwarenfabrik« zusammen. Das inzwischen angewandte galvanische Versilberungsverfahren ermöglichte eine erhebliche Verbesserung der Produkt- und Materialqualität und schuf neue gestalterische Möglichkeiten. In der zweiten Hälfte der fünfziger Jahre kam dann der große Aufschwung für Cromargan® Bestecke und Cromargan® Tafel- und Serviergeräte. Die WMF AG beschäftigt heute über 4.000 Mitarbeiterinnen und Mitarbeiter.

In 1853, Daniel Straub founded the Straub & Schweizer hardware factory together with the Schweizer brothers in Geislingen. In 1880, the company merged with A. Ritter & Co. of Esslingen to form the "Württembergische Metallwarenfabrik" in the form of a joint stock company. The silver-electroplating process applied by then, brought about a considerable improvement in product and material quality and created new opportunities for design. During the second half of the 1950s, Cromargan® tableware and cutlery experienced a massive boom. WMF AG has currently over 4.000 employees.

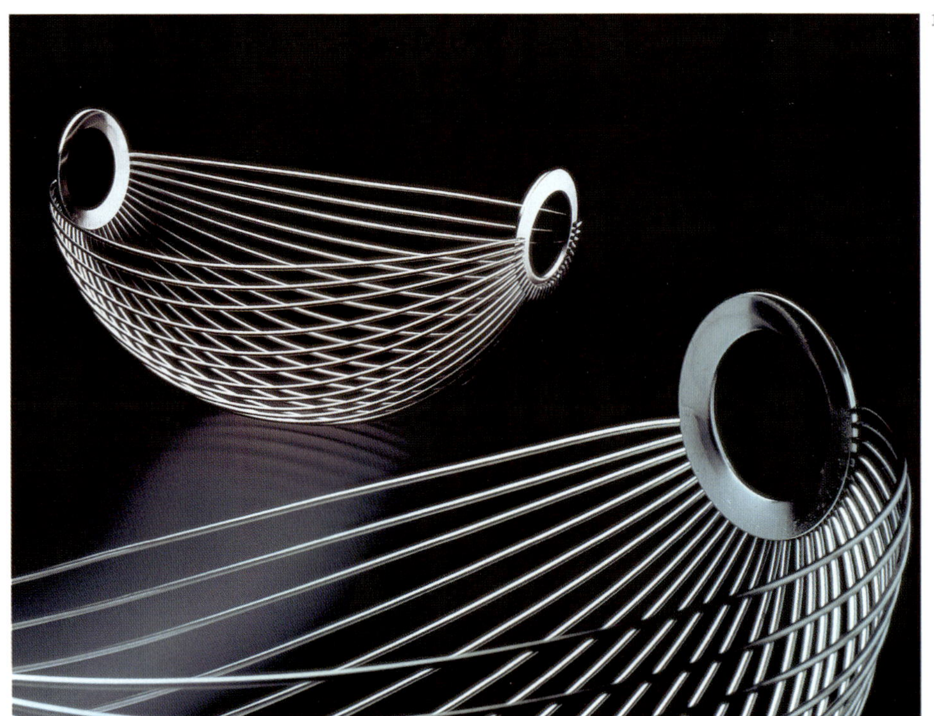
1

Auszeichnungen/awards: Schon das noch junge Unternehmen war mit der Herstellung silberplattierter Tafel- und Serviergeräte so erfolgreich, dass es 1862 auf der Weltausstellung in London mit einer Goldmedaille ausgezeichnet wurde. In der zweiten Hälfte der fünfziger Jahre entstanden Produktklassiker unter anderem nach Entwürfen des Bauhaus-Designers Prof. Wagenfeld – die auch heute noch unverändert zum WMF Sortiment gehören. Gelungenes Design, hochwertiges Material und meisterhafte Bearbeitung prägen alle WMF Erzeugnisse aus den Produktgruppen Bestecke, Tafelgeräte, Küche, Glas, Tisch- und Wohnaccessoires sowie aus dem Bereich Hotel und Kaffeemaschinen. Dem Ruf der Qualität, Zuverlässigkeit und Innovation fühlt sich WMF auch weiterhin verpflichtet.

Auszeichnungen/awards: *Even in the early years, the company was so successful in the manufacture of silver plated tableware and serving utensils that it received a gold medal at the World Exhibition in London in 1862. During the second half of the 1950s, classic products were created, some designed by the Bauhaus designer Prof. Wagenfeld, which remain unchanged as part of the WMF range even today. Successful design, high quality material and masterly workmanship characterise all WMF products in the fields of cutlery, tableware, kitchen utensils, glass, dining and living room accessories and the hotel equipment and coffee machine sectors. WMF acknowledges a continuing obligation to follow the call of quality, reliability and innovation.*

2

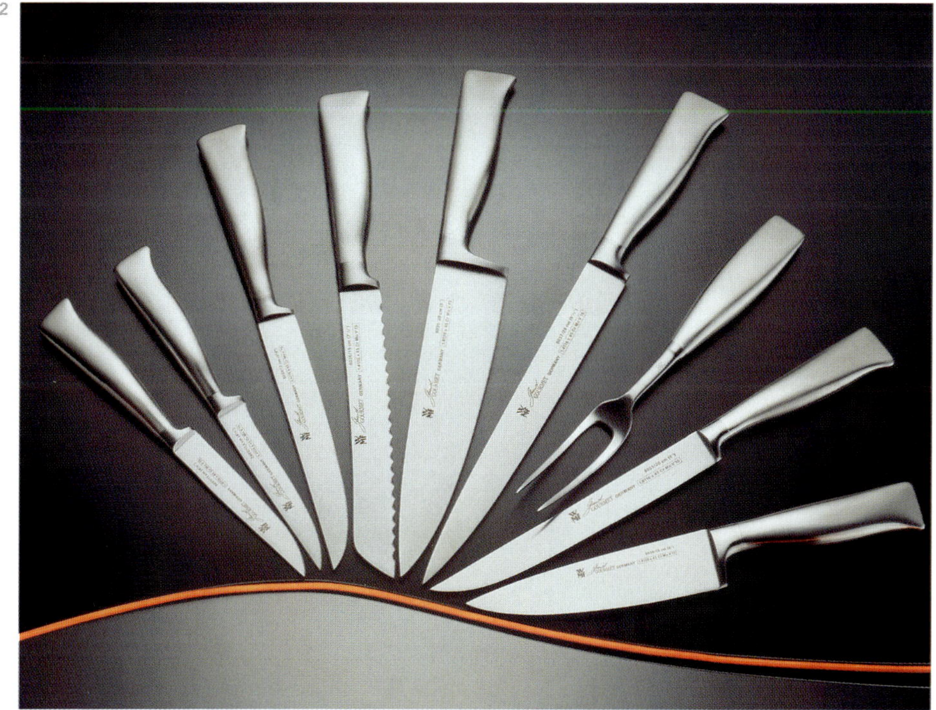

1 »Concept«
Körbe/*Baskets*
Design: Ole Palsby

2 »Grand Gourmet«
Messerserie/*Knife series*
Design: Makio Hasuike

yellow design

Günter Horntrich GmbH

Mühlstraße 7a
75172 Pforzheim
Telefon +49 (0)7231/45 76 40
Telefax +49 (0)7231/46 45 94
e-mail chrisho@yellowdesign.com
internet www.yellowdesign.com

Design verbindet. Design als Instrument im Produktentwicklungsprozess steht für die Verknüpfung von formalen, funktionalen sowie emotionalen und gesellschaftlichen Aspekten. Neben objektivierbaren Anforderungen wie Preis, Qualität und Funktion spielen Produktumfeld und Zielgruppe bei der Entwicklung von Konsum- und Investitionsgütern eine entscheidende Rolle.

Design connects. As an instrument in the product development process, design stands for the linking of formal, functional, emotional and social aspects. In addition to objective requirements such as price, quality and functionality, the product environment and target group play a crucial part in the development of capital and consumer goods.

yellow circle

Georgstraße 5a
50676 Köln
Telefon +49 (0)221/921 37 80
Telefax +49 (0)221/921 37 81

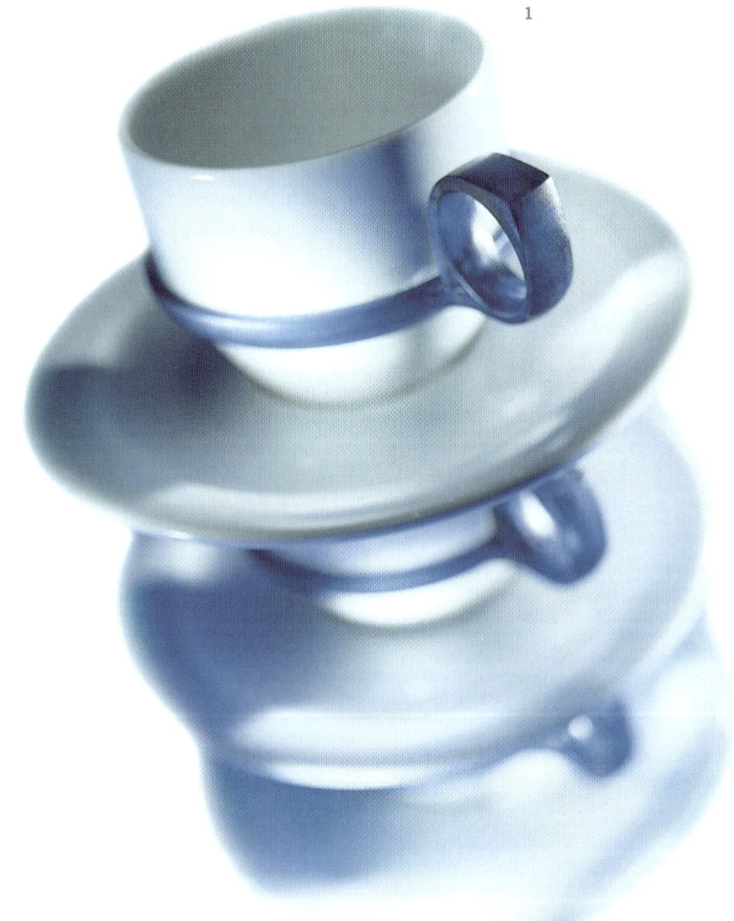

1

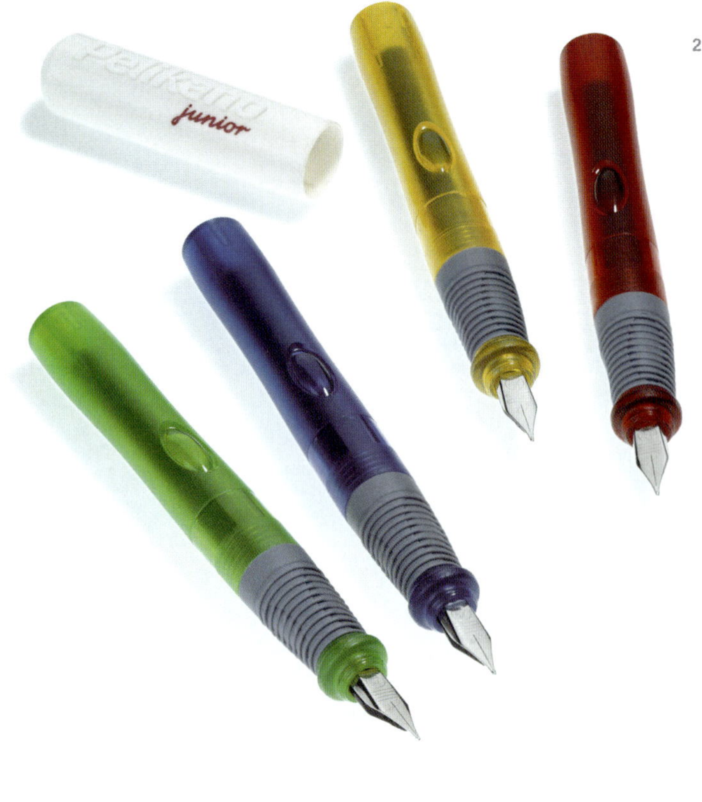

2

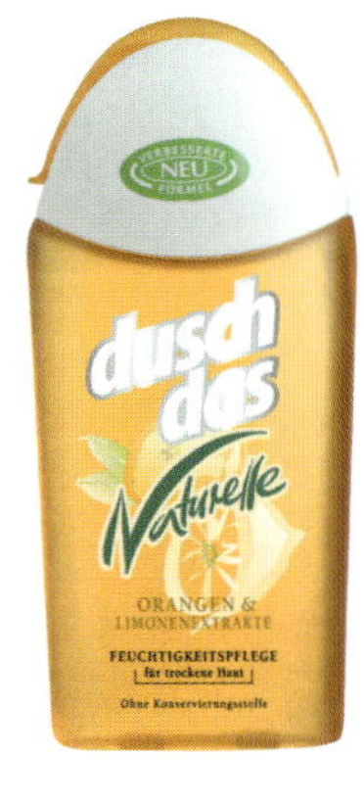

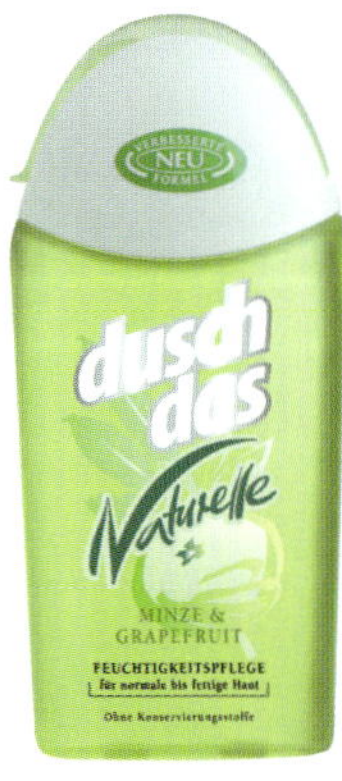

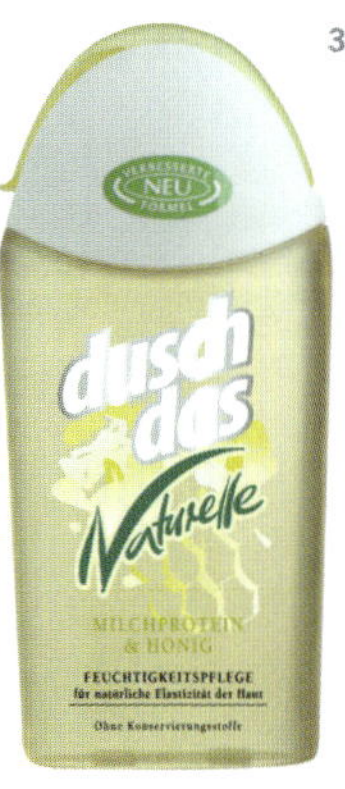

3

Referenzen/references: Bauscher, B/S/H Bosch-Siemens, Bruker, Cosmopolitan Cosmetics, Duales System Deutschland, ELBA, Haushahn, Henkel, Hoesch, Klosterfrau, Leukhardt, Lindt & Sprüngli, Lufthansa Consulting, Mapa/NUK, Messer Group, Nordmilch, Pelikan, Rosenthal/Thomas, Sara Lee, Sarna, GlaxoSmithKline, Schroff, Soehnle, Wella.
Auszeichnungen/awards: red dot award: Berendsohn, Korkenzieher impuls, 1998; Lightvisions, Beleuchtungssystem, 1998; Pelikan, Rondini, Deckfarbkasten, 1998; Pelikan, K12 Deckfarbkasten, 2001; Pelikan, Pelikano Junior, Schreiblernfüller, 2001. iF Award: Schroff, Datatec, Schaltschrank, 1989; Hoesch, Dusche Cinema, 1995; Pelikan, Level L5, Füller, 1998. Design Center Stuttgart: Pelikan, Level L5, Füller, 1998; Pelikan, Rondini Deckfarbkasten, 1998; ELBA, move Hängemappenkoffer, 2001. I.D. Design Destinction: Rosenthal/Thomas, Geschirrserie vario, 1997; yellow inhouse, Ökologische Kaffeemaschine, 1997. Good Design Award: Pelikan, Level L5, 1997; Pelikan, Rondini Deckfarbkasten, 1998; Soehnle Küchenwaage Arena, 1999.

5

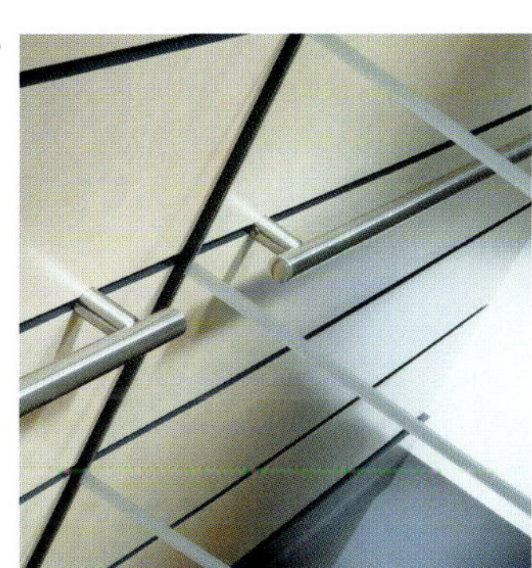

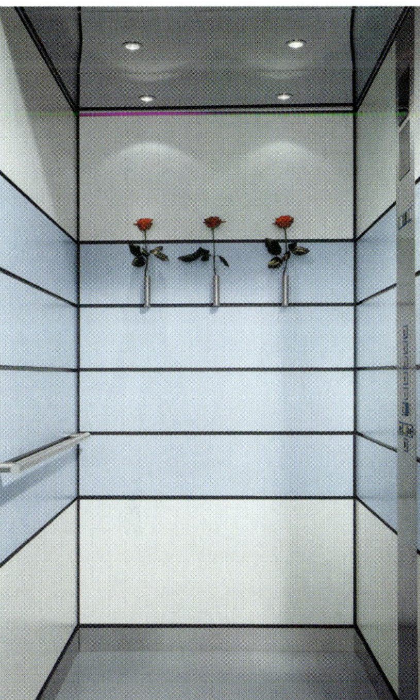

1 dimension
Geschirrserie/*line of china*
Bauscher.

2 Pelikano Junior
Schreiblernfüller/*Beginner's fountain pen*
Pelikan. red dot award 2001.

3 duschdas
Packaging
Sara Lee.

4 move
Hängemappenkoffer/*Suspension filing case*
Elba.

5 VarioLine
Aufzugserie/*Lift series* Interior
Haushahn.

4

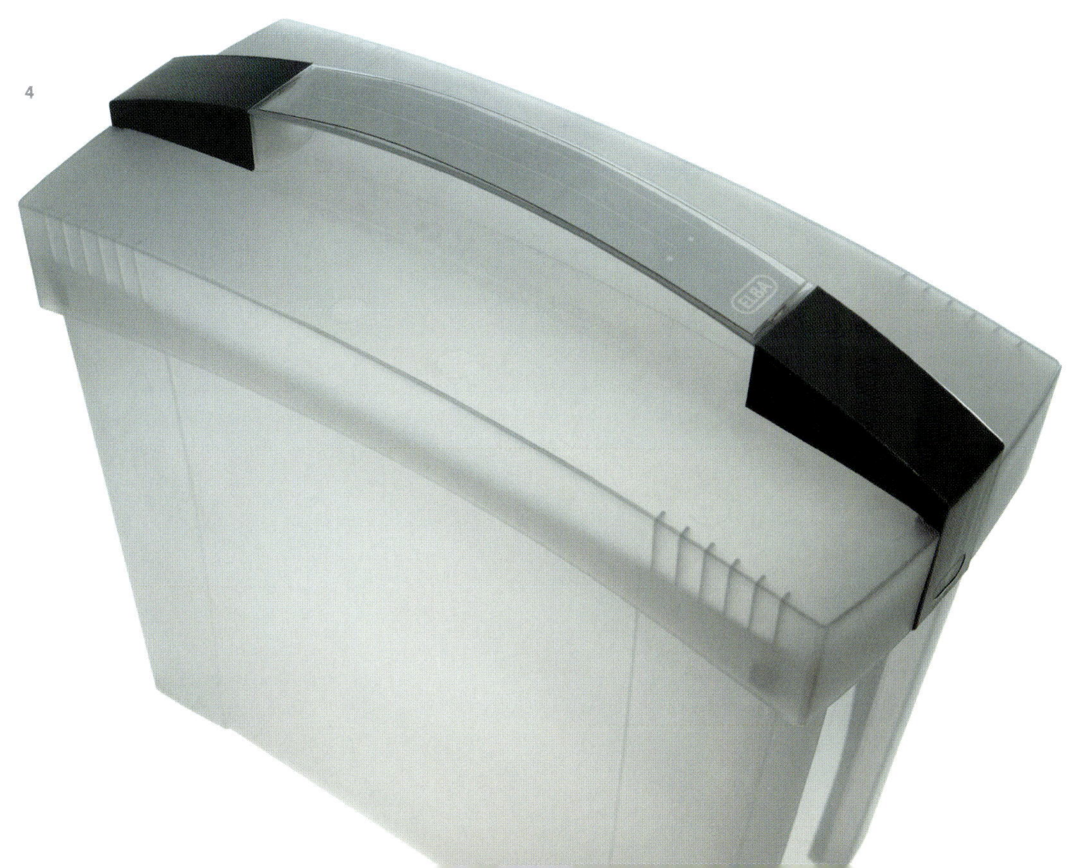

zimmermann produktgestaltung

büro für innovative produkte
und hochwertige gestaltung

Geschäftsführung
Rainer Zimmermann (DDV)
Dipl. Designer M.A.-RCA
Vizepräsident VDID

Schillerstraße 15
89179 Beimerstetten
Telefon +49 (0)7348/94 80 84
Telefax +49 (0)7348/94 80 85
e-mail mail@zimmermann-pdg.de
interset www.zimmermann-pdg.de

Präzise Formen und zeitlose Gestaltung sind für das Designunternehmen Voraussetzung für die nachhaltige Wertigkeit seiner gestalteten Produkte. Durch Studien an der Staatlichen Akademie für Bildende Künste in Stuttgart und am Royal College of Art in London hat Rainer Zimmermann gelernt, modernste Technik, hochwertige, recyclebare Materialien und innovative Oberflächen konstruktiv und funktional für die Gestaltung einzusetzen, wodurch die hohe Qualität der Produkte betont wird. Die Spezialität sind innovative Konzepte und modulare Designsysteme für die Zukunft, sowie die Betreuung von der Idee bis in den Markt und darüber hinaus.
rainer zimmermann produktgestaltung ... ist immer in Bewegung für gute Gestaltung....

Precise forms and timeless design: for the design studio these are the necessary conditions for sustained value in the products it creates. Rainer Zimmermann studied at the Staatliche Akademie für Bildende Künste in Stuttgart and at the Royal College of Art in London, learning how to employ the latest technology, high quality recyclable materials and innovative surfaces constructively and functionally in design, emphasising the high quality of the products. His specialities are innovative concepts and modular design systems for the future and to support the client from the idea to the market and beyond.
rainer zimmermann produktgestaltung ... always in motion towards better design ....

3

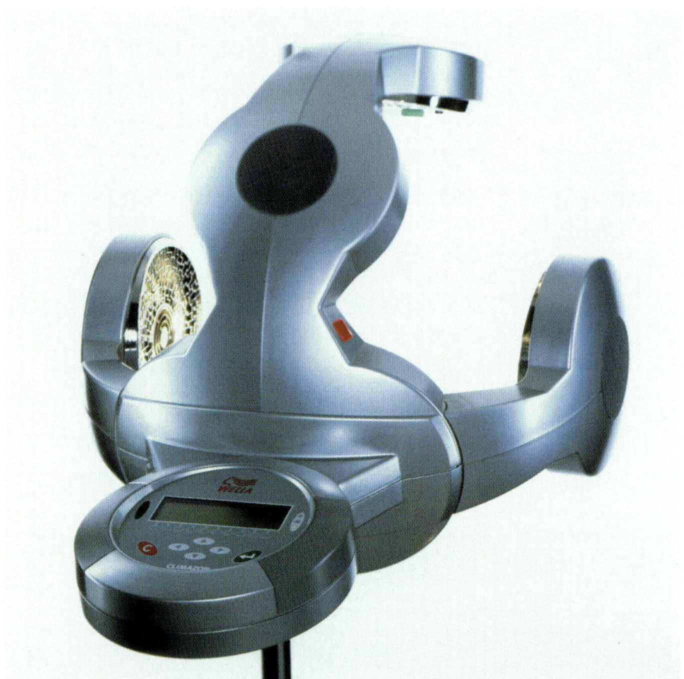

1

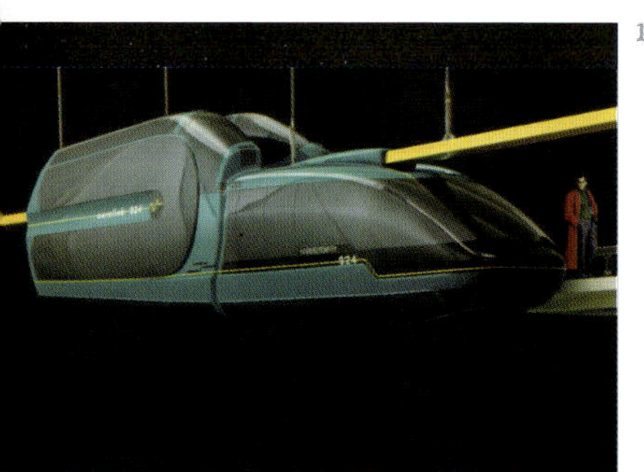

2

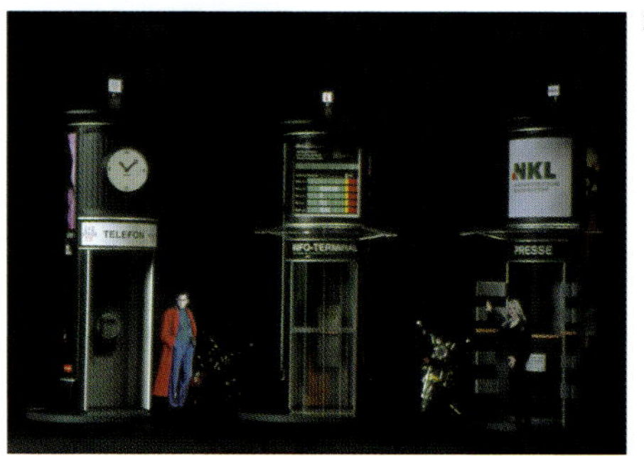

1 Transport Design – aerolink
Urbane Magnetschwebebahn auf 1-plus Level
Urban magnetic levitation train on plus 1 level
RCA, London 1988.

2 Public Design – Colonia Varianten
Modulare Ausbauvarianten der Plakatsäule Colonia/*Modular series of billboard columns*
Stöer out of home media, Köln 1999

3 Produkt Design – Climazon S31
Redesign von IR-Haartrockengerät
Redesign of infra-red hairdryer
Wella AG, Darmstadt 2000.

Referenzen/references: Armada Group, Bio Comfort, Cameo Filmtheaterbetriebe, Kölner Aussenwerbung, Mega Media, Neon Industrie Urban, Otis elevator company, Schmidt Motorsport, Ströer city marketing, Wella AG u.a.
Veröffentlichungen/publications: »Aussenwerbung und die Rolle des Design im urbanen Umfeld«, Werben & Verkaufen 9/2000; »design education in germany«, Rainer Zimmermann, design magazine U.K. 4/1994; »visionary design study of shopping trolley for wanzl/bdu«, design magazine U.K. 3/1990; Presentation of »aerolink«, masters degree project, car styling, Japan 11/1989; Illustration on visionary long distance haulage vehicle for »british road service« calendar 1988; Diplom Präsentation »Telefon«, »md« design magazine 1984.
Auszeichnungen/awards: Die größte und beste Auszeichnung im Design ist die erfolgreiche Zusammenarbeit mit dem Kunden und die Anerkennung durch den Erfolg am Markt.
The highest and the best awards are the successful teamwork with the client and being rewarded by the market.

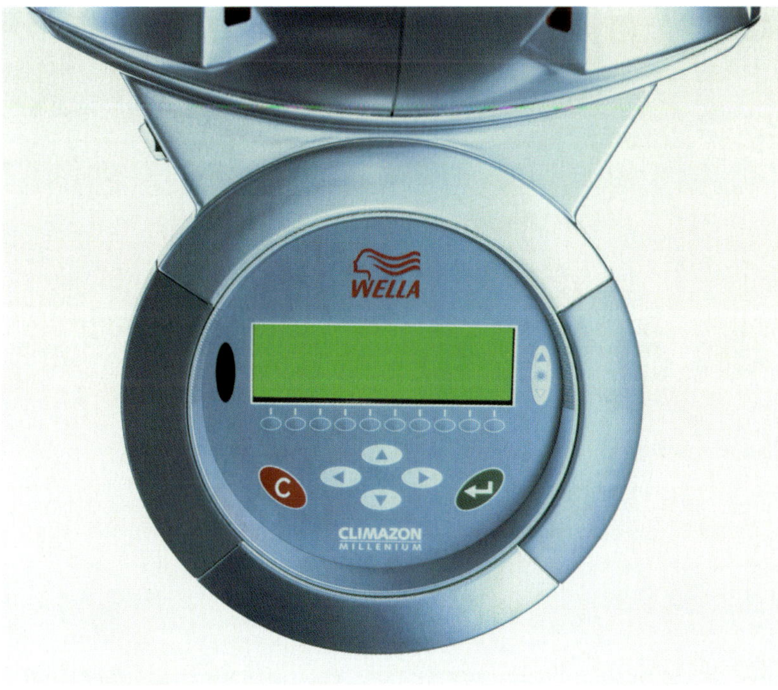

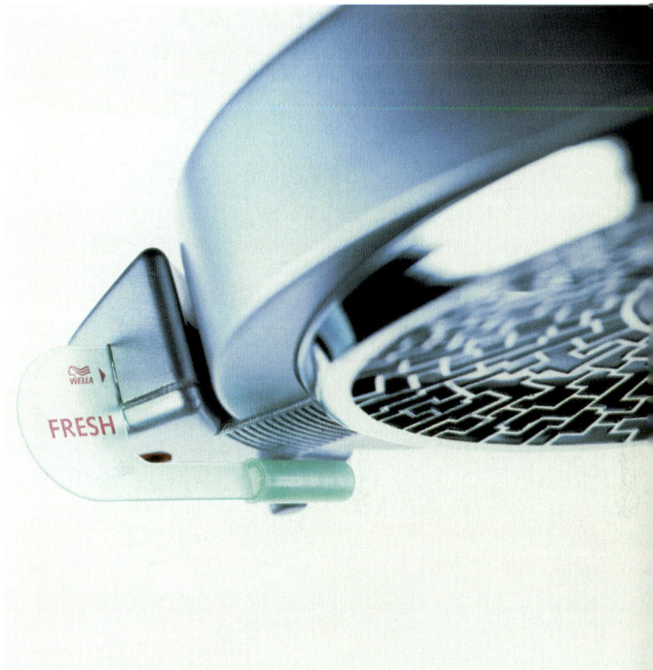

Communication
Design

Anna B. Design

Prof. Anna Berkenbusch (VGD)

Erkelenzdamm 11–13
10999 Berlin
Telefon +49 (0)30/6 94 83 81
Telefax +49 (0)30/6 92 25 96
e-mail mail@annabdesign.de
internet annabdesign.de

Manchmal denken wir, wir sind unabhängig von den Dingen, fühlen uns leicht und stark durch ein Wort, ein Lächeln oder ein Gespräch. Die meiste Zeit aber schränken uns die Umstände ein: eine graue Architektur und hässliche Büros, chaotische Informationen, Lärm und lieblose Botschaften. Gutes Design kann den Menschen das Leben erleichtern: Es ist eine spannende Dienstleistungsdisziplin, Orientierungshilfe und ein Stück Alltagskultur in einem. Anna B. Design ist ein kleines, feines Designbüro in Berlin und arbeitet in allen Bereichen des Kommunikationsdesigns: Design-Beratung, Editorial, Erscheinungsbilder, Veranstaltungsausstattungen, Internetauftritte ... Anna Berkenbusch ist Professorin für Kommunikationsdesign an der Universität Essen und Mitglied in unterschiedlichen Fachjuries.

Sometimes we think we are independent of things, a word, a smile or a conversation make us rise above them with a feeling of lightness and strength. But most of the time we are hemmed in by circumstances: grey architecture and ugly offices, chaotic information, noise and unfeeling messages. Good design can make life easier on people: it is an exciting service, an aid to orientation and a piece of everyday culture all in one. Anna B. Design is a small, select design office in Berlin working in all fields of communication design: design consulting, editorial, image, event and website design. Anna Berkenbusch is a professor at the University of Essen and a member of various expert juries.

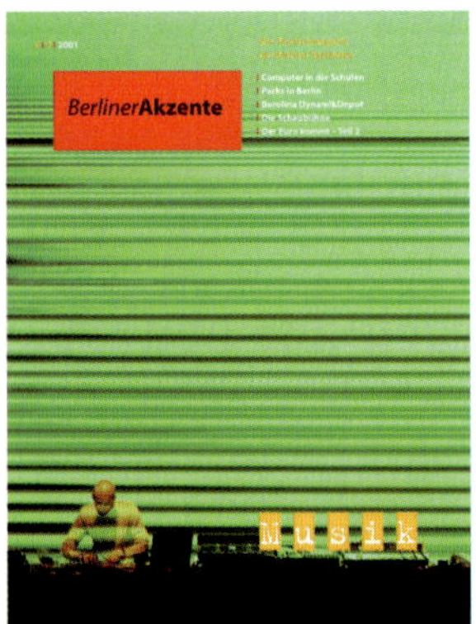

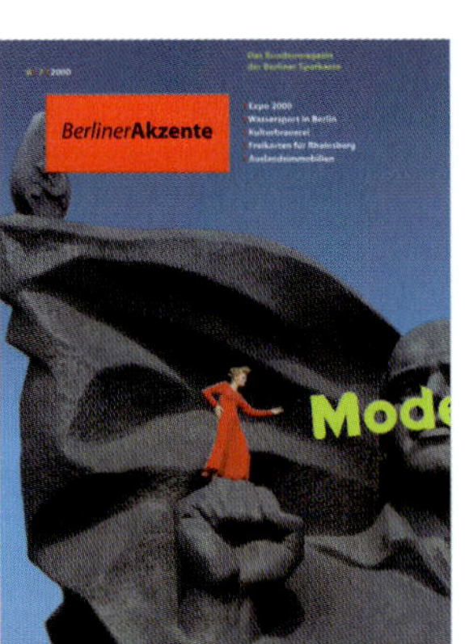

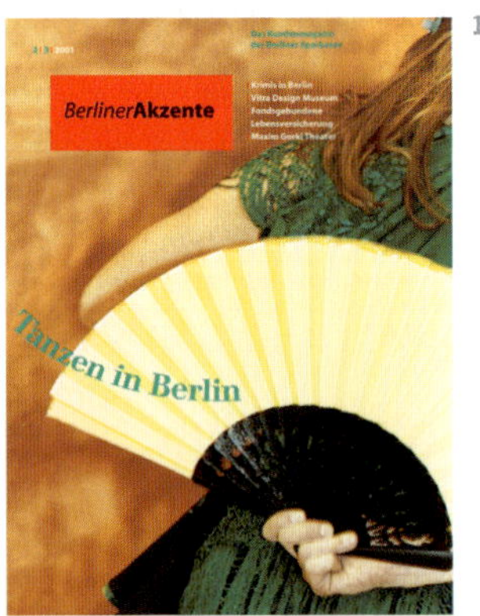

1

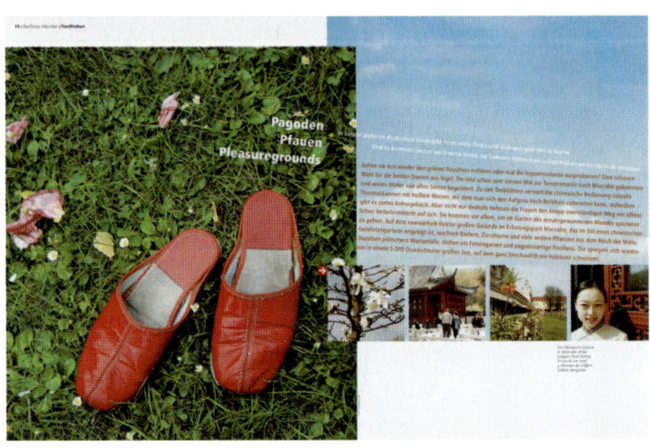

Referenzen/references: Bavaria München, Berliner Sparkasse, Delphi Filmverleih Berlin, Deutscher Bibliotheksverband e.V. Berlin, HVB-Projekt Berlin/München, Stiftung Zollverein Essen, Theater des Westens Berlin u.a.
Auszeichnungen/awards: Anna B. Design erhielt zahlreiche Auszeichnungen im In- und Ausland. *Anna B. Design has won numerous awards both in Germany and abroad:* Typedirectors Club of New York, red dot Design Zentrum Nordrhein Westfalen, 100 Beste Plakate, Art Directors Club of New York u.a.

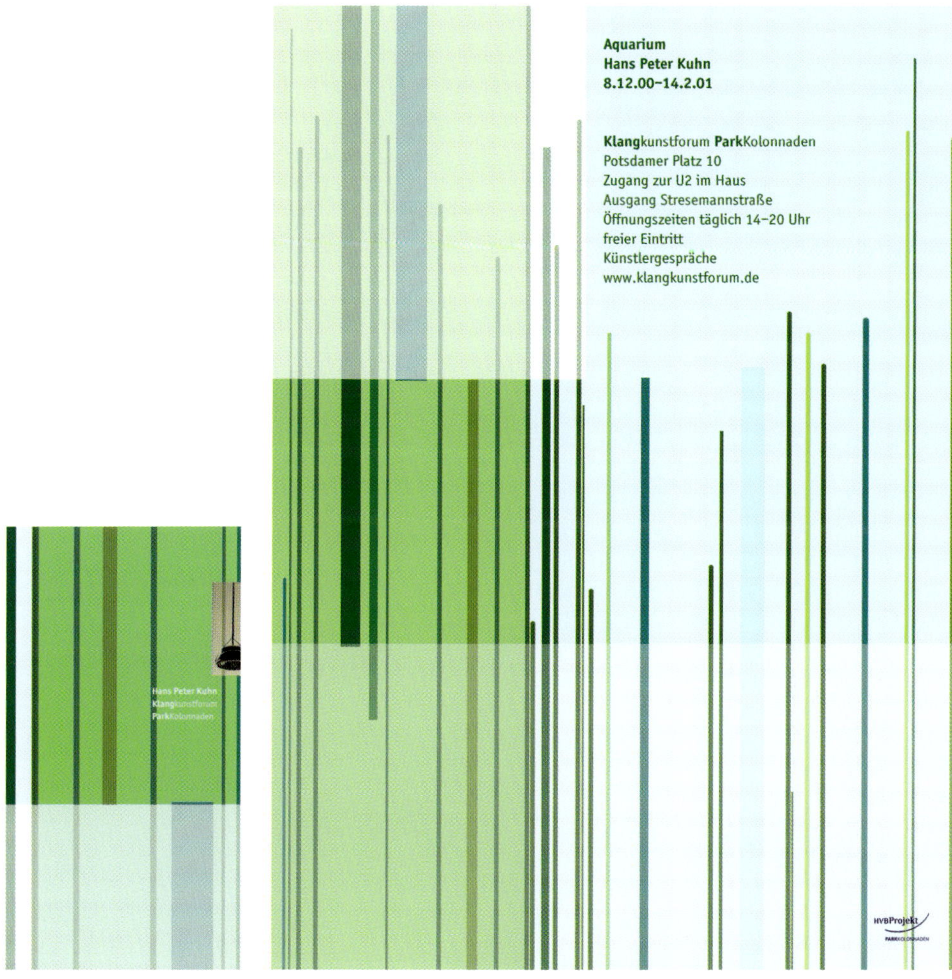

2

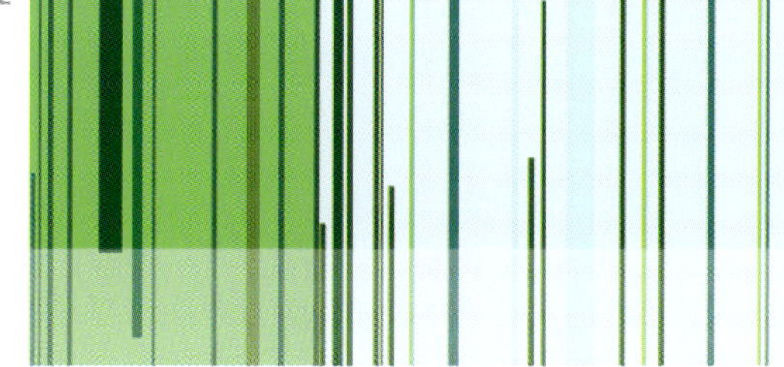

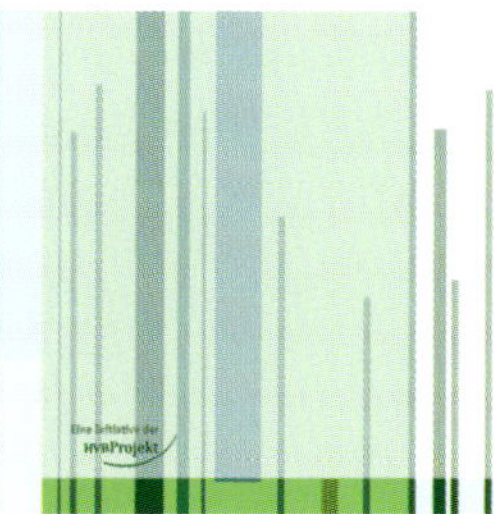

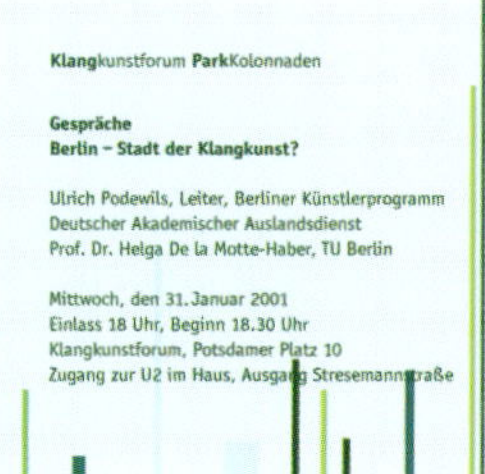

1 Kundenmagazin der Berliner Sparkasse
customers' magazine
Anna Berkenbusch, Katrin Schek, Tina Wende.

2 ParkKolonnaden
Klangkunstforum
music forum
Einladungskarte, Plakat und Cover für das Programmheft der Ausstellung.
Invitation card and programme cover for the exhibition.
Anna Berkenbusch, Tina Wende.
Auszeichnung/*award:*
red dot Design Zentrum Nordrhein Westfalen 2001.

beierarbeit

Geschäftsführung
Christoph Beier (BDG)

Sattelmeyerweg 1
Hof Meyer zu Eissen
33609 Bielefeld
Telefon +49 (0)521/7 87 10 30
Telefax +49 (0)521/7 87 11 31
e-mail info@beierarbeit.de
internet www.beierarbeit.de

> Advertising S. 462

Charakteristische Eigenschaften des mittlerweile siebenköpfigen Büros beierarbeit sind die inhabergeführte Beratung, Betreuung und adäquate Präzision. In dieser Konstellation entstehen langfristige und erfolgreiche Lösungen. Mit Vorliebe typografisch, idealerweise mit anspruchsvoller Fotografie, aus Überzeugung klar und einfach. Tätigkeitsschwerpunkte sind Konzeption und Gestaltung ganzheitlicher Corporate Identity-Programme, Entwicklung von Markenstrukturen und Markenidentitäten, Namensfindung, Prozessbegleitung im Bereich Leitbilder und Unternehmensstrategien, Logoentwicklung, Editorial Design und Unternehmenskommunikation.

Characteristic features of this office, which now has a staff of seven, are the personal attention of the proprietor to clients' accounts and precision. This makes for successful, long-term solutions. Typographical for preference, ideally accompanied by high-quality photographic work and clear and simple as a matter of principle. The main focus is on the conception and design of holistic corporate identity programmes, the development of brand structures and identities, the development of names, process support for key image and corporate strategies, logo design, editorial design and corporate communication.

2

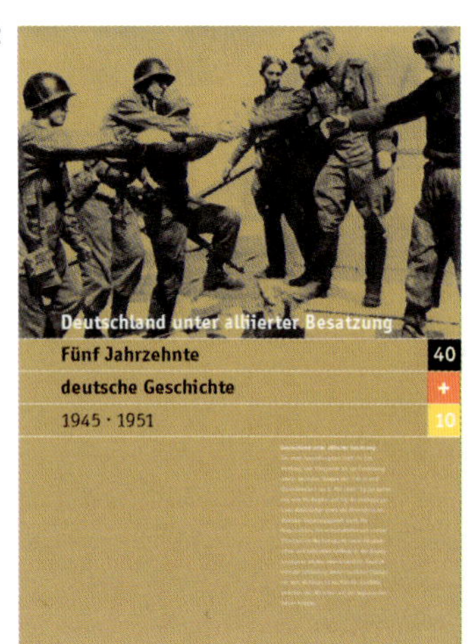

1 Corporate Design
Styleguide
Siemens IT Service München.

2 Wettbewerb Ausstellungskonzept
Exhibition concept competition entry:
Fünf Jahrzehnte deutsche Geschichte
«Five Decades of German History».
Haus der deutschen Geschichte, Bonn.

1

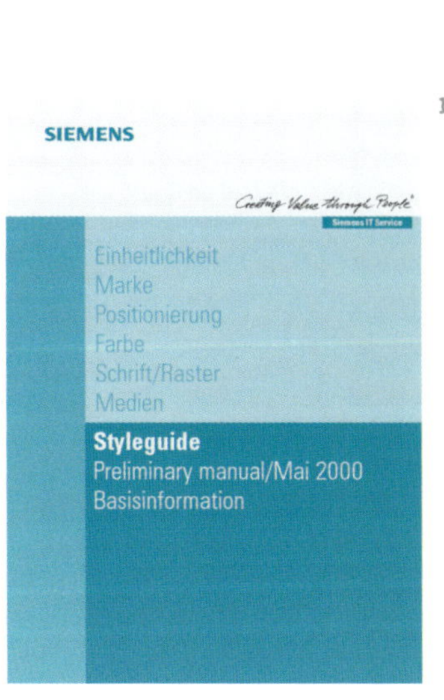

Referenzen/references: Brüninghaus, Dürkopp, Ebke Küchen, Fehrenkötter, Fujitsu Siemens Computers, Haus der Geschichte, Kunsthalle Bielefeld, Primetta, Seidensticker, Sparkassen Informatik, Siemens u.a.
Veröffentlichungen/publications: »CI Report 11«, Dokumentation vorbildlicher Corporate Identity, Roman Antonoff, Mai 2000; »Kindheit ist kein Kinderspiel«, Eine Aktion des Deutschen Plakat Museums Essen und des Deutschen Kinderschutzbundes e.V., Juni 1998.

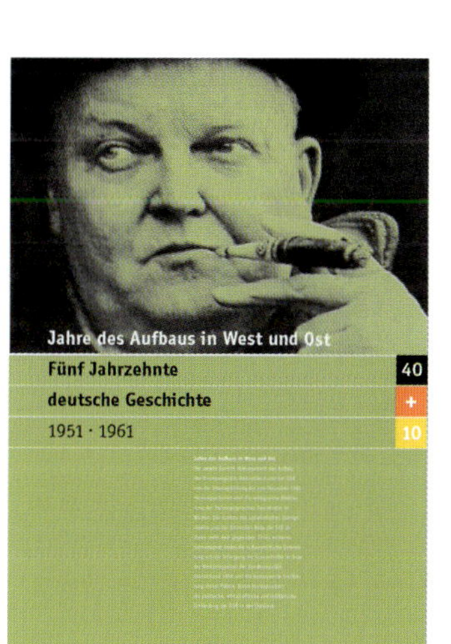

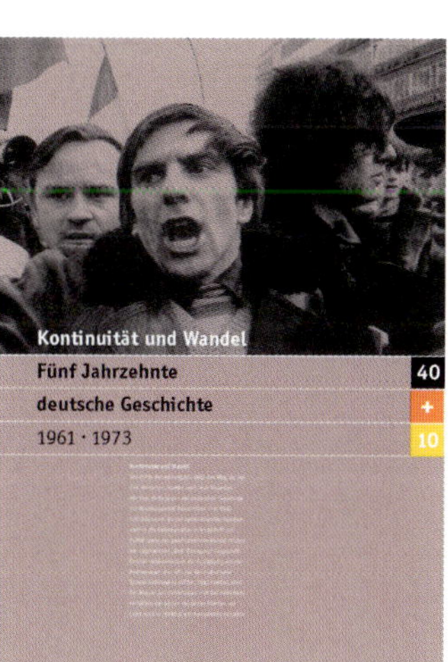

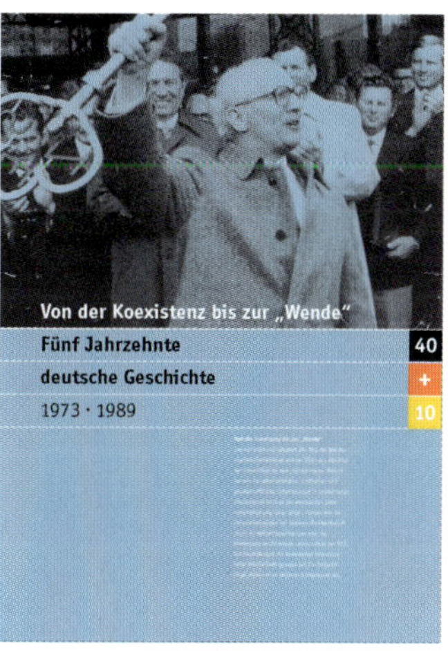

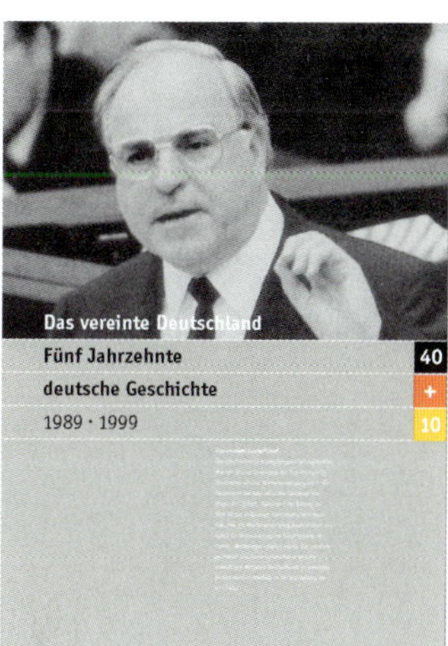

Birnbach Design

Studio für Konzeption
und visuelle Gestaltung

Geschäftsführung
Prof. Heribert Birnbach
(AGI, AGD, VGD)

Thomas-Mann-Straße 41
53111 Bonn
Telefon +49 (0)228/65 18 65
Telefax +49 (0)228/65 18 88
e-mail hb@birnbach-design.de

Heribert Birnbach gründete sein eigenes Designbüro 1988. Zuvor arbeitete er als Angestellter und Freelancer für Agenturen in Düsseldorf und Köln. Er studierte in Düsseldorf von 1979 bis 1982. Er erhielt zahlreiche nationale und internationale Preise und Auszeichnungen, seine Plakate sind in den Sammlungen deutscher Museen vertreten. Seit 1995 ist Heribert Birnbach Professor für Typografie und Grafik Design an der Bergischen Universität Wuppertal. Im Herbst 2000 erhielt er eine Berufung in die AGI Alliance Graphique International. Prof. Heribert Birnbach ist Mitglied in der AGD Allianz Deutscher Designer und dem VGD Verband der Grafik Designer.

Heribert Birnbach started his own design office in 1988. Prior to that he had worked for several years as an employee and freelance for agencies in Düsseldorf and Cologne after completing his studies in Düsseldorf (1979 to 1982). He has received numerous national and international awards and his posters feature in the collections of several German museums. Since 1995 Heribert Birnbach has been professor of typography and graphic design at the University of Wuppertal. In autumn 2000 he was elected to the Alliance Graphique International (AGI). Prof. Heribert Birnbach is a member of the Alliance of German Designers (AGD) and the Association of Graphic Designers (VGD).

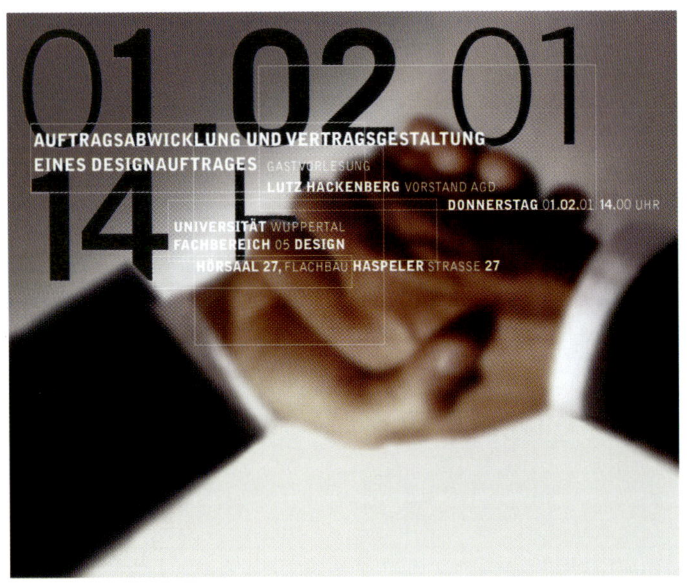

1

1 Plakat/*Poster* 01.02.01, 186 x 157 cm
Gastvorlesung von Lutz Hackenberg
Lecture by guest celebrity Lutz Hackenberg
2001.

2 drupa kinetisches Identifikationsprogramm
für die Druck- und Medienmesse drupa
Düsseldorf.
*drupa kinetic identification programme
for the drupa printing and media trade fair
Düsseldorf*
1999/2000.

3 Typografie in Film und Fernsehen, Plakat
DIN A 1, Gastvorlesung von Ralf Lobeck.
*A 1 format poster: Typography in Film and
TV. Lecture by guest celebrity Ralf Lobeck*
2000.

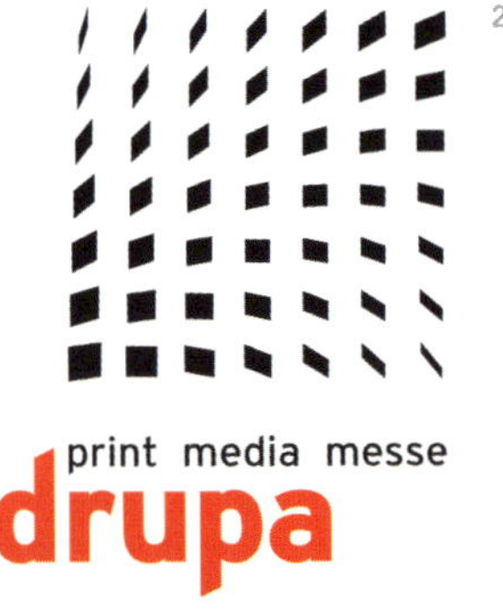

2

3

Ralf Lobeck
RTL Art Direction
Typografie
in Film
und Fernsehen
vom Stummfilm bis
ins 21. Jahrhundert
Gastvorlesung
10.11.2000
14.00 Uhr
Aula 1. Stock

BERGISCHE UNIVERSITÄT
GESAMTHOCHSCHULE WUPPERTAL
Studiengang Kommunikationsdesign
Haspeler Straße 27, 42285 Wuppertal

Dieter Blase

Atelier für Kommunikationsdesign

Dipl. Grafik und Foto Designer
Dieter Blase (BDG u.a.)

Sunnenbrink 21
48629 Metelen
Telefon +49 (0)2556/99 75 15
Telefax +49 (0)2556/99 75 16
e-mail grafikfotodesign@compuserve.de

Dieter Blase, geboren 1953 in Bremen, studierte Grafik- und Foto Design in Hannover und machte sein Diplom 1980. Seit 1986 ist er Inhaber eines Ateliers für Kommunikations Design und Buchgestaltung. Die Schwerpunkte sind komplexe Designlösungen aus einer Hand von der Gestaltungsidee bis zur Druckabnahme. Maßgeschneiderte Konzeptionen für den PR-Bereich (Industrie, öffentliche Institutionen) und für Buch- und Zeitschriften Verlage. Gestalterische und konzeptionsorientierte Fotografie. Realisierung auch umfangreicher Projekte, in allen heute zur Verfügung stehenden technischen Verfahren, in der Kooperation mit leistungsfähigen Partnern.

Born in Bremen in 1953, Dieter Blase studied graphic and photographic design in Hanover where he took a post-graduate degree in 1980. He started his own communication design and book design studio in 1986. The focus is on complex design solutions from a single source extending from the original idea to the printed product. Tailored concepts for PR (industry and public sector) and for book and periodical publishers. Design and concept oriented photography. Implementation of small or large-scale projects using all currently available technical processes in collaboration with highly professional partners.

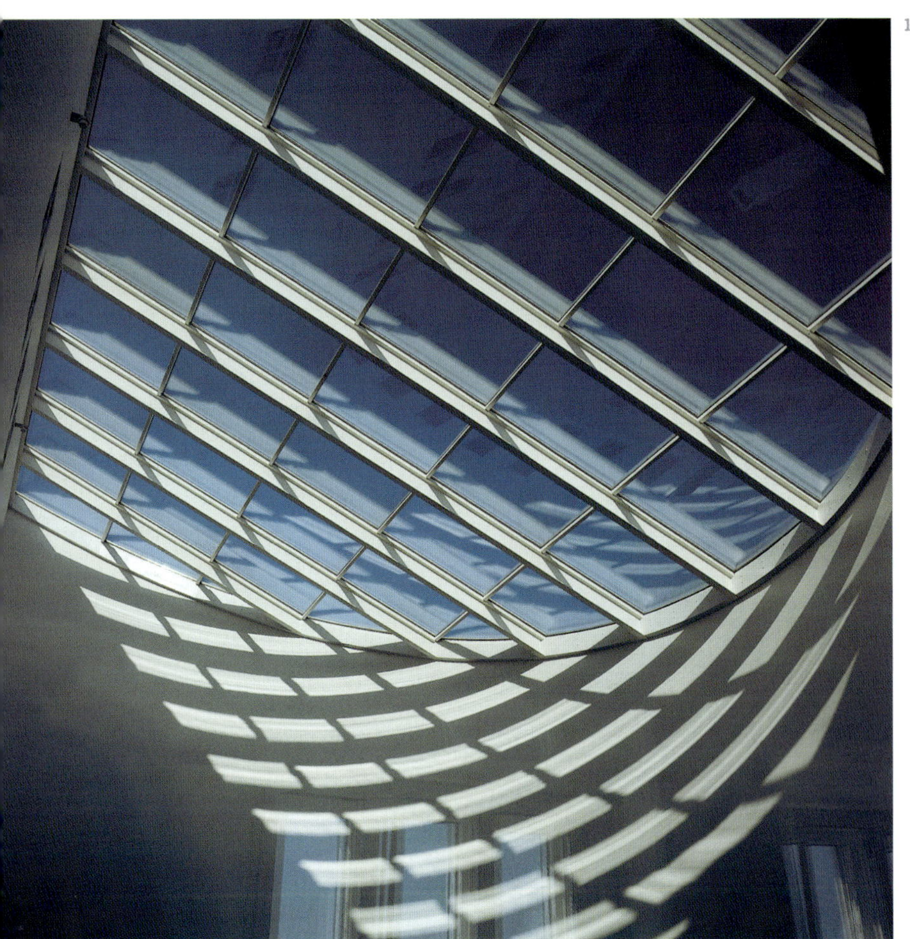

1

Referenzen/references: Buch- und Zeitschriftenverlage; Industrie und Dienstleistungsunternehmen, Institutionen der öffentlichen Hand u.a. ADAC Verlag, C. J. Bucher Verlag, Deutscher Fachverlag, ERCO Leuchten, Falke Strümpfe, Gräfe & Unzer Verlag, Landschaftsverband Westfalen-Lippe, Provinzial Versicherung Münster, Readers Digest Verlag, Schott Glaswerke Mainz, Stadt Münster, Westermann Verlagsgruppe.
Veröffentlichungen/publications: »Berlin«, Bildband mit Impressionen des Fotografen, Dieter Blase/Dieter Zimmerling, Westermann Verlag Braunschweig 1993; »Designer über Design«, Dieter Blase, Deutscher Fachverlag 1996; »Deutschland«, Großformatiger Bildband alle 16 Bundesländer, Dieter Blase/Dieter Zimmerling, Vehling Verlag 1992; »Erker«, Architektur Bildband, Klaus Pacht (Photografie Dieter Blase), Deutsche Verlagsanstalt; »Handbuch Kommunikationsdesign« – Berufspraxis, Dieter Blase/Sabine Zentek, av edition Ludwigsburg 2001 u.a.

1 Patio des Alfred Wegener
Patio of the Alfred Wegener
Institut für Polarforschung Bremerhaven
für/*for* Schott-Glaswerke Mainz.

2 Modernes Tanztheater Bildserie
Modern dance theatre Picture series
für/*for* Fachhochschulen Hannover.

3 ERCO Hauptverwaltung
Teil des Firmenportraits
ERCO headquarters.
Part of corporate portrait.
für/*for* ERCO Lüdenscheid.

3

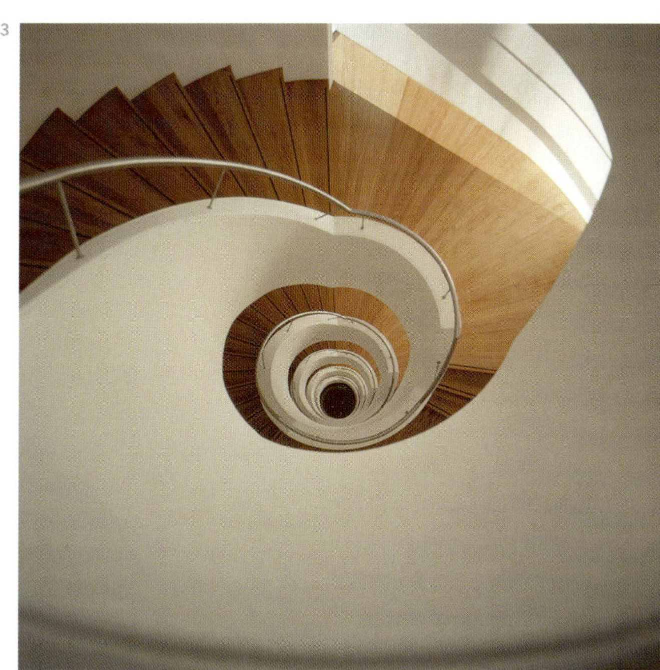

2

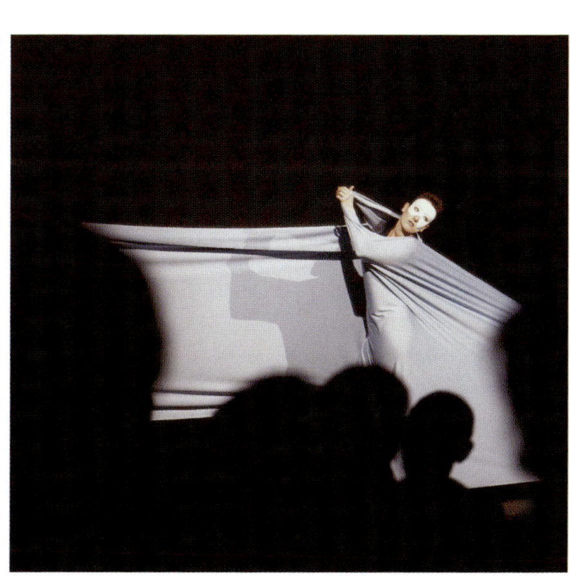

Lothar Böhm GmbH

Geschäftsführung
Lothar Böhm, Martina Kunert
Christine Lischka

Grosse Elbstraße 281
22767 Hamburg
Telefon +49 (0)40/39 10 08-0
Telefax +49 (0)40/39 10 08-44
e-mail de@boehm-design.com
internet www.boehm-design.com

Die Lothar Böhm GmbH wurde 1972 in Hamburg gegründet und ist darauf spezialisiert, Marken- und Verpackungsdesign für Consumer Brands zu entwickeln. Aktuell betreut Lothar Böhm über hundert Marken, national und international – von der Konzeption über Namensentwicklungen, Formdesign, Packaging bis zu weltweiten Branding Systemen. 2000 gründete Lothar Böhm eine Dependance in Warschau, eine der führenden Design-Agenturen in Osteuropa. Im Ranking der deutschen Packungsdesign-Agenturen belegt Lothar Böhm Platz 4. Seine Philosophie: »Die Kunst ist es, mit dem Bauch zu denken und mit dem Kopf zu fühlen«.

Established in Hamburg in 1972, Lothar Böhm GmbH specialises in developing consumer brand and packaging design. Lothar Böhm currently handles more than 100 brands nationally and internationally – from the original concept to the development of names, form design, packaging and global branding systems. In the year 2000 Lothar Böhm established a branch in Warsaw which now numbers among Eastern Europe's leading design agencies. Lothar Böhm holds 4th place in the German packaging design ranking list. His philosophy: "The trick is gut thinking and cerebral feeling".

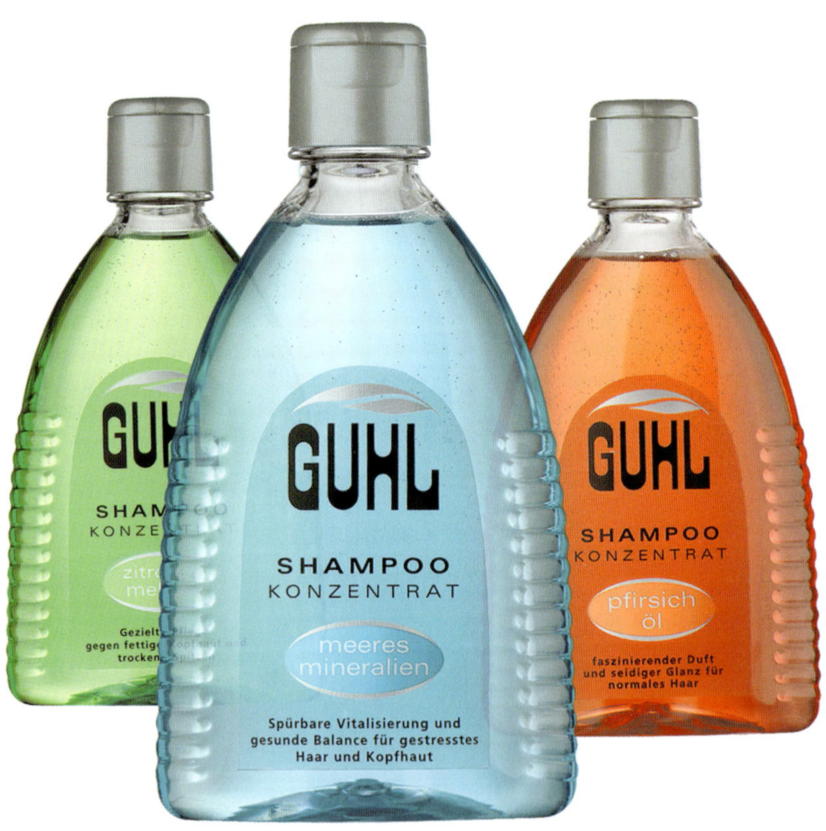

Die neue Generation des Markenklassikers. Lothar Böhm GmbH creierte 2001 den selbstbewußten Markenauftritt für die unverwechselbare Flasche.
New generation of the brand classic. Lothar Böhm GmbH created the bold brand image for the unmistakable bottle in 2001.

Die sensuale Ästhetik des Designs unterstützt den Mythos der Marke. Guhl steht für faszinierende Farben und hochwertigen Genuss.
The sensual aesthetics of design support the brand myth. Guhl stands for fascinating colours and high-level enjoyment.

Referenzen/rederences: Bayer, Bestfoods-Unilever, Bongrain, Guhl, Henkel, Johnson & Johnson, Nestlé, Reemtsma, Ritter Sport, Schöller, Schwartau, Schwarzkopf, Wella, Werner & Mertz.
Veröffentlichungen/publications: »Creating Brands: Die Arbeit an bestehenden Marken«, Copaco Dialog, Mai 2001; »Lothar Böhm steigert Umsatz um 33 Prozent«, Die Welt 12.3.2001; »Die Macht der Marke«, Verpackungs-Rundschau 8/2000; »Der Herr der Marken«, Morgenpost Hamburg 16.4.1998; »Die Macht der Marke«, Süddeutsche TV Filmbeitrag 2000.

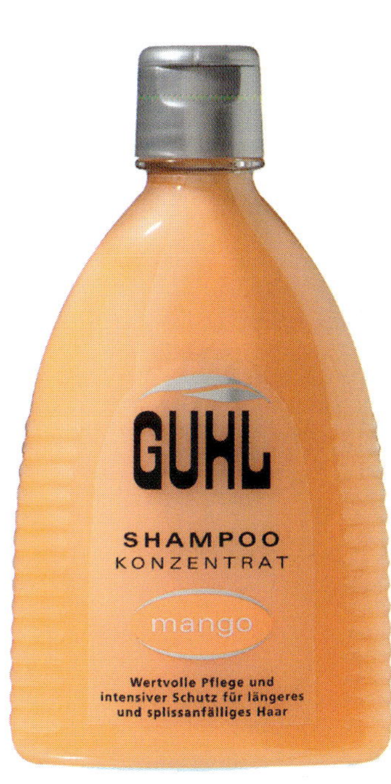

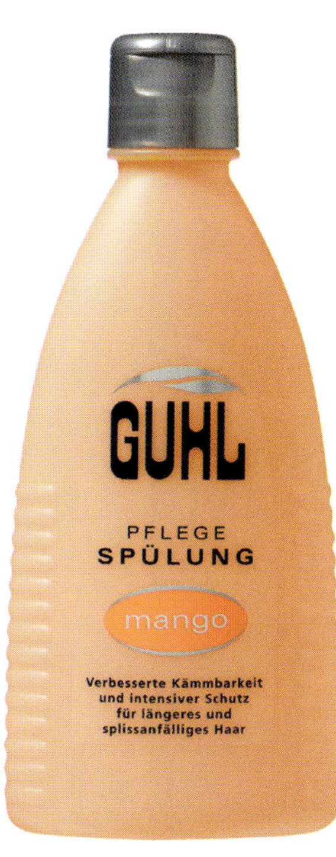

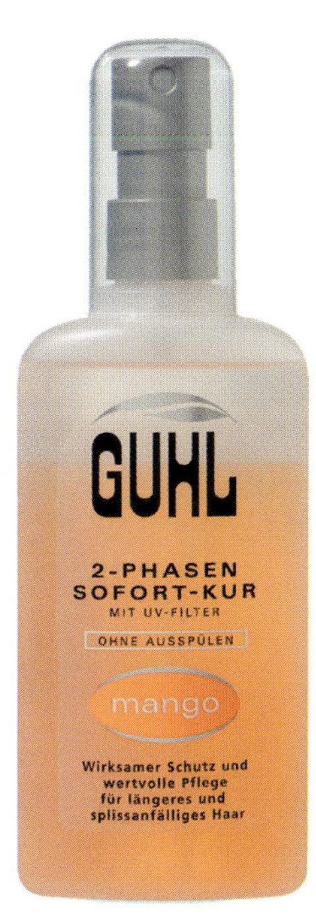

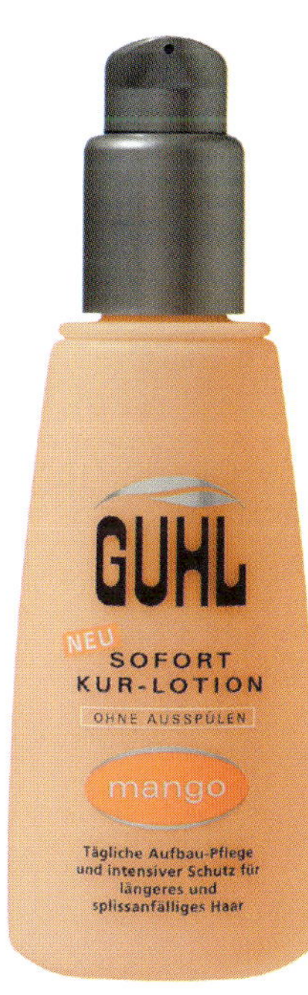

Brösske, Meyer & Ruf

Design-Agentur Düsseldorf

Geschäftsführung
Nick Meyer, Manfred Recklies
und Christa Stein

Adlerstraße 74
40211 Düsseldorf
Telefon +49 (0)211/17 97 0
Telefax +49 (0)211/17 97 111
e-mail infobmr@bmr-design.de
internet www.bmr-design.de

Brösske, Meyer & Ruf ist eine von Deutschlands erfolgreichsten Design-Agenturen mit zweiundzwanzig Jahren Erfahrung aus der Zusammenarbeit mit führenden Markenartikel- und Dienstleistungsunternehmen. Brösske, Meyer & Ruf entwickelt marketingorientierte Lösungen auf Basis des Full Service Design. Die spezifische Arbeitsmethodik macht ganzheitliche Markenbetreuung möglich. Problembewusstsein, Handlungssicherheit und zielgerichtete Kreativität sichern das Ergebnis: Markenqualität für Marken. Das Leistungsspektrum der Agentur umfasst neben Marken- und Packungsdesign auch Corporate Design, Laden Design und Form Design.

Brösske, Meyer & Ruf is one of Germany's most successful design agencies with 22 years experience of work with leading branded product and service companies Brösske, Meyer & Ruf develops market oriented solutions based on full-service design. The methodology employed facilitates holistic brand handling. Awareness of problems, decisive action and goal oriented creativity assure the result: branded quality for brands. In addition to brand and packaging design services include corporate design, shop design and form design.

1 Pril
Markenrelaunch, Verpackungsdesign.
Brand relaunch, packaging design.

2 Agfa Vista
Verpackungsdesign/*Packaging design.*

3 Dimix, Sixpack und Flasche
Markendesign, Verpackungsdesign.
Brand design, Packaging design.

4 Müller Milchreis
Markendesign, Verpackungsdesign.
Brand design, packaging design.

5 Mellona
Markendesign, Verpackungsdesign.
Brand design, packaging design.

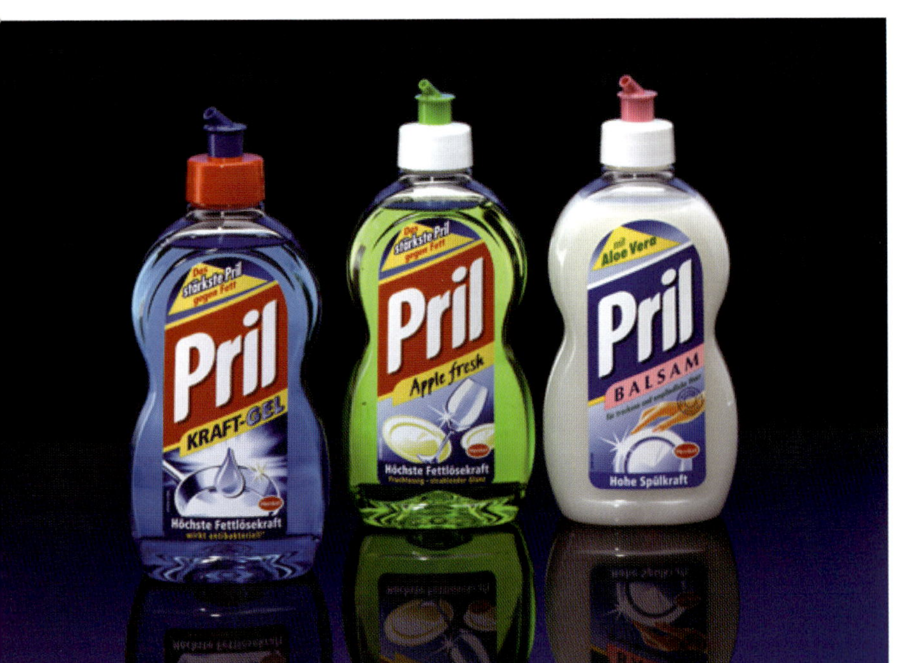

1

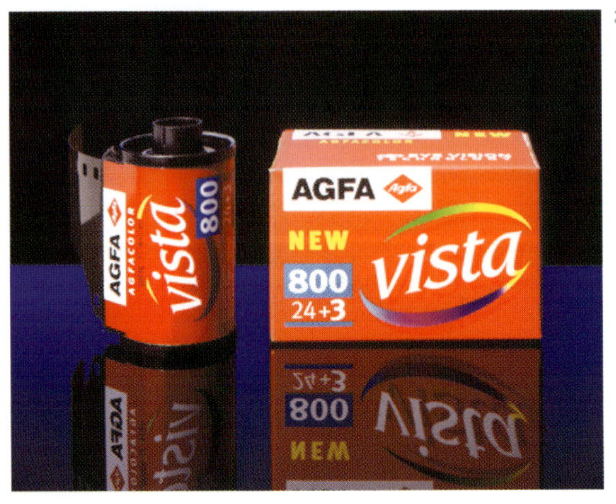

2

Referenzen/references: Agfa, Brandt, Bayer, Deutsche Post, Dr. Oetker, essanelle hair group, Henkel, Ihr Platz, Paul Hartmann, Privatbrauerei Diebels, Nestlé, Whitehall-Much.
Veröffentlichungen/publications: »Spezial: Markenmacher«, Wirtschaftswoche 8/2000; »Showroom«, Novum 7/2000; »Deutsche Standards«, NTV 3/2001.
Auszeichnungen/awards: Award of Excellence 1991, Euro Best 1991 (Zwack Minizwieback, Brandt); »Bemerkenswerte Arbeit«, Deutscher Verpackungsdesign-Wettbewerb 2000 (Spalt Liqua, Whitehall-Much); 2. Platz Golden Label Award, Brigl & Bergmeister, 2000 (Plato 13, Privatbrauerei Diebels).

3

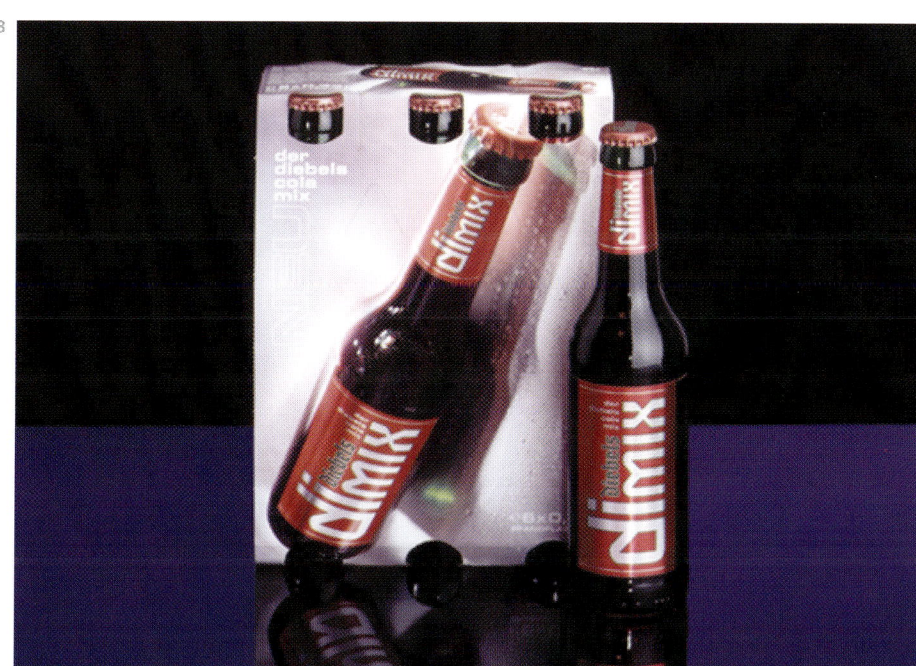

4

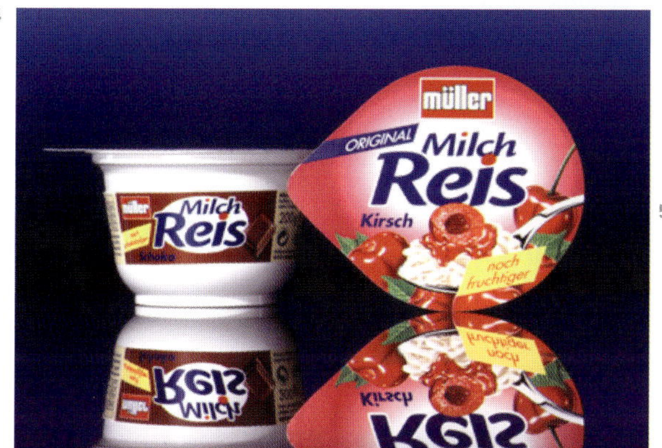

5

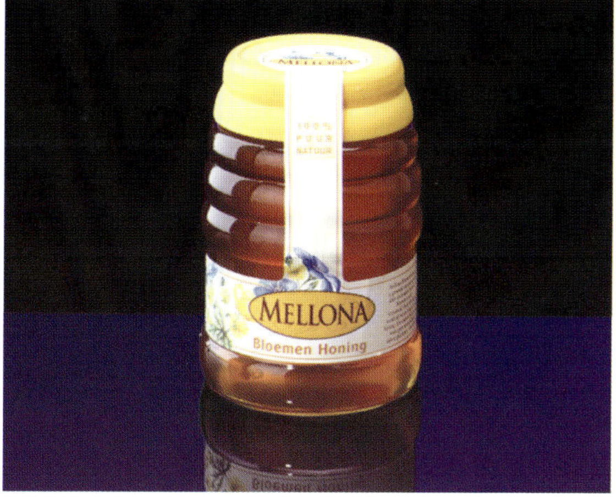

Büro für Gestaltung

Geschäftsführung
Christoph Burkardt (AGD)
Albrecht Hotz (AGD)

Domstraße 81
63067 Offenbach
Telefon +49 (0)69/88 14 24
Telefax +49 (0)69/88 14 23
e-mail mail@bfg-im-netz.de
internet www.bfg-im-netz.de

Das Büro für Gestaltung wurde 1991 von Christoph Burkardt und Albrecht Hotz gegründet. Ihr Arbeitsstil ist typografisch orientiert, eher reduziert, modern, aber nicht modisch. Nicht so sehr der werbliche, als eher der informativ-kommunikative Aspekt bestimmt die Arbeit. Die Arbeitsphilosophie: Form und Inhalt lassen sich nicht voneinander trennen. Gestaltung ohne zu Grunde liegendes Konzept ist Augenwischerei. Langfristige Konzepte und zeitgemäße Umsetzung – ohne zeitgeistig zu sein – die in Zusammenarbeit von Grafiker und Kunde entstehen, führen zu überzeugenden Lösungen. Arbeitsschwerpunkte sind Erscheinungsbilder, Publikationen, Plakate.

Büro für Gestaltung was established by Christoph Burkardt and Albrecht Hotz in 1991. Their style is typographically oriented, tending towards reduction, modern but not modish. The informative and communicative aspect predominates over the purely promotional. Their philosophy is that form and content are inseparable. Design without a fundamental concept is bound to be hollow. Long-term concepts and implementation in line with the times – without being trendy – resulting from close collaboration between graphic artists and clients lead to solutions that carry conviction. The main focus is on image, publications and posters.

1

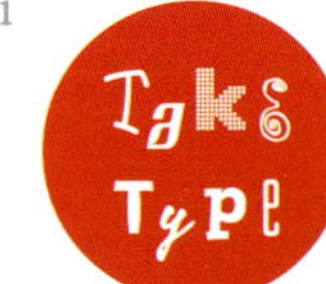

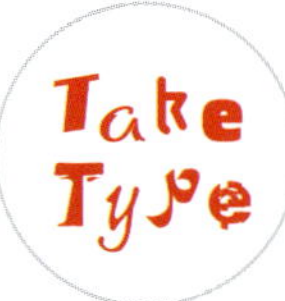

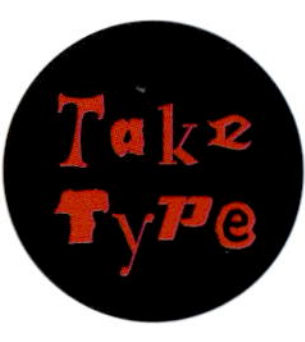

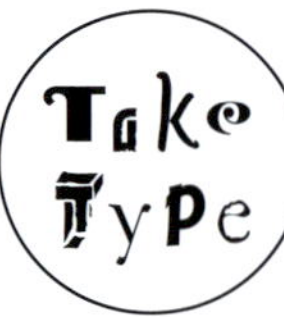

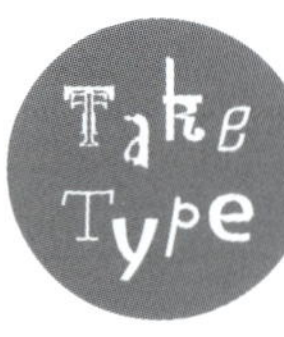

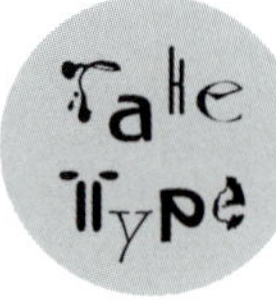

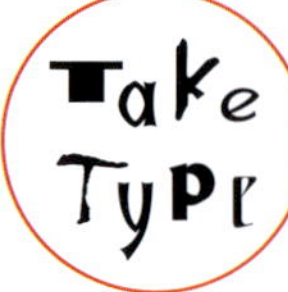

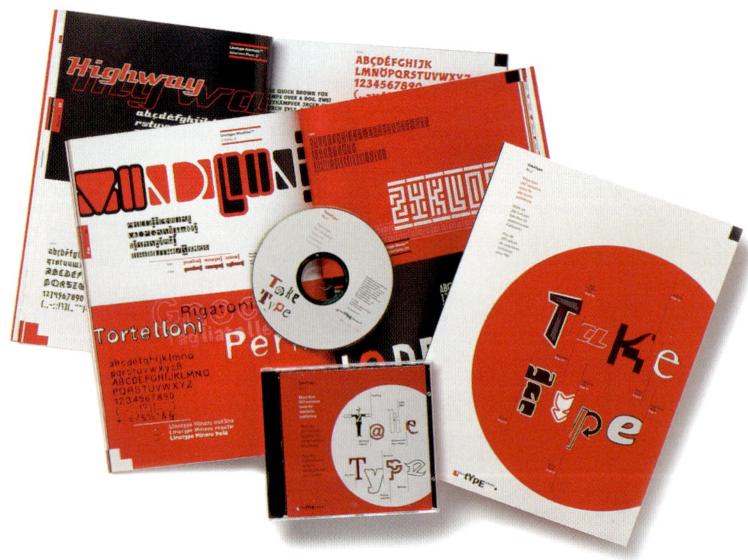

1 LinotypeLibrary 1998.

2 mak – Museum für Angewandte Kunst Frankfurt 2001.

3 Hessische Landesregierung (Wettbewerb) 2000.
State of Hessen government building (competition) 2000.

Referenzen/references: Stadt Frankfurt am Main; Hessisches Ministerium für Wissenschaft und Kunst; Auswärtiges Amt; MAK - Museum für Angewandte Kunst, Frankfurt am Main; BGAG Beteiligungsgesellschaft der Gewerkschaften; BHF-Bank; DG-Bank; Linotype Library; Verlag Form; Deutscher Fachverlag; Suhrkamp Verlag.
Auszeichnungen/Veröffentlichungen; awards/publications: Die Schönsten Bücher der Bundesrepublik Deutschland 1987; Typography Germany 1990; Die schönsten deutschen Bücher 1990; Robundo: International Typography Almanac 1991; Roter Punkt Design Zentrum Nordrhein Westfalen, Essen 1991; Robundo: International Typography Almanac 2, 1993; Deutscher Preis für Kommunikationsdesign, Design Zentrum Nordrhein Westfalen 1993; Plakat-Triennale Essen 1993; Deutscher Designer Club 1994; Die 100 besten Plakate des Jahres 1995; Die schönsten deutschen Bücher 1997; European Regional Design Annual 1998; Minimal Graphics 1999; European Regional Design Annual 2000; Small Graphics 2000; White Graphics 2001 u.a.

3

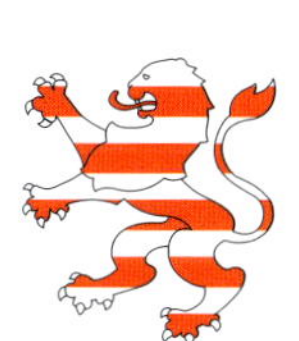

hessen

2

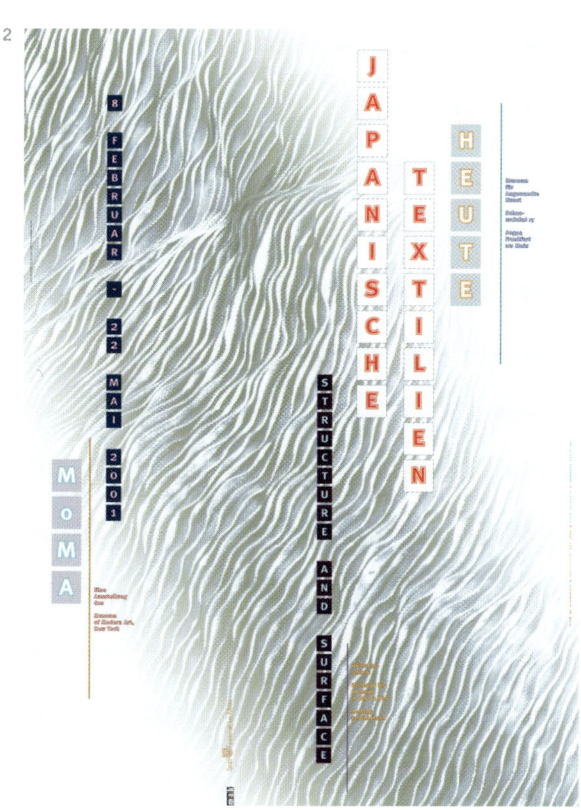

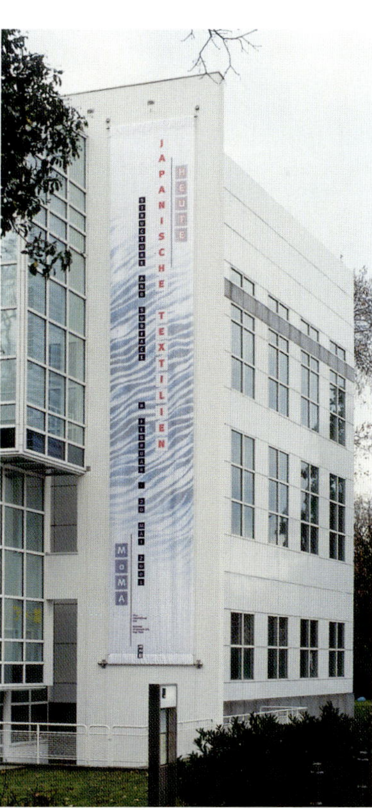

Büro für Gestaltung

Peter Schweizer

Friedenstraße 95
71636 Ludwigsburg
Telefon +49 (0)7141/44 25 0
Telefax +49 (0)7141/44 25 25
e-mail pschweizer
@buero-fuergestaltung.de
internet www.buero-fuer-gestaltung.de

> Multimedia Design S. 434

Das büro für gestaltung Ludwigsburg wurde 1993 von Peter Schweizer mit dem Ziel gegründet, medienübergreifende Kommunikationslösungen im B2B-Bereich zu schaffen. Für zahlreiche Kunden, vor allem aus technischen Bereichen, entwickelte das büro für gestaltung seit dieser Zeit Signets, Marken-, Print- und Onlinestrategien, Softwareoberflächen und E-Commerce-Lösungen. Mit dem Schwerpunkt auf strategisch konzeptioneller Beratung und Design werden in einem Netzwerk technisch orientierter Dienstleister auch komplexe e-Business-Lösungen realisiert.

The büro für gestaltung in Ludwigsburg was founded by Peter Schweizer in 1993 with the aim of creating multimedia communication solutions in the B2B area. Since then, the büro für gestaltung has developed signets, branding, print and online strategies, software interfaces and e-commerce solutions for numerous clients, above all from the engineering sector. With a focus on strategic conceptual consulting and design, complex e-business solutions are also created in a network of technically orientated service providers.

Referenzen/references: ACER, Acotec, Autronic, Businessmart, BUND, Blaupunkt, Bosch, CCP, DMC, Drescher, ETAS, FDP, Fuzzy Informatik, Gardena, Kiesel, Pixelpark, QA-Systems, Renz, Rinol, Simplyst, Tedas, T-Berkom, USU.
Veröffentlichungen/publications: »Fireworks 4 – von der Idee zur Realisierung«, Galileo Press 2001; »Tips & Tricks für Publisher«, Serie, seit 1995; PAGE, MacUp Verlag; »Der Fünfjahresplan«, Econy 04/1999.

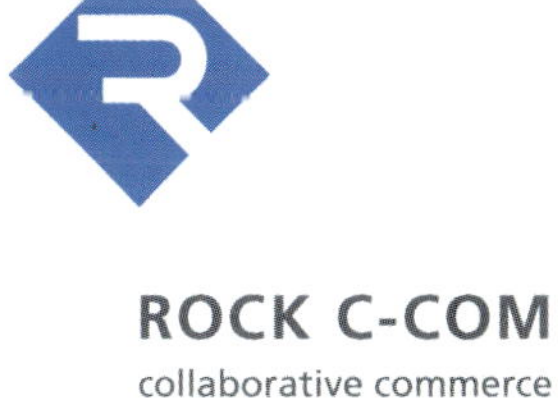

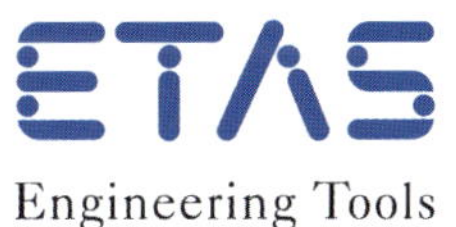

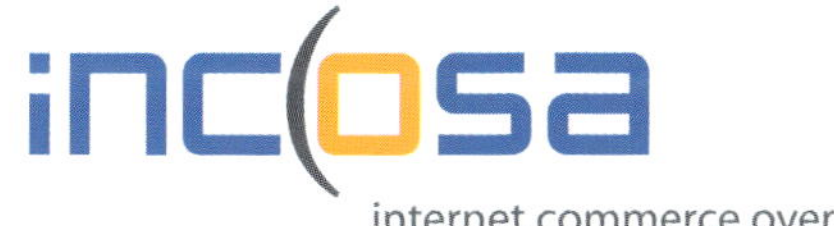

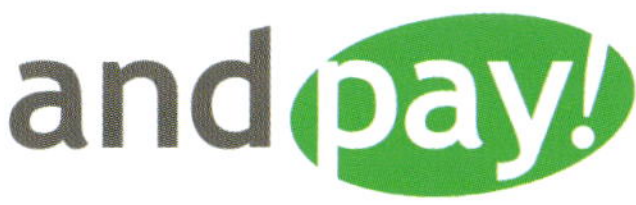

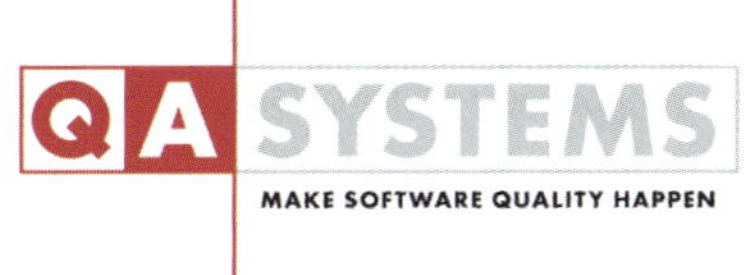

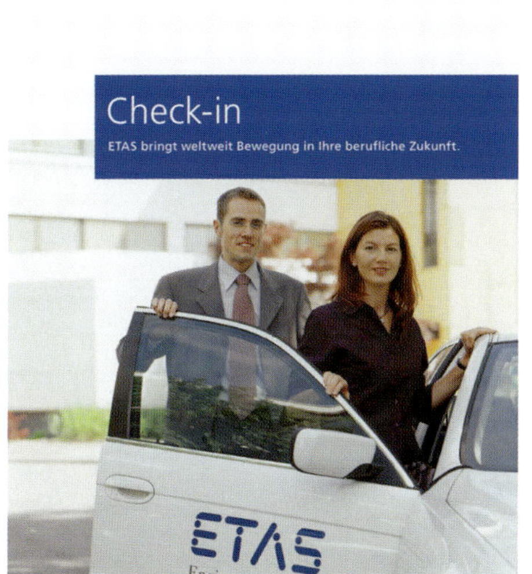

Verschiedene Logo- und Markenentwürfe 1999-2001:
Incosa internet commerce over satellite.
ROCK C-COM collaborative commerce.
and pay!
ETAS Engineering Tools.
corporate design:qa-systems 1999.

Büro Longjaloux GmbH

Geschäftsführung
Dirk Longjaloux, Ute Begemann
Petra aus dem Siepen

Warndtstraße 7
42285 Wuppertal
Telefon +49 (0)202/2 80 51 0
Telefax +49 (0)202/2 80 51 37
e-mail Buero_Longjaloux@t-online.de
Internet www.buero-longjaloux.de

Die Büro Longjaloux GmbH entstand im Januar 1999. Drei Partner und fünfzehn Mitarbeiter arbeiten hier im Bereich Visuelle Kommunikation. Es werden in kontinuierlicher Betreuung Corporate Design sowie Unternehmens- und Kommunikationskonzepte für Business to Business Kunden entwickelt. Wir entwerfen Imagebroschüren, Kataloge, Produktbroschüren, Zeitschriften, Anzeigen, Internetauftritte und Grafik für Messestände. Wir kooperieren mit Partnern aus den Bereichen Messebau, Architektur, Industrie Design, Fotografie und Marketing.

Büro Longjaloux GmbH was established in January 1999. Its three partners and staff of fifteen work on visual communication projects. Corporate design and communication concepts including B2B are developed and supported on an ongoing basis. We design image brochures, catalogues, product brochures, magazines, advertisements, websites and graphics for trade fair stands. We collaborate with partners in the fields of trade fair architecture, architecture, industrial design, photography and marketing.

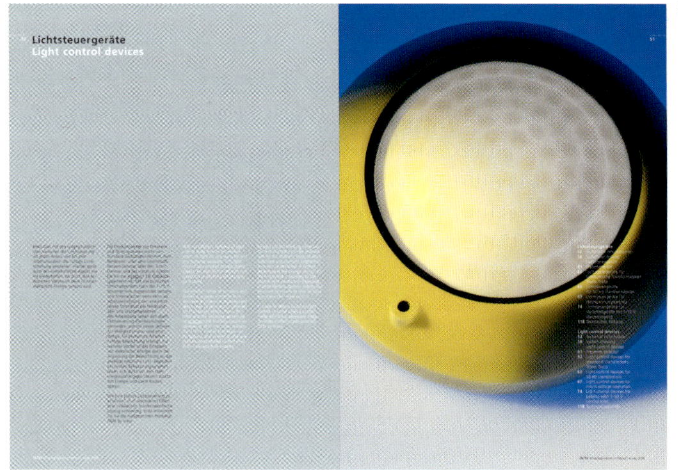

1

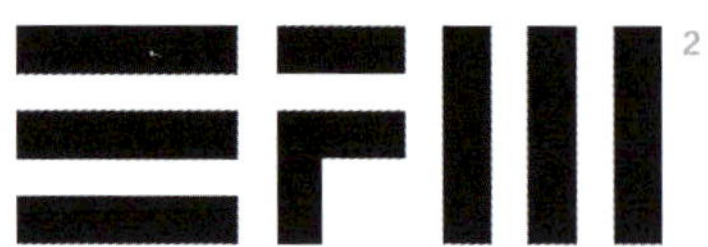

2

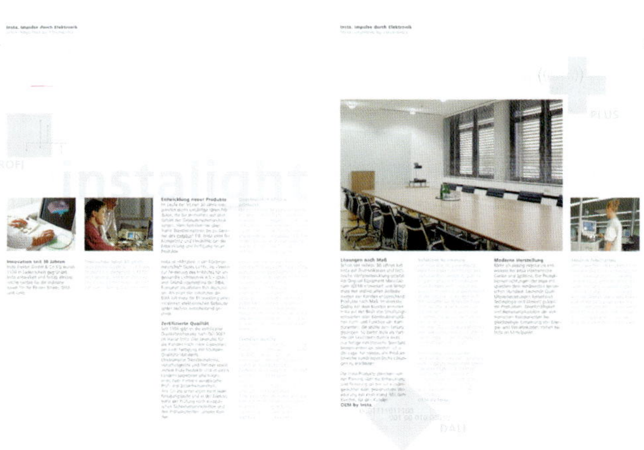

1 Neuheitenkatalog
novelty catalogue
INSTA.

2 Logo EFM
Metallbau GmbH.

3 Plakatserie zur Eröffnung der Spielzeit 2001/2002
Series of posters for the opening of the 2001/2002 season
Wuppertaler Bühnen.

Referenzen/references: ACE Brasilien; bau art; Born Verlag GmbH; DB Autozug GmbH; EFM GmbH; Elan Schaltelemente GmbH & Co. KG; EMKA Beschlagteile GmbH & Co. KG; GEWA Druck; GEZE GmbH & Co. KG; GKD Grafische Kunstanstalt Rheinberger; IMK Druckguss; Insta Elektro GmbH & Co KG; Lenzner; meltec Maschinen GmbH & Co. KG; Moeller GmbH; Orthmann Weine GmbH; Reckendrees GmbH; SCHELL GmbH & Co. KG; K.A. Schmersal GmbH & Co.; Prof. Elke Seeger; SCHOTT Glas; Sekretariat für gemeinsame Kulturarbeit NRW; Spin Up; Staats GmbH; Stadt Wuppertal; steute Schaltgeräte GmbH & Co. KG; steute Medizintechnik; Ueberholz GmbH; VDI Bergischer Bezirksverein; Von der Heydt Museum; Westfalia Landtechnik GmbH; Wings of Design; Wuppertaler Bühnen GmbH.
Auszeichnungen/awards: Roter Punkt für Hohe Designqualität, Design Innovationen, Design Zentrum Nordrhein Westfalen, Essen 1999 (K. A. Schmersal GmbH & Co. Gesamtkatalog); DDC Deutscher Designer Club, Vernetzung verschiedener Medien und Disziplinen, Finalist 1999 (SCHELL GmbH & KG, elektronische Waschtischarmatur PURIS).

3

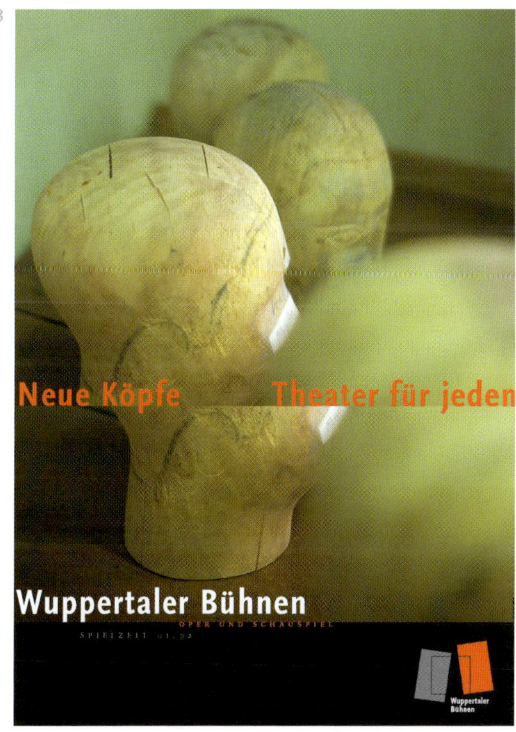

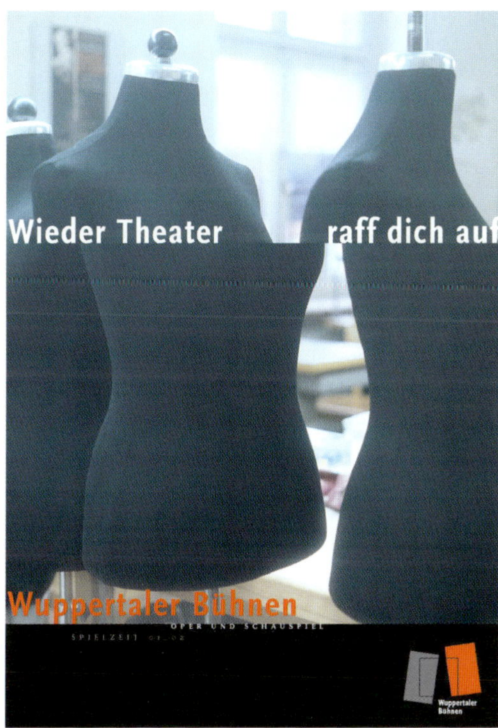

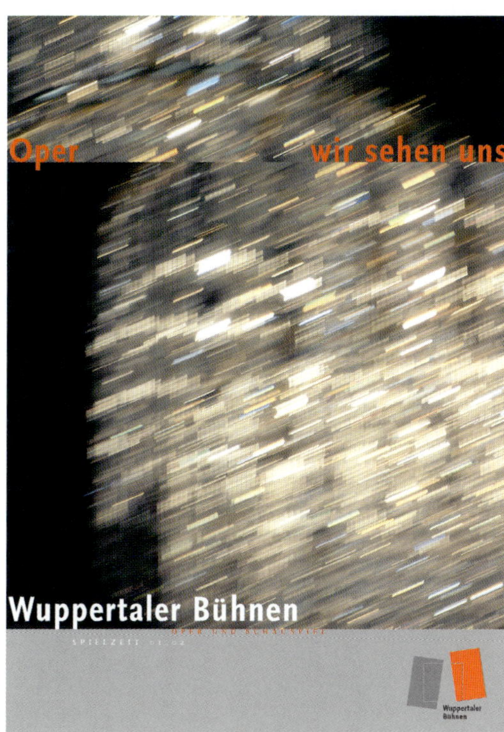

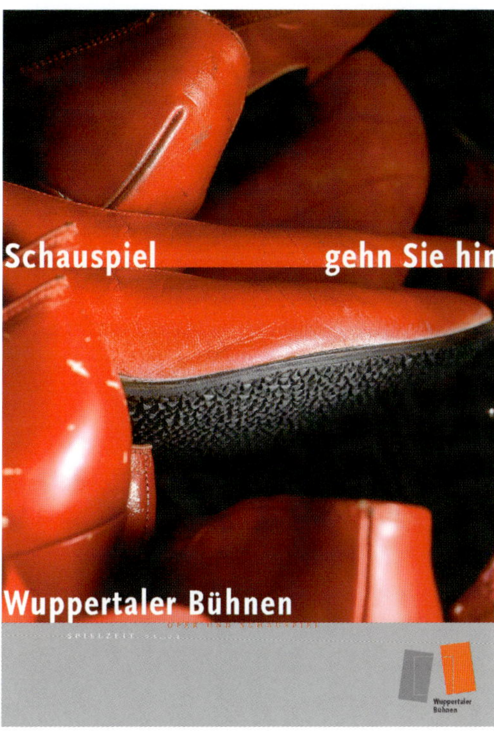

Büro X Kommunikation GmbH

Mönckebergstraße 10
20095 Hamburg
Telefon +49 (0)40/44 80 40 0
Telefax +49 (0)40/44 80 40 44
e-mail info@buerox.de
internet www.buerox.de

> Advertising S. 464

Büro X ist eine stilprägende CI- und CD-Agentur. Und eine Marketing- und Werbeagentur. Büro X entwickelt innovative Lösungen für die übergreifende Kommunikation von Marken und Unternehmen. Above-the-line, below-the-line und online. Büro X hat zweiundzwanzig feste Mitarbeiter, ist inhabergeführt und unabhängig. Büro X bewegt Menschen und Marken, aktuell z.B. Digital Radio, IHK, Kindernothilfe, Münchener Rück. Büro X arbeitet im Netzwerk mit Architekten, documenta-Künstlern, GFMO (Media), Journalisten, Leipziger & Partner (PR), nivel_4 (new media consulting) u.a.

Büro X is a style-setting CI and CD agency. And a marketing and advertising agency. Büro X develops innovative solutions for the overall communication of brands and companies. Above-the-line, below-the-line and online. Büro X has a permanent staff of 22, is owner-managed and independent. Büro X moves people and brands: current examples are Digital Radio, Chamber of Commerce, Save the Children, Münchener Rück. Büro X networks with architects, documenta artists, GFMO (media), journalists, Leipziger & Partner (PR), nivel_4 (new media consulting) and many others.

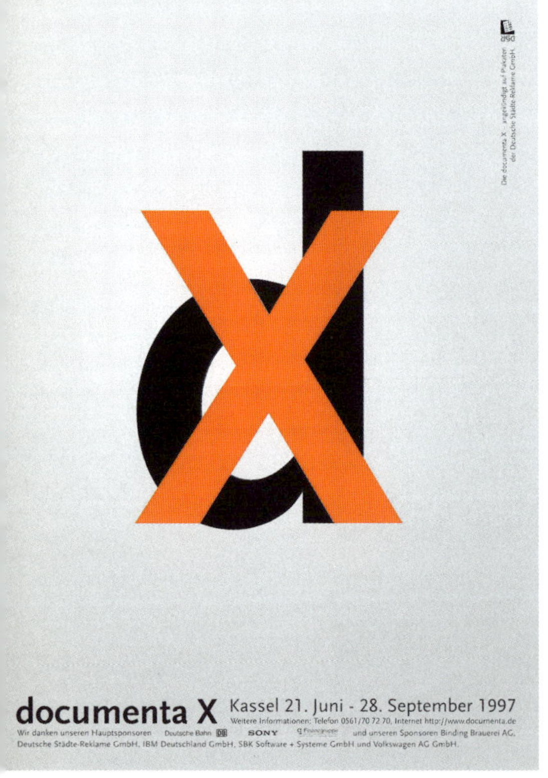

1

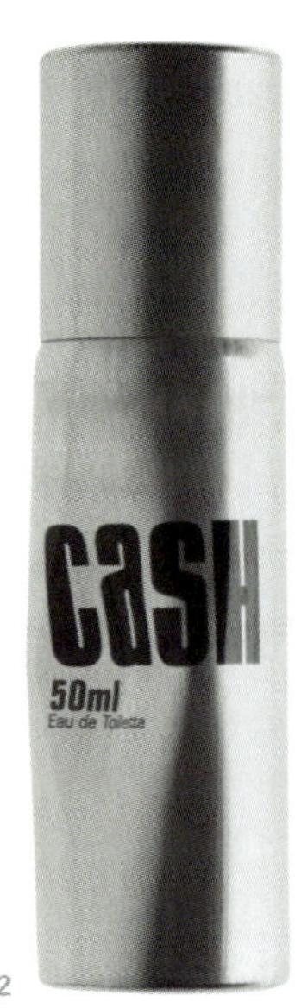

2

1 documenta X Logo, Corporate Design
Corporate design, logo.

2 Cash: Der Duft des Geldes. Entwicklung, Packungsdesign
Cash: The Scent of Money. Development and packaging design.

3 Sabotage PutInOut – finest Tunes from St. Petersburg. Gestaltung der CD
Design for the CD.

4 IHK/DIHK. Neues Logo und Design der IHK-Organisation, Intranetlösung zur Implementierung/*New logo and design for the Chambers of Commerce organisation, Intranet solution for implementation.*

Referenzen/references: ASS Einrichtungssysteme, Bertelsmann, Britta Steilmann, Burda, DaimlerChrysler, Das Erste (ARD), Deutsche Börse, Deutsche AIDS-Hilfe, Deutscher Ring, Die Woche, documenta 10 (dX), FC Univers, flatfox.de, Hallhuber, Hamburger Hof, hk24.de, Hoffmann & Campe, JET Conoco, kitekat, M.M.Warburg&CO, petra, Rothmans (Lord), RTL, Sabotage Communications, stilwerk, Universal Music.
Auszeichnungen/awards: Büro X macht ausgezeichnete Arbeit: ADC New York, Europe, Deutschland, Österreich und bei rund 30 anderen Wettbewerben (www.buerox.de/Ruhm und Ehre).
Büro X is a winner: awards from ADC New York, Europe, Germany, Austria and some 30 other competitions (www.buerox.de/Ruhm und Ehre).

3

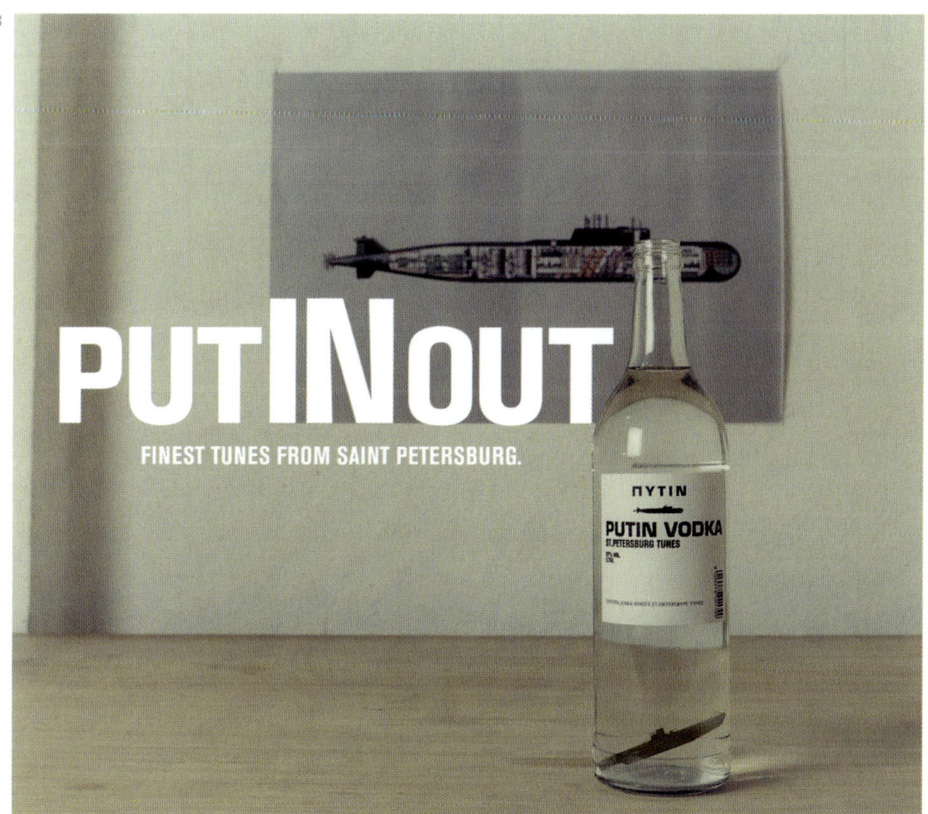

4

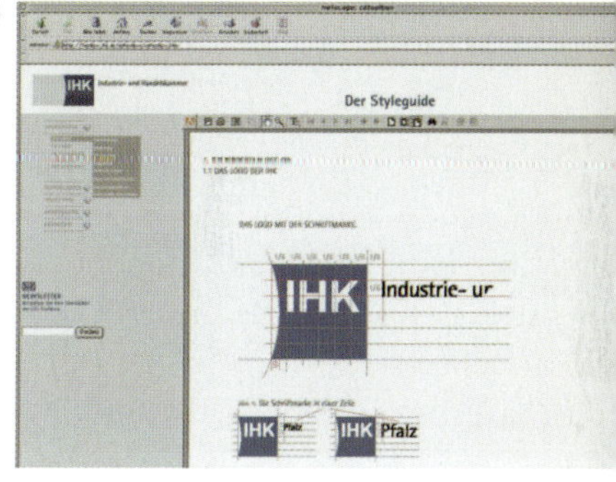

Buttgereit und Heidenreich

Strategie. Kommunikation. Design.

Geschäftsführung
Michael Buttgereit (AGD)
Wolfram S. C. Heidenreich (AGD)

Turmstraße 34
45721 Haltern am See
Telefon +49 (0)2364/93 80 0
Telefax +49 (0)2364/93 80 19
e-mail mail@b-und-h.de
internet www.b-und-h.de und www.7-k.de

Michael Buttgereit und Wolfram S. C. Heidenreich studierten Kommunikationsdesign an der Universität Wuppertal und hatten zunächst eigene Studios. Die erfolgreiche Zusammenarbeit führte im Sommer 1992 zu einer Firmenfusion. Arbeitsschwerpunkte sind Strategieentwicklung, Unternehmenskommunikation, Corporate Design, Editorial Design, Packaging und Corporate Web. Viele erfolgreiche Arbeiten finden sich auch in den Bereichen Image-Broschüren, Kataloggestaltung und Zeitschriftendesign. 1997 und 1999 bescheinigte die Zeitschrift Horizont Buttgereit und Heidenreich in einem nationalen CI-Agentur-Ranking von über 600 Agenturen einen Platz unter den Top 30.

Michael Buttgereit and Wolfram S. C. Heidenreich studied communication design at the University of Wuppertal and subsequently each established their own studios. After working together successfully, they merged in Summer 1992. The main focus is on strategy development, corporate communication, corporate design, editorial design, packaging and corporate websites with additional successful work in the fields of image brochures and catalogue and magazine design. In 1997 and 1999 Buttgereit and Heidenreich were placed in the top 30 in Horizont magazine's nation-wide ranking of more than 600 CI agencies.

1 2 3

Referenzen/references: AZ Bertelsmann, Caritas, Haufe-Verlagsgruppe, Koan Float Technologies, mono-Tischkultur, Ruhrgas AG, Bausparkasse Schwäbisch Hall, tempus-Zeitplansysteme, TÜV Rheinland, VNR-Verlag.
Veröffentlichungen/publications: The best of brochure design 4; Graphis Bottle Design; Creativity 27; Graphis Design; Form; Print, European Regional Design Annual; novum; Calendar Design + Graphics; Graphis Letterhead.
Auszeichnungen/awards: Certificate of Design Excellence, European Regional Design Annual; World Calender Award, Calendar World Association; Award of Distinction, Creativity 27.

4 5 6

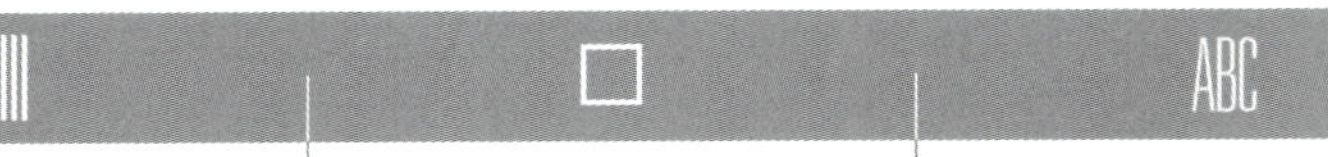

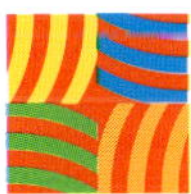

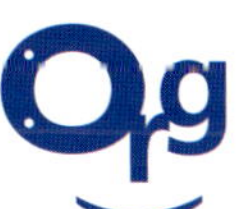

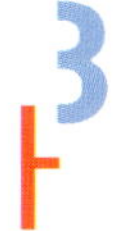

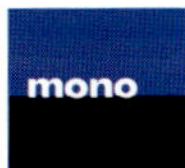

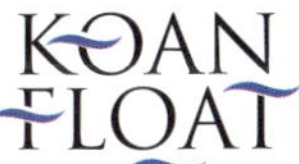

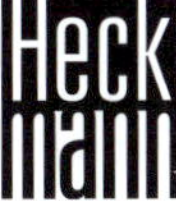

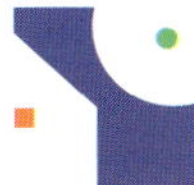

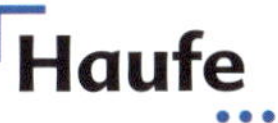

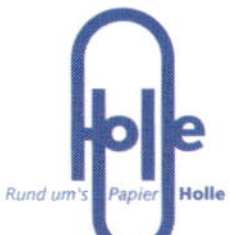

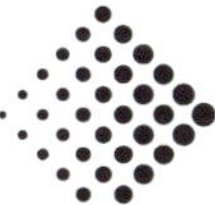

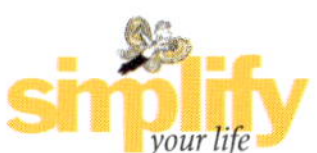

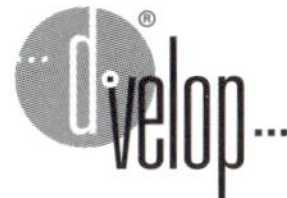

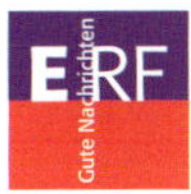

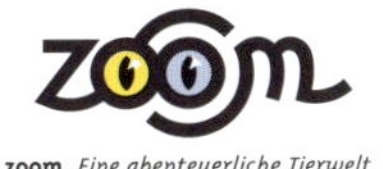

1 Familieninitiative/*Family initiative*, Optikfachhändler/*Optician*, Großhandel/*Wholesale*, Elektroinstallationen/*Electrical installations*, www.7-k.de/*www.7-k.de*

2 Regionale Initiative des Landes NRW/*Region initiative by the state of NRW*, Musikfestival/*Music festival*, Landwirtschaftlicher Selbstvermarkter/*Agricultural marketing*, Vocal-Ensemble/*Vocal ensemble*, Privathotel/*Private hotel*

3 Landeskirche/*State church*, Hoffnungszeichen/*Sign of hope*, Studien- und Lebensgemeinschaft Tabor/*Tabor study and residence community*, Argus Zutrittskontrollsysteme/*Argus access control systems*, Diakonissen-Mutterhaus/*Deaconesses' ministry center*

4 Jubiläumssignet/*Anniversary logo*, www.b-und-h.de/*www.b-und-h.de*, Herrenmode/*Men's fashion*, Papeterie/*Stationer's*, Software-Entwickler/*Software developer*

5 Markisen-Fachhandel/*Awning and blind store*, Tischkultur/*Tableware*, Institut für Umweltplanung/*Institute for Environmental Planning*, Institut für Kommunikation und Gesellschaft/*Institute for Communication and Society*, Rundfunk- und Fernsehsender/*Radio and television station*

6 Organisationsberater/*Organisation consultant*, Float and Massage Center/*Float and Massage Center*, Wirtschafts-Fachverlag/*Business publisher*, Beratungsdienst/*Consultancy service*, Zoo-Park/*Zoo park*

Carrots AG

Corporate Communications

Kölner Straße 259
51149 Köln
Telefon +49 (0)2203/18 91 00
Telefax +49 (0)2203/18 91 99
e-mail info@carrots.de
Internet www.carrots.de

Carrots, die Spezialisten für Corporate Communications bieten kreative Kommunikationskonzepte zur erfolgreichen Positionierung Ihrer Unternehmensmarke. Beratungsbereiche sind Branding, Reporting, Financial Events, Financial Media Relations, Online Services. Die Schwerpunkte von Carrots sind Positionierung, Branding, Reporting, Geschäftsberichte, Review und Optimierung von Businessplänen, PR-/IR-Strategien, Pressekontakte, -konferenzen, Hauptversammlungen, Veranstaltungen für Investoren und Analysten, Coaching Vorstände, Projekt-/Prozessmanagement, Roadshows, Corporate-/IR-Websites, Consulting, Optimierung IR-Infrastruktur, Online Tools für IR-Manager.

Carrots, the specialists for corporate communications, provides creative communication concepts to successfully position your corporate brand. Our consulting services include branding, reporting, financial events, financial media relations and online services. The main focus is on positioning, branding, reporting, corporate reports, review and optimisation of business plans, PR and IR strategies, press relations and conferences, annual general meetings, events for investors and analysts, coaching for directors, project process management, roadshows, corporate IR websites, consulting, optimisation of IR infrastructure, online tools for IR managers.

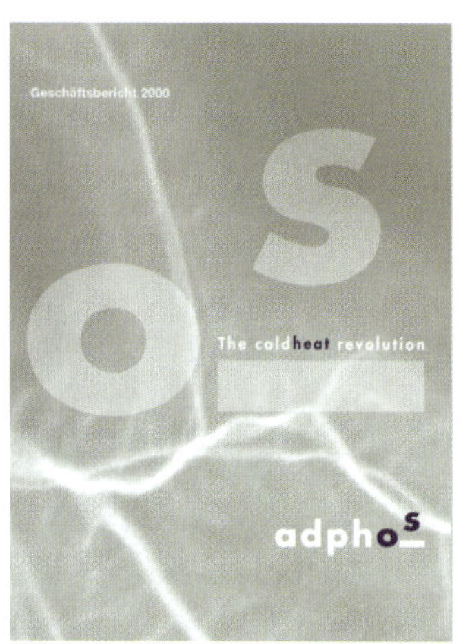

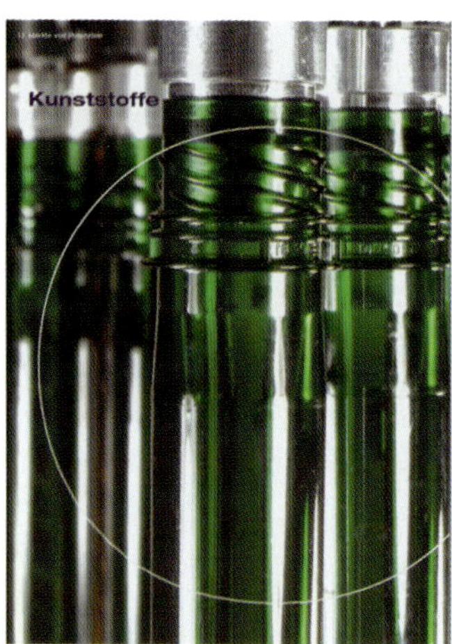

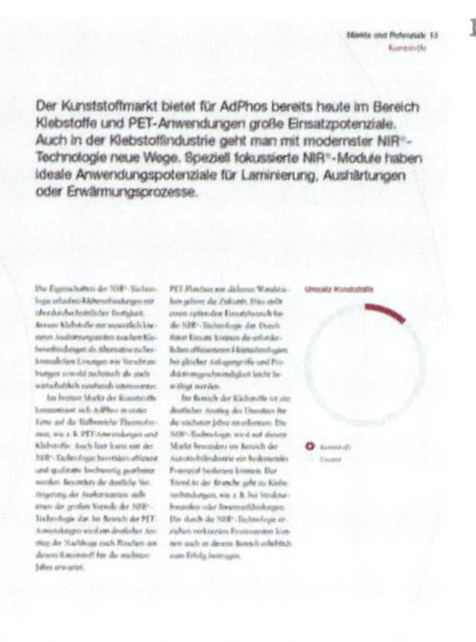
Der Kunststoffmarkt bietet für AdPhos bereits heute im Bereich Klebstoffe und PET-Anwendungen große Einsatzpotenziale. Auch in der Klebstoffindustrie geht man mit modernster NIR®-Technologie neue Wege. Speziell fokussierte NIR®-Module haben ideale Anwendungspotenziale für Laminierung, Aushärtungen oder Erwärmungsprozesse.

1

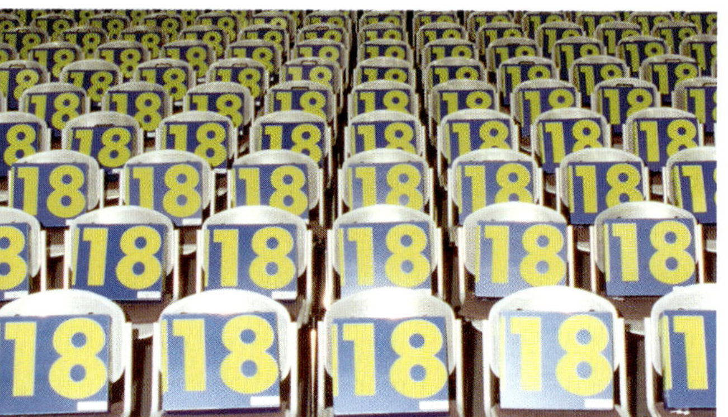

2

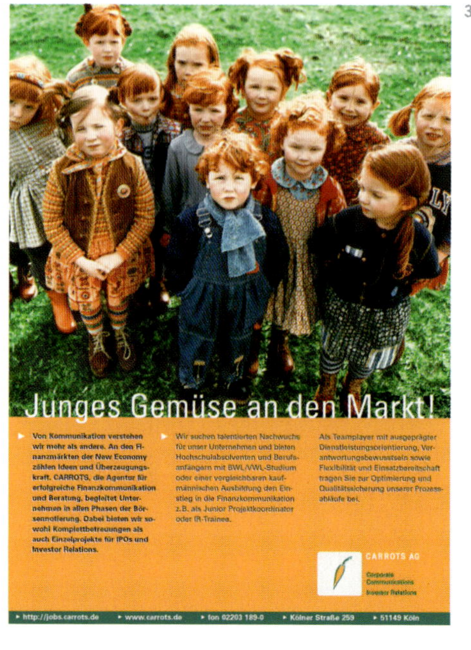

3

Referenzen/references: Adphos AG, AKB Bank AG, Amadeus AG, Cycos AG, GAP AG, IBS AG, Jenoptik AG, Merill Lynch, PlasmaSelect AG, plenum AG, PiroNet AG, Prout AG, Rational AG, Schmitz Cargobull AG, Dr. Scheller Cosmetics AG, sunways AG, SÜSS Micro AG, telegate AG.
Veröffentlichungen/publications: Jens Krahe, »Business muss auch sexy sein«, Welt am Sonntag 04.02.2001; Brigitte Läpper-Röhricht, »Masse statt Klasse«, CAPITAL 10/2000; Dirk Röhricht, »Risikofaktor Call-Center«, W&V, Nr. 35/2000; Brigitte Läpper-Röhricht, »Ende der Verschwiegenheit«, CAPITAL 10/1999.
Auszeichnungen/awards: Bronze-Medaille Kommunikationsverband CI/CD (Plenum AG), Bonn 1998; Bronze-Medaille Kommunikationsverband CI/CD, (PROUT AG), Bonn 1999; CAPITAL Investor-Relations-Preis 1997, beste Präsentationsqualität der MDAX-Werte; CAPITAL Investor-Relations-Preis 1997, 2. Platz Unternehmenstransparenz.

4

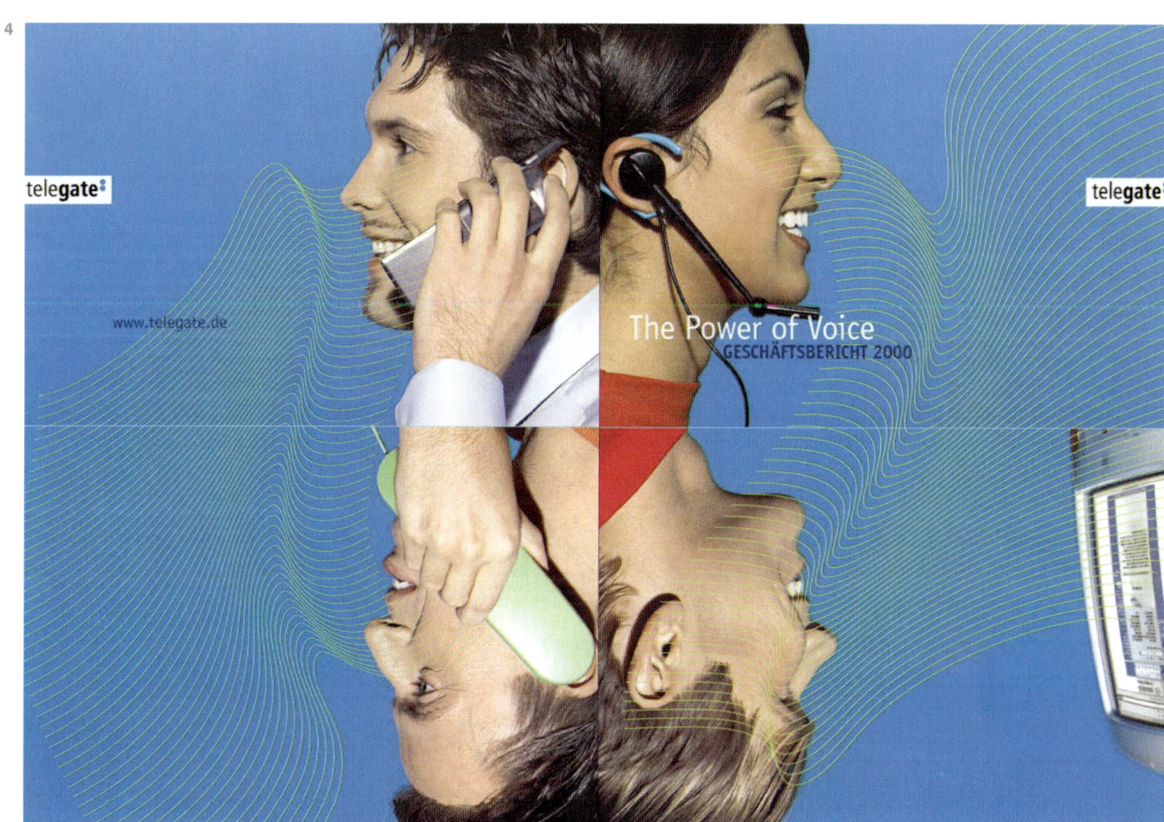

1 Geschäftsbericht
Annual report
Adphos AG 2000.

2 Telegate AG, ordentliche Hauptversammlung 2001, Ausgestaltung der Räumlichkeiten.
Interior design for the Telegate AG annual general meeting 2001.

3 Image Anzeige/*Image advertisement*
Carrots AG, 2001.

4 Geschäftsbericht
Annual report
Telegate AG 1999.

causa formalis informationsdesign

Agentur für
Unternehmenskommunikation

Brüsseler Platz 15
50674 Köln
Telefon +49 (0)221/9 52 26 00
Telefax +49 (0)221/9 52 26 05
e-mail info@causa-formalis.de
internet www.causa-formalis.de

causa formalis informationsdesign wurde 1996 in Köln gegründet und betreut seitdem Unternehmen in den Bereichen Unternehmens- und Finanzkommunikation, Corporate Design, Design Management, elektronische Kommunikationsmedien. »causa formalis« bezeichnet, frei nach Aristoteles, den »wirklichkeitsverleihenden Faktor«. Unter diesem Namen engagiert sich causa formalis für die Entwicklung adäquater Designlösungen. causa formalis unterstützt seine Klienten in der Identitätsentwicklung mit dem Ziel, maßgeschneiderte und wirksame Kommunikationsstrategien für eine effektive und erfolgreiche Positionierung zu entwickeln.

causa formalis informationsdesign was established in Cologne in 1996 and has since then handled corporate and financial communication, corporate design, design management and electronic communication media for trade and industry. Freely adapted from Aristotle, "causa formalis" denotes the "factor that lends reality". The firm's commitment is to sound design solutions. causa formalis supports its clients in the development of an identity with the aim of developing customised and effective communication strategies for effective and successful positioning on the market.

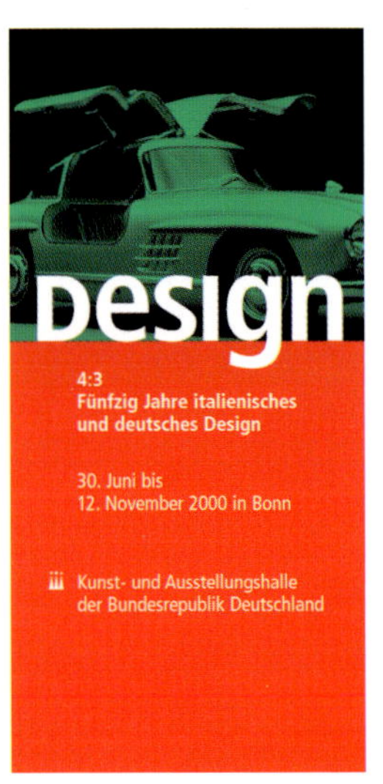

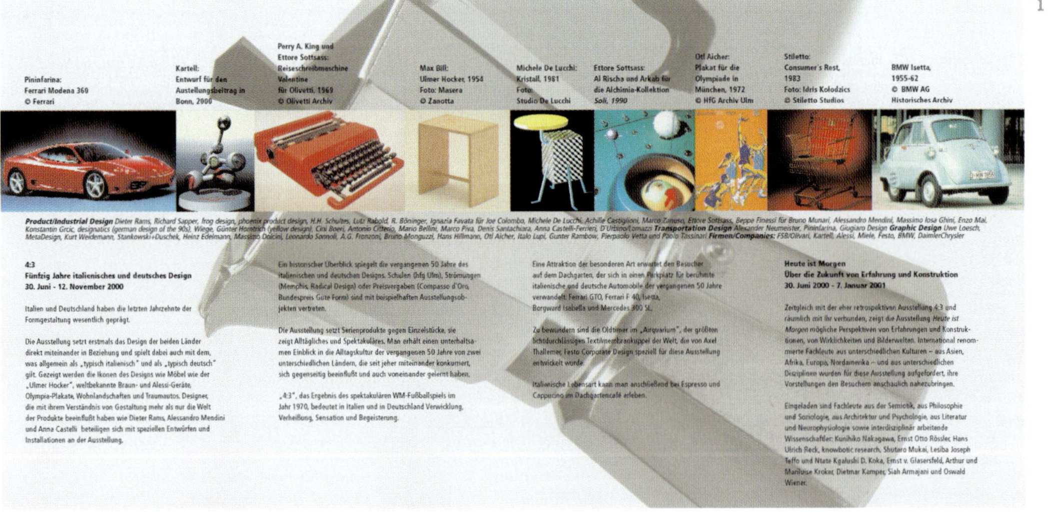

1

Referenzen/references: Kontakt Systeme AG, Schweiz; Hansa Mare Reederei GmbH & Co. KG, Bremen; Hanseatic Lloyd Reederei GmbH & Co. KG, Bremen; PublishersMarket AG, München; Fachhochschule Bonn-Rhein-Sieg, Sankt Augustin; HVBG Hauptverband der gewerblichen Berufsgenossenschaften, Sankt Augustin; InterNationes e. V.; Mittlerorganisation des Auswärtigen Amtes, Bonn; Kunst- und Ausstellungshalle der BRD, Bonn; Deutsche Kinderkrebsstiftung, Bonn; Stadt Köln; Stadt Düren.
Veröffentlichungen/publications: Mnemotechnik bei grafischen Interfaces, formdiskurs 02.01.1997; »Szenenwechsel-German Design goes Rocky Mountains High«, Design Zentrum München, form Verlag 1997; »Interfacedesign – Schöne neue Welt«, GHS Essen 1997; »Principles of Interfacedesign«, International Software Design Congress, Campina Grande/Brasilien 1998; »Nutzung elektronischer Medien im hochschulischen Kontekt«, Vortrag Universität Frankfurt 1999.

2

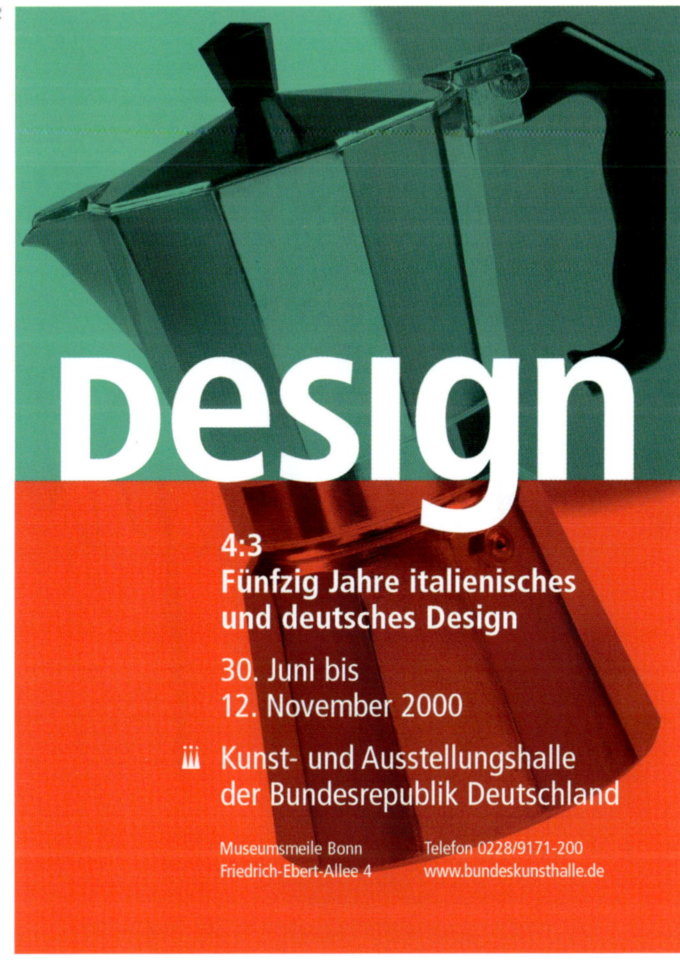

1 Leporello: Erscheinungsbild der Ausstellung 4:3 Fünfzig Jahre italienisches und deutsches Design
Fanfold: Image for the exhibition 4:3 Fifty Years of Italian and German Design
Kunst- und Ausstellungshalle der Bundesrepublik Deutschland in Bonn 2000.

2 Plakat: Erscheinungsbild der Ausstellung 4:3 Fünfzig Jahre italienisches und deutsches Design
Poster: Image for the exhibition 4:3 Fifty Years of Italian and German Design
Kunst- und Ausstellungshalle der Bundesrepublik Deutschland in Bonn 2000.

Atelier CBK

Claudia Bärbel Kirsamer
Grafik-Designerin (AGD)
Werbetechnikerin, Kalligrafin

Schanzweg 6/Trailfingen
72525 Münsingen
Telefon +49 (0)7381/83 70
Telefax +49 (0)7381/12 19
e-mail atelier.cbk@t-online.de
internet www.service-network.de/cbk.htm

1981 gründete Claudia Bärbel Kirsamer, nach dem Grafik Design Studium bei Prof. Kurt Weidemann an der Staatl. Akademie der Bildenden Künste Stuttgart, ihr Atelier für individuelle Schriftgestaltung auf der Schwäbischen Alb. CBK ist wissenschaftliche Dozentin für Schrift, bietet Aktionen und Vorträge, berät Theater und Film bei Schreibszenen, recherchiert und testet Schreibgeräte, schreibt Ehrenbürgerbriefe u.a., rekonstruiert alte Schriften und entwickelt neue Alphabete. CBK kreiert und bereichert mit großem Erfolg Werbestrategien, Logos, Prospekte, Champagneretiketten, Reisebusse uvm. mit ihren schwungvollen Schriftideen.

In 1981 Claudia Bärbel Kirsamer established her calligraphy studio in the Schwäbische Alb region of South West Germany after studying graphic design under Prof. Kurt Weidemann at the Staatliche Akademie der Bildenden Künste in Stuttgart. CBK lectures on calligraphy and organises various events and campaigns on the subject, advises theatre and film directors on scenes involving writing, researches and tests writing instruments, designs civic and other certificates, reconstructs old scripts and develops new alphabets. CBK is highly successful in the creation and enhancement of advertising strategies, logos, brochures, champagne labels, striking legends on tourist buses and other media.

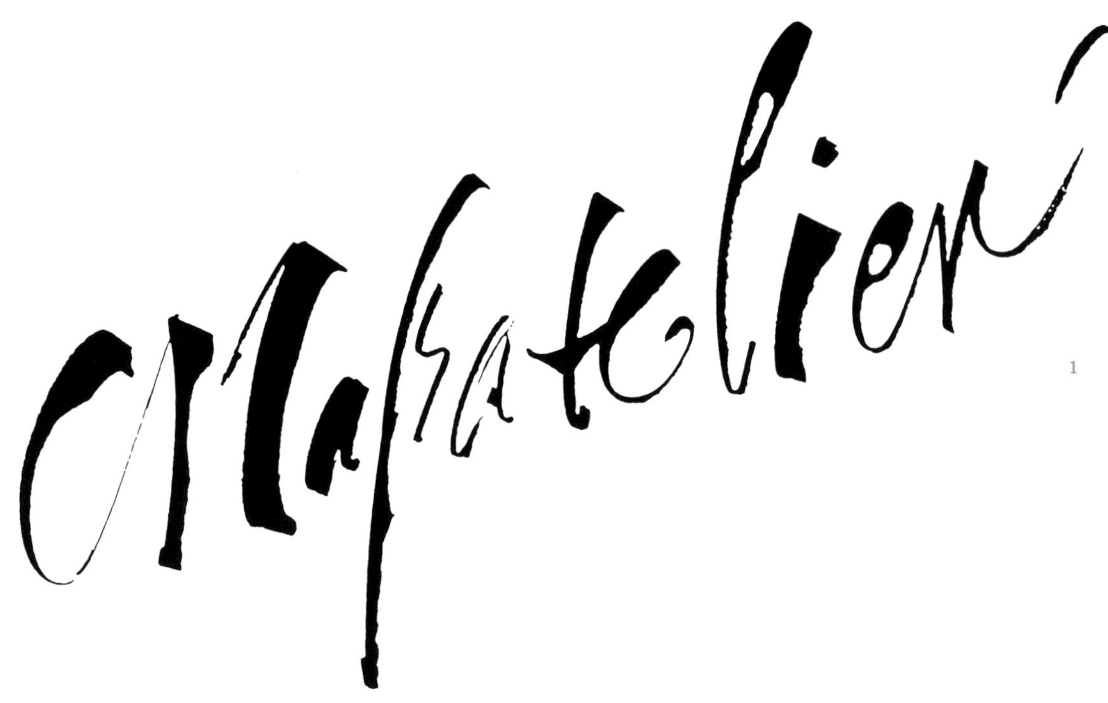

1

1 Schriftzug/Logo
Maßatelier 1999.

2 Schriftzug/Logo
Rupp 1997.

3 Schriftzug/Logo
Friseur bei den Thermen.

4 Logo Stadt Münsingen
City of Münsingen logo
1989.

Referenzen/references: Landesregierung Baden-Württemberg; Ministerium für Wissenschaft, Forschung u. Kunst (CDU); FDP/DVP Landtagsfraktion; Klettverlag Stuttgart, div. Landtagsabgeordnete; SWR 3 TV; Offizieller Marienhoffanclub München Bavariastudios; uva. Firmen, Institutionen, Busunternehmen; Schulen; Verlage; Städte; Gemeinden und Privatpersonen; über Drittfirmen Arbeiten für VW, Audi, Camel, Redpoint, Rotring, Pilot-Pen u.a.
Veröffentlichungen/publications: Seit 1980 in div. Tages-, Wochen- und Monatszeitungen; seit 1989 Präsenz im Rundfunk; Institut für Buchgestaltung Stgt. 4/80; in Büchern: Hans Reyhing ein Dorfroman-Titelseite, Novumpress Schreibschriften, Novumpress Kalligrafie, Documenta Artis; Fachzeitschriften: das Deutsche Malerblatt 6/77, Graphik 10/82, ISNESS 1/99; Deutsche Schrift 1/2000, Titelseite und Reportage.
Auszeichnungen/awards: Platz 1 Bundesfachschule für Werbetechnik, Lahr (1,0) ; Platz 1 Bundesfachschule im Schilder- und Lichtreklameherstellerhandwerk (1,0); Platz 6 im Wettbewerb für AKG Kopfhörer; Platz 5 Erster virtueller Internetkunstpreis.

3

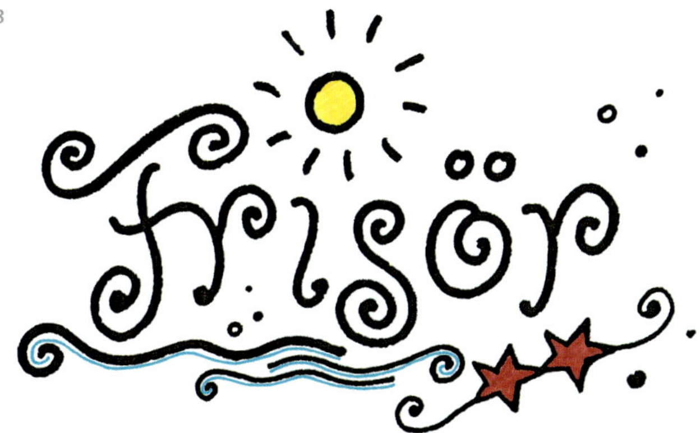

2

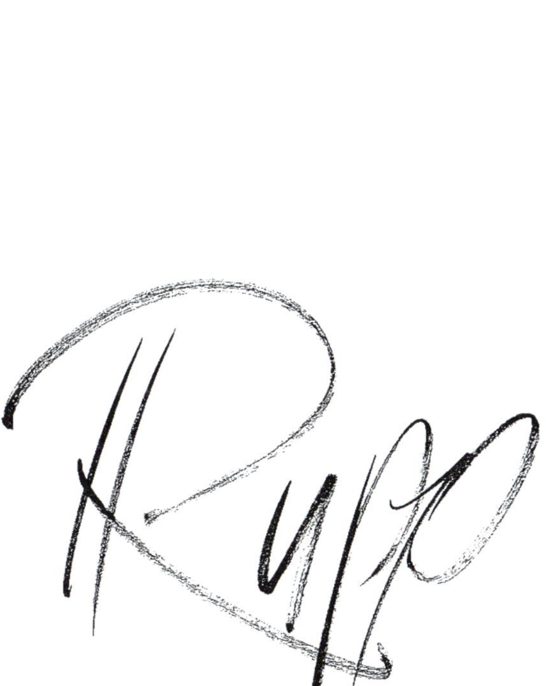

4

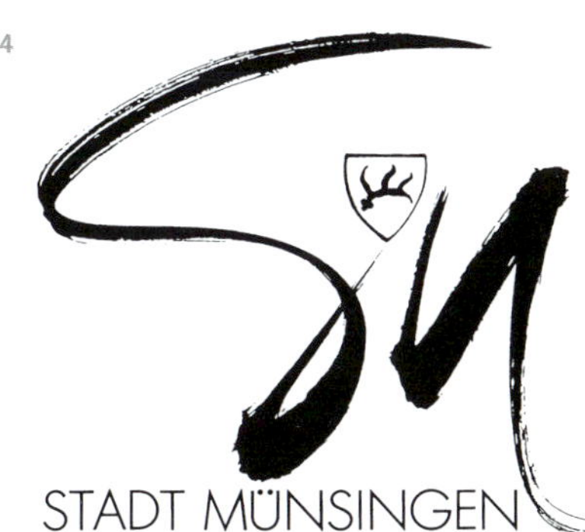

creativ partner

Agentur für Werbung GmbH

Leostraße 6
40545 Düsseldorf
Telefon +49 (0)211/55 22 11 00
Telefax +49 (0)211/55 22 11 33
e-mail hilfe@cp-online.de
internet www.cp-online.de

> Multimedia Design S. 436
> Advertising S. 468

Gute Kommunikation überzeugt den Kopf und verführt den Bauch. creativ partner wurde 1972 von Dietrich M. Rünger gegründet und ist seit 1998 in der zweiten Generation inhabergeführt durch Ben Rünger. Die Kernkompetenzen liegen in den drei Bereichen Corporate Branding, Business Kommunikation und Finanzkommunikation. Nur wer auffällt, wird gesehen. Und wer intelligent, attraktiv und plausibel auffällt, wird akzeptiert und geschätzt. creativ partner entwickelt kreative Kommunikation, die Komplexes einfach macht und Relevanz schafft für alles, was Unternehmen dem Markt, ihren Kunden und ihren Mitarbeitern zu sagen haben – durch alle Medien und Vertriebskanäle.

Good communication convinces intellectually and seduces emotionally. Established by Dietrich M. Rünger in 1972, creativ partner has been run by Ben Rünger since 1998. Core specialities are in the three areas of corporate branding, business communications and finance communication. To be visible you have to be striking. And if you strike people as intelligent, attractive and plausible, you will be accepted and valued. creativ partner designs creative communication that makes the complex simple and creates relevance for everything companies have to say to the market, their customers and employees – through all media and distribution channels.

1

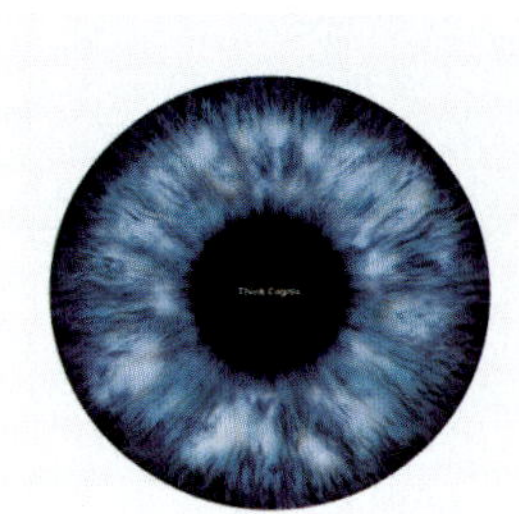

2

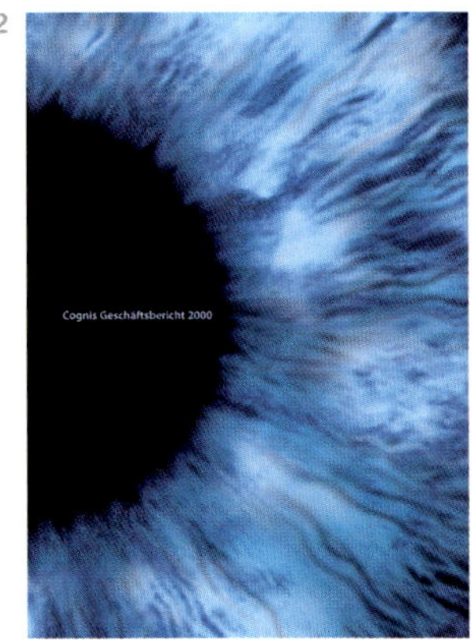

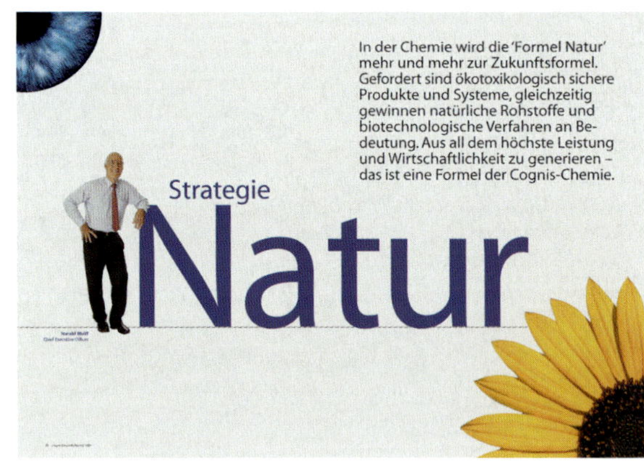

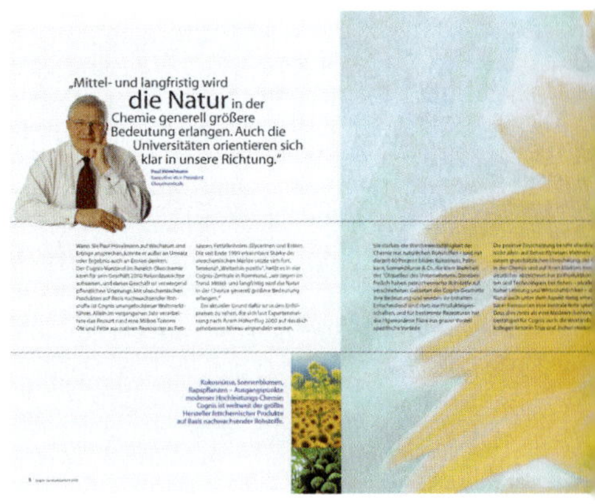

1 Think Cognis Imagebroschüre/ *Image brochure.* International ausgezeichnet. *International awards.*

2 Geschäftsbericht Cognis 2000. *Cognis annual report 2000.*

3 Logo Cognis.

Referenzen/references: Akzo Nobel, Audi, Bayer, Cognis, Dyneon, E-ON, Henkel, Honroy's, Hotel Gasthof Post Lech, IZW, Jackstädt, Kaufhof, 3M, Rasselstein-Hoesch, Schmalbach-Lubeca, Siemens Nixdorf, Verlagsgruppe Handelsblatt, Vossloh, Wilh. Werhahn, Zanders u.a.
Auszeichnungen/awards: Sonderpreis Outstanding Grafic Design, Berliner T'pe 1995 (Die Marke, Imagebroschüre Henkel); Sonderpreis Outstanding Concept, Berliner T'pe 1997 (Roadmap to Success, Cultural Change-Broschüre, Siemens Nixdorf); Innovationspreis SURCAR, Cannes 1997, 1999 (Multimediale Präsentationen für Audi, DaimlerChrysler, Henkel); Harvey's Communication Measurement Award, New York 1996 bis 2000, 5 Awards for Outstanding Readership Response (3 Imagekampagnen für Henkel und Cognis); 15th London Avertising Award 2000 (Finalist Think Cognis, Corporate Imagebroschüre); The New York Festivals 2001 (Finalist best illustration).

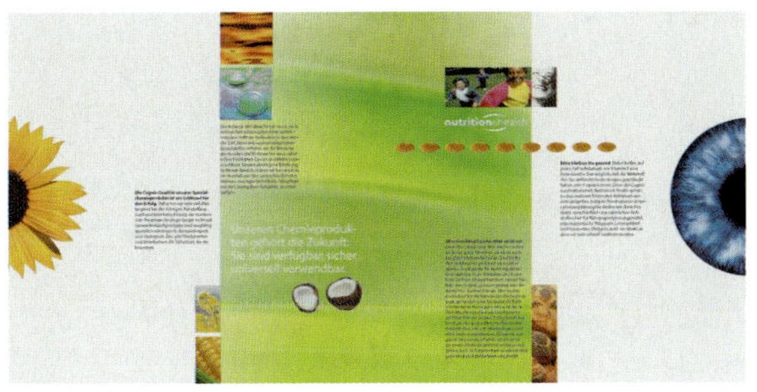

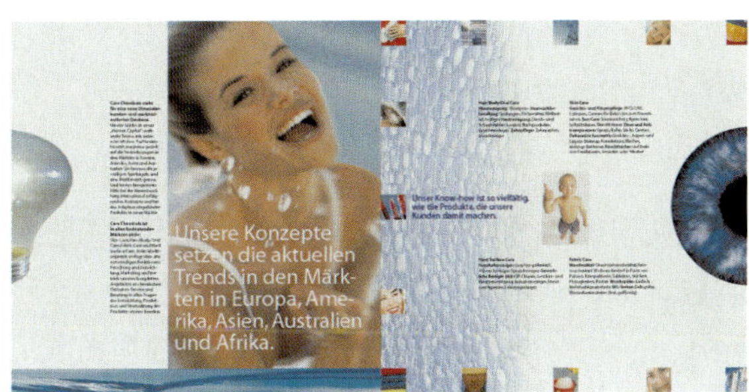

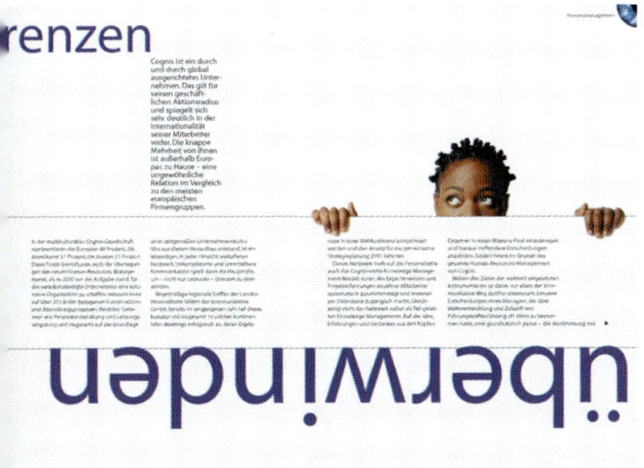

3

cyclos design gmbh

Geschäftsführung
Jutta Schnieders, Frank Seepe

Otto-Hahn-Straße 36
48161 Münster
Telefon +49 (0)2534/97 41 0
Telefax +49 (0)2534/97 41 20
e-mail info@cyclos-design.de
internet www.cyclos-design.de

Sinnliches Design. Und zwar in der doppelsinnigen Interpretation »sinnvoll« und »die Sinne ansprechend«. Das ist das Credo von cyclos design. Mit ihrem ganzheitlichen Denkansatz bietet die Agentur einen individuellen Fullservice: Marketing-/Kommunikationsberatung und impactstarke, kreative Umsetzung inklusive. Vom Packungsdesign bis zu Kommunikationsmitteln aus dem »B-to-B-Bereich« wird produziert, was die Sinne der Zielgruppen anspricht.

Sensuous design. In the double meaning meaningful and appealing to the senses. This is the credo of cyclos design. With their holistic intellectual approach, the agency offers individualised full service: marketing/communication consulting and high-impact, creative realisation included. From packaging design to communication tools from the business-to-business area – we produce what appeals to the senses of the target groups.

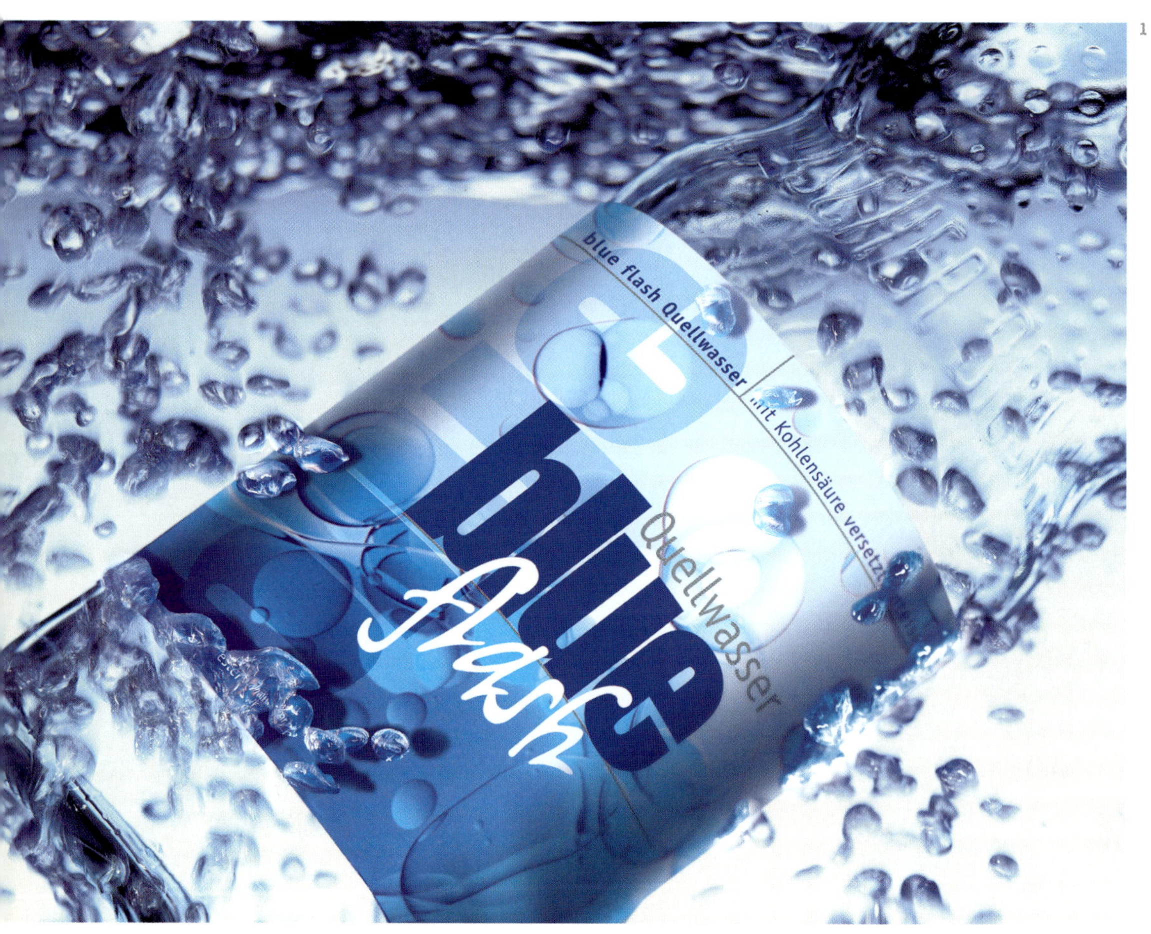

1

3

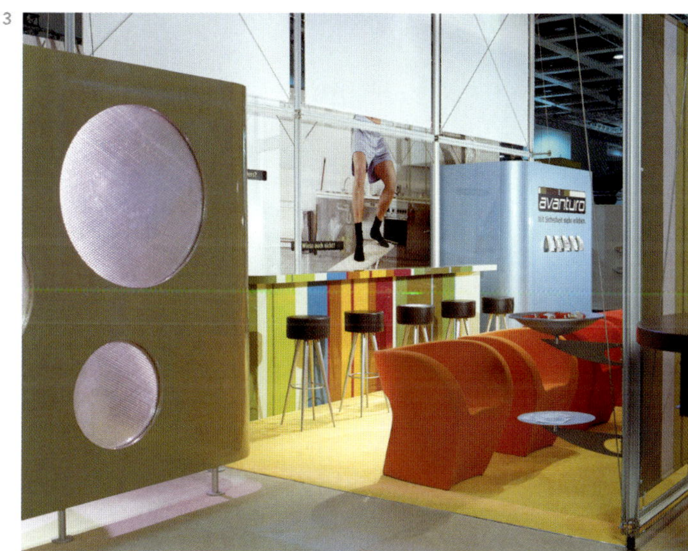

2

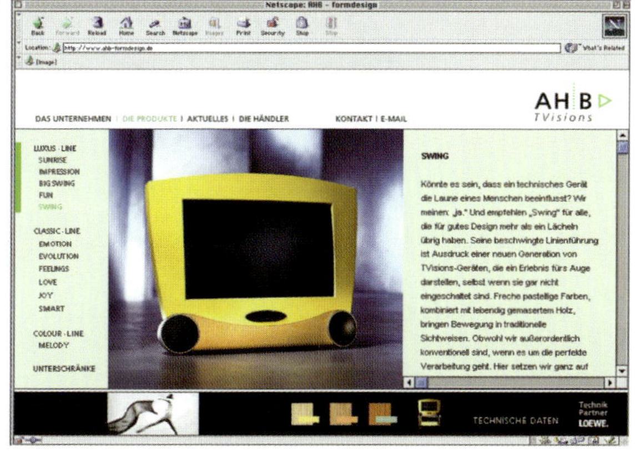

1 Blue flash
Quellwasseretikett
Spring water label
Salvus Mineralbrunnen 2001.

2 Internetauftritt
Internet site
AHB-Formdesign 2001.

3 Messestandgestaltung
Exhibition stand design
Avanturo.

dasign Kommunikation

Geschäftsführung
Ingeborg Scheer (AGD)

Holzhofallee 21
64295 Darmstadt
Telefon +49(0)6151/1 30 99 0
Telefax +49(0)6151/1 30 99 13
e-mail info@dasign.de
internet www.dasign.de

dasign Kommunikation existiert seit 1997. Die Darmstädter Agentur wird von Ingeborg Scheer geführt; die Designerin selbst ist bereits seit 1987 in Werbung und Kommunikations-Design aktiv. dasign Kommunikation bietet die klassischen Leistungen einer Werbeagentur, konzipiert und gestaltet darüber hinaus alle Arten von Kommunikation. Schwerpunkt ist neben dem Corporate Design die Unternehmenskommunikation: Konzepte für interne Schulungen und Informationsvermittlung sind eine Spezialität der jungen Agentur. Trotz großer Auftraggeber ist das Team bewußt klein geblieben, um Flexibilität und Effizienz zu sichern. Für die Extras nutzt die Agentur ihr Netzwerk mit kreativen Spezialisten.

dasign Kommunikation has existed since 1997. The Darmstadt agency is managed by Ingeborg Scheer, who has worked in advertising and communication design since 1987. dasign Kommunikation provides the classical advertising agency services plus conception and design of all kinds of communication. In addition to corporate design the focus is on corporate communication: concepts for in-house training and information dissemination are a speciality of this recently established agency. Despite big clients the team has deliberately stayed small so as to assure flexibility and efficiency. Any extras are brought in from a network of creative specialists.

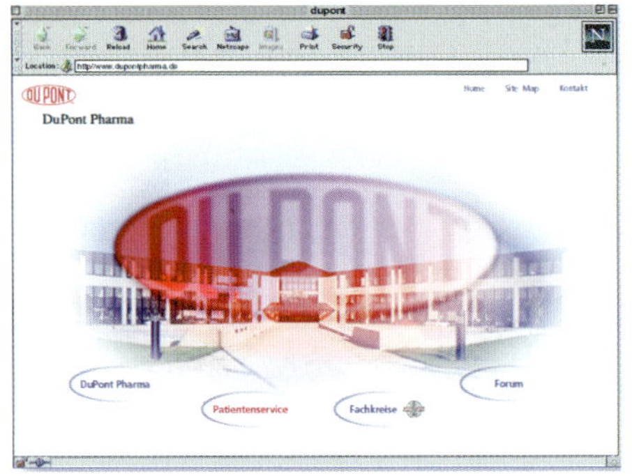

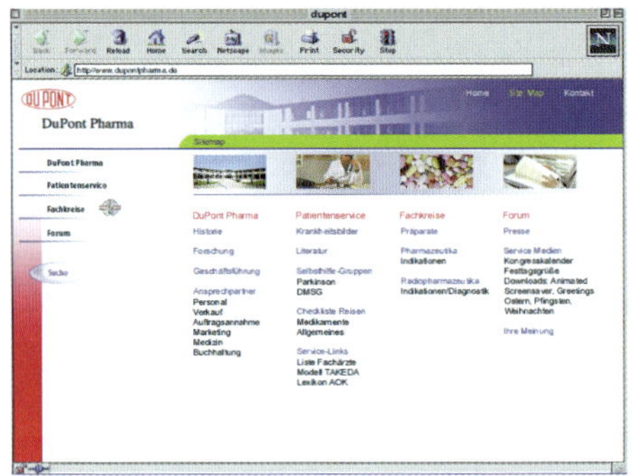

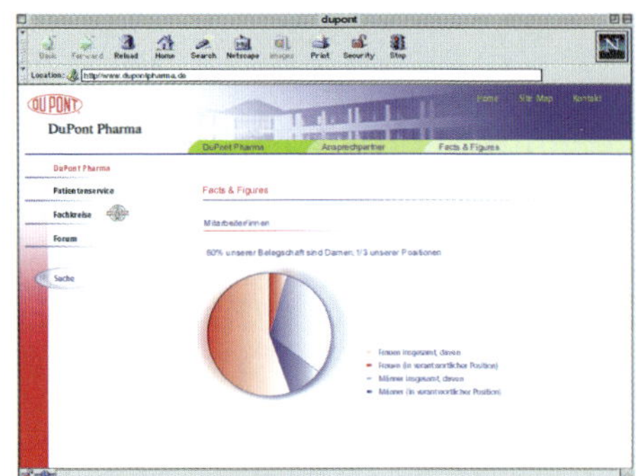

1

1 Internetauftritt, Infografik, Kongressbegleitung, Interne Kommunikation
Website, info-graphics, congress and internal communication
Dupont Pharma GmbH 2000-2001.

2 Corporate Design, Broschüren, Seminarkataloge, Internetauftritt, Mailings
Corporate design, brochures, seminar catalogue, website, mailings
BXB GmbH 1998-2001.

3 Corporate Design, Broschüren, redaktionelles Konzept und Gestaltung der Zeitschrift »In Kontakt«, Aktion für Zivilcourage
Corporate design, brochures, editorial concept and design for the citizens' action magazine »In Kontakt« published
Evangelische Kinder- und Jugendarbeit der EKHN 1998-2001.

Referenzen/references: IKEA Deutschland GmbH; Skoda Auto Deutschland GmbH; DuPont Pharma GmbH; Bayer Vital GmbH, Bereich Diagnostics; Storage Tek, Storage Technology GmbH; Flughafen Frankfurt AG (FraPort AG); Lexmark Deutschland GmbH; JADO Design Armatur und Beschlag AG; Kali und Salz GmbH; Aventis CropScience Deutschland GmbH; BXB GmbH; Personal- und Unternehmens-Beratung, Seminare; SIRIUS Consulting & Training GmbH; entero AG, K & R Consulting GmbH; effactory; beau coaching & consulting; Kehder Jakoby Beratende Bauingenieure; Lizenz Coporation GmbH; BTI Euro Lloyd GmbH; Regierungspräsidium Darmstadt; Stadt Mörfelden; Umweltamt der Stadt Rüsselsheim; Amt für Kinder- und Jugendarbeit der Evangelischen Kirche Hessen Nassau; Öko-Institut e.V. Darmstadt; Naturlandstiftung Hessen e.V.
Auszeichnungen/awards: Für das Können gibt es nur einen Beweis: das Tun.
The only proof of ability is getting the job done (Marie von Ebner-Eschenbach).

3

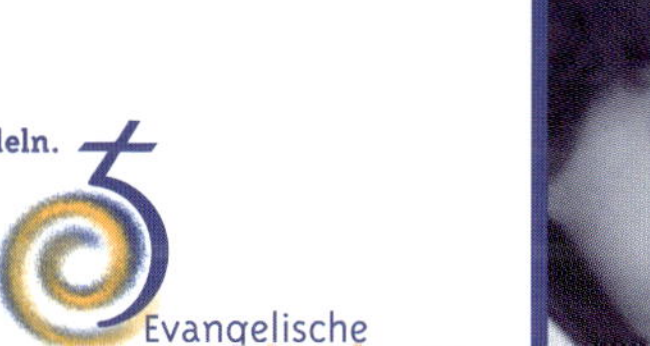

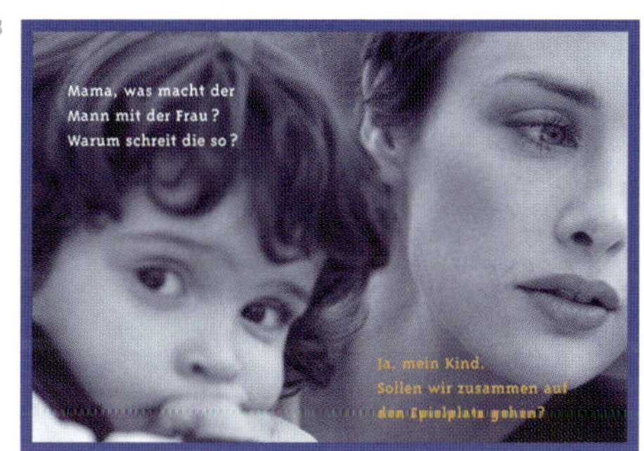

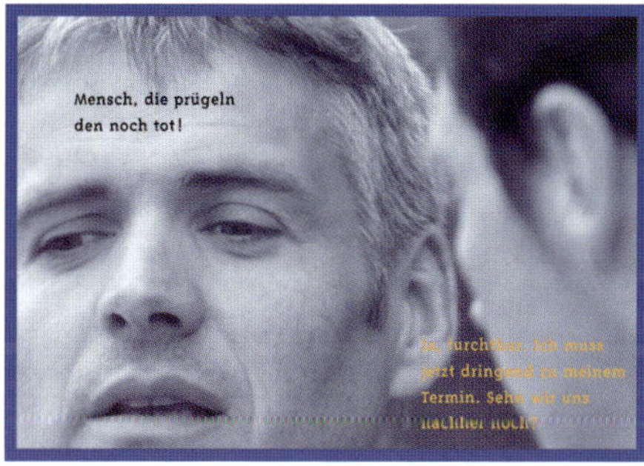

2

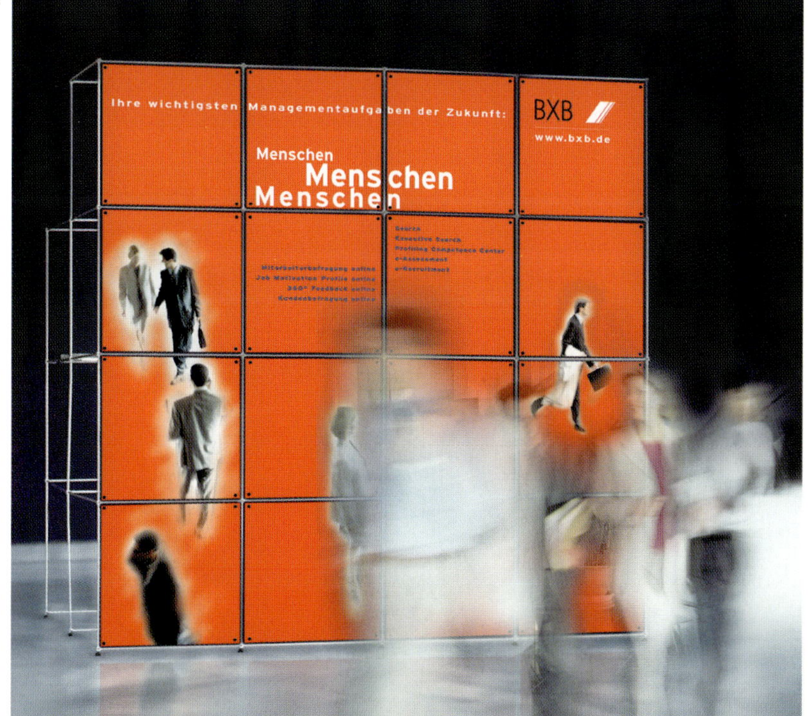

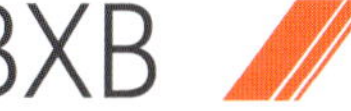

Designbüro Irmgard Sonnen

Nordstraße 22
40477 Düsseldorf
Telefon +49 (0)211/4 98 26 56
Telefax +49 (0)211/4 91 27 05
e-mail IrmgardSonnen@compuserve.com
internet www.designbuero-sonnen.de

Irmgard Sonnen ist diplomierte Designerin für visuelle Kommunikation. 1979 gründete sie ein Designbüro mit den Schwerpunkten: Corporate Design für Unternehmen mit regionalen und internationalen Standorten. Darüber hinaus ist sie in der Plakat,- Buch- und Kataloggestaltung tätig, bearbeitet werden Print- und digitale Medien. Seit 1981 ist Irmgard Sonnen Dozentin für Grafik Design und Typografie an der Fachhochschule Düsseldorf. Ihre Arbeiten sind in zahlreichen Veröffentlichungen erschienen und wurden durch Preise ausgezeichnet. Von 1994 bis 1996 war sie Vorstandsmitglied im Designerinnen-Forum. Begleitend zu ihrer beruflichen Arbeit nimmt sie Jurytätigkeiten, Ausstellungen und Vorträge wahr.

Irmgard Sonnen is a designer with a diploma in visual communication. In 1979 she established a design studio with the main fields of assignment: corporate design for regional and supraregional clients. Apart from that she is active in the design of posters, books and catalogues, print and digital media are worked upon. Irmgard Sonnen has a teaching assignment for graphic design and typography at the University of Applied Science Düsseldorf since 1981. Her works have been published in numerous international publications and were given awards. From 1994 until 1996 she was a member of the board of the Network of Women Designers and she exercises functions in juries, exhibitions and lectures.

2

mir
gefallen
Dinge,
die
aussehen
als
ob
sie
da
wären
während sie woanders sind

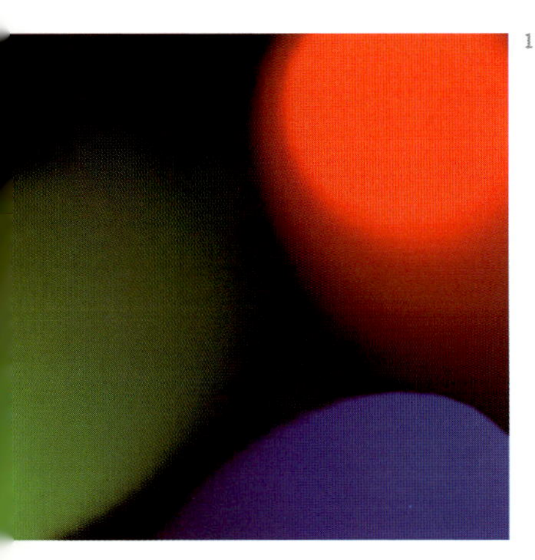

1

1 Corporate Design
MaxiColor-Gruppe.

2 Typografische Arbeiten zu Texten von Gertrude Stein.
Typographical work on texts by Gertrude Stein.

3 Mitglieder-Katalog, Designerinnen Forum.
Women Designers' Forum membership catalogue.

Referenzen/references: Architektinnen.Initiative, Bach Immobilien, Bohnenkamp Fahrzeugbau-Systeme, clicon, clinic consulting, Design-Center Langenthal, Designerinnen Forum, Fischer-Sturm Immobilien, Gerischer Architektur Oedekoven Design, Internationales Institut für Informationsverarbeitung, MedicTrade Medizinisch-Pharmazeutische Handelsgesellschaft, Maxi Color-Gruppe, Oedekoven Design, Proma-Gruppe, VCI Value Computing Inc.
Veröffentlichungen/publications: Design Center CH-Langenthal, less is more 1995; Design Zentrum Essen, Design Handbuch 1996/1997; Designer-Profile, Verlag form, Frankfurt/Main, 1998; Neugierig 1 und 2, Verlag Hermann Schmidt, Mainz 1998, 2000.
Auszeichnungen/awards: Grafik-Design Deutschland, 1978; 11. Internationale Plakat Biennale Warschau, 1986; Joseph-Binder-Award, 1996.

3

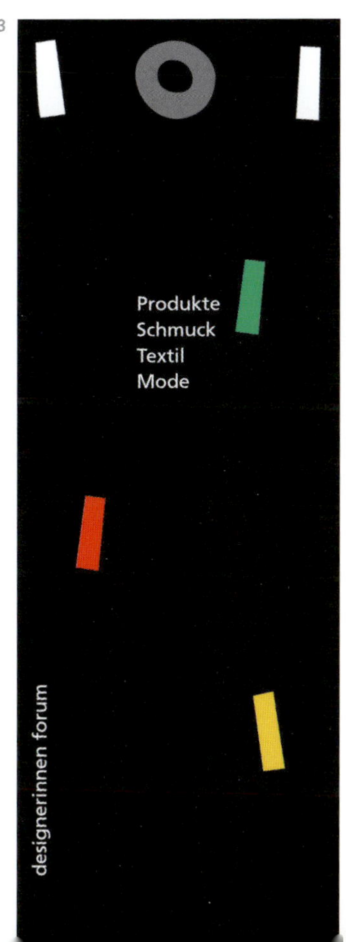

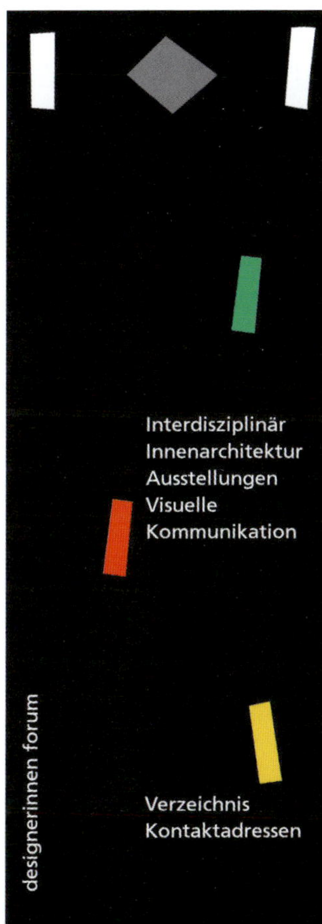

Design for Business AG

Goethestraße 8–10
40237 Düsseldorf
Telefon +49 (0)211/9 91 42 0
Telefax +49 (0)211/6 80 35 86
e-mail info@designforbusiness.de
internet www.designforbusiness.de

Design for Business AG ist seit dem 13. April 1999 eine Aktiengesellschaft im deutschen Designmarkt – zur weiteren Förderung des unternehmerischen Engagements der Mitarbeiter und der Investitionen in die Services der Agentur. Mit ihren zwanzig Mitarbeitern widmet sich Design for Business AG den Bereichen Brand Identity, Corporate Identity, New Product Development, Packaging Design, Interior und Retail Design, Literature. Design for Business AG betreut seit vielen Jahren einige der größten Marken im deutschen Markt.

Design for Business AG went public on 13 August 1999 as the first stock exchange quoted company on the German design market – to promote the commitment of our workforce and investment in our services. With a staff of 20, Design for Business AG focuses on brand identity, corporate identity, new product development, packaging design, interior and retail design and literature. Design for Business AG handled some of the biggest brands on the German market for many years.

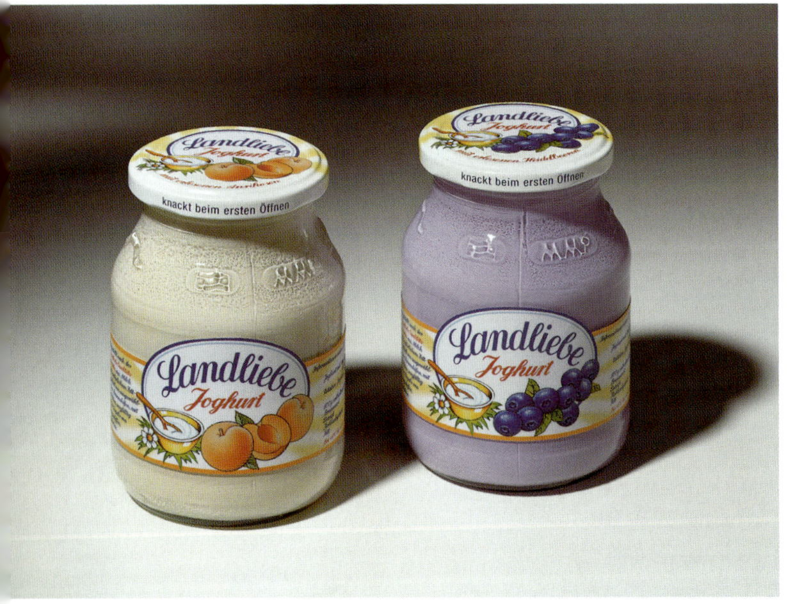

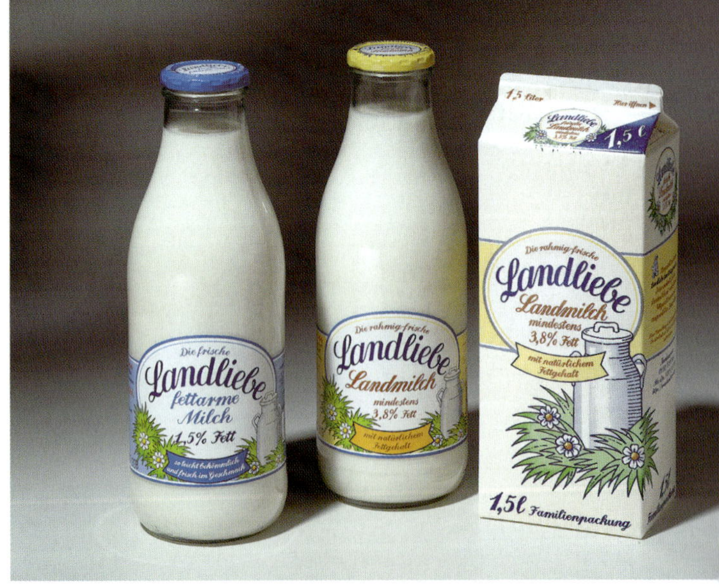

Referenzen/references (1992-2001): Bergader Privatkäserei, Waging-Oberbayern; Bitburger Brauerei, Bitburg; Campina International, Veghel (NL); Confiserie Heilemann, Worringen-Allgäu; Coty Deutschland, Mainz; Friedel, Kernen-Stuttgart; Gerolsteiner Brunnen, Gerolstein; Henkel, Düsseldorf; Herlitz, Berlin; Jaedicke, Rottach-Egern; Kötter Services, Essen; Langnese GmbH, Bargteheide; Maggi, Frankfurt/Main; Muelhens, Köln; Nestlé Deutschland, Frankfurt/Main; Nestlé Hungaria, Budapest; Nestlé Schweiz, Vevey; Dr. Oetker, Bielefeld; Plus Warenhandelsgesellschaft, Mülheim; Schwarzkopf & Henkel, Düsseldorf; Seagram, Hochheim; Strothmann, Gütersloh; Südmilch, Stuttgart (heute Campina AG); Teekanne, Düsseldorf; Tengelmann, Mülheim; Wasa/Barilla, Köln; Whitbread, London/Düsseldorf; Wissoll, Mülheim.

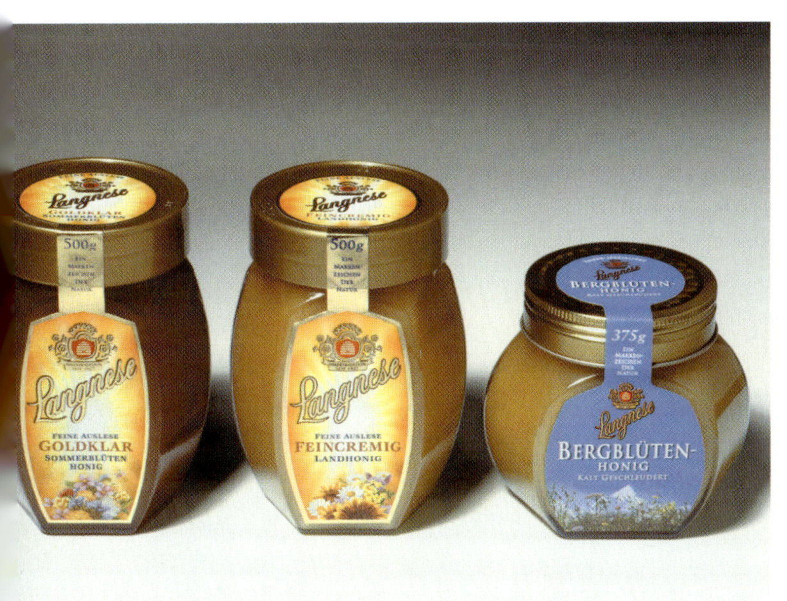

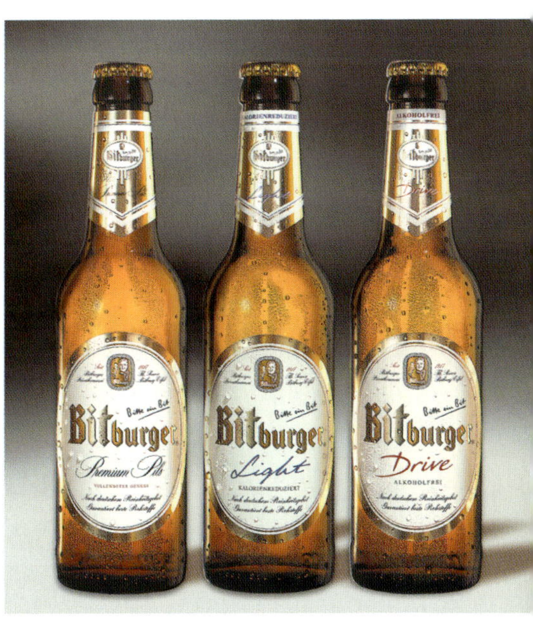

Design für Communication

Geschäftsführung
Prof. Dipl.-Des.
Helmut M. Schmitt-Siegel

Kronprinzenstraße 62
40217 Düsseldorf
Telefon +49 (0)211/99 40 50
Telefax +49 (0)211/99 40 510
e-mail mail@schmitt-siegel.de
internet www.design-therapie.de

Leitgedanken zu unserer Beratungs- und Gestaltungsarbeit

Die modernen Management- und Problemlöse-Methoden haben viel verändert, aber das Wesentliche nicht geleistet: Angemessene Unternehmenskulturen für die enormen globalen Veränderungen zu etablieren und Menschen zu fördern, mit dem Veränderungsdruck eigenverantwortlich und innovativ umzugehen.

In einem Identitäts-Prozess entdecken wir zusammen mit dem Auftraggeber die wahren Qualitäten und entwickeln die Persönlichkeitswerte des Unternehmens. So werden sie sich ihrer Einzigartigkeit bewusst. Für diese wird dann die angemessene Form der Innen- und Außendarstellung bestimmt. Die Unternehmenswerte werden in einem Corporate-Design-Prozess sichtbar und damit für die Kunden, Partner und Mitarbeiter erlebbar gemacht. Ethisch fundiert hat dieser Prozess eine sinnstiftende Wirkung.

Corporate Design wird nicht als Unternehmens-Kosmetik, sondern als Motor und Instrumentarium für eine permanente Wertediskussion in dem Unternehmen eingesetzt (Peters und Waterman: »Unternehmenskultur ist sichtbar gelebtes Wertesystem.«). Damit führen sie einen eigenständigen Lern-, Problemlöse-, Partizipations- und Kreativ-Prozess ein, der zur unverwechselbaren Unternehmenskultur führt.

Die Gestaltungsmittel Architektur, Design, Sprache, Kunst und Rituale sind bei diesem Prozess sowohl Klärungsobjekte als auch später Träger der unternehmensspezifischen Werte.

Der gesamte Entwicklungsprozess führt zur Sensibilisierung der Mitarbeiter. Er fördert deren Wahrnehmungsfähigkeit, Kreativität und Innovationskraft und befähigt sie, die feinen Signale des Wandels im Markt und der Welt frühzeitig zu erkennen: zum Nutzen der Kunden und des eigenen »Lernenden Unternehmens«.

Guiding ideas for our consulting and design work.

Modern management und problem solving techniques have initiated change and improvement, yet they have failed to achieve one essential aim: to establish a system of Corporate Culture which meets the enormous global challenges and at the same time supports those who bear the responsibility for all innovation.

In an identity finding process we will make the client see the strenghts of his performance and the characteristics of his business quality. You will discover your uniqueness. Then, a concept for presentation within and outside will have to be shaped. In a Corporate Design process the essentials of the company will be made visible to the customers, partners and staff. On the basis of values this process will effect commitment and attraction.

Corporate Design does not function as a decoration of business but as an instrument to introduce a permanent discussion of values (Peters and Waterman: "Corporate Culture is a visibly lived system of values"). So, you will be establishing an independent and creative process of learning, participation and problemsolving which will lead to a unique Corporate Culture.

Architecture, design, language, art and behaviour as means are not only employed to form but also to clarify and to carry the company's specific values.

The developing process increases the sensitivity of all the staff. It improves their awareness, their creativity and their ability to innovate and to acknowledge the subtle symptoms of change on the market and in the world: to the advantage of the customers as well as their own "learning company".

Partner von/associates of: Minale Tattersfield/Design Strategy Group. London, Paris, Bruxelles, Barcelona, Milano, Tokio, Osaka, Hongkong, Sydney, Brisbane.

Referenzen/references: Battelle-Institut, Bertelsmann AG, C.H. Boehringer Sohn, DeLaMotte Gruppe, DesignyourTime GmbH, Deutsche Bank AG, Digital Equipment GmbH, DPRG e.V., FDP, Henkel KG, Kohtes & Klewes, Lifetree Software GmbH, Lufthansa Service GmbH, MCE Bruxelles, MHS GmbH, Pierburg GmbH, Provinzial Versicherung Kiel, Sony Corporation, Stadtsparkasse Bad Oeynhausen, Umfortechnik Erfurt GmbH, Universität Bielefeld, Volksbank Hannover eG, Zweckform GmbH.

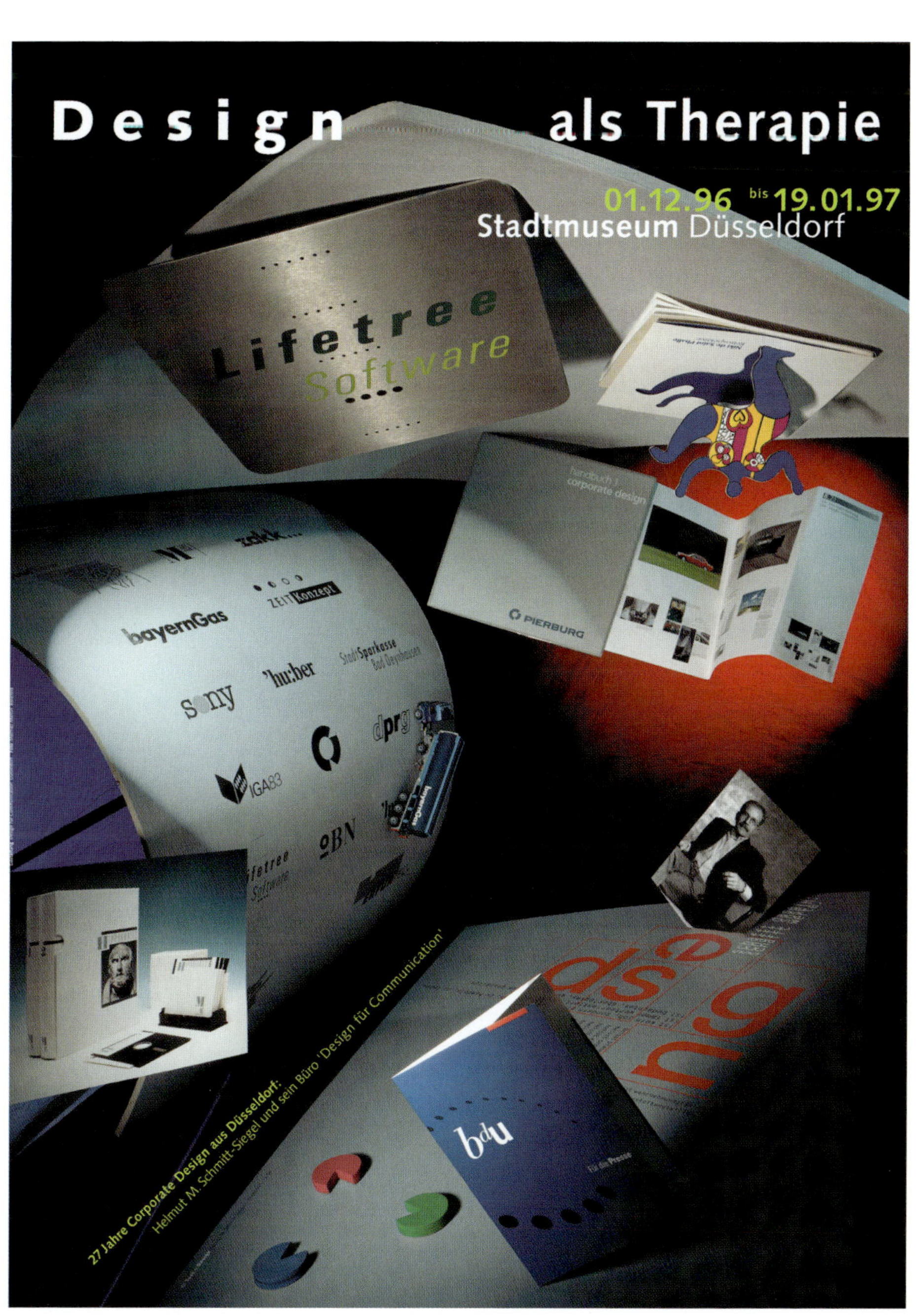

Designgruppe Flath & Frank

Geschäftsführung
Herbert Frank (VDID)
Wolfgang Flath (VDID)

Haimhauserstraße 4
80802 München
Telefon +49 (0)89/39 55 11
Telefax +49 (0)89/39 76 21
e-mail office@designgruppe.de
internet www.designgruppe.de

> Industrial Design S. 62

Weniger ist mehr. Die Kraft visueller Mitteilungen entsteht aus der Konzentration auf das Wesentliche – das Sichtbare vermittelt die Botschaft, Gestaltung schafft Identität und macht Erfolg. Als interdisziplinäres Gestaltungsbüro nutzen wir die Synergien aus den Bereichen Visuelle Kommunikation und Produktdesign. Mit Weitblick in der Konzeption und Sorgfalt im Detail. Motto: Ganzheitlich denken, individuell gestalten.

Less is more. The power of visual communication is drawn from concentration on essentials – the visible element puts across the message, design creates identity and success. As an interdisciplinary design office, we exploit the synergy between visual communication and product design. Forward-looking concepts and meticulous detail. Motto: "Think holistic, design individually".

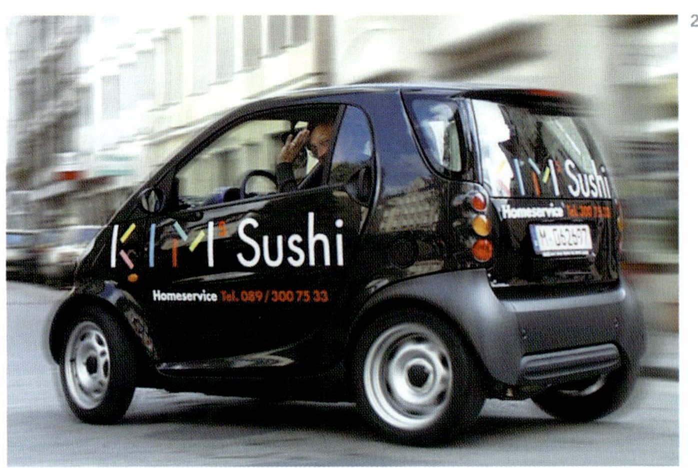

2

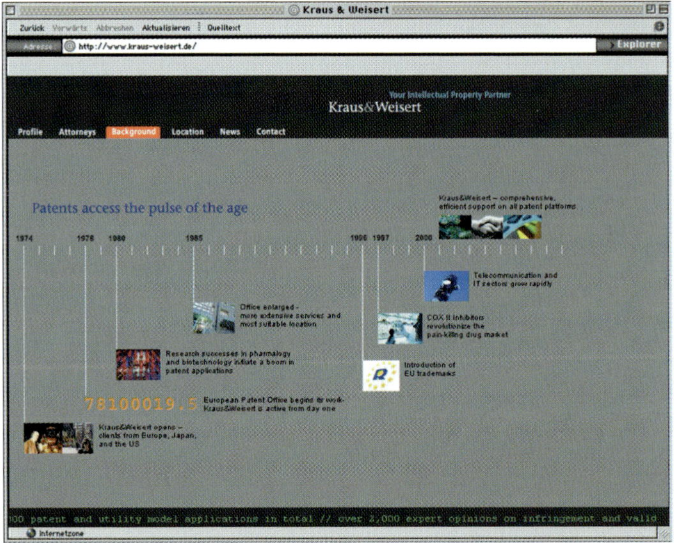

1

1 Internet
Kraus & Weisert, Patentanwälte.

2 Corporate Identity
Kim's Sushi, Homeservice.

3 Visuelles Leitsystem
Flughafen Köln/Bonn
Visual guidance system for Cologne/Bonn Airport.

Referenzen/references: DtA Deutsche Ausgleichsbank, Europäisches Patentamt, Flughafen Köln/Bonn, Flughafen Dortmund, HUK-Coburg, Naspa Nassauische Sparkasse, Stadtwerke München, Scheidt & Bachmann, Sony Center am Potsdamer Platz Berlin u.a.

3

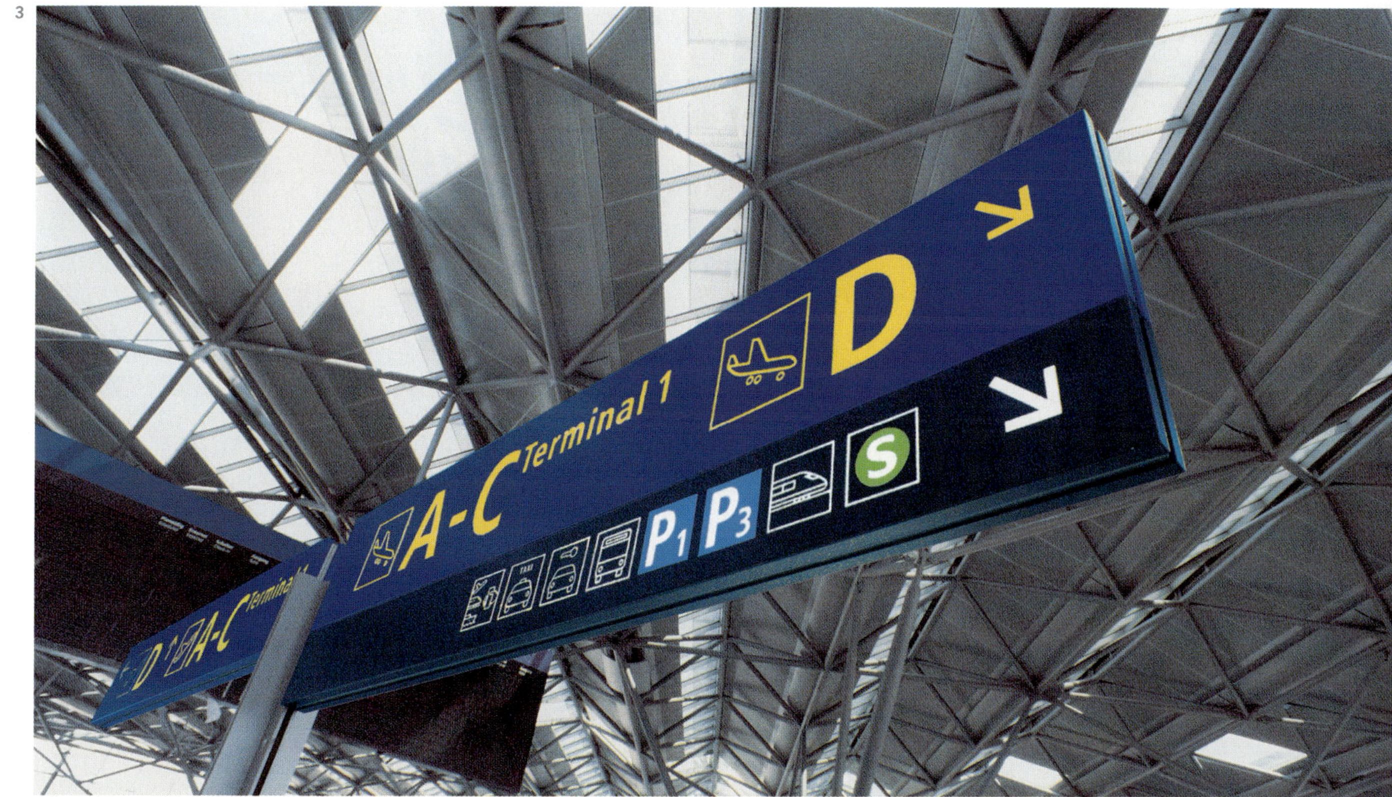

Design Hoch Drei

Geschäftsführung
Wolfram Schäffer, Susanne Wacker

Hallstraße 25a
70376 Stuttgart
Telefon +49 (0)711/55 03 77 30
Telefax +49 (0)711/55 03 77 55
e-mail info@design-hoch-drei.de
internet www.design-hoch-drei.de

Design Hoch Drei konzipiert und realisiert anspruchsvolle Kommunikationsprojekte, in 2- und 3-D, in virtuellen und multimedialen Räumen. Schwerpunkte sind komplexe Messeauftritte, Ausstellungen, CI- und Kommunikationskonzepte, Image-, Produkt- und Informationsbroschüren. Kernpunkte unserer Arbeit: design_variabel. Gestaltung ist unsere Variable, die Konstanten sind: Qualität, Originalität sowie spielerischer Umgang mit Idee, Typo und Illustration. ideen_freudig. Design Hoch Drei stöbert, erkundet, analysiert, experimentiert, entdeckt und entwickelt Ideen. Und baut sie gemeinsam mit dem Kunden aus zu einem tragfähigen Kommunikationskonzept. projekt_verlässlich. Auf Wunsch übernehmen wir die komplette Projektkoordination. Dabei kann auf die Erfahrung aus vielen erfolgreichen Projekten zugegriffen werden.

Design Hoch Drei devises and implements high-quality communication projects in 2 and 3 D in virtual and multi-media space. The main focus is on complex trade fair presentations, exhibitions, CI and communication concepts and image, product and information brochures. Core areas of our work: design_variable. Design is our variable; the constants are quality, originality and play with ideas, typography and illustration. idea_happy. Design Hoch Drei hunts around, inquires, analyses, experiments, discovers and develops ideas. project_reliable. On request, we will undertake full project coordination, drawing on our experience of many successful projects.

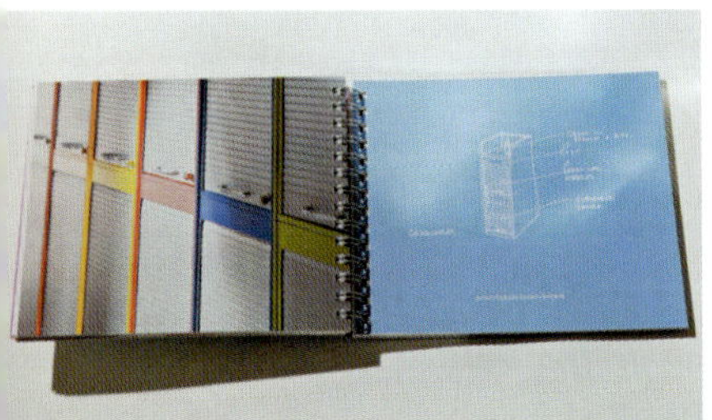

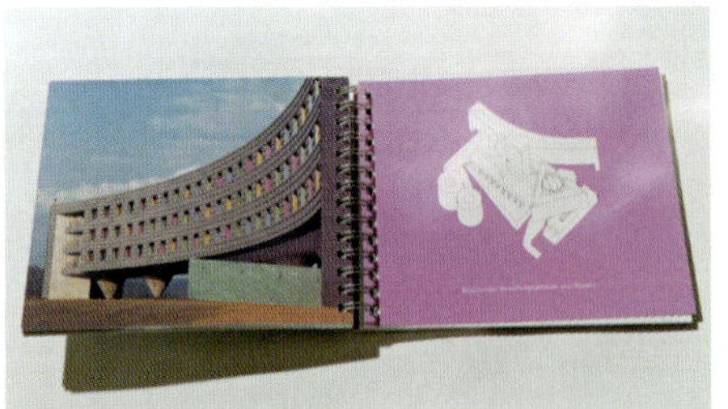

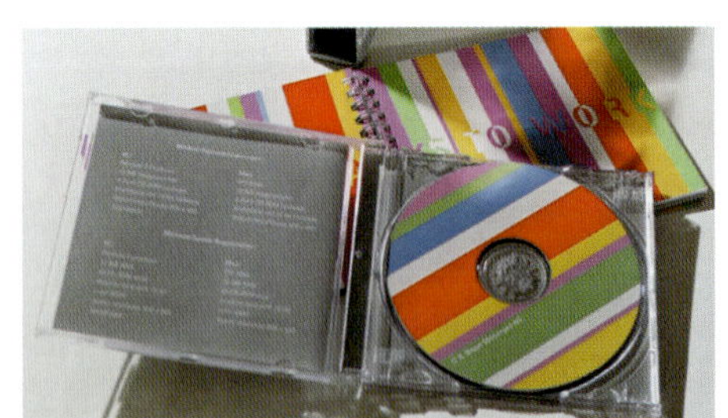

1

1 Imagebroschüre
Image brochure
Future Ways to Work
B. Braun Melsungen AG 2000.

2 Mercedes-Benz
Internationale Automobilausstellung
International car show
Leipzig 2000.

3 Corporate Design
MAHLE GmbH 1998-2000.

Referenzen/references: E. Breuninger GmbH & Co., Visual Concepts, Display Transfer Service, DaimlerChrysler AG, Intercord Ton GmbH, Mahle GmbH, B. Braun Melsungen AG, Interstuhl Büromöbel GmbH & Co. KG, Staatsgalerie Stuttgart.
Veröffentlichungen/publications: Graphis Logo Design, 1998; Graphis Letterheads 5, 2001; Jahrbuch für Kommunikationsdesign Verlag Form, 1995; »Auf der Spur einer Tour – Die Europatour der A-Klasse«, av-edition, 1998; »Die 100 besten Plakate des Jahres 1997«; Kreativ-Katalog 3. und 4. Auflage, Wirtschaftsförderung Region Stuttgart1999, 2000; »Design for Music 1«, Lürzer's Archiv Special, 1999 u.a.
Auszeichnungen/awards: Deutscher Preis für Kommunikationsdesign 1995/96, Präsentation der E-Klasse von Mercedes-Benz; Die 100 besten Plakate des Jahres 1997; Erster Preis des »Exhibition Design Awards«, Mercedes-Benz, 58. IAA, Frankfurt 1997. Einer der »15 great letterheads«, Fourth Crane Letterhead Competition, 2000; DDC-Preis 1999/2000 Kommunikation Vernetzt; »Grand-Prix – Das Gute Stück«, Mercedes-Benz, 59. IAA, Frankfurt 1999 u.a.

3

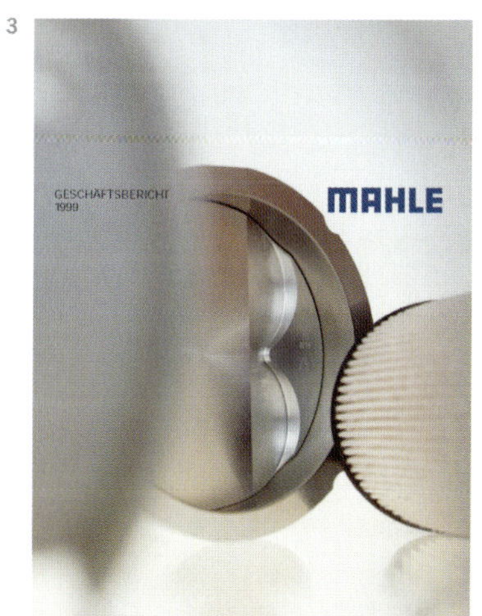

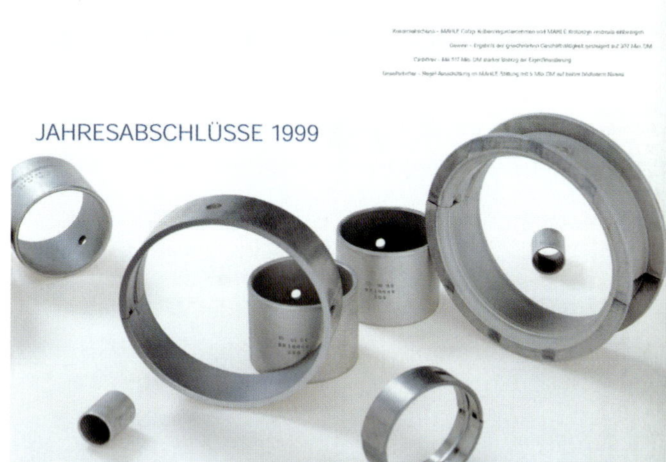

2

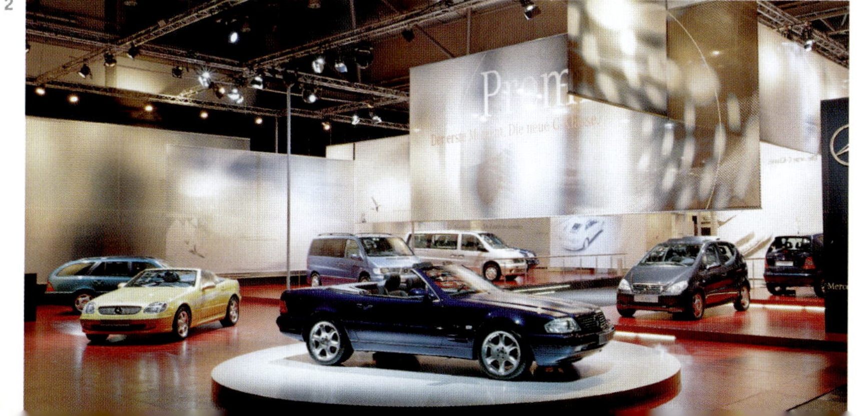

Design Unlimited GmbH & Co. KG

Brand Success Agency

Geschäftsführung
Martin Döbler

Frankfurter Straße 69–71
61118 Bad Vilbel
Telefon +49 (0)6101/98 36 0
Telefax +49 (0)6101/98 36 36
e-mail info@design-unlimited.net
internet www.design-unlimited.net

Der Schwerpunkt und die Herkunft von Design Unlimited war und ist das Packaging Design. Im Laufe der vergangenen 6 Jahre entwickelte sich die Packaging-Agentur zu einer Marken-Design-Agentur mit drei starken Säulen: Brand Consulting & Planning, Design und Artwork & Production. Für Design Unlimited ist der Mensch und die Beziehung zu Marken der Ausgangspunkt aller Aufgaben. Das hohe kreative Potential der Agentur wird gestützt und gefördert durch die zielgenaue und konsequent verbraucherorientierte Markenstrategie. Mit mittlerweile 18 Mitarbeitern setzt sich die Agentur mit ihrem eigens entwickelten Brand Success Process für den Erfolg der Marken ihrer Kunden ein.

The original focus of Design Unlimited was and still is on packaging design. In the course of the last six years the packaging agency has developed into a brand design agency founded on three strong pillars: brand consulting & planning, design & artwork and production. For Design Unlimited people and their relationship to brands is always the starting point. The high creative potential of the agency is supported by an accurate and rigorously consumer oriented brand strategy. Now employing 18 people, the agency deploys a specially developed Brand Success Process on behalf of its clients.

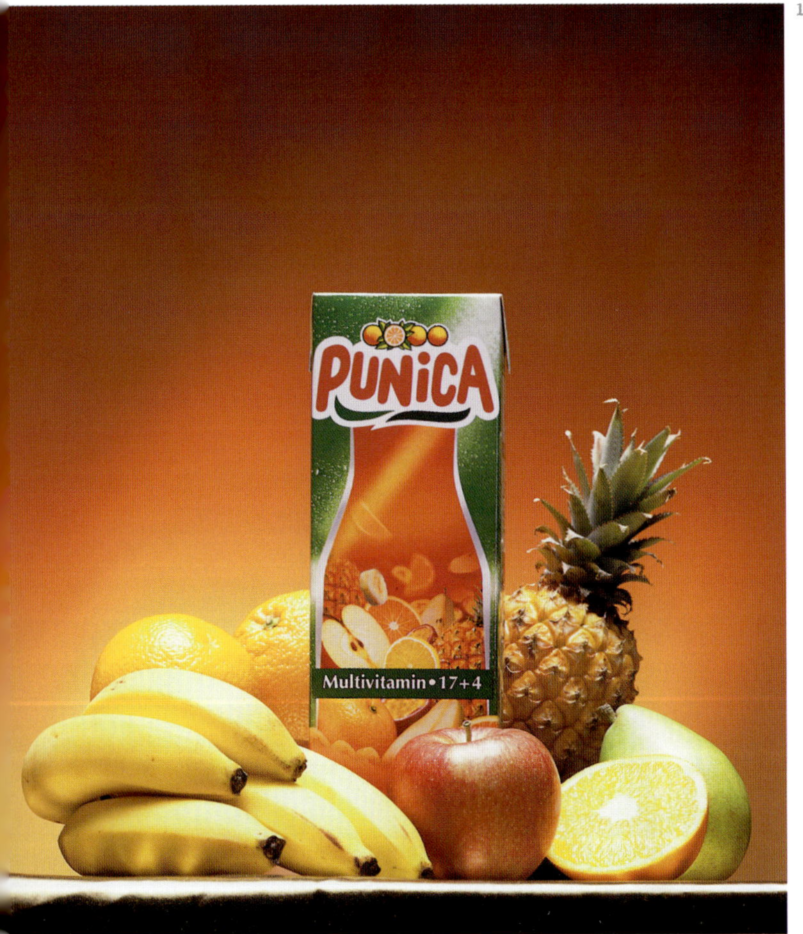

1

1 Punica
1,5 Liter New visual packaging equity
1.5 litre. New visual packaging
Procter & Gamble GmbH 1998-1999.

2 Branding. New corporate identity: Manaaru
The Art of Hair Design 1997.

3 Branding. New corporate identity:
Life Science Ventures GmbH 1997.

Referenzen/references: Boehringer Ingelheim Pharma KG, Coty Deutschland, dm-drogeriemarkt, Ferrero oHG, GMF School of languages GmbH & Co. KG, Hälssen & Lyon GmbH, Life Science Ventures GmbH, Manaaru The Art of Hair Design, Procter & Gamble GmbH, Susanne J. Petersen Organisationsentwicklung, Zenith Products Corp.
Veröffentlichungen/publications: »Markenführung in der Sackgasse« Martin Döbler, Vortrag und Podiumsdiskussion , Frankfurt, 2001; »Rätselhaftes Design«, Martin Döbler, Creativ Verpacken, Lindenhaus Verlag, 2000.

3

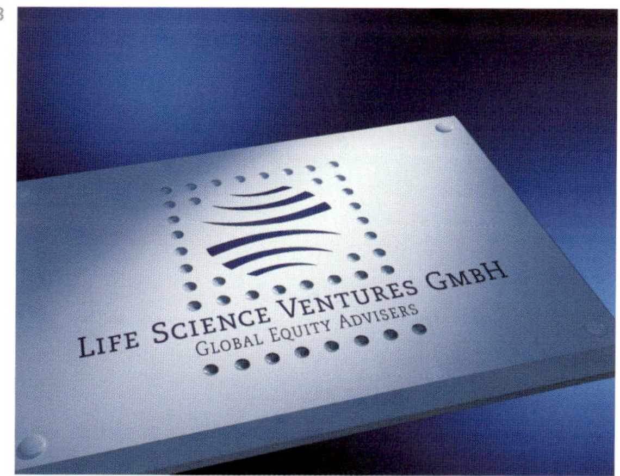

2

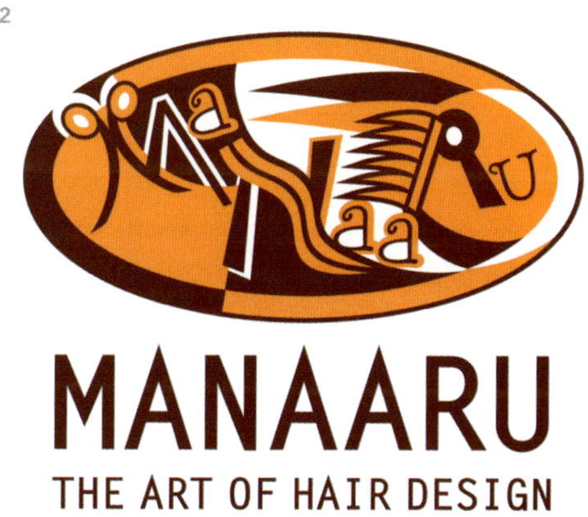

Birgit Eggers + Mark Diaper

Grafik Design

Kiefholzstraße 2
12435 Berlin
Telefon +49 (0)30/61 07 43 74
Telefax +49 (0)30/61 07 43 74
e-mail be.md@t-online.de

Seit 1990 arbeiteten Birgit Eggers und Mark Diaper in London, Amsterdam, Hamburg und New York. 1999 gründeten sie ein neues Studio in Berlin. Ihre Schwerpunkte sind Buchgestaltung, Publikationen und Kampagnen für kulturelle Institutionen, Corporate Identity, Website Design und Musik Promotion.

Having worked in London, Amsterdam, Hamburg and New York since 1990, Birgit Eggers and Mark Diaper established a new studio in Berlin in 1999. The main focus is on book design, publications and campaigns for cultural institutions, corporate identity, website design and music promotion.

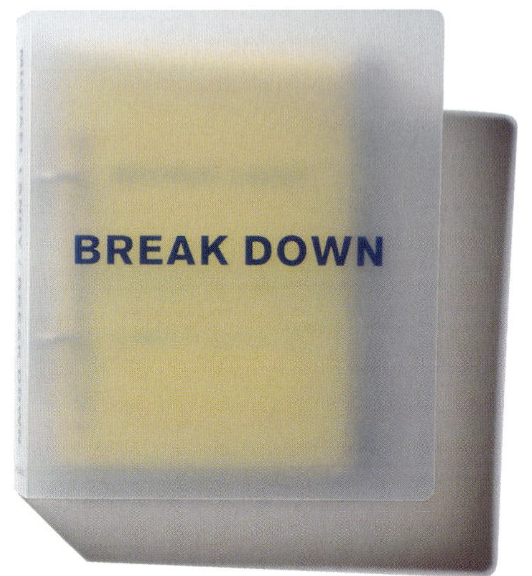

1

1 Catalogue Break Down
Michael Landy.

2 Catalogue Rodinsky's Whitechapel
Rachel Lichtenstein.

3 Catalogue The Missing Voice
(Case Study B)
Janet Cardiff.

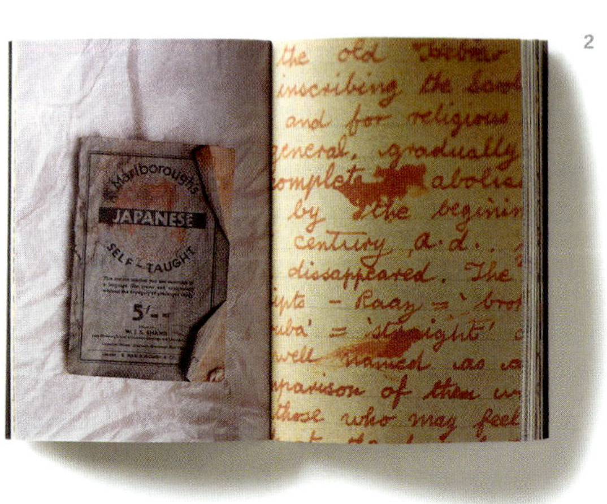

2

Referenzen/references: Jüdisches Museum Berlin, Astrium Space Infrastructure Bremen; Le Fresnoy - National Studio of Contemporary Arts (Tourcoing, France); G8 Cultural Consortium (France); Hamlyn Publishing (London, England); Artangel (London, England); Cambridge University Press (England).
Veröffentlichungen/publications: »The Missing Voice«, Graphics International 72/2000; »Experimental Formats«, RotoVision 2000; »Rodinsky's Whitechapel«, Graphics International 68/1999; »Letterheads & Business Cards«, RotoVision 1999; »Sight for Sound«, HBI 1998; »Typography Now Two«, Booth-Clibborn Editions 1996; Typographics 1+2, HBI 1995/1996.
Auszeichnungen/awards: Graphis Poster; British Design and Art Direction; Design Week Award; International Society of Typographic Designers; Best Verzorgde Boeken; Deutscher Preis für Kommunikationsdesign.

3

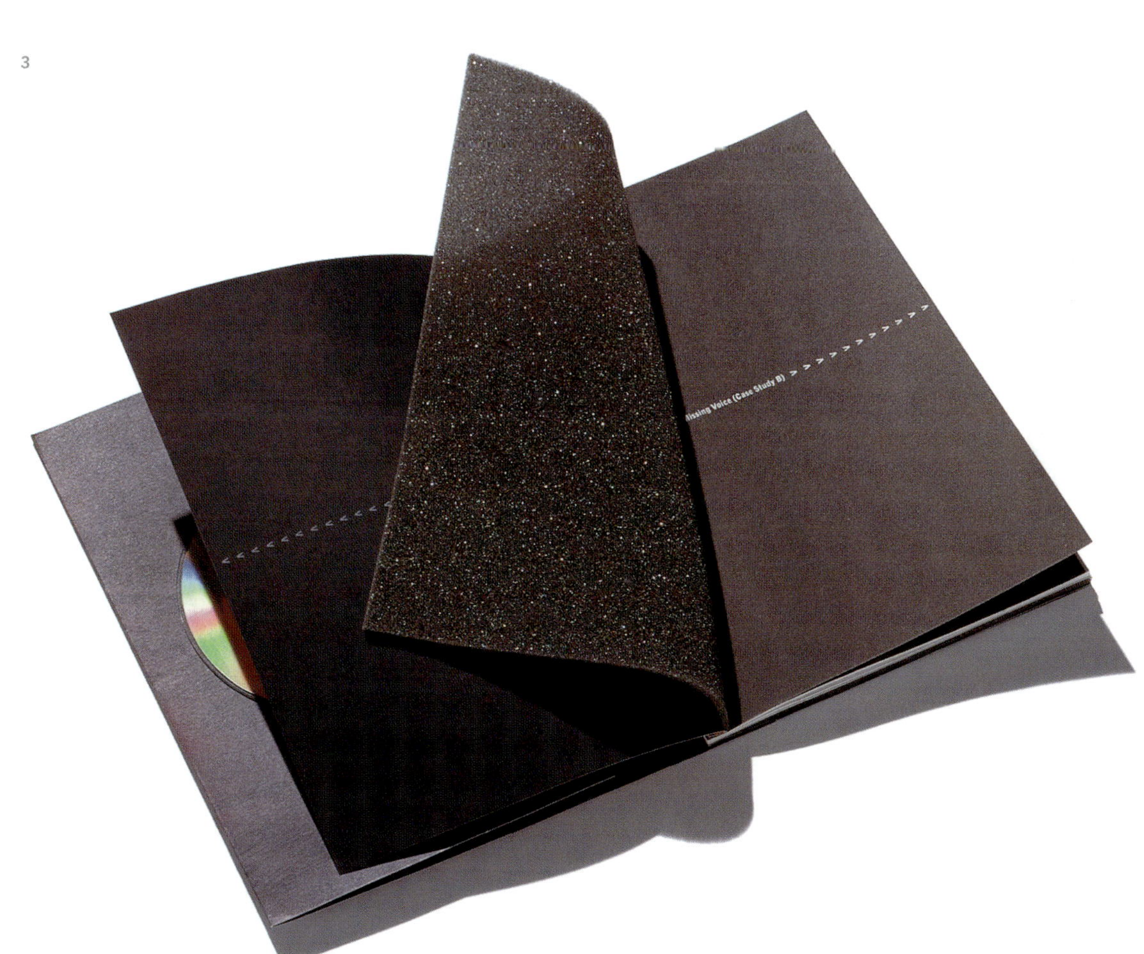

E

Geschäftsführung
Christiane Bördner, Marcus Gaab,
Nina Heydorn

Schlesische Straße 26-dlll
10997 Berlin
Telefon +49 (0)30/61 78 95 70
Telefax +49 (0)30/61 78 95 76
e-mail e-mail: mail@contact-e.com
internet www.contact-e.com

E sind die Designer Christiane Bördner, Marcus Gaab und Nina Heydorn. Im Spannungsfeld indivi dueller Interessen und Arbeitsbereiche (Screen- und Grafikdesign, Fotografie, Installation) konzipieren sie Projekte im Bereich Corporate-Design. Durch professionalisierte Experimente positioniert sich E in einem Bereich, in dem Unterscheidungen zwischen bügelfreiem Design und artistischem Selbstverständnis hinfällig sind. Hierbei etablierte E eine besonders erfolgreiche Verbindung von Mode mit neuen Medien. Für die Realisierung ihrer Projekte vernetzen sie sich international mit Designern anderer Disziplinen (z.B. Mode, Objekt und Musik), Technikern und Geisteswissenschaftlern.

Since 1997 the designers Christiane Bördner, Marcus Gaab and Nina Heydorn have been E, a team comprising individual interests and fields (screen and graphic design, photography and installation) which handles corporate design projects. With professionalised experiments E has positioned itself in an area where distinctions between neat design and artistic acumen are otiose, establishing a particularly successful link between fashion and the new media. E networks internationally with designers working in other disciplines (eg. fashion, objects and music), technicians and scholars.

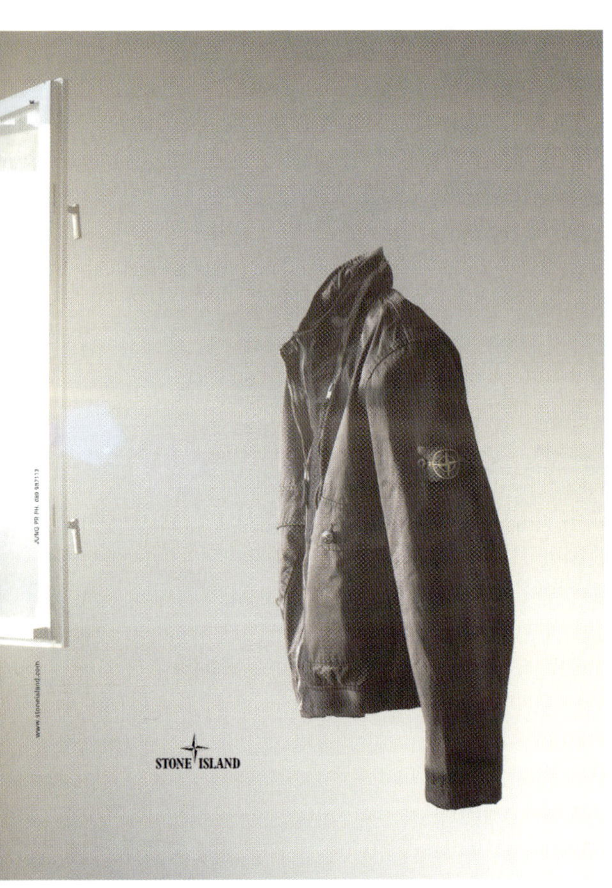

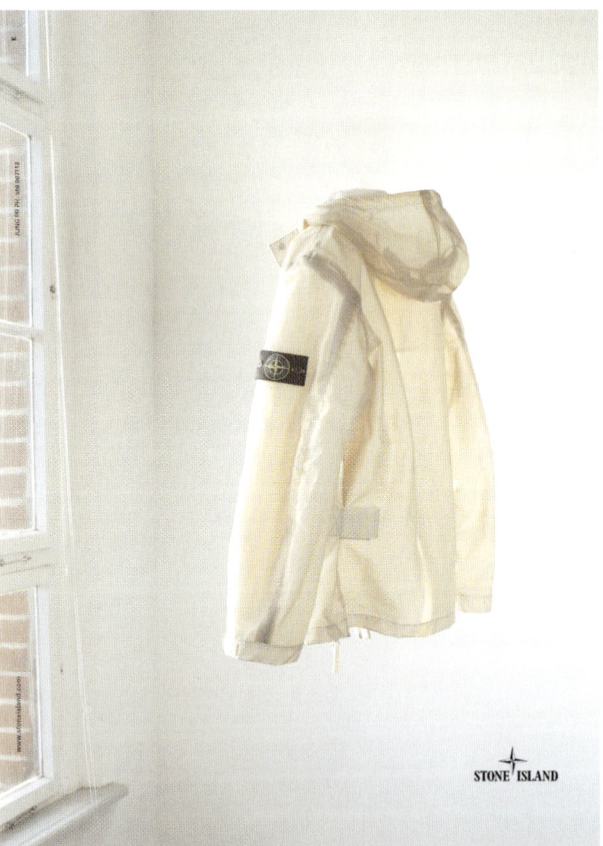

1

Referenzen/references: Stone Island, Serie 100, René Lezard, Deyk.Connemara u. a.
Veröffentlichungen/publications: »mined field«, tank magazine u. a.
Auszeichnungen/awards: Distinctive Merit Award, ADC New York 1998 (Stone Island CD-rom No. 2); Bronze Deutscher Multimedia Award 1998 (Stone Island CD-rom No. 2); Nominierung Europrix MultiMediaArt 1998; Auszeichnung Höchste Designqualität Deutscher Preis für Kommunikationsdesign Design Zentrum Nordrhein Westfalen 1998 (Stone Island Cd-rom No. 4); New Media INVISION 1998 Awards, San Francisco: Gold Award (product marketing campaign, Stone Island Cd-rom No. 4); Auszeichnung ADC Deutschland: Auszeichnung Nachwuchswettbewerb 1998 (Stone Island CD-rom No. 4); Nominierung EMMA awards 1998, England; Goldmedaille ADC Deutschland 1999 (Stone Island Cd-rom No. 4); New Media INVISION 1999 Awards, San Francisco: Bronze Award 1999 (www.rene-lezard.com); red dot award, Design Zentrum Nordrhein Westfalen, »best of the best« Höchste Designqualität 2001 (Serie 100), Hohe Designqualität 2001 (Stone Island Autumn/Winter, Spring/Summer).

2

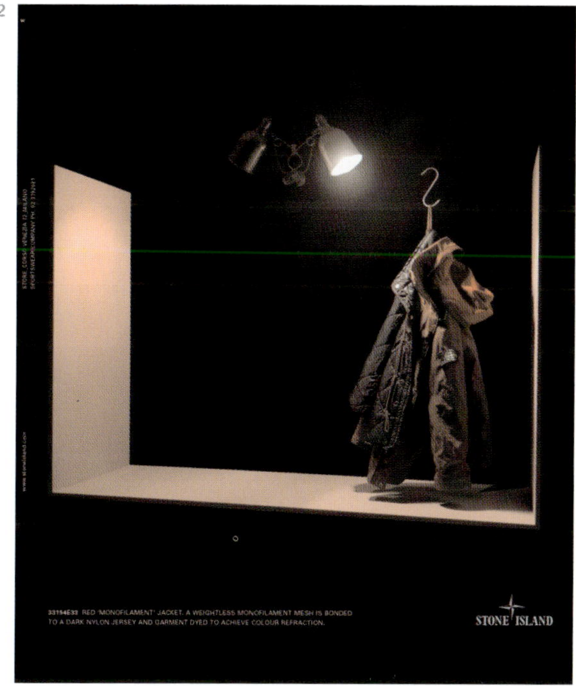

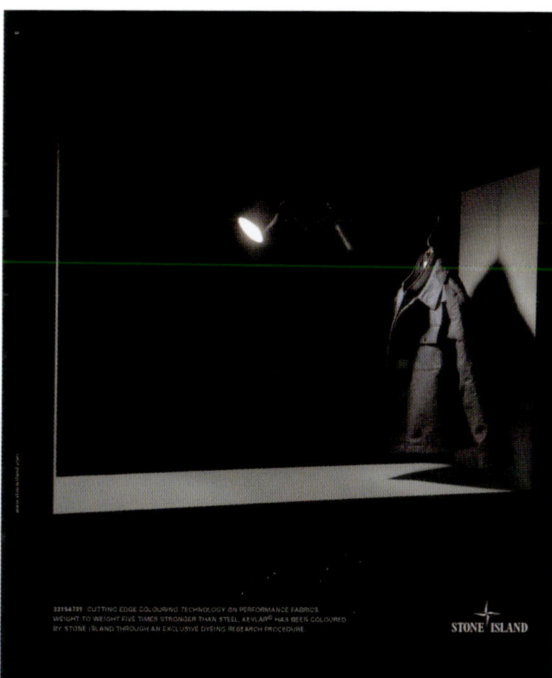

1 Stone Island.

2 Stone Island.

Factor Product, München Designagentur GmbH

Geschäftsführung
Stefan Bogner, Axel Schildt,
Boris Simon, Frank Thiele

Comeniusstraße 1 RGB
81667 München
Telefon +49 (0)89/48 92 78 10
Telefax +49 (0)89/48 92 78 11
e-mail contact@factor-product.com
internet www.factor-product.com

> Industrial Design S. 78
> Multimedia Design S. 440

Die Factor Product Designagentur wurde 1994 in München gegründet. Sie gestaltet, was Kunden sehen, fühlen und benutzen. Erscheinungsbilder und Kommunikationsmittel, Produkte und Verpackungen, Websites und Benutzeroberflächen. Mit dem Anspruch, Kreativität, Geschäftslogik, Marktbedürfnisse und Unternehmensziele zu einer präzisen Zielgruppenansprache zu verschmelzen, denken wir quer und handeln geradlinig - richten den Blick auf das Ganze, bevor wir die Details umsetzen. Denn Botschaften sollen ankommen und haften bleiben, auf den ersten Blick und auf den zweiten. Die Schwerpunkte liegen im Industrial Design, Commmunication Design und Multimedia Design.

Factor Product Designagentur GmbH was established in Munich in 1994. We design the things that customers see, feel and use. Images and means of communication, products and packaging, websites and user interfaces. With the aim of merging creativity, business logic, market needs and corporate goals in a precision approach to target groups, we combine original thinking with straightforward action, looking at the whole before implementing the details. Because the message must be put across and it must stick – at first glance and at second. Our main focus is on industrial design, communication design and multi-media design.

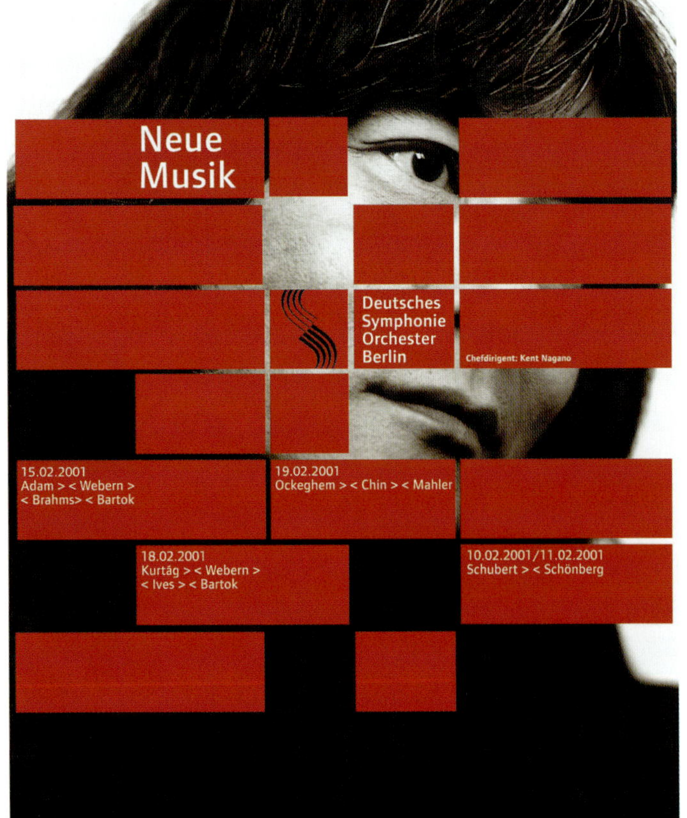

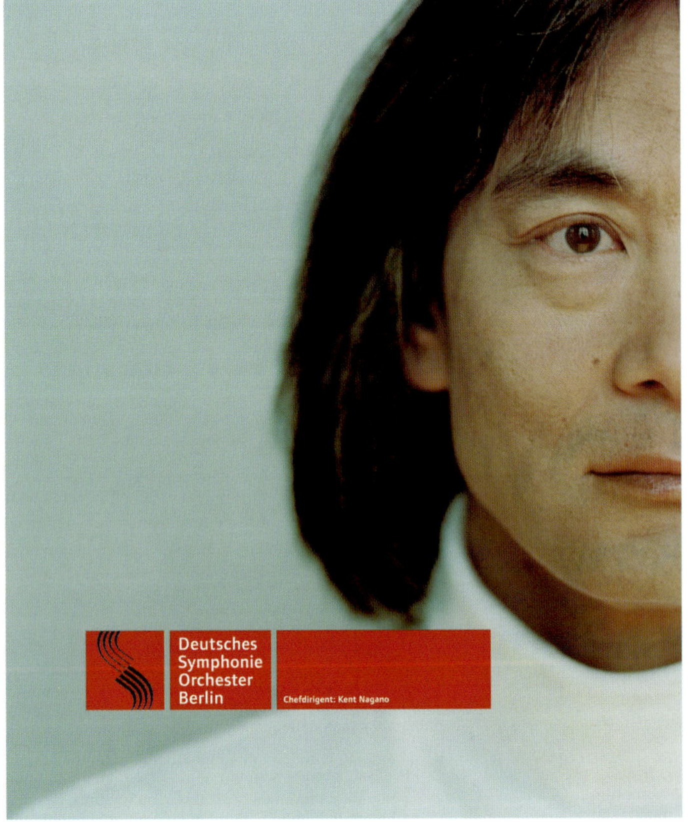

1

Referenzen/references: Allianz AG, Arthaus Filmverleih, Bayerischer Rundfunk, BMG, BMW Group, Deutsches Architekturmuseum Frankfurt, Deutsches Symphonieorchester Berlin, EG-Electronic, HypoVereinsbank AG, Nemetschek AG, Plettac Electronic, Salomon AG, Schwan Stabilo, Sedus Stoll AG, Siemens Business Services, Virgin Records.
Auszeichnungen/awards: Award for typographic excellence TDC New York 1995, 1996, 1997, 1999, 2000; Merit Award ADC New York 1996, 1997 (2x), 1998, 2000; Distinctive Merit Award ADC New York, 1998; Anerkennung Kategorie Neue Medien ADC Deutschland 2000; German Dance Award: Artwork & Visuals, GDA Deutschland; red dot award product design for high design quality 2001.

2

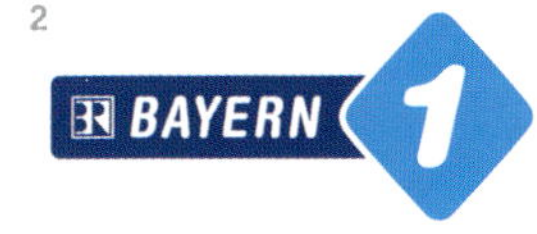

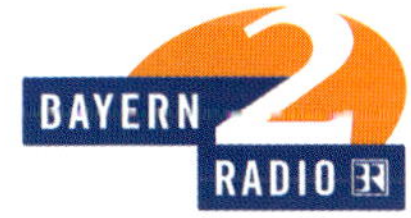

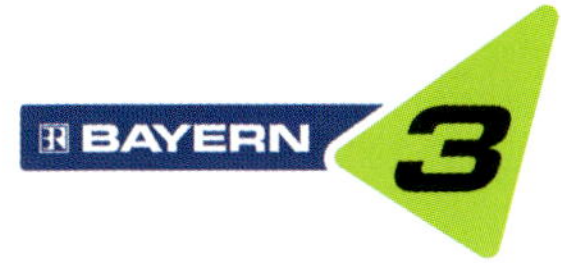

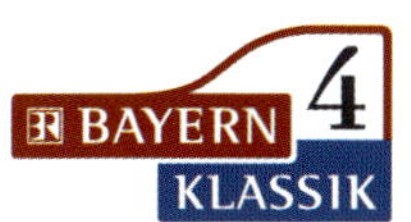

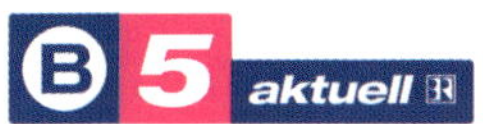

1 Corporate Design Spielzeit 2001
Corporate design for the 2001 season
Deutsches Symphonieorchester Berlin 2001.

2 Corporate Design und Programmlogos
Corporate design and channel logos
Bayerischer Rundfunk 2000.

3 Schwan Stabilo
Packaging Design 2000.

3

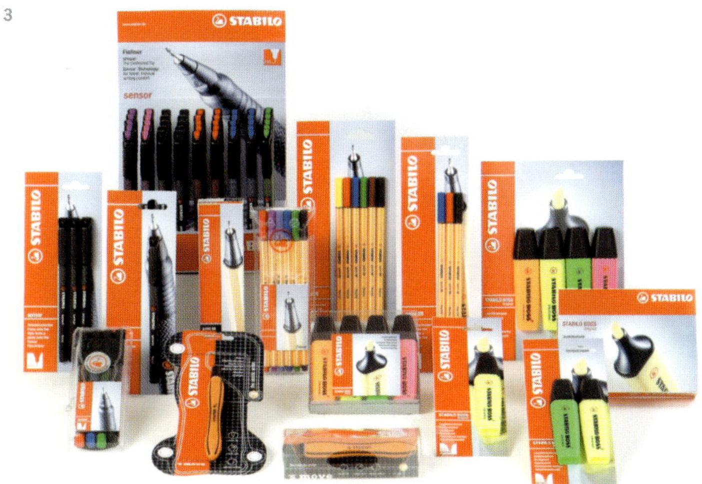

Festo Corporate Design

Head of Corporate Design
Prof. Dipl.-Ing. Axel Thallemer

Heugasse 1
73728 Esslingen
Telefon +49 (0)711/3 47 38 80
Telefax +49 (0)711/3 47 38 99
e-mail tem@festo.com
internet www.festo.com/pneumatic_structures

> Industrial Design S. 80
> Textile Design S. 484

Das von Festo Coporate Design entwickelte Manual stellt das komplette inhaltliche und visuelle Erscheinungsbild des Unternehmens Festo dar. Sämtliche Bereiche, von 2D-Grafik über 3D-Industrie Design bis hin zur Innen- und Außenarchitektur, werden darin behandelt. Somit spiegelt es gleichzeitig exemplarisch die Festo eigene Unternehmenskultur wider. An DTP-Arbeitsplätzen realisieren die Gruppen Grafik Design und Typografie im Netzwerkverbund den neuen Auftritt, analog zu den Vorgaben des Manuals. Weltweit werden im »Softoffice« einheitliche Vorlagen eingesetzt und verhelfen damit auch der globalen unternehmensinternen und -externen Kommunikation zu einem homogenen Auftritt.

The Manual developed by Festo Corporate Design gives the full content and visual image of Festo. It deals with all activities from 2D graphics through 3D industrial design to interior and exterior design. It reflects Festo's own particular corporate culture. At DTP workplaces the graphic design and typography groups are networked in the creative process in line with the Manual. In the global "softoffice" standard templates are used to support a homogenous presentation of world-wide internal and external corporate communication.

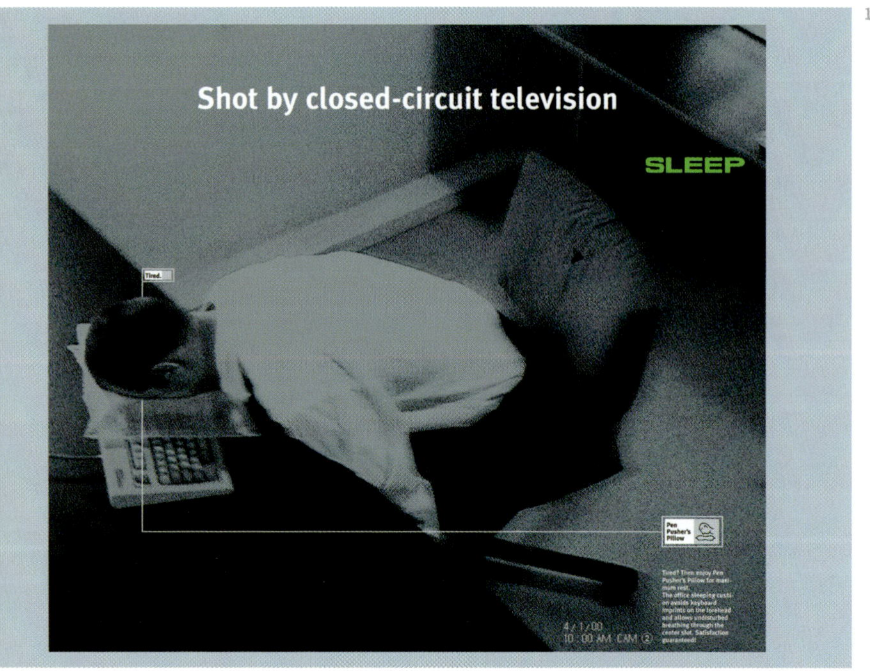

1

1 SLEEP
Produktkommunikation
Product communication.

2 Imageseiten
Image pages.

Veröffentlichungen/publications: Neugierig 1, 1998/1999; Neugierig 2, 1999/2000; Ranking: Design 1999/2000; Designer Profile 2000/2001; Internationales Jahrbuch für Kommunikationsdesign, Design Zentrum Nordrhein Westfalen, Essen 2000/2001.
Auszeichnungen/awards: Deutscher Preis für Kommunikationsdesign: High and Highest Design Quality, Design Zentrum Nordrhein Westfalen, Essen; Art Directors Club New York, USA, Merit und Distinctive Merit Award.

2

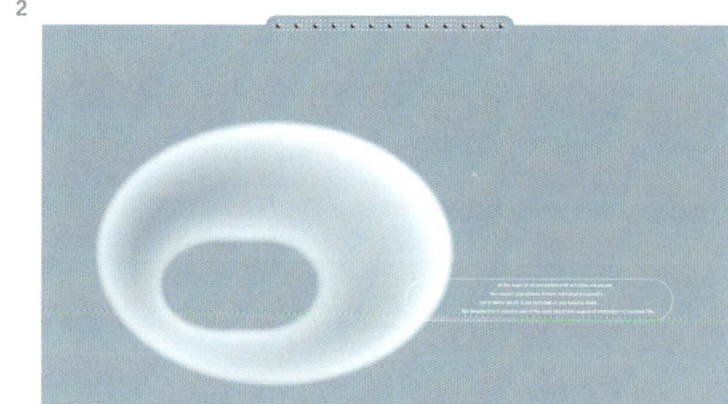

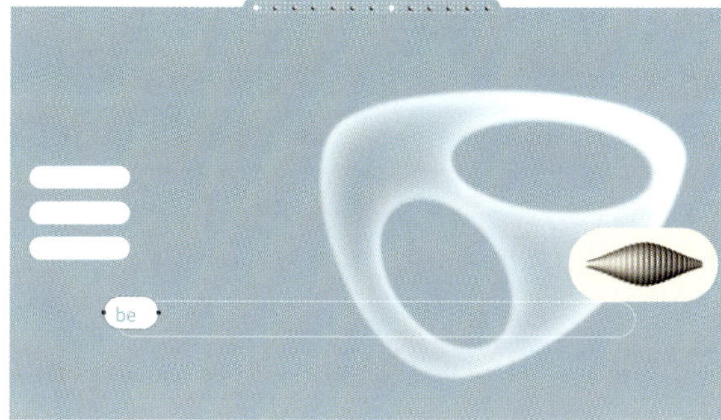

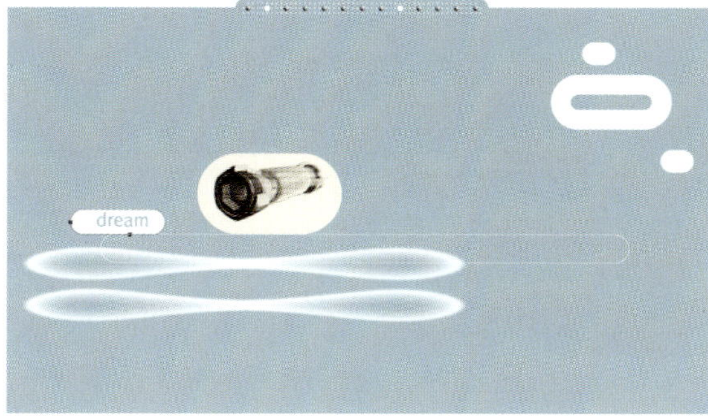

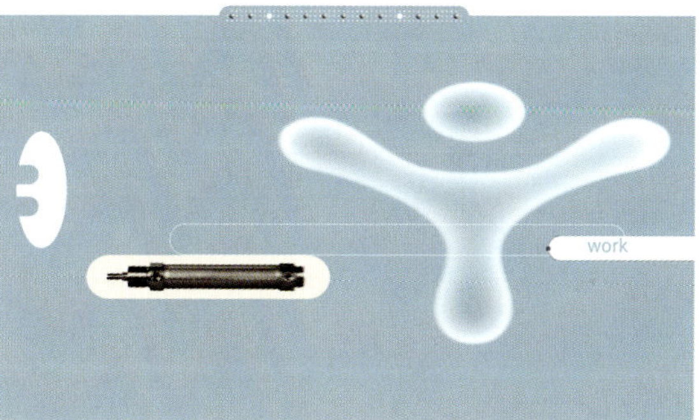

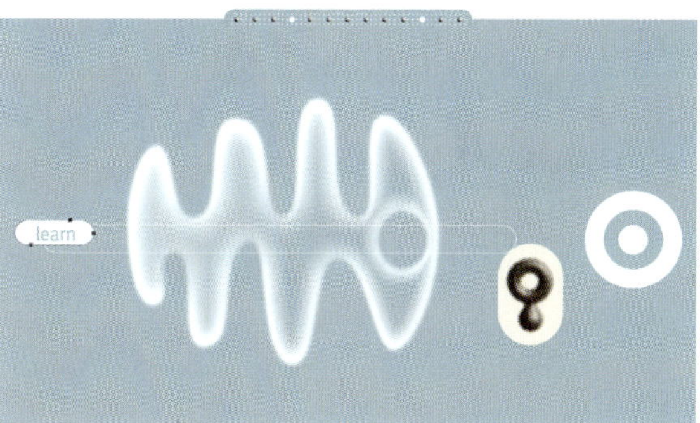

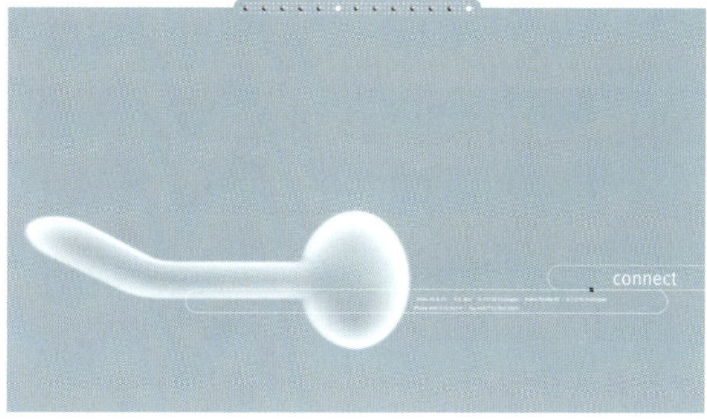

Formium

Geschäftsführung
Dipl. Des. Georg Ludwig Kunz
(VDID)

Leinzeller Straße 14
73527 Täferrot
Telefon +49 (0)7175/99 91 20
Telefax +49 (0)7175/99 91 220
e-mail info@formium.de
internet www.formium.de

> Industrial Design S. 84

Formium, entstanden aus Kunz Produkt und Grafik, wurde 1991 in Täferrot gegründet. Die Schwerpunkte des Büros bilden Produktdesign, Unternehmenskommunikation und Corporate Design. Weitere Schwerpunkte liegen in der Innovations- und Produktstrategie, der Designkonzeption, dem 3-D Modelling und Prototypenbau.

Formium was established in Täferrot as a merger of Kunz Produkt and Grafik in 1991. The main focus is on product design, corporate communication and corporate design. Other major points of emphasis are on innovation and product strategy, design concepts, 3D modelling and prototyping.

1

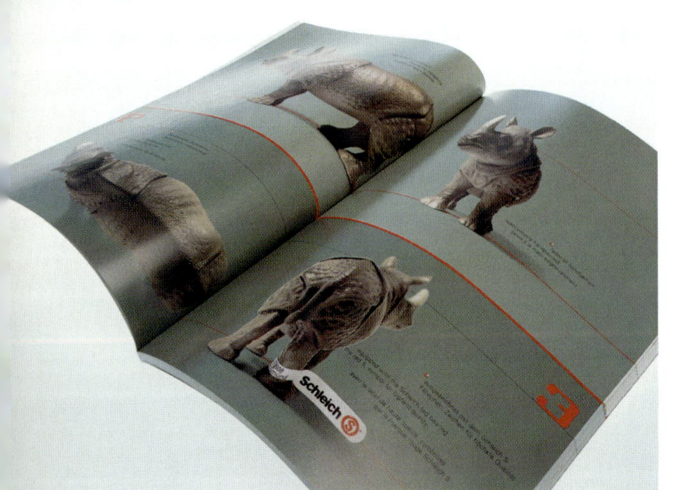

Referenzen/references: Concord, Schleich, Jan Langner Dentaltechnik, Deutsche Sparkassen Datendienste, Alcatel, T-Mobil, Lidl und Schwarz, Deutsch Amerikanisches Zentrum Stuttgart, Automaten Seitz, Renz, Schick Dentaltechnik.
Auszeichnungen/awards: 1. Preis Orgatech Köln/Mailand 1989; Deutscher Preis für Kommunikationsdesign, Design Zentrum Nordrhein Westfalen, 1993, 1996; Roter Punkt für Höchste Designqualität Best of the Best, Design Zentrum Nordrhein Westfalen, 1996; Roter Punkt für Hohe Designqualität, Design Zentrum Nordrhein Westfalen, 1999.

2

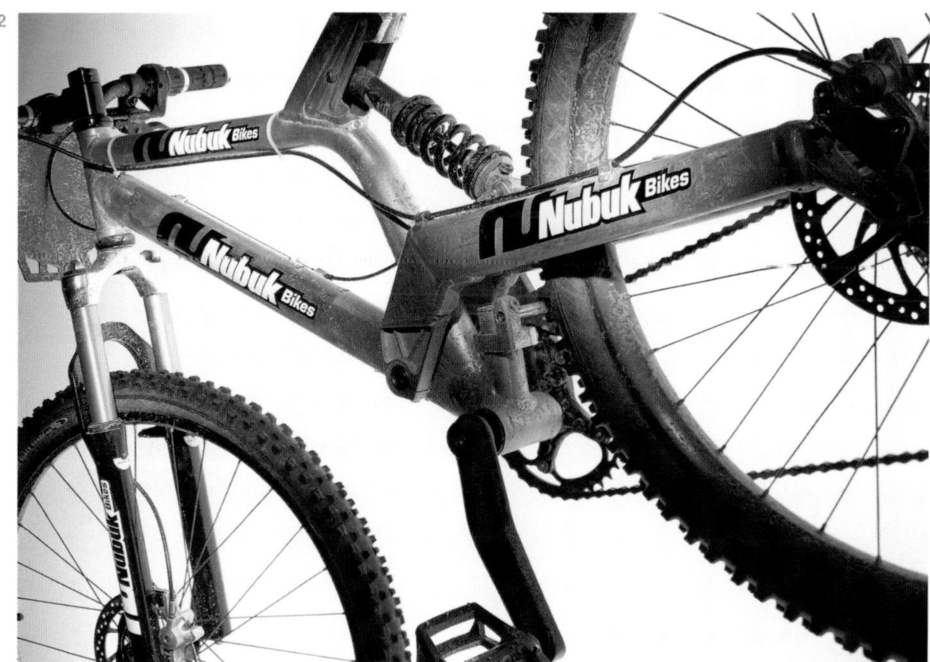

3

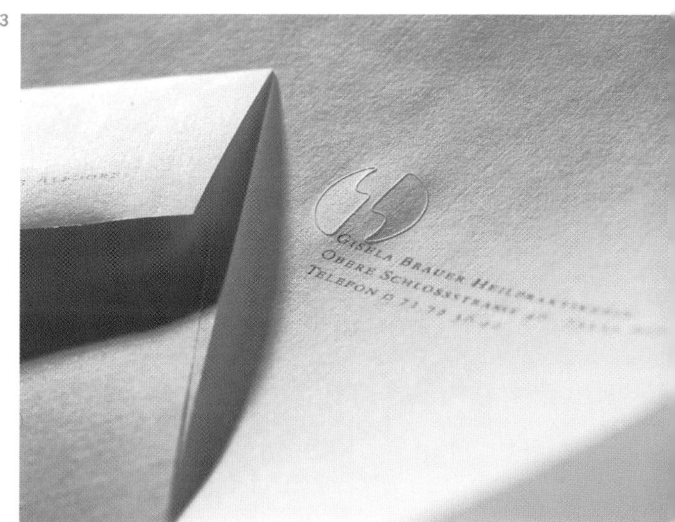

1 Händlerkatalog
Dealers' catalogue
Schleich Produktions- und Handelsgesellschaft mbH 2001.

2 Bike-branding
Nubuk bikes 2001.

3 Erscheinungsbild Heilpraktikerin
Image for health care practitioner
2000.

freitagundhäussermann

Gestaltungsagentur

Geschäftsführung
Brigitte Häussermann
Peter Freitag

Zeppelinweg 1/1
73525 Schwäbisch Gmünd
Telefon +49 (0)7171/92 90 88
Telefax +49 (0)7171/92 90 87
e-mail info@freitagundhaeussermann.de
internet www.freitagundhaeussermann.de

freitagundhäussermann wurde 1988/89 von Brigitte Häussermann und Peter Freitag in Schwäbisch Gmünd gegründet. f&h versteht sich als kreativer Dienstleister, der mit einem Team von 3 MitarbeiterInnen und in enger Zusammenarbeit mit seinen Kunden feine und individuelle Werbe- und Gestaltungskonzepte entwickelt und realisiert. Schwerpunkte von freitagundhäussermann sind Werbung und Corporate Design sowie Informationsdesign, Messe- und Ausstellungsgestaltung, Editorial Design und Kulturarbeit.

freitagundhäussermann was established in Schwäbisch Gmünd by Brigitte Häussermann and Peter Freitag in 1988/89. f&h sees itself as a creative service provider which, with a team of three employees, develops and implements precisely customised advertising and design concepts in close collaboration with clients. The main focus is on advertising and corporate design, information design, trade fair and exhibition design, editorial design and cultural work.

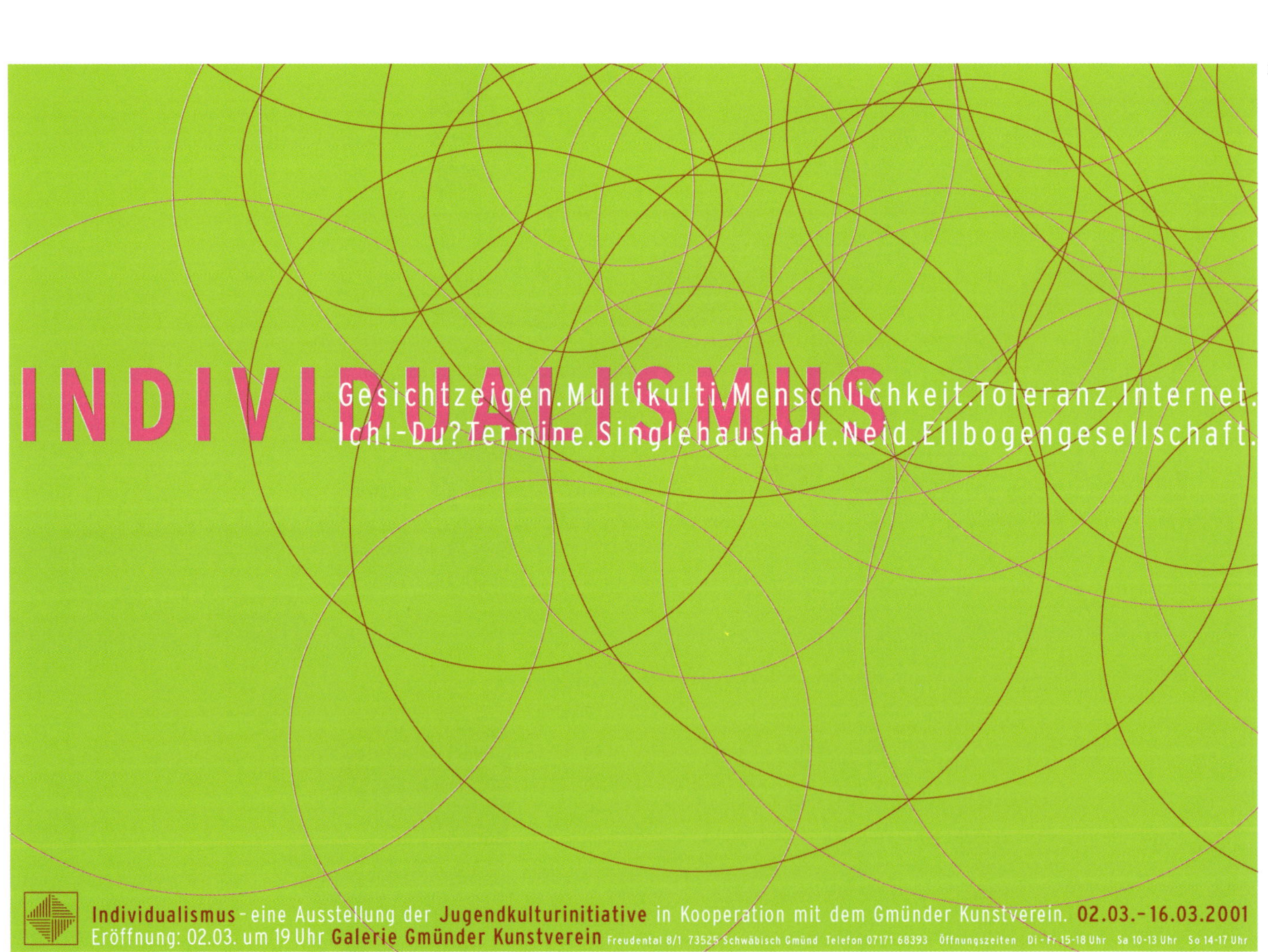

1 Individualismus
Plakat/*Poster*
Kunstverein Schwäbisch Gmünd 2001.

2 Imageanzeige Stadtbibliothek
Image advertisement town library
Schwäbisch Gmünd 2001.

3 Imagebroschüre/*Image brochure*
bott Fahrzeugsysteme 2001.

Referenzen/references: Autohaus Widmann+Müller, Bund der Kunsthandwerker Baden-Württemberg, die argonauten, Egmont Ehapa Verlag, GEK Gmünder ErsatzKasse, GfO Oberflächentechnik, Henssler & Schultheiss Fullservice Productdesign, IfA Institut für Auslandsbeziehungen, ifs Softwaresysteme, Karl-Eugen-Einrichtungen, Kunstverein Schwäbisch Gmünd, KV Kassenärztliche Vereinigung, Peter Lang united lights, Multimedia by Tecno, sh:z Schleswig-Holsteinischer Zeitungsverlag, Stadt Schwäbisch Gmünd, The Walt Disney Company, Verlag Das Beste, Volksbank Strohgäu, Weltbild Verlag, Zentrum für Gestaltung und Wirtschaftskommunikation Schwäbisch Gmünd.
Veröffentlichungen/publications: Jahrbuch der Werbung 1998, Econ Verlag Düsseldorf, S.286; Jahrbuch der Werbung 2000, Econ Verlag Düsseldorf S.259; PAGE 03/2001, MACup Verlag Hamburg S.15; Novum 04/2001, New Media Magazine Verlag GmbH S.7.

3

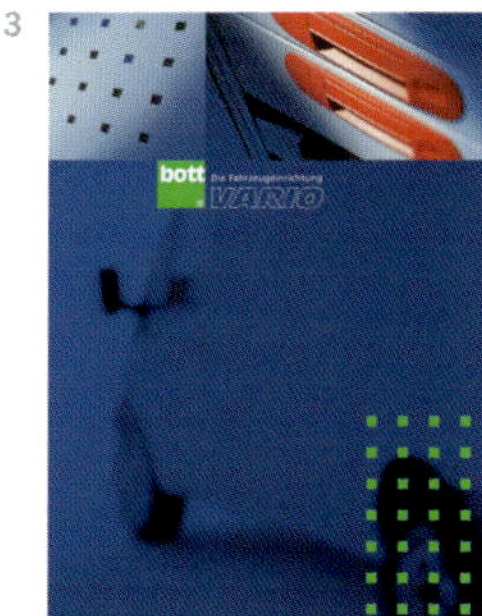

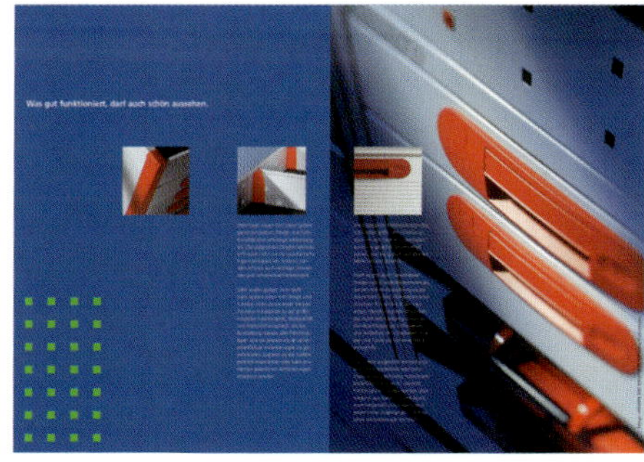

2

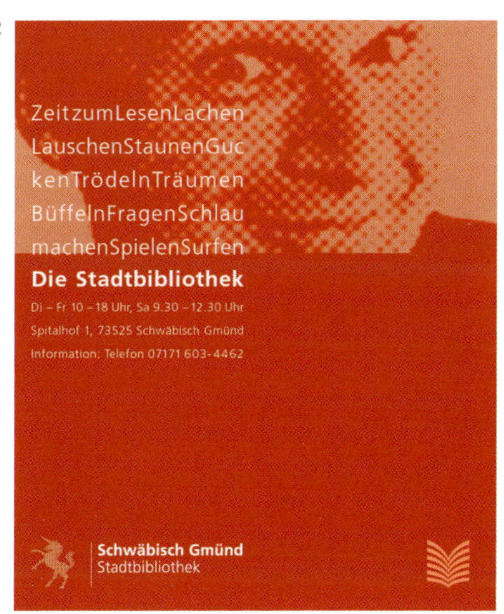

Angela Gambke

Grafik-Design (BDG)

Denkmalweg 2
51643 Gummersbach
Telefon +49 (0)2261/6 72 61
Telefax +49 (0)2261/6 59 16
e-mail a.gambke@oberberg-online.de
internet go-to.de/sign/ag

Angela Gambke, geboren 1949, studierte Visuelle Kommunikation an der Gesamthochschule Wuppertal bei Prof. A. Ade. Sie war Artdirectorin bei der Terra Werbeagentur in Gummersbach und ist seit 1989 freiberuflich tätig. Ihre Schwerpunkte liegen in der Konzeption, im Corporate Design, in der Visuellen Kommunikation für Institutionen und Unternehmen, im Grafik Design sowie in der Entwicklung von Personalsuch- und Imagekampagnen.

Born in 1949, Angela Gambke studied visual communication under Prof. A. Ade at the University of Wuppertal. She was an art director at the Terra advertising agency in Gummersbach and has been freelance since 1989. The main focus of her work is on concepts, corporate design, visual communication for institutions and industry, graphic design and recruitment and image campaigns.

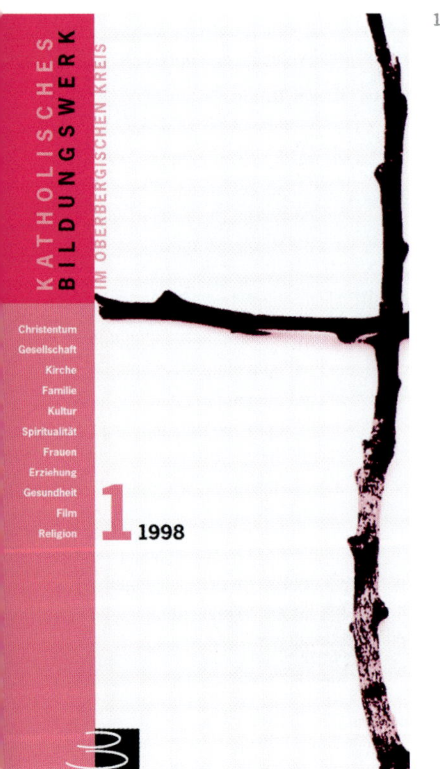

1

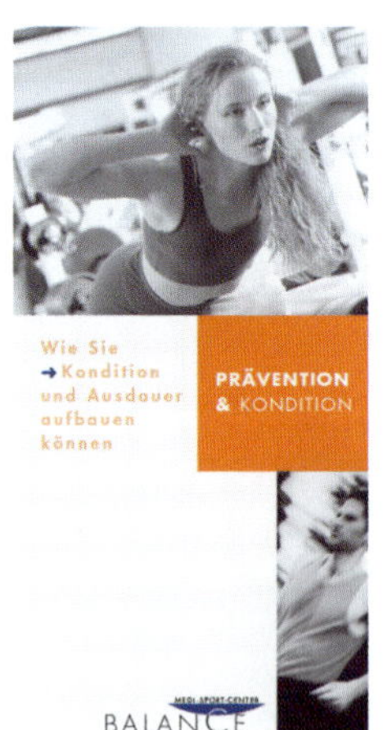

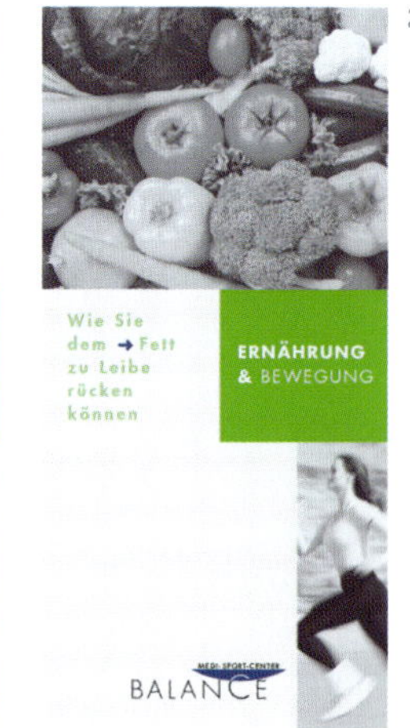

2

1 Programmtitel/*Program cover*
Katholisches Bildungswerk
im Oberbergischen Kreis, 1997.

2 Titel der Informationsblätter eines medizinisch orientierten Fitnessstudios
Title for the pamphlets of a medically orientated fitness studio
Medi-Sport-Centrum BALANCE, Derschlag, 1999.

3 Logo
Jugendamt Stadt Gummersbach, 2000.

4 Logo »dessous« Fachgeschäft für modische Miederwaren, 1992.

5 Plakat/*Poster* »Spiritualität«
Katholisches Bildungswerk
im Oberbergischen Kreis, 1993.

Referenzen/references: Oberbergischer Kreis; Stadt Gummersbach; Bruno Goller-Haus Gummersbach; Museum Schloss Homburg Nümbrecht; Kath. Bildungswerk; Evangelischer Kirchenkreis an der Agger; Evangelische Frauenhilfe im Rheinland; Apropos Cöln; Balance Medi Sport Center, Terra Personal Marketing.
Veröffentlichungen/publications: Designer über Design, Deutscher Fachverlag, 1996/1997.
Auszeichnungen/awards: Silberner Baum, Iggesund Paperboard AB, Schweden, 1991.

3

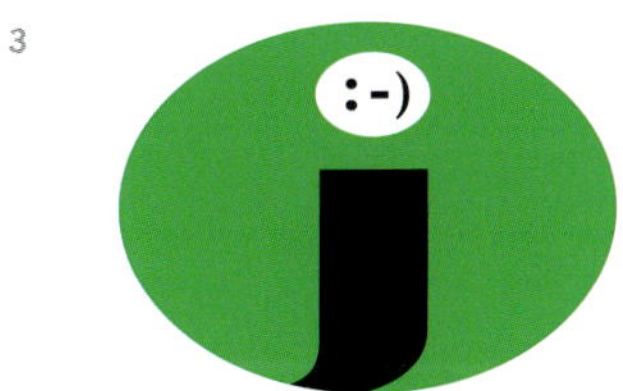

4 dessoūs

5

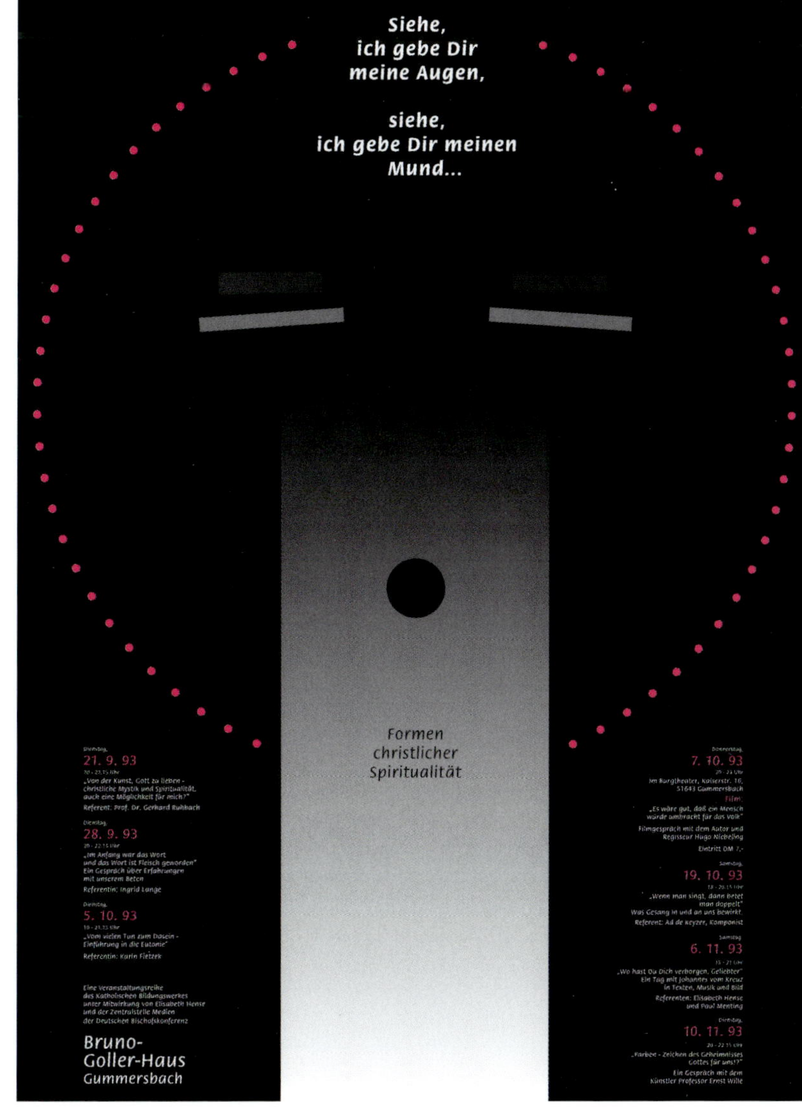

Christof Gassner

Irenenstraße 7
64293 Darmstadt
Telefon +49 (0)6151/2 51 50
Telefax +49 (0)6151/2 51 53
e-mail gassner@dialup.nacamar.de

1941 in Zürich geboren; Ausbildung an der Kunstgewerbeschule Zürich, u.a. bei Walter Käch und Josef Müller-Brockmann. Nach Tätigkeiten in Industrie und Verlag ab 1966 eigenes Grafik Design Atelier in Frankfurt/Main, seit 1992 in Darmstadt. 1985 Mitgründer und bis 1990 Art Direktor des »Öko-Test Magazins«; 1991 Relaunch und 1992 Art Direktion der Zeitschrift »natur«. 1986–92 Professor an der FH Darmstadt, seit 1993 Professur für Visuelle Kommunikation/Grafik-Design an der Kunsthochschule Kassel. Mitglied der Alliance Graphique Internationale. Arbeitsschwerpunkte: Typografie, Buch- und Zeitschriftengestaltung, Corporate Design und Plakatgestaltung.

Born in Zürich in 1941. Trained at the Kunstgewerbeschule in Zürich under Walter Käch and Josef Müller-Brockmann. Work for industry and publishers followed by own graphic design studio in Frankfurt/Main in 1966 and, since 1992, in Darmstadt. Co-founder in 1985 and until 1990 art director of "Öko-Test" magazine. 1991 relaunch and 1992 art director of "nature" magazine. 1986–92 professor at the Fachhochschule in Darmstadt. Since 1993 professor of visual communication/graphic design at the Kunsthochschule in Kassel. Member of the Alliance Graphique Internationale. Main focus of work: typography, book and magazine design, corporate design and poster design.

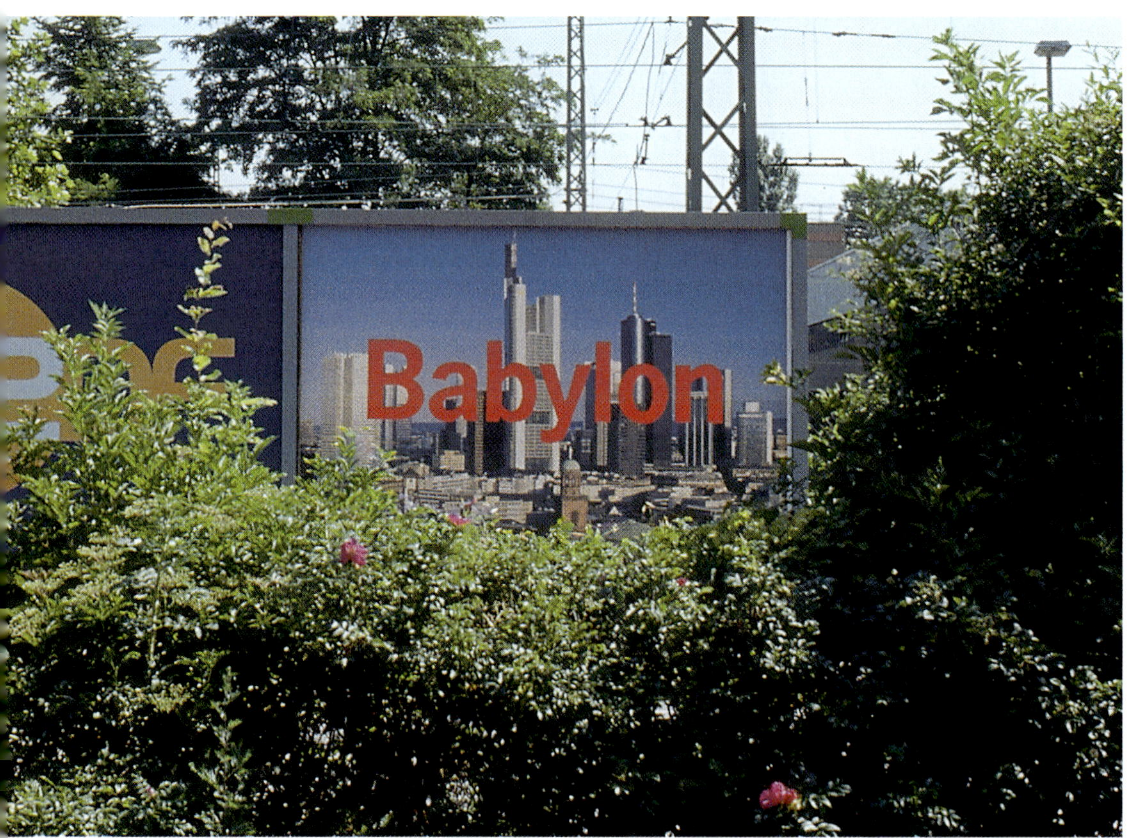

Großflächenplakat-Aktion zum Deutschen Evangelischen Kirchentag 2001 in Frankfurt /Main zur Losung »Du stellst meine Füße auf weiten Raum«.
Billboard campaign for the German Lutheran Church Congress of 2001 in Frankfurt/Main under the motto, "You set my feet on a broad space".

Referenzen/references: Bertelsmann Fachzeitschriften GmbH, Bundesministerium der Finanzen, Design Zentrum Nordrhein Westfalen, Deutscher Evangelischer Kirchentag, Universität Gesamthochschule Kassel.
Veröffentlichungen/publications: »Schrift und Typografie« im Handbuch »Visuelle Kommunikation«, Verlag Dietrich Reimer, Berlin 1989, 1994; »Alltag, Ökologie, Design – Umweltzeitschriften gestalten«, Verlag Hermann Schmidt, Mainz 1994; »Thema und Variationen – Canton Plakate 1983–1995«, Usingen 1996.
Auszeichnungen/awards: Biennale Brno: Gold, Icograda Excellence Award 1986, Design Prestige Award 1994; Design Zentrum Nordrhein Westfalen Essen, Deutscher Preis für Kommunikationsdesign: mehrfach Hohe und Höchste Designqualität; Deutsches Plakat Museum Essen: Dr.-Rudolf-Brandes-Preis 1994; Stadt Kiel: Visuelles Programm Kieler Woche 1993; Stiftung Buchkunst Frankfurt: Die schönsten Bücher (mehrfach); Type Directors Club New York: 15 awards.

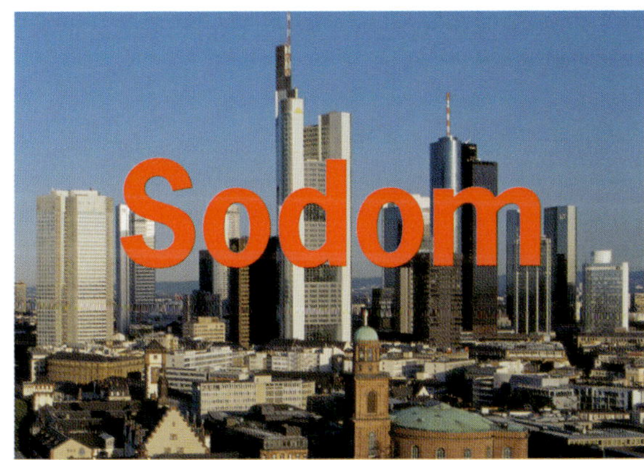

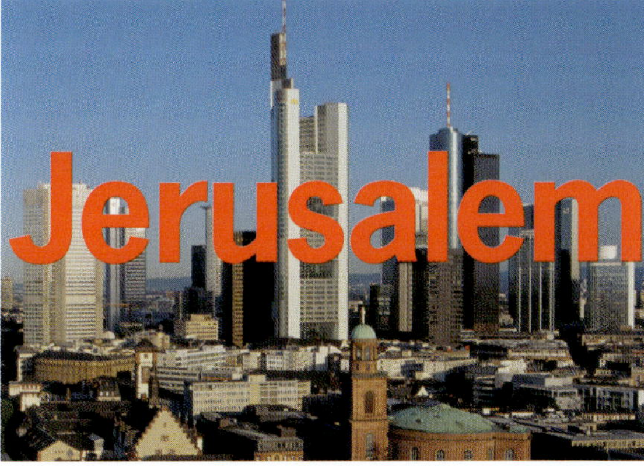

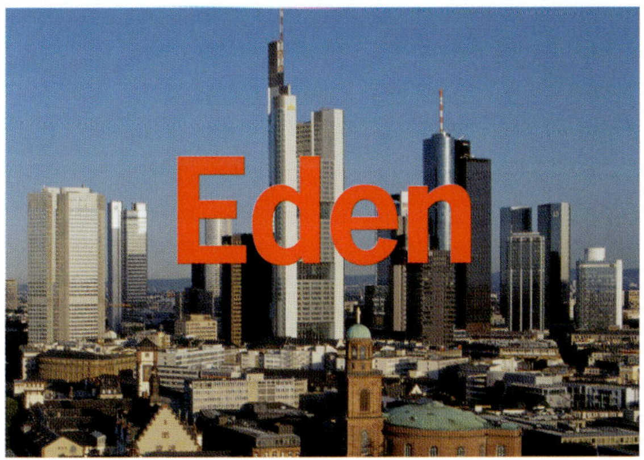

GDC Grafik Design Konzeption

Dipl. Des. (FH) Ulrich Knauer

Fraunhoferstraße 3
90409 Nürnberg
Telefon +49 (0)911/2 87 63 87
Telefax +49 (0)911/2 87 63 88
e-mail uli@gdc-knauer.de
internet www.gdc-knauer.de

GDC wurde 1997 gegründet und ging aus der Ateliergemeinschaft Designhouse 22 und dem Studio Wiech – Grafik, Design und Conception hervor. GDC arbeitet nun schon seit einigen Jahren erfolgreich nach ihrem Motto »gutes Design macht Werbung erfolgreich« für namhafte Firmen wie Siemens AG, Rehau AG, E.P. Lehmann, Kennametal Hertel AG u.a.

GDC was established in 1997 as the result of a merger of Designhouse 22 and Wiech – Grafik, Design und Conception. For several years GDC has been successfully putting into practice its motto "good design makes advertising successful"for well known companies such as Siemens AG, Rehau AG, E.P. Lehmann and Kennametal Hertel AG.

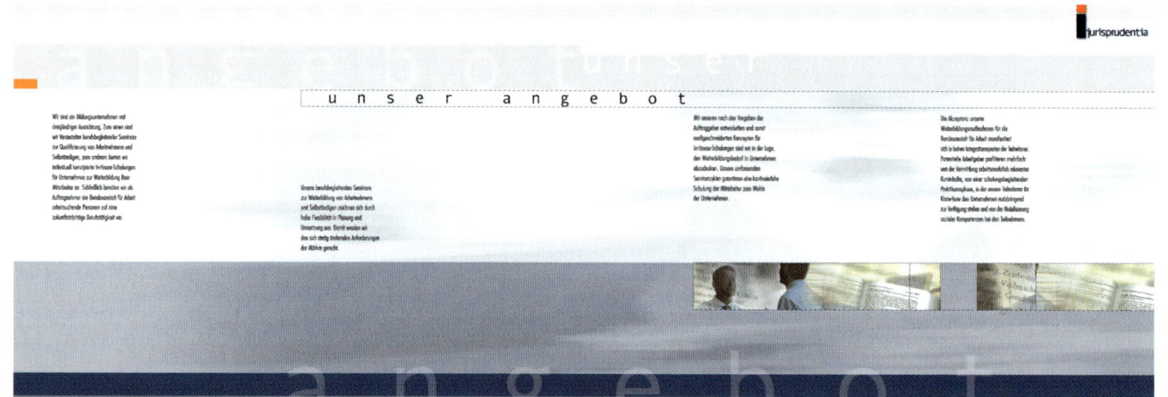

1

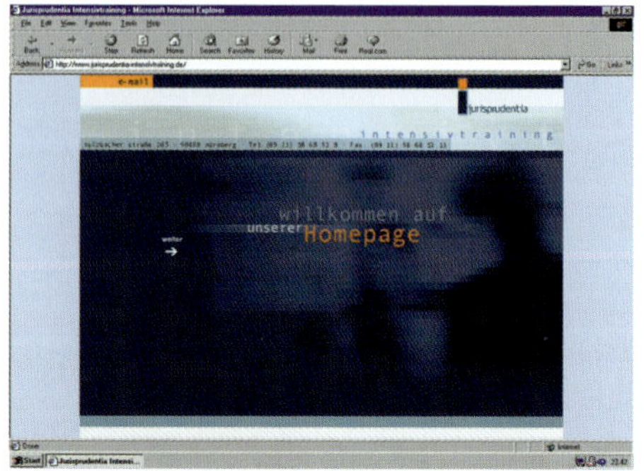

Referenzen/references: Siemens AG, Rehau AG, Jurisprudentia GmbH, Lohse GmbH, Renz-Medizintechnik, Glas at First GmbH, Wöhrl, Dimmobau AG, BKR-Softwareentwicklung- und Beratung GmbH u.a.
Veröffentlichungen/publications: Einblick 1 (Bayern), Rolf Mayr Verlag 1998; Einblick 2 (Bayern), Rolf Mayr Verlag 2001; Designer Profile 2000-2001, Designer Profile 2002-2003, Verlag form.

2

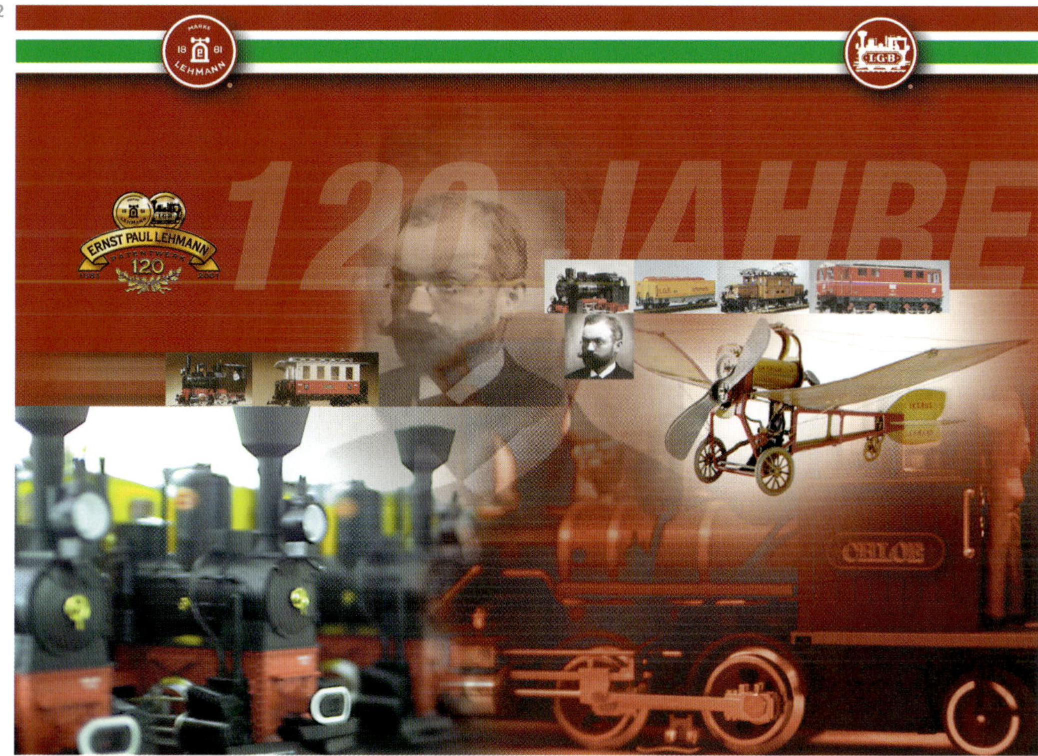

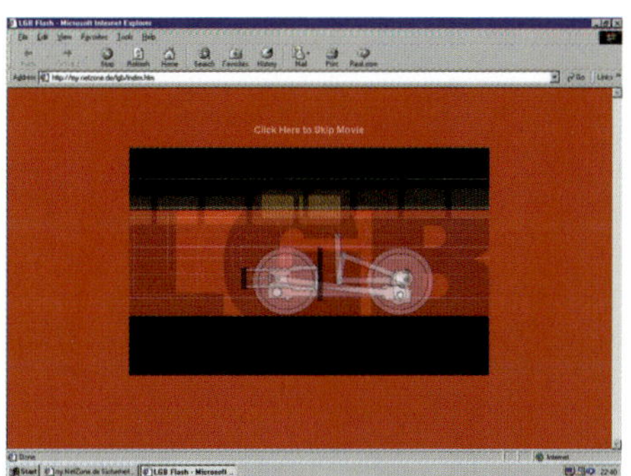

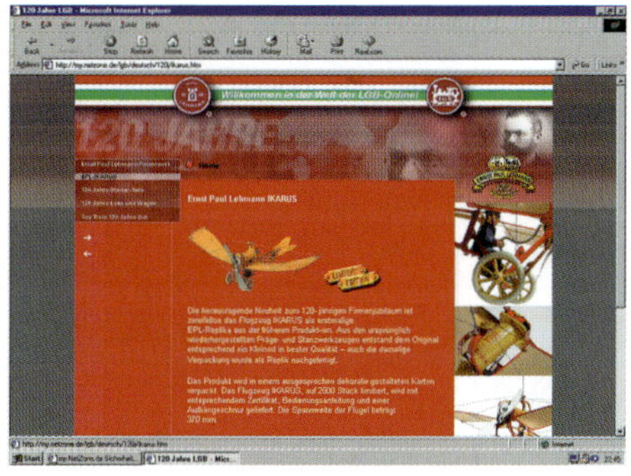

1 Branding, Web-/Screendesign und Katalog-/Prospektgestaltung
Branding, web/screen design and catalogue/brochure design
Jurisprudentia GmbH.

2 Corporate Design Entwicklung, Plakat-/Großplakatgestaltung und Web-/Screendesign
Corporate design, poster/placard design and web/screen design
E.P. Lehmann.

Giffhorn und Serres Design

Besenbruchstraße 16
42285 Wuppertal
Telefon +49 (0)202/89 88 16
Telefax +49 (0)202/89 88 17
e-mail info@giffhorn-serres.de
internet www.giffhorn-serres.de

Holger Giffhorn und Thomas Serres studierten Kommunikationsdesign an der Bergischen Universität GH Wuppertal. 1989 gründeten sie das Designbüro Giffhorn und Serres. Von 1993 bis 1996 waren sie Lehrbeauftragte an der Bergischen Universität GH Wuppertal. Die Arbeitsschwerpunkte von Giffhorn und Serres Design sind Konzeption, Text und Gestaltung von visuellen Erscheinungsbildern für Unternehmen und kulturelle Institutionen, Corporate Design, Corporate Communication.

Holger Giffhorn and Thomas Serres studied communication design at the University of Wuppertal. In 1989 they established the design office Giffhorn & Serres. From 1993 to 1996 they taught at the University of Wuppertal. The main focus of the agency is on developing concepts, copywriting and designing visual images for industry and cultural institutions, corporate design and corporate communication.

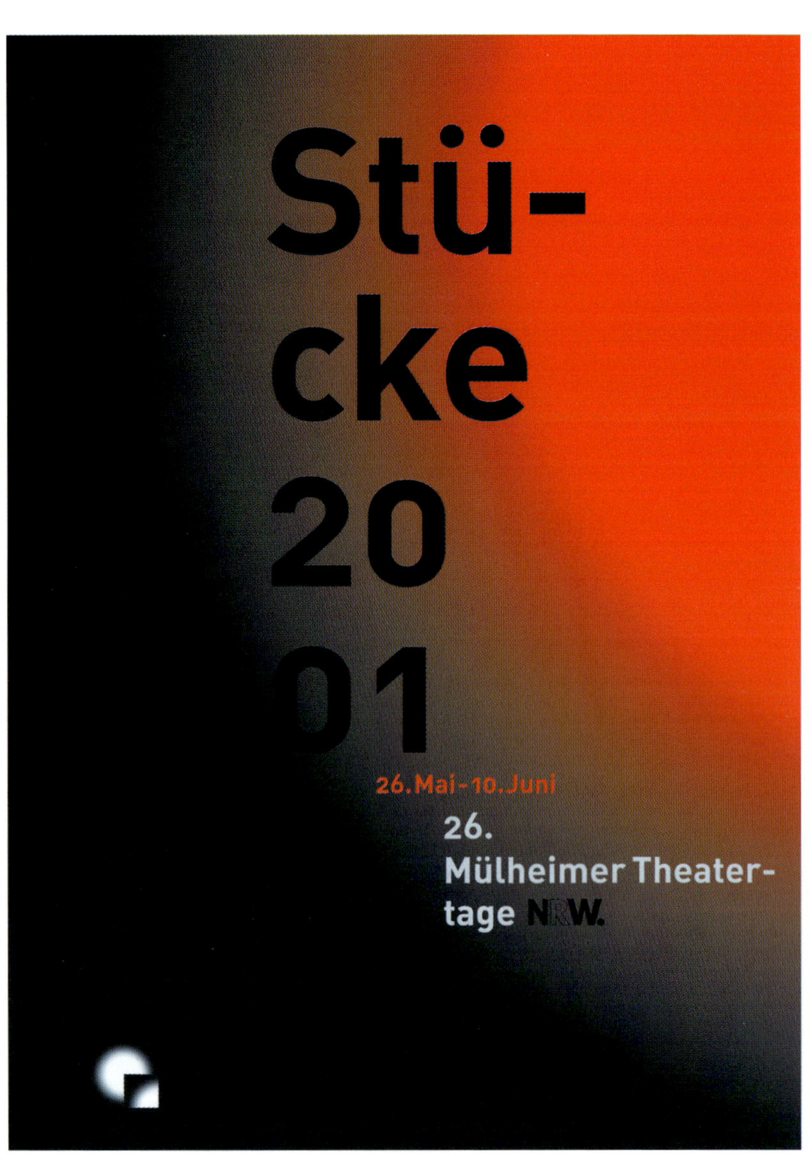

1

Referenzen/references: AG Historische Stadt- und Ortskerne in NRW, Brockmann Fenster und Küchen, Energieagentur NRW, Int. Tanzfestival NRW, Kompetenznetzwerk Universitätsverbund Multimedia NRW, Kulturbetrieb Mülheim an der Ruhr, Kultursekretariat NRW, Landesspracheninstitut NRW, Landeszentrale für politische Bildung NRW, Messe Düsseldorf, verschiedene Ministerien des Landes NRW, Rhein-Lippe Wohnen, Wohnbau Westfalen u. a.
Veröffentlichungen/publications: form, Art Directors Club New York Jahrbuch 1990; Type Directors Club Jahrbuch 1996, 1998, page 1995, 1996; Handbuch für Design in Nordrhein-Westfalen 1996/97, Design Zentrum Nordrhein Westfalen; Internationales Jahrbuch Kommunikationsdesign verlag form 1995/96, 1998/99.
Auszeichnungen/awards: Merit Award, Art Directors Club New York, 1990; Herb Lubalin International Student Design Competition, New York 1990 und 1991; Plakatwettbewerb »Gegen Gewalt und Fremdenhaß«, Berlin 1993; 1. Preis, Plakatwettbewerb »Gegen Haß und Gewalt« Dresden 1995; Bronze, Deutscher Plakat Grand Prix, 1995; Hohe Designqualität Deutscher Preis für Kommunikationsdesign, Essen 1993, 1995, 1998; Type Directors Club New York 1996, 1998.

3

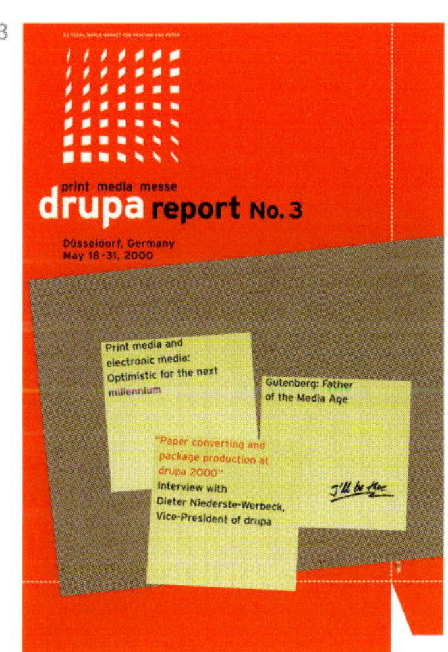

2

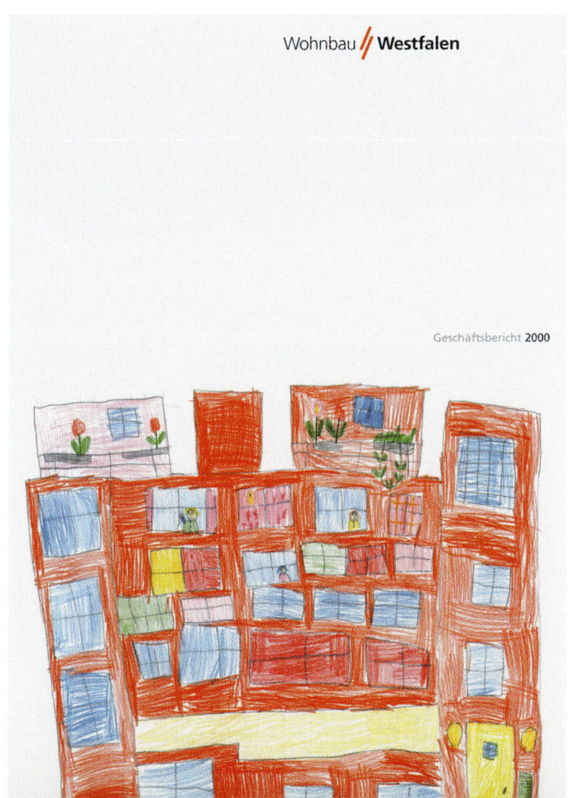

1 Stücke
Corporate Design
Mülheimer Theatertage NRW
Kulturbetrieb Mülheim an der Ruhr.

2 Geschäftsbericht 2000
Annual report 2000
Wohnbau Westfalen, Dortmund.

3 drupa report
Corporate Design
Messe Düsseldorf.

glas ag

Projekt- und Unternehmens-kommunikation

Zeppelinweg 7
64342 Seeheim-Jugenheim
Telefon +49 (0)6257/96 29 29
Telefax +49 (0)6257/96 29 28
e-mail mail@glas-ag.com
internet www.glas-ag.com

glas ag ist eine Agentur für Projekt- und Unternehmenskommunikation mit den Arbeitsschwerpunkten Corporate Identity und Corporate Design. Sie entwickelt, gestaltet, koordiniert und realisiert Unternehmensauftritte und Einzelprojekte innerhalb bestehender Kommunikationsstrukturen. Unternehmen und kulturelle Institutionen werden von der glas ag in allen Bereichen ihrer Kommunikation beraten und betreut. Leistungen: Strategische Designberatung, Corporate Design, Erscheinungsbilder, Markenentwicklung, Image- und Produktwerbung, Geschäftsberichte, Messeauftritte, Ausstellungskonzeption und -gestaltung, Verpackungsdesign, Internetauftritte, Leitsysteme, Buchgestaltung.

glas ag is a project and corporate communication agency focusing principally on corporate identity and corporate design. It develops, designs, coordinates and implements entire corporate image packages and also specific projects within existing communication structures. Companies in trade and industry and cultural institutions have all aspects of their communication handled by glas ag. Services are strategic design consulting, corporate design, images, brand building, image and product promotion, corporate reports, trade fair presentations, exhibition concepts and design, packaging design, websites, guidance systems and book design.

1

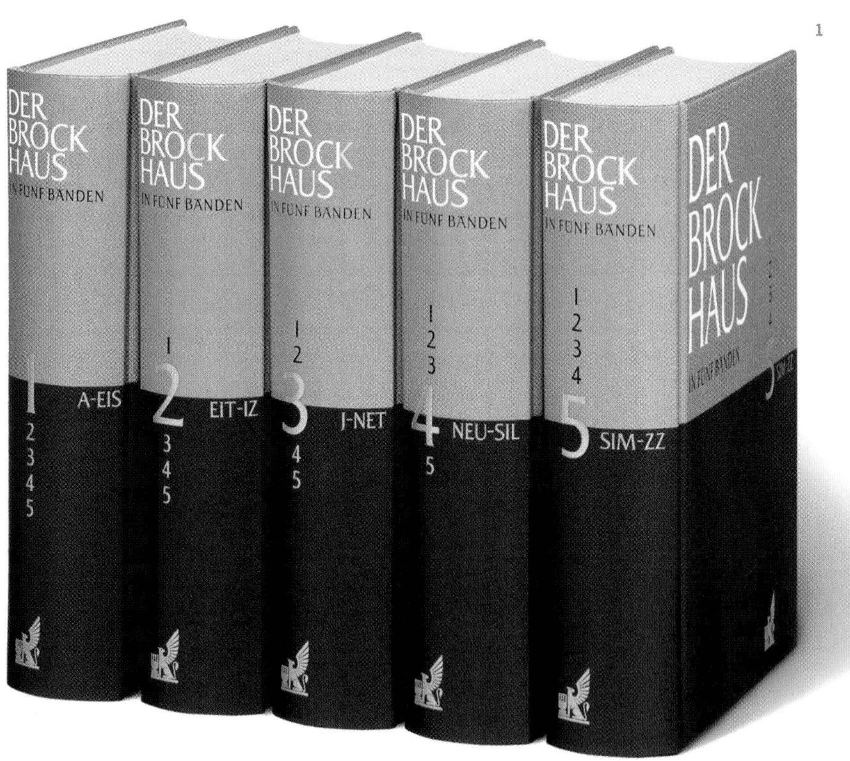

1 Buchgestaltung
Der Brockhaus in fünf Bänden
Book design
for the five volume edition
Bibliographisches Institut &
F.A. Brockhaus AG 2000.

2 Corporate Design
Weltkulturerbe Völklinger Hütte
Corporate design for
World Cultural Heritage industrial
monument Völklinger Hütte
Europäisches Zentrum für
Kunst und Industriekultur 2000.

Referenzen/references: Bibliographisches Institut: Duden, Brockhaus, Meyer; Finanzholding Landau in der Pfalz; GAP - Organisationsberatung und Software-Entwicklung; Langhammer Maschinenbau, Planungsgruppe Focht und Partner; Stadt Landau in der Pfalz; Weltkulturerbe Völklinger Hütte – Europäisches Zentrum für Kunst und Industriekultur; Weingut Reichsrat von Buhl; Zentralverband Deutsches Kraftfahrzeuggewerbe.

Auszeichnungen/awards: Die schönsten deutschen Bücher 1996, Stiftung Buchkunst 1996 (Meyers Großes Taschenlexikon in 12 Bänden); Ehrenauszeichnung Hohe Designqualität, Deutscher Preis für Kommunikationsdesign, Design Zentrum Nordrhein Westfalen, Essen 1996; Designpreis des Landes Rheinland-Pfalz, 1996 (Corporate Design Stadt Landau in der Pfalz); Designpreis des Landes Rheinland-Pfalz 1996 (Corporate Design Historisches Museum der Pfalz); Die schönsten deutschen Bücher 1999, Stiftung Buchkunst 1999 (Meyers Großes Taschenlexikon in 25 Bänden); Ehrenauszeichnung Hohe Designqualität, Deutscher Preis für Kommunikationsdesign, Design Zentrum Nordrhein Westfalen, Essen 2000.

2

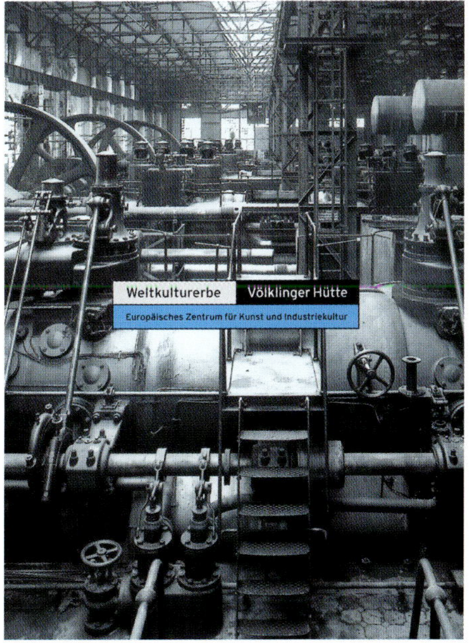

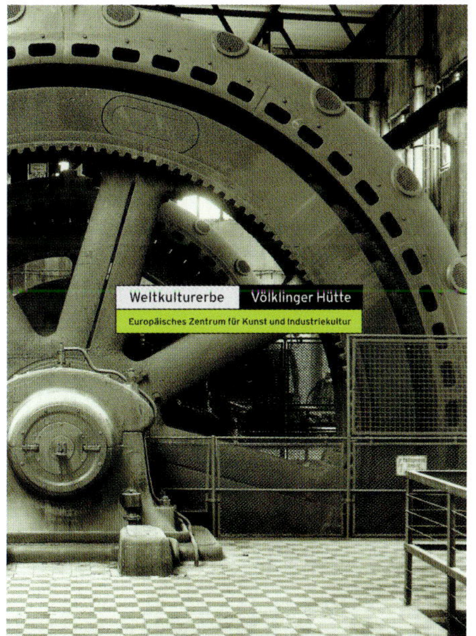

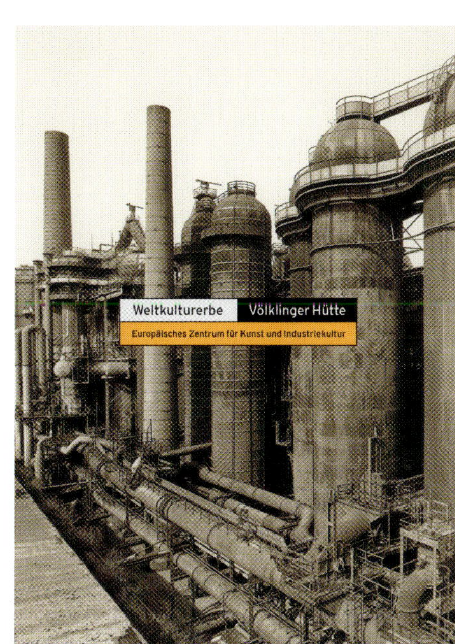

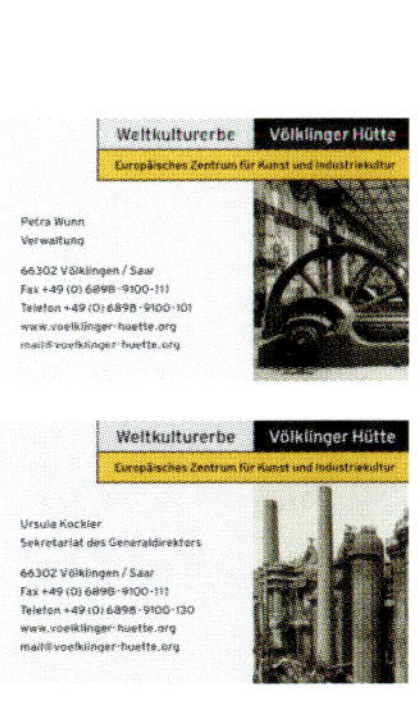

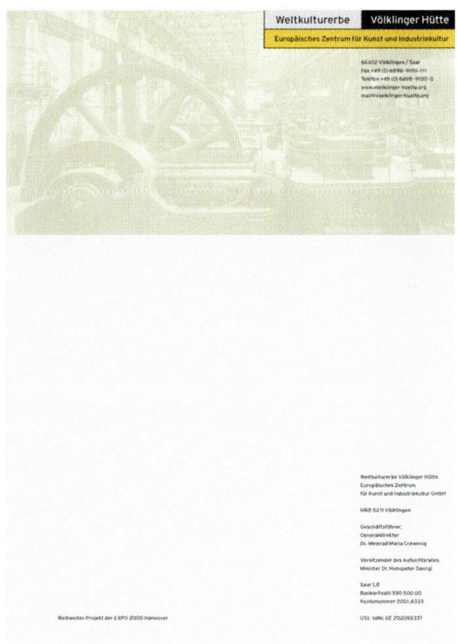

Grafik designbuero

Andrea Franzmann (AGD)

Bruchstraße 31
32756 Detmold
Telefon +49 (0)5231/93 33 31
Telefax +49 (0)5231/93 33 29
e-mail a.franzmann@grafikdesignbuero.de
internet www.grafikdesignbuero.de

Andrea Franzmann, geboren 1963, studierte von 1991 bis 1997 an der Fachhochschule Bielefeld im Fachbereich Visuelle Kommunikation. Seit 1997 ist sie selbstständig. Der Schwerpunkt des Grafik Design Büros Andrea Franzmann liegt im Bereich Printmedien in der Konzeption, Entwurf, Produktion und Druckvorbereitung, Corporate Design, Logo, Geschäftspapiere, Broschüren, Kataloge, Plakate, Großfolien. Weitere Arbeitsfelder sind Screendesign und Programmierung.

Born in 1963, Andrea Franzmann, studied visual communication at the Fachhochschule in Bielefeld from 1991 to 1997. She has run her own graphic design office since 1997 with the principal focus on print media: concepts, drafts, production, pre-print, corporate design, logos, business forms and letterheads, brochures, catalogues, posters and film sheets. Other fields are screen design and programming.

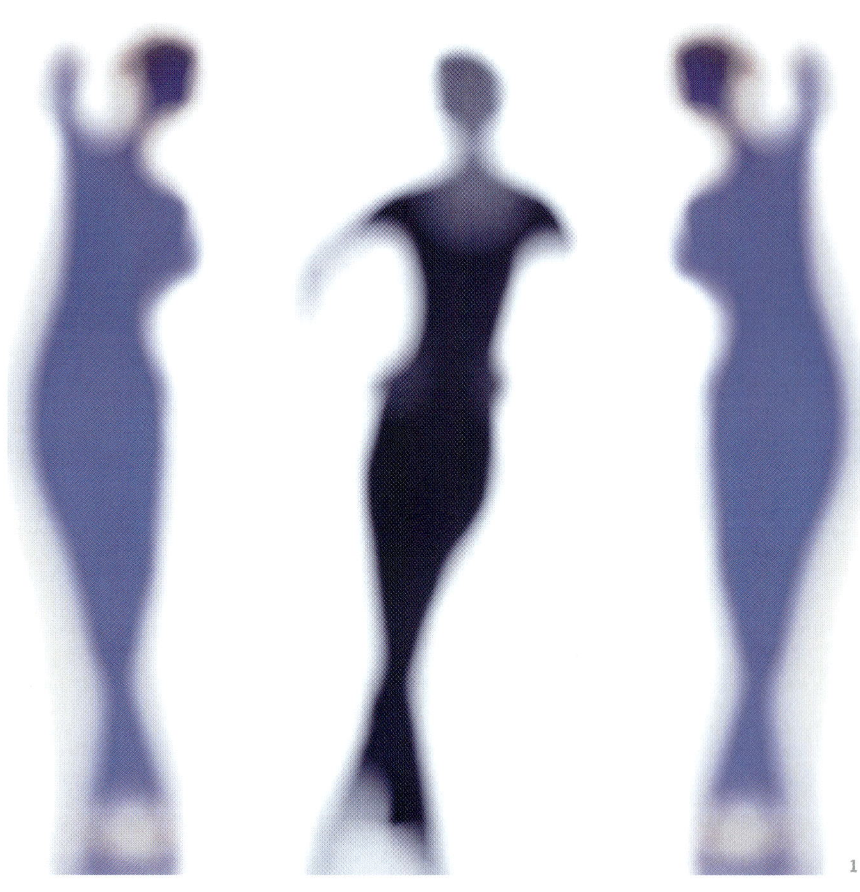

1

Referenzen/references: Büro 4, Reprozentrum Rosenberger, Vito, PS Automobile, Weidmüller Interface (als freie Mitarbeiterin), Moeller Electronix (als freie Mitarbeiterin).

3

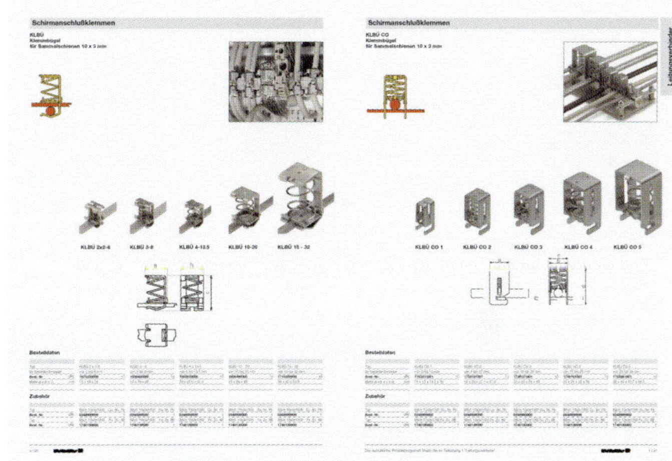

2

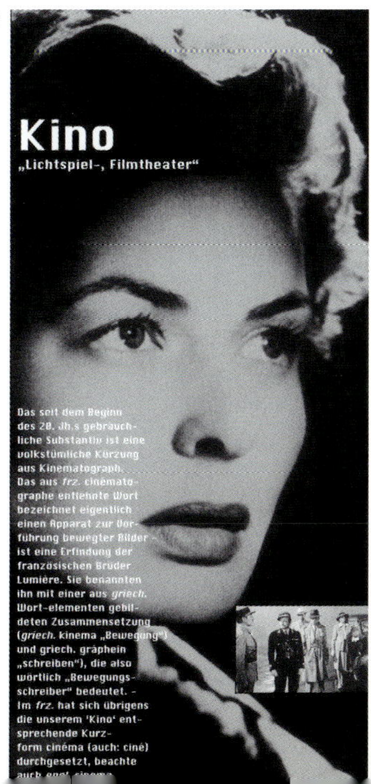

1 Großfolien (Format pro Folie 225 x 80 cm) Dreierkombination der Großfolien im Schaufensterbereich als Eigenwerbung für das Bekleidungsgeschäft
Large-scale window displays (Format 225 x 80 cm per sheet). Combination of large-scale sheets in the display window area as in-house advertising for the clothing store
Vito, Lippstadt 2001.

2 Großfolie (Format 220 x 90 cm) als Eigenwerbung Cinemaxx Kino, Essen 1997. In Zusammenarbeit mit dem Büro 4 (Architektur und Innenarchitektur) in Detmold.
Large-scale window display (Format 220 x 90 cm). As in-house advertising for the Cinemaxx cinema in Essen, 1997. In cooperation with Büro 4 (architecture and interior design) in Detmold.

3 Doppelseite aus dem Kernsortiments-Katalog (Kapitel Schirmanschlußklemmen, Umfang des Katalogs 520 Seiten)
Double page from the core range catalogue (520 pages, screen terminals chapter)
Weidmüller Interface 2001.

Grosse Designer und Partner

Inhaberin
Prof. Gisela Grosse

Kahlertstraße 5
64293 Darmstadt
Telefon +49 (0)6151/2 34 44
Telefax +49 (0)6151/2 33 36
e-mail info@grossedesign.de
internet www.grossedesign.de

Grosse Designer und Partner wurde 1990 von Gisela Grosse in Darmstadt gegründet. Die Arbeitsschwerpunkte sind Unternehmenskommunikation, Corporate Identity, Consulting und ganzheitliche Corporate Design Entwicklung. Unternehmenskultur visuell und argumentativ in Gestaltung zu übersetzen, das ist das Selbstverständnis des Büros. Von der Konzeption über die Planung konkreter Maßnahmen setzt Grosse Designer und Partner Designstrategien im Printbereich, in virtuellen und in realen Räumen um. Das alles kompetent, kreativ und mit viel Spaß an der Arbeit.

Grosse Designer & Partner was established in Darmstadt by Gisela Grosse in 1990. The main focus is on corporate communication, corporate identity, consulting and holistic corporate design. Translating corporate culture into design visually and contentiously is what the office stands for. From the original concept to the planning of concrete measures, Grosse Designer & Partner implements design strategies in print media in virtual and real space – with professionalism, creativity and enthusiasm.

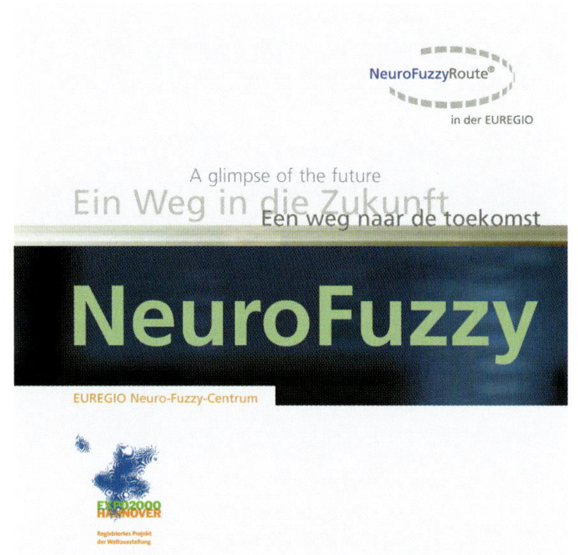

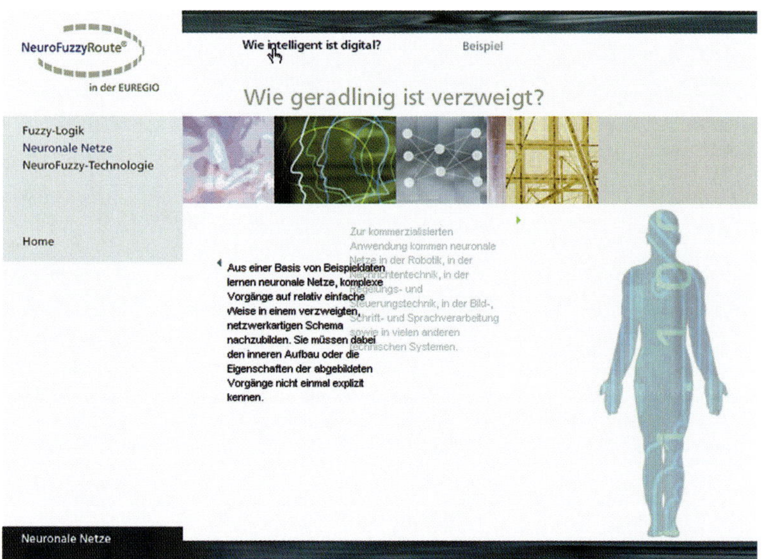

1

1 NeuroFuzzy
Corporate Design, Corporate Communication, CD-Rom
Projekt der Expo 2000.

2 Leit- und Orientierungssystem
Gebäudeschild
Signage and orientation system
Building sign
Technische Universität Darmstadt
1998–2000.

3 Geschäftsbericht/*Annual report*
Carl Schenck AG 2000.

Referenzen/references: Schenck AG, Gemadi AG, Teso AG, Rolls Royce, Bodelschwinghsche Anstalten Bethel, TU Darmstadt, BIC-Stendal GmbH, Mediationsgruppe Flughafen Frankfurt/Main, anabas Verlag, Design Zentrum Hessen, Lufthansa AG, Verkehrsverbund Rhein-Neckar, Verbraucher-Zentrale Hessen, Verbraucher-Zentrale Nordrhein-Westfalen, Alianza del Clima e. V., Imperial Holding u. a.
Veröffentlichungen/publications: Design in Hessen, Design Zentrum Hessen (DZH) 1993; Besser sein mit Design, DZH 1994; Erste deutsche Designkonferenz Potsdam; Ernst+Sohn 1994; Novum Gebrauchsgrafik 6/95; Eco Design Europe 1995; European Regional Design Annual 1995; Organisationskultur erforschen und verändern, Campus 1997; Computer Art Faszination 1998; Neugierig, Verlag Hermann Schmidt 1999; Design und Innovationsmanagement, Ausstellung des Design Zentrums Hessen, Dezember 1999 März 2000; Verlag Form »Was kostet Corporate Design« 2001.

3

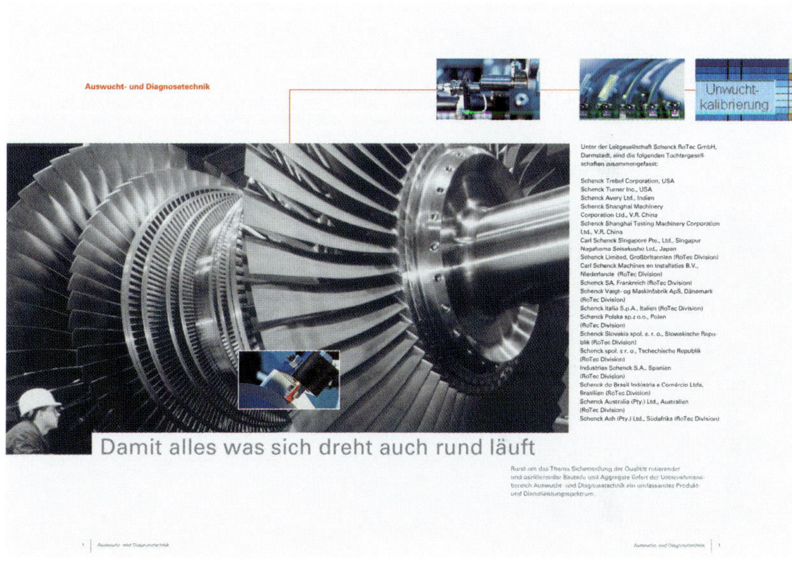

2

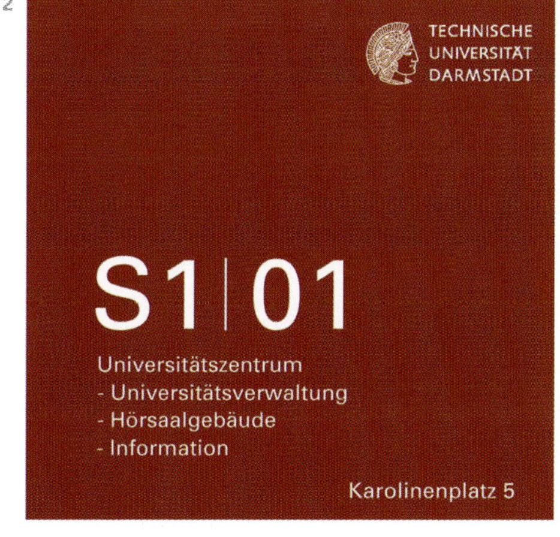

Haase & Knels

Atelier für Gestaltung

Am Landherrnamt 8
28195 Bremen
Telefon +49 (0)421/3 34 98-0
Telefax +49 (0)421/3 34 98-33
e-mail info@haase-und-knels.de
internet www.haase-und-knels.de
www.hopper-intermedia.de

Das Leistungsspektrum von Haase & Knels umfaßt die Bereiche Werbung, Corporate Design, Package Design, Fotografie, Direktmarketing, Verkaufsförderung, Events, Multimedia- und Internet-Anwendungen sowie Datenbanken, Internet-Redaktion und Szenografie. Unsere Philosophie: Wir leisten gestalterische Arbeit für den täglichen Gebrauch in einem Feld von unterschiedlichsten Anforderungen. Im Vordergrund steht die Information. Die Funktion muss stimmen. Ökonomie und Ökologie setzen Grenzen. Dazu kommt unser ästhetischer Anspruch. Dieses Spannungsfeld erzeugt Lust am Erfinden von gestalterischen Möglichkeiten, und von dieser Lust soll der Alltag profitieren.

The services of Haase & Knels include advertising, corporate design, packaging design, photography, direct marketing, sales promotion, events, multi-media and Internet applications, databases, Internet content and scenography. Our philosophy is to provide design for everyday use in a context of highly diverse requirements. Information stands at the forefront. Functionality must be right. Economic and ecological restrictions must be observed. Our aesthetic standards are an additional factor. All this creates an environment in which it is fun to devise design solutions that the everyday world profits from.

1

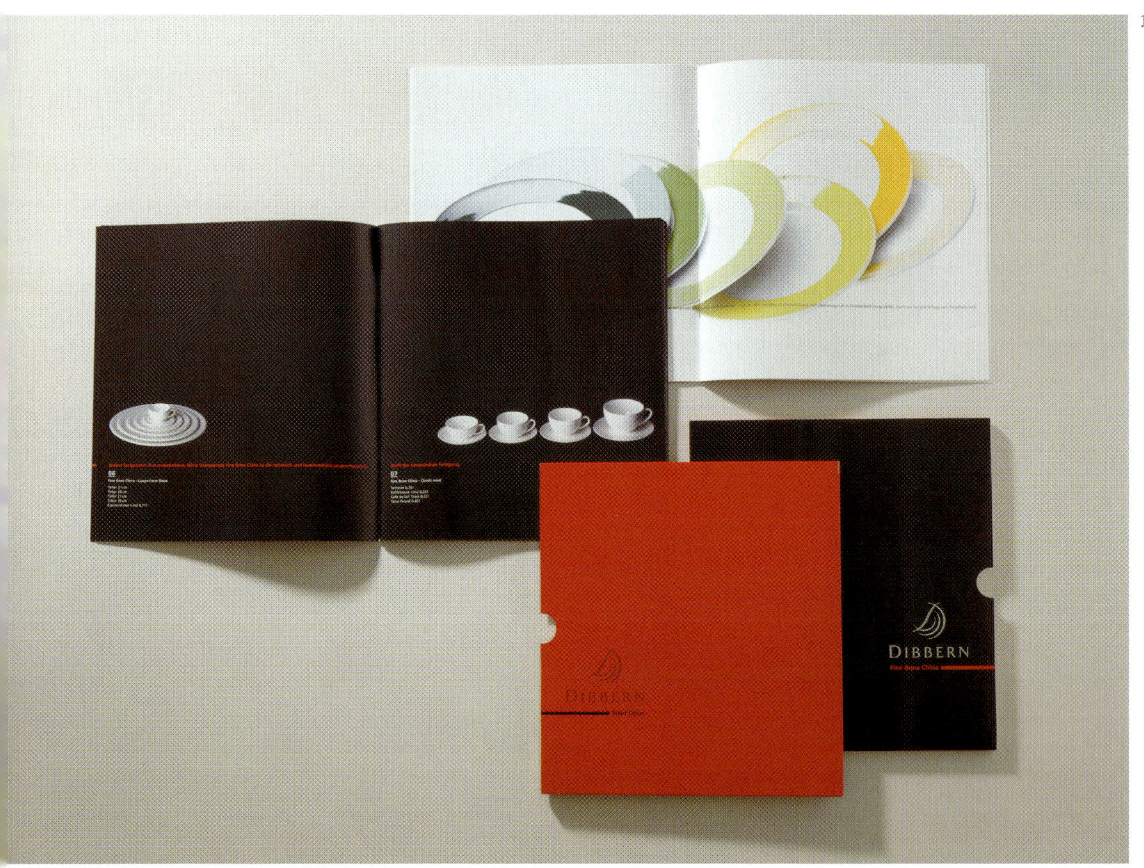

1 Sales-Folder
B.T. Dibbern GmbH & Co. KG 2000.

2 Web-Design
B.T. Dibbern GmbH & Co. KG 2000.

Referenzen/references: Ahlers Getränke, Achim; Bartsch, Wilhelmshaven; BLB Immobilien GmbH, Bremen; Böttcherstrasse GmbH, Bremen; B.T. Dibbern GmbH & Co. KG, Bargteheide; Kunst- und Ausstellungshalle der Bundesrepublik Deutschland, Bonn; City Initiative, Bremen; Czaia Marktforschung, Bremen; Bundesministerium der Finanzen, Bonn; Dodenhof GmbH & Co. KG, Posthausen; D & S Mineralöl, Bremen; Fachausstellungen Heckmann, Hannover; Fraunhofer-Institut für Fertigungstechnik und Angewandte Materialforschung, Bremen; Grashoff Delikatessen, Bremen; Handelskrankenkasse, Bremen; HOL'AB! Getränkemarkt GmbH, Achim; Interessengemeinschaft Lloyd Passage, Bremen u.a.
Auszeichnungen/awards: Art Directors Club, Deutschland; Art Directors Club, Europe; Art Directors Club, New York; Creativity, New York; Deutscher Designer Club; Schönste Deutsche Briefmarke; Type Directors Club, New York; Design Zentrum Nordrhein Westfalen; Sammlung Museum für Kunst und Gewerbe, Hamburg; Die 100 besten Plakate.
Kooperationen/cooperations: Haase & Knels, Atelier für Gestaltung; Haase & Knels + Schweers, Agentur für Werbung GmbH; hopper intermedia; »Die Wiese« Innovationsagentur.

2

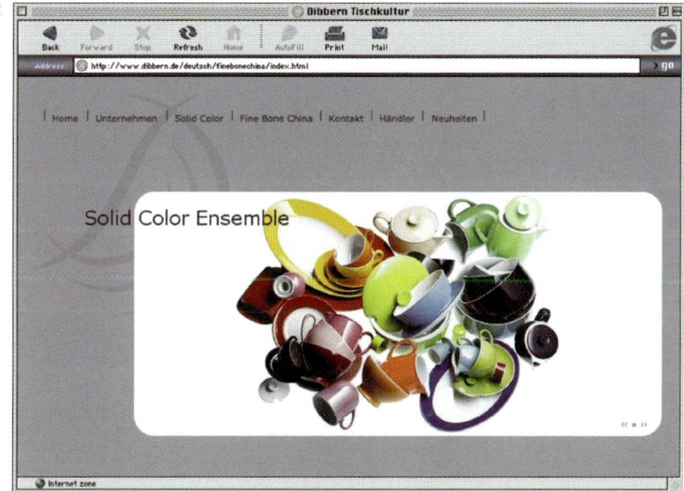

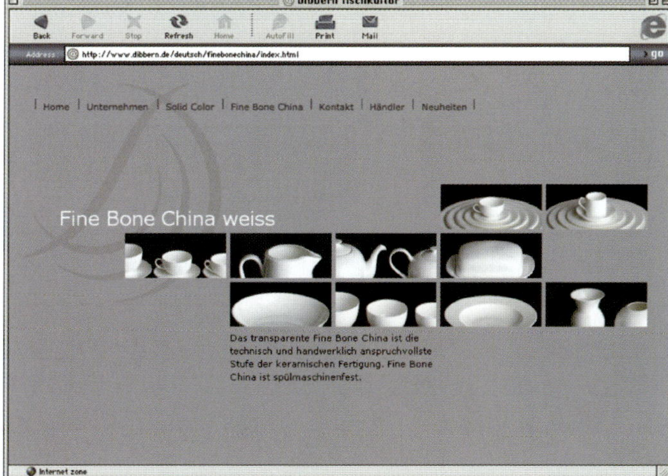

häfelinger+wagner design

Annette Häfelinger, Frank Wagner

Erhardtstraße 8
80469 München
Telefon +49 (0)89/20 25 75 0
Telefax +49 (0)89/20 23 96 96
e-mail frontdesk@hwdesign.de
internet www.hwdesign.de

häfelinger+wagner design entwickelt und interpretiert die Philosophie, die Struktur und die Inhalte von Unternehmen und Marken und setzt sie in eine visuelle Identität um: In den Bereichen Corporate Design, Unternehmens- und Finanzkommunikation, Messe und Neue Medien. Dabei transportieren unsere Arbeiten immer auch die Begeisterung, mit der wir sowohl junge Unternehmen, als auch namhafte Konzerne betreuen. Strategie und Kreation arbeiten bei häfelinger+wagner design Kopf an Kopf; auch interdisziplinär. So initiieren wir Designprozesse, die in die Zukunft weisen und die eine umfassende Weiterentwicklung der Kommunikation nach außen und innen ermöglichen.

häfelinger+wagner design develops and interprets the philosophy, structure and content of companies and brands, converting them to a visual identity in the fields of corporate design, corporate and finance communication, trade fairs and the new media. Our work always reflects our enthusiasm in dealing with both up-and-coming enterprises and established major corporations. At häfelinger+wagner strategy and creativity work hand in hand on an interdisciplinary basis. We initiate design processes that look forward to the future and facilitate a comprehensive development of communication both outwardly and inwardly.

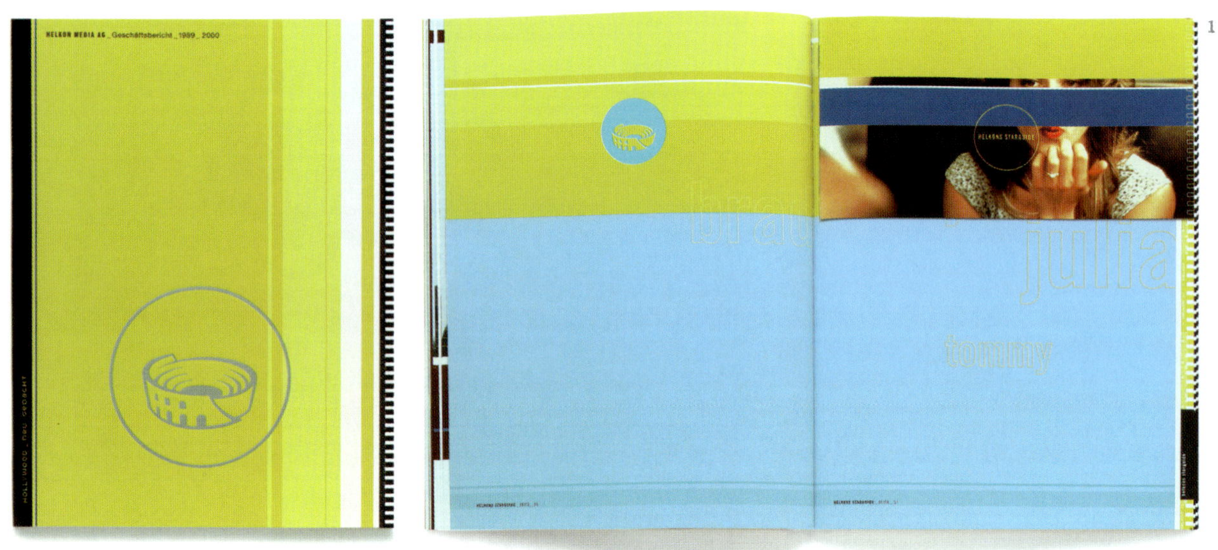

Referenzen/references: Air Independence, BMW, EM.TV, Giesecke & Devrient, Helkon Media, Hitachi, Munksjö Paper Decor, Onyx Software, Rohi Stoffe, Schmack, ThyssenKrupp, Varta. **Veröffentlichungen/publications:** »Präzise Kommunikation«, novum 12/1999; »Optimale Kommunikationsräume-Messestand-Design«, novum 02/2000; »Helkon Media präsentiert neues Geschäftsmodell«, w&v online 01/2001; »minutes. by ThyssenKrupp«, form 179 (April 2001). **Auszeichnungen/awards:** Hohe Designqualität, Deutscher Preis für Kommunikationsdesign, Design Zentrum Nordrhein Westfalen, Essen 1997, 1998; Die besten Geschäftsberichte Capital 1999: EM.TV: Platz 1 (Unternehmen Neuer Markt); Die besten Geschäftsberichte Capital 2000: EM.TV: Platz 1 (Unternehmen Neuer Markt); Die besten Geschäftsberichte manager magazin 2000: EM.TV: Platz 1 (Nemax 50 Unternehmen); Hohe Designqualität red dot award communication design, Essen 2001.

3

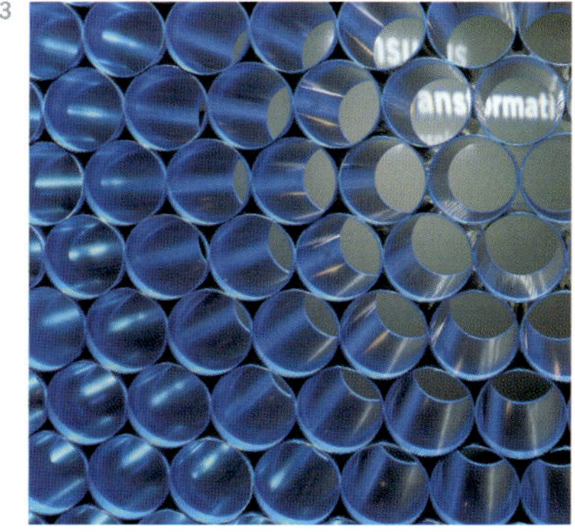

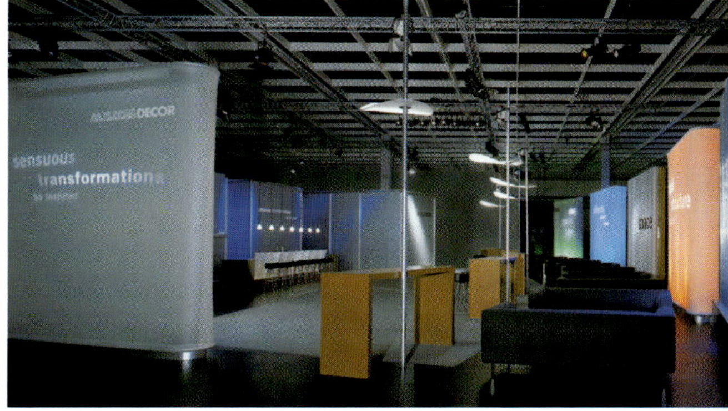

2

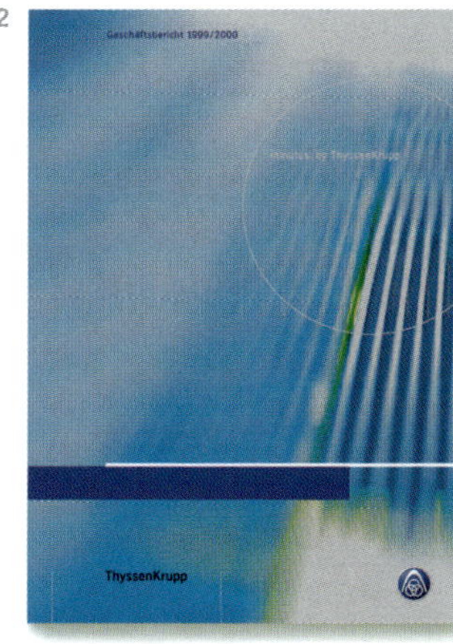

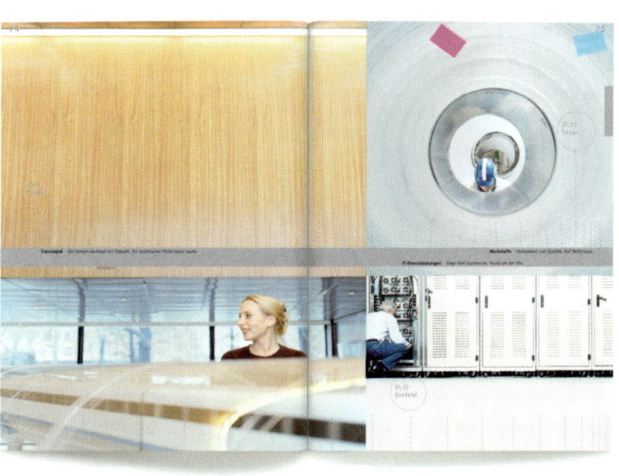

1 Hollywood neu gedacht
Geschäftsbericht 1999/2000
Hollywood re-invented
annual report 1999/2000
Helkon Media.

2 minutes. by ThyssenKrupp
Geschäftsbericht 1999/2000
Annual report 1999/2000
ThyssenKrupp.

3 Sensuous transformations
Messestand Interzum 2001
Trade fair stand Interzum 2001
Munksjö Paper Decor.

Hartmann+Hartmann

Industriedesign und Werbeagentur GmbH

Geschäftsführung
Ute Hartmann (VDID)
Werner Hartmann (VDID)

Bürgermeister-Fischer-Straße 9–11
86150 Augsburg
Telefon +49 (0)821/34 308-0
Telefax +49 (0)821/34 308-13
e-mail info@hartmannundhartmann.com
internet www.hartmannundhartmann.com

> Industrial Design S. 96

Hartmann+Hartmann wurde im Jahr 2000 durch die Zusammenführung von hartmann's Werbung und Graphik und Hartmann & Selic Industriedesign gegründet. Hartmann+Hartmann bietet Komplettlösungen von der Produktidee über die kreative Produktentwicklung bis hin zu Markteinführung und Online-Auftritt. Produkt Design und visuelle Kommunikation kommen aus einer Hand, werden durchgängig und wiedererkennbar. Hartmann+Hartmann legt Wert auf Teamarbeit: Kommunikations- und Industrie Designer, Texter, Journalisten, Fotografen, Produktioner, Ergonomen, Screen Designer, Konstrukteure und Programmierer gehören zum Team. Vorteil: Der Kunde erhält Lösungen, von denen Technik, Marketing und Vertrieb profitieren.

Hartmann+Hartmann was established in the year 2000 as the result of a merger between hartmann's Werbung und Graphik and Hartmann & Selic Industriedesign. Hartmann+Hartmann offers full-service solutions from the original product idea through creative product development to market launch and online website. Product design and communication are provided from a single source so as to be consistent and distinctive. Hartmann+Hartmann values teamwork: communication and industrial designers, copywriters, journalists, photographers, production personnel, ergonomists, screen designers, engineering designers and programmers make up the team. The advantage: The client gets solutions that benefit his technical, marketing and distribution efforts.

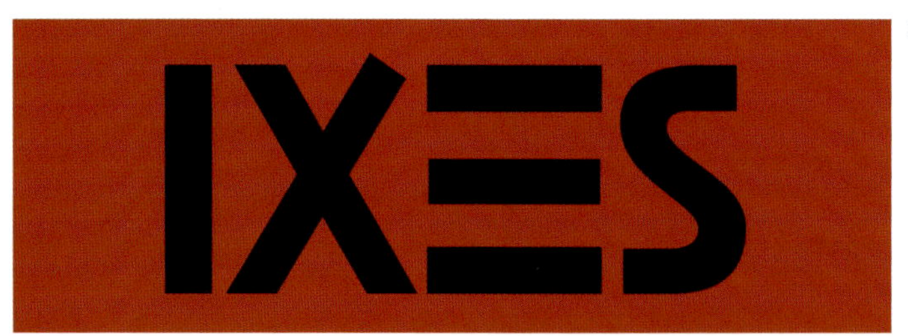

1

Referenzen/references: KUKA Roboter GmbH, friendlyway AG, Boehringer Werkzeugmaschinen GmbH, Ziegler Maschinenbau GmbH, Leiner GmbH, Scheppach Maschinenfabrik GmbH & Co. KG, HOCHTIEF Fertigteilbau GmbH, LP Elektronik GmbH, IPT GmbH & Co. KG, LEW Lech-Elektrizitätswerke AG, Deutsche PBS Großhandels GmbH, licca-Klinik, Generis Generative Systeme GmbH, Beiersdorf AG, Ex-cell-o GmbH, Relux GmbH, Havas Interactive Deutschland GmbH, InnoTech GmbH, F&W Mobile Phone Innovative Systems AG, VDI Verein Deutscher Ingenieure e.V., IWK Verpackungstechnik GmbH, Krones AG, Vatter GmbH, Organon GmbH.
Auszeichnungen/awards: Bundespreis Produktdesign, Rat für Formgebung 1998; Auszeichnung für Hohe Designqualität Design Innovationen 1994, 1995, 1997, Design Zentrum Nordrhein Westfalen; iF Product Design Award, Beste der Branche 1994, 1995; iF Product Design Award 1998; iF Ecology Design Award 1996, 2001 des Industrie Forums Design Hannover; Internationaler Designpreis des Landes Baden-Württemberg Design Center Stuttgart 1996/1997.

2

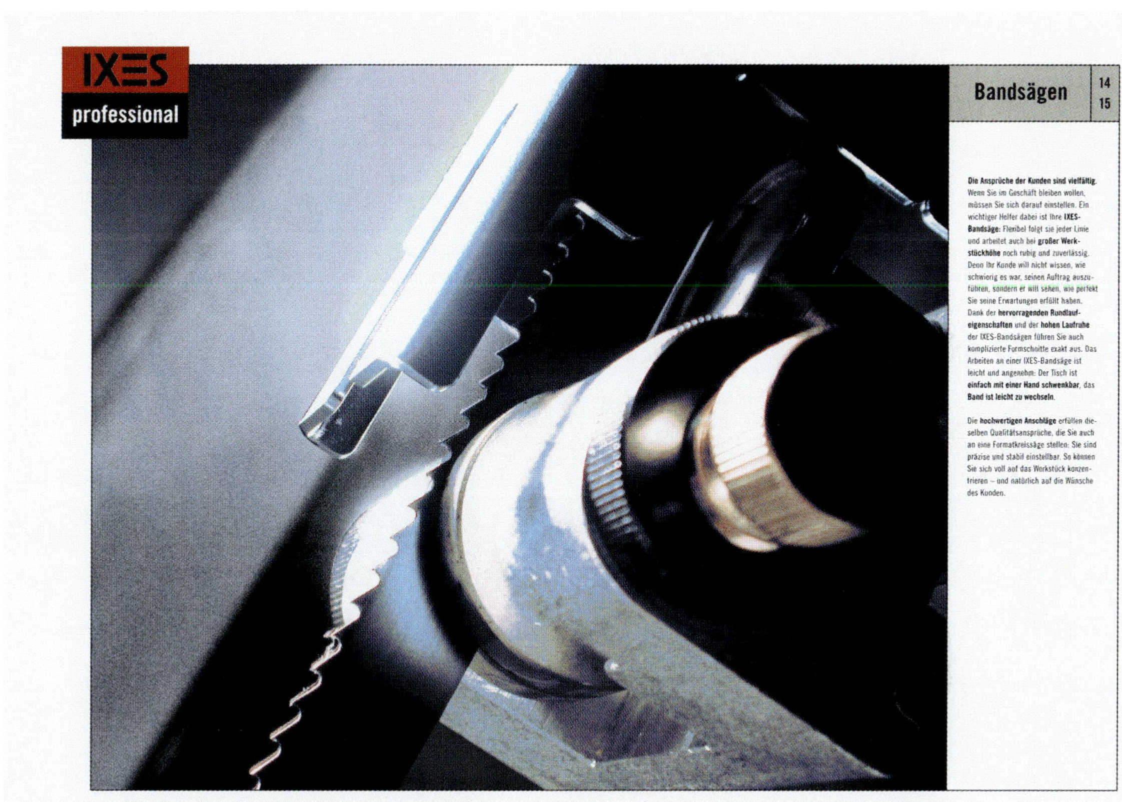

3

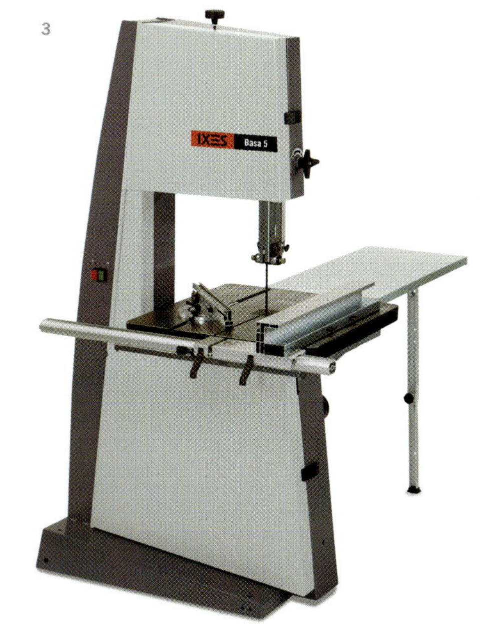

1 IXES
Logo und Branding
Logo and branding
Scheppach Maschinenfabrik
GmbH & Co. KG 2001.

2 IXES Professional,
Produktkatalog, Zwischentitel
Product catalogue, spreed
Scheppach Maschinenfabrik
GmbH & Co. KG 2001.

3 Bandsäge IXES Basa 5
Produktdesign, Farbgebung und
Maschinenbeschriftung
IXES Basa 5 bandsaw
Product design, colour scheme and
machine markings
Scheppach Maschinenfabrik
GmbH & Co. KG 2001.

heithoff identity

Berater und Gestalter
Consultants and Designers

Rothenburg 16
48143 Münster
Telefon +49 (0)251/4 14 84-0
Telefax +49 (0)251/4 14 84-24
e-mail kontakt@heithoff.de
internet www.heithoff-identity.com

heithoff identity hilft Unternehmen und Institutionen, sich und anderen in den drei Dimensionen Gestaltung, Sprache und Verhalten deutlich zu machen, wofür sie stehen und wohin sie wollen. In einer Branche, in der selbst Zwei-Mann-Büros vorgeben alles zu können, positioniert sich das kompakte Team als Spezialist für Corporate Identity, Erscheinungsbilder und Unternehmensliteratur. Das 1993 gegründete Büro versteht sich als Symbiose aus Unternehmensberatung und Designbüro. »Tun, was der Kunde will, reicht nicht. Man muß auch wissen, was er wollen sollte«, so Geschäftsführer Jörg Heithoff zur eigenen Haltung.

heithoff identity helps companies and institutions to express clearly to themselves and others what they stand for and where they are going in the three dimensions of design, language and behaviour. In an industry in which even two-man operations boast of being able to do everything this compact team has positioned itself as a specialist in corporate identity, image and literature. Established in 1993, heithoff identity sees itself as a symbiosis of management consultant and design office. "Doing what the client wants is not enough. You have to know what he ought to want," comments Jörg Heithoff.

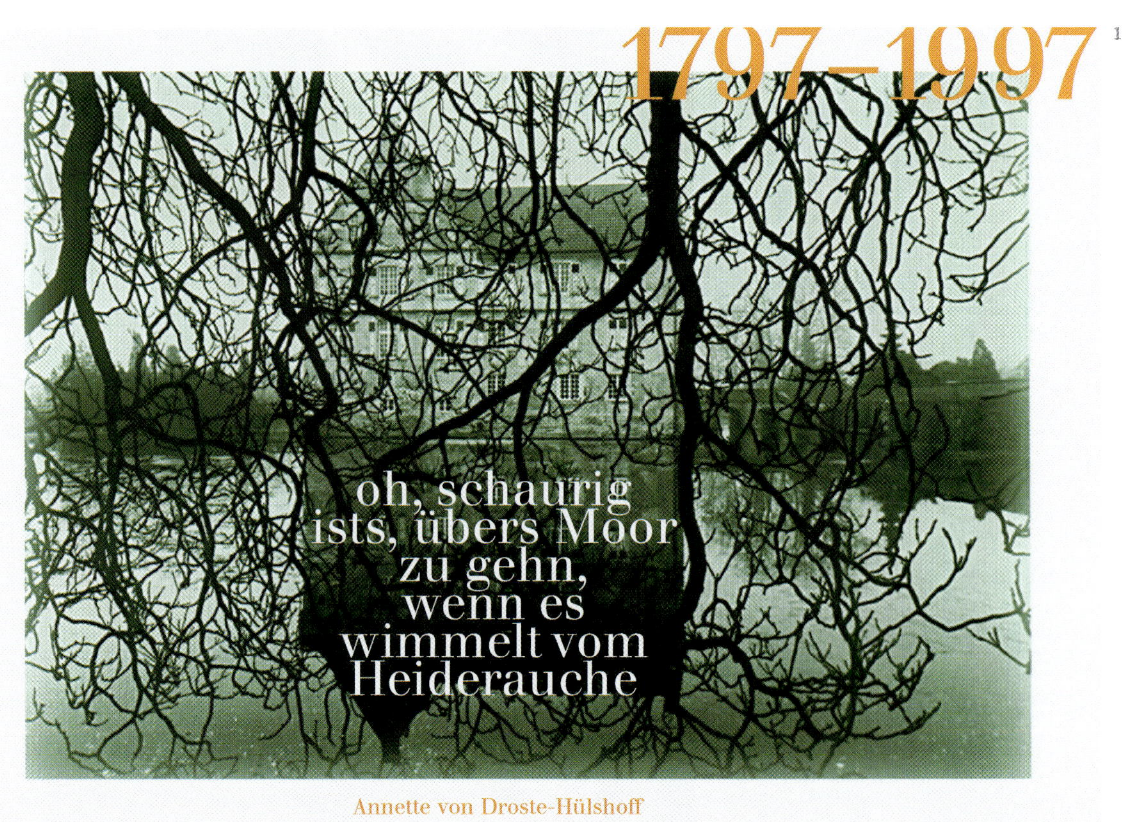

1

Referenzen/references: IHK Münster, pbr Architekten und Ingenieure AG, Museum und Park Kalkriese GmbH, Anton Ruthmann GmbH & Co. KG, Westfälische Wilhelms-Universität, Winkhaus Gruppe, Stiftung Westfalen-Initiative (Auszug).

3

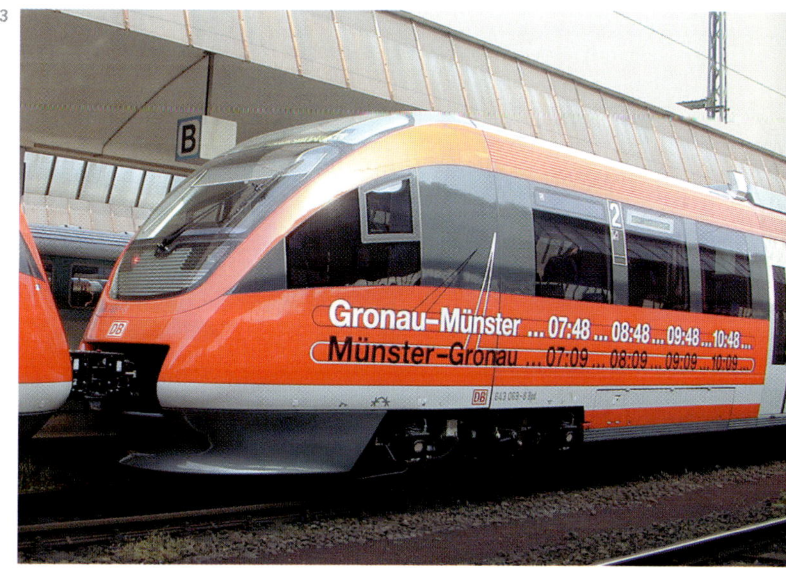

2

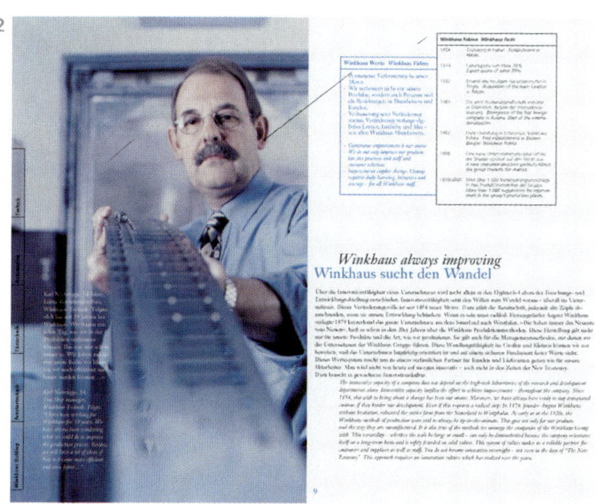

1 Auftritt für einen regionalen Tourismusvermarkter.
Image for a regional tourism agency.

2 Unternehmensliteratur
Winkhaus Gruppe.
Corporate literature

3 Fahrzeuggestaltung
Deutsche Bahn AG.
Vehicle Design

Studio Andreas Heller GmbH

Geschäftsführung
Andreas Heller
Bernhard Jacobsohn

Theresienstieg 11
22085 Hamburg
Telefon +49 (0)40/47 10 38 0
Telefax +49 (0)40/47 10 38 38
e-mail design@studio-andreas-heller.de
internet www.studio-andreas-heller.de

> Industrial Design/
Exhibition Design S. 102

Studio Andreas Heller ist ein Design- und Architekturbüro mit Sitz in Hamburg. Das Büro wurde 1987 von Andreas Heller gegründet und ist seither für zahlreiche nationale und internationale Unternehmen und Institutionen tätig. Schwerpunkte sind Planungen für Museen, Freizeiteinrichtungen und Firmendarstellungen. Mit zwanzig Mitarbeitern entwickelt und entwirft Studio Andreas Heller interdisziplinär und umfassend vor allem inhaltlich ausgerichtete Projekte.

Studio Andreas Heller GmbH is a firm of designers and architects located in Hamburg. Established by Andreas Heller in 1987, it has since executed commissions for numerous national and international companies and institutions. The main focus is on planning for museums, leisure facilities and corporate image work. With a staff of 20 people, Studio Andreas Heller GmbH adopts an interdisciplinary and holistic approach with an especial eye to content.

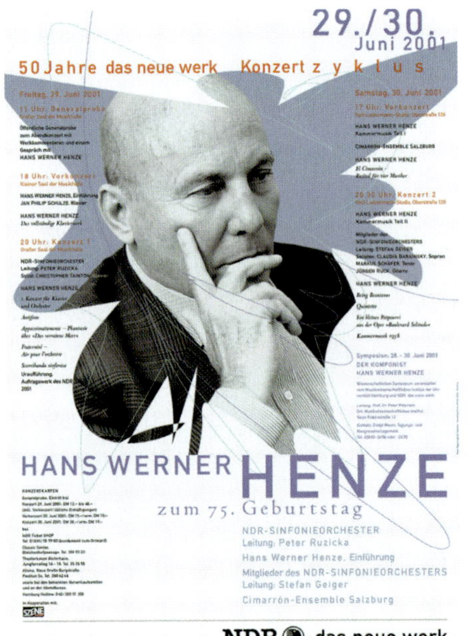

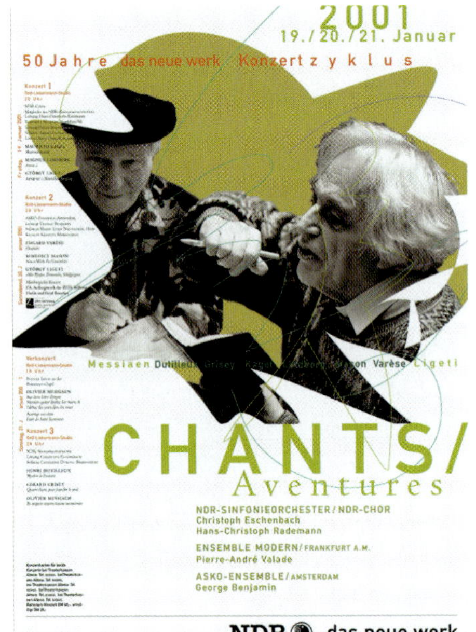

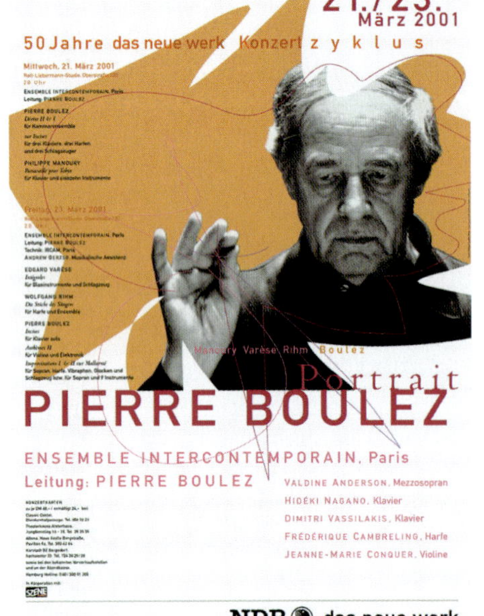

1

Referenzen/references: Altonaer Museum, Hamburg; Autostadt GmbH, Wolfsburg; Buddenbrookhaus, Lübeck; Deutscher Kunst Verlag, München; Deutscher Museumsbund, Berlin/Dresden; GEO, Hamburg; hamburgunddesign, Designinitiative der Wirtschaftsbehörde, Hamburg; Kulturbehörde, Hamburg; Museum der Arbeit, Hamburg; Museum für Kommunikation, Frankfurt am Main; NDR, Hamburg; Nordelbische Kirche, Kiel; Stadt Bremerhaven.
Veröffentlichungen/publications: »Inszenierte Authentizität? Die Grenzen von Design und Szenographie«, Museumskunde, Band 66, 1/2001; »Mobile Bühnen, Mobile Stages«, Dirk Meyhöfer, av edition.
Auszeichnungen/awards: Goldmedaille der Weltausstellung EXPO 2000, Hannover, »Abenteuer Spurensuche – Auswanderung nach Amerika«; Aufnahme in die Shortlist »Beste Kundenzeitung 1999« durch die Forums Corporate Publishing, »motive«/Studio Hamburg.

2

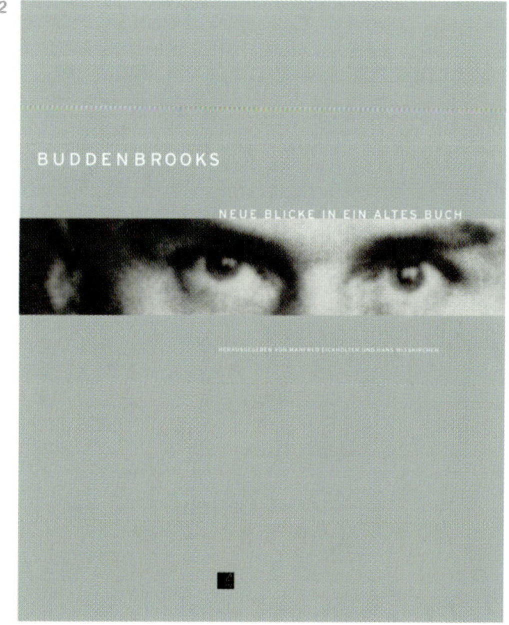

3

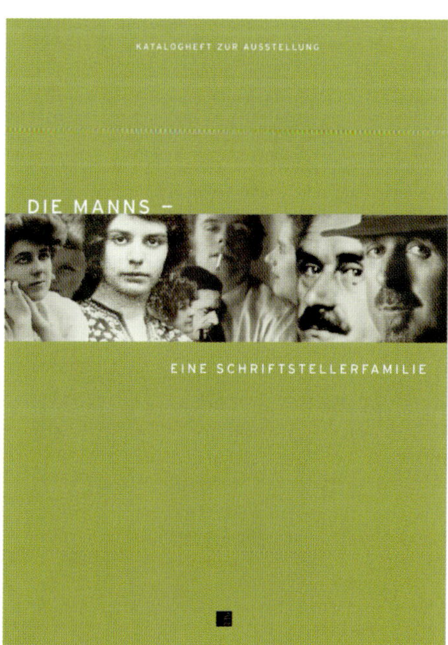

1 Plakate zum Konzertzyklus
Posters to the concert series
»50 Jahre das neue werk«
NDR, Hamburg 2001.

2 Buddenbrookhaus
Heinrich-und-Thomas-Mann-Zentrum
Kurzführer zur Ausstellung
Short guide to the exhibition
»Die Manns – Eine Schriftstellerfamilie«.
Hansestadt Lübeck 2000.

3 Buddenbrookhaus
Heinrich-und-Thomas-Mann-Zentrum
Katalog zur Ausstellung
Catalogue for the exhibition
»Neue Blicke in ein altes Buch«.
Hansestadt Lübeck 2000.

Norbert Herrmann

Maler & Grafik-Designer (AGD)

Gartenstraße 7
69436 Schönbrunn/Schwanheim
Telefon +49 (0)6262/15 69
Telefax +49 (0)6262/53 28
e-mail Herrmann.Kunst@t-online.de
internet www.herrmannkunst.de

Norbert Herrmann studierte 1971 Freie Kunst bei dem Bildhauer Prof. Hans Nagel und machte sein Diplom in Grafik Design bei Prof. Wolf Magin an der Fachhochschule für Gestaltung in Mannheim. 1974 studierte er an der Universität Heidelberg Erziehungswissenschaften und Psychologie mit dem Schwerpunkt: Sozial- und wahrnehmungspsychologische Fragestellungen. Durch das intensive Studium des Begründers der Optical-Art Victor Vasarely entwickelte er die Grundlagen seiner freien, künstlerischen Arbeit. 1983 machte sich Norbert Herrmann selbstständig. Seine Schwerpunkte im Kommunikationsdesign sind Signetgestaltung und CI-Management. Seine Lieblingsdisziplin ist das politische Plakat.

Norbert Herrmann studied art with sculptor Prof. Hans Nagel in 1971, and took his degree in graphic design under Prof. Wolf Magin at the Fachhochschule für Gestaltung in Mannheim. In 1974, he studied education and psychology at the University of Heidelberg, specialising in the psychology of social interaction and perception. In intensive studies of Victor Vasarely, the founder of Optical Art, he developed the principles of his own artistic work. Norbert Herrmann started his own business in 1983. His specialities in communication design are signet design and CI management. His favourite discipline is the political poster.

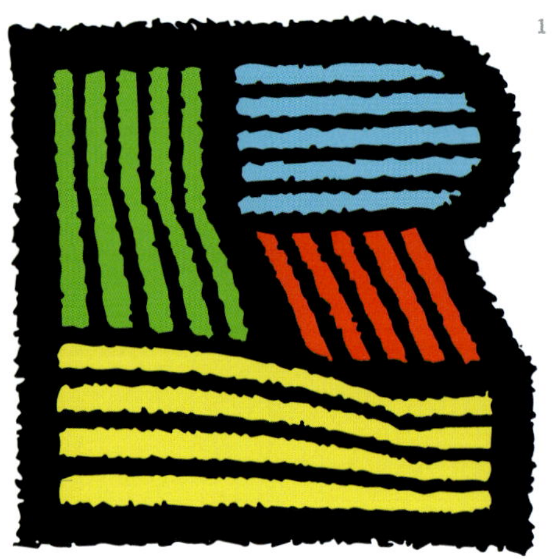
1

Veröffentlichungen/publications: Norbert Herrmann, Atelierbuch, Selbstverlag, Schönbrunn 2001; »Das Geschmacksurteil; Kunst kontra Design: Funktion oder Interpretation?« Atelierbuch, Eigenverlag 2001.
Ausstellungen/exhibitions: Ausstellungen in Mannheim und Ludwigsburg. Bilder von Norbert Herrmann sind im Besitz von Unternehmen der Wirtschaft und im Privatbesitz.
Exhibitions in Mannheim and Ludwigsburg. Pictures by Norbert Herrmann are in the possession of companies and private individuals.
Auszeichnungen/awards: Die ersten 30, Plakatwettbewerb 1987 Stadt Duisburg gegen Fremdenfeindlichkeit; 6. Platz beim DBV-Versicherungen-Wettbewerb in der Sparte Signet 1988.

2

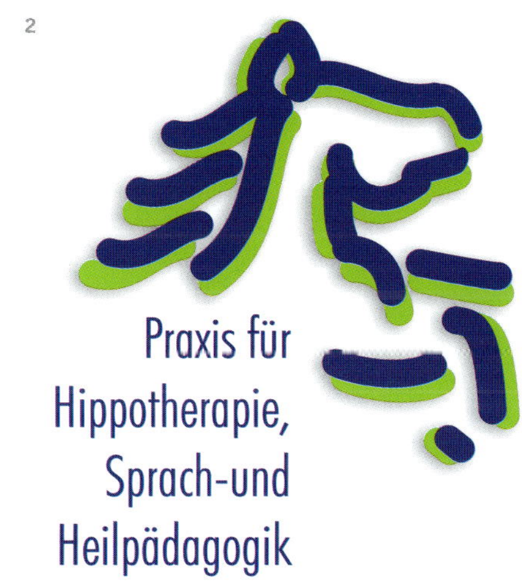

3

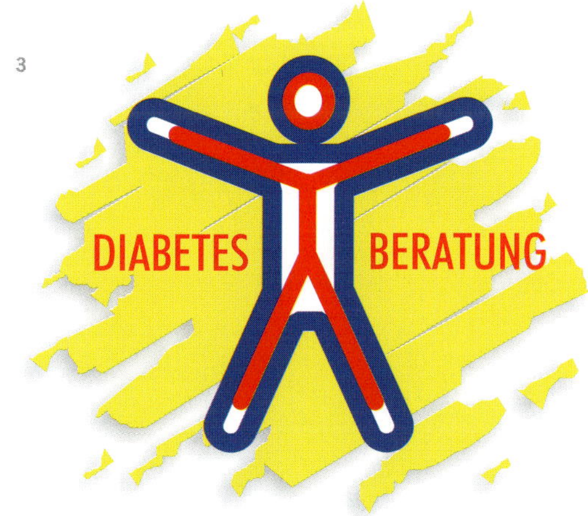

1 Signetentwurf für das Ministerium für Ländlichen Raum, Ernährung, Landwirtschaft und Forsten Baden-Württemberg.
Signet design for the Ministry of Rural Areas, Food, Agriculture and Forestry of Baden-Württemberg.

2 Signet für eine pädagogische Praxis in 69436 Schönbrunn, die mit Pferden therapeutisch arbeitet.
Signet for a pedagogical practice in 69436 Schönbrunn which uses horses in therapy.

3 Aktionslogo für die Wildpark-Apotheke in 74869 Schwarzach.
Campaign logo for the Wildpark-Apotheke in 74869 Schwarzach.

Hesse Design

Geschäftsführung
Christine Hesse (DMI)
Prof. Klaus Hesse (ADC, TDC)

Am Karlsbad 15
10785 Berlin
Telefon +49 (0)30/25 75 74-0
Telefax +49 (0)30/25 75 74-20

Hesse Design in Berlin und Düsseldorf ist spezialisiert auf die Entwicklung von Corporate Identity, Markendesign, Markennamen, Logotypes, Literatursysteme, Orientierungsdesign, PC-Formulare, Interfacedesign, Internetauftritte, Messe-, Ausstellungs- und Innenraumgestaltung. Christine Hesse studierte Designmanagement an der University Westminster in London. Von 1993 bis 2000 war sie Dozentin für Designmanagement an der FH Düsseldorf. Sie ist Mitglied des Design Management Institute of Boston und des Marketing Club Düsseldorf. Prof. Klaus Hesse studierte Fotografie und Typografie an der Bergischen Universität GHS Wuppertal. Seit 1993 Professuren in Dortmund und Essen, seit 1999 Lehrstuhl für Angewandte Gestaltung an der HfG Offenbach.

Hesse Design in Berlin and Düsseldorf specialises in the development of corporate identity, brand design, brand names, logotypes, literature systems, orientation design, PC forms, interface design, website, trade fair, exhibition and interior design. Christine Hesse studied design management at the University of Westminster in London. From 1993 to 2000 lecturer in design management at the Fachhochschule in Düsseldorf. Member of the Design Management Institute of Boston and the Marketing Club in Düsseldorf. Prof. Klaus Hesse studied photography and typography at the University of Wuppertal. Since 1993 professor of communication design in Dortmund and Essen. Since 1999 chair of applied design at the HfG Offenbach.

Düsseldorfer Straße 16
40699 Erkrath
Telefon +49 (0)211/28 07 20-0
Telefax +49 (0)211/28 07 20-20
e-mail info@hesse-design.de
internet www.hesse-design.de

> Multimedia Design S. 442

1

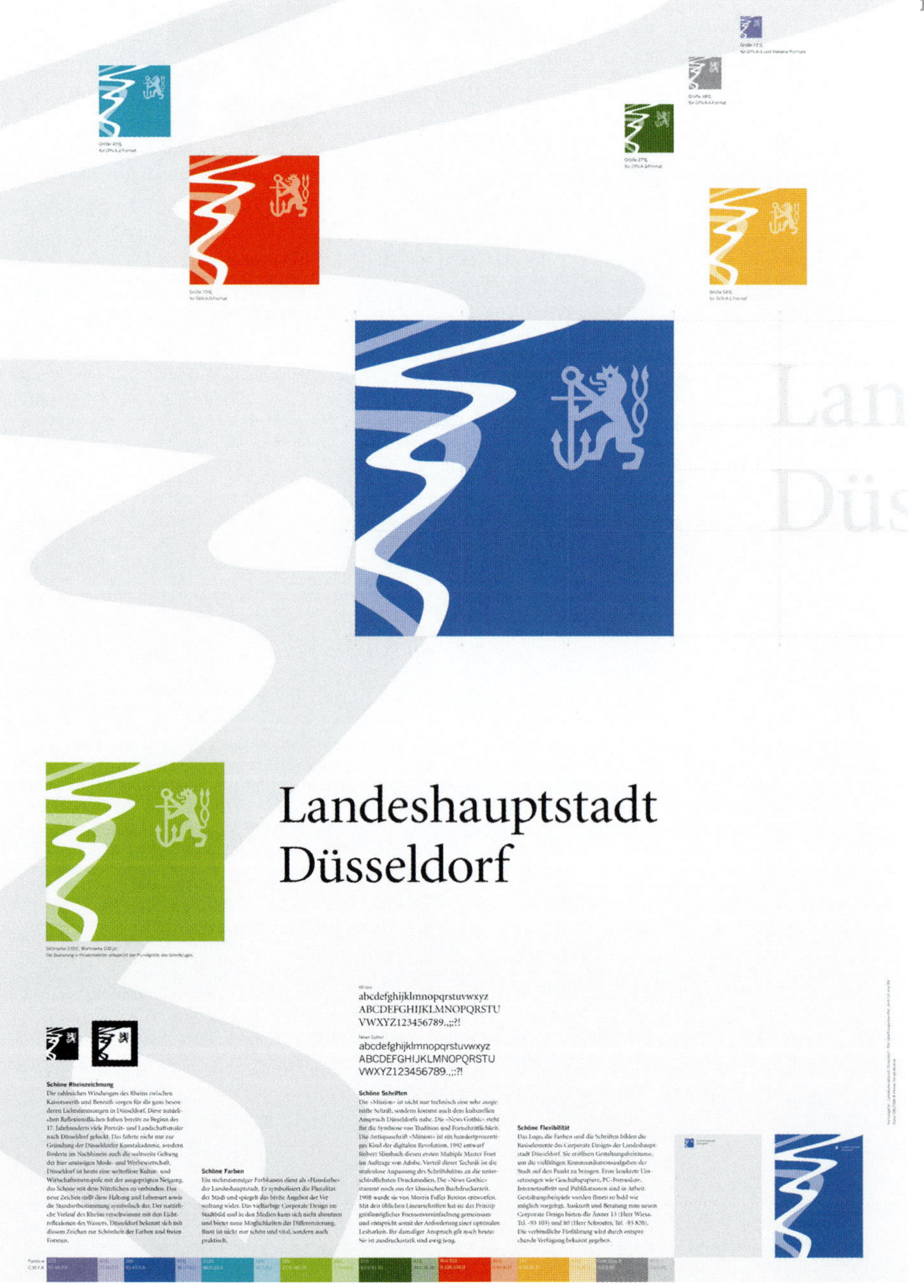

Referenzen/references: Allianz, Audi, Bewag, Boehringer Mannheim, Bosch, Blaupunkt, Burgbad, Design Zentrum Nordrhein Westfalen, Dekra, Deutsche Lufthansa, Deutsches Plakat Museum Essen, Deutscher Sparkassen- und Giroverband, Landeshauptstadt Düsseldorf, Flughafen Köln/Bonn, Lindner Hotels, Museum Folkwang Essen, o.tel.o, Robert Schumann Hochschule Düsseldorf, Swarovski, Verlagsgruppe Handelsblatt, Veba Aktiengesellschaft, WestLB.
Veröffentlichungen/publications: »Der Helvetica-Mann«, Hermann Schmidt Verlag Mainz 1999; »Die visuelle Wiedervereinigung Deutschlands«, design by doing 6/01; »Eine Designstudie, die über den Wolken schwebt«, design by doing 6/99; »Logos lügen nie«, design by doing 5/98; »Forming, storming, norming, performing«, design by doing 4/98 u.a.
Auszeichnungen/awards: Seit 1988 über 80 Auszeichnungen: American Center for Design, ADC Deutschland, ADC Europe, ADC New York, BDG Grafik Design, Berliner Type, Cannes Cyber Lions, Creativ Club Austria, Deutscher Multimedia Award, iF Siegel für gutes Design, Deutscher Kommunikationspreis, New York Festival, red dot award, TDC New York, TIA London, Typography Germany.

2

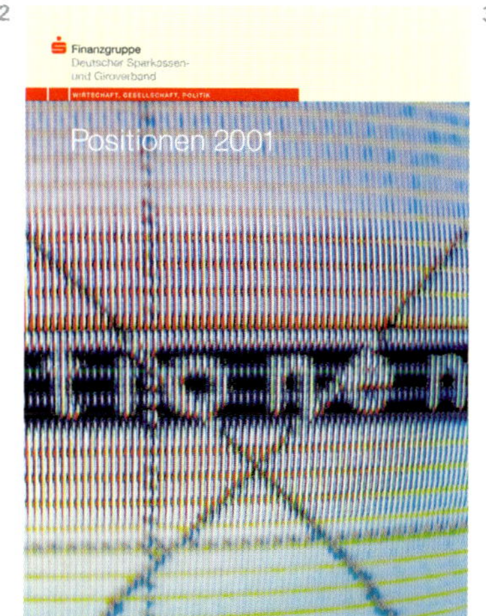

3

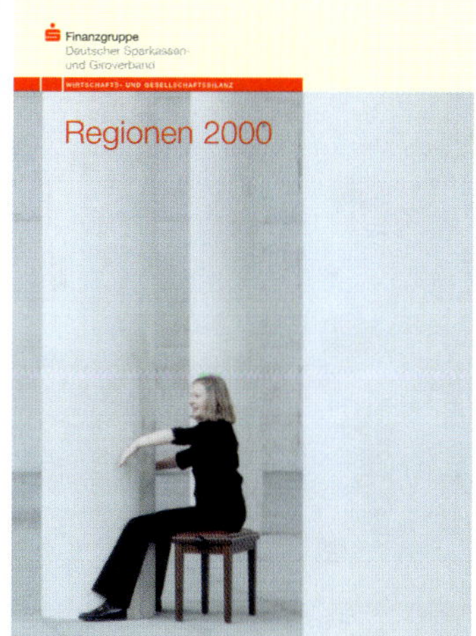

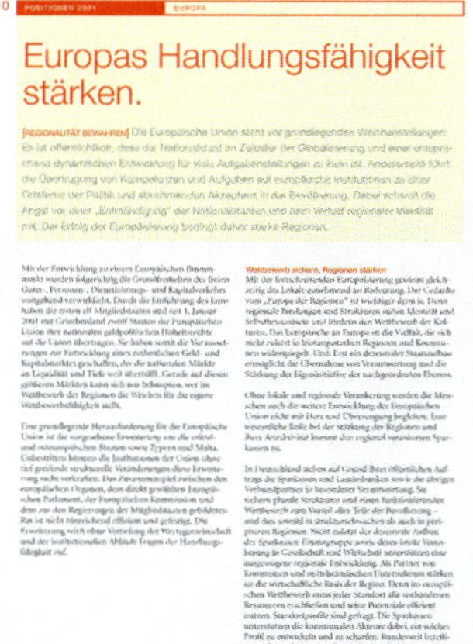

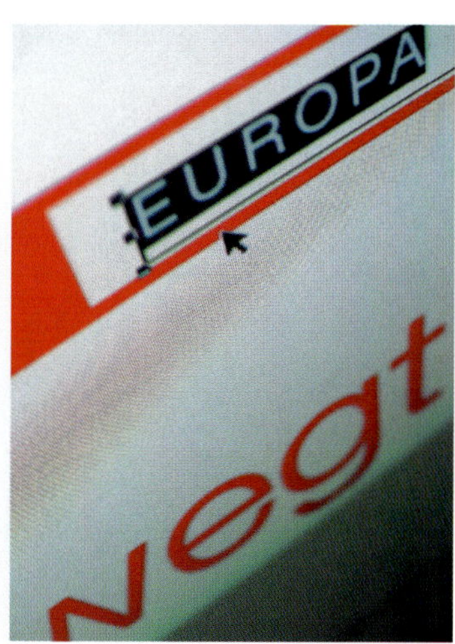

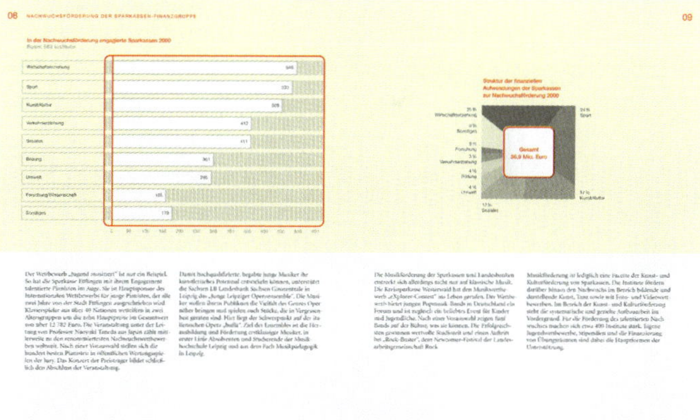

1 Corporate Design
Landeshauptstadt Düsseldorf.

2 Jahresbericht/*Annual report*
Positionen
Deutscher Sparkassen- und Giroverband.

3 Jahresbericht/*Annual report*
Regionen
Deutscher Sparkassen- und Giroverband.

Fons Matthias Hickmann

Kommunikations Design
Prof. Fons M. Hickmann (ADC)

Mariannenplatz 23
10997 Berlin
Telefon +49 (0)30/69 51 85 01
Telefax +49 (0)30/69 51 85 11
e-mail hickmann@kairos.to
grotrian@kairos.to
internet www.kairos.to
www.fonshickmann.de

Gemeinsam mit Gesine Grotrian-Steinweg arbeitet Fons Matthias Hickmann in Düsseldorf, Berlin und Wien. In seinen »virtuellen Büros« sind zur Zeit sieben Mitarbeiter tätig. Seit FMH als Kind in eine Buchstabensuppe fiel, betreibt er Typografie. Er studierte Design, Fotografie und Philosophie in Düsseldorf. Fast alle in seinem Studio entstandenen Arbeiten wurden mit internationalen Preisen ausgezeichnet. FMH ist Mitglied im TDC New York und im ADC Deutschland. Er lehrte in Essen und Dortmund und übernahm 2001 als Universitätsprofessor die Meisterklasse für Grafikdesign an der Universität für Angewandte Kunst in Wien.

Fons Matthias Hickmann works together with Gesine Grotrian-Steinweg in Düsseldorf, Berlin and Vienna. A staff of seven are currently at work in his “virtual offices”. FMH has been involved with typography since he fell into a bowl of alphabet soup as a child. He studied design, photography and philosophy in Düsseldorf. Nearly all the work produced in his studios has won international awards. FMH is a member of the TDC in New York and the ADC in Germany. He has taught in Essen and Dortmund and, as a university professor, took charge of the master classes in graphic design at the Universität für Angewandte Kunst in Vienna.

1

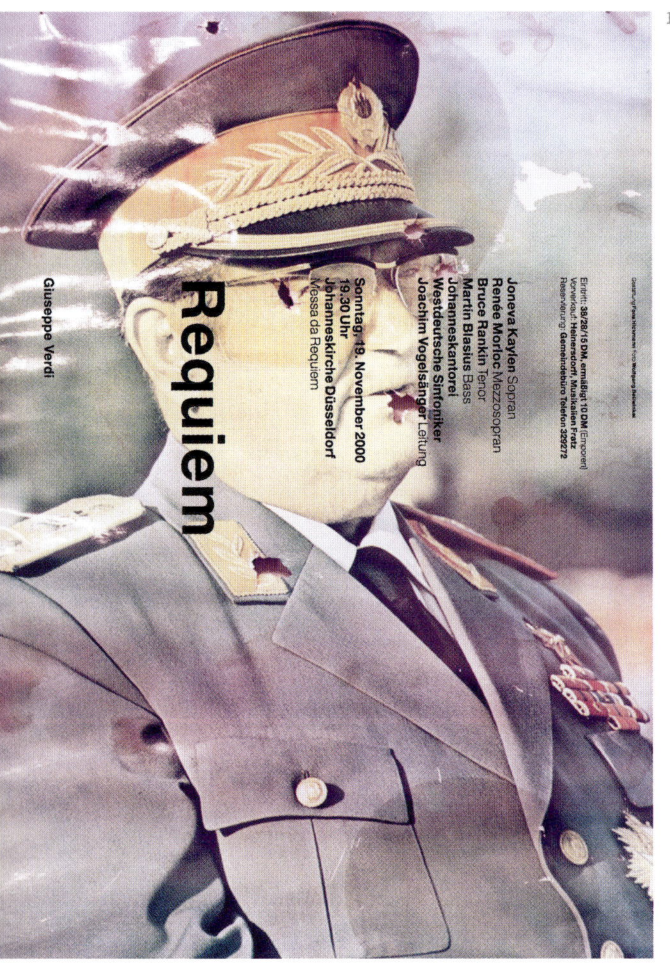

2

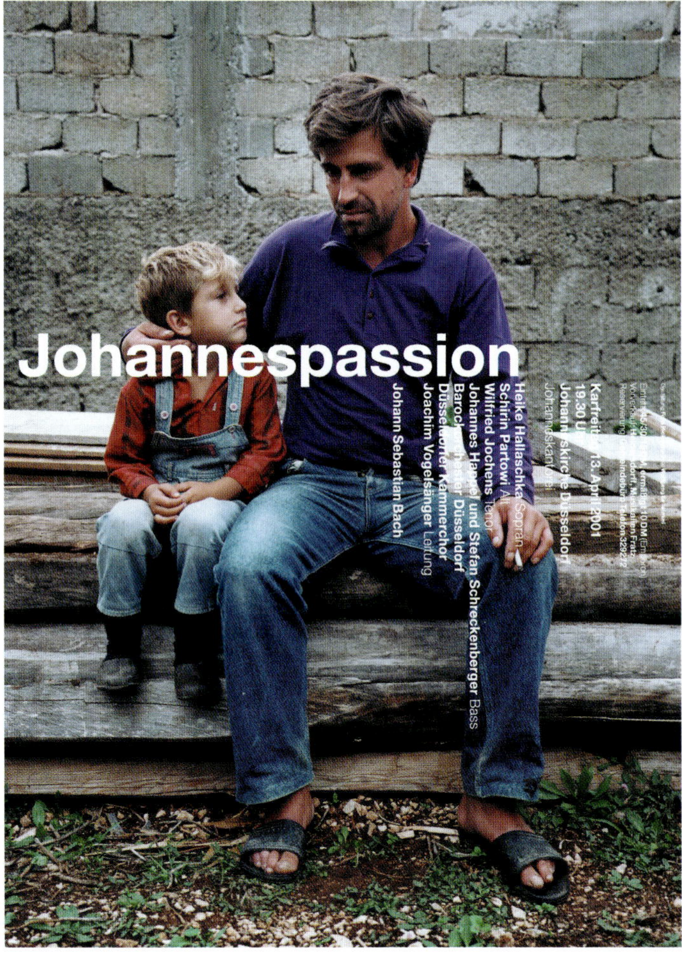

Referenzen/references: Labor für Soziale und Ästhetische Entwicklung; BMW; KFD Katholischer Frauenverband Deutschland; zefa visual media; VMI; IFA Bonn; Theaterhaus Düsseldorf; Kieler Woche; Stadt Kiel; BDA Bund Deutscher Architekten; Oldenburgisches Staastheater; MSF Ärzte ohne Grenzen.
Veröffentlichungen/publications: »Parallelwelten« (Hrsg.), Die Gestalten Verlag. Ein Buch über FMH erscheint 2002.
Auszeichnungen/awards: Joseph Binder Award in Gold und Bronze; Design Austria; Sonderauszeichnung für Plakatkunst; Triennale Sofia; Golden Bee Award, Moskau; Type Directors Club, Excellence Award (mehrfach); Die 100 Besten Plakate, Berlin (mehrfach); Silver Cube, Art Directors Club, New York; Deutscher Preis für Kommunikationsdesign Design Zentrum Nordrhein Westfalen (mehrfach); Ehrendiplom VDG; Gewinner des »Kieler Woche 2002« Corporate Design Wettbewerbs.

1 Requiem, Giuseppe Verdi
Giuseppe Verdi's Requiem
Johanneskantorei Düsseldorf.
Photo: Wolfgang Bellwinkel

2 Johannespassion, Johann Sebastian Bach
Johann Sebastian Bach's St. John Passion
Johanneskantorei Düsseldorf.
Photo: Wolfgang Bellwinkel

3 The Messiah, Georg Friedrich Händel
Georg Friedrich Händel's Messiah
Johanneskantorei Düsseldorf.
Photo: Wolfgang Bellwinkel

3

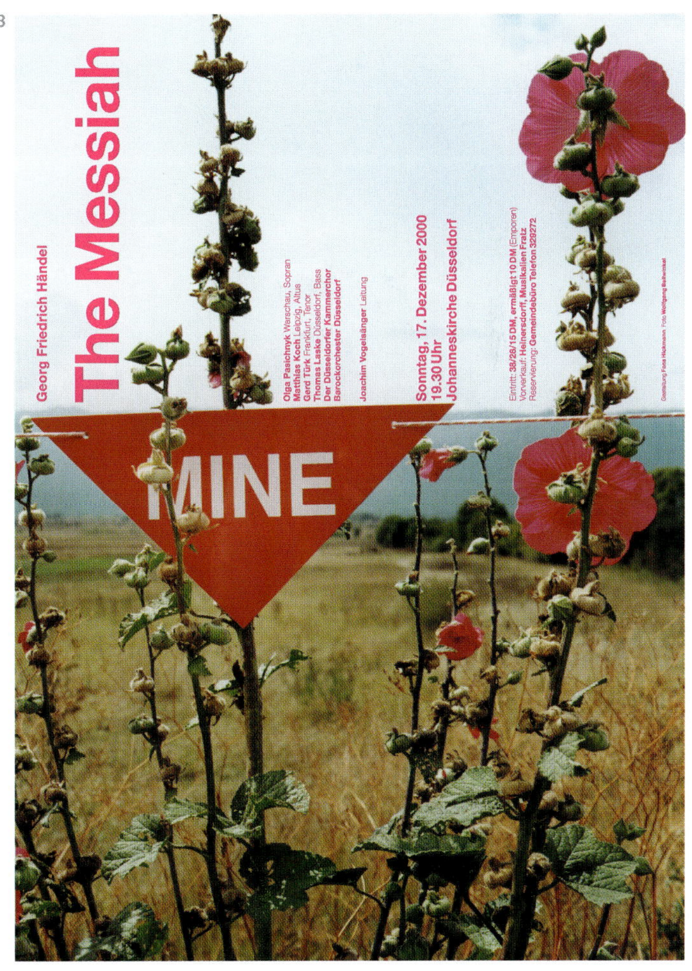

Holbeck Kommunikationsdesign

Dipl. Des. Karina Ortmann-Holbeck (AGD)

Lüderichstraße 2–4
51105 Köln
Telefon +49 (0)221/8 30 66 20
Telefax +49 (0)221/8 30 66 21
e-mail holbeck@holbeck-design.de
internet www.holbeck-design.de

Karina Ortmann-Holbeck, geboren 1962, studierte Kommunikationsdesign an der Universität/GHS Wuppertal. 1993 bis1994 Lehrauftrag an der FH Dortmund. Seit 1993 ist sie selbständig in Köln mit Holbeck Kommunikationsdesign. Die Arbeitschwerpunkte von Holbeck Kommunikationsdesign sind: Entwicklung und Durchführung von Kommunikationskonzepten für Unternehmen und kulturelle Institutionen. Projektbezogen entstehen Kooperationen mit Architekten und Innenarchitekten, Unternehmensberatern, Web Progammierern, PR Agenturen und Textern.

Born in 1962, Karina Ortmann-Holbeck studied communication design at the University of Wuppertal. From 1993 to 1994 she taught at the Fachhochschule in Dortmund. Since 1993 she has run Holbeck Kommunikationsdesign in Cologne. The main focus is on developing and implementing communication concepts for industry and cultural institutions. On a project to project basis she collaborates with architects, interior designers, management consultants, web programmers, PR agencies and copywriters.

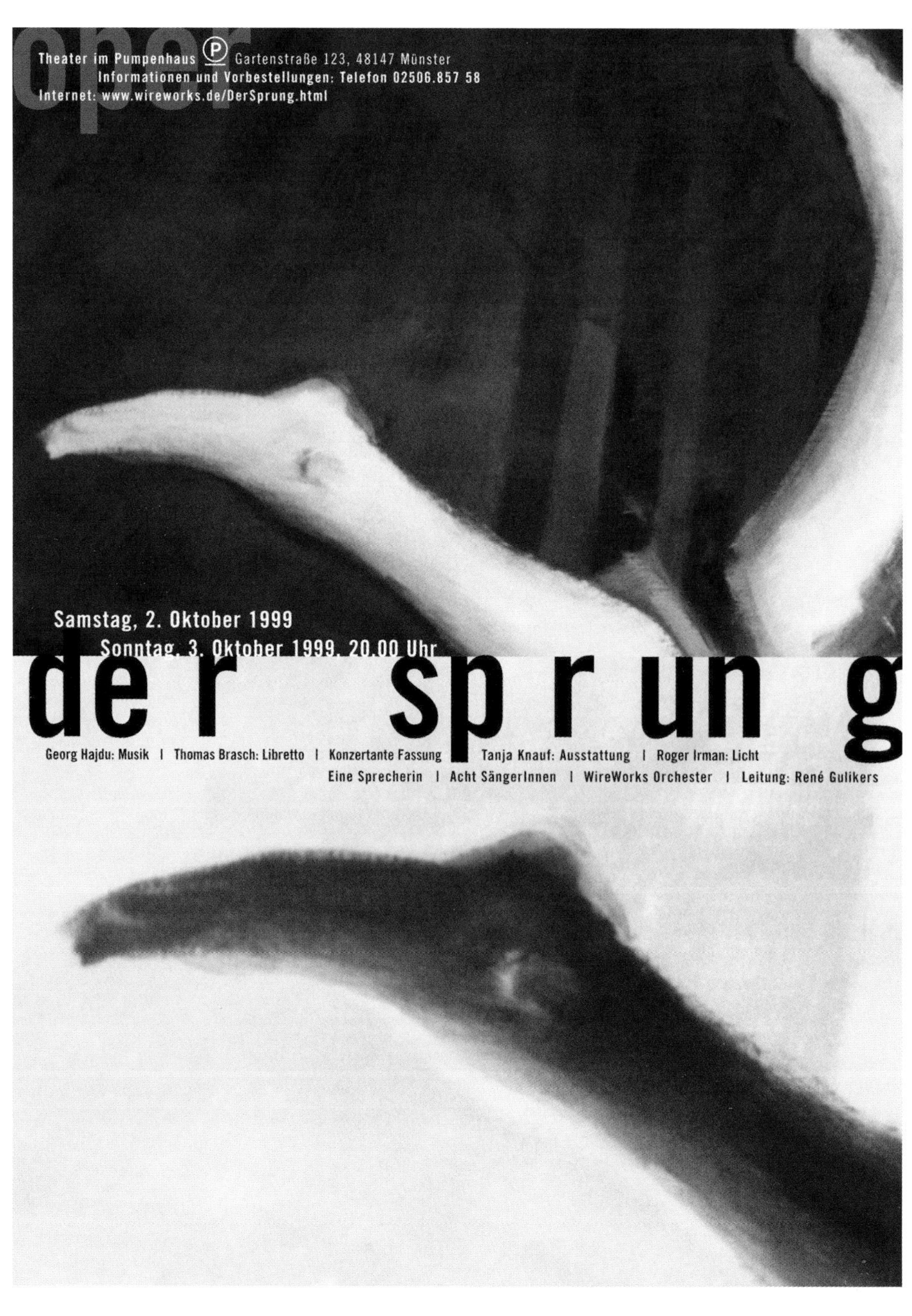

1

Referenzen/references: Canon Euro-Photo GmbH, CMA, Comedia Colonia, Deutsches Tanzarchiv Köln/SK Stiftung Kultur, KunstSalon, Käthe Kollwitz Museum Köln, Kulturbüro, Lichtwerk im Stilwerk, Rheinboden Hypothekenbank AG, verschiedene mittelständische Unternehmen.
Veröffentlichungen/publications: »Kommunikationsdesign« Verlag Walter König Köln, Studienarbeiten, 1986; »Kommunikationsdesign-Ausbildung und berufliche Praxis« Hrsg. Uni Wuppertal, 1991; »Corporate Identity 2« Graphis Verlag (VAW aluminium AG), 1994;
»Certificate of Design exellence« European Regional Design Annual (Plakat), 1995; »Handbuch Design Zentrum Nordrhein Westfalen« (KunstSalon), 1996; »Designers Digest« (Kindertheater Plakat), 1998, »Certificate of Design exellence« European Regional Design Annual (Plakat), 1998; »Graphis Poster 1998« (13. Kinder- und Jugendtheatertreffen), 1999.
Auszeichnungen/awards: Diplomarbeit im Nachwuchswettbewerb »Start '88«, GWA, 1988; Internationale Plakatbiennale Mexico, Mexico City (Kindertheater Plakat), 1996.

3

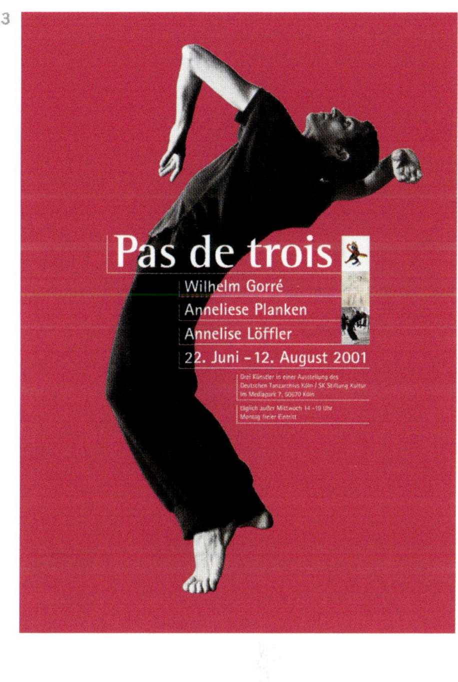

2

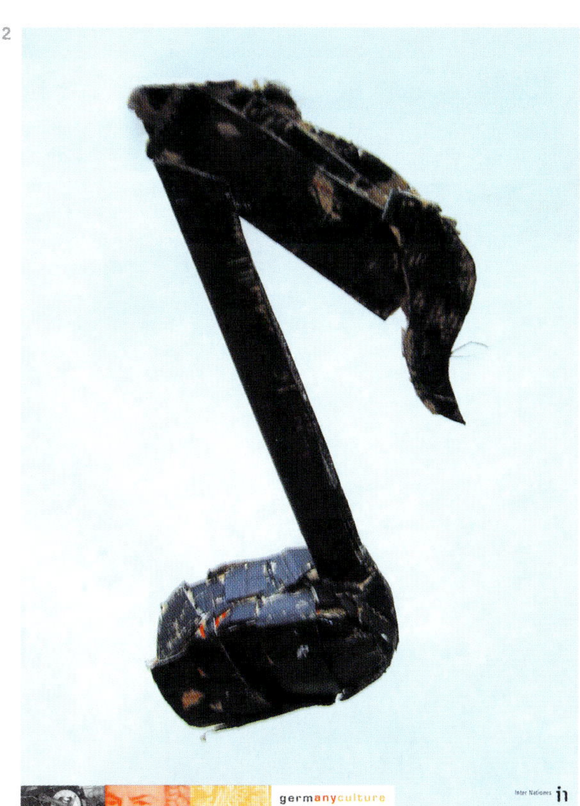

1 »Der Sprung«
Plakat für eine Oper/*Opera poster*
Theater im Pumpenhaus, Münster, 1999.

2 »Deutschland Land der Künste«
Plakatentwurf aus einer Serie/*Poster design*
Internationes, 2000.

3 »Pas de Trois«, Citylightposter
Deutsches Tanzarchiv, Köln, 2001.

Fried Hoven Corporaid

Corporate Design
Dipl. Des. Fried Hoven (BDG, DDV)

Alte Pumpstation, Hahner Str. 22
52076 Aachen
Telefon +49 (0)2408/50 51
Telefax +49 (0)2408/50 52
e-mail info@corporaid.de
internet www.corporaid.de

Fried Hoven machte eine Ausbildung zum Graveur in Köln, studierte Design, BWL und Philosophie in Aachen. Seit 1986 hat er ein eigenes Studio in Aachen. Seit 1991 arbeitet er im Designmanagement für interdisziplinäre Designprojekte. Er ist Berater, gibt Workshops und Seminare in Europa, Nordamerika und Südafrika. Er ist Mitglied in diversen Berufsverbänden und Stiftungsmitglied im Rat für Formgebung. Arbeitsschwerpunkt ist die Beratung und Konzeption für Identity-, Naming- und Branding Projekte sowie das integrierte, ganzheitliche Corporate Design nach der eigens entwickelten Corporate Identity- und Corporate Design Systematik Corporaid®.

Fried Hoven served an apprenticeship as an engraver in Cologne, subsequently studying design, business administration and philosophy in Aachen. Since 1986 he has run his own studio in Aachen. Since 1991 he has been working in design management on interdisciplinary design projects. He is a consultant who runs workshops and seminars in Europe, North America and South Africa. He is a member of various professional associations and a founder member of the design council (Rat für Formgebung). The main focus of his work is on consulting and concepts in identity, naming and branding projects and integrated, holistic corporate design in accordance with the specially developed corporate identity and corporate design system Corporaid®.

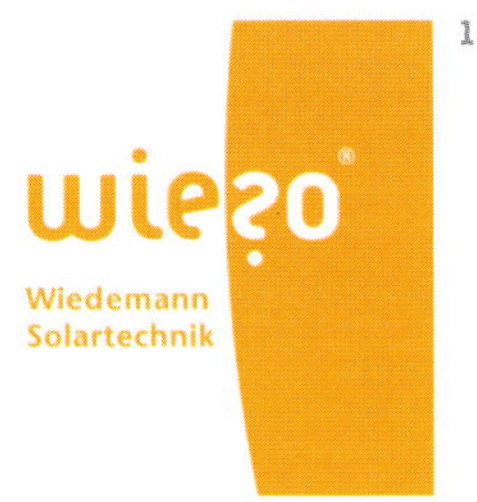

1

2
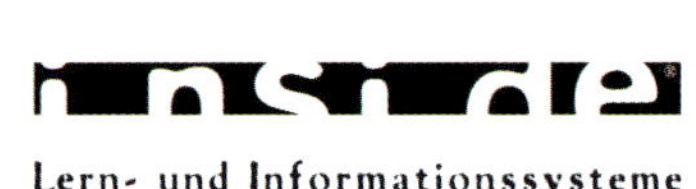

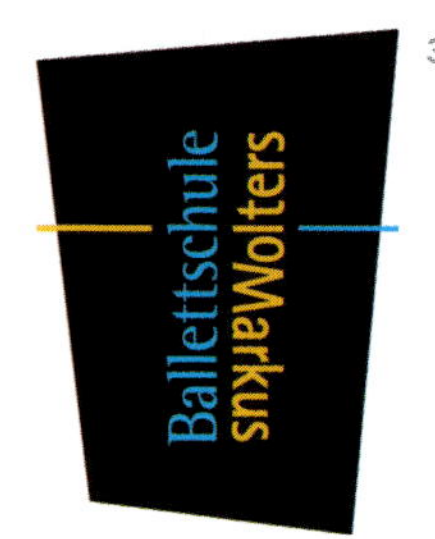

3

4
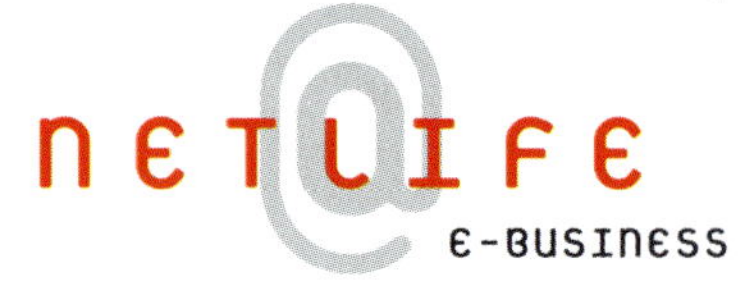

Logos
1 wieso Wiedemann Solartechnik 2001
2 inside GmbH 2000
Gesellschaft für Lern- und Informationssysteme GmbH 2001
3 Ballettschule Markus Wolters 1999
4 Netlife AG 2001

5 Plakat/*Poster*
gypsilon software GmbH 2001

Logos
6 FactSage Software
GTT Technologies 2001
7 Maggi Jubiläum
Nestlé AG 1999

Referenzen/references: Aachener und Münchener AG, Belgisches Rundfunk- und Fernsehzentrum, Bundesministerium für Finanzen, Bund zur Förderung Sehbehinderter, DERPART und DER Deutsches Reisebüro, DDV Deutsche Designer Verbände, EMI Electrola, Gesytec System- und Softwarehaus, Grünenthal Chemie, GTT Technologies, gypsilon Software, Me Technology AG, Nestlé AG, Netlife AG, Rotoflex International, Schwarz Pharma AG, Triplan.

Veröffentlichungen/publications: Seit 1991 Fachaufsätze und Berichte in Fachzeitschriften u. a. w&v Werben und Verkaufen, novum, form und Uni-Magazin, sowie Portfoliodokumentationen und Designer Profile der Fachverbände und Designzentren.

Essays and reports published since 1991 in professional journals such as w&v Werben und Verkaufen, novum, form and Uni-Magazin, portfolio documentation and designer profiles for the professional associations and design centres.

Auszeichnungen/awards: Friedwart Bruckhaus Förderpreis der Hans Martin Schleyer Stiftung in Bonn. Seit 1991 gewann er nationale und internationale Designauszeichnungen; Preise und Wettbewerbserfolge; Deutscher Formular-Wettbewerb 1993.

Friedwart Bruckhaus Förderpreis from the Hans Martin Schleyer Foundation in Bonn. National and international design awards since 1991. Competition success in the German Form Design Competition of 1993.

5

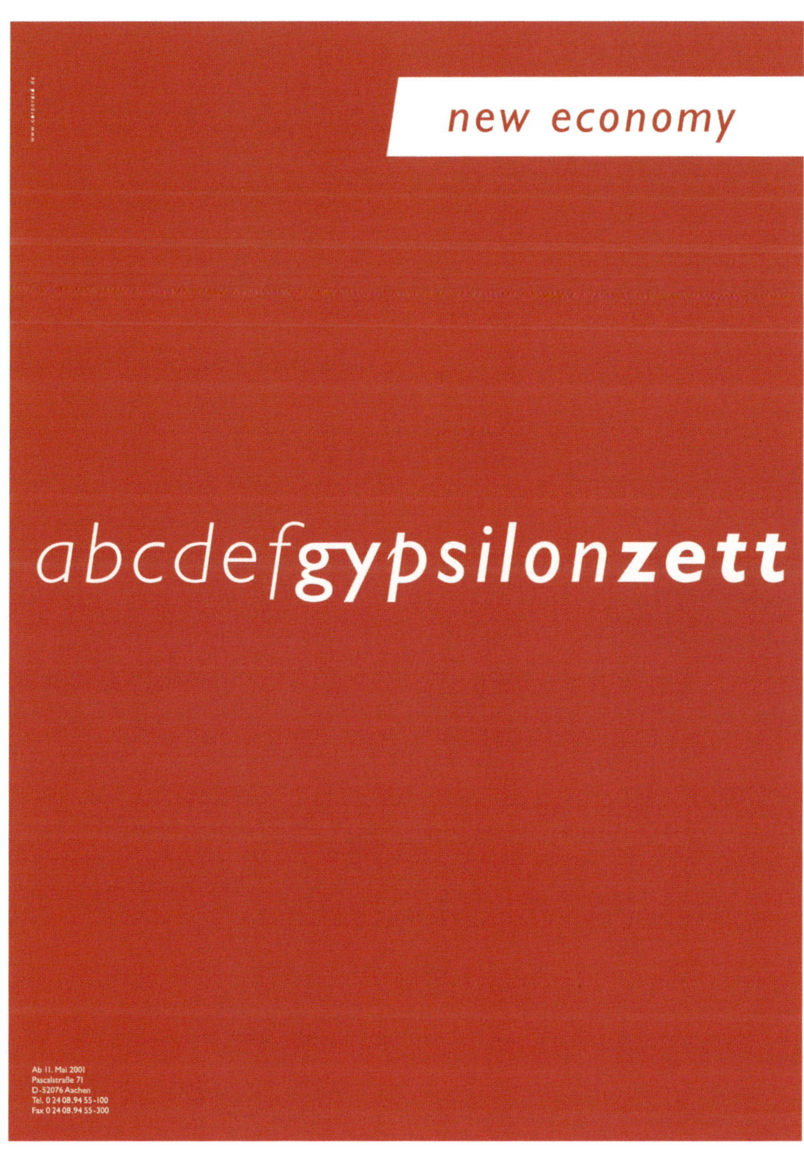

6

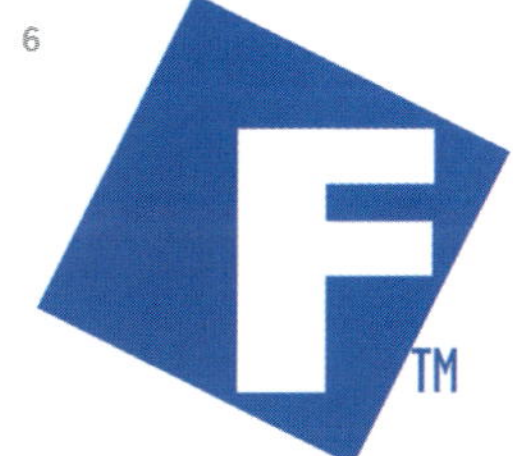

7

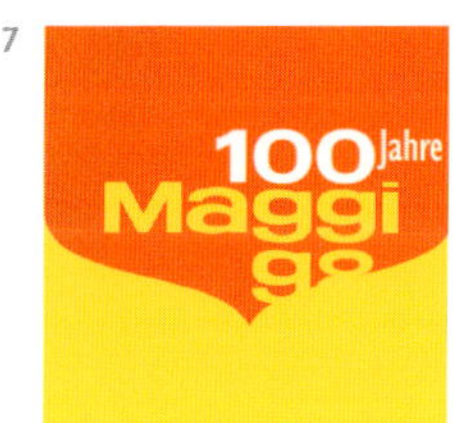

idea-company

Geschäftsführung
Helmut Frenzer (BDW)

Im Unterschofen 48
77963 Schwanau
Telefon +49 (0)7824/23 64
+49 (0)7824/66 07 63
Telefax +49 (0)7824/34 47
e-mail frenzer@t-online.de
internet www.idea-company.de

www.idea-company.de wurde als Werbeagentur Frenzer von Helmut Frenzer 1988 in Schwanau/Südbaden gegründet. Das Leistungsprofil beinhaltet den Full-Service im Foto- und Printbereich. Mitte der 90erJahre wurde der Leistungsbereich um das Produkt Design von Werbeartikeln erweitert. Unter dem Namen www.idea-company.de ist eine Design- und Produktionsagentur entstanden, die sich speziell am Erscheinungsbild von Unternehmen orientiert. Die in vielen Firmenzeichen vorkommenden Grundformen und Elemente wie Kreis, Kugel, Dreieck oder Kubus und deren Farben sind für www.idea-company.de die wichtigsten Attribute zur Gestaltung ästhetisch formschöner Produkte mit hohem Gebrauchswert.

www.idea-company.de was originally established as the Frenzer advertising agency in Schwanau, South-West Germany, by Helmut Frenzer in 1988. The focus was on full-service in the field of photography and print media. In the mid-1990s this was expanded to include product design for promotional articles. Under the name www.idea-company.de a design and production agency has been created which is primarily oriented on corporate image. The basic shapes and elements of many company logos, eg. circle, sphere, triangle and cube, and their colours are, in the view of www.idea-company.de, the most important attributes in the design of aesthetically appealing products with a high utility value.

1

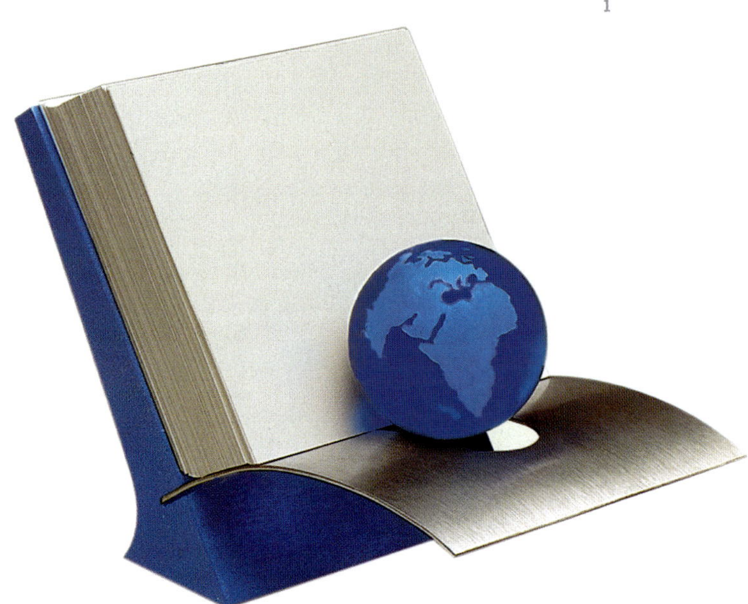

1 Zettelhalter/*Paper holder* Balance.

2 Zettelhalter/*Paper holder* Sleeping black.

3 Zettelhalter/*Paper holder* Sleeping silver.

Referenzen/references: Volvo; MGM München; Quoka Verlag, Lampertsheim; Schering Weimar; Sparkasse Leasing, Frankfurt; Comparex; balzers; MEZ Coats GmbH; global Seeber creativ; poraver by Dennert; reynolds bausysteme.

2

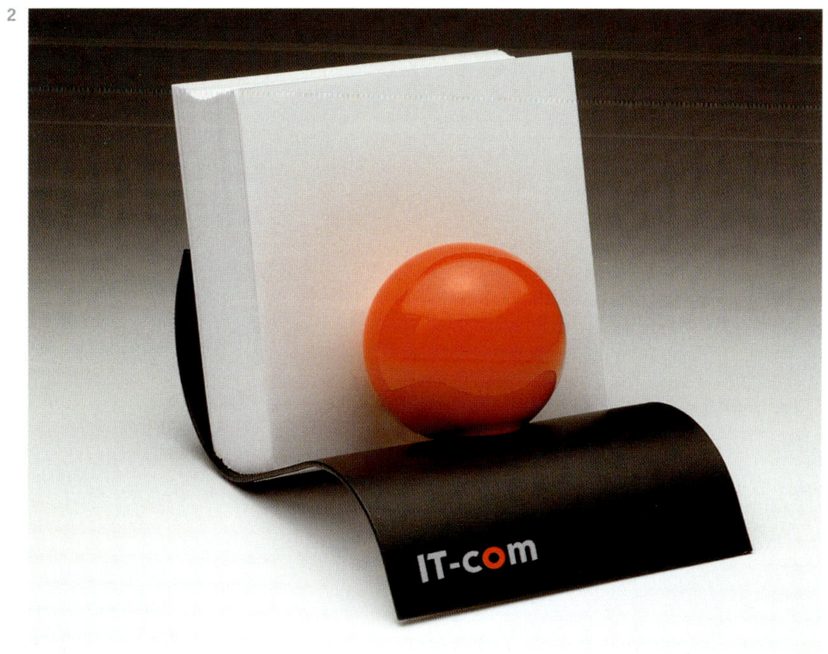

3

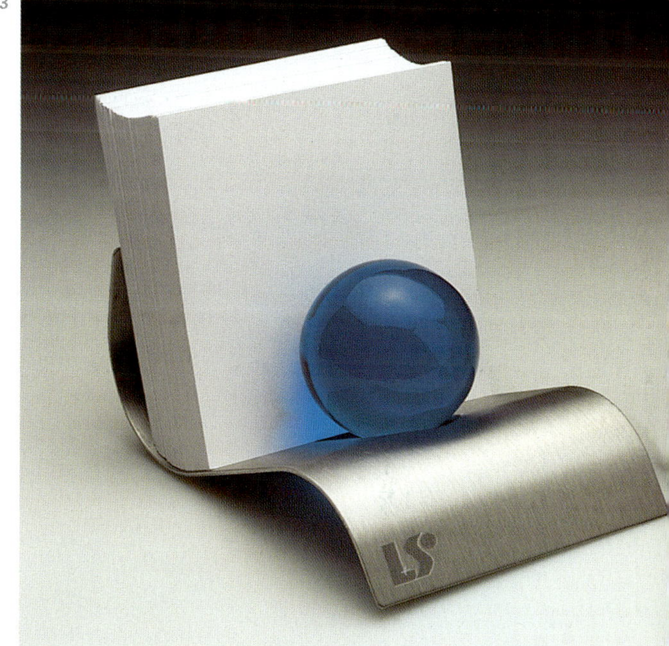

incorporate

communication + design GmbH

Geschäftsführer
Almut Roeper
Karsten Unterberger

Münzstraße 13
10178 Berlin
Telefon +49 (0)30/28 48 51-0
Telefax +49 (0)30/28 48 51-10

incorporate entwickelt seit 1998 Unternehmensidentitäten, Erscheinungsbilder und Markenstrategien unter der Leitung der Inhaber und Geschäftsfürer Almut Roeper und Karsten Unterberger. Mit über 50 Mitarbeitern in Berlin und Bremen betreut incorporate erfolgreich mittelständische und große Unternehmen. Die Dienstleistung umfasst Beratung, Branding, Corporate Design, Corporate Communication, Research, Digitale Medien, Investor-Relations bis hin zur Organisationsabwicklung. Mit einem Umsatz von 6 Mio. EUR im Jahr 2000 und zahlreichen Auszeichnungen gehört incorporate zu den Top Ten der Deutschen CI-Agenturen.

Under the leadership of managing directors Almut Roeper and Karsten Unterberger, incorporate communication + design GmbH has been developing corporate identities, images and brand strategies since 1998. With a staff of more than 50 people in Berlin and Bremen, incorporate has a successful record of service to medium-sized and large companies. The range of services includes consulting, branding, corporate design, corporate communication, research, digital media, investor relations and organisation. With a turnover of EUR 6 million in the year 2000 and numerous awards, incorporate is one of the top ten German CI agencies.

Ostertorsteinweg 70–71
28203 Bremen
Telefon +49 (0)421/7 90 67-0
Telefax +49 (0)421/7 90 67-2
e-mail info@incorporate.de
internet www.incorporate.de

1

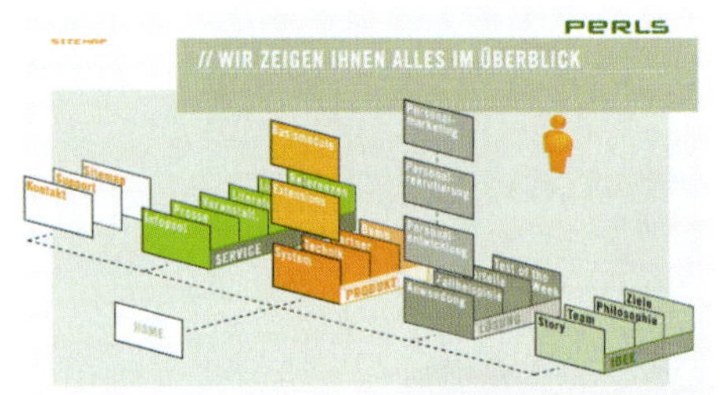

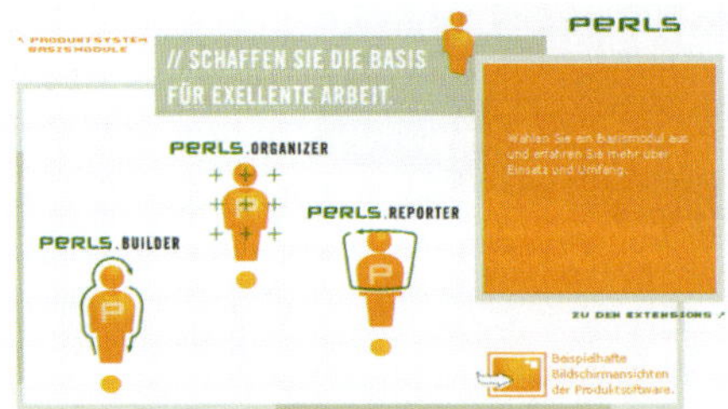

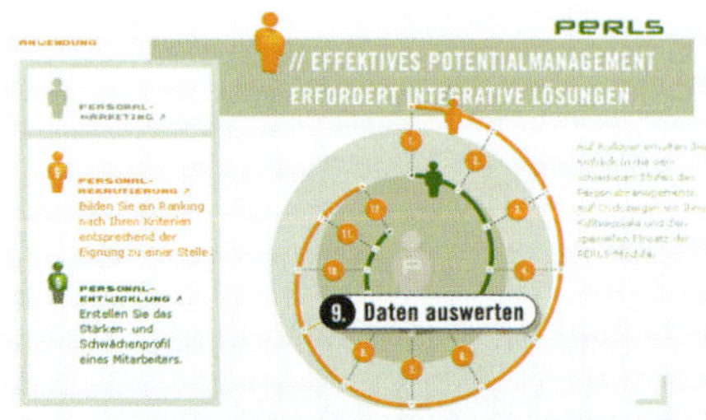

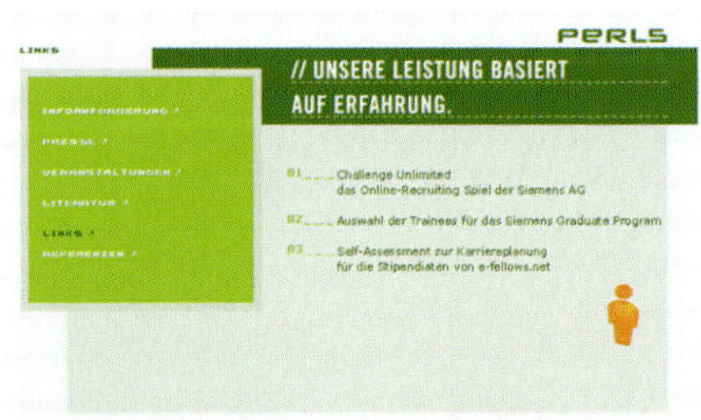

1 Produkteinführung/*Product presentation* »Perls« für Siemens/eligo (www.e-perls.de)

2 Corporate Communication für Bremische Gesellschaft für Stadterneuerung, Stadtentwicklung und Wohnungsbau mbH

Referenzen/references: Lang+Schwarz Gruppe, Siemens, Hellmann Worldwide Logistics, nordCom, Blöcker, Ventureship AG, DaimlerChrysler AG, Schreiber Vermögensverwaltung AG, Rotes Kreuz Krankenhaus, Staps Mindware, SIGNUM GmbH, Mapa GmbH, Bankhaus Carl F. Plump & Co., Design-Initiative der Deutschen Wirtschaft, Die Sparkasse Bremen, First IPO AG, Graf Beissel v. Gymnich u.a.
Veröffentlichungen/publications: »A Design that creates Appeal«, Economy Tribune, 05/2000; »Hauptsache, es gibt Preise«, Neugierig, 2/2000; »deen mit Blick auf den Buntbarsch« Die Welt, 16.11.2000; »Die Branche wird durchleuchtet«, Horizont 36/2000; Das Horizont-Corporate-Design-Ranking für das Jahr 1999 u.a.
Auszeichnungen/awards: Business-to-Business-Award, kommunikationsverband.de, Bonn 1997, 2000, 2001; Die besten Formulare Deutschlands, Bundesverband Druck, Wiesbaden 1998, 2000; Deutscher Preis für Kommunikationsdesign, Design Zentrum Nordrhein Westfalen Essen 1999; Type Directors Club, New York, 2000; Berliner Type, red dot award 2000 u.a.

2

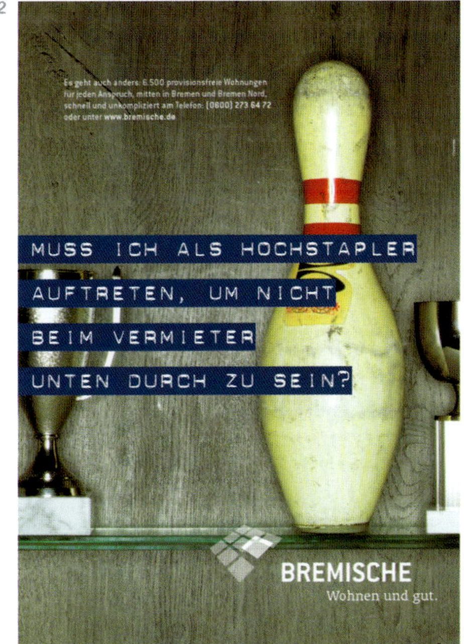

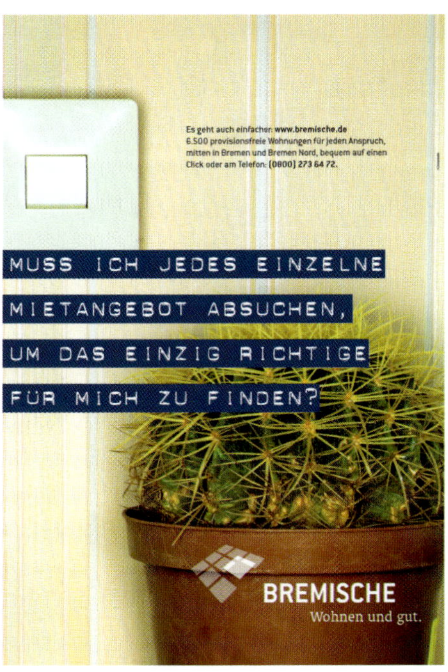

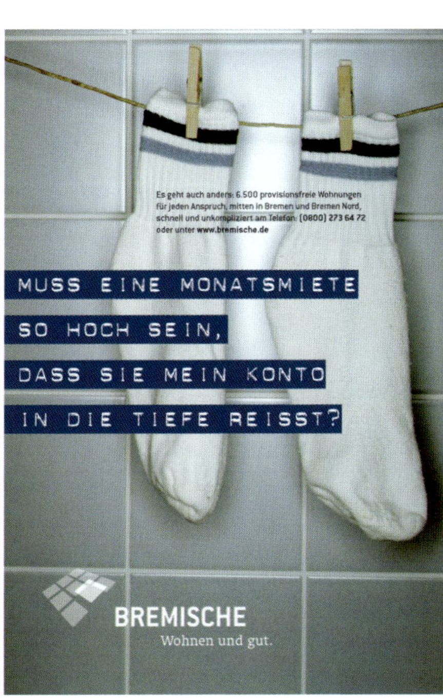

Interbrand Zintzmeyer & Lux

Weinsbergstraße 118a
50823 Köln
Telefon +49 (0)221/9 51 72-0
Telefax +49 (0)221/9 51 72-100
e-mail postoffice@interbrand.de
internet www.interbrand.ch

Interbrand Zintzmeyer & Lux ist mit über zweihundert Mitarbeiter/innen in Büros in Zürich, Köln, Hamburg und München vertreten. Die Agentur ist Teil der Interbrand Group, die mit etwa 770 Mitarbeitern an 25 Standorten weltweit das grösste Unternehmen für Markenberatung und Corporate Identity ist. Die Kernkompetenzen liegen in den Bereichen Corporate und Brand Identity, Brand Strategy, Naming, Design-Entwicklung und -umsetzung, Corporate Architecture, 3D/Environmental Design, Package Design und Interactive Media. Interdisziplinäre Teams aus Beratern, Designern, Textern, Konzeptern, Architekten und Spezialisten betreuen namhafte Marken.

Interbrand Zintzmeyer & Lux employs a staff of more than 200 people at its offices in Zurich, Cologne, Hamburg and Munich. The agency is part of the Interbrand Group, which is the world's biggest corporate identity and brand consulting organisation with 770 employees at 25 locations. The core competencies are corporate and brand identity, brand strategy, naming, design development and implementation, corporate architecture, 3D environmental design, packaging design and interactive media. Well known brands are handled by interdisciplinary teams of consultants, designers, copywriters, concept developers, architects and other specialists.

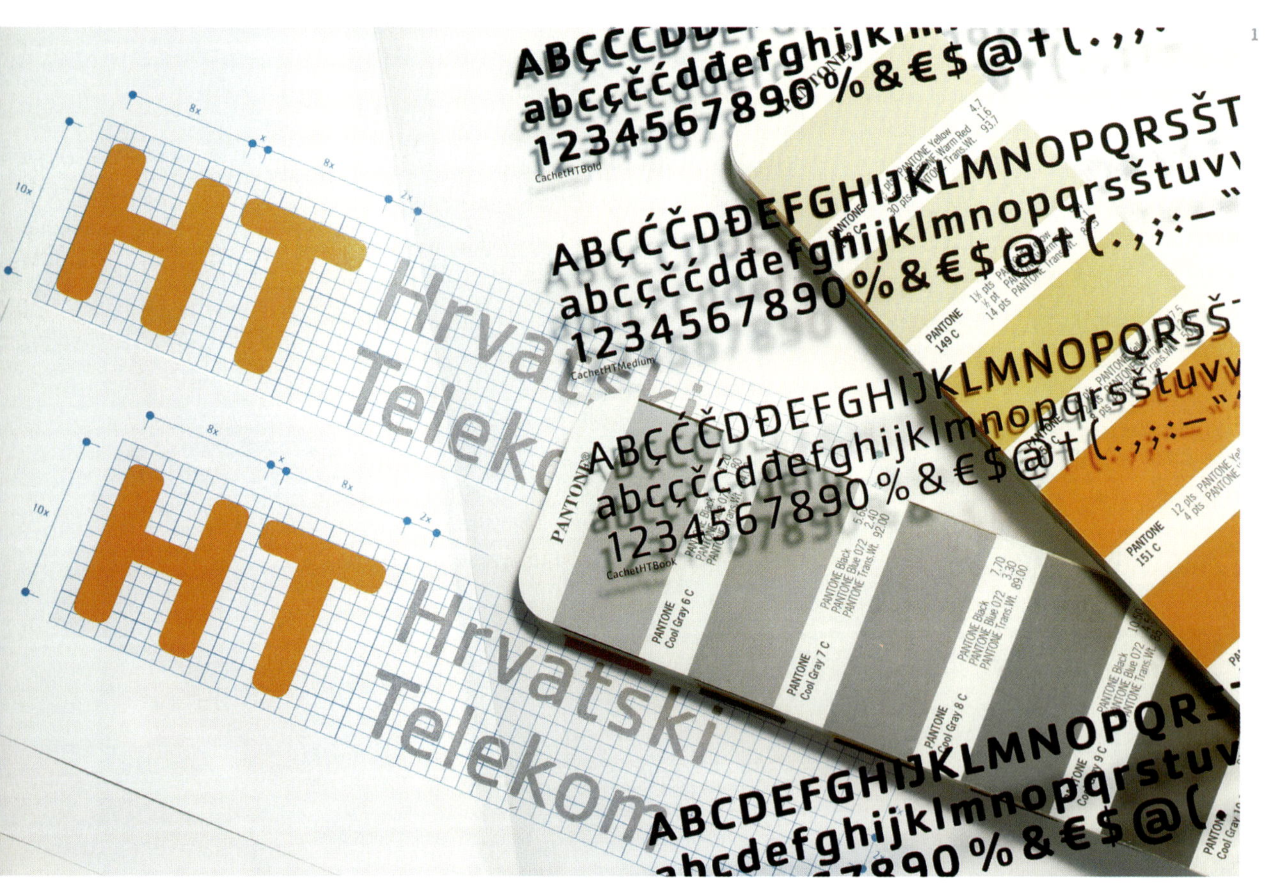

1

Referenzen/references: BMW, Deutsche Telekom; Fraport (Frankfurt Airport Services Worldwide); dit (Deutscher Investment-Trust); Avacon, Landesbank Baden-Württemberg; Globe Ground; ThyssenKrupp; Hrvatski Telekom (Croatian Telecom Inc.); Swissair Group; Die Post (Schweiz), u.a.

2
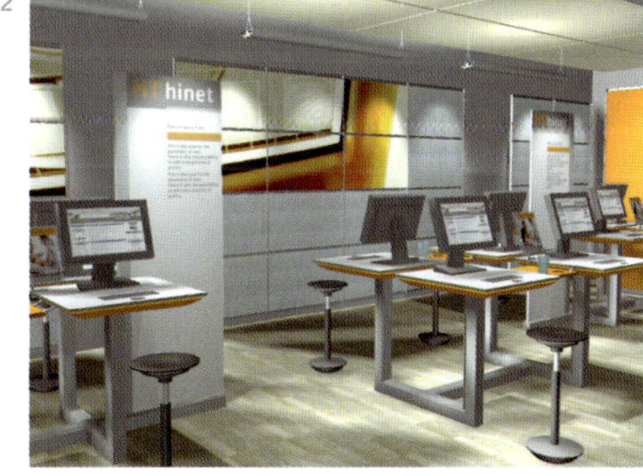

3
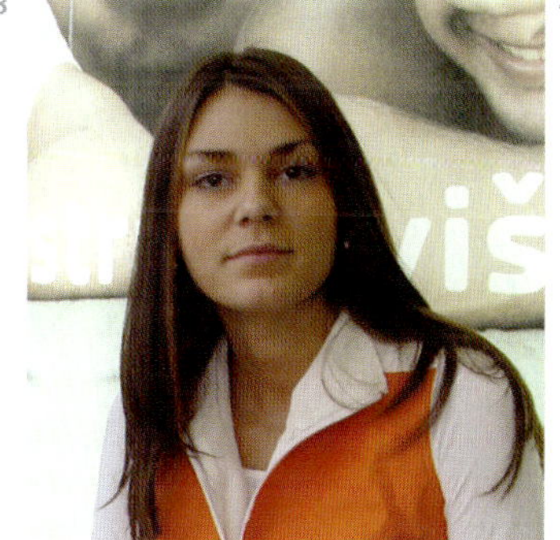

4
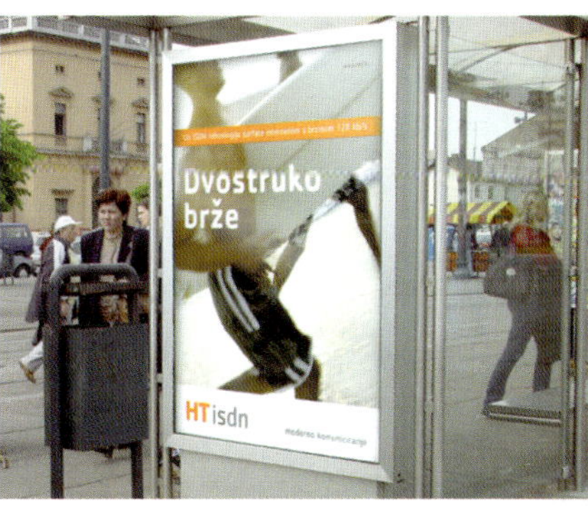

1 Eigenständige Designelemente prägen den neuen Markenauftritt
Independent design elements characterise the new brand image
HAT-Hrvatski Telekom
Croatian Telecom Inc.

2 Retaildesign am Beispiel Internet Cafe.
Internet café as an example of retail design.
HAT-Hrvatski Telekom.

3 Messeauftritt und Corporate Fashion sorgen für ein konsistentes Markenerlebnis.
Trade fair presentation and corporate fashion assure consistent brand awareness.

4 Die Produktmarke HTisdn in einer Kampagne.
Campaign featuring the product brand HTisdn.

Elisabeth Marianne Jansen

Künstlerin, Illustratorin, Designerin (AGD)

Oberdorf 43
53804 Much
Telefon +49 (0)2245/44 38
Telefax +49 (0)2245/58 07
e-mail jansendesign@tronet.de
internet www.elisabeth-m-jansen.com

Elisabeth M. Jansen, geboren 1949, übte von 1969 bis 1995 eine wissenschaftliche Tätigkeit an einem biologischen Forschungsinstitut in Köln aus. Seit 1995 ist sie selbstständig tätig und ihren Arbeitsschwerpunkt bilden naturwissenschaftliche Illustrationen im Bereich Botanik und Zoologie. Sie ist spezialisiert auf Bilder und Portraits von Pflanzen und Tieren, im Besonderen von Orchideen und Pferden.

Born in 1949, Elisabeth M. Jansen, worked as a scientist at a biological research institute in Cologne from 1969 to 1995. Working freelance since 1995, her main focus is on botanical and zoological illustration, specialising in pictures of plants and animals and, in particular, orchids and horses.

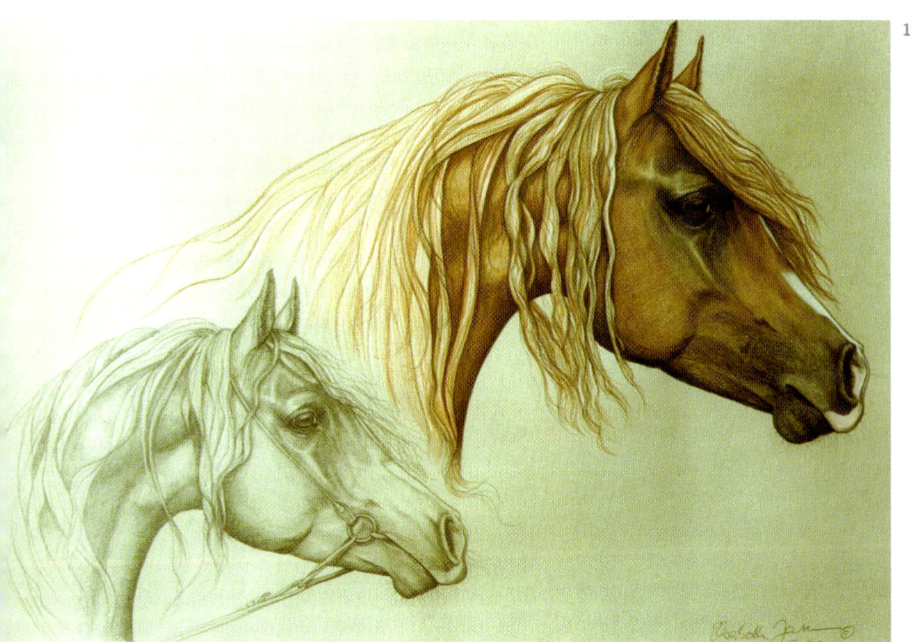

1

1 Portrait Asil-Araberstute Fedala des Stalles Ruala Besitzerin Eva Piduch 2000.
Portrait of Asil Arab mare Fedala of Ruala stables. Owner Eva Piduch, 2000.

2 Orchidee/*Orchid*
Phragmipedium Sedenii
Illustration
Schwedische Orchideengesellschaft
Stenungsund 1998.

Referenzen/references: Agentur Heike Kessler, Thun (CH); Corn. Bak Bromeliaceeen, Assendelft (NL); Funke Lederwaren, Oberbüren (CH); K.J. Orchids, Sporup (DK); Orchid Opulence, Monterey CA (USA); Orchidéhuset, Stockholm (S); Orchid Tours, Santa Amaro/Sao Paulo (BRAS); Svenska Orchidé-Sällskapet, Stenungsund (S).
Veröffentlichungen/publications: Designer's Digest the artwork magazine, No. 66 u. 72, 1999 u. 2000; AGD Quartal, Allianz Deutscher Designer 2/1996, 4/1996/, 4/2000; Broschüren für die Bromeliaceen-Sonderausstellung, Hrsg. Wilhelma Zoolog. u. Botan. Garten, Stuttgart 1995; Broschüre für TV Serie: Ratgeber Haus+Garten, Rau Verlag, Düsseldorf 1993; Elisabeth M. Jansen's Orchideenkalender 1998, Hrsg: Elisabeth M. Jansen, Much 1997. Der Gemüsekalender, Fa. Terra Vita, Düsseldorf 1995; Heilgeheimnisse aus dem Regenwald, S. Schneider, Mosaik Verlag, München 1999; Die Tiere unserer Heimat/Die Pflanzen unserer Heimat, G. Steinbach, ADAC-Verlag, München 1999 u.a.
Auszeichnungen/awards: Diplom Concurso Internacional de Illustracao de Bormélias, Sociedade Brasileira de Bromélias, Rio de Janeiro, 1995; Silbermedaille, Drawings of Tropical Orchids, The Royal Horticultural Society, London, 1998; Diplom Membership, The Society of Botanical Artists, London, 1999.

2

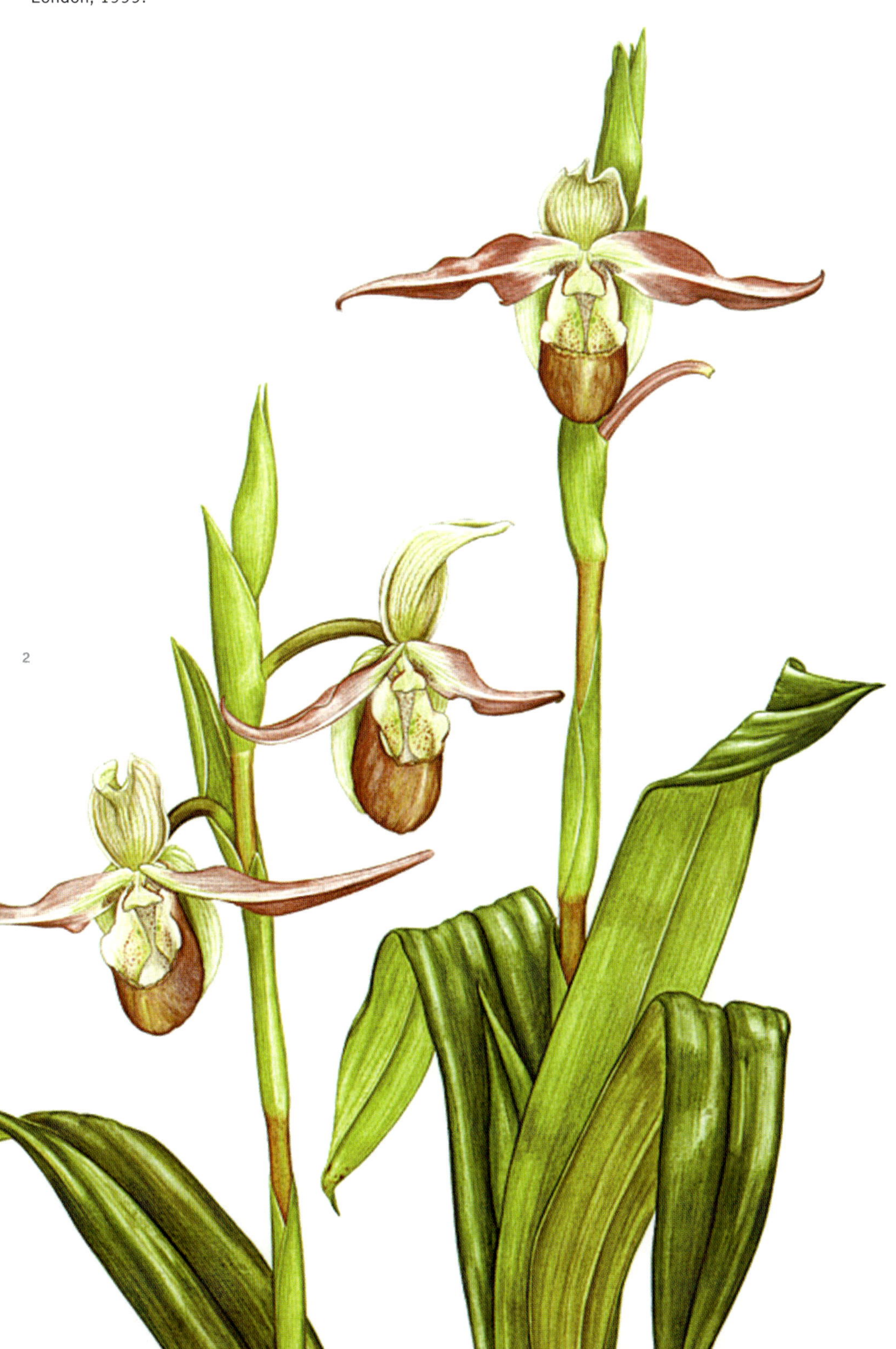

Junge & Kleschnitzki

Konzept, Image, Design

Andreas Junge (AGD)
Franz-Josef Kleschnitzki (AGD)

Liegnitzer Straße 2
58454 Witten
Telefon +49 (0)2302/88 89 45
Telefax +49 (0)2302/88 89 47
e-mail mail@junge-kleschnitzki.de
internet www.junge-kleschnitzki.de

Junge & Kleschnitzki erstellt Design-Konzepte für Signets, Folder, Zeitschriften, Ton-, Text-, Multimediaträger, Produkte, Messen, NewMedia. Die konsequente konzeptionelle Denke von Andreas Junge (Diplom-Designer) und Franz-Josef Kleschnitzki (Typograph) initiieren mit scharfem Blick für Corporate-Identity-Strategien Kreativlösungen. Unternehmen und kirchliche/kulturelle Institutionen schätzen seit über 10 Jahren diese erfolgreichen Designkonzeptionen für sämtliche klassischen und neuen Kommunikationsaufgaben. Einen Schwerpunkt nimmt die Kreativtätigkeit im Zeitschriftenbereich ein. Hier überzeugen Grafik, Typografie und Illustration für unterschiedlichste Zielgruppen B2B und B2C.

Junge & Kleschnitzki produces design concepts for signets, folders, periodicals, multi-media, products, trade fairs and the new media. Andreas Junge (designer) and Franz-Josef Kleschnitzki (typographer) offer carefully thought out creative solutions with a sharp eye to corporate identity strategy. For more than 10 years trade and industry and church/cultural institutions have benefited from their successful design concepts for all conventional and new communication tasks. One of the main emphases is on newspapers and magazines where their graphic and typographic design and illustration work appeals to a wide variety of target groups including B2B and B2C.

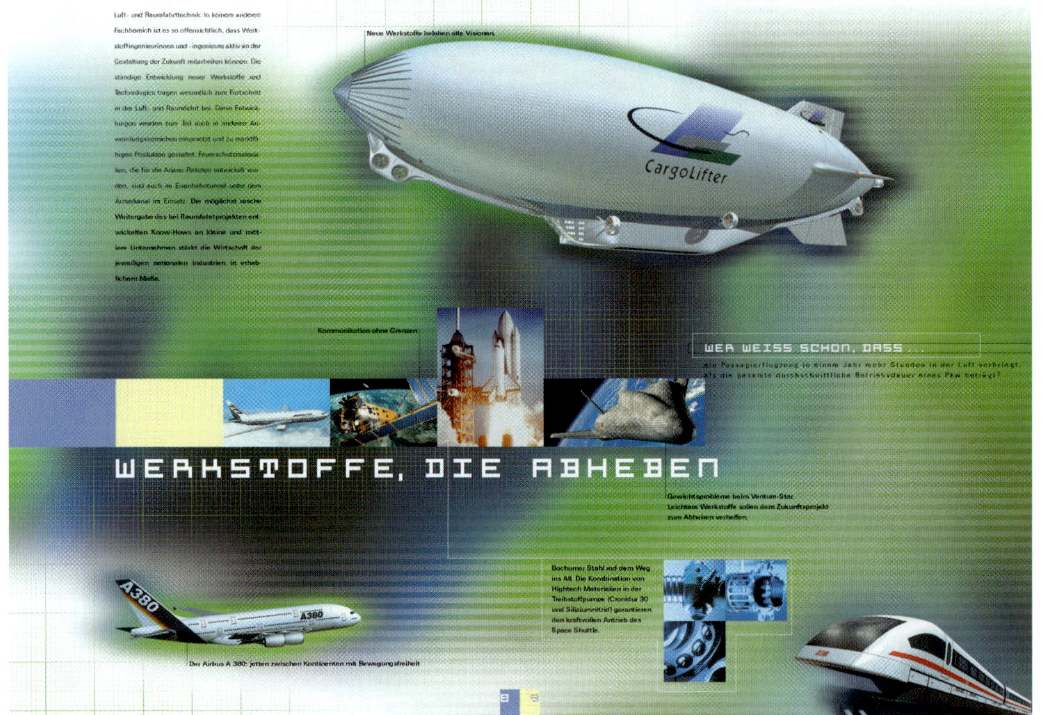

1

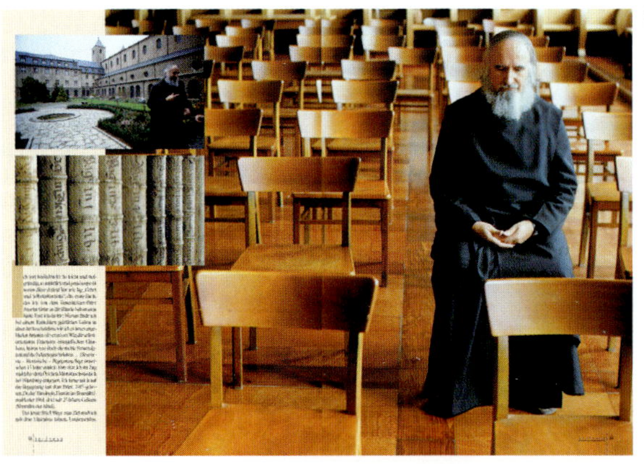
2

Referenzen/references: Amt für missionarische Dienste in der EKD, Autotech USA/Europe/Australia, Allianz-Mission, ABC-team Verlagscooperation, almaKüchen, Auroflex, Brockhaus-Verlag, Brunnen-Verlag, Blaukreuz-Verlag, Born-Verlag, Bundes-Verlag, Bund Freier evangelischer Gemeinden, Diakoniewerk Ruhr, DAK, IKK, CVJM, CPC Werbeagentur, Bertelsmann Music Group, Evangelische Kirche von Westfalen, Evangelische Kirche von Bayern, Evangelische Kirche von Württemberg, EURO-Labor, Germanischer Lloyd Prüflabor, Hänssler-Verlag, Gemeinschaftswerk der Evangelischen Publizistik, Verlag Johannis, Kawohl-Verlag, Trisport, Dr. Materna, Rhein-Ruhr-Philharmonie, Ruhrpumpen, Ruhr-Universität Bochum, Ruhrkohle, Spar- und Kreditbank, Sparkasse, WillowCreek Deutschland, Turmag.

3

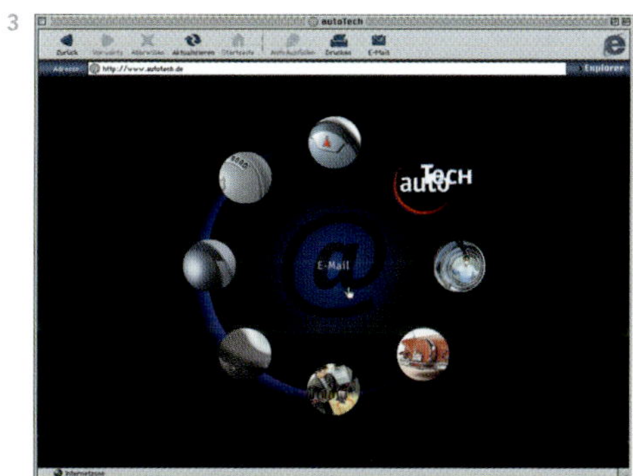

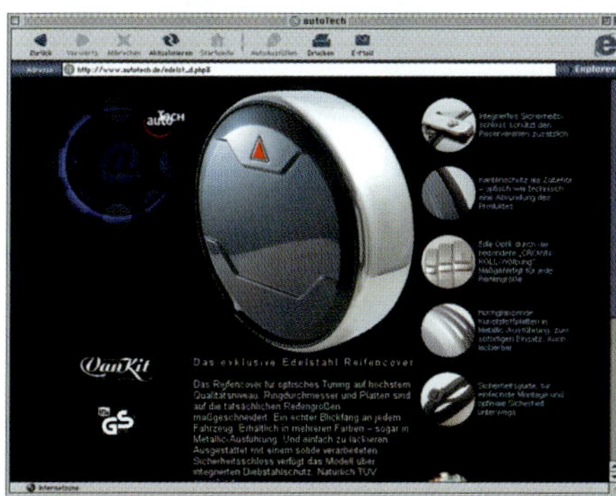

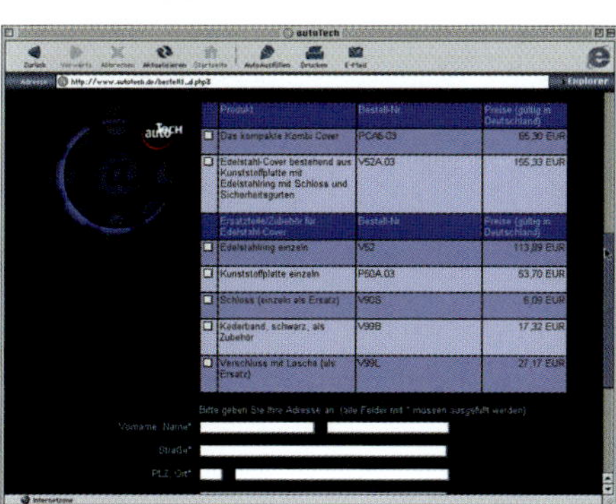

4

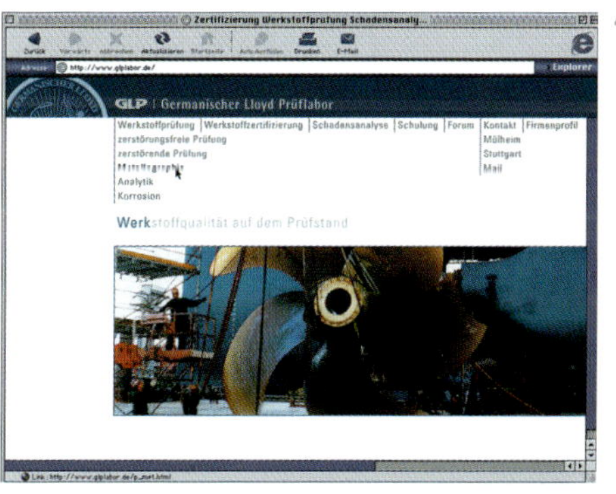

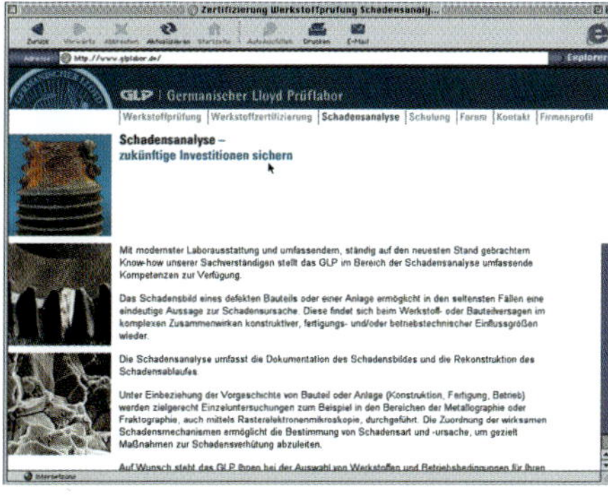

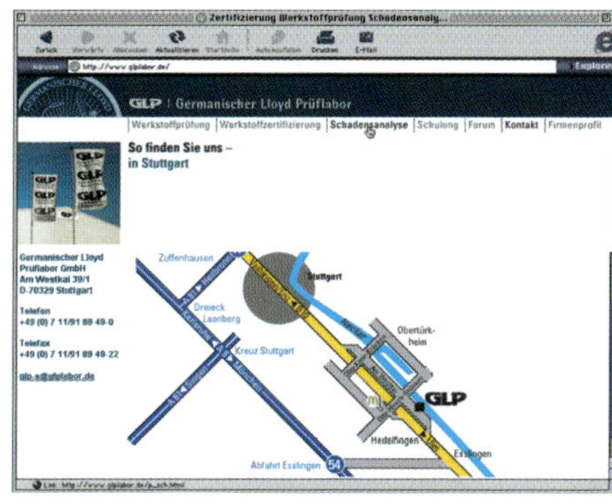

1 Folder Werkstoffengineering
Materials engineering folder
Ruhr-Universität Bochum 2001.

2 Editorial-Design
»Aufatmen«

3 Web-Design
Autotech

4 Web-Design
Germanischer Lloyd Prüflabor/
Test laboratory 2001.

Michael Kimmerle

Art Direction+Design

Am Bopserweg 1b
70184 Stuttgart
Telefon +49(0)711/48 10 26
Telefax +49(0)711/48 10 60
e-mail Mi@kimmerle.de
internet www.kimmerle.de

Michael Kimmerle studierte 1978 an der Staatlichen Hochschule für Bildende Künste in Braunschweig. 1982 erhielt er sein Diplom Grafik-Design an der Staatlichen Akademie der Bildenden Künste in Stuttgart. Im Jahre 1983 war er Art Director in Düsseldorf, 1985 in Stuttgart. 1986 folgte eine Assistenz bei Prof. Manfred Kröplien an der Staatlichen Akademie der Bildenden Künste in Stuttgart. 1989 gründete er das Atelier Michael Kimmerle – Art Direction+Design in Stuttgart. Die Arbeitsschwerpunkte des Ateliers sind Buchgestaltung, Corporate Design, Plakat- und Internet-Design für Unternehmen und kulturelle Institutionen. Mitarbeiter sind Tina Kimmerle, Klaus Bossert und Prof. Herbert Moser.

Michael Kimmerle entered the Staatliche Hochschule für Bildende Künste in Braunschweig in 1978 and took a post-graduate degree in graphic design at the Staatliche Akademie der Bildenden Künste in Stuttgart in 1982. Having worked as an art director in Düsseldorf in 1983 and in Stuttgart in 1985, he joined the staff of Prof. Manfred Kröplien at the Staatliche Akademie der Bildenden Künste in Stuttgart in 1986. In 1989 he established the Atelier Michael Kimmerle – Art Direction + Design in Stuttgart. The main focus is on book design, corporate design, poster and internet design for industry and cultural institutions. He is assisted by Tina Kimmerle, Klaus Bossert and Prof. Herbert Moser.

1

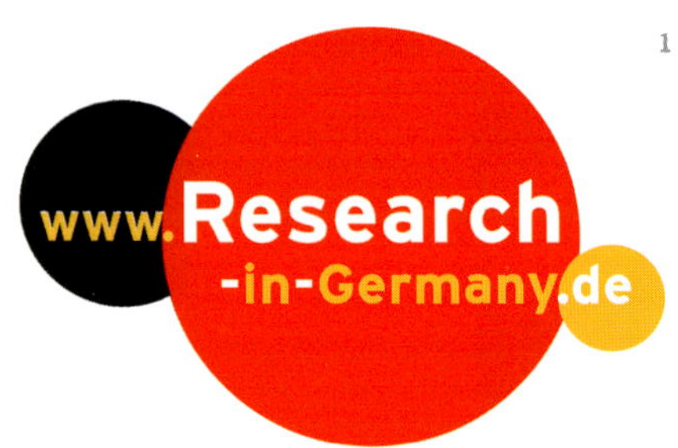

2

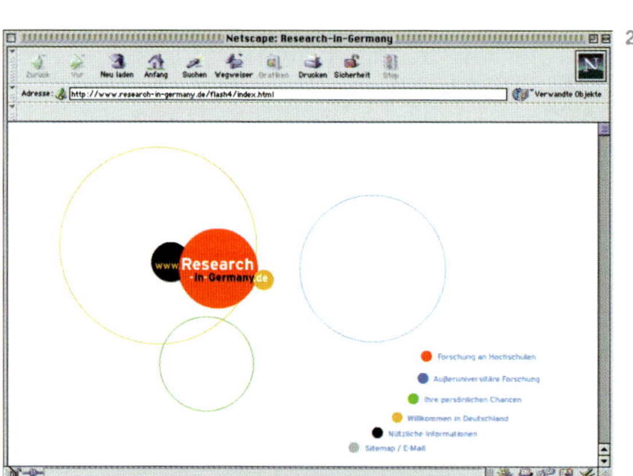

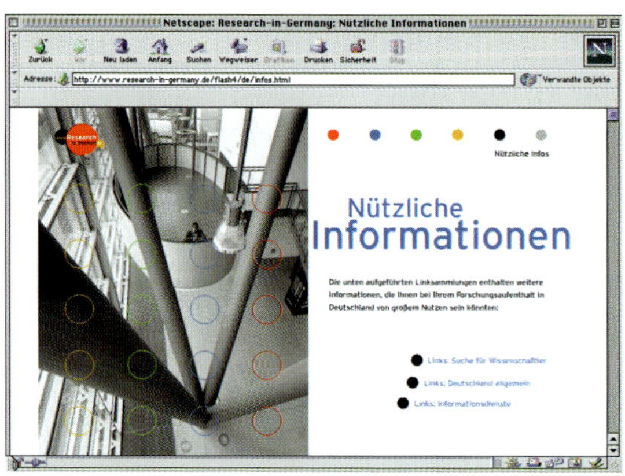

3

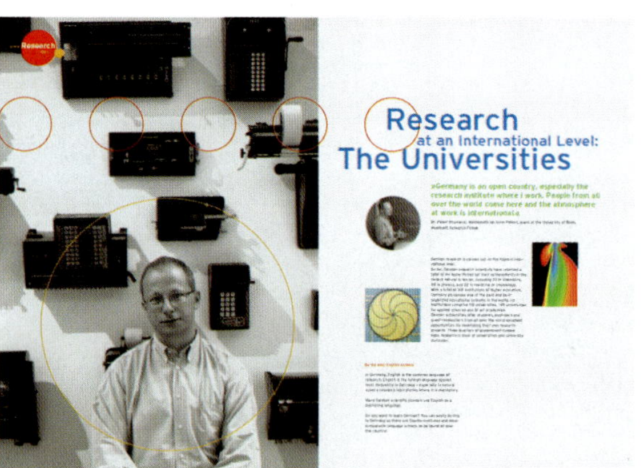

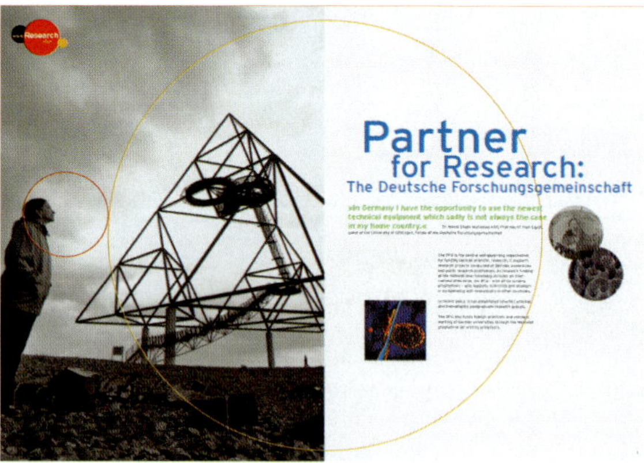

Referenzen/references: Cantz Verlag, Ostfildern; DSV Kunstkontor, Stuttgart; Institut für Auslandsbeziehungen, ifa-Galerie, Stuttgart, Berlin, Bonn; Hess, Form+Licht, Villingen-Schwenningen; Kulturamt Fellbach; Kunststiftung Baden-Württemberg, Stuttgart; Museum für Neue Kunst, ZKM, Karlsruhe; Rat für Formgebung, Messe Frankfurt/M.; Thienemanns Verlag, Stuttgart u.a.
Veröffentlichungen/publications: Novum Gebrauchsgrafik, Heft 11/1993; Graphis Book Design 1/1995; Graphic Design Index 1; Page One Publishing 1995; »Zwischen Buch-Kunst und Buch-Design«, Buchgestalter der Akademie und ehemaligen Kunstgewerbeschule in Stuttgart, Cantz Verlag, Ostfildern, 1996; Neugierig 1+2, 1999/2001 u.a.
Auszeichnungen/awards: Die Schönsten Bücher d. BRD, Stiftung Buchkunst, Frankfurt/M. 1989, 1993; Eurographic Press Award 1993, Europäische Druckfachzeitschriften, 1993; 16. Biennale Brno, 1994; Die 100 besten Plakate des Jahres 1994, VGD/AGD, 1995; Graphis Poster 1996, 1997; 17. Biennale Brno, 1996; Certificate of design Excellence, European Regional Design Annual, Print & RotoVision's, USA 1997, 1999; 18. Biennale Brno, 1998; Best of Annual Report Design 1999, Rockport, USA, 1999; The Best of BusinessCard Design, Rockport, USA, 2000; 19. Biennale Brno, 2001; Die 100 besten Plakate des Jahres 2000, VGD, 2001.

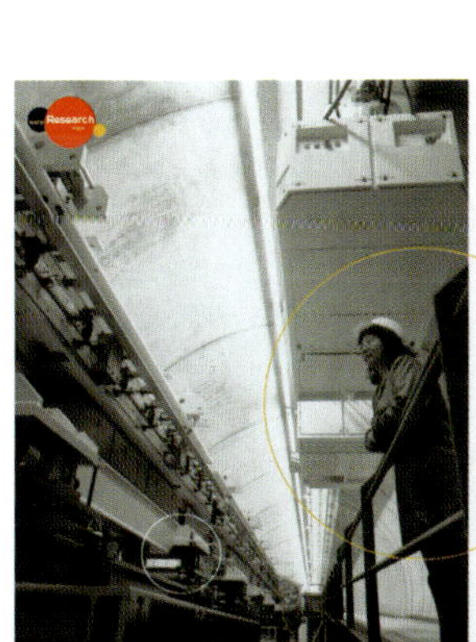

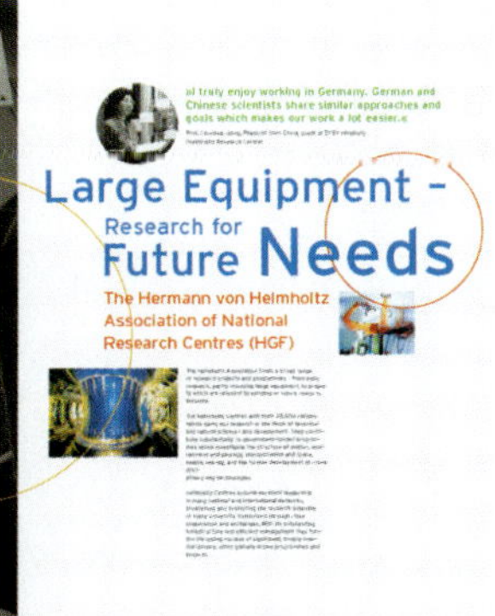

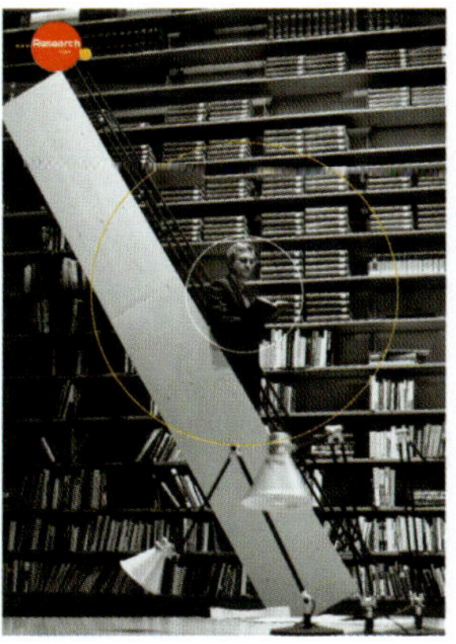

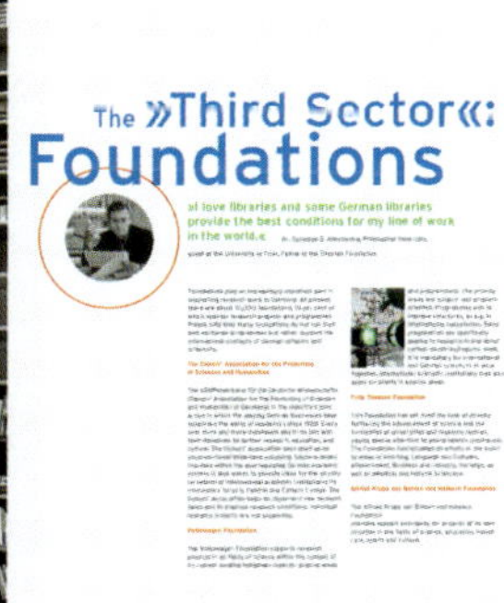

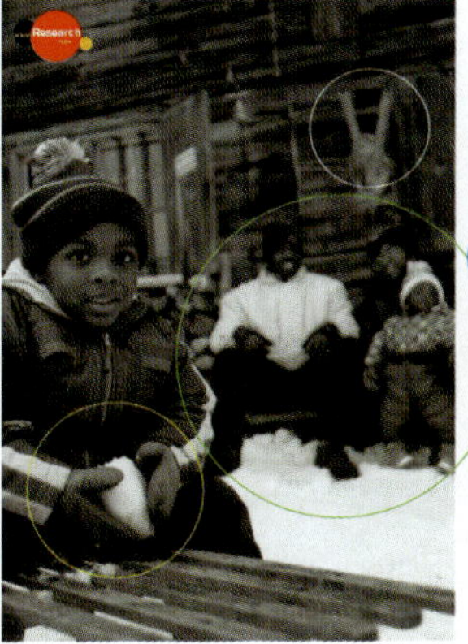

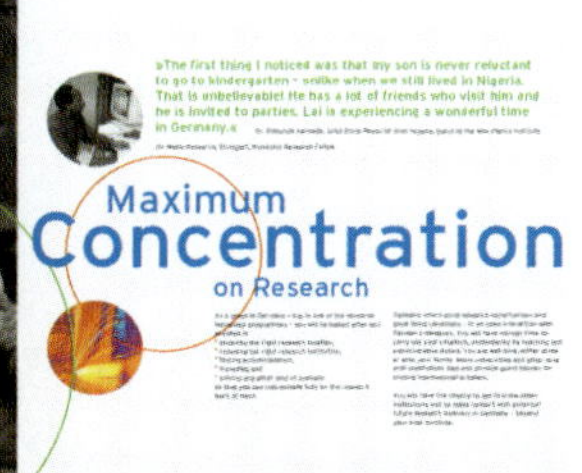

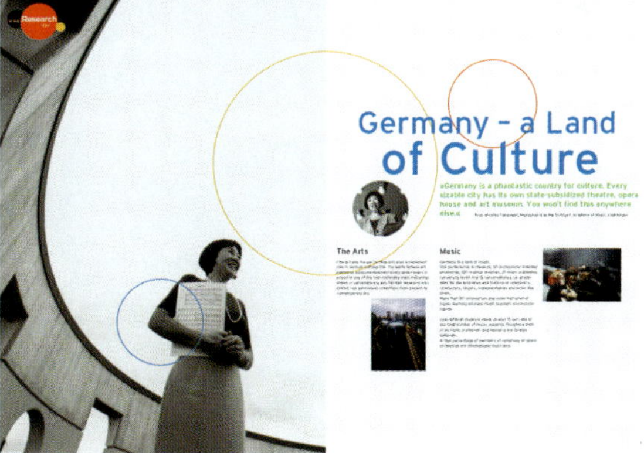

1 Logo der Kampagne Research in Germany. Ein internationales Netzwerk bestehend aus den besten Forschungsinstituten und Universitäten in der ganzen Welt.
Logo for the Research in Germany campaign. An international network consisting of the world's best universities and research institutes.

2 Internet-Portal mit Informationen über die deutsche Forschung.
Internet portal providing information on German research.

3 Posterausstellung bestehend aus 18 Postern – je neun Zwillinge und einem Einladungsposter.
Poster exhibition consisting of 18 posters (9 pairs) and an invitation poster.

Kirsch Kürmann Design

Konzeption, Gestaltung und Illustration GbR

Dipl. Des. Sönke Kirsch
Dipl. Des. Eva Kürmann

Seydlitzstraße 36
44263 Dortmund
Telefon +49 (0)231/41 59 47
Telefax +49 (0)231/41 59 49
e-mail info@kirschkuermann.de
internet www.kirschkuermann.de

Sönke Kirsch, geboren 1965, studierte von 1989 bis 1994 Visuelle Komunikation an der FH Dortmund mit den Schwerpunkten Konzeption, Typografie und Fotografie. Eva Kürmann, geboren 1968, studierte nach einer Ausbildung in der Druckvorstufe von 1991 bis 1996 Visuelle Kommunikation an der FH Dortmund. Ihre Vorliebe bilden Illustration und Text. Im Jahre 1996 gründeten beide das Büro Kirsch Kürmann Design in Dortmund. Seitdem werden grafische, konzeptionelle und andere Probleme erfolgeich im Zweigang oder im Netzwerk gelöst. Die Arbeitsschwerpunkte sind Konzeption und Gestaltung von Image- und Produktbroschüren, Corporate Design, Signets und Plakate.

Born in 1965, Sönke Kirsch studied visual communication with especial reference to concept development, typography and photography at the Fachhochschule in Dortmund from 1989 to 1994. Born in 1968, Eva Kürmann served an apprenticeship in pre-print and subsequently studied visual communication at the Fachhochschule in Dortmund from 1991 to 1996. Her particular preference is for illustration and text. In 1996 they established Kirsch Kürmann Design in Dortmund where they provide concept and graphic solutions either alone or in collaboration with a network. The main focus is on the conception and design of image and product brochures, corporate design, signets and posters.

1

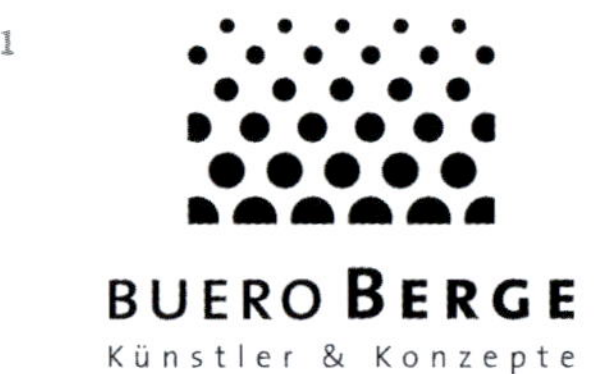

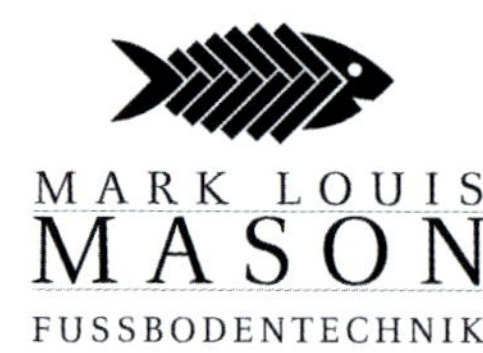

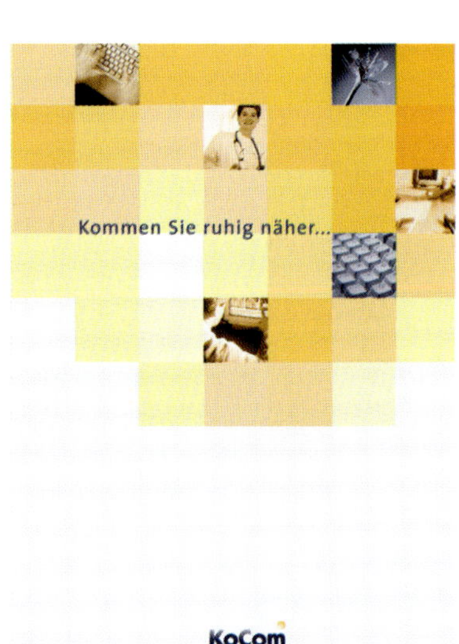

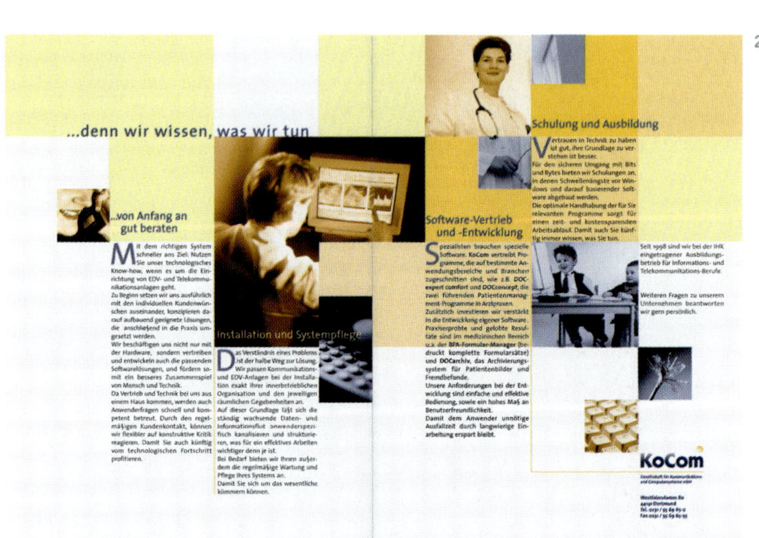

2

Referenzen/references: LUNA Varieté; NRW-Stiftung; Verband Bildung & Erziehung (VBE); Arztpraxen; Corporate Design für diverse kleine und mittelständische Unternehmen. Stadt Herten; Stadt Dortmund.
Corporate design for various small and medium-sized businesses, City of Herten and City of Dortmund.

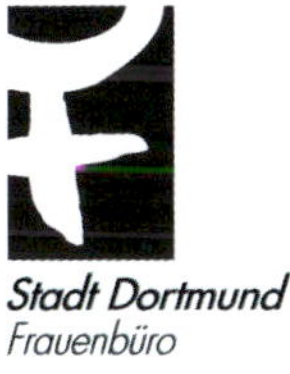

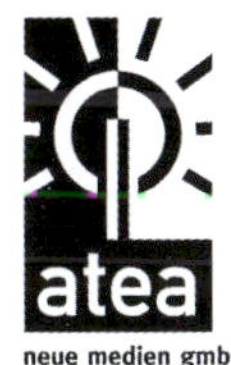

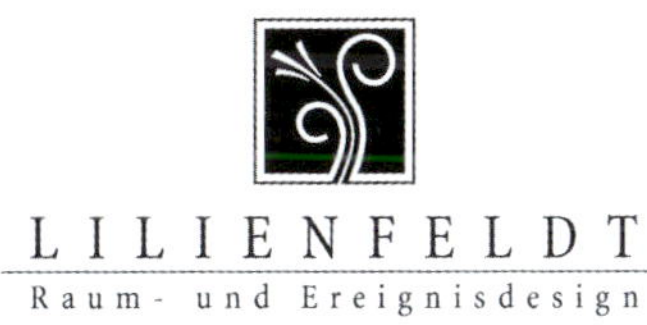

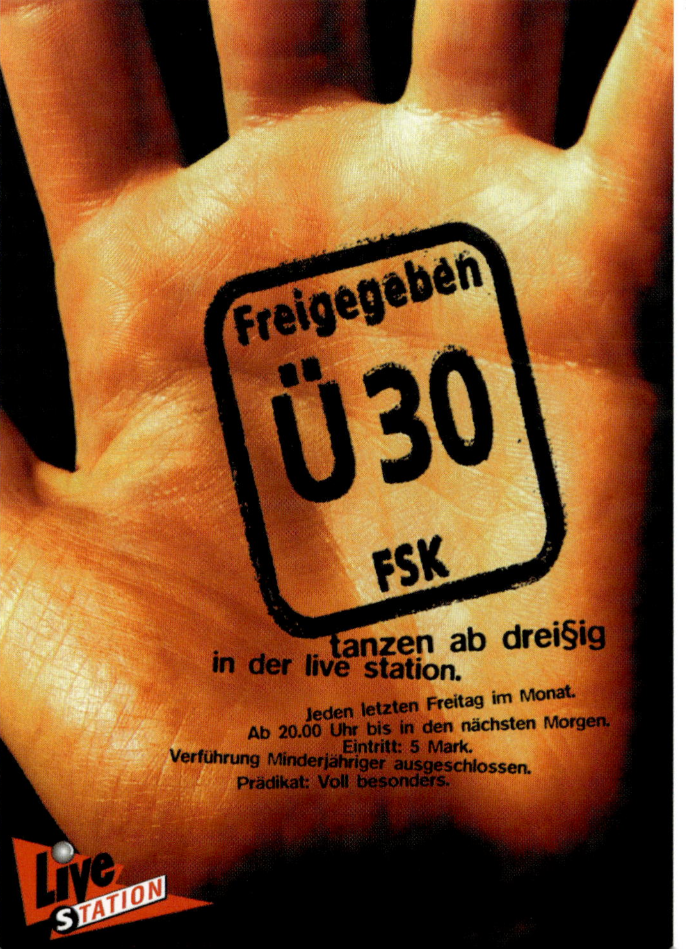

3

1 Logos: Büro Berge Artistenvermittlung 2000, Mason, Fußbodentechnik 2001, Dortmunder Frauenbüro 1998, atea neue medien, büro für Infobroking 1999 und Lilienfeldt, Raum- und Ereignisdesign 1999. *Logos for: Berge theatrical agents, 2000; Mason flooring, 2001; Dortmund women's centre, 1998; atea new media, infobroking, 1999; Lilienfeldt, Event Design, 1999.*

2 Imagebroschüre/*Image brochure* KoCom, Gesellschaft für Kommunikations- und Computersysteme mbH 1999.

3 Plakat/*Poster* Für eine Tanzveranstaltung Dortmunder Live-Station 1998.

KMS

Geschäftsführung
Michael Keller, Knut Maierhofer,
Christoph Rohrer

Deroystraße 3-5
80335 München
Telefon +49 (0)89/49 04 11 0
Telefax +49 (0)89/49 04 11 49
e-mail info@kms-team.de
internet www.kms-team.de

> Industrial Design S. 122

Wir nennen unser Konzept Tiefendesign. Darunter verstehen wir das Erarbeiten von Ausdrucksweisen, in denen sich das Wesen einer Institution oder eines Unternehmens authentisch spiegelt. Den spezifischen »Charakter« durch eine präzise Ästhetik wahrnehmbar zu machen, ist ein komplexer und vielschichtiger Prozess, bei dem kompromisslose Konsequenz ebenso notwendig ist wie hohe Sensibilität und partnerschaftliche Zusammenarbeit. Unsere Aufträge haben stets mit dem Sichtbarmachen von Identität zu tun. Daraus leiten sich auch unsere operativen Schwerpunkte ab: Corporate Design und Branding/Messen, Ausstellungen und Gebäude/Unternehmens- und Finanzkommunikation.

We call our concept Depth Design, meaning devising modes of expression which genuinely reflect the essential nature of an institution or company. Making this specific "character" perceptible with aesthetic precision is a complex, many-layered process that requires uncompromising rigour just as much as a high degree of sensitivity and teamwork. Our work always has to do with making identity visible. From this we derive our main operational points of emphasis: corporate design and branding, trade fairs, exhibitions and buildings, corporate and finance communication – especially corporate reports.

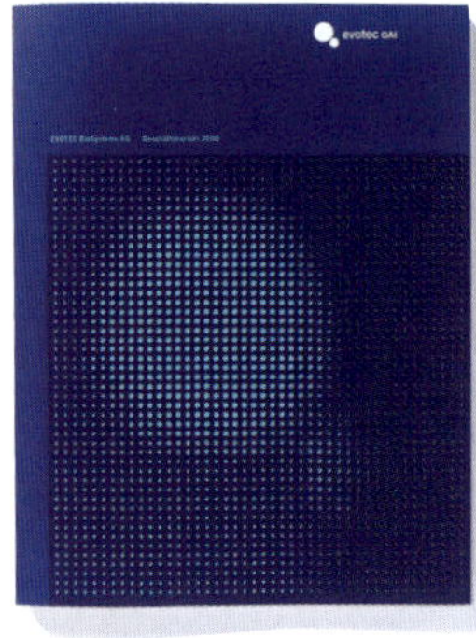

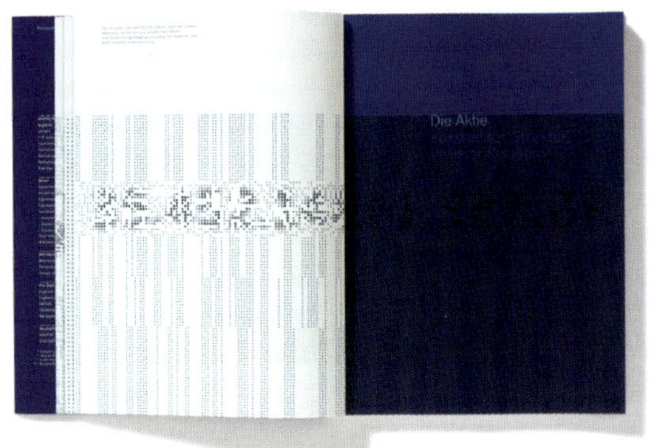

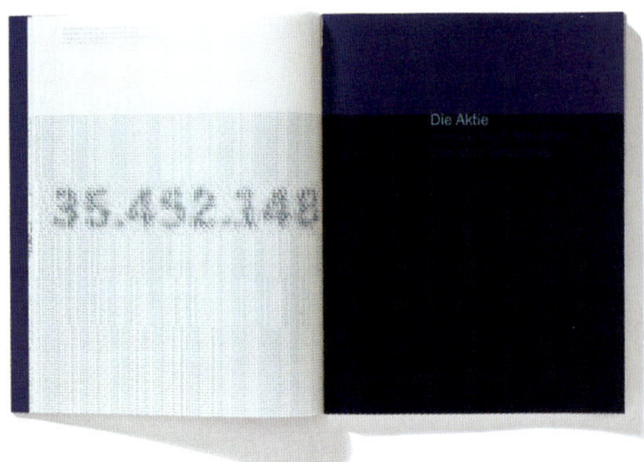

1

1 Geschäftsbericht 2000
Annual report 2000
Evotec OAI.

2 Geschäftsbericht 2000
Annual report 2000
ProSiebenSat.1 Media AG.

Referenzen/references: ProSiebenSat.1 Media AG, Audi, VIAG Interkom, Evotec OAI, Kirch Media und Kirch Pay TV, Lamborghini, Saturn, Mercer Management Consulting, Museum Villa Stuck, ARAG Versicherungen, S. Fischer Verlag, KPMG, HKB Hypotheken- und Kommunalkreditbank. **Veröffentlichungen/publications:** 1/1: Architektur und Design – Neue Synergien, Birkhäuser Verlag 2001; Messedesign Jahrbuch 2000/2001; KMS-Office, Süddeutsche Zeitung, 04/2001; Logo special, novum 07/01; Graphis Poster Annual 2001 und Letterhead 5; Audi Messeauftritt, Page 11/2000; Messeauftritt VIAG Interkom, Design Report 1/2001 u.a. **Auszeichnungen/awards:** red dot award 2001, Grand Prix (museum mobile, AUDI AG); New York Festivals 2001, Silver World Medal (Kirch Media), Finalist Certificate (ProSiebenSat.1 Media AG, museum mobile); iF Exhibition Design Award 2001, Gold (VIAG Interkom), Silber (KPMG); ADC New York 2001, Silber (museum mobile); ADC Deutschland 2001, Bronze (Museumskataklog, KMS-Highlights 2000), Auszeichnung (Kirch Media); Graphis, Poster Annual, Letterhead 2001 (compaer).

2

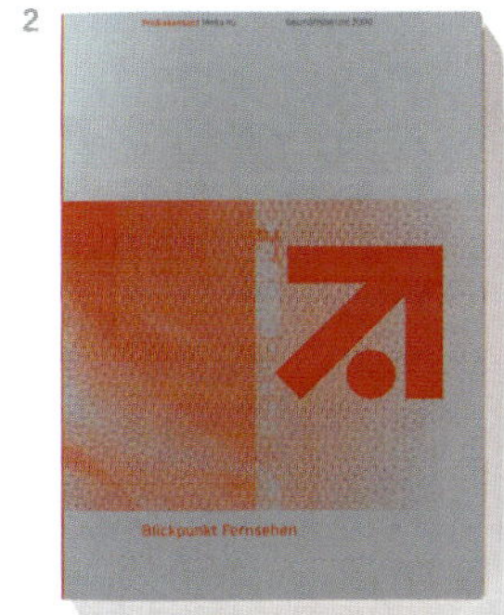

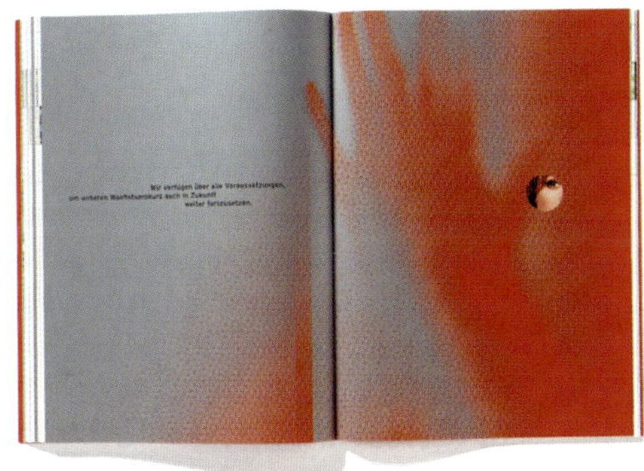

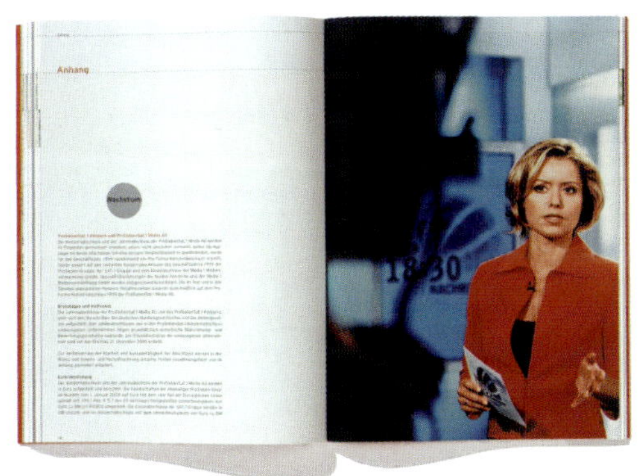

Claus Koch
Corporate Communications GmbH

Geschäftsführung
Claus Koch
Waltraud Kormann

Kaistraße 18
40221 Düsseldorf
Telefon +49 (0)211/301 02 0
Telefax +49 (0)211/301 02 20
e-mail info@clauskoch.de
internet www.clauskoch.de

Claus Koch Corporate Communications entwickeln als Corporate Consultants für Corporate Communications alle Corporate Design und Corporate Identity Disziplinen zukunftsorientiert, flexibel und modular und verbindet strategische Analysen mit Kreativität und intelligente Lösungen mit emotionalen Werten. Mit dreißig Mitarbeitern zählt Claus Koch Corporate Communications zu einem der führenden Corporate Identity-Büros Deutschlands mit international ausgezeichneter Designqualität. Claus Koch ist Member des British Design & Art Direction London, Mitglied des Art Directors Club New York, des Type Directors Club New York, des Art Directors Club Deutschland u.a.

Claus Koch Corporate Communications GmbH stands as corporate communication consultants for the forward-looking, flexible and modular development of all corporate design and corporate identity disciplines and combines strategic analysis with creativity and intelligent solutions with emotional values. Employing a staff of thirty, Claus Koch Corporate Communications is one of Germany's leading corporate identity offices and has won international awards for design quality. Claus Koch is a member of the British Design & Art Direction in London, the Art Directors Club of New York and the Type Directors Club of New York, the Art Directors Club in Germany and the German Designers Club.

1

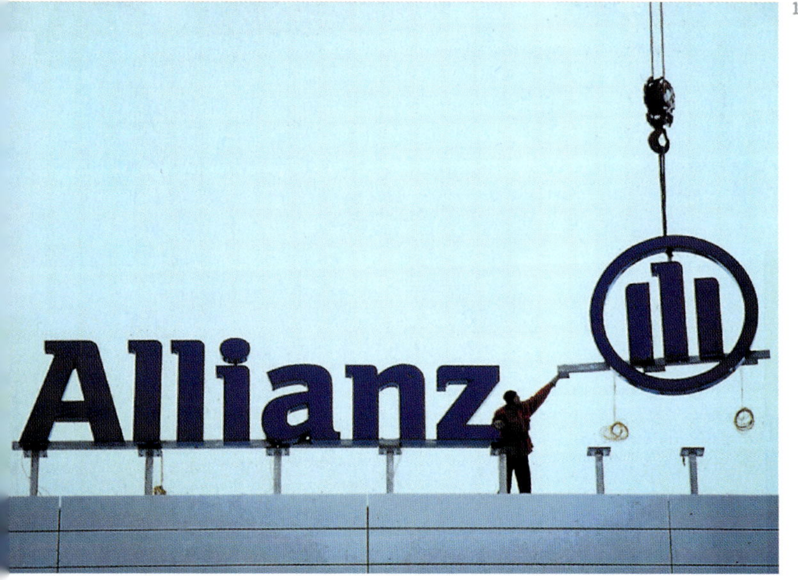

2

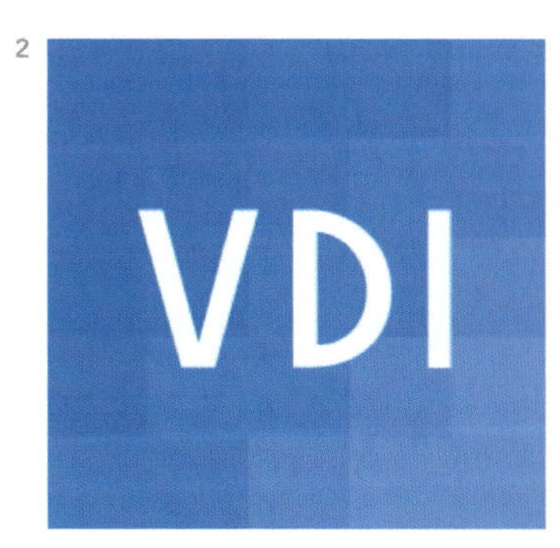

1 Allianz.
Neues Erscheinungsbild vom Logo bis zur Architektur.
New image, from logo to architecture.

2 Logo Verein Deutscher Ingenieure.
Logo for the Association of German Engineers.

3 Deutsche Telekom.
Das neue Literaturkonzept.
The new literature concept.

Referenzen/references: Allianz Group, Aral, Bayer, BMW, Deutsche Börse, Deutsche Telekom, Dresdner Bank, Escada, Hotel Traube Tonbach, Kunstsammlung Nordrhein-Westfalen, Verlagsgruppe Handelsblatt, Verein Deutscher Ingenieure, VolkswagenStiftung.
Auszeichnungen/awards: ADC Deutschland; ADC New York; Berliner Type; D&AD London; Deutscher Preis für Kommunikationsdesign; Corporate Design Preis; London International Advertising Awards; The New York Festivals; Type Directors Club; Deutscher Designer Club.

3

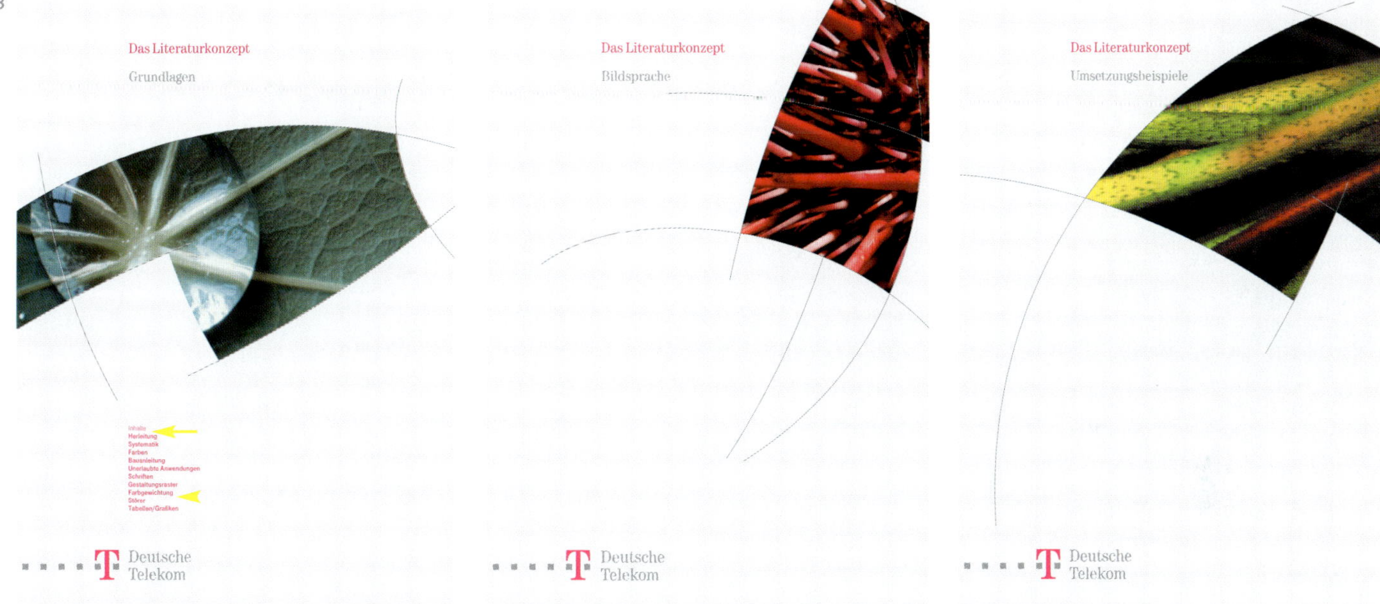

Atelier Kai Krippner

Prof. Kai Krippner (AGD)

Ober-Ramstädter-Straße 96
64367 Mühltal
Telefon +49 (0)6151/14 71 25
Telefax +49 (0)6151/14 12 72
e-mail email@atelier-krippner.de
internet www.atelier-krippner.de

Das Atelier Krippner wurde 1993 gegründet. Seit Januar 2001 besteht eine Dependance in Saarbrücken. Schwerpunkte im Bereich Grafik Design: Ausstellungen, Designberatung und Gestaltungskonzepte, Corporate Identity, Corporate Design, Logo/Signet-Entwicklung, Unternehmenskommunikation, Leit- und Informationssysteme, Informationsdesign, Buch- und Magazingestaltung. Unser Tätigkeitsfeld umfasst sämtliche Druckerzeugnisse und digitale Medien. Die Voraussetzung für unsere gestalterische Arbeit ist eine detaillierte Konzepterstellung. Während der gesamten Projektdurchführung stehen wir im intensiven Kontakt mit den jeweiligen Auftraggebern.

Atelier Krippner was founded in 1993. A branch in Saarbrücken was opened in January 2001. We work in the field of graphic design with the focus on exhibitions, design consulting and concepts, corporate identity, corporate design, logo/signet design, corporate communication, guidance and information systems, information design, book and magazine design. Our work covers all print products and digital media and is always based on a detailed primary concept. Throughout the entire course of a project close contact is maintained with the client to assure a result that meets the highest standards.

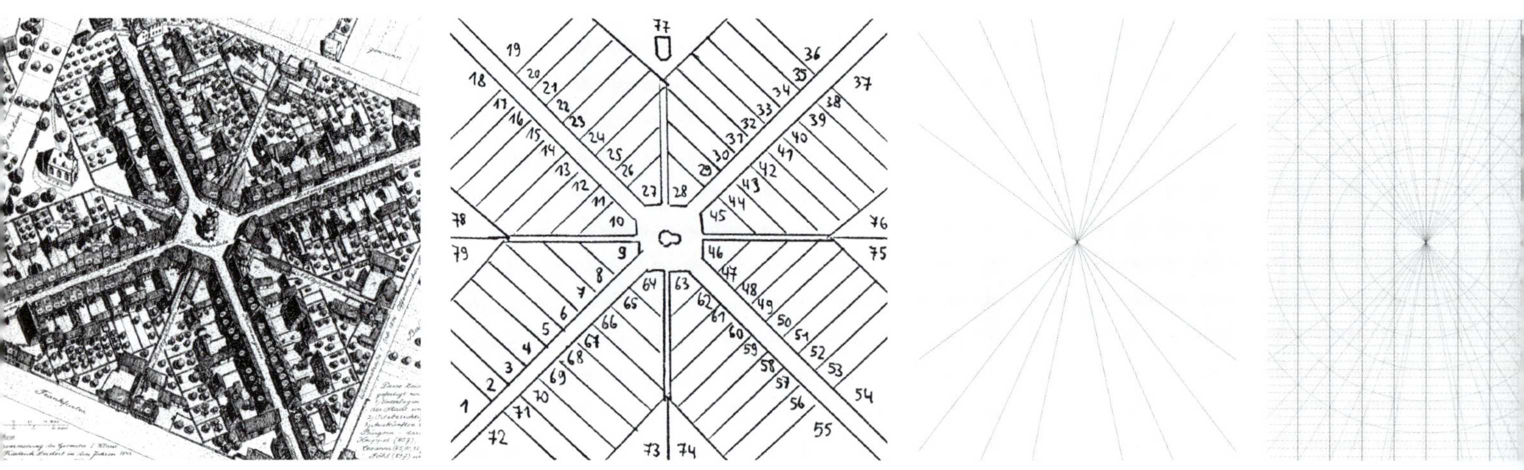

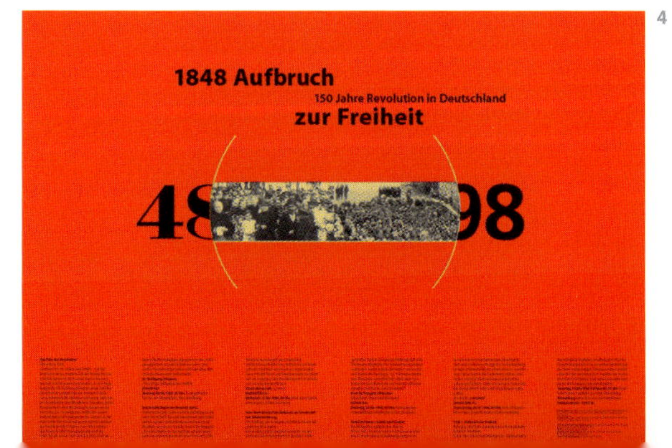

4

Referenzen/references: Zu unseren Auftraggebern zählen überwiegend kulturelle, öffentliche, soziale Einrichtungen und Institutionen.
Our clients are for the most part cultural, public and social facilities and institutions.
Auszeichnungen/awards; Ausstellungen/exhibitions: Mai 1998, 1. Preis beim Wettbewerb für die Ci Entwicklung der Stadt Neu-Isenburg; Type Directors Club, New York (Wettbewerb Corporate Design Fachhochschule Frankfurt 1990 – Prof. Christof Gassner) 1991; Aufnahme japanisches Jahrbuch 1992, corporate identity 2, Robundo; Aufnahme Papiermuseum Düren 1993 (Zwei Entwürfe für Papiertüten Sine, Mainz); Ausstellungskonzept Fotoausstellung Don-Juan 1993; Ausstellung la migration, Fachhochschule Darmstadt (Mathildenhöhe) 1993; Projekt bodenlos, Zentrum f. Kunst und Medientechnologien Karlsruhe, 1992 bis 1993; Ausstellung Videoinstallationen 16.6.-23.6.1993 Medienmuseum Karlsruhe; 1. Preis Wettbewerb für Corporate Design (Wacker Fabrik - Kunst- und Kommunikationszentrum in Mühltal bei Darmstadt) 1995; Typographic Excellence, Type Directors Club New York 1997 (Corporate Design Atelier Confident 1997 Ausstellung, Jr. Gallery, New York; Jan 2001, 1. Preis beim Wettbewerb für die Ci Entwicklung, Museums- und Ausstellungskonzeption für das Rosenmuseum in Bad Nauheim; April 2001, 1. Preis beim Wettbewerb für die Ci Entwicklung, GIU – Gesellschaft für Innovation und Unternehmensförderung in Saarbrücken; August 2001, 1. Preis beim Wettbewerb für die Ci Entwicklung, IT-Park-Saarland u.a.

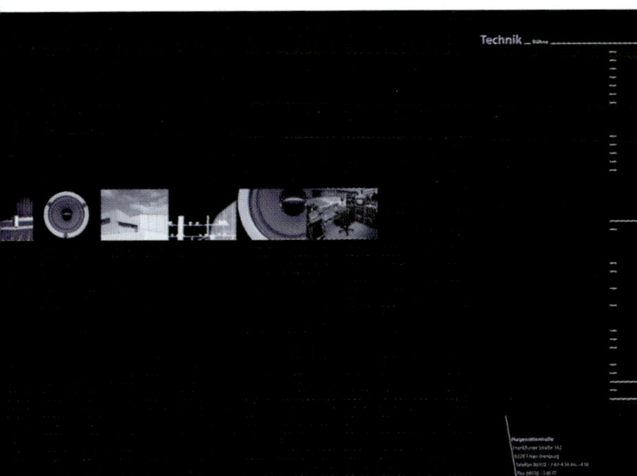

1
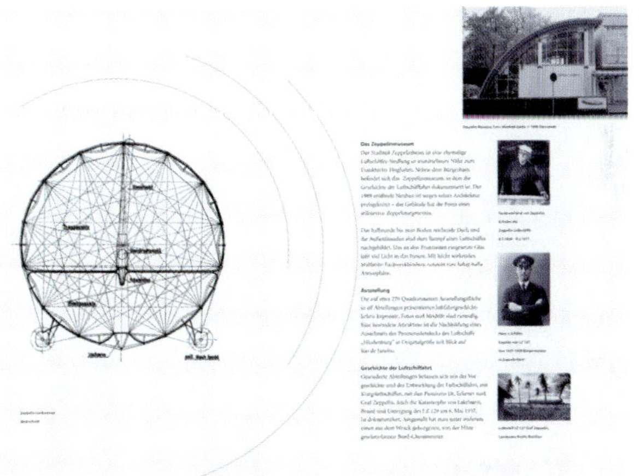

2
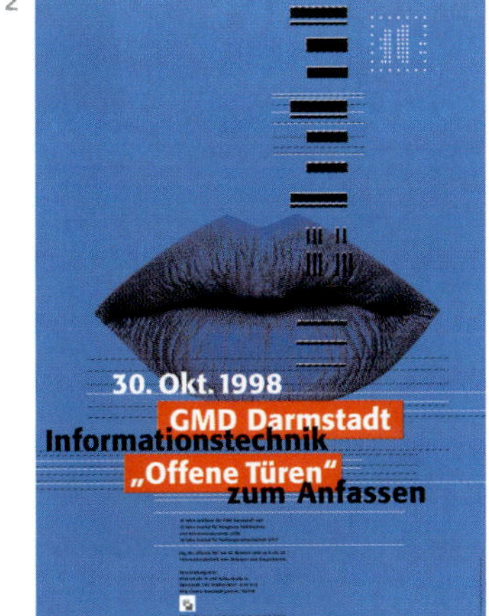

3
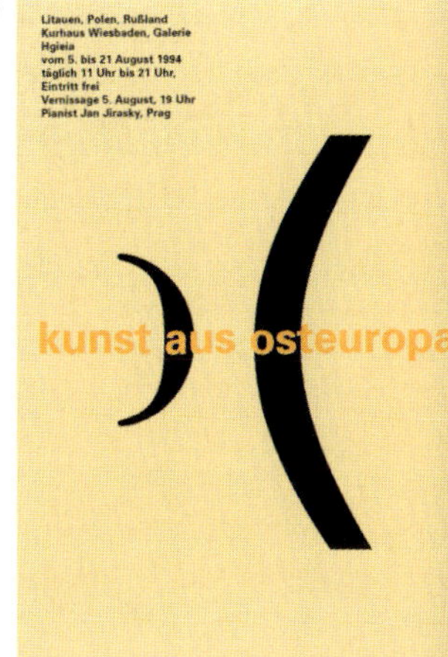

1 CI-Entwicklung der Stadt Neu-Isenburg. Beispiel: additiefe Informationsmappe des Kulturbüros/*CI Development of the City of Neu-Isenburg. Example: additiefe Informationsmappe des Kulturbüros*

2 GMD – Forschungszentrum Informationstechnik: CD für die Eigendarstellung zum 25jährigen Bestehen der GMD Darmstadt. Beispiel: Plakat/*CD for the 25th anniversary of GMD Darmstadt. Example: poster*

3 Plakat für die Ausstellung
Poster for the series of events
»Kunst aus Osteuropa«

4 Evangelische Erwachsenenbildung Offenbach: Plakat zu der Veranstaltungsreihe
Poster for the exhibition
»1848 Aufbruch zur Freiheit«

KW43

brandbuilding and design

Geschäftsführung
Gereon Sonntag, Creation
Frank Schrader, Beratung

Gladbacher Straße 74
40219 Düsseldorf
Telefon +49 (0)211/55 77 83-0
Telefax +49 (0)211/55 77 83-33
e-mail contact@kw43.de
internet www.kw43.de

> Advertising S. 476

Gegründet 1998, steht KW43 brandbuilding and design für den Launch und den Relaunch von Marken. Angefangen bei Positionierung, Namensentwicklung und Produktausstattung über das Corporate Design bis zur klassischen Kommunikation, entwickelt und betreut KW43 Markenkonzepte ganzheitlich. Spezialprojekte wie »Sinnvolle Schokolade« oder das Ausstellungskonzept »Kunstallianz1Berlin« für die Allianz AG ergänzen das Spektrum. Als Division von Grey Worldwide ist KW43 unter anderem internationale Lead-Agentur für das Corporate Design des Energieversorgers E.ON, des tschechischen Automobilkonzerns Skoda, Europas größtem Warenhauskonzern Karstadt, und verantwortlich für den Gesamtauftritt der Loewe AG.

Established 1998, KW43 brandbuilding and design focuses on launching and relaunching brands. KW43 develops and handles brand concepts holistically from positioning, naming and product attributes through corporate design to conventional communication. Special projects like "Sinnvolle Schokolade" and the exhibition concept "Kunstallianz1Berlin" for Allianz AG complete the spectrum. As a division of Grey Worldwide, KW43 is the international lead agency for the corporate design of the power utility E.ON, the Czech car manufacturer Skoda and Europe's biggest department store group Karstadt. It also handles the overall image of Loewe AG.

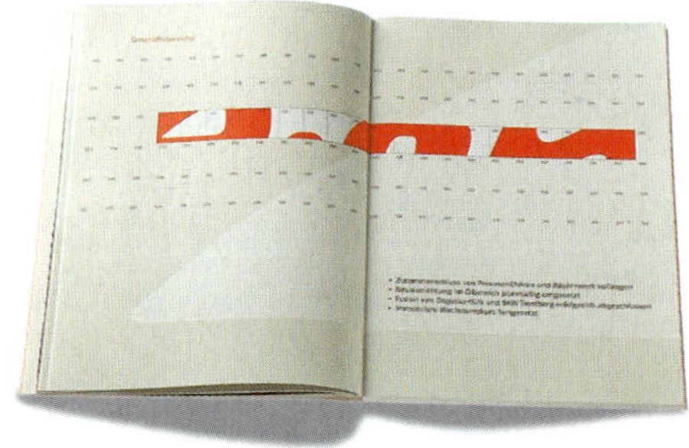

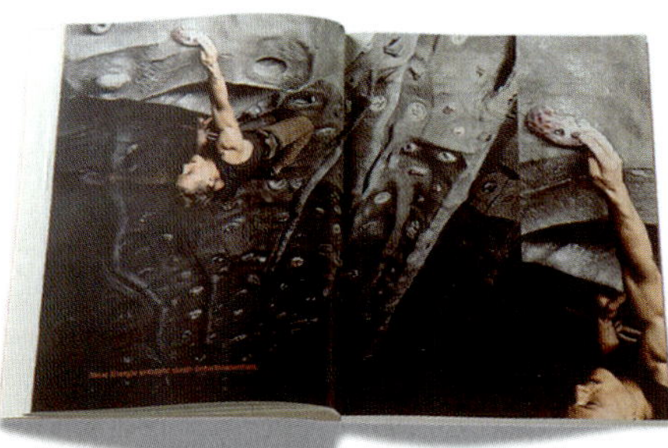

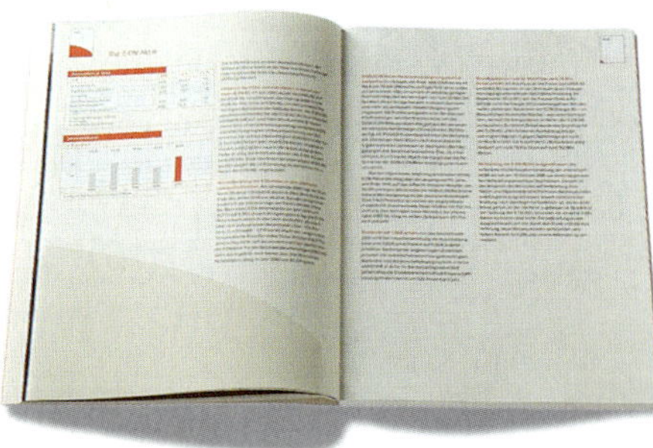

1

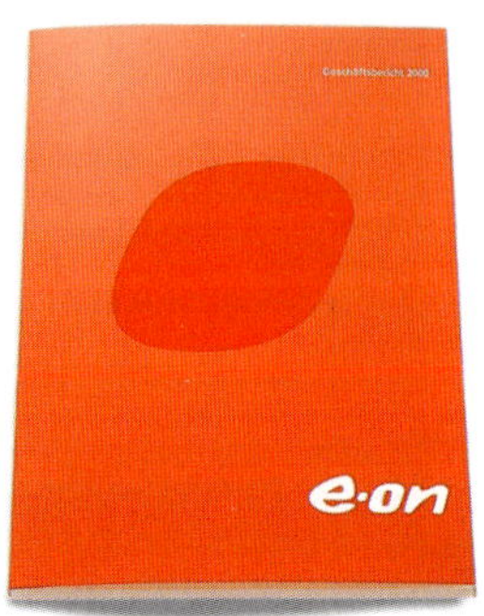

1 Geschäftsbericht 2000
Annual report 2000
E.ON

2 Corporate Design
Skoda Auto/*Car*

3 »Entweder? Oder!?«
Ausstellung im Rahmen des Ausstellungsprojektes Kunstallianz1Berlin
Exhibition forming part of the exhibition project Kunstallianz1Berlin
Allianz AG

Referenzen/references 2001: Allianz, Deutscher Marketingverband, Dorn im Auge, E. ON, Gervais Danone, Karstadt, Lindt & Sprüngli, Loewe, Planet Home, Skoda Auto, Wortschmatz. **Auszeichnungen/awards:** Type Directors Club New York 1998; The New York Festivals 1998, 2000, 2001; Deutscher Preis für Kommunikationsdesign 1998, 2000; Art Directors Club Germany 1998; Epica Award 1998; Art Directors Club New York 1998, 2000; Berliner Type 2000; London International Advertising Award 1998.

2

1/3 | 3 1/2 | 1/3 | 1 | 1/3

ŠkodaAuto

3

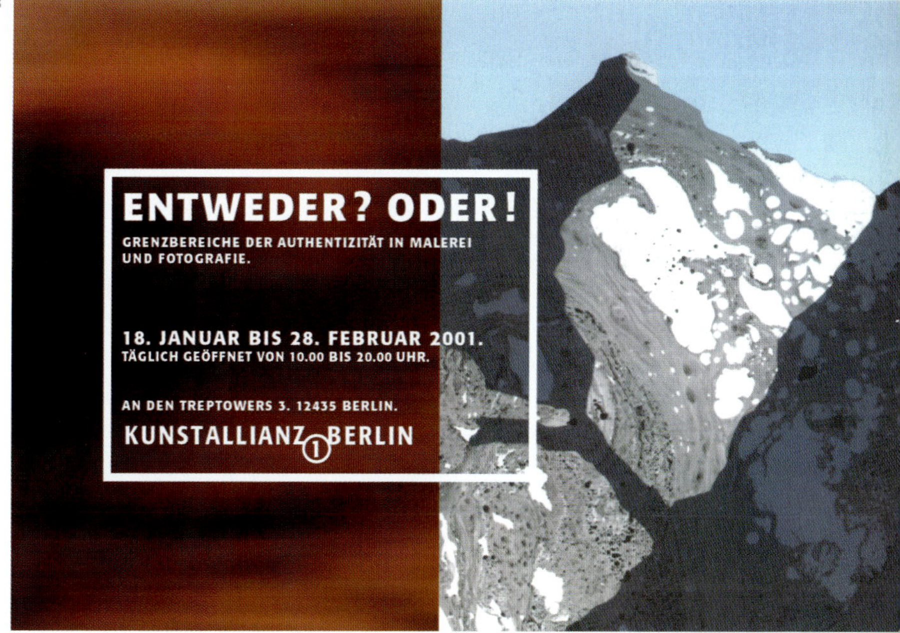

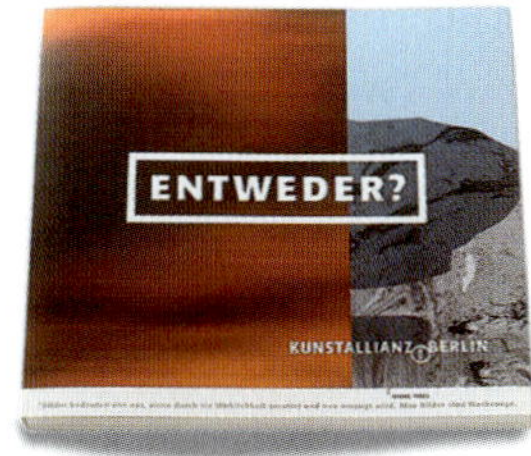

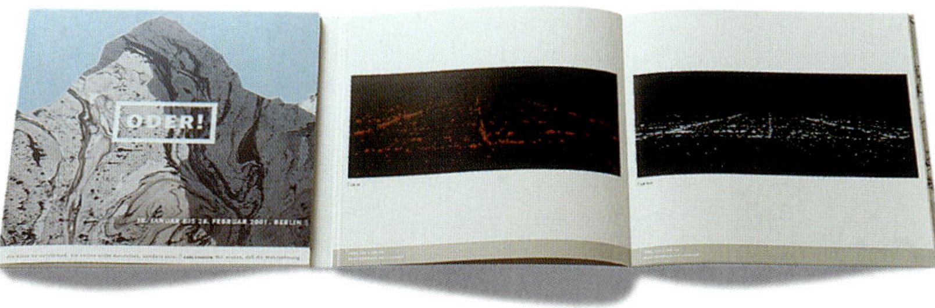

Studio Laeis

Christoph Laeis (BDG)

Marienburger Straße 32
50968 Köln
Telefon +49 (0)221/38 00 71
Telefax +49 (0)221/37 27 44
e-mail info@laeis.de
internet www.laeis.de

Der Kunde unseres Kunden ist hauptsächlich unsere Zielrichtung. Wir verlangen von uns selbst ein Höchstmaß an Engagement bei der optimalen Umsetzung von Kundenproblemen. Wir haben eine »Spezialecke« im Bereich CD: Farbliche Gestaltung von Gebäudekomplexen, Außen- und Innenräumen bei enger Zusammenarbeit mit Architekten und Bauherren mit Hilfe von CAD-Systemen und 3D-Modellen. Unsere Tätigkeitsfelder sind die Visuelle Kommunikation, Corporate Design, Werbung, Leit- und Orientierungssysteme, Architektur Design und Web Design.

Our clients' customers are our main target. We demand of ourselves maximum commitment to the optimum solution of clients' problems. A special niche in the CD field is colour design of building complexes, both exterior and interior, in close collaboration with the architects and owners and with the aid of CAD systems and 3D models. Our fields are visual communication, corporate design, advertising, guidance and orientation systems, architecture design and web design.

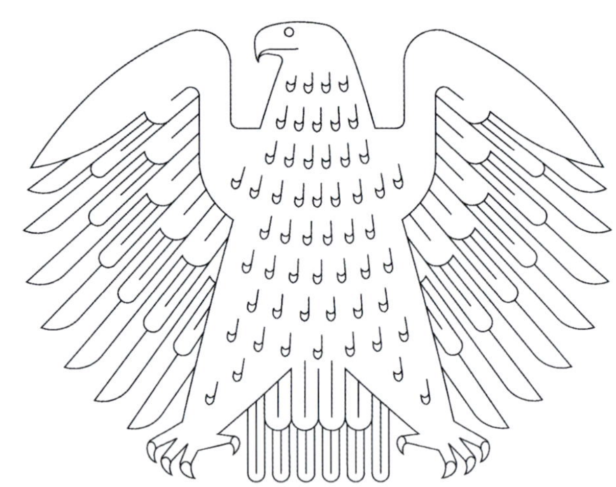

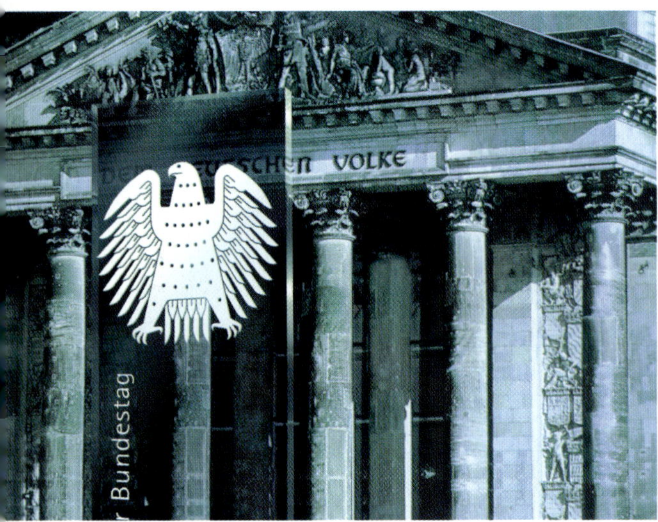

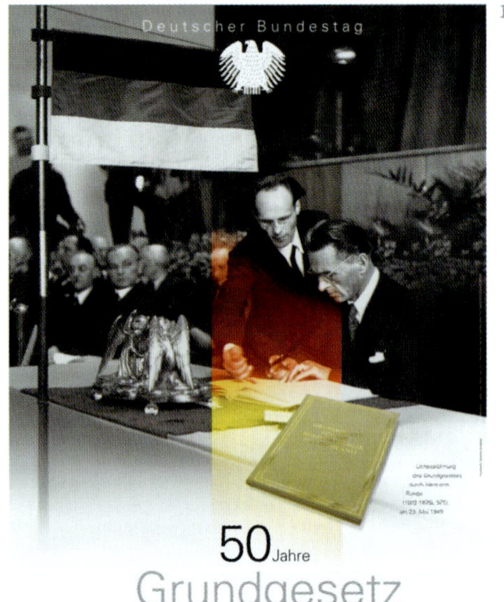

1

Referenzen/references: Braunschweigisches Landesmuseum, Deutscher Bundestag, 3M Deutschland GmbH, Fischer Taschenbuch Verlag, GEZ Gebühren Einzugszentrale, Gedelfi Großeinkauf GmbH, Haus der Geschichte der Bundesrepublik Deutschland, Jackstädt GmbH, Museumsstiftung Post und Telekommunikation, Madaus Arzneimittel, Pfeifer & Langen Zuckerfabrik, Rheinbraun Brennstoff GmbH, Rheinisches Landesmuseum, Stadtsparkasse Köln, VITA Zahnfabrik u.a.

3

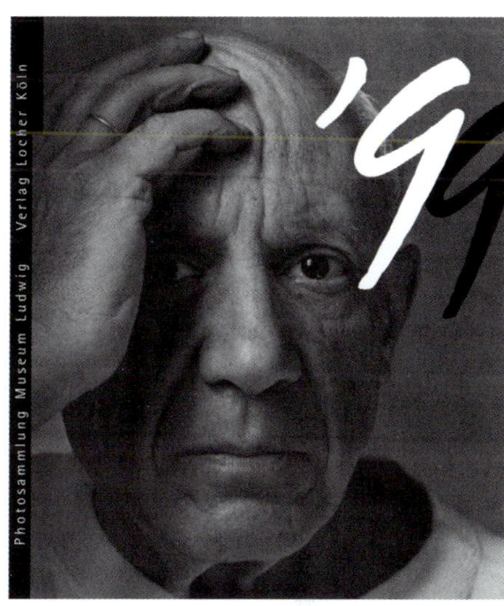

2

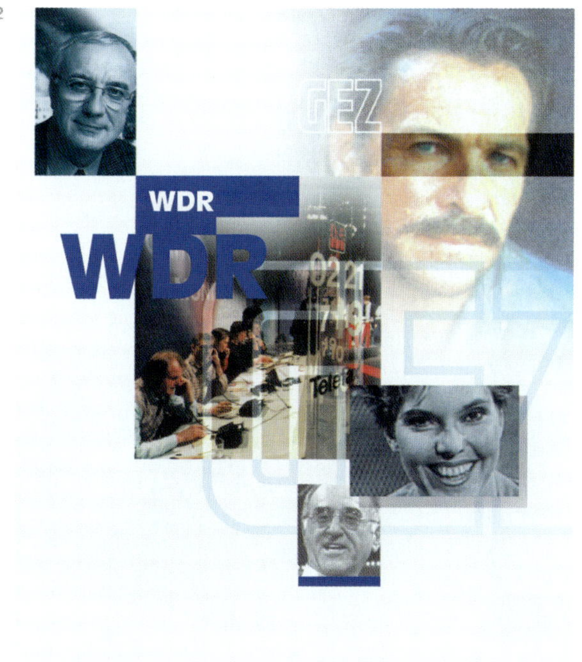

1 Modifizierter Bundesadler basierend auf Relief von Ludwig Gies
Teile eines Corporate Design Buch- und Prospekttitel, Deutscher Bundestag.
Modified emblem of the Federal Republic of Germany based on a base relief by Ludwig Gies. Parts of a corporate design for the Bundestag: book and brochure titles.

2 Publikation/*Publication*
GEZ/WDR.

3 Fotokalender 1999/*Photo calendar 1999*
Verlag Locher Museum Ludwig Köln.

Ligalux GmbH

Geschäftsführung
Claudia Fischer-Appelt

Medienpool Waterloohain 5
22769 Hamburg
Telefon +49 (0)40/8 99 69 92 00
Telefax +49 (0)40/8 99 69 92 10
e-mail mailbox@ligalux.de
internet www.ligalux.de

Unter dem Designlabel Ligalux haben sich dreißig erfahrene Experten für Design und interaktive Gestaltung, Typografie, Produktion und visuelles Texten zusammengeschlossen. Ligalux versteht modernes Kommunikationsdesign als »visuelle Navigation« mit dem Ziel, in der heutigen Bilderflut klare Orientierung zu geben. Das Leistungsspektrum reicht von Typografie und visueller Textdramaturgie über das Design von Anzeigen, Printprodukten und Websites bis hin zu umfassenden Corporate Design Projekten und Kampagnen zur strategisch-visuellen Markenführung. Die Agentur entstand im Juni 2001 aus der Grafikdesign-Abteilung von FischerAppelt Kommunikation und ist Teil des Kompetenz-Netzwerkes dieser Agenturgruppe.

The design label Ligalux gathers 30 experienced professionals in creative art and interactive design, typography, art production and visual copywriting. For Ligalux modern communication design should be understood as "visual navigation" its aim being to guide through the ever-increasing flood of pictures and images. The range of services offered includes typography and visual text dramaturgy, advertisement design, print products and websites as well as all-comprehensive corporate design projects and strategic visual brand campaigns. The former graphic design unit of FischerAppelt Kommunikation became Ligalux in June 2001 and forms part of the group's competence network.

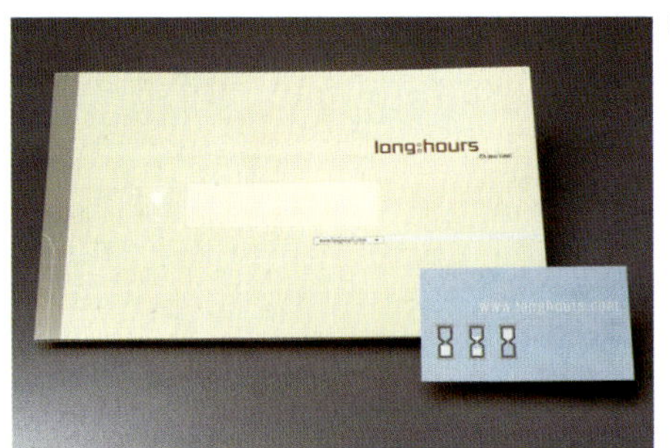

1

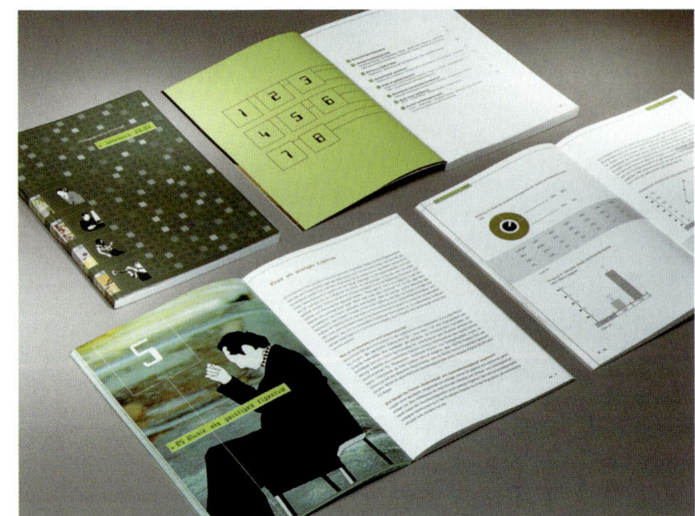
2

Referenzen/references: DaimlerChrysler, Deutsche Grammophon, MSD Sharp & Dohme, Cargobiz.com, Initiative ProHaar, Umweltbehörde Hamburg, longhours.com, Pension Consult, VBG Verwaltungs-Berufsgenossenschaft, Theaterhaus Stuttgart u.a.
Auszeichnungen/awards: 2001 Certificate of Typografic Excellence, TypeDirectorsClub (TDC) New York (Corporate Design Softwareanbieter longhours). Deutscher Multimedia Award 2000 (Webstage-Sponsoring-Projekt DaimlerChrysler zu Peter Steins Faust-Inszenierung, Expo 2000).

3

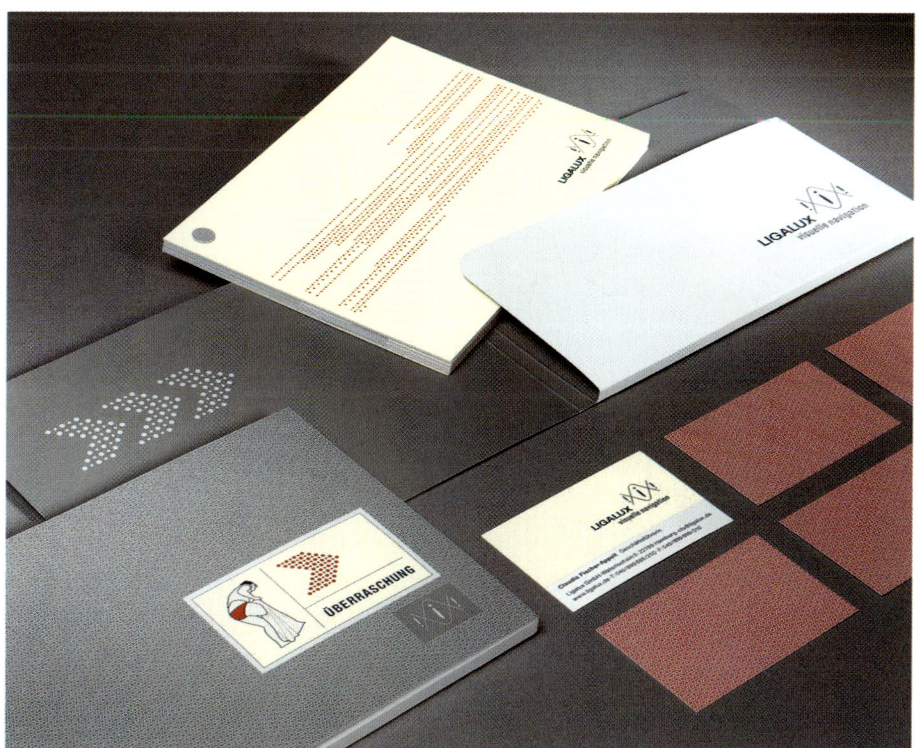

1 Corporate Design
longhours GmbH.

2 Redesign Jahrbuch 2000
Re-design of Yearbook 2000
Phonographische Wirtschaft.

3 Corporate Design
Ligalux GmbH.

Prof. Armin Lindauer

Philippistraße 10
14059 Berlin
Mobil +49 (0)171/9 95 69 74

Meerwiesenstraße 42
68163 Mannheim
Telefax +49 (0)621/2 92 61 60
e-mail a.lindauer@fh-mannheim.de

Prof. Armin Lindauer, geboren 1958, studierte in Düsseldorf, Konstanz und Berlin. Seit 1984 ist er selbständig mit eigenem Atelier in Berlin. Er übte eine langjährige Lehrtätigkeit an der Hochschule der Künste Berlin aus. Im Jahr 2000 wurde er zum Professor für Typografie und Editorial Design an die Fachhochschule Mannheim berufen. Schwerpunkte des Ateliers von Prof. Armin Lindauer sind Buch- und Kataloggestaltung, Konzeption und Gestaltung von Corporate Design Programmen, insbesondere für Banken, Consulting.

Born in 1958, Prof. Armin Lindauer studied in Düsseldorf, Konstanz and Berlin. Since 1984 he has run his own studio in Berlin. He lectured for many years at the Hochschule der Künste Berlin. In the year 2000 he was elected to a professorship in typography and editorial design at the Fachhochschule in Mannheim. His studio is mainly devoted to book and catalogue design, devising corporate design programmes, particularly for banks and consulting.

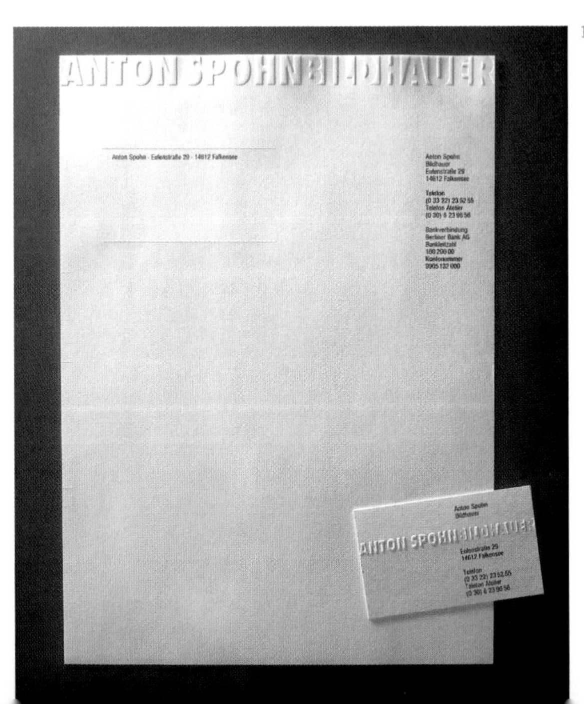

1

Referenzen/references: BASF Ludwigshafen; CLF Hypothekenbank Berlin; Immobilien Informationen Berlin; Deutsche Oper Berlin; Konzerthaus Berlin; Netventure Berlin; Hochschule der Künste Berlin; Stiftung Warentest Berlin; Tumor Zentrum Berlin.
Veröffentlichungen/publications: »Rund um Berlin« 33 Fotos der Berliner Mauer in Form eines Leporellos, Verlag Haus am Checkpoint Charly, Berlin 1994, 2. Auflage 1998; »Die Berliner Mauer mit Daten und Fakten«, Montage historischer Fotos der Berliner Mauer, Projektagentur Bien und Giersch, Berlin 2001.
Auszeichnungen/awards: Förderpreis Stadtzeichner von Nürnberg 1987; 1. Preis Plakatwettbewerb zum 1. Mai, Berufsverband Bildender Künstler, Berlin 1987; Drei Auszeichnungen für Hohe Designqualität, Deutscher Preis für Kommunikationsdesign, Essen 1995, 1997, 1999.

2

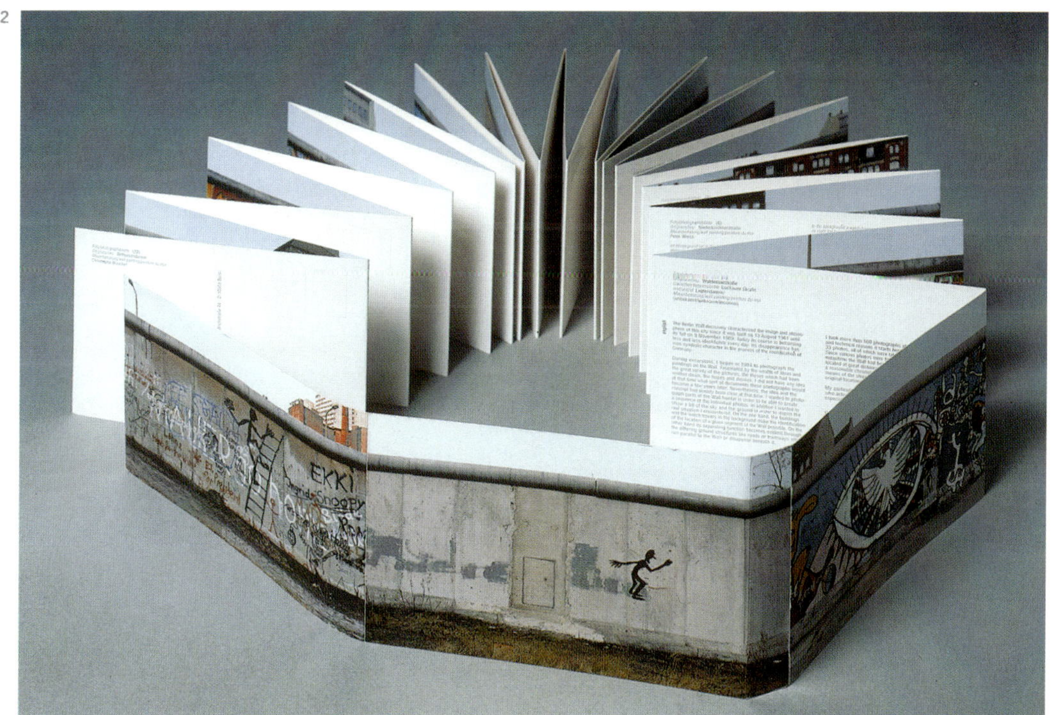

3

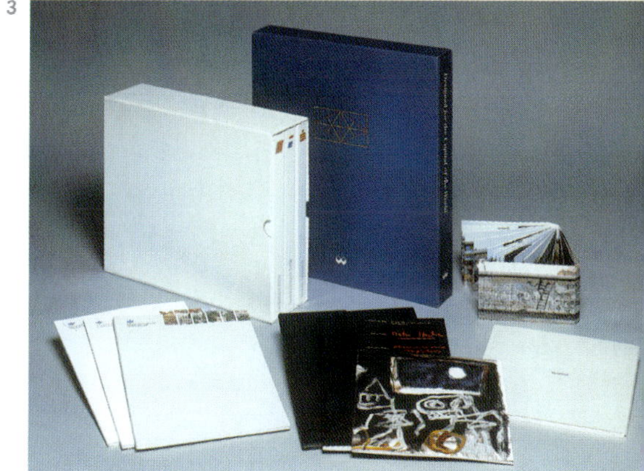

1 Anton Spohn Bildhauer
Geschäftsausstattung 1997
Shop interior for sculptor Anton Spohn, 1997.

2 Rund um Berlin
Leporello mit 33 Fotos der Berliner Mauer
All Round Berlin.
Fanfold with 33 photos of the Berlin Wall, 1998.

3 Bücher, Kataloge, Geschäftsberichte, Corporate Design Programme und Leporello.
Books, catalogues, annual reports, corporate design programmes and fanfold.

Prof. Uwe Loesch

Arbeitsgemeinschaft
für visuelle und verbale
Kommunikation

Kaiser-Friedrich-Ring 38
40545 Düsseldorf
Telefon +49 (0)211/55 84 8
Telefax +49 (0)211/55 84 610
e-mail uwe.loesch@t-online.de

Geboren am 23.01.43 in Dresden. Studium in Düsseldorf, eigenes Studio seit 1968 am Rhein. Internationale Reputation, insbesondere als Plakatgestalter seit Ende der 70iger Jahre. Zahlreiche Ausstellungen und Aufnahme seiner Plakate in Museen und Sammlungen weltweit. Seit 1984 mehrere Arbeiten im Museum of Modern Art New York. 1990 Berufung zum Professor für Kommunikationsdesign an die Bergische Universität Wuppertal. 1989 Berufung in die AGI Allliance Graphique Internationale. Mitglied des ADC für Deutschland und des TDC New York.
Schwerpunkte: Konzeption, Text und Gestaltung von Kampagnen in allen Medien für Unternehmen und kulturelle Institutionen. Corporate Design, Corporate Communication, Consulting.

Born in Dresden on 23 January 1943, studied in Düsseldorf, own studio in Düsseldorf since 1968. International reputation, especially as poster designer since the late 1970s. Featured in numerous exhibitions and museum and private collections throughout the world. Several works on display at the New York Museum of Modern Art since 1984. Appointed Professor of Communication Design at the Bergische Universität, Wuppertal, in 1990. Elected to the Alliance Graphique Internationale (AGI) in 1989. Member of the ADC Germany and TDC New York.
Main fields of activity: creative concept, text and graphic design for campaigns in all media for industry and cultural institutions; corporate design, corporate communication, consulting.

1

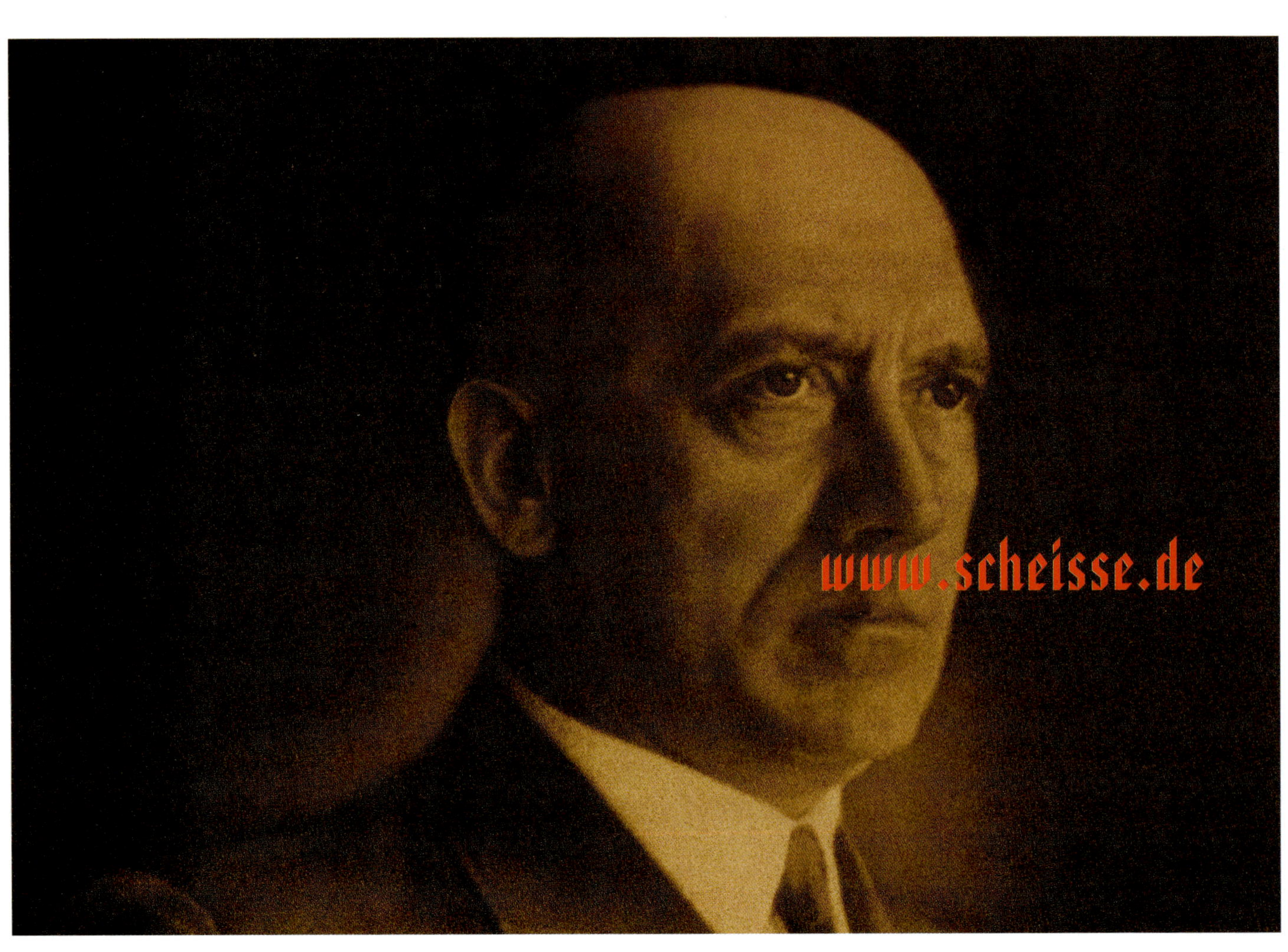

Referenzen/references 2001: Bundesverband Druck und Medien e.V., Design Zentrum Nordrhein Westfalen, mak.frankfurt, Ministerium für Arbeit und Soziales, Qualifikation und Technologie des Landes Nordrhein-Westfalen, Museum für Gegenwartskunst Siegen, Ruhrlandmuseum Essen, Schneider Lasertechnologies AG, Zentrum für internationale Lichtkunst Unna.
Veröffentlichungen/publications: »Uwe Loesch. Nichtsdestoweniger. Plakate« H. Schmidt Verlag, Mainz 1997. »ÜberKreuz. Vom Zeichen zum Abzeichen.« H. Schmidt Verlag, Mainz 1998.
Auszeichnungen/awards: Grand Prix, International Poster Biennale Lahti/Finland 2001/1983; Silver Medal, International Poster Biennale Taipei/Taiwan 2000, Toyama/Japan 1997, Chaumont/France 1996; Gold Medal, ADC of Europe 1996; Grand Prix, internationaler Wettbewerb Deutscher Preis für Kommunikationsdesign, Essen 1995.

2

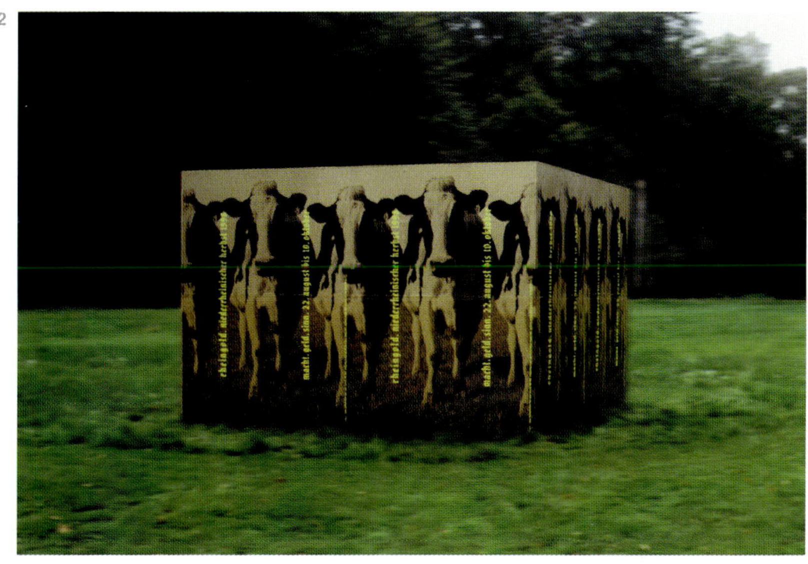

3

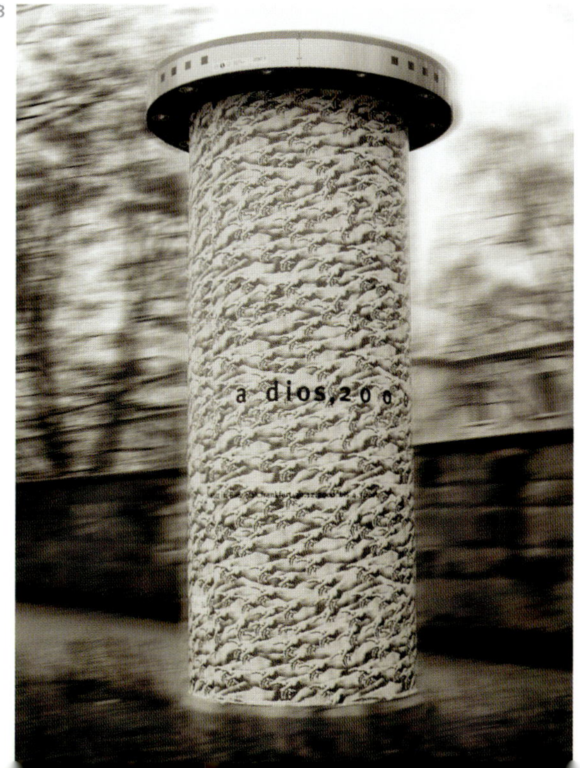

1 »www.scheisse.de« Großflächenplakat für die Open-Air-Ausstellung »Sehstörungen im öffentlichen Raum«
Billboard-size poster for the open air exhibition "Distorted Vision in Public Space"
Kulturamt der Stadt Mönchengladbach

2 »rheingold. macht. geld. sinn.« Großflächen-InStallation im Museum Schloß Moyland
"rhine gold. money. power. sense." Billboard installation in the Schloss Moyland museum
Kulturfestival Niederrheinischer Herbst 1998

3 »a dios, 2000« Rotationsplakat für die Ausstellung »Gott im Bild«
Rotary print poster for the exhibition "God in the Picture"
mak. Museum für Angewandte Kunst Frankfurt/Main, 2000/2001.

ma design

communication design

Geschäftsführung
Dipl. Industrial Des.
Michael Arpe (VDID, DDV)

Düvelsbeker Weg 12
24105 Kiel
Telefon +49 (0)431/80 002 0
Telefax +49 (0)431/80 002 12
e-mail info@ma-design.de
internet www.ma-design.de

> Industrial Design S. 132

ma design wurde 1985 von Michael Arpe in Kiel als Industrial Design Studio gegründet und ist seither zu einer strategisch operierenden Design- und Multimedia-Agentur gewachsen. Mit großem Erfolg fasst ma design die Bereiche Industrial Design, Interaction Design, Communication Design und Strategy Consulting im Rahmen einer umfangreichen Dienstleistung zusammen. Neben vielfach ausgezeichneten Produkten werden Bedien-Oberflächen, Multimedia-Shows, Corporate Design, Marken, Druckerzeugnisse und Websites entwickelt. In ganzheitlichen Beratungen entstehen innovative Strategien, die Unternehmen und Produkte neu und langfristig am Markt positionieren. In drei Studios am Hauptstandort Kiel und in Berlin arbeiten 30 internationale Mitarbeiter in einer pulsierenden Mannschaft zusammen.

ma design was established by Michael Arpe in Kiel as an industrial design studio in 1985 and has since grown into a strategically operating design and multi-media agency. It has been extremely successful in combining the fields of industrial design, interaction design, communication design and strategy consulting in a comprehensive service. Following on from a variety of award winning products, ma design develops user interfaces, multi-media shows, corporate design, brands, printed matter and websites. Holistic consultation produces innovative strategies to position companies and products with freshness and sustainability on the market. A pulsing, international team of 30 people are currently at work at the main location in Kiel and in Berlin.

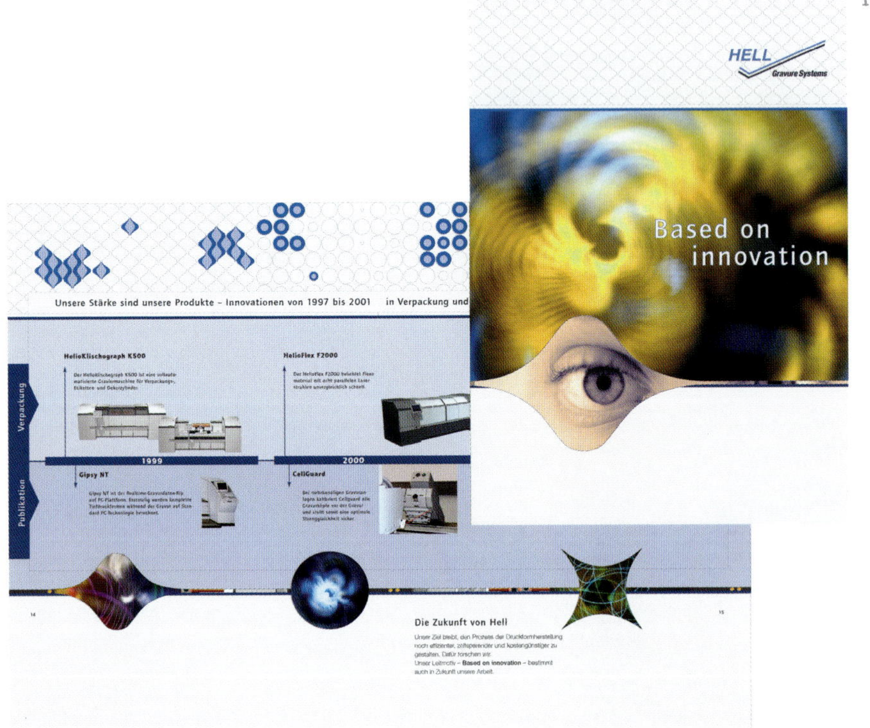

1

Referenzen/references: Deutsche Telekom AG, Heidelberger Druckmaschinen AG, DeTeWe AG & Co., Zentralverband des Deutschen Handwerks, HELL Gravure Systems GmbH und weitere renommierte Unternehmen.
Auszeichnungen/awards 2001: 6x iF Design Award Industrieforum Design Hannover (TK-Familie BeeTel 345i, ISDN TK-Anlage, T-Eumex 604 PC, Flachbettscanner Nexscan F 4200, System TK-Anlage OpenCom 110/120, Filmbelichter Primesetter 102 und Primesetter 74). 3x Designpreis Schleswig-Holstein (Flachbettscanner Nexscan F 4200, TK-Familie BeeTel 345i und OpenCom 110/120, Filmbelichter Primesetter 102 und Primesetter 74).

3

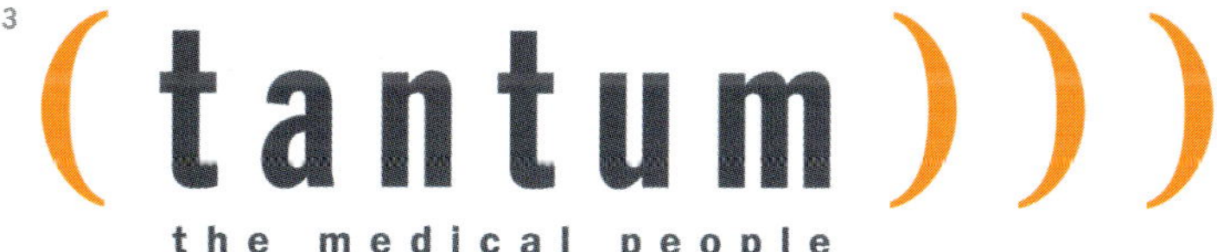

1 Hell – based on innovation
Entwicklung des Corporate Design, der Unternehmensbroschüre, umfangreicher Produktbroschüren und der Website
Corporate design, company brochure, extensive product bochures and website
Hell Gravure Systems GmbH 2001.

2 Winfinity – The Technology Group
Entwicklung des Corporate Design und der Website
Corporate design and website
Winfinity GmbH 2001.

3 tantum – the medical people
Entwicklung des Corporate Design
Corporate design
Tantum AG 2000.

2

Wilhelm Malkemus

Diplom Grafik-Designer

In den Rödern 7
63607 Wächtersbach
Telefon +49 (0)6053/94 06

Wilhelm Malkemus, geboren 1937 in Bebra, studierte an der staatlichen Werkkunstschule Kassel bei den Professoren Jupp Ernst und Karl Oskar Blase Grafik-Design, Schrift und Malerei. Seine Arbeitsgebiete sind Corporate Design, Plakate, Prospekte, Fotografie und Ausstellungsgestaltung. Die Arbeiten von Wilhelm Malkemus sind im Centre de Creation Industrielle CCI, Centre Pompidou in Paris, Preußischer Kulturbesitz Berlin, Deutsche Bibliothek Leipzig und Frankfurt Main, Graphis Zürich-New York 1996 und der Hessischen Landesvertretung Bonn/Berlin zu sehen.

Born in Bebra in 1937, Wilhelm Malkemus studied graphic design, calligraphy and painting under Professors Jupp Ernst and Karl Oskar Blase at the Werkkunstschule in Kassel. His work covers the fields of corporate design, posters, brochures, photography and exhibition design. Examples of his work are to be seen in the Centre de Creation Industrielle CCI, Centre Pompidou in Paris, Preußischer Kulturbesitz Berlin, Deutsche Bibliothek Leipzig and Frankfurt/Main, Graphis Zürich-New York 1996 and the Hessische Landesvertretung Bonn/Berlin.

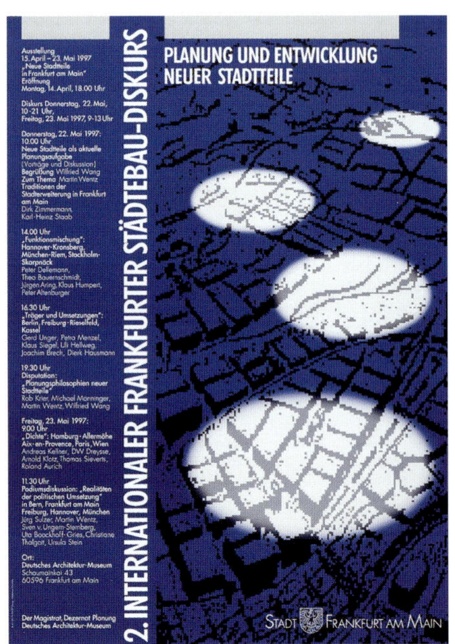

1

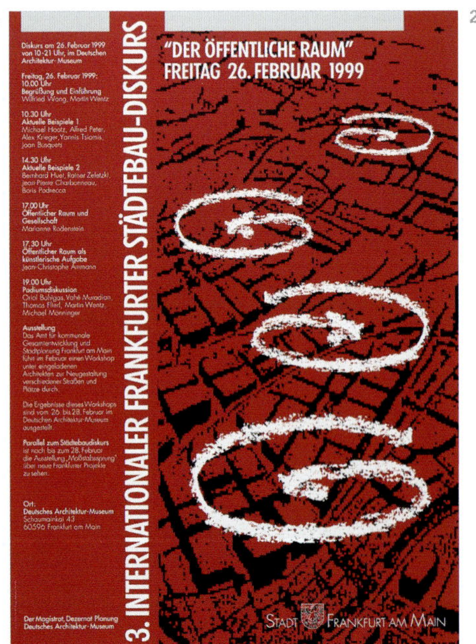

2

1 Plakat für 2. Internationalen Diskurs
Poster for 2nd International Discourse
Deutsches Architekturmuseum 1997
(DIN A1 Format).

2 Plakat für 3. Internationalen Diskurs
Poster for 3rd International Discourse
Deutsches Architekturmuseum 1999
(DIN A1 Format).

3 Titel für Faltblätter Wohnbauflächen, Industrieflächen, Büroflächen und Hochhausstandorte 1998/1999 (DIN A4).
Headings for fanfolds on residential, industrial, office and tower block sites,
1998/1999 (A4 format).

Referenzen/references: Stadt Frankfurt/Main, Stadtplanungsamt; Evangelische Kirche Gelnhausen; Schwalmmuseum Ziegenhain, Schwalmstadt.
Ausstellungen/exhibitions: Industrial Design u. Grafik documenta III in Kassel 1964; Wächtersbacher Kunstsalon 1986-89/1991, 1996, 2000; Schwalmmuseum Ziegenhain 1988, 1997; »Art im Amt«, Rathaus Wächtersbach 1991; Centre Culturel Chatillon/Frankreich 1993; Steigenberger Hotel Bad Orb, 2000.
Veröffentlichungen/publications: Grafik-Designer Rhein-Main 1972, 1983; Dokumentation »Gesucht wird«; Grafik Designer Hessen 1990 zur Jahrestagung des BDG; Europäisches Kunstlexikon, Bavaria Verlag, Starnberg; »Hessen in der deutschen Malerei«, Bantzer, Hitzeroth, Marburg/Lahn; Willingshäuser Malerkolonie und Kleinsassen, Wollmann; Allgemeines Kunstlexikon der Kunstschaffenden, Ziese; arte factum Bd.4, Nürnberg; Novum, Bruckmann, München; modern publicity, London, Graphis Diagramm 2, New York 1996; Schwälmer Jahrbuch 1996, 1999.
Auszeichnungen/awards: Grafik-Design Deutschland 1967/74; Die besten deutschen Plakate 1974; Wächtersbacher Kulturpreis 1993.

3

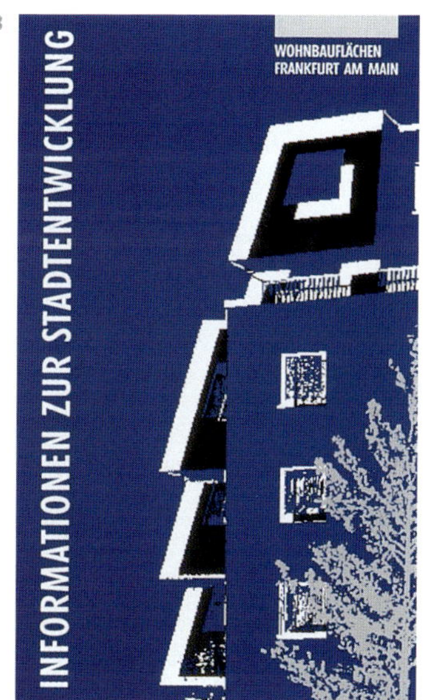

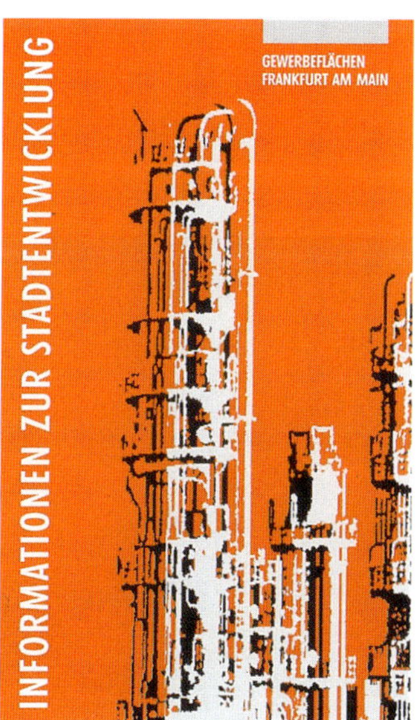

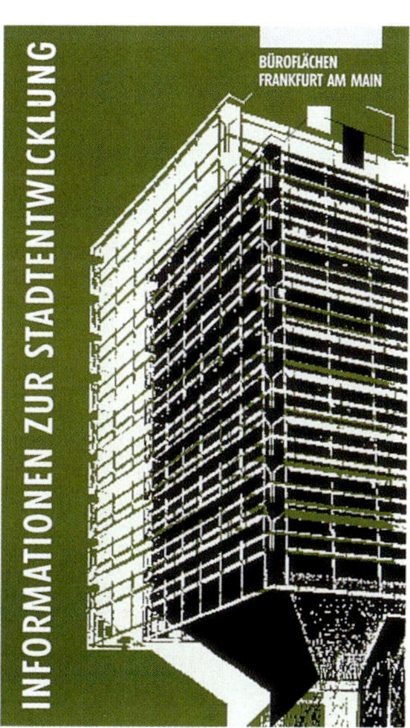

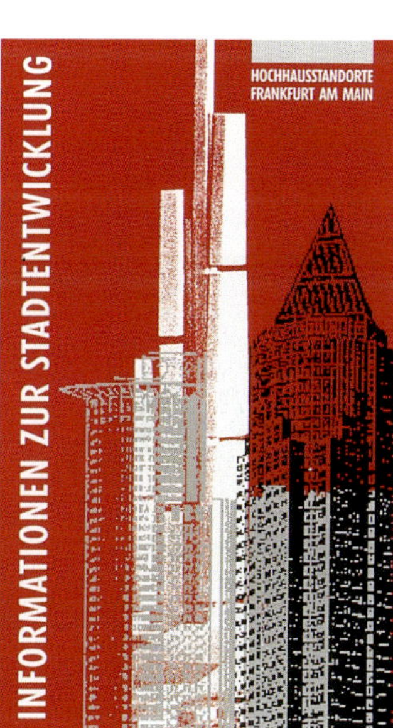

MetaDesign AG

Leibnizstraße 65
10629 Berlin
Telefon +49 (0)30/69 57 92 00
Telefax +49 (0)30/69 57 92 22
e-mail mail@metadesign.de
internet www.metadesign.com

MetaDesign AG ist Deutschlands größte Designagentur. Sie entwickelt integrierte Identitäten für Unternehmen und deren Marken. Das Leistungsspektrum reicht von der strategischen Beratung über die Konzeption regionaler und globaler Erscheinungbilder für alle Medien, bis zu deren Implementierung und ergänzenden Serviceleistungen. Ziel ist es, zur klaren, unverwechselbaren und positiven Positionierung und damit zur Wertsteigerung seiner Auftraggeber beizutragen. Marken besitzen einen erheblichen Anteil an der Kapitalbewertung von Unternehmen. Rund 200 Mitarbeiter beschäftigt MetaDesign in seinen Büros in Berlin, Zürich, San Francisco. MetaDesign ist seit Mai 2001 Mitglied der Lost Boys Gruppe.

MetaDesign AG is Germany's biggest design agency. It develops integrated identities for companies and their brands. Services range from strategic consulting through the devising of regional and global images to suit all media up to and including implementation and subsequent support. The aim of is to contribute to a clear, unmistakable and positive positioning which results in added value for clients. Brands account for a substantial share of companies' assets. MetaDesign employs around 200 people in its Berlin, Zurich and San Francisco offices. MetaDesign has been a member of the Lost Boys Group since May 2001.

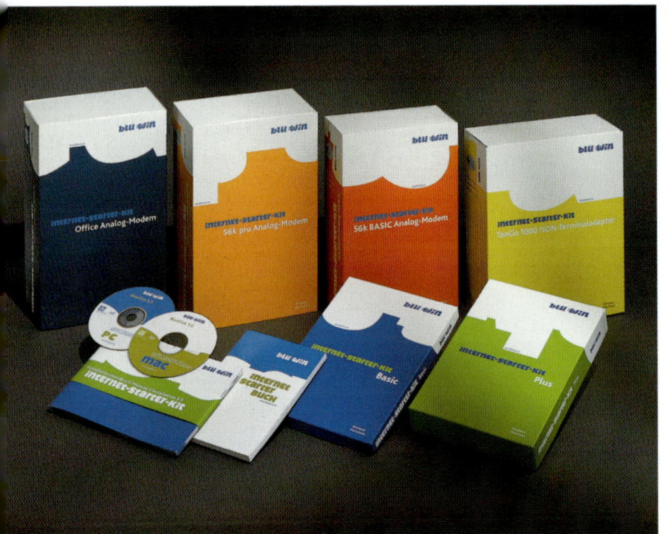
1

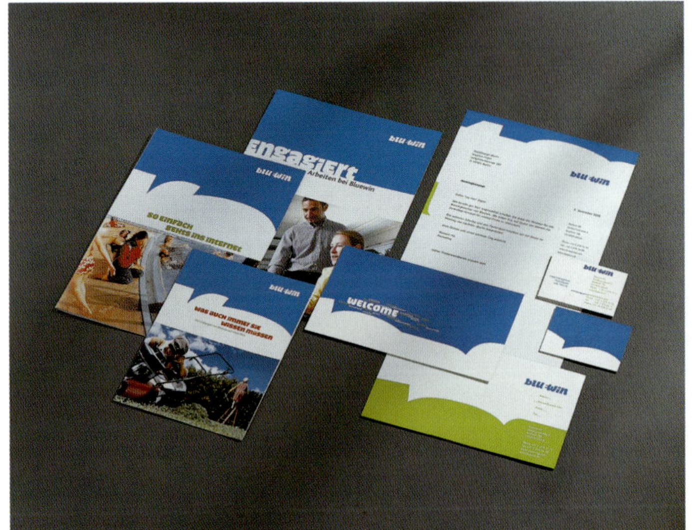
2

Referenzen/references: Audi, Berliner Verkehrsbetriebe (BVG); Bluewin; Bosch; Bugatti; dmc^2; Encyclopaedia Britannica; eTalentWorks; gedas; Heidelberger Druckmaschinen; Hewi; information objects; Lucerne Festival; Lamborghini; Novartis, Popp; Robert Koch-Institut; Roland Berger; Stylepark; Verkehrsbetriebe in Potsdam; VIAG Interkom; Volkswagen; Voith; Whirlpool.
Auszeichnungen/awards: Merit Award, Wettbewerb Art Directors Club Inc. New York; Bucheintrag Metropolitan Verlag; CyberFinalist Cannes Lions 1999; Bucheintrag British Design & Art Direction (Glasgow 1999 Typeface) 1999; Exzellentes Design, Industrie Forum Design Hannover 1999; GoldWorldMedal, The New York Festival 1999; Award Designers Category, Sign Design Society 1999; Auszeichnung Shortlist, Wettbewerb The New York Festival 2000; Shortlist Winner TV Movie Award 2000; Shortlistwinner Cyber Lions 2000; Finalist Deutscher Designer Club e. V. 2000; Auszeichnung red dot award:communication design 2001.

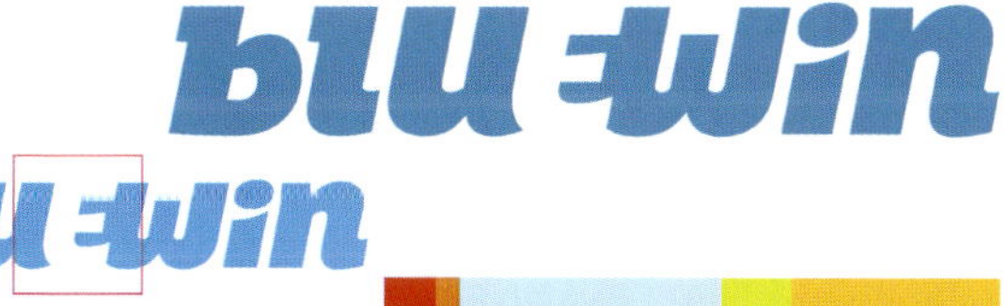

3
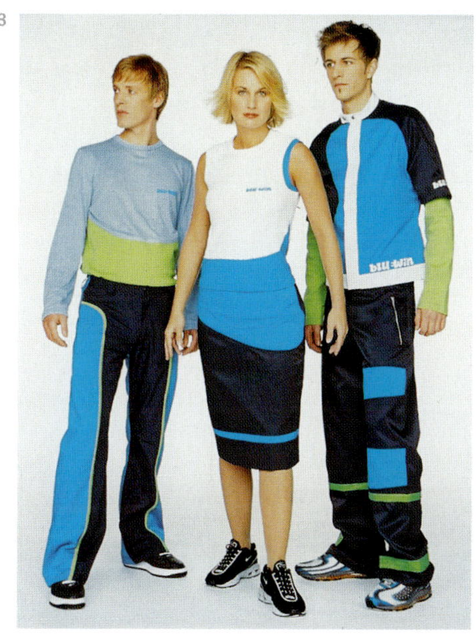

4
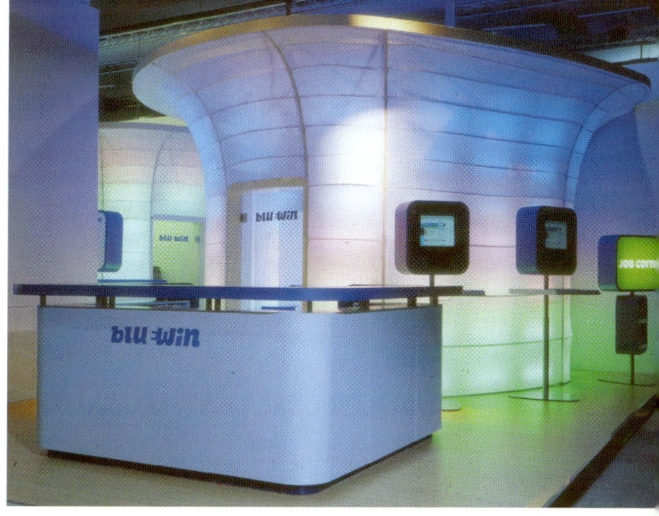

1 bluewin
Verpackung/*Packaging*

2 bluewin
Geschäftsausstattung/*Corporate Design*

3 bluewin
Corporate Fashion

4 bluewin
Messestand/*Trade fair stand*

Milch design GmbH

Sandstraße 33
80335 München
Telefon +49 (0)89/52 04 66 0
Telefax +49 (0)89/52 04 66 21
e-mail info@milch-design.de
internet www.milch-design.de

Milch design wurde 1996 von Judith May, Michaela Patzak und Friedel Patzak in München gegründet. Ein Team von zehn bis fünfzehn Designern, Kommunikationswirten, Informatikern und Textern erarbeitet problemspezifisch Lösungen für interne und externe Kommunikation ihrer Kunden. Das Spektrum umfaßt die Entwicklung von Brand Images, Corporate Design, Interaction Design, sowie Konzepte für die visuelle Kommunikation.

Milch design was established in Munich by Judith May, Michaela Patzak and Friedel Patzak in 1996. A team of ten to fifteen designers, communication professionals, IT experts and copywriters devises solutions tailored to the internal and external communication needs of their clients. Services include developing brand images, corporate design, interaction design and visual communication concepts.

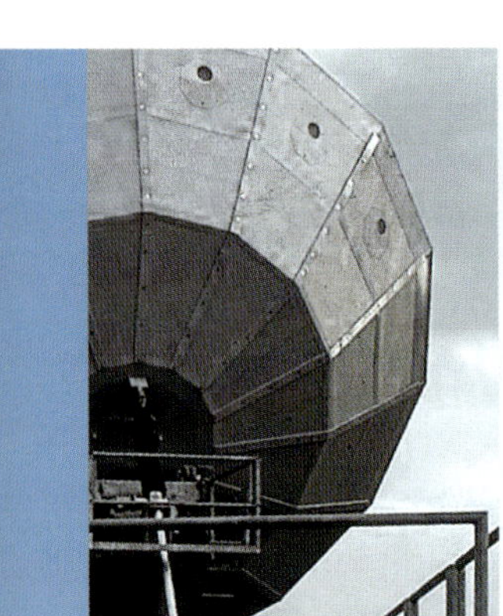

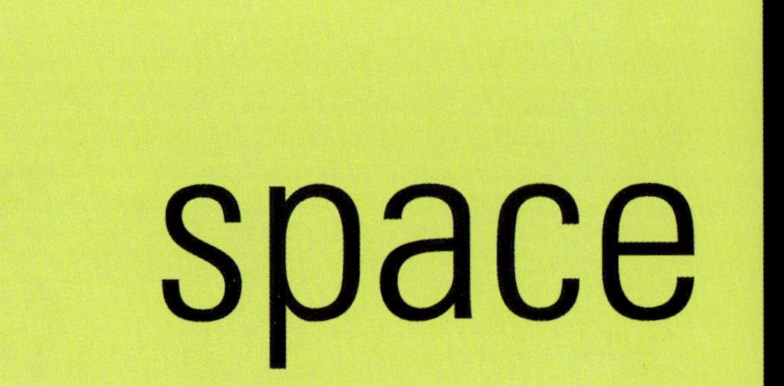

1

1 BetaResearch
Visuelles System/*Visual system*

2 Allguth
Visuelles System/*Visual system*

Referenzen/references: Allguth (Corporate Design, Brand Design); ARD (Communication Design, Interaction Design); BetaResearch (Corporate Design, Userinterface Design); BBDO interone (Interaction Design); gevas (Corporate Design); grip AG (Corporate Design, Brand Design); Kabel New Media (Interaction Design); KirchGruppe (Brand Design); Nokia (Design Consulting); tv.berlin – tv.münchen (Corporate Design, On Air Design) und Siemens (Interaction Design). **Veröffentlichungen/publications:** European Design Annual.

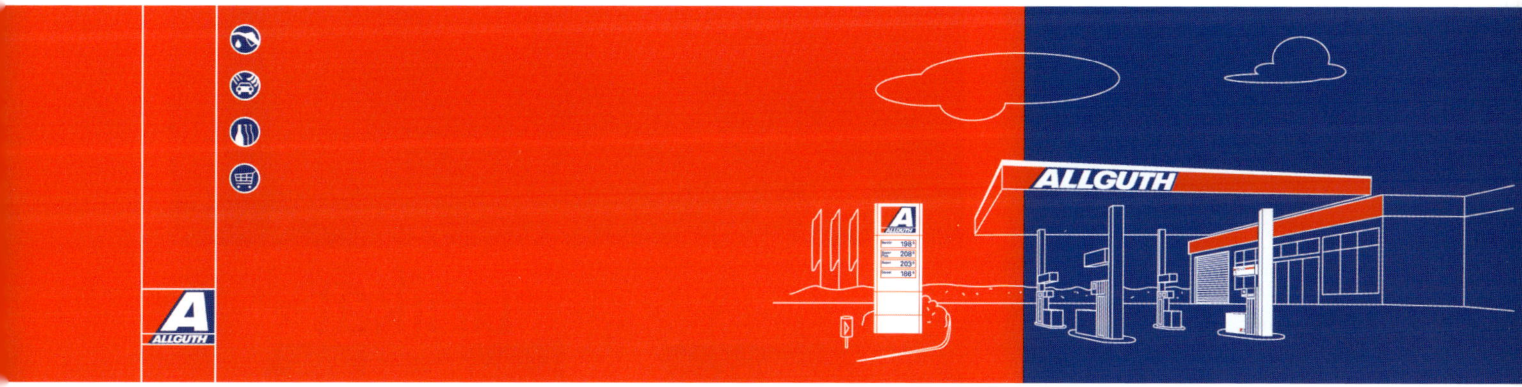

2

muehlhaus & moers

kommunikation gmbh

Geschäftsführer
Hans Jürgen Moers,
Karsten Mühlhaus, Udo Seidel,
Gerda Vobis

Moltkestraße 123–131
50674 Köln
Telefon +49 (0)221/95 15 33-0
Telefax +49 (0)221/95 15 33-21
e-mail info@muehlhausmoers.de
internet www.muehlhausmoers.de

muehlhaus & moers wurde 1990 mit zwei Mitarbeitern und dem Schwerpunkt Public Relations sowie Corporate Publishing gegründet. Heute betreibt die Agentur mit mehr als 40 Mitarbeitern integrierte Kommunikation, von Public Relations und Corporate Publishing über Corporate Communication und klassische Werbung bis zum Online-Marketing. Agentur-Philosophie: Wer eine Botschaft vermitteln möchte, muss die Sprache derjenigen sprechen, die er erreichen will. Das gilt besonders für die visuelle Sprache des Designs, die von den meisten Menschen intuitiv aufgenommen wird. Das macht Design zu einem so spannenden und so wesentlichen Teil der Kommunikation.

muehlhaus & moers was established in 1990 with a staff of two and the main emphasis on public relations and corporate publishing. Now employing a permanent staff of more than 40 people, the agency focuses on integrated communication, from public relations and corporate publishing through corporate communication and conventional advertising to online marketing. The philosophy is that if you want to put a message across you have to speak the language of your target group. That applies in particular to the visual language of design which is perceived intuitively by most people. That is what makes design such a fascinating and essential part of communication.

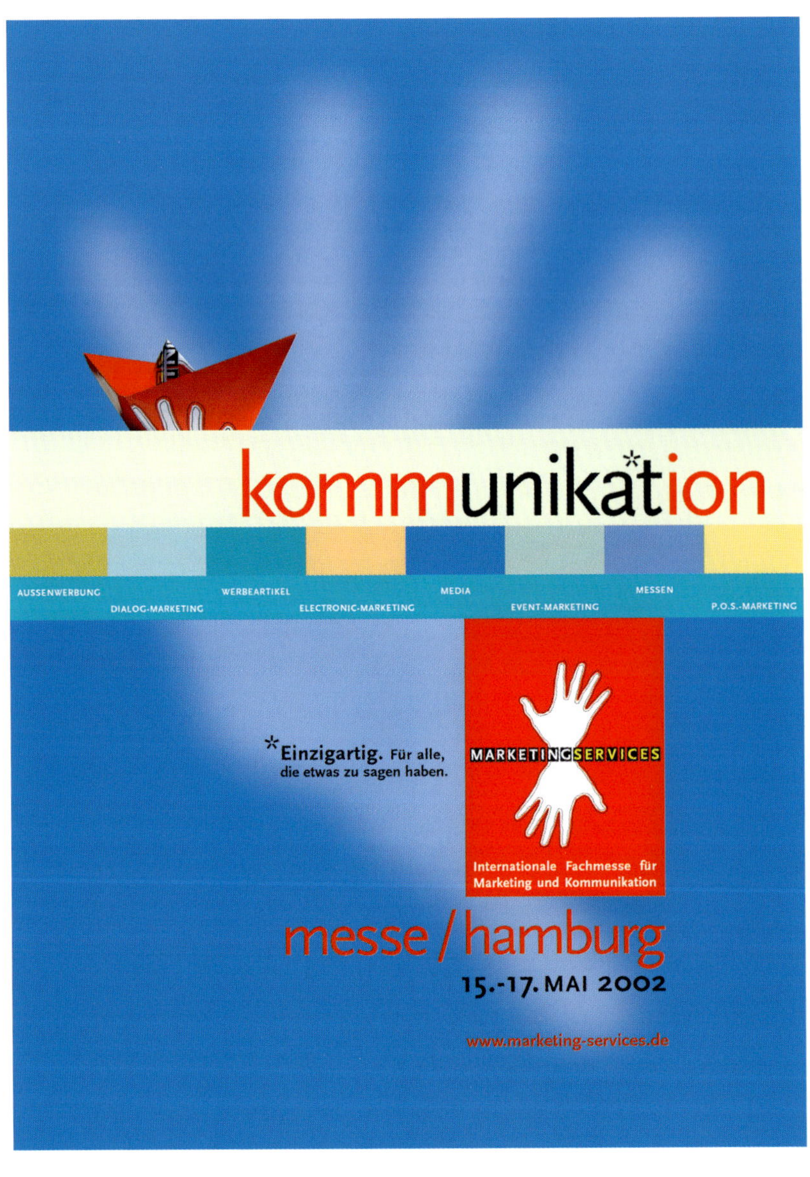

1

Tochterfirmen/subsidiaries: uscreen, Gesellschaft für Internet- und Multimedia-Dienstleistungen mbH, muehlhaus & moers entertainment gmbh, Spezial-Agentur für Film, TV und Entertainment
Referenzen/references: Adler Modemärkte, Babcock Borsig Power, Babyone Franchise- und Systemzentrale, Bundesverband Deutscher Inkasso-Unternehmen, Carl Duisberg Gesellschaft, Com Computertraining and Services, Dresdner Bank, DVGW Deutsche Vereinigung des Gas- und Wasserfaches, Energie- und Wasserversorgung Mittleres Ruhrgebiet, Eurocom European Manufacturers Federation for Compression Therapy, Futurekids, Garant Schuh + Mode, Homa Pumpenfabrik, IKK-Bundesverband, InFoScore Management, Krantz-TKT, Malteser Trägergesellschaft, Maxdata Computer, Messe Frankfurt Ausstellungen, Portas Deutschland, Vorwerk & Co. Thermomix, Reed Exhibition Companies Deutschland, weinor Die Markise, Wirtschaftsgesellschaft Deutsches Kraftfahrzeuggewerbe.

2
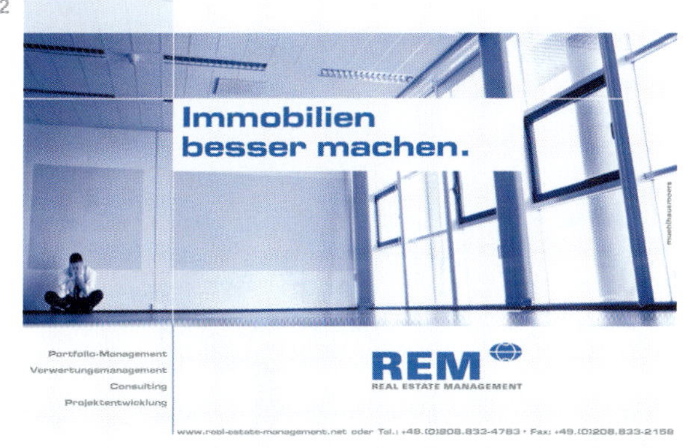

1 Sales Folder, Marketing Services
Sales folder, marketing services
Leitmesse der Marketing- und Kommunikationsbranche.

2 Anzeige/*Advertisement,*
Corporate Communication
Real Estate Management GmbH, 2000.

3 dresdner banker
Relaunch, grafische und redaktionelle Betreuung des Mitarbeitermagazins.
Relaunch, graphics and content for the in-house magazine, 2001.

3
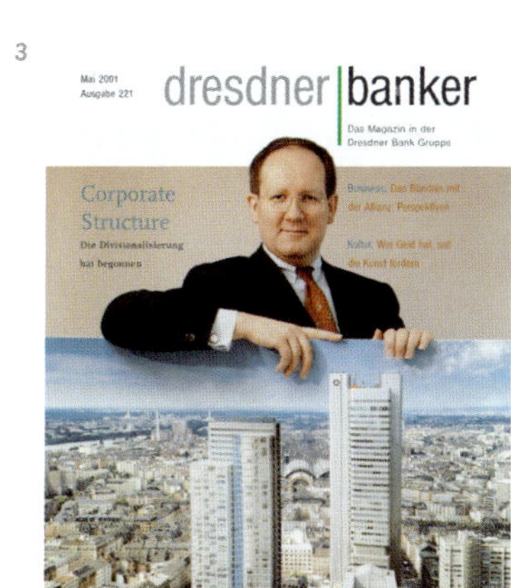

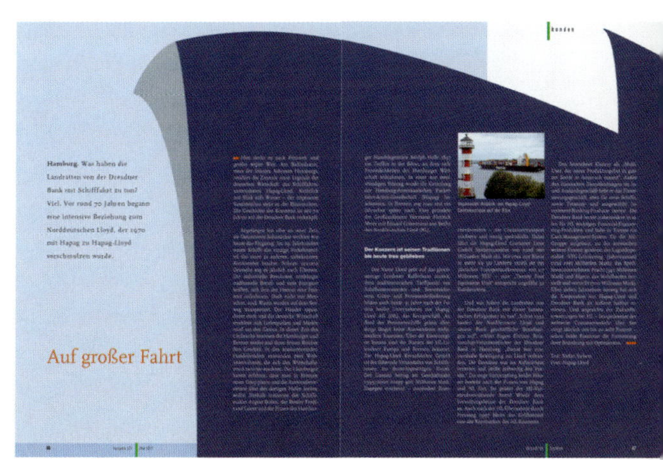

Klaus-Dieter Nagel

KD Kommunikation + Design
Dipl. Des. Klaus-Dieter Nagel
(VDID, BDG, AGD)

Otto-Stadler-Straße 4
33100 Paderborn
Telefon +49 (0)5251/5 00 13 15
Telefax +49 (0)5251/5 00 13 25
e-mail kdnagel@t-online.de
internet www.kdnagel.de

Klaus-Dieter Nagel studierte Industrial Design an der SFBK in Braunschweig. Er hatte ein Stipendium des DAAD für die Escola Superior de Desenho Industrial ESDI, Rio de Janeiro, Brasilien. Anschließend war er Professor für Produkt Design und Design Methodologie an der Federal-Universität Rio de Janeiro, Brasilien. 1978-1989 arbeitete er als Industrial Designer bei der Nixdorf Computer AG, Paderborn: Forschung, Entwicklung und Gestaltung von EDV-Produkten und Systemen.
1983 hatte er eine Gastprofessur für Produkt-Design an der Ohio State University, Columbus, USA. Seit 1989 hat Klaus Dieter Nagel ein eigenes Design-Büro mit Arbeitschwerpunkten in Produkt- und Grafik-Design.

Klaus-Dieter Nagel took a post-graduate degree in industrial design at the SFBK in Braunschweig. He was awarded a DAAD scholarship to the Escola Superior de Desenho Industrial ESDI, Rio de Janeiro, Brazil, subsequently taking up a professorship in product design and design methodology at the Federal University in Rio de Janeiro. From 1978 to 1989 he was an industrial designer at Nixdorf Computer AG, Paderborn, working on research, development and design of computer products and systems. In 1983 he was a visiting professor in product design at Ohio State University, Columbus, USA. Since 1989 Klaus Dieter Nagel has run his own design office, focusing mainly on product design and graphic design.

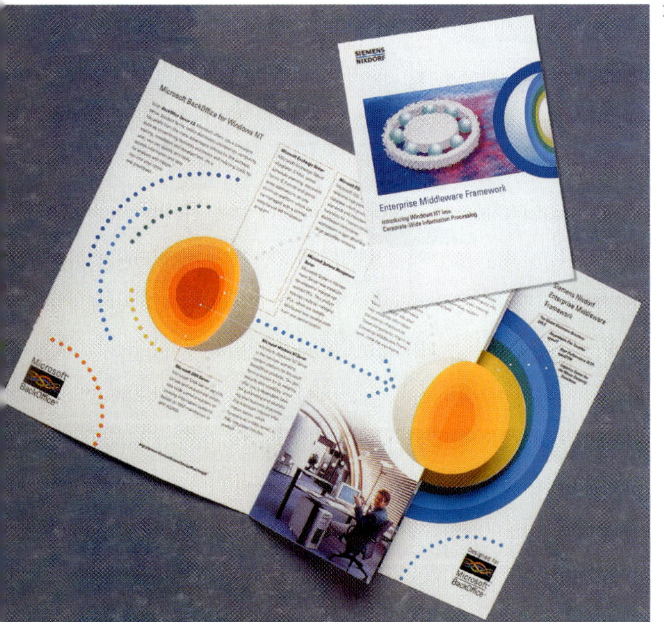

1

1 Broschüre/*Brochure* Enterprise Middleware Framework. Veröffentlicht in/*Published in* Best of Brochure Design 4.

2 Info-Terminal für Flughafen gemeinsames Projekt mit Bernd Kruse.
Info terminal for airports, joint project with Bernd Kruse.

3 Internet-Auftritt
Website for Bildagentur photos.de.

4 Logo
Webwasher.com AG.

Auszeichnungen/awards: Klaus-Dieter Nagel erhielt viele Design-Auszeichnungen, u.a. iF Gute Industrieform Hannover, Bundespreis Gute Form, Mia Seeger Preis.
Klaus-Dieter Nagel has received numerous design awards, including the iF Gute Industrieform Hannover, the Bundespreis Gute Form and the Mia Seeger Preis.

3

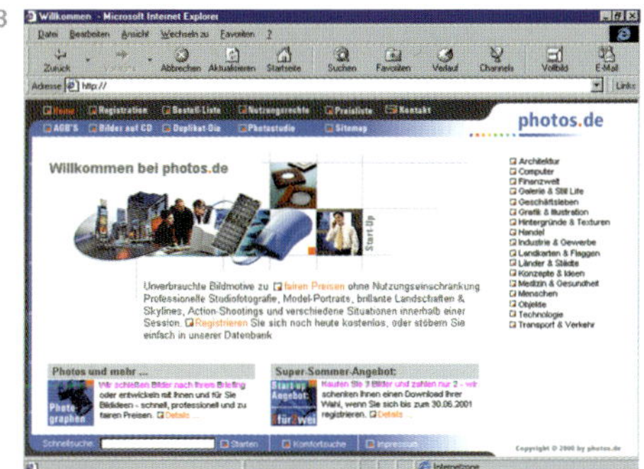

4

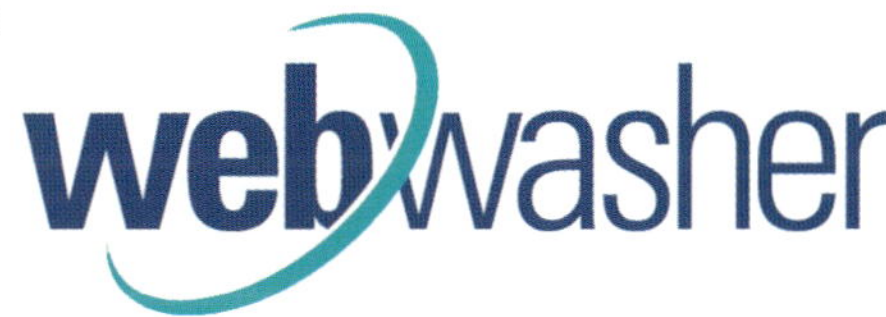

2

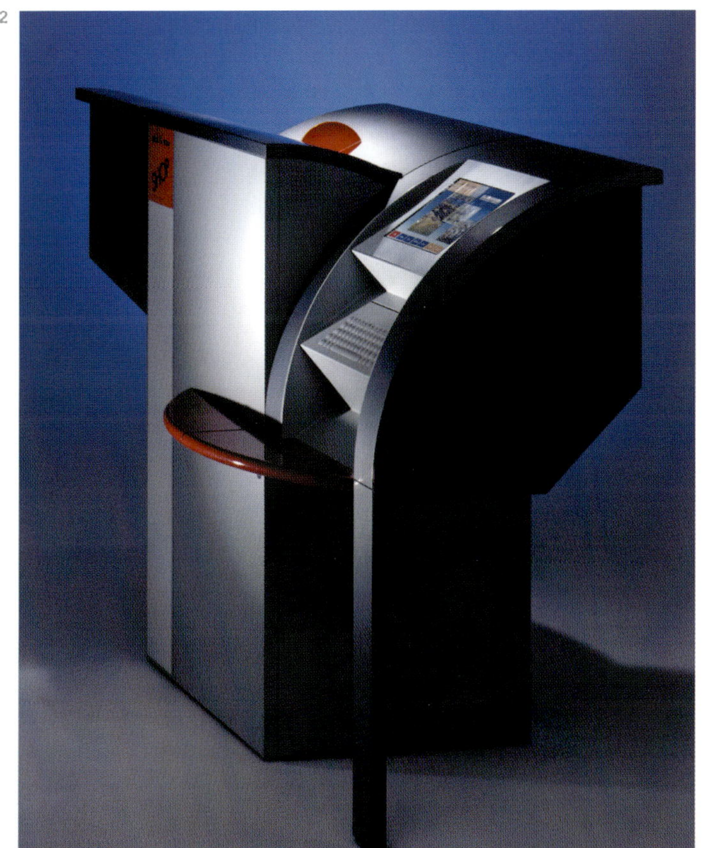

net-x

Agentur für Kommunikation

Geschäftsführung
Marc Hillen (AGD)
André Winkelheck

Zur Eisenhütte 2
40467 Oberhausen
Telefon +49 (0)208/8 24 89 0
Telefax +49 (0)208/8 24 89 99
e-mail info@net-x.de
internet www.net-x.de

Drususallee 13
41460 Neuss
Telefon +49 (0)2131/27 21 70
Telefax +49 (0)2131/27 21 68
e-mail Neuss@net-x.de

net-x wurde 1997 von Dipl. Des. Marc Hillen und André Winkelheck als Agentur für Kommunikation in Oberhausen gegründet. Schwerpunkte sind Konzeption, Text und Gestaltung von Kommunikationsmedien für Unternehmen und Institutionen, Werbung, Corporate Design und Multimedia. net-x ist Mitglied in der AGD - Allianz Deutscher Designer und dem Kommunikationsverband.de. 1999 eröffnete net-x ein weiteres Büro in Neuss und beschäftigt derzeit zehn Mitarbeiter. Weitere Referenzen sehen Sie unter www.net-x.de.

net-x was established as an agency for communication in Oberhausen by Marc Hillen and André Winkelheck in 1997. The main focus is on concept development, text and design for the communication media of companies and institutions, advertising, corporate design and multi-media. net-x is a member of the Alliance of German Designers (AGD) and the Kommunikationsverband.de. In 1999 net-x opened an additional office in Neuss and currently employs a staff of ten. For references visit www.net-x.de.

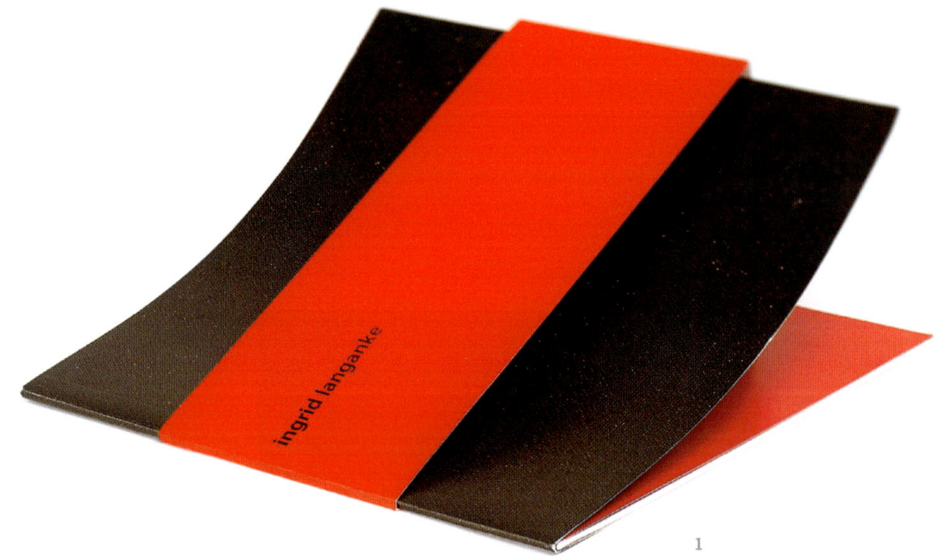

1

Referenzen/references 2001: iAnywhereSolutions; ecotel Communication AG; Clemens-Sels-Museum, Neuss; Rennett + Rennett; CC-Sports; VR Bank Dormagen eG; Stadtwerke Neuss; Stadt Neuss u.a.

3

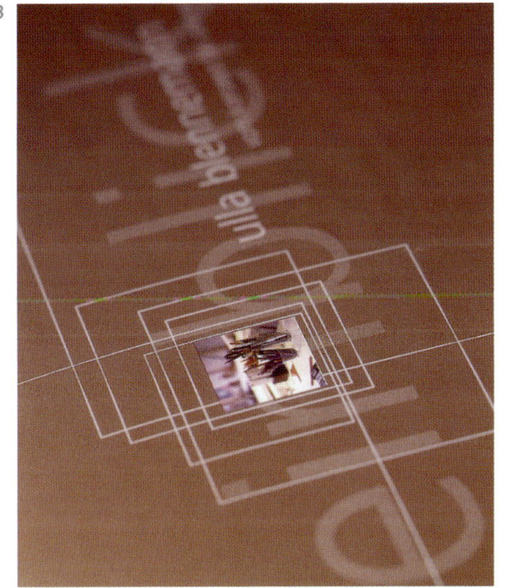

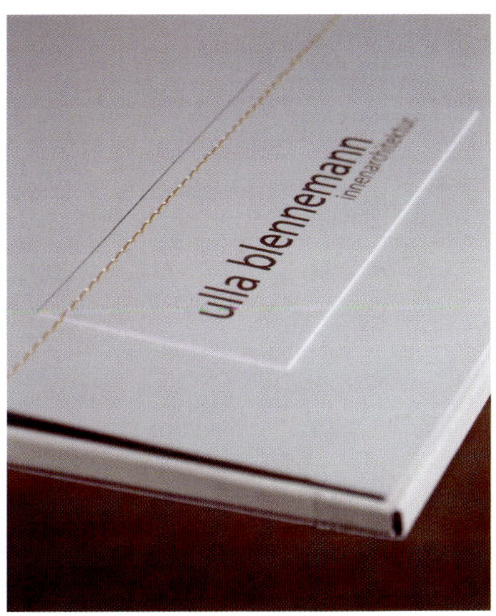

2

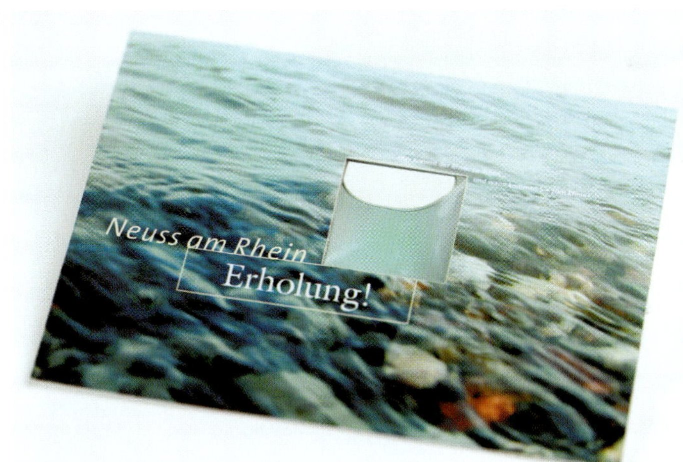

1 werke Ausstellungskatalog der Künstlerin Ingrid Langanke
Catalogue of the Ingrid Langanke exhibition
Clemens-Sels-Museum Neuss.

2 Hier kommt der Rhein, Entwurf eines Direct-mailings. Stadt Neuss.
Here Comes the Rhine. Direct mailing design for the City of Neuss.

3 Eigendarstellung Innenarchitektin Ulla Blennemann, Düsseldorf.
Presentation for interior designer Ulla Blennemann, Düsseldorf.

Horst F. Neumann

Kommunikationsdesign

Adalbert-Stifter-Weg 54
42109 Wuppertal
Telefon +49 (0)202/75 35 17
Telefax +49 (0)202/75 36 29
e-mail h.f.neumann.design@t-online.de

Horst F. Neumann, geboren am 22.12.50, studierte Freie Kunst (Malerei) und Grafikdesign in Wuppertal (Diplomabschluss). Seit 1983 ist er freischaffender Designer. Seit 1986 arbeitet er zusammen mit der Diplom-Designerin Gerda M. Neumann und Spezialisten. Schwerpunkte: Beratung, Konzeption und Gestaltung von Zeichen, Geschäftspapieren, Corporate Design, Image-Broschüren, Covergestaltungen, Anzeigen, Plakaten, Kalendern, Jahres- und Geschäftsberichten, didaktischem Design, Informations- und Veranstaltungsdesign, Webdesign, Typografie und künstlerische Fotografie für wissenschaftliche, soziale, kulturelle und umweltorientierte Institutionen, Ministerien, Museen, Verlage und Unternehmen.

Horst F. Neumann, born on 22.12.50, studied art (painting) followed by graphic design. Since 1983 he has run his own design office, collaborating since 1986 with designer Gerda M. Neumann and various specialists. The main focus is on consulting, concept development and design of signs, business stationery, corporate design, image brochures, cover design, advertisements, posters, calendars, annual and other corporate reports, didactic design, information and event design, web design, typography and art photography for scientific, social, cultural and environmental institutions, ministries, museums, publishing houses and industry.

1

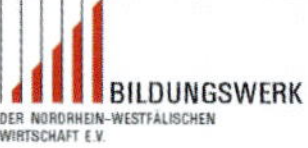

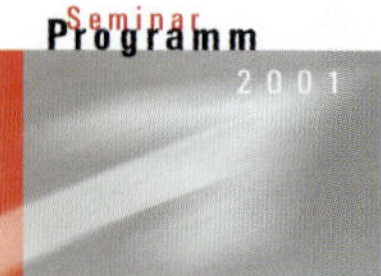

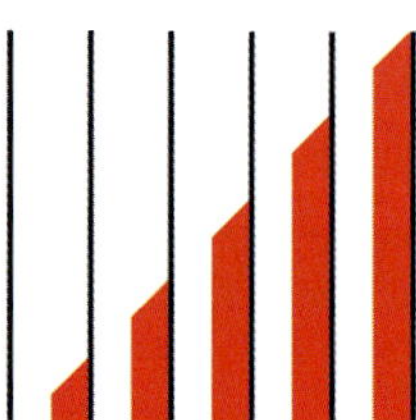

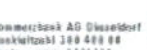

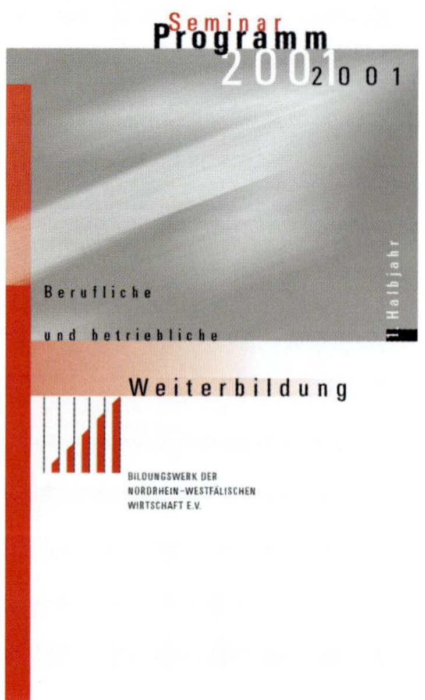

1 Signet, Geschäftspapierausstattung, Seminarmedien
Signet, business stationery, seminar media
Bildungswerk der Nordrhein-Westfälischen Wirtschaft e.V.

2 Titel- und Innenseiten Vierjahres-Geschäftsbericht
Cover and inside pages of the quadrennial report
Deutscher Gewerkschaftsbund DGB 1997.

Referenzen/references: Amnesty International deutsche Section Bonn, Hans-Böckler-Stiftung Düsseldorf, Kunstmuseum Düsseldorf, WDR Köln, Bayer AG Leverkusen, Bildungswerk der Nordrhein-Westfälischen Wirtschaft e.V. Düsseldorf, Büchergilde Gutenberg Frankfurt, Bund Verlag Köln, Deutscher Bundestag Berlin, Bundeswissenschaftsministerium Bonn, Deutsche Bundespost Bonn, Deutscher Gewerkschaftsbund Berlin, Fremdspracheninstitut Bochum, Garten- und Forstamt Wuppertal u.a.
Veröffentlichungen/publications: Ausstellung Von der Heydt Museum, Wuppertal 1982; Ausstellung CCD. Creative Color Düsseldorf GmbH, Düsseldorf 1983; Kalenderschau des Landesgewerbeamtes Baden-Württemberg, Stuttgart 1983; Graphis Verlag Schweiz 1983/1987.
Auszeichnungen/awards: Wicküler Brauerei, Wuppertal 1982; Kodak Aktiengesellschaft, Stuttgart 1983; Grafischer Klub, Stuttgart 1983; Art Directors Club, New York 1987; Plakattriennale, Essen 1987; Plakatbiennale Warschau, Polen 1986/1988; Plakattriennale Toyama, Japan 1988; Plakat Biennale Lathi, Finnland 1987, 1989; Kalisk Salon of Photographie, Polen 1989; First International Biennal of the Poster in Mexico, 1990 u.a.

2

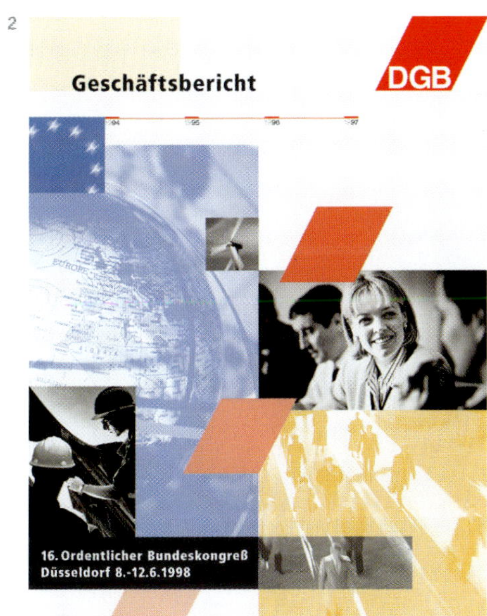

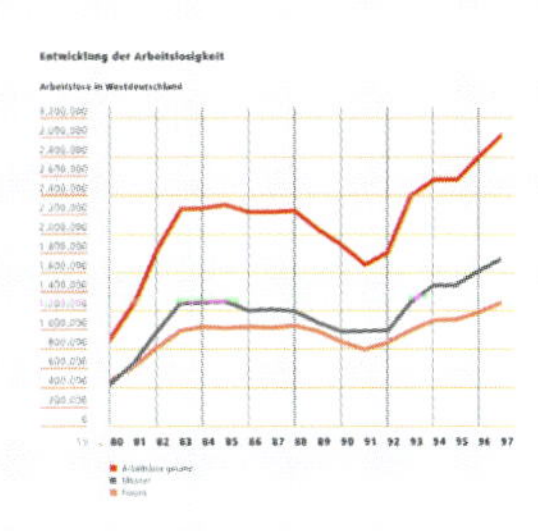

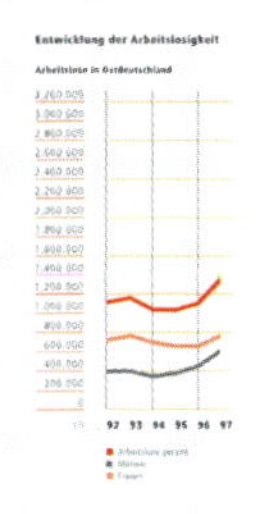

3.7 Bildungspolitik: Chancen schaffen

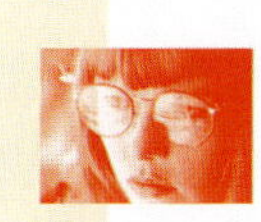

Niehaus Komossa AG

Corporate Integration Design

Vorstand
Silke Niehaus

Jägerhofstraße 21–22
40479 Düsseldorf
Telefon +49 (0)211/4 69 07 0
Telefax +49 (0)211/4 69 07 90
e-mail office@niehaus-komossa.de
internet www.niehaus-komossa.de

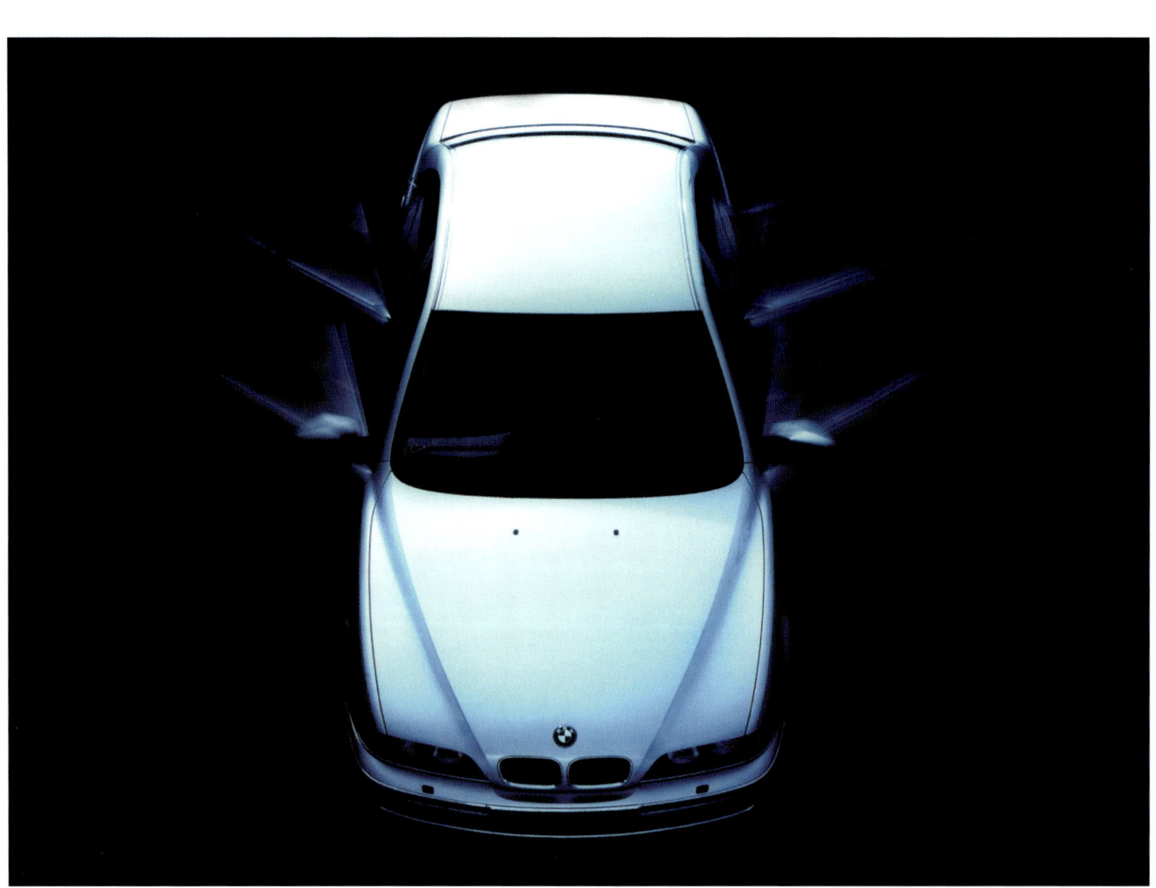

1

Referenzen/references: BMW AG; Brücke 2000, Verein zur Unterstützung sonderpädagogischer Förderung; CCE Congress Center Essen GmbH; DB Regionalbahn Rhein Ruhr GmbH; IDFA, Interessengemeinschaft deutscher Fachmessen und Ausstellungsstädte; Inselgemeinde Langeoog; Kamps AG; Messe Düsseldorf GmbH; Messe Essen GmbH; Niedersächsisches Staatsbad Norderney; pesch wohnshop; ÖkoControl Servicegesellschaft ökologischer Einrichtungshäuser e. V.; Toshiba Europe GmbH; Verlag Kiepenheuer & Witsch; Weight Watchers (Deutschland) GmbH; Zanders Feinpapiere AG.

Wir geben Unternehmen und Marken eine Heimat.
We give businesses and brands a home of their own.

2

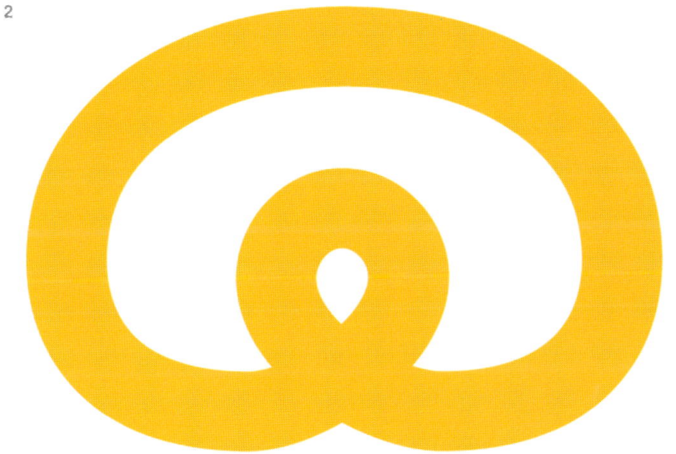

1 Projektarbeit
Project work
BMW AG 2001.

2 Unternehmenskommunikation
Corporate communication
Kamps AG 1998.

3 Unternehmenskommunikation
Corporate communication
Messe Essen GmbH 1997-2001.

3

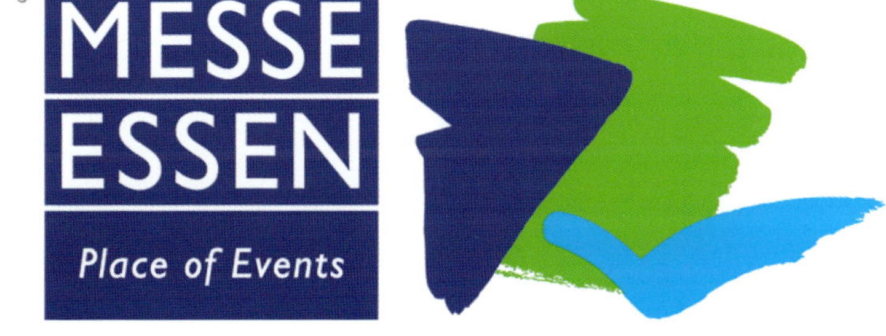

botschaft gertrud nolte

visuelle kommunikation
und gestaltung

talstrasse 24
40217 düsseldorf
Telefon +49 (0)211/15 92 35 28
Telefax +49 (0)211/15 92 35 46
e-mail botschaft@nolte-net.de
internet www.botschaftnolte.de
www.botschaftnolte.com

Gertrud Nolte, geboren 1968; besuchte 1987 bis 1988 die Künstlerische Malschule bei Prof. Bernhard Matthes in Hattingen/Ruhr. Sie studierte Kommunikationsdesign bei Prof. Uwe Loesch und Prof. Dr. h. c. Bazon Brock in Wuppertal. Von 1993 bis 1999 folgte eine freie Mitarbeit in der Arbeitsgemeinschaft Prof. Uwe Loesch. Seit 1995/1999 hat sie das Büro die botschaft in Düsseldorf. Gertrud Nolte ist Mitglied des ADC New York, des TDC New York, Member des German Liaison Committee des TDC New York und ist Mitglied des Künstlervereins Der Malkasten in Düsseldorf. Seit 2000 ist sie Dozentin für Visuelle Kommunikation und Typografie in Köln. Ihre Schwerpunkte sind Konzeption, Typografie, Plakatgestaltung, Gestaltung aller Werbe- und Kommunikationsmittel, Editorial Design, Corporate Design, Geschäftsberichte etc.

Born in 1968, Gertrud Nolte attended the Künstlerische Malschule in Hattingen/Ruhr under Prof. Bernhard Matthes from 1987 to 1988. She studied communication design under Prof. Uwe Loesch and Prof. Dr. h. c. Bazon Brock at the University of Wuppertal. From 1993 to 1999 this was followed by work in the group surrounding Prof. Uwe Loesch. Since 1995 she has run die botschaft, her own office in Düsseldorf. Since the year 2000 she has lectured in visual communication and typography in Cologne. Gertrud Nolte is a member of the ADC in New York, the TDC in New York, the German Liaison committee of the TDC in New York and the artists' club Malkasten in Düsseldorf. Their work focuses on conception, typography, design of all advertising and communication media, editorial design, corporate design, business reports etc.

1

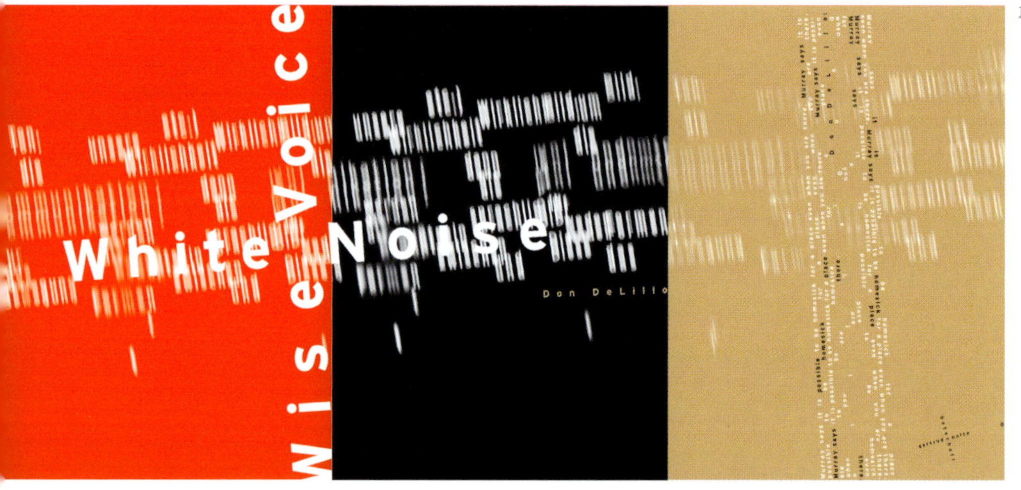

2

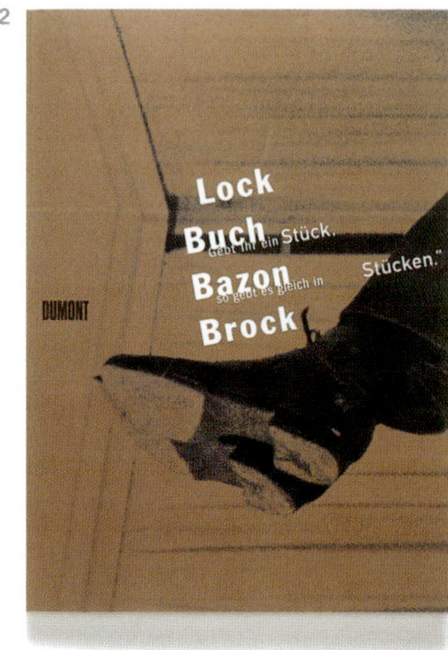

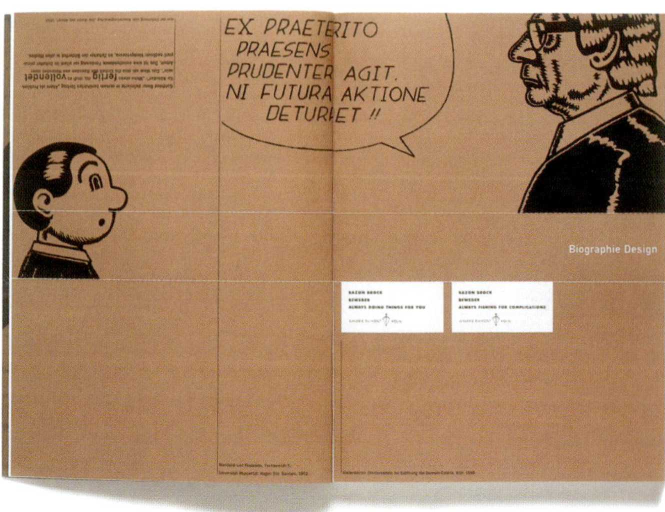

1 Plakat/*Poster* Triptychon: White Noise Wise Voice, Prof. Dr. Ulrich Haltern
Humboldt Universität Berlin 2001.

2 Lock Buch Bazon Brock
Prof. Dr. h. c. Bazon Brock Wuppertal und Dumont Buchverlag Köln 2000.
Mehrfach international ausgezeichnet.

3 Warten 2000: Warten ist unsportlich, doch natürlich. Wende-Doppel-Plakat 2000.

Referenzen/references 2000/2001: Veba Oil & Gas GmbH; Stadtwerke Münster und der ehw verbund; IBA Internationale Bauausstellung Emscherpark; i.L., Dumont Buchverlag Köln; Europa Möbel Großhandels GmbH; Mambo Möbel GmbH Bonn; Unternehmensberatung S. E. Hemmen, Ärztekammer Nordrhein Düsseldorf; Kunstsammlung Nordrhein Westfalen, Kultur & Strategie e.V., Berlin; Kunsthaus Hamburg.
Veröffentlichungen/publications: Annuals ADC New York; ADC Deutschland; TDC New York; »Die 100 besten Plakate des Jahres«; VGD Berlin, 1999-2000; Internationales Jahrbuch Kommunikationsdesign, Design Zentrum Nordrhein Westfalen, Essen 1999; 3rd Biennale of Book Art Martin, Martin in Slovak Republic, 2000; IPT 2000 The 6th international Poster Triennial in Toyama, 2000; neugierig 2, Verlag H. Schmidt, Mainz 2000; PIE Book, Japan 2001; Die Schönsten Bücher Deutschland, Stiftung Buchkunst, Frankfurt am Main 2001 u.a.
Auszeichnungen/awards: red dot award Design Zentrum Nordrhein Westfalen, Essen 2001; Auszeichnung ADC Deutschland 1998, 1999, 2001; Merit Award, ADC New York, 2001; Auszeichnung und Prämie »Die Schönsten Bücher Deutschlands«, Stiftung Buchkunst, Frankfurt/Main, 2001; Ehrendiplom »100 Besten Plakate des Jahres«, VDG Berlin, 2000; Award »19th International Biennale of Graphic Design Brno«, Czech Republic, 2000 u.a.

3

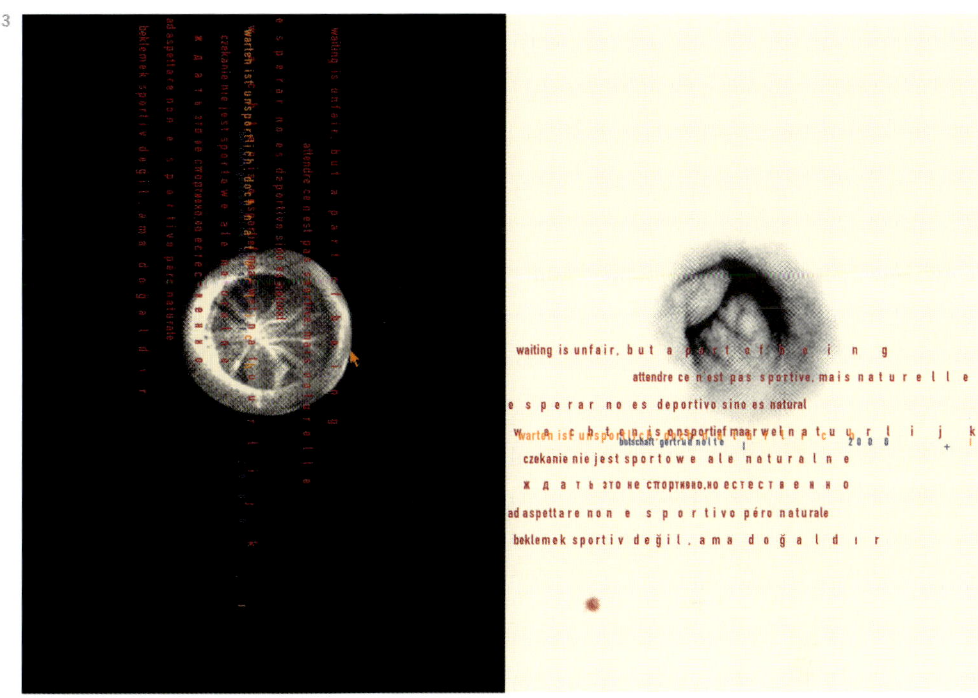

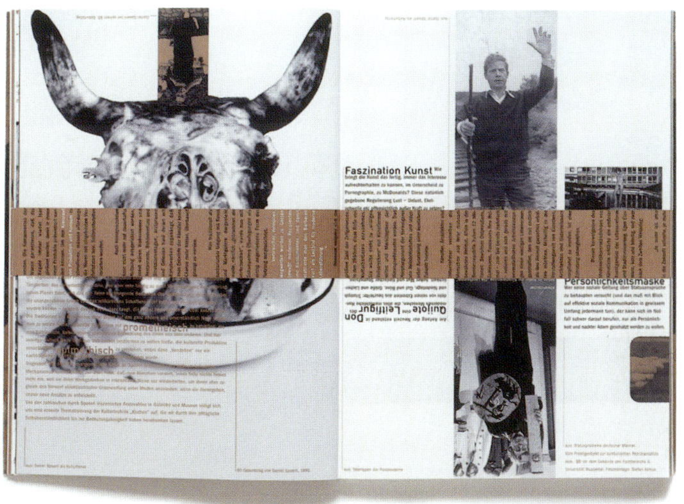

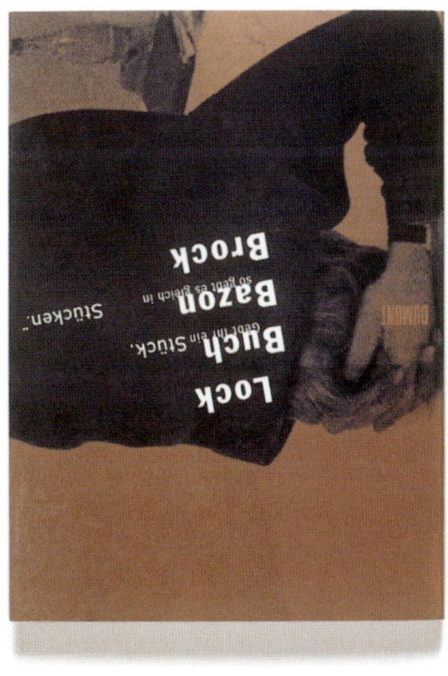

nowakteufelknyrim

Kommunikationsdesign und
Ausstellungsarchitektur GbR (VDG)

Geschäftsführung
Petra Knyrim, Stefan Nowak,
Prof. Philipp Teufel

Lichtstraße 52
40235 Düsseldorf
Telefon +49 (0)211/68 91 11
Telefax +49 (0)211/68 91 12
e-mail mail@grafikbuero.net
internet www.grafikbuero.net

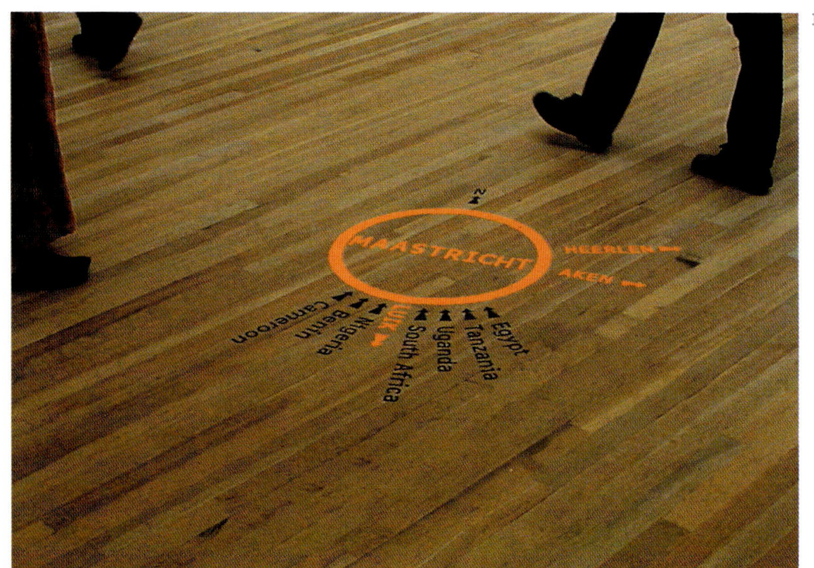

1

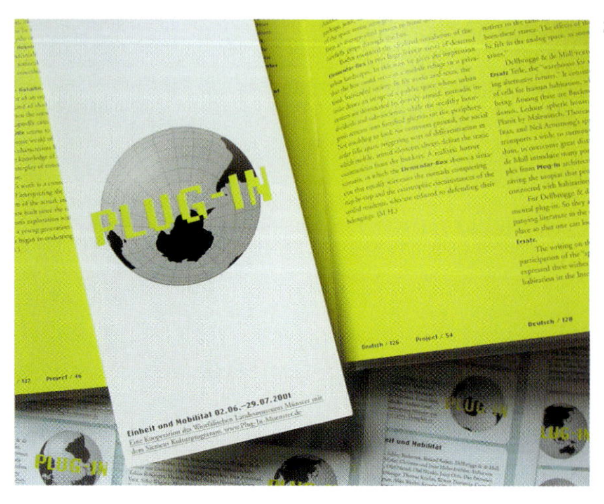

2

1 Continental Shift. A voyage between cultures
Bonnefanten-Museum Maastricht, Ludwig
Forum Aachen/Musée d'Art Moderne Liége
2000.

2 Plug-In. Einheit und Mobilität. Print- und
Onlinemedien/*Plug-In Unit and Mobility.*
Print and online media.
Westfälisches Landesmuseum Münster
Siemens Kulturprogramm 2001.

3 Geldmuseum der Deutschen Bundesbank
Frankfurt, Informationsdesign und Ausstellungsarchitektur Planung und Realisierung.
Money museum, German Federal Bank,
Frankfurt. Information design and exhibition
architecture. Planning and implementation,
1996-1999.

Referenzen/references: Bonnefantenmuseum Maastricht, BASF Ludwigshafen, Design Zentrum NRW, Deutsches Architekturmuseum, Deutsches Filmmuseum, Deutsche Bundesbank, Industriemuseum Chemnitz, Jüdisches Museum Frankfurt, Ludwig Forum für Internationale Kunst Aachen, Modo Verlag Freiburg, Messe Düsseldorf, Siemens Kulturstiftung, Universitätsklinik Essen u.a.
Veröffentlichungen/publications: »Museum-Graphics«, Thames & Hudson London, 1994; »Designausstellungen-Ausstellungsdesign« (Hrsg.), Verlag Lars Müller 1997; »Architektur und Grafik«, Verlag Lars Müller, 1999; »Eins zu Eins«, Positionen zum Ausstellen (Hrsg.), Modo 1999; »Museografie und Ausstellungsgestaltung« (Hrsg.), AV-Edition, 2001.
Auszeichnungen/awards: Award for Typhograhic Excellence, Type Directors Club N.Y. 1992, 1995; Die Hundert Besten Plakate, Ehrendiplom Kulturplakate, VDG Berlin 1995; Deutscher Preis für Kommunikationsdesign, Design Zentrum Nordrhein Westfalen Essen 1996, 1997, 1998, 2000; STD Award, Society of Typographic Design London, 1998; Joseph-Binder-Award Austria, Bronze (2x), Wien, 2000; Die schönsten Bücher 2000, Stiftung Buchkunst Frankfurt 2000; First Prize for Pilon orientation-system, Japan Design Foundation, Osaka 2001; Erster Platz, Realisierungswettbewerb Orientierungssystem für Düsseldorf, 2001 u.a.

3

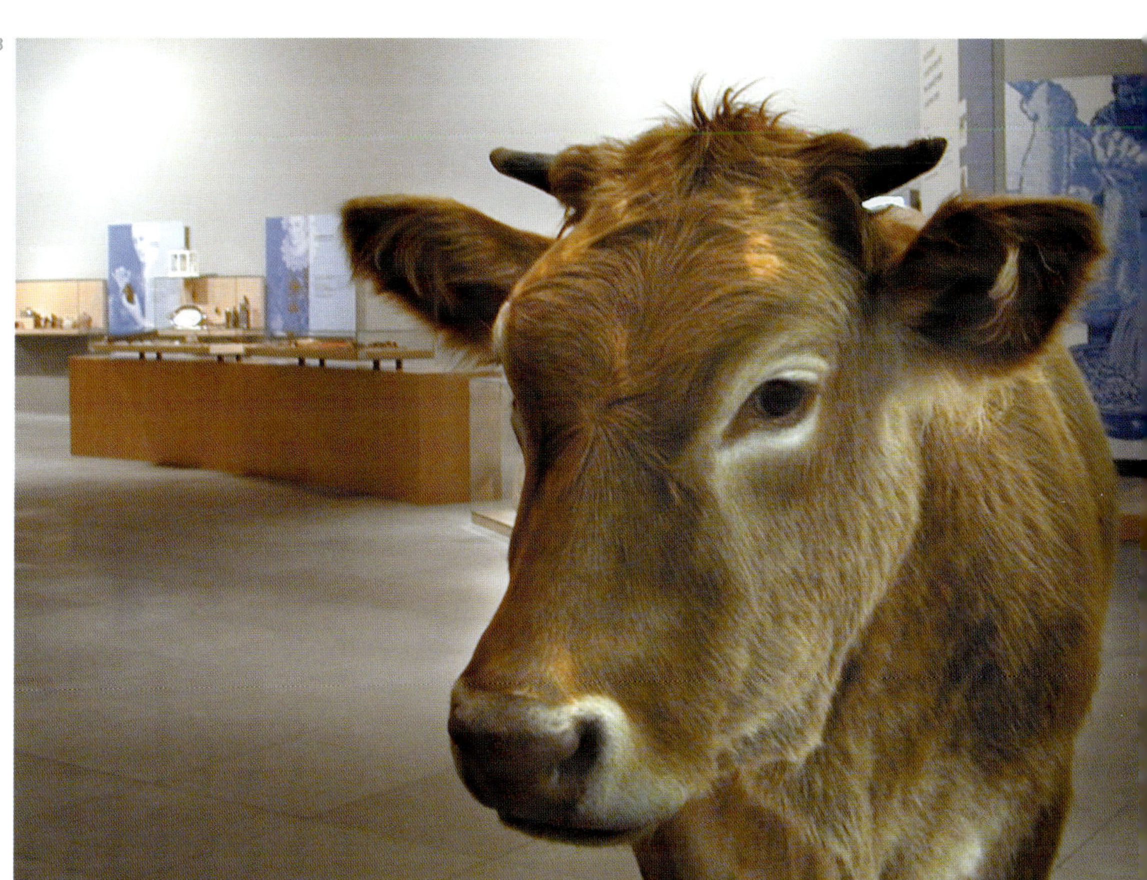

Peter Schmidt Studios GmbH

Geschäftsführung
Peter Schmidt, Norbert Möller

Feldbrunnenstraße 27
20148 Hamburg
Telefon +49(0)40/44 18 04 0
Telefax +49(0)40/44 18 04 70
e-mail info@peter-schmidt-studios.de
internet www.peter-schmidt-studios.de

Die Peter Schmidt Studios sind seit 1972 auf Corporate Design und Verpackungsdesign spezialisiert. Seit Ende 1997 auch auf den Bereich Corporate Architecture. National und international bekannt wurde Peter Schmidt mit dem Jil Sander Logo, das er Ende der 60er Jahre entworfen hat. Für die Arbeit der Designer der Peter Schmidt Studios gilt die Maxime, das Wesentliche zum Ausdruck zu bringen und dauerhaftes und klares Design zu schaffen – immer mit dem Ziel, das Beste zu entwickeln. Da alle Designlösungen intensiv und individuell mit den Kunden erarbeitet werden, gibt es keinen einheitlichen Stil, auf den sich die designerische Leistung der Peter Schmidt Studios festlegen ließe.

Peter Schmidt Studios GmbH has specialised in corporate design and packaging design since 1972. Since the end of 1997 this has been extended to include corporate architecture. Peter Schmidt became known nationally and internationally for the Jil Sander logo which he designed in the late 1960s. The work of the designers at Peter Schmidt Studios is guided by the principle of bringing out what is essential and creating clear, durable design – always with the goal of achieving excellence. As all the design solutions are worked out in the course of intensive consultation with the client, there is no general or uniform style that can be attributed to Peter Schmidt Studios.

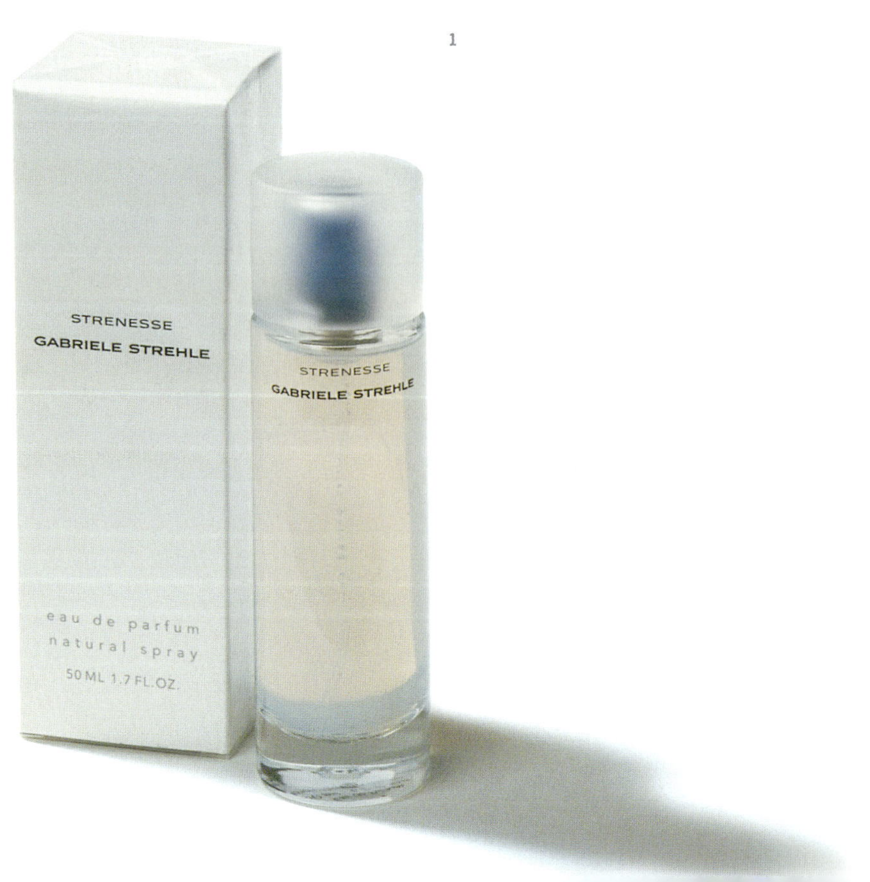

1

Referenzen/references: Vielen der von den Designern der Peter Schmidt Studios gestalteten Verpackungen, Flaschen und Flakons begegnet man im Alltag. Sei es beispielsweise Jacobs-Kaffee, die Apollinaris Flaschen, Beck's Bier, Feodora oder Hachez-Chocolade aus dem Food-Bereich oder die zahlreichen Flakons, wie die der Strenesse, Boss und Laura Biagiotti Düfte aus dem Bereich Kosmetik.
Many of the packages, bottles and flacons designed by Peter Schmidt Studios are familiar to everyone: Jacobs coffee, Apollinaris mineral water, Beck's beer, Feodora and Hachez chocolate in the food line, or in the cosmetics line Strenesse, Boss and Laura Biagiotti fragrances.

Auch Corporate Design ist ein wichtiger Bereich der Peter Schmidt Studios. Zu den Kunden zählen Hugo Boss, Reemtsma und Bertelsmann.
Corporate Design is also an important field for Peter Schmidt Studios. The clients include Hugo Boss, Reemtsma and Bertelsmann.

2

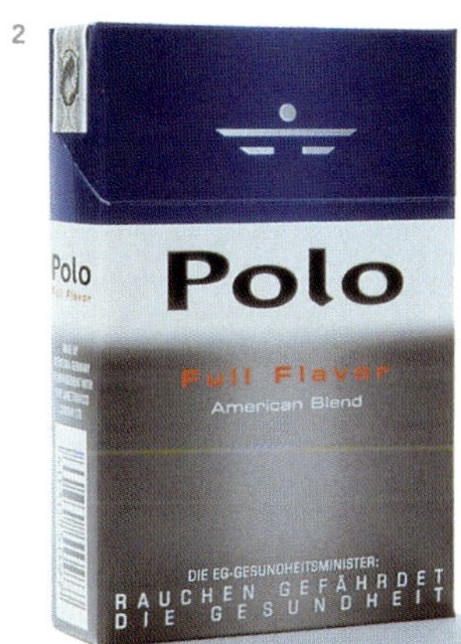

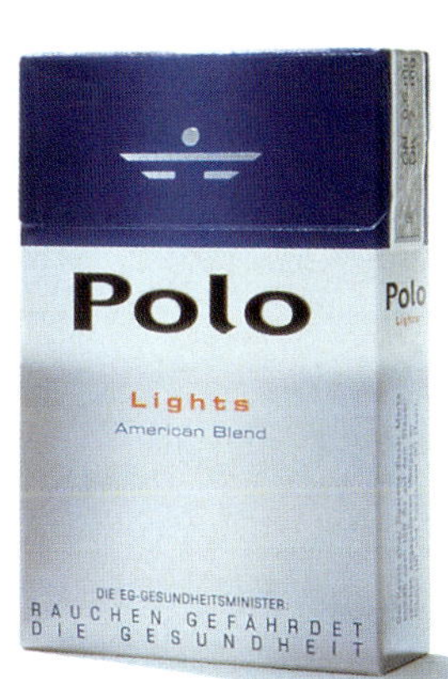

3

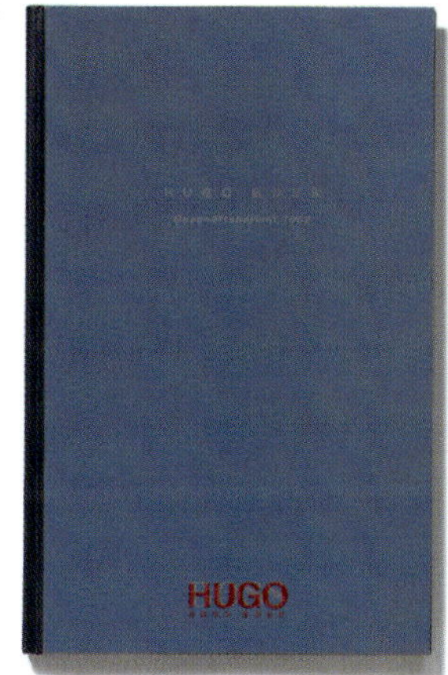

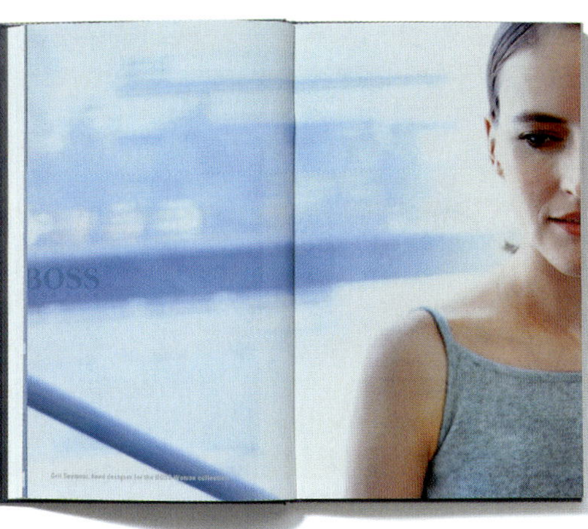

1 Strenesse Gabriele Strehle,
Flakon und Faltschachtel
Flacon and box
Cosmopolitan Cosmetics 2001.

2 Packaging POLO Zigarettenschachtel
Cigarette packet
Reemtsma 2001.

3 Geschäftsbericht 1999/*Annual report 1999*
Hugo Boss AG Metzingen 2000
Auszeichnungen: Deutscher Designer Club 2000,
Berliner Type – die besten Druckschriften 2000.
Awards: Deutscher Designer Club 2000, Berliner Type – best printed products 2000.

QWER

Iris Utikal, Michael Gais

Lindenstraße 82
50674 Köln
Telefon +49 (0)221/3 10 66 10
Telefax +49 (0)221/3 10 66 30
e-mail info@qwer.de
internet www.qwer.de

QWER wurde 1994 von Iris Utikal und Michael Gais in Köln gegründet, um sich den Aufgaben in der visuellen und verbalen Kommunikation zu stellen und neue Impulse zu geben. Die Aufgabengebiete liegen in der Entwicklung und Durchführung von Kommunikationskonzepten für Unternehmen und kulturelle Institutionen. Zum Erreichen einer konsequenten Umsetzung der Designkonzepte werden medienübergreifende und interdisziplinäre Wege verfolgt. Schwerpunkte bilden Corporate Design, Editorial Design, Web Design und Informations Design.

QWER was founded in Cologne by Iris Utikal and Michael Gais in 1994 to handle work in visual and verbal communication and provide a basis for new departures. The main focus is on developing and implementing communication concepts for industry and cultural institutions. Trans-media and interdisciplinary approaches are adopted for consistent and fully evolved implementation of design concepts. Their focus is on corporate design, editorial design, web design and information design.

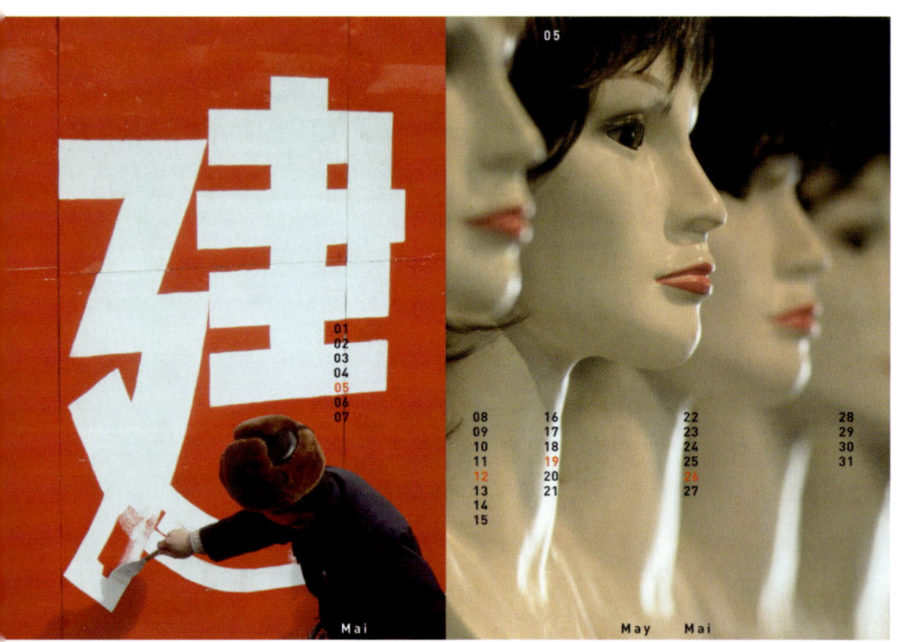

1

1 »Parallelwelten«, Kalender 2002
"Parallel Worlds", calendar 2002
ZANDERS Feinpapiere AG.

2 EXPO 2000 Hannover
Corporate Design, Digital Media
1994-2000.

3 Bruce Nauman,
Ausstellungsplakat/*Exhibition poster*
Stiftung Wilhelm Lehmbruck Museum
Duisburg 2000.

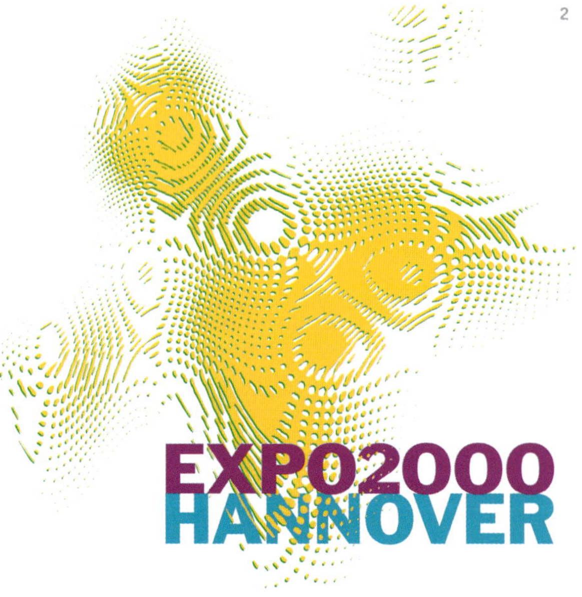

2

Referenzen/references 2001: ZANDERS Feinpapiere AG, Bergisch Gladbach; Stiftung Wilhelm Lehmbruck Museum, Duisburg; Niedersächsische Sparkassenstiftung, Hannover; Stiftung Kulturregion Hannover; Cultural Connections, Utrecht; Stadt Duisburg; Internationale Filmschule Köln; Landschaftsverband Rheinland, Köln; Rheinisches Industriemuseum, Oberhausen.
Auszeichnungen/awards: Merit Award, ADC New York, 2001; ADC Deutschland, 2001; »Beste Arbeit« und »Bemerkenswerte Arbeit«, Designwettbewerb 1999, Deutsches Verpackungsinstitut, Berlin; Pro Carton, Den Haag, 1999; Formularwettbewerb Bundesverband Druck 1996, 1999; Ehrenauszeichnungen, Deutscher Preis für Kommunikationsdesign, Essen 1995, 1996.

3

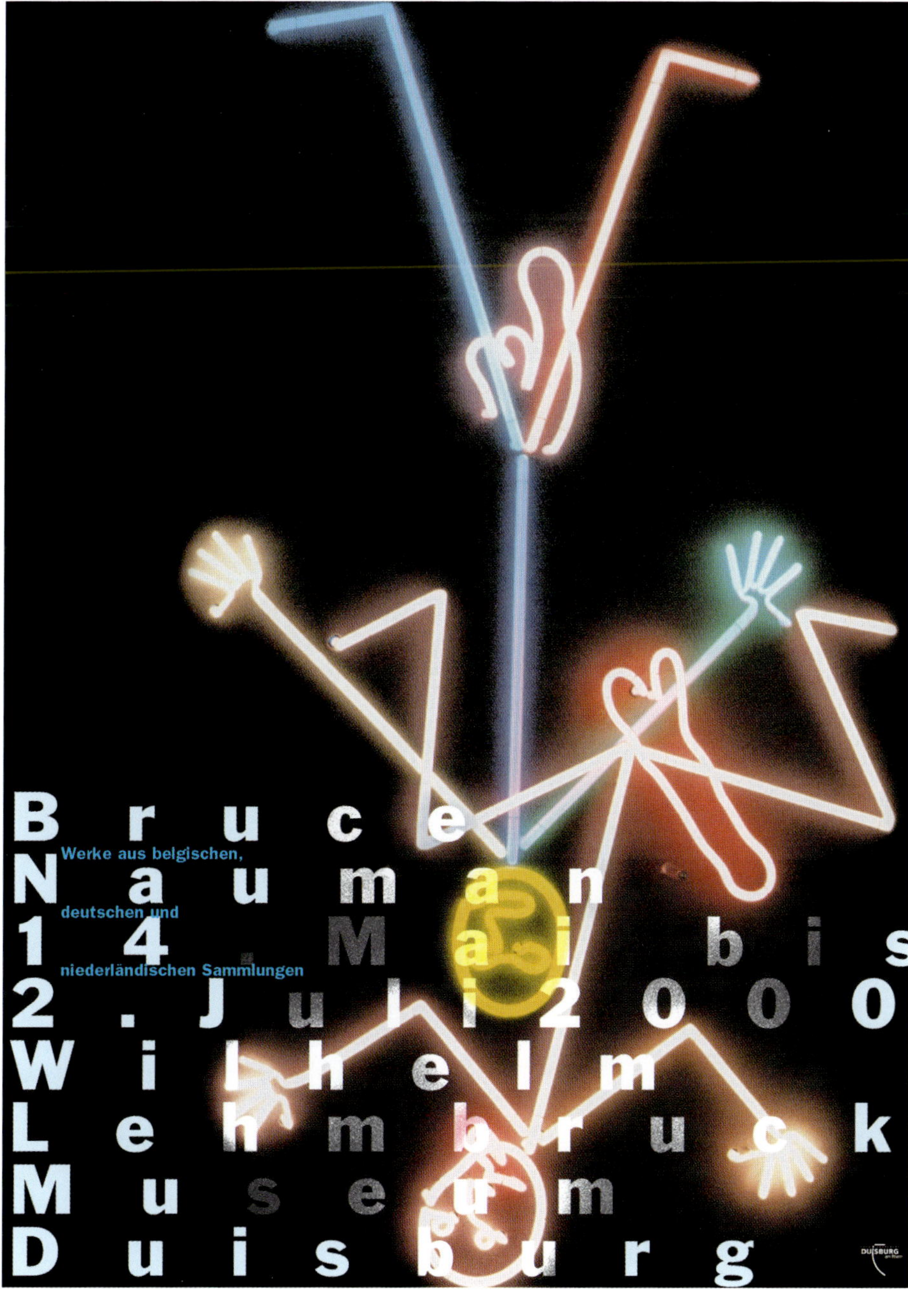

Kurt Ranger Design

Ausstellungsdesign, Grafikdesign, Mediendesign, Produktdesign

Kurt Ranger (VDID)

Stuttgarter Straße 77
70469 Stuttgart
Telefon +49 (0)711/8 17 76 66
Telefax +49 (0)711/8 56 72 12
e-mail contact@ranger-design.com
internet www.ranger-design.com

> Industrial Design S. 174
> Multimedia Design S. 448

Im Team Kurt Ranger Design arbeiten drei Produktdesigner, eine Architektin, fünf Grafikdesigner und ein Mediendesigner an Aufgaben aus den Bereichen Ausstellungsdesign, Grafikdesign, Mediendesign und Produktdesign interdisziplinär zusammen. Strategische Überlegungen, Markenbildung und die Orientierung an den Zielgruppen werden von Anfang an in die Designentwicklungen integriert. Verstärkt wird das Team durch freie Spezialisten für audiovisuelle Produktionen, Text, Fotografie und andere angrenzende Bereiche.

The Kurt Ranger Design team is an interdisciplinary mix of three product designers, an architect, five graphic designers and a media designer working on projects in the fields of exhibition design, graphic design, media design and product design. Strategic considerations, brand building and target group orientation are integrated in design development from the outset. The team is supported by freelance specialists in audio-visual production, copywriting, photography and other related areas.

1

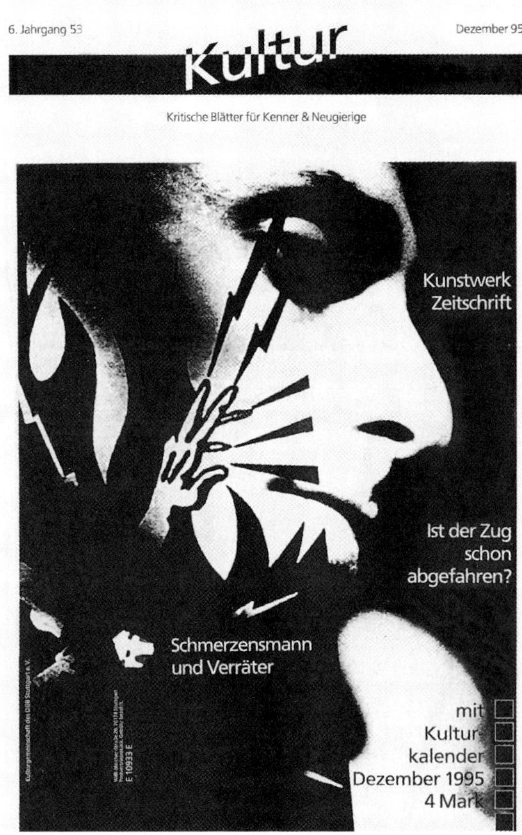

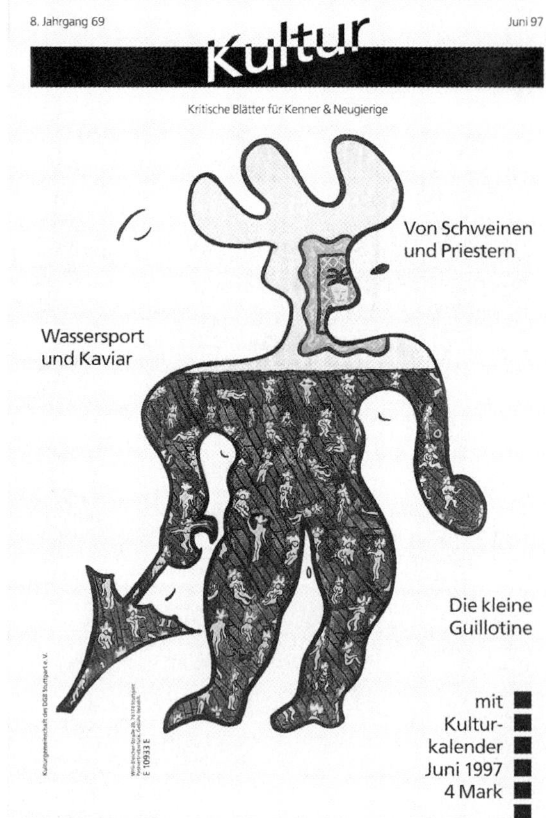

1 Kultur. Kritische Blätter für Kenner und Neugierige, Kulturgemeinschaft.
Kulturgemeinschaft publication: critical notes for initiates and the curious.

2 Corporate Design Kulturgemeinschaft.

Referenzen/references: Badisches Landesmuseum Karlsruhe, Brot für die Welt, DaimlerChrysler AG, Fischer Möbel, Kulturgemeinschaft, Staatliche Kunsthalle Karlsruhe, Team 7 u.a.
Veröffentlichungen/publications: Kurt Ranger beschäftigt sich in zahlreichen Publikationen mit Fragen der Vermittlung von Inhalten, Prozessen und Produkten an Zielgruppen. Dabei bilden der Einsatz von verschiedenen Medien, auf der zweidimensionalen Fläche, im dreidimensionalen Raum und der Einsatz audiovisueller Medien bis hin zu der Vernetzung mit neuen Medien, einen thematischen Schwerpunkt.
In numerous publications Kurt Ranger deals with the communication of content, processes and products to target groups. A major theme is the use of different media on two-dimensional surfaces and in three-dimensional space and the deployment of audio-visual media including its networking with new media.
Auszeichnungen/awards: Bundespreis Gute Form; Deutscher Verpackungsdesign-Preis, Grafikdesign Deutschland; Deutscher Preis für Kommunikationsdesign; Nominierung Museum of the Year Award, Design Center Stuttgart u.a.

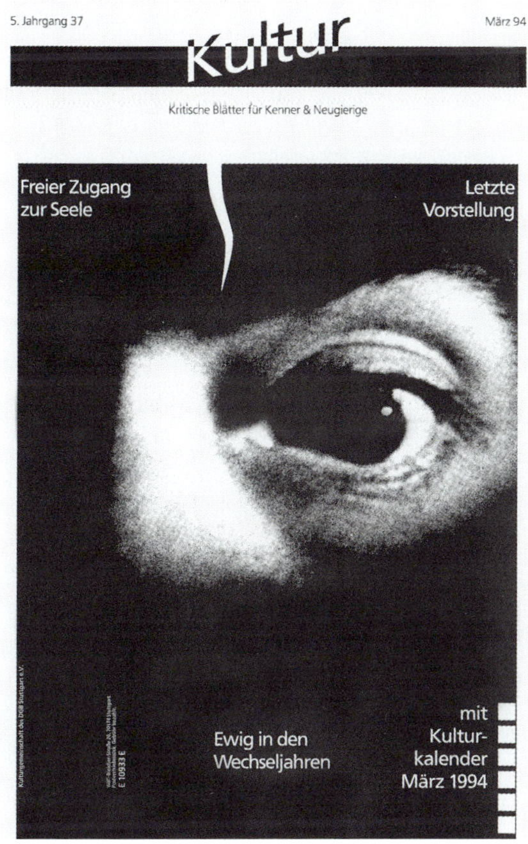

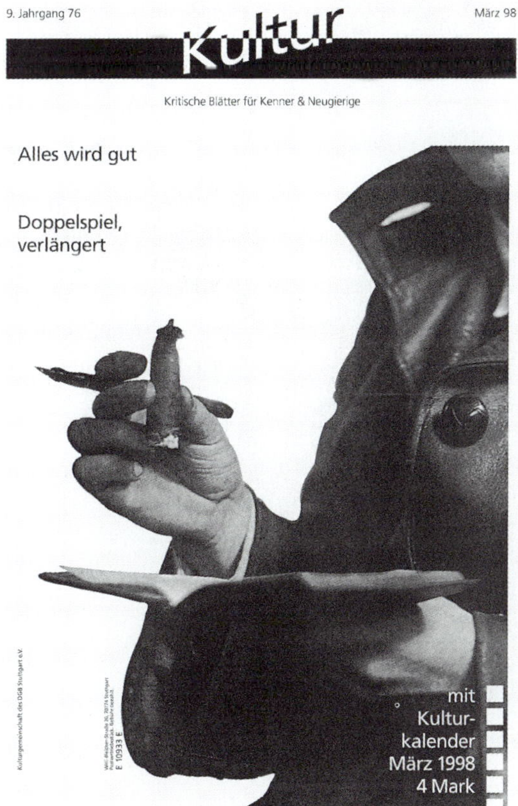

2

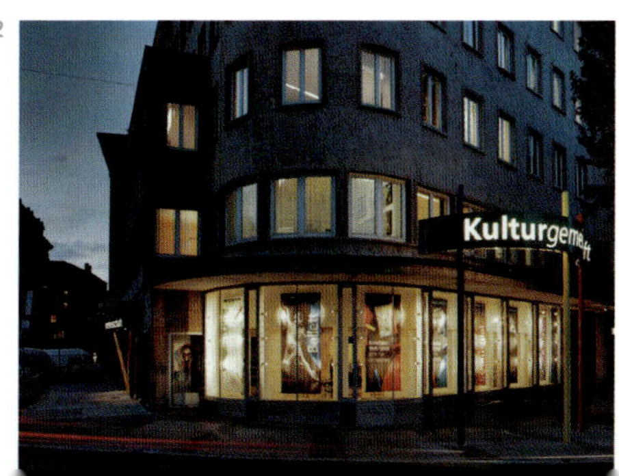

rendel & spitz

Geschäftsführung
Martin Rendel, Dr. René Spitz

Eigelstein 115
50668 Köln
Telefon +49 (0)221/1 39 30 00
Telefax +49 (0)221/1 39 30 01
e-mail post@rendelspitz.de
internet www.rendelspitz.de

Wir konzentrieren uns auf das Wesentliche: das Gewinnen des essentiellen Tröpfchens aus dem Kern einer Marke. Um es anschließend in den Tuben, Dosen und Flakons zu verbreiten, die die Toilette für den öffentlichen Auftritt bereitstellt. Unsere Leistungen: Beratung, Strategie und Umsetzung. Arbeitsschwerpunkte (online/offline): Corporate Design, Werbung, Informationsliteratur, PR und Öffentlichkeitsarbeit. Martin Rendel studierte Produkt Design und gründete 1995 sein Atelier in Hamburg, danach in Paris. Er arbeitete u.a. für L'Oreal, Yves Saint Laurent und Gucci. Dr. René Spitz studierte Germanistik, Kommunikationswissenschaft und Geschichte in München und Köln.

We concentrate on the essence: sublimating the spirit of a brand for distribution in the tubes, pots and flacons that are the toiletries for grooming a public image. Our services are consulting, strategy and implementation. The main focus (online/offline) is on corporate design, advertising, information literature and PR. Martin Rendel studied product design. He has had a studio in Hamburg since 1995 and subsequently in Paris. Dr. René Spitz studied German language and literature, communication science and history in Munich and Cologne and has publications on the history of design to his credit.

132, rue la fayette
F-75010 Paris
Telefon +33 (0)148 24 25 00
Telefax +33 (0)148 24 26 00

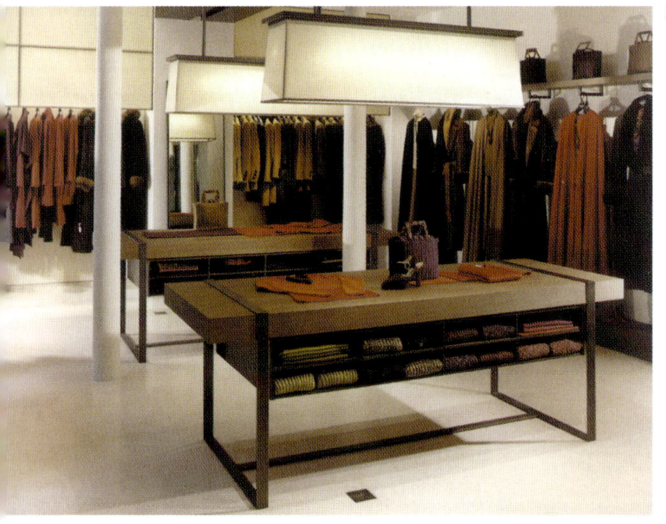

1 Präsentation der Winterkollektion »rive gauche« für die Presse, Paris
Press presentation of the winter collection "rive gauche" in Paris
Yves Saint Laurent 1999-2000.

2 Gucci Merchandising-Konzept
Gucci merchandising concept
Parfums Envy und Rush 1999.

3 Markenentwicklung und visuelles Erscheinungsbild
Brand development and visual image
Selftrade 2000.

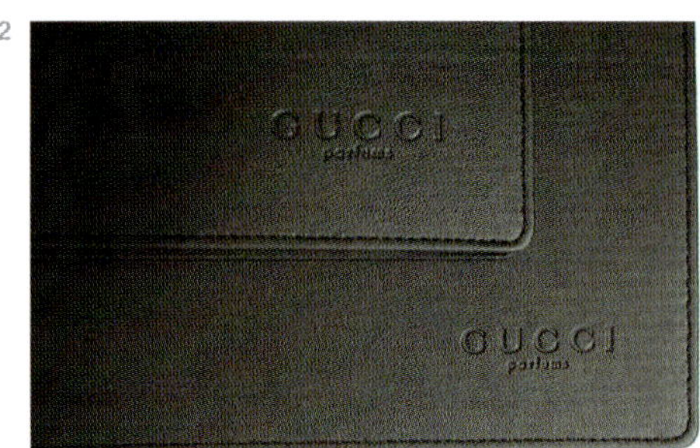

Veröffentlichungen/publications: abitare 4/2001; agd quartal 2/2001; ait 3/2001; axis 5-6/2001; intramuros 4-5/2001; md 3/2001; wohnrevue 5/2001; »mut zur lücke/daring the gap«, edition axel menges, Stuttgart 2001.
Auszeichnungen/awards: red dot award, Design Zentrum Nordrhein Westfalen, Essen 2001, red dot award, best of the best 2001; 1991 erhielt Dr. René Spitz den Roten Punkt für Hohe Designqualität des Design Zentrums Nordrhein Westfalen in Essen.

3

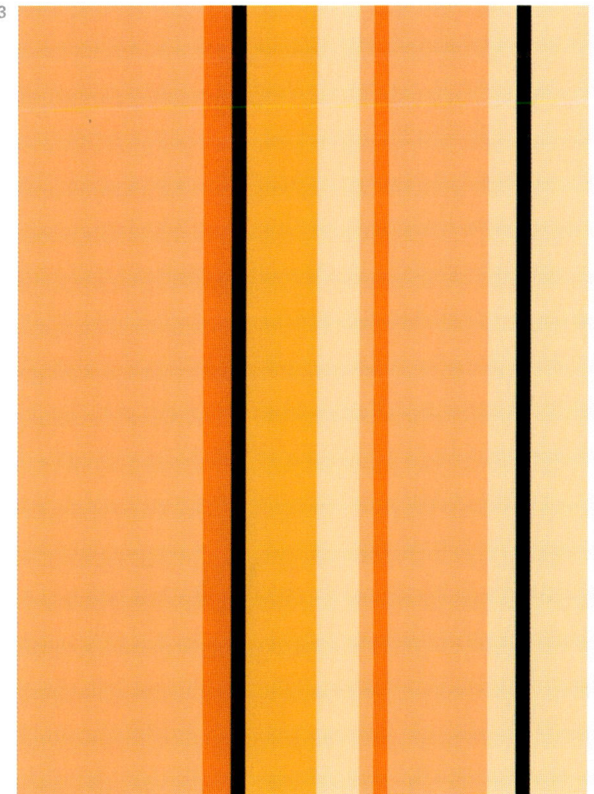

SELFTRADE

Rocholl Projects

Designagentur (Print Video Web)

Feldstraße 10
65183 Wiesbaden
Telefon +49 (0)611/9 01 89 22
Telefax +49 (0)611/9 01 89 23
e-mail rocholl@rocholl-projects.de
internet www.rocholl-projects.de

Rocholl Projects arbeitet seit Ende 1999 als Designagentur im Bereich Print, Video und Websolutions. Schwerpunkt sind hochwertige Printobjekte (Broschüren, Kataloge), CI Entwicklungen, Neuinszenieren bzw. Redesigns von Marken. Idee ist »Outstanding Design« als strategisches Tool und Differentiator zu nutzen, speziell bei Imagemodifikationen oder in unüberschaubaren Märkten. Durch die Vermeidung konventioneller oder naheliegender Lösungen, helfen wir einen besonderen »Company Spirit« zu transportieren. Uns interessieren Wege in die Zukunft für unsere Kunden: Zukunftskompatibilität, Klarheit und Prägnanz anstelle von Austauschbarkeit und Überkomplexität.

Rocholl Projects is a design agency working since 1999 in the field of print, video and web solutions. The main focus is on high-quality print objects (brochures and catalogues), CI development and brand redesign. The idea is to use outstanding design as a strategic tool and distinguishing element, especially in image modifications markets lacking clear definition. By avoiding conventional or obvious solutions we help put across a particular company spirit. What interests us is ways into the future for our clients: forward-looking clarity and succinctness rather than excessive complexity and standard patterns.

1

vividprojects™

1 Corporate Design
vividprojects 2001.

2 Produktkatalog
Product catalogue
Möller Design 2001.

3 Corporate Folder
Kearney Projects 1999.

4 On Journal
Epson 1999.

Referenzen/references: Audi AG, Aral, Commerzbank AG, Epson, Guhl Ikebana, Margaret Astor, Neckermann Versand AG, DBV Winterthur, Deutsche Lufthansa AG, Procter&Gamble, Toyota Europe, Price Waterhouse Coopers, Beta Systems AG.
Veröffentlichungen/publications: »Identitätsarbeit«, Novum 1/2001; Neugierig 1, Verlag Hermann Schmidt Mainz.

2

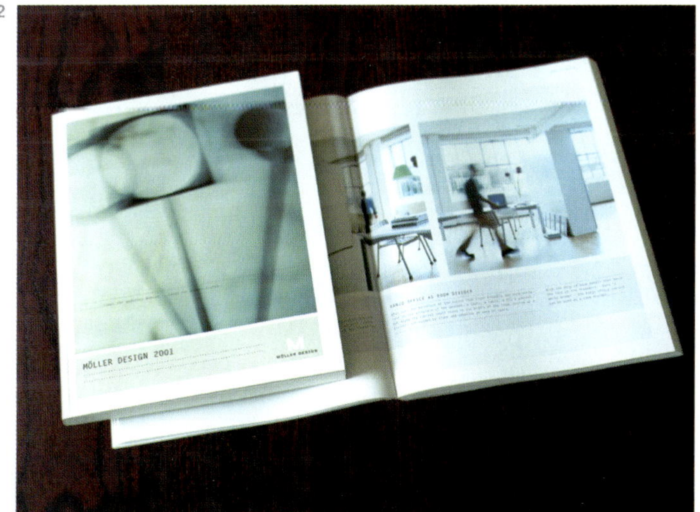

3

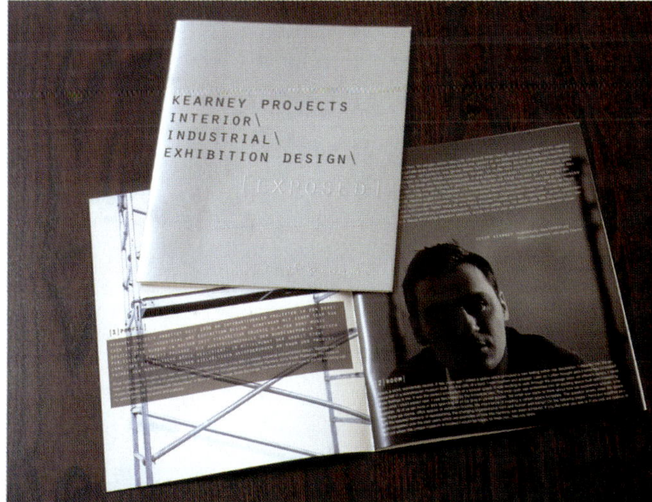

4

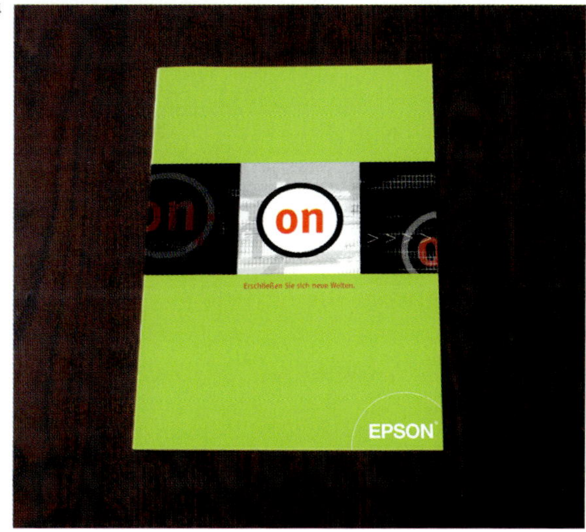

büro schels für gestaltung

Dipl. Des. (FH)
Christina Schels (AGD)

Thalkirchner Straße 210
81371 München
Telefon +49 (0)89/74 79 12 21
Telefax +49 (0)89/74 79 12 22
e-mail info@bueroschels.de
internet www.bueroschels.de

Das büro schels für gestaltung wurde 1997 gegründet und steht seitdem für fundierte Konzeption, fachliche Kompetenz und hohe Qualität. Als aufstrebendes Design- und Multimedia-Unternehmen integriert es die Gestaltung und Umsetzung von Erscheinungsbildern, Printprodukten, Web-Auftritten sowie Leit- und Orientierungssystemen. Geschäftsführerin Christina Schels, die u. a. bereits als Dozentin für Typographie an der FH Anhalt in Dessau tätig war, legt besonderen Wert auf Corporate Identity, umfassende Projektbetreuung und enge persönliche Zusammenarbeit mit den Auftraggebern.

Established in 1997, büro schels für gestaltung stands for well thought out concepts, professionalism and high quality. As an up-and-coming design and multi-media business, it integrates the design and implementation of images, print products, websites and guidance and orientation systems. Having already lectured in typography at the Fachhochschule Anhalt in Dessau, Christina Schels places especial emphasis on corporate identity, a comprehensive approach to projects and close personal collaboration with clients.

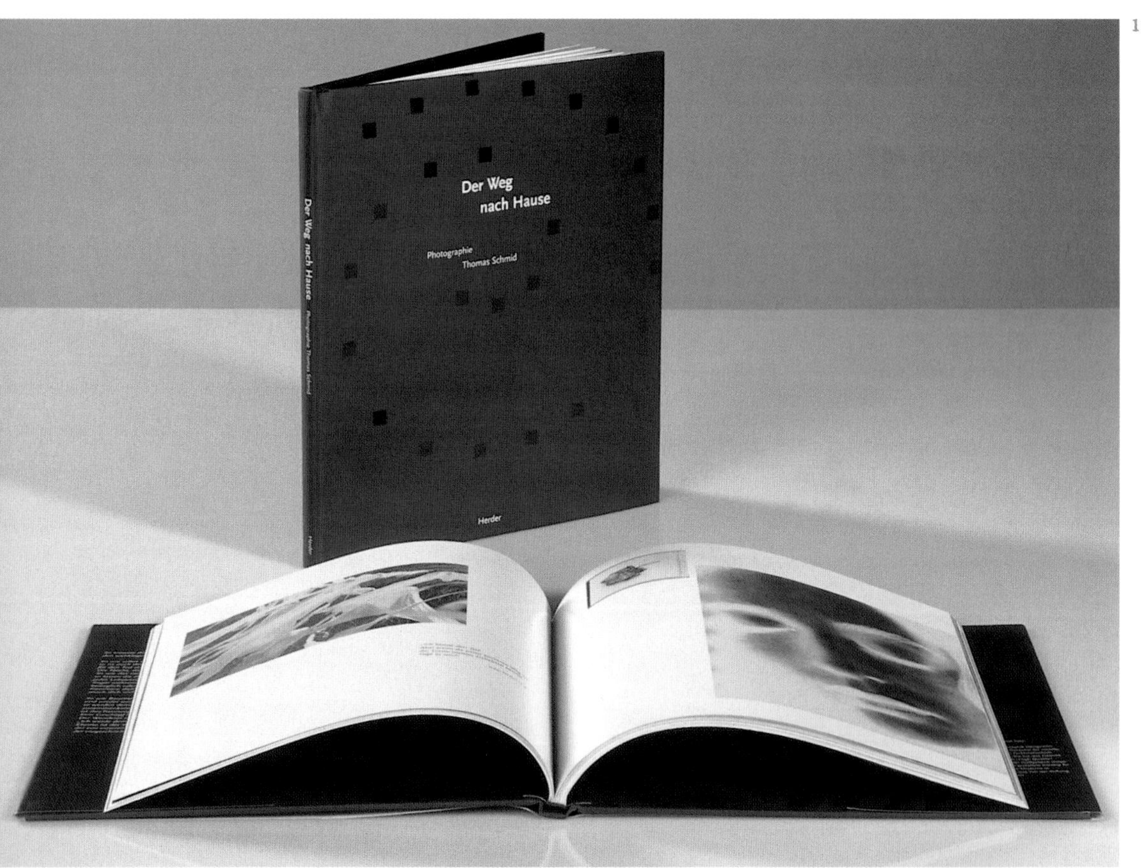

1

»Wir haben einen ganz einfachen Geschmack, immer nur das Beste« (Frei nach Oscar Wilde).
"We have very simple tastes, nothing but the best" (freely adapted from Oscar Wilde).

Referenzen/references: Allianz Versicherungs-AG, ESPE Dental AG, Herder Verlag, INeTV AG – Internet Television Technologies, Siemens AG, Stadt Kufstein, Vereinte Versicherung AG, Via Imperialis – Burgen, Schlösser, Stifte Österreichs, Polyglott Verlag.

3
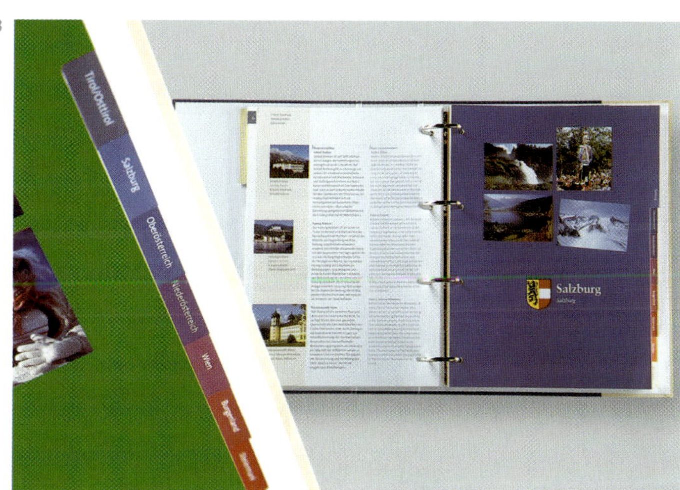

2
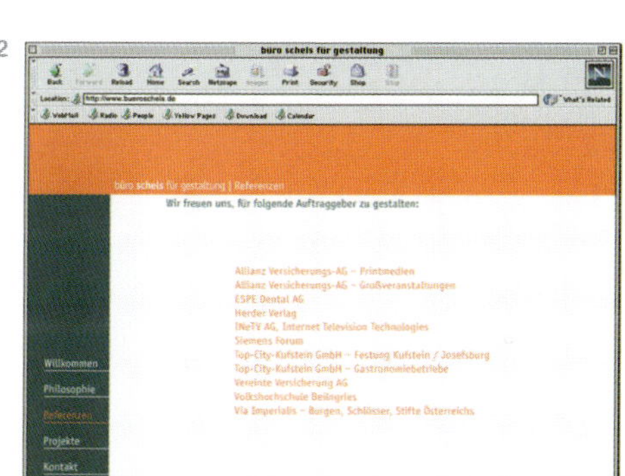

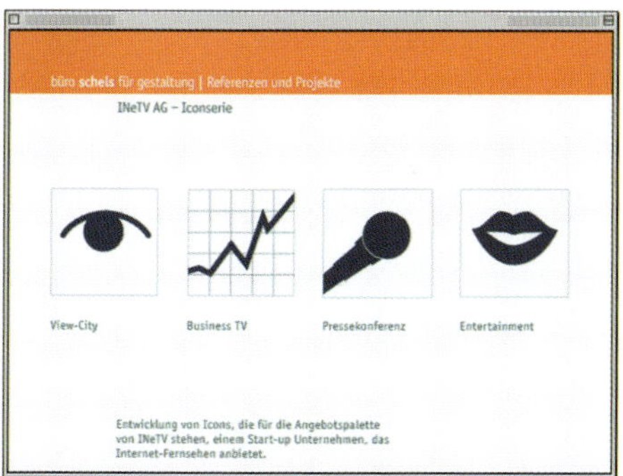

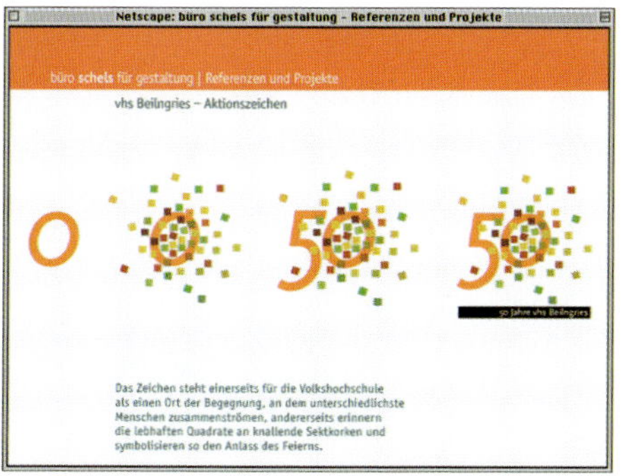

1 Buchkonzept und Gestaltung für den Fotografen Thomas Schmid, 1998.
Book concept and design for photographer: Thomas Schmid, 1998.

2 Web-Design/*Website design*
büro schels für gestaltung 2000.

3 Sales Manual zur Vermarktung des österreichischen Kulturgutes. Via Imperialis – Burgen, Schlösser, Stifte Österreichs 1998
Hauptpreis für zielgruppengerechte Gestaltung auf der RDA 2000 in Köln.
Sales manual for marketing Austrian cultural heritage "Via Imperialis – Castles, Stately Homes and Monasteries of Austria", 1998.
Major award for target group oriented design at the RDA 2000 in Cologne.

schmitz Visuelle Kommunikation

Prof. Hans Günter Schmitz

Zur Waldesruh 45
42329 Wuppertal
Telefon +49 (0)202/3 71 63 0
Telefax +49 (0)202/30 04 89
e-mail e-mail@hgschmitz.de
internet www.hgschmitz.de

schmitz Visuelle Kommunikation, 1980 gegründet von Hans Günter Schmitz, berät Unternehmen und Institutionen in den Bereichen Corporate Identity, Kommunikation und Informationsdesign.
Hans Günter Schmitz lehrt seit 1995 an der Bergischen Universität Wuppertal als Professor für Visuelle Kommunikation.

Established by Hans Günter Schmitz in 1980, schmitz Visuelle Kommunikation provides consulting services to industry and institutions in the fields of corporate identity, communication and information design. Hans Günter Schmitz has held a professorship in visual communication at the University of Wuppertal since 1995.

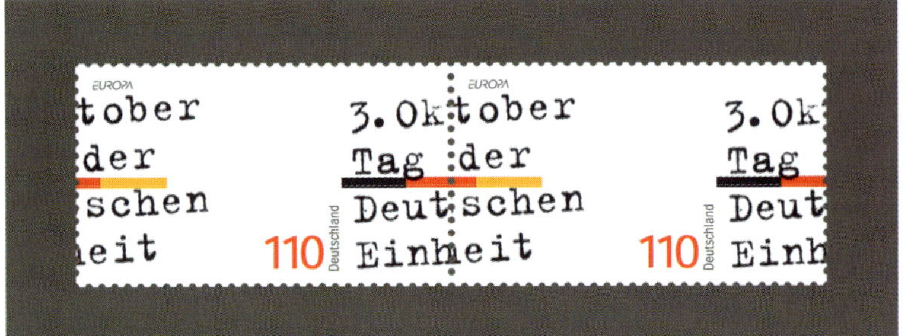

1

1 Sonderpostwertzeichen
Special postage stamps
»3. Oktober-Tag der Deutschen Einheit«
Bundesminsterium der Finanzen, 1998.
(Entwurf)

2 Markenblock/*Stamp pad* »Für die Gesundheit«
Bundesminsterium der Finanzen, 2001.

3 Sonderpostwertzeichen
Special postage stamps
»Wasser-Reichtum der Natur«
Bundesminsterium der Finanzen, 2001.

Referenzen/references: ABB, BASF, Hoechst, Knirps, Gira, Bundesministerium der Finanzen, Ford, Stadt Wuppertal.
Auszeichnungen/awards: Ehrenpreis für Corporate Design und Designmanagement des Landes Nordrhein-Westfalen, Deutscher Preis für Ökologie-Kommunikation, 1. Preis für Öffentlichkeitsarbeit im Bereich Umweltschutz des Landes Nordrhein-Westfalen, Type Directors Club New York, Art Directors Club Deutschland, Deutscher Kommunikationsverband, Art Directors Club New York, British Design & Art-Direction.

3

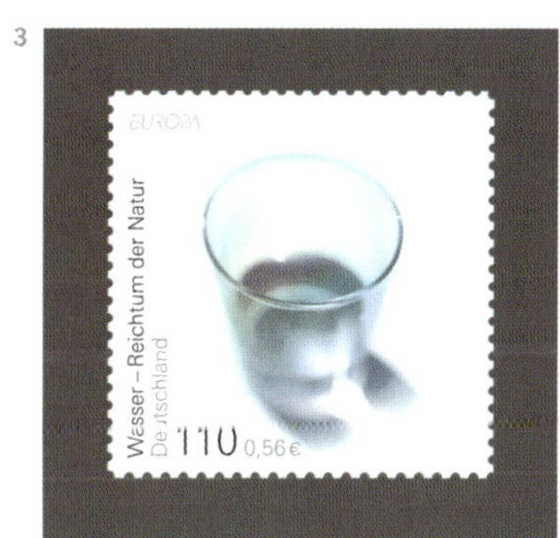

2

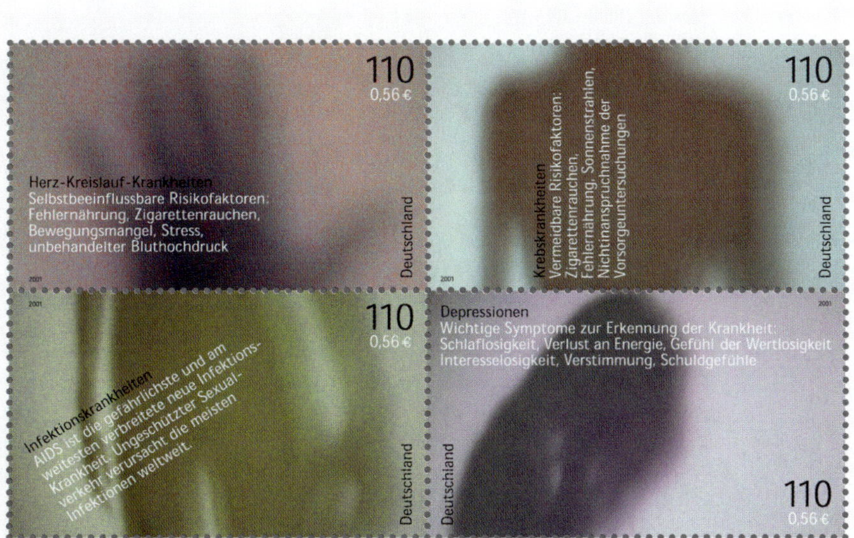

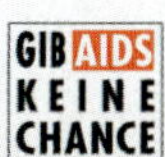

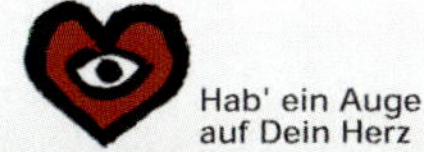

Für die Gesundheit

strichpunkt

agentur für
visuelle kommunikation gmbh

Schönleinstraße 8a
70184 Stuttgart
Telefon +49 (0)711/62 03 27 0
Telefax +49 (0)711/62 03 27 10
e-mail grafik@strichpunkt-design.de
internet www.strichpunkt-design.de

Mit 15 Mitarbeitern konzentriert sich strichpunkt auf strategische Kommunikationsberatung und visuelle Kommunikation vor allem in den Bereichen Corporate Design, Imagemedien und Finanzmarktmedien. Den Agenturgründern Kirsten Dietz und Jochen Rädeker (Mitglieder im TDC New York) sind dabei hochwertige Typografie und sensible grafische Lösungen besonders wichtig. Freiräume für ungewöhnliche Ansätze auch bei zunächst klar definierten Aufgaben und vor allem Spaß an der Arbeit sind wesentliche Kriterien für die strichpunkt-Projekte – genauso wie die enge Verzahnung von Beratung, Konzeption, Gestaltung und Produktion.

With a staff of 15 strichpunkt concentrates on strategic communication consulting and visual communication, particularly in the fields of corporate design, image media and financial market media. The co-founders of the agency, Kirsten Dietz and Jochen Rädeker (members of the TDC in New York), place especial emphasis on high-quality typography and sensitive graphics solutions. Basic criteria in strichpunkt projects are freedom for unusual approaches even when goals are initially clearly defined and the fun of working things out – just as much as a close intermesh of consulting, concept development, design and production.

Sommerstraße 36
81543 München
Telefon +49 (0)89/62 44 75 0
Telefax +49 (0)89/62 44 75 10

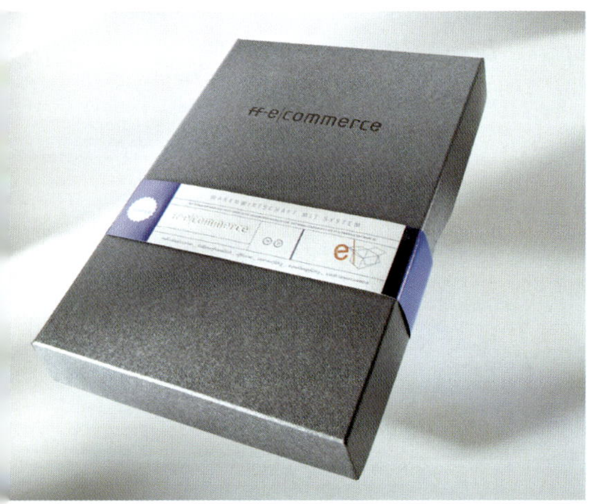

1

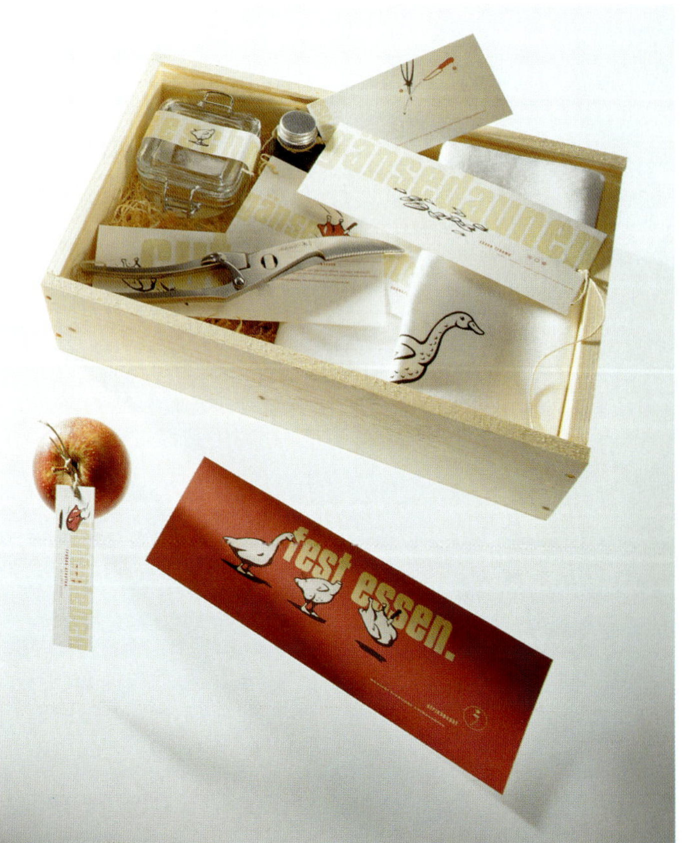

2

Referenzen/references 2001: Berlinwasser Holding, BrainLAB, Cancom IT Systeme, Cenit, ff-eCommerce, GFN, schlott sebaldus, USU, Victoria Weine, 4mbo international Electronic, Weingut Fürst Löwenstein u. a.
Veröffentlichungen/publications: »strichpunkt, ausrufezeichen«, novum 06/2001; »edel verpflichtet«, PAGE 04/2001; »Der alljährliche Spagat zwischen Pflicht und Kür«, wörkshop 12/2000; »Die Verpackungskünstler«, red dot 07/2001 u. a.
Auszeichnungen/awards 2000/01: Type Directors Club New York; Art Directors Club Deutschland (3x); Art Directors Club of New York; World Calendar Award; Berliner Type (7x); Deutscher Preis für Kommunikationsdesign; red dot award (3x); capital »Der beste Geschäftsbericht«; manager magazin »Die besten Geschäftsberichte«: Ausstellung »Die hundert besten deutschen Geschäftsberichte« (6x).

3

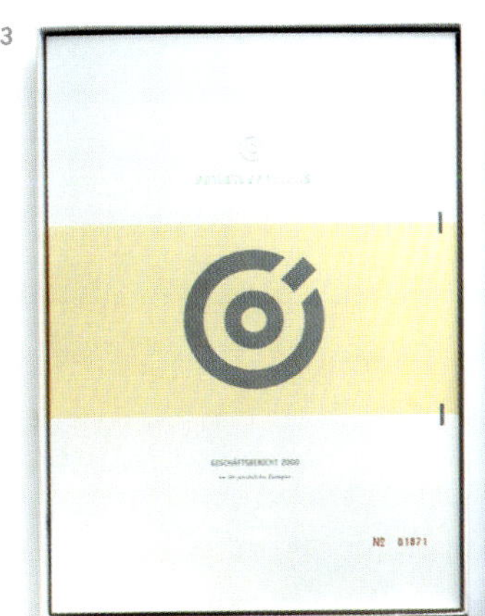

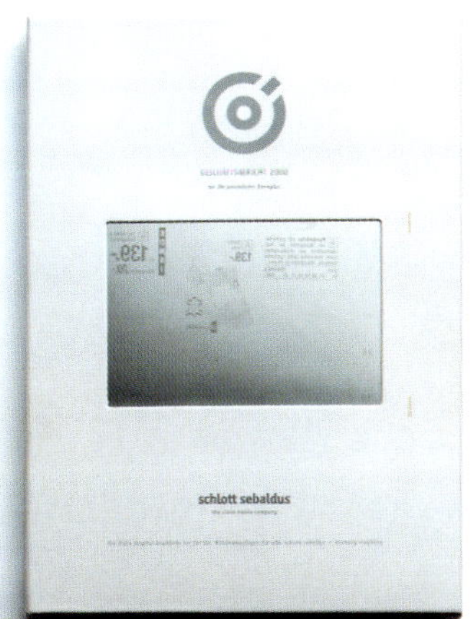

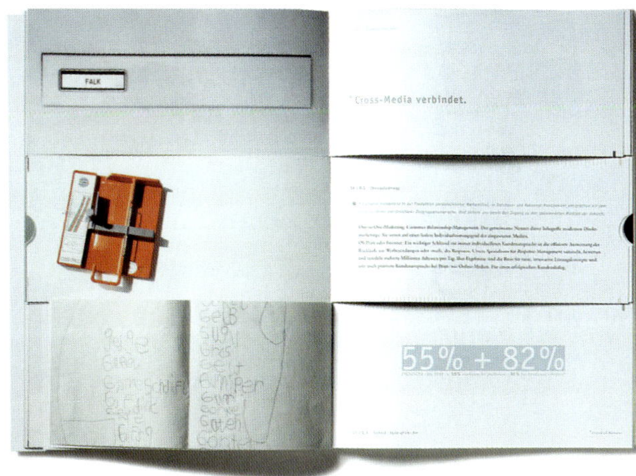

4

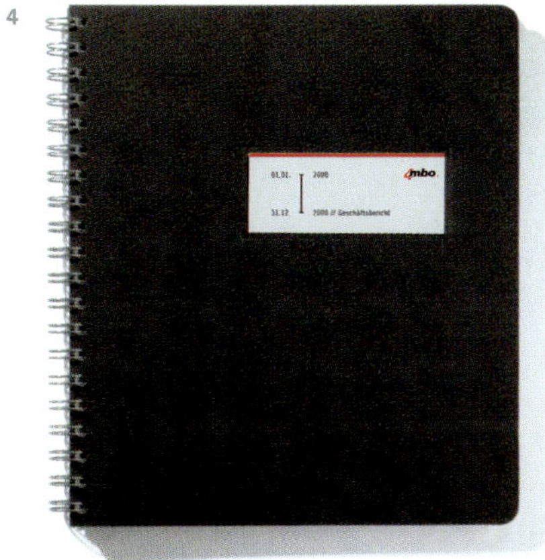

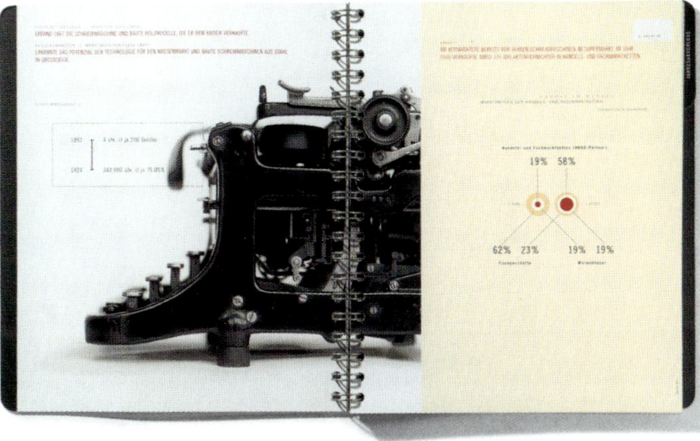

1 Verpackung für das Warenwirtschaftssystem ff-eCommerce.
Packaging for ff-eCommerce.

2 fest essen
Eine Weihnachtsaussendung zum Thema Gänsebraten.
A Christmas feature on roast goose.

3 vielfach individuell
Geschäftsbericht/*Annual report*
schlott sebaldus AG 2000.

4 Geschäftsbericht/*Annual report*
4MBO AG »Marge in Masse« 2000.

Büro Uebele

Visuelle Kommunikation

Paulusstraße 18
70197 Stuttgart
Telefon +49 (0)711/63 99 00
Telefax +49 (0)711/63 99 03
e-mail uebele@uebele.com
internet www.uebele.com

Andreas Uebele, studierte Architektur und Städtebau an der Universität Stuttgart und Freie Grafik an der Kunstakademie Stuttgart. Seit 1985 hat er ein eigenes Büro für Visuelle Kommunikation in Stuttgart, seit 1998 ist er Professor für Kommunikationsdesign an der FH Düsseldorf. Das Büro Uebele Visuelle Kommunikation wurde 1986 gegründet und arbeitet in allen Bereichen der visuellen Kommunikation. In kleinen Teams arbeiten Kommunikationsdesigner, Medieningenieure und Architekten. Schwerpunkte sind Erscheinungsbild, Informations- und Orientierungssystem, Unternehmenskommunikation, Messe und Ausstellung.

Andreas Uebele studied architecture and town planning at the University of Stuttgart and graphic art at the Kunstakademie in Stuttgart. He started his own visual communication office in Stuttgart in 1985 and has been a professor of communication design at the Fachhochschule in Düsseldorf since 1998. Büro Uebele Visuelle Kommunikation was established in 1986 and works in all areas of visual communication. Communication designers, media engineers and architects work in small teams. The main focus is on image, information and orientation system, corporate communication, trade fair and exhibition.

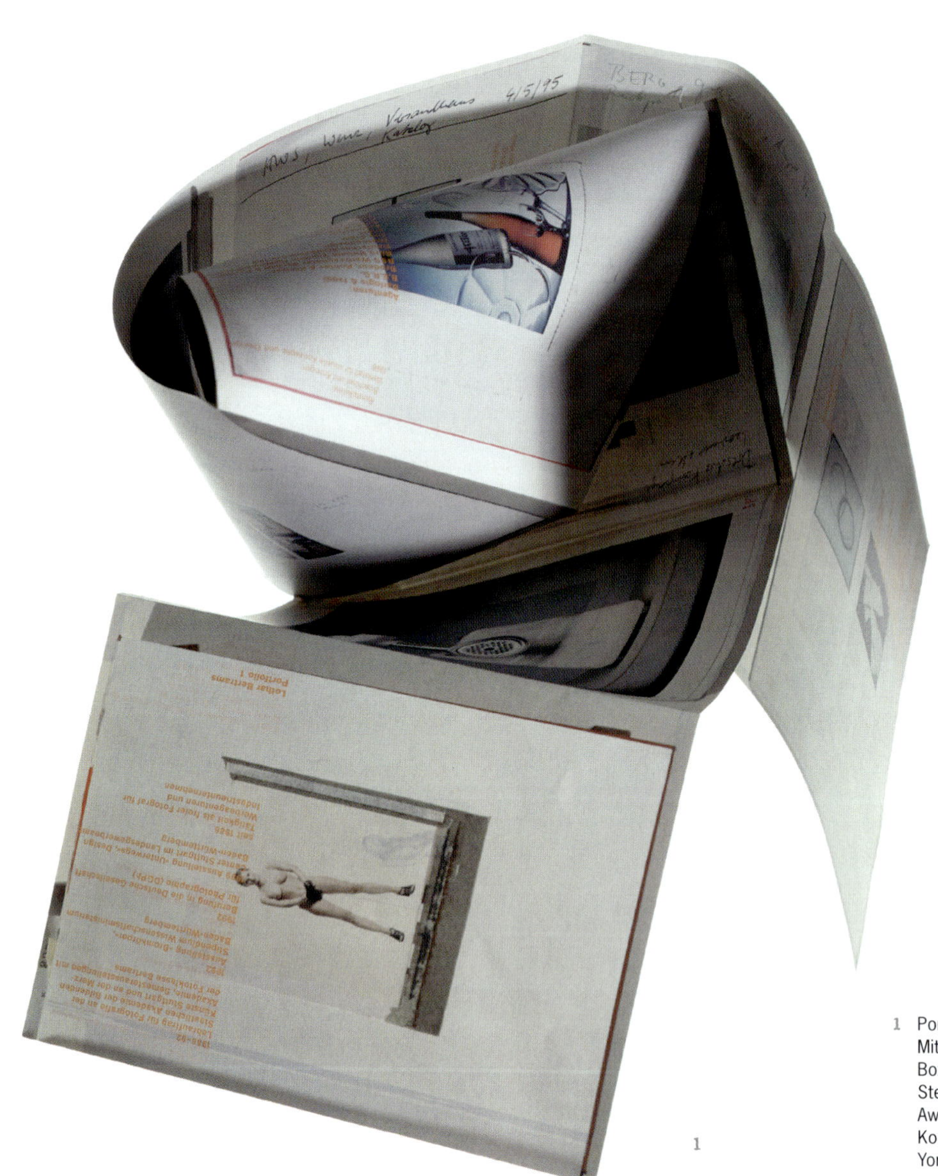

1

1 Portfolio 1, Lothar Bertrams Mitarbeit/*Assistance* Susanne Fritsch, Jutta Boxheimer. ADC 2000 Auszeichnung, 2001 Step by Step Graphics' 100, Joseph Binder Award in Bronze 2000, Dt. Preis für Kommunikationsdesign 1999, TDC New York 2000.

2 Orientierungssystem/*Signagesystem* Parseval-Schule Bitterfeld. Projektleitung/*Projektmanagement* Markus Fischer Mitarbeit/*Assistance* Burkhard Wittemeier, Imke Plinta. red dot award 2001.

3 Messestand/*Trade fair stand* Burkert fluid-control systems Hannover Messe. Agentur/*Agency* Axel Schirle Architekt/*Architect* Diane Ziegler Architekten Mitarbeit/*Assistance* Matthias Herzogenrath, Margit Saxler.

Referenzen/references: BDA Bund Deutscher Architekten; Behnisch & Partner; Freie Architekten; DaimlerChrysler AG; Deutschordensmuseum Bad Mergentheim; Deutsche Post AG; Eternit AG; Expo 2000 Sachsen-Anhalt GmbH; Hypovereinsbank; Jim Jarmusch (Regisseur); Ernst Klett Verlag; Landesbank Baden-Württemberg; Landesversicherungsanstalt Schwaben; Walter Knoll; M + W Zander Jenoptik; Oberfinanzdirektion Stuttgart; Porsche Design, Müller & Meirer Lederwaren u. a.
Veröffentlichungen/publications: »Andreas Uebele, Schrift im Raum«, Werkmonografie, Verlag Hermann Schmidt, Mainz 2000 u.a.
Auszeichnungen/awards: Silber Medaille Kategorie Grafik-Design, Art Directors Club Deutschland, Frankfurt/Main 2001; Höchste Designqualität red dot award: communication Design, Design Zentrum Nordrhein Westfalen, Essen 2001, Hohe Designqualität 1997, 1998 (6x), 1999 (4x), 2000, 2001 (2x); Award for typografic excellence, Type Directors Club New York, 1999 (2x), 2000; Joseph Binder Award, Designaustria, Wien 2000, Bronze Kategorie Kommunikations-Design 2000, Kategorie Editions-Design 2000, Kategorie Informations-Design 2000 u.a.

3
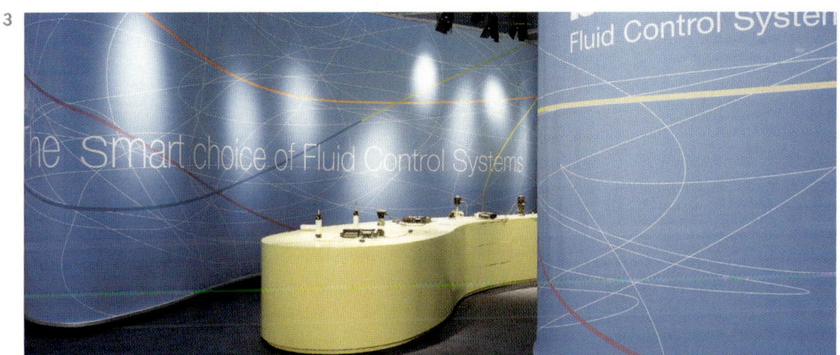

2
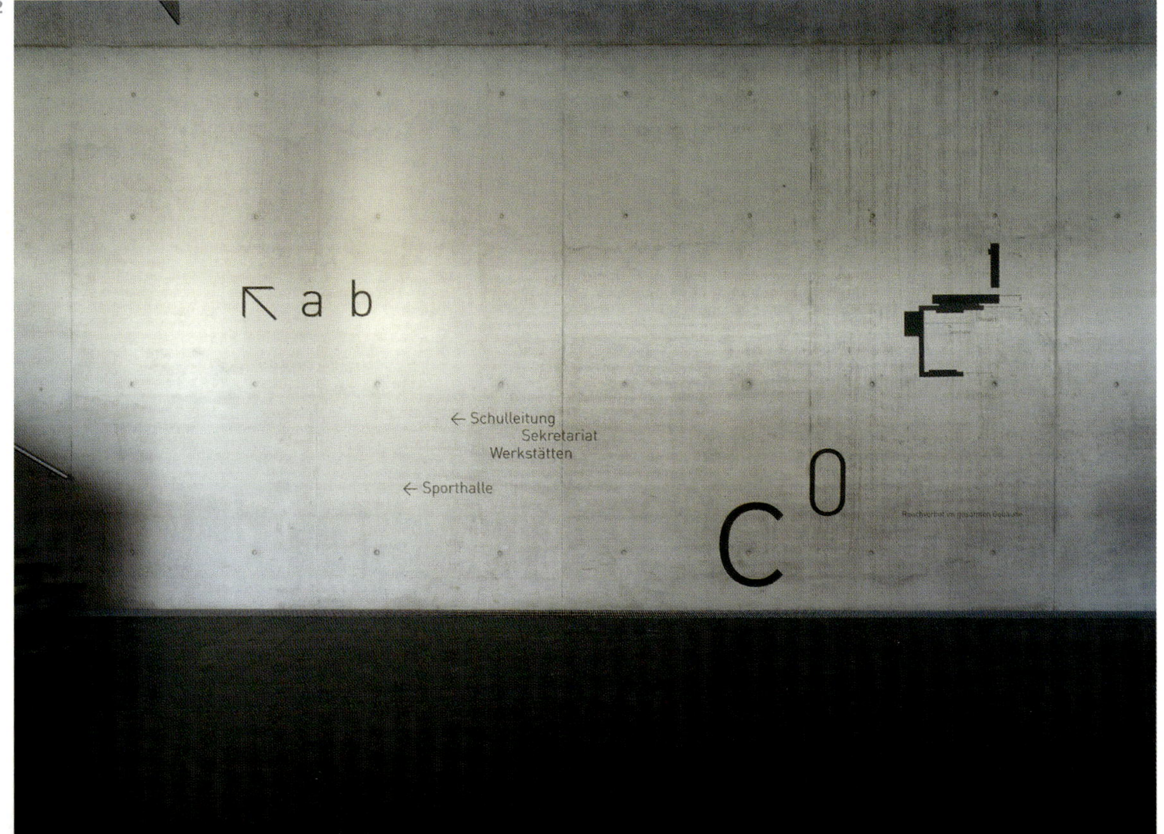

U9 visuelle Allianz GmbH

Fichtestraße 15a
63071 Offenbach am Main
Telefon +49 (0)69/85 70 34 60
Telefax +49 (0)69/85 70 34 61
e-mail u9@u9.net
internet www.u9.net

Klar, strukturiert, gerade aus — U9 steht für konzeptionell fundiertes, eigenständiges Design. Stärken einer Marke oder eines Unternehmens werden herausgearbeitet und prägnant artikuliert. Seit 1997 arbeiten Andreas Gnass (26) und Brita Wiesbach (29) gemeinsam an Design-Projekten, 2000 gründeten sie die U9 visuelle Allianz GmbH. U9 ist medienübergreifend tätig, entwickelt Corporate-Designs, Kampagnen und Ausstellungen. Wortcargo ist als Geschäftsbereich für Text und Namen in das Unternehmen integriert und sorgt für Schlagzeilen.

Clear, structured, straightforward – U9 represents conceptually solid, independent design. Challenged to seek out and concisely articulate the strengths within a trademark or enterprise. Brita Wiesbach (29) and Andreas Gnass (26) have been working together on design projects since 1997. In the year 2000, U9 visuelle Allianz GmbH was established. U9 is media diverse, developing corporate design, campaigns and exhibitions. Wortcargo, responsible for text and names, is integrated within the company creating headlines.

Architektenkammer Hessen 1

Architektenkammer Hessen
ACS-Organisation

Akademie der
Architektenkammer Hessen
QM Beratung

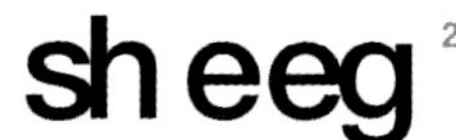

2

TO/\/\ T 3

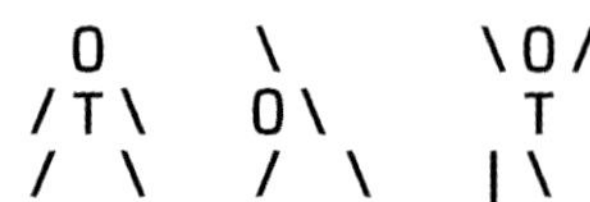

1 Logosystem »Architektenkammer Hessen«
Logo system "Chamber of Architecture of the State of Hessen"
1999/2000.

2 »sheeg« Logo 1999.

3 »TOM T«
Logo und Schrift-Figuren
Logo and font figures
2000.

4 Anschlag auf Wäscheleinen, diverse Kunden
Diverse clients, lined up and posted
1997-2001.

Auftraggeber/clients: ACS – Fachmesse für Computersysteme im Bauwesen; Architektenkammer Hessen; DSM – Deutsche Städte Medien; Fachhochschule Darmstadt; Hessisches Ministerium des Innern; Hessisches Sozialministerium; Institut Mathildenhöhe, Darmstadt; KPMG; Lufthansa Cargo; Megahertz TV; Neufrankfurt (vormals HWL Design); Schader-Stiftung; Stadt Darmstadt; Technische Universität Darmstadt; Tomorrow Technologies; WIKA; Wilfer Kontrabaß.
Veröffentlichungen/publications: TM Typografische Monatsblätter, Gewerkschaft Druck und Papier Schweiz, Zürich 1998: Andreas Gnass »bewegte Helvetica, Lärmhelvetica«; Madame, Magazinpresse Verlag, München, »Trendguide 1999«.
Auszeichnungen/awards: 1. Preis ACS-Plakatwettbewerb; VGD, die 100 besten Plakate 1999; VGD, die 100 besten Plakate 2000.

4

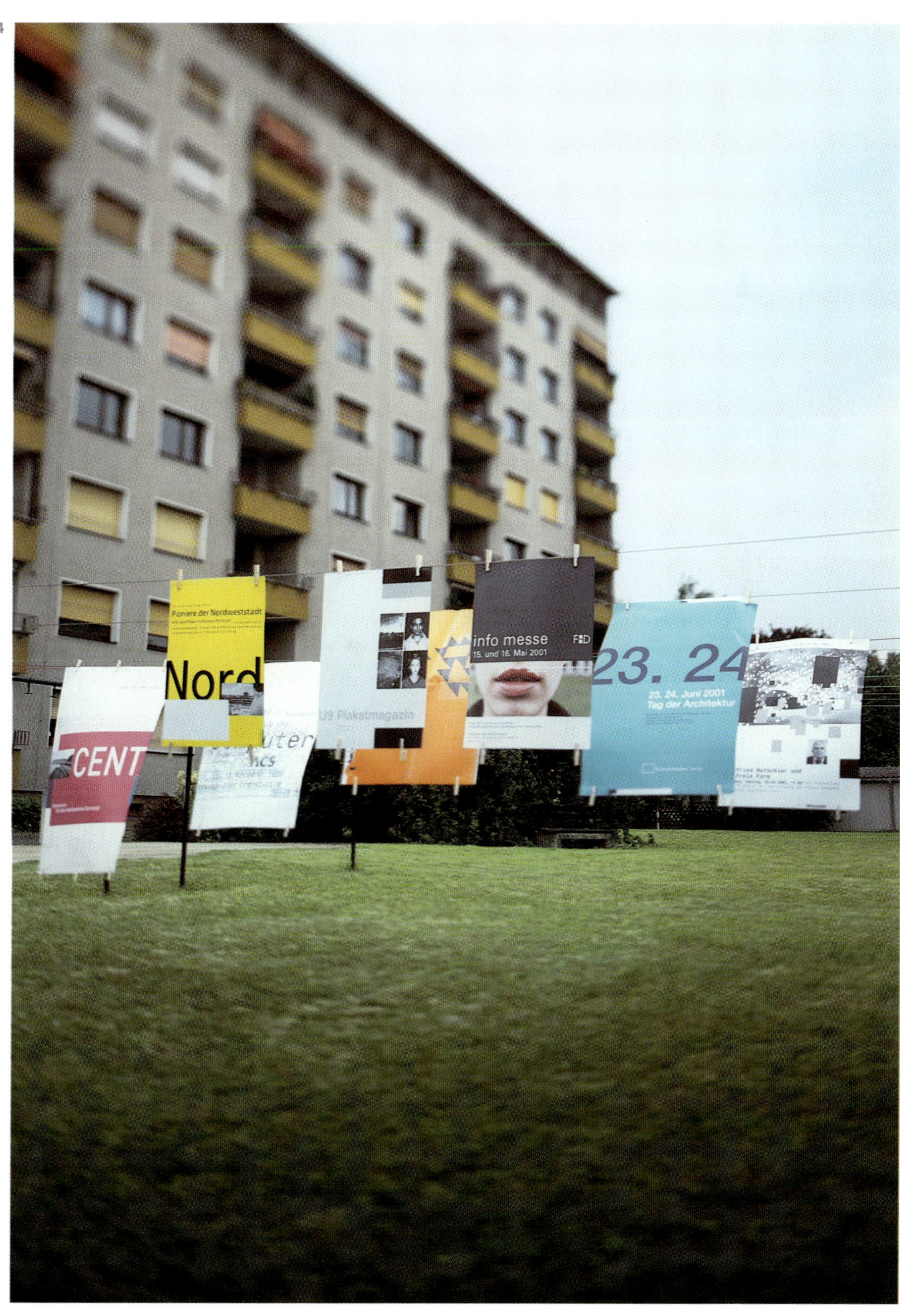

Vistapark® GmbH

Viehhofstraße 119/125
42117 Wuppertal
Telefon +49 (0)202/2 42 75 00
Telefax +49 (0)202/2 42 75 61
e-mail info@vistapark.de
internet www.vistapark.de

> Industrial Design S. 206
> Multimedia Design S. 454

Vistapark – mit Sitz in Wuppertal in der VillaMedia – hat sich seit 1997 zu einem vernetzten Unternehmen mit einzigartigem Profil entwickelt. Denn die Kernkompetenz von Vistapark ist es, dynamische Unternehmen, Marken und Produkte durch konvergente Dienstleistungen aus den Feldern Kommunikation, Produktdesign und NewMedia erfolgreich zu bewegen. Besonderen Wert wird dabei auf die konzeptionelle Eingliederung der klassischen Unternehmensbereiche Marketing, Entwicklung und Vertrieb gelegt. Im Geschäftsfeld »communication« leistet Vistapark von der strategischen Beratung über die Ideenfindung bis zur Realisation ganzheitlicher Kommunikationskonzepte einen umfassenden Fullservice.

Vistapark – located at the VillaMedia in Wuppertal – has developed since 1997 into a networked company with a unique profile. For the core competency of Vistapark is to get dynamic enterprises, brands and products moving with convergent services from the fields of communication, product design and new media. Especial value is attached to the conceptual integration of the classical corporate areas of marketing, development and sales. In the communication sector, Vistapark provides a comprehensive full service from strategic consulting through idea generation up to the implementation of holistic communication concepts.

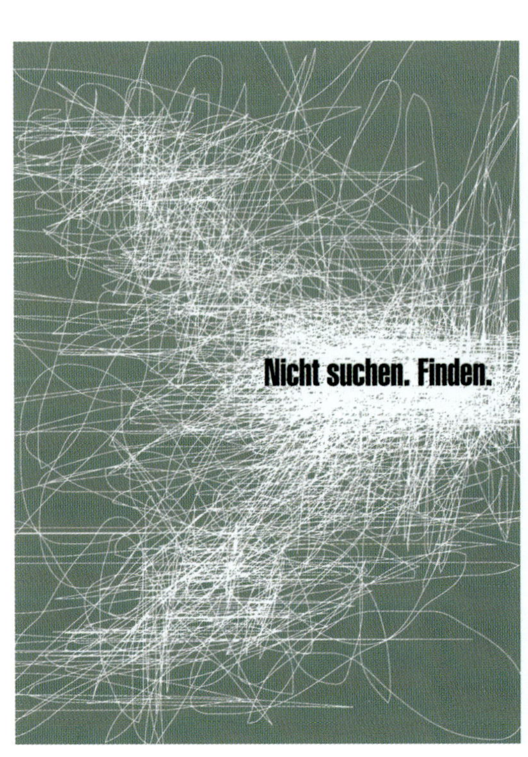

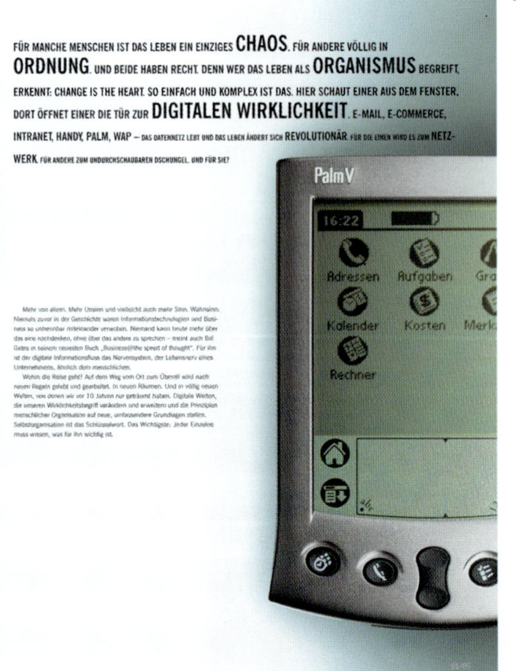

1

Referenzen/references: ABUS, Assima, BEKO, Bergische Sonne, Deichmann (i.A. Heuser), Desoto Sports, D.La Porte, Dinger's Gartencenter, Dirak, DURABLE, Du Pont, E.O.S., Gebr. Richartz, Killtec, Lederer, LuBeRo, North-Sails Mistral Sportsgroup; P. F. Freund & Cie, Plastcontrol, PUKY, Schröder, Standard-Metallwerke, TeleBeL, Tele-Pizza, VDO-Kienzle, Verkehrsverbund Rhein Ruhr, Werner Works.
Veröffentlichungen/publications: »Vistapark-Mobility«, Office Design 08/2000; »Orgatec 2000«, BIT-Bürowelt im Trend 10/2000 u. 11/2000; Der Kontakter 10/2000; New Business 10/2000; VDI nachrichten 10/2000; Orgatec Journal 10/2000; Mensch & Büro 01/2001.
Auszeichnungen/awards: Hohe Designqualität Design Zentrum Nordrhein Westfalen Essen 1990 (Comforce), 1993 (Gribbit), 2000 (Babyracer), 2001 red dot award (Dreirad Joker); 1. Platz European Bicycle Design Contest (Crusader); 1. Platz Hoesch Design Award, iF Product Design Award Industrie Forum Design Hannover 1998 (2x, Sherpa), 1999 iF Product Design Award (Ergo Cut); Focus Mobility, Internationaler Designpreis (proGression comp), Design Center Stuttgart 2001.

2

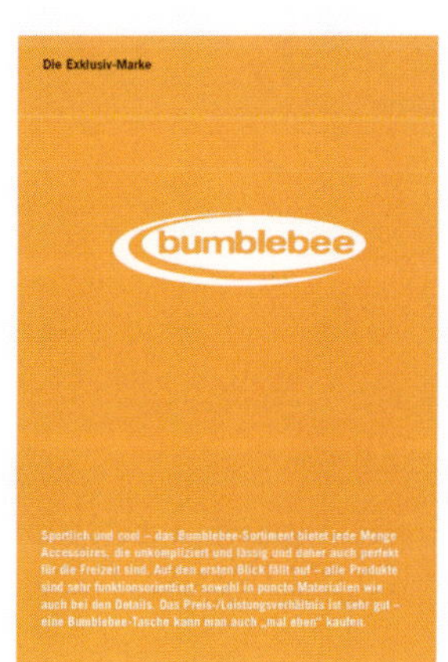

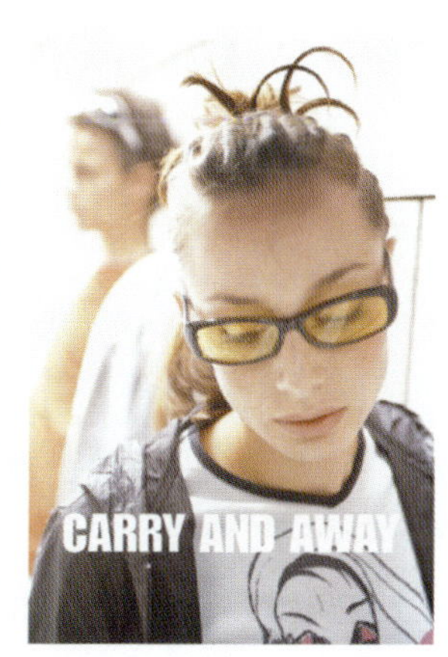

3

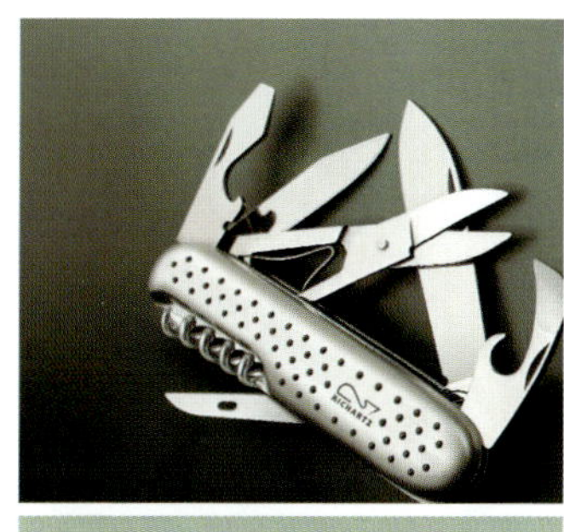

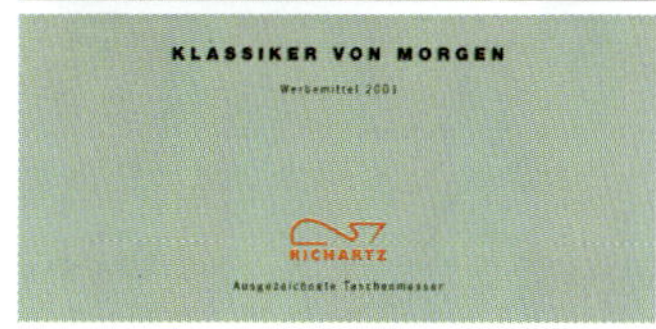

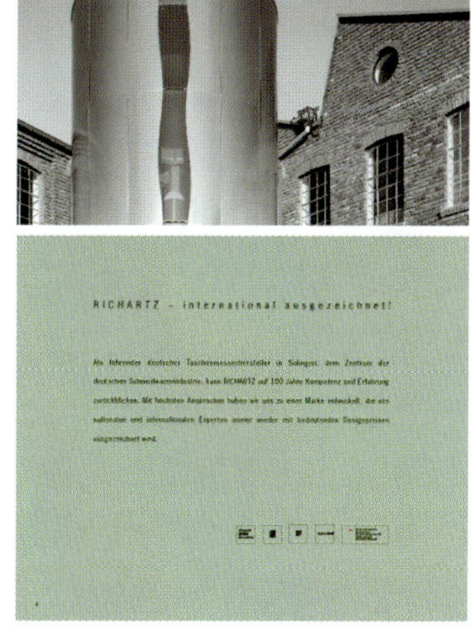

1 »clicx – future work magazine«
Katalog-Magazin/*Catalogue magazine*
Werner Works – B. Werner GmbH, 2000.

2 »bumblebee, LOOP's, DARE, ASSIMA«
Brand Booklet
Assima Verbund GmbH, 2001.

3 »Klassiker von Morgen«
Produktkatalog/*Product catalogue*
Gebr. Richartz + Söhne GmbH, 2001.

Christian Weiss (VGD)

Landwehrstraße 37
80336 München
Telefon +49 (0)89/54 40 42 09
Telefax +49 (0)89/54 40 42 10
e-mail cweiss@brd.de
internet www.christianweiss.de

Christian Weiss studierte an der Akademie Stuttgart und an der Hochschule für Gestaltung in Offenbach am Main. Seine Doppelbegabung als Dipl. Designer und Volljurist im abstrakten und kreativen Denken bringt intelligente Visuals hervor, die auch schwierige Inhalte in markantem Stil auf den Punkt bringen – wie z.B. seine Arbeit für Softwarehersteller, Banken oder die Pharmaindustrie. Die Arbeiten leben von der starken Idee, die den Blick des Betrachters in der Bilderflut des Alltags fesseln können. Im Jahr 2000 gründete er die Ideen und Designagentur X-Design. Schwerpunkt ist die Ideenfindung und Umsetzung komplizierter Themen, insbesondere aus dem Handel, Pharma, Finanz- und Computerbereich, sowie Kulturthemen.

Christian Weiss studied at the Stuttgart academy and at the Hochschule für Gestaltung in Offenbach am Main. His versatile gifts as a designer and lawyer for abstract and creative thought result in intelligent visuals that express even difficult content strikingly and succinctly – examples of this being his work for software producers, banks and the pharmaceuticals industry. The vitality of his work is rooted in strong ideas that can capture attention in the everyday flood of images. In the year 2000 he established the ideas and design agency X-Design. The main focus is on developing ideas and implementing complex themes, particularly in the fields of commerce, pharmaceuticals, finance, computers and culture.

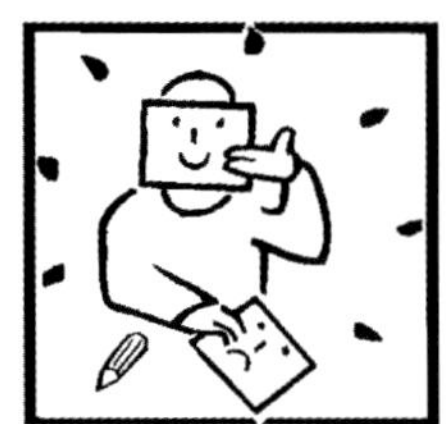

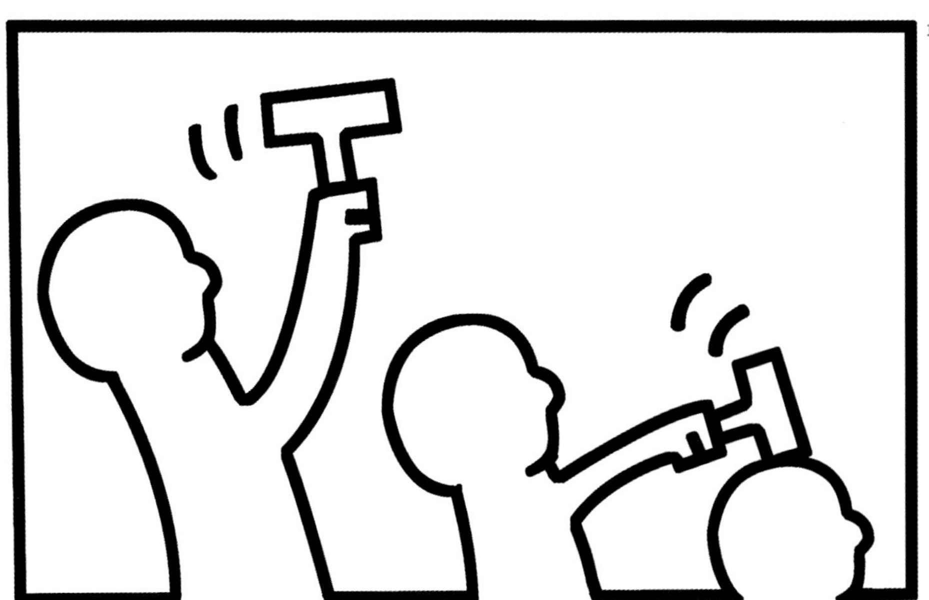

1

1 Animation sowie Titelblattillustration
Animation and cover illustration
Novum Heft 09/00.

2 Plakat und Postkarte zur Ankündigung eines Straßenfestes/*Poster and postcard advertising a street party*
Hajo Bahner City Management 2000.

3 Visualisierung einzelner Begriffe der Firmenphilosophie/*Visualisation of terms of corporate philosophy*
Compaq 1999/2000.

4 Milchglasdekor/*Frosted glass design*
Ritzenhoff AG 2001.

Referenzen/references: Avery/Zweckform, Bayrische Hypotheken- und Wechselbank, BMW, Compaq, Fremdenverkehrsamt München, GBWAG-Immobilien, Jockey Bekleidung, Landesbank Baden-Württemberg, Ritzenhoff AG; Siemens AG-Unternehmenskommunikation, Siemens Nixdorf Informationssysteme AG. C.H. Beck-Verlag, München; Goldmann Verlag; Gondrom Verlag; Gruner & Jahr, Hamburg; Heyne Verlag, Ludwig; Münchner Merkur; Südwest, Urban & Fischer. **Veröffentlichungen/publications:** Süddeutsche Zeitung 110/1995; showroom »for a better understanding«, Novum 4/1999; Interview über Storyboards, Novum 6/2000; »Pfeilgerade ins Herz« Marketing Report Gesundheit, Quartal 1/2001; »Meine lieben Fingerlein«, Südwest-Verlag, München 2001.

2

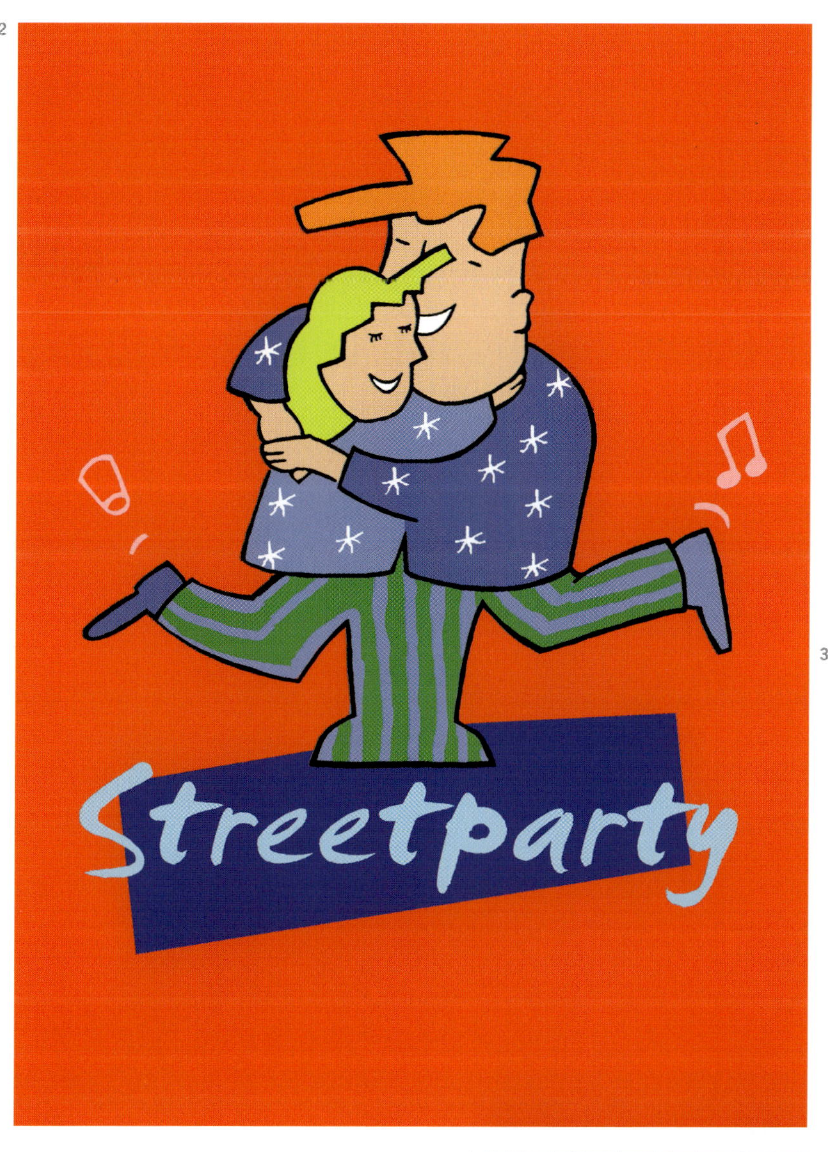

3

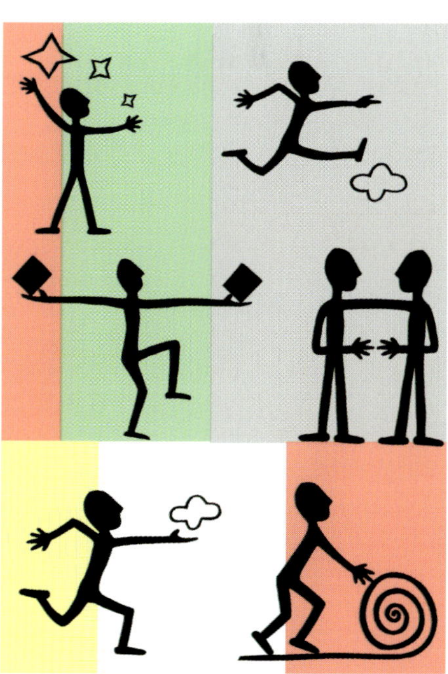

4

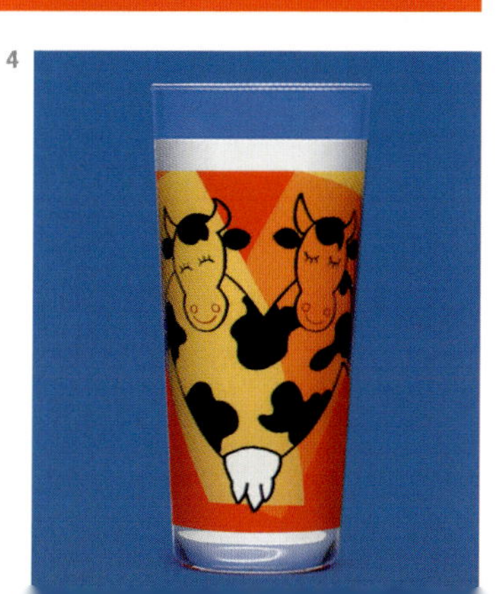

Winkel Design GmbH

Agentur für visuelle Kommunikation

Geschäftsführung
Wolfgang Winkel

Sürther Hauptstraße 180b
50999 Köln
Telefon +49 (0)2236/6 60 22
Telefax +49 (0)2236/6 81 51
e-mail mail@winkeldesign.de
internet www.winkeldesign.de

Winkel Design wurde vor sechzehn Jahren in Köln gegründet. In dieser Zeit entwickelte sich das Unternehmen von einem Zwei-Personen-Büro zur Full Service Designagentur. Zunächst konzentrierten sich die Designer auf die Entwicklung und Gestaltung von Firmenzeichen, Produktprospekten und Geschäftsberichten. Heute besteht die Agentur aus festen Mitarbeitern und einem Netzwerk von freien Designern. Die Erfahrungen in der Entwicklung von Websites, Online-Magazinen und multimedialen Geschäftsberichten werden seit Mai 2000 von der NetFederation Interactive Media GmbH, der Partneragentur von Winkel Design erfolgreich weitergeführt.

Winkel Design was established in Cologne 16 years ago. During this time the firm grew from a two-man concern to a full-service design agency. Initially the designers concentrated on developing and designing corporate logos, brochures and reports. The agency nowadays combines a permanent staff with a network of freelance designers. Experience in the design of websites, online magazines and multi-media corporate reports has been built on successfully by Winkel Design's partner agency, NetFederation Interactive Media GmbH, in the course of the last year.

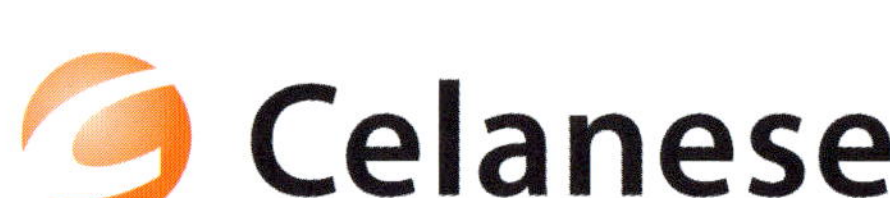

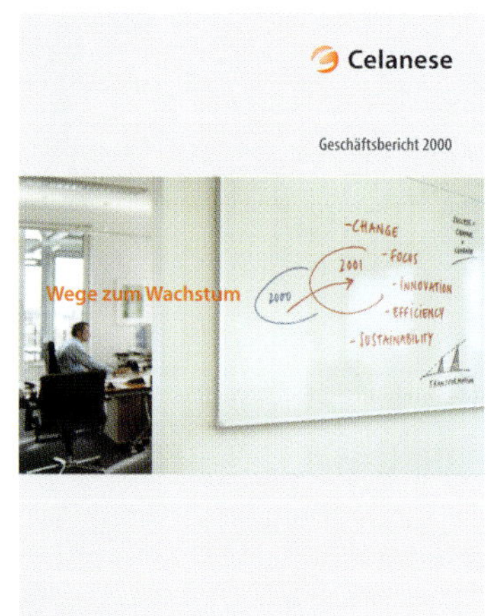

2

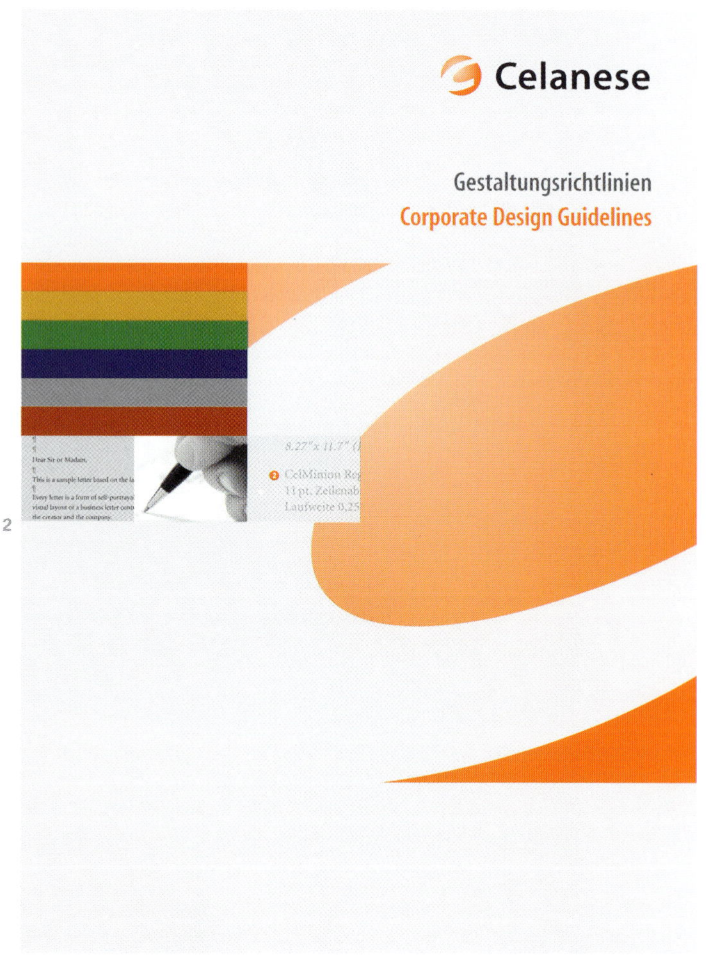

1

Referenzen/references: Aventis SA, Straßburg; Aventis Pharma AG, Frankfurt; Celanese AG, Kronberg; Deutsche Krankenversicherung AG, Köln; Hoechst AG, Frankfurt; Karl Heuft GmbH, Bell; md service GmbH, Frechen; Sankyo Pharma, München; Verband Forschender Arzneimittelhersteller, Berlin; Xzillion GmbH, Frankfurt.
Auszeichnungen/awards: 1. Preis: Kategorie Börsenneulinge »Der beste Geschäftsbericht 1999«, manager magazin; 1. Preis: »Der beste Online-Geschäftsbericht 2000«, manager magazin.

1 Corporate Design Guidelines

2 Geschäftsbericht/*Annual report* 2000

3 One – Das Mitarbeitermagazin

4 Infoschriften – Quartalsbericht, Umweltreport/*Pamphlets – quarterly report, environmental report*

5 Website – Homepage

3

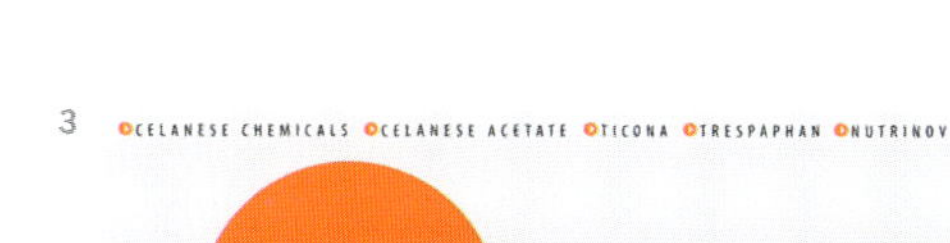

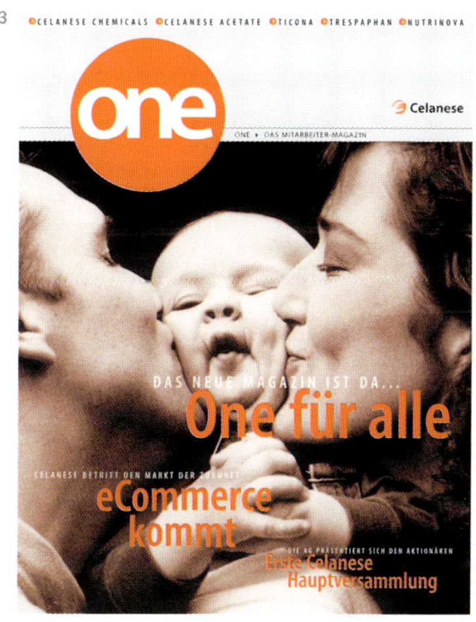

4

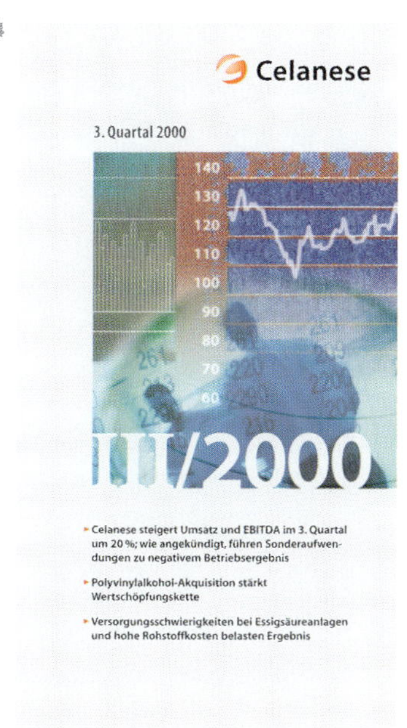

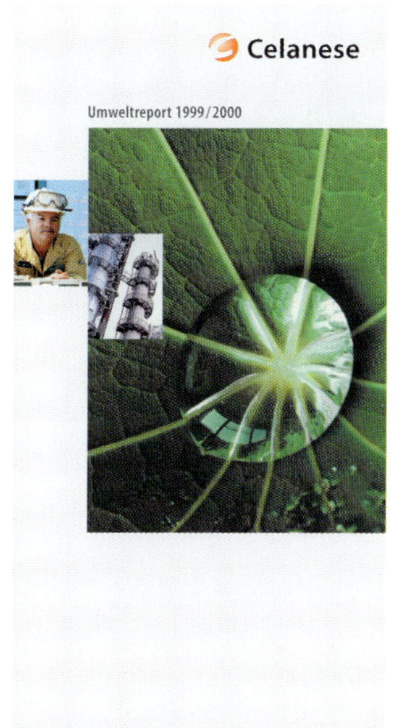

5

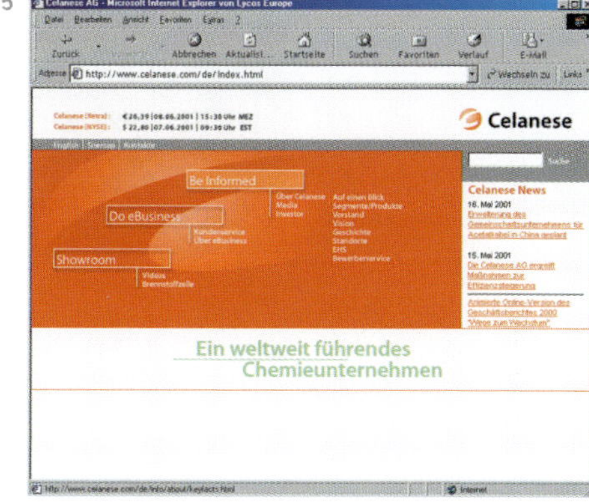

xplicit

Gesellschaft für visuelle Kommunikation mbH

Geschäftsführung
Alexander Branczyk, Thomas Nagel und Uwe Otto

Ludwigstraße 31
60327 Frankfurt/Main
Telefon +49 (0)69/97 57 27 0
Telefax +49 (0)69/97 57 27 27

xplicit konzipiert und realisiert Corporate-Design- und Branding-Programme, Mailorder Full Service und Interaktive Medien mit besonderer Liebe zur Typografie und zu intermedialen Projekten. xplicit in Frankfurt sind fünfzehn Designer, xplicit Berlin fünf Designer, xplicit works Medienproduktion besteht aus fünf Produktionern. xplicit Netzwerkprojekte: Face2Face: Corporate Type, Schriftgestaltung, Performances (www.typeface2face.com). Mind21 Fabrik für Wissensdesign: Intermediale Konzepte (www.mind21.com) Love Verlag: Summerlove (Offizielles Medium für die Love Parade). Emotional_Digital: Netz für Typografie und Schriftgestaltung.

xplicit devises and implements corporate design and branding programmes, mail order full-service and interactive media with a particular eye to typography and intermedia projects. xplicit in Frankfurt is fifteen designers, xplicit Berlin five designers, xplicit works media production consists of five production workers. xplicit network projects: Face2Face: Corporate Type, font design, performances (www.typeface2face.com). Mind21 knowledge design factory: intermedia concepts (www.mind 21.com). Love Verlag publishing house: Summerlove (official medium of the Love Parade). Emotional_Digital: network for typography and font design.

Ackerstraße 22
10115 Berlin
Telefon +49 (0)30/32 60 70 20
Telefax +49 (0)30/32 60 70 21
e-mail xplicit@xplicit.de
internet www.xplicit.de

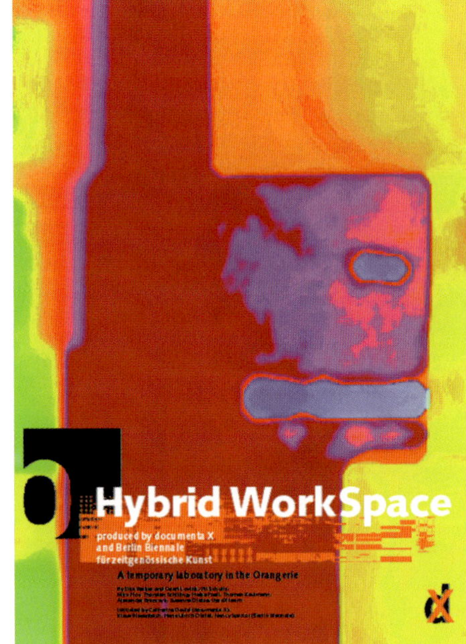

1

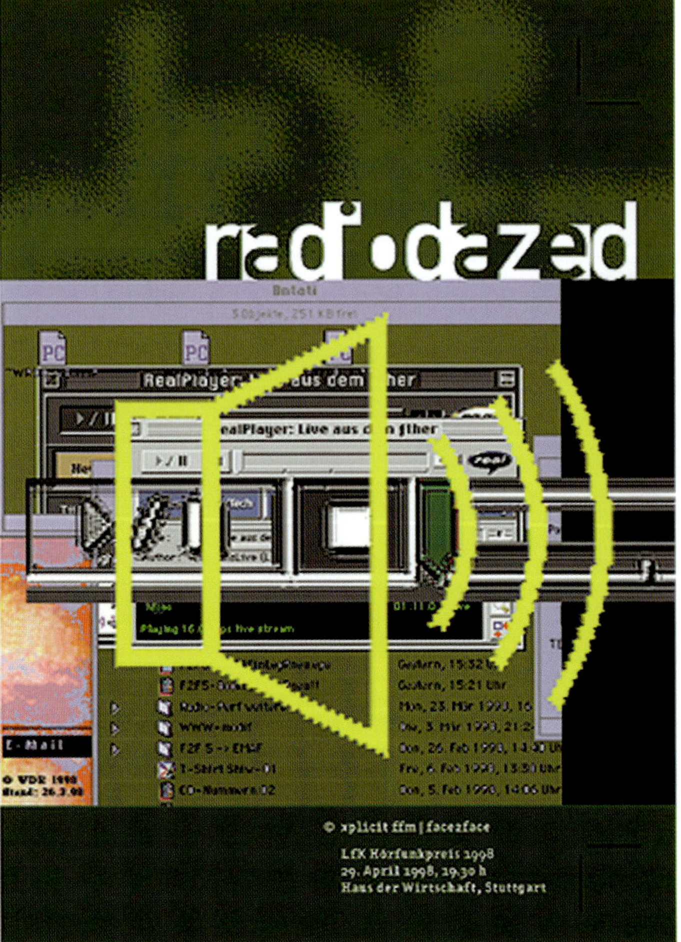

2

Referenzen/references: AM Generali, Bertelsmann, Birkhäuser, Burda, Duravit, DLG, Dresdner Bank, Deutsche Bank 24, Expotechnik, FontShop, FUSE, F. A. Z., S. Fischer, IG Metall, Klett, Love Parade, Rat für Formgebung, Reynolds Tobacco, Sal. Oppenheim, Sparda, Senator Film, Topdeq, Verkehrsverbünde Rhein-Main, Berlin-Brandenburg, Offenbach; Wolk, Zanders u.v.a.
Veröffentlichungen/publications: F2F Magazin für Typografie Hrsg. (1993-2001): emotional_ digital 1999; Summerlove 1997-2001; GestaltenÜberDenken 2000/2001; Beiträge für Spiegel Spezial, w&v, PAGE, Design Report, form online, Horizont etc.
Ausstellungen/exhibitions: Mix_t, Berlin 1996; Chromapark, Berlin 1994, 1995, 1996; documenta X, Kassel 1997; Sonar Festival Barcelona 2000; 4:3 Kunsthalle Bonn 2000; Bibliotheque Nationale de France, Paris 2001 u.a.
Auszeichnungen/awards: TDC New York; Plakatbiennale Brno; Int. Film/Video Award New York; Plakatbiennale Bergen; Die 100 Besten Plakate; Internationaler Druckschriftenwettbewerb; Druckschriftenwettbewerb des BDG; Eye Candy, USA; Kalenderwettbewerb Stuttgart; Design Preis Rheinland-Pfalz; European Design Annual; Roter Punkt, Design Zentrum Nordrhein Westfalen; World Media Festival, Hamburg.

3

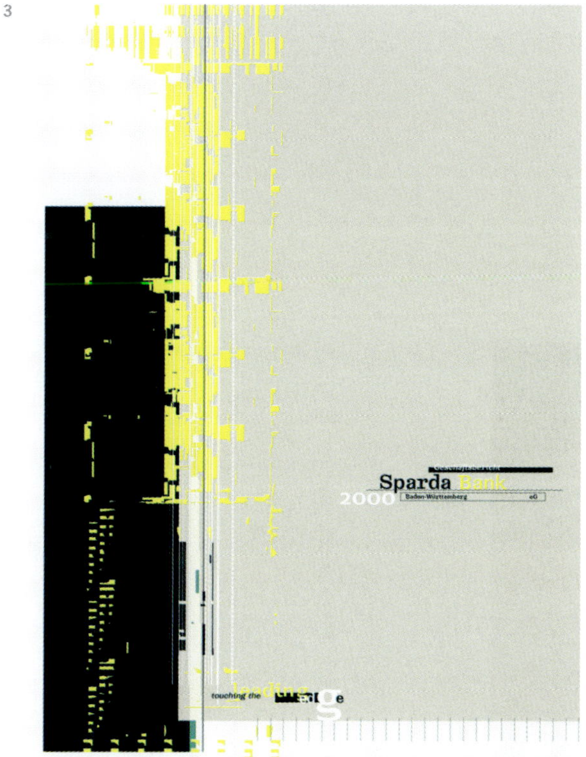

123 Duravit AG

4

Duravit AG 123
Duravit AG 123
Duravit AG 123
Duravit AG 123
Duravit AG 123

Mit **Exklusivschriften** für die interne und externe Kommunikation wird der visuelle Auftritt eines Unternehmens UNVERWECHSELBAR. Die 17 Schnitte der DURAVIT Schriftfamilie decken alle typografischen Finessen ab →5 Schriftstärken, →3 Ziffernsätze, →Kapitälchen in unterschiedlichen **internationalen Tastaturbelegungen** sind entwickelt und in PostScript und TrueType umgesetzt. Ein Zeichensatz vereinigt **Logos & Piktogramme**, eine Korrepondenz-Version bringt die Unternehmenskommunikation in Form.

5

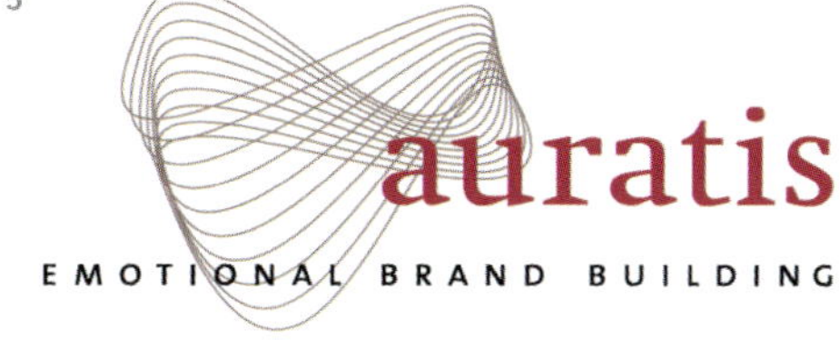

6

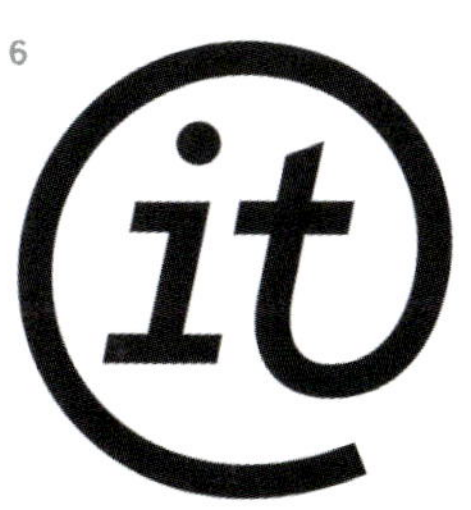

1 Poster, Event Konzeption »Hybrid WorkSpace« Dokumenta X Kassel 1997.

2 Poster »radiodazed« F2F Performance zur Verleihung des Rundfunkpreises 1998 *for the Broadcasting Awards 1998.*

3 Editorial Design, »Touching the leading edge« Jubiläumsbuch, Geschäftsberichte, Sparda Bank/*Jubilee book and corporate reports for Sparda Bank.*

4 Font design Hausschriftfamilie (17 Schnitte) *Company fonts (17)* Duravit AG 2001.

5 Naming/Corporate Design/Branding auratis AG 2001.

6 Logo Design, IG Metall (offizielle Gewerkschaft für die IT-Branche) 2000. *Logo design for IG Metall (official trade union for the german IT industry), 2000.*

Zeichen & Wunder

Geschäftsführung
Irmgard Hesse
Marcus von Hausen

Zeichen & Wunder GmbH
Grimmstraße 1
80336 München
Telefon +49 (0)89/74 63 77 0
Telefax +49 (0)89/74 63 77 77
e-mail info@zeichenundwunder.de
internet www.zeichenundwunder.de

Wir haben es uns zur Aufgabe gemacht, das Besondere zu erkennen und spürbar zu machen. Die Agentur Zeichen & Wunder wurde 1995 in München gegründet. Für unsere Auftraggeber entwickeln wir Strategien und Konzepte für Kommunikation und Corporate Identity. Wir betreuen Unternehmen von der Visionsfindung über die Positionierung und Entwicklung der Kommunikationsstrategie bis zur Umsetzung der einzelnen Maßnahmen. Die Schwerpunkte bilden Corporate Design, Messekommunikation, Ausstellungsgestaltung, Möbel, Multimedia, Broschüren, Geschäftsberichte und Briefmarken. Zeichen & Wunder schafft die Atmosphäre, in der Visionen und Ideen emotional empfunden werden.

We have made it our task to identify what is special and make it tangible. Zeichen & Wunder was established in Munich in 1995. We develop communication and corporate identity concepts and strategies for our clients, handling everything from the initial vision through the positioning and development of the communication strategy to implementation of each individual measure. The main focus is on corporate design, trade fair communication, exhibition design, furniture, multi-media, brochures, corporate reports and stamps. Zeichen & Wunder creates the atmosphere in which visions and ideas are experienced emotionally.

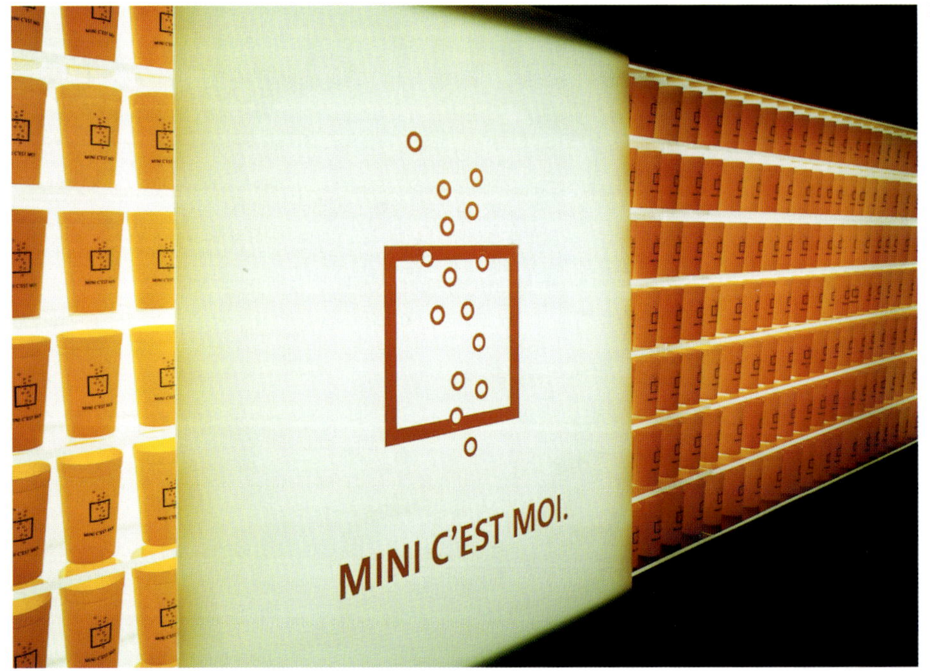

1

1 Messekommunikation, Messestand MINI, Bar/*Trade fair communication, trade fair stand MINI, Bar*
BMW Group, Automobilsalon Genf 2001.

2 Corporate Design, Plakate, Ankündigungspostkarten und Programmhefte
Advertisement postcards, posters and programmes
Prinzregententheater 2000/2001.

3 Corporate Design, Imagebroschüre
Corporate Design, Image brochure
Dr. Jens Ehrhardt Kapital AG, 2001.

Referenzen/references: BMW Group, The Boston Consulting Group, Bulthaup GmbH, Bundesministerium der Finanzen, Dr. Jens Ehrhardt Kapital AG, Gasteig München GmbH, Der Hörverlag GmbH, Landeshauptstadt München, Piper Verlag GmbH, Prinzregententheater München, Rolf Benz AG, SKV-Arzberg-Porzellan GmbH.

2

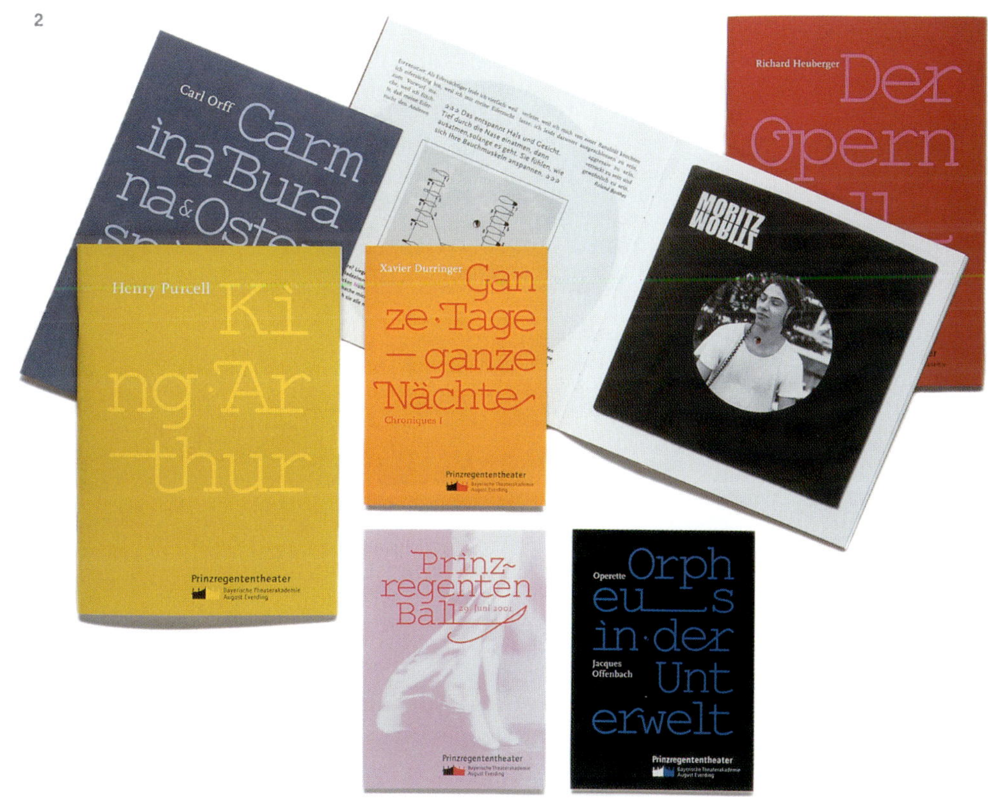

3

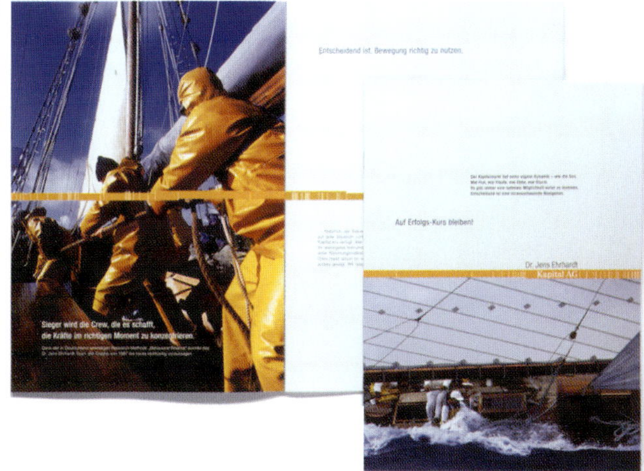

Photo
Design

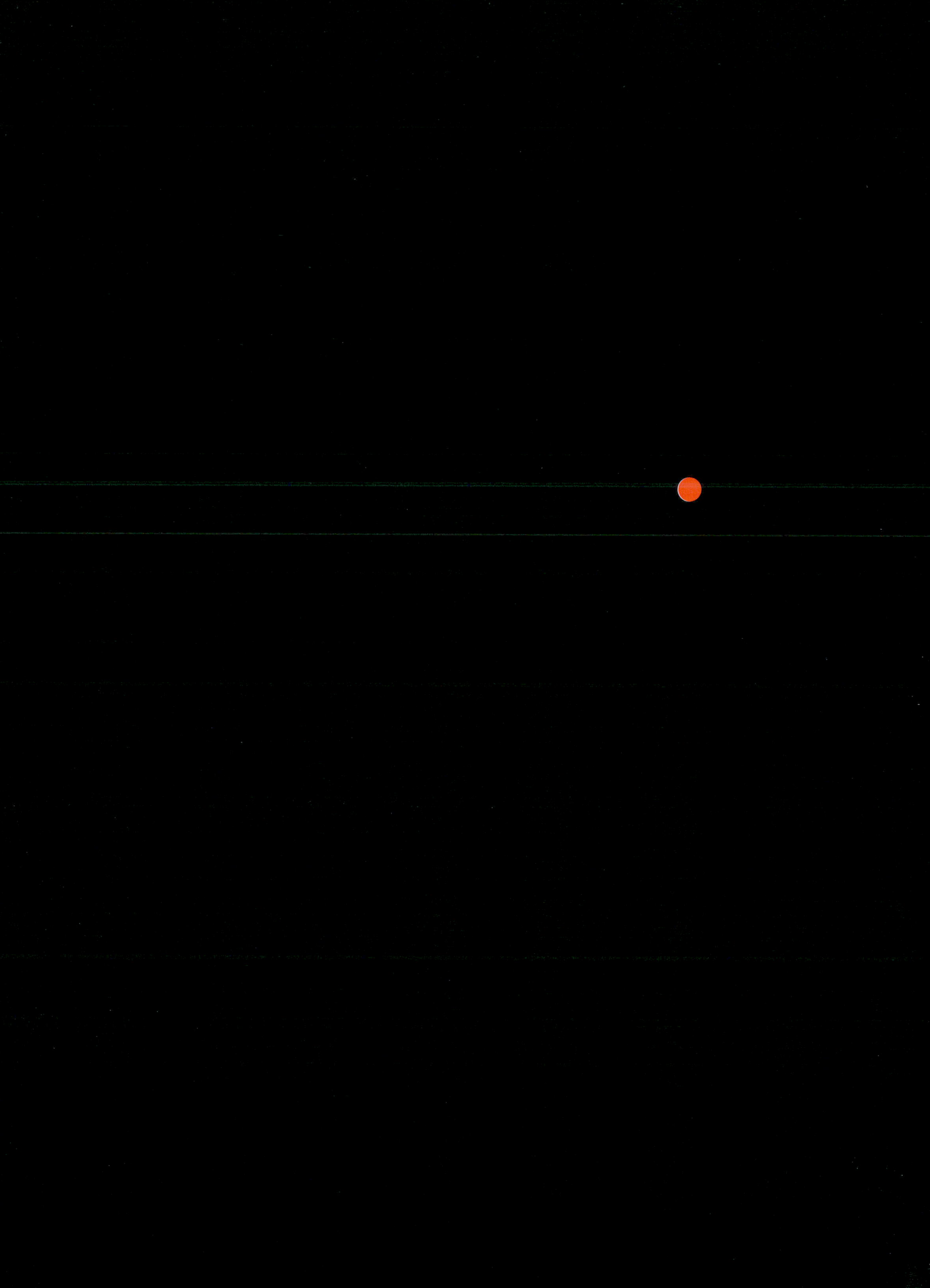

Barbara Buderath

Fotodesign

Im Blankenfeld 6
46238 Bottrop
Telefon +49 (0) 2041/4 58 43
Telefax +49 (0) 2041/70 63 64
e-mail buderath.fotodesign@t-online.de

Dipl. Des. Barbara Buderath, geboren 1963, studierte Grafik Design an der Fachhochschule Hildesheim. Nach dem Abschluß des Diploms war sie Fotoassistentin von Otto Kasper (BFF) und Manfred Rave (BFF). Seit 1996 ist sie freiberuflich als Fotografin mit eigenem Studio für Werbeagenturen und mittelständische Industrieunternehmen tätig. Die Schwerpunkte von Barbara Buderath sind Industriefotografie und Fotokonzepte für mittelständische Unternehmen.

Barbara Buderath, born in 1963, studied graphic design at the Fachhochschule Hildesheim. After taking her degree, she worked as a photographic assistant to Otto Kasper (BFF) and Manfred Rave (BFF). Since 1996, she has worked as a freelance photographer with her own studio, for advertising agencies and medium sized industrial enterprises. Barbara Buderath's work focuses on industrial photography and photo concepts for medium sized companies.

1

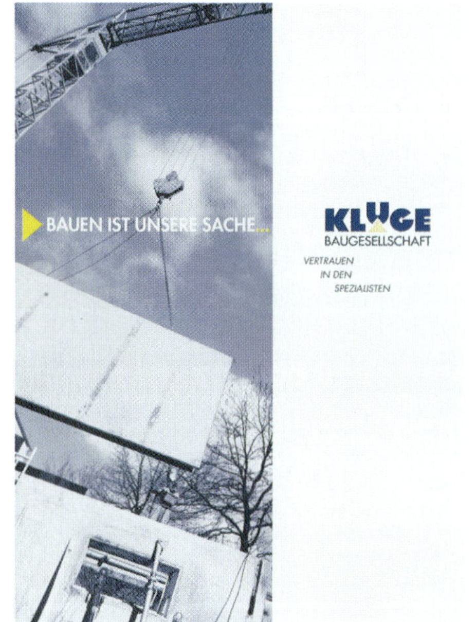

2

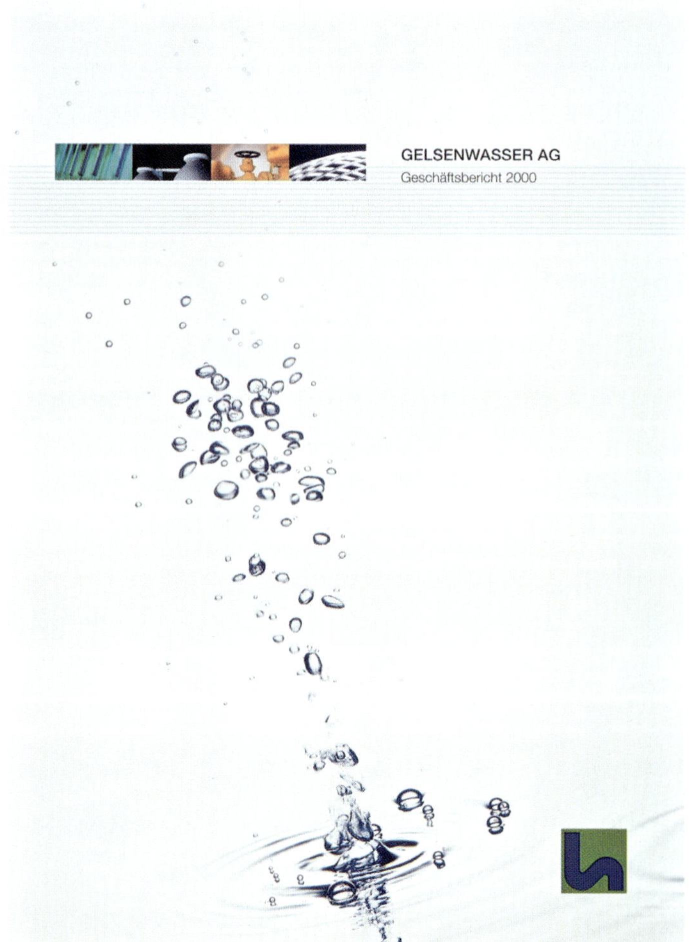

Referenzen/references: Metrisa GmbH, Monitek GmbH, Marimex Industries GmbH, Pörschke Umwelttechnik GmbH, Kluge Baugesellschaft mbH, Winscheid & Wendel GmbH & Co. KG, Foliapharm GmbH, Truw Arzneimittel GmbH, Trend Verband, Look up – Agentur für Kommunikation, Conceptdesign – Steckert & Peter GbR.

3

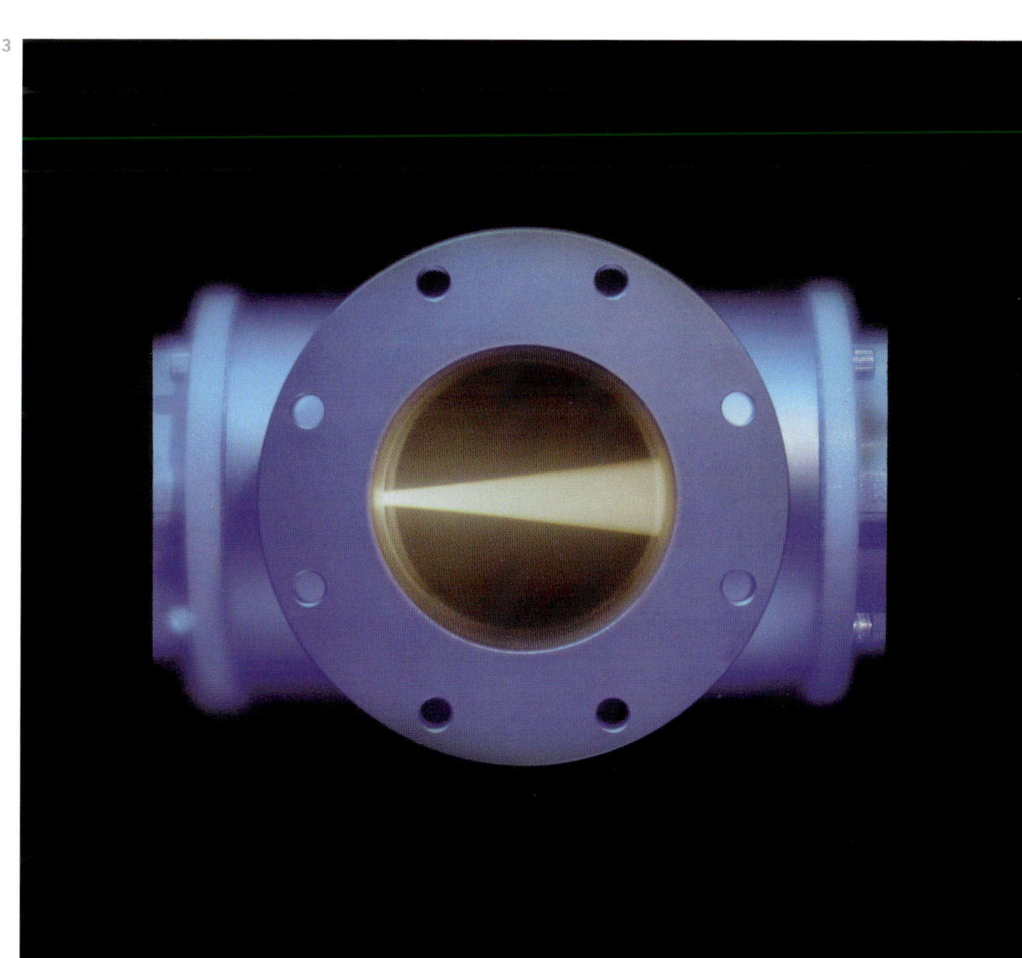

1 Titelbild Imagebroschüre
Cover picture, image brochure
Baugesellschaft Kluge mbH, 2001.

2 Titelbild (Wasseraufnahme)
Geschäftsbericht der Gelsenwasser AG
Cover picture (water shot), annual report from Gelsenwasser AG
Look up – Agentur für Kommunikation, 2001.

3 Imagebroschüre/*Image brochure*
Monitek GmbH, Düsseldorf, 1999.

Jörg Hempel

Photodesign (BFF)

Ludwigsallee 59
52062 Aachen
Telefon +49 (0)241/9 10 82 61
Telefax +49 (0)241/9 10 82 63
e-mail info@joerg-hempel.com
internet www.joerg-hempel.com

Jörg Hempel, geboren 1963, machte eine Tischlerlehre und arbeitete als Tischlergeselle. Von 1987 bis 1994 studierte er an der Fachhochschule Dortmund Foto Design. Seit 1993 ist er freiberuflich tätig. Von 1995 bis 2000 war er Lehrbeauftragter für Architekturfotografie an der Fachhochschule Dortmund. Jörg Hempel hat sein Büro und Studio in Aachen, er ist Mitglied der Bildarchive artur in Köln und Bilderberg in Hamburg. Seine Schwerpunkte sind Architekturfotografie, Interieurs, Architekturreportagen national und international und Modellfotografie. Er hat ein eigenes Bildarchiv für Zeitschriften und Werbeagenturen und bietet digitale Dienstleistungen an.

Jörg Hempel, born in 1963, served an apprenticeship as a cabinet maker and then worked in that profession. From 1987 to 1994, he studied photographic design at the Fachhochschule Dortmund, then teaching architectural photography there from 1995 to 2000. Jörg Hempel has his office and studio in Aachen, and is a member of the photo archives artur in Cologne and Bilderberg in Hamburg. His work focuses on architectural photography, interiors, national and international architectural documentaries and model photography. He has his own photo archive for magazines and advertising agencies, and also offers digital services.

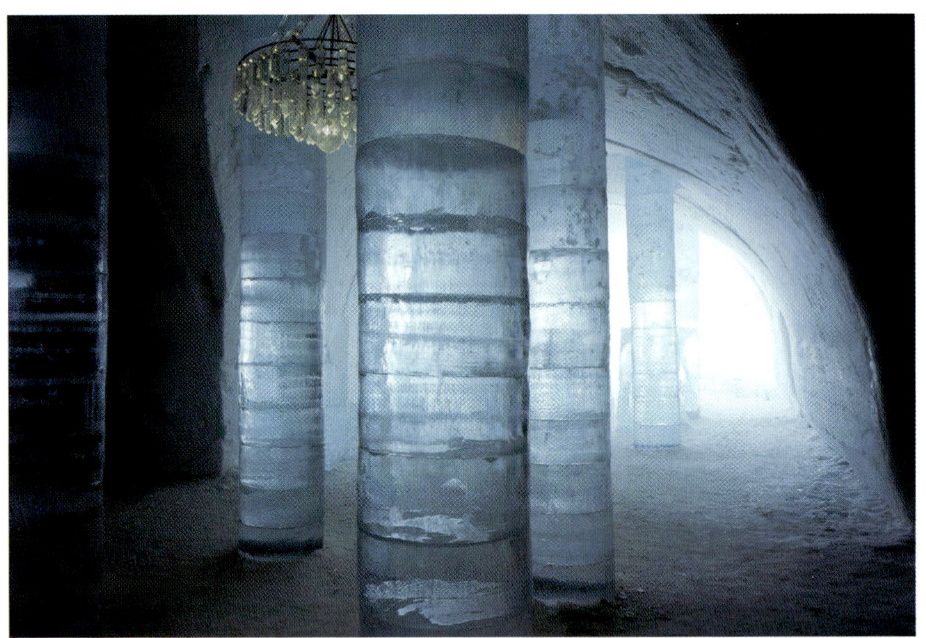
1

1 Eishotel/*Ice hotel*
Jukkasjärvi Schweden 1998.

2 Bibliothek/*Library*
Paris 1993.

Referenzen/references: Architekturbüros (In- und Ausland); Industrieunternehmen; Werbeagenturen; Zeitschriften; Magazine; staatl. u. europ. Institutionen.
Veröffentlichungen/publications: Photo Technik International; SZ-Magazin; Foto Magazin; Deutsche Bauzeitung; Zoom Italia; Fotografie Austria u.a.
Ausstellungen/exhibitions: Tag d. Architekturphotografie, Dortmund 1994; »Meet the Professionals«, Photokina Köln; Ausstellung BFF (Bund Freischaffender Fotodesigner), Düsseldorf; »La Chambre/Parlaments Européen«, Luxemburg 1995; »Europäische Parlamente« im Architekturinstitut M.ARCH.I., Moskau; »Ansichten, Standpunkte zur Architekturfotografie«, Karmeliterkloster, Frankfurt/Main; Dauerausstellung in der Europäischen Kommission in Bonn und Berlin; »Rennaissance der Bahnhöfe«, Ausstellung auf der Biennale/Venedig; »Europäische Parlamente«, Galerie des Goethe-Instituts, St. Petersburg; »Europäische Parlamente«, Dauerausstellung im Deutschen Bundestag, BFF Ausstellung, Frankfurt/Main, und i. d. Deutschen Bank, Aachen 1997; »Rennaissance der Bahnhöfe«, Hamburg, Wanderausstellungen der Europ. Kommission 1998; »European Summit«, Cardiff, Wales; Deutsche Designer Aachen 1999; Design and Interieur, Glasgow 1999; »Architecture and Democracy«, London 2000.

2

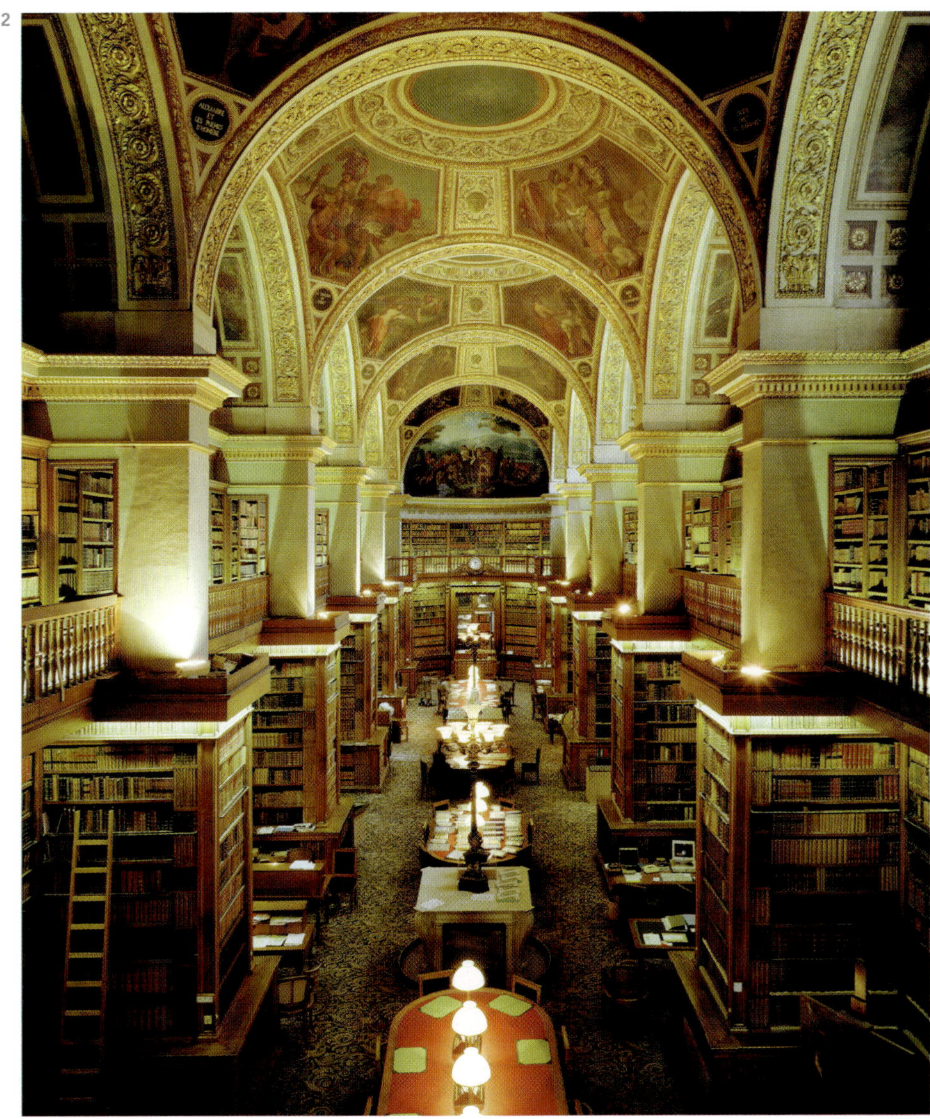

Klaus Kampert

Fotografie (BFF)

Oberkasseler Straße 108
40545 Düsseldorf
Telefon +49 (0)211/5 59 50 50
Telefax +49 (0)211/5 59 50 51
e-mail mail@klauskampert.de
internet www.klauskampert.com

Klaus Kampert, geboren 1953, ist als Fotograf Autodidakt und hat seit 1981 ein eigenes Studio in Düsseldorf. Seine Schwerpunkte sind die Entwicklung von Bildkonzeptionen und deren fotografische Umsetzungen in den Bereichen Beauty/Kosmetik, Akt, Portrait und Tanz. Er arbeitet für Werbeagenturen und Unternehmen aus der Mode- und Kosmetikbranche, für Dienstleistungs- und Handelsunternehmen.

Klaus Kampert, born in 1953, taught himself photography and has had his own studio in Düsseldorf since 1981. His work focuses on the development of picture concepts and their photographic implementation in the fields of beauty and cosmetics, nudes, portraits and dance. He works for advertising agencies and companies in the fashion and cosmetics industries, and for service and retail businesses.

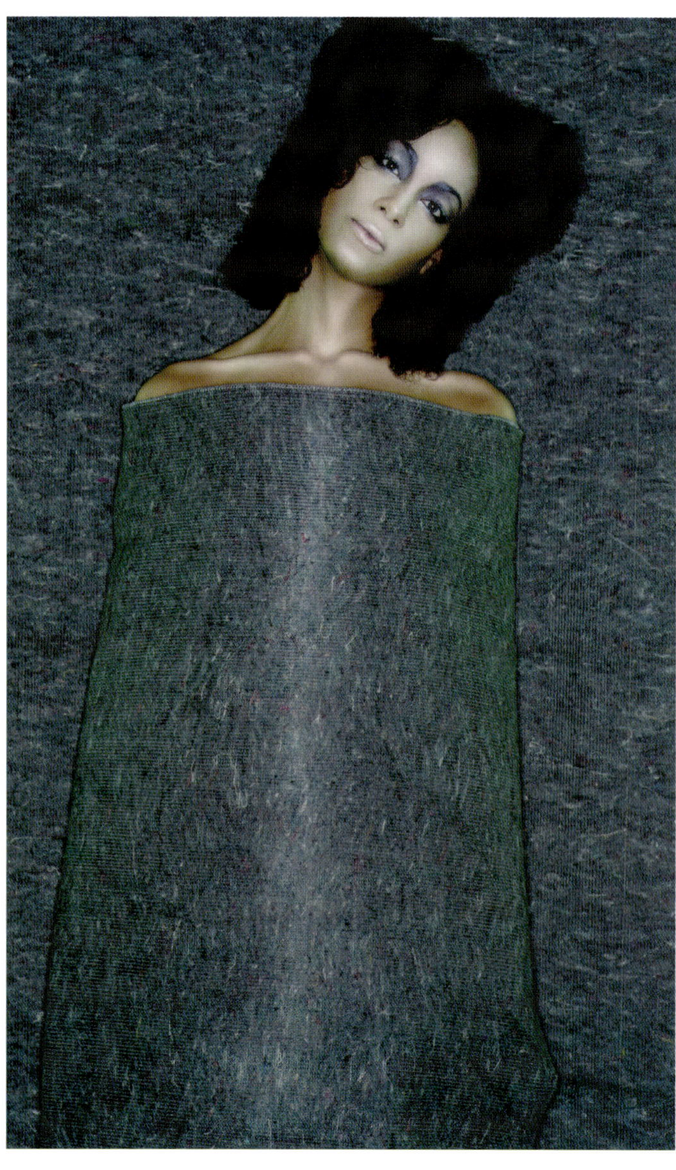

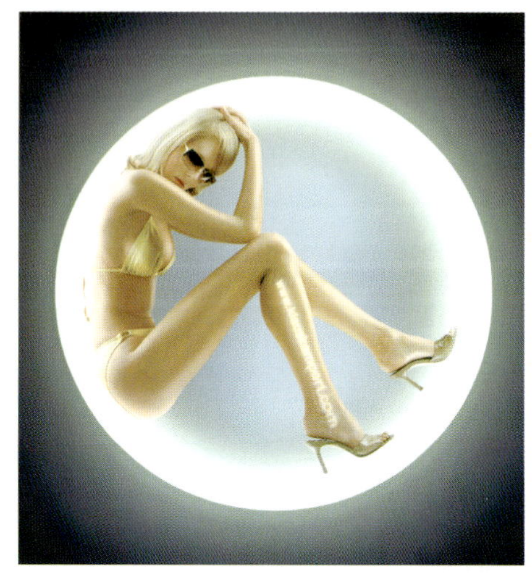

Referenzen/references: Aigner Cosmetics, Alcina, Audi, Deutsche Telekom, Falke, Grünenthal, Henkel-Kosmetik, Merck, Novartis u.a.
Veröffentlichungen/publications: Bund Freischaffender Fotodesigner, BFF-Jahrbücher ab 1984; H.E. Hess, Akt Photo International, Verlag Photo Technik Intern. München, 1988; B.M. Pedersen, Graphis Photo 92, Graphis Press Corp., Zürich 1992; B.M. Pedersen, Nudes, Graphis Press Corp., Zürich 1993; U. Richter, Novum 3/94, Bruckmann Verlag, München 1994; R. Ashford, Erotique, Carlton Books, London 1998; B.M. Pedersen, Nudes 3, Graphis Inc., New York 1999; Zeit Blicke, M. Schmalriede, Hatje/Cantz Verlag, Stuttgart 1999.

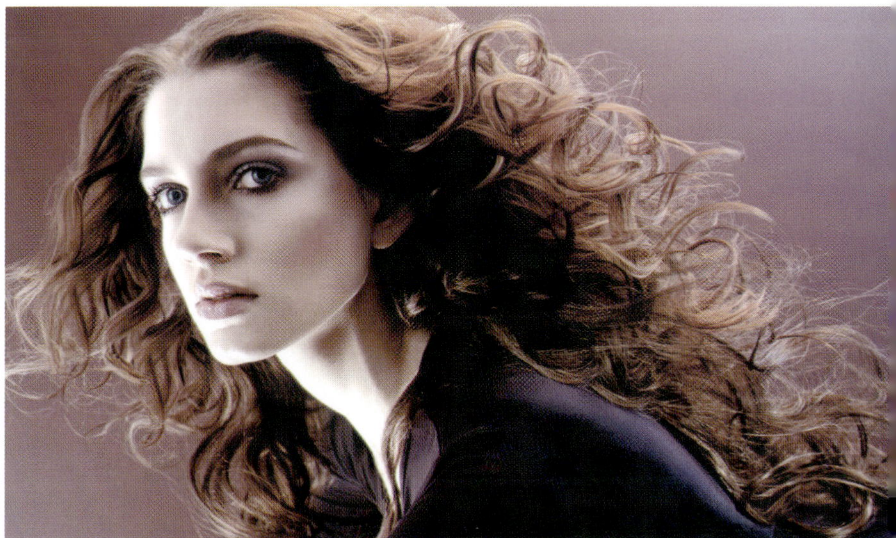

Hans Jürgen Landes

Fotodesign

Neuer Graben 9
44139 Dortmund
Telefon +49 (0)231/7 21 21 48
Telefax +49 (0)231/7 21 21 49
e-mail Landesfoto@aol.com

Hans Jürgen Landes, geboren 1963 in Viersen, studierte Grafik Design an der Fachhochschule Aachen und Foto Design an der Fachhochschule Dortmund. Seit 1994 ist er selbstständig als Fotodesigner in den Bereichen Architektur, Industrie und Portrait.

Hans Jürgen Landes, born in Viersen in 1963, studied graphic design at the Fachhochschule Aachen and photographic design at the Fachhochschule Dortmund. He has worked as a freelance photographic designer in the fields of architecture, industry and portraits since 1994.

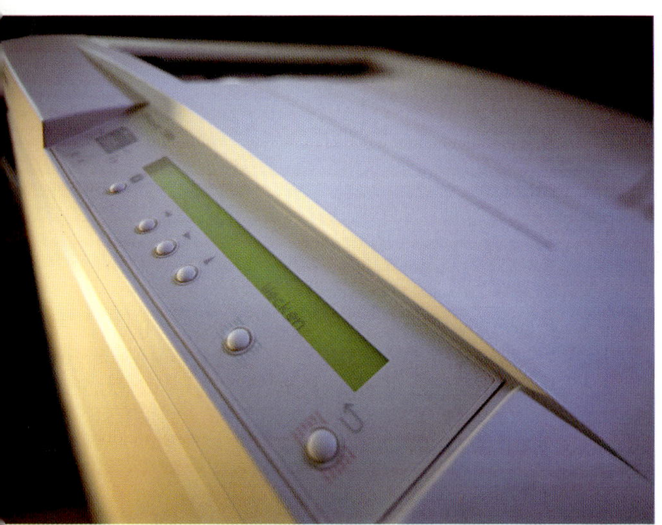

1

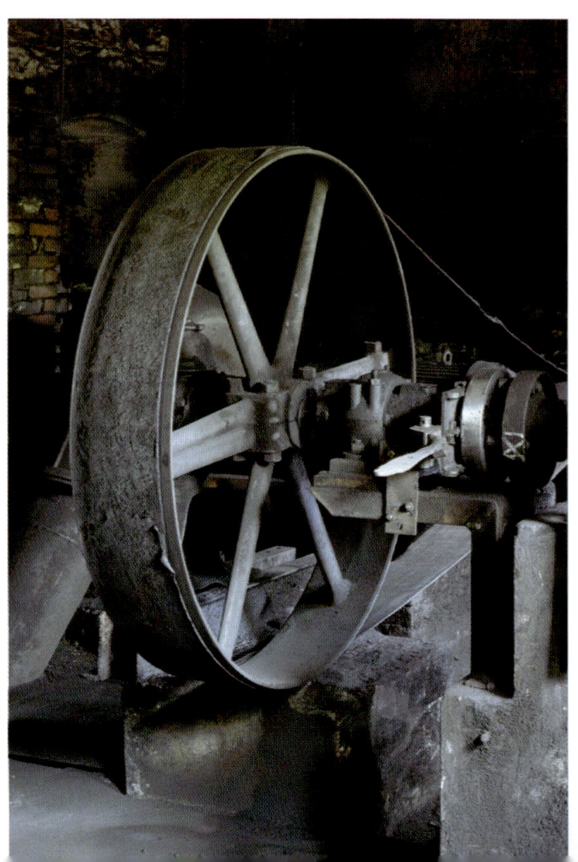

2

1 Energieagentur NRW
Kalender/*Calendar* 2001.

2 AG Historische Stadtkerne
Kalender/*Calendar* 2002.

3 Hochschule für Musik und Theater Leipzig
Gerber Architekten 2001.

Referenzen/references: Wohnbau Westfalen, Dortmund; Energieagentur NRW, Wuppertal; Stadt Hattingen; C. Art, Dortmund; Giffhorn + Serres Designbüro, Wuppertal; BlueOrange, Wien; Pesch & Partner, Herdecke; Jansen/Ergoecmen + Partner, Düsseldorf; Heinrich & Wörner & Vedder, Dortmund; Gerber Architekten, Dortmund; Zeit-Magazin, Hamburg; auto motor und sport, Stuttgart; Österreichische Nationalbibliothek Wien; Taxim Records, Asendorf; LEG Dortmund; Unternehmensverband der Metallindustrie Dortmund; Nowak Glas, Bochum; Bundeszentrale für gesundheitliche Aufklärung, Köln.
Veröffentlichungen/publications: »Das Himmlische Jerusalem«, Photo Technik International, Mai. Juni 1994; »Heavenly Jerusalem«, Photo Technique International, engl. Ausgabe Okt. Nov. Dez./ 1994; »Die Erfindung der Gotik«, ZEITmagazin, Nov./1994; »Ansichten-Standpunkte zur Architekturfotografie«, Verlag Hermann Schmidt, Mainz 1994; »Neues Bauen in historischer Umgebung«, Franz Pesch, Arbeitsgemeinschaft Historische Stadtkerne in NRW, Verlag Rudolf Müller, Köln 1995; BFF Jahrbücher der Junioren 1995-1998; IGEPA Profimago-Broschüre, Hamburg 1999 u.a.
Auszeichnungen/awards: Reinhardt-Wolf-Preis, Reinhardt Wolf photografische Stiftung, München 1994; »Ansichten-Standpunkte zur Architekturfotografie«, Kodak-Fotobuchpreis Dieter Leistner (Hrsg.) 1994.

3

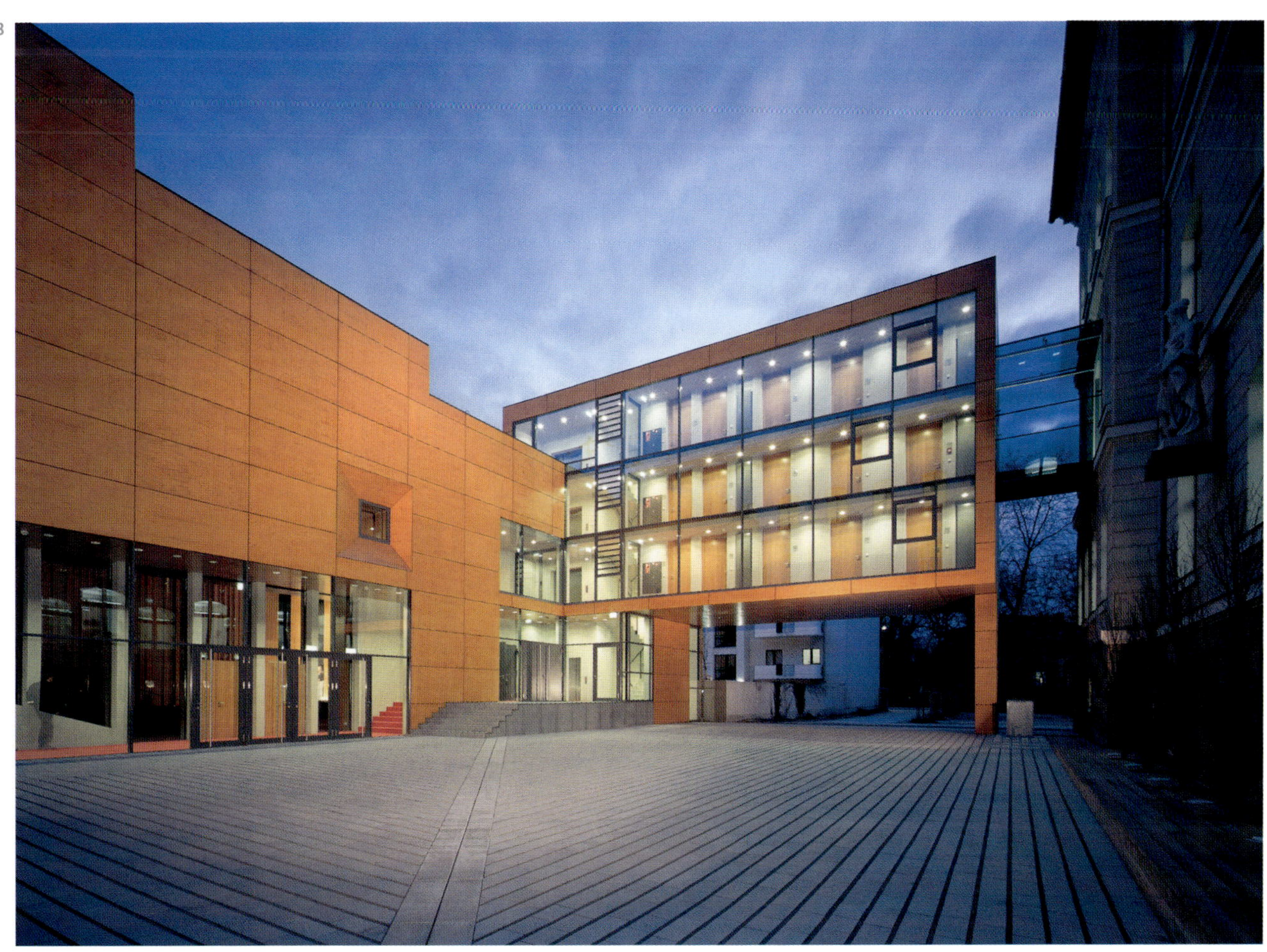

Peter J. Obenaus

Fotografie + Composing

Studio Obenaus
Vogelsangerstraße 193
50825 Köln
Telefon +49 (0)221/5 46 33 40
Telefax +49 (0)221/9 54 18 61
e-mail obenaus@netcologne.de
internet www.studio-obenaus.de

Peter J. Obenaus, geboren 1967 in Solingen, studierte in Mailand und hat seit 1992 ein eigenes Studio in Köln-Ehrenfeld. Er nahm an Ausstellungen in Kopenhagen, Mailand und Washington DC teil. »Jede Fotografie ist nur ein Fragment der Wirklichkeit. Realitäten werden im Studio geschaffen und im Computer getuned. Das Ziel sind Fotos von Stills und People mit klar greifender Aussage.«

Peter J. Obenaus, born in Solingen in 1967, studied in Milan and has run his own studio in Cologne-Ehrenfeld since 1992. He has taken part in exhibitions in Copenhagen, Milan and Washington DC. "Every photograph is only a fragment of reality. Realities are created in the studio and tuned on the computer. The objectives are photographs of stills and people with a clear, penetrating message."

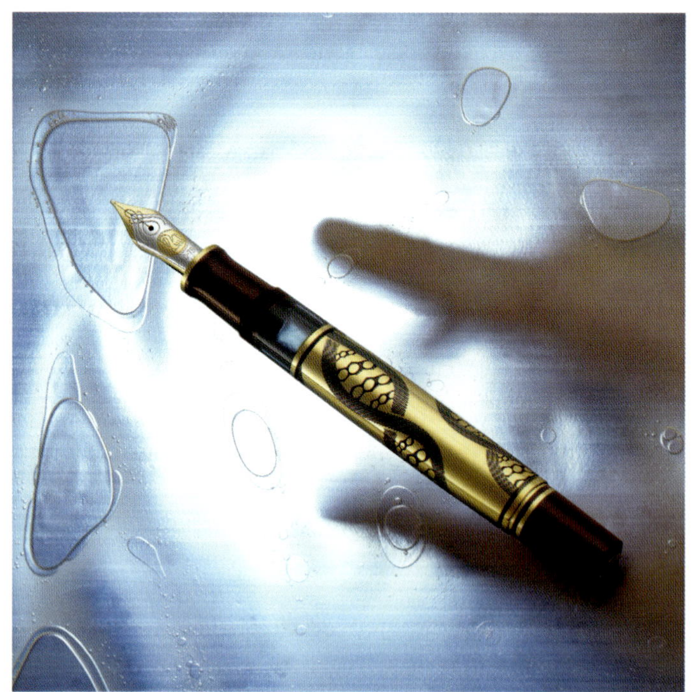

1

1 Pelikan: Edition Expo 2000.

2 Freie Arbeit nach Beendigung eines Goodyear-Shootings.
Unscheduled work on completion of a Goodyear shooting.

3 AHA!: Fly and Buy.

Referenzen/references: Deutsche Telekom, Gruner + Jahr AG & Co, Lekkerland-Tobaccoland GmbH & Co.KG, Troika Design GmbH, Volvo Cars Germany, Sony Deutschland, Yellow Circle.
Veröffentlichungen/publications: Capital Wirtschaftsmagazin, Bizz Wirtschaftsmagazin, Zoom Italia 1992.

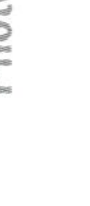

2

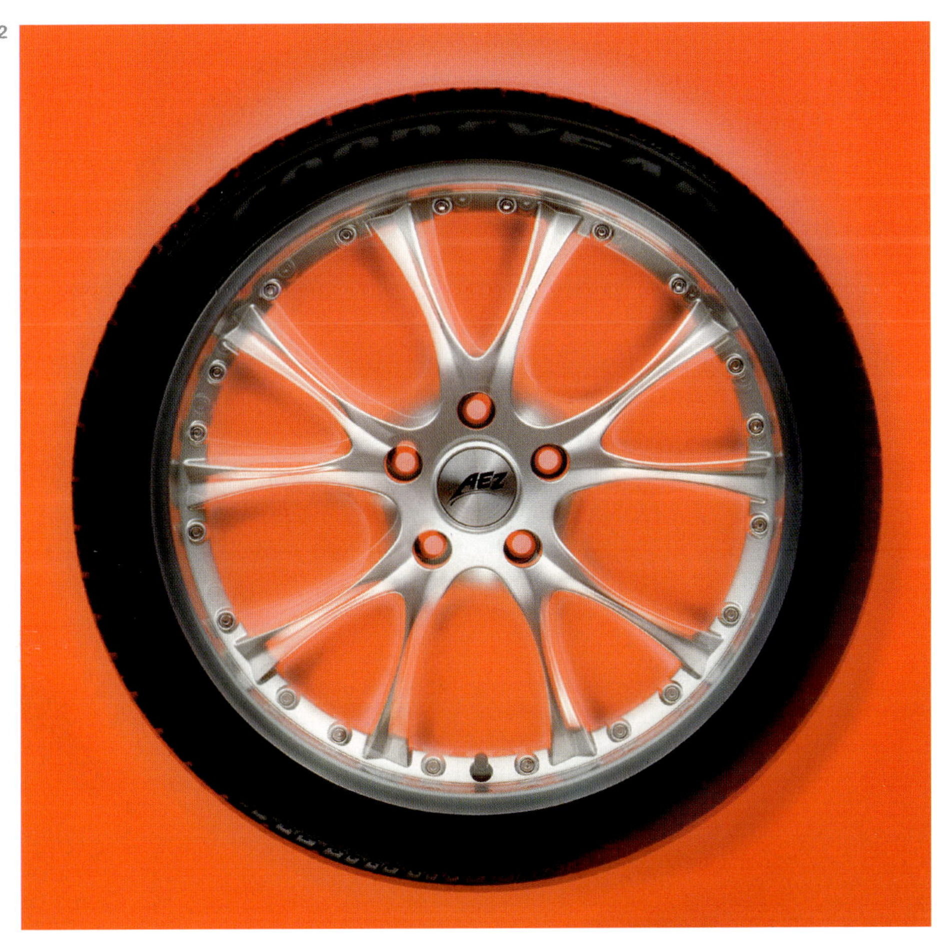

3

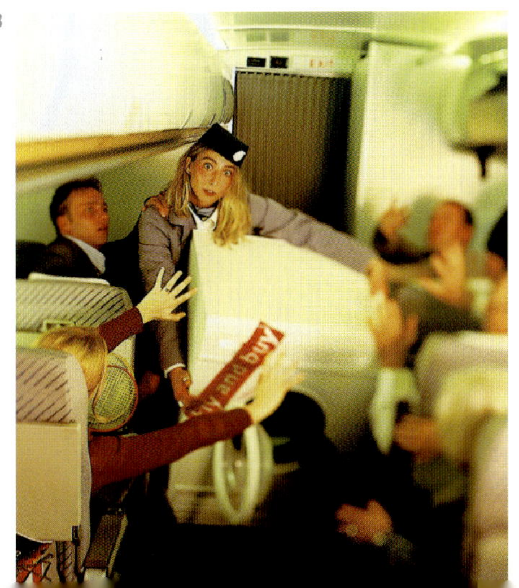

Anton Markus Pasing

Baukunst

Lortzingstraße 9
48145 Münster
Telefon +49 (0)251/39 31 95
Telefax +49 (0)251/3 74 06 68
e-mail pasing@remote-controlled.de
internet www.remote-controlled.de

> Multimedia Design S. 446

Anton Markus Pasing, geboren 1962, studierte an der Kunstakademie Düsseldorf und der University of Applied Scienes in Münster. 1991 wurde er Meisterschüler von Prof. O. M. Ungers. 1994 gründete er sein Büro in Münster. Von 1994 bis 2001 war er künstlerischer Assistent an der RWTH Aachen und hatte einen Lehrauftrag für intuitives Entwerfen am Macintosh und Experimentelles Gestalten an der Fachhochschule Münster. An der Universität Innsbruck lehrte er Raumgestaltung 1991 und 2001. Anton Markus Pasing stellt aus und hält Vorträge. Die Schwerpunkte seines Büros: Gestaltung virtueller Environments, Digitale Photographie, Experimentelle Architektur, Objektdesign, Branding/CI.

Anton Markus Pasing, born in 1962, studied at the Kunstakademie Düsseldorf and the University of Applied Sciences in Münster. In 1991, he attended master classes with Prof. O. M. Ungers. He founded his studio in Münster in 1994. From 1994 to 2001, he was an art assistant at the Technical University of Aachen and also taught intuitive design on the Macintosh and experimental design at the Fachhochschule Münster. He taught interior design at the University of Innsbrück in 1991 and 2001. Anton Markus Pasing stages exhibitions and delivers lectures. His firm focuses on the design of virtual environments, digital photography, experimental architecture, public building design, branding and CI.

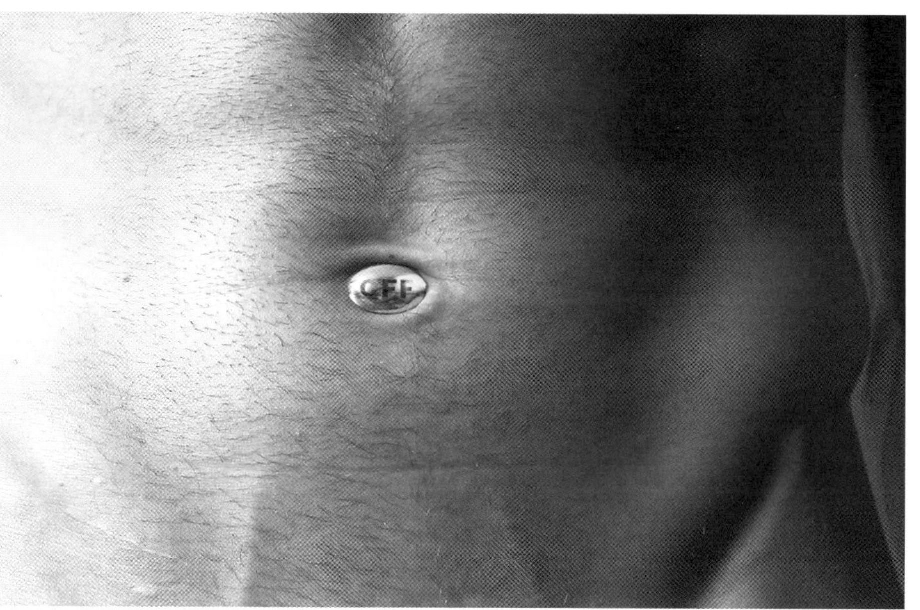

2

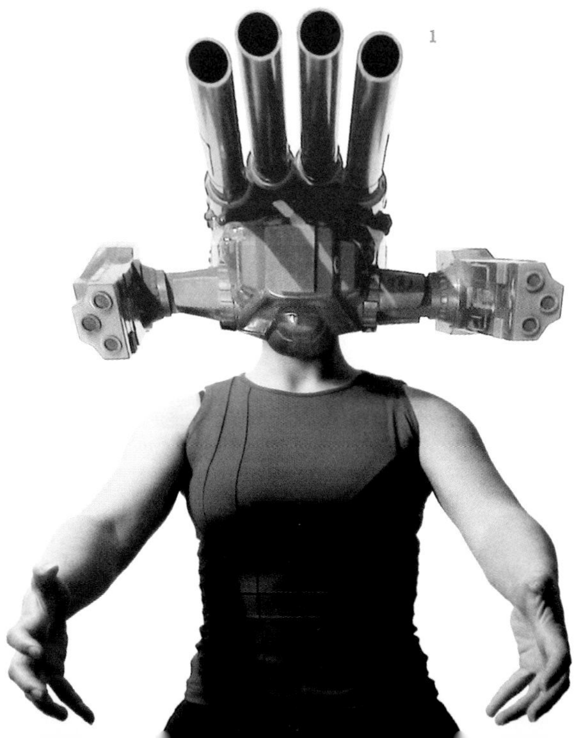

1

1 Bodyfurniture 8
Projektreihe/*Project series* 1999–2001.
Wir können den Avataren die ästhetische Herrschaft des artifiziellen Raumes nicht kampflos überlassen...
We cannot surrender the aesthetic domination of artificial space to the avatars without a fight...

2 Bodyfurniture 16
Projektreihe/*Project series* 1999–2001.

3 Götterdämmerungen Part 1
Twilights of the Gods, Part 1
Projektreihe/*Project series* 1996.

Referenzen/references: Deutsche Telekom, Canon Deutschland, Computer Works GmbH, Maxon Computer, Metacreations, Nikoworld, Söhner Kunststofftechnik, uni-X Interactive, Schade & Lohr u.a.
Veröffentlichungen/publications: »remote controlled architecture«, Verlag H.M. Nelte, Wiesbaden; Zeitmagazin, Rubrik 3000, 12,40/1998; Junge Architekten 2, Verlag Birkhäuser 2000; »Architektur und Film«, Architectural Design Publishers, England 2000; »Unschärferelationen«, Verlag H.M. Nelte, Wiesbaden 2001; »La Bienale di Venezia: Less Aesthetics, More Ethics«, Marsilio Verlag, Vendig 2000; »Dinge & Sachen«, Villa Massimo, Rom 1999 u.a.
Auszeichnungen/awards: Sonderpreis Wettbewerb Erotisches Museum Berlin 1996; Stipendiat der Plus-Min Stichting, Niederlande 1996; Rom Preis – Deutsche Akademie Villa Massimo 1999; Förderpreis Nordrhein-Westfalen für junge Künstlerinnen und Künstler: Sparte Architektur, Design Städtebau 1999.

3

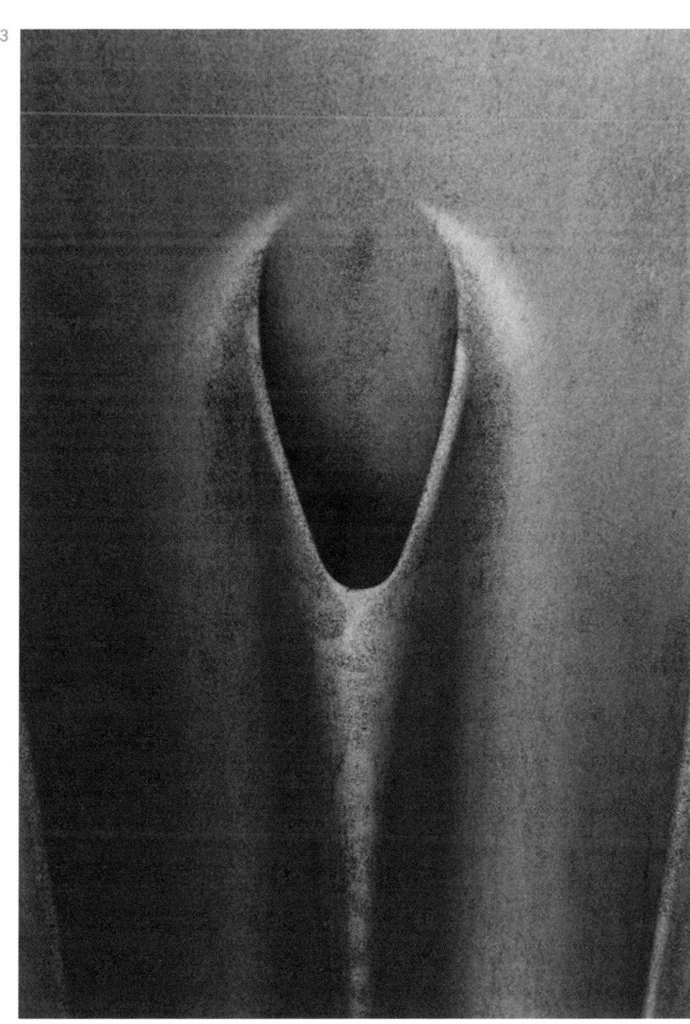

Thomas Pflaum (BFF, DGPh)

Arbeitsgemeinschaft Journalismus
und Fotodesign AGON

Wilhelmstraße 30
44575 Castrop-Rauxel
Telefon +49 (0)2305/1 28 38
Telefax +49 (0)2305/1 28 34
e-mail tompflaum@web.de
internet www.tompflaum.de

Thomas Pflaum, studierte in Dortmund und Bielefeld Foto Design. Seit 1983 ist er freiberuflicher Fotograf. In den 80er Jahren fotografierte er den Protest gegen Atomraketen und Atomkraftwerke, es entstand die Reportage »Ziviler Widerstand. Mutlangen 1983–1987«. Neben langfristigen Problemthemen erarbeitete er eindrückliche Farbreportagen über deutsche Regionen: das Saarland, die Lüneburger Heide, den Gläsernen Wald, die Oder-Neiße-Linie oder über die Bayreuther Festspiele; alles veröffentlicht in »Lufthansa's Germany«. Für »GEO« arbeitete er an technisch-wissenschaftlichen Themen: Altlasten, Müll, Verpackung, Lawinenforschung oder über das »Very Large Telescope« der Europäischen Südsternwarte ESO.

Thomas Pflaum, studied photographic design in Dortmund and Bielefeld. He has worked as a freelance photographer since 1983. In the 1980s, he photographed the protests against nuclear missiles and nuclear power stations, producing the report "Civil Resistance. Mutlangen 1983-1987". Together with attention to long-term problem topics, he has also produced impressive colour documentaries on German regions: the Saarland, the Lüneburger Heide, the Gläserner Wald and the Oder-Neiße Line and on the Bayreuth Festival – all published in "Lufthansa's Germany". For "GEO", he has worked on technical and scientific topics: inherited pollution, waste, packaging, avalanche research and the "Very Large Telescope" at ESO, the European Southern Observatory.

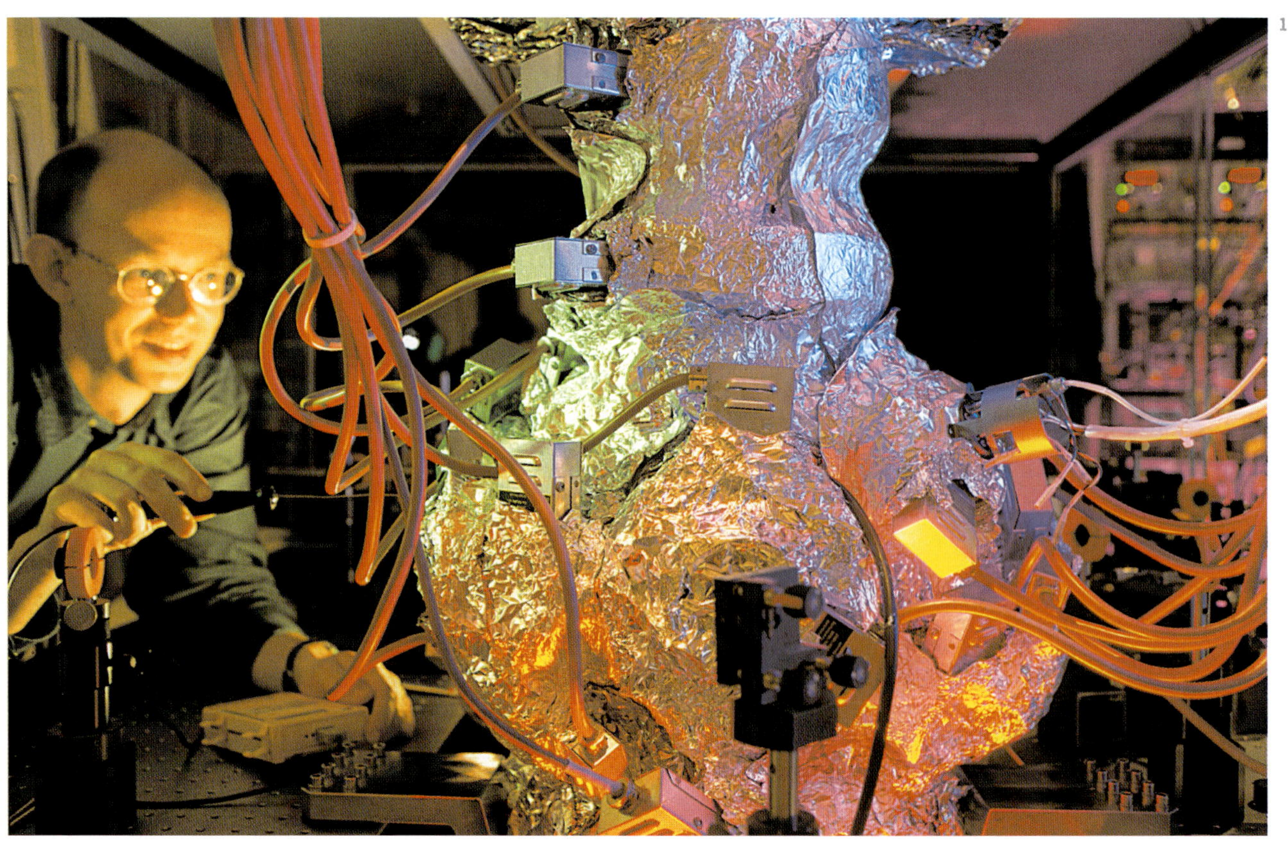

1

Referenzen/references: Bayer AG, ERCO Leuchten GmbH, Deutsche Lufthansa AG, RWE AG, Rütgers AG, S-WOK GbRmbH, FOCUS, GEO, Stern, Der Spiegel, natur u.a.
Veröffentlichungen/publications: Schwarz-Weiß-Portraits über den damaligen amerikanischen Innenminister Bruce Babitt und Karl Ganser, den Geschäftsführer der Internationalen Bauausstellung Emscher Park in »natur«; zahlreiche »Geo«-Reportagen, zuletzt mit dem Titel »Der Pott macht Putz« über das Neue Ruhrgebiet; »agenda« (RWE AG); »Bayer Research«; »ERCO Lichtbericht«; »Lufthansa's Germany«; div. Magazine.
Black and white portraits of Bruce Babitt, former American Secretary of the Interior, and Karl Ganser, General Manager of the Internationale Bauausstellung Emscher Park, in "natur"; numerous "Geo" reports, most recently on the new image of the Ruhr.
Austellungen/exhibitions: »Dokument und Erfindung«, Moore College of Art and Design, Philadelphia, USA, 1990; »Das Bild vom Menschen«, Die besten Fotos aus 50 Jahren Stern, Hamburg, 1998; »ZeitBlicke«, 30 Jahre BFF, Museum für Kunst und Gewerbe, Hamburg, 1999; »Die unendliche Reise«, Highlights der Wissenschaftsfotografie aus GEO, Hamburg, 1999; »Schwarz-Weiß und Farbe, Das Ruhrgebiet in der Fotografie«, Ruhrlandmuseum, Zeche Zollverein, Essen, 2000 u.a.
Auszeichnungen/awards: GEO-Foto des Jahres 1999, GEO Hamburg 1999; 3. Preis wissenschaft visuell 2001; Fraunhofer-Gesellschaft, Zeitschrift bild der wissenschaft u.a., Stuttgart 2001.

2

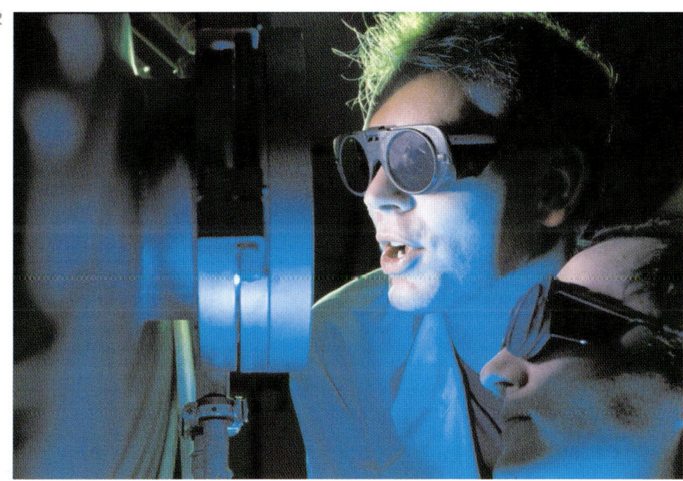

3

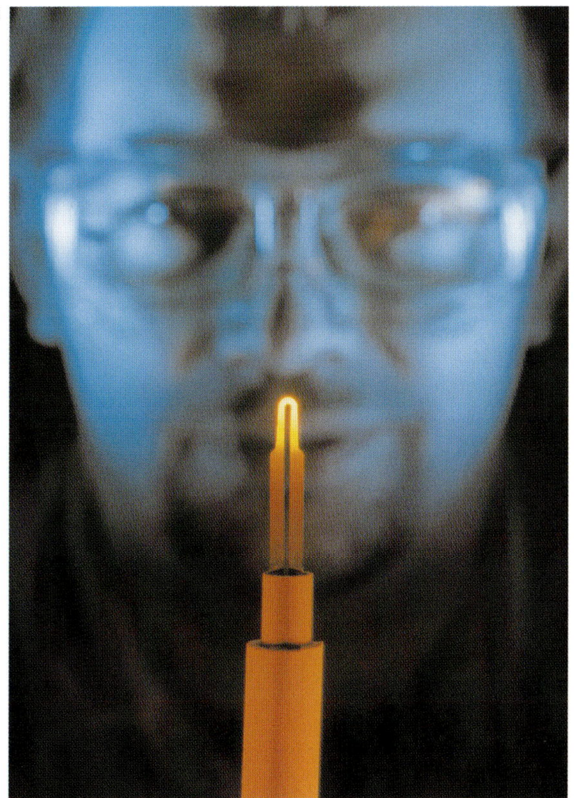

1 Forschung für den Quantencomputer: Vakuumapparatur mit Ionenfalle.
Quantum state computer research: Vacuum apparatus with ion trap.
Max-Planck-Institut für Quantenoptik, Garching 2000.

2 Hochfrequenz-Plasmabeschichtung eines Elektrolyten einer Hochtemperatur-Brennstoffzelle.
High-frequency plasma coating for electrolytes in high-temperature fuel cells.
Institut für Technische Thermodynamik, Deutsches Zentrum für Luft- und Raumfahrt, Stuttgart 1999.

3 3. Preis bei wissenschaft visuell 2001. Nanotechnologie: Glühzünder aus elektrisch leitfähiger Silizium-Carbid-Keramik.
Nanotechnology: Glow igniters made of electroconductive silicon carbide ceramics.
Institut für Neue Materialien, Saarbrücken 2000.

Michael Rasche (BFF)

Fotodesign

Kleine Beurhausstraße 18
44137 Dortmund
Telefon +49 (0)231/9 82 24 60
Telefax +49 (0)231/9 82 24 61
e-mail michael.rasche@t-online.de
internet www.michael-rasche.de

Michael Rasche, geboren 1959, studierte Fotodesign in Dortmund und ist seit 1995 freiberuflich als Fotodesigner tätig. Seine Schwerpunkte liegen im Bereich Architekturfotografie, Interieur, Modellfotografie und Industriefotografie, wie im Jahre 2000 für den Umweltbericht von DaimlerChrysler. Im Schwerpunkt Ausstellungsfotografie verwirklichte Michael Rasche in 2000 »Der Ball ist rund« im Gasometer in Oberhausen.

Michael Rasche, born in 1959, studied photographic design in Dortmund and has been self-employed as a photo designer since 1995. His work focuses on architectural photography, interiors, model photography and industrial photography, such as the environmental report for DaimlerChrysler in 2000. In the field of exhibition photography, Michael Rasche has produced projects such as "The ball is round" at the Gasometer in Oberhausen in 2000.

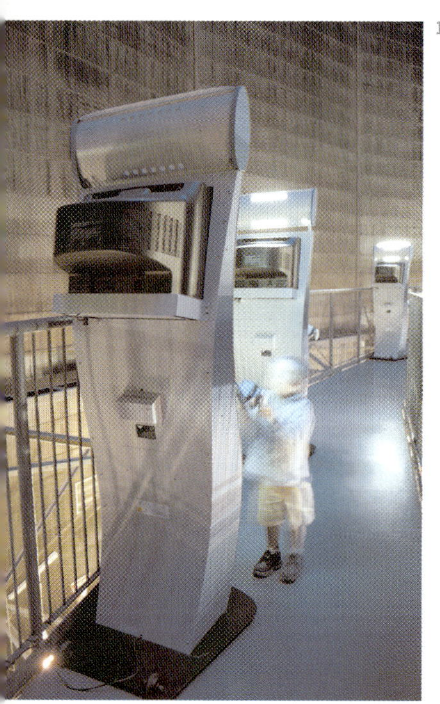
1

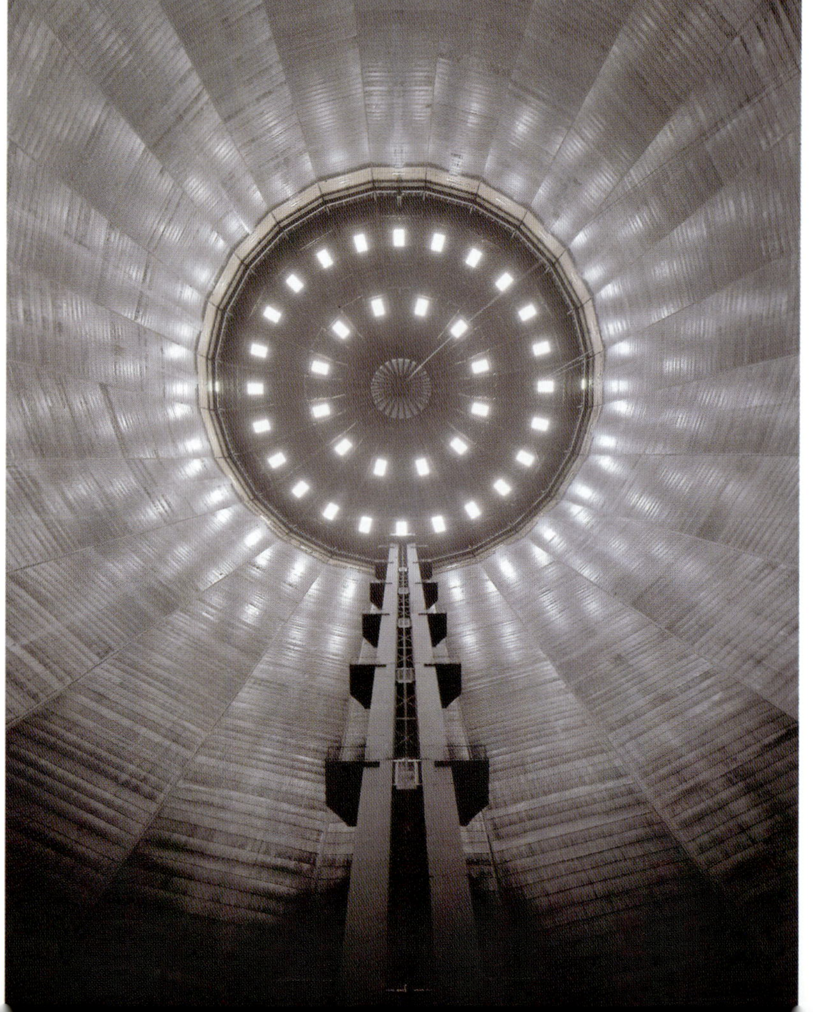
2

Referenzen/references: DaimlerChrysler AG; Deutsche Messe AG, Hannover; DPD (Deutscher Paket Dienst); Feuer und Flamme GmbH; Gerkan, Marg und Partner Architekten, Hamburg; Heidelberger Zement AG; IBA Emscherpark; Informationszentrum Beton, Köln; KVR, Essen; Ministerium für Städtebau und Wohnen, Kultur und Sport, NRW; Prof. Jürg Steiner, Architekt, Berlin; Ruhrgas AG, Essen; Springer und Jacoby Werbeagentur, Hamburg; Staatliche Bauämter in NRW (Bocholt, Bonn, Köln, Recklinghausen), Wörner und Partner Architekten, Frankfurt/Main.
Veröffentlichungen/publications: Beton-Prisma; db; DBZ; Licht und Architektur; »Feuer und Flamme – Eindrücke einer Ausstellung im Gasometer Oberhausen 1994/95«, Klartext Verlag, Essen 1995;»Kunst und Bau«, Kalender Ministerium für Städtebau und Wohnen, Kultur und Sport, NRW, Düsseldorf, 2000; »Sonne, Mond und Sterne«, Verlag Peter Pomp, Bottrop 1999; »Sonne, Mond und Sterne – ein Rückblick«, Verlag Peter Pomp, Bottrop 2000; »Szenische Architektur«, Jürg Steiner, Verlag Peter Pomp, Bottrop 2000. »30x30x30 Beton – Kunst«, Verlag Bau+Technik GmbH, Düsseldorf 1999.

3

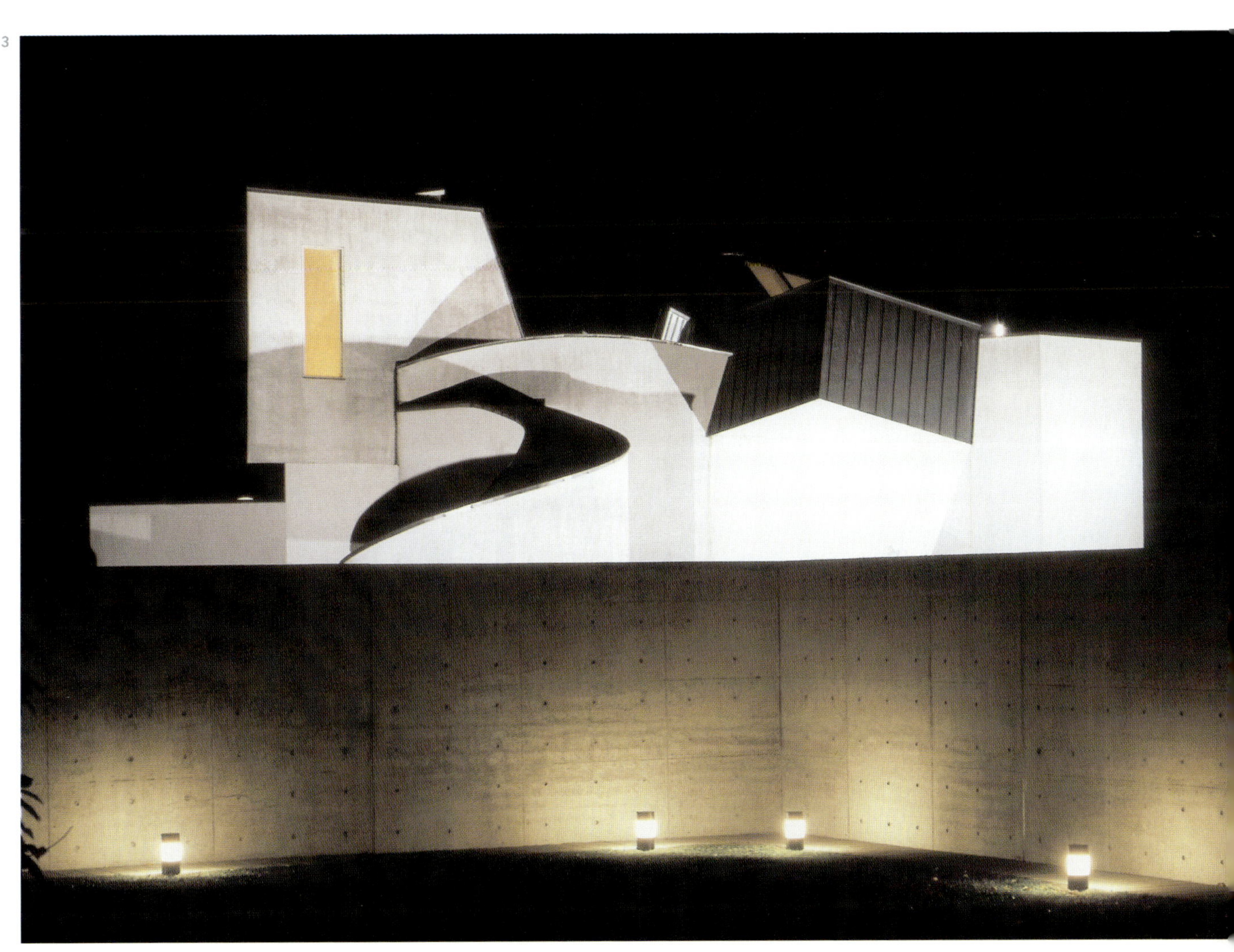

1 Ausstellung: »Der Ball ist rund«
Exhibition "The Ball is Round"
Gasometer Oberhausen 2000.

2 Gasometer Oberhausen.

3 Objekt im Hintergrund/*Object in background:*
Vitra Design Museum.
Architekt: Frank O. Gehry.
Objekt im Vordergrund/*Object in foreground:*
Konferenz-Pavillon.
Architekt: Tadao Ando.

Ralph Richter

Photodesign (BFF)

Wetzlarer Weg 24
40229 Düsseldorf
Telefon +49 (0)211/2 20 29 50
Telefax +49 (0)211/2 20 29 51
e-mail post@ralphrichter.com
internet www.ralphrichter.com

Dipl. Des. Ralph Richter, geboren 1963, studierte Visuelle Kommunikation/Foto-Film-Design an der FH Dortmund, 1991 machte er dort sein Examen zum Diplom-Fotodesigner. Parallel dazu studierte er sechs Semester Architektur an der Universität in Dortmund. 1989 begann er freiberuflich als Fotodesigner in den Bereichen Architektur- und Industriefotografie zu arbeiten. 1992 gründete er das Bildarchiv ... architekturphoto mit Büro in Düsseldorf.

Ralph Richter, born in 1963, studied visual communication and photo/film design at the Fachhochschule Dortmund, graduating there as a photographic designer in 1991. In parallel, he studied architecture for three years at Dortmund University. He started working freelance as a photo designer in the fields of architecture and industrial photography in 1989. In 1992, he founded ... architekturphoto, a photographic archive based in Düsseldorf.

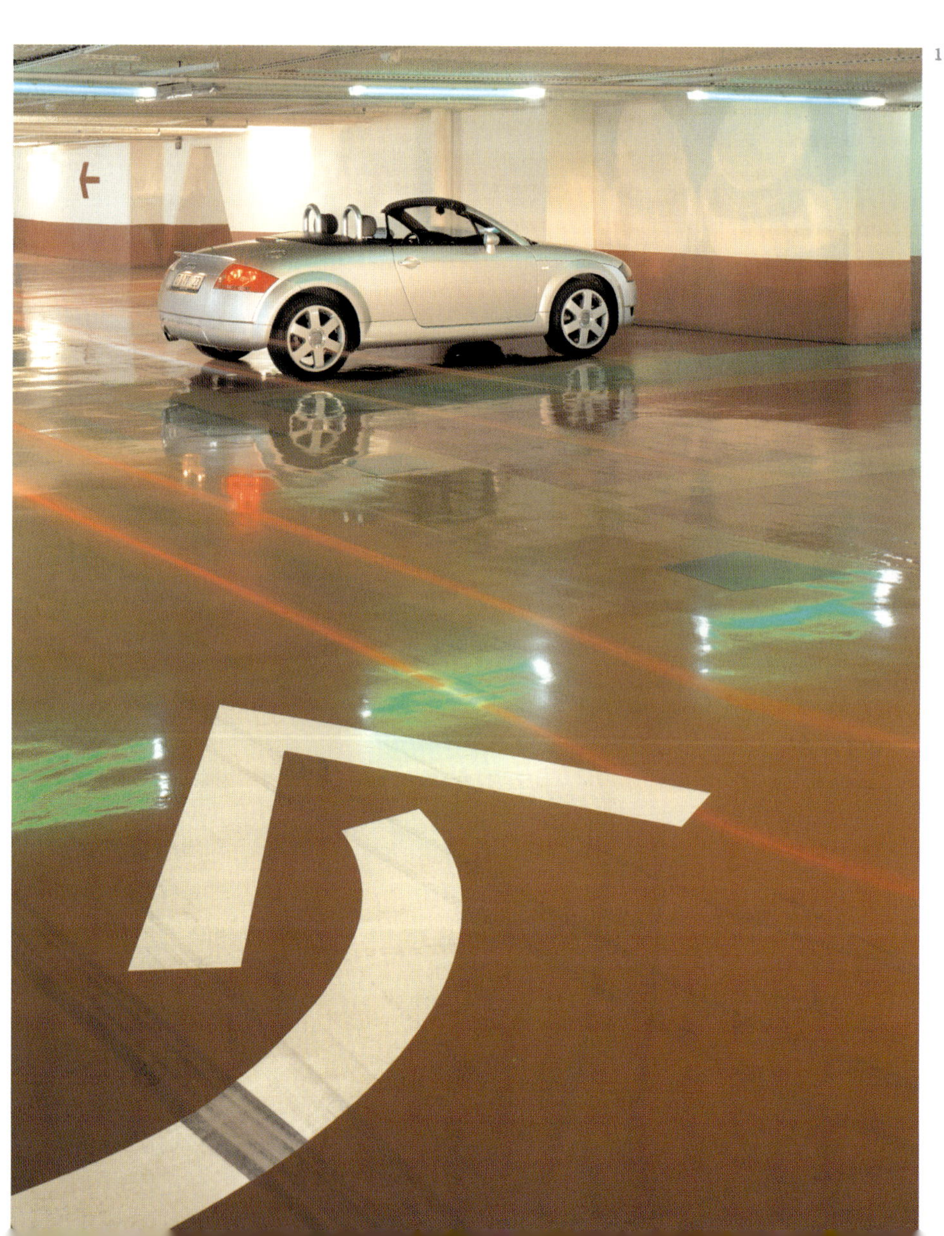

1

Referenzen/references: Zu seinen Auftraggebern gehören renommierte, weltbekannte aber auch junge engagierte Architekten aus Deutschland und Europa sowie verschiedene große Werbeagenturen und Firmen. Seine Arbeiten werden in Zeitschriften, Broschüren und Büchern weltweit veröffentlicht.
His clients include both world-famous architects and young, enthusiastic talents from Germany and the rest of Europe, various major advertising agencies and businesses. His works are published worldwide in magazines, brochures and books.
Ausstellungen/exhibitions: Abbaye Notre Dame du Gard in Amiens, Frankreich 1989; Kulturzentrum Merzig, Saarland 1989; Fotografisches Zentrum der UDSSR, Moskau 1991; Kloster Windberg, Windberg 1992; Galerie Aedes, Berlin 1992; Lindenhoffgalerie, München 1993; Galerie Schwanenburg, Kleve 1993; World Financial Center, New York, USA 1994; Staatstheater Duisburg 1994; Museum am Hansaplatz, Dortmund 1997.

2

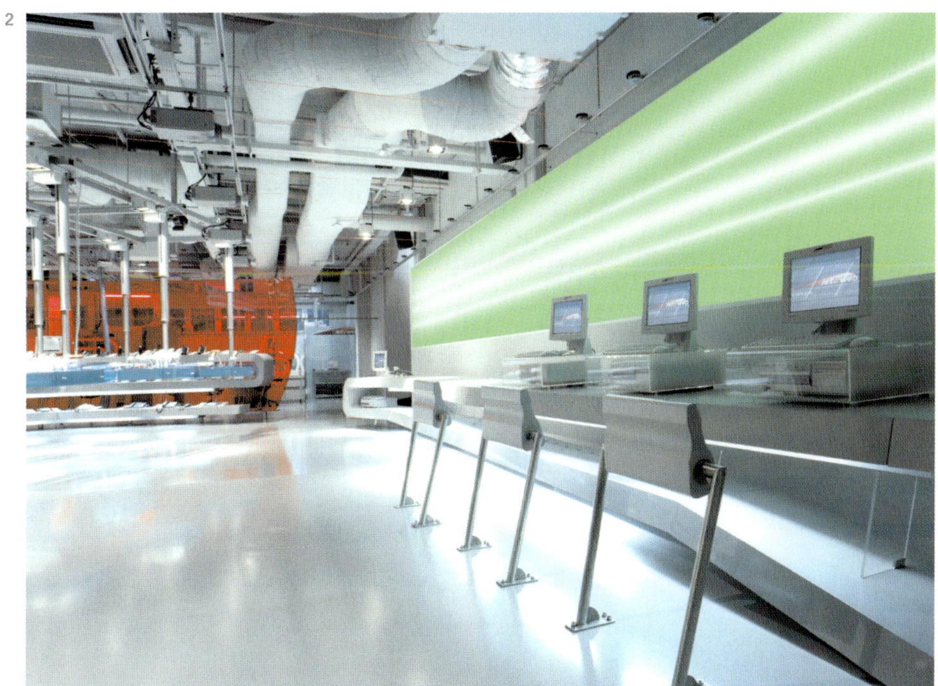

3

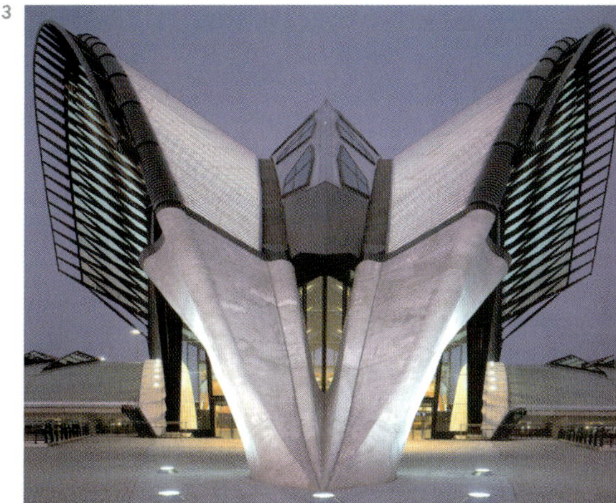

1 Konzeption Audi TT
Werbekampagne/*Advertising campaign.*

2 Jet 2 Web Store Wien
Architekten/*Architects:* the unit, Wien.

3 TGV-Bahnhof/*TGV station* Lyon
Architekt/*Architect:* Santiago Calatrava.

Ralf Schultheiß (BFF)

Foto-Design

Waldeck 5
45133 Essen
Telefon +49 (0)201/42 07 36
Telefax +49 (0)201/42 09 76
e-mail ralf@ralfschultheiss.com
internet www.ralfschultheiss.com

Ralf Schultheiß, geboren 1952, studierte an der Universität Essen Foto Design und machte 1981 die Abschlußprüfung zum Diplom Designer. Seitdem ist er freischaffender Fotograf. Seine Bilder werden von den Agenturen Picture Press, gettyone, Bilderberg und vividia täglich weltweit verkauft. »Ich bin ein People Fotograf und liebe die Arbeit an den schönsten Stränden der Welt.«

Ralf Schultheiss, born in 1952, studied photographic design at the University of Essen, and took his degree in 1981. Since then, he has worked as a freelance photographer. His pictures are sold worldwide on a daily basis by the agencies Picture Press, gettyone, Bilderberg and vividia. "I am a people photographer and love working on the world's most beautiful beaches."

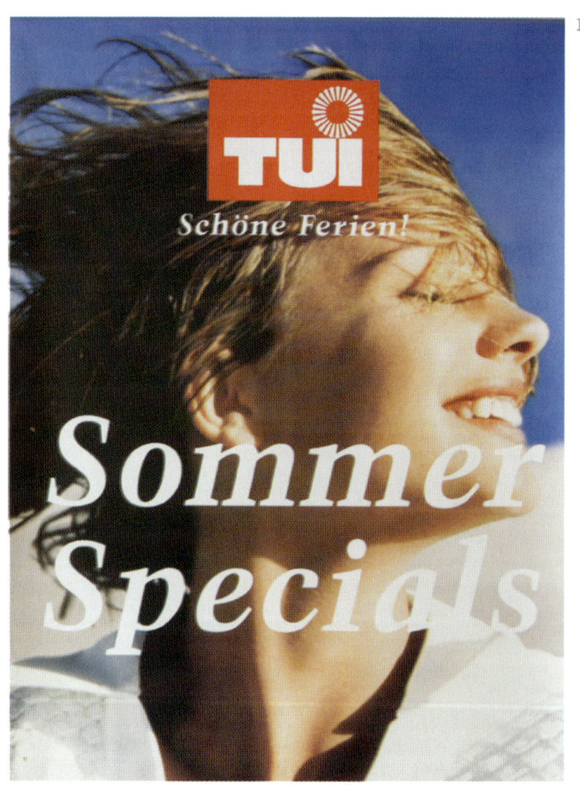

1

Referenzen/references: Seit November 2000 bis heute habe ich 350 Beraterpässe für die Mitarbeiter im Bereich Private Banking der HypoVereinsbank fotografiert. Projekt in Vorbereitung: Reportage der Olympischen Spiele in Salt Lake City für die Zeitschrift MAX, mit Unterstützung von Picture Press und Coca-Cola.
From November 2000 to date I have shot 350 identity cards for the private banking staff at the HypoVereinsbank. Project in preparation: a report on the Olympic Games in Salt Lake City for MAX magazine, with support from Picture Press and Coca-Cola.

3

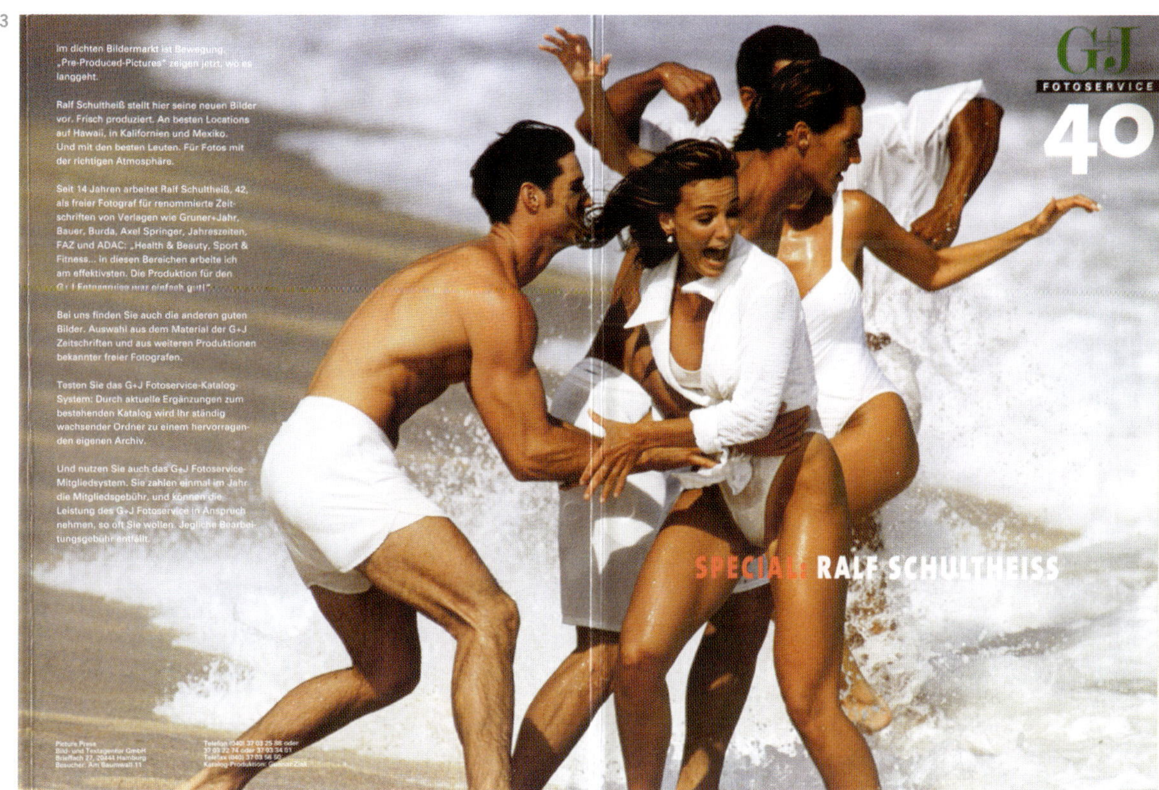

2 

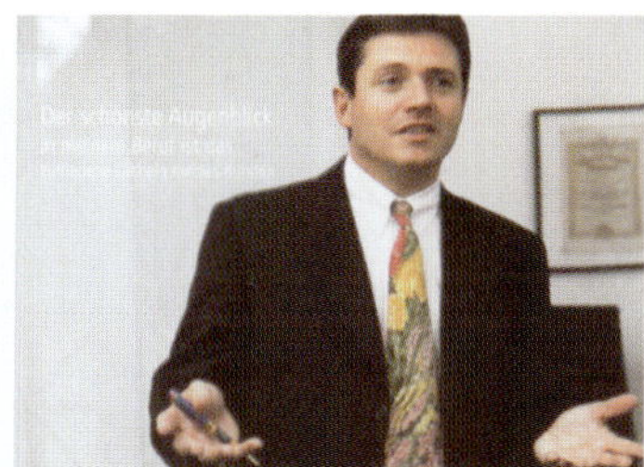

1 TUI-Plakat/*TUI poster* 110 x 175 cm
stone, gettyone.

2 Beraterpässe/*ID cards*
234 x 90 mm für alle Mitarbeiter der HypoVereinsbank im Bereich Private Banking.
234 x 90 mm for all private banking personnel at the HypoVereinsbank.
Jörg Priebe, HypoVereinsbank Essen 2000.

3 Catalog-Cover für Picture Press
Catalogue cover for Picture Press
Gruner + Jahr 430 x 300 mm.
Mexiko, Cabo San Lucas.
Brian, Shea, Rick, Sydney und/*and* Chris aus/*from* Los Angeles 1996.

Manfred Schwellies (AGD)

Girardetstraße 2-38
45131 Essen
Telefon +49 (0)201/77 00 53
Telefax +49 (0)201/77 00 58
e-mail schwelliesfoto@aol.com

Eberhard-Finckh-Straße 1
89075 Ulm
Telefon +49 (0)731/26 51 14
Telefax +49 (0)731/926 73 10

Dipl. Des. Manfred G. Schwelles, geboren 1951, studierte von 1971-1975 Visuelle Kommunikation. Seit 1978 ist er freiberuflich tätig. Von 1986 bis 1990 studierte er Philosophie und Soziologie an der Uni Augsburg, von 1975 bis 1985 hatte er verschiedene Dozentenstellen an Volkshochschulen inne. 1983 wurde Manfred G. Schwelles in die DGPH berufen.
»Beruflich beschäftige ich mich mit der Umsetzung von Begriffen und Ideen in fotografische Bilder. Zur Veröffentlichung kommen die Fotos in Geschäftsberichten und Imageanzeigen.«

Manfred G. Schwelles, born in 1951, studied visual communication from 1971 to 1975. He has been self-employed since 1978. From 1986 to 1990, he studied philosophy and sociology at the University of Augsburg, and from 1975 to 1985 he taught in adult education. In 1983, Manfred G. Schwelles was appointed a member of the DGPH.
"In my profession, I deal with the transformation of concepts and ideas into photographic pictures. The photos are published in business reports and image advertisements."

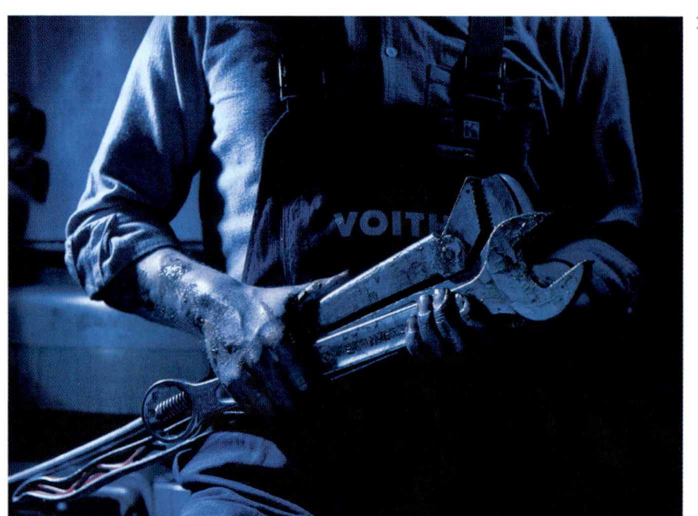

1

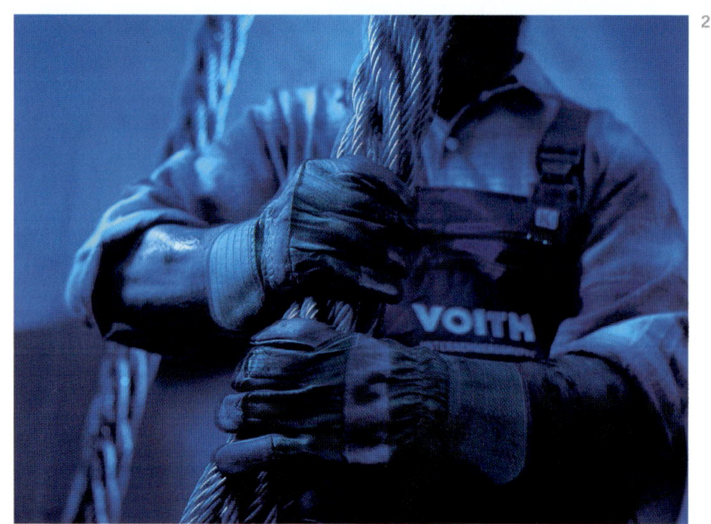

2

Ausstellungen/exhibitions: Ausstellungsbeteiligung FH Dortmund 1975; Einzelausstellung Wuppertal 1978; Einzelausstellung Migros Galerie Zürich, 1978; Einzelausstellung Hamburg 1978; Einzelausstellung Ulm 1978; Einzelausstellung Darmstadt 1997; Einzelausstellung Marne 1979; Einzelaustellung Lehrte 1982; Einzelaustellung Neu-Ulm 1983; Einzelausstellung Ulm 1983; Ausstellungsbeteiligung Photokina Köln 1986, 1988, 1990; Aktion 1000 Berliner – vom AWI 1989; Einzelausstellung Hamburg 1994; Einzelausstellung Essen 1995; Einzelausstellung Ulmer Museum Ulm 1996; Einzelausstellung Gelsenkirchen 1996; Einzelausstellung Essen 1997, 1998; Einzelausstellung Torgauer Kunstverein Torgau 1999; Einzelausstellung Kunstverein Oschatz 1999.
Veröffentlichungen/publications: Novum; Profi-Photo; International Phototechnik, CI-Report.
Auszeichnungen/awards: Auszeichnung für Künstlerische Fotografie bei der Photokina Köln; Auszeichnung für Künstlerische Fotografie bei Art-Finance, Frankreich.

3

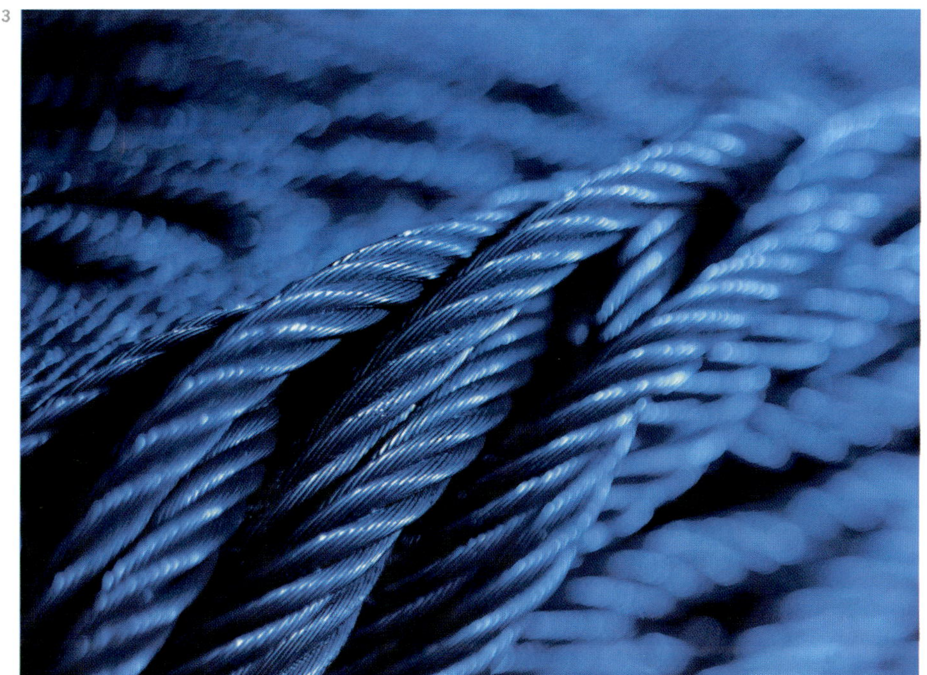

1 Tatkraft/*Energy*
Schraubenschlüssel/*Spanner.*

2 Power
Hände und Stahlseile
Hands and wire ropes.

3 Struktur/*Structure*
Stahlseile liegend/*Wire rope lying.*

Jürgen Wassmuth

Fotodesign

Hasenkamp 2–4
44359 Dortmund
Telefon +49 (0)231/3 58 83
Telefax +49 (0)231/3 58 84
e-mail jott@wassmuth-foto.com
internet www.wassmuth-foto.com

Jürgen Wassmuth arbeitet seit 1984 als freischaffender Foto Designer. Er studierte Foto Design an der FH Dortmund und an der Parsons School of Design in New York. Er machte Magazinreportagen und Foto Essays aus Amerika und Europa. Zu seinen Arbeiten zählen Prominenten Portraits und freie Ausstellungsprojekte. Viele seiner Arbeiten sind in Sammlungen namhafter Museen zu sehen. Die Auftragsarbeiten Jürgen Wassmuths für die Industrie zeigen die Stärke in konzeptioneller Fotografie. Ziel ist eine atmosphärische Dichte und natürliche Darstellung von Charakteren, auch bei Architektur oder Industrie.

Jürgen Wassmuth has worked as a freelance photographic designer since 1984. He studied photographic design at the Fachhochschule Dortmund and the Parsons School of Design in New York. He has produced magazine reports and photo essays from America and Europe. His work includes celebrity portraits and independent exhibition projects. Many of his works can be seen in well-known museums. Jörg Wassmuth's contract work for industry shows his strength in conceptual photography. The objective is atmospheric tautness and a natural presentation of characters, even in architecture or industry.

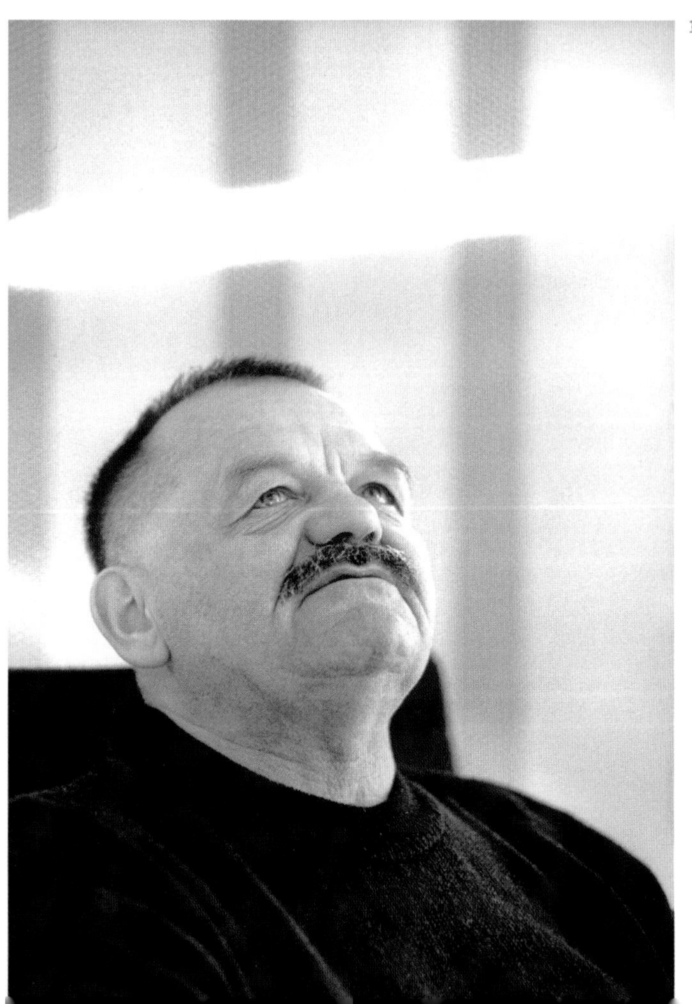

1

Referenzen/references: Aluminiumwerke Unna, Bruckmann Verlag, Bundesministerium für Familie, Senioren, Frauen und Jugend, Commerzbank AG, Dortmunder Actien Brauerei, Eugen Boss GmbH, Harenberg Verlag, Harpen AG, Initiativkreis Ruhrgebiet, LEICA GmbH, Lufthansa AG, RWE Net, SIC Software Industrie Consult, Thyssen Magnet, VDO Siemens.
Veröffentlichungen/publications: »New York Romance«, Foto Essay 1988; »Focus«, Internationaler Foto-Workshop, Organisation New York, Paris, Dortmund 1988-1990; »Gegenbild« Malerei/Performance/Fotografie mit B. Heinisch 1990; »Mexikanisches Portfolio«, Foto Essay, Universität von Guadalajara, Mexico, Internationales Kolloqium für Fotografie 1993/1994; »Merkwürdige Ansichten«, Leica-Galerie, Wetzlar 1995; »Manhattan Project«, New York, SW Panorama-Fotos 1998; »Alles ist Wasser«, Petri-Kirche Dortmund 1999; »Dortmund Forever«, Museum für Kunst- und Kulturgeschichte 2001; »Feuerwehr Dortmund 1901–2001« Fotoreportage 2001; »Traumziel Toskana«, Farb-Bildband Reisefotografie, Fotos und Text, Bruckmann Verlag 2001 u.a.

2

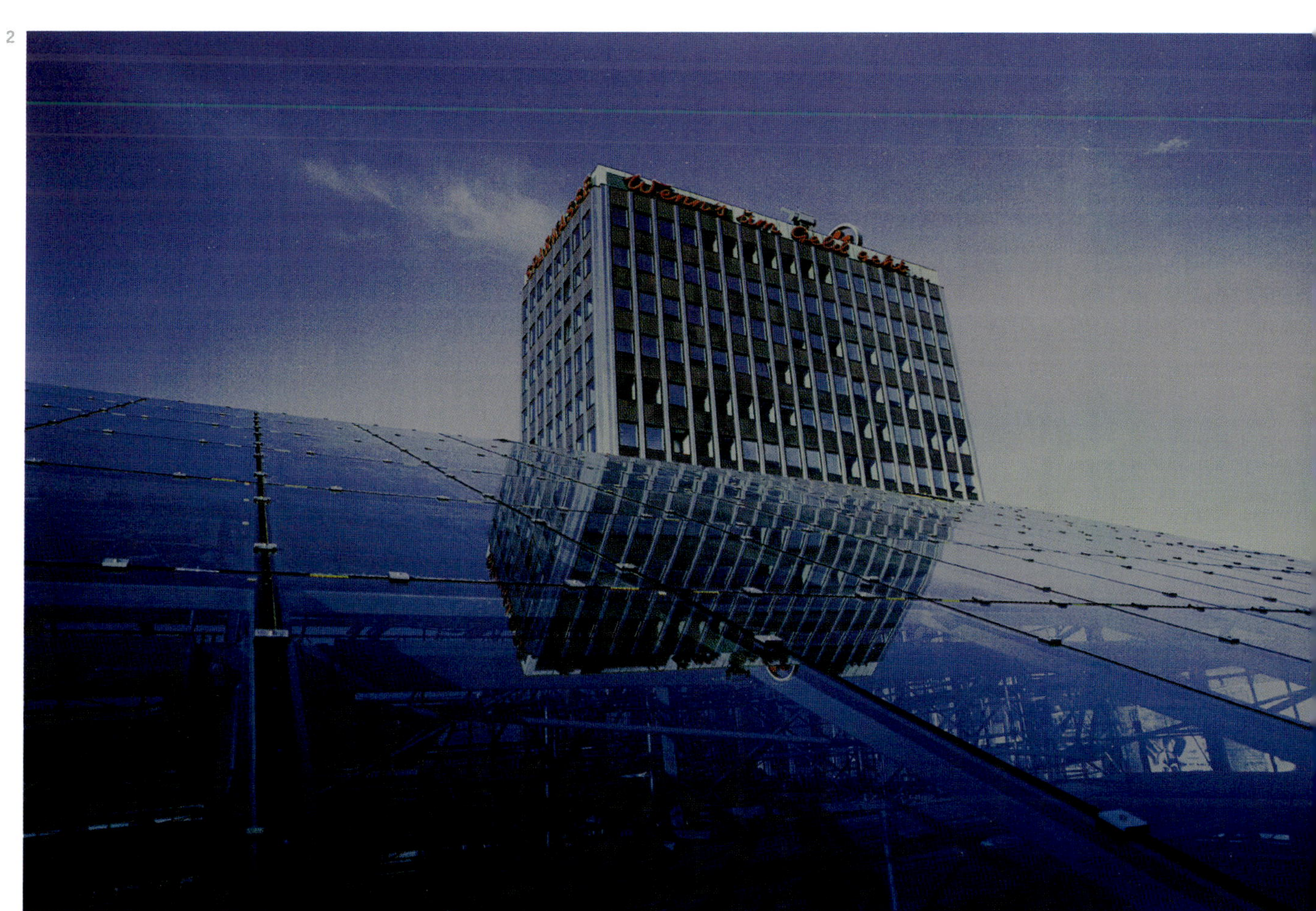

1 Alfred Hrdlicka 2/95

2 Stadtsparkasse Dortmund

Peter Wattendorff (BFF)

Fotostudio

Friedrich-Ebert-Straße 99–101
48153 Münster
Telefon +49 (0)251/1 44 28 88
Telefax +49 (0)251/1 44 28 90
Mobil +49 (0)172/5 67 54 00
e-mail peter@wattendorff.de
internet www.wattendorff.de

Peter Wattendorff, geboren 1963, ist diplomierter Theatermaler und Dipl. Fotodesigner. Er studierte Visuelle Kommunikation in Münster/Westfalen und hat dort seit 1996 ein eigenes Fotostudio. Seine Arbeitsbereiche sind Studio und Locationfotografie sowie Bildkonzepte. Im Bereich People: Image und Werbe-Kampagnen für diverse Unternehmen und Produkte. Im Bereich Stills: atmosphärische Produktfotografie von Schmuck und Technik. Im Bereich Fashion: Image, Produkt und Lifestyle. Seit 2001 arbeitet er mit der Bildagentur ZEFA zusammen.

Peter Wattendorff, born in 1963, is a graduate in theatre painting and photographic design. He studied visual communication in Münster, Westphalia, and has run his own photographic studio there since 1996. His work encompasses studio and location photography, and picture concepts. In the "people" sector, he produces image and advertising campaigns for various companies and products. In "stills", atmospheric product photography of jewellery and technical products. In "fashion", he deals with image, products and lifestyle. He has collaborated with the photo agency ZEFA since 2001.

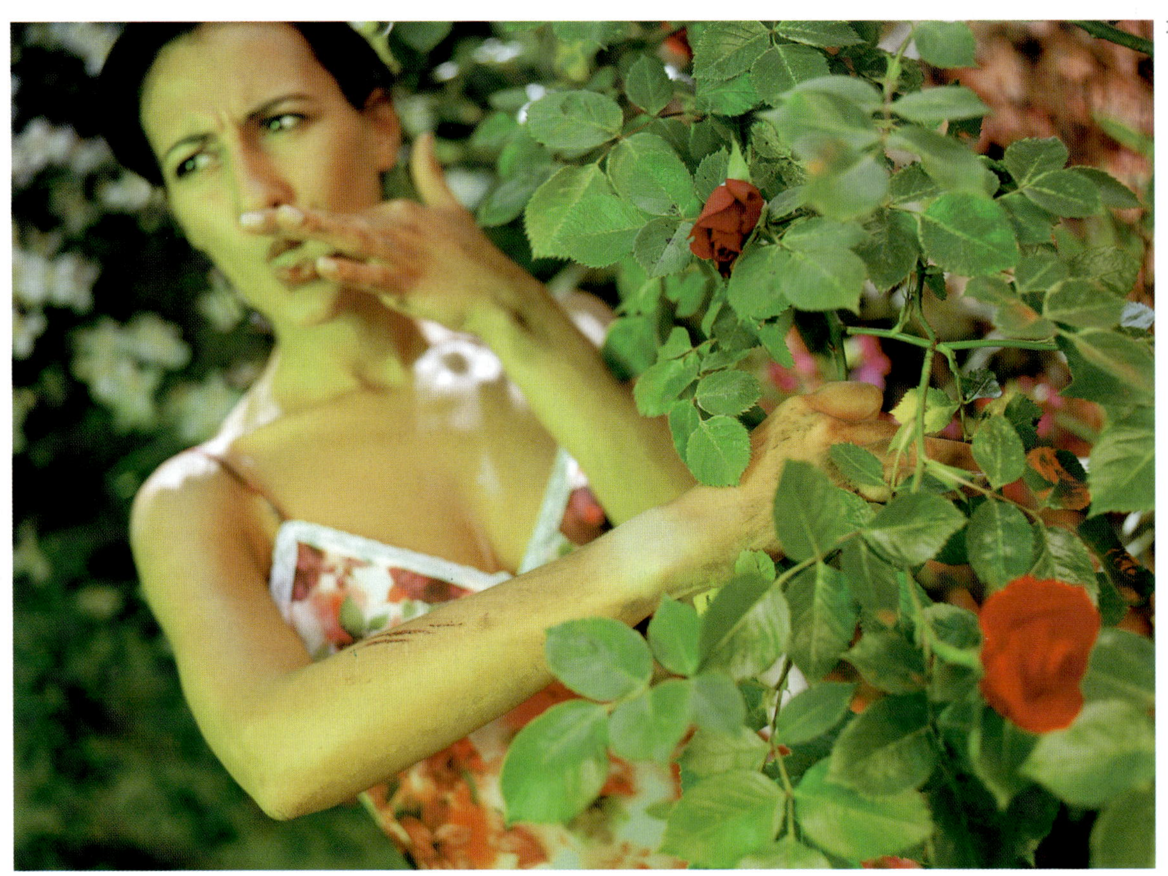
1

1 Oeding-Erdel
Schmuckkatalog 2001
Jewellery catalogue 2001.

2 Portal
Imagekampagne 2000
Image campaign 2000.

Referenzen/references: Werbeagenturen und Direktkunden. Dienstleister: Citykom, PMA-Finanzdienstleistung, Procter & Gamble, Münsterl. Bank Thie & Co., Stadtwerke Münster. Industrie: BASF-Glasurit, CP-Plast, DeDietrich, EG-Plast, Mühlhoff, Waeco, Winkhaus; Schmuck: Hellwege, Oeding-Erdel; Mode: Offset-Ledermoden, Schnitzler, Spiegelburg Home; Magazine: Econy, Handelsblatt, Junge Karriere, Nikon News; Verlage: Coppenrath-Verlag.

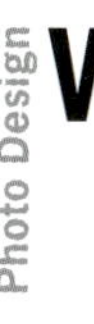

2

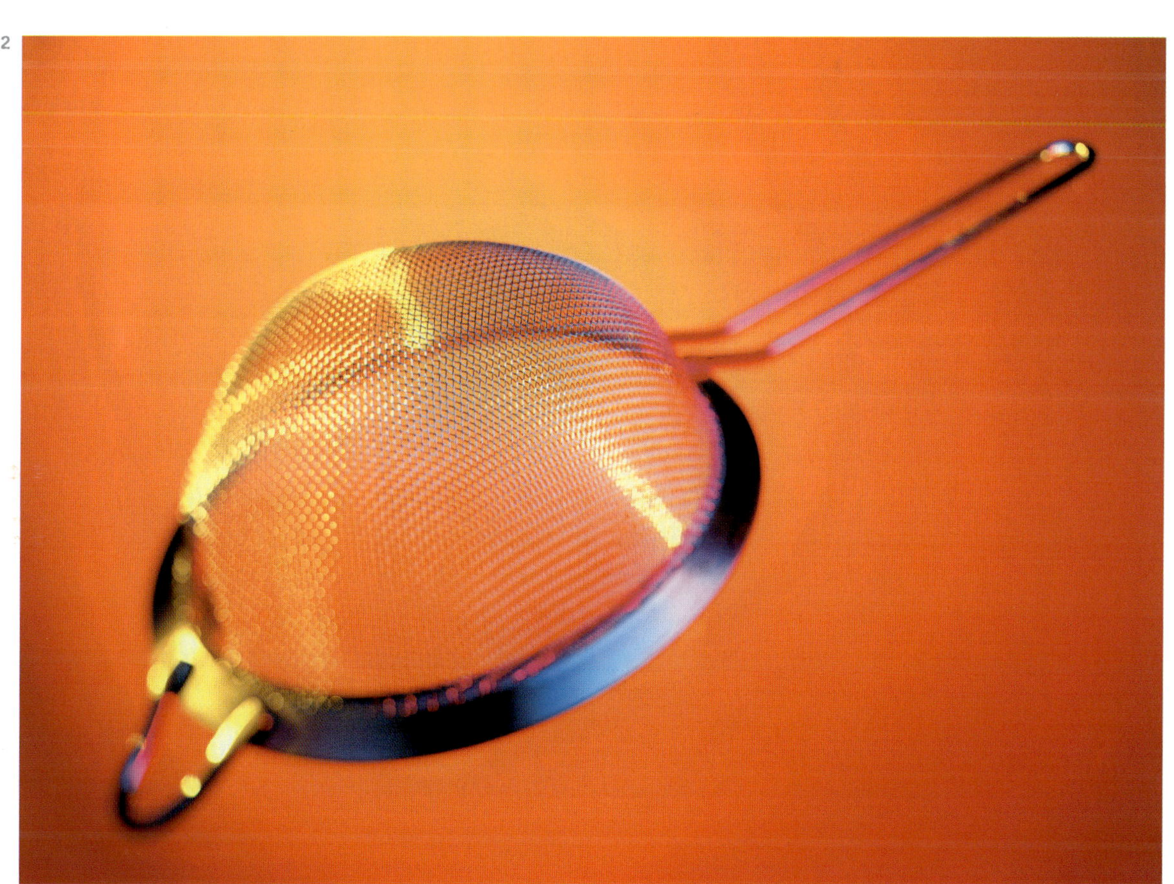

Jörg Winde (BFF)

Fotodesign

Am Hedtberg 65
44879 Bochum
Telefon +49 (0)234/41 23 63
Telefax +49 (0)234/41 11 75
e-mail winde@fh-dortmund.de

Prof. Jörg Winde, geboren 1956, studierte Fotodesign an der Fachhochschule Dortmund, es folgte ein Aufbaustudium Kommunikationsdesign an der Bergischen Universität, GHS Wuppertal. Seit 1984 arbeitet er als freischaffender Fotodesigner im Bereich Architektur, Industrie und Technik. Er hielt Vorträge für die Fördergemeinschaft Fotografische Ausbildung FFA und den Centralverband Deutscher Berufsfotografen (CV). Von 1993 bis 1997 hatte Jörg Winde einen Lehrauftrag für Fotodesign an der GHS Wuppertal, seit 1999 ist er Professor im Fachbereich Design an der Fachhochschule Dortmund. 2001 wurde er zum Mitglied der Deutschen Gesellschaft für Fotografie, DGPH, berufen.

Prof. Jörg Winde, born in 1956, studied photographic design at the Fachhochschule Dortmund and followed this up with a course in communication design at the Bergische Universität in Wuppertal. He started work as a freelance photographic designer in the fields of architecture, industries and engineering in 1984. He has lectured to the photographic training support group FFA and the central association of German professional photographers CV. From 1993 to 1997, Jörg Winde lectured on photographic design in Wuppertal, and since 1999 he has occupied the chair in design at the Fachhochschule Dortmund. In 2001, he was appointed a member of the German Society for Photography (DGPH).

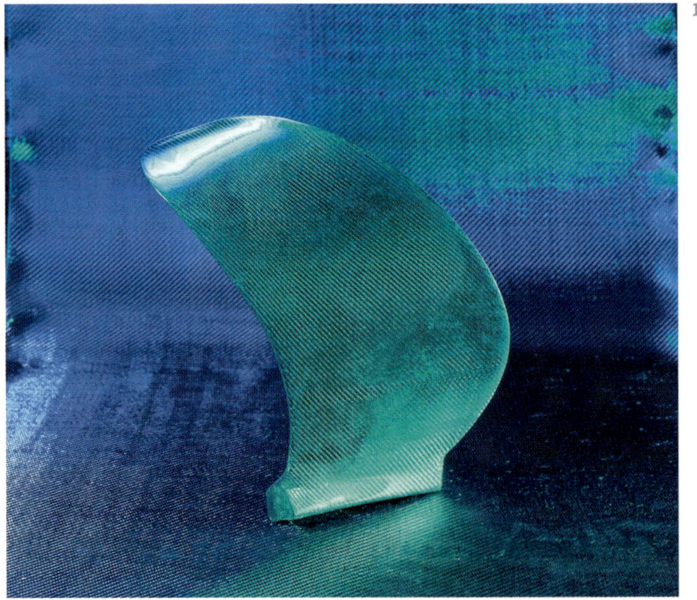

1

1 Propellersegment
Propeller segment
Babcock GB 1999.

2 Wirbelschichtapparat
Fluidised bed apparatus
GEA GB 2000.

3 Regierungsviertel Erfurt
Local government district in Erfurt
Architekt/*Architect:* Hoechstetter
2001.

Referenzen/references: Arag, Aral, Babcock-Borsing AG, Flachglas AG, GEA AG, Klöckner Werke, Ruhrkohle Handel, Siemens AG, Thyssengas, TFG Venture Capital, Veba AG.
Veröffentlichungen/publications: »Architektur – vom Licht beherrscht«, Photo Technik International 1/1985; »Architektur als Objekt«, Photo Technik International 1/1987; »Ein Symbol sichtbarer Verbindung«, Photodesign und Technik 1/1987; »Sonne für L.A.«, Photo Technik International 4/1988; »Hauptstädte Europas« und »Stadtgeschichten«, West LB-Kalender 1990 und 1991; »Spiegel, Glas und viel Talent«, Photodesign und Technik Nr. 32; »Deutsche Industriefotografen«, Wörkshop 10/1990; »Jörg Winde«, Novum 4/1991; »Traumfabrik«, Color-Foto 11/1991; »Spiegelungen«, Color Foto 6/1992; »Dortmunds Fotodesigner setzen sich durch«, Horizont 17/1992; Handbuch für Design in NRW 1993/1994 u. 1996/1997; »Technologie-Ästhetik«, Kalender der GEA AG 1995, 1996, 1997, 1998; »Jörg Winde«, Novum 2/1996; »Technologie-Ästhetik«, Profifoto 11/1997; »New Tools«, Designers Digest Nr. 64, 12/1997; »Scanographien«, Photographie 11/2000 u.a.

2

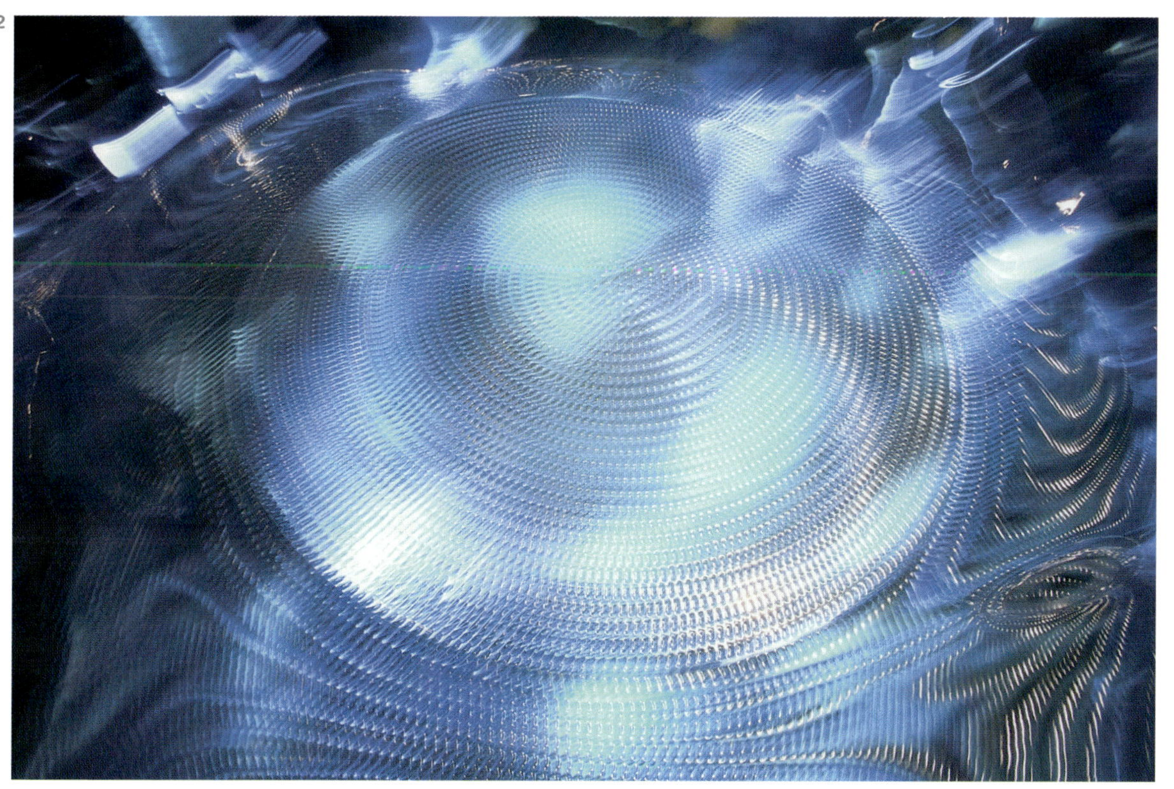

3

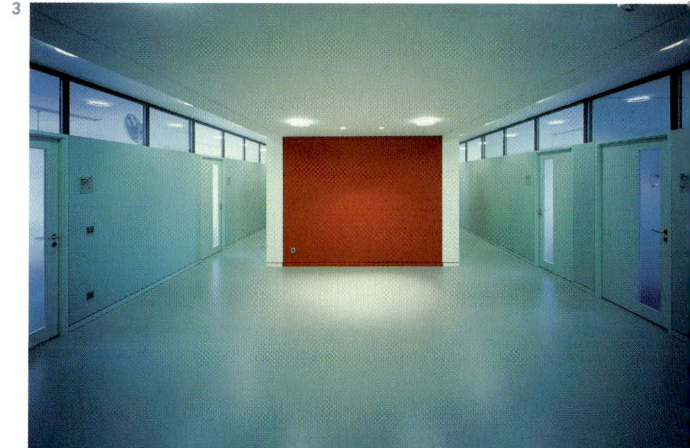

Multimedia
Design

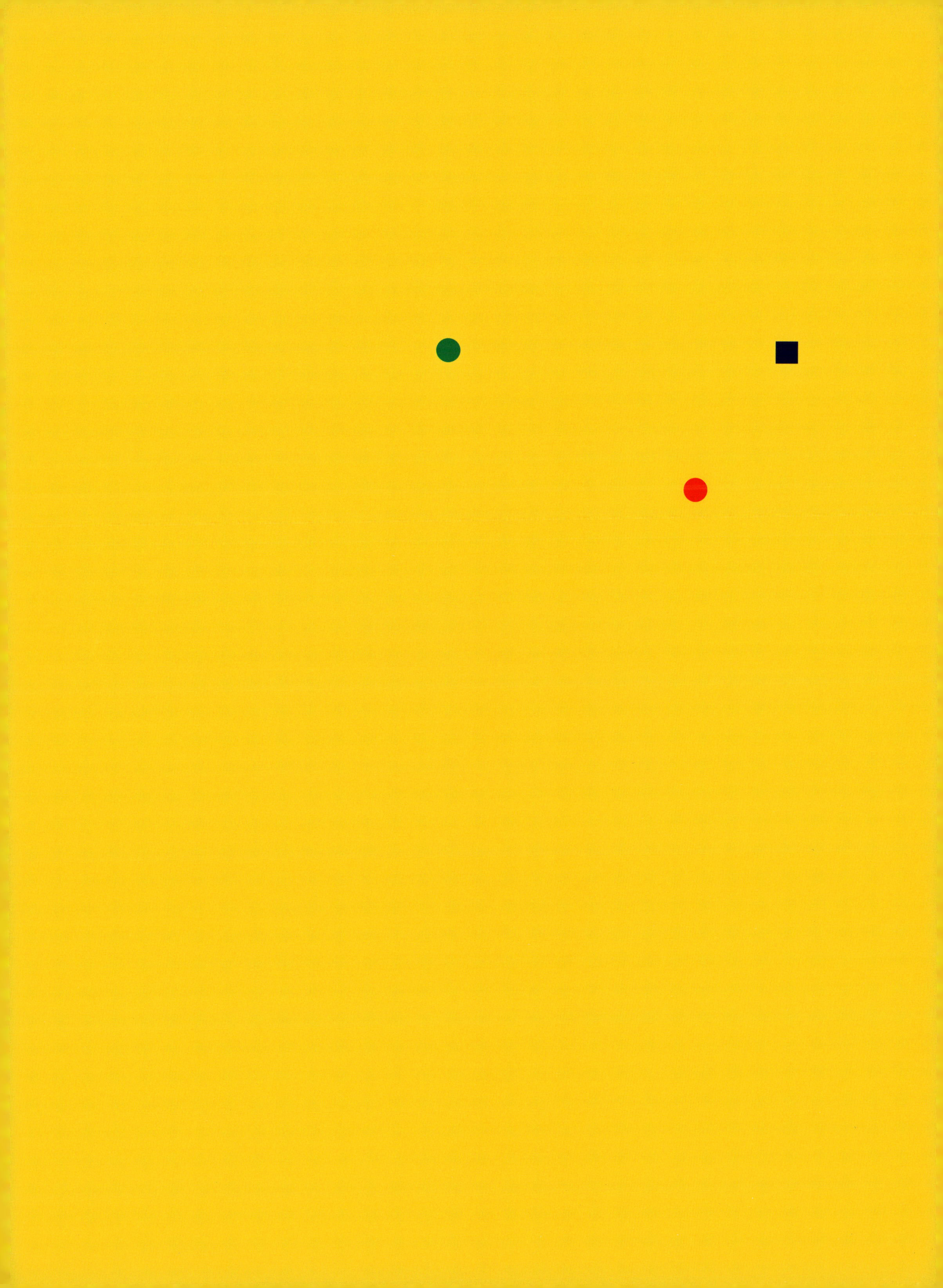

AGI

Think Tank Task Force
Agency GmbH

Hohnerstraße 23
70469 Stuttgart
Telefon +49 (0)711/49 03 20 0
Telefax +49 (0)711/49 03 20 150
e-mail web@agi.de
internet www.agi.de

AGI ist Think Tank, Task Force, Agency. Think Tank – eine Gruppe von Menschen, die weitreichende Internet-Konzepte entwickelt. Task Force – ein Team voller Spezialisten aus ganz unterschiedlichen Bereichen. Also die ideale Mischung für eine Agentur – Agency. Kreativität ist die Basis für alle Disziplinen bei AGI, vom Konzept über das Design bis zur Technik. Gegründet wurde die Multimedia-Agentur 1996 von Gaylord Aulke, Oliver Schmid und Christian Schwarm in Stuttgart, heute sind zusätzlich Marcus Aulfinger und Gerhard Bach in der Geschäftsführung. 100 Mitarbeiter im Juni 2001, 12 Millionen Mark geplanter Umsatz im Jahr 2001. AGI gibt es in Stuttgart (Hauptsitz), in Berlin und Hamburg sowie demnächst auch in München.

AGI is Think Tank, Task Force and Agency rolled into one. Think Tank – a group of inspired minds who create far-reaching internet concepts. Task Force – a spectrum-spanning team of hands-on specialists. Together that spells the ideal mix for an Agency. The basic ingredient of all disciplines at AGI - from concept to design to technology – is creativity. This multimedia agency was founded in Stuttgart, Germany, in 1996 by Gaylord Aulke, Oliver Schmid and Christian Schwarm. Today the management team also includes Marcus Aulfinger and Gerhard Bach. By June 2001, the company had created 100 jobs, while forecast revenues for 2001 stand at EUR 6 million. AGI can be found in Stuttgart (HQ), Berlin and Hamburg, to be joined by a office in Munich.

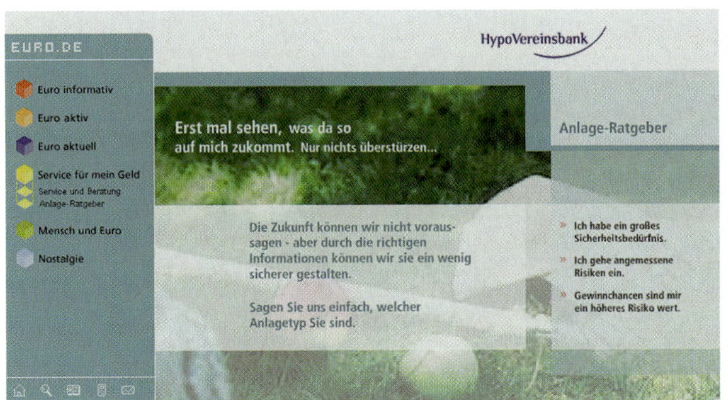

1

1 www.euro.de, Infotainment-Projekt
Infotainment project
Bayerische Hypo- und Vereinsbank AG
2001.

2 www.topdeq.com, E-Commerce Angebot
E-commerce quotation
TopdeQ Service GmbH 2001.

3 www.henneka.com, Imagewebsite
Image website
Dietmar Henneka 2000.

Referenzen/references: BauFinanzierung.direkt, DaimlerChrysler, Dietmar Henneka, Dr. Scheller Cosmetics, Einhorn, EurotaxSchwacke, HypoVereinsbank, KnowOne, LBS, Manhattan Cosmetics, MCC (Smart), MKI, Payback, Topdeq, Wirtschaftsförderung Region Stuttgart u.a.
Auszeichnungen/awards: The New York Festivals 1998: Gold; Clio 1999: Bronze; Jahrbuch der Werbung 2000: Kampagne des Jahres; Cresta Awards 2000: Winner; The One Show Interactive 2001: Bronze; red dot award: communication design 2001: Auszeichnung für Hohe Designqualität; The New York Festivals 2001: Gold und Bronze; Business-to-Business Award 2001: Shortlist, Cannes Cyberlions 2001: Shortlist und Bronze ... und 47 weitere (bisher).

2

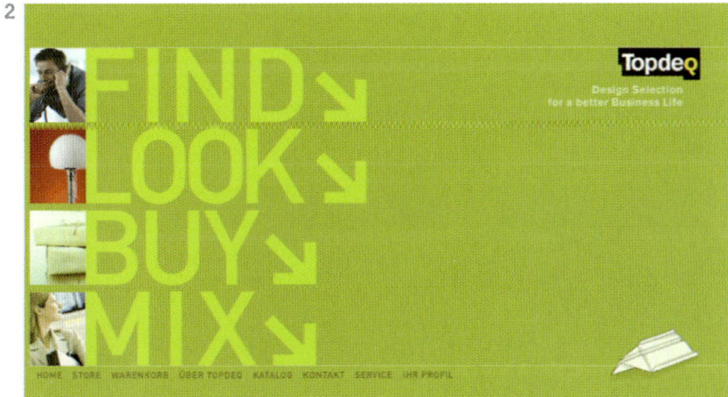

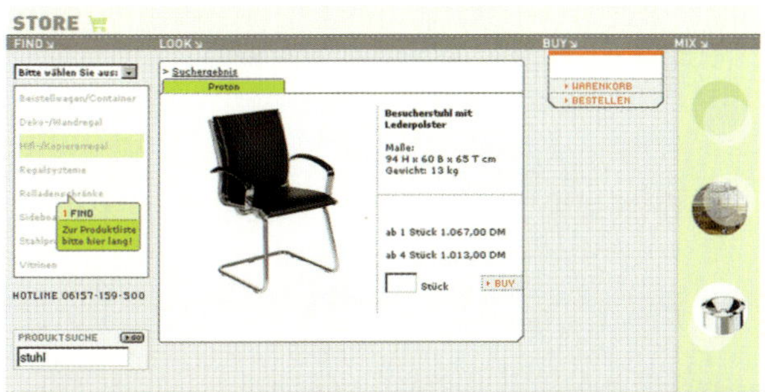

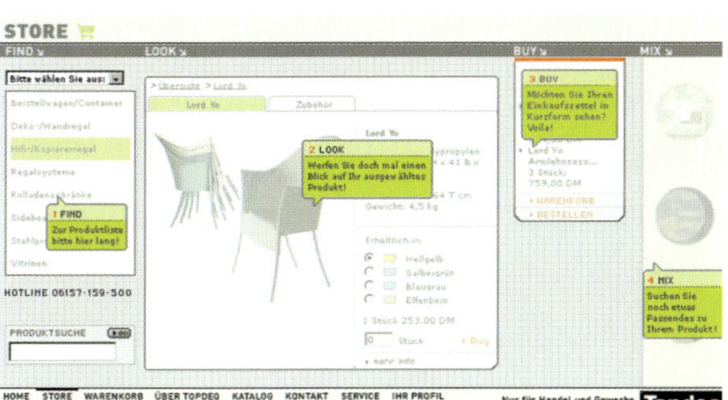

3

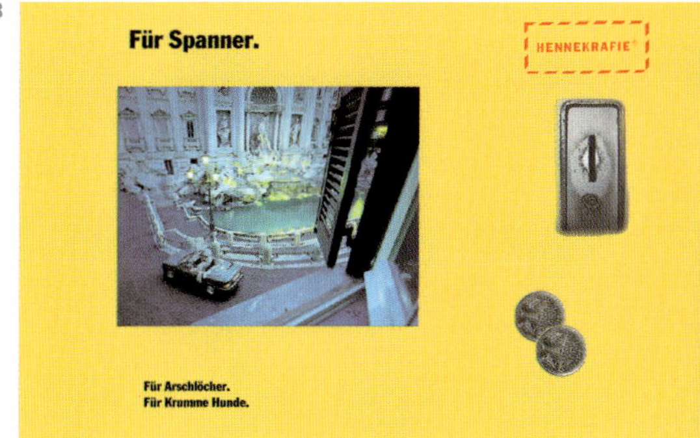

arc multimediaproduction

Kontakt
Nurhan Karacak (AGD)
Serdar Büyükonat

Krautmühlenweg 8
52066 Aachen
Telefon +49 (0)241/57 52 54
Telefax +49 (0)241/4 01 25 16
e-mail info@arcmmp.com
internet www.arcmmp.com

arc multimediaproduction publiziert auf CD/DVD-ROM und im Internet im Auftrag von Kunden, in Kooperation mit Projektpartnern und selbstkonzipierte Projekte wie »Aachen 2000« und »Allianoi« (Ausgrabung eines Asklepieions, das vor ca. 2000 Jahren in der hellenistischen Epoche wegen des Wassers – 45 Grad C – entstanden ist und heute wegen des Wassers überflutet werden soll ...). Das hauseigene Programm einer Drei-Ebenen-pull-down-Menüsteuerung für das Internet ermöglicht eine übersichtliche und schnellere Navigation bei den Portal-Projekten ohne die Untermenüpunkte ständig neu aufladen zu müssen. arc multimediaproduction entwickelt in Zusammenarbeit mit Autoren und Kooperationspartnern Projekte im Bereich E-Learning zur Ergänzung der klassischen Weiterbildung.

arc multimediaproduction publishes on CD/DVD-ROM and in the Internet on behalf of clients, in cooperation with project partners and in in-house projects such as "Aachen 2000" and "Allianoi" (excavation of an asklepieion which was created in the Hellenic era around 2000 years ago on account of the water – 45 degrees C – and is now to be flooded over on account of the water...). The in-house program of three level pull-down menu control for the Internet provides for clearer and faster navigation in the portal projects, without having to constantly reload the submenu options. In cooperation with authors and business partners, arc multimediaproduction develops projects in the field of e-learning to supplement traditional further education.

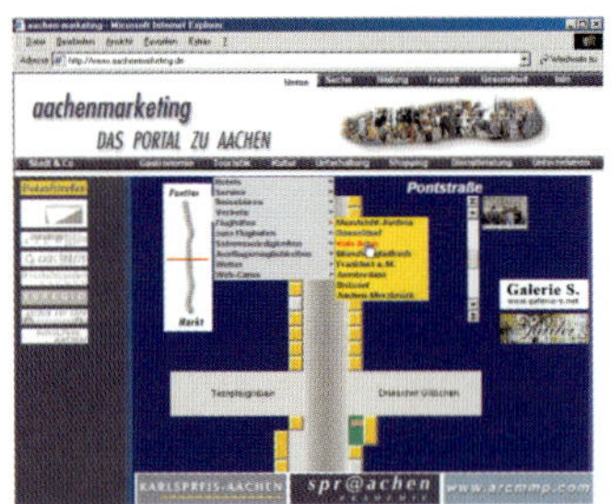

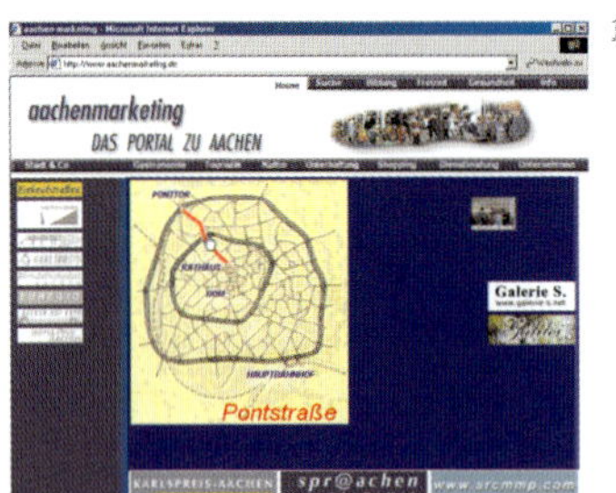

1

2

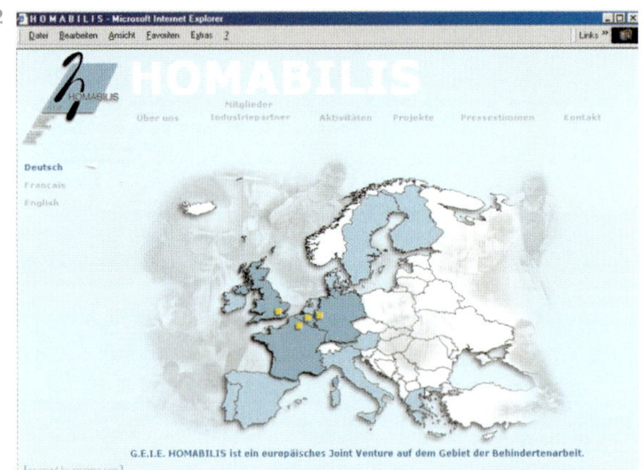

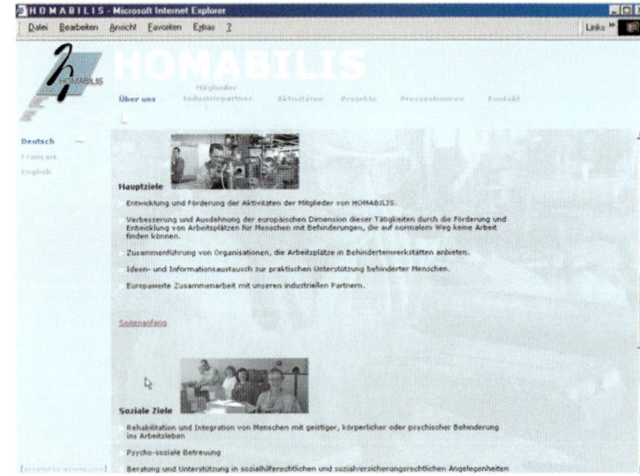

Referenzen/references: Stadt Aachen (Trägerkreis aachen 2000), Caritas-Behindertenwerk GmbH (Das EU-Projekt Homabilis), Gastronomie, Einzelhandel, Dienstleistungsunternehmen, VHS-Aachen/ Das Weiterbildungszentrum, Kulturbüro der Stadt Aachen/Aachener Poetenfest.
Kooperationen/cooperations: Sprachenakademie Aaachen, Universiteit Maastricht Talencentrum Worldneth, Galerie S./Positionen zeitgenössischer Kunst, Ausgrabungsleitung Allianoi (Pergamon), Redaktion fremdworte.
Eigene Projekte/projects: aachenmarketing (Das Portal zu Aachen), karlspreis-aachen (Dokumentation und Positionen um den Karlspreis und von der Pfalz zum Rathaus), aachen 2000 (Geschichte, Gegenwart und Visionen einer Stadt), Allianoi (Ein Asklepieion für Wasser unter Wasser).
aachenmarketing (the portal for Aachen), karlspreis-aachen (documentation and positions revolving around the Charlemagne Prize and from the Palatinate to the City Hall), aachen 2000 (history, present and visions of a city) and Allianoi (an asklepieion for water under water).

3

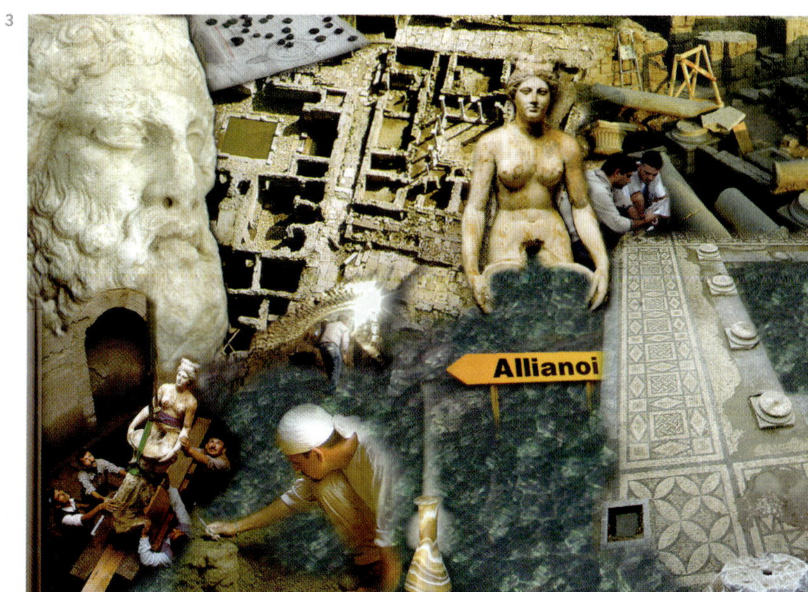

1 www.aachenmarketing.de
Das Portal zu Aachen/*The portal for Aachen.*

2 www.homabilis.com
Ein europäisches Joint Venture auf dem Gebiet der Behindertenarbeit.
A European joint venture in the field of work with the handicapped.

3 www.allianoi.net/CD-ROM
Dokumentation einer Ausgrabung. Ein ca. über 2000 Jahre altes Asklepieion für Hydrotherapie, das wegen eines Staudammprojektes überflutet werden soll.
Documentation of an excavation. A 2000 year old hydrotherapy spa scheduled to be flooded owing to the construction of a dam.

Büro für Gestaltung

Peter Schweizer

Friedenstraße 95
71636 Ludwigsburg
Telefon +49 (0)7141/44 25 0
Telefax +49 (0)7141/44 25 25
e-mail pschweizer
@buero-fuer-gestaltung.de
internet www.buero-fuer-gestaltung.de

> Communication Design S. 238

Das büro für gestaltung Ludwigsburg wurde 1993 von Peter Schweizer mit dem Ziel gegründet, medienübergreifende Kommunikationslösungen im B2B-Bereich zu schaffen. Für zahlreiche Kunden, vor allem aus technischen Bereichen, entwickelte das büro für gestaltung seit dieser Zeit Signets, Marken-, Print- und Onlinestrategien, Softwareoberflächen und E-Commerce-Lösungen. Mit dem Schwerpunkt auf strategisch konzeptioneller Beratung und Design werden in einem Netzwerk technisch orientierter Dienstleister auch komplexe e-Business-Lösungen realisiert.

The büro für gestaltung in Ludwigsburg was founded by Peter Schweizer in 1993 with the aim of creating multimedia communication solutions in the B2B area. Since then, the büro für gestaltung has developed signets, branding, print and online strategies, software interfaces and e-commerce solutions for numerous clients, above all from the engineering sector. With a focus on strategic conceptual consulting and design, complex e-business solutions are also created in a network of technically orientated service providers.

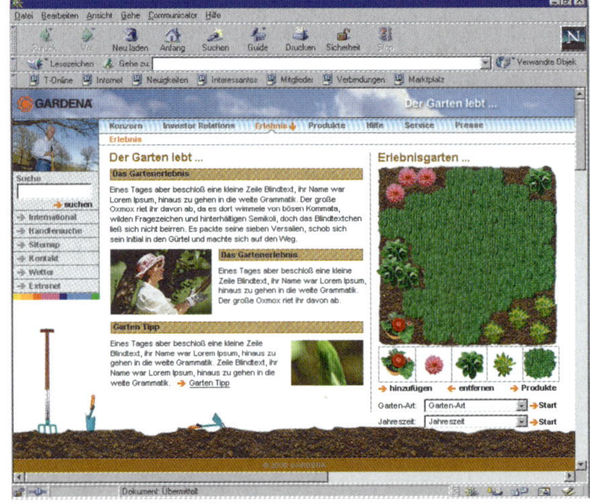

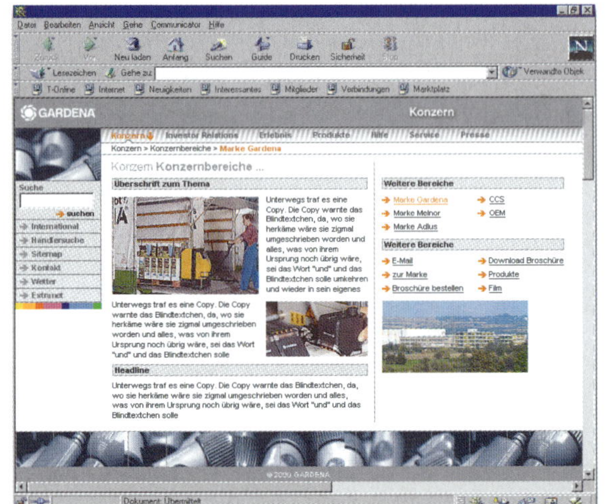

1

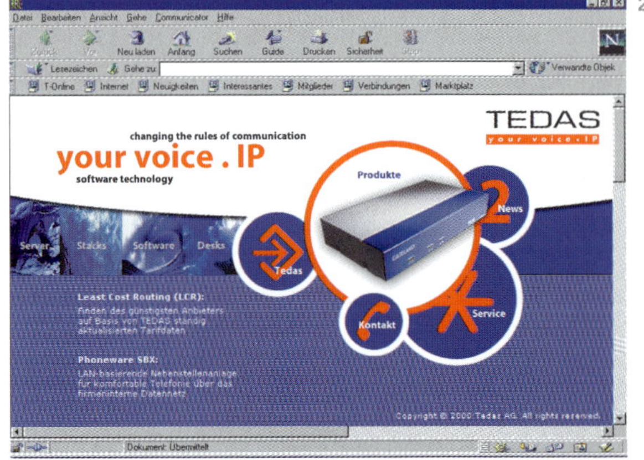

2

Referenzen/references: ACER, Acotec, Autronic, Businessmart, BUND, Blaupunkt, Bosch, CCP, DMC, Drescher, ETAS, FDP, Fuzzy Informatik, Gardena, Kiesel, Pixelpark, QA-Systems, Renz, Rinol, Simplyst, Tedas, T-Berkom, USU.
Veröffentlichungen/publications: »Fireworks 4 – von der Idee zur Realisierung«, Galileo Press 2001; »Tips & Tricks für Publisher«, Serie, seit 1995; PAGE, MacUp Verlag; »Der Fünfjahresplan«, Econy 04/1999.

3

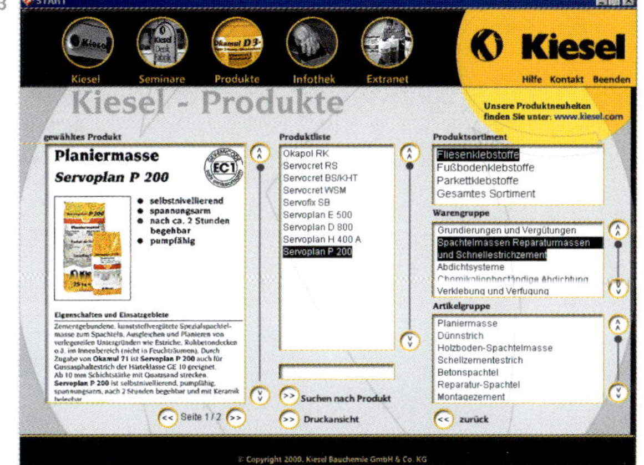

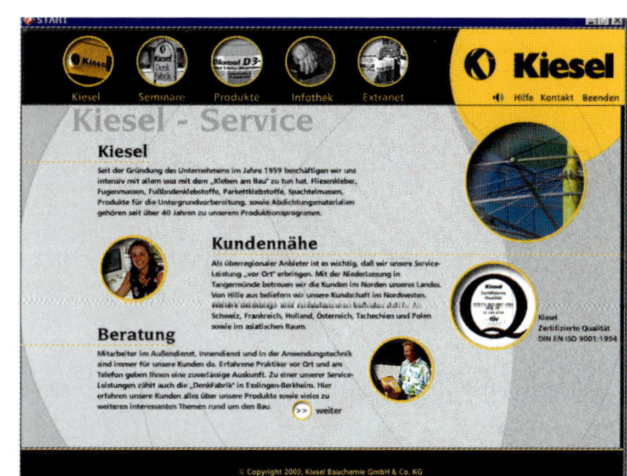

5

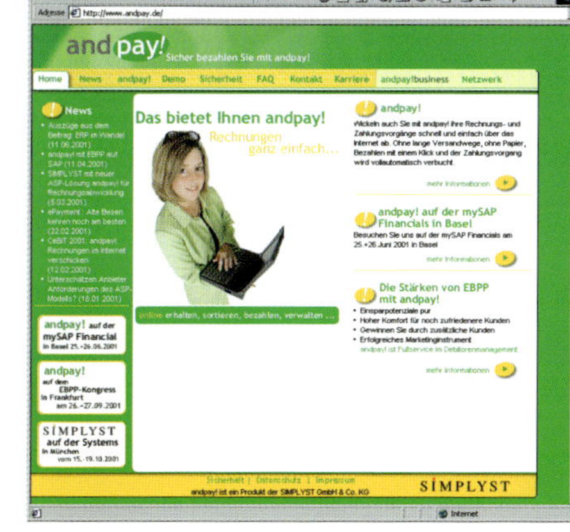

1 Visuelles Konzept Relaunch Internetseiten
Visual concept, website relaunch
Gardena, 2001.

2 Visuelles Konzept und Produktion Internetseiten
Visual concept and production of websites
TEDAS AG.

3 Gesamtkonzept und Produktion CD-ROM
Overall concept and production of CD ROM
Kiesel Bauchemie, 2001.

4 Visuelles Konzept und Produktion Internetseiten
Visual concept and production of websites
RENZ Metallwarenfabrik, 2000.

5 Simplyst Markenentwicklung AndPay!
Beispiel: Internetseite, 2001.
Brand development for Simplyst, AndPay!, example: Website, 2001.

4

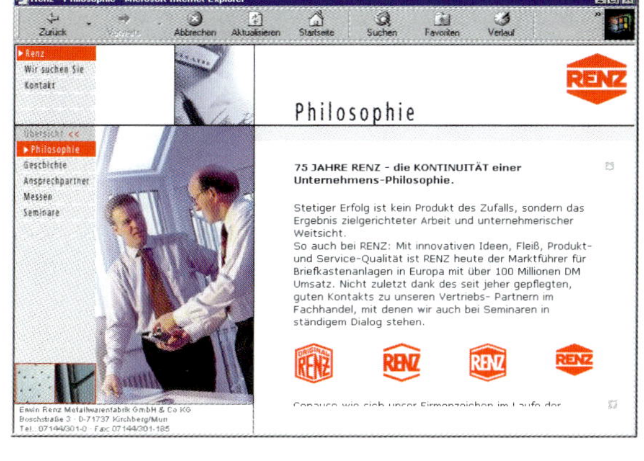

creativ partner

Agentur für Werbung GmbH

Leostraße 6
40545 Düsseldorf
Telefon +49 (0)211/55 22 11 00
Telefax +49 (0)211/55 22 11 33
e-mail hilfe@cp-online.de
internet www.cp-online.de

> Communication Design S. 252
> Advertising S. 468

Gute Kommunikation überzeugt den Kopf und verführt den Bauch. creativ partner wurde 1972 von Dietrich M. Rünger gegründet und ist seit 1998 in der zweiten Generation inhabergeführt durch Ben Rünger. Die Kernkompetenzen liegen in den drei Bereichen Corporate Branding, Business Kommunikation und Finanzkommunikation. Nur wer auffällt, wird gesehen. Und wer intelligent, attraktiv und plausibel auffällt, wird akzeptiert und geschätzt. creativ partner entwickelt kreative Kommunikation, die Komplexes einfach macht und Relevanz schafft für alles, was Unternehmen dem Markt, ihren Kunden und ihren Mitarbeitern zu sagen haben – durch alle Medien und Vertriebskanäle.

Good communication convinces intellectually and seduces emotionally. Established by Dietrich M. Rünger in 1972, creativ partner has been run by Ben Rünger since 1998. Core specialities are in the three areas of corporate branding, business communications and finance communication. To be visible you have to be striking. And if you strike people as intelligent, attractive and plausible, you will be accepted and valued. creativ partner designs creative communication that makes the complex simple and creates relevance for everything companies have to say to the market, their customers and employees – through all media and distribution channels.

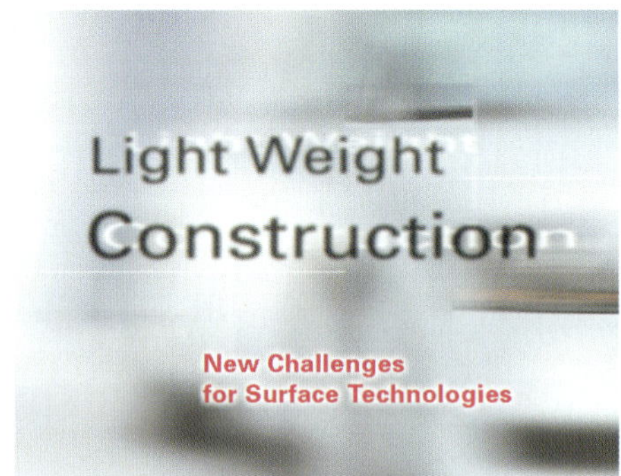

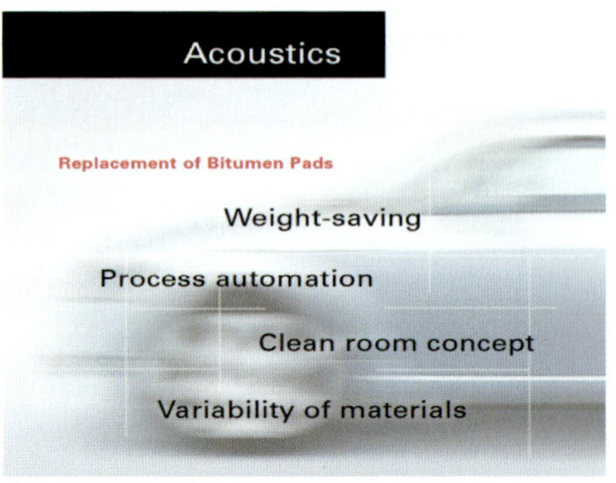

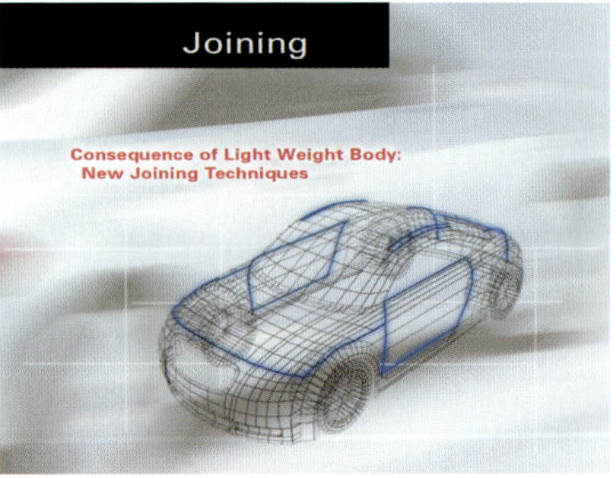

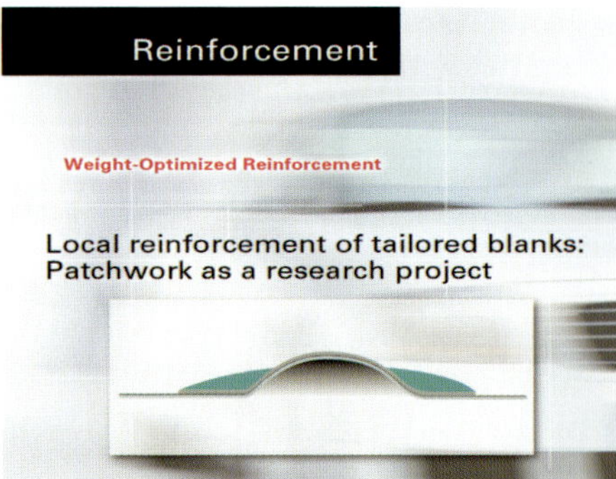

Referenzen/references: Akzo Nobel, Audi, Bayer, Cognis, Dyneon, E-ON, Henkel, Honroy's, Hotel Gasthof Post Lech, IZW, Jackstädt, Kaufhof, 3M, Rasselstein-Hoesch, Schmalbach-Lubeca, Siemens Nixdorf, Verlagsgruppe Handelsblatt, Vossloh, Wilh. Werhahn, Zanders u.a.
Auszeichnungen/awards: Sonderpreis Outstanding Grafic Design, Berliner T'pe 1995 (Die Marke, Imagebroschüre Henkel); Sonderpreis Outstanding Concept, Berliner T'pe 1997 (Roadmap to Success, Cultural Change-Broschüre, Siemens Nixdorf); Innovationspreis Surcar, Cannes 1997, 1999 (Multimediale Präsentationen für Audi, DaimlerChrysler, Henkel); Harvey's Communication Measurement Award, New York 1996 bis 2000, 5 Awards for Outstanding Readership Response (3 Imagekampagnen für Henkel und Cognis); 15th London Avertising Award 2000 (Finalist Think Cognis, Corporate Imagebroschüre); The New York Festivals 2001 (Finalist best illustration).

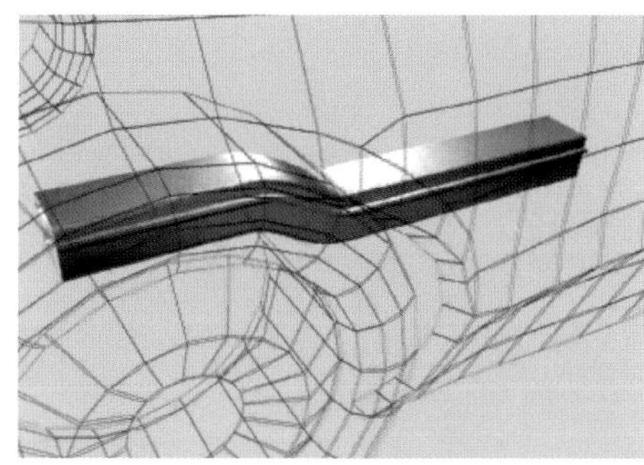

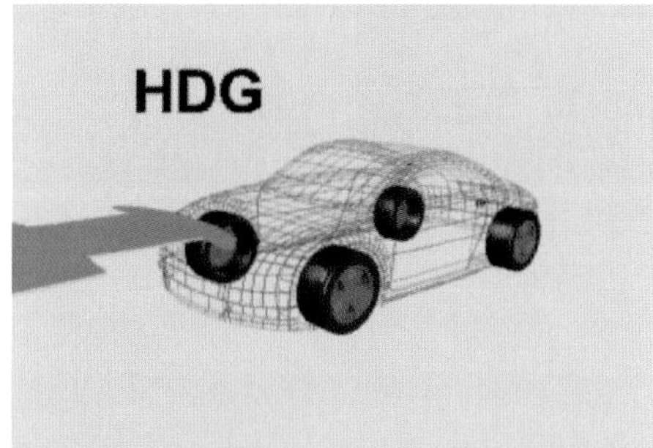

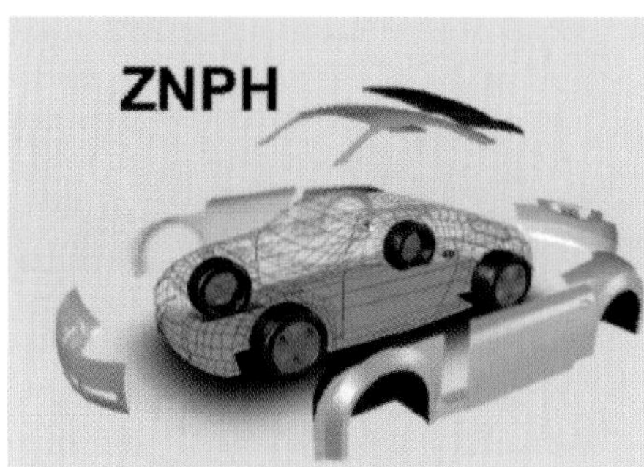

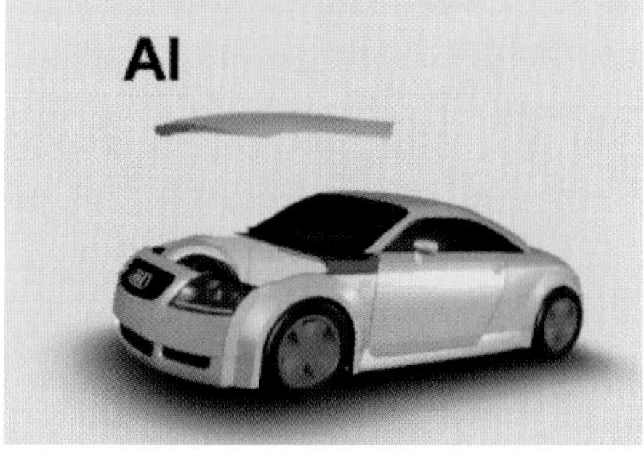

Multimedia-Präsentation auf DVD für AUDI und Henkel Surface Technologies 1999. Internationale Auszeichnung in Cannes.
Multi-media presentation on DVD for AUDI and Henkel Surface Technologies, 1999. International award in Cannes.

e.sens.e GmbH

Geschäftsführung
Andreas Matthes
Claudio Schneider

Alte Kreisstraße 22a
76149 Karlsruhe
Telefon +49 (0)721/7 88 08 62
Telefax +49 (0)721/7 88 08 64
e-mail info@e-sens-e.de
internet www.e-sens-e.de

Die e.sens.e GmbH ist ein Spin-off der Technischen Universität Karlsruhe und wurde 1999 von Andreas Matthes und Claudio Schneider gegründet. Als Kreativagentur ist e.sens.e Partner bei der Entwicklung innovativer Kommunikationsstrategien und deren Umsetzung. Weltweit renommierte Unternehmen vertrauen auf unsere Erfahrung, Engagement und Konzeptionsstärke bei der Entwicklung digitaler On- und Off-Medien. Wir verstehen uns als modernes Dienstleistungsunternehmen im klassischen E-Sinn.

e.sens.e gmbh is a spin-off from the Technical University of Karlsruhe and was founded by Andreas Matthes and Claudio Schneider in 1999. As a creative agency, e.sense.e assists in the development and implementation of innovative communication strategies. Enterprises of international reputation trust in our experience, commitment and conceptual strength in the development of digital online and offline media. We regard ourselves as a modern service enterprise in the classical e-sense.

1

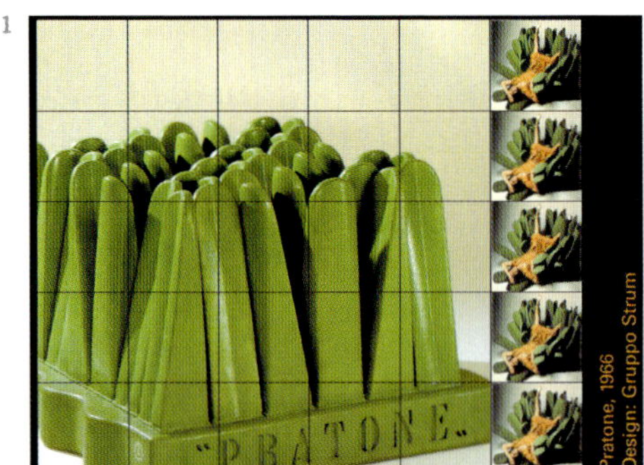

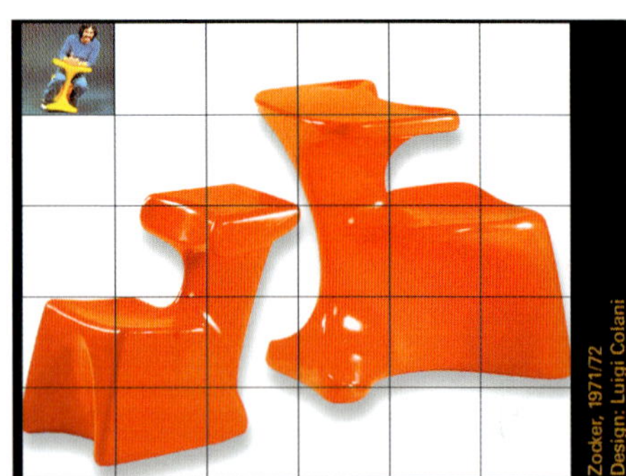

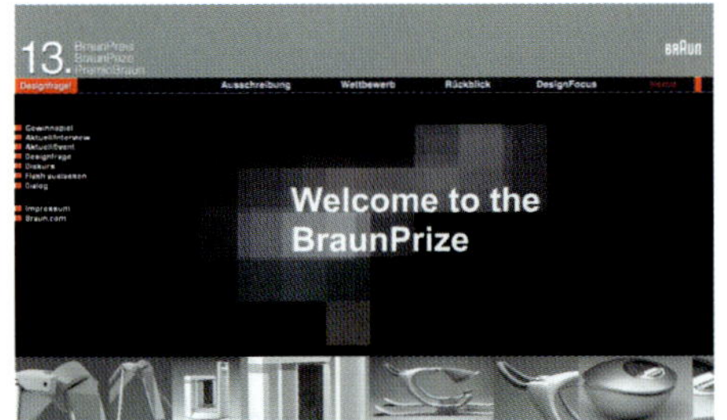

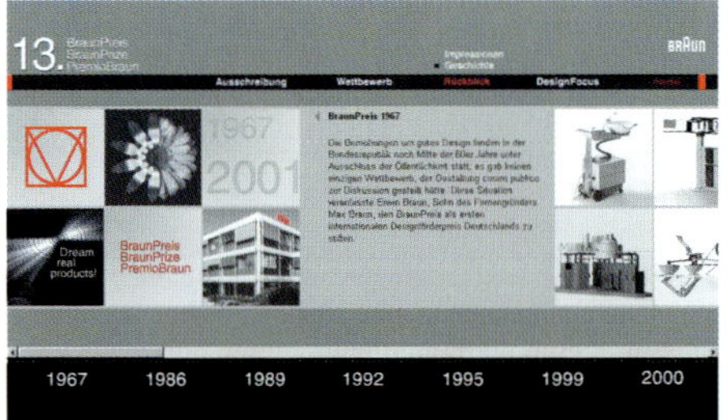

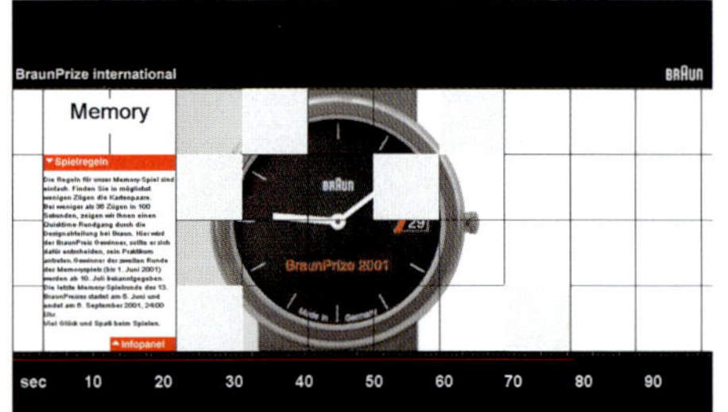

2

Referenzen/references: Badisches Landesmuseum; BASF AG; Braun GmbH; DaimlerChrysler AG; Forschungszentrum für Technik und Umwelt, Karlsruhe; Nothelfer GmbH; Dietrich Reimelt GmbH & Co. KG; TGS Teegen GmbH, Weyergans AG u.a.
Ausstellungen/exhibitions: Badisches Landesmuseum, Das Jahrhundert des Design – Multimedia-Einheiten; BraunPrize-Forum – Multimedia-Einheiten; Gustav-Lübcke-Museum, Das Jahrhundert des Design – Multimedia-Einheiten; Kestner-Museum.
Auszeichnungen/awards: Multimedia Transfer 1999; Deutscher Preis für Kommunikationsdesign, Essen 2000; red dot award: communication design, Essen 2001.

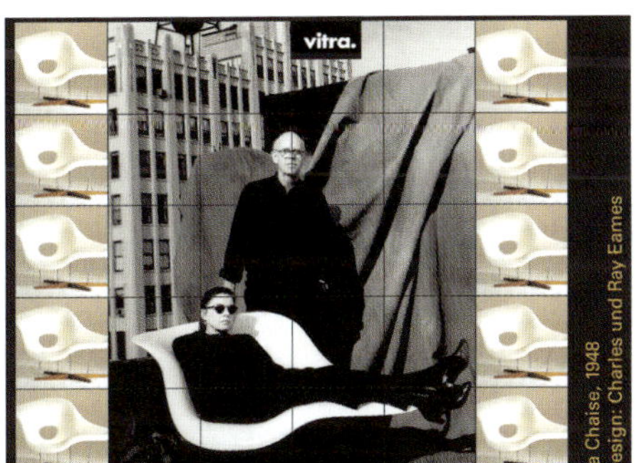

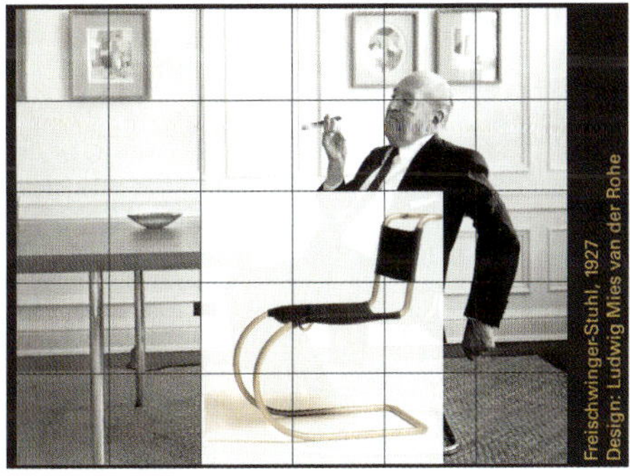

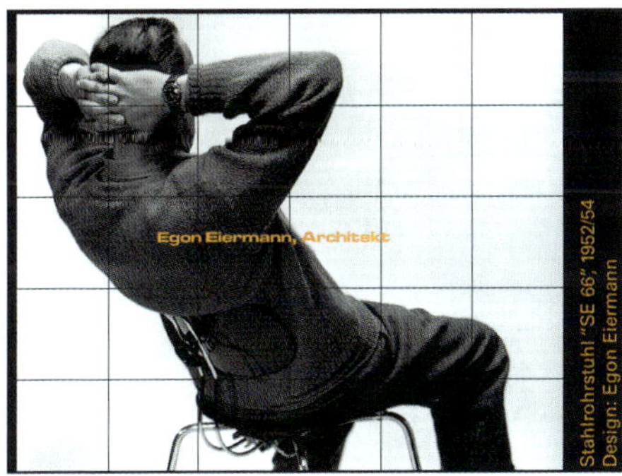

1 Das Jahrhundert des Design
Medieneinheiten für den öffentlichen Raum
The Century of Design
Media units for public spaces
Badisches Landesmuseum 2000.

2 www.BraunPrize.com/dream real products
internet site
Braun GmbH 2000.

3 Image CD-ROM
Nothelfer GmbH 2001.

3

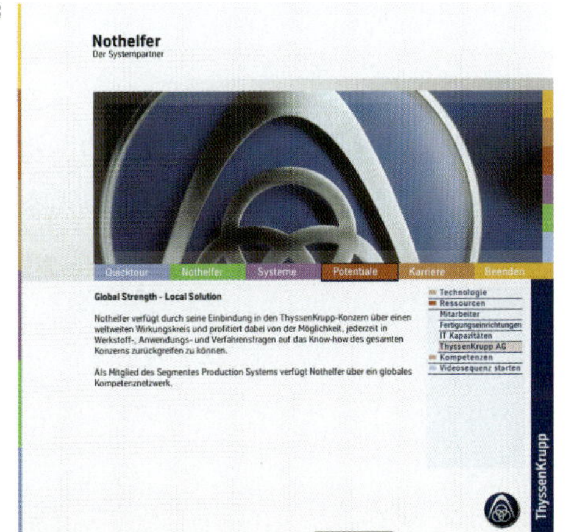

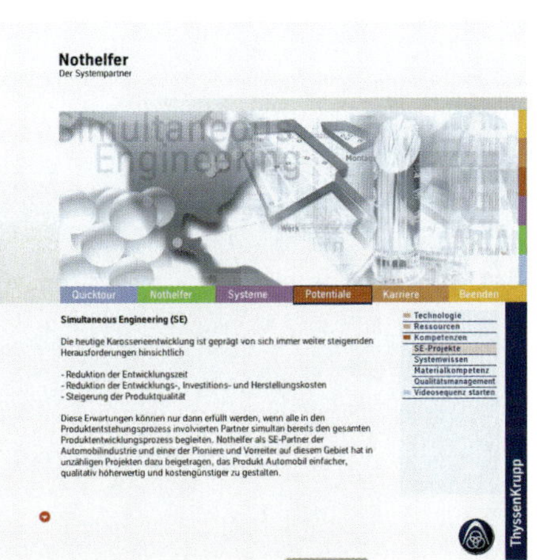

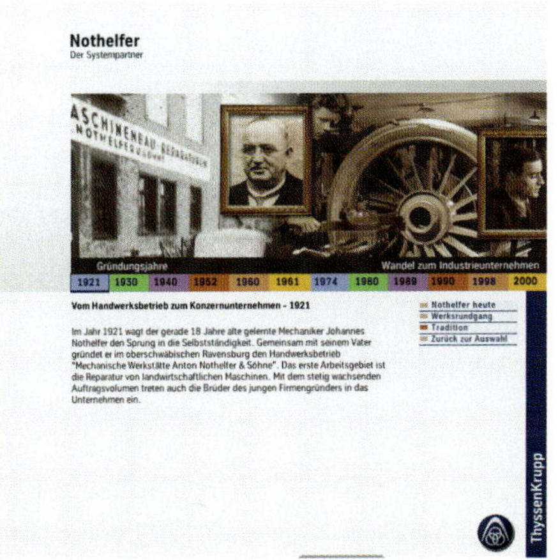

Factor Product, München Designagentur GmbH

Geschäftsführung
Stefan Bogner, Axel Schildt,
Boris Simon, Frank Thiele

Comeniusstraße 1 RGB
81667 München
Telefon +49 (0)89/48 92 78 10
Telefax +49 (0)89/48 92 78 11
e-mail contact@factor-product.com
internet www.factor-product.com

> Industrial Design S. 78
> Communication Design S. 274

Die Factor Product Designagentur GmbH wurde 1994 in München gegründet. Sie gestaltet, was Kunden sehen, fühlen und benutzen. Erscheinungsbilder und Kommunikationsmittel, Produkte und Verpackungen, Websites und Benutzeroberflächen. Mit dem Anspruch, Kreativität, Geschäftslogik, Marktbedürfnisse und Unternehmensziele zu einer präzisen Zielgruppenansprache zu verschmelzen, denken wir quer und handeln geradlinig – richten den Blick auf das Ganze, bevor wir die Details umsetzen. Denn Botschaften sollen ankommen und haften bleiben, auf den ersten Blick und auf den zweiten. Die Schwerpunkte liegen im Industrial Design, Commmunication Design und Multimedia Design.

Factor Product Designagentur GmbH was established in Munich in 1994. We design the things that customers see, feel and use. Images and means of communication, products and packaging, websites and user interfaces. With the aim of merging creativity, business logic, market needs and corporate goals in a precision approach to target groups, we combine original thinking with straightforward action, looking at the whole before implementing the details. Because the message must be put across and it must stick – at first glance and at second. Our main focus is on industrial design, communication design and multi-media design.

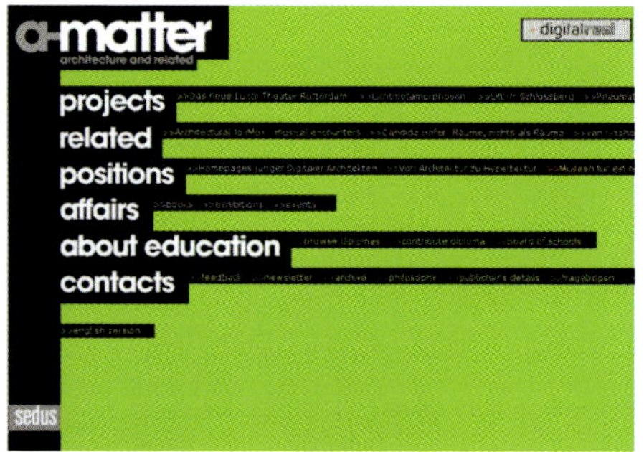

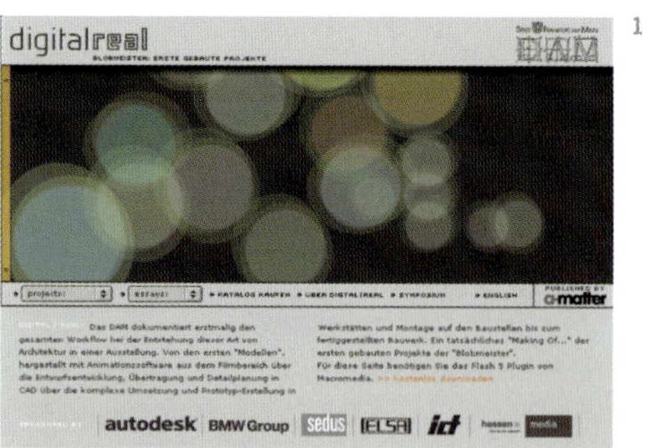

1

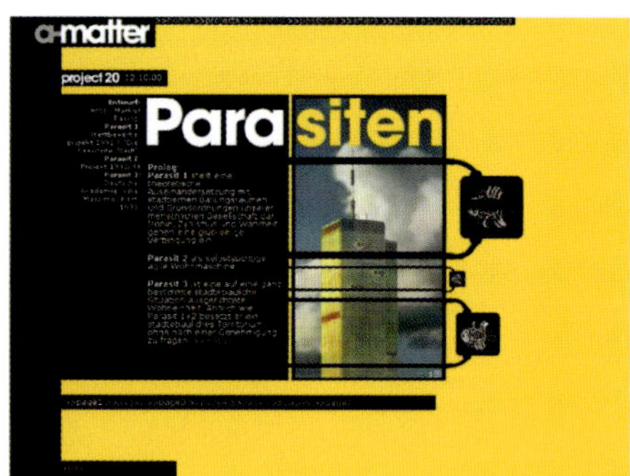

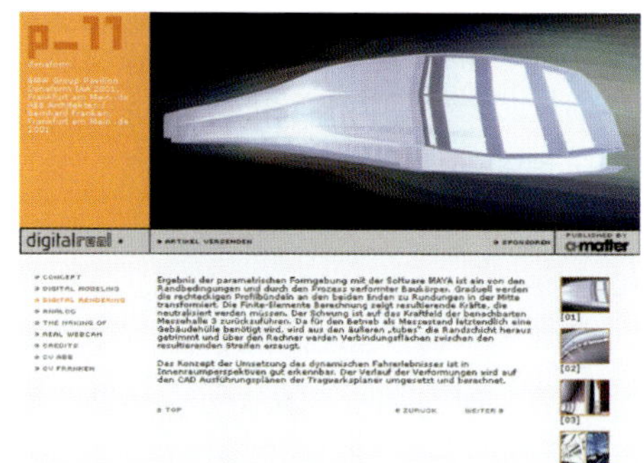

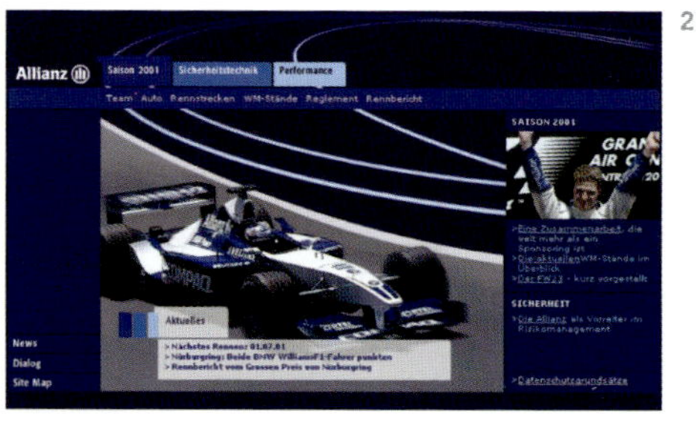

2

Referenzen/references: Allianz AG, Arthaus Filmverleih, Bayerischer Rundfunk, BMG, BMW Group, Deutsches Architekturmuseum Frankfurt, Deutsches Symphonieorchester Berlin, EG-Electronic, HypoVereinsbank AG, Nemetschek AG, Plettac Electronic, Salomon AG, Schwan Stabilo, Sedus Stoll AG, Siemens Business Services, Virgin Records.
Auszeichnungen/awards: Award for typographic excellence TDC New York 1995, 1996, 1997, 1999, 2000; Merit Award ADC New York 1996, 1997 (2x), 1998, 2000; Distinctive Merit Award ADC New York, 1998; Anerkennung Kategorie Neue Medien ADC Deutschland 2000; German Dance Award: Artwork & Visuals, GDA Deutschland; red dot award product design for high design quality 2001.

3

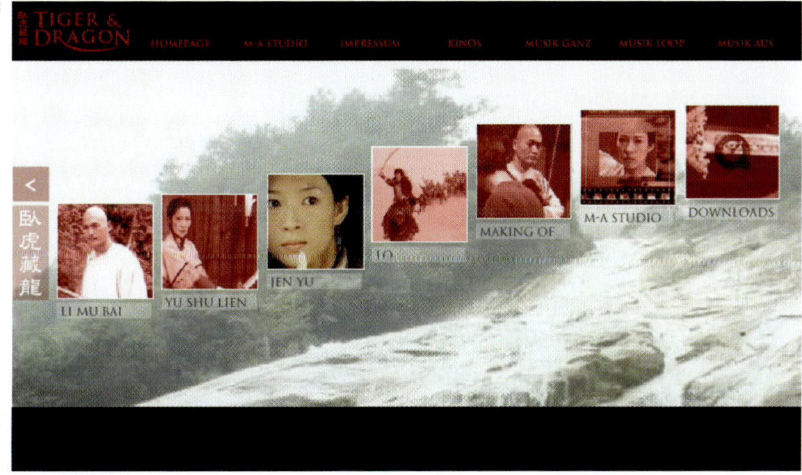

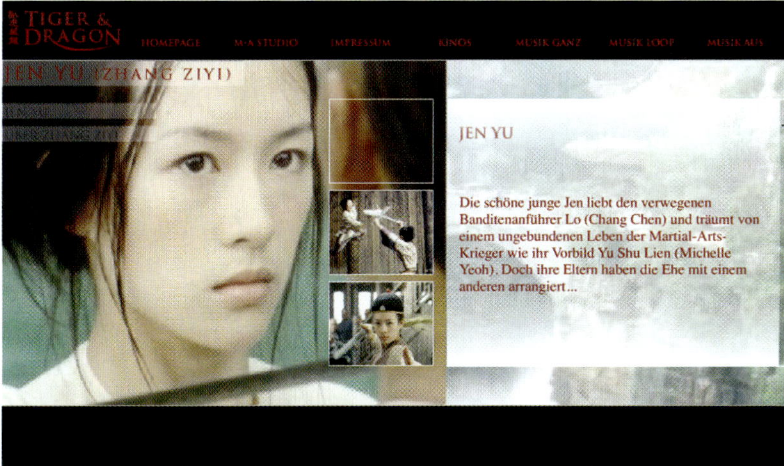

1 a-matter, Architekturmagazin
Architecture magazine
Sedus Stoll AG seit/*since* 1999.

2 Allianz Formel 1/*Formula 1*,
Website Phase 4
Allianz AG 2001.

3 Tiger & Dragon
Website zum Film/*Website for the film*
Arthaus Filmverleih 2000.

Hesse Design

Geschäftsführung
Christine Hesse (DMI)
Prof. Klaus Hesse (ADC, TDC)

Am Karlsbad 15
10785 Berlin
Telefon +49 (0)30/25 75 74-0
Telefax +49 (0)30/25 75 74-20

Hesse Design in Berlin und Düsseldorf ist spezialisiert auf die Entwicklung von Corporate Identity, Markendesign, Markennamen, Logotypes, Literatursysteme, Orientierungsdesign, PC-Formulare, Interfacedesign, Internetauftritte, Messe-, Ausstellungs- und Innenraumgestaltung. Christine Hesse studierte Designmanagement an der University Westminster in London. Von 1993 bis 2000 war sie Dozentin für Designmanagement an der FH Düsseldorf. Sie ist Mitglied des Design Management Institute of Boston und des Marketing Club Düsseldorf. Prof. Klaus Hesse studierte Fotografie und Typografie an der Bergischen Universität GHS Wuppertal. Seit 1993 Professuren in Dortmund und Essen, seit 1999 Lehrstuhl für Angewandte Gestaltung an der HfG Offenbach.

Hesse Design in Berlin and Düsseldorf specialises in the development of corporate identity, brand design, brand names, logotypes, literature systems, orientation design, PC forms, interface design, website, trade fair, exhibition and interior design. Christine Hesse studied design management at the University of Westminster in London. From 1993 to 2000 lecturer in design management at the Fachhochschule in Düsseldorf. Member of the Design Management Institute of Boston and the Marketing Club in Düsseldorf. Prof. Klaus Hesse studied photography and typography at the University of Wuppertal. Since 1993 professor of communication design in Dortmund and Essen. Since 1999 chair of applied design at the HfG Offenbach.

Düsseldorfer Straße 16
40699 Erkrath
Telefon +49 (0)211/28 07 20-0
Telefax +49 (0)211/28 07 20-20
e-mail info@hesse-design.de
internet www.hesse-design.de

> Communication Design S. 308

1

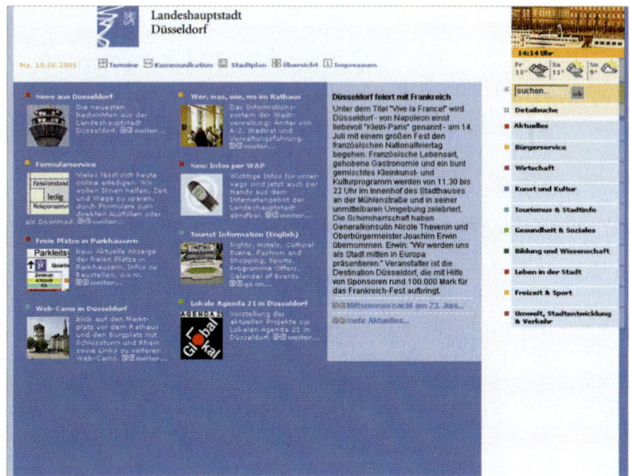

2

1 Weidmann Management Consulting
Internet

2 Landeshauptstadt Düsseldorf
Portal

3 Die Maler und ihre Skulpturen
Museum Folkwang Essen, Internet

4 Schemmrich Betriebseinrichtungen
Online-shop

Referenzen/references: Allianz, Audi, Bewag, Boehringer Mannheim, Bosch, Blaupunkt, Burgbad, Design Zentrum Nordrhein Westfalen, Dekra, Deutsche Lufthansa, Deutsches Plakat Museum Essen, Deutscher Sparkassen- und Giroverband, Landeshauptstadt Düsseldorf, Flughafen Köln/Bonn, Lindner Hotels, Museum Folkwang Essen, o.tel.o, Robert Schumann Hochschule Düsseldorf, Swarovski, Verlagsgruppe Handelsblatt, Veba Aktiengesellschaft, WestLB.
Veröffentlichungen/publications: »Der Helvetica-Mann«, Hermann Schmidt Verlag Mainz 1999; »Die visuelle Wiedervereinigung Deutschlands«, design by doing 6/01; »Eine Designstudie, die über den Wolken schwebt«, design by doing 6/99; »Logos lügen nie«, design by doing 5/98; »Forming, storming, norming, performing«, design by doing 4/98 u.a.
Auszeichnungen/awards: Seit 1988 über 80 Auszeichnungen: American Center for Design, ADC Deutschland, ADC Europe, ADC New York, BDG Grafik Design, Berliner Type, Cannes Cyber Lions, Creativ Club Austria, Deutscher Multimedia Award, iF Siegel für gutes Design, Deutscher Kommunikationspreis, New York Festival, red dot award, TDC New York, TIA London, Typography Germany.

3

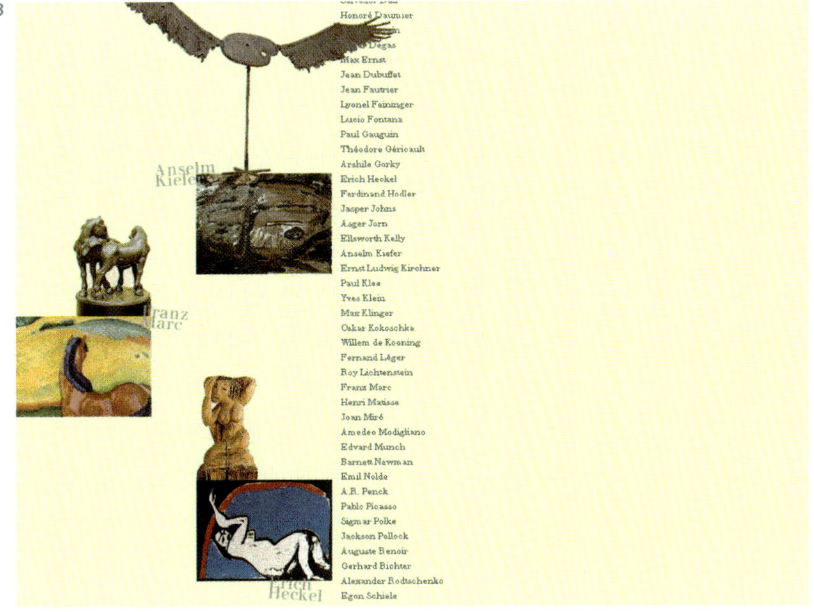

4

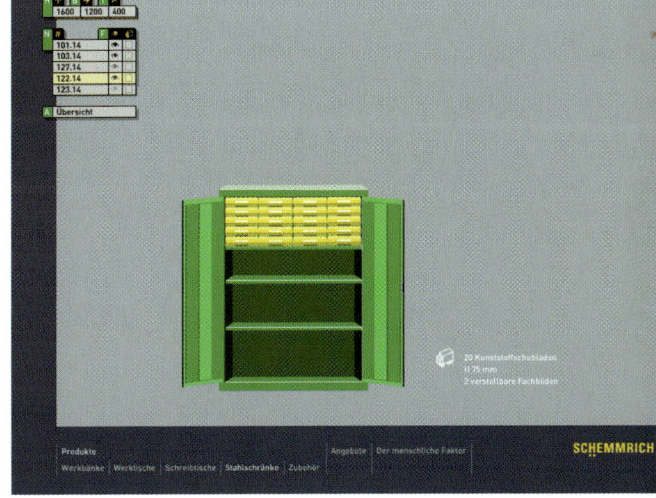

Jo Niemeyer

Jo Niemeyer Art Workshop

Birkenweg 6
79857 Schluchsee
Telefon +49 (0)7656/14 09
Telefax +49 (0)7656/12 59
e-mail jo@niemeyer.com
internet www.joniemeyer.com

Jo Niemeyer machte eine Ausbildung im grafischen Beruf und studierte Visuelle Gestaltung und Architektur am Ateneum, Institut für Industrielles Design in Helsinki. Von 1983 bis 1986 hatte er einen Lehrauftrag an der Finnischen Kunstakademie in Helsinki. Studienreisen führten ihn nach Indien, Nepal und China. Seit 1970 hat er ein eigenes Atelier in Deutschland und Finnland. Arbeiten von Jo Niemeyer wurden international ausgezeichnet und befinden sich in zahlreichen öffentlichen und privaten Sammlungen, u.a. Museum für Konkrete Kunst Ingolstadt, Die Neue Sammlung München, Stadt Jyväskylä/Finnland, Moma/New York, Mondriaanhuis/Amersfoort NL, Nickle Arts Museum/ University of Calgary.

Jo Niemeyer trained as a graphic artist and studied visual design and architecture at the Ateneum, an institute for industrial design in Helsinki. From 1983 to 1986, he taught at the Finnish Academy of Art in Helsinki. Study trips took him to India, Nepal and China. He has run his own studios in Germany and Finland since 1970. Jo Niemeyer's works have won international awards and can be found in numerous public and private collections, including the Museum für Konkrete Kunst in Ingolstadt, Die Neue Sammlung in Munich, the city of Jyväskylä in Finland, Moma, New York, Mondriaanhuis, Amersfoort, Netherlands and the Nickle Arts Museum at the University of Calgary.

1

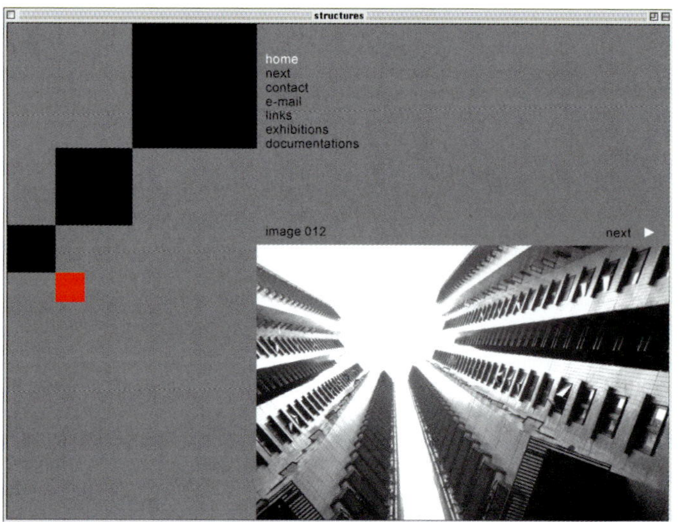

1 structures, Multimedia Design
npart.com 1999.

2 taide, Multimedia Design
Partanen 2000.

3 Aspekte, Printmedia
E-Werk Freiburg Hallen für Kunst 1994.

3

Referenzen/references: Lufthansa AG, Bosch AG, Audi AG, Druckspiegel, Interhome AG Schweiz, Univend Group BV Niederlande, Infinorsa SA Spanien, Standard Form Singapore, Sedus Stoll AG.
Veröffentlichungen/publications: »in 20 Schritten um die Erde ...«, md - moebel interior design 2/1998; »zur sache der konkreten«, Eugen Gomringer 2000; »Das Maß aller Dinge«, Druckspiegel 6/1996; »Die Kunst der Serigraphie«, Druckspiegel 7/1998; »20 Steps ...« Swissair-Gazette 9/1998.
Auszeichnungen/awards: Graphischer Klub Stuttgart/Kalenderschau 1973-1992, All Japan Calendar Fair Tokyo/Osaka 1985-1997 (Gold, Silber, Bronze und Preis der Jury), 1. Preis Int. Wettbewerb »Beleuchtungskörper 85«.

2

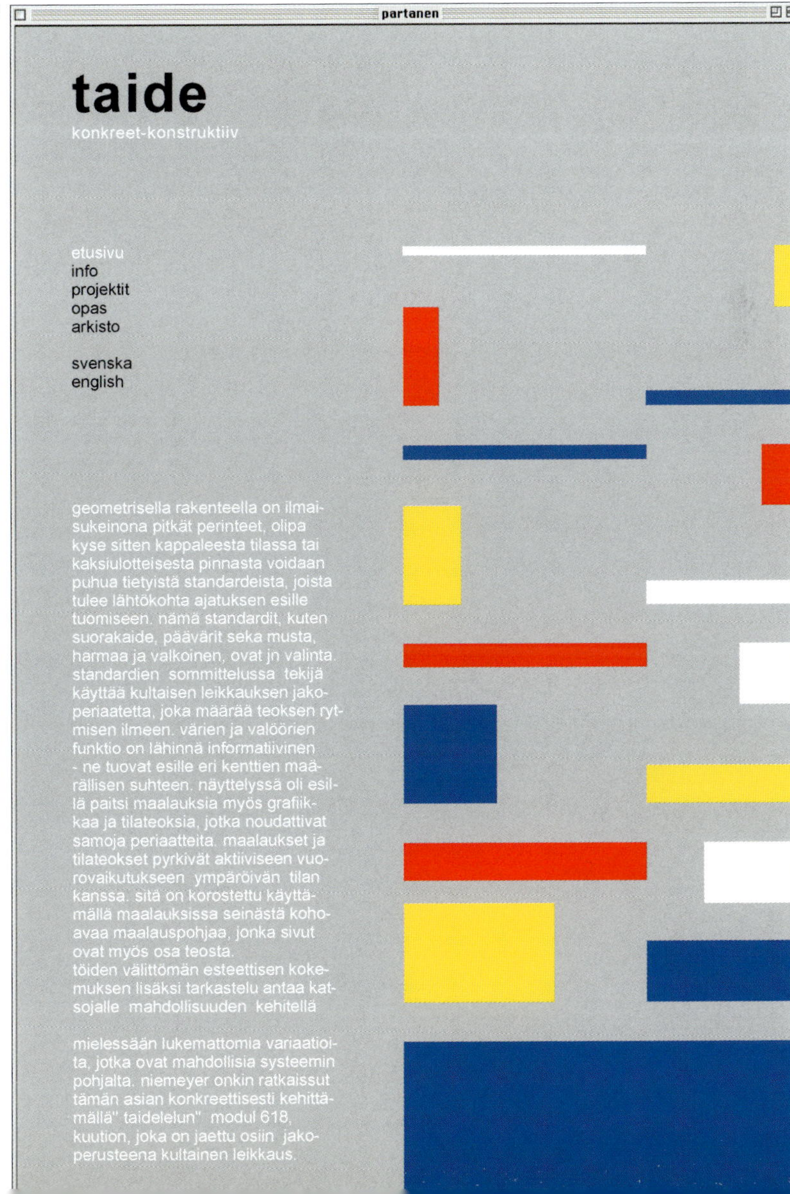

Anton Markus Pasing

Baukunst

Lortzingstraße 9
48145 Münster
Telefon +49 (0)251/39 31 95
Telefax +49 (0)251/3 74 06 68
e-mail pasing@remote-controlled.de
internet www.remote-controlled.de

> Photo Design S. 410

Anton Markus Pasing, geboren 1962, studierte an der Kunstakademie Düsseldorf und der University of Applied Scienes in Münster. 1991 wurde er Meisterschüler von Prof. O. M. Ungers. 1994 gründete er sein Büro in Münster. Von 1994 bis 2001 war er künstlerischer Assistent an der RWTH Aachen und hatte einen Lehrauftrag für intuitives Entwerfen am Macintosh und Experimentelles Gestalten an der Fachhochschule Münster. An der Universität Innsbruck lehrte er Raumgestaltung 1991 und 2001. Anton Markus Pasing stellt aus und hält Vorträge. Die Schwerpunkte seines Büros: Gestaltung virtueller Environments, Digitale Photographie, Experimentelle Architektur, Objektdesign, Branding/CI.

Anton Markus Pasing, born in 1962, studied at the Kunstakademie Düsseldorf and the University of Applied Sciences in Münster. In 1991, he attended master classes with Prof. O. M. Ungers. He founded his studio in Münster in 1994. From 1994 to 2001, he was an art assistant at the Technical University of Aachen and also taught intuitive design on the Macintosh and experimental design at the Fachhochschule Münster. He taught interior design at the University of Innsbrück in 1991 and 2001. Anton Markus Pasing stages exhibitions and delivers lectures. His firm focuses on the design of virtual environments, digital photography, experimental architecture, public building design, branding and CI.

1

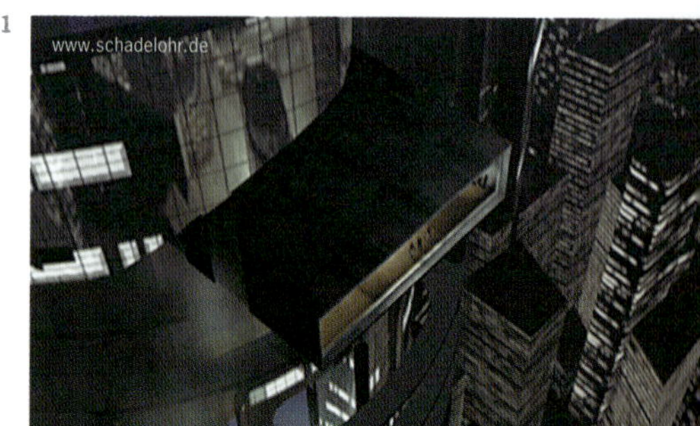

2

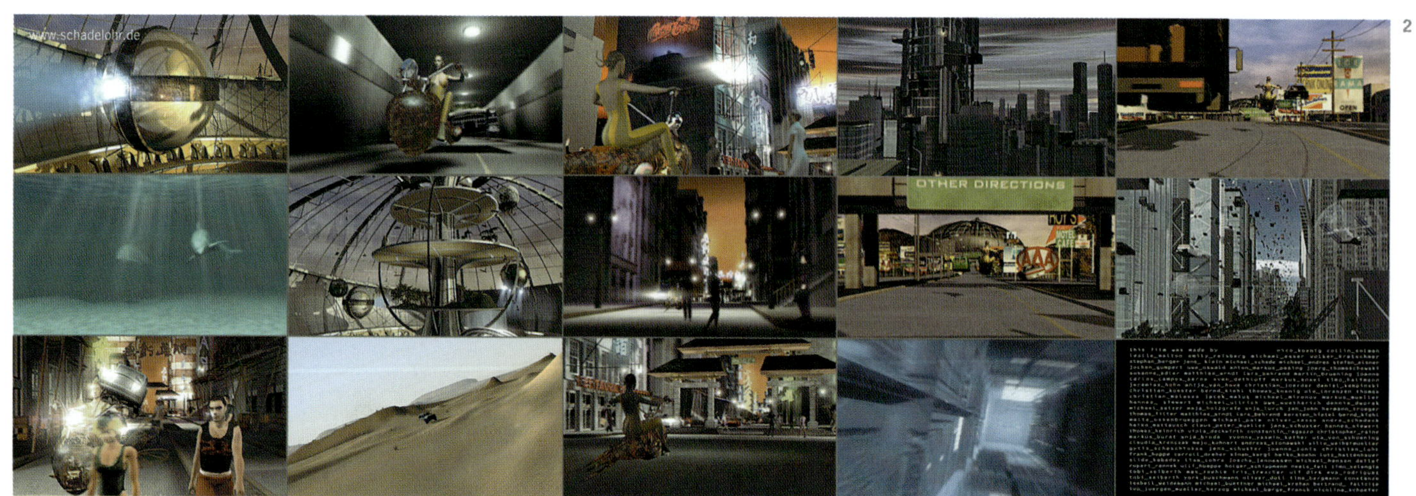

Referenzen/references: Deutsche Telekom, Canon Deutschland, Computer Works GmbH, Maxon Computer, Metacreations, Nikoworld, Söhner Kunststofftechnik, uni-X Interactive, Schade & Lohr u.a.
Veröffentlichungen/publications: »remote controlled architecture«, Verlag H. M. Nelte, Wiesbaden; Zeitmagazin, Rubrik 3000, 12,40/1998; Junge Architekten 2, Verlag Birkhäuser 2000; »Architektur und Film«, Architectural Design Publishers, England 2000; »Unschärferelationen«, Verlag H. M. Nelte, Wiesbaden 2001; »La Bienale di Venezia: Less Aesthetics, More Ethics«, Marsilio Verlag, Vendig 2000; »Dinge & Sachen«, Villa Massimo, Rom 1999 u.a.
Auszeichnungen/awards: Sonderpreis Wettbewerb Erotisches Museum Berlin 1996; Stipendiat der Plus-Min Stichting, Niederlande 1996; Rom Preis – Deutsche Akademie Villa Massimo 1999; Förderpreis Nordrhein-Westfalen für junge Künstlerinnen und Künstler: Sparte Architektur, Design Städtebau 1999.

4

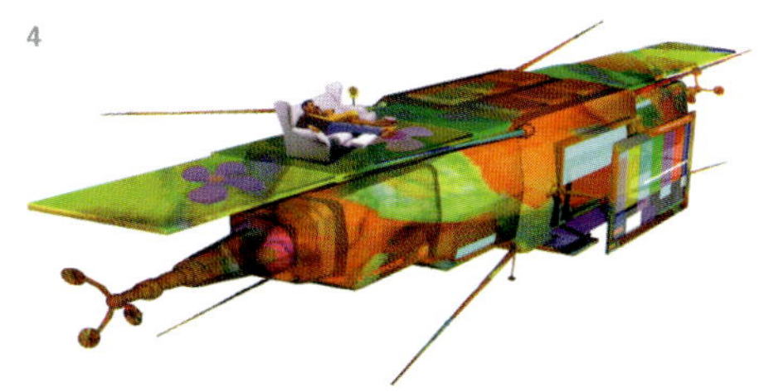

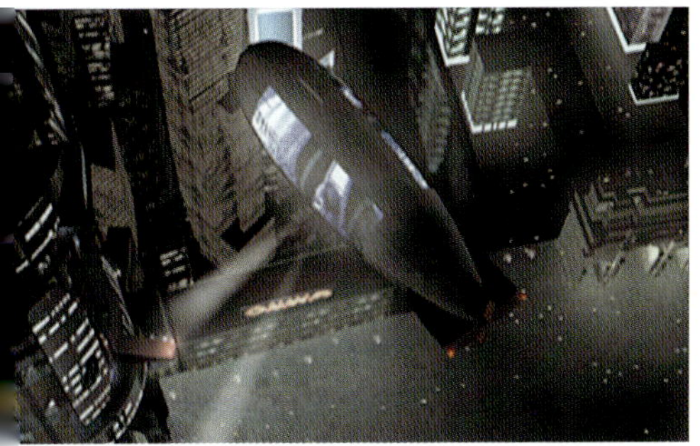

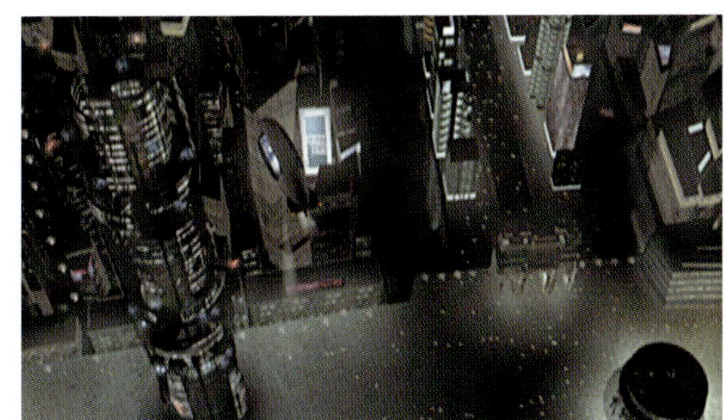

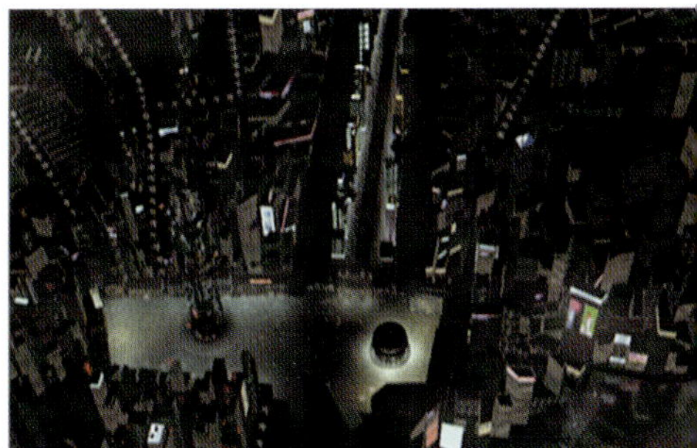

3

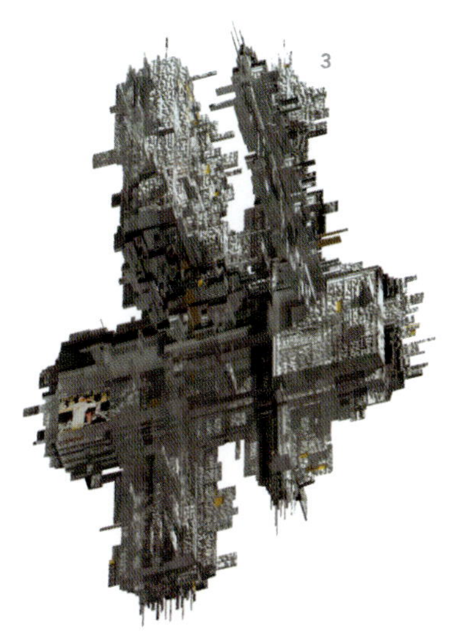

1+2 www.schadelohr.de
Video Stills aus zielgruppenorientiertem Teaser (Trailer) für die Erstellung einer 3D-Online-Welt. (Beispiele: Chinatown, amerikanische Vorstadt, Maintower, Supermarkt)
Video stills from a target group orientated teaser (trailer) for the creation of a 3D on-line world (examples: Chinatown, American suburb, maintower, supermarket).

3 metacologne, Projekt Köln 2000-2001
Project Cologne 2000-2001.

4 Parasit 3,
Selbstsüchtige agile Wohnmaschine
Selfish, agile, high-rise apartment block
Rom 1999.

Kurt Ranger Design

Ausstellungsdesign, Grafikdesign, Mediendesign, Produktdesign

Kurt Ranger (VDID)

Stuttgarter Straße 77
70469 Stuttgart
Telefon +49 (0)711/8 17 76 66
Telefax +49 (0)711/8 56 72 12
e-mail contact@ranger-design.com
internet www.ranger-design.com

> Industrial Design S. 174
> Communication Design S. 372

Im Team Kurt Ranger Design arbeiten drei Produktdesigner, eine Architektin, fünf Grafikdesigner und ein Mediendesigner an Aufgaben aus den Bereichen Ausstellungsdesign, Grafikdesign, Mediendesign und Produktdesign interdisziplinär zusammen. Strategische Überlegungen, Markenbildung und die Orientierung an den Zielgruppen werden von Anfang an in die Designentwicklungen integriert. Verstärkt wird das Team durch freie Spezialisten für audiovisuelle Produktionen, Text, Fotografie und andere angrenzende Bereiche.

The Kurt Ranger Design team is an interdisciplinary mix of three product designers, an architect, five graphic designers and a media designer working on projects in the fields of exhibition design, graphic design, media design and product design. Strategic considerations, brand building and target group orientation are integrated in design development from the outset. The team is supported by freelance specialists in audio-visual production, copywriting, photography and other related areas.

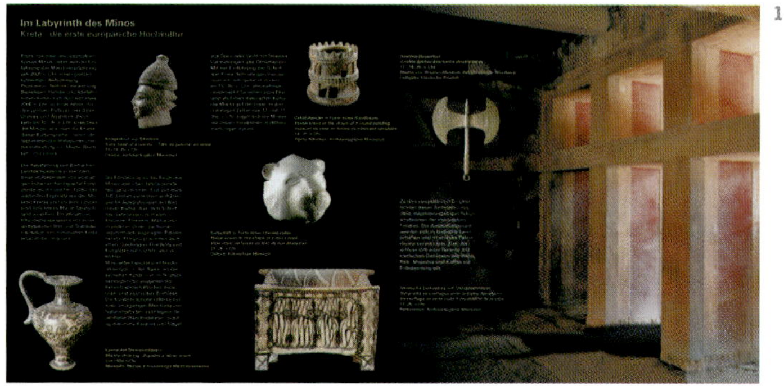
1

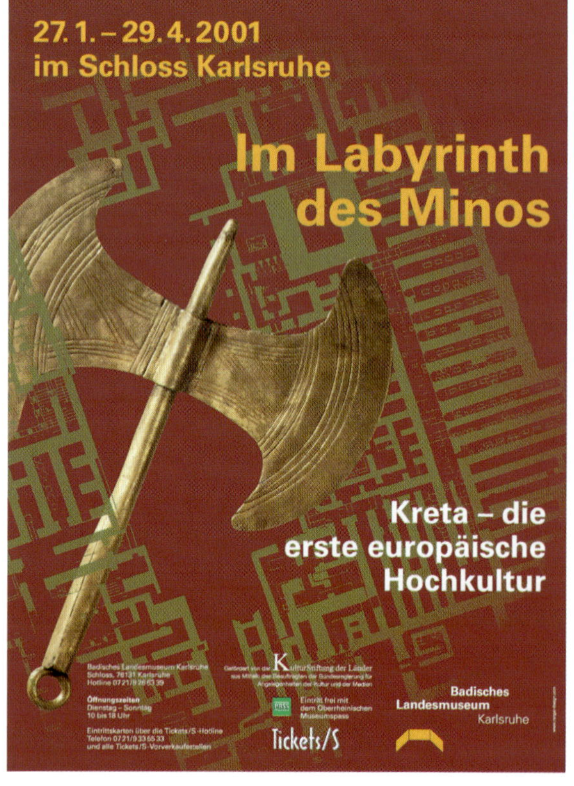

2

Referenzen/references: Badisches Landesmuseum Karlsruhe, Brot für die Welt, DaimlerChrysler AG, Fischer Möbel, Kulturgemeinschaft, Staatliche Kunsthalle Karlsruhe, Team 7 u.a.
Veröffentlichungen/publications: Kurt Ranger beschäftigt sich in zahlreichen Publikationen mit Fragen der Vermittlung von Inhalten, Prozessen und Produkten an Zielgruppen. Dabei bilden der Einsatz von verschiedenen Medien, auf der zweidimensionalen Fläche, im dreidimensionalen Raum und der Einsatz audiovisueller Medien bis hin zu der Vernetzung mit neuen Medien, einen thematischen Schwerpunkt.
In numerous publications Kurt Ranger deals with the communication of content, processes and products to target groups. A major theme is the use of different media on two-dimensional surfaces and in three-dimensional space and the deployment of audio-visual media including its networking with new media.
Auszeichnungen/awards: Bundespreis Gute Form; Deutscher Verpackungsdesign-Preis, Grafikdesign Deutschland; Deutscher Preis für Kommunikationsdesign; Nominierung Museum of the Year Award, Design Center Stuttgart u.a.

4
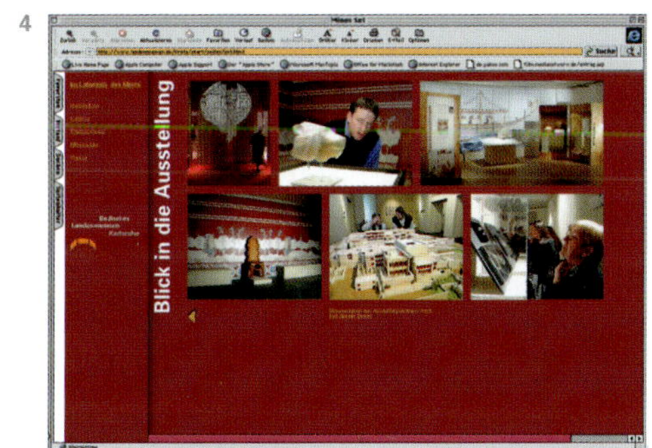

3
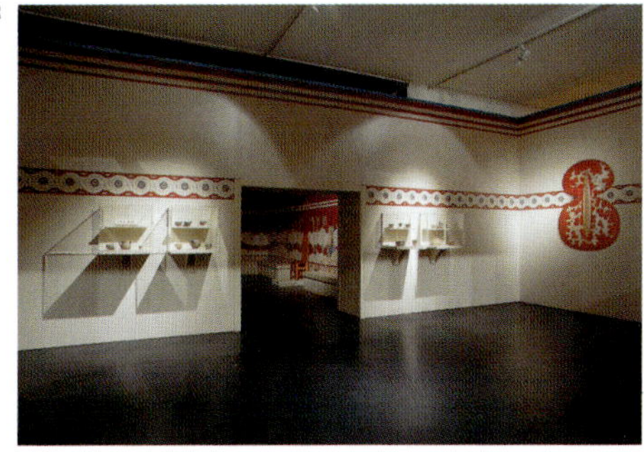

5
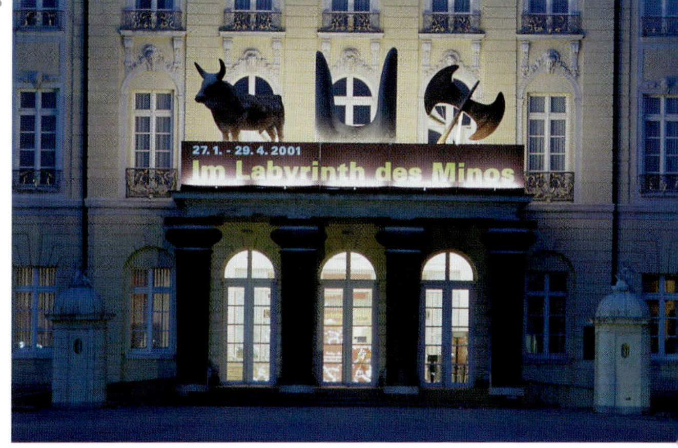

1+2 Werbemedien/*Advertising media*
»Im Labyrinth des Minos.
Kreta – die erste europäische Hochkultur«
"In the Labyrinth of the Minotaur. Crete – Europe's First Highly Evolved Culture"
Badisches Landesmuseum Karlsruhe.

3+5 Ausstellungsarchitektur, Ausstellungsgrafik, Audiovisuelle Medien
Exhibition architecture, exhibition graphics and audio-visual media
Badisches Landesmuseum Karlsruhe.

4 Internet
Badisches Landesmuseum Karlsruhe.

Scholz & Volkmer

Intermediales Design, GmbH

Schwalbacher Straße 76
65183 Wiesbaden
Telefon +49 (0)611/1 80 99 0
Telefax +49 (0)611/1 80 99 77
e-mail mail@s-v.de
internet www.s-v.de

Individuell, kreativ, einzigartig – damit lassen sich die Mitarbeiter von Scholz & Volkmer treffend beschreiben. Die gleichen Eigenschaften zeichnen die hochwertigen Multimedia-Anwendungen aus, auf deren Produktion sich die intermediale Kreativ-Agentur spezialisiert hat. Bei der Entwicklung von Online- und Offline-Lösungen legt Scholz & Volkmer die Messlatte hoch: sowohl Konzept als auch Design, Benutzerführung und technische Umsetzung sollen wegweisend sein. Fernab der Massenproduktion will die Agentur mit jeder Anwendung neue Maßstäbe setzen. Ein Qualitätsanspruch, der die Wiesbadener aktuell zur kreativsten Multimedia-Agentur Deutschlands und zur zweitkreativsten MM-Agentur der Welt gemacht hat.

Individual, creative and unique – an apt description of the staff at Scholz & Volkmer. The same characteristics are exhibited by the high quality multimedia applications the multimedia creative agency has specialised in producing. In the development of offline and online solutions, Scholz & Volkmer sets high standards: the concept and design, user guidance and technical implementation point the way to the future. Well away from mass production, the agency intends to create new milestones with each application. A claim to quality which has currently made the Wiesbaden-based company the most creative multimedia agency in Germany and the second most creative in the world.

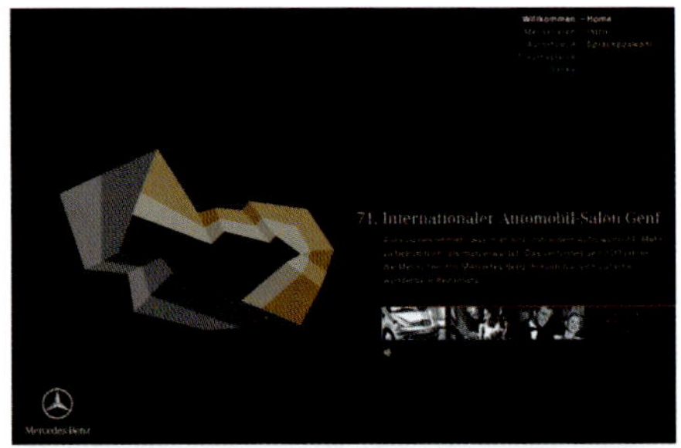

1

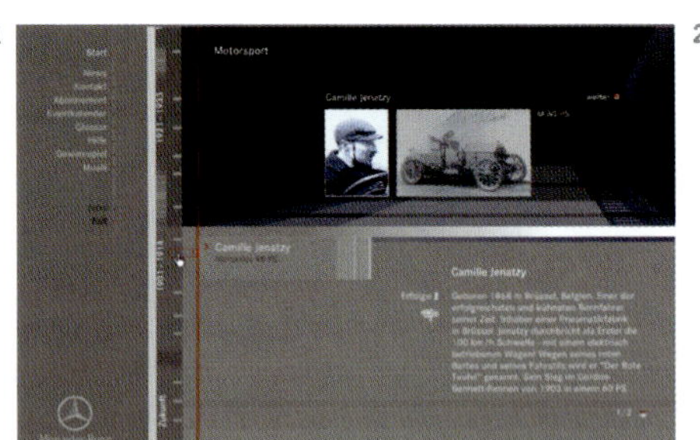

2

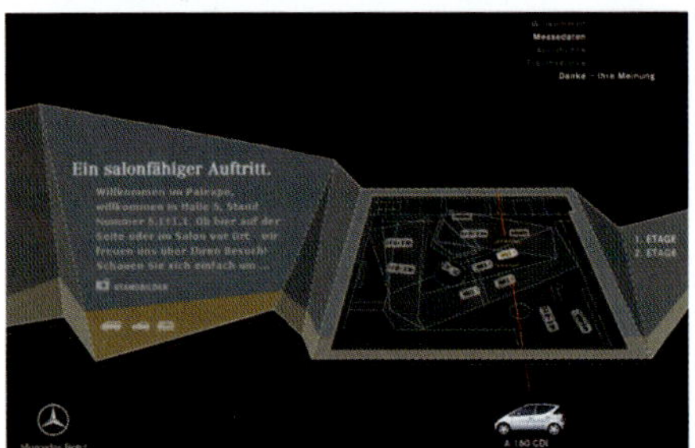

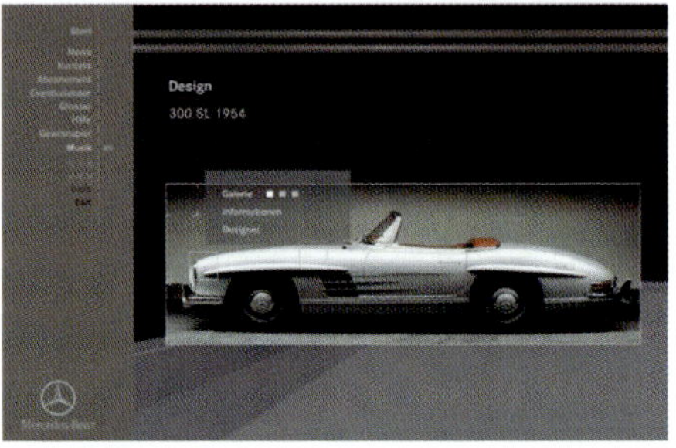

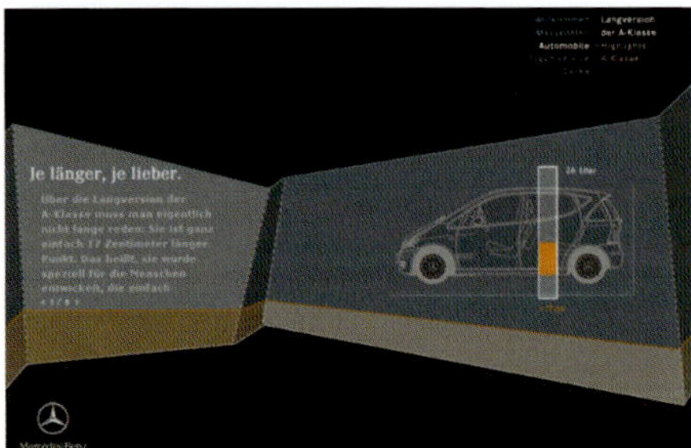

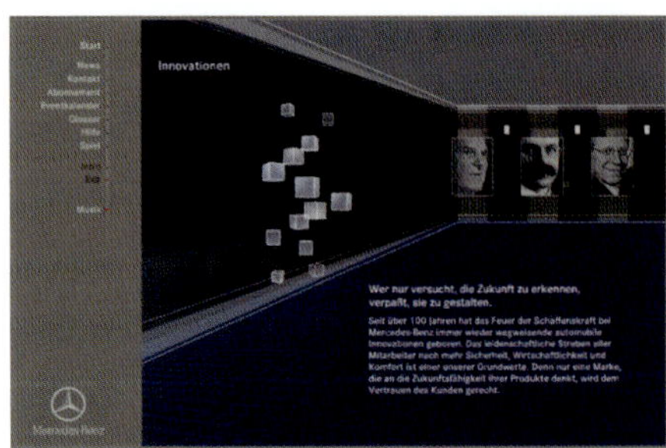

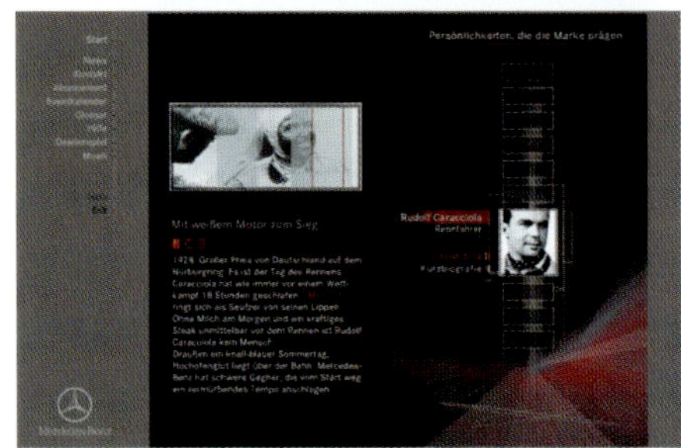

1 www.mercedes-benz.com/genf2001
Webspecial zum Messeauftritt von Mercedes-Benz in Genf.
Web special for Mercedes-Benz at the Geneva Motor Show.

2 www.mercedes-benz.com/passion
Webspecial zu 100 Jahre Mercedes – The Story of Passion.
Web special for the 100 year jubilee of Mercedes – The Story of Passion.

3 www.tonigard.com
Unternehmensdarstellung und Präsentation der aktuellen Kollektion.
Corporate profile and presentation of the latest collection.

4 www.usm.com
USM U. Schärer Söhne AG
Relaunch der Unternehmensdarstellung, dreisprachig.
Relaunch of tnhe Company Profile, trilingual.

5 www.rui-camilo.de
Rui Camilo Photography
Portfolio des Fotografen.
Portfolio of the photographer.

Referenzen/references: Adam Opel AG, AGFA Gevaert AG, Autostadt GmbH, Cyber-Pirates AG, Deutsche Städte-Medien GmbH, General Motors Europe, Hewlett Packard/Agilent Technologies GmbH, Kirch New Media AG, Liebherr Hydraulikbagger GmbH, Mercedes-Benz, Toni Gard Fashion GmbH, USM U. Schärer Söhne AG, Ralf Wengenmayr u.a.
Veröffentlichungen/publications: Annual Multimedia 1997, 1998, 1999, 2000; The Art Directors Annual, New York Ausgabe 76., 77., 78., 80.; Neugierig 1 und 2 – das Buch über deutsches Grafik-Design; Designer Profile 1998/1999, 01/2000, 03/2002; Communication Arts Interactive Design Annual 5; European Design Annual 5; Jahrbuch der Werbung 2001; Communication Arts Interactive Design Annual 7; British Design and Art Direction, Annual 2001.
Auszeichnungen/awards: Grandprix Cyberlions 1999; Cyberlions Cannes (3x); ADC New York (4x); Clio award; New York Festival Award (7x); One Show Interactive, 6 Pencils; New Media Invision Award (4x); EMMA Award (2x); London International Advertising Award (2x); Medaille ADC Deutschland (3x); Best-of-Business-to-Business Award (4x); Deutscher Multimedia Award; Grand Prix beim Deutschen Preis für Kommunikationsdesign 2000; Deutscher Designer Club Award (3x); iF Interaction Design Award (7x); TV Movie Award 2000; red dot award (6x).

3

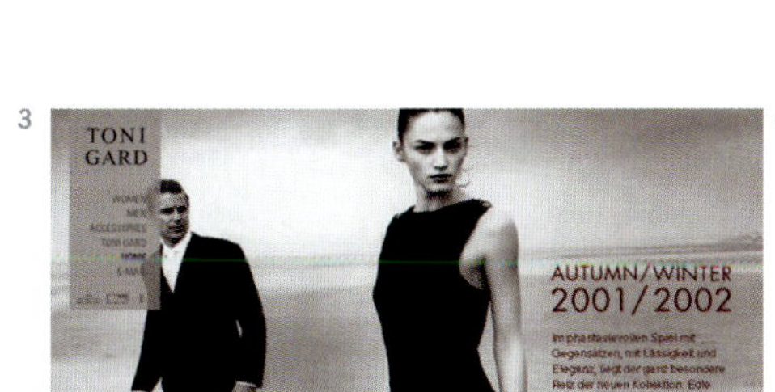

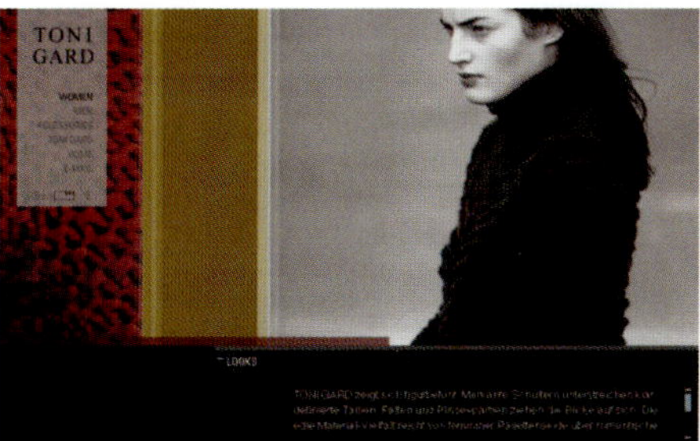

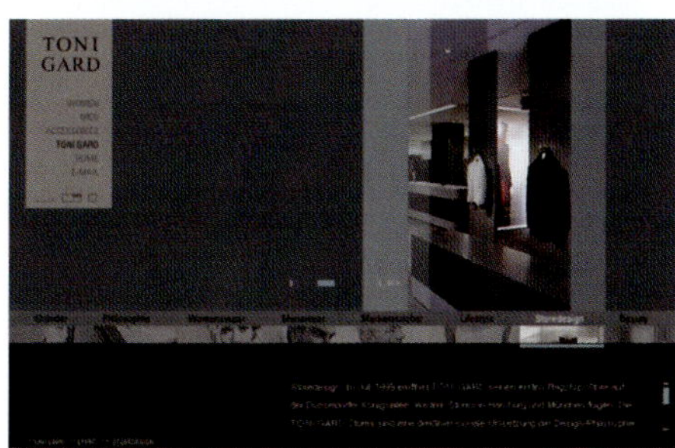

4

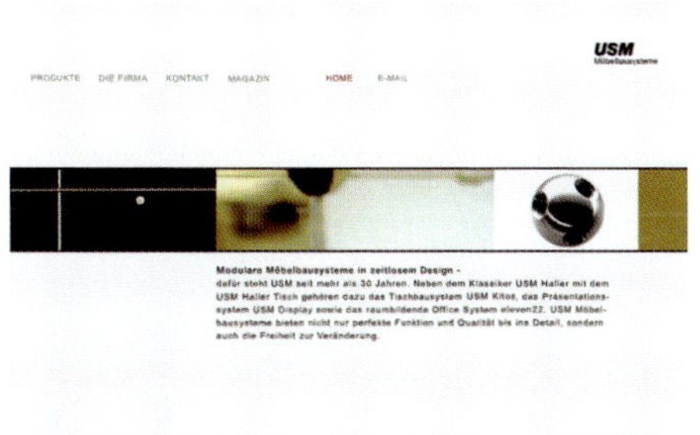

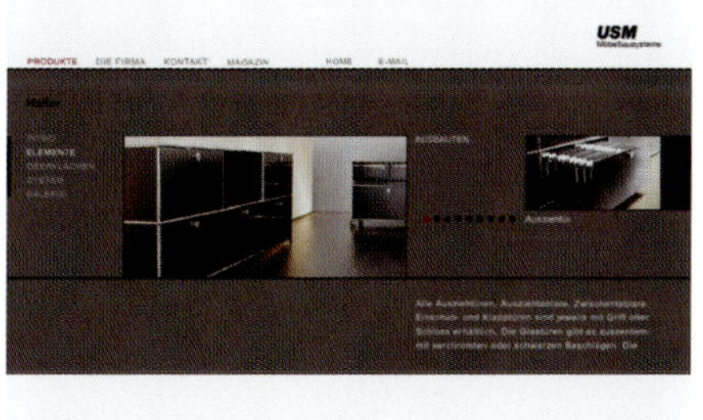

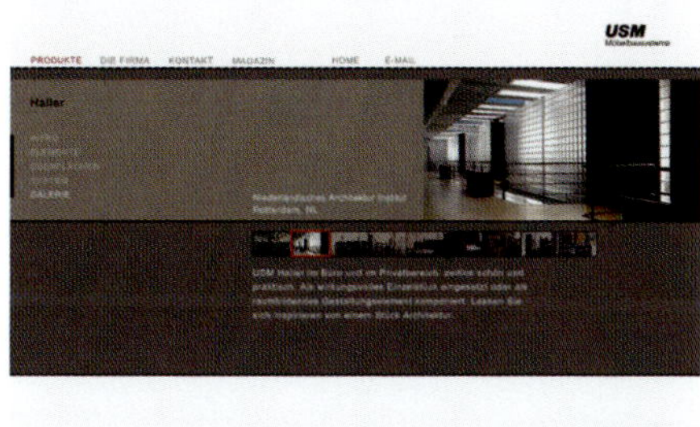

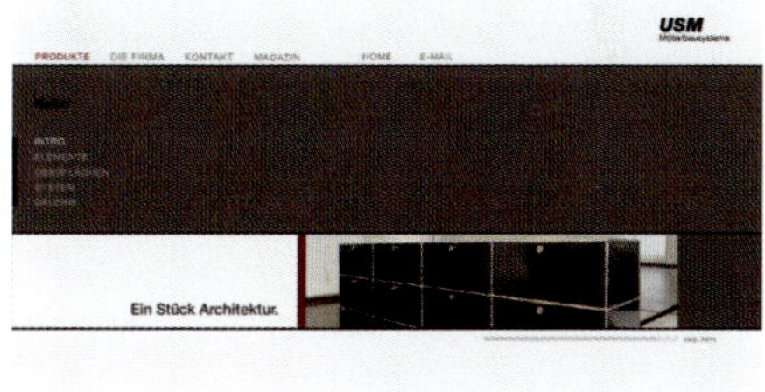

5

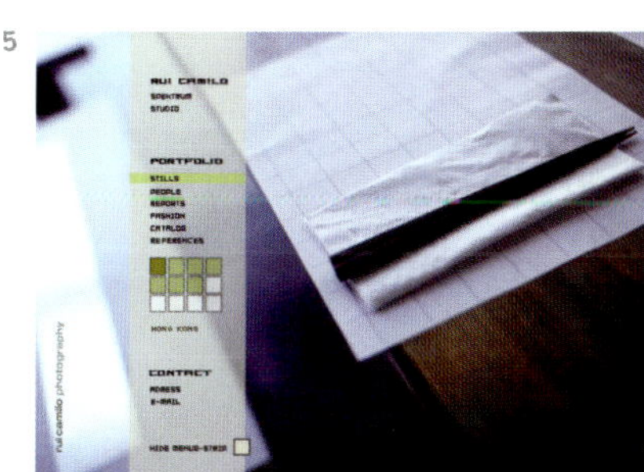

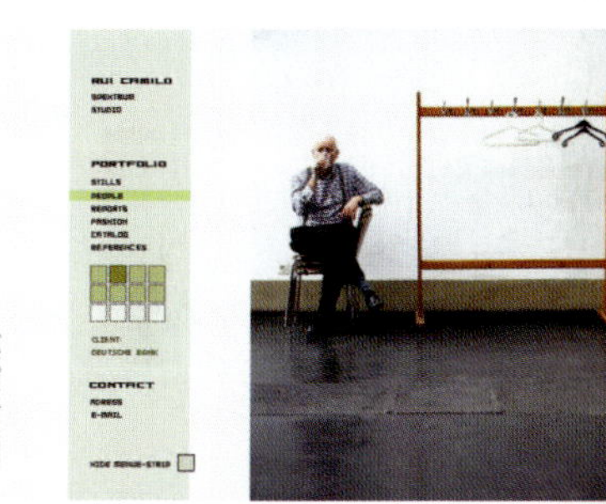

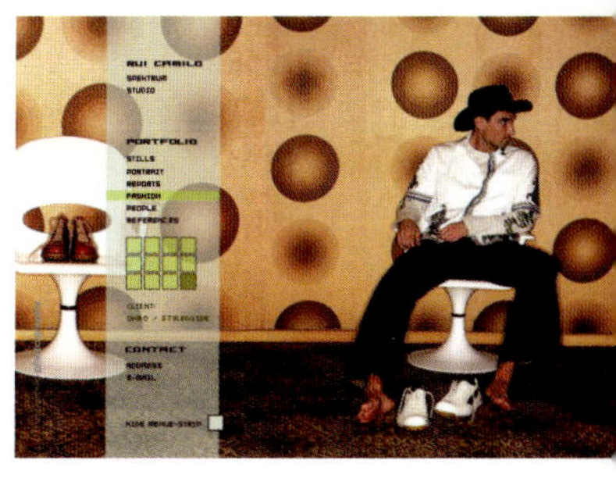

Virtual Identity AG

Gerberau 5
79098 Freiburg
Telefon +49 (0)761/2 07 58 00
Telefax +49 (0)761/2 07 58 01
e-mail info@virtual-identity.com
internet www.virtual-identity.com

Die Virtual Identity AG ist ein Full-Service Anbieter von Internetlösungen mit hoher Integrationsdichte. Basierend auf den Kernkompetenzen Business Consulting, Web Integration, e-Branding und dem Einsatz von Internet Standardtechnologien schafft vi wertschöpfende e-Business Lösungen. Seit der Gründung 1995 definiert vi Geschäftsabläufe in führenden Unternehmen neu und integriert die entwickelten Applikationen in die Wertschöpfungsketten und IT Systeme. Über hundert Mitarbeiter in Berlin, Freiburg und Nürnberg arbeiten an der Entwicklung dieser End-to-End Lösungen in interdisziplinären Teams aus Beratern, System Architekten, Software Entwicklern und Brand Strategen.

The Virtual Identity AG is a leading full-service Internet solution provider. For our customers we are building value adding e-Business solutions based on our core competencies of business consulting, web integration, e-Branding and by using standard Internet technologies. For over 6 years we are defining new business workflows in leading companies and are integrating the developed applications in existing value chains and IT systems. More than 100 emloyees are working in our locations in Berlin, Freiburg and Nürnberg in interdisciplinary teams consisting of Consultants, System Architects, Software Engineers and Brand Strategists. In close collaboration with our customers we are developing end-to-end e-Business solutions. Our Know-how in the industries of trade, publishing and manufacturing enables us to design solutions geared to market requirements along the complete value chain and to successfully implement the solutions into our customers businesses.

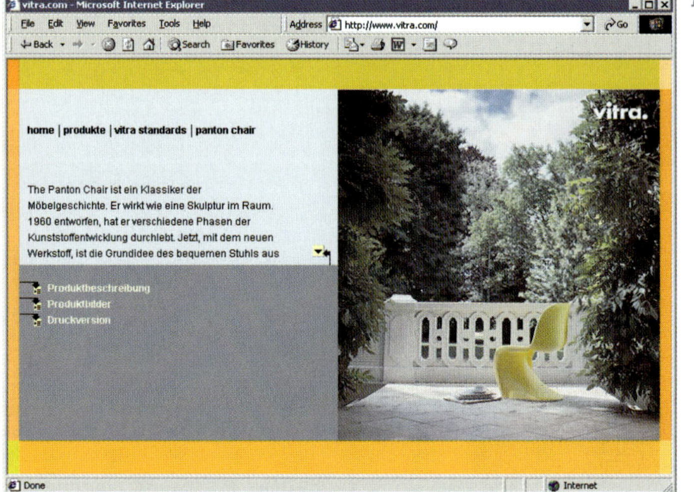

1

Referenzen/references: Alstom Power S.A., Ciba Specialty Chemicals Inc., Haufe Verlagsgruppe GmbH, Ligne Roset GmbH, Lonza Group Inc., Motorola Inc., Novartis AG, Siemens AG, Ravensburger AG, SAP, STO AG, Vantico AG, Vitra GmbH, Vitra Design Museum, Zumtobel Staff GmbH.
Veröffentlichungen/publications: iF Design Jahrbuch 1999, 2000, 2001, Herausgeber: Industrieforum Design, Hannover; Designagencies.com 2000, Herausgeber: Graphis, New York; Internationales Jahrbuch Kommunikationsdesign 1997, 1998, 1999, Herausgeber: Verlag Form, Peter Zec; Mission Possible – Online Business und seine Herausforderungen für Branding und Design, 20.3.2001, Frankfurter Allgemeine Zeitung.
Auszeichnungen/awards: high five award 1997; IPPDA, DX Award 1997; Deutscher Preis für Kommunikationsdesign, Design Zentrum NRW 1998, Höchste Designqualität; if interactive design award, best of category, Industrie Forum Design Hannover 1999, 2000; if interactive design award 2000 (3x), 2001 (3x); Graphis Design Annual, New York 2000 (Virtual Identity); New Media Award, Interactive Media und Horizont 2000; TV Movie Award für besten Online Shop und Kampagne 2000; E-Commerce 2001.

3

2

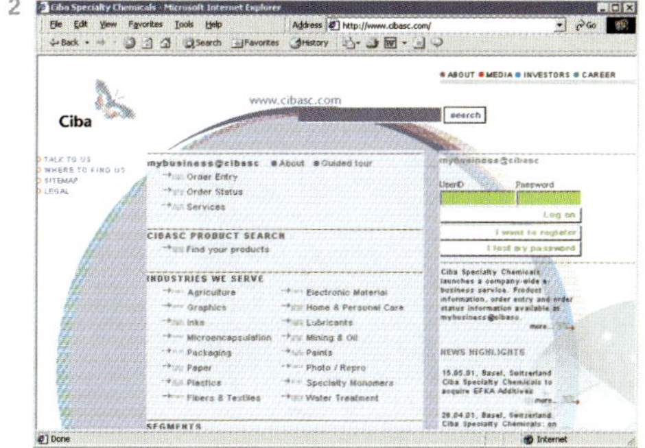

1 www.vitra.com, Launch April 1997, Relaunch September 2000.
Konzeption, Gestaltung und Umsetzung der Vitra Corporate Website.
Concept, design and implementation of the Vitra corporate website.

2 Launch Oktober 02/1997, Relaunch Oktober 11/2000.
Konzeption, Design und Umsetzung einer flexiblen, businessorientierten Website.
Concept, design and implementation of a flexible, business oriented website.

3 www.siemens.com, Launch 04/2001.
Online Corporate Design der Siemens AG
Konzeption, Entwicklung und Rollout des Online-Erscheinungsbildes der Siemens AG.
Online corporate design for Siemens AG. Conception, development and rollout of the Siemens AG online presentation.

Vistapark® GmbH

Viehhofstraße 119/125
42117 Wuppertal
Telefon +49 (0)202/2 42 75 00
Telefax +49 (0)202/2 42 75 61
e-mail info@vistapark.de
internet www.vistapark.de

> Industrial Design S. 206
> Communication Design S. 388

Vistapark – mit Sitz in Wuppertal in der VillaMedia – hat sich seit 1997 zu einem vernetzten Unternehmen mit einzigartigem Profil entwickelt. Denn die Kernkompetenz von Vistapark ist es, dynamische Unternehmen, Marken und Produkte durch konvergente Dienstleistungen aus den Feldern Kommunikation, Produkt Design und NewMedia erfolgreich zu bewegen. Besonderer Wert wird dabei auf die konzeptionelle Eingliederung der klassischen Unternehmensbereiche Marketing, Entwicklung und Vertrieb gelegt. Im Geschäftsfeld »virtuality« steht Vistapark für die Schaffung, Visualisierung und Animation von mehrdimensionalen Produkten und Welten für einen medienübergreifenden Einsatz.

Vistapark – located at the VillaMedia in Wuppertal – has developed since 1997 into a networked company with a unique profile. For the core competency of Vistapark is to get dynamic enterprises, brands and products moving with convergent services from the fields of communication, product design and new media. Especial value is attached to the conceptual integration of the classical corporate areas of marketing, development and sales. In the field of virtuality, Vistapark stands for the creation, visualisation and animation of multidimensional products and environments for deployment across all the media.

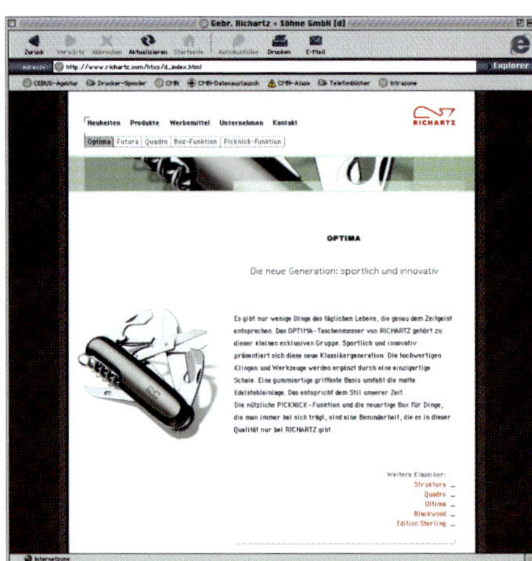

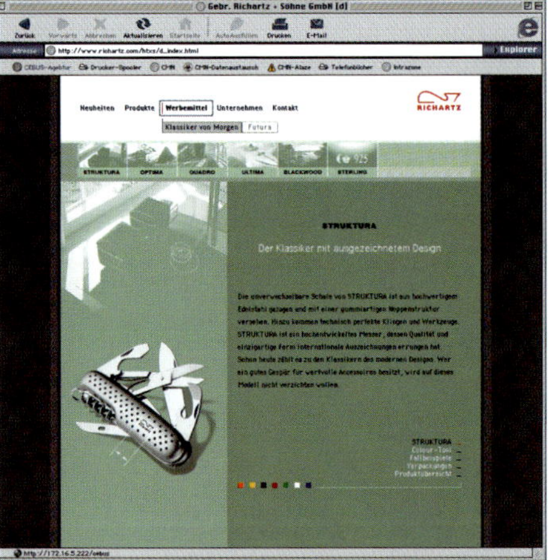

1

Referenzen/references: ABUS, Assima, BEKO, Bergische Sonne, Deichmann (i. A. Heuser), Desoto Sports, D.La Porte, Dinger's Gartencenter, Dirak, DURABLE, Du Pont, E.O.S., Gebr. Richartz, Killtec, Lederer, LuBeRo, North-Sails Mistral Sportsgroup, P.F. Freund & Cie, Plastcontrol, PUKY, Schröder, Standard-Metallwerke, TeleBeL, Tele-Pizza, VDO-Kienzle, Verkehrsverbund Rhein Ruhr, Werner Works.
Veröffentlichungen/publications: »Vistapark-Mobility«, Office Design 08/2000; »Orgatec 2000«, BIT – Bürowelt im Trend 10/2000 u. 11/2000; Der Kontakter 10/2000; New Business 10/2000; VDI nachrichten 10/2000; Orgatec Journal 10/2000; Mensch & Büro 01/2001.
Auszeichnungen/awards: Hohe Designqualität Design Zentrum Nordrhein Westfalen Essen 1990 (Comforce), 1993 (Gribbit), 2000 (Babyracer), 2001 red dot award (Dreirad Joker); 1. Platz European Bicycle Design Contest (Crusader); 1. Platz Hoesch Design Award, iF Product Design Award Industrie Forum Design Hannover 1998 (2x, Sherpa), 1999 iF Product Design Award (Ergo Cut); Focus Mobility, Internationaler Designpreis (proGression comp), Design Center Stuttgart 2001.

2

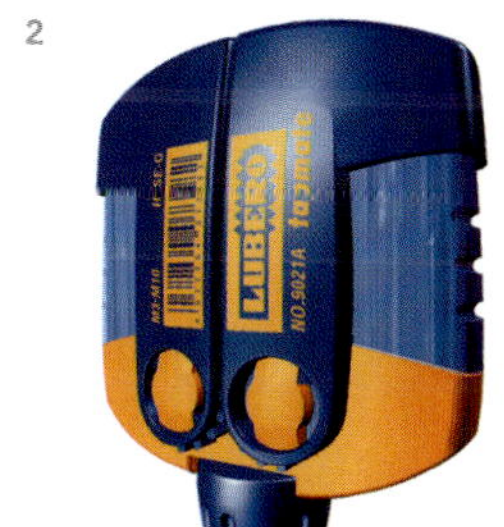

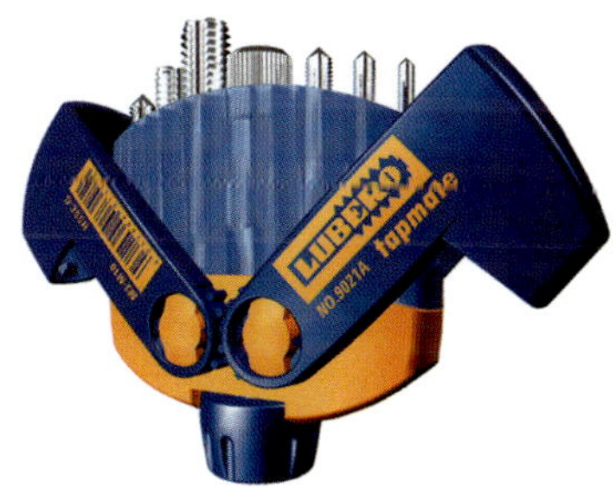

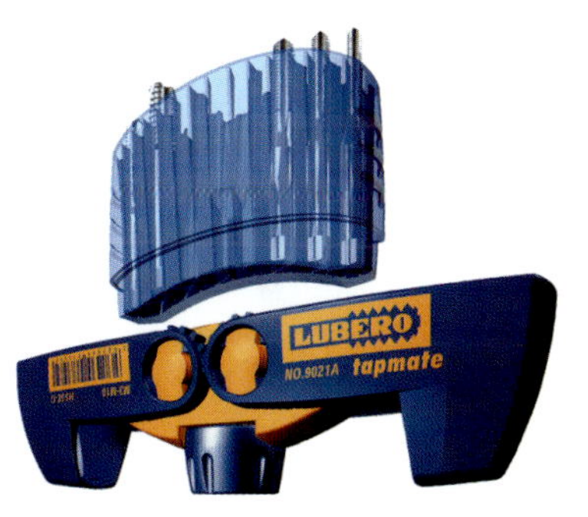

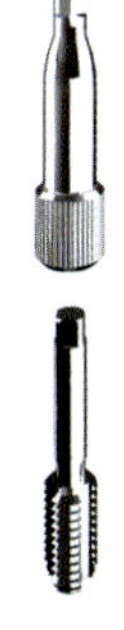

3

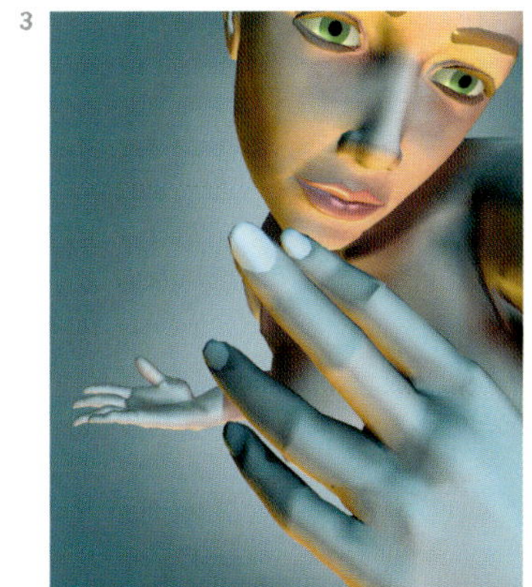

1 www.richartz.com
Internetdesign
Gebr. Richartz + Söhne GmbH, 2000.

2 tapmate, Gewindeschneid-Set
Thread cutting set
Animation
Lusbrink & Schwebinghaus GmbH & Co. KG, 2000.

3 Unreal
Characterdesign
XXY-Theater, 2001.

Advertising

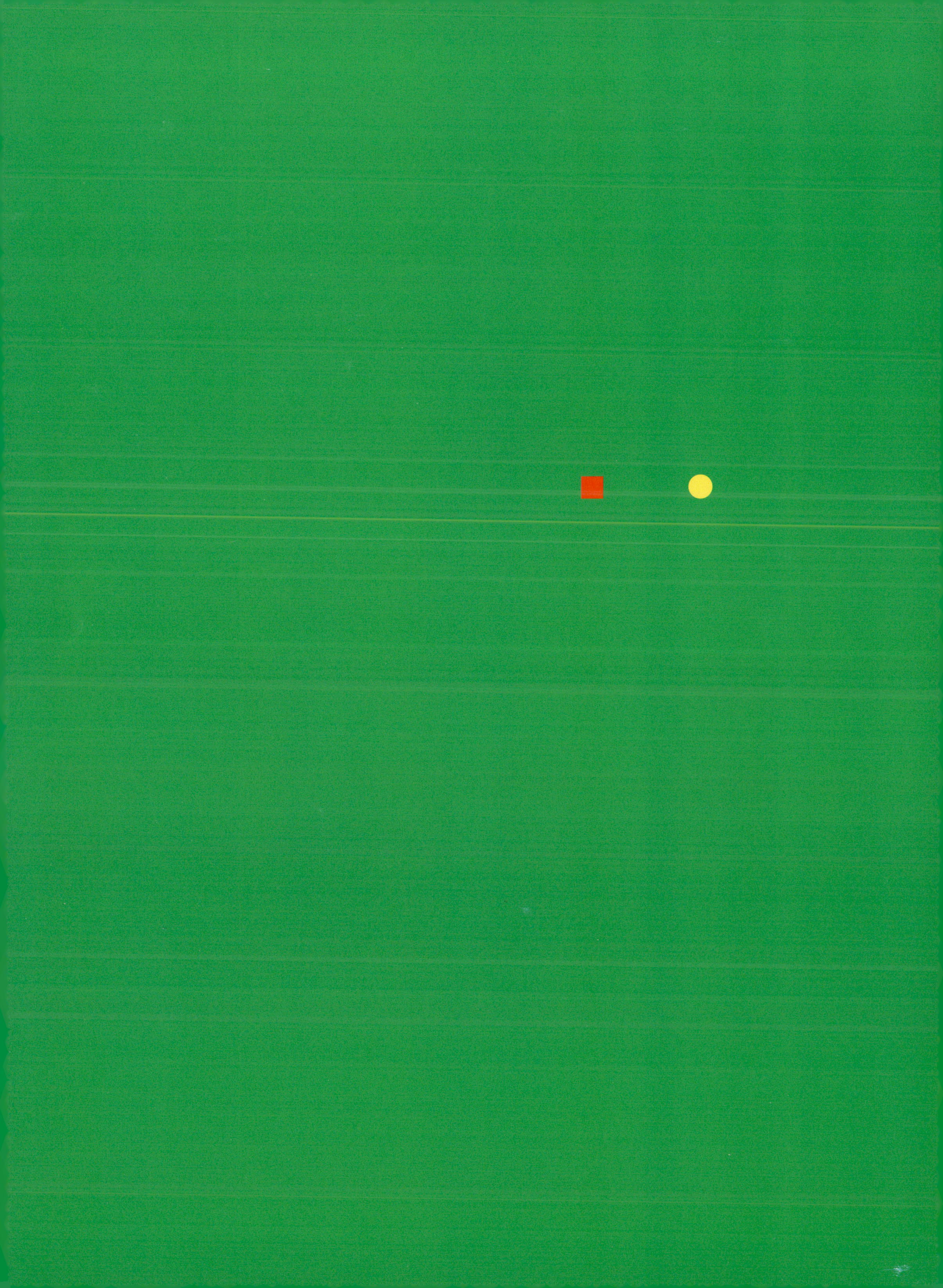

AGENTA Werbeagentur

Annette-Allee 41
48149 Münster
Telefon +49 (0)251/53 05-0
Telefax +49 (0)251/53 05-195
e-mail dialog@agenta.de
internet www.agenta.de

Die AGENTA Werbeagentur versteht sich als kreativer Impulsgeber und Businesspartner für die Wirtschaft mit einem weitreichenden Dienstleistungsangebot. Full Service Dienstleistungen On Demand, das bedeutet bei AGENTA: Marketingberatung, Vertriebskonzeption und zielorientierte Kreativkonzepte sowie deren wirkungsvolle Realisierung in allen Medien. Strategische Planung, konzeptioneller Entwurf, kreative Umsetzung, produktionstechnisches Know-how, zielgruppengerechter Media- und Multimedia-Einsatz – diese und viele weitere Full-Service-Leistungen bilden das Gesamtangebot der AGENTA Werbeagentur und ihrer nationalen wie internationalen Partnerunternehmen, mit denen AGENTA in allen relevanten Auslandsmärkten vertreten ist.

The AGENTA advertising agency sees itself as a creative stimulus and business partner for trade and industry with a wide-ranging portfolio of services. Full service on demand from AGENTA means marketing consulting, sales concepts, goal oriented creative concepts and their effective implementation in all media. Strategic planning, concept development, creative implementation, technical production expertise, target group orientated media and multi-media deployment – these and many other full-service elements make up the range offered by the AGENTA advertising agency and its national and international partners operating on all major foreign markets.

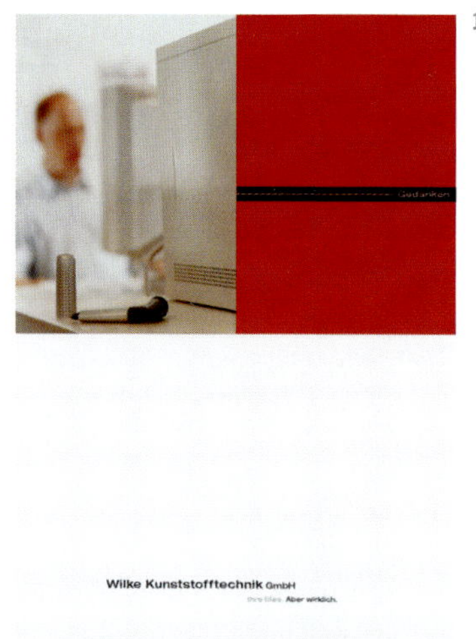

1

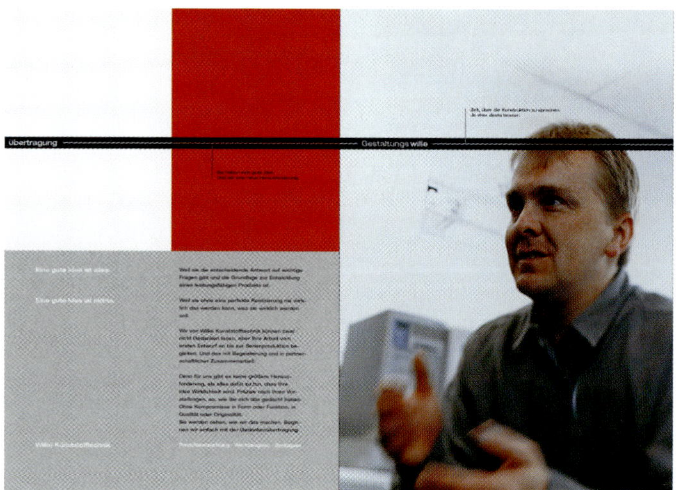

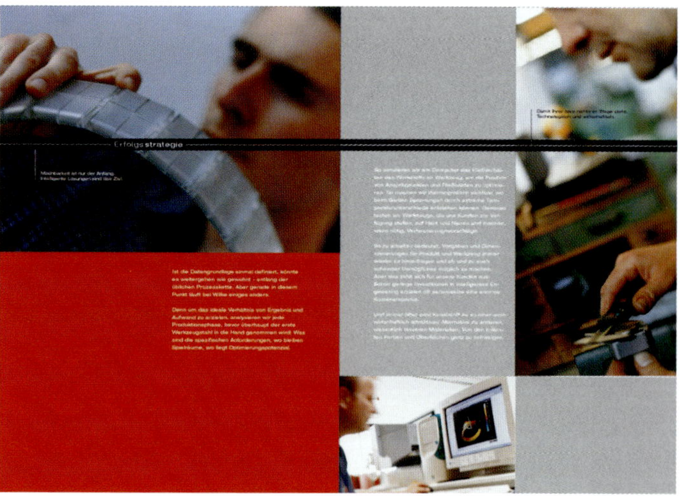

1 Zwölfseitige Image-Broschüre
Twelve-page image brochure
Wilke Kunststofftechnik GmbH, Arolsen.

2 Endverbraucheranzeigen für die Edelstahlmarkise markilux® ES-1
End-user advertisements for the stainless steel awning markilux® ES-1.
Schmitz-Werke, Emsdetten.

Referenzen/references: ABB, ABUS Kransysteme, Bertelsmann Fachzeitschriftenverlag, Cavallo Reitmoden, Eurowings Luftverkehrs AG, ieQ.de, Landwirtschaftsverlag, LBS Immobilien, Melitta Haushaltsprodukte, ONE FOR ALL, Primera AG, Ruhrgas AG, RWE AG, Schmitz-Werke, S-Immobilien Düsseldorf, Sparkasse Wittgenstein, Stadtwerke Oberhausen, Stadtwerke Osnabrück, VEKA Umwelttechnik GmbH, Viterra Energy Services, Westfälisch-Lippischer Sparkassen- und Giroverband, Westfälische Provinzial Versicherung, Wiltmann.
Auszeichnungen/awards: Branchensieger »Investitionsgüter«, Jahrbuch der Werbung 2001; Silber in der Kategorie »Reflektierende Werbung«, Deutscher Plakat Grand Prix 2000; Anzeige des Monats November '99, Wettbewerb TZ Kreativ; Beste Anzeige, Zeitschrift Maxi, Verlagsgruppe Bauer.

2

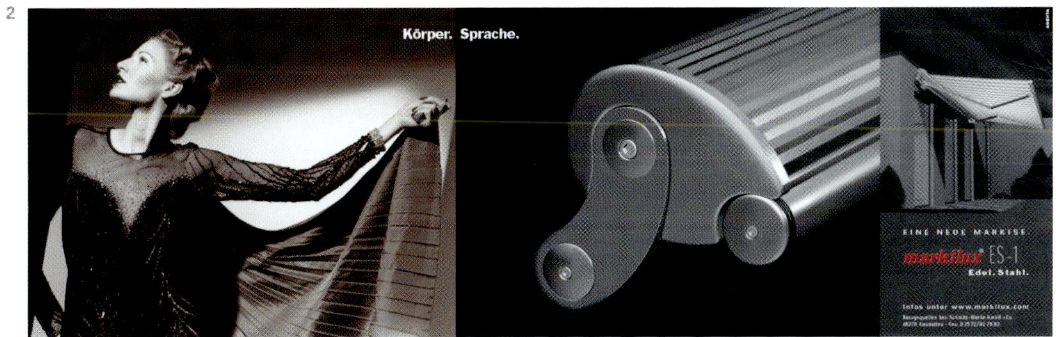

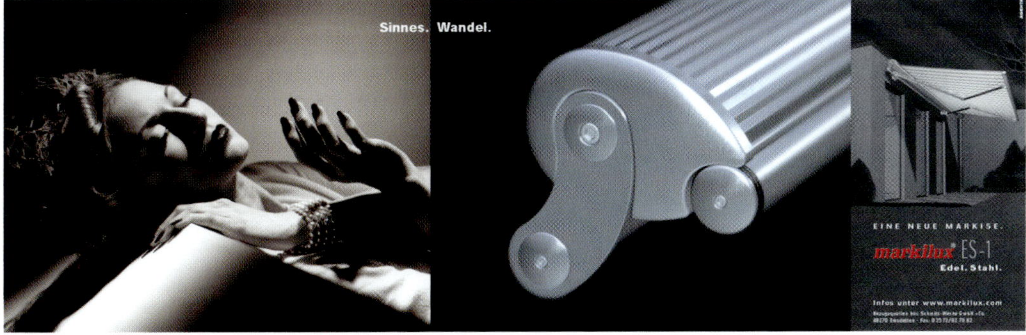

Agentur Richter

Geschäftsführung
Alexandra Richter (AGD)

Augustenstraße 33, RGB
80333 München
Telefon +49 (0)89/54 27 87-0
Telefax +49 (0)89/54 27 87-27
e-mail a.richter@agentur-richter.com
internet www.agentur-richter.com

Die Agentur Richter Werbeagentur wurde 1991 in München von der Kommunikationsdesignerin (FH) Alexandra Richter als Kreativagentur gegründet. Markenkunden, speziell aus den Bereichen Mode, Sport, Medien und IT werden seither effizient und zukunftsweisend betreut.
Die Philosophie der Agentur: Bekanntheit ist nichts. Begehrlichkeit ist alles. Begehrlichkeit braucht das Außergewöhnliche: Agentur Richter. Alles außer gewöhnlich.
Leistungsschwerpunkte sind Kommunikationskonzepte, Klassische Werbung, Entwicklung von Markenpositionierungen, Corporate Design, Film-, Funk-, und TV-Konzepte und Produktion, Fotokonzepte für Mode- und Sportfotografie, Interaktive Kommunikation sowie Webkonzepte und Webdesign.

Established as a creative design agency in Munich by communication designer Alexandra Richter in 1991, this firm provides efficient and forward-looking brand handling with a particular eye to the fields of fashion, sport, media and IT. Philosophy: being known is nothing; being desired is everything; desire needs the unusual; the Richter agency; everything unusual. The main focus is on communication concepts, conventional advertising, brand positioning, corporate design, film, radio and TV concepts and production, photo concepts for fashion and sports photography, interactive communication.

1

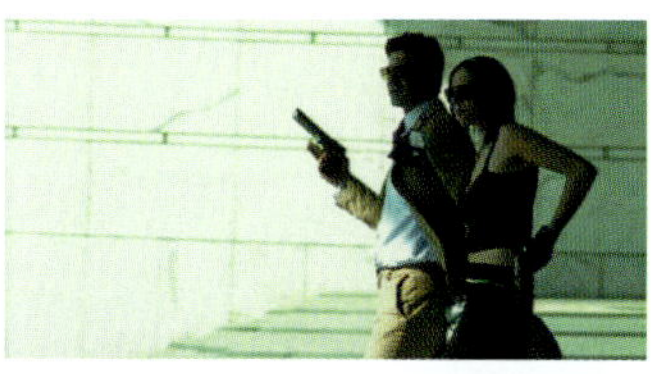
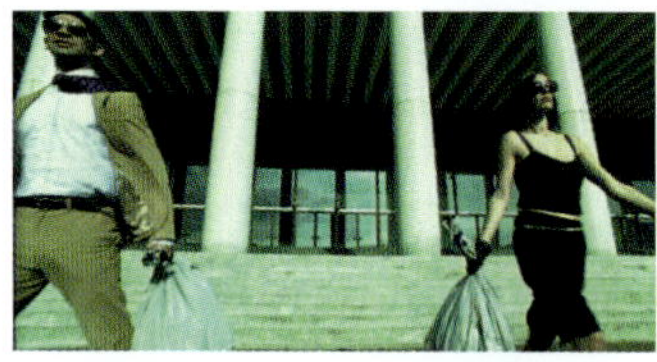
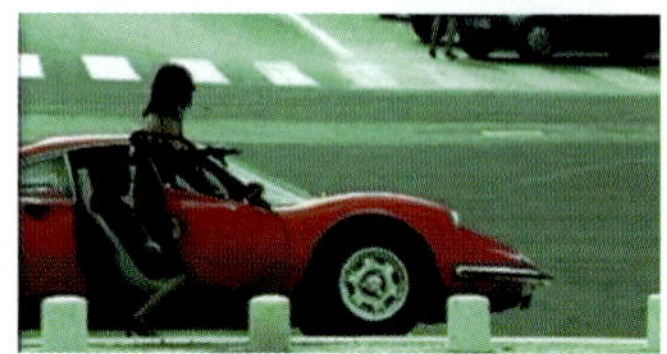
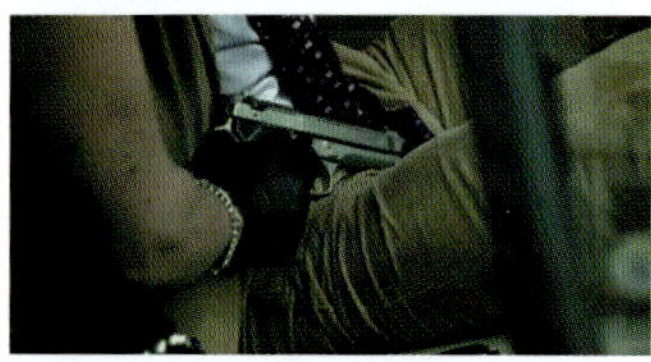
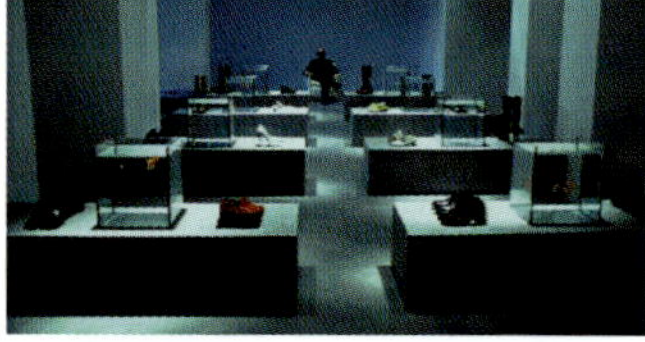
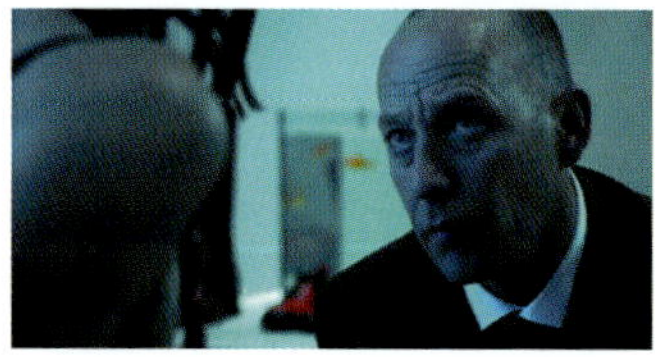
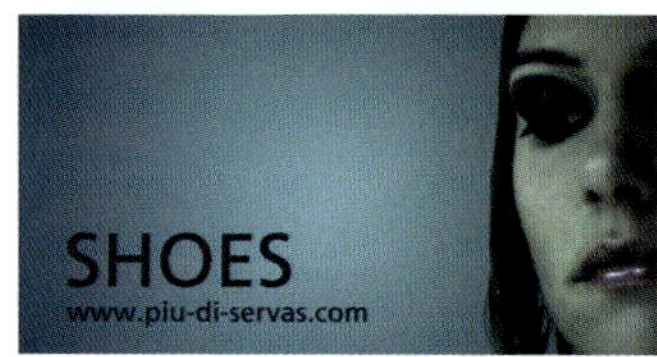

1 Piu di servas
Kinospot »Der Überfall«
Imageaufbau Damenschuhe 2000/2001
Cinema spot "The Holdup"
Image building for women's shoes,
2000/2001.

2/3 Reebok
Imageaufbau der neuen Classic-Linie
Imageanzeigen, Imagefolder
Image creation for the new Classic line,
image advertisements and image folder
2000.

Referenzen/references: Schuh Union AG piu-di-servas Shoes, Reebok Sportswear, Head Sportswear, MAC Hosen, Maendler Designermode, More & More Fashion, Sport Conrad Alpinsports, Engelhorn Trendhouse, Greenpeace, Sony, 2K Media, Bertelsmann, Danone.
Veröffentlichungen/publications: »Eiskalte Rechner mit verschwenderischen Ideen« Max Werbebuch 96/97, Kampagnen, Macher, Trends, Verlagsgruppe Milchstrasse 1996; »Maendler Rendezvous der Designer«, Kampagnen Bekleidung, Jahrbuch der Werbung 2000, Econ List Ullstein Verlag 2000; »Schuhkaufkrimi« Szenen aus dem Kinospot einer Schuhmarke, Textilwirtschaft 11/2000.
Auszeichnungen/awards: The New York Festivals, Finalist Award 1995; Deutscher Preis für Kommunikationsdesign 1995; Jahrbuch der Werbung 2001 Branchensieger Kleidung 2001, 25. Wettbewerb gewinnende Werbung der Akademie für Marketing-Kommunikation, Prädikat: Hervorragend, Juni 2001.

2

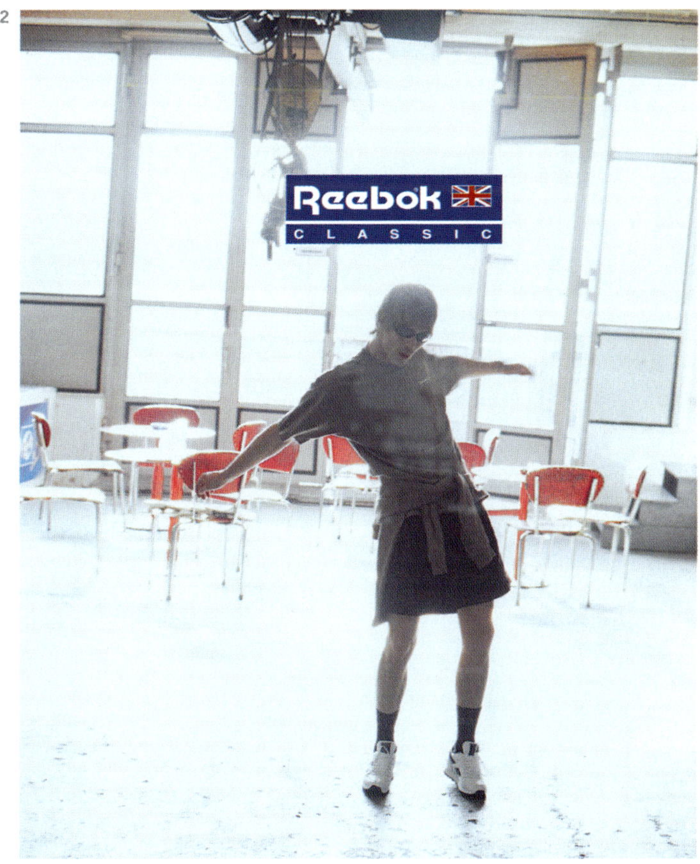

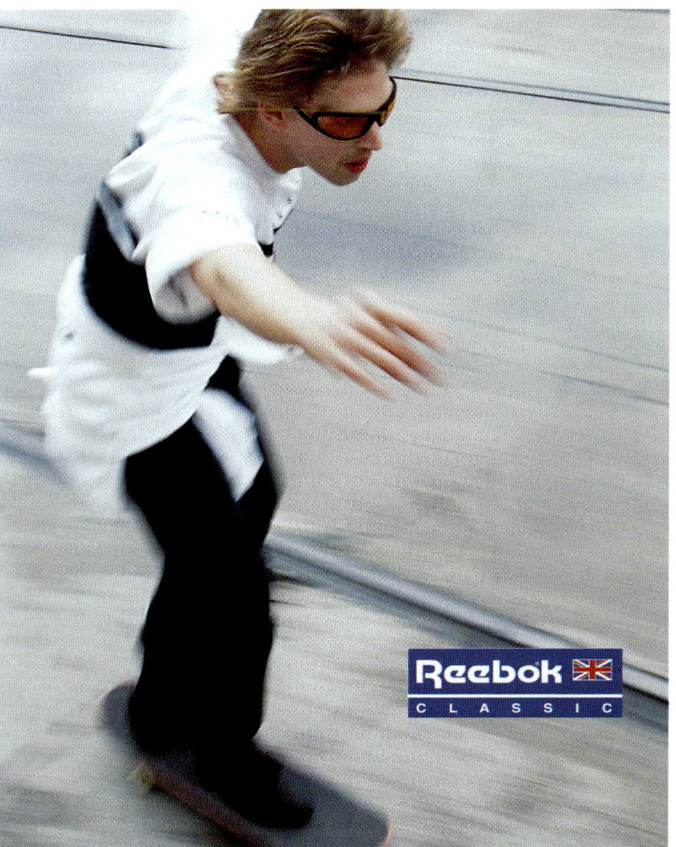

3

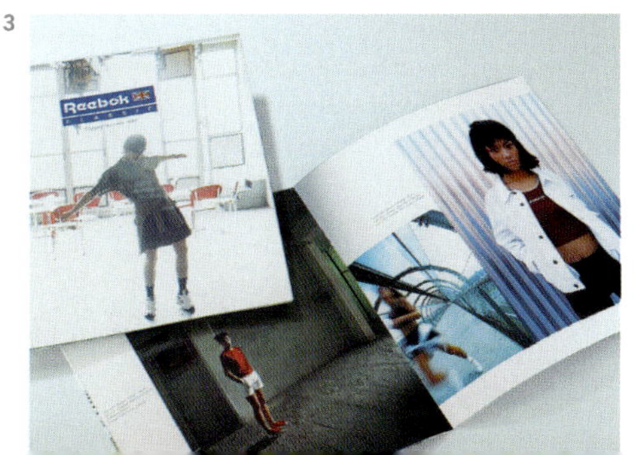

beierarbeit

Geschäftsführung
Christoph Beier (BDG)

Sattelmeyerweg 1
Hof Meyer zu Eissen
33609 Bielefeld
Telefon +49 (0)521/7 87 10 30
Telefax +49 (0)521/7 87 11 31
e-mail info@beierarbeit.de
internet www.beierarbeit.de

> Communication Design S. 226

Charakteristische Eigenschaften des mittlerweile siebenköpfigen Büros beierarbeit sind die inhabergeführte Beratung, Betreuung und adäquate Präzision. In dieser Konstellation entstehen langfristige und erfolgreiche Lösungen. Mit Vorliebe typografisch, idealerweise mit anspruchsvoller Fotografie, aus Überzeugung klar und einfach. Tätigkeitsschwerpunkte sind Konzeption und Gestaltung ganzheitlicher Corporate Identity-Programme, Entwicklung von Markenstrukturen und Markenidentitäten, Namensfindung, Prozessbegleitung im Bereich Leitbilder und Unternehmensstrategien, Logoentwicklung, Editorial Design und Unternehmenskommunikation.

Characteristic features of this office, which now has a staff of seven, are the personal attention of the proprietor to clients' accounts and precision. This makes for successful, long-term solutions. Typographical for preference, ideally accompanied by high-quality photographic work and clear and simple as a matter of principle. The main focus is on the conception and design of holistic corporate identity programmes, the development of brand structures and identities, the development of names, process support for key image and corporate strategies, logo design, editorial design and corporate communication.

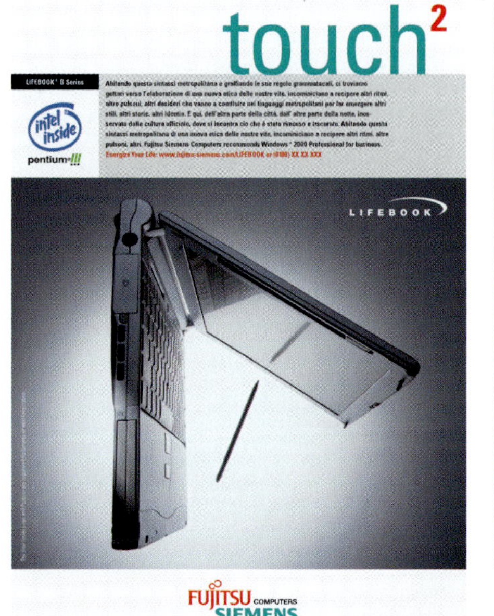

1

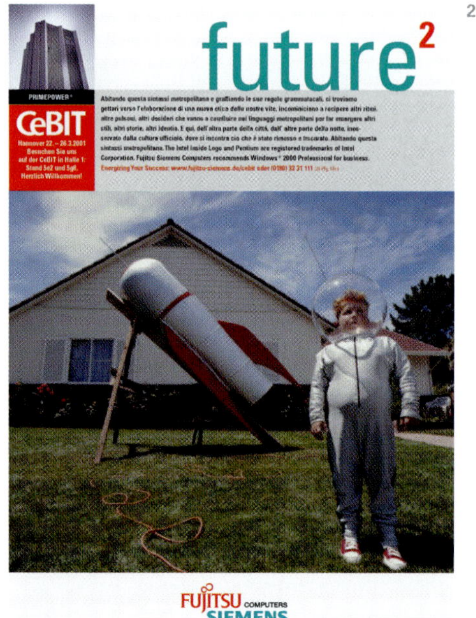

2

Referenzen/references: Brüninghaus, Dürkopp, Ebke Küchen, Fehrenkötter, Fujitsu Siemens Computers, Haus der Geschichte, Kunsthalle Bielefeld, Primetta, Seidensticker, Sparkassen Informatik, Siemens u.a.
Veröffentlichungen/publications: »CI Report 11«, Dokumentation vorbildlicher Corporate Identity, Roman Antonoff, Mai 2000; »Kindheit ist kein Kinderspiel«, Eine Aktion des Deutschen Plakat Museums Essen und des Deutschen Kinderschutzbundes e.V., Juni 1998.

3

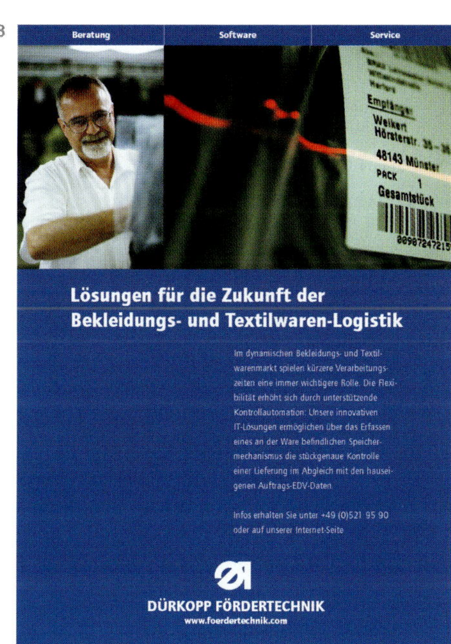

1 Produktanzeige
Product advertisement
Fujitsu Siemens Computers, München.

2 Anzeige zur Messeankündigung
Trade fair advertisement
Fujitsu Siemens Computers, München.

3 Imageanzeige/*Image advertisement*
Dürkopp Fördertechnik, Bielefeld.

Büro X Kommunikation GmbH

Mönckebergstraße 10
20095 Hamburg
Telefon +49 (0)40/44 80 40 0
Telefax +49 (0)40/44 80 40 44
e-mail info@buerox.de
internet www.buerox.de

> Communication Design S. 242

Büro X ist eine Marketing- und Werbeagentur. Und eine stilprägende CI- und CD-Agentur. Büro X entwickelt innovative Lösungen für die übergreifende Kommunikation von Marken und Unternehmen. Above-the-line, below-the-line und online. Büro X hat zweiundzwanzig feste Mitarbeiter, ist inhabergeführt und unabhängig. Büro X bewegt Menschen und Marken, aktuell z.B. Digital Radio, IHK, Kindernothilfe, Münchener Rück. Büro X arbeitet im Netzwerk mit Architekten, documenta-Künstlern, GFMO (Media), Journalisten, Leipziger & Partner (PR), nivel_4 (new media consulting) u.a.

Büro X is a marketing and advertising agency. And a style-setting CI and CD agency. Büro X develops innovative solutions for the overall communication of brands and companies. Above-the-line, below-the-line and online. Büro X has a permanent staff of 22, is owner-managed and independent. Büro X moves people and brands: current examples are Digital Radio, Chamber of Commerce, Save the Children, Münchener Rück. Büro X networks with architects, documenta artists, GFMO (media), journalists, Leipziger & Partner (PR), nivel_4 (new media consulting) and many others.

1

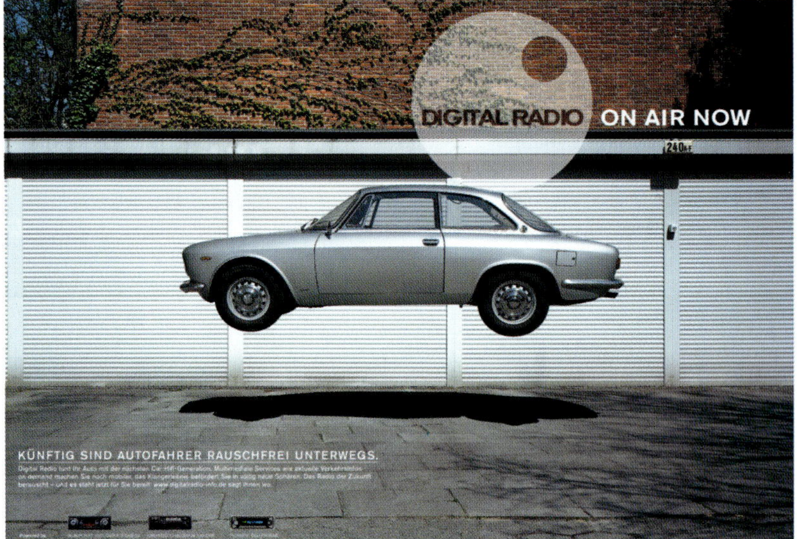

2

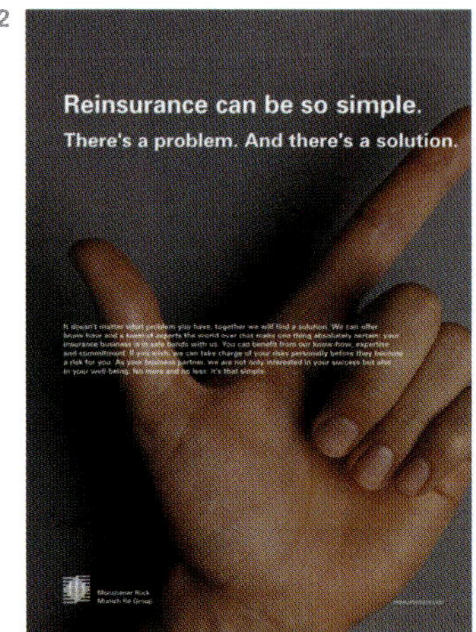

1 Digital Radio »On air now«
Markenentwicklung und Einführung, Strategie, Design, Werbung
Leadagentur für PR und Online.
Brand development and launch, strategy, design and advertising.
Lead agency for PR and online presentation.

2 Münchener Rück
Neues Erscheinungsbild, integriertes Gesamtkonzept, internationale Unternehmenskommunikation.
New image, integrated overall concept and international corporate communication.

3 Büro X Kaffee »World´s Best«
Messestand und Plakat
Werbekongress 2001.
Trade fair stand and poster.
Advertising congress 2001.

Referenzen/references: ASS Einrichtungssysteme, Bertelsmann, Britta Steilmann, Burda, DaimlerChrysler, Das Erste (ARD), Deutsche Börse, Deutsche AIDS-Hilfe, Deutscher Ring, Die Woche, documenta 10 (dX), FC Univers, flatfox.de, Hallhuber, Hamburger Hof, hk24.de, Hoffmann & Campe, JET Conoco, kitekat, M.M.Warburg&CO, petra, Rothmans (Lord), RTL, Sabotage Communications, stilwerk, Universal Music.
Auszeichnungen/awards: Büro X macht ausgezeichnete Arbeit: ADC New York, Europe, Deutschland, Österreich und bei rund 30 anderen Wettbewerben (www.buerox.de/Ruhm und Ehre).
Büro X is a winner: awards from ADC New York, Europe, Germany, Austria and some 30 other competitions (www.buerox.de/Ruhm und Ehre).

3

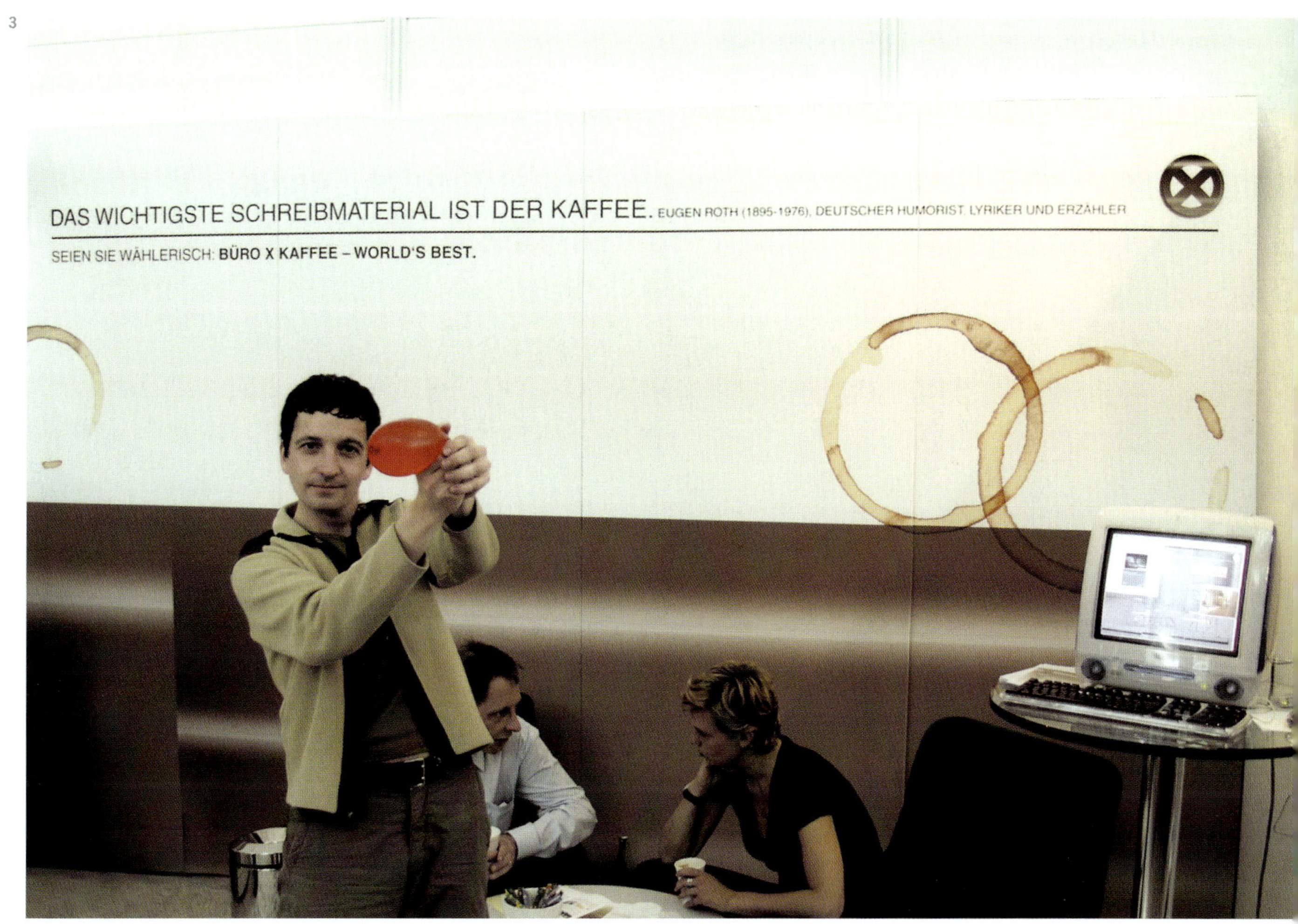

counterpart

agentur für kommunikation gmbh

Geschäftsführung
Michael Maasmeier, Frank Schmitz

Herwarthstraße 5
50672 Köln
Telefon +49 (0)221/95 14 41-0
Telefax +49 (0)221/95 14 41-20
e-mail agentur@counterpart.de
internet www.counterpart.de

counterpart macht Markenführung – integriert, kreativ und erfolgreich. Dabei ist der Name Programm. Denn die 1991 in Köln gegründete Agentur sieht sich als konstruktives Gegenüber ihrer Kunden, versteht Strategie und Kreation als Ergebnis intensiven Austauschs. Dank der Allianz mit M&C Saatchi verbindet counterpart die Vorzüge eines weltweiten Networks mit der Dynamik und Effizienz einer inhabergeführten Agentur. Der counterpart-Ansatz ist: es könnte einen besseren Weg geben. Weitere Servicebereiche der counterpart-Gruppe: cp.public affairs, cp.netvertainment (eBusiness-solutions), cp.Sales Promotion. Es besteht eine Kooperation mit M&C Saatchi Sponsorship.

counterpart agentur für kommunikation gmbh makes brand leadership – integrated, creative and successful. The name is telling. Established in Cologne in 1991, the agency sees itself as a constructive counterpart to its clients, viewing strategy and creation as the result of intensive collaboration. Thanks to its alliance with M&C Saatchi, counterpart combines the advantages of a global network with the dynamism and efficiency of an owner managed agency. The counterpart approach is that there is always a better way. Other services of the counterpart group are cp.public affairs, cp.netvertainment (e-business-solutions), cp.sales promotion. counterpart works jointly with M&C Saatchi Sponsorship.

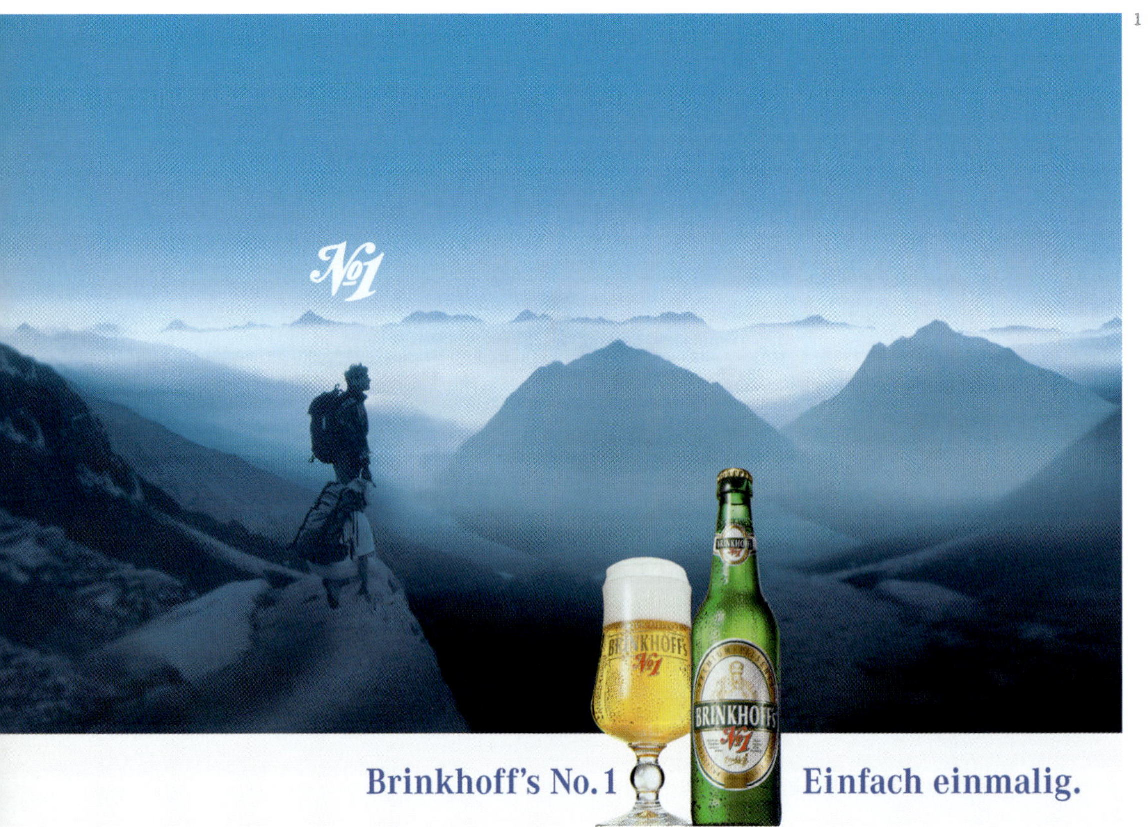

1

Referenzen/references: Standard Life Lebensversicherungen, Dortmunder Union Ritter Brauerei, Skopos Marktforschungsinstitut, Lufthansa Gebäudemanagement, JCB Baumaschinen, Circus Fumagalli, GC Kemmerling, M+C Schiffer Dentalprodukte, Abfallwirtschaftsbetriebe Stadt Köln, Ernst & Young, McKinsey, Accenture, Drillisch AG, BFG Bank AG, Fortuna Köln, SPD Köln, Triumph Motorräder, Taifun by Gerry Weber, Samoon by Gerry Weber, SKL, Parmigiani Uhren.
Auszeichnungen/awards: Art Director's Club Deutschland; Internationaler Wettbewerb »Das Plakat«.

2

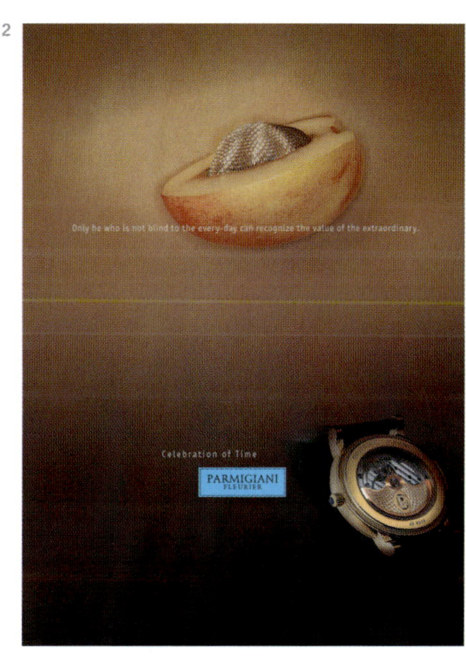

1 Bergsteiger/*Mountaineer*
Brinkhoff's No. 1.

2 Innere Werte/*Inner values*
Parmigiani.

3 Investment life assurance
Standard Life.

3

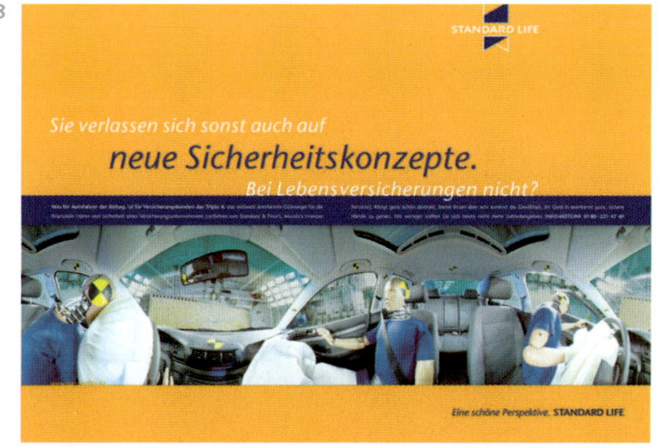

creativ partner

Agentur für Werbung GmbH

Leostraße 6
40545 Düsseldorf
Telefon +49 (0)211/55 22 11 00
Telefax +49 (0)211/55 22 11 33
e-mail hilfe@cp-online.de
internet www.cp-online.de

> Communication Design S. 252
> Multimedia Design S. 436

Gute Kommunikation überzeugt den Kopf und verführt den Bauch. creativ partner wurde 1972 von Dietrich M. Rünger gegründet und ist seit 1998 in der zweiten Generation inhabergeführt durch Ben Rünger. Die Kernkompetenzen liegen in den drei Bereichen Corporate Branding, Business Kommunikation und Finanzkommunikation. Nur wer auffällt, wird gesehen. Und wer intelligent, attraktiv und plausibel auffällt, wird akzeptiert und geschätzt. creativ partner entwickelt kreative Kommunikation, die Komplexes einfach macht und Relevanz schafft für alles, was Unternehmen dem Markt, ihren Kunden und ihren Mitarbeitern zu sagen haben – durch alle Medien und Vertriebskanäle.

Good communication convinces intellectually and seduces emotionally. Established by Dietrich M. Rünger in 1972, creativ partner has been run by Ben Rünger since 1998. Core specialities are in the three areas of corporate branding, business communications and finance communication. To be visible you have to be striking. And if you strike people as intelligent, attractive and plausible, you will be accepted and valued. creativ partner designs creative communication that makes the complex simple and creates relevance for everything companies have to say to the market, their customers and employees – through all media and distribution channels.

Dear competitors: The bad news is Cognis is here. There's no good news.

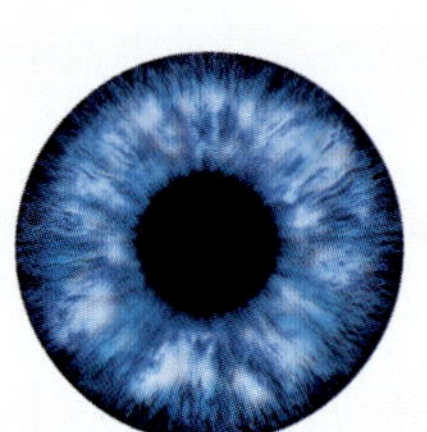

Dear customers: The good news is Cognis is here. There's no bad news.

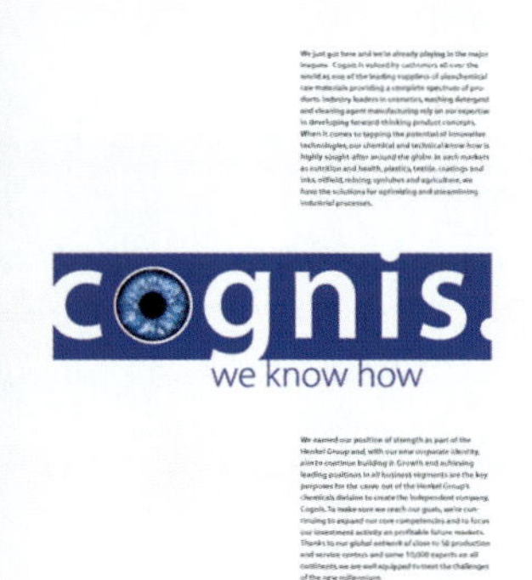

1

Referenzen/references: Akzo Nobel, Audi, Bayer, Cognis, Dyneon, E-ON, Henkel, Honroy's, Hotel Gasthof Post Lech, IZW, Jackstädt, Kaufhof, 3M, Rasselstein-Hoesch, Schmalbach-Lubeca, Siemens Nixdorf, Verlagsgruppe Handelsblatt, Vossloh, Wilh. Werhahn, Zanders u.a.
Auszeichnungen/awards: Sonderpreis Outstanding Grafic Design, Berliner Type 1995 (Die Marke, Imagebroschüre Henkel); Sonderpreis Outstanding Concept, Berliner Type 1997 (Roadmap to Success, Cultural Change-Broschüre, Siemens Nixdorf); Innovationspreis SURCAR, Cannes 1997, 1999 (Multimediale Präsentationen für Audi, DaimlerChrysler, Henkel); Harvey's Communication Measurement Award, New York 1996 bis 2000, 5 Awards for Outstanding Readership Response (3 Imagekampagnen für Henkel und Cognis); 15th London Avertising Award 2000 (Finalist Think Cognis, Corporate Imagebroschüre); The New York Festivals 2001 (Finalist best illustration).

3

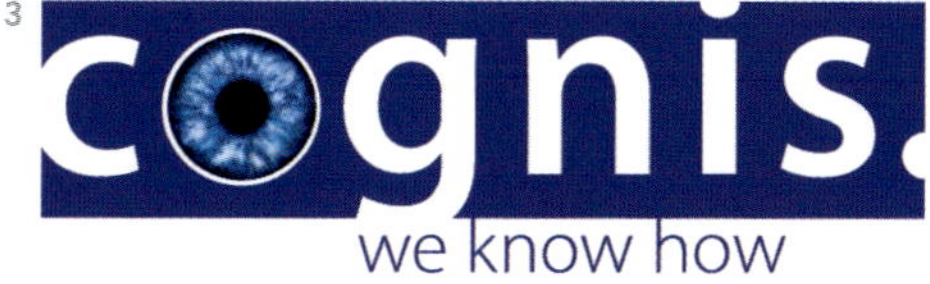

2

Let's go!

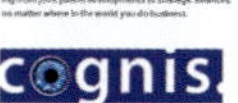

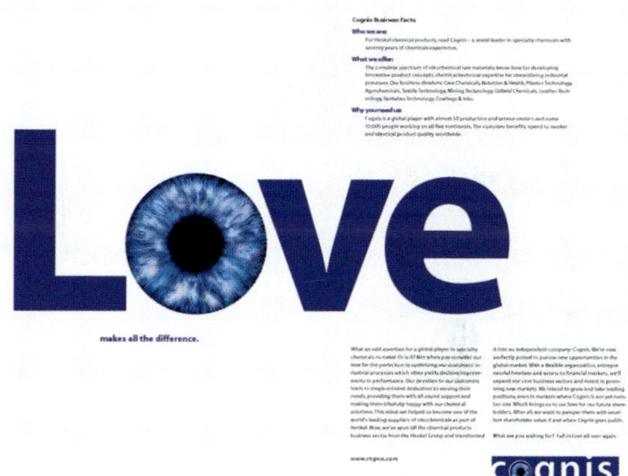

1 Cognis Corporate Image-Kampagne. Geschaltet in internationalen Fachpublikationen.
2-fache Doppelseite als Teaser-Motiv. Mehrfach international ausgezeichnet.
Cognis Corporate image campaign in the international trade press. Two double-page spreads as teaser. Winner of many international awards.

2 Zwei von zehn doppelseitigen Anzeigenmotiven.
Two of ten double-page advertising spreads.

3 Cognis Logo.

Dahlmann Kommunikation GmbH

Geschäftsführung
Dipl. Des. Iris Dahlmann (AGD)

Böhler Weg 24c
42285 Wuppertal
Telefon +49 (0)202/59 38 38
Telefax +49 (0)202/59 39 13
e-mail dahlmann.kommunikation@wtal.de
internet www.dahlmann-kommunikation.de

Dahlmann Kommunikation wurde 2000 in Wuppertal gegründet und hat seitdem erfolgreiche Kommunikationsmaßnahmen für zahlreiche Unternehmen entwickelt. Die Schwerpunkte sind Beratung, Konzeption, Text und Gestaltung von Signets, Corporate Design, Image- und Werbekampagnen, Direktmarketingaktionen sowie Maßnahmen zur Verkaufsunterstützung und Kundeninformation.

Since its establishment in Wuppertal in the year 2000 Dahlmann Kommunikation GmbH has developed successful communication measures for numerous companies. The main focus is on consulting, concept development, text and design of signets, corporate design, image and advertising campaigns, direct marketing, sales promotion and customer information.

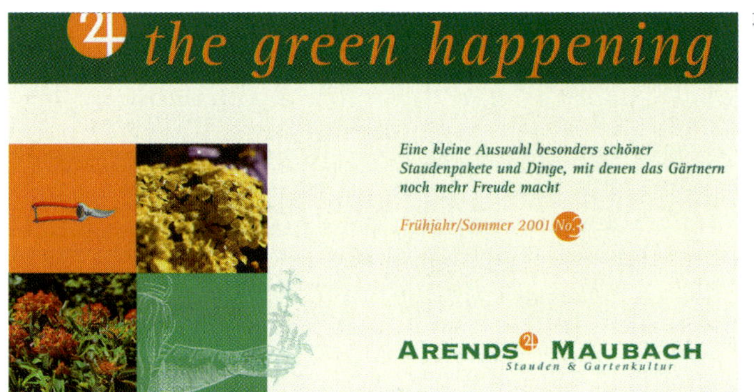

1

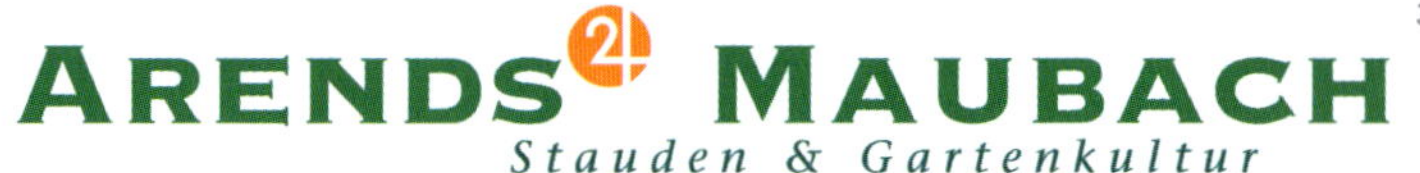

3

Referenzen/references: Arends Maubach, Barmag AG, Bayer Vital GmbH, Derix Holzleimbau, Diedenhofen Gesundheitspflege, Dolorgiet, Metaq GmbH u.a.

2 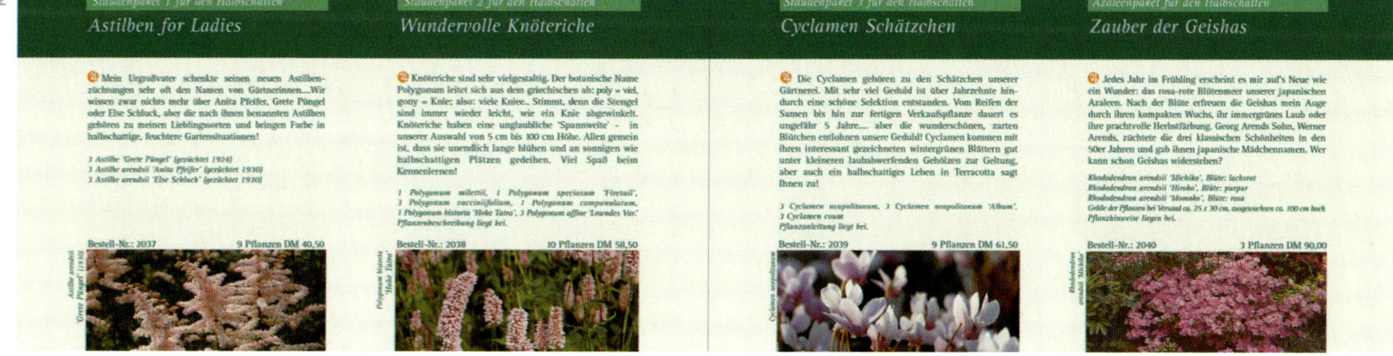

1+2 Direktmarketing-Katalog
Konzept, Text, Corporate Design
Direct marketing catalogue, concept, text and corporate design
Arends Maubach 2001.

3 Signet/*Logo*
Arends Maubach 2000.

Franklin Schmitt

Werbeagentur GmbH

Hamburger Straße 61
44135 Dortmund
Telefon +49 (0)231/57 75 11
Telefax +49 (0)231/55 12 14
e-mail info@franklinschmitt.com
internet www.franklinschmitt.com

Die Franklin Schmitt Werbeagentur GmbH wurde 1989 in Dortmund gegründet. Die inhabergeführte Full-Service Agentur ist branchen- und medienübergreifend tätig. Verschiedene Perspektiven führen zu neuen, kreativen Marketingkonzepten. Die Agentur konnte so unterschiedliche Themen wie Wasserversorgung, ICE-Neubaustrecken, Bürostandorte, Finanzdienstleistungen, Körperpflege, Heilmittel, Automotives, Automobile, Autozubehör, Büromaschinen und Textilien kommunizieren. Besonders erfahren ist die Franklin Schmitt Werbeagentur GmbH im Corporate Design, in der Printwerbung, im regionalen Marketing und in der Markteinführung von Unternehmen.

Franklin Schmitt Werbeagentur GmbH was established in Dortmund in 1989. This owner managed full-service agency operates throughout the entire range of industries and media. Different perspectives result in new, creative marketing concepts. The agency has communicated such diverse subjects as waterworks, new ICE high-speed railway lines, office locations, financial services, toiletries, health care products, automobiles and accessories, office machines and textiles. Franklin Schmitt Werbeagentur GmbH is especially experienced in corporate design, print media advertising, regional marketing and the market launch of new companies.

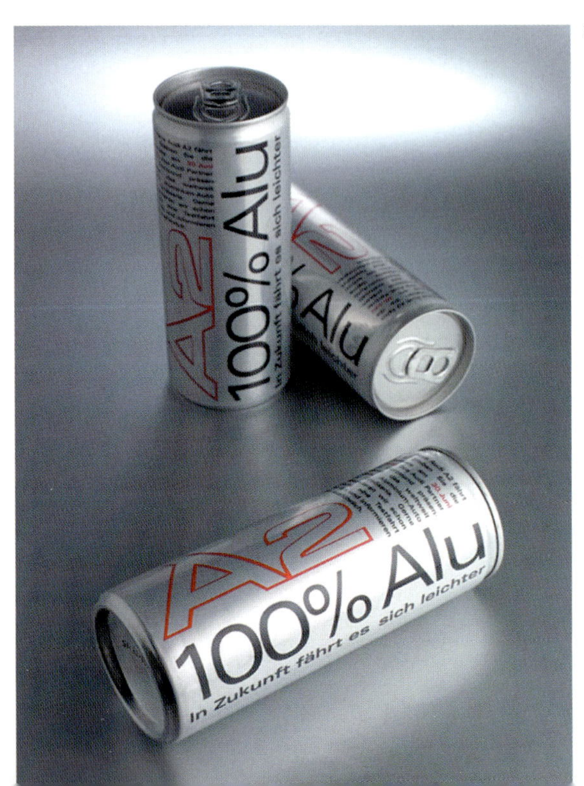

1

Referenzen/references: Adam Opel AG, Bochum, Vertriebsregion West; Audi AG, Hannover, Region Mitte; Audi Zentren, deutschlandweit; Halle Optik, Dortmund; Hülpert Gruppe, Dortmund; Kfz-Innung, Dortmund; Walter Bau AG, Augsburg; Wayss & Freytag AG, Frankfurt/Main; Wilbers GmbH, Aurich; Volksbanken, NRW.

2

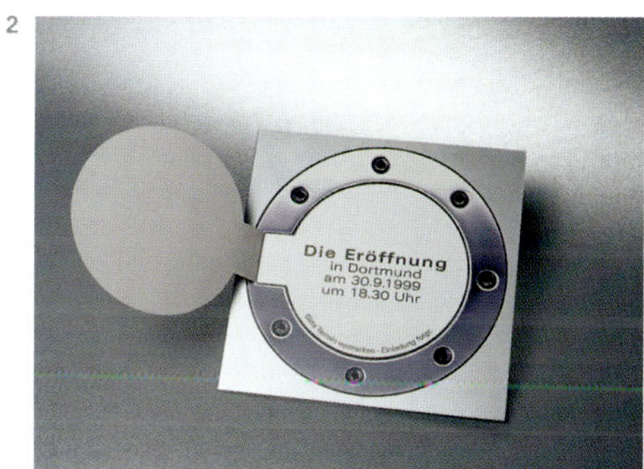

3

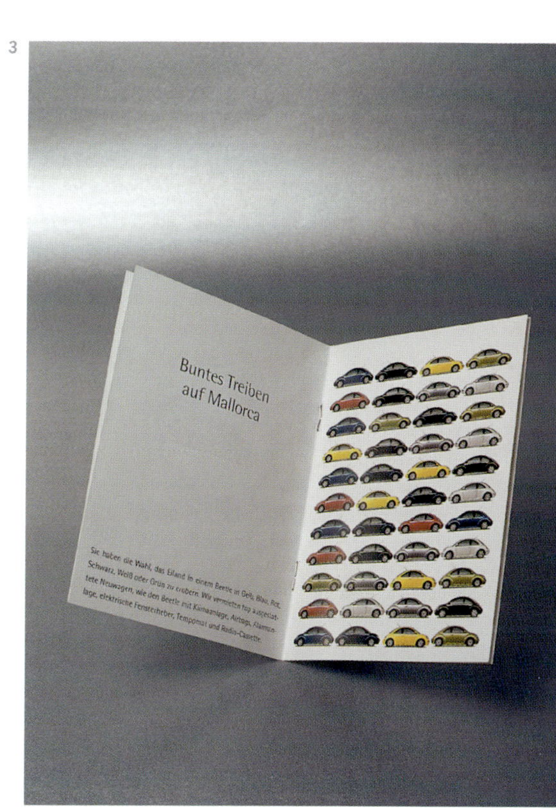

1 Give-away
Alu-Getränkedose zur Markteinführung des Audi A 2
Aluminium beverage can for the market launch of the Audi A 2
Audi Zentren, Deutschland 2000.

2 Einladungskarte als Teil eines mehrstufigen Mailings zur Eröffnung eines Autohauses
Invitation card as part of a multi-stage mailing for the opening of a car showroom
Audi Zentrum Dortmund 1999.

3 Prospekt/*Brochure*
Ein Element aus dem Corporate Design und der Markteinführung einer Autovermietstation auf Mallorca
An element from the corporate design and market launch of a car hire agency in Majorca
Hülpert rent a car 1999.

Heye+Partner GmbH

Ottobrunner Straße 28
82008 Unterhaching
Telefon +49 (0)89/6 65 32 00
Telefax +49 (0)89/6 65 32 112
e-mail info@heye.de
internet www.heye.de

Die Heye+Partner GmbH ist eine inhabergeführte Fullservice-Werbeagentur. Mit Capitalized Billings von aktuell ca. 459 Mio. DM liegt das Unternehmen derzeit auf Platz 17 der deutschen Agenturumsatzliste. Im Kreativranking ist die Agentur seit Jahren in den Top Ten etabliert. Besondere Stärken des Unternehmens sind der Aufbau und Ausbau von Markenpersönlichkeiten. Langfristig zu denken, ist hier die Basis. Das Agenturmotto der »Kontinnovation« beschreibt, was bei der Arbeit stets im Mittelpunkt steht: Kontinuität im Markenkern und Innovation in der kreativen Umsetzung. Als Mitglied von DDB Worldwide Communications Group kann Heye+Partner dabei auf die Ressourcen eines der größten internationalen Agenturnetzwerke zurückgreifen.

The Heye+Partner GmbH is an owner managed full-service advertising agency. With capitalised billings of currently approx. DM 459 mio., the company holds 17th place in the listing of German agencies by turnover. In the creative ranking it has been established in the top ten for years. The company's special strengths are in brand building. This is based on long-term thinking. The agency's motto of "continnovation" describes what is always the central concern: continuity of the brand core and innovation in creative implementation. As a member of DDB Worldwide Communications Group, Heye + Partner can draw on the resources of one of the biggest international agency networks.

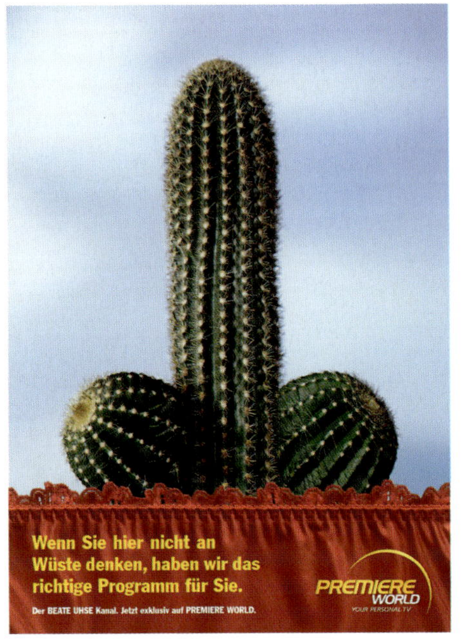

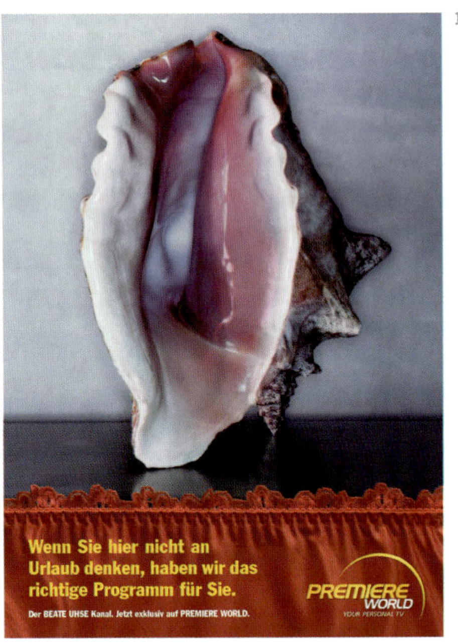

1

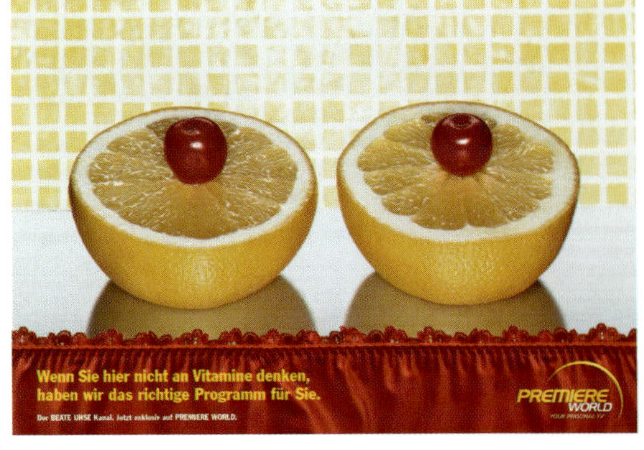

1 Beate Uhse/Premiere World

2 McDonald's Österreich
Großflächenplakate/*Billboards*

Auftraggeber/clients: Adelholzener Alpenquellen, ADIG Investment, AEG Elektrogeräte, Campari Deutschland, Dahlmayr Kaffee, Direkt Anlage Bank, Esso, Ferrero, Grundig, Johnson & Johnson, Löwenbräu, McDonald's Deutschland, Molkerei Alois Müller, Nadler Feinkost, Novartis Consumer Health, Premiere World, RWE, Schöller Lebensmittel, Versicherungskammer Bayern, Weberhaus.
Auszeichnungen/awards: Jahrbuch der Werbung (Econ): Kampagne des Jahres, Branchensieger; Zeitung Marketing Gesellschaft (ZMG): Kampagne des Jahres; Die Klappe: Gold; Ramses (Radio Marketing Service, RMS): Silber; Preis der Deutschen Fachpresse: Fachanzeige des Jahres (2000); Creativ Club Austria (CCA): Gold, Bronze; Art Directors Club (ADC): Silber, Bronze: Gewinnende Werbung: 2x Gold, Silber, Bronze; ARD Radio Creativ Wettbewerb: Silber; Worldmediafestival: Gold; Worldfest Houston: 3x Platin, 2x Gold; Deutscher Plakat Grand Prix: Bronze.

2

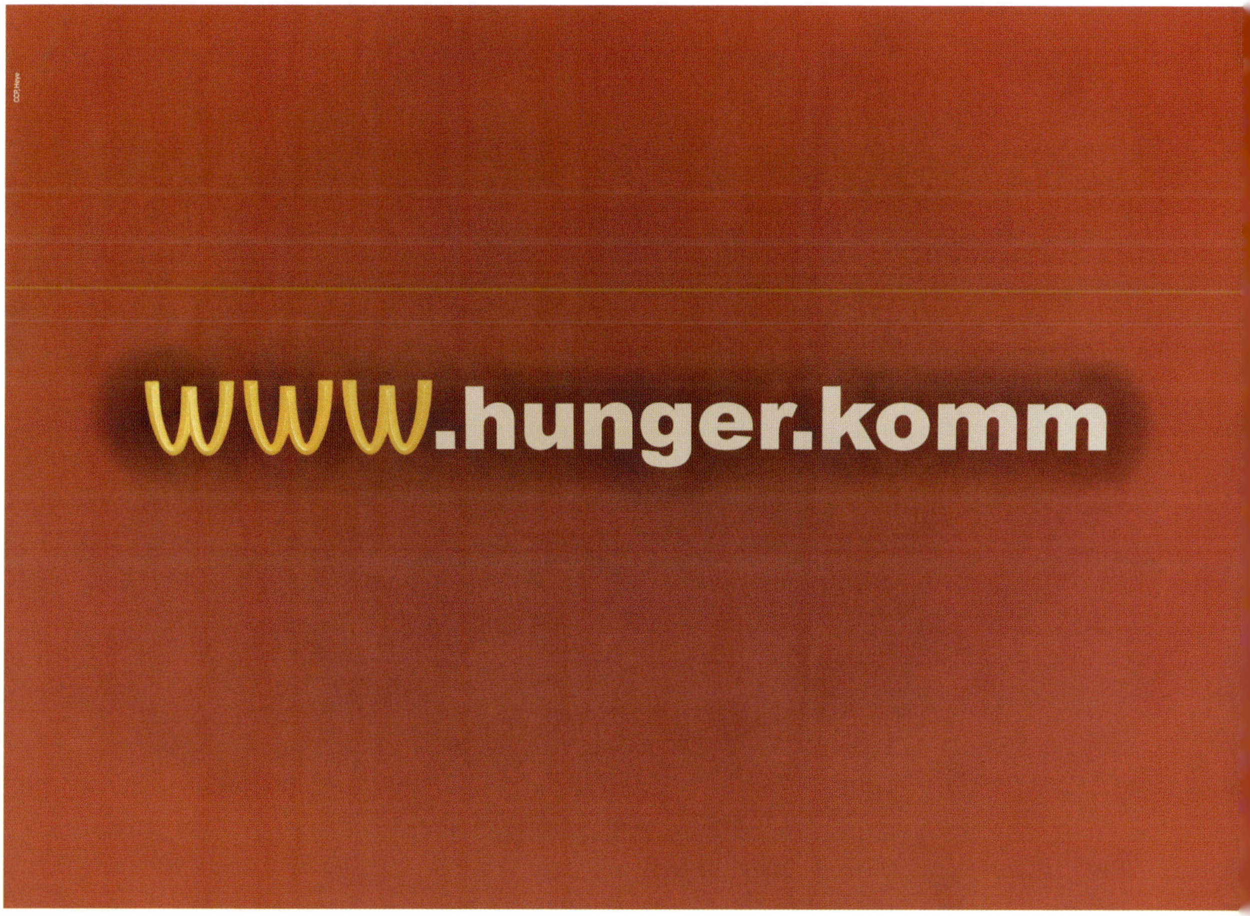

www.hunger.komm

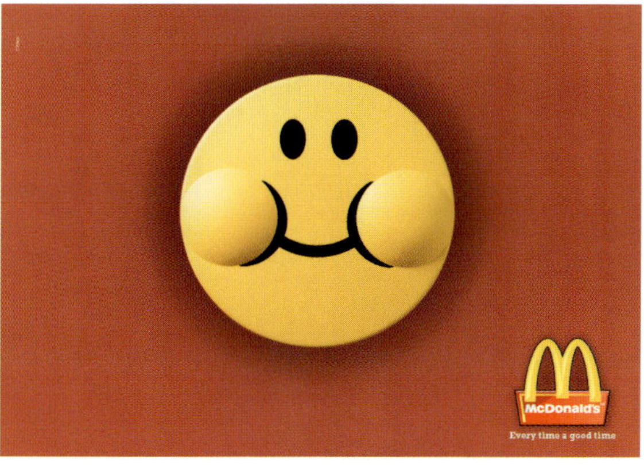

KW43

brandbuilding and design

Geschäftsführung
Gereon Sonntag, Creation
Frank Schrader, Beratung

Gladbacher Straße 74
40219 Düsseldorf
Telefon +49 (0)211/55 77 83 0
Telefax +49 (0)211/55 77 83 33
e-mail contact@kw43.de
internet www.kw43.de

> Communication Design S. 336

Gegründet 1998, steht KW43 brandbuilding and design für den Launch und den Relaunch von Marken. Angefangen bei Positionierung, Namensentwicklung und Produktausstattung über das Corporate Design bis zur klassischen Kommunikation, entwickelt und betreut KW43 Markenkonzepte ganzheitlich. Spezialprojekte wie »Sinnvolle Schokolade« oder das Ausstellungskonzept »Kunstallianz1 Berlin« für die Allianz AG ergänzen das Spektrum. Als Division von Grey Worldwide ist KW43 unter anderem internationale Lead-Agentur für das Corporate Design des Energieversorgers E.ON, des tschechischen Automobilkonzerns Skoda sowie Europas größtem Warenhauskonzern Karstadt. KW43 brandbuilding and design ist zudem verantwortlich für den Gesamtauftritt der Loewe AG.

Established 1998, KW43 brandbuilding and design focuses on launching and relaunching brands. KW43 develops and handles brand concepts holistically from positioning, naming and product attributes through corporate design to conventional communication. Special projects like "Sinnvolle Schokolade" and the exhibition concept "Kunstallianz1Berlin" for Allianz AG complete the spectrum. As a division of Grey Worldwide, KW43 is the international lead agency for the corporate design of the power utility E.ON, the Czech car manufacturer Skoda and Europe's biggest department store group Karstadt. It also handles the overall image of Loewe AG.

1

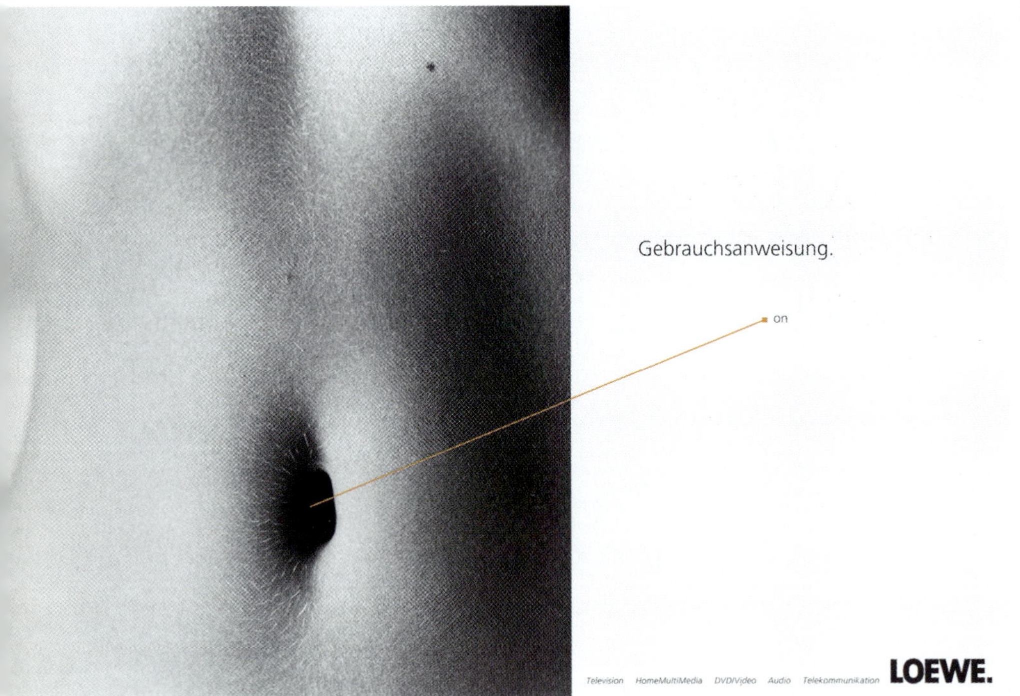

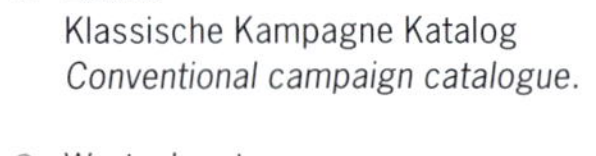

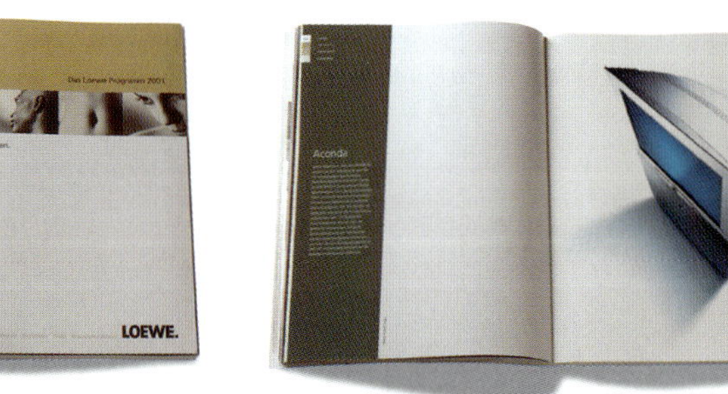

1 Loewe
Klassische Kampagne Katalog
Conventional campaign catalogue.

2 Wortschmatz
Produktdesign, Packaging und Kommunikation für »Sinnvolle Schokolade«.
Product design, packaging and communication for "Sinnvolle Schokolade".

3 E.ON Sponsoring Project BVB
Stadioninstallation
Stadium installations.

Referenzen/references 2001: Allianz, Deutscher Marketingverband, Dorn im Auge, E.ON, Gervais Danone, Karstadt, Lindt & Sprüngli, Loewe, Planet Home, Skoda Auto, Wortschmatz.
Auszeichnungen/awards: Type Directors Club New York 1998; The New York Festivals 1998, 2000, 2001; Deutscher Preis für Kommunikationsdesign 1998, 2000; Art Directors Club Germany 1998; Epica Award 1998; Art Directors Club New York 1998, 2000; Berliner Type 2000; London International Advertising Award 1998.

2

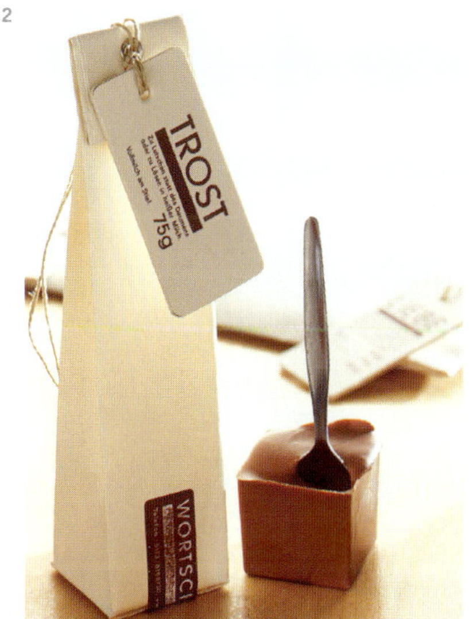

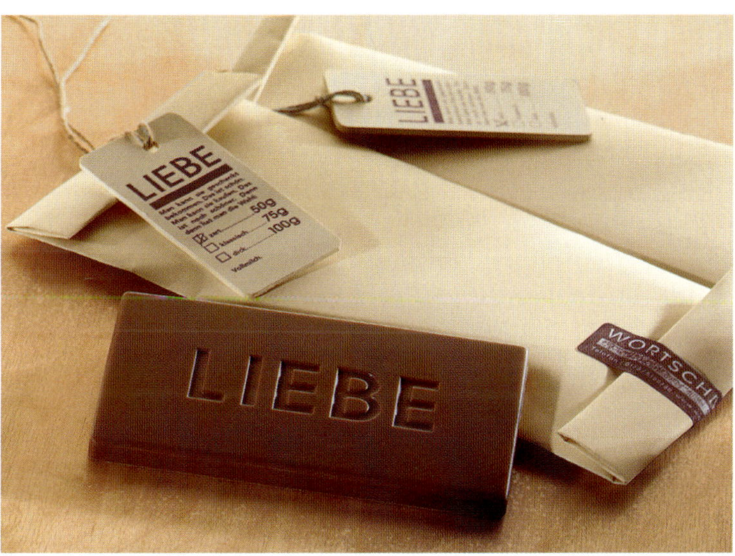

3

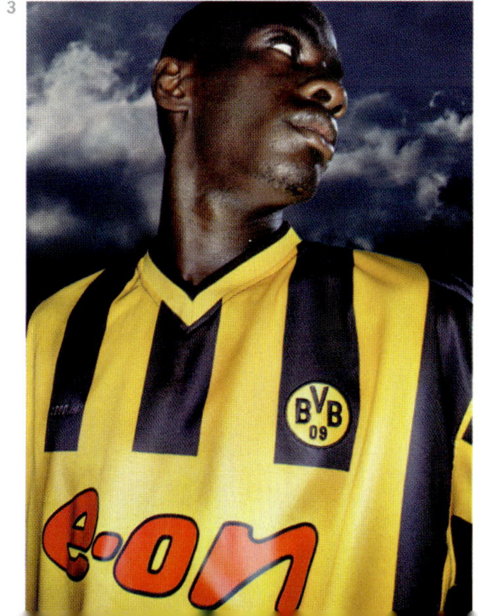

Ruhl Agentur

für Konzeption & Realisierung
von Werbung GmbH

Geschäftsführer
Thomas Ruhl

Werderstraße 21
50672 Köln
Telefon +49 (0)221/95 29 12-0
Telefax +49 (0)221/95 29 12-9
e-mail thomas.ruhl@ruhl-agentur.de
internet www.ruhl-agentur.de

Die Ruhl Agentur wurde 1986 von Thomas Ruhl gegründet. Das Leistungsangebot umfaßt Full-Service-Betreuung auf allen nationalen und internationalen Märkten, sowie Einzelaufgaben aus dem Bereich Kommunikations Design. Die Agentur hat es sich zur Aufgabe gemacht, kreative Arbeit auf internationalem Top-Niveau in Verbindung mit strategischen und konzeptionellen Spitzenleistungen zu liefern. Die besondere Stärke liegt dabei in der geradlinigen Lösung komplexer oder »schwieriger« Aufgaben. Auf der Suche nach dem Optimum, hat immer die Geschmacksrichtung der Zielgruppe Vorrang. Dafür, dass hier gute Arbeit geleistet wird, sprechen Auszeichnungen – und besser – das positive Feedback aus dem Klientel und dem Markt.

The Ruhl Agentur was founded by Thomas Ruhl in 1986. We offer full service on all national and international markets, as well as individual services in the comunications design sector. Our agency has taken up the task of providing internationally high level creative work in conjunction with strategic and conceptual best class perfomance. Its particular strenght lies in straightforwardly solving complex or "difficult" tasks. In the search for the very best, the target groups tastes have always had priority. The awards – and better – the positive feedback received from our clientele and from the market speak for the good work done here.

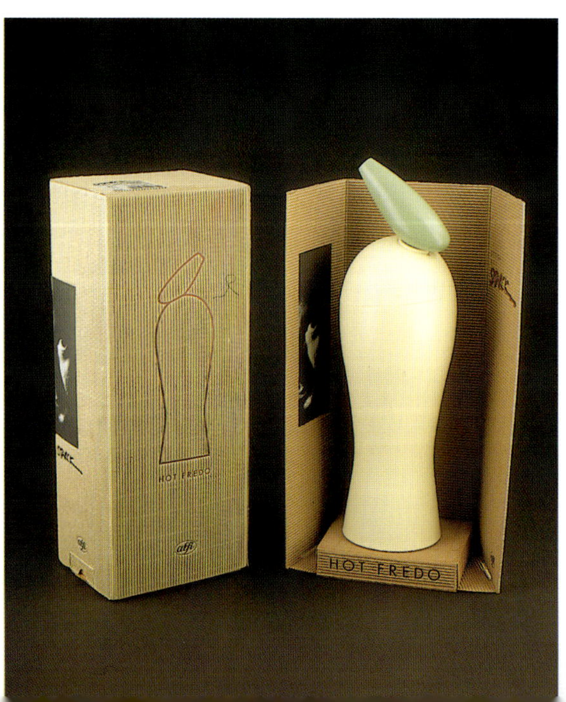

1

1 »Hot Fredo«
Verpackung/*Product packaging*
Produktdesign/*Product Design:*
Philippe Starck
Auszeichnungen/*Awards:*
Graphic Design Award, German Designer Club; Included in the permanent exhibits of the Museum of Modern Art, New York.

2
Dieter Müller:
»Geheimnisse aus meiner 3-Sterne Küche«
Buchgestaltung/*Book Design*
Auszeichnungen/*Awards:*
»Buch des Jahres«,
»Best Chefs«, »Best German«,
»Prix de Mazille – Best Book in the World«,
»Lorbeer in Gold« – Bestes Buch
in der Schweiz.

Referenzen/references: Alfi, Isoliergefäße/*vacuum jugs;* Leifheit, Haushaltsgeräte/*household appliances;* Henkel Ecolab, Professionelle Gebäudereinigung/*professional building cleaning;* Böker, Messer/*knives;* Artemide, Leuchten/*illumination;* Dr. Oetker, Backgeräte/*baking appliances;* EMI, Tonträger/*sound storage media;* DuMont, Buchverlag/*publisher;* Dole, Tropicana Fruchtsäfte und Fruchtdrinks/*fruit juices and fruit beverages;* Spanisches Generalkonsulat/*Spanish Consulate general,* Käse aus Spanien/*cheeses from Spain;* Bolte, Büromöbel/*office furniture;* Nürnberger Bund, Einkaufsgenossenschaft für Glas, Porzellan, Keramik/*purchasing co-operative for glass, porcelain, ceramics;* Vista Alegre, Porzellan/*porcelain;* Olsberg, Heiztechnik/*heating technology.*

2

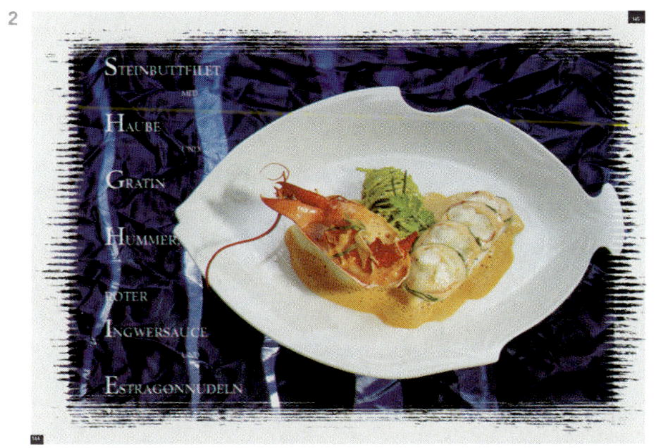

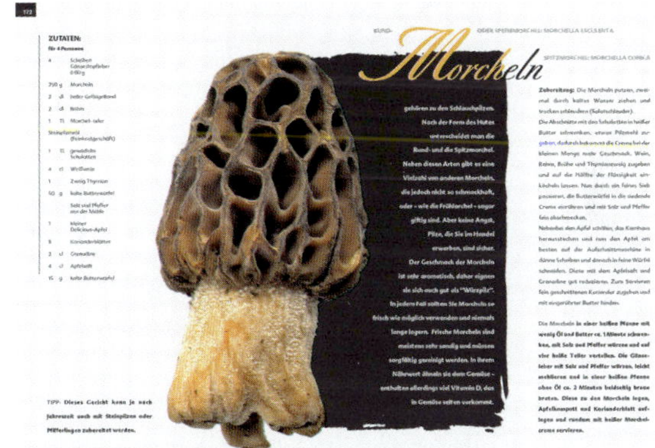

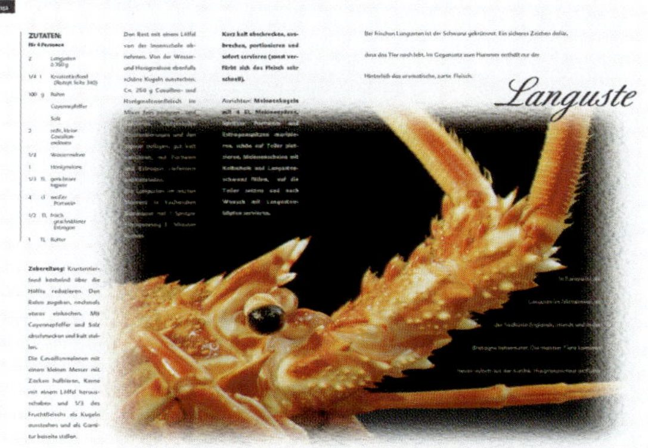

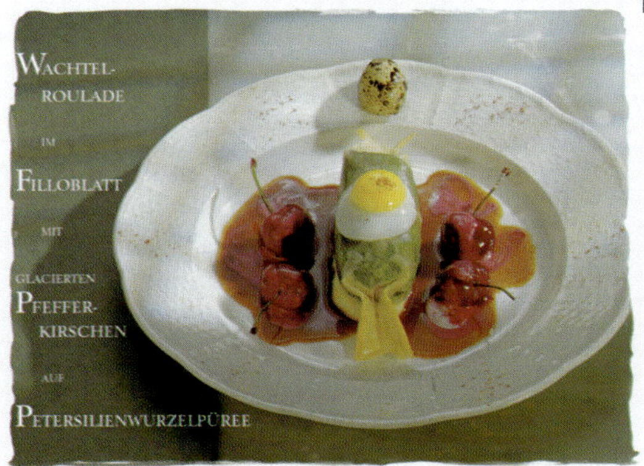

Fashion/Textile
Design

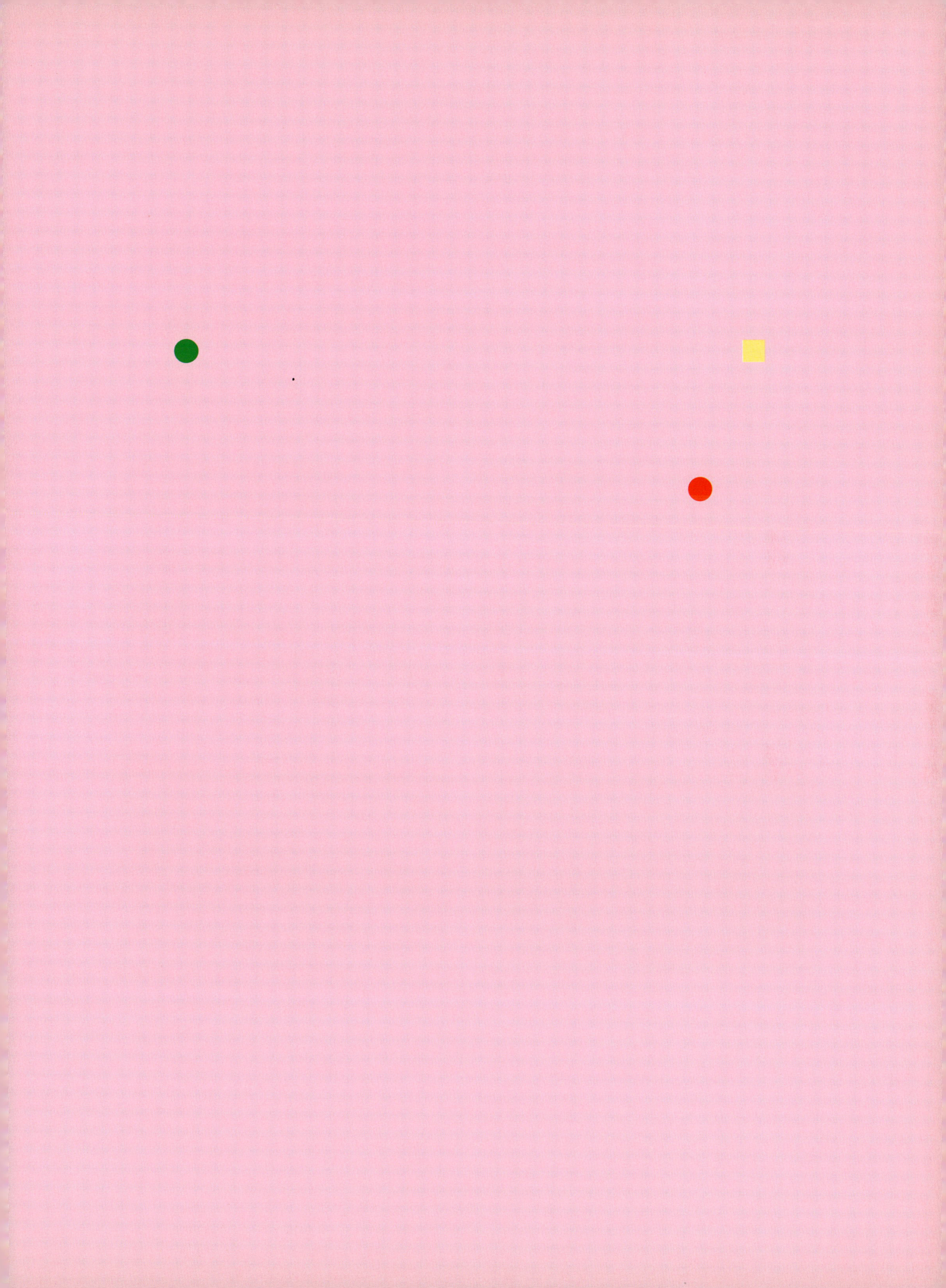

Brigitte Doege Design

Kreuzlingerforststraße 5
82131 Gauting
Telefon +49 (0)89/8 50 19 12
Telefax +49 (0)89/8 50 18 15
e-mail brigitte.doege@t-online.de

Brigitte Doege, geboren 1938, studierte Malerei und Textildesign an der Akademie der Bildenden Künste in München. Schon während des Studiums gewann sie zahlreiche Designpreise. Seit 1965 ist sie als Designerin kontinuierlich in den verschiedensten Sparten tätig. Schwerpunkte sind hierbei Dekostoffe (JAB, Zimmer und Rhode), Teppiche (JAB), Porzellan (Rosenthal), Fliesen (Rosenthal), Tapeten (Marburg. Neben ihrer kreativen Tätigkeit für führende Designhäuser widmet sich Brigitte Doege der Zeichnung und Malerei). Ihre künstlerische Auseinandersetzung mit der Flächengestaltung ist von innovativer Farbigkeit und expressiver Ästhetik – umgesetzt in den verschiedensten Materialien. Sie ist als Dozentin an der Blocherer Schule (Fachbereich Innenarchitektur) in München und an der Akademie Faber-Castell tätig.

Born in 1938, Brigitte Doege studied painting and textile design at the Akademie der Bildenden Künste in Munich. While still a student she won numerous design awards. Since 1965 she has been continuously active as a designer in a wide variety of fields. The main focus is on decorative fabrics (JAB, Zimmer und Rhode), carpets (JAB), china (Rosenthal), tiles (Rosenthal) and wallpaper (Marburg). In addition to her creative work for leading design houses, Brigitte Doege devotes her time to painting and drawing. Her artistic approach to the design of surfaces is characterised by innovative colourfulness and aesthetic expressiveness – executed in the most diverse materials. She works as a lecturer at the Blocherer Schule (Department of Interior Design) in Munich and at the Faber-Castell Academy.

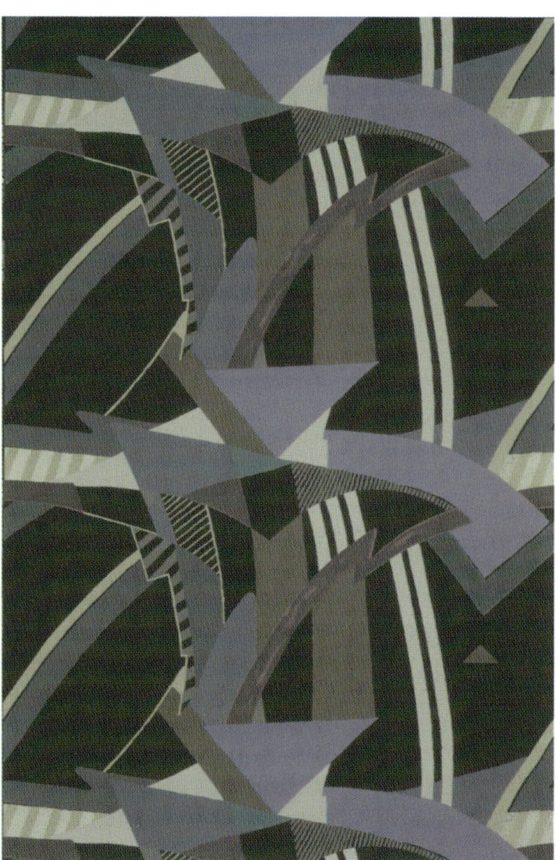
1

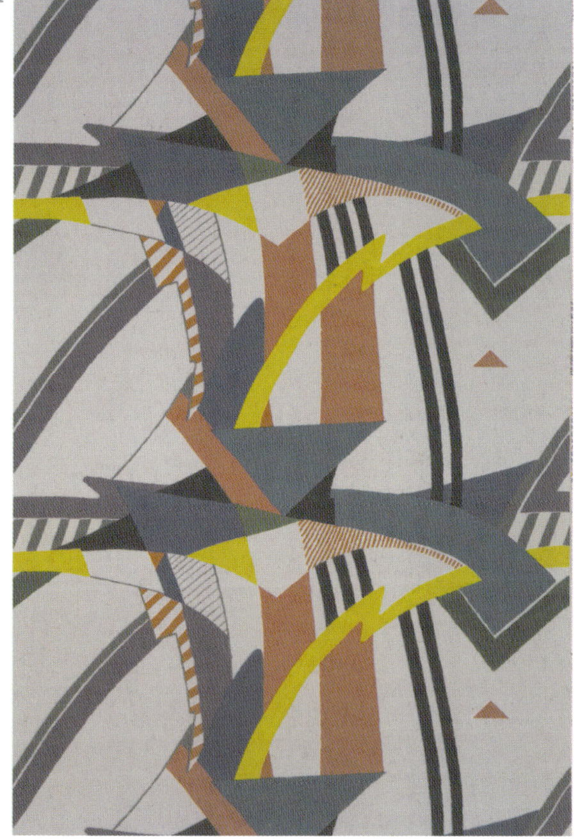
2

Auszeichnungen/awards: Brigitte Doege erhielt zahlreiche Auszeichnungen; Internationaler Tapetenwettbewerb; DLW-Wandbelagwettbewerb, Deutsches Museum München, Textilbereich; Design Zentrum Nordrhein Westfalen – Haus Industrieform Essen.
Brigitte Doege has won numerous awards: Internationaler Tapetenwettbewerb; DLW-Wandbelagwettbewerb, Deutsches Museum München, Textilbereich; Design Zentrum Nordrhein Westfalen — Haus Industrieform Essen.
Veröffentlichungen/publications: Brigitte Doege hatte zahlreiche Ausstellungen, insbesondere 1971 im Rahmen der großen Kunstausstellung im Haus der Kunst, München.
Brigitte Doege has had numerous exhibitions, an outstanding example being at the Haus der Kunst in Munich in 1971.

3

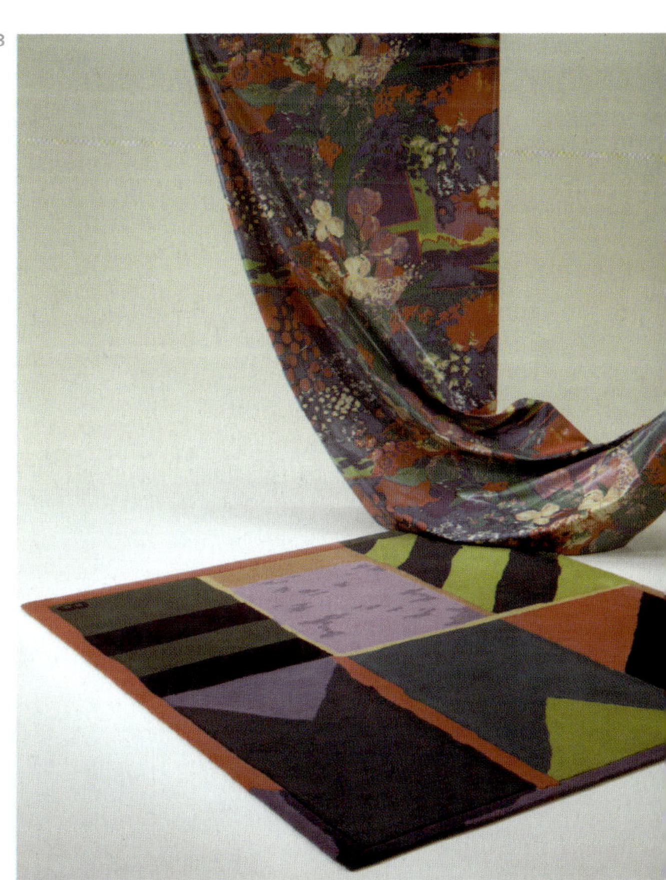

1 JAB Cubanito Druckstoffdessin
Print fabric design.

2 JAB Cubanito Druckstoffdessin
Print fabric design.

3 JAB Teppich Ventura I
JAB carpet Ventura I.

Festo Corporate Design

Head of Corporate Design
Prof. Dipl.-Ing. Axel Thallemer

Heugasse 1
73728 Esslingen
Telefon +49 (0)711/3 47 38 80
Telefax +49 (0)711/3 47 38 99
e-mail tem@festo.com
internet www.festo.com/pneumatic_structures

> Industrial Design S. 80
> Communication Design S. 276

Festo Corporate Design setzt mit der Entwicklung und Anwendung innovativer Membranmaterialien neue Akzente beispielsweise in der Architektur. Airtecture, eine pneumatische Ausstellungshalle, unterscheidet sich wesentlich von traditionellen Tragstrukturen, versteht es aber, klassische Bauelemente mittels innovativer Membrankomponenten neu zu definieren. Neben einer Vielzahl überzeugender Vorteile, sind vor allem beste Wärmedämmung und geringer Energieverbrauch wegweisend für die Wohnwelten »moderner Nomaden«. Sowohl bei Airfish und Airquarium wie auch anderen pneumatischen Strukturen, kommen die neuen High-Tech Membranen und Textilien zum Einsatz.

With the development and application of new membrane materials Festo Corporate Design points the way to the future – in architecture, for example. Airtecture, a pneumatic exhibition hall, while being essentially different from conventional structural concepts, manages to redefine classic construction elements using innovative membrane components. In addition to a wide variety of convincing advantages, thermal insulation and low energy consumption point the way ahead for the living environments of "modern nomads". The new high-tech membranes and textiles are also used in Airfish, Airquarium and other pneumatic structures.

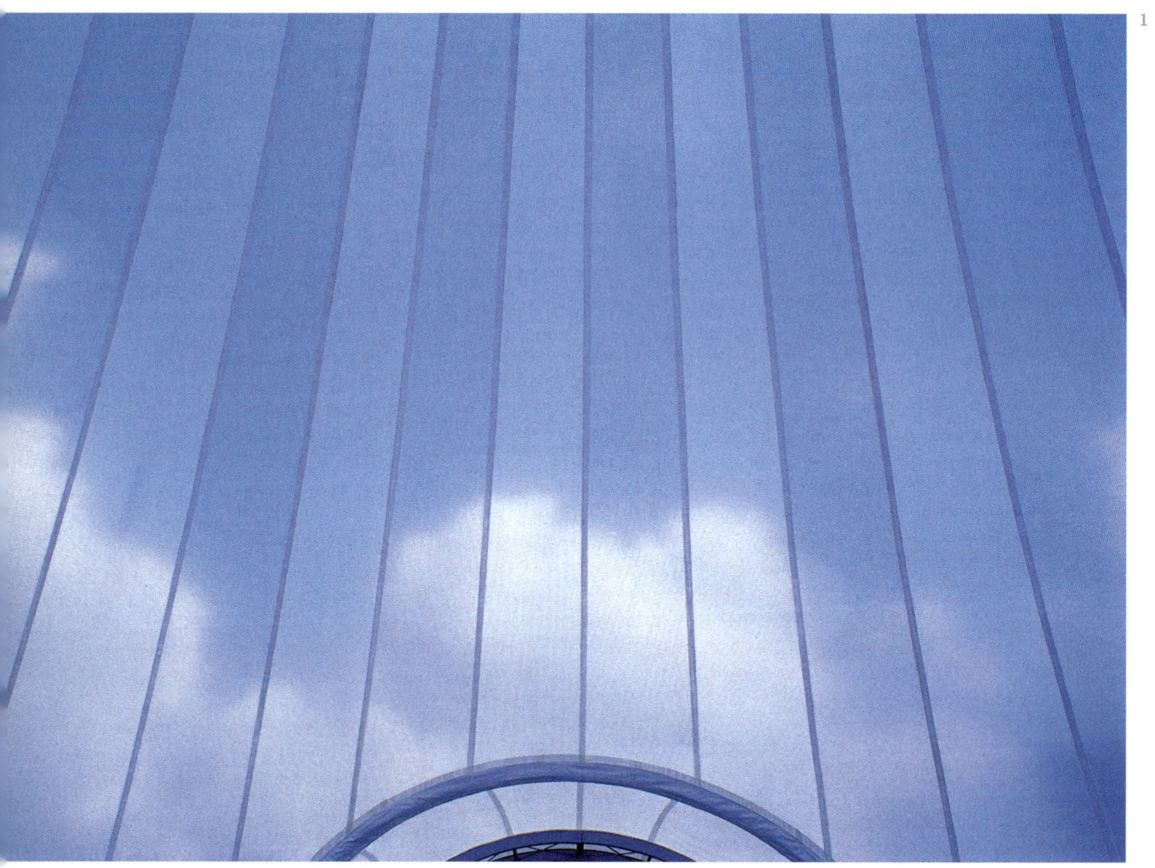
1

Veröffentlichungen/publications: WIND 37, 1997; form 157, 1/1997; TUT – Textiles à Usages Techniques 4/1997; TUT – Textiles à Usages Techniques 4/1998; Space 373/1999; Zoo#7, November 2000.
Auszeichnungen/awards: Excellence for Material Development & Best of Show, Material ConneXion, New York City, USA; Techtextil Innovationspreis, Development Fluidic Muscle.

2

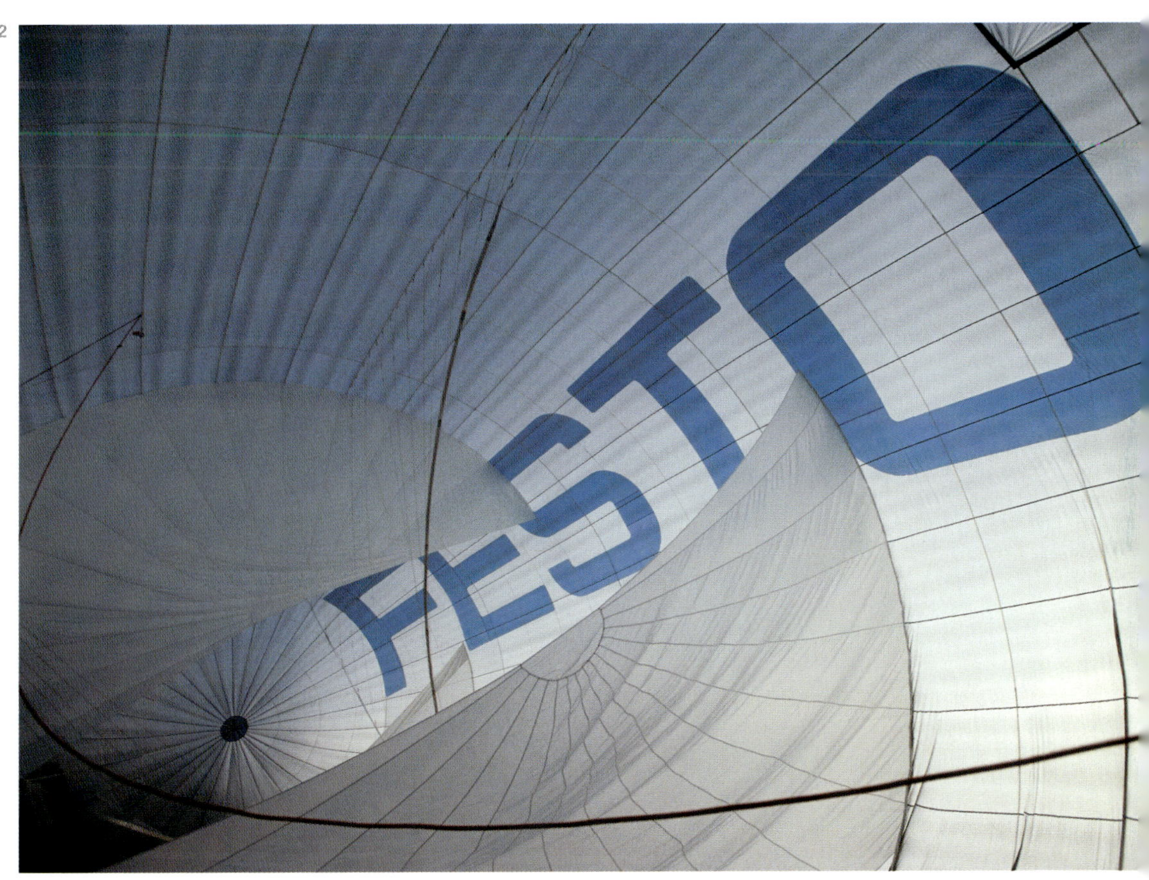

1 Hochtransparentes Membranmaterial für Airquarium.
Highly transparent membrane material for Airquarium.

2 Textilhülle für Heißluftschiff.
Fabric envelope for an airship.

Korrenn Design

Dipl. Des. Jolan Korrenn
Freischaffende Designerin
Geschäftsführerin
NeuLand Werbeagentur

Rumorknechtsweg 3
97286 Sommershausen
Telefon +49 (0)9333/9 98 97
Telefax +49 (0)9333/90 26 76
e-mail jolankorrenn@t-online.de
internet www.korrenndesign.de

Jolan Korrenn studierte Indologie mit dem Schwerpunkt »Tibetisch« in München und anschließend an der Fachhochschule für Kommunikationsdesign in Würzburg mit Diplomabschluß. Seit 1986 hat sie eine eigene Agentur und arbeitet als freischaffende Designerin im Bereich Möbel, Lichtobjekte, Innenausbau, Fassade und Konzeption. Ein Schwerpunkt bildet die Gestaltung von Teppichen. Es handelt sich hier um hochwertiges Material, das in Handarbeit und unter Verwendung alter anatolischer Färbetechniken verarbeitet wird. Die kulturelle Bedeutung des Teppichs als Gebrauchsgegenstand und sakrales Objekt (Gebetsteppich) erfordert die Auseinandersetzung mit verschiedenen Lebensformen, Sprache und Symbolen.

Jolan Korrenn read oriental studies, majoring in Tibetan, in Munich and subsequently took a post-graduate degree in communication design in Würzburg. Since 1986 she has run her own agency and freelances as a designer in the fields of furniture, light objects, interior design, façades and concepts. One of her main interests is carpet design. The carpets are hand made using high-quality materials and old Anatolian dying techniques. The cultural significance of the carpet in everyday and religious use (prayer mats) constitutes a confrontation with diverse lifestyles, languages and symbols.

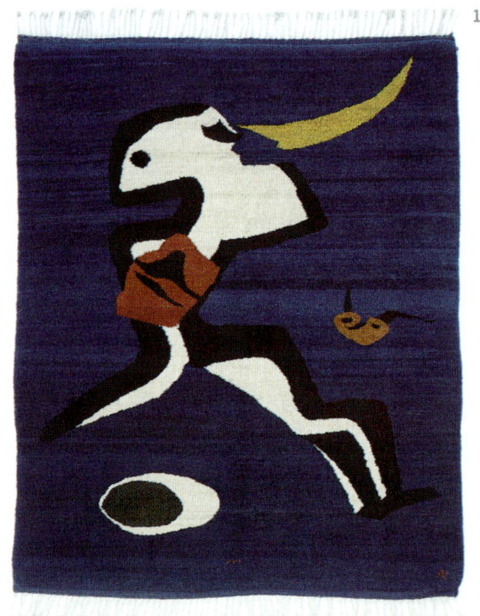

1

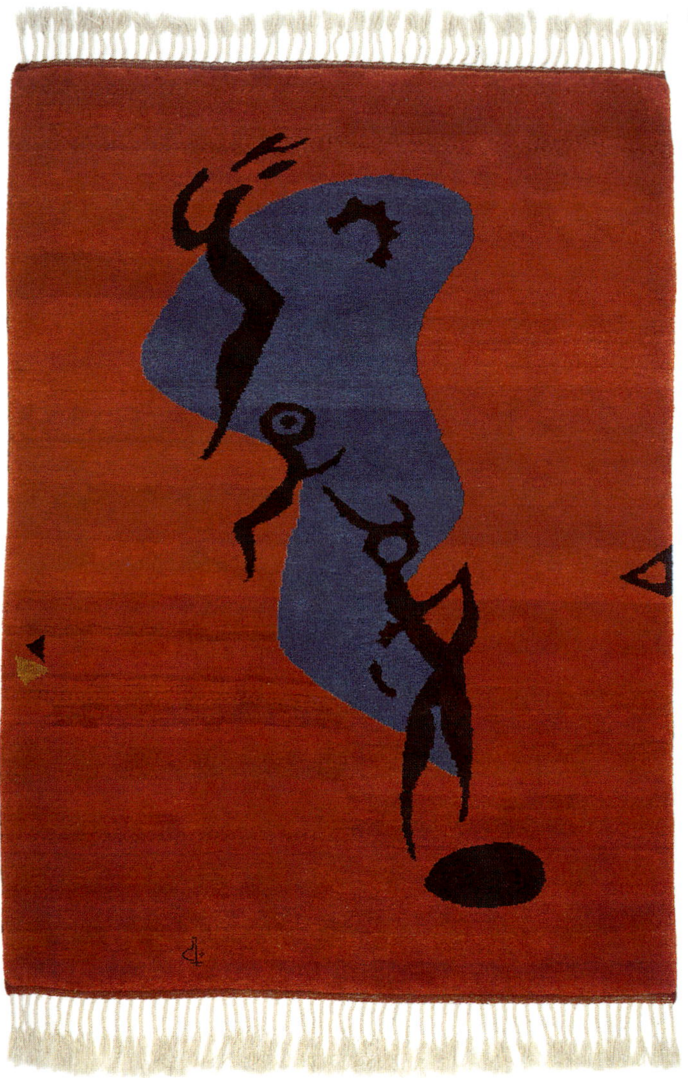

2

Veröffentlichungen/publications: Jolan Korrenn hatte zahlreiche Ausstellungen unter dem Titel »Teppiche mit Geschichte(n)«/*Jolan Korrenn has had numerous exhibition on the subject of »Carpets with a (Hi)story«;* form, Zeitschrift für Gestaltung 1986; Schweinfurter Museumsschriften 1994; Heimtex, Fachzeitschrift für Teppiche 5/1995.
Auszeichnungen/awards: Dekorwettbewerb Arzberg 1986; Design-Arena, Textiles Lichtobjekt »Himmel & Höllrich« 1991.

3

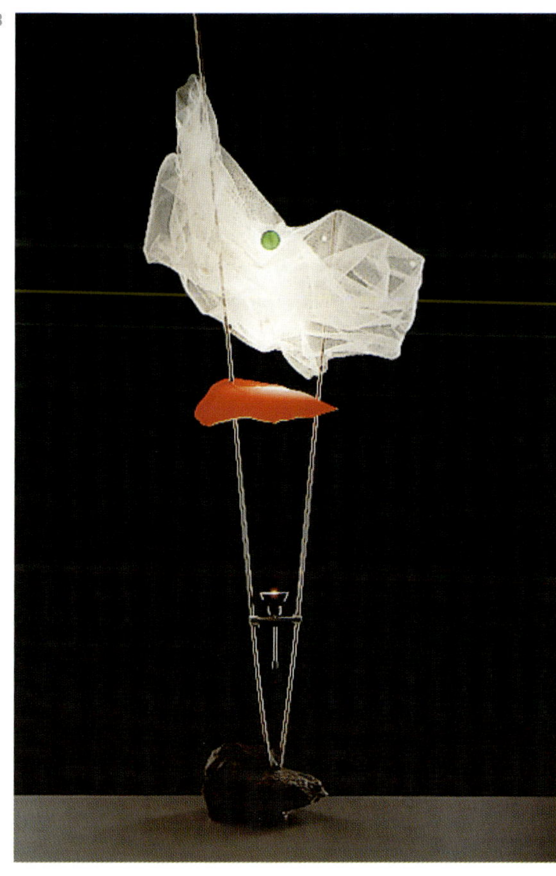

1 Teppich/*Carpet:* »Der Mensch«
Handgeknüpfter Teppich 167 x 200 cm
Auf fünf Stücke limitiert.
Handmade carpet 167x200 cm.
Limited edition of five.

2 Teppich/*Carpet:* »Sehnsucht«
Handgeknüpfter Teppich 150 x 220 cm
Auf fünf Stücke limitiert.
Handmade carpet 150x220 cm.
Limited edition of five.

3 Textiles Lichtobjekt/*Fabric light object:*
»Himmel & Höllrich«
Kleinserie in Kooperation mit
H.-J. Hummel.
Small production run in cooperation
with H.-J. Hummel.

Nora Kühner

mode, design, styling

Rottmannstraße 24
80333 München
Telefon +49 (0)89/52 83 90
Telefax +49 (0)89/52 83 90
e-mail Kuehner.ReissSchmidt@t-online.de

Nora Kühner studierte Modegrafik und ist seit 1987 selbstständige Modedesignerin mit dem Schwerpunkt Active Sports und Sportswear. Sie ist Geschäftsführerin des Verbandes Deutscher Mode- und Textil-Designer e.V. (VDMD/DDV). 2000 gründete sie die Trends- & Colours-Group »Change«. Sie gibt das Change-Magazin »trends & colours« heraus. Ihr Arbeitsbereich: Analyse und praxisrelevante Interpretation von Trends, Übertragung und Integration von Zeitgeistströmungen auf die Modebranche, Entwicklung flexibel einsetzbarer Farb- und Formtableaus, die Raum für Eigenkreativität und gezielte Fokussierung auf unternehmensspezifische Anforderungen lassen. Nora Kühner hält Vorträge und ist Fashion Consultant für Industrie und Handel.

Nora Kühner studied fashion graphics and has been a freelance fashion designer focusing on active sports and sportswear since 1987. She is the director of the association of German fashion and textile designers Verband Deutscher Mode- und Textil-Designer e.V. (VDMD/DDV). In the year 2000 she established the Trends- & Colours-Group "Change" and edits "trends & colours" magazine. Her main focus is on the analysis and practical interpretation of trends, the application and integration of contemporary awareness with respect to the fashion industry and the development of flexible colour and form tableaux which leave scope for individual creativity and specific application to corporate requirements. Nora Kühner lectures and provides fashion consulting services to trade and industry.

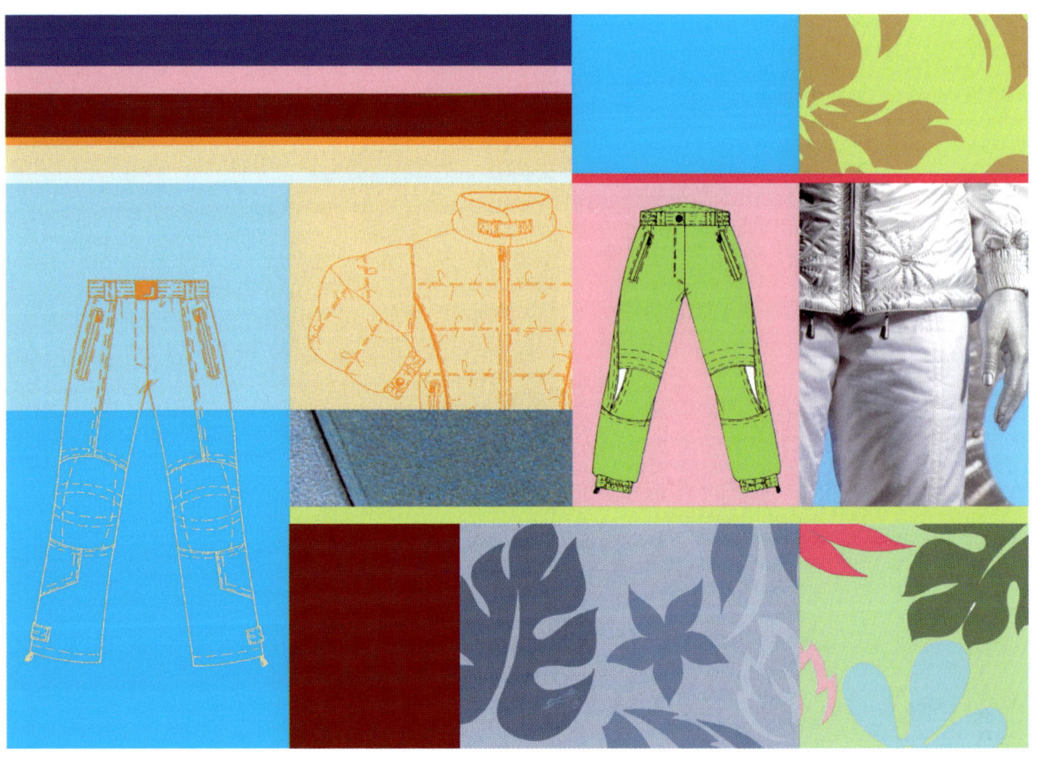

1

1 Beispiele aus der Kollektionsarbeit und Gestaltung von mood-boards 1999-2001. *Examples of work on collections and design of moodboards, 1999-2001.*

2 Beispiele aus der Kollektionsarbeit und Gestaltung von mood-boards 1999-2001. *Examples of work on collections and design of moodboards, 1999-2001.*

Spuren lesen, Zeichen verstehen, Mode gestalten. Das Verständnis für moderne Lebenswelten schenkt Orientierung im Trend- und Mode-Dschungel. Gegensätze schlagen Brücken: Zwischen Kreativität und Technik, zwischen Farb- und Materialkontrasten, zwischen reduzierter Funktionalität und sportiver Lässigkeit, zwischen rauschenden Inszenierungen und beiläufiger Eleganz ... Diktate wie Beliebigkeiten lösen sich auf. Provokation und Understatement geben sich die Hand. Neue Harmonien entstehen. Change: Spuren lesen, Zeichen verstehen, Mode gestalten.

Following tracks, reading signs, designing fashion. Understanding modern worlds of experience provides orientation in the trend and fashion jungle. Opposites bridge gaps: between creativity and technology, between contrasts of colour and materials, between functional reduction and relaxed sporting flair, between elaborate productions and casual elegance. Discipline and insouciance dissolve. Provocativeness and understatement go hand in hand. New harmonies arise. Change: following tracks, reading signs, designing fashion.

2

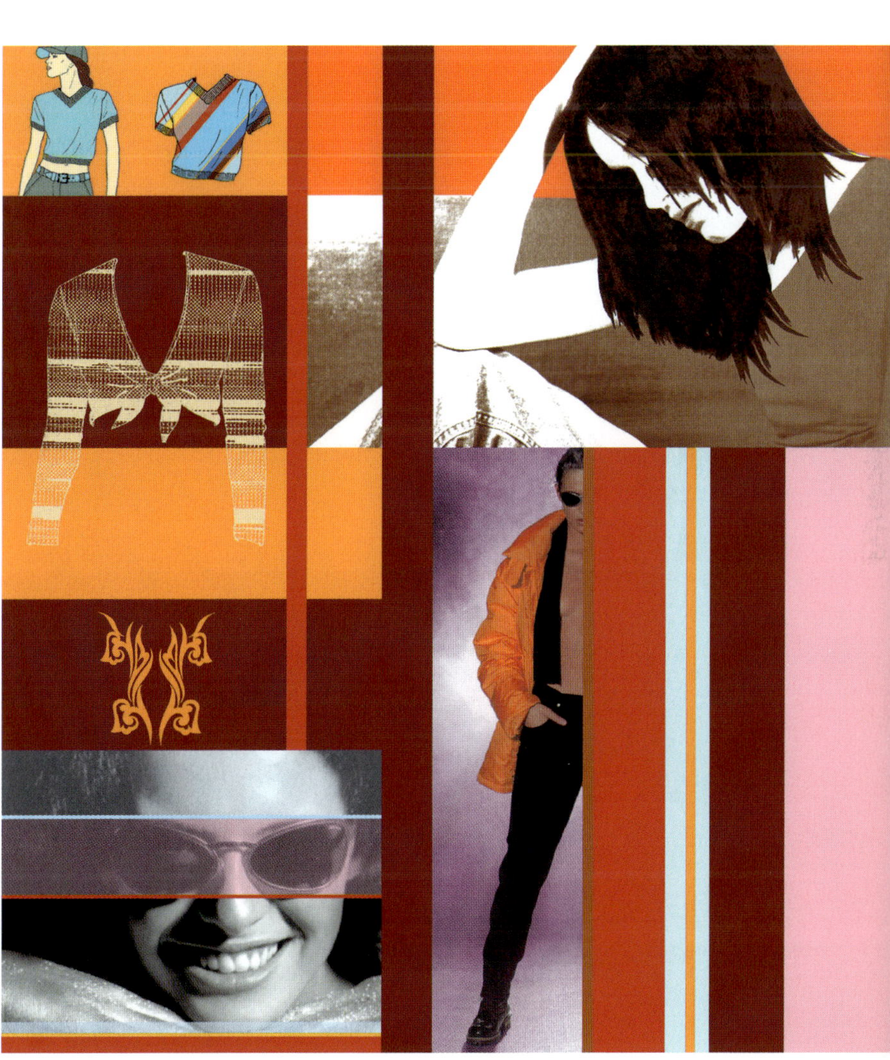

nya nordiska

Geschäftsführung
Diete Hansl-Röntgen
Heinz Röntgen

An den Ratswiesen
29451 Dannenberg
Telefon +49 (0)5861/8 09 43
Telefax +49 (0)5861/8 09 12
e-mail nya@nya.de
internet www.nya-nordiska.com

Der Textilverlag nya nordiska wurde vor mehr als 35 Jahren von Heinz Röntgen gegründet. Er ist heute in erster Linie tätig in der Gestaltung neuer Produkte, während die Unternehmensführung zunehmend in der Hand seiner Frau Diete Hansl-Röntgen liegt. Der Textilverlag hat seinen Sitz im Norden Deutschlands. Das Domizil ist eine bald 150 Jahre alte Fabrik im Fachwerkstil und ein top-moderner Glas + Beton-Bau. Ein Kontrast, welcher auch Grundzüge nya nordiska's Produktphilosophie widerspiegelt: Althergebrachtes in Beziehung zu bringen zur Gegenwart in der Überzeugung, dass Respekt vor der Geschichte gleichzeitig Rücksichtnahme auf den Augenblick bedeutet.
Dem folgt das fortwährende und oft gelungene Bestreben, zeitnahes und doch zeitloses Design vorzustellen.

The fabric company nya nordiska was founded by Heinz Röntgen more than 35 years ago. Heinz Röntgen today is most of all engaged with design of new products while management is taken on by his wife, Diete Hansl-Röntgen to an increasing degree. Head office is based in Northern Germany. The domicil is a nearly 150 years old half-timbered factory – a top modern glas + concrete-construction. A contrast reflecting nya nordiska's product philosophy: Ancient in regard to present convicting that respect to history means considerations of the moment. Resulting of this is the contionous and often successful endeavour to introduce modern but timeless design.

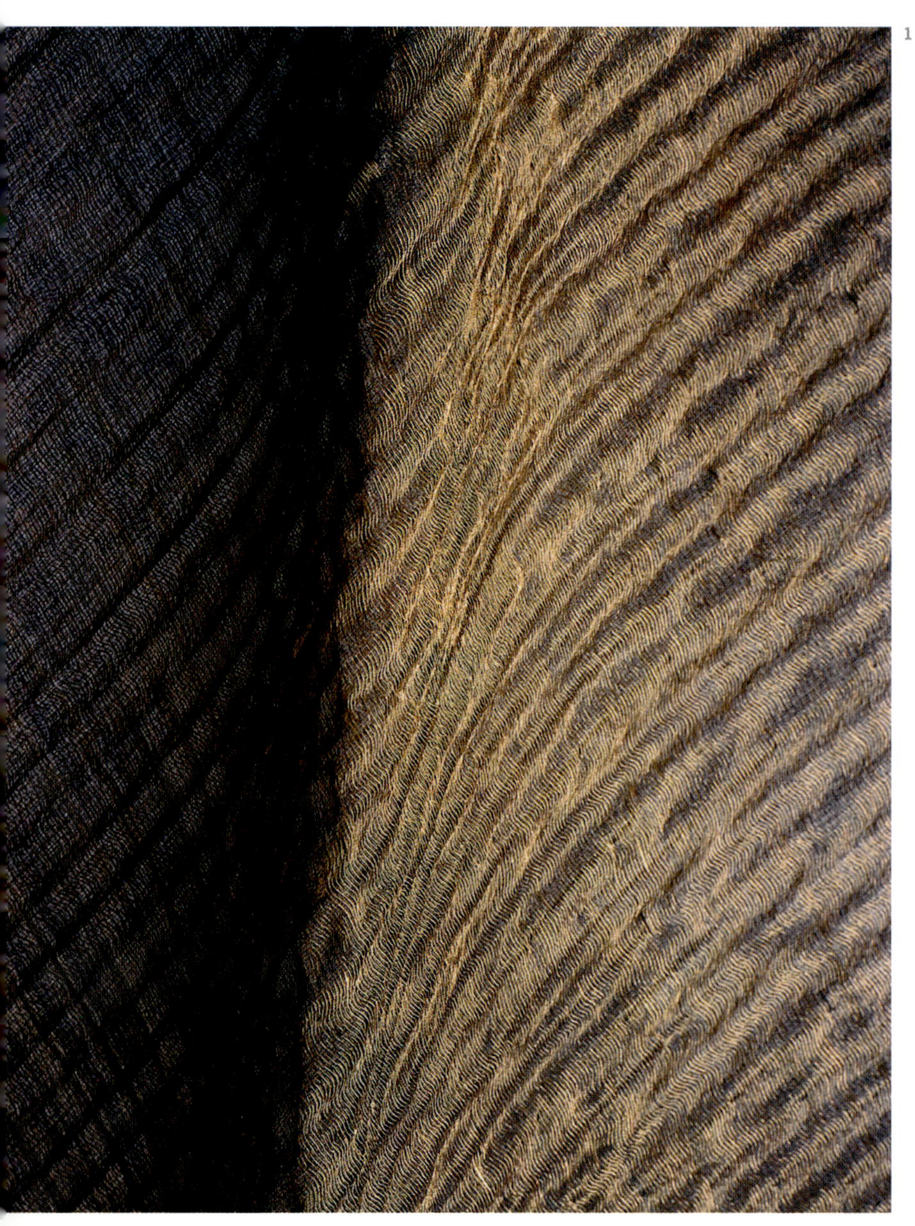
1

1 Stoff Fukaso 27 tabac
Material: 35% linen 33% polyamid
32% polyester, ca. 152 cm 70g/m².

2 Stoff Bijoux
06 silver 01 anthrazite 04 copper
Material: 50% polyester 50% polyester-metall, 170 cm 30g/m².

3 Stoff Crivello 01 chablis 03 black
Material: 70% polyester 30% viscose, 170 cm 30g/m².

Auszeichnungen/awards: nya nordiska erhielt mehrfach Auszeichnungen für hohe Designqualität und technische Innovation. *nya nordiska has received numerous awards for high design quality and technical innovation:* Höchste Designqualität »Die Besten der Besten« Design Zentrum Nordrhein Westfalen Essen 1991, 1998; Auszeichnung Hohe Designqualität 1990, 1991, 1992, 1993, 1994, 1995, 1996, 1997, 1998, 1999, 2000; best selection: office design, Design Zentrum Nordrhein Westfalen 2001; Platz 3 im Ranking 1992–1996 Internationale Top-Ten-Hersteller Design Zentrum Nordrhein Westfalen; Ranking Design Frankfurt Main, Produktgruppe »Wohnung« Industrie-Design/Hersteller: Platz 1 Top 100 Ranking 1997 (2x), 1998, 1999, 2001, 2002; Ranking Design Frankfurt Main Platz 4 Top 100 Ranking 1999, 2000; iF Product Design Award 1997, 1998, 2000, 2001, iF Industrie Forum Design Hannover; Design Center Stuttgart I & I 1988, Design Auswahl 1990; Design Preis Schweiz »Anerkennung Design Preis Schweiz« 1991, 1993; The Chicago Athenaeum »Good Design Award« 1997, 1998, 1999, 2000. Rat für Formgebung XIX. Mailänder Triennale 1996; German Design Council Frankfurt BIO Nominierung zur BIO 1996, 1998, 2000 Biennale für Industriedesign Ljubljana (Slovenien); »Design im Wandel« Übersee-Museum Bremen 1996 u.a.

2

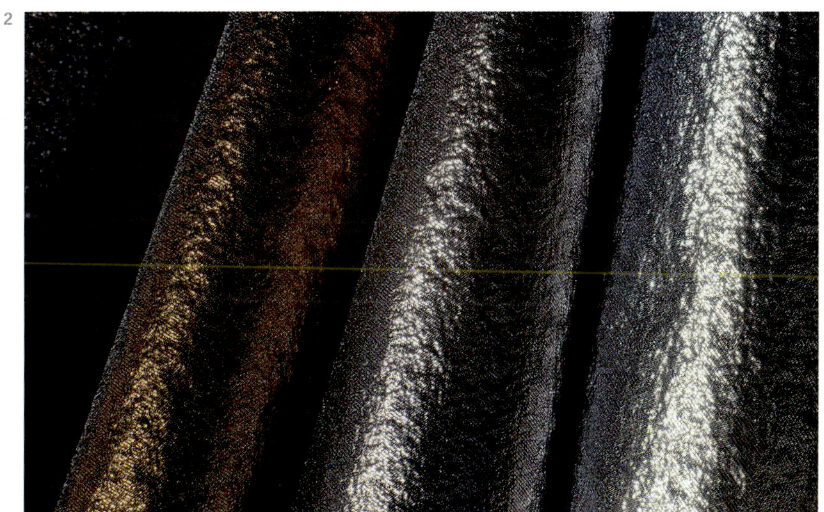

3

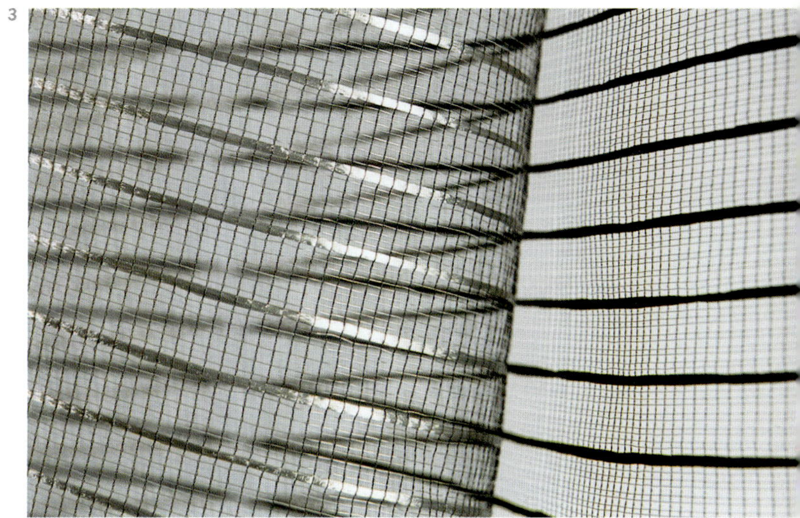

Vorwerk & Co. Teppichwerke

GmbH & Co. KG

Geschäftsführung
Rolf Schaal

Kuhlmannstraße 11
31785 Hameln
Telefon +49 (0)5151/1 03 0
Telefax +49 (0)5151/1 03 377
e-mail info@vorwerk-teppich.de
internet www.vorwerk-teppich.de

Die Vorwerk Teppichwerke haben sich bereits Ende der 80er Jahre das Ziel gesetzt, neue Wege in der textilen Bodengestaltung zu gehen. Denn jahrzehntelang war die Teppichgestaltung in Deutschland vor allem eines: unauffällig und rein funktional. Das Unternehmen gewann prominente Künstler, Designer und Architekten, die – in völliger künstlerischer Freiheit – eigenständige Teppichdessins kreierten. Mittlerweile umfasst die »dialog art collection« eine große Vielfalt textiler Autoren-Designs: Von Rosemarie Trockel über Jean Nouvel und David Hockney bis hin zu Robert Wilson.
Mit der Linie »Classic« realisierte Vorwerk erstmals Original-Entwürfe aus der Zeit des Jugendstils, aber auch Arbeiten von Bauhaus-Frauen wie Gunta Stölzl und Gertrud Arndt. Maßstäbe für Design und Vielfalt setzen die Teppichwerke auch mit den Kollektionen »Vorwerk premium« und »Vorwerk trend« für den privaten Wohnraum und der »object collection« für den Objektbereich.

Since the late 1980s Vorwerk has aimed to pursue new paths in the field of floor coverings. For decades before, carpet design in Germany was notable for being inconspicuous and purely functional. The company hired well known artists, designers and architects and gave them a completely free hand to create carpets with character. The "dialog art collection" incorporates a wide variety of textile designs by distinguished figures such as Rosemarie Trockel, Jean Nouvel, David Hockney and Robert Wilson.
In the "Classic" line Vorwerk was the first to implement original designs from both the Jugendstil and Bauhaus proponents such as Gunta Stölzl and Gertrud Arndt. Standards of design and variety were also set with the collections "Vorwerk premium" and "Vorwerk trend" for domestic environments and the "object collection" for office and public buildings.

1 Der amerikanische Pop Art Künstler Jeff Koons hat bunte Blumen auf Teppichboden streuen lassen. Für die Künstlerkollektion »Flower Edition« hat Jeff Koons insgesamt drei farbenfrohe Entwürfe kreiert.
The American pop artist Jeff Koons had colourful flowers strewn on carpets. Jeff Koons created a total of three brightly coloured designs for the artists collection Flower Edition.

2 Für die Kollektion »Classic: Frauen am Bauhaus« sind geometrische Musterungen in harmonischen Farbstellungen charakteristisch. Der Entwurf von Gunta Stölzl, Leiterin der Bauhaus-Weberei von 1927 an, ist zeitlos aktuell.
Geometrical patterns in harmonious colour schemes are characteristic of the Classic: Women at the Bauhaus collection. The design by Gunta Stölzl, head of the Bauhaus weaving mill from 1927 onwards, is timelessly up to date.

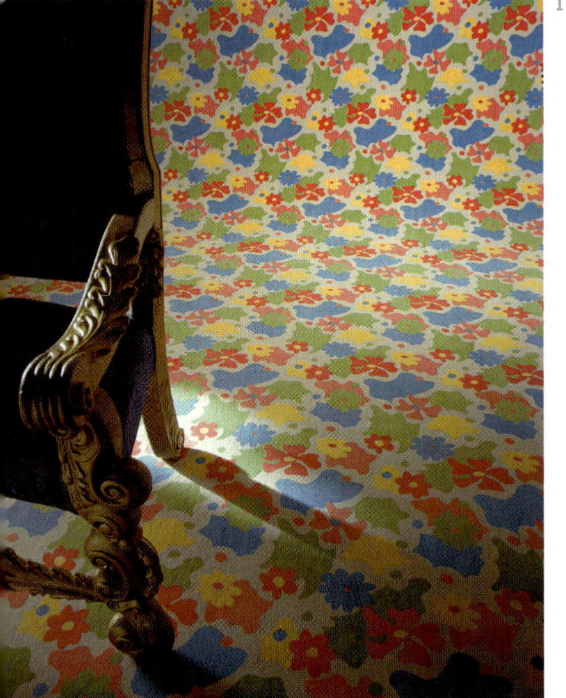

1

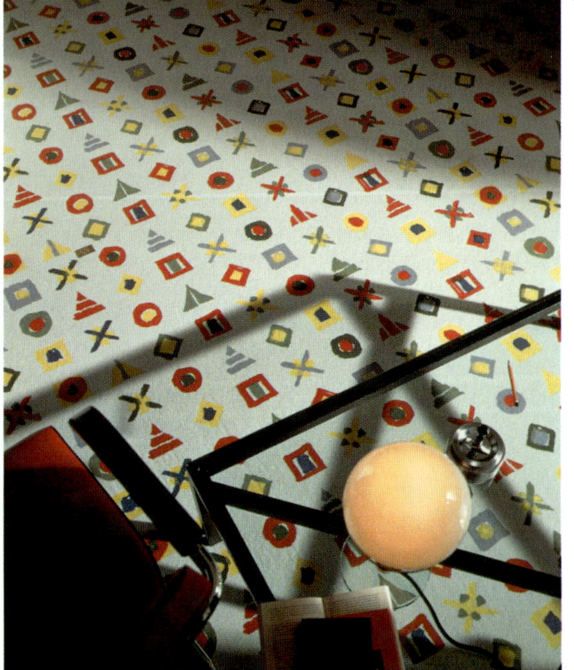

2

Referenzen/references: Allianz München, AMD Dresden, AOK bundesweit, Aventis Frankfurt, BHW Halen, BMW München, Deutsche Bahn AG (ICE 1-3, ICT u. a.), Deutsche Bank Private Banking, Difa Hamburg, Frankfurter Welle, Fresenius Bad Homburg, HUK Coburg, Pfleiderer AG Neumarkt, Porsche Stuttgart, SAP Walldorf, Spiegel Verlagshaus Hamburg, VW Wolfsburg.
Auszeichnungen/awards: Roter Punkt Design Innovationen, Design Zentrum Nordrhein Westfalen, Essen 2000; Japan Industrial Promotion Organisation; iF Ecology Award 1999; iF Product Award, Industrie Forum Design, Hannover 1999.

3

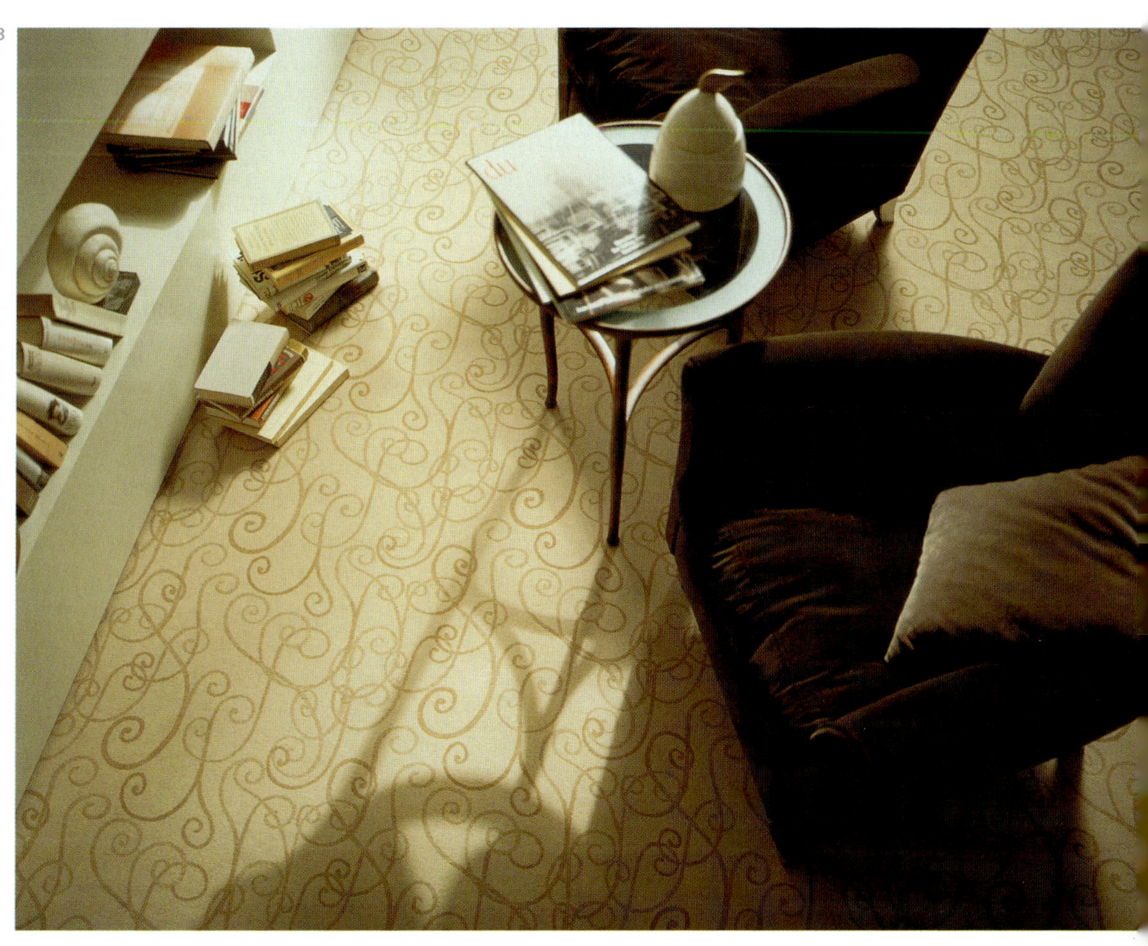

3 Die Vorwerk premium Kollektion für den privaten Wohnbereich entspricht der aktuellen Vielfalt unterschiedlicher Lebens- und Wohnstile.
Der Entwurf von Matteo Thun zeichnet sich durch ornamentale Eleganz aus.
The Vorwerk premium collection for private homes matches the current variety of different lifestyles.
The design by Matteo Thun is notable for its ornamental elegance.

Jewellery
Design

Atelier Bunz GmbH

Geschäftsführung
Georg Bunz

Obere Bergstraße 16
75335 Dobel
Telefon +49 (0) 7083/92 28 0
Telefax +49 (0) 7083/92 28 11
e-mail bunz.collection@t-online.de
internet www.bunz.de

Auf der Suche nach neuen Perspektiven, neuen Welten im Schmuck hat der Designer Georg Bunz einen unterscheidbar anderen Weg gewählt. Schöpferische Fantasie, Mut zur Imagination war die wichtige Motorik im Platinschmuck, zeitgültiges Design zu entwickeln – eine unterscheidbare persönlichkeitsnahe Formensprache. Das Atelier Bunz, heute bekannt als Bunz Collection, hat vor über zwei Jahrzehnten entscheidend die Wiederentdeckung des Platins beeinflusst. Lange war es in Vergangenheit geraten – das kostbarste Schmuckmetall aller Zeiten.

In the quest for new perspectives and new worlds of jewellery Georg Bunz has pursued a distinctly different path. Bold creative imagination provides the impetus for platinum jewellery design with contemporary relevance – a language of form with a personality that stands apart. Atelier Bunz, nowadays known for the Bunz Collection, had crucial influence on the rediscovery of platinum more than two decades ago – the most valuable of precious metals that had long been neglected.

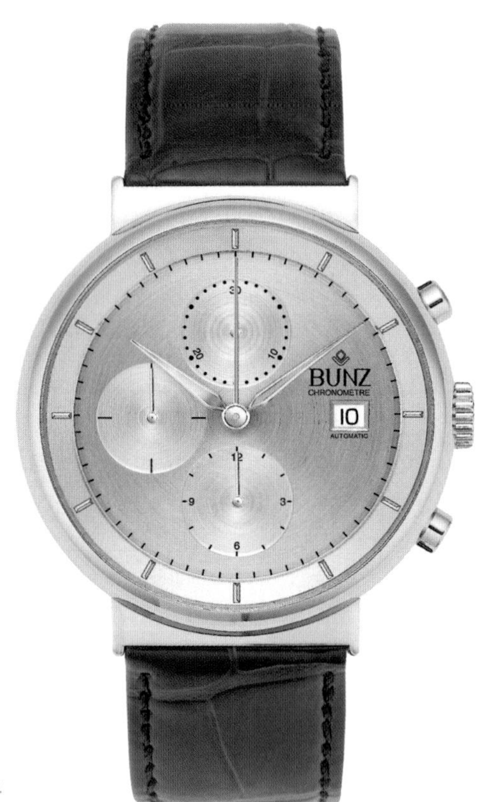

1

Die Ausbildung zum Graveurmeister, künstlerische und kaufmännische Studien und lange technische Erfahrung, dienten Georg Bunz als solide Basis für die Gründung des Atelier Bunz 1975, das sich zunehmend der Schmuckgestaltung in Platin widmet. Die Erkenntnis, dass Information die Unterscheidungsfähigkeit fördert, wurde als Chance erkannt, Merkmale der Unterscheidbarkeit also der individuellen Ordnung oder Orientierung als zukünftige Attraktoren zu bestimmen. Diese neue Polarität der Unterschiede fördert individuelle Erlebnismöglichkeit – Faszination durch eine identifizierbare Formenkultur. Eigene Wege in Design und Technik führten zu grundlegenden technischen Neuerungen mit einer Vielzahl von Patenten und internationalem Musterschutz.

Training as a master engraver, art and business studies and long experience in the relevant techniques provided Georg Bunz with a solid grounding for the establishment of Atelier Bunz in 1975, a studio that is focusing increasingly on platinum jewellery. The insight that information encourages discrimination has been identified as an opportunity of determining future appeal in terms of distinctive characteristics. This new polarity of differences facilitates individual experience – fascination based on an identifiable culture of form. Individual modes of design and technique have resulted in fundamental technical innovations that have been registered and patented internationally.

3

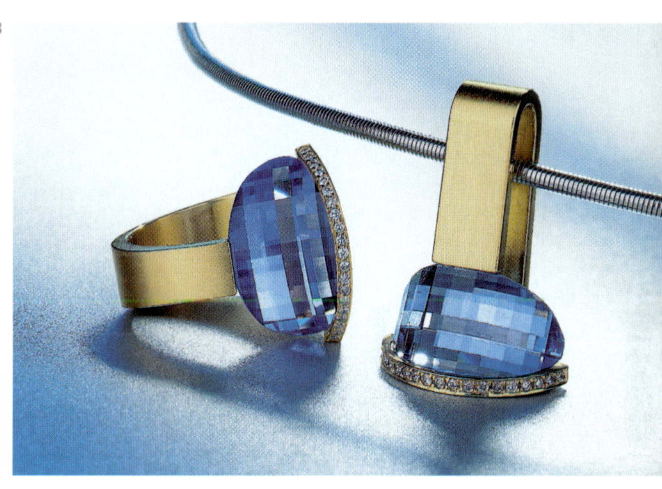

1 Chronograph/*Chronometer*
Edelstahl poliert, abgedeckte Bandanstöße, Durchmesser 42 mm,
Höhe 13,8 mm, Werkeinsicht, Boden verschraubt, entspiegeltes Saphirglas.
Polished stainless steel, integrated bracelet, diameter 42 mm, thickness 13.8 mm, exposed mechanism, back secured by screws, non-reflecting sapphire glass.
Valjoux 7750 Chronometre.

2 Der Bunz-Spannring – ein Stilmittel der Persönlichkeit.
Spannring in Platin 950/- pur – faszinierend ohne Fassung, allein gehalten durch die Spannkraft hochwertiger Edelmetalle.
The Bunz tension ring – a symbol of personality.
Tension ring in pure platinum 950/- – fascinating without regular setting, the stones are fixed only by the tension of precious metals.

3 Collier und Ring/*Collar and ring.*
In Platin 950/- und 18-karätigem Gelbgold mit Brillanten, unterschiedlich interpretiert in Kombination mit außergewöhnlichen Farbsteinen.
Platinum 950/- and 18 carat yellow gold with brilliants, variations with unusual coloured stones.

2

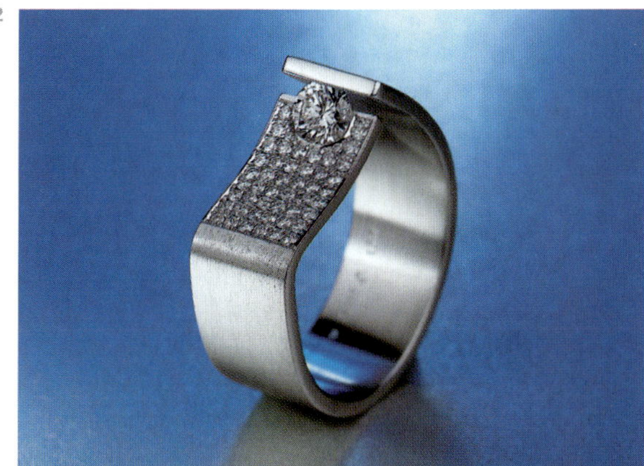

Carl Dau Schmuck

Hohentwielsteig 10
14163 Berlin
Telefon +49 (0)30/80 99 55 0
Telefax +49 (0)30/80 99 55 44
e-mail DAU.DAU@t-online.de
internet dau-berlin.com

Carl Dau lebt und arbeitet in Berlin. Nach Meisterprüfung und Studium von Schmuckdesign und Industrial Design arbeitete er einige Jahre als Lehrer für Goldschmiede, eher er vor 20 Jahren die Firma Dau-Berlin gründete. Heute arbeitet er im Team mit zehn hochqualifizierten Mitarbeitern als Designer und Geschäftsführer. Das Werkstatthaus spiegelt den Anspruch der gesamten Firma wider, mit moderner Technologie und hohem ästhetischen Anspruch neue Produkte zu entwickeln und zu fertigen. »Unsere Augen werden täglich mit Reizen überflutet. Es gibt nur wenige Dinge, denen Ruhe innewohnt, die dem Auge guttun, bei denen ästhetischer Reiz mit Einfachheit und Klarheit gepaart ist. Solche Dinge zu schaffen, sie auch im Schmuck anzusiedeln und ihnen dort Geltung zu verschaffen, ist das Hauptanliegen meiner Arbeit.«

Carl Dau lives and works in Berlin. After qualifying as a master craftsman and studying jewellery and industrial design, he trained goldsmiths for several years before establishing his own firm Dau-Berlin twenty years ago. As a businessman and designer he heads a highly qualified team of ten. His workshop reflects the firm's aspiration of designing and producing new products with modern technology and high aesthetic standards. "Every day our eyes are confronted with irritating stimuli. There are only a few things that possess the quality of tranquillity, that gladden the eye and that combine aesthetic stimulus with simplicity and clarity. Creating such things and making jewellery of distinction out of them is my essential task."

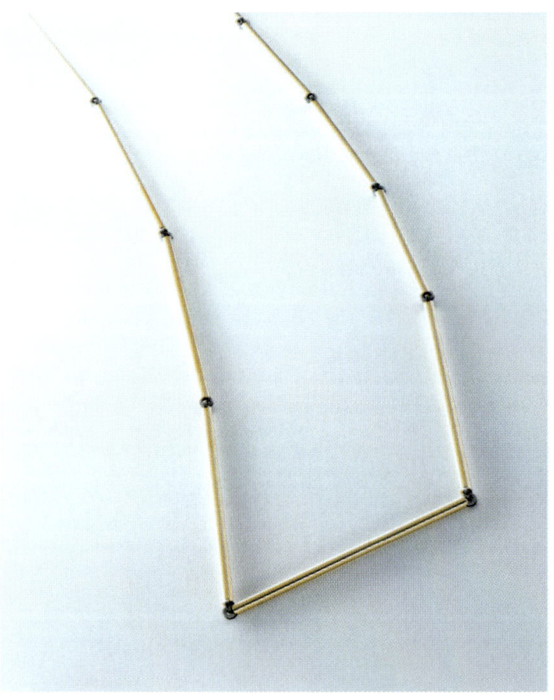

1

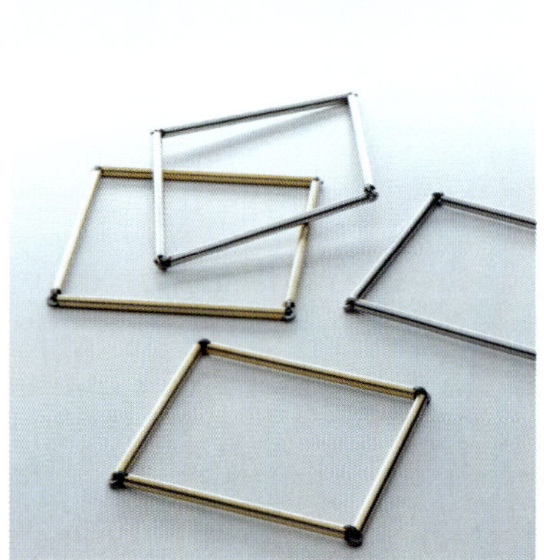

2

1 Eine sehr grafische Kette aus Goldrohren mit zarten Edelstahlösen als Verbinder.
A very graphic chain made of gold tubes with slender stainless steel eye links.

2 Dazu ein passender Armschmuck aus je vier gleich langen Stäben, die eine neue Zwischenform von Armreif und Armband zeigen.
A matching piece for the arm consisting of four rods of equal length. A hybrid form between bracelet and armlet.

3 Ein großer Anhänger aus Edelstahl an einem dünnen Edelstahlseil.
A large stainless steel pendant on a thin stainless steel rope.

4 Ein Armreif aus Edelstahl mit drehbarem Kreissegment aus Gold, der eine Öffnung für das Handgelenk freigibt.
A stainless steel bracelet with a pivoting segment of a circle in gold providing an aperture for the wrist.

3

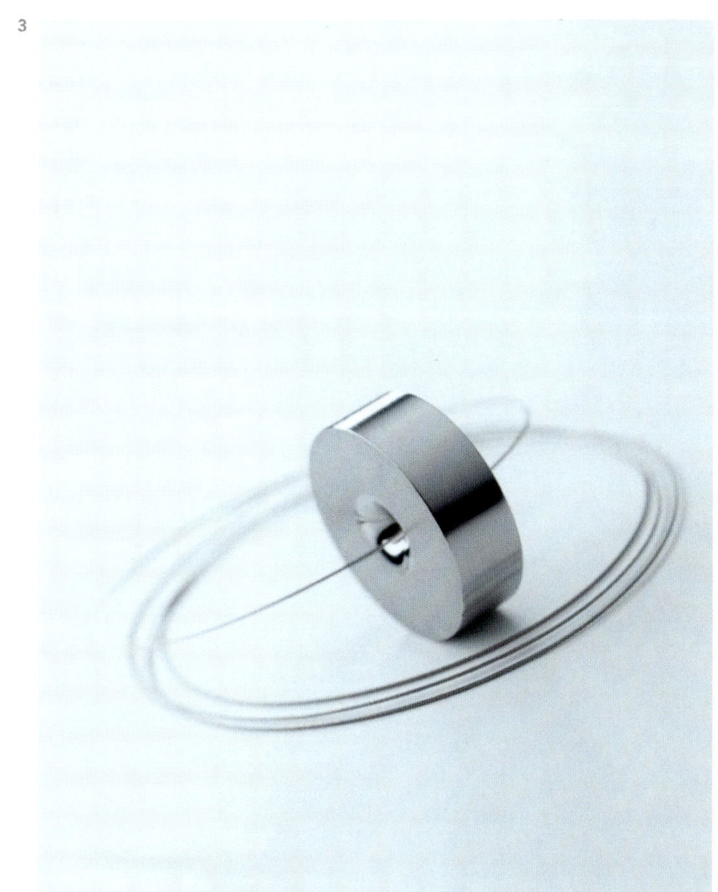

4

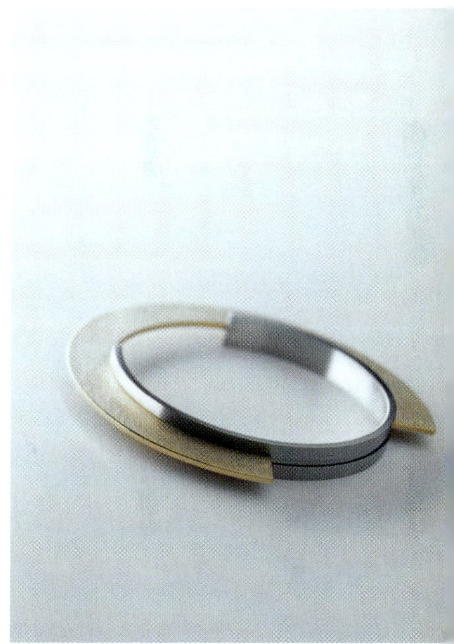

Pirsig für Schmuck

Susanne Pirsig
Goldschmiedemeisterin
(Mitglied der DGemG)

Dorstener Straße 20
45894 Gelsenkirchen-Buer
Telefon +49 (0)209/37 69 77
Telefax +49 (0)209/37 69 77
e-mail DiePirsigs@t-online.de

Die Goldschmiedemeisterin Susanne Pirsig, geboren 1967, machte eine Ausbildung zur Goldschmiedin in der Gold- und Platinschmiede H. Schindler in Soest. 1991 wurde sie in das Begabtenförderungsprogramm der Handwerkskammer Dortmund aufgenommen. Ihre Gesellenzeit von 1991 bis 1993 verbrachte sie im Ruhrgebiet. 1992/93 machte sie Lehrgänge zum Diamant- und Edelsteingutachter in Idar-Oberstein. Von 1993 bis 1994 folgte die Meisterschule in Münster mit Meisterprüfung. Seit 1994 ist sie selbständig. Susanne Pirsig nimmt regelmäßig an Privat- und Gemeinschaftsausstellungen sowie an Wettbewerben teil. Ihre Schwerpunkte sind Entwurf und Ausführung von hochwertigem Unikatschmuck.

Born in 1967, master goldsmith Susanne Pirsig served her apprenticeship under platinum and goldsmith H. Schindler in Soest. In 1991 she gained a place in the scheme to promote talented artificers run by the Dortmund Chamber of Trades and Crafts. She spent her journeyman years from 1991 to 1993 in the Ruhrgebiet. In 1992/93 she took courses as a diamond and gemstone appraiser in Idar-Oberstein. This was followed by master classes and a qualification as master goldsmith in Münster. Since 1994 she has worked freelance. Susanne Pirsig regularly participates in private and group exhibitions and competitions. Her main focus is on the design and production of high-quality one-off pieces of jewellery.

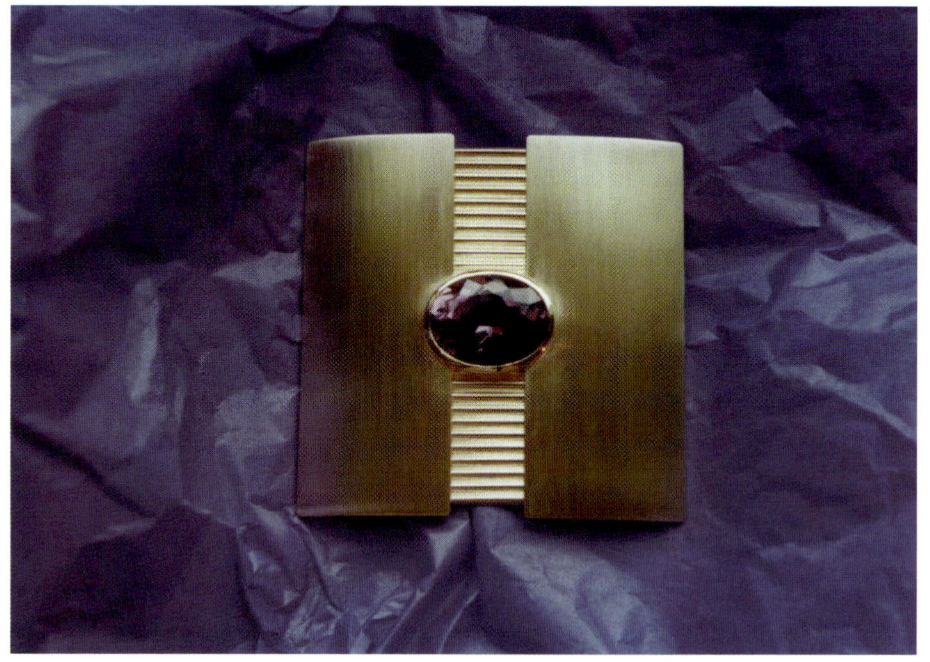
1

Auszeichnungen/awards: Ehrenpreis 17. Int. Perlen Design Wettbewerb, Tokio 1989; 4. Preis 18. Int. Perlen Design Wettbewerb, Tokio 1990; 4. Preis Viktor-Mayer-Jubiläumswettbewerb 1990; Diamantschmuck-Wettbewerb »Diamanten Heute« 1991; Anerkennung, Benvenuto-Cellini-Wettbewerb 2000.

2

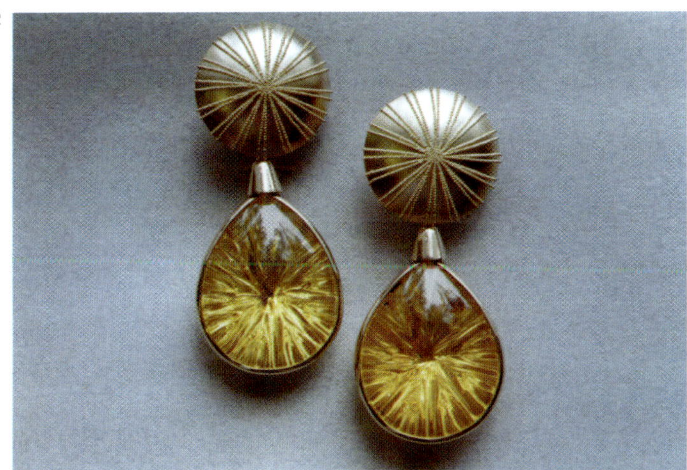

3

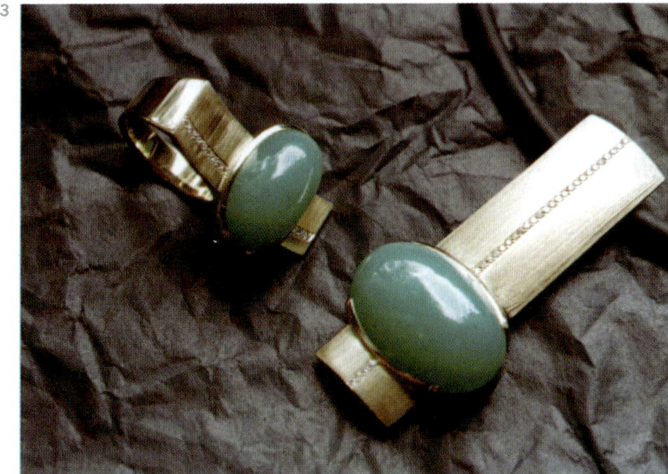

1 Brosche & Anhänger
750/-Gelbgold mit Amethyst & Wellblech.
Brooch and pendant
750/-yellow gold with amethyst and corrugated gold.
70 x 70 mm, 2000.

2 Solarplexus, Ohrhänger, 2000
750/-Gelbgold mit Bernsteinen, Steinanhänger abnehmbar, Oberteile als Ohrclips tragbar, Granulationstechnik.
Anerkennung beim Benvenuto-Cellini-Wettbewerb 2000.
Solarplexus eardrops, 2000
750/- yellow gold with amber. Detachable pendants. Top parts can be used as earclips. Granulation technique.
Distinction in Benvenuto Cellini competition 2000.

3 Schmuckset mit Chrysoprasen
2-Fingerring & Anhänger,
750/-Gelbgold/Chrysopras/Brillanten, 2001.
Jewellery set with chrysoprases.
Two-finger ring and pendant.
750/- yellow gold/chrysoprases/brilliants, 2001.

Design: Hans Schindler

Designer und Goldschmiedemeister
Hans Schindler

Markt
59494 Soest
Telefon +49 (0)2921/1 64 84
Telefax +49 (0)2921/1 79 65
e-mail hschindler@schindlersoest.de
internet www.schindlersoest.de

Hans Schindler machte eine Lehre im Goldschmiedehandwerk bei Fa. Carl Jasper in Lippstadt, bestand die Prüfungen mit Auszeichnung. Von 1968 bis 1980 war er in verschiedenen Schmuckateliers in Deutschland, der Schweiz und Malaysia tätig. Von 1973 bis 1975 studierte er an der Staatlichen Zeichenakademie in Hanau in der Klasse H. U. Bullermann. 1980 gründete er sein eigenes Schmuckatelier in Soest. 1985 wurde er von der Platingilde/Deutschland als Partner aufgenommen. 1985 erstellte er eine eigene Designschmuckkollektion »Collection N«. »Schwerpunkte in der von mir entworfenen und von uns (9 Goldschmiede) gefertigten Schmuckkollektion sind Kleinserien und Unikate in hochkarätigem Gold und Platin mit Saphiren, Rubinen, Smaragden, Perlen und Diamanten.«

Hans Schindler served his apprenticeship as a goldsmith at Carl Jasper in Lippstadt, passing out with distinction. From 1968 to 1980 he worked in various jewellery studios in Germany, Switzerland and Malaysia. From 1973 to 1975 he studied under H. U. Bullermann at the Staatliche Zeichenakademie in Hanau. In 1980 he established his own jewellery studio in Soest and became a Partner in the Platinum Guild of Germany in 1985. In the same year he produced his own designer jewellery collection "Collection N". "The main focus of the jewellery collection designed by me and produced by my team of 9 goldsmiths is on small production series and one-off pieces in high-carat gold and platinum with sapphires, rubies, emeralds, pearls and diamonds."

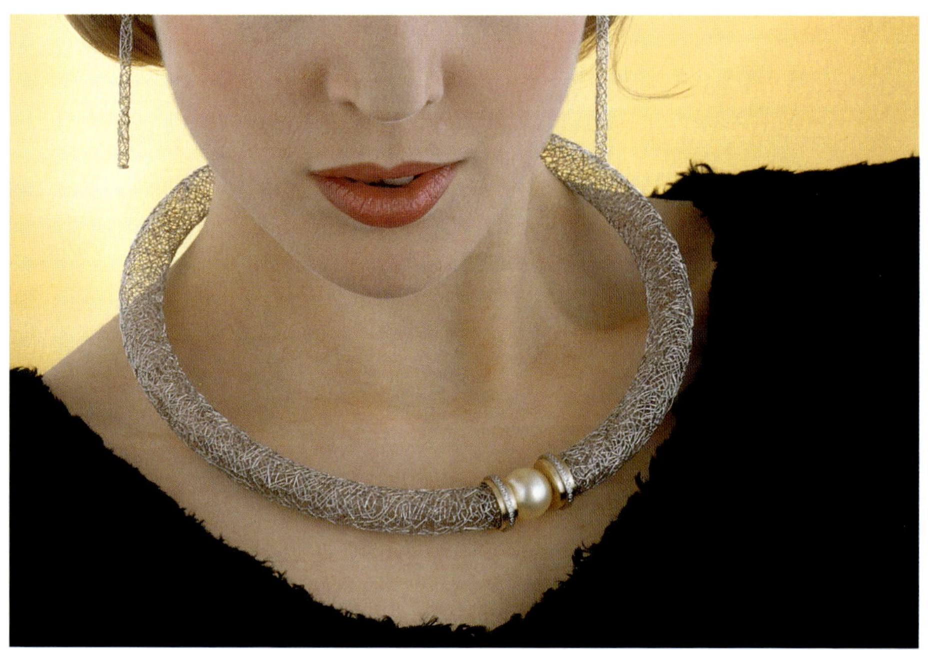
1

1 Halsreif/*Collar*
Platin 950/-, Gold 750/-, Südseeperle und Brillanten, 1998.

2 Halsschmuck/*Necklace*
Platin 950/-, Gold 750/-, Akoya-Zuchtperlen, 1999.

Auszeichnungen/awards: Bei uns in Auftrag gegebener Schmuck (Design und Ausführung) wurde seit 1976 mehrfach ausgezeichnet/*Since 1976 the jewellery we have been commissioned to make (design and execution) has won numerous awards:* 31 Auszeichnungen »International Pearl Design Contest« – Japan Cultured Pearl Retailers Association, Tokio/Japan, und zwei Auszeichnungen »Schönster Schmuck mit Akoya-Perlen« – Ministry of Agriculture, Forestry and Fisheries, Tokio/Japan; Praemia, Benvenuto-Cellini-Wettbewerb, Zentralverband für das Juwelier-, Gold- und Silberschmiedehandwerk Deutschland 1975; Goldene Lupe, Gesellschaft Deutscher Edelsteintag, Juweleninstitut, München 1975, 1977; Sonderpreis f. d. schönsten Schmuck mit farbigen Diamanten, Gesellschaft Deutscher Edelsteintag, Juweleninstitut, München 1975; Kontraste »Schmuck in Gold und Elfenbein« – Zentralverband für d. Juwelier-, Gold- und Silberschmiedehandwerk der Bundesrepublik Deutschland 1978; Auszeichnung für besonderes Atelierdesign – DeBeers, Deutschland 1991, 1993; Platinum-Guild-International-Award, Platinum-Guild, Tokio/Japan 1996, 1997; 1. Preis Schmuckwettbewerb »Magie der Perlen«, Gold- und Silberschmiedeinnung, Köln 2000.
Ausstellungen/exhibitions: Internationale Ausstellungsbeteiligungen u.a. in Antwerpen, Tel Aviv, Kobe, Tokio, Berlin, Hamburg, München, Köln. *Participation in international exhibitions in Antwerp, Tel Aviv, Kobe, Tokyo, Berlin, Hamburg, Munich and Cologne.*
Veröffentlichungen/publications: »Schmuck von 1900 bis 1980« – Rühle-Diebener-Verlag, Stuttgart 1982; »Deutschland-Exclusiv« – Klaus Dietze/Impress Business Communications, Düsseldorf 1988 u.a.

2

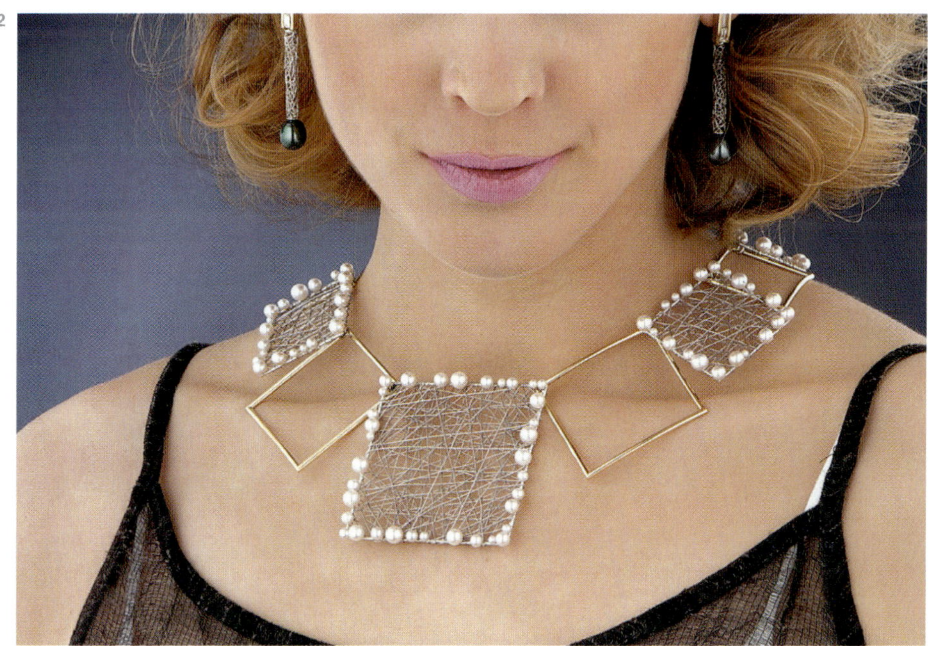

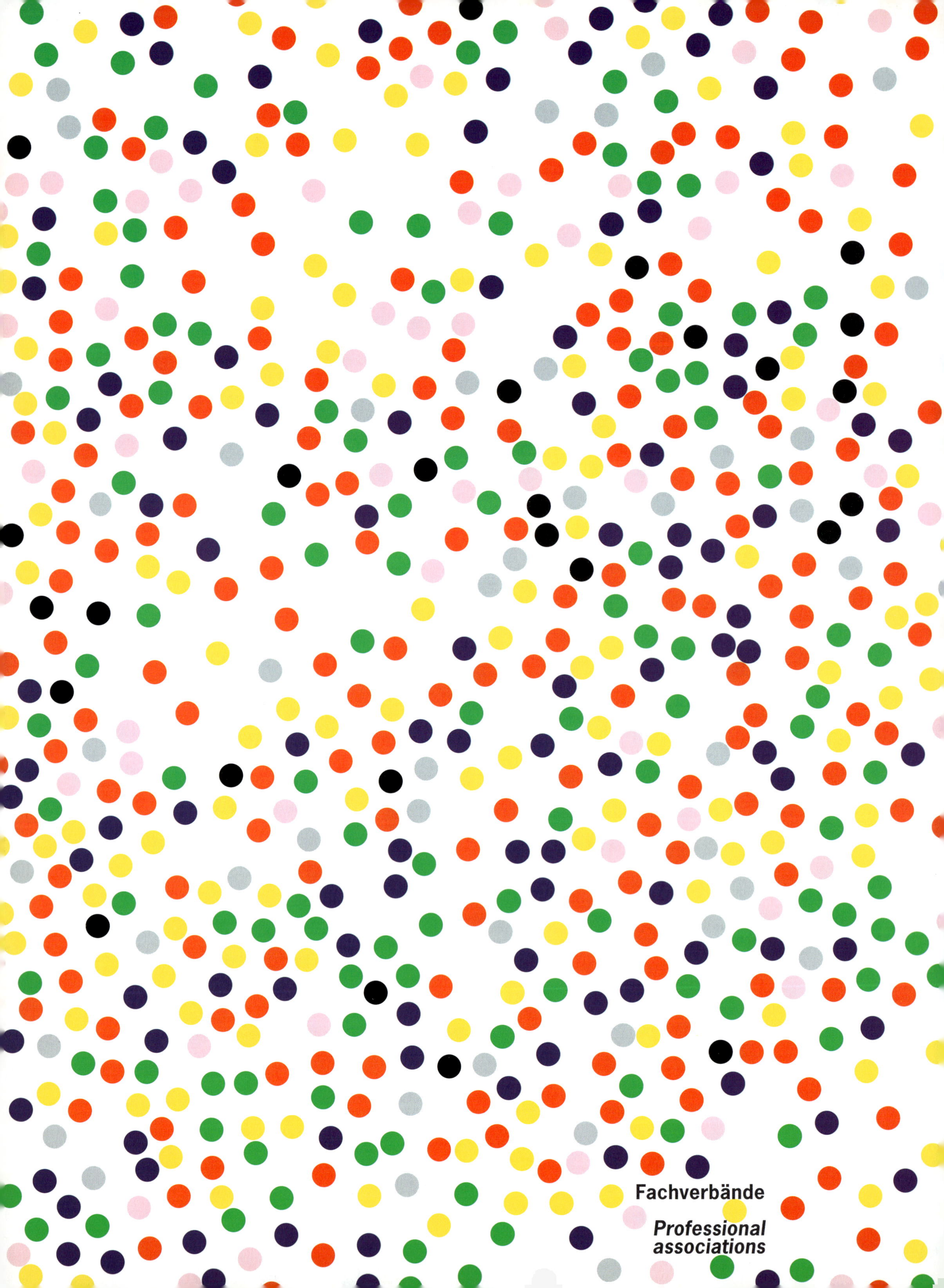
Fachverbände
Professional associations

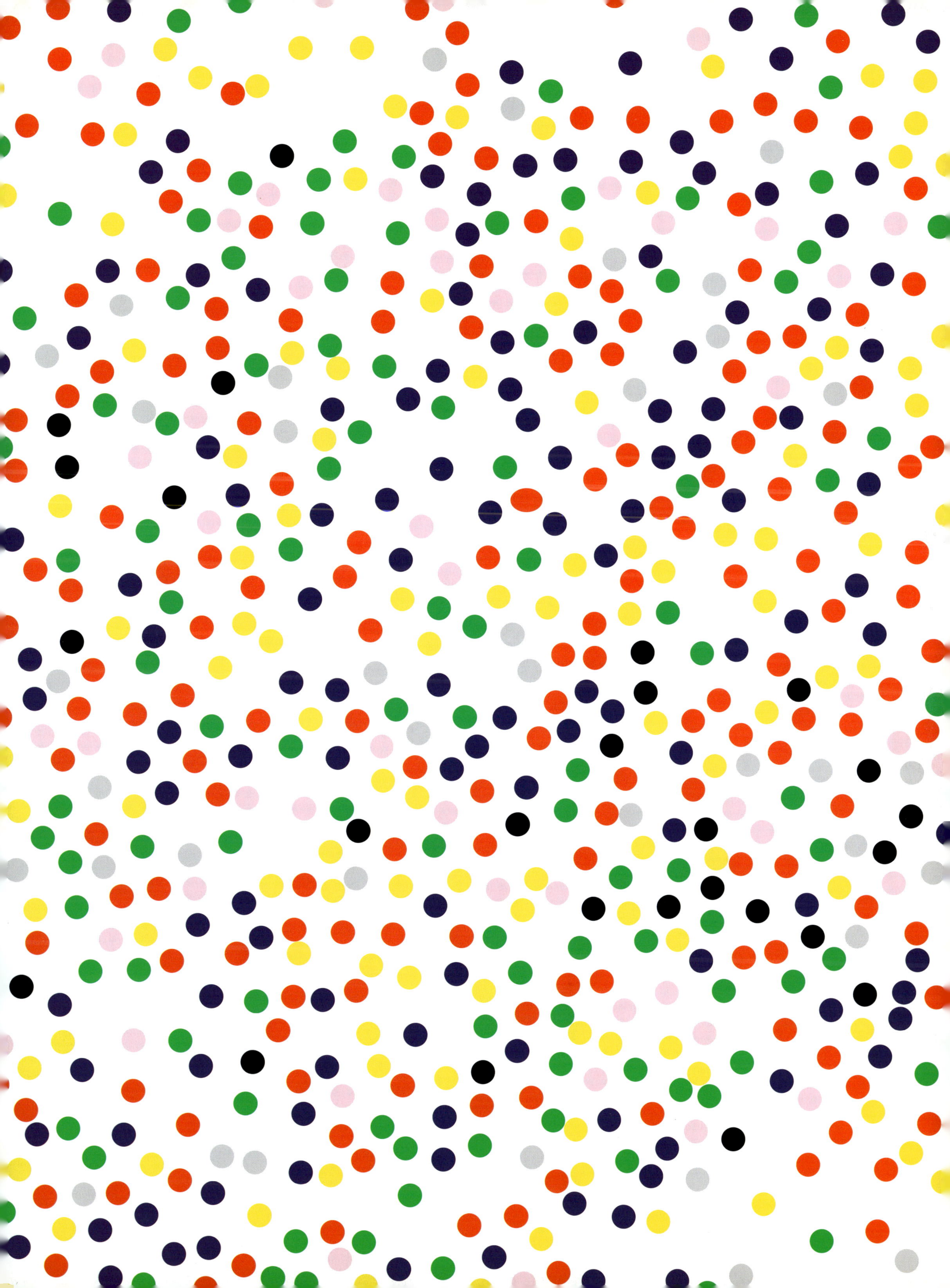

ADC

Art Directors Club für Deutschland e.V.

Melemstraße 22
60322 Frankfurt/Main
Telefon +49 (0)69/5 96 40 09
Telefax +49 (0)69/5 96 46 02
e-mail: adc@adc.de
internet: www.adc.de

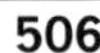

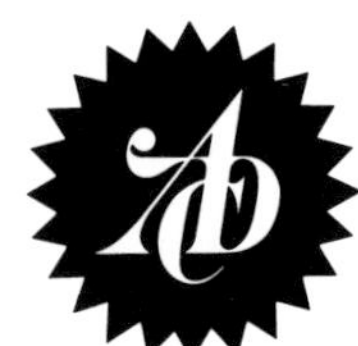

Der Art Directors Club für Deutschland (ADC) ist ein Verein der Kommunikationsbranche, in dem Kreative aus den Bereichen Wort, Bild, Design, Editorial, Fotografie, Illustration, Funk, Film und Interaktive Medien zusammengeschlossen sind. Die im Jahr 1964 gegründete Vereinigung hat zur Zeit rund 330 Mitglieder und wird überdies von ca. 120 fördernden Mitgliedern unterstützt. Der ADC wird von einem 10köpfigen, ehrenamtlich arbeitenden, demokratisch gewählten Vorstand geführt. Neben der Vertretung der Interessen seiner Mitglieder gehören die Verbesserung kreativer Leistungen und die Nachwuchsförderung zu seinen wichtigsten Aufgaben. Zur Verfolgung dieses Ziels veranstaltet der ADC unter anderem zwei große Wettbewerbe sowie eine Reihe von Seminaren. Ein weiteres Ziel ist es, die Verbindung von Kreation und Wirtschaftlichkeit zu fördern. Darüber hinaus ist der ADC für Deutschland der übergeordneten Dachorganisation ADC of Europe angeschlossen. Er ist Mitglied im ZAW und gehört zu den Gründungsmitgliedern der Stiftung Copyright + Mediation e.V. Ab Ende 2001 hat der Verein seinen Sitz in Berlin.

Die Aktivitäten

Der ADC-Wettbewerb ist der bedeutendste Kreativwettbewerb in Deutschland. Dort werden Arbeiten aus den Bereichen Werbung, Editorial, Design und Medien beurteilt und prämiert. Durch den Wettbewerb und die Anerkennung für hervorragende Leistungen sollen Kreative und Auftraggeber zu mehr Qualität angeregt werden. Die Jury aus renommierten Fachleuten, allesamt ADC-Mitglieder, bewertet ausschließlich die kreative Qualität der dargebrachten Leistungen nach den Kriterien Originalität, Klarheit, Überzeugungskraft, Machart und Freude.
Studenten und Junioren aus der Werbepraxis können ihre kreativen Fähigkeiten beim ADC-Nachwuchswettbewerb beweisen. Sowohl Exponate aus der Praxis als auch Diplomarbeiten der werbefachlichen Studiengänge können bei diesem Wettbewerb eingereicht werden. In der Kategorie der Praxisarbeiten wird der Titel »Junior des Jahres«, im Bereich der Diplomarbeiten der Titel »Talent des Jahres« vergeben. Auch diese Ergebnisse werden in einem Buch dokumentiert. Es nennt sich »sushi« (kleine, feine Köstlichkeiten) und wird seit 1998 herausgegeben. Dass die qualitativ hochwertige und umfassende Ausbildung des Nachwuchses beim ADC einen hohen Stellenwert hat, belegt die Tatsache, dass zahlreiche Mitglieder des Vereins als Dozenten an Hoch- und Fachschulen tätig sind.

Art Directors Club for Germany

The Art Directors Club for Germany (ADC) is an association in the communication industry grouping together creative minds in the fields of text, pictures, design, editing, photography, illustrations, radio, film and interactive media. The association, founded in 1964, currently has around 300 members and is also supported by approx. 120 sponsoring members. The ADC is managed by a 10-strong, democratically elected executive board, the members of which provide their services free of charge. Apart from representing the interests of its members, the most important functions of the association include the improvement of creative achievements and promotion of the art directors of tomorrow. In pursuit of these objectives, the ADC stages two major competitions and a series of seminars. A further aim is to promote the symbiosis of creativity and cost-effectiveness. In addition, the ADC for Germany is affiliated to the umbrella organisation ADC of Europe. It is a member of the ZAW and one of the founding members of the Copyright + Mediation Foundation. The club occupies its new headquarters in Berlin at the end of 2001.

The activities

The ADC competition is the most important creative competition in Germany. Works from the fields of advertising, editorial, design and media are assessed and win awards. The competition and its recognition of outstanding achievements are intended to provide an incentive towards more quality, on the part of designers and their clients. The jury, composed of well-known experts, all of them ADC members, exclusively evaluates the creative quality of works entered against the criteria of originality, clarity, persuasion, workmanship and attractiveness.
Students and junior designers from the advertising sector can prove their creative capabilities in the ADC junior competition. Both exhibits from practical work and degree projects from advertising courses can be entered for this competition. The title "Junior of the Year" is awarded in the category of practical work, and that of "Talent of the Year" for degree projects by students. These results are also documented in a book. It is called "sushi" (small, fine delicacies) and has been published each year since 1998. The fact that numerous members of the association have appointments as lecturers at universities and polytechnics documents the high quality and comprehensiveness of next generation.

ADC-Vorstand, die Ressorts/
ADC executive board and responsibilities

Sebastian Turner
Scholz & Friends Berlin GmbH, Berlin

Vorstandssprecher/*General Manager:*
Michael Preiswerk
GPP Godenrath Preiswerk/BDDP Werbeagentur GmbH, Stuttgart

Finanzen und Sponsoring/*Finances and Sponsoring:*
Hans-Peter Albrecht
hp albrecht werbeagentur gmbh, München

Ressort Mitglieder/*Members:*
Prof. Hans-Joachim Berndt
FILMHAUS GmbH, Berlin

Ressort Interaktive Medien, ADC of Europe/
Interactive Media, ADC of Europe:
Christoph Herold, Frankfurt/Main

Ressort Nachwuchswettbewerb/
Next Generation Competition
Gerald Heinemann
TBWA Düsseldorf GmbH, Düsseldorf

Ressort ADC Wettbewerb/*ADC Competition*
(Jury, Ausstellung, Preisverleihung)
(Jury, exhibition and award ceremony)
André Kemper
Springer & Jacoby Werbung GmbH, Hamburg

Ressort Presse- und Öffentlichkeitsarbeit/
Press and Public Relations
Hans Dieter Kügler
Kügler & Partner Werbung, Düsseldorf

Ressort Fördermitglieder/
Sponsoring Members
Ivica Maksimovic
Maksimovic & Partners GmbH, Saarbrücken

Ressort CI, Corporate Design, Publikationen/
CI, Corporate Design, Publications
Stefan Zschaler
Leagas Delaney Hamburg GmbH, Hamburg

AGD

Steinstraße 3
38100 Braunschweig
Telefon +49 (0)531/1 67 57
Telefax +49 (0)0531/1 69 89
e-mail: info@agd.de
internet: www.agd.de

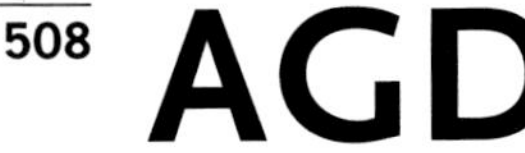

Allianz deutscher Designer e.V.

Die Allianz deutscher Designer AGD ist ein Serviceverband für Selbständige aus allen Designbereichen. Seit 1976 vertritt dieser Berufsverband professionell und mit großem Engagement die Interessen von mittlerweile mehr als 3.000 selbständigen Designern. Das Aktionsfeld der AGD liegt im berufswirtschaftlichen Bereich: in der Unterstützung bei Vergütungs-, Rechts- und Urheberrechtsfragen. Die AGD veranstaltet ferner Tagungen und Seminare, unterstützt Design-Wettbewerbe, wie den »red dot:junior prize«, sie gibt Informationen zu berufswirtschaftlichen Themen heraus und setzt sich aktiv für eine Verbesserung des Urheberrechts zum Wohle aller Kreativen ein.

Publikationen:
Vergütungstarif für Designleistungen
Der Designauftrag
AGD HandBuch
AGD Quartal
Sach-Informationen zu berufswirtschaftlichen Themen

Alliance of German Designers

The Alliance of German Designers (AGD) is a service association for the self-employed in all fields of design. This professional association has represented the interests of independent designers with great commitment since 1976, and now has over 3,000 members. The AGD's activities centre on professional concerns, assisting members on questions of remuneration, law and copyright. The AGD also organises congresses and seminars, supports design competitions such as the "red dot: junior prize", publishes information on professional topics and actively pursues improvements in copyright regulations for the benefit of all those who work creatively.

Publications:
Fee Scales for Design Work
The Design Commission
AGD Handbook
AGD Quarterly
Bulletins on professional topics

AGD Vorstand/*AGD Executive Board*

1. Vorsitzender/*Chairman:*
Lenz Lampertsdörfer

Geschäftsführender Vorstand/
General Manager:
Lutz Hackenberg

2. Vorsitzender/*Deputy Chairman:*
Dr. Aladdin Jokhosha

Sprecherin EuroContact/
EuroContact Spokeswoman:
Gisela Sonderhüsken

Sprecherin Tarifkommission/
Fee Scale Commission Spokeswoman:
Eva Kräling

Sprecherin Presse und Veranstaltungen/
Press and Events Spokeswoman:
Heide Hackenberg

AGI

Alliance Graphique Internationale

Limmatstrasse 63
CH-8005 Zürich
Telefon +41 (0)1 272/58 38
Telefax +41 (0)1 272/76 78
internet: www.a-g-i.org

AGI

Die Alliance Graphique Internationale, kurz AGI, versammelt die Elite weltweit führender Grafikdesigner und Künstler unter dem Dach eines Fachverbands gemeinsamer Interessen und Ziele. Ihre Mitglieder waren und sind gemeinsam verantwortlich für das Identitätsdesign der meisten Spitzenunternehmen und -institutionen der ganzen Welt sowie für zahllose Beispiele universal bekannter Verpackungen, Publikationen, Illustrationen und Plakate.
AGI bietet ein Forum für Freundschaft, gegenseitigen Respekt und Freude an der Gesellschaft Gleichgesinnter – auch im Sinne gegenseitiger Unterstützung angesichts einer skeptischen Welt. Auf den regelmäßig stattfindenden Treffen werden zwanglos Gedanken, Ideen und Erfahrungen ausgetauscht, ebenso per Brief, E-Mail und Fax. Die Mitglieder können darüber hinaus auch an dem AGI Kongress teilnehmen, dessen eher formelle Tagesordnung Aspekte wirtschaftlicher und gesellschaftlicher Themen aufgreift. Gastgeber des Kongresses ist in jedem Jahr ein anderes Land, das seine eigene Geschichte, die Werke seiner Mitglieder und die professionellen Ergebnisse auf den Gebieten der Kunst, Wirtschaft und Bildung darstellt.

Außenbeziehungen

AGI ist außerdem eine Plattform. Ihre Aufgabe ist es, die Welt zu informieren und zu ändern. Durch die gegenseitigen Beziehungen und Interaktionen ihrer Mitglieder fördert AGI den Bereich Grafikdesign durch Vorträge, Bildungsangebote und Veröffentlichungen. Sie regt die junge Generation zum gegenseitigen Kennenlernen und Verstehen an und begünstigt Kontakte zu anderen Institutionen, Organisationen und Unternehmen, die sich mit Grafikdesign befassen.
AGI veranstaltet Ausstellungen der Arbeiten ihrer Mitglieder, die maßgeblich zur Verbreitung neuer Formen, Techniken und Ideen beitragen. Das begleitende Buchprogramm basiert auf den Gedanken und Werken der Mitglieder. Die Kontakte zu Schulen und Universitäten, Behörden und Wirtschaftsinstitutionen zielen ebenso auf die Förderung des Grafikdesign und visueller Bildung ab.

Vergangenheit

In den 40er Jahren besannen sich Künstler, Maler, Typografen, Grafiker, Bühnenmeister, Illustratoren und Plakatgestalter zunehmend auf ihre gemeinsamen Bindungen, und der moderne Beruf des Grafikdesigners begann sich zu entwickeln. 1951 beschlossen fünf Grafikkünstler – zwei Schweizer und drei Franzosen – ihren Beziehungen die feste Form eines Verbandes zu geben. Die Grundidee bestand einfach darin, das gemeinsame Interesse und ihre Freundschaft über nationale und kulturelle Grenzen hinweg zu teilen. Dieser Gedanke zog bald führende Vertreter der grafischen Künste im restlichen Europa und in den USA an. 1952 wurde die Alliance Graphique Internationale mit 65 Mitgliedern aus 10 Ländern in Paris gegründet. Die erste AGI Ausstellung fand 1955 in Paris statt. 1969 wurde der Sitz der Zentrale von Paris nach Zürich verlegt. 1979 wurden Studentenseminare eingeführt, und der erste Young Professional AGI Kongress fand 1994 in London statt.

Zukunft

Auf ihrem Weg zur Schwelle des dritten Jahrtausends sehen wir die Welt durch eine Explosion globaler Kommunikation tiefgreifend verändert. Angetrieben durch Fernsehen und Internet bildet sich eine gemeinsame visuelle Sprache aus, deren Symbole und Bilder universell sind. Die Gründungsmitglieder der AGI zeichneten für die Schaffung sehr vieler Elemente dieser neuen Weltsprache verantwortlich. Und ihre Nachfolger – Exponenten der traditionellen und der neuen Medien – werden ihrerseits wieder Mitglieder der AGI. Heute zählt der Verband etwa 300 Mitglieder aus Amerika, Australien, Asien, dem Mittleren Osten und Europa – insgesamt 27 Ländern.
Voraussetzung für eine Mitgliedschaft in der AGI sind höchstes Ansehen und hervorragende Leistungen auf dem Gebiet des Grafikdesigns sowie die Anerkennung der Prozesse visuellen Lernens und Verstehens, frei von allen kulturellen Unterschieden. AGI bleibt dem Internationalismus des Grafikdesigns als Mittel der Kommunikation und Information verschrieben, und ihre Ideale bleiben relevant in der neuen Welt visueller Sprache, die auch das Werk ihrer Mitglieder ist.

Alliance Graphique Internationale

The AGI unites the world's leading graphics designers and artists in a professional club of common interest and achievement. It is an elite club. Its members have been collectively responsible for the identity design of most of the world's top corporations and institutions as well as for countless examples of universally known packaging, publications, illustrations and posters.
The AGI provides for friendship, mutual respect and the enjoyment of the company of the like-minded – even reassurance in the face of a sceptical world. Ideas and experiences are exchanged informally at periodic meetings and by letter, E-mail and fax. All members my also attend the AGI Congress, which involves a more formal business and social agenda. A different country hosts the Congress each year and presents its own history, members' work and professional achievement in art, commerce and education.

Outwards

The AGI is also a platform. It has a task to tell the world and change it. Through the relationships and interaction of its members, the AGI promotes graphic design in lectures, education and publishing. It encourages knowledge and understanding among the young and fosters contacts with other institutions, organisations and companies involved in graphic design.
The AGI holds exhibitions of members work which are highly influential in disseminating new forms, techniques and ideas. There is a book publishing programme based on the thoughts and works of members. There are contacts with colleges and schools, government bodies and commercial institutes, all aimed at promoting graphic design and visual literacy.

Backwards

In the 1940s, commercial artists, mural makers, typographers, printmakers, art directors, illustrators, and poster designers increasingly realised their common bonds, and the modern profession of graphic design began to be defined. In 1951, five graphic artists – two Swiss and three French – decided to formalise their relationship into some sort of association. Their idea was simply to share common interests and friendships across national and cultural borders.
It was a notion that soon attracted leading exponents of the graphic arts from elsewhere in Europe and in the USA. In 1952 the Alliance Graphique Internationale was incorporated in Paris with 65 members from 10 countries. The first AGI exhibition was held in Paris in 1955 and in 1969 the headquarters moved from Paris to Zurich. Student seminars were introduced in 1979 and the first Young Professional AGI Congress was held in London in 1994.

Forwards

An explosion of global communications is changing the world as it moves on to the threshold of the third millennium. Powered by television and the Internet, a common visual language is forming as symbols and images become the world's universal vernacular. The original members of the AGI were responsible for creating so many elements of this new language. As the world turns, their successors – exponents of the traditional and the new media – are becoming members of the AGI themselves.
Today there are around 300 from America, Australia, Asia, the Middle East and Europe – 27 countries in all.
Membership of the AGI requires reputation and achievement of the highest order and commitment to the processes of visual learning and perception, unfettered by cultural differences. The AGI remains dedicated to internationalism in graphic design as a means of communication and information, and its ideals remain relevant to the new world of visual literacy which its members have helped to bring about.

BDG

Bund Deutscher Grafik-Designer e.V.

Bundesgeschäftsstelle
Flurstraße 30
22549 Hamburg
Telefon +49 (0)40/83 29 30 43
Telefax +49 (0)40/83 29 30 42
e-mail:
info@bdg-deutschland.de
internet:
www.bdg-deutschland.de

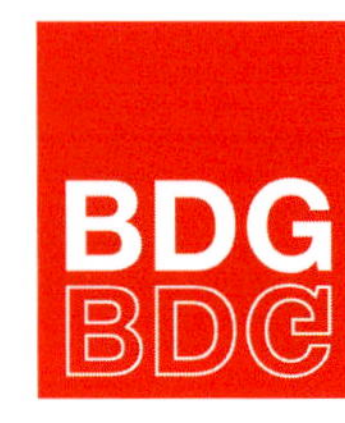

Der BDG Bund Deutscher Grafik-Designer ist der älteste deutsche Berufsverband im Bereich Grafik-Design. Er ist Interessenvertreter aller Grafik-Designer und Illustratoren, Fotodesigner sowie Ausstellungsdesigner, unabhängig von der jeweiligen Form der Berufsausübung. Zweck des Berufsverbandes ist die Wahrung und Förderung der berufsfachlichen, berufswirtschaftlichen und berufstätigen Belange seiner Mitglieder. Der BDG besitzt eine föderale Struktur. Er gliedert sich in ein Bundespräsidium und 14 Regionalgruppen. Der BDG und die Bundesgeschäftsstelle haben ihren Sitz in Hamburg.

Zu den Aufgaben des Fachverbandes gehören:

- Veröffentlichung von aktuellen Informationen über die Tätigkeitsbereiche und Leistungen der Verbandsmitglieder und deren kulturelle und wirtschaftliche Bedeutung.
- Die Förderung des beruflichen Nachwuchses und Einflussnahme auf eine fachgerechte Ausbildung.
- Eine berufsfachliche und berufswirtschaftliche Beratung der Mitglieder.
- Informations- und Meinungsaustausch zu anderen Verbänden und Institutionen.
- Kooperation mit nationalen und internationalen Berufsverbänden.
- Rechtsberatung und Sachverständigenwesen.
- Schutz der Designer gegen Missbrauch ihrer Leistungen.

Der Bund Deutscher Grafik-Designer ist Gründungsmitglied des Deutschen Designertages und Mitglied im Rat für Formgebung, BEDA und ICOGRADA.

Bund Deutscher Grafik-Designer e.V.

The Federation of German Graphic Designers (BDG) is the oldest German professional association in the field of private design. It represents the interests of all graphic designers and illustrators, photo designers and exhibition designers, irrespective of their form in which they exercise their profession. The objective of the federation is to safeguard and promote the professional, economic and creative interests of its members. The BDG is federal in structure. It is arranged in a national governing committee and fourteen regional groups. The BDG and its national office are based in Hamburg.

The functions of the professional association include the following:

- *Publication of current information on the fields of activity and work of the members and their cultural and economic significance.*
- *Promotion of the next generation and assistance in shaping professional training courses.*
- *Provision of professional and economic advice to members.*
- *Exchange of information and opinions with other associations and institutions.*
- *Co-operation with national and international professional associations.*
- *Legal consultancy and expert opinions.*
- *Protection of designers from the misuse of their services.*

The Federation of German Graphic Designers is a founding member of the German Designer Congress and a member of the German Design Council, BEDA and ICOGRADA.

BDG Vorstand/*BDG Executive Board*

Präsident/*President:*
Jack Eichert
e-mail: eichert@bdg-deutschland.de

Vizepräsident/*Vice President:*
Michael Müller
e-mail: mueller@bdg-deutschland.de

Schatzmeister/*Treasurer:*
Martin Curilla
e-mail: curilla@bdg-deutschland.de

BFF

Tuttlinger Straße 95
70619 Stuttgart
PO Box 75 03 30
70603 Stuttgart
Telefon +49 (0)711/47 34 22
Telefax +49 (0)711/47 52 80
e-mail: info@bff.de
internet: www.bff.de
internet: www.bffjunioren.de

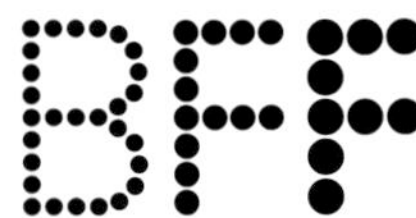

Bund Freischaffender Foto-Designer e. V.

Der BFF Bund Freischaffender Foto-Designer e.V. ist seit 30 Jahren das unbestrittene Markenzeichen in Deutschland für professionelle Fotografie auf höchstem Niveau. Nicht nur große Namen wie Peter Lindbergh, Walter E. Lautenbacher (†), Sarah Moon, Hans Hansen, Raymond Meier, Alfred Eisenstaedt (†), Thomas Höpker, Prof. Robert Häusser, Franz Lazi (†), Oliviero Toscani, Volker Hinz, Reinhart Wolf (†), Christian von Alvensleben, Elliott Erwitt, Peter Keetman, Andreas Feininger (†), Ben Oyne, Jacques Schumacher, F.C. Gundlach, Stefan Moses, Ludwig Windstoßer (†) und weltbekannte Werbekampagnen der Mitglieder stehen hinter diesem Verband, sondern auch ein leistungsstarkes Angebot.
1969 in Stuttgart als Berufsverband gegründet, zählt der BFF heute mit seinen 500 ausschließlich freiberuflich tätigen Fotografen und Hochschullehrern zu den renommiertesten Fotografenverbänden in Europa. Mitglied wird man nicht dadurch, dass man eine Beitrittserklärung unterschreibt, sondern durch die Erfüllung von Aufnahmebedingungen wie selbständige Tätigkeit als Foto-Designer und die positive Beurteilung einer Mappe mit mindestens 30 neueren Werken durch eine Jury. Dadurch ist der BFF in gewissem Sinne ein elitärer Verband, was aber letztlich auch das hohe fotografische Niveau der Mitglieder sicherstellt.
Laut Satzung »... hat der Verein die Aufgabe, die gemeinsamen beruflichen Interessen der freiberuflichen Foto-Designer wahrzunehmen und zu vertreten. Zweck des Vereins ist insbesondere die Wahrung und Förderung der Arbeits- und Wirtschaftsbedingungen der Mitglieder«. Dass die Verantwortlichen im BFF diese Aufgabe in den vergangenen dreißig Jahren nicht nur mit Vehemenz, sondern auch mit großem Erfolg in die Praxis umgesetzt haben, ist neben der fotografisch-künstlerischen Potenz einer der wichtigsten Faktoren, der dem BFF seine Ausnahmestellung unter den fotografischen Berufsverbänden nicht nur in Deutschland sichert. Und es kommt eine weitere Komponente dazu, vielleicht der stärkste »Motor« der zahlreichen Aktivitäten: Der BFF schafft es, Visionen in die Praxis umzusetzen und dadurch ein hohes Zukunftspotential zu entwickeln. Hält man sich all das vor Augen, was sich innerhalb des BFF bewegt und was der BFF in Bewegung bringt, so kann man diesen Verband ohne Zweifel als »primus inter pares« der fotorelevanten Berufsverbände bezeichnen.

Bund Freischaffender Foto-Designer e. V.

For 30 years now, the Federation of Freelance Photo Designers (BFF) has been the undisputed trademark of professional photography on the highest level in Germany. The association is not only notable for its big names such as Peter Lindbergh, Walter E. Lautenbacher (†), Sarah Moon, Hans Hansen, Raymond Meier, Alfred Eisenstaedt (†), Thomas Höpker, Prof. Robert Häusser, Franz Lazi (†), Oliviero Toscani, Volker Hinz, Reinhart Wolf (†), Christian von Alvensleben, Elliott Erwitt, Peter Keetman, Andreas Feininger (†), Ben Oyne, Jacques Schumacher, F.C. Gundlach, Stefan Moses, Ludwig Windstoßer (†) and advertising campaigns attracting global recognition, but also for its excellent range of services.
Founded as a professional organisation in Stuttgart in 1969, the BFF with its 500 exclusively freelance photographers and university lecturers now ranks among the most prestigious associations of photographers in Europe. Members are not admitted simply by signing an application form, but have to fulfil acceptance criteria such as freelance activity as a photo designer and the favourable assessment of a portfolio of at least 30 recent works by a jury. In a certain sense, therefore, the BFF is an elitist association, which, however, also ensures the high level of photographic expertise of its members. According to the articles of association "… The association has the function of safeguarding and representing the common professional interests of freelance photographic designers. The purpose of the association in particular is to safeguard and promote the working conditions and financial situation of its members". The fact that the executive board of the BFF has performed these functions in the last 30 years not only with vehemence but also with great success is, together with its photographic and artistic kudos, one of the most important factors guaranteeing the BFF its exceptional position among photographic professional associations, and not only those in Germany.
There is also a further component, perhaps the most powerful driving force behind its numerous activities: the BFF manages to put visions into practice, thus developing a high future potential. If one considers everything that moves within the BFF and what sets the BFF moving, one can undoubtedly describe this association as the "primus inter pares" in the photographic profession.

Der Vorstand des BFF/
The Executive Board of the BFF

Sprecher des Vorstandes/*Chairman:*
Dietmar Henneka
Mörikestraße 24, 70178 Stuttgart
Telefon +49 (0)711/60 50 40
Telefax +49 (0)711/64 08 455
e-mail: dietmar@henneka.com
internet: www.henneka.com

Dieter Kahl
Collenbachstraße 39, 40476 Düsseldorf
Telefon +49 (0)211/48 92 71
Telefax +49 (0)211/44 48 34
e-mail: dieter.kahl@studiokahl.com
internet: www.studiokahl.com

Gerhilde Skoberne
Golfstraße 35, 60528 Frankfurt
Telefon +49 (0)69/6 66 72 69
Telefax +49 (0)69/6 66 64 09
e-mail: gerhilde@skoberne.com
internet: www.skoberne.com

Der Geschäftsführer des BFF/
General Manager of the BFF
Der Justitiar des BFF/
The Legal Adviser to the BFF

Norbert Waning
Postfach 750330, D-70603 Stuttgart
Tuttlinger Straße 95, 70619 Stuttgart
Telefon +49 (0)711/47 34 22
Telefax +49 (0)711/47 52 80
Mobil 0172/9 37 36 21
e-mail: norbert.waning@bff.de,
internet: www.bff.de/www.BFFjunioren.de

Dr. Wolfgang Maaßen
Postfach 310145, 40481 Düsseldorf
Telefon +49 (0)211/40 40 37
Telefax +49 (0)211/40 78 01
e-mail: lawmas@csi.com
internet: www.pyramideverlag.de

DDC

Hanauer Landstraße 139
60314 Frankfurt/Main
Telefon +49 (0)69/40 57 86 24
Telefax +49 (0)69/40 57 85 97
e-mail: info@ddc.de
internet: www.ddc.de

Deutscher Designer Club e.V.

Die DDC-Mitglieder verbindet ein sehr lebendiges Bewusstsein und die Tatsache, dass eine selbstgewählte Tätigkeit kompetenter und passionierter ausgeübt wird als anderes Tun. Basierend auf Ausbildung, Wissen, Wachheit und Neugierde, auf Kraft, Kultur, Sprache und Sinnlichkeit, auf Entschlossenheit, Ehre, Ehrgeiz, Fleiß und Einmaligkeit, auf Haltung und Hoffnung.
So begleiten, so coachen wir als Unternehmer andere Unternehmer bei der Entfaltung und Erneuerung ihrer Unternehmenskulturen, und zwar auf allen Gebieten, von denen aus identitätsstiftende Signale von innen nach außen geschickt werden. Wir verstehen Design nicht als bloße Verpackung, sondern als Disziplin des Denkens, Entdeckens und Entwickelns. Gemeinsam mit unseren Kunden erfinden wir die Zukunft, und dabei knüpfen wir immer an das Gewesene und Bestehende an. Das Neue überlassen wir den anderen aus dem Bewusstsein, dass es existiert.

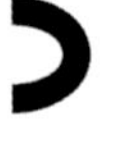
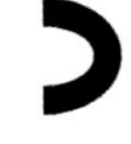
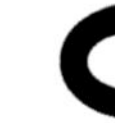

Deutscher Designer Club e.V.

The DDC members are linked by a highly developed consciousness and the fact that a job one has chosen oneself is performed better and with greater enthusiasm than any other activity. The basis is training, knowledge, wakefulness and curiosity, strength, culture, language and sensibility, decisiveness, honour, ambition, industry and uniqueness, attitude and aspiration.
In this way, we as entrepreneurs support and coach other entrepreneurs in the development and renewal of their corporate cultures, in all the areas where signals defining identity are transmitted from the inside to the outside. We do not regard design as mere packaging, but as a discipline of thought, discovery and development. Together with our clients, we invent the future, always drawing upon what has gone before and what is now. The new we leave up to the others, in the conviction that it exists.

Sprecher des Vorstandes
General Manager:
Thomas Feicht

Stellvertreter Jugend, Hochschulen, Traineeprogramm
Deputy Youth, Universities, Trainee Programme:
Elisabeth Budde

Mitglieder, Fördermitglieder
Members and Sponsoring Members:
Claus Koch

Schatzmeister/*Treasurer:*
Peter Hessler

Multimedia, Internet:
Michael Eibes

Corporate Design, Literatur
Corporate Design, Literature:
Peter Engelhardt

Wettbewerb, Design-Institutionen
Competition and Design Institution:
Tassilo von Grolman

DDV

Geschäftsstelle
Gelsenkirchener Strasse 181
45309 Essen
Telefon +49 (0)201/830 40 10
Telefax +49 (0)201/830 40 19
e-mail: ddv@germandesign.de
internet: www.germandesign.de

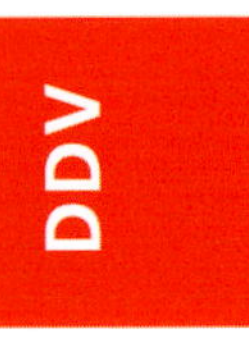

Deutscher Designer Verband e. V.

Der DDV Deutscher Designer Verband e.V. vereinigt Designer verschiedener Fachgebiete, die von einer modernen und zukunftsweisenden Gestaltungsauffassung überzeugt sind. Gestaltungsaufgaben richten sich heute und in Zukunft nicht mehr nach Disziplingrenzen, sondern überschreiten tradierte Grenzziehungen und sind darüber hinaus in Wechselbeziehung mit sozialen, wirtschaftlichen und technischen Fragestellungen zu behandeln.

Die Präsidien und die Mitglieder der Verbände VDID Verband Deutscher Industrie Designer e.V., VDGD Verband Deutscher Grafik Designer e.V. und VDMD Verband Deutscher Mode- und Textil Designer e.V., die den DDV Deutscher Designer Verband e.V. bilden, fördern und stärken die operativen und integrativen Aspekte ihrer Vereinigungen, um die Lösungskapazitäten des gesamten deutschen Designs zu erschließen. Damit entsteht ein Verbund von Designern verschiedener Fachgebiete, die von einer modernen, fachübergreifenden Gestaltungsauffassung überzeugt sind und Entwicklungslinien aufzeigen können. Design-Maßstäbe werden damit neu gesetzt.

Der Vorstand besteht aus den jeweiligen Präsidenten, und deren Stellvertreter der angeschlossenen Fachverbände.

German Designers' Association

The DDV (Deutscher Designer Verband e.V.) links designers from various disciplines who share the conviction of a modern and futuristic vision of design. Design functions are already ceasing to respect the boundaries of individual disciplines, and will continue in future to cross traditional borders and also interact with social, economic and technical concerns.
The executive boards and members of the associations VDID (Association of German Industrial Designers), VDGD (Association of German Graphic Designers) and VDMD (Association of German Fashion and Textile Designers) which constitute the DDV promote and strengthen the integrative aspects of their roles as professional associations in order to develop the problem-solving capacities of German design as a whole. The result is a confederation of designers from various sectors of the profession who are united by a modern, multidisciplinary view of design and are able to outline the pathways for future development. This sets new standards in design.
The executive board consists of the Presidents and Vice Presidents of the member associations.

Das Präsidium des DDV e.V.
The Executive Board of the DDV

Präsidentin VDID/DDV
VDID/DDV President
Susanne Lengyel
Schönleinstr. 58 a
45147 Essen
Telefon +49(0)201/1833608
Telefax +49(0)201/1834226
su.lengyel@germandesign.de

Vizepräsident VDID/DDV
VDID/DDV Vice President
Thomas Gerlach
Inselstr.1
72202 Nagold
Telefon +49(0)7452/83990
Telefax +49(0)7452/839999
gerlach@germandesign.de

Vizepräsident VDID/DDV
VDID/DDV Vice President
Rainer Zimmermann
Schillerstr. 15
89179 Beimerstetten
Telefon +49(0)7348-948 084
Telefax +49(0)7348-948 085
zimmermann@germandesign.de

CI, Messe und Internet
CI, Trade Fairs and Internet
Horst B.Scherer
Querstr.3
71032 Böblingen
Telefon +49(0)7031-22 04 77
Telefax +49(0)7031-23 74 04
scherer@germandesign.de

Präsidentin des VDMD/DDV
President of the VDMD/DDV
Mara Michel
Semmelstr.42
97070 Würzburg
Telefon +49(0)931/52715
Telefax +49(0)931/571876
michel@modedesign.de

Vizepräsident des VDMD/DDV
Vice President of the VDMD/DDV
Dietrich Metzger
Fliegenstr.1
80337 München
Telefon +49(0)89/2605907
Telefax +49(0)89/2604950
metzger@modedesign.de

Vizepräsidentin des VDMD/DDV
Vice President of the VDMD/DDV
Nora Kühner
Rottmannstrasse 24
80333 Muenchen
Telefon +49(0)89/528390
Telefax +49(0)89/528390
vdmd@modedesign.de

Verband Deutscher Industrie-Designer e.V.

Geschäftsstelle
Gelsenkirchener Strasse 181
45309 Essen
Telefon +49 (0)201/830 40 10
Telefax +49 (0)201/830 40 19
e-mail: ddv@germandesign.de
internet: www.germandesign.de

VDID

Die Schaffung des Verbandes Deutscher Industrie Designer, kurz VDID, begründete sich Ende der 50er Jahre in dem Wunsch einiger junger Designer nach einer berufsständischen Interessenvertretung, die sowohl Unterstützung in Rechts- und Bildungsfragen bietet als auch die Vertretung des Berufsstandes in allen öffentlichen Design-Aufgaben vertritt.
Während des Internationalen Designkongresses 1957 entstanden die ersten Kontakte zwischen Designern, die zunächst Möglichkeiten erörterten, wie die Arbeit des Designers im Rahmen einer berufsständischen Definition und Organisation besser an die Industrie und an die Öffentlichkeit heranzutragen sei. Zur konkreten Diskussion über die Gründung einer beruflichen Vereinigung traf sich der Arbeitskreis, bestehend aus einigen der späteren Gründungsmitgliedern, in den folgenden zwei Jahren, um Ziele, Struktur und Bedingungen der Mitgliedschaft des zukünftigen Verbandes auszuarbeiten.
Am 05. August 1959 wurde der Verband Deutscher Industrie-Designer, VDID, in das Vereinsregister des Amtsgerichts Stuttgart eingetragen. Seine Gründungsmitglieder waren Theo Baumann, Karl Dittert, Herbert Hirche, Günter Kupetz, Peter Raacke, Rainer Schütze, Hans Erich Slany und Arno Votteler.
Der International Council of Societies of Industrial Design, ICSID, bestätigte am 21. September 1959 den VDID als ordentliches Mitglied und nahm ihn in den Dachverband der internationalen Designerverbände auf.
Auf die Verbandspräsidenten Theo Baumann und Herbert Hirche (bis 1970) folgten Heribert Lindinger (1972–1976), Eberhard Fuchs (1976–1982), Karlheinz Krug (1982–1986) und Stefan Lengyel (1986–2000). Im November 2000 wurde Susanne Lengyel als seine Nachfolgerin zur Präsidentin des VDID gewählt.
Damals wie heute versteht sich der VDID als Kompetenzzentrum für seine Mitglieder. Er arbeitet als Mittler zwischen der Industrie und den Designern sowie der Politik und der Wirtschaft. Die Befähigung dazu erfährt der Verband nicht zuletzt aus der Qualifikation seiner Mitglieder. Der VDID kooperiert mit dem Verband Deutscher Mode- und Textil-Designer e.V. (VDMD) unter dem Dachverband DDV, dem Deutschen Designer Verband e.V..

Die Ziele des VDID

Eine der wichtigsten Aufgaben des Verbandes Deutscher Industrie Designer ist die interne und externe Kommunikation. Der VDID repräsentiert die Arbeit seiner Mitglieder in Politik und Gesellschaft und unterstützt so deren professionelle Tätigkeit.
Ziel von Kooperationen sowohl mit öffentlichen Medien, mit Hochschulen und designrelevanten Einrichtungen ist es, die allgemeine Kommunikation über den Berufsstand des Designers zu fördern, Synergien und Allianzen zu schaffen und die Zusammenarbeit zu stärken.
Die Neudefinition des Berufsstandes auf der aktuellen Grundlage neuer Gestaltungsprozesse ist ein weiteres Ziel des VDID. Darüber hinaus fördert der VDID die Kernkompetenzen von Designern.
Der VDID bietet seinen Mitgliedern, freien und angestellten Designern sowie dem Nachwuchs, Hilfestellung in berufsspezifischen Problematiken, beispielsweise des Steuer- und Urheberrechts, der Existenzgründung und vielem mehr.
Die Kontakte und die Zusammenarbeit mit Ministerien der Wirtschaft und Kultur sind wichtige Stützen des Verbandes. Hier werden spezielle Designthemen gefördert und Forschungsprojekte für die Mitglieder zugänglich gemacht.
Seine Mitgliedschaft im International Council of Societies of Industrial Design, ICSID, befähigt den VDID zum Botschafter für die Standards, die für die Ausschreibung von Wettbewerben notwendig sind. Der Verband beobachtet das nationale Designgeschehen und schützt seine Mitglieder vor Instrumentalisierung und Missbrauch.
Die Mitgliedschaft im VDID ist ein Indiz für die Professionalität der Designer.

Mitglied im ICSID – International Council of Societies of Industrial Design
BEDA – The Bureau of European Designers Association
Assoziiert mit dem Fachverband
VDMD – Verband Deutscher Mode- und Textil-Designer e.V.
im DDV – Deutscher Designer Verband e.V.

Association of German Industrial Designers

The creation of the Association of German Industrial Designers (VDID) in the late 1950s was a response to the desire of a number of young designers for a body to represent their professional interests, provide support in questions of both the law and education, and represent the profession in all public matters concerning design.
The International Design Congress of 1957 saw the initial contacts between designers, who first discussed how the designer's work could be better presented to industry and the public within the framework of a defined and organised profession. A working group consisting of a number of the subsequent founding members met during the following two years for firm discussions on the foundation of a professional association, setting out the objectives, structure and conditions for membership of the future organisation.
The Verband Deutscher Industrie Designer, VDID, was entered in the register of associations at the Municipal Court of Stuttgart on 05 August 1959. Its founding members were Theo Baumann, Karl Dittert, Herbert Hirche, Günter Kupetz, Peter Raacke, Rainer Schütze, Hans Erich Slany and Arno Votteler.
The International Council of Societies of Industrial Design, ICSID, confirmed the VDID as a member on 21 September 1959.
Association presidents Theo Baumann and Herbert Hirche (until 1970) were succeeded by Heribert Lindinger (1972–1976), Eberhard Fuchs (1976–1982), Karlheinz Krug (1982–1986) and Stefan Lengyel (1986–2000). In November 2000, Susanne Lengyel was elected as his successor to the presidency of the VDID.
Then and now, the VDID regards itself as a centre of expertise for its members. It functions as a mediator between industry and designers, politicians and businesses. The Association substantially derives its authority to do so from the qualifications of its members. The VDID cooperates with the Verband Deutscher Mode- und Textil-Designer e.V. (VDMD) under the umbrella of the DDV, the Deutscher Designer Verband e.V..

The objectives of the VDID

One of the most important functions of the Association of German Industrial Designers is that of internal and external communication. The VDID represents the work of its members to government and society, and in doing so supports their professional activities.
The aim of cooperative ventures with the media, universities and institutions relevant to design is to promote general communication on the design profession, to create synergies and alliances and to strengthen cooperation.
A further aim of the VDID is to redefine the profession on the basis of the new design processes which are currently emerging. Over and above that, the VDID promotes the core competencies of designers.
The VDID provides its members, both freelance and employed designers and the coming generation, with assistance in matters specific to the profession, for instance taxation and copyright law, the foundation of new businesses, and many other aspects.
Contact and cooperation with the regional Ministries of Economic Affairs and Culture provide important support to the association. In this way, specific design topics are promoted and research projects made accessible to the members.
Its membership in the International Council of Societies of Industrial Design, ICSID, enables the VDID to act as an ambassador for the standards which are necessary in the staging of competitions. The association monitors national design events and protects its members from exploitation and misuse.
Membership of the VDID is an indication of the professionalism of the designers.

Member of the ICSID – International Council of Societies of Industrial Design
BEDA – The Bureau of European Designers Association
Associated with the VDMD – Verband Deutscher Mode- und Textil-Designer e. V.
In the DDV – Deutscher Designer Verband e.V.

VDMD

Rottmannstraße 24
80333 München
Telefon +49 (0)89/52 83 90
Telefax +49 (0)89/52 83 90
e-mail: md@germandesign.de
internet: www.modedesign.de

VDMD

Verband Deutscher Mode- und Textil-Designer e.V.

Geschichte des Verbandes: Vom DMD zum VDMD

Mode- und Textil-Designer erleben immer wieder, dass Anerkennung ihrer professionellen Leistung und Einhaltung getroffener Vereinbarungen nicht selbstverständlich sind.
Diese Erfahrung war Anlass zur Gründung des Verbandes Die Mode Designer (DMD) in München im Jahr 1984. Durch internen, kollegialen Austausch und Aufbau eines Serviceangebotes zur Unterstützung des Einzelnen in seiner professionellen Tätigkeit, gelang es dem DMD sich als die berufsständische Interessenvertretung der Mode- und Textil-Designer zu etablieren.
Im Dezember 1996 beschloss der DMD, dem Deutschen Designer Verband (DDV) als Fachverband beizutreten, um in Kooperation mit weiteren Designfachverbänden die zeitgemäße und zukunftsträchtige Weiterentwicklung der Verbandszielsetzungen zu gewährleisten. Zum 01. Januar 1997 änderte der DMD, im Zuge des Beitritts zum DDV, seinen Namen in VDMD – Verband Deutscher Mode- und Textil-Designer e.V.

Aufbau und Ziele: Plattform VDMD

Der VDMD ist Plattform für den Austausch mit Industrie und Handel in der Mode- und Textilbranche. Durch Informationsstände bei wichtigen Branchen-Messen wie CPD, ISPO, Heimtextil und lokalen Stoffmessen, schafft der VDMD seinen Mitgliedern ein Forum zur Kommunikation mit Auftraggebern, Kollegen und interessierten Institutionen. Er fördert interdisziplinäre Kontakte und Kooperationen mit anderen Designsparten durch seine Mitgliedschaft im Deutschen Designer Verband (DDV).
Darüber hinaus ist der VDMD Ansprechpartner für Publikumsmedien, Ausbildungsstätten, Design Zentren und andere Institutionen, die an Mode- und Textil-Design interessiert sind.
Besonderes Anliegen des VDMD ist es, das kreative Potential seiner Mitglieder, ihre Professionalität und Erfahrung nach außen sichtbar zu machen, um so mehr Anerkennung für diesen Berufsstand zu gewinnen.

Der VDMD ist bundesweit präsent

Der VDMD hat sich in regionalen Gruppen organisiert. Durch regelmäßige Regionaltreffen, Seminare und andere Veranstaltungen wird der intensive Austausch der Mitglieder untereinander gefördert. Die jeweiligen RegionalleiterInnen gehören dem erweiterten Vorstand des VDMD an.

Association of German Fashion and Textile Designers

History of the association: From the DMD to the VDMD

Fashion and textile designers repeatedly find that their professional skills are undervalued and agreements reached are not always honoured.
This experience was the motivation behind the foundation of DMD, the fashion designers' association, in Munich in 1984. With the mutual provision of information between members and the development of a range of services to assist individuals in their professional activities, the DMD succeeded in establishing itself as the representative organisation for professional fashion and textile designers.
In December 1996, the DMD resolved to become a member organisation of the German Designers' Association (DDV), so as to ensure that its objectives would be pursued now and in the future in cooperation with other associations of professional designers. As of 01 January 1997, on joining the DDV, the DMD changed its name to VDMD – the Association of German Fashion and Textile Designers.

Structure and objectives: The VDMD as a platform

The VDMD is a platform for the exchange of information with manufacturers and dealers in the fashion and textile industries. With information stands at important trade fairs such as CPD, ISPO, Heimtextil and local textile fairs, the VDMD creates a forum at which its members can communicate with clients, colleagues and interested institutions. It promotes interdisciplinary contacts and cooperation with other areas of design through its membership in the German Designers' Association (DDV).
In addition, the VDMD is a central contact for the media, colleges, design centres and other institutions interested in fashion and textile design.
The paramount aim of the VDMD is to make the creative potential of its members, their professionalism and experience visible to the outside world, so as to generate greater recognition for the profession.

The VDMD is present throughout Germany

The VDMD is organised in regional groups. Intensive contacts between the members are promoted by regular regional meetings, seminars and other events. The regional managers are attached to the board of the VDMD.

Vorstand/*Executive Board*

Präsidentin/*President:*
Mara Michel

Vizepräsident/*Vice President:*
Dietrich Metzger

VGD

Geschäftsstelle des VGD
Rykestraße 2
10405 Berlin
Telefon +49 (0)30/4 41 13 13
Telefax +49 (0)30/4 41 13 15
e-mail: info@vgdev.de
internet: www.vgdev.de

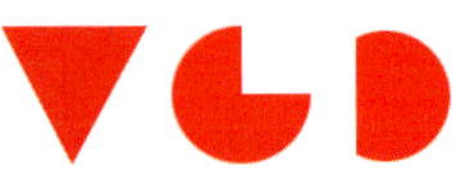

Verband der Grafik-Designer e.V.

Die Tätigkeit des 1990 in Berlin gegründeten VGD Verband der Grafik-Designer e.V. ist konsequent auf die Förderung zeitgemäßer Ausdrucksformen visueller Kultur konzentriert. Aufgerufen zur Mitwirkung sind alle, die sich der Förderung der visuellen Kultur verschreiben wollen, neben Grafik-Designern, Gestaltungsbüros und Agenturen auch Firmen und Institutionen.

Das Hauptgewicht der Tätigkeit des Verbandes liegt auf der Weiterführung des jährlichen bundesweiten Wettbewerbs um die »100 besten plakate des jahres«, der sich zunehmender Akzeptanz in der gesamten Bundesrepublik erfreut und sich den stabilen Ruf einer anerkannten Institution des aktuellen Plakatschaffens erworben hat. Darüber hinaus hat der VGD mit Aktionen wie »plakate gegen gewalt und fremdenhass« oder »100 plakate zum 100. geburtstag bertolt brechts« sein soziales und kulturelles Engagement unter Beweis gestellt. Ähnliche Vorhaben wird es auch künftig zu realisieren geben.

Ein weiterer Schwerpunkt ist die Herausgabe der vierteljährlich erscheinenden VGD-Publikation »ryke« als Diskussionsforum der unterschiedlichsten Fragen und Gestaltungsaufgaben des Grafik-Designs. Hier erhalten nicht nur Mitglieder, sondern auch andere Gestalter, Gestaltungsbüros und Studierende die Möglichkeit, ihre Kreationen und Ansichten für die öffentliche Debatte vorzustellen. Außerdem wird regelmäßig über Aktivitäten des VGD, vor allem über den Wettbewerb »die 100 besten plakate des jahres« berichtet, neue Mitglieder des VGD vorgestellt sowie im Informationsteil auf aktuelle Ausstellungen, Veröffentlichungen und Wettbewerbe eingegangen.

Im Rahmen der Mitgliedschaft im Deutschen Designertag wird sich der Verband der Grafik-Designer auch weiterhin für die Verbesserung der ideellen und materiellen Arbeits- und Verwertungsbedingungen der Berufskollegen engagieren.

Association of Graphic Designers

The work of the Association of Graphic Designers (VGD), founded in Berlin in 1990, consistently focuses on promoting contemporary forms of the expression of visual culture. All those who support the promotion of visual culture, and not only graphic designers, design studios and agencies, but also companies and institutions, are invited to join and assist.

The association's main activity concerns the continuation of the national competition for the "100 best posters of the year", which is staged annually. This competition is enjoying increasing acceptance throughout Germany and has acquired the stable reputation of a recognised institution in contemporary poster design. In addition, the VGD has documented its social and cultural commitment with campaigns such as "posters against violence and chauvinism" and "100 posters for bertolt brecht's 100th anniversary". There will also be similar projects to work on in the future.

A further highlight is the publication of the VGD quarterly "ryke" as a discussion forum for a wide range of questions surrounding graphic design. There, not only members, but also other designers, design studios and students have the opportunity to submit their creations and views to public debate. In addition, the quarterly reports regularly on the activities of the VGD, especially the "100 best posters of the year" competition, presents new members of the VGD, and deals with current exhibitions, publications and competitions in the information section.

As a member of the German Designers' Congress, the Association of Graphic Designers will continue to strive for improved tangible and intangible working conditions for the members of the profession.

Vorsitzender/*VGD office*
Prof. Alex Jordan, Grafik-Designer,
c/o nous travaillons ensemble
28 rue planchat, F-75020 Paris
Telefon 00331/40 09 61 50
Telefax 00331/40 09 61 55
Christburger Straße 31, 10405 Berlin
Telefon und Fax +49 (0)30/44 05 68 00
e-mail: nte@wanadoo.fr
internet: jordan.a@berlin.de

Stellvertretender Vorsitzender/
Deputy Chairman
Hubert Riedel, Grafik-Designer
Eigerstraße 17, 13089 Berlin
Telefon +49 (0)30/98 69 40 26
Telefax +49 (0)30/98 69 40 27
e-mail: hubert-riedel@gmx.de

Mitglieder/*Members*
Rayan Abdullah, Grafik-Designer
Kiefernallee 26, 14621 Schönwalde
Telefon +49(0)3322/23 86 93
Telefax +49(0)3322/23 86 94
e-mail: ra@rayan.de
internet: www.rayan.de

Prof. Anna Berkenbusch, Grafik-Designerin
c/o anna b. design
Erkelenzdamm 11–13, 10999 Berlin
Telefon +49 (0)30/6 94 83 81
Telefax +49 (0)30/6 92 25 96
e-mail: mail@annabdesign.de
internet: www.annabdesign.de

Prof. Matthias Gubig, Grafik-Designer
Albertinenstraße 18, 13086 Berlin
Telefon +49 (0)30/96 20 26 40
Telefax +49 (0)30/96 20 26 41
e-mail: matth.gubig@snafu.de

Prof. Nauka Kirschner, Grafik-Designerin
c/o atelier : [doppelpunkt]
Lehrter Straße 57, 10557 Berlin
Telefon +49 (0)30/3 94 40 04
Telefax +49 (0)30/3 94 40 03
e-mail: kirschner@doppelpunkt.com
internet: www.doppelpunkt.com

Ute Necker, Grafik-Designerin
transparent. visuelle konzepte
Kalckreuthweg 75, 22607 Hamburg
Telefon +49 (0)40/85 50 83 50
Telefax +49 (0)40/85 50 83 60
e-mail: ute.necker@gmx.de

sylke wunderlich, kunsthistorikerin
Wallstraße 58, 10179 Berlin
Telefon +49 (0)30/27 58 07 22
Telefax +49 (0)30/27 58 07 20,
e-mail: sylke.wunderlich@gmx.net

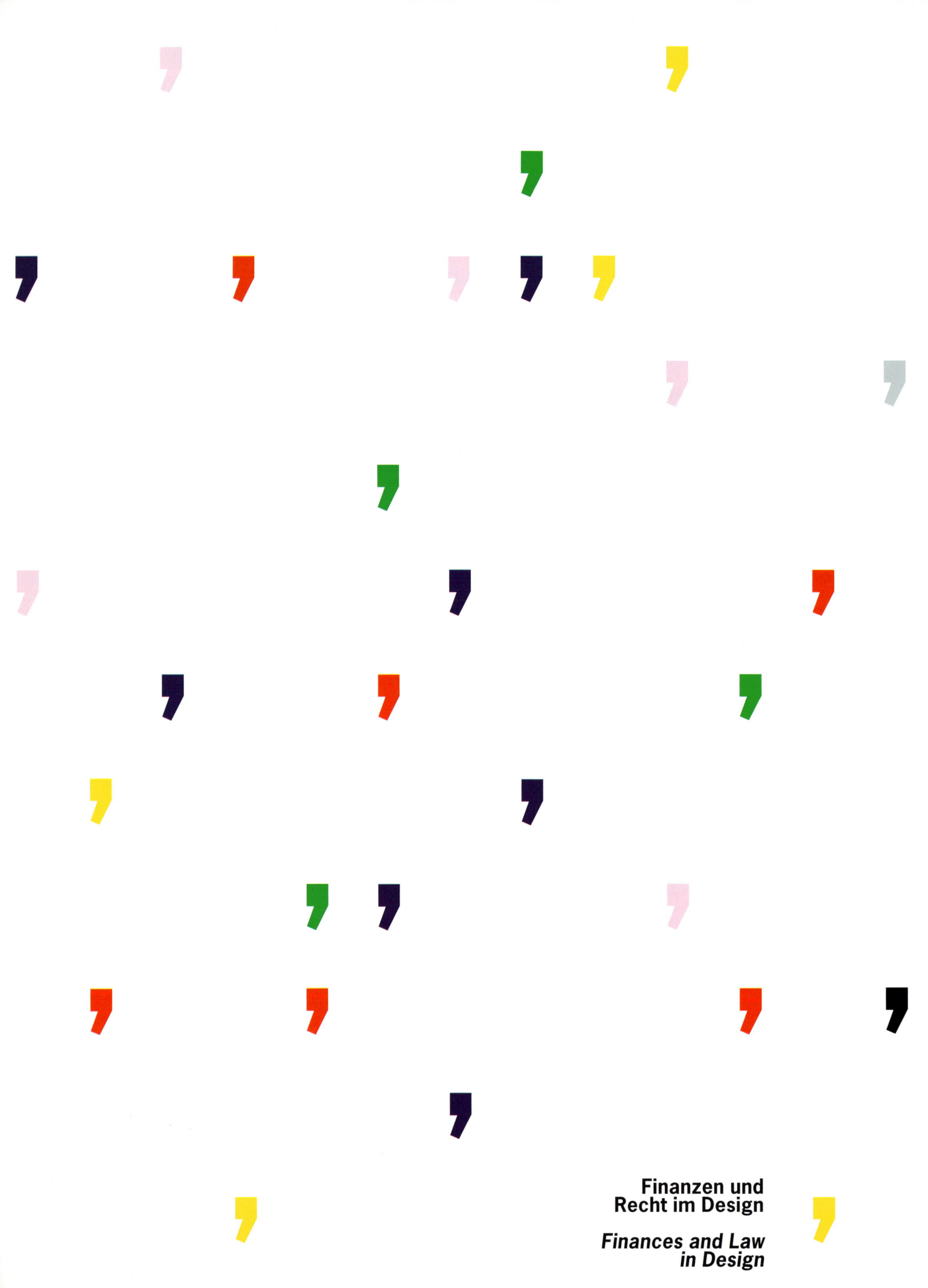
Finanzen und
Recht im Design
*Finances and Law
in Design*

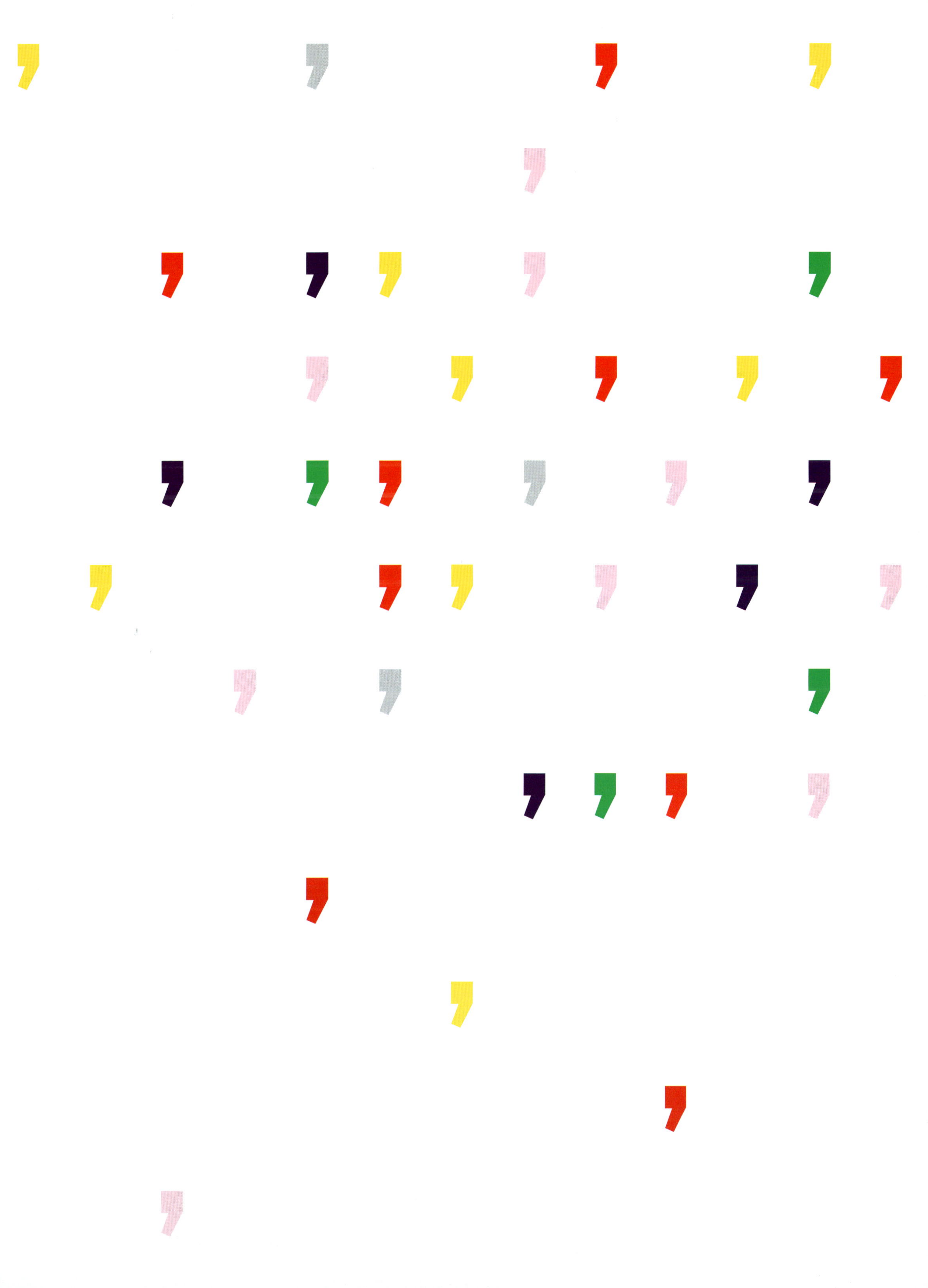

1. Vergütung für visuelle Kommunikation

Wer Design nur als Kostenfaktor sieht, sieht mit Sicherheit zu kurzsichtig. Design ist eine Investition in die Zukunft eines Produktes, einer Dienstleistung oder eines Unternehmens. Ohne Design sind viele Produkte unverkäuflich, werden Flops oder spielen ihre Entstehungskosten nicht einmal ein.
Daher ist es auch nicht ratsam, nach einem »billigen« Designer Ausschau zu halten. Er bringt eine nur geringe Qualifikation mit, verfügt über wenig Erfahrung und hat kein Selbstvertrauen in seine Arbeit. Mit solch einem Typus ist Ihnen nicht gedient, wenn Sie Erfolg mit Design anstreben oder Visionen realisieren wollen.
Dennoch kann es sich in Zeiten angespannten Wettbewerbs kein Unternehmen leisten, die Kostenseite außer Acht zu lassen. Das heißt, Wert und Preis müssen in einem nachvollziehbaren Verhältnis zueinander stehen, unabhängig, ob man mit einem einzelnen Designer oder einem Designteam zusammenarbeitet.
Wer es gewohnt ist, externe Designer zu beauftragen, kennt deren Leistungsspektrum und Konditionen. Bei neuen Kontakten empfiehlt es sich, vor Auftragsvergabe ein gründliches Gespräch mit dem Designer zu führen. In der Diskussion um das eigene Vorhaben stellt sich schnell heraus, ob man »einen gemeinsamen Draht« findet.
Da Design immer etwas mit Vertrauen und guter Kommunikation zu tun hat, schauen Sie sich am besten ein paar Arbeiten an oder besuchen Sie den Designer in seinem Atelier. So lernen Sie Haltung, Denk- und Arbeitsweise kennen, bevor Sie sich entscheiden. Bei der Suche nach dem richtigen Designer helfen Ihnen auch gern die Designzentren sowie die Berufsverbände. Grundsätzlich aber gilt: Nutzen Sie Wissen, Branchenkenntnisse und Urteilsvermögen von Designern schon in der Planungsphase, wenn es um die Suche nach neuen Ansätzen oder die Abschätzung von Erfolgschancen für die Vermarktung neuer Produkte geht.
»Die Stärke von Produkten besteht darin, dass sie wortlos überlegen sind! Ohne Design sind diese Ziele nicht realisierbar. Dem Design gehört die Zukunft«.

Abwicklung eines Designauftrages

a) Briefing

Die wichtigste Voraussetzung für die reibungslose Abwicklung eines Designauftrages ist das Briefing. Dieses Strategiepapier enthält alles, was ein Designer wissen muss, ehe er loslegt. Es ist gewissermaßen eine Zusammenfassung aller Informationen und Unterlagen zur Entwicklung und Gestaltung des anstehenden Auftrages. Hierzu werden verbindliche Vorgaben für den Designer festgelegt, wie zum Beispiel Angaben zur Zielgruppe, Positionierung des Produktes, Image des Unternehmens, Produktvorteile, ästhetischer Gehalt der Darstellung, Farben und Schriften für einen mediengerechten Auftritt.
Diese Aufzählung ist von Fall zu Fall zu ergänzen, denn jeder Auftrag hat seine eigenen Gesetzmäßigkeiten. Der Designer muss ganz genau wissen, WAS zu machen ist. Lediglich zum WIE, also zur Umsetzung, hat er gestalterische Freiheit. Falls kein Briefing vorliegt, kann dies auch gemeinsam erarbeitet werden.

b) Vergütung

Ebenso wichtig wie das Briefing ist das Gespräch über die voraussichtliche Vergütung eines Designauftrages. Der durchschnittliche Stundensatz für einen Kommunikations-Designer guter Qualifikation liegt für Entwurfsarbeiten bei EUR 70,–. Bei grober Schätzung des Zeitaufwandes ist jeder Designer in der Lage, zumindest eine Zirka-Kalkulation (»Hausnummer«) zu nennen. Eine exakte Kalkulation sollte immer nachgereicht werden.
Leistung und Vergütung müssen in einem verständlichen, nachvollziehbaren Verhältnis stehen. Ein erfahrener Designer hat natürlich einige »Eckwerte« im Kopf. Er weiß, wieviel Zeit er für ein Signet ansetzen muss, um zu einem vernünftigen Ergebnis zu kommen. Er weiß auch, wie lange in etwa der typografische Aufbau einer Prospektseite dauert. Und er wird Ihnen auch sagen, wie lange er bzw. sein Atelier an einem Corporate-Design-Konzept für ein mittelständisches Unternehmen arbeitet.
Ist der Zeitaufwand bei Erteilung des Auftrages nicht exakt zu übersehen – auch dies kommt ja hin und wieder vor – einigt man sich auf eine geschätzte Zeitspanne. Diese sollte jedoch konkretisiert werden, wenn der tatsächliche Aufwand absehbar ist. Haben

What does design cost?

1. Fees for visual communication

Anyone who regards design as a cost factor only is certainly too short-sighted. Design is an investment in the future of a product, a service, or a company. Without design, many products are unsaleable, become flops or even fail to regain their costs of their development and production.

It is therefore not advisable to look out for a "cheap" designer. They will have few qualifications, little experience and no confidence in their own work. Such a person is of no use to you if you are aiming at success with design or want to make visions become reality.

Nevertheless, in times of fierce competition, no business can afford to lose sight of the cost side. That means that benefits and price must be in a reasonable relationship to each other, irrespective of whether one is working with an individual designer or a design team.

Those who are accustomed to appointing external designers know what they can produce and what they charge. With new contacts, it is advisable to conduct thorough discussions with the designer before placing an order. It rapidly becomes apparent in discussions about the actual project whether there is any common wavelength or not.

As design always has something to do with fast and good communications, it is best to look at a few works or visit the designer in his studio. In this way, you can learn the designer's attitudes, ways of thinking and ways of working before you make your decision. The design centres and professional associations will also be pleased to help you to find the right designer. The following, however, always applies: make use of the knowledge, familiarity with the industry and judgement of designers right from the planning phase onwards if you are looking for new approaches or an estimate of the chances of success for the marketing of new products.

"The strength of products is that they are silently superior! These objectives cannot be achieved without design. The future belongs to design."

Handling a design commission

a) The brief The most important prerequisite for the smooth performance of a design commission is the brief. This strategic paper contains everything a designer has to know before he starts work. It is, in a way, a compilation of all the information and documentation required for the development and design of the project in hand. It stipulates binding specifications for the designer, such as data on for target group, positioning of the product, the image of the company, product advantages, the aesthetic content of the presentation and the colours and fonts for an effective media image.

This list may have to be supplemented from case to case, as every job has its own laws. The designer has to know precisely WHAT has to be done. He only has creative freedom with regard to the HOW, i.e. the implementation. If there is no brief available, one can be worked out jointly.

b) Fees Discussion on the prospective fee for a design job is just as important as the briefing. The average hourly rate for drafting work by a communication designer with a good qualifications is around EUR 70.00. Estimating the time needed roughly, every designer is in a position to provide at least an approximate costing ("ball park figure"). A precise costing should always be provided later.

The relationship between the work and the remuneration must be clear and comprehensible. An experienced designer will of course have a few points of reference in his head. He knows much time he needs to spend on a signet if a good result is to be achieved. He also knows, for example, just about how long it takes to do the typographical work on a brochure page. And he will also tell you how long he or his studio will spend on a corporate design concept for a medium-sized company.

If the time required cannot be precisely calculated when the order is placed – and that happens from time to time of course – an estimated time can be agreed. This estimate should however be firmed up when it is clear how much work will actually be involved.

Designer und Auftraggeber im Gespräch eine Einigung erzielt, empfiehlt es sich von Seiten des Designers, diese Übereinkunft schriftlich zu bestätigen.

c) Bestätigung

Das Bestätigungsschreiben enthält in Kurzform noch einmal die wesentlichen Auftragsmerkmale, wie Art der Leistung, Termin, vereinbarte (oder voraussichtliche) Vergütung sowie Einräumung der Nutzungsrechte. Eine solch klare Vereinbarung – wie unter Kaufleuten üblich – schaltet viele Missverständnisse aus und ist zugleich die beste Voraussetzung für eine dauerhafte Partnerschaft. In Zeiten eines härter werdenden Wettbewerbes kann es sich kein Unternehmen mehr leisten, die Kosten zu ignorieren. Daher ist es ratsam, über Geld zu sprechen, bevor der Auftrag erteilt wird.

Ein Designauftrag umfasst zwei Stufen: Entwurf und Einräumung von Nutzungsrechten

Als Auftraggeber sollten Sie auch wissen, dass sich eine Designleistung grundsätzlich in zwei Stufen gliedert. Bei der ersten Stufe (Werkvertrag) geht es um die Erarbeitung und Präsentation des Entwurfs. Bei der zweiten Stufe geht es um die Einräumung der Nutzungsrechte (Lizenzvertrag). Erst mit der Einräumung und Bezahlung der Nutzungsrechte können Sie die Entwürfe für Ihre Zwecke und im vereinbarten Umfang nutzen.

Nutzungsart: einfach oder ausschließlich

Bei der Einräumung von Nutzungsrechten unterscheidet man zwischen einfachem und ausschließlichem Nutzungsrecht. Bei dem einfachen Nutzungsrecht hat der Designer die Möglichkeit, das Werk selbst ebenfalls zu nutzen oder weiteren Personen einfache Nutzungsrechte einzuräumen. Normalerweise dürfte das einfache Nutzungsrecht aber nicht in Ihrem Interesse liegen, da Sie ein Zeichen oder Erscheinungsbild auch allein, also exklusiv, nutzen wollen. Das heißt, Sie erwerben das ausschließliche Nutzungsrecht, das Ihnen allein die Nutzung zusichert.

Nutzungsumfang: räumlich, zeitlich und inhaltlich limitiert

Beide Nutzungsarten können darüber hinaus räumlich, zeitlich oder inhaltlich eingeschränkt werden. Ein Vorteil für Sie, da Sie nur für die Rechte zahlen, die Sie auch wirklich brauchen. Das Signet für eine einmalige regionale Aktion wird also wesentlich günstiger sein als das Signet für einen internationalen Aktionstag, der jährlich wiederkehrt. Wobei der Unterschied in der Vergütung nicht den Entwurf betrifft, sondern die sehr viel umfangreichere Nutzung.

Beispiel

Emblem für eine einmalige Aktion	
Entwurf 24 Stunden à EUR 70,–	EUR 1.680,–
einfache Nutzung (Nutzungsfaktor 0,5)	EUR 840,–
Gesamtvergütung	EUR **2.520,–**

Signet für internat. Aktionstag	
Entwurf 24 Stunden à EUR 70,–	EUR 1.680,–
ausschließliche Nutzung, europaweit für 5 Jahre (Nutzungsfaktor 2,5)	EUR 4.200,–
Gesamtvergütung	EUR **5.880,–**

Sie treffen also immer eine Vereinbarung mit dem Designer, wenn Sie einen Entwurf vervielfältigen (nutzen) wollen. Auch den Text eines Schriftstellers oder die Musik eines Komponisten darf niemand nutzen, ohne die Rechte daran erworben zu haben. Dies hat darüber hinaus auch den großen Vorteil, dass ein Auftraggeber sich bei Plagiaten erfolgreich zur Wehr setzen kann. Und falls der Entwurf einmal nicht zusagt, ist vielfach lediglich die Entwurfsarbeit zu bezahlen, nicht jedoch die Vergütung für die Nutzungsrechtseinräumung. Auch dies ist eine faire Regelung.

If the designer and the client have reached agreement in their discussions, it is advisable from the point of view of the designer to have the agreement confirmed in writing.

c) Confirmation

The letter of confirmation repeats all the fundamental parameters of the order, such as the type of work, completion date, agreed (or prospective) fee and the granting of licence rights, in brief. Such a clear agreement – as is customary among business people – precludes many misunderstandings and is at the same time the best basis for a lasting partnership. In times of ever fiercer competition, no company can afford to ignore costs any more. It is therefore advisable to talk about money before the order is placed.

A design commission comprises two stages: the design, and the granting of licence rights

As a client, you should also know that design work is fundamentally arranged in two stages. The first stage (contract for services) deals with the development and presentation of the design. The second stage concerns the granting of rights to use that design (licence agreement). Only when the licence rights have been granted and paid for can you use the designs for your purposes and to the agreed extent.

The type of licence: simple or exclusive

When licence rights are granted, these may be simple or exclusive rights. When a simple licence has been granted, the designer has the opportunity to use the work himself on to grant other persons simple licence rights. Normally, however, a simple licence will probably not be in your interests, as you want to use a symbol or image alone, i.e. exclusively. This means that you have to acquire the exclusive licence rights which entitle you alone to use the design.

Scope of use: limits to territory, time and content

In addition, both types of licence can be limited with regard to territory, time or content. This is to your advantage, as you only pay for rights which you really need. The signet for a once and for all regional campaign will therefore be considerably less expensive than the signet for an international campaign day which recurs every year. The difference in remuneration does not result from the design itself, but from the much more extensive use.

Example

Emblem for a single campaign	
Design work, 24 hours à EUR 70.00	EUR 1 680.00
Simple licence (utilisation factor 0.5)	EUR 840.00
Total remuneration	EUR **2 520.00**

Signet for international campaign day	
Design work, 24 hours à EUR 70.00	EUR 1 680.00
with exclusive use throughout Europe for 5 years (utilisation factor 2.5)	EUR 4 200.00
Total remuneration	EUR **5 880.00**

You always, therefore, enter into an agreement with the designer when you want to duplicate (use) a design. After all, no one is allowed to use an author's text or a composer's music without acquiring the rights to it. Above and beyond that, this also has the great advantage that the client can effectively defend himself against plagiarism. And if he does not like the design at all, he will in many cases only have to pay for the drafting work, and not the fee for the granting of the licence. This, too, is a fair ruling.

Sicherheit durch klare Vergütungsrichtlinien

Eine saubere Kalkulation, ein nachvollziehbares Angebot und eine faire Vertragsabwicklung sind die beste Voraussetzung für die reibungslose Abwicklung eines Designauftrages, die Qualität der Leistung immer vorausgesetzt.
Basis der Kalkulation sind Zeitaufwand und Stundensatz, wobei sich der Stundensatz nach der jeweiligen Betriebskostenrechnung richtet. Es ist übrigens ein weit verbreiteter Irrtum zu glauben, kleinere Ateliers hätten geringere Stundensätze. Die technische Ausstattung kostet dem kleinen Unternehmen nicht weniger als dem großen, was auch für alle anderen Betriebsausgaben gilt.
Unabhängig von der Betriebskostenrechnung ist es sinnvoll, sich an den Vergütungsrichtlinien der Designverbände (AGD oder BDG) zu orientieren. Die aktuelle Ausgabe des Vergütungstarifvertrages für Designleistungen SDSt/AGD wurde gerade um eine Vielzahl neuer Wahrnehmungsbereiche ergänzt, womit Auftraggeber und Designer aller Sparten eine umfassende Kalkulationsgrundlage zur detailgenauen Berechnung von Entwurfsarbeiten und objektbezogener Nutzungsrechtseinräumung haben. Da auch der räumliche, zeitliche und inhaltliche Faktor berücksichtigt wird, ist eine individuelle Berechnung des Auftragsumfanges gegeben.

Wie sieht das in der Praxis aus?

Der Auftraggeber erhält eine Kalkulation für die Entwurfsarbeiten sowie eine klar umrissene Nutzungsrechtsvereinbarung mit detaillierten Angaben für die räumliche, zeitliche und inhaltliche Nutzung. Für alle drei Nutzungsarten wurden Tabellen konzipiert, die eine differenzierte Bestimmung ermöglichen. Werden die drei Teilwerte addiert, erhält man den Gesamtwert der Vergütung für die jeweilige Nutzungsrechtseinräumung.

Beispiel

Entwurf einer Verpackung		
15 Std. à EUR 70,– =		EUR 1.050,–

Nutzungsart:	ausschließliche Nutzung	Faktor 1,0
Nutzungsumfang:	räumlich: nationaler Einsatz	Faktor 0,4
	zeitlich: für 5 Jahre	Faktor 0,3
	inhaltlich: nur Verpackung	Faktor 0,1
Nutzung insgesamt		Faktor 1,8

Diesen Faktor multipliziert man mit dem errechneten Betrag für die Entwurfsarbeiten:	
EUR 1.050,– x 1,8 =	EUR 1.890,–
und erhält somit den Betrag für die Nutzungsrechtseinräumung.	

Die beiden Summen werden addiert (Werkvertrag und Lizenzvertrag)	
1. Entwurf	EUR 1.050,–
2. Einräumung der Nutzungsrechte	EUR 1.890,–
Gesamtvergütung	EUR **2.940,–**

Hinzu kommt der reine Zeitaufwand für Recherche, Reinausführung, Drucküberwachung und eventuell anfallende weitere Sonderleistungen oder Besprechungstermine.

Natürlich hat ein solch umfassendes Tarifwerk nicht nur Bedeutung für die Mitglieder der Tarifverbände, sondern viele selbständige Designer richten sich danach. Auch aus dem einfachen Grund, weil dieses Werk vielen Auftraggebern und Geschäftsführern von Werbeagenturen vorliegt, sowie den Gerichten für den Fall, dass es zu Rechtsstreitigkeiten kommt. Das Vertragswerk ist direkt an der Praxis orientiert, wird permanent aktualisiert und alle drei bis vier Jahre neu unter den Tarifpartnern ausgehandelt und abgeschlossen. Insofern ist es keine einseitige Empfehlung eines Berufsverbandes, sondern die tarifliche Festsetzung von Stundensätzen und Zeitaufwendungen. Die aktuelle Ausgabe umfasst neben den üblichen Aufgaben aus dem Bereich Kommunikationsdesign auch die Bereiche Foto- und Produktdesign, Illustration und Webdesign, Konzeption und Werbetext.

Clear guidelines on fees as a secure basis

An accurate costing, a transparent quotation and fair contractual performance are the best basis for the smooth, completion of a design job, always presupposing the quality of the work.

Quotations are based on the time expended was and an hourly rate, that rate being based on the cost accounts of the studio involved. It is, by the way, a common error to believe that smaller studios have lower hourly rates. The technical equipment costs a small company just as much as a large one, and that also applies to all other operating expenditure.

Independently of the operating cost account, issues useful to consult the guidelines on remuneration from the design associations (AGD or BDG). The current issue of the SDSt/AGD collective bargaining agreement for design services has just been expanded to include a large number of new fields, so that clients and designers from all sectors have a comprehensive basis for the detailed and precise costing of design work and object related licences. As the factors of territory, time and content are also taken into account, the scope of the commission can be calculated individually.

How does that work in practice?

The client receives a calculation for the design work and a clearly defined licence agreement with detailed indications of the territory, time and extent of use. Tables have been compiled for all three types of use, facilitating differentiated calculations. When the three factors are added, the result is the total value of remuneration for granting of the relevant licence.

Example

Packaging design		
15 hours à EUR 70.00 =		EUR 1 050.00

Type of use:	Exclusive use	Factor 1.0
Scope of use:	National use (territory)	Factor 0.4
	for 5 years (time)	Factor 0.3
	packaging only (extent)	Factor 0.1
Use factor in total		Factor 1.8

This fact is multiplied by the previously calculated sum for the design work:	
EUR 1,050.00 x 1.8 =	EUR 1,890.00
resulting in the sum for granting of the licence.	

The two sums are then added (contract for services and licence agreement)	
1. design	EUR 1,050.00
2. granting of licence rights equals	EUR 1,890.00
the total fee	EUR **2,940.00**

In addition, a charge is made for the time expended on research, finished artwork, supervision of printing and any other special work or meetings necessary.

Such a comprehensive schedule of rate scales is of course not only of significance to the members of the associations involved, but is also followed by many independent designers, for the simple reason that this document is available to many clients and directors of advertising agencies, and to the courts in the case of disputes. The collective bargaining agreement is practical in orientation, is constantly updated and is renegotiated between the parties every three to four years. To this extent, it is not a unilateral recommendation by a professional association, but rather a contractual stipulation of hourly rates and time to be expended for the industry as a whole. The current issue covers not only standard work in the field of communication design, but also the fields of photographic and product design, illustration and web design, concepts and advertising copy.

Neugestaltung einer Verpackungsserie

Aufgabe: Neukonzeption einer Gewürzrange, bestehend aus 40 Flachverpackungen. Die Leistung umfasst Konzeption (Vorder- und Rückseite der Beutel), Entwurf, Fotos, Reinzeichnung und Drucküberwachung. Angestrebt war nicht nur eine neue, ansprechende Optik, sondern auch eine neue Zielgruppe, die durch Aufmachung und Rezepturen an das Produkt herangeführt werden soll.
Nach einem ausführlichen Briefinggespräch erstellte das Design-Team folgenden Kostenvoranschlag, der mit der anschließenden Rechnung fast identisch war:

Konzeption und Gestaltung von 40 Flachbeuteln:		
fotografische Lösung der Vorderseite mit Integration der Marke		
Illustration von 40 Gewürzen sowie einem jeweils typischen Rezept		
auf der Rückseite		
Zeitaufwand 80 Std. à EUR 70,–	EUR	5.600,–
4 Fototage, d.h. 32 Std. à EUR 70,–	EUR	2.240,–
Illustrationen zu 40 Gewürzen: 80 Std. à EUR 70,–	EUR	5.600,–
Zwischensumme	EUR	**13.440,–**
Nutzungsvergütung: ausschließlich, deutschlandweit		
für 10 Jahre (Nutzungsfaktor 2,2)	EUR	29.568,–
Texte zur Erläuterung des jeweiligen Gewürzes		
incl. Rezept und Zutatenliste, 85 Std. à EUR 70,–	EUR	5.950,–
einheitlicher Aufbau der Verpackungen 24 Std. à EUR 70,–	EUR	1.680,–
digitale Bildbearbeitung, 20 Std. à EUR 70,–	EUR	1.400,–
Zwischenabstimmung und Drucküberwachung 15 Std. à EUR 70,–	EUR	1.050,–
Gesamtvergütung	EUR	**53.088,–**

Imagebroschüre für ein Softwarehaus

Aufgabe: Aussagestarke Broschüre mit repräsentativem Charakter, überzeugenden Texten und ungewöhnlichen optischen Attributen; Inhalt ca. 20 Seiten.
Nach einem ausführlichen Briefinggespräch unterbreitete das Designbüro folgendes Angebot, ohne detailliert auf Zeitaufwand oder Stundensätze einzugehen:

Idee und Konzept incl. ausschließlichem Nutzungsrecht	EUR	12.000,–
Recherche, Text und Illustrationen	EUR	19.125,–
Entwurf und alle ausführenden Arbeiten	EUR	8.600,–
Gesamtvergütung	EUR	**39.725,–**

Aufgrund dieses Angebotes wurde der Auftrag erteilt für ein hochwertig anmutendes Buch mit Spiralbindung, Leineneinband und Goldprägung im Format 24 x 33 cm und drei Lesezeichen mit Bändern als weiterem optischen Reiz.

Internet-Strategiekonzept für einen internationalen Flughafen-Club

Aufgabe: Erstellung eines Strategiekonzeptes für einen anspruchsvollen und zielgruppenspezifischen Online-Auftritt. Die Aufmachung sollte keinen werblichen Charakter haben, sondern eine perfekte Kommunikationsebene mit hoher Funktionalität. Kurz: Ein vielseitiges Informations- und Service-Angebot für die Club-Mitglieder.
Der Aufbau umfasst fünf Themenbereiche:
1. Infos über den Club / 2. Infopoint / 3. News / 4. Events / 5. Online-Services
Umfang: insgesamt 100 Websites incl. der Buchungsformulare. Eine Mischung aus statischen und dynamischen Seiten, die je nach Bedarf vom Club-Team aktualisiert werden können.

Design of a new packaging series

The brief: Design for a new condiment range, consisting of 40 flat bags. The work comprises the conceptual design (front back of the bags), draft, photos, final artwork and supervision of printing. The intention was not only to develop a new, attractive visual appearance, but also to attract a new target group for the product the presentation and recipes.
After a detailed briefing meeting, the design team compiled the following cost estimate, which was almost identical to the final invoice.

Concept and design for 40 flat for bags:	
Photographic solution for the front with integration of brand name	
Illustration of 40 condiments was one typical recipe	
on the back of each bag	
Time required 80 hrs. à EUR 70.00	*EUR 5,600.00*
4 photo days, i.e. 32 hrs. à EUR 70.00	*EUR 2,240.00*
Illustrations for 40 condiments: 80 hrs. à EUR 70.00	*EUR 5,600.00*
Subtotal	*EUR* ***13,440.00***

Licence fee: exclusive, throughout Germany	
For 10 years (use factor 2.2)	*EUR 29,568.00*

Explanatory text for each condiment	
Including recipe and list of ingredients, 85 hrs. à EUR 70.00	*EUR 5,950.00*
Uniform layout for the packages 24 hrs. à EUR 70.00	*EUR 1,680.00*
Digital image processing, 20 hrs. à EUR 70.00	*EUR 1,400.00*
Interim co-ordination+supervision of printing 15 hrs. à EUR 70.00	*EUR 1,050.00*
Total fee	*EUR* ***53,088.00***

Image brochure for a software company

The brief: High impact brochure with representative character, convincing texts and unusual optical attributes; contents approximately 20 pages.
After a detailed briefing meeting, the design studio submitting the following bid, without presenting details of the time required or hourly rates:

Idea and concept including exclusive licence	*EUR 12,000.00*
Research, text and illustrations	*EUR 19,125.00*
Draft and all implementing work	*EUR 8,600.00*
Total fee	*EUR* ***39,725.00***

On the basis of that quotation, the order was placed for an elegant, high-quality book with spiral binding, linen jacket gold embossing in 24 x 33 cm format and three bookmarks with cords as a further visual attraction.

Internet strategy concept for an international airport club

The brief: Compilation of the strategic concept for an attractive and target group specific online appearance. The web site was not to be a platform for advertising, but a perfect communication facility with a high degree of functionality. In short, are versatile source of information and services for the club members.
The structure covers five topics:
1. Information on the club | 2. Infopoint | 3. News | 4. Events | 5. Online services
Scope: A total of 100 web pages including the booking forms. A mixture of static and dynamic pages which can be updated by the club team as required.

Vergütung

1. Konzeptionelle Arbeiten		
Strategieberatung und Grobkonzeption der Site-Struktur		ohne Berechnung
Strukturelle und inhaltliche Feinkonzeption	EUR	4.300,–
2 Designkonzepte zur Auswahl	EUR	8.100,–
Erstellung einer Navigationsmappe (Site-Map)	EUR	975,–
Zwischensumme 1	EUR	**13.375,–**

2. Realisierung		
Design, Text, Programmierung	EUR	1.100,–
Site-Konstruktion in englischer und deutscher Sprache (HTML/Java)	EUR	11.000,–
Erstellen aller notwendigen Grafiken, Umwandlung in »webready« Art	EUR	9.300,–
Programmierung der Scripts für aktive Komponenten:		
Menükarte, Veranstaltungen etc.	EUR	7.500,–
Übersetzung der Texte ins Englische	EUR	2.000,–
Zwischensumme 2	EUR	**30.900,–**

3. Einmalige Investition		
Nutzungsvergütung	EUR	7.500,–
Dokumentation und Team-Einweisung	EUR	600,–
Gesamtvergütung netto	EUR	**52.375,–**

2. Vergütung für Produktdesign

Auch im Bereich Produktdesign setzt sich die Vergütung für Designentwicklung aus zwei Komponenten zusammen:

- der Leistungsvergütung
  (Zeitaufwand für die Erarbeitung der Entwurfsarbeiten) und
- der Nutzungsvergütung
  (Lizenz für die Verwertung durch den Auftraggeber sowie Übertragung der Nutzungsrechte)

Art und Umfang der Leistung können allerdings erheblich differieren, da diese Kosten direkt von der Produktart und der Produktkomplexität abhängig sind. Eine Straßenbahn oder ein Transportbehälter, ein Stuhl oder Teeglas erfordern jeweils einen sehr unterschiedlichen Entwicklungs- und Gestaltungsaufwand. Hier kommt es darauf an, ob mit einfachen Skizzen, Maßzeichnungen oder Modellen gearbeitet wird, ob Recherchen, Analysen oder Spezialkonstruktionen erarbeitet werden müssen.
Wenn der Leistungsumfang feststeht, kann auch der erforderliche Zeitaufwand kalkuliert werden. Keinesfalls vergessen darf man die Zeiten für Besprechungen, Abstimmungen und Reisen.
Zur Berechnung der Nutzungsvergütung gibt es in der Praxis unterschiedliche Modelle. Als Grundlage dient auch hier der Vergütungstarif für Designleistungen AGD/SDSt, wobei Nutzungsart und -umfang definiert werden müssen.
Rido Busse beschreibt in seinem Buch »Was kostet Design?« vier unterschiedliche Arten der Nutzungsvergütung:

1. monatliches Fixum,
   was in Form eines Rahmenvertrages nur bei langfristiger Zusammenarbeit sinnvoll ist.
2. Pauschalvergütung
   als gemeinsam getroffene Vereinbarung, die nach Abgeltung der Leistungsvergütung fällig wird.
3. Umsatzbeteiligung,
   die genau definiert werden muss und erst bei Markterfolg zu zahlen ist.
4. Erfolgshonorar,
   was nur bei Markterfolg zu zahlen ist, dann aber wegen des Risikos für den Designer in doppelter Höhe eines angenommenen Pauschalhonorars liegt.

Fees	1. Conceptual work	
	Advice on strategy and general concept for the site structure at	no charge
	Detailed concept for structure and content	EUR 4,300.00
	2 Design concepts for selection	EUR 8,100.00
	Compilation of a site map	EUR 975.00
	Subtotal 1	EUR **13,375.00**
	2. Implementation	
	Design, text, programming	EUR 1,100.00
	Site construction in English and German (HTML and Java)	EUR 11,000.00
	Compilation of all necessary graphics	
	Conversion into "web-ready" types	EUR 9,300.00
	Programming of scripts for active components:	
	Menu card, events etc.	EUR 7,500.00
	Translation of texts into English	EUR 2,000.00
	Subtotal 2	EUR **30,900.00**
	3. Once and for all investment	
	Licence fee	EUR 7,500.00
	Documentation and instruction of the team	EUR 600.00
	Total fee, net	EUR **52,375.00**

2. Fees for product design

In the field of product design, too, the remuneration for design development comprises two components:

- *the service fee*
  (time expended for performance of the design work) and
- *the licence fee*
  (licence for exploitation by the client and transfer of the user rights).

The nature and scope of the work may however vary considerably, as these costs are directly dependent on the type and complexity of the product. A tram and a transport container, a chair and a teacup each require a highly different amount of development and design work. The costs depend on whether sketches, drawings to scale or models are used, and whether research, analyses or the manufacture of special structures are required.
When the scope of the work has been determined, the time required can be calculated. On no account must time for meetings, coordination and travel be forgotten.
In practice, there are different models for calculation of the licence fee. Here, too, the basis is the AGD/SDSt fee scales for design work, and the nature and scope of exploitation have to be defined.
In his book "Was kostet Design?" (What does design cost?), Rido Busse describes four different kinds of licence fee:

1. *A fixed monthly payment,*
   which is only appropriate in a long-term working relationship covered by a framework agreement.
2. *A lump-sum fee,*
   as agreed jointly and due on payment of the remuneration for the service.
3. *A share in sales proceeds,*
   which must be precisely defined and is only payable when the product is successful on the market.
4. *Fee contingent on success,*
   which is only payable if the product is successful on the market, but is around twice the amount of an assumed lump-sum fee to compensate for the designer's risk.

Die Höhe der Nutzungsvergütung ist vom eigenen Marktwert, dem Produkt und dem Unternehmen abhängig, welches den Auftrag zur Entwicklung gegeben hat. Fällig ist dieser Betrag auf jeden Fall nach Zahlung der Leistungsvergütung, da dann das Unternehmen notfalls auch selbst weiterarbeiten könnte. Die Größenordnung liegt bei busse design ulm durchschnittlich zwischen EUR 2.000,– und 25.000,–, wobei es nach oben keine Grenzen gibt.

Lizenzvertrag

Wird die Nutzungsvergütung nicht pauschal, sondern auf Beteiligungsbasis abgerechnet, so liegt diese zwischen 0,5 und 10 Prozent vom Fabrikabgabepreis, je nachdem, ob es sich um eine Massenproduktion oder eine Kleinserie handelt. Bei ausgesprochen wertvollen Produkten oder hochwertigen Investitionsgütern werden deutlich darüberliegende Prozentsätze vereinbart. Die Einzelheiten der Berechnung sowie die Fälligkeit der Zahlungen sind in einem Lizenzvertrag zwischen Designer und Auftraggeber festzulegen.

Beispiel aus der Praxis

Haushaltsstaubsauger-Komplettentwicklung

Aufgabe: Designkonzept, Ergonomiegestaltung, Designmodelle, Konstruktion, Detaillierung und Prototypenbau; die Betreuung bis zur Serie übernahm die Konstruktionsabteilung des Kunden.

Kalkulation	
3 250 Std. Entwurf und Entwicklung à EUR 70,–	EUR 227.500,–
1 300 Std. CAD-Arbeit und Detailzeichnungen à EUR 44,–	EUR 57.200,–
2 550 Std. Modell-, Prototypen- und Werkzeugbau à EUR 45,–	EUR 114.750,–
Nutzungsvergütung (Pauschalhonorar)	EUR 15.000,–
Gesamtvergütung	EUR **414.450,–**

Quellenverzeichnis:
Vergütungstarifvertrag für Designleistungen SDSt/AGD, zu beziehen über die
Allianz deutscher Designer AGD, Steinstraße 3, 38100 Braunschweig, e-mail: info@agd.de

Hinweise über Berechnungssysteme des Bundes Deutscher Grafik-Designer (BDG) erhalten Sie unter:
Bund Deutscher Grafik-Designer, Bundesgeschäftsstelle
Flurstraße 30, 22549 Hamburg, Telefon +49 (0)40/83 29 30 43, e-mail: info@bdg-deutschland.de,
internet: www.bdg-deutschland.de

Heide Hackenberg »Was kostet Grafik-Design?«
Rido Busse »Was kostet Design?«, beide form-Verlag Frankfurt

Heide Hackenberg
ist Kommunikationsfachwirtin und freie Journalistin. Als Pressesprecherin der Allianz deutscher Designer AGD berät sie seit vielen Jahren selbständige Designer in berufswirtschaftlichen Fragen.

The amount of the licence fee is dependent on the designer's own market value, the product and the company which has placed the development order. This sum is always due on payment of the service fee for the design work, as the company could then continue the work itself if necessary. At busse design ulm, the average fees range between EUR 2,000.00 and 25,000.00, although there is no upper limit.

Licence agreement

If the remuneration for exploitation is not to be paid as a lump sum, but as a share of sales, this share is generally between 0.5 and 10 percent of the ex-works selling price, depending on whether the product concerned is mass produced or manufactured in a small series. With extremely valuable products and high value capital goods, the percentages are considerably higher. The details of the calculation and the due dates for payment are to be stipulated in a licence agreement between the designer and client.

Example from practice

Complete development of a household vacuum cleaner

The brief: Design concept, ergonomic design, design models, engineering, detail engineering and prototype construction; support up to series production from the client's engineering department.

Costing			
	3 250 hrs. design and development à EUR 70.00	EUR	227 500.00
	1 300 hrs. CAD work and detail drawings à EUR 44.00	EUR	57 200.00
	2 550 hrs. model, prototype and tool construction à EUR 45.00	EUR	114 750.00
	Fee for exploitation (lump sum)	EUR	15 000.00
	Total fee	EUR	**414 450.00**

Sources:
Vergütungstarifvertrag für Designleistungen SDSt/AGD (AGD/SDSt fee scales for design work), available from the Alliance of German Designers AGD, Steinstraße 3, 38100 Braunschweig, e-mail: info@agd.de

Information on the fee systems of the Federation of German Graphic Designers (BDG) can be obtained from:
Bund Deutscher Grafik-Designer, Bundesgeschäftsstelle
Flurstraße 30, 22549 Hamburg, Telefon +49(0)40/83 29 30 43, e-mail: info@bdg-deutschland.de,
internet: www.bdg-deutschland.de

Heide Hackenberg "Was kostet Grafik-Design?"
Rido Busse "Was kostet Design?", both published by form-Verlag Frankfurt

Heide Hackenberg
is a communication specialist and freelance journalist. As press spokeswoman for the Alliance of German Designers, she has advised independent designers on professional matters for many years.

Design und Recht

Das Unternehmen, das der Gestaltung seiner Produkte eine maßgebliche Rolle für den Markterfolg beimisst, muss sicherstellen, dass diese Gestaltung im Verhältnis zu allen Wettbewerbserzeugnissen einzigartig ist und bleibt. Wird die Gestaltung kopiert, gerät die Einzigartigkeit des Produkts schnell zur Austauschbarkeit: die mit Mühe und Kosten realisierte Funktion des Designs als Differenzierungsinstrument im Wettbewerb geht verloren.
Nur wer bereit und in der Lage ist, gegen die aufkommende Nachahmung seines Produkts mit allen zur Verfügung stehenden rechtlichen Mitteln vorzugehen, kann seine Marktposition wirksam verteidigen und ausbauen. Wie die meisten anderen Marketinginstrumente auch, ist Design also einzubeziehen in die gegebenen rechtlichen Rahmenbedingungen. Die Verfolgung einer Designstrategie ist ohne rechtliche Begleitung und Absicherung, ohne Designrecht, ebensowenig möglich wie eine Markenstrategie ohne Markenrecht oder eine Vertriebsstrategie ohne Vertriebsrecht. Nur wenn Design und Recht miteinander verzahnt sind, kann Design erfolgreicher Bestandteil des Marketing-Mix sein.

Was ist »Designrecht«?

Designrecht ist kein Begriff der Gesetzessprache, sondern die praxisbezogene Kennzeichnung eines gesetzesübergreifenden Rechtsgebiets, das im Wesentlichen besteht aus dem herkömmlichen Geschmacksmusterrecht, dem Urheberrecht und dem Wettbewerbsrecht. Alle genannten Rechte greifen ineinander, ergänzen sich oder schließen sich gegenseitig aus. Je nach Einzelfall spielen zusätzliche Fragen des Markenrechts eine Rolle, kommen technische Schutzrechte (Patente, Gebrauchsmuster) ins Spiel, aber auch Fragen des Kartellrechts und des europäischen Rechts.
Daneben ist das Vertragsrecht angesprochen, etwa wenn es darum geht festzustellen, welche Rechtsposition ein Lizenznehmer hat und ob diese ausreicht, ohne Mitwirkung des Lizenzgebers gegen Nachahmer vorzugehen.
Nachfolgend werden einige ausgewählte Problemfelder vorgestellt, anhand derer die praktische Notwendigkeit, Design und Recht als eine Einheit zu verstehen, beispielhaft belegt werden soll.

Geschmacksmusterschutz

Die Erfolgsaussichten rechtlicher Schritte gegen Nachahmer hängen zum Großteil vom Bestand wirksamer Schutzrechte ab. Insbesondere ohne Geschmacksmusterschutz sind Ansprüche gegen Plagiatoren nur schwer durchzusetzen.[1] Wer erfolgreich gegen Nachahmer vorgehen will, muss sicherstellen, dass er auf entsprechende Schutzrechte zugreifen kann. Nur wenn die Nachahmung als solche gegen Schutzrechte verstößt, ist sie »verboten«. Dagegen ist die verbreitete Vorstellung falsch, dass jede Nachahmung fremder Arbeitsergebnisse verboten ist. Das Gegenteil ist richtig: Können dem Nachahmer keine Schutzrechte entgegengehalten werden, ist die Nachahmung, wenn nicht besondere Unlauterkeitsmerkmale hinzutreten, erlaubt. Es gilt – für viele überraschend – der »Grundsatz der Nachahmungsfreiheit«.
Geschmacksmusterrechte müssen daher rechtzeitig, vollständig und umfassend zur Eintragung in das Musterregister angemeldet werden. Dabei sind typische Fehler zu vermeiden:

- Es gibt immer wieder Unternehmen, die eine Geschmacksmusteranmeldung erst dann vornehmen wollen, wenn sich das betreffende Produkt im Markt durchgesetzt hat. Dabei wird übersehen, dass ein Muster oder Modell nur dann schutzfähig ist, wenn es zum Zeitpunkt der Anmeldung neu und eigentümlich ist. Das ist der Fall, wenn die Gestaltungselemente, die seine Eigentümlichkeit begründen, zur Zeit der Anmeldung den inländischen Fachkreisen weder bekannt waren noch bei zumutbarer Beachtung der auf den einschlägigen oder benachbarten Märkten vorhandenen Gestaltungen bekannt sein konnten. Dazu gehört auch die eigene Gestaltung des Anmelders, deren Vorverbreitung folglich »neuheitsschädlich« ist. Unschädlich ist die Vorverbreitung nur dann, wenn die Anmeldung innerhalb der sechsmonatigen

Design and Law

Any company that regards the design of its products as a significant factor in their success on the market must ensure that this design is and remains unique vis-à-vis competitors' products. If the design is copied, the product's uniqueness is soon lost and so is the effort and money expended on this means of setting a product apart from all others.

In order to effectively defend and improve your position on the market, you must be prepared and able to deploy all available legal remedies against imitations of your products. In other words, design must be integrated in the existing legal framework just like most other marketing instruments. The pursuit of a design strategy without legal advice and without law specifically applicable to design is as impossible as a brand strategy without brand law or a sales strategy without sales law. To be a successful component of the marketing mix, design must be intermeshed with law.

What is "design law"?

Technically, the expression "design law" is not a part of established legal terminology and is not codified as such. What it refers to is a loosely defined area of the law essentially covering registered designs, copyrights and unfair competition which is familiar in everyday legal practice. All the laws in question interrelate, supplementing or mutually excluding one another. On a case to case basis issues of brand law, industrial property rights (patents and utility models), anti-trust and European Community law will also arise.

In addition to this, the law of contract will be involved when, for example, it must be established what the legal position of a licensee is and whether this is adequate to proceed against imitators without enlisting the aid of the licenser.

A few selected examples of the problems that can arise are given below which illustrate the practical necessity of viewing design and law as inseparable.

Registered designs

The prospects of success of legal steps taken against imitators largely depend on the existence of effective property rights law. The law protecting registered designs is particularly essential for the effective prosecution of pirates.[1]

Any effective action against imitators must be based on relevant property rights because imitation is not "forbidden" unless it infringes such rights. The commonly held notion that any imitation of other people's work is prohibited is false. In fact, the opposite is true. Imitation is allowed, provided that no established property rights are infringed and there is no evidence of certain unfair practices. It may come as a surprise to many people but the basic principle is that anybody is at liberty to imitate anybody else's work. Designs must accordingly be properly registered, completely and in good time. A few typical mistakes should be avoided:

- *Time and time again, companies delay registering a design until the product in question has established itself on the market. They overlook the fact that a design is not eligible for registration unless it is new and peculiar at the time the application is made. This will be the case if the design elements that constitute its peculiarity were not known to inland trade circles nor could have been known to them, given reasonably alert observation of designs current on the relevant or similar markets. This also includes the very design the company wants to register: ie. propagating this design before applying to register it is "prejudicial to novelty". Prior propagation will only be without adverse consequences if the application is made within the six month "period preclusive of prejudice to novelty" (commencing on the date of first publication). Having said which, it must be added that opinion is divided as to whether such prior propagation by third parties, conceivably including pirates, should also have no effect on the eligibility of the design for registration. On the whole, the opposite view is taken and for this reason companies or designers should act in accordance with the reliable rule: "Register it first, then market it".*

»Neuheitsschonfrist« (gerechnet ab dem Zeitpunkt der erstmaligen Veröffentlichung) erfolgt. Umstritten ist allerdings, ob auch die Vorverbreitung durch Dritte, im Zweifel also durch Plagiatoren, vor der Musteranmeldung durch den Berechtigten als unschädlich im Sinne der Neuheitsschonfrist anzusehen ist. Überwiegend wird diese Frage verneint, weswegen sich der Anmelder im Zweifel an den bewährten Merksatz »Erst anmelden, dann verbreiten« halten sollte.

- Zur Anmeldung werden fotografische Abbildungen eingereicht, die den Gegenstand des Musters nur unvollkommen offenbaren. Insbesondere ist häufig gerade das, worauf es im Verletzungsprozess entscheidend ankommt, nämlich das Neue und Eigentümliche am Produkt, auf dem Foto nicht oder nur unzureichend erkennbar. Beispielsweise soll das Design eines Tisches geschützt werden, die der Anmeldung beigefügte Abbildung zeigt jedoch ein Esszimmer, in dem der Tisch mit sechs Stühlen umstellt ist. Wie soll hier ein Richter erkennen, dass das angebliche Plagiat bis ins Detail identisch ist mit dem hinterlegten Modell? Wer die Musteranmeldung derart nachlässig betreibt, darf sich nicht wundern, wenn der Prozess nicht zu seinen Gunsten ausgeht. Es kommt nämlich nicht darauf an, ob das Plagiat mit dem Originalprodukt übereinstimmt (das ist meistens der Fall); entscheidend ist, dass das Plagiat mit dem übereinstimmt, was auf den hinterlegten Fotos zu sehen ist. Entgegen verbreiteten Vorstellungen vergleicht das Gericht nicht Originalprodukt A mit Plagiat B, sondern die hinterlegten Abbildungen von A mit B.

Lizenzverträge

In aller Regel wird das designorientierte Unternehmen zumindest auch mit externen Designern zusammenarbeiten. Soll die Zusammenarbeit auf Dauer für beide Seiten reibungslos verlaufen, ist für eine ausgewogene Vertragsgrundlage zu sorgen. Dabei ist sicherzustellen, dass im Vertrag nicht nur diejenigen (zumeist unproblematischen) Punkte festgeschrieben werden, die bei Vertragsschluss routinemäßig als regelungsbedürftig angesehen werden; vielmehr ist größtes Gewicht gerade auf solche Sachverhalte zu legen, die in der Zukunft Anlass für Zweifelsfragen oder gar Auseinandersetzungen sein könnten. Die Erfahrung zeigt, dass die Regelung solcher nur störend erscheinender Vertragspunkte in Wahrheit in den meisten Fällen keine Schwierigkeiten bereitet. Denn beide Parteien wollen den Vertrag und sind deshalb zu konstruktiven, auch das Interesse des Vertragspartners berücksichtigenden Lösungen bereit. Im späteren Streitfall sind dieselben Lösungen allerdings kaum mehr zu erzielen. Darum gilt: Wer Streit vermeiden will, muss dies zu Beginn der Zusammenarbeit vertraglich sicherstellen. Wer meint, damit würden die Vertragsverhandlungen nur unnötig belastet, belastet später nur die Gerichte und sich selbst am meisten.

Einige Beispiele mögen dies veranschaulichen:
Nicht selten wird schon bald nach Vertragsbeginn darüber gestritten, welche Leistungen der Designer zu erbringen hat bzw. ob diese Leistungen gegebenenfalls mit dem vereinbarten Honorar abgegolten sind. Zu empfehlen ist deshalb, die zu erbringenden Leistungen im Einzelnen festzulegen und genau zu beschreiben. Unklare Begriffe sind zu vermeiden oder im Vertrag selbst zu definieren. So gehen zum Beispiel die Auffassungen darüber, was ein »Funktionsmodel« ist, stark auseinander. Während manche darunter ein Modell verstehen, das in Form und Funktion dem späteren Serienmodell entspricht, sehen andere darin nur ein Modell, das unabhängig von Form und Größe lediglich die technische Funktion zeigt.[2] Unterschiedliche Auffassungen von Unternehmer und Designer führen dann schnell zu Streit. Gleiches gilt für die Abgrenzung zwischen Honorar und Kosten. So wird etwa der Modellbau von vielen Designbüros außer Haus gegeben, folglich werden die Kosten dafür gesondert in Rechnung gestellt. Deshalb ist im Vertrag zu regeln, welche Leistungen im Honorar enthalten sind und welche nicht. Auch ist zu regeln, welche (externen) Kosten der Designer »machen darf« und welchem Abstimmungsmodus er dabei unterliegt.
Größte Sorgfalt ist bei der Frage nach dem eigentlichen Vertragsgegenstand aufzuwenden. Soll dies beispielsweise ein »Büromöbelprogramm« sein, dann ist festzulegen, aus welchen Teilen das Programm bestehen soll. Stehen diese nicht oder noch nicht ab-

- *The application for registration is accompanied by photographs of the object exhibiting the design which show it imperfectly. This is frequently the crux of infringement proceedings: ie. that what is new and peculiar about the product is either insufficiently discernible or not discernible at all in the photographs. For example, application is made to register the design of a table and the accompanying photograph shows a dining room with the table surrounded by six chairs. How is the judge to ascertain that the alleged pirate copy is identical in all details to the model submitted for registration? Anyone guilty of that kind of neglect when filing an application should not be surprised if he loses his case. The point is not whether the pirate copy is identical to the original product (this is usually the case) but whether the pirate copy is identical to what the photographs accompanying the application for registration of the design show. Contrary to widespread notions, the court does not compare original product A with pirate copy B but the photographs on file of A with B.*

Licence agreement

As a rule, a design oriented company will at least in part work with outside designers. For such a collaboration to run smoothly in the long run for both parties a properly balanced contractual agreement should be made. Especial care should be taken to ensure that, aside from the (mostly unproblematic) routine provisions of a contract, the agreement provides adequately for eventualities that might give rise to doubt or dispute. Experience shows that the inclusion of such points that might at first glance appear uncomfortable generally results in no actual difficulties. Both parties want the agreement to be made and are therefore willing to accept constructive solutions that take account of the interests of both parties. If the same solutions are proposed only after disputes have arisen, on the other hand, they are very unlikely to be accepted. Accordingly, if you want to avoid trouble you must stipulate such provisions in the agreement made before work is commenced. If you omit to do this out of concern to avoid unpleasantness or awkwardness during the negotiation of the agreement you are only making work for the courts and trouble for yourself.

A few examples will serve to illustrate this.
Not infrequently there are arguments soon after the agreement has been signed as to what work the designer has to perform or whether particular work is covered by the agreed fee. It is therefore advisable to stipulate a bill of works in detail with exact descriptions. Clear and unambiguous terms must be used or the terms must be defined in the agreement itself. For instance, very different views may be taken as to what precisely a "functional model" is. While some people take this to mean a model that corresponds in form and function to the later production model, others see it only as a model that merely demonstrates the technical function, taking no account of form and size.[2] Such different views taken by a company and an outside designer will then quickly result in disputes. The same applies to distinctions between fees and costs. Many design offices subcontract modelling and bill the costs for this separately. For this reason the agreement must specify what work is covered by the fee and what work is not. A limit on the (outside) costs the designer incurs and rules for consultation with the company in this respect must also be specified.
Great care must be taken in specifying what the actual subject of the agreement is. If this is, for example, an "office furniture programme" the components of the programme must be specified. If these have not yet been finally determined there must be a provision to the effect that components added later are to be included in the agreement by means of supplementary agreements. This is particularly important in cases where design work is scheduled to be performed over a period of years. In such cases it will be found useful to set down the purpose and objectives of the collaboration in a preamble. The scope of the agreed or expected work can be deduced from this and later arguments avoided.
It is no less important to specify the rights granted under the agreement, ie. what use of what rights the company is entitled to. Agreements on the utilisation of design work are, as a rule, licensing agreements. For this purpose the form the designer's remuneration

schließend fest, ist sicherzustellen, dass später hinzukommende Teile jeweils mit einer Ergänzungsvereinbarung in den Vertrag eingeschlossen werden. Dies gilt ganz besonders dann, wenn Designleistungen über Jahre erbracht werden sollen. Hilfreich in diesem Zusammenhang ist es, den Zweck und die Zielsetzung der Zusammenarbeit in einer Präambel festzuhalten. Daraus können Rückschlüsse auf den Umfang der vereinbarten bzw. erwarteten Leistungen zu ziehen sein, was spätere Diskussionen darüber vermeiden hilft.

Nicht minder wichtig ist die genaue Regelung der Vertragsrechte, also der Frage, an welchen Rechten dem Unternehmen welche Nutzungsbefugnisse eingeräumt werden. Verträge über die Nutzung von Designleistungen sind in aller Regel Lizenzverträge. Dabei kommt es nicht darauf an, nach welchem Modus die Arbeit des Designers honoriert wird. Auch wenn keine laufenden Lizenzen, sondern lediglich eine Einmalzahlung nach Art eines Werkhonorars vereinbart wird, ist vertragsgegenständlich meist die Einräumung aller Nutzungen am Designobjekt, in erster Linie also die Übertragung der Herstellungs- und Vertriebsrechte. In diesem Zusammenhang wird häufig ebenso pauschal wie unklar auf »die Urheberrechte« des Designers Bezug genommen, an denen dem Vertragspartner »alle Nutzungsrechte« eingeräumt werden.

Dies ist schon deshalb trügerisch, weil die Rechtsprechung Designleistungen eher selten die Weihen des Urheberschutzes verleiht. Die Einräumung einer Urheberlizenz wird sich also zumeist als Einräumung eines Scheinrechts[3] erweisen (sog. Leerübertragung). Gleiches gilt für die Lizenzierung oder Übertragung eines Geschmacksmusters, wenn das Muster im Zeitpunkt der Anmeldung nicht neu oder nicht eigentümlich war. Da das Geschmacksmusterrecht ein ungeprüftes Registerrecht ist, stellt sich dies gegebenenfalls erst Jahre später im Musterschutzprozess heraus. Ist dieser Fall im Vertrag nicht geregelt, sind Streitigkeiten vorbestimmt. Auch hier gilt es, solchen Streit von vornherein durch geeignete Vertragsklauseln zu vermeiden.

Die Festlegung der vom Lizenznehmer an den Lizenzgeber zu zahlenden Lizenzgebühr bereitet den Vertragsparteien regelmäßig einiges Kopfzerbrechen. Es gibt keine »üblichen« Lizenzsätze, nach denen immer wieder gefragt wird. Ob 0,5, 2, 4 oder gar 10 Prozent Lizenzgebühr zu zahlen sind, ist reine Verhandlungssache. Zwar gibt es Faktoren, die die Bestimmung des Lizenzsatzes erleichtern, z.B. etwaige Branchengepflogenheiten, Größe und Marktbedeutung des Lizenznehmers, in Aussicht genommene Umsatzziele oder Stückzahlen, Bedeutung, Schwierigkeit und Komplexität der Designaufgabe, Erfahrungen und Referenzen des Designbüros u.a.m. Dies ändert aber nichts daran, dass die Höhe des Lizenzsatzes von Fall zu Fall erheblich schwanken kann. Verfehlt ist es, dies als Manko zu empfinden und krampfhaft nach Richtwerten zu suchen oder diese gar für das eigene Unternehmen einseitig festzulegen. Der Lizenzsatz ist nichts anderes als der Preis für die nachgefragte Designleistung. Dieser Preis kann und muss verschieden sein, je nachdem welche konkrete Gestaltungsleistung zu bezahlen ist. Unabdingbar im Sinne der streitverhütenden Funktion der Vertragsgestaltung ist die genaue Bestimmung der Bezugsgröße des ausgehandelten Lizenzsatzes. Der »Umsatz« allein ist kein geeigneter Referenzbegriff. Vielmehr muss geklärt werden, was genau darunter zu verstehen ist, z.B. der Umsatz aus den Verkäufen mit Preisstellung ab Werk, dem Listenpreis oder dem Nettoverkaufspreis, gegebenenfalls unter Abzug von Skonti und Boni.

Neben den Lizenzgebühren wird im Allgemeinen ein Entwurfshonorar vereinbart. Dieses Honorar wird häufig mit den später zu zahlenden Lizenzen verrechnet. Auch der Verrechnungsmodus ist individuell auszuhandeln und genau festzulegen. Genauer Festlegung bedürfen auch die Abrechnungs- und Zahlungsmodalitäten. Um unnötige Auseinandersetzungen zu vermeiden, sollte dem Designer ein wirksames Kontrollrecht eingeräumt werden. Aufkommende Unstimmigkeiten können von einem Wirtschaftsprüfer geklärt werden. Stellt sich dabei heraus, dass die Abrechnung fehlerhaft war, gehen die Kosten der Prüfung zu Lasten des Unternehmens, andernfalls muss der Designer sie übernehmen.

Von den meisten Unternehmen wird langlebiges Design angestrebt. Dies ändert nichts an der Notwendigkeit, gefundene Designlösungen gegebenenfalls fortzuentwickeln, zu bearbeiten oder auf andere Produkte zu übertragen. Ob das Unternehmen hierzu ohne Zustimmung oder Mitwirkung des Designers berechtigt ist, richtet sich nach dem Vertrag, der folglich Regelungen hierfür enthalten muss. Gleiches gilt z.B. für Anmelde- und

takes is irrelevant. Even when a single, non-recurrent payment rather than ongoing licence fees is specified, the agreement usually grants all rights of utilisation, ie. primarily the production and sales rights. In this connection generalised and hazy references are frequently made to the designer's "copyright", to which the other party to the agreement is granted "all rights of utilisation". This is deceptive because court rulings rarely accord design work the level of protection of a copyright. Accordingly, if a copyright licence is granted this will mostly turn out to have no standing.[3] The same applies to licensing or making over a registered design if the design was not new or peculiar at the time the application for registration was filed. As this kind of registration takes place without investigation, the truth may not come out until years later when an action for infringement comes to court. If this eventuality is not provided for in the agreement disputes are inevitable. The thing to do is to preclude such disputes by including appropriate clauses in the agreement.

Setting the amount of the licence fees regularly poses a problem to the parties. Although people are always asking for them, there are no "usual rates". It is entirely a matter of negotiation whether 0,5%, 2%, 4% or even 10% is paid. There are, of course, factors that can provide a guide to setting the amount such as customary practice in particular industries, the size and market standing of the licensee, anticipated turnover or production quantities, the significance, difficulty and complexity of the design work, the experience and references of the design office etc. However, this does nothing to alter the fact that licence fees can fluctuate considerably from case to case. It is a mistake to think of this as a shortcoming and look frantically for guideline values or even unilaterally set such guidelines for your own business. A licence fee is no more than the market price for a service. This price can and must vary according to what concrete design work is to be paid for. To avoid disputes, it is absolutely necessary for the agreement to specify the reference factor for the licence fee that is negotiated. Simply stating "turnover"as the reference factor is unsuitable. It is necessary to specify it with greater precision: eg. turnover from ex-works sales or at list price or net sales price, where applicable after deduction of discounts.

A one-off design fee in addition to the license fees is generally agreed on and is often offset against them. Such arrangements must be negotiated on a case to case basis and set down clearly and precisely in the agreement. This also applies to accounting and payment. So as to avoid unnecessary arguments, the designer should be granted an effective right and means to check on these things. Any discrepancies that occur can be sorted out by an auditor. If it turns out that the accounts were faulty the cost of the audit is borne by the company, otherwise by the designer.

Most companies want durable design. This does not mean that there will be no need to develop design solutions further or to modify them or apply them to other products. Whether or not the company is entitled to do this without the permission or participation of the designer will depend on the terms of the agreement and the agreement must accordingly contain suitable provisions to cover these eventualities. The same applies to such things as duties to register and keep up industrial property rights, preventing unauthorised use by third parties and the designer's liability for use of the rights to his design.

Care must be taken to ensure that the licensing agreement not only specifies the rights and duties of the parties vis-à-vis one another but also the effects on the licensee's legal position vis-à-vis third parties, particularly imitators. The numerous legal benefits afforded by the law pertaining to registered designs only apply to the registered proprietor of the design. If the licensee is not the registered proprietor his only legal rights are those derived from the licensing agreement. Accordingly, the licensing agreement not only constitutes the link between the company and the designer but also the link with the market. Faults in the licensing agreement may thus result in an impairment of the market position founded on it.

Finally, it must be borne in mind that it is almost impossible to standardise agreements relating to design work. Not only are the interests of the parties to such agreements too disparate but also the requirements that have to be met by a contract governing the collaboration of a company and a designer in any one particular project. Any company regularly working with outside designers will nevertheless put together a template in the course of time that will be a valuable aid in negotiating individual agreements.

Aufrechterhaltungspflichten hinsichtlich gewerblicher Schutzrechte, für die Abwehr unbefugter Nutzung durch Dritte oder die Haftung des Designers für der Nutzung seiner Gestaltungsleistung entgegenstehende Rechte.
Bei allem ist zu berücksichtigen, dass der Lizenzvertrag nicht nur die Rechte und Pflichten zwischen den unmittelbaren Vertragspartnern regelt, sondern auch Auswirkungen auf die Rechtsposition des Lizenznehmers im Verhältnis zu Dritten, insbesondere Nachahmern, hat. Die zahlreichen Rechtsvorteile, die das Geschmacksmusterrecht gewährt, gelten nur für den eingetragenen Musterinhaber. Ist der Lizenznehmer nicht selbst Inhaber des eingetragenen Rechts, kann er Rechte daraus nur insoweit geltend machen, als diese aus dem Lizenzvertrag abzuleiten sind. Der Lizenzvertrag stellt also nicht nur die Verbindung zwischen Unternehmen und Designer her, sondern bildet auch und gerade den Brückenschlag zum Markt. Fehler im Lizenzvertrag führen im Einzelfall also auch zur Beeinträchtigung der damit begründeten Marktposition.
Zu bedenken ist schließlich, dass gerade Verträge über Designleistungen kaum einer Standardisierung zugänglich sind. Zu verschieden sind nicht nur die jeweiligen Interessen der Vertragsparteien, sondern gerade die Anforderungen, die das jeweilige Projekt an die vertragliche Ausgestaltung der Zusammenarbeit zwischen Unternehmen und Designer stellt. Wer regelmäßig mit externen Designern zusammenarbeitet, wird sich dennoch im Laufe der Zeit ein Vertragsgerüst schaffen, das ihm bei der individuellen Aushandlung einzelner Verträge wertvolle Hilfe leisten kann.
Zu vermeiden ist es aber, ein solches Vertragsgerüst als »Schubladenvertrag« zu benutzen. Schubladenverträge erweisen sich nicht selten als dem jeweiligen Projekt unangepasst. Regelungslücken, die dadurch entstehen, oder gar Ungereimtheiten, können zu folgenschweren Rechtsnachteilen führen. Die mit der Verwendung des Schubladenvertrages vermeintlich erzielten Kostenvorteile kommen dann teuer zu stehen.
Anzufügen ist noch der Hinweis, einmal geschlossene Lizenzverträge im Verlauf der Zusammenarbeit auf eventuell notwendige Anpassungen zu überprüfen. Gerade langfristige Verbindungen entfernen sich häufig deutlich von dem, was zu Beginn beabsichtigt und im Vertrag geregelt worden war. Die Notwendigkeit der Vertragsanpassung sollte deshalb in regelmäßigen Abständen überprüft werden.

Schutzrecht-Management

Der Begriff Schutzrecht-Management ist nicht gleichzusetzen mit der überkommenen Aufgabe der aktenmäßigen Verwaltung gewerblicher Schutzrechte. Schutzrecht-Management bedeutet mehr, nämlich die volle rechtliche Ausschöpfung und Sicherung des innerhalb und außerhalb des Unternehmens angelegten Innovationspotentials. Dabei geht es nicht nur um die Abwehr potentiell und akut aufkommender Produktnachahmungen, sondern auch und gerade darum, Innovationen zu Assets zu machen, die handelbar sind und damit den Wert des Unternehmens steigern.
Dies umfasst ein ganzes Maßnahmenbündel. Zur bestmöglichen Erlangung und Aufrechterhaltung aller in Betracht kommenden Schutzrechte sowie der interessengerechten Gestaltung von Lizenzverträgen sollte neben weiteren Maßnahmen auch und gerade die vollständige und laufende Dokumentation aller relevanten Lebensumstände des Produkts hinzukommen.
Gerade letzteres bietet wertvollen Flankenschutz, mit dem die eigene Schutzrechtsposition nachhaltig verbessert und die Durchsetzung im Nachahmungsfall deutlich beschleunigt werden kann.
Zu den Lebensdaten gehören u.a. die Dokumentation des Gestaltungsprozesses, Angaben zum Designer, Angaben zur Markteinführung und Marktdurchdringung, eigene Werbung mit Originalbelegen, Berichterstattung in Medien, Preise, Auszeichnungen sowie nicht zuletzt Anschauungsmaterial zum wettbewerblichen Umfeld.

Welche Auswirkungen hier Defizite haben, wird an folgendem Beispiel anschaulich:
Ein Produkt der ABC-Innovationsgesellschaft mbH wird nahezu identisch nachgeahmt. Sofort beantragen deren Anwälte eine einstweilige Verfügung. Das Gericht zögert, dem Antrag stattzugeben. Das Produkt sei nicht schutzfähig, ähnliche Produkte gebe es zuhauf im Markt.
Tatsächlich trifft das zu. ABC hatte mit dem Produkt zehn Jahre zuvor einen großen Wurf gelandet und zahlreiche Trittbrettfahrer angezogen. Kein einziges der Trittbrettfahrer-

A template of this kind should not, however, be used as a "standard contract". Contracts of this kind are not infrequently unsuitable to particular projects. Loopholes or inconsistencies can have serious consequences and economising by using "standard contracts" can end up costing a great deal.
Note also that licensing agreements should occasionally be reviewed so that any necessary adjustments can be made in the course of time. Long-term relationships, in particular, can move quite far away from what was originally intended and provided for in an agreement. So check at regular intervals to see if the agreement needs amending.

Property rights management

Property rights management is not the same as simply keeping the files in order. It denotes full legal exploitation and assurance of a company's internal and external innovation potential. This is not simply a question of defence against possible or actual product piracy but, even more importantly, of making innovations into tradable assets that boost the company's value.
This involves a whole bundle of measures. In order to optimally acquire and maintain all relevant property rights and devise licensing agreements consonant with the company's interests, the measures should especially include full ongoing documentation of all relevant circumstances pertaining to the product. Such documentation is a valuable instrument for improving the company's property rights position and taking rapid action against piracy. It will include the records of the design process, details of the designer, details of the market launch and market penetration, the company's own advertising with original examples, media coverage, prizes and awards and, not least, material illustrating the background of competition.

The following example illustrates the effects of shortcomings in this respect.
Virtually identical imitations of one of the products of ABC Innovations Ltd. are being marketed. The company's lawyers immediately apply for a court order to stop this. The court hesitates to grant the application, saying that the product is not eligible for protection and there are plenty of similar products on the market.
That is, in fact, true. Ten years previously ABC had come up with a real hit that attracted numerous imitators. However, not one of their products is anywhere near identical to the original. Unless this can be made clear to the court, the case is as good as lost. What has to be produced is evidence of the market scene at the time the original product was launched that shows the court that this was a design that really stood apart. Suitable evidence would be press reports of the innovation, prizes and awards won by it and documentation of the market environment and competition that demonstrates that the imitators never got close to the original innovative product.
Design has already become a serious market factor and will increase its importance in the future. Every technologically innovative company secures its position with regard to industrial property rights and defends it in the event of infringement. Unfortunately, this is not yet quite so self-evident in the case of design innovations. It is for corporate management to identify the issue of design law as an executive priority and to see that people with the necessary expertise are appointed to deal with it.

[1] *For more details see: Klawitter in "form – Zeitschrift für Gestaltung", No. 140 IV/1992, p. 9 ff.*
[2] *Busse in "Marktfaktor Design", ed. Poth/Poth, Landsberg am Lech, 1986, p. 388ff.*
[3] *Klawitter in "form – Zeitschrift für Gestaltung", No. 138 II/1992, p. 98ff.*

Born in 1955, Christian Klawitter is a Hamburg lawyer and a partner in the Freshfields Bruckhaus Deringer law firm. His work covers the entire field of property rights with a principal focus on technology transfer, licensing agreement, sales, competition and brand law. He has also concerned himself with questions of design protection for many years. Since 1955 Christian Klawitter has lectured in industrial property rights and copyright law at the University of Essen.

Freshfields Bruckhaus Deringer, Alsterarkaden 27, 20354 Hamburg
Telefon +49 (0)40/36 90 61 13; Telefax +49 (0)40/36 90 62 37; christian.klawitter@freshfieldsbruckhaus.com

Produkte ist aber auch nur annähernd identisch mit dem Original. Wer dies dem Gericht nicht deutlich machen kann, steht auf verlorenem Posten. Vorzulegen sind Belege zur Produktlandschaft im Zeitpunkt der Markteinführung des Originals, die dem Gericht zeigen, dass es sich damals tatsächlich um eine herausragende Gestaltung gehandelt hat. Geeignet sind vor allem Presseberichte über die Produktinnovation, gegebenenfalls Preise und Auszeichnungen, die das Produkt erhalten hat, ferner Unterlagen zum wettbewerblichen Umfeld, die aufzeigen, dass die Trittbrettfahrer-Produkte zu keinem Zeitpunkt an das innovative Originalprodukt heranreichten.
Design ist schon heute ein gewichtiger Marktfaktor und wird in Zukunft noch bedeutender werden. Jedes technisch innovative Unternehmen sorgt für angemessene Schutzrechtspositionen und verteidigt diese im Verletzungsfall. Für gestalterische Innovationen ist dies leider noch nicht in gleichem Maße selbstverständlich. Hier ist in erster Linie die Unternehmensleitung aufgefordert, das Thema Designrecht als Führungsaufgabe zu erkennen, die daraus folgenden Tätigkeitsfelder zu beschreiben und kompetent zu besetzen.

[1] Ausführlich hierzu Klawitter in: form – Zeitschrift für Gestaltung, Heft 140 IV/1992, S. 9ff.
[2] Dieses und weitere anschauliche Beispiele nennt Busse in: Poth/Poth (Hrsg.), Marktfaktor Design, Landsberg am Lech, 1986, S. 388ff.
[3] Zu Einzelheiten s. Klawitter in: form – Zeitschrift für Gestaltung, Heft 138 II/1992, S. 98f.

Christian Klawitter, Jahrgang 1955, ist Rechtsanwalt in Hamburg und Partner der Sozietät Freshfields Bruckhaus Deringer. Seine Tätigkeit erstreckt sich über die gesamte Bandbreite des gewerblichen Rechtsschutzes mit Schwerpunkten in den Bereichen Technologietransfer, Lizenzvertragsrecht, Vertriebsrecht sowie Wettbewerbs- und Markenrecht. Mit Fragen des Designschutzes ist Christian Klawitter seit vielen Jahren befasst. Seit 1995 hat Christian Klawitter einen Lehrauftrag für gewerblichen Rechtsschutz und Urheberrecht an der Universität Essen.

Freshfields Bruckhaus Deringer, Alsterarkaden 27, 20354 Hamburg
Telefon +49 (0)40/36 90 61 13; Telefax +49 (0)40/36 90 62 37; christian.klawitter@freshfieldsbruckhaus.com

Service

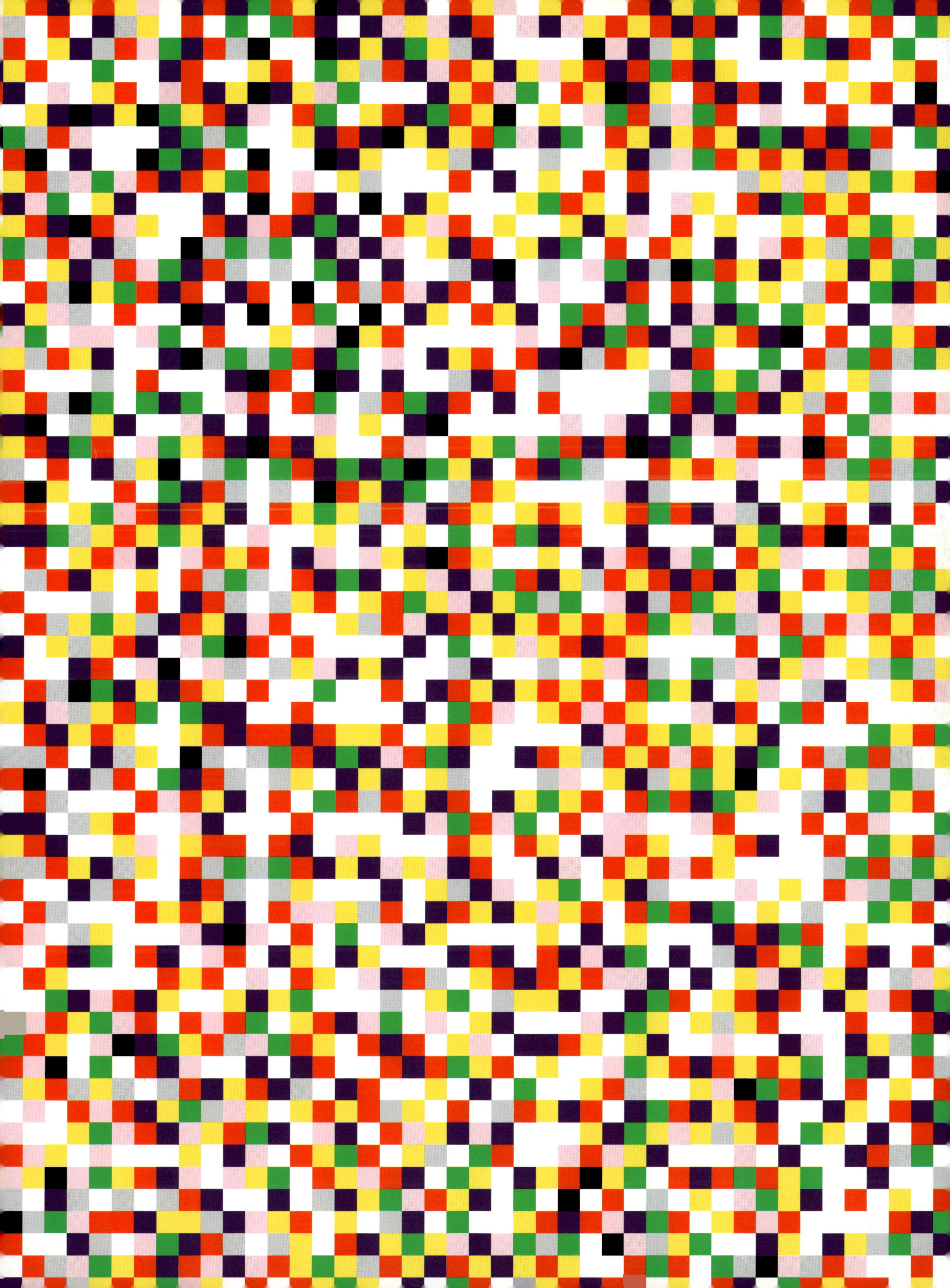

Designausbildung
Design education

Aachen

Fachhochschule Aachen
FB 4-Design
Boxgraben 100
52064 Aachen
Telefon +49 (0)241/60 09 15 10
Telefax +49 (0)241/60 09 15 32
www.design.fh-aachen.de

Albstadt

Fachhochschule
Albstadt-Sigmaringen
FB Bekleidungstechnik
Jakobstraße 6
72458 Albstadt
Telefon +49 (0)7431/5 79-0
Telefax +49 (0)7431/5 79-129
www.fh-albsig.de

Alfter

Alanus Hochschule Alfter
Johannishof
53347 Alfter
Telefon +49 (0)2222/93 21 0
Telefax +49 (0)2222/93 21 21
www.alanus.edu

Augsburg

Fachhochschule Augsburg
FB Gestaltung
Henisiusstraße 1
86152 Augsburg
Telefon +49 (0)821/5 58 64 01
Telefax +49 (0)821/5 58 64 22
www.fhaugsburg.de/gestaltung/
ueberblick/index.html

Berlin

Fachhochschule für Technik
und Wirtschaft Berlin
Fachbereich Gestaltung
Warschauer Platz 6–8
10245 Berlin
Telefon +49 (0)30/2 93 71-101
Telefax +49 (0)30/2 93 71-209
www.fhtw-berlin.de

Hochschule der Künste
FB 3-Design
Straße des 17. Juni 118
10623 Berlin
Telefon +49 (0)30/31 85-20 13
www.hdk-berlin.de/studium/
inddesign.html
FB 4-Visuelle Kommunikation
Grunewaldstraße 2–5
10823 Berlin
Telefon +49 (0)30/31 85-12 55
www.hdk-berlin.de/studium/
viskomm.html
FB 5-Gesellschafts- und
Wirtschaftskommunikation
Einsteinufer 43–53
10587 Berlin
Telefon +49 (0)30/31 85-21 16
www.hdk-berlin.de/studium/
gwk.html

Kunsthochschule
Berlin-Weißensee
Hochschule für Gestaltung
Bühringstraße 20
13086 Berlin
Telefon +49 (0)30/4 77 05-0
Telefax +49 (0)30/4 77 05-216
www.kh-berlin.de

Bielefeld

Fachhochschule Bielefeld
FB Gestaltung
Lampingstraße 3
33615 Bielefeld
Telefon +49 (0)521/1 06 76 71
Telefax +49 (0)521/1 06 76 90
www.gestaltung.fh-bielefeld.de/
home.html

Braunschweig

Hochschule für Bildende Künste
Studiengang Industrial Design
Studiengang Grafik-Design
Johannes-Selenka-Platz 1
38118 Braunschweig
Telefon +49 (0)531/3 91-0
Telefax +49 (0)531/3 91-92 92
www.hbk/bs.de

Bremen

Hochschule für Künste Bremen
Am Wandrahm 23
28195 Bremen
Telefon +49 (0)421/30 19 0
Telefax +49 (0)421/30 19 119
www.hfk-bremen.de

Coburg

Fachhochschule Coburg
FB Architektur/Innenarchitektur/
Integriertes Produktdesign
Friedrich-Streib-Straße 2
96450 Coburg
Telefon +49 (0)9561/3 17-0
Telefax +49 (0)9561/3 17-275
www.fh-coburg.de

Darmstadt

Fachhochschule Darmstadt
FB Gestaltung
Olbrichweg 10
64287 Darmstadt
Telefon +49 (0)6151/16 83 31
Telefax +49 (0)6151/16 89 40
www.fbg.fh-darmstadt.de

Dessau

Hochschule Anhalt
Abt. Dessau
FB Design
Gropiusallee 38
Postfach 2215
06818 Dessau
Telefon +49 (0)340/6 55 20 33
www.fh-anhalt.de

Detmold

Fachhochschule Lippe
FB 1 Architektur
Bielefelder Straße 66
32756 Detmold
Telefon +49 (0)5231/7 69-50
Telefax +49 (0)5231/7 69-681
www.fh-lippe.de/fhl/fb1/fb1a

Dortmund

Fachhochschule Dortmund
FB 2 Design
Max-Ophüls-Platz 2
44047 Dortmund
Telefon +49 (0)231/9 11 24 26
Telefax +49 (0)231/9 11 24 15
www.fh-dortmund.de

Dresden

Hochschule für Technik und Wirtschaft
FB Gestaltung
Friedrich-List-Platz 1
01069 Dresden
Telefon +49 (0)351/4 62-0
Telefax +49 (0)351/4 62-21 85
www.htw-dresden.de

Düsseldorf

Fachhochschule Düsseldorf
FB Design
Georg-Glock-Straße 15
40474 Düsseldorf
Telefon +49 (0)211/4 35 10
Telefax +49 (0)211/4 35 203
www.fh-duesseldorf.de

Essen

Universität
Gesamthochschule Essen
FB 4-Gestaltung und Kunsterziehung (Kommunikationsdesign, Industrial Design,Gestaltungstechnik, Kunst- und Musikpädagogik)
Universitätsstraße 12
45141 Essen
Telefon +49 (0)201/1 83-33 55
Telefax +49 (0)201/1 83-27 87
www.uni-essen.de/industrialdesign

Frankfurt

Frankfurter Akademie für Kommunikation und Design
Ostparkstraße 47–49
60385 Frankfurt/Main
Telefon +49 (0)69/43 99 38
Telefax +49 (0)69/4 99 05 06
www.frankfurter-akademie.de

Halle

Burg Giebichenstein
Hochschule für Kunst und Design
Studiengang Industriedesign
Studiengang Modedesign
Studiengang Innenarchitektur
Postfach 200252
06003 Halle
Telefon +49 (0)345/7 75 18 02
Telefax +49 (0)345/7 75 15 69
www.presse.burg-halle.de

Hamburg

Fachhochschule Hamburg
FB Gestaltung
Armgartstraße 24
22087 Hamburg
Telefon +49 (0)40/4 28 63-38 24
Telefax +49 (0)40/4 28 63-33 74
www.fh-hamburg.de

Kunstschule Alsterdam Hamburg
Private Schule für Graphic-Design
Lange Reihe 29
20099 Hamburg
Telefon +49 (0)40/32 71 80
Telefax +49 (0)40/32 46 15
www.alsterdam.de

Hochschule für Bildende Künste
FB Industrial Design
FB Visuelle Kommunikation
Lerchenfeld 2
22081 Hamburg
Telefon +49 (0)40/4 28 32-32 55
Telefax +49 (0)40/4 28 32-22 79

Hannover

Fachhochschule Hannover
FB Design und Medien
FB Bildende Kunst
Expo Plaza 2
30539 Hannover
Telefon +49 (0)511/92 96-0
Telefax +49 (0)511/92 96-1 11
www.dm.fh-hannover.de

Heiligendamm

Hochschule Wismar
FH für Technik, Wirtschaft und Gestaltung
Außenstelle Heiligendamm
FB Design/Innenarchitektur
Kühlungsborner Straße 16
18209 Heiligendamm
Telefon +49 (0)38203/6 57 27
Telefax +49 (0)38203/6 57 28
www.hs-wismar.de

Hennef/Sieg

Rhein-Sieg-Kunst-Akademie
Berufsakademie für Realistische Bildende Kunst und Design
Wehrstraße 12
53773 Hennef/Sieg
Telefon +49 (0)2242/8 58 16
Telefax +49 (0)2242/8 50 89
www.rska.de

Hildesheim

Fachhochschule
Hildesheim/Holzminden/Göttingen
FB Gestaltung
Kaiserstraße 43–45
31134 Hildesheim
Telefon +49 (0)5121/88 13 01
Telefax +49 (0)5121/88 13 66
www.fh-hildesheim.de

Hof

Fachhochschule Hof
Abt. Münchberg
FB Textiltechnik und Gestaltung
Kulmbacher Straße 76
95213 Münchberg
Telefon +49 (0)9251/99 32-0
Telefax +49 (0)9521/99 32-70
www.muenchberg.fh-hof.de

Idar-Oberstein

Fachhochschule Trier
Standort Idar-Oberstein
FB Edelstein- und Schmuckdesign
Vollmersbachstraße 53a
55743 Idar-Oberstein
Telefon +49 (0)6781/94 63-0
Telefax +49 (0)6781/94 63-63
www.fh-trier.de/fb/io

Kaiserslautern

Fachhochschule Rheinland-Pfalz
FB Innenarchitektur
Schönstraße 6
67659 Kaiserslautern
Telefon +49 (0)631/3 72 46 01
Telefax +49 (0)631/3 72 46 66
www.fh-kl.de

Karlsruhe

Staatliche Hochschule
für Gestaltung
Lorenzsraße 15
76135 Karlsruhe
Telefon +49 (0)721/82 03-0
Telefax +49 (0)721/82 03-21 59
www.hfg-karlsruhe.de

Kassel

Kunsthochschule Kassel
an der Universität
Gesamthochschule Kassel
Studiengang Visuelle
Kommunikation
Menzelstraße 13
Telefon +49 (0)561/8 04 53 31
Studiengang Produkt-Design
Menzelstraße 15
34109 Kassel
Telefon +49 (0)561/8 04 52 02
www.khs.uni-kassel.de

Kiel

Muthesius-Hochschule
FH für Kunst und Gestaltung
Lorentzendamm 6–8
24103 Kiel
Telefon +49 (0)431/51 98 40 0
Telefax +49 (0)431/51 98 40 8
www.muthesius.de

Köln

Fachhochschule Köln
FB Design
Ubierring 40
50678 Köln
Telefon +49 (0)221/82 75 32 04
Telefax +49 (0)221/31 88 22
www.ds.fh-koeln.de

Kunsthochschule
für Medien Köln
Peter-Welter-Platz 2
50676 Köln
Telefon +49 (0)221/2 01 89-0
Telefax +49 (0)221/2 01 89-17
www.khm.de

Konstanz

Fachhochschule Konstanz
Institut für Kommunikationsdesign
Seestraße 33
78464 Konstanz
Telefon +49 (0)7531/5 01 03
Telefax +49 (0)7531/5 71 39
www.fh-konstanz.de

Krefeld

Fachhochschule Niederrhein
Abteilung Krefeld
FB 2-Design
Petersstraße 123
47798 Krefeld
Telefon +49 (0)2151/82 22 01
Telefax +49 (0)2151/82 22 02
www.fh-niederrhein.de

Leipzig

Hochschule für Grafik
und Buchkunst
Wächterstraße 11
04107 Leipzig
Telefon +49 (0)341/2 13 51 47
Telefax +49 (0)341/2 13 51 66

Mainz

Fachhochschule Mainz
FB 2-Gestaltung
Holzstraße 36
55116 Mainz
Telefon +49 (0)6131/2 85 95 11
Telefax +49 (0)6131/2 85 96 30
www.fh-mainz.de

Mannheim

Fachhochschule Mannheim
Hochschule für Technik
und Gestaltung
Windeckstraße 110
68163 Mannheim
Telefon +49 (0)621/2 92-61 11
Telefax +49 (0)621/2 92-64 20
www.fh-mannheim.de

Mönchengladbach

Fachhochschule Niederrhein
FB Textil- und Bekleidungstechnik
Webschulstraße 31
41065 Mönchengladbach
Telefon +49 (0)2161/18 67 01
Telefax +49 (0)2161/18 67 13
www.fh-niederrhein.de/fb07

München

Akademie der Bildenden Künste
Studiengang Innenarchitektur
Akademiestraße 2
80799 München
Telefon +49 (0)89/3 85 20
Telefax +49 (0)89/3 85 22 06
www.dbk.mhn.de

Fachhochschule München
FB Gestaltung
Studiengang Industrial Design
Infanteriestraße 13
80797 München
Telefon +49 (0)89/12 65 28 01
Telefax +49 (0)89/12 65 24 57
Studiengang
Kommunikationsdesign
Erzgießerstraße 14
80335 München
Telefon +49 (0)89/12 65 24 57
Telefax +49 (0)89/12 65 24 50
www.fh-muenchen

Münster

Fachhochschule Münster
FB 7-Design
Sentmaringer Weg 53
48151 Münster
Telefon +49 (0)251/83 65 30 0
Telefax +49 (0)251/83 65 30 2
www.fh-muenster.de

Nürnberg

Akademie der Bildenden Künste
Bingstraße 60
90480 Nürnberg
Telefon +49 (0)911/94 04-0
Telefax +49 (0)911/94 04-150
www.adbk-nuernberg.de

Georg-Simon-Ohm-
Fachhochschule Nürnberg
FB Gestaltung
Studiengang
Kommunikationsdesign
Wassertorstraße 10
90489 Nürnberg
Telefon +49 (0)911/58 80 26 91
www.fh-nuernberg.de

Offenbach

Hochschule für Gestaltung
FB Produktgestaltung
Telefon +49 (0)69/80 05 963
FB Visuelle Kommunikation
Telefon +49 (0)69/80 05 91 21
Telefax +49 (0)69/88 07 91
Schlossstraße 31
63065 Offenbach
www.hfg-offenbach.de

Pforzheim

Fachhochschule Pforzheim
Fachhochschule für Gestaltung
FB 1-Industrial Design
Transportation Design
Schmuck und Gerät
Holzgartenstraße 36
75175 Pforzheim
Telefon +49 (0)7231/2 85
Telefax +49 (0)7231/28 60 30
www.fh-pforzheim.de

Potsdam

Fachhochschule Potsdam
FB 4-Design
Pappelallee 8–9
14469 Potsdam
Telefon +49 (0)331/5 80-00
Telefax +49 (0)331/5 80-29 99
www.fh-potsdam.de

Reutlingen

Fachhochschule Reutlingen
Hochschule für Technik und Wirtschaft
Fachrichtung Textildesign
Alteburgstraße 150
72762 Reutlingen
Telefon +49 (0)7121/27 12 38
Telefax +49 (0)7121/27 12 24
www.fh-reutlingen.de

Saarbrücken

Hochschule der Bildenden Künste
Keplerstraße 3–5
66117 Saarbrücken
Telefon +49 (0)681/92 65 20
Telefax +49 (0)681/5 84 72 87
www.hbks.uni-sb.de

Schwäbisch Gmünd

Hochschule für Gestaltung
FH Schwäbisch Gmünd
Rektor-Klaus-Straße 100
73525 Schwäbisch Gmünd
Telefon +49 (0)7171/60 26 00
Telefax +49 (0)7171/6 92 59
www.hfg-gmuend.de

Schneeberg

Westsächsische Hochschule
Zwickau (FH)
FB Angewandte Kunst
Goethestraße 1
08289 Schneeberg
Telefon +49 (0)3772/3 50 70
Telefax +49 (0)3772/2 89 42
www.fh-zwickau.de

Stuttgart

Staatliche Akademie
der Bildenden Künste
Studiengang
Kommunikationsdesign
Studiengang
Investitionsgüterdesign
Studiengang Architektur und Design
Studiengang Produktgestaltung
Studiengang Textilgestaltung
Am Weißenhof 1
70191 Stuttgart
Telefon +49 (0)711/28 44 00
Telefax +49 (0)711/28 44 02 25
www.abk-stuttgart.de

Hochschule für Technik
Fachhochschule Stuttgart
Studiengang Innenarchitektur
Schellingstraße 24
70174 Stuttgart
Telefon +49 (0)711/1 21 26 35
Telefax +49 (0)711/1 21 28 84

www.fht-stuttgart.de

Merz-Akademie
Hochschule für Gestaltung
Teckstraße 58
70190 Stuttgart
Telefon +49 (0)711/2 68 66 0
Telefax +49 (0)711/2 68 66 21
www.merz-akademie.de

Universität Stuttgart
Forschungs- und Lehrgebiet
Technisches Design
Pfaffenwaldring 9
70569 Stuttgart
Telefon +49 (0)711/685-60 55
Telefax +49 (0)711/685-62 19
www.imk.uni-stuttgart.de/arbbsp/design/index.htm

Institutionen
Institutions

Design Center Stuttgart
Landesgewerbeamt
Baden-Württemberg
Willi-Bleicher-Straße 19
70174 Stuttgart
Telefon +49 (0)711/1 23 27 81
Telefax +49 (0)711/1 23 25 77
design@mail.lgabw.de
www.design-center.de

Designforum Nürnberg e.V.
Luitpoldstraße 3
90402 Nürnberg
Telefon +49 (0)911/2 40 22 30
Telefax +49 (0)911/2 40 22 39
info@designforum-nbg.de
www.designforum-nbg.de

Design-Initiative Brandenburg-Berlin e.V.
c/o Fachhochschule Potsdam
Pappelallee 8–9, Haus 5
14469 Potsdam
Telefon +49 (0)331/5 80 14 36
Telefax +49 (0)331/5 80 24 99
di@fh-potsdam.de
www.design.fh-potsdam.de

Design-Initiative Nord e.V.
c/o Industrie- und Handelskammer zu Kiel
Lorentzendamm 24
24103 Kiel
Telefon +49 (0)431/5 19 40
Telefax +49 (0)431/5 19 45 28
dahlhoff@kiel.ihk.de
www.design-initiative.de

DesignLabor Bremerhaven
Institut für System- und Produktgestaltung
Karlsburg 9
27568 Bremerhaven
Telefon +49 (0)471/4 60 01
Telefax +49 (0)471/4 60 00
info@designlabor.com
www.designlabor.com

Design Zentrum Bremen
Am Wall 209
28195 Bremen
Telefon +49 (0)421/3 38 81-0
Telefax +49 (0)421/3 38 81-10
info@designzentrumbremen.de
www.designzentrumbremen.de

Design Zentrum Hessen
Eugen-Bracht-Weg 6
64287 Darmstadt
Telefon +49 (0)6151/42 48 81
Telefax +49 (0)6151/4 61 13
d.z.h@t-online.de
www.designzentrum-hessen.de

Designzentrum Ludwigshafen
Ludwigsplatz 2–4
67059 Ludwigshafen
Telefon +49 (0)621/5 90 41 49
Telefax +49 (0)621/5 90 41 72
designzentrum.lu@t-online.de

Design Zentrum Mecklenburg-Vorpommern
Werderstraße 69/71
19055 Schwerin
Telefon +49 (0)385/5 50 78 36
Telefax +49 (0)385/5 65 52 75

Design Zentrum München
Richard-Strauss-Straße 82
81679 München
Telefon +49 (0)89/92 21 23 11
Telefax +49 (0)89/92 21 23 49
info@d-z-m.de
www.d-z-m.de

Design Zentrum Nordrhein Westfalen
Gelsenkirchener Straße 181
45309 Essen
Telefon +49 (0)201/3 01 04-0
Telefax +49 (0)201/3 01 04-40
info@dznrw.com
www.design-germany.de
www.red-dot.de

Design Zentrum Saar
Schlossbergstraße 54
66798 Wallerfangen/St. Barbara
Telefon +49 (0)6831/6 94 38
Telefax +49 (0)6831/6 94 38

Designzentrum Sachsen e.V.
Grüne Straße 16
01067 Dresden
Telefon +49 (0)351/4 96 57 70
Telefax +49 (0)351/4 96 57 74
post@designzentrumsachsen.de
www.designzentrumsachsen.de

Designzentrum Sachsen-Anhalt GmbH
Franzstraße 164
06842 Dessau
Telefon +49 (0)340/8 82 21 38
Telefax +49 (0)340/8 82 41 40
designdz@aol.com
www.designzentrum-sachsen-anhalt.de

Design Zentrum Thüringen e.V.
Rathenauplatz 6
99423 Weimar
Telefon +49 (0)3643/87 11-0
Telefax +49 (0)3643/87 11-11
design.thueringen@gast.uni-weimar.de

hamburgunddesign
Design fördert Wirtschaft
Frau Dr. Babette Peters
Designbeauftragte Freie und Hansestadt Hamburg
Wirtschaftsbehörde
Große Elbstraße 68
22767 Hamburg
Telefon +49 (0)40/30 62 12 45
Telefax +49 (0)40/30 62 12 46
babette.peters@t-online.de
www.hamburgunddesign.de

iF-International Forum Design GmbH
Design Hannover
Messegelände
30521 Hannover
Telefon +49 (0)511/8 93 24 00
Telefax +49 (0)511/8 93 24 01
info@ifdesign.de
www.ifdesign.de

Institut für Neue Technische Form INTEF
Eugen-Bracht-Weg 6
64287 Darmstadt
Telefon +49 (0)6151/4 80 08
Telefax +49 (0)6151/4 65 53
info@intef.de
www.intef.de

Internationales Design Zentrum Berlin e.V.
Rotherstraße 16
10245 Berlin
Telefon +49 (0)30/29 33 51-0
Telefax +49 (0)30/29 33 51-11
idz@idz.de
www.idz.de

Rat für Formgebung
Ludwig-Erhard-Anlage 1
60327 Frankfurt/Main
Telefon +49 (0)69/74 79 19
Telefax +49 (0)69/74 10 911
info@german-design-council. de
www.german-design-council.de

Museen
Museums

Badisches Landesmuseum
Karlsruhe
Schloss
76131 Karlsruhe
Telefon +49 (0)721/9 26-65 14

Bauhaus-Archiv
Museum für Gestaltung
Klingelhöferstraße 14
10785 Berlin
Telefon +49 (0)30/25 40 02-0

Bauhaus
Gropiusallee 38
06813 Dessau
Telefon +49 (0)340/65 08-2 51

Bremer Landesmuseum für Kunst- und Kulturgeschichte
Focke-Museum
Schwachhauser Heerstraße 240
28213 Bremen
Telefon +49 (0)421/3 61 35 75

Bröhan-Museum
Museum für Jugendstil und Art déco
Schlossstraße 1a
14059 Berlin-Charlottenburg
Telefon +49 (0)30/32 69 06-00

Büromuseum der Stadt Mülheim an der Ruhr
Rathausturm
Friedrich-Ebert-Str. 43
45468 Mülheim
Telefon +49 (0)208/4 55 41 37

Design Haus Darmstadt
Institut für neue technische Form
Eugen-Bracht-Weg 6
64287 Darmstadt
Telefon +49 (0)6151/4 80 08

Deutsches Architektur-Museum
Schaumainkai 43
60596 Frankfurt/Main
Telefon +49 (0)69/21 23 88 44

Deutsches Filmmuseum
Schaumainkai 41
60596 Frankfurt/Main
Telefon +49 (0)69/21 23 88 30

Deutsches Hygiene-Museum
Lingnerplatz 1
01069 Dresden
Telefon +49 (0)351/48 46-0

Deutsches Klingenmuseum
Klosterhof 4
42653 Solingen
Telefon +49 (0)212/2 58 36-0

Deutsches Museum
Museumsinsel 1
80538 München
Telefon +49 (0)89/2 17 91

Deutsches Plakat Museum
Rathenaustraße 2
Theaterpassage
45127 Essen
Telefon +49 (0)201/22 42 66

Deutsches Schiffahrtsmuseum
Hans Scharoun Platz 1
27568 Bremerhaven
Telefon +49 (0)471/4 82 07-0

Deutsches Tapetenmuseum
Brüder-Grimm-Platz 5
34117 Kassel
Telefon +49 (0)651/78 46-1 41

Deutsches Technikmuseum
Trebbiner Straße 9
10963 Berlin
Telefon +49 (0)30/90 25 40

Deutsches Textilmuseum
Andreasmarkt 8
47809 Krefeld
Telefon +49 (0)2151/9 46 94-50

Deutsches Werbemuseum e.V.
Ehrenhof 2
40479 Düsseldorf
Telefon +49 (0)211/4 95 55 80

Die Neue Sammlung
Staatliches Museum für Angewandte Kunst
Prinzregentenstraße 3
80538 München
Telefon +49 (0)89/22 78 44

Formsammlung der Stadt Braunschweig
Städtisches Museum
Am Löwenwall 16
38100 Braunschweig
Telefon +49 (0)531/4 70-45 05

Germanisches Nationalmuseum
Abt. für Design
Kornmarkt 1
90402 Nürnberg
Telefon +49 (0)911/13 31-0

Glasmuseum Frauenau
Am Museumspark 1
94258 Frauenau
Telefon +49 (0)9926/94 00 35

Grassi Museum
Museum für Kunsthandwerk
Johannisplatz 5
04103 Leipzig
Telefon +49 (0)341/2 14 21 75

Gutenberg-Museum
Liebfrauenplatz 5
55116 Mainz
Telefon +49 (0)6131/22 71 20

Haus der Fotographie
Robert-Gerlich-Museum
Burg 1
84489 Burghausen
Telefon +49 (0)8677/47 34

Historisches Museum
Saalgasse 19
60311 Frankfurt/Main
Telefon +49 (0)69/21 23 55 99

Hutmuseum
Museum im Gotischen Haus
Tannenwaldweg 102
61350 Bad Homburg
Telefon +49 (0)6172/3 76 18

Internationales Zeitungsmuseum
Pontstraße 13
52058 Aachen
Telefon +49 (0)241/4 32 45 08

Karl Ernst Osthaus-Museum
Hochstraße 73
58042 Hagen
Telefon +49 (0)2331/2 07 31 38

Kunstgewerbemuseum
Matthaikirchplatz
10785 Berlin
Schloss Köpenick
Schlossinsel
12557 Berlin
Telefon +49 (0)30/20 90 55 55

Kunstsammlungen zu Weimar
Bauhaus-Sammlung
Burgplatz 4
99423 Weimar
Telefon +49 (0)3643/5 46-0

Museum der Deutschen Porzellanindustrie
Freundschaft 2
95691 Hohenberg
Telefon +49 (0)9233/77 22-0

Museum der Dinge
Werkbund-Archiv
Martin-Gropius-Bau
Niederkirchnerstraße 7
10963 Berlin
Telefon +49 (0)30/25 48 69 00

Museum 3. Dimension
Nördlinger Tor
91550 Dinkelsbühl
Telefon +49 (0)9851/63 36

Museum für angewandte Kunst
An der Rechtsschule
50667 Köln
Telefon +49 (0)221/2 57 37 72

Museum für angewandte Kunst
Schaumainkai 17
60596 Frankfurt/Main
Telefon +49 (0)69/21 23 40 37

Museum für Kunst und Gewerbe
Steintorplatz 1
20099 Hamburg
Telefon +49 (0)40/4 28 54-27 32

Museum Industriekultur
Äußere Sulzbacher Straße 62
90491 Nürnberg
Telefon +49 (0)911/2 31 36 48

museum kunst palast
Ehrenhof 5
40479 Düsseldorf
Telefon +49 (0)211/8 96 62 11

Museum Thonet
Gebrüder Thonet GmbH
Michael-Thonet-Straße 1
35066 Frankenberg
Telefon +49 (0)6451/50 80

Mus'ign
Schloß Hollwinkel
32361 Preußisch Oldendorf
Telefon +49 (0)5472/9 40 90

Neues Museum
Staatliches Museum für Kunst und Design in Nürnberg
Luitpoldstraße 5
90402 Nürnberg
Telefon +49 (0)911/2 40 20-0

red dot design museum
Design Zentrum
Nordrhein Westfalen
Gelsenkirchener Straße 181
45309 Essen
Telefon +49 (0)201/3 01 04-0

Rheinisches Industriemuseum
Museum für Industrie- und Sozialgeschichte
Hansastraße 18
46049 Oberhausen
Telefon +49 (0)208/85 79-0

Schloss- und Spielkartenmuseum
Schloss 4
04600 Altenburg
Telefon +49 (0)3447/31 51 93

Schmuckmuseum Pforzheim
Jahnstraße 42
75173 Pforzheim
Telefon +49 (0)7231/39-21 26

Staatliche Kunstsammlung Dresden
Kunstgewerbemuseum
Schloss Pillnitz
01326 Dresden
Telefon +49 (0)351/49 14-0

Stiftung Design-Sammlung Schriefers
c/o Bergische Universität
Hofaue 35–39
42103 Wuppertal
Telefon +49 (0)202/4 39-47 72

Stuhlmuseum
Burg Beverungen
An der Weserbrücke
37688 Beverungen
Telefon +49 (0)5273/3 78 90

Uhrenmuseum Bad Iburg
Am Gografenhof 5
49186 Bad Iburg
Telefon +49 (0)5403/28 88

Vitra Design Museum
Charles-Eames-Straße 1
79576 Weil am Rhein
Telefon +49 (0)7621/7 02 32 00

Zentrum für Außergewöhnliche Museen
Westenriederstraße 26
80331 München
Telefon +49 (0)89/2 90 41 21

Zeppelin-Museum
Zeppelinheim
Kapitän-Lehmann-Staße 2
63263 Neu-Isenburg
Telefon +49 (0)69/69 43 90

100 Beste Plakate
Ausschreibung jährlich
Verband der Grafik-Designer
Rykestraße 2
10405 Berlin

Aktion Plagiarius
Ausschreibung jährlich
busse design ulm GmbH
Nersinger Straße 18
89275 Ulm/Unterelchingen

Australian Design Award
Australian Design Council
P.O. Box 458
AUS-2059 North Sydney NSW

Award for Young Designers
Hellenic Products Design Centre
16 Xenias St.
GR-11528 Athen

Bayerischer Staatspreis für Nachwuchs-Designer
Ausschreibung alle 2 Jahre
c/o Design Forum Nürnberg e.V.
Stadtmauerturm
Marientorgraben 8
90402 Nürnberg

BBC Design Awards
c/o Blueprint
26 Cramer Street
GB-London W1M 3HE

Biennále Brno/Internationale Biennale des Grafikdesigns
Brno Biennale Association
Moravská galerie
Husova 18
CZ–66226 Brno

Biennal of Book Art
Turcianska Galéria
Daxnerova 2
SK-03601 Martin

Biennal of Illustration
Bratislave (BIB)
Pranská, P.O. Box 39
SK-81499 Bratislava

BIO Biennal of Industrial Design
BIO Secretariat
Karunova 4
SLO-1000 Ljubljana

BraunPreis für technisches Design
Ausschreibung alle 2 Jahre
Braun GmbH
Abtlg. für Presse und Öffentlichkeitsarbeit
Frankfurter Straße 145
61476 Kronberg/Ts.

British Design & Art Direction D&AD
9 Graphite Square
Vauxhall Walk
GB-London SE11 5EE

British Design Award
The Design Council
1 Oxendon Street
GB-London SW1Y 4EE

Bundespreis Förderer des Designs
Rat für Formgebung
Postfach 15 03 11
60063 Frankfurt/Main

Bundespreis Produktdesign
Ausschreibung alle 2 Jahre
Rat für Formgebung
Postfach 15 03 11
60063 Frankfurt/Main

busse longlife design award
Ausschreibung alle 3 Jahre
busse design ulm GmbH
Nersinger Straße 18
89275 Ulm/Unterelchingen

Compasso d'Oro/ The Golden Compass Award
Associazione per il Disegno Industriale (ADI)
Via Bramante 29
I-20154 Milano

Concurso »Jovem Designer«
Av. 5 de Outubro 101
P-1000 Lisboa

Design Auswahl
Ausschreibung alle 2 Jahre
Design Center Stuttgart
Willi-Bleicher-Straße 19
70174 Stuttgart

Designer bewerten Design
Ausschreibung jährlich
c/o Deutscher Designer Club e.V. DDC
Schloss Harkotten
48336 Sassenberg

Design-Börse
Design Center Stuttgart
Willi-Bleicher-Straße 19
70174 Stuttgart

Design Effectiveness Awards
Design Business Association
32–28 Saffron Hill
GB-London EC1N 8FH

Design for Europe
Stichting Interieur
Groeningestraat 37
B-8500 Kortrijk

Design Plus Ambiente
Ausschreibung jährlich
Initiative Form und Leben
c/o Messe Frankfurt GmbH
Ludwig-Erhard-Anlage 1
60327 Frankfurt/Main

Designpreis Brandenburg
Ausschreibung alle 2 Jahre
Ministerium für Wirtschaft, Mittelstand und Technologie des Landes Brandenburg
Designinitiative Brandenburg-Berlin
c/o Fachhochschule Potsdam
Pappelallee 8–9
14469 Potsdam

Designpreis des Landes Nordrhein-Westfalen
Ausschreibung alle 2 Jahre
Ministerium für Wirtschaft und Mittelstand, Energie und Verkehr des Landes Nordrhein-Westfalen
c/o Design Zentrum
Nordrhein Westfalen
Gelsenkirchener Straße 181
45309 Essen

Designpreis Mecklenburg-Vorpommern
Ausschreibung alle 2 Jahre
Wirtschaftsministerium Mecklenburg-Vorpommern
Johannes-Stelling-Str. 14
19053 Schwerin

Designpreis Rheinland-Pfalz
Ministerium für Wirtschaft, Verkehr, Landwirtschaft und Weinbau
des Landes Rheinland-Pfalz
Referat 8402
Stiftstraße 9
55116 Mainz

Designpreis und Design-Förderpreis Schleswig-Holstein
Ausschreibung alle 2 Jahre
Ministerium für Wirtschaft, Technologie und Verkehr
des Landes Schleswig-Holstein
Design-Initiative Nord e.V.
c/o Industrie- und Handelskammer zu Kiel
Lorentzendamm 24
24103 Kiel

Design Preis Schweiz
Postfach 1626
CH-4901 Langenthal

Designprijs Rotterdam
Rotterdamse Kunststichting
Mauritsweg 35
NL-3012 JT Rotterdam

Designweek Award
Centaur Publishing Ltd.
St. Giles House
50 Poland Street
GB-London W1V 4AX

Deutscher Verpackungs-wettbewerb
Ausschreibung jährlich
Deutsches Verpackungsinstitut e.V.
Gustav-Meyer-Allee 25
13355 Berlin

Die Anzeige
Kommunikationsverband
Bayern BWF e.V.
Orleansstraße 34
81667 München

Die schönsten Bücher
c/o Stiftung Buchkunst
Sophienstraße 8
60487 Frankfurt/Main

DSM Public Design Award
Ausschreibung alle 3 Jahre
DSM Deutsche Städte-Medien GmbH
Unternehmenskommunikation
Eschenheimer Anlage 33–34
60318 Frankfurt/Main
Telefon +49 (0)69/15 43-2 46

ECOPOSTER
Správa Nár. parku M. Fatra
SK-01302 Gbe Tany

Europäischer Design Preis
Ausschreibung alle 2 Jahre
Nominierungen für die
Bundesrepublik
c/o Rat für Formgebung
Postfach 150311
60063 Frankfurt/Main

European Design Annual
Enquiries Office
4th Floor, Sheridan House
112–116a Western Road
GB–Hove BN3 1DD

European Design Prize
Commission des
Communautées Européennes
Direction Générale XIII
Batiment Jean Monnet B4/106 A
L-2920 Luxembourg

Goed Industrieel Ontwerp
Stichting Goed Industrial
Ontwerp
Bankaplein 3
NL-2585 EV 's-Gravenhage

Good Design
The Chicago Athenaeum
Museum of Architecture and Design
Sixth North Michigan Avenue
USA–Chicago, Illinois 60602

Good Design Award/ G-Mark Selection
Japan Industrial Design Promotion
Organisation (JIDPO)
World Trade Centre Building
Annex 4th Floor
J-Tokyo 105 - 6190

Good Design (GD)
Products Selection
Korea Institute of Industrial
Design and Packaging (KIDP)
Design Center Building
128 Yunkun-dong, Chongro-ku
Seoul 110-460
Republic of Korea

Grand Prix Français du Design
Group Stratégies
15 bis, rue Ernest Renan-BP 62
F-92133 Issy-Les-Moulineaux

Greek Design Award
Hellenic Products Design Centre
16 Xenias St.
GR-11528 Athen

ICAD Awards
The Best of Irish Advertising
and Design
Institute of Irish Advertising
and Design
35 Upper Fitzwilliam Street
IRL-Dublin 2

I.D. Annual Design Review
I.D. The International Design
Magazine
116 East 27th Street, 6th Floor
USA-New York, NY 10016

I.D. Interactive Media Design Review
I.D. The International Design
Magazine
The Interactive Media Design
Review Coordinator
116 East 27th Street, 6th Floor
USA-New York, NY 10016

ID prizen
Danish Design Council
H.C. Andersens Boulevard 18
DK-1553 Copenhagen V

IDEA Industrial Design
Excellence Awards
Industrial Designers Society
of America IDSA
1142 Walker Road
USA-Great Falls, VA 22066

iF Design Awards
Ausschreibung jährlich
iF International Forum Design GmbH
Messegelände
30521 Hannover

Innovationspreis Verpackung
Der Grüne Punkt – Duales System
Deutschland, Gesellschaft für
Abfallvermeidung und Sekun-
därrohstoffgewinnung mbH
Frankfurter Straße 720–726
51145 Köln

6th International Ceramics Competition Mino, Japan
International ceramics Festival
Executive Committee Office
5-68-1 Ueno-Cho
Tajimi City
Gifu Prefecture
J-507-8708 Japan

International Competition »Nagoya Design DO«
International Design Center
Nagoya Inc. IdcN.
International Design Compe-
tition Center Bldg,
18-1, Sakae 3-Chome, Naka-Ku
J-Nagoya, 460

International Design Competition Osaka
Japan Design Foundation
3-1-800, Umeda, 1-Chome, Kita-Ku
J-Osaka, 530-0001

International Furniture Design Competition Asahikawa
Theme: Wooden Furniture
Executive Office
Asahikawa Furniture Industry
Cooperative Office
10-Chome, 2-jo, Nagayama,
Asahikawa, Hokkaido
J-079-8412 Japan

Internationale Poster Biennale Mexico
Trama Visual ac
Fuenta de la Vida 30
Fuentes del Pedregal
Mexico
MEX-14140 DF

Internationale Poster-Biennale Warschau
PB Office
The Poster Museum of Wilanow
u. Wiertnicza 1
PL-02958 Warszawa

Internationaler Design Preis Baden-Württemberg
Design Center Stuttgart
Willi-Bleicher-Straße 19
70174 Stuttgart

Internationaler Nikon Fotowettbewerb
Nikon GmbH
Tiefenbroicher Weg 25
40472 Düsseldorf

Internationaler Wettbewerb
Das Plakat
Kommunikationsverband
Bayern BWF e.V.
Orléansstraße 34
81667 München

Janus de l'Industrie
Industrial Award of Excellence
Institut Français du Design
103, bd Malesherbes
F-75008 Paris

Kodak European Gold Award
Ausschreibung jährlich
Kodak AG
Geschäftsbereich
Professional and Printing
Imaging
70323 Stuttgart

Kodak-Fotobuch-Preis
Ausschreibung jährlich
Kodak AG
Pressestelle
70327 Stuttgart

Kodak-Fotokalender-Preis
Ausschreibung jährlich
Kodak AG
Pressestelle
70327 Stuttgart

Lahti Poster Biennále
Lahden Taidenmuseo
Vesijärvenkatu 11
PL 113
FIN-15111 Lahti 11

Lucky Strike
Designer Award
Ausschreibung jährlich
Raymond-Loewy-Foundation
International
Eppendorfer Weg 111–113
20259 Hamburg

Lucky Strike
Junior Designer Award
Ausschreibung jährlich
Raymond-Loewy-Foundation
International
Eppendorfer Weg 111–113
20259 Hamburg

Medical Design
Excellence Awards
Industrial Designers Society
of America (IDSA)
1142 Walker Road
USA–Great Falls, VA 2206-1836

Merke for God Design
Norwegian Design Council
Riddervolds gate 2
N-0256 Oslo

Mia Seeger Designpreis
Design Center Stuttgart
Willi-Bleicher-Straße 19
70174 Stuttgart

Minerva Awards
Design Review
26 Cramer Street
GB-London W1M 3HE

Moebelprisen
Foreningen Dansk
Moebelindustri
Center Boulevard 5
DK-2300 Kopenhagen S

Nachlux 2002
Nachwuchswettbewerb für
innovatives Lichtdesign
Kirsten Wengmann
Thalkirchner Straße 81
Kontorhaus 2
81371 München

Nivodij Ipari Formaert/ Hungarian Design Excellence
Office of the Hungarian Council
of Industrial Design
Martinelli-ter. 8
H-1374 Budapest Pt. 565

Ökologie und Kommunikation
Ausschreibung jährlich
Kommunikationsverband
Bayern BWF e.V.
Orléansstraße 34
81667 München

Österreichischer Staatspreis für »Gutes Design«
Österreichisches Institut
für Formgebung (ÖIF)
St. Ulrichsplatz 4
A-1070 Wien

Office Design Competition
Eimu (Cosmit / Smau)
Corso Magenta 96
I-20123 Mailand

Oscar du Design
Le Nouvel Economiste
10, rue Guynemer
F-92136 Issy-Les-Moulineaux

Poster Triennal Trnava/TPT
Galéria J. Koniareka
Kopplov kastiel 3
SK-91701 Trnava

Prémio de Design para a industria
Design Prize for Industry
Pólo Tecnológico
do Luminar, Lote
P-1600 Lisboa

Premio Nacional de Diseño Industrial
Spanish National Design Award
Fundacion BCD
Passeig de Gracia 90
E-08008 Barcelona

Premio SMAU
Ente Gestione Mostre Comufficio
Via Serbelloni 7
I-20122 Milano

Premios Delta
ADI/FAD
Brusi, 45
E-08006 Barcelona

Premios Principe Felipe al Diseño industrial
Prince Philip Award
for Industrial Design
Ministerio de Industria
y Energia
Subsecretaria
P. de CasTelefonlana 160
E-28071 Madrid

Premios SIDI
SIDI
Travessera de Dalt 82
E-08024 Barcelona

Product Challenge
Design Business Association
29 Bedford Square
GB-London WC1B 3EG

Produkte des Jahres
Ausschreibung jährlich
Fachverband Kunststoff –
Konsumwaren
Am Hauptbahnhof 12
60329 Frankfurt/Main

Pro Finnish Design Award/ Suomalaisen
muotoilun tuotepalkinto
Design Forum Finland
Fabianinkatu 10
FIN-00130 Helsinki

red dot award: communication design
Ausschreibung jährlich
Design Zentrum
Nordrhein Westfalen
Gelsenkirchener Straße 181
45309 Essen

red dot award: product design
Ausschreibung jährlich
Design Zentrum
Nordrhein Westfalen
Gelsenkirchener Straße 181
45309 Essen

Saarländischer Staatspreis Produktdesign
Ausschreibung alle 2 Jahre
Ministerium für Wirtschaft
und Finanzen des Saarlandes
ZPT Zentrale für Produktivität
und Technologie Saar e.V.
Haus der Saarwirtschaft
Franz-Josef-Röder-Straße 9
66119 Saarbrücken

Sächsischer Staatspreis für Design
Ausschreibung jährlich
Sächsisches Staatsministerium
für Wirtschaft und Arbeit
Designzentrum Sachsen e.V.
Grüne Straße 16
01067 Dresden

Sapporo International Design Competition
Secretariat of Sapporo
International Design
Competition Executive
Committee
Sumitomo Kaijo Sapporo
Bldg. 8F, Nishi 7, Kita 1,Chuo-ku
J-Sapporo 060

Singapore Design Award
Singapore Trade
Development Board
1 Maritime Square 10–40
(Lobby D)
World Trade Centre
Telefonok Blangah Road
Singapore 0409

Sonderschau Form
Ausschreibung jährlich
c/o Messe Frankfurt GmbH
Ludwig-Erhard-Anlage 1
60327 Frankfurt/Main

Spazio Design
Rusconi Editore S.p.A.
Viale Sarca 235
I-20126 Milano

Talwan Good Design Award
China External Trade
Development Council
Design Promotion Center
CETRA Exhibition Hall,
Sung Shan Airport Terminal
340 Tum Hua N. Road
Taipei, Taiwan, R.O.C.

TDC Award
for Typographic Excellence
Type Directors Club
60 East 42 Street Suite 721
USA–New York, NY 101165-0799

The International Design Competition
c/o Cosmosquare International
Design Competition Secretariat
WTC Bldg,
1-14-16 Nanko-Kita
Suminoe-ku
J-Osaka 559

The Modern Journey - Accessibility on Public Transport Nordic Design Competition
The Nordic Council on Disability
Policy
S-Vällingby

Theo Limpergprijs
Stichting het Nederlands
Vormgevingsinstituut
Postbus 15797
NL-1001 NG Amsterdam

Thüringer Preis für Produktdesign
Ausschreibung jährlich
Thüringer Ministerium für
Wirtschaft und Infrastruktur
Design Zentrum Thüringen
Rathenauplatz 6
99423 Weimar

Utmärkt Svensk Form
Svensk Form
(The Swedish Society
of Crafts and Design)
Renstiernsgata 12
S-11628 Stockholm

Index

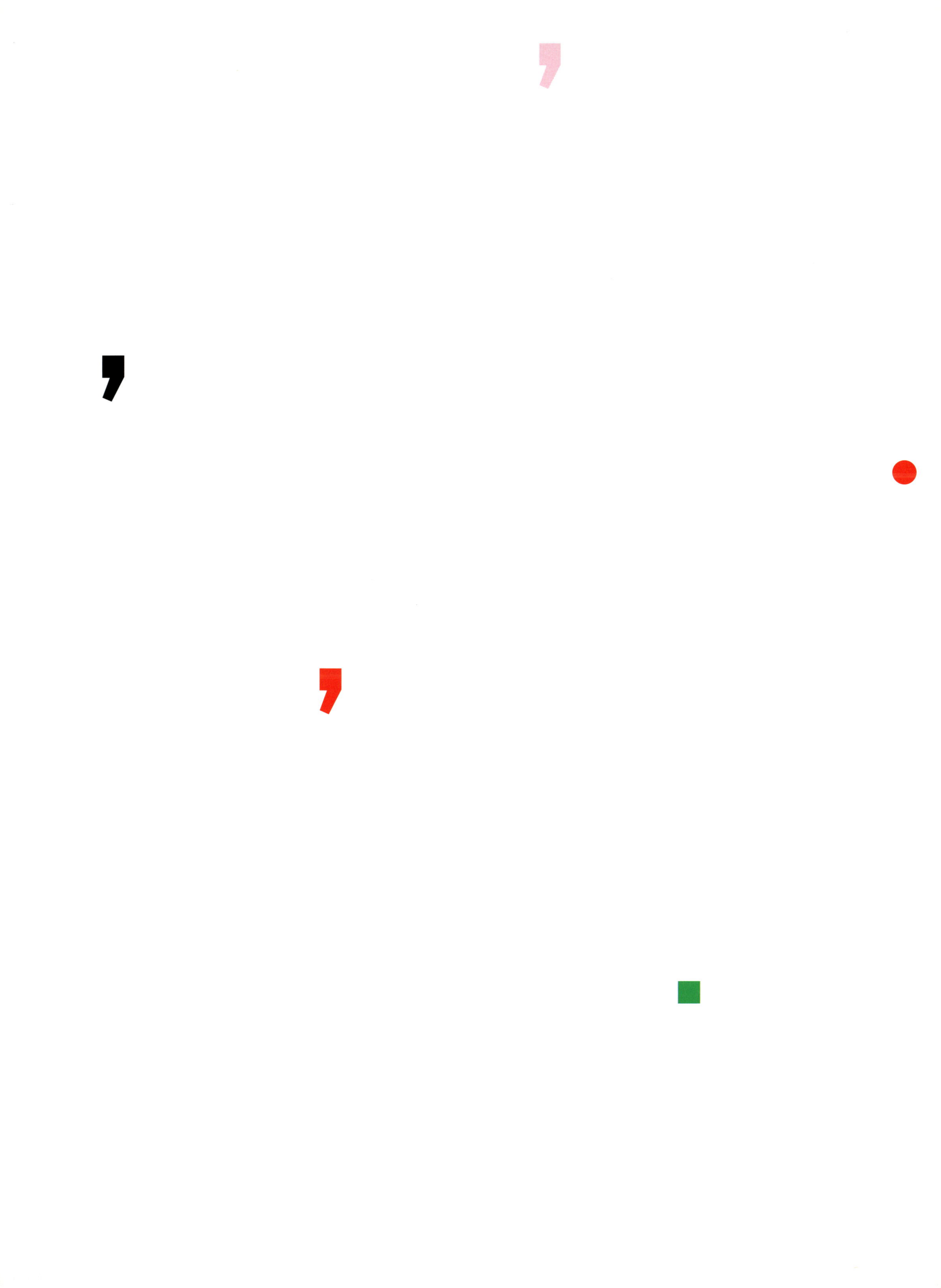

A

AGENTA Werbeagentur
Annette-Allee 41
48149 Münster
Telefon +49 (0)251/53 05-0
Telefax +49 (0)251/53 05-195
dialog@agenta.de
www.agenta.de
> S. 458

Agentur Richter
Augustenstraße 33, RGB
80333 München
Telefon +49 (0)89/54 27 87-0
Telefax +49 (0)89/54 27 87-27
a.richter@agentur-richter.com
www.agentur-richter.com
> S. 460

AGI
Think Tank Task Force
Agency GmbH
Hohnerstraße 23
70469 Stuttgart
Telefon +49 (0)711/49 03 20 0
Telefax +49 (0)711/49 03 20 150
web@agi.de
www.agi.de
> S. 430

Altmayer Design
Schachtstraße 9-11
66740 Saarlouis
Telefon+49 (0)6831/8 78 53
Telefax +49 (0)6831/8 78 53
info@altmayer-design.de
www.altmayer-design.de
> S. 32

Studio Ambrozus
Bismarckstraße 50
50672 Köln
Telefon +49 (0)221/510 20 03
Telefax +49 (0)221/510 30 88
welcome@studioambrozus.de
www.studioambrozus.de
> S. 34

Anna B. Design
Erkelenzdamm 11–13
10999 Berlin
Telefon +49 (0)30/6 94 83 81
Telefax +49 (0)30/6 92 25 96
mail@annabdesign.de
www.annabdesign.de
> S. 224

arc multimediaproduction
Krautmühlenweg 8
52066 Aachen
Telefon +49 (0)241/57 52 54
Telefax +49 (0)241/4 01 25 16
info@arcmmp.com
www.arcmmp.com
> S. 432

arche design
Himmelreichallee 51
48149 Münster
Telefon +49 (0)251/98 29 707
Telefax +49 (0)251/98 29 717
Mobil +49 (0)171/69 07 880
piltz@arche-design.de
www.arche-design.de
> S. 36

B

Design Ballendat
Maximilianstraße 15
84359 Simbach am Inn
Telefon +49 (0)8571/6 05 66-11
Telefax +49 (0)8571/6 05 66-6
office@ballendat.de
www.ballendat.de

Linzer Straße 22
A-4950 Altheim
Telefon +43 7723/4 44 21
Telefax +43 7723/4 44 22
office@ballendat.de
www.ballendat.de
> S. 40

Barski Design
Hanauer Landstraße 48a
60314 Frankfurt/Main
Telefon +49 (0)69/94 41 90 70
Telefax +49 (0)69/94 41 90 80
hello@futuredesignlab.com
www.futuredesignlab.com
> S. 42

bauwerkstadt
Karsten Winkels
Leibnizstraße 8a
44147 Dortmund
Telefon +49 (0)231/7 28 29 98
Telefax +49 (0)231/7 28 29 82
mail@bauwerkstadt.net
www.bauwerkstadt.net
> S. 44

Klaus Begasse
Kornbergstraße 36
70176 Stuttgart
Telefon +49 (0)711/2 99 84 74
Telefax +49 (0)711/2 99 84 75
info@begasse.de
> S. 46

beierarbeit
Sattelmeyerweg 1,
Hof Meyer zu Eissen
33609 Bielefeld
Telefon +49 (0)521/7 87 10 30
Telefax +49 (0)521/7 87 11 31
info@beierarbeit.de
www.beierarbeit.de
> S. 226, 462

B/F Industrial Design
Johannisstraße 3
90419 Nürnberg
Telefon +49 (0)911/93 36 97-0
Telefax +49 (0)911/93 36 97-50
bf@bf-design.de
www.bf-design.de
> S. 38

BIBS Industrial DESIGN
CONSULTANCY
Westendstraße 147 RGB
80339 München
Telefon +49 (0)89/50 02 83 30
Telefax +49 (0)89/50 02 83 32
info@bibs-design.de
www.bibs-design.de
> S. 48

Birnbach Design
Studio für Konzeption
und visuelle Gestaltung
Thomas-Mann-Straße 41
53111 Bonn
Telefon +49 (0)228/65 18 65
Telefax +49 (0)228/65 18 88
hb@birnbach-design.de
> S. 228

Dieter Blase
Atelier für Kommunikationsdesign
Sunnenbrink 21
48629 Metelen
Telefon +49 (0)2556/99 75 15
Telefax +49 (0)2556/99 75 16
grafikfotodesign@compuserve.de
> S. 230

Lothar Böhm GmbH
Grosse Elbstraße 281
22767 Hamburg
Telefon +49 (0)40/39 10 08-0
Telefax +49 (0)40/39 10 08-44
de@boehm-design.com
www.boehm-design.com
> S. 232

Brösske, Meyer & Ruf
Design-Agentur Düsseldorf
Adlerstraße 74
40211 Düsseldorf
Telefon +49 (0)211/17 97 0
Telefax +49 (0)211/17 97 111
infobmr@bmr-design.de
www.bmr-design.de
> S. 234

Barbara Buderath
Fotodesign
Im Blankenfeld 6
46238 Bottrop
Telefon +49 (0)2041/4 58 43
Telefax +49 (0)2041/70 63 64
buderath.fotodesign@t-online.de
> S. 400

Vision & Gestalt
Prof. Bernhard E. Bürdek
Darmstädter Straße 26a
63179 Obertshausen
Telefon +49 (0)6104/97 10 31
Telefax +49 (0)6104/97 10 32
buerdek@em.uni-frankfurt.de
b.e.b.@gmx.de
> S. 50

Büro für Gestaltung
Christoph Burkhardt, Albrecht Hotz
Domstraße 81
63067 Offenbach
Telefon +49 (0)69/88 14 24
Telefax +49 (0)69/88 14 23
mail@bfg-im-netz.de
www.bfg-im-netz.de
> S. 236

Büro für Gestaltung
Peter Schweizer
Friedenstraße 95
71636 Ludwigsburg
Telefon +49 (0)7141/44 25 0
Telefax +49 (0)7141/44 25 25
pschweizer@buero-fuer-gestaltung.de
www.buero-fuer-gestaltung.de
> S. 238, 434

Büro Longjaloux GmbH
Warndtstraße 7
42285 Wuppertal
Telefon +49 (0)202/280 51 0
Telefon +49 (0)202/280 51 37
Buero_Longjaloux@t-online.de
www.buero-longjaloux.de
> S. 240

Büro X Kommunikation GmbH
Mönckebergstraße 10
20095 Hamburg
Telefon +49 (0)40/44 80 40 0
Telefax +49 (0)40/44 80 40 44
info@buerox.de
www.buerox.de
> S. 242, 464

Atelier Bunz GmbH
Obere Bergstraße 16
75335 Dobel
Telefon +49 (0)7083/92 28 0
Telefax +49 (0)7083/92 28 11
bunz.collection@t-online.de
www.bunz.de
> S. 496

busse design ulm gmbh
Nersinger Straße 18
89275 Elchingen/Unterelchingen
Telefon +49 (0)7308/8 18 0
Telefax +49 (0)7308/8 18 99
bdu@busse-design-ulm.de
www.busse-design-ulm.de
www.busseonline.de
Print- Webdesign:
busse design
www.bussedesign.com
> S. 52

Buttgereit und Heidenreich
Strategie. Kommunikation. Design.
Turmstraße 34
45721 Haltern am See
Telefon +49 (0)2364/93 80 0
Telefax +49 (0)2364/93 80 19
mail@b-und-h.de
www.b-und-h.de
www.7-k.de
> S. 244

C

Carrots AG
Corporate Communications
Kölner Straße 259
51149 Köln
Telefon +49 (0)2203/18 91 00
Telefax +49 (0)2203/18 91 99
info@carrots.de
www.carrots.de
> S. 246

causa formalis informationsdesign
Agentur für
Unternehmenskommunikation
Brüsseler Platz 15
50674 Köln
Telefon +49 (0)221/9 52 26 00
Telefax +49 (0)221/9 52 26 05
info@causa-formalis.de
www.causa-formalis.de
> S. 248

Atelier CBK
Claudia Bärbel Kirsamer
Schanzweg 6/Trailfingen
72525 Münsingen
Telefon +49 (0)7381/83 70
Telefax +49 (0)7381/12 19
atelier.cbk@t-online.de
www.service-network.de/cbk.htm
> S. 250

COR Sitzmöbel
Helmut Lübke GmbH & Co.
Nonenstraße 12
33378 Rheda-Wiedenbrück
Telefon +49 (0)5242/4 10 20
Telefax +49 (0)5242/4 10 21 34
info@cor.de
www.cor.de
> S. 54

counterpart
agentur für kommunikation gmbh
Herwarthstraße 5
Telefon +49 (0)221/95 14 41-0
Telefax +49 (0)221/95 14 41-20
agentur@counterpart.de
www.counterpart.de
> S. 466

creativ partner
Agentur für Werbung GmbH
Leostraße 6
40545 Düsseldorf
Telefon +49 (0)211/55 22 11 00
Telefax +49 (0)211/55 22 11 33
hilfe@cp-online.de
www.cp-online.de
> S. 468

cyclos design gmbh
Otto-Hahn-Straße 36
48161 Münster
Telefon +49 (0)2534/97 41 0
Telefax +49 (0)2534/97 41 20
info@cyclos-design.de
www.cyclos-design.de
> S. 254

D

Dahlmann Kommunikation GmbH
Böhler Weg 24c
42285 Wuppertal
Telefon +49 (0)202/59 38 38
Telefax +49 (0)202/59 39 13
dahlmann.kommunikation@wtal.de
www.dahlmann-kommunikation.de
> S. 470

Carl Dau Schmuck
Hohentwielsteig 10
14163 Berlin
Telefon +49 (0)30/80 99 55 0
Telefax +49 (0)30/80 99 55 44
dau.dau@t-online.de
www.dau-berlin.com
> S. 498

dasign Kommunikation
Holzhofallee 21
64295 Darmstadt
Telefon +49 (0)6151/1 30 99 0
Telefax +49 (0)6151/1 30 99 13
info@dasign.de
www.dasign.de
> S. 256

Designbüro Irmgard Sonnen
Nordstraße 22
40477 Düsseldorf
Telefon +49 (0)211/4 98 26 56
Telefax +49 (0)211/4 91 27 05
IrmgardSonnen@compuserve.com
www.designbüro-sonnen.de
> S. 258

Design for Business AG
Goethestraße 8–10
40237 Düsseldorf
Telefon +49 (0)211/9 91 42 0
Telefax +49 (0)211/6 80 35 86
info@designforbusiness.de
www.designforbusiness.de
> S. 260

Design für Communication
Prof. Dipl.-Des.
Helmut M. Schmitt-Siegel
Kronprinzenstraße 62
40217 Düsseldorf
Telefon +49 (0)211/99 40 50
Telefax +49 (0)211/99 40 510
mail@schmitt-siegel.de
www.design-therapie.de
> S. 262

Designgruppe Flath & Frank
Haimhauserstraße 4
80802 München
Telefon +49 (0)89/39 55 11
Telefax +49 (0)89/39 76 21
office@designgruppe.de
www.designgruppe.de
> S. 62

Design Hoch Drei
Hallstraße 25a
70376 Stuttgart
Telefon +49 (0)711/55 03 77 30
Telefax +49 (0)711/55 03 77 55
info@design-hoch-drei.de
www.design-hoch-drei.de
> S. 266

Designkontor
Geschäftsführung Hamburg
Stresemannstraße 374
22761 Hamburg
Telefon +49 (0)40/89 93 01 0
Telefax +49 (0)40/89 64 84
info@designkontor.de
www.designkontor.de

Aurikelstraße 4
82031 München-Grünwald
Telefon +49 (0)89/64 91 12 05
Telefax +49 (0)89/64 91 12 06
info@designkontor.de
www.designkontor.de
> S. 64

DESIGN.MATTIS
Karlstraße 96
64285 Darmstadt
Telefon +49 (0)6151/6 50 01
Telefax +49 (0)6151/6 50 02
mattis@design-mattis.de
www.design-mattis.de
> S. 60

Mark Diaper + Birgit Eggers
Grafik Design
Kiefholzstraße 2
12435 Berlin
Telefon +49 (0)30/61 07 43 74
Telefax +49 (0)30/61 07 43 74
be.md@t-online.de
> S. 270

Brigitte Doege Design
Kreuzlingerforststraße 5
82131 Gauting
Telefon +49 (0)89/8 50 19 12
Telefax +49 (0)89/8 50 18 15
brigitte.doege@t-online.de
> S. 482

D-Team Design GmbH
St. Annastraße 27
86938 Schondorf am Ammersee
Telefon +49 (0)8192/74 66
Telefax +49 (0)8192/10 47
d-team@t-online.de
www.d-team.de
> S. 56

Design Tech
Zeppelinstraße 53
72119 Ammerbuch
Telefon +49 (0)7073/91 89 0
Telefax +49 (0)7073/91 89 17
info@designtechschmid.de
www.designtechschmid.de
> S. 58

Design Unlimited GmbH & Co. KG
Brand Success Agency
Frankfurter Straße 69–71
61118 Bad Vilbel
Telefon +49 (0)6101/98 36 0
Telefax +49 (0)6101/98 36 36
info@design-unlimited.net
www.design-unlimited.net
> S. 268

Dialogform GmbH
Wallbergstraße 3
82024 Taufkirchen
Telefon +49 (0)89/6 12 82 51
Telefax +49 (0)89/6 12 82 53
dialogform@t-online.de
> S. 66

dingfest design
Else-Lasker-Schüler-Straße 47
42107 Wuppertal
Telefon +49 (0)202/245 73 0
Telefax +49 (0)202/245 73 42
info@dingfest.de
www.dingfest.de
> S. 68

E

E
Schlesische Straße 26-dIII
10997 Berlin
Telefon +49 (0)30/61 78 95 70
Telefax +49 (0)30/61 78 95 76
mail@contact-e.com
www.contact-e.com
> S. 272

Eckstein Product Design
Theo-Prosel-Weg 14
80797 München
Telefon +49 (0)89/38 38 07-10
Telefax +49 (0)89/38 38 07-90
info@eckstein-design.com
www.eckstein-design.com
> S. 70

eisele kuberg design
Oderstraße 1
89231 Neu-Ulm
Telefon +49 (0)731/9 80 75 55
Telefax +49 (0)731/9 80 75 56
info@eiselekubergdesign.de
www.eiselekubergdesign.de
> S. 72

e.sens.e GmbH
Alte Kreisstraße 22a
76149 Karlsruhe
Telefon +49 (0)721/7 88 08 62
Telefax +49 (0)721/7 88 08 64
info@e-sens-e.de
www.e-sens-e.de
> S. 438

F

Fabian Industrie-Design
Relaisstraße 183
68219 Mannheim
Telefon +49 (0)621/89 73 55
Telefax +49 (0)621/89 72 74
fabian@fabian-industriedesign.de
www.fabian-industriedesign.de
> S. 76

Factor Product, München
Designagentur GmbH
Comeniusstraße 1 RGB
81667 München
Telefon +49 (0)89/48 92 78 10
Telefax +49 (0)89/48 92 78 11
contact@factor-product.com
www.factor-product.com
> S. 78, 274, 440

Festo Corporate Design
Heugasse 1
73728 Esslingen
Telefon +49 (0)711/3 47 38 80
Telefax +49 (0)711/3 47 38 99
tem@festo.com
www.festo.com/
pneumatic_structures
> S. 80, 276, 484

f/p design gmbh
Schweizer Straße 7
60594 Frankfurt/Main
Telefon +49 (0)69/61 99 18 08
Telefax +49 (0)69/61 99 18 09
info@fp-design-gmbh.com
www.fp-design-gmbh.com
> S. 74

FORM 3
Industrie und Fahrzeugdesign GbR
Im Unteren Ried 32
75382 Althengstett
Telefon +49 (0)7051/93 34 60
Telefax +49 (0)7051/93 34 80
design.form3@t-online.de
> S. 82

Formium
Leinzeller Straße 14
73527 Täferrot
Telefon +49 (0)7175/99 91 20
Telefax +49 (0)7175/99 91 220
info@formium.de
www.formium.de
> S. 84

Franklin Schmitt
Werbeagentur GmbH
Hamburger Straße 61
44135 Dortmund
Telefon +49 (0)231/57 75 11
Telefax +49 (0)231/55 12 14
info@franklinschmitt.com
www.franklinschmitt.com
> S. 472

freitagundhäussermann
Gestaltungsagentur
Zeppelinweg 1/1
73525 Schwäbisch Gmünd
Telefon +49 (0)7171/92 90 88
Telefax +49 (0)7171/92 90 87
info@freitagundhaeussermann.de
www.freitagundhaeussermann.de
> S. 280

frogdesign gmbh
Neuer Zollhof
40221 Düsseldorf
Telefon +49 (0)211/30 20 34 0
Telefax +49 (0)211/30 20 34 36
info@frogdesign.de
www.frogdesign.com
> S. 86

G

Angela Gambke
Grafik-Design
Denkmalweg 2
51643 Gummersbach
Telefon +49 (0)2261/6 72 61
Telefax +49 (0)2261/6 59 16
a.gambke@oberberg-online.de
www.go-to.de/sign/ag
> S. 282

Christof Gassner
Irenenstraße 7
64293 Darmstadt
Telefon +49 (0)6151/2 51 50
Telefax +49 (0)6151/2 51 53
gassner@dialup.nacamar.de
> S. 284

Lutz Gathmann PRODUKT/DESIGN
Nagelsweg 41
40474 Düsseldorf
Telefon +49 (0)211/45 29 19
Telefax +49 (0)211/45 29 06
info@lutz-gathmann.de
www.lutz-gathmann.de
> S. 88

GDC Grafik Design Konzeption
Fraunhoferstraße 3
90409 Nürnberg
Telefon +49 (0)911/2 87 63 87
Telefax +49 (0)911/2 87 63 88
uli@gdc-knauer.de
www.gdc-knauer.de
> S. 286

Giffhorn und Serres Design
Besenbruchstraße 16
42285 Wuppertal
Telefon +49 (0)202/89 88 16
Telefax +49 (0)202/89 88 17
info@giffhorn-serres.de
www.giffhorn-serres.de
> S. 288

glas ag
Projekt- und Unternehmenskommunikation
Zeppelinweg 7
64342 Seeheim-Jugenheim
Telefon +49 (0)6257/96 29 29
Telefon +49 (0)6257/96 29 28
mail@glas-ag.com
www.glas-ag.com
> S. 290

Grafik designbuero
Andrea Franzmann
Bruchstraße 31
32756 Detmold
Telefon +49 (0)5231/93 33 31
Telefax +49 (0)5231/93 33 29
a.franzmann@grafikdesignbuero.de
www.grafikdesignbuero.de
> S. 292

Tassilo von Grolman Design GmbH
Feldbergstraße 27–29
61440 Oberursel
Telefon +49 (0)6171/40 39
Telefax +49 (0)6171/41 46
info@tassilo-von-grolman.de
www.tassilo-von-grolman.de
> S. 90

Grosse Designer und Partner
Prof. Gisela Grosse
Kahlertstraße 5
64293 Darmstadt
Telefon +49 (0)6151/2 34 44
Telefax +49 (0)6151/2 33 36
info@grossedesign.de
www.grossedesign.de
> S. 294

H

Haase & Knels
Atelier für Gestaltung
Am Landherrnamt 8
28195 Bremen
Telefon +49 (0)421/3 34 98-0
Telefax +49 (0)421/3 34 98-33
info@haase-und-knels.de
www.haase-und-knels.de
www.hopper-intermedia.de
> S. 296

häfelinger+wagner design
Annette Häfelinger, Frank Wagner
Erhardtstraße 8
80469 München
Telefon +49 (0)89/20 25 75 0
Telefax +49 (0)89/20 23 96 96
frontdesk@hwdesign.de
www.hwdesign.de
> S. 298

hammer.runge
Gillbachstraße 84
41466 Neuss
Telefon +49 (0)2131/94 93 00
Telefax +49 (0)2131/94 93 01
hammer.runge@designpartner.de
www.designpartner.de
> S. 94

Hartmann+Hartmann
Industriedesign und Werbeagentur
GmbH
Bürgermeister-Fischer-Straße 9–11
86150 Augsburg
Telefon +49 (0)821/34 308-0
Telefax +49 (0)821/34 308-13
info@hartmannundhartmann.com
www.hartmannundhartmann.com
> S. 96, 300

Haverkamp Industrie-Design
Hohlbachweg 2
46569 Hünxe
Telefon +49 (0)2858/20 95
Telefax +49 (0)2858/78 70
haverkamp.design@t-online.de
www.haverkamp-design.de
> S. 98

Stefan Heiliger Design
Prof. Stefan Heiliger
Alt Fechenheim 111
60386 Frankfurt/Main
Telefon +49 (0)69/4 19 69 29
Telefax +49 (0)69/4 19 69 30
office@heiliger-design.de
www.heiliger-design.de
> S. 100

heithoff identity
Berater und Gestalter
Consultants and Designers
Rothenburg 16
48143 Münster
Telefon +49 (0)251/4 14 84-0
Telefax +49 (0)251/4 14 84-24
kontakt@heithoff.de
www.heithoff-identity.com
> S. 302

Studio Andreas Heller GmbH
Theresienstieg 11
22085 Hamburg
Telefon +49 (0)40/47 10 38 0
Telefax +49 (0)40/47 10 38 38
design@studio-andreas-heller.de
www.studio-andreas-heller.de
> S. 102, 304

Jörg Hempel
Photodesign
Ludwigsallee 59
52062 Aachen
Telefon +49 (0)241/9 10 82 61
Telefax +49 (0)241/9 10 82 63
info@joerg-hempel.com
www.joerg-hempel.com
> S. 402

Henssler und Schultheiss
Fullservice Productdesign GmbH
Weissensteiner Straße 28
73525 Schwäbisch Gmünd
Telefon +49 (0)7171/92 74 20
Telefax +49 (0)7171/92 74 242
henssler-schultheiss@t-online.de
www.henssler-schultheiss.de
> S. 104

Norbert Herrmann
Maler & Grafik-Designer
Gartenstraße 7
69436 Schönbrunn/Schwanheim
Telefon +49 (0)6262/15 69
Telefax +49 (0)6262/53 28
Herrmann.Kunst@t-online.de
www.herrmannkunst.de
> S. 306

Hesse
Am Karlsbad 15
10785 Berlin
Telefon +49 (0)30/25 75 74-0
Telefax +49 (0)30/25 75 74-20
info@hesse-design.de
www.hesse-design.de

Düsseldorfer Straße 16
40699 Erkrath
Telefon +49 (0)211/28 07 20-0
Telefax +49 (0)211/28 07 20-20
info@hesse-design.de
www.hesse-design.de
> S. 308, 442

Heye+Partner GmbH
Ottobrunner Straße 28
82008 Unterhaching
Telefon +49 (0)89/6 65 32 00
Telefax +49 (0)89/6 65 32 112
info@heye.de
www.heye.de
> S. 474

h&h design GmbH
Selbecker Straße 166a
58091 Hagen
Telefon +49 (0)2331/78 40 31
Telefax +49 (0)2331/78 40 38
info@design-h2.de
www.design-h2.de
> S. 92

Fons Matthias Hickmann
Kommunikations Design
Mariannenplatz 23
10997 Berlin
Telefon +49 (0)30/69 51 85 01
Telefax +49 (0)30/69 51 85 11
hickmann@kairos.to
grotrian@kairos.to
www.kairos.to
www.fonshickmann.de
> S. 310

Holbeck Kommunikationsdesign
Lüderichstraße 2–4
51105 Köln
Telefon +49 (0)221/8 30 66 20
Telefax +49 (0)221/8 30 66 21
holbeck@holbeck-design.de
www.holbeck-design.de
> S. 312

Fried Hoven Corporaid
Corporate Design
Alte Pumpstation, Hahner Str. 22
52076 Aachen
Telefon +49 (0)2408/50 51
Telefax +49 (0)2408/50 52
info@corporaid.de
www.corporaid.de
> S. 314

frank huster
Prof. Frank Huster
freier Architekt
Eltviller Straße 18
65197 Wiesbaden
Telefon +49 (0)611/4 73 77
Telefax +49 (0)611/4 77 47
fhuster1@aol.com
www.frankhuster.de
> S. 106

I

idea-company
Im Unterschofen 48
77963 Schwanau
Telefon +49 (0)7824/23 64
Telefax +49 (0)7824/34 47
frenzer@t-online.de
www.idea-company.de
> S. 316

iDS Industrial Design Studio
Peutestraße 53a
20539 Hamburg
Telefon +49 (0)40/78 07 07 66
Telefax +49 (0)40/78 07 07 67
iDS-Hamburg@t-online.de
www.iDS-Hamburg.de
> S. 110

incorporate
communication+design GmbH
Münzstraße 13
10178 Berlin
Telefon +49 (0)30/28 48 51-0
Telefax +49 (0)30/28 48 51-10
info@incorporate.de
www.incorporate.de

Ostertorsteinweg 70–71
28203 Bremen
Telefon +49 (0)421/7 90 67-0
Telefax +49 (0)421/7 90 67-2
info@incorporate.de
www.incorporate.de
> S. 318

Indigo Design Group
Dorfstraße 40a
85375 Neufahrn
Telefon +49 (0)8165/6 72 84
Telefax +49 (0)8165/6 72 86
indigodesign@t-online.de
www.indigodesign.de
> S. 108

Interbrand Zintzmeyer & Lux
Weinsbergstraße 118a
50823 Köln
Telefon +49 (0)221/9 51 72-0
Telefax +49 (0)221/9 51 72-100
postoffice@interbrand.de
www.interbrand.ch
> S. 320

IP industrielle produkte
Hans Joachim Krietsch gmbH
Schwarzhaupt Straße 10
80939 München
Telefon +49 (0)89/3 11 99 41-43
Telefax +49 (0)89/3 11 60 61
sekretariat@ipgmbh.com
> S. 112

J

Elisabeth Marianne Jansen
Künstlerin, Illustratorin, Designerin
Oberdorf 43
53804 Much
Telefon +49 (0)2245/44 38
Telefax +49 (0)2245/58 07
jansendesign@tronet.de
www.elisabeth-m-jansen.com
> S. 322

Junge & Kleschnitzki
Konzept, Image, Design
Liegnitzer Straße 2
58454 Witten
Telefon +49 (0)2302/88 89 45
Telefax +49 (0)2302/88 89 47
mail@junge-kleschnitzki.de
www.junge-kleschnitzki.de
> S. 324

justblue.design
Königstraße 16a
22767 Hamburg
Telefon +49 (0)40/38 60 33-0
Telefax +49 (0)40/38 60 33-11
info@justblue.de
www.justblue.de
> S. 114

K

Klaus Kampert
Fotografie (BFF)
Oberkasseler Straße 108
40545 Düsseldorf
Telefon +49 (0)211/5 59 50 50
Telefax +49 (0)211/5 59 50 51
mail@klauskampert.de
www.klauskampert.com
> S. 404

Michael Kimmerle
Art Direction+Design
Am Bopserweg 1b
70184 Stuttgart
Telefon +49 (0)711/48 10 26
Telefax +49 (0)711/48 10 60
Mi@kimmerle.de
www.kimmerle.de
> S. 326

Kirsch Kürmann Design
Konzeption, Gestaltung und
Illustration GbR
Seydlitzstraße 36
44263 Dortmund
Telefon +49 (0)231/41 59 47
Telefax +49 (0)231/41 59 49
info@kirschkuermann.de
www.kirschkuermann.de
> S. 328

Prof. Josef Paul Kleihues
U+S Design
Holsterbrink 12
48249 Dülmen-Rorup
Telefon +49 (0)2548/93 03-0
Telefax +49 (0)2548/93 03-77

Fasanenstraße 26
10719 Berlin
Telefon +49 (0)30/80 90 56 90
> S. 116

Michael von Klein
Industrial & Transportation Design
Hindenburgstraße 18
71149 Bondorf
Telefon +49 (0)7457/9 17 17
Telefax +49 (0)7457/9 17 18
michael-von-klein@z.zgs.de
> S. 118

Prof. Odo Klose & Partner
Friedrich-Engels-Allee 254
42285 Wuppertal
Telefon +49 (0)202/8 40 63
Telefax +49 (0)202/8 88 21
Klosepartner@t-online.de
> S. 120

KMS
Deroystraße 3–5
80335 München
Telefon +49 (0)89/49 04 11 0
Telefax +49 (0)89/49 04 11 49
info@kms-team.de
www.kms-team.de
> S. 122, 330

Claus Koch
Corporate Communications GmbH
Kaistraße 18
40221 Düsseldorf
Telefon +49 (0)211/301 02 0
Telefax +49 (0)211/301 02 20
info@clauskoch.de
www.clauskoch.de
> S. 332

Korrenn Design
Dipl. Des. Jolan Korrenn
Freischaffende Designerin
Geschäftsführerin
NeuLand Werbeagentur

Rumorknechtsweg 3
97286 Sommershausen
Telefon +49 (0)9333/9 98 97
Telefax +49 (0)9333/90 26 76
jolankorrenn@t-online.de
www.korrenndesign.de
> S. 486

KSP Engel und Zimmermann GmbH
Konrad-Adenauer-Ufer 83
50668 Köln
Telefon +49 (0)221/20 80 30
Telefax +49 (0)221/20 80 338
info@ksp-architekten.de
www.ksp-architekten.de

Hanauer Landstraße 287–289
60314 Frankfurt/Main
Telefon +49 (0)69/94 43 94 0
Telefax +49 (0)69/94 43 94 38
info@ksp-architekten.de
www.ksp-architekten.de
> S. 124

Atelier Kai Krippner
Ober-Ramstädter-Straße 96
64367 Mühltal
Telefon +49 (0)6151/14 71 25
Telefax +49 (0)6151/14 12 72
email@atelier-krippner.de
www.atelier-krippner.de

> S. 334

Nora Kühner
mode, design, styling
Rottmannstraße 24
80333 München
Telefon +49 (0)89/52 83 90
Telefax +49 (0)89/52 83 90
Kuehner.ReissSchmidt@t-online.de
> S. 488

Kurz Kurz Design
Geschäftsführung
Engelsberg 44
42697 Solingen
Telefon +49 (0)212/33 69 83
Telefax +49 (0)212/33 71 98
info@kurz-kurz-design.de
www.kurz-kurz-design.de
> S. 126

KW43
brandbuilding and design
Gladbacher Straße 74
40219 Düsseldorf
Telefon +49 (0)211/55 77 83 10
Telefax +49 (0)211/55 77 83 33
contact@kw43.de
www.kw43.de
> S. 336, 476

L

Studio Laeis
Christoph Laeis
Marienburger Straße 32
50968 Köln
Telefon +49 (0)221/38 00 71
Telefax +49 (0)221/37 27 44
info@laeis.de
www.laeis.de
> S. 338

Hans Jürgen Landes
Fotodesign
Neuer Graben 9
44139 Dortmund
Telefon +49 (0)231/7 21 21 48
Telefax +49 (0)231/7 21 21 49
Landesfoto@aol.com
> S. 406

Annette Lang Product Design
Alwinenstraße 14
65189 Wiesbaden
Telefon +49 (0)611/37 63 45
Telefax +49 (0)611/37 19 91
annettlang@aol.com
> S. 128

Lengyel Design
Rellinghauser Straße 332
45136 Essen
Telefon +49 (0)201/8 95 36 0
Telefax +49 (0)201/8 95 36 11
info@lengyel.de
www.lengyel.de
> S. 130

Ligalux GmbH
Medienpool Waterloohain 5
22769 Hamburg
Telefon +49 (0)40/8 99 69 92 00
Telefax +49 (0)40/8 99 69 92 10
mailbox@ligalux.de
www.ligalux.de
> S. 340

Prof. Armin Lindauer
Philippistraße 10
14059 Berlin
Telefon +49 (0)171/9 95 69 74
a.lindauer@fh-mannheim.de

Meerwiesenstraße 42
68163 Mannheim
Telefon +49 (0)621/2 92 61 60
a.lindauer@fh-mannheim.de
> S. 342

Prof. Uwe Loesch
Arbeitsgemeinschaft
für visuelle und verbale
Kommunikation
Kaiser-Friedrich-Ring 38
40545 Düsseldorf
Telefon +49 (0)211/55 84 8
Telefax +49 (0)211/55 84 610
uwe.loesch@t-online.de
> S. 344

M

ma design
industrial design
interaction design
Düvelsbeker Weg 12
24105 Kiel
Telefon +49 (0)431/8 00 02-0
Telefax +49 (0)431/8 00 02-12
info@ma-design.de
www.ma-design.de
> S. 132, 346

Wilhelm Malkemus
Diplom Grafik-Designer
In den Rödern 7
63607 Wächtersbach
Telefon +49 (0)6053/94 06
> S. 348

Peter Maly
Design und Innenarchitektur
Oberstraße 46
20144 Hamburg
Telefon +49 (0)40/44 04 84
Telefax +49 (0)40/41 83 87
peter-maly@snafu.de
www.peter-maly.com
> S. 134

MetaDesign AG
Leibnizstraße 65
10629 Berlin
Telefon +49 (0)30/69 57 92 00
Telefax +49 (0)30/69 57 92 22
mail@metadesign.de
www.metadesign.com
> S. 350

metz und kindler produktdesign
Frankfurter Straße 44
Im Kontorhaus
64293 Darmstadt
Telefon +49 (0)6151/29 36 41
Telefax +49 (0)6151/29 52 52
info@metz-kindler.de
www.metz-kindler.de
> S. 136

Meyer-Hayoz
Meyer-Hayoz
Design Engineering Group
Zollernstraße 26
78462 Konstanz
Telefon +49 (0)7531/90 93 0
Telefax +49 (0)7531/90 93 90
info.de@meyer-hayoz.com
www.meyer-hayoz.com
> S. 138

Milch design GmbH
Sandstraße 33
80335 München
Telefon +49 (0)89/52 04 66 0
Telefax +49 (0)89/52 04 66 21
info@milch-design.de
www.milch-design.de
> S. 352

.molldesign
Turmgasse 7
73525 Schwäbisch Gmünd
Telefon +49 (0)7171/93 00 0
Telefax +49 (0)7171/93 00 23
molldesign@t-online.de
www.molldesign.de
> S. 140

muehlhaus & moers
kommunikation gmbh
Moltkestraße 123–131
50674 Köln
Telefon +49 (0)221/95 15 33-0
Telefax +49 (0)221/95 15 33-21
info@muehlhausmoers.de
www.muehlhausmoers.de
> S. 354

münter design
Max-Keith-Straße 29
45136 Essen
Telefon +49 (0)201/8 96 53 00
Telefax +49 (0)201/8 96 53 02
mail@muenter-design.de
www.muenter-design.de
> S. 142

N

Klaus-Dieter Nagel
KD Kommunikation + Design
Otto-Stadler-Straße 4
33100 Paderborn
Telefon +49 (0)5251/5 00 13 15
Telefax +49 (0)5251/5 00 13 25
kdnagel@t-online.de
www.kdnagel.de
> S. 356

naumann-design
Dipl. Des/MDes.
Peter Naumann
Hohenbrunner Straße 44
81825 München
Telefon +49 (0)89/6 88 67 75
Telefax +49 (0)89/6 88 67 77
info@naumann-design.de
www.naumann-design.de
> S. 144

net-x
Agentur für Kommunikation
Zur Eisenhütte 2
40467 Oberhausen
Telefon +49 (0)208/8 24 89 0
Telefax +49 (0)208/8 24 89 99
info@net-x.de
www.net-x.de

Drususallee 13
41460 Neuss
Telefon +49 (0)2131/27 21 70
Telefax +49 (0)2131/27 21 68
Neuss@net-x.de
www.net-x.de
> S. 358

Horst F. Neumann
Kommunikationsdesign
Adalbert-Stifter-Weg 54
42109 Wuppertal
Telefon +49 (0)202/75 35 17
Telefax +49 (0)202/75 36 29
h.f.neumann.design@t-online.de
> S. 360

Nexus Product Design
Ulli Finkeldey, Gerd Gratenau,
Anja Padzikowski,
Stefan Quenkert, Kai Uetrecht,
Andreas Wurg, Peter Wulfhorst
Muerfeldstraße 22
33719 Bielefeld
Telefon +49 (0)521/33 33 52
Telefax +49 (0)521/33 33 82
nexusdesign@t-online.de
> S. 146

Niehaus Komossa AG
Corporate Integration Design
Jägerhofstraße 21–22
40479 Düsseldorf
Telefon +49 (0)211/4 69 07 0
Telefax +49 (0)211/4 69 07 90
office@niehaus-komossa.de
www.niehaus-komossa.de
> S. 362

Jo Niemeyer
Jo Niemeyer Art Workshop
Birkenweg 6
79857 Schluchsee
Telefon +49 (0)7656/14 09
Telefax +49 (0)7656/12 59
jo@niemeyer.com
www.joniemeyer.com
> S. 444

botschaft gertrud nolte
visuelle kommunikation
und gestaltung
Talstrasse 24
40217 Düsseldorf
Telefon +49 (0)211/15 92 35 28
Telefax +49 (0)211/15 92 35 46
botschaft@nolte-net.de
www.botschaftnolte.de
> S. 364

nowakteufelknyrim
Kommunikationsdesign und
Ausstellungsarchitektur GbR
Lichtstraße 52
40235 Düsseldorf
Telefon +49 (0)211/68 91 11
Telefax +49 (0)211/68 91 12
mail@grafikbuero.net
www.grafikbuero.net
> S. 366

nya nordiska
An den Ratswiesen
29451 Dannenberg
Telefon +49 (0)5861/8 09 43
Telefax +49 (0)5861/8 09 12
nya@nya.de
www.nya-nordiska.com
> S. 490

O

Peter J. Obenaus
Fotografie + Composing
Studio Obenaus
Vogelsangerstraße 193
50825 Köln
Telefon +49 (0)221/5 46 33 40
Telefax +49 (0)221/9 54 18 61
obenaus@netcologne.de
www.studio-obenaus.de
> S. 408

OCO-Design
An der Kleimannbrücke 79
48157 Münster
Telefon +49 (0)251/2 39 28 0
Telefax +49 (0)251/32 84 12
oco@oco-design.de
www.oco-design.de
> S. 148

Oedekoven Design
Cimbernstraße 14
40545 Düsseldorf
Telefon +49 (0)211/57 35 61
Telefax +49 (0)211/5 58 10 45
info@oedekoven-design.de
www.oedekoven-design.de
> S. 150

Ottenwälder und Ottenwälder
Büro für Industrie Design
Sebaldplatz 6
73525 Schwäbisch Gmünd
Telefon +49 (0)7171/9 27 23-0
Telefax +49 (0)7171/9 27 23-23
info@ottenwaelder.de
www.ottenwaelder.com
> S. 152

P

Anton Markus Pasing
Baukunst
Lortzingstraße 9
48145 Münster
Telefon +49 (0)251/39 31 95
Telefax +49 (0)251/3 74 06 68
pasing@remote-controlled.de
www.remote-controlled.de
> S. 410, 446

Patzak Design
Beckstraße 25
64287 Darmstadt
Telefon +49 (0)6151/49 74-0
Telefax +49 (0)6151/49 74-19
info@patzak-design.com
www.patzak-design.com
> S. 154

Paulussen Design Düsseldorf
Alt Niederkassel 69
40547 Düsseldorf
Telefon +49 (0)211/58 89 17
Telefax +49 (0)211/55 80 387
wpaulussen@aol.com
www.paulussen.com
> S. 156

Pechmann Design
Halbe Höhe 63
45147 Essen
Telefon +49 (0)201/73 70 91
Telefax +49 (0)201/73 70 19
pechmann.design@cityweb.de
> S. 158

Peter Schmidt Studios GmbH
Feldbrunnenstraße 27
20148 Hamburg
Telefon +49 (0)40/44 18 04 0
Telefax +49 (0)40/44 18 04 70
info@peter-schmidt-studios.de
www.peter-schmidt-studios.de
> S. 368

Thomas Pflaum
Arbeitsgemeinschaft Journalismus
und Fotodesign AGON
Wilhelmstraße 30
44575 Castrop-Rauxel
Telefon +49 (0)2305/1 28 38
Telefax +49 (0)2305/1 28 34
tompflaum@web.de
www.tompflaum.de
> S. 412

Pirsig für Schmuck
Susanne Pirsig
Goldschmiedemeisterin
Dorstener Straße 20
45894 Gelsenkirchen-Buer
Telefon +49 (0)209/37 69 77
Telefax +49 (0)209/37 69 77
DiePirsigs@t-online.de
> S. 500

piu products
Integrated Design
Max-Keith-Straße 33
45136 Essen
Telefon +49 (0)201/8 96 52 95
Telefax +49 (0)201/8 96 53 98
info@piuproducts.com
www.piuproducts.com
> S. 160

Porsche Engineering Group GmbH
Porschestraße
71287 Weissach
Telefon +49 (0)711/9 11 42 60
Telefax +49 (0)711/9 11 27 77
www.porsche.com
> S. 162

PR PanikRuhdorfer Designpartner
Florianstraße 18
70188 Stuttgart
Telefon +49 (0)711/26 33 93 80
Telefax +49 (0)711/26 33 93 83
info@pr-dp.de
www.pr-designpartner.de
> S. 164

PRODESIGN
Postfach 1546, Turmstraße 39
89205 Neu-Ulm
Telefon +49 (0)731/7 39 82
Telefax +49 (0)731/72 43 18
prodesign-ulm@t-online.de
www.prodesign-ulm.de
> S. 166

pro industria
Büro für Industrial Design
Merscheider Straße 94
42699 Solingen
Telefon +49 (0)212/32 05 81
Telefax +49 (0)212/33 86 13
info@proindustria.de
www.proindustria.com
> S. 168

Q

QWER
Iris Utikal, Michael Gais
Lindenstraße 82
50674 Köln
Telefon +49 (0)221/3 10 66 10
Telefax +49 (0)221/3 10 66 30
info@qwer.de
www.qwer.de
> S. 370

R

rahe + rahe design
Herrlichkeit 4
28199 Bremen
Telefon +49 (0)421/5 25 19 20
Telefax +49 (0)421/5 25 19 21
rahe@rahedesign.de
www.rahedesign.de

Office Göteborg
Maleviksbacken 7
S-42935 Kullavik
Telefon +46 (0)31/93 38 80
Telefax +46 (0)31/93 38 81
rahe@rahedesign.de
www.rahedesign.de
> S. 170

Dieter Rams
Prof. em. Dr. h.c. Dieter Rams
Am Forsthaus 4
61476 Kronberg/Taunus
Mobil +49 (0)172/6 74 30 08
Telefax +49 (0)6173/14 06
> S. 172

Kurt Ranger Design
Ausstellungsdesign, Grafikdesign,
Mediendesign, Produktdesign
Stuttgarter Straße 77
70469 Stuttgart
Telefon +49 (0)711/8 17 76 66
Telefax +49 (0)711/8 56 72 12
contact@ranger-design.com
www.ranger-design.com
> S. 174, 372, 448

Michael Rasche
Fotodesign
Kleine Beurhausstraße 18
44137 Dortmund
Telefon +49 (0)231/9 82 24 60
Telefax +49 (0)231/9 82 24 61
michael.rasche@t-online.de
www.michael-rasche.de
> S. 414

Christian Reichert
Gerberstraße 16
30169 Hannover
Telefon +49 (0)511/1 69 71 30
> S. 176

Ralph Richter
Photodesign
Wetzlarer Weg 24
40229 Düsseldorf
Telefon +49 (0)211/2 20 29 50
Telefax +49 (0)211/2 20 29 51
post@ralphrichter.com
www.ralphrichter.com
> S. 416

rendel & spitz
Eigelstein 115
50668 Köln
Telefon +49 (0)221/1 39 30 00
Telefax +49 (0)221/1 39 30 01
post@rendelspitz.de
www.rendelspitz.de

132, rue la fayette
F-75010 Paris
Telefon +33 (0)148/24 25 00
Telefax +33 (0)148/24 26 00
post@rendelspitz.de
www.rendelspitz.de
> S. 374

Anne Rieck Produktdesign
Augustastraße 91
52070 Aachen
Telefon +49 (0)241/50 18 82
Telefax +49 (0)241/53 72 43
A.Rieck-Design@t-online.de
> S. 178

ritomdesign
Im Winkel 4
51579 Leverkusen
Telefon +49 (0)2171/3 19 88
ritom@t-online.de
www.ritom-design.de
> S. 180

Rocholl Projects
Designagentur (Print Video Web)
Feldstraße 10
65183 Wiesbaden
Telefon +49 (0)611/9 01 89 22
Telefax +49 (0)611/9 01 89 23
rocholl@rocholl-projects.de
www.rocholl-projects.de
> S. 376

rommel und schoen design
Am Straßdorfer Berg 1
73529 Schwäbisch Gmünd
Telefon +49 (0)7171/3 78 71
Telefax +49 (0)7171/3 77 65
rommelundschoen@t-online.de
> S. 182

Ruhl Agentur
Für Konzeption & Realisierung von
Werbung Gmbh
Werderstraße 21
50672 Köln
Telefon +49 (0)221/95 29 12-0
Telefax +49 (0)221/95 29 12-9
thomas@ruhl-agentur.de
www.ruhl-agentur.de
> S. 478

S

Samson Industrieform
Albrecht-Thaer-Straße 6
48147 Münster
Telefon +49 (0)251/1 44 26 10
Telefax +49 (0)251/1 44 26 50
industrieform@aol.com
www.samsondesign.de
> S. 184

Scala Design GmbH
Wolf-Hirth-Straße 23
71034 Böblingen
Telefon +49 (0)7031/22 69 08
Telefax +49 (0)7031/22 78 09
scala@scala-design.de
www.scala-design.de

Scala Design Japan
ICL-208, 2-13 Ashai-dai,
Tasunokushi-machi,
Nomi-gun, Ishikawa-pref
923-1211 Japan
Telefon +81 761/51 70 33
Telefax +81 761/51 72 55
scala@scala-design.de
www.scala-design.de
> S. 186

Schauff GmbH & Co. KG
Leiter K + E
Axel Schauff
In der Wässerscheid 52–56
53424 Remagen
Telefon +49 (0)2642/9 36 30
Telefax +49 (0)2642/2 15 82
axel.schauff@schauff.de
www.schauff.de
> S. 188

büro schels für gestaltung
Thalkirchner Straße 210
81371 München
Telefon +49 (0)89/74 79 12 21
Telefax +49 (0)89/74 79 12 22
info@bueroschels.de
www.bueroschels.de
> S. 378

Design: Hans Schindler
Designer und Goldschmiedemeister
Hans Schindler
Markt
59494 Soest
Telefon +49 (0)2921/1 64 84
Telefax +49 (0)2921/1 79 65
hschindler@schindlersoest.de
www.schindlersoest.de
> S. 502

Schlagheck Design GmbH
Tegernseer Landstraße 161
81539 München
Telefon +49 (0)89/65 10 89 0
Telefax +49 (0)89/65 10 89 90
design@schlagheck-design.de
www.schlagheck-design.de
> S. 190

schmitz Visuelle Kommunikation
Prof. Hans Günter Schmitz
Zur Waldesruh 45
42329 Wuppertal
Telefon +49 (0)202/3 71 63 0
Telefax +49 (0)202/30 04 89
e-mail@hgschmitz.de
www.hgschmitz.de
> S. 380

Scholz & Volkmer
Intermediales Design, GmbH
Schwalbacher Straße 76
65183 Wiesbaden
Telefon +49 (0)611/1 80 99 0
Telefax +49 (0)611/1 80 99 77
mail@s-v.de
www.s-v.de
> S. 450

Schürer Design GmbH
Prof. Dr. Ing. Arnold Schürer
Vorhelmer Straße 81
59269 Beckum
Telefon +49 (0)2521/85 9-0
Telefax +49 (0)2521/85 9-360
info@cae-online.de

Am Wellenkotten 8
33617 Bielefeld
Telefon +49 (0)521/15 02 06
Telefax +49 (0)521/14 13 79
info@schuererdesign.de
www.schuererdesign.de
> S. 192

Ralf Schultheiß
Foto-Design
Waldeck 5
45133 Essen
Telefon +49 (0)201/42 07 36
Telefax +49 (0)201/42 09 76
ralf@ralfschultheiss.com
www.ralfschultheiss.com
> S. 418

Manfred Schwellies
Girardetstraße 2–38
45131 Essen
Telefon +49 (0)201/77 00 53
Telefax +49 (0)201/77 00 58

Eberhard-Finck-Straße 1
89075 Ulm
Telefon +49 (0)731/26 51 14
Telefax +49 (0)731/926 73 10
schwelliesfoto@aol.com
> S. 420

Sieger Design
Schloss Harkotten
48336 Sassenberg
Telefon +49 (0)5426/94 92 0
Telefax +49 (0)5426/94 92 39
info@sieger-design.com
www.sieger-design.com
> S. 194

Starczewski Design Team
Heimstraße 29
89073 Ulm
Telefon +49 (0)731/2 80 46
Telefax +49 (0)731/2 73 80
info@starczewski-design.de
www.starczewski-design.de
> S. 196

stotz-design.com
Luisenstraße 102
42103 Wuppertal
Telefon +49 (0)202/30 06 67
Telefax +49 (0)202/30 06 68
info@stotz-design.com
www.stotz-design.com
> S. 198

strichpunkt
agentur für
visuelle kommunikation gmbh
Schönleinstraße 8a
70184 Stuttgart
Telefon +49 (0)711/62 03 27 0
Telefax +49 (0)711/62 03 27 10

Sommerstraße 36
81543 München
Telefon +49 (0)89/62 44 75 0
Telefax +49 (0)89/62 44 75 10
grafik@strichpunkt-design.de
www.strichpunkt-design.de
> S. 382

T

Taurus design oHG
Kalkofen 6
58638 Iserlohn
Telefon +49 (0)2371/520 20
Telefax +49 (0)2371/58 59
info@taurus-design.de
www.taurus-design.de
> S. 200

Teams Design GmbH
Kollwitzstraße 1
73728 Esslingen
Telefon +49 (0)711/35 17 65-0
Telefax +49 (0)711/35 17 65-25
info@teams-design.de
www.teamsdesign.com
> S. 202

U

Büro Uebele
Visuelle Kommunikation
Paulusstraße 18
70197 Stuttgart
Telefon +49 (0)711/63 99 00
Telefax +49 (0)711/63 99 03
uebele@uebele.com
www.uebele.com
> S. 384

U9 visuelle Allianz GmbH
Fichtestraße 15a
63071 Offenbach am Main
Telefon +49 (0)69/85 70 34 60
Telefax +49 (0)69/85 70 34 61
u9@u9.net
www.u9.net
> S. 386

V

via 4 Design GmbH
Inselstraße 1
72202 Nagold
Telefon +49 (0)7452/83 99 0
Telefax +49 (0)7452/83 99 99
via4@via4.com
www.via4.com
> S. 204

Virtual Identity AG
Gerberau 5
79098 Freiburg
Telefon +49 (0)761/2 07 58 00
Telefax +49 (0)761/2 07 58 01
info@virtual-identity.com
www.virtual-identity.com
> S. 452

Vistapark® GmbH
Viehhofstraße 119/125
42117 Wuppertal
Telefon +49 (0)202/2 42 75 00
Telefax +49 (0)202/2 42 75 61
info@vistapark.de
www.vistapark.de
> S. 388, 454

Vorwerk & Co. Teppichwerke
GmbH & Co. KG
Kuhlmannstraße 11
31785 Hameln
Telefon +49 (0)5151/1 03 0
Telefax +49 (0)5151/1 03 377
info@vorwerk-teppich.de
www.vorwerk-teppich.de
> S. 492

Votteler+Votteler
Produktentwicklung und Design
Prof. Arno Votteler
Hauptmannsreute 28
70192 Stuttgart
Telefon +49 (0)711/29 19 29
Telefax +49 (0)711/29 71 67
arno.votteler@abk-stuttgart.de

Dipl. Ing. Matthias Votteler
Wilhelm-Busch-Straße 6
30167 Hannover
Telefon +49 (0)511/2 34 34 72
Telefax +49 (0)5101/92 53 97
nuevo115@t-online.de
> S. 208

Bereich 1

xplicit
Gesellschaft für visuelle
Kommunikation mbH
Ackerstraße 22
10115 Berlin
Telefon +49 (0)30/32 60 70 20
Telefax +49 (0)30/32 60 70 21
xplicit@xplicit.de
www.xplicit.de
> S. 394

incorporate
communication+design GmbH
Münzstraße 13
10178 Berlin
Telefon +49 (0)30/28 48 51 0
Telefax +49 (0)30/28 48 51 10
info@incorporate.de
www.incorporate.de
> S. 318

MetaDesign AG
Leibnizstraße 65
10629 Berlin
Telefon +49 (0)30/69 57 92 00
Telefax +49 (0)30/69 57 92 22
mail@metadesign.de
www.metadesign.com
> S. 350

Prof. Josef Paul Kleihues
U+S Design
Fasanenstraße 26
10719 Berlin
Telefon +49 (0)30/80 90 56 90
> S. 116

Hesse
Am Karlsbad 15
10785 Berlin
Telefon +49 (0)30/25 75 74-0
Telefax +49 (0)30/25 75 74-20
info@hesse-design.de
www.hesse-design.de
> S. 308, 442

E
Schlesische Straße 26-dIII
10997 Berlin
Telefon +49 (0)30/61 78 95 70
Telefax +49 (0)30/61 78 95 76
mail@contact-e.com
www.contact-e.com
> S. 272

Fons Matthias Hickmann
Kommunikations Design
Mariannenplatz 23
10997 Berlin
Telefon +49 (0)30/69 51 85 01
Telefax +49 (0)30/69 51 85 11
hickmann@kairos.to
grotrian@kairos.to
www.kairos.to
www.fonshickmann.de
> S. 310

Anna B. Design
Erkelenzdamm 11–13
10999 Berlin
Telefon +49 (0)30/6 94 83 81
Telefax +49 (0)30/6 92 25 96
mail@annabdesign.de
www.annabdesign.de
> S. 224

Birgit Eggers + Mark Diaper
Grafik Design
Kiefholzstraße 2
12435 Berlin
Telefon +49 (0)30/61 07 43 74
Telefax +49 (0)30/61 07 43 74
be.md@t-online.de
> S. 270

Prof. Armin Lindauer
Philippistraße 10
14059 Berlin
Telefon +49 (0)171/9 95 69 74
a.lindauer@fh-mannheim.de
> S. 342

Carl Dau Schmuck
Hohentwielsteig 10
14163 Berlin
Telefon +49 (0)30/80 99 55 0
Telefax +49 (0)30/80 99 55 44
DAU.DAU@t-online.de
www.dau-berlin.com
> S. 498

Bereich 2

Büro X Kommunikation GmbH
Mönckebergstraße 10
20095 Hamburg
Telefon +49 (0)40/44 80 40 0
Telefax +49 (0)40/44 80 40 44
info@buerox.de
www.buerox.de
> S. 242, 464

Peter Maly
Design und Innenarchitektur
Oberstraße 46
20144 Hamburg
Telefon +49 (0)40/44 04 84
Telefax +49 (0)40/41 83 87
peter-maly@snafu.de
www.peter-maly.com
> S. 134

Peter Schmidt Studios GmbH
Feldbrunnenstraße 27
20148 Hamburg
Telefon +49 (0)40/44 18 04 0
Telefax +49 (0)40/44 18 04 70
info@peter-schmidt studios.de
www.peter-schmidt-studios.de
> S. 368

iDS Industrial Design Studio
Peutestraße 53a
20539 Hamburg
Telefon +49 (0)40/78 07 07 66
Telefax +49 (0)40/78 07 07 s67
iDS-Hamburg@t-online.de
www.iDS-Hamburg.de
> S. 112

Studio Andreas Heller GmbH
Theresienstieg 11
22085 Hamburg
Telefon +49 (0)40/47 10 38 0
Telefax +49 (0)40/47 10 38 38
design@studio-andreas-heller.de
www.studio-andreas-heller.de
> S. 102, 304

Designkontor
Geschäftsführung Hamburg
Stresemannstraße 374
22761 Hamburg
Telefon +49 (0)40/89 93 01 0
Telefax +49 (0)40/89 64 84
info@designkontor.de
www.designkontor.de
> S. 64

justblue.design
Königstraße 16a
22767 Hamburg
Telefon +49 (0)40/38 60 33-0
Telefax +49 (0)40/38 60 33-11
info@justblue.de
www.justblue.de
> S. 114

Lothar Böhm GmbH
Grosse Elbstraße 281
22767 Hamburg
Telefon +49 (0)40/39 10 08-0
Telefax +49 (0)40/39 10 08-44
de@boehm-design.com
www.boehm-design.com
> S. 232

Ligalux GmbH
Medienpool Waterloohain 5
22769 Hamburg
Telefon +49 (0)40/8 99 69 92 00
Telefax +49 (0)40/8 99 69 92 10
mailbox@ligalux.de
www.ligalux.de
> S. 340

ma design
industrial design
interaction design
Düvelsbeker Weg 12
24105 Kiel
Telefon +49 (0)431/8 00 02-0
Telefax +49 (0)431/8 00 02-12
info@ma-design.de
www.ma-design.de
> S. 132, 346

Haase & Knels
Atelier für Gestaltung
Am Landherrnamt 8
28195 Bremen
Telefon +49 (0)421/3 34 98-0
Telefax +49 (0)421/3 34 98-33
info@haase-und-knels.de
www.haase-und-knels.de
www.hopper-intermedia.de
> S. 296

rahe + rahe design
Herrlichkeit 4
28199 Bremen
Telefon +49 (0)421/5 25 19 20
Telefax +49 (0)421/5 25 19 21
rahe@rahedesign.de
www.rahedesign.de
> S. 170

incorporate
communication+design GmbH
Ostertorsteinweg 70–71
28203 Bremen
Telefon +49 (0)421/7 90 67-0
Telefax +49 (0)421/7 90 67-2
info@incorporate.de
www.incorporate.de
> S. 318

nya nordiska
An den Ratswiesen
29451 Dannenberg
Telefon +49 (0)5861/8 09 43
Telefax +49 (0)5861/8 09 12
nya@nya.de
www.nya-nordiska.com
> S. 490

Bereich 3

Votteler+Votteler
Produktentwicklung und Design
Dipl. Ing. Matthias Votteler
Wilhelm-Busch-Straße 6
30167 Hannover
Telefon +49 (0)511/2 34 34 72
Telefax +49 (0)5101/92 53 97
nuevo115@t-online.de
> S. 208

Christian Reichert
Gerberstraße 16
30169 Hannover
Telefon +49 (0)511/1 69 71 30
> S. 176

Vorwerk & Co. Teppichwerke
GmbH & Co. KG
Kuhlmannstraße 11
31785 Hameln
Telefon +49 (0)5151/1 03 0
Telefax +49 (0)5151/1 03 377
info@vorwerk-teppich.de
www.vorwerk-teppich.de
> S. 492

Grafik designbuero
Andrea Franzmann
Bruchstraße 31
32756 Detmold
Telefon +49 (0)5231/93 33 31
Telefax +49 (0)5231/93 33 29
a.franzmann@grafikdesignbuero.de
www.grafikdesignbuero.de
> S. 292

Klaus-Dieter Nagel
KD Kommunikation + Design
Otto-Stadler-Straße 4
33100 Paderborn
Telefon +49 (0)5251/5 00 13 15
Telefax +49 (0)5251/5 00 13 25
kdnagel@t-online.de
www.kdnagel.de
> S. 356

COR Sitzmöbel
Helmut Lübke GmbH & Co.
Nonenstraße 12
33378 Rheda-Wiedenbrück
Telefon +49 (0)5242/4 10 20
Telefax +49 (0)5242/4 10 21 34
info@cor.de
www.cor.de
> S. 54

beierarbeit
Sattelmeyerweg 1,
Hof Meyer zu Eissen
33609 Bielefeld
Telefon +49 (0)521/7 87 10 30
Telefax +49 (0)521/7 87 11 31
info@beierarbeit.de
www.beierarbeit.de
> S. 226, 462

Schürer Design GmbH
Prof. Dr. Ing. Arnold Schürer
Am Wellenkotten 8
33617 Bielefeld
Telefon +49 (0)521/15 02 06
Telefax +49 (0)521/14 13 79
info@schuererdesign.de
www.schuererdesign.de
> S. 192

Nexus Product Design
Ulli Finkeldey, Gerd Gratenau,
Anja Padzikowski, Stefan Quenkert,
Kai Uetrecht, Andreas Wurg,
Peter Wulfhorst
Muerfeldstraße 22
33719 Bielefeld
Telefon +49 (0)521/33 33 52
Telefax +49 (0)521/33 33 82
nexusdesign@t-online.de
> S. 146

Bereich 4

Brösske, Meyer & Ruf
Design-Agentur Düsseldorf
Adlerstraße 74
40211 Düsseldorf
Telefon +49 (0)211/17 97 0
Telefax +49 (0)211/17 97 111
infobmr@bmr-design.de
www.bmr-design.de
> S. 234

botschaft gertrud nolte
visuelle kommunikation
und gestaltung
Talstrasse 24
40217 Düsseldorf
Telefon +49 (0)211/15 92 35 28
Telefax +49 (0)211/15 92 35 46
botschaft@nolte-net.de
www.botschaftnolte.de
www.botschaftnolte.com
> S. 364

Design für Communication
Prof. Dipl.-Des.
Helmut M. Schmitt-Siegel
Kronprinzenstraße 62
40217 Düsseldorf
Telefon +49 (0)211/99 40 50
Telefax +49 (0)211/99 40 510
mail@schmitt-siegel.de
www.design-therapie.de
> S. 262

KW43
brandbuilding and design
Gladbacher Straße 74
40219 Düsseldorf
Telefon +49 (0)211/55 77 83 10
Telefax +49 (0)211/55 77 83 33
contact@kw43.de
www.kw43.de
> S. 336, 476

Claus Koch
Corporate Communications GmbH
Kaistraße 18
40221 Düsseldorf
Telefon +49 (0)211/301 02 0
Telefax +49 (0)211/301 02 20
info@clauskoch.de
www.clauskoch.de
> S. 332

frogdesign gmbh
Neuer Zollhof
40221 Düsseldorf
Telefon +49 (0)211/30 20 34 0
Telefax +49 (0)211/30 20 34 36
info@frogdesign.de
www.frogdesign.com
> S. 86

Ralph Richter
Photodesign
Wetzlarer Weg 24
40229 Düsseldorf
Telefon +49 (0)211/2 20 29 50
Telefax +49 (0)211/2 20 29 51
post@ralphrichter.com
www.ralphrichter.com
> S. 416

nowakteufelknyrim
Kommunikationsdesign und
Ausstellungsarchitektur GbR
Lichtstraße 52
40235 Düsseldorf
Telefon +49 (0)211/68 91 11
Telefax +49 (0)211/68 91 12
mail@grafikbuero.net
www.grafikbuero.net
> S. 366

Design for Business AG
Goethestraße 8–10
40237 Düsseldorf
Telefon +49 (0)211/9 91 42 0
Telefax +49 (0)211/6 80 35 86
info@designforbusiness.de
www.designforbusiness.de
> S. 260

net-x
Agentur für Kommunikation
Zur Eisenhütte 2
40467 Oberhausen
Telefon +49 (0)208/8 24 89 0
Telefax +49 (0)208/8 24 89 99
info@net-x.de
www.net-x.de
> S. 358

Lutz Gathmann PRODUKT/DESIGN
Nagelsweg 41
40474 Düsseldorf
Telefon +49 (0)211/45 29 19
Telefax +49 (0)211/45 29 06
info@lutz-gathmann.de
www.lutz-gathmann.de
> S. 88

Designbüro Irmgard Sonnen
Nordstraße 22
40477 Düsseldorf
Telefon +49 (0)211/4 98 26 56
Telefax +49 (0)211/4 91 27 05
IrmgardSonnen@compuserve.com
www.designbüro-sonnen.de
> S. 258

Niehaus Komossa AG
Corporate Integration Design
Jägerhofstraße 21–22
40479 Düsseldorf
Telefon +49 (0)211/4 69 07 0
Telefax +49 (0)211/4 69 07 90
office@niehaus-komossa.de
www.niehaus-komossa.de
> S. 362

creativ partner
Agentur für Werbung GmbH
Leostraße 6
40545 Düsseldorf
Telefon +49 (0)211/55 22 11 00
Telefax +49 (0)211/55 22 11 33
hilfe@cp-online.de
www.cp-online.de
> S. 436

Klaus Kampert
Fotografie (BFF)
Oberkasseler Straße 108
40545 Düsseldorf
Telefon +49 (0)211/5 59 50 50
Telefax +49 (0)211/5 59 50 51
mail@klauskampert.de
www.klauskampert.com
> S. 404

Oedekoven Design
Cimbernstraße 14
40545 Düsseldorf
Telefon +49 (0)211/57 35 61
Telefax +49 (0)211/5 58 10 45
info@oedekoven-design.de
www.oedekoven-design.de
> S. 150

Prof. Uwe Loesch
Arbeitsgemeinschaft für visuelle
und verbale Kommunikation
Kaiser-Friedrich-Ring 38
40545 Düsseldorf
Telefon +49 (0)211/55 84 8
Telefax +49 (0)211/55 84 610
uwe.loesch@t-online.de
> S. 344

Paulussen Design Düsseldorf
Alt Niederkassel 69
40547 Düsseldorf
Telefon +49 (0)211/58 89 17
Telefax +49 (0)211/55 80 387
paulussen@aol.com
www.paulussen.com
> S. 156

Hesse Design
Düsseldorfer Straße 16
40699 Erkrath
Telefon +49 (0)211/28 07 20-0
Telefax +49 (0)211/28 07 20-20
info@hesse-design.de
www.hesse-design.de
> S. 308, 442

net-x
Agentur für Kommunikation
Drususallee 13
41460 Neuss
Telefon +49 (0)2131/27 21 70
Telefax +49 (0)2131/27 21 68
Neuss@net-x.de
www.net-x.de
> S. 358

hammer.runge
Gillbachstraße 84
41466 Neuss
Telefon +49 (0)2131/94 93 00
Telefax +49 (0)2131/94 93 01
hammer.runge@designpartner.de
www.designpartner.de
> S. 94

stotz-design.com
Luisenstraße 102
42103 Wuppertal
Telefon +49 (0)202/30 06 67
Telefax +49 (0)202/30 06 68
info@stotz-design.com
www.stotz-design.com
> S. 198

dingfest design
Else-Lasker-Schüler-Straße 47
42107 Wuppertal
Telefon +49 (0)202/2 45 73 0
Telefax +49 (0)202/2 45 73 42
info@dingfest.de
www.dingfest.de
> S. 68

Horst F. Neumann
Kommunikationsdesign
Adalbert-Stifter-Weg 54
42109 Wuppertal
Telefon +49 (0)202/75 35 17
Telefax +49 (0)202/75 36 29
h.f.neumann.design@t-online.de
> S. 360

Vistapark® GmbH
Viehhofstraße 119/125
42117 Wuppertal
Telefon +49 (0)202/2 42 75 00
Telefax +49 (0)202/2 42 75 61
info@vistapark.de
www.vistapark.de
> S. 388, 454

Wings of Design
Product & Strategic Design
Walkürenallee 11
42117 Wuppertal
Telefon +49 (0)202/26 41 47-3
Telefax +49 (0)202/26 41 47-5
info@wings-of-design.de
www.wings-of-design.de
> S. 214

Büro Longjaloux GmbH
Warndtstraße 7
42285 Wuppertal
Telefon +49 (0)202/280 51 0
Telefax +49 (0)202/280 51 37
Buero_Longjaloux@t-online.de
www.buero-longjaloux.de
> S. 240

Dahlmann Kommunikation GmbH
Böhler Weg 24c
42285 Wuppertal
Telefon +49 (0)202/59 38 38
Telefax +49 (0)202/59 39 13
dahlmann.kommunikation@wtal.de
www.dahlmann-kommunikation.de
> S. 470

Giffhorn und Serres Design
Besenbruchstraße 16
42285 Wuppertal
Telefon +49 (0)202/89 88 16
Telefax +49 (0)202/89 88 17
info@giffhorn-serres.de
www.giffhorn-serres.de
> S. 288

Prof. Odo Klose & Partner
Friedrich-Engels-Allee 254
42285 Wuppertal
Telefon +49 (0)202/8 40 63
Telefax +49 (0)202/8 88 21
Klosepartner@t-online.de
> S. 120

schmitz Visuelle Kommunikation
Prof. Hans Günter Schmitz
Zur Waldesruh 45
42329 Wuppertal
Telefon +49 (0)202/3 71 63 0
Telefax +49 (0)202/30 04 89
e-mail@hgschmitz.de
www.hgschmitz.de
> S. 380

Kurz Kurz Design
Engelsberg 44
42697 Solingen
Telefon +49 (0)212/33 69 83
Telefax +49 (0)212/33 71 98
info@kurz-kurz-design.de
www.kurz-kurz-design.de
> S. 126

pro industria
Büro für Industrial Design
Merscheider Straße 94
42699 Solingen
Telefon +49 (0)212/32 05 81
Telefax +49 (0)212/33 86 13
info@proindustria.de
www.proindustria.com
> S. 168

Franklin Schmitt
Werbeagentur GmbH
Hamburger Straße 61
44135 Dortmund
Telefon +49 (0)231/57 75 11
Telefax +49 (0)231/55 12 14
info@franklinschmitt.com
www.franklinschmitt.com
> S. 472

Michael Rasche
Fotodesign
Kleine Beurhausstraße 18
44137 Dortmund
Telefon +49 (0)231/9 82 24 60
Telefax +49 (0)231/9 82 24 61
michael.rasche@t-online.de
www.michael-rasche.de
> S. 414

Hans Jürgen Landes
Fotodesign
Neuer Graben 9
44139 Dortmund
Telefon +49 (0)231/7 21 21 48
Telefax +49 (0)231/7 21 21 49
Landesfoto@aol.com
> S. 406

bauwerkstadt
Karsten Winkels
Leibnizstraße 8a
44147 Dortmund
Telefon +49 (0)231/7 28 29 98
Telefax +49 (0)231/7 28 29 82
mail@bauwerkstadt.net
www.bauwerkstadt.net
> S. 44

Kirsch Kürmann Design
Konzeption, Gestaltung und
Illustration GbR
Seydlitzstraße 36
44263 Dortmund
Telefon +49 (0)231/41 59 47
Telefax +49 (0)231/41 59 49
info@kirschkuermann.de
www.kirschkuermann.de
> S. 328

Jürgen Wassmuth
Fotodesign
Hasenkamp 2–4
44359 Dortmund
Telefon +49 (0)231/3 58 83
Telefax +49 (0)231/3 58 84
jott@wassmuth-foto.com
www.wassmuth-foto.com
> S. 422

Thomas Pflaum (BFF, DGPh)
Arbeitsgemeinschaft Journalismus
und Fotodesign AGON
Wilhelmstraße 30
44575 Castrop-Rauxel
Telefon +49 (0)2305/1 28 38
Telefax +49 (0)2305/1 28 34
tompflaum@web.de
www.tompflaum.de
> S. 412

Jörg Winde
Fotodesign
Am Hedtberg 65
44879 Bochum
Telefon +49 (0)234/41 23 63
Telefax +49 (0)234/41 11 75
winde@fh-dortmund.de
> S. 426

Manfred Schwellies
Girardetstraße 2–38
45131 Essen
Telefon +49 (0)201/77 00 53
Telefax +49 (0)201/77 00 58
schwelliesfoto@aol.com
> S. 420

Ralf Schultheiß
Foto-Design
Waldeck 5
45133 Essen
Telefon +49 (0)201/42 07 36
Telefax +49 (0)201/42 09 76
ralf@ralfschultheiss.com
www.ralfschultheiss.com
> S. 418

Lengyel Design
Rellinghauser Straße 332
45136 Essen
Telefon +49 (0)201/8 95 36 0
Telefax +49 (0)201/8 95 36 11
info@lengyel.de
www.lengyel.de
> S. 130

münter design
Max-Keith-Straße 29
45136 Essen
Telefon +49 (0)201/8 96 53 00
Telefax +49 (0)201/8 96 53 02
mail@muenter-design.de
www.muenter-design.de
> S. 142

piu products
Integrated Design
Max-Keith-Straße 33
45136 Essen
Telefon +49 (0)201/8 96 52 95
Telefax +49 (0)201/8 96 53 98
info@piuproducts.com
www.piuproducts.com
> S. 160

Pechmann Design
Halbe Höhe 63
45147 Essen
Telefon +49 (0)201/73 70 91
Telefax +49 (0)201/73 70 19
pechmann.design@cityweb.de
> S. 158

Buttgereit und Heidenreich
Strategie. Kommunikation. Design.
Turmstraße 34
45721 Haltern am See
Telefon +49 (0)2364/93 80 0
Telefax +49 (0)2364/93 80 19
mail@b-und-h.de
www.b-und-h.de und www.7-k.de
> S. 244

Wilddesign
Dipl. Industrial Designer
Markus Wild
Leithestraße 39
45886 Gelsenkirchen
Telefon +49 (0)209/1 47 68 43
Telefax +49 (0)209/1 47 68 45
mw@wilddesign.de
www.wilddesign.de
> S. 212

Pirsig für Schmuck
Susanne Pirsig
Goldschmiedemeisterin
Dorstener Straße 20
45894 Gelsenkirchen-Buer
Telefon +49 (0)209/37 69 77
Telefax +49 (0)209/37 69 77
DiePirsigs@t-online.de
> S. 500

Barbara Buderath
Fotodesign
Im Blankenfeld 6
46238 Bottrop
Telefon +49 (0)2041/4 58 43
Telefax +49 (0)2041/70 63 64
buderath.fotodesign@t-online.de
> S. 400

Haverkamp Industrie-Design
Hohlbachweg 2
46569 Hünxe
Telefon +49 (0)2858/20 95
Telefax +49 (0)2858/78 70
haverkamp.design@t-online.de
www.haverkamp-design.de
> S. 98

heithoff identity
Berater und Gestalter
Consultants and Designers
Rothenburg 16
48143 Münster
Telefon +49 (0)251/4 14 84-0
Telefax +49 (0)251/4 14 84-24
kontakt@heithoff.de
www.heithoff-identity.com
> S. 302

Anton Markus Pasing
Baukunst
Lortzingstraße 9
48145 Münster
Telefon +49 (0)251/39 31 95
Telefax +49 (0)251/3 74 06 68
pasing@remote-controlled.de
www.remote-controlled.de
> S. 410, 446

Samson Industrieform
Albrecht-Thaer-Straße 6
48147 Münster
Telefon +49 (0)251/1 44 26 10
Telefax +49 (0)251/1 44 26 50
industrieform@aol.com
www.samsondesign.de
> S. 184

AGENTA Werbeagentur
Annette-Allee 41
48149 Münster
Telefon +49 (0)251/53 05-0
Telefax +49 (0)251/53 05-195
dialog@agenta.de
www.agenta.de
> S. 458

arche design
Himmelreichallee 51
48149 Münster
Telefon +49 (0)251/98 29 707
Mobil +49 (0)171/69 07 880
Telefax +49 (0)251/98 29 717
piltz@arche-design.de
www.arche-design.de
> S. 36

Peter Wattendorff (BFF)
Fotostudio
Friedrich-Ebert-Straße 99–101
48153 Münster
Telefon +49 (0)251/1 44 28 88
Mobil +49 (0)172/5 67 54 00
Telefax +49 (0)251/1 44 28 90
peter@wattendorff.de
www.wattendorff.de
> S. 424

OCO-Design
An der Kleimannbrücke 79
48157 Münster
Telefon +49 (0)251/2 39 28 0
Telefax +49 (0)251/32 84 12
oco@oco-design.de
www.oco-design.de
> S. 148

cyclos design gmbh
Otto-Hahn-Straße 36
48161 Münster
Telefon +49 (0)2534/97 41 0
Telefax +49 (0)2534/97 41 20
info@cyclos-design.de
www.cyclos-design.de
> S. 254

Prof. Josef Paul Kleihues
U+S Design
Holsterbrink 12
48249 Dülmen-Rorup
Telefon +49 (0)2548/93 03-0
Telefax +49 (0)2548/93 03-77
> S. 116

Sieger Design
Schloss Harkotten
48336 Sassenberg
Telefon +49 (0)5426/94 92 0
Telefax +49 (0)5426/94 92 39
info@sieger-design.com
www.sieger-design.com
> S. 194

Dieter Blase
Atelier für Kommunikationsdesign
Sunnenbrink 21
48629 Metelen
Telefon +49 (0)2556/99 75 15
Telefax +49 (0)2556/99 75 16
grafikfotodesign@compuserve.de
> S. 230

Bereich 5

KSP Engel und Zimmermann GmbH
Konrad-Adenauer-Ufer 83
50668 Köln
Telefon +49 (0)221/20 80 30
Telefax +49 (0)221/20 80 338
info@ksp-architekten.de
www.ksp-architekten.de
> S. 124

rendel & spitz
Eigelstein 115
50668 Köln
Telefon +49 (0)221/1 39 30 00
Telefax +49 (0)221/1 39 30 01
post@rendelspitz.de
www.rendelspitz.de
> S. 374

Studio Ambrozus
Bismarckstraße 50
50672 Köln
Telefon +49 (0)221/5 10 20 03
Telefax +49 (0)221/5 10 30 88
welcome@studioambrozus.de
www.studioambrozus.de
> S. 34

causa formalis informationsdesign
Agentur für
Unternehmenskommunikation
Brüsseler Platz 15
50674 Köln
Telefon +49 (0)221/9 52 26 00
Telefax +49 (0)221/9 52 26 05
info@causa-formalis.de
www.causa-formalis.de
> S. 248

muehlhaus & moers
kommunikation gmbh
Moltkestraße 123–131
50674 Köln
Telefon +49 (0)221/95 15 33-0
Telefax +49 (0)221/95 15 33-21
info@muehlhausmoers.de
www.muehlhausmoers.de
> S. 354

QWER
Iris Utikal, Michael Gais
Lindenstraße 82
50674 Köln
Telefon +49 (0)221/3 10 66 10
Telefax +49 (0)221/3 10 66 30
info@qwer.de
www.qwer.de
> S. 370

yellow design
Günter Horntrich GmbH
yellow circle
Georgstraße 5a
50676 Köln
Telefon +49 (0)221/921 37 80
Telefax +49 (0)221/921 37 81
info@yellowdesign.com
www.yellowdesign.com
> S. 218

Interbrand Zintzmeyer & Lux
Weinsbergstraße 118a
50823 Köln
Telefon +49 (0)221/9 51 72-0
Telefax +49 (0)221/9 51 72-100
postoffice@interbrand.de
www.interbrand.ch
> S. 320

Peter J. Obenaus
Fotografie+Composing
Studio Obenaus
Vogelsangerstraße 193
50825 Köln
Telefon +49 (0)221/5 46 33 40
Telefax +49 (0)221/9 54 18 61
obenaus@netcologne.de
www.studio-obenaus.de
> S. 408

Studio Laeis
Christoph Laeis
Marienburger Straße 32
50968 Köln
Telefon +49 (0)221/38 00 71
Telefax +49 (0)221/37 27 44
info@laeis.de
www.laeis.de
> S. 338

Winkel Design GmbH
Agentur für visuelle Kommunikation
Sürther Hauptstraße 180b
50999 Köln
Telefon +49 (0)2236/6 60 22
Telefax +49 (0)2236/6 81 51
mail@winkeldesign.de
www.winkeldesign.de
> S. 392

Holbeck Kommunikationsdesign
Lüderichstraße 2–4
51105 Köln
Telefon +49 (0)221/8 30 66 20
Telefax +49 (0)221/8 30 66 21
holbeck@holbeck-design.de
www.holbeck-design.de
> S. 312

Carrots AG
Corporate Communications
Kölner Straße 259
51149 Köln
Telefon +49 (0)2203/18 91 00
Telefax +49 (0)2203/18 91 99
info@carrots.de
www.carrots.de
> S. 246

ritomdesign
Im Winkel 4
51579 Leverkusen
Telefon +49 (0)2171/3 19 88
ritom@t-online.de
www.ritom-design.de
> S. 180

Angela Gambke
Grafik-Design
Denkmalweg 2
51643 Gummersbach
Telefon +49 (0)2261/6 72 61
Telefax +49 (0)2261/6 59 16
a.gambke@oberberg-online.de
www.go-to.de/sign/ag
> S. 282

Jörg Hempel
Photodesign
Ludwigsallee 59
52062 Aachen
Telefon +49 (0)241/9 10 82 61
Telefax +49 (0)241/9 10 82 63
info@joerg-hempel.com
www.joerg-hempel.com
> S. 402

arc multimediaproduction
Krautmühlenweg 8
52066 Aachen
Telefon +49 (0)241/57 52 54
Telefax +49 (0)241/4 01 25 16
info@arcmmp.com
www.arcmmp.com
> S. 432

Anne Rieck Produktdesign
Augustastraße 91
52070 Aachen
Telefon +49 (0)241/50 18 82
Telefax +49 (0)241/53 72 43
A.Rieck-Design@t-online.de
> S. 178

Fried Hoven Corporaid
Corporate Design
Alte Pumpstation, Hahner Str. 22
52076 Aachen
Telefon +49 (0)2408/50 51
Telefax +49 (0)2408/50 52
info@corporaid.de
www.corporaid.de
> S. 314

Birnbach Design
Studio für Konzeption und visuelle Gestaltung
Thomas-Mann-Straße 41
53111 Bonn
Telefon +49 (0)228/65 18 65
Telefax +49 (0)228/65 18 88
hb@birnbach-design.de
> S. 228

Schauff GmbH & Co. KG
Axel Schauff
In der Wässerscheid 52–56
53424 Remagen
Telefon +49 (0)2642/9 36 30
Telefax +49 (0)2642/2 15 82
axel.schauff@schauff.de
www.schauff.de
> S. 188

Elisabeth Marianne Jansen
Künstlerin, Illustratorin, Designerin
Oberdorf 43
53804 Much
Telefon +49 (0)2245/44 38
Telefax +49 (0)2245/58 07
jansendesign@tronet.de
www.elisabeth-m jansen.com
> S. 322

h&h design GmbH
Selbecker Straße 166a
58091 Hagen
Telefon +49 (0)2331/78 40 31
Telefax +49 (0)2331/78 40 38
info@design-h2.de
www.design-h2.de
> S. 92

Junge & Kleschnitzki
Konzept, Image, Design
Liegnitzer Straße 2
58454 Witten
Telefon +49 (0)2302/88 89 45
Telefax +49 (0)2302/88 89 47
mail@junge-kleschnitzki.de
www.junge-kleschnitzki.de
> S. 324

Taurus design oHG
Kalkofen 6
58638 Iserlohn
Telefon +49 (0)2371/5 20 20
Telefax +49 (0)2371/58 59
info@taurus-design.de
www.taurus-design.de
> S. 200

Schürer Design GmbH
Prof. Dr. Ing. Arnold Schürer
Vorhelmer Straße 81
59269 Beckum
Telefon +49 (0)2521/85 9-0
Telefax +49 (0)2521/85 9-360
info@cae-online.de
> S. 192

Design: Hans Schindler
Designer und Goldschmiedemeister
Hans Schindler
Markt
59494 Soest
Telefon +49 (0)2921/1 64 84
Telefax +49 (0)2921/1 79 65
hschindler@schindlersoest.de
www.schindlersoest.de
> S. 502

Bereich 6

Barski Design
Hanauer Landstraße 48a
60314 Frankfurt/Main
Telefon +49 (0)69/94 41 90 70
Telefax +49 (0)69/94 41 90 80
hello@futuredesignlab.com
www.futuredesignlab.com
> S. 42

KSP Engel und Zimmermann GmbH
Hanauer Landstraße 287–289
60314 Frankfurt/Main
Telefon +49 (0)69/94 43 94 0
Telefax +49 (0)69/94 43 94 38
info@ksp-architekten.de
www.ksp-architekten.de
> S. 124

xplicit
Gesellschaft für visuelle
Kommunikation mbH
Ludwigstraße 31
60327 Frankfurt am Main
Telefon +49 (0)69/97 57 27 0
Telefax +49 (0)69/97 57 27 27
xplicit@xplicit.de
www.xplicit.de
> S. 394

Stefan Heiliger Design
Prof. Stefan Heiliger
Alt Fechenheim 111
60386 Frankfurt/Main
Telefon +49 (0)69/4 19 69 29
Telefax +49 (0)69/4 19 69 30
office@heiliger-design.de
www.heiliger-design.de
> S. 100

f/p design gmbh
Schweizer Straße 7
60594 Frankfurt/Main
Telefon +49 (0)69/61 99 18 08
Telefax +49 (0)69/61 99 18 09
info@fp-design-gmbh.com
www.fp-design-gmbh.com
> S. 74

Design Unlimited GmbH & Co. KG
Brand Success Agency
Frankfurter Straße 69–71
61118 Bad Vilbel
Telefon +49 (0)6101/98 36 0
Telefax +49 (0)6101/98 36 36
info@design-unlimited.net
www.design-unlimited.net
> S. 268

Tassilo von Grolman Design GmbH
Feldbergstraße 27–29
61440 Oberursel
Telefon +49 (0)6171/40 39
Telefax +49 (0)6171/41 46
info@tassilo-von-grolman.de
www.tassilo-von-grolman.de
> S. 90

Prof. em. Dr. h.c. Dieter Rams
Am Forsthaus 4
61476 Kronberg/Taunus
Telefon +49 (0)172/6 74 30 08
Telefax +49 (0)6173/14 06
> S. 172

Büro für Gestaltung
Domstraße 81
63067 Offenbach
Telefon +49 (0)69/88 14 24
Telefax +49 (0)69/88 14 23
mail@bfg-im-netz.de
www.bfg-im-netz.de
> S. 236

U9 visuelle Allianz GmbH
Fichtestraße 15a
63071 Offenbach am Main
Telefon +49 (0)69/85 70 34 60
Telefax +49 (0)69/85 70 34 61
u9@u9.net
www.u9.net
> S. 386

Vision & Gestalt
Prof. Bernhard E. Bürdek
Darmstädter Straße 26a
63179 Obertshausen
Telefon +49 (0)6104/97 10 31
Telefax +49 (0)6104/97 10 32
buerdek@em.uni-frankfurt.de
b.e.b.@gmx.de
> S. 50

Wilhelm Malkemus
Diplom Grafik-Designer
In den Rödern 7
63607 Wächtersbach
Telefon +49 (0)6053/94 06
> S. 348

DESIGN.MATTIS
Karlstraße 96
64285 Darmstadt
Telefon +49 (0)6151/6 50 01
Telefax +49 (0)6151/6 50 02
mattis@design-mattis.de
www.design-mattis.de
> S. 60

Patzak Design
Beckstraße 25
64287 Darmstadt
Telefon +49 (0)6151/49 74-0
Telefax +49 (0)6151/49 74-19
info@patzak-design.com
www.patzak-design.com
> S. 154

Christof Gassner
Irenenstraße 7
64293 Darmstadt
Telefon +49 (0)6151/2 51 50
Telefax +49 (0)6151/2 51 53
gassner@dialup.nacamar.de
> S. 284

Grosse Designer und Partner
Prof. Gisela Grosse
Kahlertstraße 5
64293 Darmstadt
Telefon +49 (0)6151/2 34 44
Telefax +49 (0)6151/2 33 36
info@grossedesign.de
www.grossedesign.de
> S. 294

metz und kindler produktdesign
Frankfurter Straße 44
Im Kontorhaus
64293 Darmstadt
Telefon +49 (0)6151/29 36 41
Telefax +49 (0)6151/29 52 52
info@metz-kindler.de
www.metz-kindler.de
> S. 136

dasign Kommunikation
Holzhofallee 21
64295 Darmstadt
Telefon +49 (0)6151/1 30 99 0
Telefax +49 (0)6151/1 30 99 13
info@dasign.de
www.dasign.de
> S. 256

glas ag
Projekt- und Unternehmenskommunikation
Zeppelinweg 7
64342 Seeheim-Jugenheim
Telefon +49 (0)6257/96 29 29
Telefax +49 (0)6257/96 29 28
mail@glas-ag.com
www.glas-ag.com
> S. 290

Atelier Kai Krippner
Ober-Ramstädter-Straße 96
64367 Mühltal
Telefon +49 (0)6151/14 71 25
Telefax +49 (0)6151/14 12 72
email@atelier-krippner.de
www.atelier-krippner.de
> S. 334

Rocholl Projects
Designagentur (Print Video Web)
Feldstraße 10
65183 Wiesbaden
Telefon +49 (0)611/9 01 89 22
Telefax +49 (0)611/9 01 89 23
rocholl@rocholl-projects.de
www.rocholl-projects.de
> S. 376

Scholz & Volkmer
Intermediales Design, GmbH
Schwalbacher Straße 76
65183 Wiesbaden
Telefon +49 (0)611/1 80 99 0
Telefax +49 (0)611/1 80 99 77
mail@s-v.de
www.s-v.de
> S. 450

Annette Lang Product Design
Alwinenstraße 14
65189 Wiesbaden
Telefon +49 (0)611/37 63 45
Telefax +49 (0)611/37 19 91
annettlang@aol.com
> S. 128

frank huster
Prof. Frank Huster
freier Architekt
Eltviller Straße 18
65197 Wiesbaden
Telefon +49 (0)611/4 73 77
Telefax +49 (0)611/4 77 47
fhuster1@aol.com
www.frankhuster.de
> S. 106

Altmayer Design
Schachtstraße 9–11
66740 Saarlouis
Telefon +49 (0)6831/8 78 53
Telefax +49 (0)6831/8 78 53
info@altmayer-design.de
www.altmayer-design.de
> S. 32

Prof. Armin Lindauer
Meerwiesenstraße 42
68163 Mannheim
Telefon +49 (0)621/2 92 61 60
a.lindauer@fh-mannheim.de
> S. 342

Fabian Industrie-Design
Relaisstraße 183
68219 Mannheim
Telefon +49 (0)621/89 73 55
Telefax +49 (0)621/89 72 74
fabian@fabian-industriedesign.de
www.fabian-industriedesign.de
> S. 76

Norbert Herrmann
Maler & Grafik-Designer
Gartenstraße 7
69436 Schönbrunn/Schwanheim
Telefon +49 (0)6262/15 69
Telefax +49 (0)6262/53 28
Herrmann.Kunst@t-online.de
www.herrmannkunst.de
> S. 306

Bereich 7

Klaus Begasse
Kornbergstraße 36
70176 Stuttgart
Telefon +49 (0)711/2 99 84 74
Telefax +49 (0)711/2 99 84 75
info@begasse.de
> S. 46

Michael Kimmerle
Art Direction+Design
Am Bopserweg 1b
70184 Stuttgart
Telefon +49 (0)711/48 10 26
Telefax +49 (0)711/48 10 60
Mi@kimmerle.de
www.kimmerle.de
> S. 326

strichpunkt
agentur für visuelle kommunikation
gmbh
Schönleinstraße 8a
70184 Stuttgart
Telefon +49 (0)711/62 03 27 0
Telefax +49 (0)711/62 03 27 10
grafik@strichpunkt-design.de
www.strichpunkt-design.de
> S. 382

PR PanikRuhdorfer Designpartner
Florianstraße 18
70188 Stuttgart
Telefon +49 (0)711/26 33 93 80
Telefax +49 (0)711/26 33 93 83
info@pr-dp.de
www.pr-designpartner.de
> S. 164

Votteler+Votteler
Produktentwicklung und Design
Prof. Arno Votteler
Hauptmannsreute 28
70192 Stuttgart
Telefon +49 (0)711/29 19 29
Telefax +49 (0)711/29 71 67
arno.votteler@abk-stuttgart.de
> S. 208

Büro Uebele
Visuelle Kommunikation
Paulusstraße 18
70197 Stuttgart
Telefon +49 (0)711/63 99 00
Telefax +49 (0)711/63 99 03
uebele@uebele.com
www.uebele.com
> S. 384

Design Hoch Drei
Hallstraße 25a
70376 Stuttgart
Telefon +49 (0)711/55 03 77 30
Telefax +49 (0)711/55 03 77 55
info@design-hoch-drei.de
www.design-hoch-drei.de
> S. 266

AGI
Think Tank Task Force
Agency GmbH
Hohnerstraße 23
70469 Stuttgart
Telefon +49 (0)711/49 03 20 0
Telefax +49 (0)711/49 03 20 150
web@agi.de
www.agi.de
> S. 430

Kurt Ranger Design
Ausstellungsdesign, Grafikdesign,
Mediendesign, Produktdesign
Stuttgarter Straße 77
70469 Stuttgart
Telefon +49 (0)711/8 17 76 66
Telefax +49 (0)711/8 56 72 12
contact@ranger-design.com
www.ranger-design.com
> S. 174, 372, 448

Weinberg & Ruf Produktgestaltung
Ludwigstraße 8
70794 Filderstadt
Telefon +49 (0)711/7 08 50 10
Telefax +49 (0)711/7 08 50 18
info@weinberg-ruf.de
www.weinberg-ruf.de
> S. 210

Scala Design GmbH
Wolf-Hirth-Straße 23
71034 Böblingen
Telefon +49 (0)7031/22 69 08
Telefax +49 (0)7031/22 78 09
scala@scala-design.de
www.scala-design.de
> S. 186

Michael von Klein
Industrial & Transportation Design
Hindenburgstraße 18
71149 Bondorf
Telefon +49 (0)7457/9 17 17
Telefax +49 (0)7457/9 17 18
michael-von-klein@z.zgs.de
> S. 118

Porsche Engineering Group GmbH
Porschestraße
71287 Weissach
Telefon +49 (0)711/9 11 42 60
Telefax +49 (0)711/9 11 27 77
www.porsche.com
> S. 162

Büro für Gestaltung
Peter Schweizer
Friedenstraße 95
71636 Ludwigsburg
Telefon +49 (0)7141/44 25 0
Telefax +49 (0)7141/44 25 25
pschweizer@buero-
fuergestaltung.de
ww.buero-fuer-gestaltung.de
> S. 238, 434

Design Tech
Zeppelinstraße 53
72119 Ammerbuch
Telefon +49 (0)7073/91 89 0
Telefax +49 (0)7073/91 89 17
info@designtechschmid.de
www.designtechschmid.de
> S. 58

via 4 Design GmbH
Inselstraße 1
72202 Nagold
Telefon +49 (0)7452/83 99 0
Telefax +49 (0)7452/83 99 99
via4@via4.com
www.via4.com
> S. 204

Atelier CBK
Claudia Bärbel Kirsamer
Schanzweg 6/Trailfingen
72525 Münsingen
Telefon +49 (0)7381/83 70
Telefax +49 (0)7381/12 19
atelier.cbk@t-online.de
www.service network.de/ cbk.htm
> S. 250

WMF Würtembergische
Metallwarenfabrik AG
Eberhardstraße
73312 Geislingen/Steige
Telefon +49 (0)7331/25-1
Telefax +49 (0)7331/4 53 87
info@wmf.de
www.wmf.de
> S. 216

freitagundhäussermann
Gestaltungsagentur
Zeppelinweg 1/1
73525 Schwäbisch Gmünd
Telefon +49 (0)7171/92 90 88
Telefax +49 (0)7171/92 90 87
info@freitagundhaeussermann.de
www.freitagundhaeussermann.de
> S. 280

Henssler und Schultheiss
Fullservice Productdesign GmbH
Weissensteiner Straße 28
73525 Schwäbisch Gmünd
Telefon +49 (0)7171/92 74 20
Telefax +49 (0)7171/92 74 242
henssler-schultheiss@t-online.de
www.henssler-schultheiss.de
> S. 104

.molldesign
Turmgasse 7
73525 Schwäbisch Gmünd
Telefon +49 (0)7171/93 00 0
Telefax +49 (0)7171/93 00 23
molldesign@t-online.de
www.molldesign.de
> S. 140

Ottenwälder und Ottenwälder
Büro für Industrie Design
Sebaldplatz 6
73525 Schwäbisch Gmünd
Telefon +49 (0)7171/9 27 23-0
Telefax +49 (0)7171/9 27 23-23
info@ottenwaelder.de
www.ottenwaelder.com
> S. 152

Formium
Leinzeller Straße 14
73527 Täferrot
Telefon +49 (0)7175/99 91 20
Telefax +49 (0)7175/99 91 220
info@formium.de
www.formium.de
> S. 84

rommel und schoen design
Am Straßdorfer Berg 1
73529 Schwäbisch Gmünd
Telefon +49 (0)7171/3 78 71
Telefax +49 (0)7171/3 77 65
rommelundschoen@t-online. de
> S. 182

Festo Corporate Design
Heugasse 1
73728 Esslingen
Telefon +49 (0)711/3 47 38 80
Telefax +49 (0)711/3 47 38 99
tem@festo.com
www.festo.com/
pneumatic_structures
> S. 80, 276, 484

Teams Design GmbH
Kollwitzstraße 1
73728 Esslingen
Telefon +49 (0)711/35 17 65-0
Telefax +49 (0)711/35 17 65-25
info@teams-design.de
www.teamsdesign.com
> S. 202

yellow design
Günter Horntrich GmbH
Mühlstrasse 7a
75172 Pforzheim
Telefon +49 (0)7231/45 76 40
Telefax +49 (0)7231/46 45 94
info@yellowdesign.com
www.yellowdesign.com
> S. 218

Atelier Bunz GmbH
Obere Bergstraße 16
75335 Dobel
Telefon +49 (0)7083/92 28 0
Telefax +49 (0)7083/92 28 11
bunz.collection@t-online.de
www.bunz.de
> S. 496

FORM 3
Industrie und Fahrzeugdesign GbR
Im Unteren Ried 32
75382 Althengstett
Telefon +49 (0)7051/93 34 60
Telefax +49 (0)7051/93 34 80
design.form3@t-online.de
> S. 82

e.sens.e GmbH
Alte Kreisstraße 22a
76149 Karlsruhe
Telefon +49 (0)721/7 88 08 62
Telefax +49 (0)721/7 88 08 64
info@e-sens-e.de
www.e-sens-e.de
> S. 438

idea-company
Im Unterschofen 48
77963 Schwanau
Telefon +49 (0)7824/23 64
Telefon +49 (0)7824/66 07 63
Telefax +49 (0)7824/34 47
frenzer@t-online.de
www.idea-company.de
> S. 316

Meyer-Hayoz
Design Engineering Group
Zollernstraße 26
78462 Konstanz
Telefon +49 (0)7531/90 93 0
Telefax +49 (0)7531/90 93 90
info.de@meyer-hayoz.com
www.meyer-hayoz.com
> S. 138

Virtual Identity AG
Gerberau 5
79098 Freiburg
Telefon +49 (0)761/2 07 58 00
Telefax +49 (0)761/2 07 58 01
info@virtual-identity.com
www.virtual-identity.com
> S. 452

Jo Niemeyer
Jo Niemeyer Art Workshop
Birkenweg 6
79857 Schluchsee
Telefon +49 (0)7656/14 09
Telefax +49 (0)7656/12 59
jo@niemeyer.com
www.joniemeyer.com
> S. 444

Bereich 8

Agentur Richter
Augustenstraße 33, RGB
80333 München
Telefon +49(0)89/54 27 87-0
Telefax +49(0)89/54 27 87-27
a.richter@agentur-richter.com
www.agentur-richter.com
> S. 460

Nora Kühner
mode, design, styling
Rottmannstraße 24
80333 München
Telefon +49 (0)89/52 83 90
Telefax +49 (0)89/52 83 90
Kuehner.ReissSchmidt@t-online.de
> S. 488

KMS
Deroystraße 3–5
80335 München
Telefon +49 (0)89/49 04 11 0
Telefax +49 (0)89/49 04 11 49
info@kms-team.de
www.kms-team.de
> S. 122, 330

Milch design GmbH
Sandstraße 33
80335 München
Telefon +49 (0)89/52 04 66 0
Telefax +49 (0)89/52 04 66 21
info@milch-design.de
www.milch-design.de
> S. 352

Christian Weiss
Landwehrstraße 37
80336 München
Telefon +49 (0)89/54 40 42 09
Telefax +49 (0)89/54 40 42 10
cweiss@brd.de
www.christianweiss.de
> S. 390

Zeichen & Wunder
Grimmstraße 1
80336 München
Telefon +49 (0)89/74 63 77 0
Telefax +49 (0)89/74 63 77 77
info@zeichenundwunder.de
www.zeichenundwunder.de
> S. 396

BIBS Industrial DESIGN
CONSULTANCY
Westendstraße 147 RGB
80339 München
Telefon +49 (0)89/50 02 83 30
Telefax +49 (0)89/50 02 83 32
info@bibs-design.de
www.bibs-design.de
> S. 48

häfelinger+wagner design
Annette Häfelinger, Frank Wagner
Erhardtstraße 8
80469 München
Telefon +49 (0)89/20 25 75 0
Telefax +49 (0)89/20 23 96 96
frontdesk@hwdesign.de
www.hwdesign.de
> S. 298

Eckstein Product Design
Theo-Prosel-Weg 14
80797 München
Telefon +49 (0)89/38 38 07-10
Telefax +49 (0)89/38 38 07-90
info@eckstein-design.com
www.eckstein-design.com
> S. 70

Designgruppe Flath & Frank
Haimhauserstraße 4
80802 München
Telefon +49 (0)89/39 55 11
Telefax +49 (0)89/39 76 21
office@designgruppe.de
www.designgruppe.de
> S. 62

IP industrielle produkte
Hans Joachim Krietsch gmbH
Schwarzhaupt Straße 10
80939 München
Telefon +49 (0)89/3 11 99 41-43
Telefax +49 (0)89/3 11 60 61
sekretariat@ipgmbh.com
> S. 112

büro schels für gestaltung
Thalkirchner Straße 210
81371 München
Telefon +49 (0)89/74 79 12 21
Telefax +49 (0)89/74 79 12 22
info@bueroschels.de
www.bueroschels.de
> S. 378

Schlagheck Design GmbH
Tegernseer Landstraße 161
81539 München
Telefon +49 (0)89/65 10 89 0
Telefax +49 (0)89/65 10 89 90
design@schlagheck-design.de
www.schlagheck-design.de
> S. 190

strichpunkt
agentur für visuelle kommunikation
gmbh
Sommerstraße 36
81543 München
Telefon +49 (0)89/62 44 75 0
Telefax +49 (0)89/62 44 75 10
grafik@strichpunkt-design.de
www.strichpunkt-design.de
> S. 382

Factor, Produkt München
Designagentur GmbH
Comeniusstraße 1 RGB
81667 München
Telefon +49 (0)89/48 92 78 10
Telefax +49 (0)89/48 92 78 11
contact@factor-product.com
www.factor-product.com
> S. 78, 274, 440

naumann-design
Dipl. Des/MDes. Peter Naumann
Hohenbrunner Straße 44
81825 München
Telefon +49 (0)89/6 88 67 75
Telefax +49 (0)89/6 88 67 77
info@naumann-design.de
www.naumann-design.de
> S. 144

Heye+Partner GmbH
Ottobrunner Straße 28
82008 Unterhaching
Telefon +49 (0)89/6 65 32 00
Telefax +49 (0)89/6 65 32 112
info@heye.de
www.heye.de
> S. 474

Dialogform GmbH
Wallbergstraße 3
82024 Taufkirchen
Telefon +49 (0)89/6 12 82 51
Telefax +49 (0)89/6 12 82 53
dialogform@t-online.de
> S. 66

Designkontor
Geschäftsführung Hamburg
Aurikelstraße 4
82031 München-Grünwald
Telefon +49 (0)89/64 91 12 05
Telefax +49 (0)89/64 91 12 06
info@designkontor.net
www.designkontor.net
> S. 64

Brigitte Doege Design
Kreuzlingerforststraße 5
82131 Gauting
Telefon +49 (0)89/8 50 19 12
Telefax +49 (0)89/8 50 18 15
brigitte.doege@t-online.de
> S. 482

Design Ballendat
Maximilianstraße 15
84359 Simbach am Inn
Telefon +49 (0)8571/6 05 66-11
Telefax +49 (0)8571/6 05 66-6
office@ballendat.de
www.ballendat.de
> S. 40

Indigo Design Group
Dorfstraße 40a
85375 Neufahrn
Telefon +49 (0)8165/6 72 84
Telefax +49 (0)8165/6 72 86
indigodesign@t-online.de
www.indigodesign.de
> S. 108

Hartmann + Hartmann
Industriedesign und Werbeagentur
GmbH
Bürgermeister-Fischer-Straße 9–11
86150 Augsburg
Telefon +49 (0)821/34 308-0
Telefax +49 (0)821/34 308-13
info@hartmannundhartmann.com
www.hartmannundhartmann.com
> S. 96, 300

D-Team Design GmbH
St. Annastraße 27
86938 Schondorf am Ammersee
Telefon +49 (0)8192/74 66
Telefax +49 (0)8192/10 47
d-team@t-online.de
www.d-team.de
> S. 56

Starczewski Design Team
Heimstraße 29
89073 Ulm
Telefon +49 (0)731/2 80 46
Telefax +49 (0)731/2 73 80
info@starczewski-design.de
www.starczewski-design.de
> S. 196

Manfred Schwellies
Eberhard-Finck-Straße 1
89075 Ulm
Telefon +49 (0)731/26 51 14
Telefax +49 (0)731/926 73 10
schwelliesfoto@aol.com
> S. 420

zimmermann produktgestaltung
büro für innovative produkte
und hochwertige gestaltung
Schillerstraße 15
89179 Beimerstetten
Telefon +49 (0)7348/94 80 84
Telefax +49 (0)7348/94 80 85
mail@zimmermann-pdg.de
www.zimmermann-pdg.de
> S. 220